Repertorium Germanicum X,2,3

REPERTORIUM GERMANICUM

Verzeichnis

der in den päpstlichen Registern und Kameralakten

vorkommenden Personen, Kirchen und Orte des Deutschen Reiches,

seiner Diözesen und Territorien

vom Beginn des Schismas bis zur Reformation

Herausgegeben

vom

Deutschen Historischen Institut in Rom

Zehnter Band

SIXTUS IV. · 1471–1484

REPERTORIUM GERMANICUM

X,2,3

Verzeichnis

der in den Registern und Kameralakten

SIXTUS' IV.

vorkommenden Personen, Kirchen und Orte des Deutschen Reiches,

seiner Diözesen und Territorien

1471–1484

2. Teil: Indices

Bearbeitet

von

Sven Mahmens, Hubert Höing,
Alexander Maul, Ludwig Schmugge
und Jörg Voigt

Band 3

De Gruyter

ISBN 978-3-11-061965-2

Library of Congress Control Number: 2018953873

Bibliografische Information der Deutschen Nationalbibliothek
Die Deutsche Nationalbibliothek verzeichnet diese Publikation in der Deutschen
Nationalbibliografie; detaillierte bibliografische Daten sind im Internet über
http://dnb.dnb.de abrufbar.

© 2018 Walter de Gruyter GmbH, Berlin/Boston
Druck und Bindung: CPI books GmbH, Leck
Satz: pagina GmbH, Tübingen
www.degruyter.com

INHALT

Band 1

Band 2

Band 3

REPERTORIUM GERMANICUM
SIXTUS IV.
INDICES – BAND 3

WÖRTER UND SACHEN

abb. (1110 Belege)
abb. ac fr. profes. et novicii 5461
abb. ac prep. 8941
abb. ac scolast. iudices 1163
abb. ad obedientiam sed. ap. → reductio
abb. carnaliter cognovit 1702
abb. → coll.
abb. colleg. eccl. 7895
abb. colleg. et sec. eccl. 3720
abb. → committ.
abb. concorditer electus 9997
abb. concubinam tenet 8470
abb. e.m. mon. vagando bona dilapidavit
    7336
abb. el. 1076 2049 2246 2983 6447 6673
    7067 8012 8672 8707 9142 9878
                              (12 Belege)
abb. electus atque ordin. auct. conf. 2983
abb. elig. 4567 9065 10140
abb. emissus 4332
abb. et abba. 10065
abb. et → abba.
abb. et canonissarum ac canonicorum →
    coll.
abb. et capit. gener. 4167
abb. et monach. → dissensiones inter
abb. et monachi de natione Scotica 1946
    10413
abb. et monachi nigri → presidentes,
abb. et priores 6816 7186 7471 7478
abb. et priorum → capit. provincialia
abb. et priorum → privil.
abb. et scolast. 1346
abb. in possessione superioritatis 2345
abb. in Selgenstat nunc. → vicar. eccl.
    Magunt. vulg. capn.
abb. infirmitate vel senio confractus 1191
abb. institutus 2341 8462
abb. ius presentandi 7463

abb. lic. standi in al. mon. 2049
abb. → litig. coram
abb. litig. in cur. 6931
abb. litterarum ignarus 10031
abb. modernus senio confractus 1578
abb. mon. Bursfelden. presidens 4013
abb. mon. habet iurisd. episc. 2862
abb. mon. mitra episc. uti 9585
abb. mon. mitra, baculo et al. pontific. in-
    signiis uti possit 9742
abb. mon. presb. sec. present. 8210
abb. mon. reserv. 4167
abb. o. Prem. gener. 4229
abb. p. ep. → amotio
abb. p. ep. prefectus 5620
abb. → patron.
abb. prefectus 3802 5620
abb. present. 3162 4884
abb. → present.
abb. → privil.
abb. propter vitam infamem excom. 4474
abb. prov. fuit 22 2712 3699 4436 6393
    7762
abb. provideretur 10339
abb. qui nonnulla crimina commiserat
    4183
abb. qui simoniam commisit 2582
abb. regimine destitutus 7478
abb. superior o. Cist. 2712
abb. usum mitre → facult. conc.
abba. 10 35 57 59 100–102 113 119 188
    245–246 267 271 273–274 276–280
    282 287 306 314 329 337 445 536 571
    584 615–616 620 687 717 784 790 850
    858 860 914 952 984 986 997 1046
    1068 1082 1162 1180 1184 1187 1234–
    1235 1237–1238 1457 1468 1527 1533
    1541 1618 1632 1657 1694 1697–1698
    1702 1708 1715 1738–1739 1807 1814
    1827 1840 1877 1909 1930 1957–1959

1963 1965 1967 1981 2033 2035 2077
2083 2090 2107–2108 2138 2153 2269–
2270 2342–2343 2345 2393 2421 2428
2433–2434 2462 2534 2542 2591 2605
2657 2689 2712 2740 2779 2781 2814
2823 2831 2841 2891 2910 2918 2920
2923 2966 3077 3133 3175 3208 3218
3224 3340 3345 3350 3366 3389 3416
3429 3466 3530 3593 3615 3699 3703
3712 3765 3797 3873 3900 3917 3936
3941 3979 3990 4012–4013 4019 4085
4180 4260 4265 4280 4319 4391 4407
4474 4503 4547 4549 4796 4800 4846
4856 4956–4957 4966 5098 5175 5223
5237 5247 5291 5451 5583 5605 5653
5655 5782 5879 5917 5960 5964 5972
6007 6131 6233 6244 6250 6389 6625
6706 6889 6891 6903 6916 7074 7136
7256 7283 7297 7341 7417 7464 7479
7481 7486 7517–7518 7522 7524 7529–
7530 7532 7539 7541 7543–7544 7546
7549 7696 7742 7795 7820 7822 7903
7978 7993 8006 8010 8172 8189 8240
8262 8328 8373 8460 8462 8464–8465
8468 8489 8509 8514 8550 8562 8623
8804 8849 9038 9049–9050 9066 9073
9103 9124 9171 9180 9219 9240 9261
9306 9379 9436 9447–9448 9512 9555
9586 9596 9621 9632 9701 9751 9824
9839 9862 9878 9930 9934 10065
10073 10088 10104 10136 10138–
10139 10165 10177 10181 10215
10244 10257 10259 10267 10283
10353–10354 10362 10380 10435
10498   (313 Belege)

abba. a regimine mon. amovit 119

abba. → abb. et

abba. → absque lic.

abba. ac canonisse c. nonnullis cler. 1958

abba. ad iudicium evocari 7539

abba. → ad present.

abba. approbatus → dec. eccl. p. can. el.
et p.

abba. benedixit 3699

abba. → capel. in curia

abba. → coll.

abba. colleg. eccl. 57 273 1533 1981 3366
3429 3466 5653 7530 9050

abba. de nob. gen. 9447

abba. el. 273 1958–1959 1965 4085
10283

abba. elig. → in

abba. eligere 274 278 1959 4019 7539
9240

abba. et abb. 620

abba. et can. 57 245 279 282 287 584 952
1533 1694 1738 2920 4957 6903 7530
9930   (15 Belege)

abba. et can. sec. et illustres 584

abba. et canonissas / moniales nonnulli
can. / cler. sec. → preter

abba. et canonisse 245 952 1238 1959
7530 7822

abba. et capit. 274 279 1238 1963 2270
3466 5247 5964 7074 8464 9448 10257
                       (12 Belege)

abba. et capit. colleg. eccl. → ad instantiam

abba. et conv. 102 245 271 276–277 616
687 717 784 790 858 997 1180 1235
1527 1533 1698 1708 1827 1957 2107
2138 2153 2269–2270 2345 2428 2591
2657 2841 2891 3133 3340 3593 3797
4012–4013 4265 4407 4503 4966 5175
5451 7479 7524 7696 7742 7820 7993
8006 8240 8462 8465 8468 9038 9049
9103 9124 9180 9447 9596 9632 9701
9930 10065 10073 10136 10139 10215
10259 10353 10498   (72 Belege)

abba. et mon. 10 2779

abba. et monial. 113 246 615 790 1184
1187 1235 1618 1697 1702 2090 2345
2393 2542 2712 2923 3077 4013 4474
5237 7481 7517–7518 8460 8623 9066
9586 10065 10138   (29 Belege)

abba. et monial. → lic. compescendi et
velandi

abba. et mul. 2343 5291 9066

abba. et oppidanos → differentia inter

abba. et sorores 5098 9934

abba. (fil. carnalem com.) → lic. transferendi

abba. fil. carnalis com. 10065

abba. fuit cassata → elect. in

abba. → iur. eligendi

abba. → lic. visitandi et confirmandi elect.

abba. merum et mixtum imperium habet
2270

abba. munus benedictionis 2343 9066

abba. → patron.

abba. percip. → quota quam

abba. postulata 267 274

abba. prefecit 1959 7539

abba. → present.

abba. pro illius sustentatione 1235

abba. → procur.

abba. regi consuevit → mon. quod p. prep. sec. et

abba. → vig. present.

abbat. 8 163 266 273–274 789 794 917 984 1383 1449 1711 1745 1940 1958–1959 1965 2046 2213 2246 2300 2416–2417 2582 2621 2632 2763 2796 2835 2960 2983 3009 3012 3410 3533 3684 3698–3699 3720–3722 3848 4019 4085 4142 4183 4271 4437 4474 4518 4659 5029 5155 5522 5524 5726 6078 6124 6327 6455 6677 7033 7054 7173 7449 7486 7530 7535 7544 7741 7795 7859 8012 8131–8133 8163 8449 8525 8535 8688 8707 8956 9142 9261 9306 9729 9793 9879 9940 9982 10031 10150 10181 10334 10359 10518 10583

(98 Belege)

abbat. (1.000 fl. adc.) 1958

abbat. (8 m. arg.) 4183

abbat. (20 m. arg.) 3698 8131

abbat. (20 m. arg. p.) 2796

abbat. (22 m. arg. p.) 2621

abbat. (30 m. arg.) 4474 7449

abbat. (40 m. arg.) 1959 1965 4019 7544

abbat. (50 m. arg.) 1958

abbat. (60 m. arg.) 273–274

abbat. (90 m. arg.) 273

abbat. (100 l. T. p.) 2763 2983

abbat. (200 fl. adc.) 10359

abbat. (300 fl. adc.) 2246

abbat. (400 fl. renen.) 4085

abbat. (500 fl. adc.) 6677

abbat. (500 fl. renen.) 7530

abbat. (600 l. T. p.) 9142

abbat. eccl. regalis nunc. (100 m. arg.) 7535

abbat. in commendam 8012 9261 9729

abbat. in tit. 9261

abbat. (insimul 36 m. arg.) → preb. ac

abbat. n. conventualis 6078

abbat. pro remedio medicine abire 7486

abbat. → resign.

abbat. Sclavorum nunc. 4518

abbat. sequestret 1959

abbat. spoliare 273 3009

abbat. → suppressio dign.

abbat. Turicen. nunc. 5726 8688 9940 9982

abbatialis 119 273 618 1647 1958 2028 4168 4829 5496 5530 6082 6832 7541 7547 7741 8007 8707 9103 9270 9742 10181–10182 10283 10328 10339

(25 Belege)

abbatiatus / abbatissatus 47 119 163 221 273–274 278 605 628 859 984 1234 2838 3175 4085 4437 4508 4598 5449 5798 7530 7541 7822 8131 9261 10283

(26 Belege)

abbatissarum → forma in libro pontific. de benedictionibus

abbrev. 14 35–36 79 127 131–132 134 154 199 421 569 581 586 673 734 776 828 844 926 958 1055 1064 1128 1188 1198 1224 1239 1242 1245 1266 1444 1678 1683 1770 1783 1789 1841–1842 1912 1922 1943 1950 1994 2109–2110 2159 2263 2361 2503 2532 2537 2549 2567 2584 2657 2689 2729 2779 2781 2789–2792 2835 2843 2869 2891 2934 3012 3035 3054 3059 3153 3155 3191 3232 3260 3306 3350 3359 3363–3364 3371 3410 3415 3474 3524–3527 3592 3643 3654 3672 3681 3719 3772 3817 3848 3877 3929 3983 3987 4087 4116 4170 4453 4547 4551 4641 4659 4669 4677 4719 4726 4731 4738 4780–4782 4787 4793 4821 4848 4891 4899 4923 4925 4940 4957 5009–5010 5052 5117 5154 5209 5217 5330 5379 5532–5534 5570 5606 5636 5650 5674 5681 5837 5854 5874 5887 5897 5912 5937 5960 6000 6007 6031 6034 6037 6044 6051 6055 6060 6078 6142 6166 6196 6251 6338 6344 6361 6367 6523 6542 6545 6552 6701 6710 6732 6742 6781 6908 7007 7040 7049 7066–7067 7081 7084 7257 7306 7312 7321 7473 7586 7719 7740 7751 7767 7882 7913 7950 8032 8063 8073 8111 8132 8272 8345 8405 8503 8581 8584 8607 8611 8622 8641 8660 8701–8702 8712 8729 8763 8868 8959 8998 9045 9116 9139 9197 9418 9472 9552–9554 9576 9628 9678 9761 9782 9796 9810 9839 9849 9910 9952 10074 10089 10283 10326 10345 10379 10381–10383 10444 10478 10541

(261 Belege)

abbrev. absque disp. sup. def. nat. 4087
abbrev. ac causarum pal. ap. scriba 3306
abbrev. ac Nicolai V. fam. 3592
abbrev. ac pape fam. → decr. bac., script.,
abbrev. → art. mag.
abbrev. → card. fam. ac
abbrev. → cler. in cur.
abbrev. → collect. ac
abbrev. de maiori parco 134 1188 1245
  1266 2109 4536 9576 9678
abbrev. de maiori parco → decr. doct. et
abbrev. → de min. presidentia
abbrev. → decr. doct. script.
abbrev. et audientie contradictarum litt.
  procur. → cubic. et fam.,
abbrev. et card. fam. 4925 5837
abbrev. et collect. 5937
abbrev. et continuus commensalis 2792
abbrev. et corrector litt. de minori iustitia
  1188
abbrev. et in provincia Bremen. collect.
  3306
abbrev. et in registro supplic. script. 2779
abbrev. et not. assumptus → in
abbrev. et pape fam. 127 2159 5674 6908
  7767 8581
abbrev. et pape fam. → decr. licent.
abbrev. et pape fam. nepos → prothonot.,
abbrev. et pape fam. procur. → decr. doct.
abbrev. et pape fam. → script.
abbrev. et Pauli II. fam. 3719
abbrev. et procur. 9554
abbrev. et script. 1242 5379
abbrev. et subcollect. 5217
abbrev. et summator 2781
abbrev. et summatoris fam. 2729
abbrev. fam. 199
abbrev. → fam. Nicolai V. et
abbrev. in minori parco 2891
abbrev. → mag. decr. doct.
abbrev. maior 36
abbrev. maioris et bullarum cam. summatoris fam. 7740
abbrev. nepos 2657 3371 4738
abbrev. → Nicolai V.
abbrev. → Nicolai V. et Pii II.
abbrev. → Nicolai V. fam. et
abbrev. nunc resign. 132 6142
abbrev. → pape et card. fam. → prothonot., cap.,
abbrev. pape fam. 1128 1198 1783 1950
  4923 5606 6542

abbrev. pape fam. → de parco maiori
abbrev. pape fam. → decr. doct.
abbrev. → pape fam. et
abbrev. pape refer. secretus → leg. doct.
abbrev. Pauli II. fam. → mag. in art.
abbrev. Pii II. cubic. → script.
abbrev. → Pii II. fam. et
abbrev. → presb.
abbrev. presidenti et pape fam. → de maiori parco
abbrev. procur. 3012 3035 3155 3929
  4787 5154 5912 6542 7473 9761 9849
                                (11 Belege)
abbrev. procur. → de maiori presidentia
abbrev. refer. fam. 4891
abbrev. referendarius et pape fam. 8132
abbrev. → script et
abbrev. script. registrorum taxatores etc.
  6545
abbrev. summatoris fr. → prothonot.,
abbrev. vel in registro supplic. script. →
  Pauli II. fam. aut
abbrev. vel in registro supplic. script. →
  Pii II.
abbrev. → vicecancellarii fam. et
abbreviatura 7151
abdico 3385
abduco 2143 6039
abeo 273 731 5503 7486
abhorreo 732
ablatio 127
abnepos 10110
abol. 22 55 273–274 413 417 584 657 864
  897 1357 1431 1475 1647 1741 1974
  2020 2025 2094 2267 2342 2368 2376
  2388 2476 2562 2706 3048 3085 3133
  3151 3161 3249 3328 3377 3423 3622
  3806 3810 3878 3884 4108 4320 4535
  4725 5121 5202 5805 6215 6241 6253
  6347 6385 6913 7079 7235 7760 7830
  7847 7897 8270 8550 8553 8555 8610
  8775 8777 8909 9042 9137 9220 9382
  9569 9582 9594 9615 9810 9821 9906
  9910 10023 10058 10070 10211 10217
  10411 10481 10526 10588 10598
                                (90 Belege)
abol. infamie maculam 2368 7079 8270
  8610 8909 9137 9569
abol. inhab. 22 273 413 417 584 657 864
  897 1357 1431 1475 1647 1741 1974
  2020 2025 2094 2267 2342 2376 2388
  2476 2562 2706 3048 3085 3133 3151

3161 3249 3328 3377 3423 3622 3806
3810 3878 3884 4108 4320 4725 5202
5805 6215 6241 6253 6347 6385 6913
7235 7760 7830 7847 8550 8553 8555
8775 8777 9220 9382 9582 9615 9810
9821 9906 9910 10023 10058 10070
10211 10217 10411 10481 10588
10598   (75 Belege)

abol. interd. 9042

abol. maculam simonie 5121

abortus 6385

abrogo 7156

abscido 391

abscindo 2232 3021 3126 4093 4527 6689
7744 9609

absens 839 1113 2091 2794 3096 3162
3487 3610 3702 4697 5489 5648 5956
6261 6439 6446 7962 10087 10223
                               (19 Belege)

absentandi → lic.

absentandi → lic. pro natione Alamanica
se a cur.

absentandi → lic. se

absentia 79 262 274 329 379 412 471 490
520 693 741 830 932 1031 1063–1064
1089–1090 1240 1304 1306 1466 1578
1736 1783–1784 1826 1846 1859 1973
2044 2052 2108 2111 2113 2115 2192
2200 2297 2304 2374 2463 2548 2627
2652 2689 2729 2794 2797 2820 2944
3084 3102 3131 3162 3224–3225 3232
3235 3291 3306 3418 3524 3548 3573
3610 3647 3691 3695 3765 3799 3859
3876 3917 3922 4059 4225 4253 4261
4281–4282 4406 4476–4477 4509 4549
4551 4618 4628 4637 4697–4698 4782
4821 4873 4891 4893 4960 5133–5134
5162 5223 5392 5629 5650 5828 5923
5943 5983 6007 6057–6058 6125 6274
6324 6732 6811–6812 6846 7007 7029
7054 7083 7166 7328 7332 7469 7490
7497 7504 7585 7614 7617 7642 7741
7776 7957 7962 7970 8007 8073 8177
8317 8389 8441 8579 8581 8704 8763
8868–8869 9128 9369 9400 9427 9457
9528 9557 9598 9629 9677 9718 9720
9765 9847 9897–9898 10068–10069
10172 10217 10223 10245 10252–
10253 10340 10405 10467 10481
10486 10497 10519 10586 10598
                              (184 Belege)

absento 379 412 693 762 861 1051 1377
1394 1826 2040 2044 2108 2111 2115
2192 2200 2297 2374 2389 2652 2689
2797 3084 3096 3162 3224 3235 3418
3474 3610 3702 4261 4453 4551 4637
4697 4806 5503 5648 5761 5828 5947
5983 6007 6454 6465 6553 7506 7585
7642 7741 7856 8057 8095 8177 8868–
8869 9369 9594 9841 9858 9897–9898
10068–10069 10252 10340 10481
10497   (69 Belege)

absisto 7321

absol. 31 55 72 75 99 131 154 186 201
203 234 240 254 259 268 294 371–372
383 483 527–530 571 588 617 620 636
657 661 670 700 708–709 720 730 761
763 765 778 856 861 880 921 971 1051
1068 1172–1173 1211 1220 1234 1236
1335 1372 1447 1519 1599 1647 1702
1708 1732 1739 1746 1770 1793 1796
1814 1849 1866 1868 1871 1930 1947
1962 1967 2021 2025 2049 2052 2085
2105 2165 2244 2273 2316 2323 2340
2343 2364–2365 2377 2379 2387 2416
2419 2422 2436 2456 2521 2538 2548–
2549 2605 2620 2635 2670 2672 2687
2694 2771 2782 2792 2826 2862 2928–
2929 2943 2947 2960 2983–2984 3009
3033 3130 3144 3146 3161 3175 3185
3223 3249 3308 3310 3454 3463 3473
3475 3488 3499 3526 3575 3581 3610
3622 3674 3694 3699 3701 3720 3810
3897 3956 3967 3971 4115 4120 4167
4201 4208 4211 4265 4305 4328 4340
4357 4374 4377 4389 4406 4506 4535–
4536 4549 4562 4566 4572 4600 4716
4729 4766 4822 4830 4895 4921–4922
4976 5029 5036 5072 5100 5119 5121
5219 5251–5252 5291 5392 5461 5538
5548 5582 5597 5606 5674 5733 5766
5769 5781 5833 5848 6016 6039 6057
6095 6102 6120 6188 6215 6248 6253
6264 6291 6300 6339 6385 6411 6419
6490 6516 6534 6565 6696 6712 6774
6784 6838 6922 6931 6933 6938–6939
7004 7033 7049 7054 7069 7072 7083
7165 7184 7198 7236 7256 7293–7294
7304 7328 7336 7342 7390–7391 7429
7471 7489–7490 7518 7522 7533 7540
7551–7552 7745 7760 7791–7792 7841
7859 7867 7897 7904 7913 7993 8012
8046 8076 8095 8164 8198 8202 8288

8335 8368 8407 8437 8440 8443 8451
8462–8463 8480 8535–8536 8545 8584
8704 8707 8734 8864 8888 8998 9011
9036 9042 9094 9121–9122 9135 9155
9178 9214 9249 9258 9276 9306 9328
9330 9382 9388 9431 9504 9526 9528
9569 9594 9616 9631 9634 9699 9711
9742 9776–9777 9821 9860 9871 9898
9906 9925 9970 9976 9989 10012
10021 10031 10074 10091 10099
10103 10211 10310 10338 10345–
10346 10367 10411 10423 10481
10588 10624 (371 Belege)

absol. a censuris 761 1234 2928 4536
5548 7184 8535

absol. a certis delictis elencatis 10074

absol. a familia cismontana 2947

absol. a peccatis 1871 2782 2862 3720
4549 7522 7533 7540 7859 9631 10031
(11 Belege)

absol. a peccatis etiam locorum ordinariis
reserv. 9631

absol. a penis eccles. 186 7791 8095

absol. a periurio 1746 6490 8164 8202
9036

absol. a presbitericidio 1447

absol. a promissionibus et iuramentis
3009

absol. a sent. 4536

absol. a simonia 259 709 1172 1647 1930
2025 2377 2670 3249 3575 3699 4115
4305 4406 4566 4921 5072 5100 5119
6120 6215 6300 6385 6838 7336 7489
7760 7897 9382 9594 10103 10588
(32 Belege)

absol. a vinculo eccl. Chelmen. 4830

absol. a vinculo eccl. Premislen. 372 9258

absol. a vinculo eccl. Troian. 9526

absol. a vinculo eccl. Wladislav. 9258

absol. a voto 1173 4201 4822

absol. ab apostasia 234 294 657 1372
1849 2365 2771 2984 3308 3463 4389
6922 7033 9094 (14 Belege)

absol. ab excessibus 2456 4549 6534 7391
10021

absol. ab excessibus presbitericidii 2456

absol. ab excom. 72 154 203 240 268 571
720 730 763 765 856 921 1220 1234
1746 1793 1868 2049 2422 2521 2548–
2549 2620 2694 3161 3185 3720 3956
4167 4265 4357 4374 4536 4572 4600
4716 5121 5392 5597 5769 5781 6248

6264 6291 6784 7004 7054 7072 7165
7391 7552 7792 8443 8462–8463 8734
8998 9121 9306 9388 10211 10338
10346 10423 (64 Belege)

absol. ab excom. aep. Rigen. 9388

absol. ab excom. propter apostasiam 7792

absol. ab homicidio 201 383 880 1051
2419 2826 3146 3622 3810 4328 5219
5733 5766 6188 6253 6411 6565 7429
8480 9906 10411 10423 10481
(23 Belege)

absol. ab infamia 3223

absol. ab interd. 7490

absol. ab interemptione mulieris 4562

absol. ab irreg. 55 2364 3310 3610 3971
4377 4389 6712 8888 9504 9970 9976
10411 (13 Belege)

absol. ab iuram. 529–530 778 861 880
1068 2052 2379 2605 2672 3175 3499
4120 4535 4922 4976 5029 5252 5538
6339 6516 6774 6938 7083 7198 7256
7293 7489 7522 7540 8545 9036 9155
9214 9871 (35 Belege)

absol. ab oblig. 1770 6016

absol. ab officio gubernationis 6939

absol. ab onere recompense 1814

absol. ad cautelam 1519 1708 1962 2165
3033 5582 5606 6696 7049 7236 8198
8368 9777 10091 (14 Belege)

absol. ad effectum 2436 7328

absol. apostatas 1236 4536 7490

absol. barones et presb. 9989

absol. c. disp. ad benef. 9382

absol. c. pot. min. penit. 9898

absol. cives Basil. a censuris 761 1234
5548 8535

absol. clausula 2340 7745

absol. conf. 528

absol. consequi n. potuerunt 4211

absol. denegavit 5100 8707

absol. detentores et complices 6931

absol. eos qui horas can. dicere omiserunt
4535

absol. eos qui n. rite ad ord. prom. fuerunt
2387 2960 4535 4766 9699

absol. eos qui prohibita ad partes infidelium detulerunt 636 4536

absol. ep. Sambien. 6264 10099

absol. et conf. investituram 670

absol. et conf. privil. 971 1335 2085 3454
3473 3581 4506 5036 7342 7390 8076
8335 9122 9135 9776 9821 (16 Belege)

absol. et dimissio eccl. 2635 7551 7904

absol. et incorp. 483

absol. et indultum 4729 7518

absol. et moratorium 708

absol. et nova prov. 588 2687 8288 8440 9925 10367

absol. et prom. 2771 3674 3701 7033 9276

absol. et prov. 5848

absol. et rehab. 3475

absol. et restit. 1599

absol. et transl. misse 529 1236

absol. etiam in casibus reserv. 9036

absol. etiamsi in delictis gravibus 2792 6095 8536

absol. facult. 636 1211 1967 2323 2521 3897 8407 8864 10310

absol. fuit ea conditione ut septa claustralia intraret 3144 9742

absol. gener. 2983 8012

absol. in casibus episc. 1647 2343 3526 5291

absol. in casibus locorum ordinariis reserv. 3130 6057 8584 8704

absol. in casibus n. reserv. 2105 9214

absol. in casibus papalibus 6039

absol. in casibus prohibitis 2862

absol. in casibus reserv. 254 661 1732 4895 5251 5674 5833 6291 7328 7522 8335 8707 9178 10624   (14 Belege)

absol. in casu reversionis ad obedientiam 4208 7471

absol. in heresim deviantes 4535

absol. mag. et fr. hosp. b. Marie Theotonicorum ab iuram. 7490

absol. mandavit 720 4211 6419 7867 9906

absol. mercatores 10012

absol. monach. mon. a censuris 1947

absol. nulla obtenta 2244 9616

absol. nullam esse decernatur 2928

absol. p. Paulum_II. de excom. propter simoniam 2316

absol. p. prom. ad eccl. Lubuc. 7294

absol. parochianos ab omnibus peccatis exceptis sed. ap. reserv. 2782

absol. parochianos quarumcumque par. eccl. 10345

absol. percursores cler. 4536

absol. peregrinos ab excom. 5461

absol. personas eccles. et sec. 131

absol. personas eccles. exponentes pecuniam 7490

absol. possunt 8437 8451

absol. possunt minores penitentiarii 4549

absol. → pot.

absol. pro coadiutore Brixin. 7841

absol. pro decimis ex novalibus perceptis 1866

absol. pro illis qui eccl. visit. 7993

absol. Prutenos ab iuram. 7490

absol. quia in ignorantia 7304

absol. ratificatio 2021

absol. religiosos et laicos in provincia Gneznen. 4211 4340

absol. sacrilegos incendiarios et depredatores 4536

absol. secundum pot. penit. maioris 4535

absol. simoniacos ab excom. 4536

absol. sup. fruct. male perceptis 4535

absol. ut etiam in off. alt. ministrare valeat 8335

absol. ut possint ministrare sacramenta 9249

absol. valetudinarios a voto s.cruciate 7490

absolutus ab inquisitore heretice pravitatis a crimine heresis 620

absolvendi → lic.

absque aliquo ordine approbato 1241

absque disp. 5 184 202 351 355 517 588 703 741 839 1015 1065 1202 1321 1378 1430 1659 1741 1974 1982 1994 2009 2016 2027 2080 2376–2377 2386 2388 2409 2489 2507 2582 2789 2903 3086 3151 3203 3370 3636 3670 3691 3705 3901 4087 4321 4528 4548 4745 4785 4962 5241 5291 5347 5375 5379 5581 5650 5672 5744 5805 6154 6296 6333 6338 6396 6445 6602 6613 6671 6772 6889 7165 7215 7231 7235 7467 7656 7717 7729 7895 7900 7906 7966 8029 8162 8270 8304 8367 8385 8439 8445 8503 8563 8614 8640 8647 8777 8808 8881 8916 8945 9098 9193 9220 9297 9355 9473 9557 9562 9576 9621 9625 9658 9797 9830 9926 10004 10047 10070 10195 10353 10383 10427 10552 10598   (126 Belege)

absque disp. sup. def. nat. → abbrev.

absque lic. 24 284 367 620 689 1449 2077 2392–2393 3550 4265 4536 4548 4729 5029 5505 5637 6389 7061 7469 7856 9121 9742   (23 Belege)

6951 6968 6977 7015–7016 7019 7034
7043 7067 7081 7093 7113 7123 7131
7133 7148 7152 7159 7161 7166 7172–
7173 7176 7204–7205 7214 7225 7236
7264 7275 7279 7298 7303–7306 7312
7323 7337 7377 7382 7393 7399 7497–
7498 7503 7505 7509 7513 7553 7566
7577 7591 7614 7617 7630 7642 7646
7656 7682 7699 7721–7722 7733 7735
7738 7742 7746 7756 7760 7767 7782–
7783 7788 7795–7796 7798 7814–7815
7826 7834–7836 7846 7848–7849 7851
7876 7879 7903 7907 7913 7946 7951
7953 7961–7962 7975 7978 8018 8032–
8033 8041 8060 8072 8091–8092 8095
8099 8110–8111 8113 8130–8133 8141
8151 8155 8183 8203 8205 8220 8227
8233 8238 8282 8295 8308 8315 8317
8333 8360 8362 8371 8390 8405 8411
8419 8426 8431 8441 8502–8503 8518
8524 8536–8537 8549 8555 8562 8574
8580–8582 8588 8606 8640–8641 8663
8670 8675 8703–8704 8714 8716–8717
8748 8762 8787 8801–8802 8821 8823
8828 8843 8868 8908–8909 8915 8926–
8927 8937 8973 8988 8998 9000 9004
9007 9021 9045 9055 9070 9074 9096
9127 9156 9160 9205 9207 9211 9218–
9219 9233 9246 9252 9269 9286 9288
9298–9299 9324 9334 9342–9343 9355
9362 9379–9380 9382 9389 9398 9412
9415 9427 9472 9481 9511 9528 9534
9540 9555 9557 9564 9571 9600 9608
9620–9621 9623 9627 9635 9648 9651
9659 9661 9666 9668 9677 9696 9711
9716 9729–9730 9749 9764 9779 9788
9810 9815 9821 9824–9825 9846–9847
9867 9870 9878 9890 9897–9898 9910
9916 9923 9968 10036 10041 10067–
10068 10071 10080 10094 10107–
10108 10112 10192 10217 10250
10252 10278 10281 10345 10380
10394 10398 10425 10435 10444
10453 10458 10480–10481 10486–
10487 10493 10498 10504 10526–
10527 10529 10549 10554 10564
10585 10592 10599 10604 (949 Belege)
accedere → facult. conc. monach. vel can.
reg.
accedo 353 433 528 998 1071 1233 1497
1730 2008 2044 2232 2348 2416 2470
2660 2845 3175–3176 3238 3590 3733

4282 4374 4391 4536 4581 4666 4739
5376 5582 6497 6502 6816 7186 7198
7329 7464 7552 7828 7835 8434 8457
8469 8789 9003 9044 9224 9798 9801
9850 9871 10031 10480 10482 10497
10584   (56 Belege)
accendo 3674
acceptatio 1065 2119 2320 2805 4551
5548 6016 7312 7907 7929 9821 9866
(12 Belege)
accepto 35 119 136 183 338 352 564 607
839 1036 1041 1065–1066 1068 1241
1305 1414 1533 1637 1783 1840 1845
1860 2056 2111 2183 2225 2320 2511
2729 2779 2791 2874 2976 3035 3176
3227 3291 3475 3524 3544 3547 3619
3825 3917 3946 3983 4013 4671 4726
4893 4946 5270 5381 5403 5522 5629
5693 5726 5761 5770 6051 6513 6523
6652 6813 6911 7019 7148 7166 7172
7191 7306 7382–7383 7491 7506 7722
7742 7798 7903 7943 7978 7994 8033
8133 8317 8441 8507 8579 9166 9218
9242 9379 9511 9621 9627 9720 9847
10036 10094 10097 10157 10250
10481 10523   (106 Belege)
accessio 2347
accessus 7459
accido 9504
accipiendi par. eccl. → lic.
accludo 9044 9982
accommodus 1874 5971
accresco 105
accurate 224 469
accusatio 5697 9860
accuso 732 1766 3144 5252 6339 7383
8995 9501
acer 10110
acol. 44 130 171 200 204 225 325 363
381 394 435 464 471 488 512 518 540
554 603 633 636 673 708 717 818 839
873 934 967 969 1064–1065 1090 1105
1136 1204 1252 1293 1399 1412 1414
1430 1432 1456 1551 1582 1596 1784
1808 1833 1840 1845 1863 1903 1976
1991 2047 2060 2081 2103 2106–2107
2110 2209 2236 2402 2515 2517 2620
2658–2659 2670 2710 2740 2745 2754
2781–2782 2792 2863 2974 2986 3010
3161 3273 3291 3337 3404 3454 3526
3528 3628 3632 3635 3671 3674 3692
3728 3740 3763 3782 3822 3825 3855

3922 3931 3983–3984 4063 4066 4151
4200 4227 4323 4387 4402–4403 4445
4460 4509 4535 4584 4621 4637 4662
4749 4763 4781–4783 4786–4787
4922–4925 4930 4957 4960 4986 5014
5052 5133 5154 5166 5222 5224 5291
5386 5422 5429 5438–5439 5478 5483
5542 5560 5607 5621 5650 5653 5674
5686 5761 5770 5816 5852 5854 5877
5884 5913 5948 6007 6039 6056 6071–
6072 6098 6106 6140 6160 6178 6187
6284 6338 6402 6407 6446–6447 6588
6642 6708 6710 6732 6734 6798 6812
6823 6969 7116 7122 7170–7171 7203
7242 7305 7434 7453 7474 7554 7594
7642 7646 7741 7844 7847 7849 7856
7974 8054 8056 8099 8179 8206 8258
8311 8341 8432 8436 8441 8580–8581
8638 8650 8703–8704 8715 8740 8751
8794 8849 8902 8949 8988 8994 9021
9098 9123 9159 9187 9230 9233 9312
9368 9472 9476 9484 9664 9688 9720
9811 9929 9932 10069 10119 10122
10187 10190 10203 10217 10270
10290 10313 10344 10380 10454
10464 10481 10501 10512 (280 Belege)
acolit. 92 214 302 320 435 438 512 711
719 832 845 930 972 1127 1195 1291
1307 1347 1373 1555 1603 1605 1609
1666 2055 2106 2124 2350 2374 2382
2413 2495 2561 2659 2673 2710 2745
2761 2819 2949 3001 3082 3220 3273
3433 3438 3452 3570 3584 3998 4057
4062 4105 4259 4442 4446 4463 4768
4821 4946 5162 5245 5255 5282 5431–
5432 5469 5568 5570 5687 5701 5714
5776 5793 5876 5943 5964 6072 6145
6160 6233 6266 6303 6338 6472 6553
6762 6845 6913 6915 6958 6963 6965
6977 7044–7045 7199 7205 7226 7231
7253 7503 7566 7606 7612 7642 7750
7760 7764 7779 7809 7842 7845 7896
7971 8005 8014 8053 8147 8149 8236
8244 8564 8582 8670 8728 8763 8849
8860 8899 8918 8958 8960 9014 9225
9310 9351 9379 9422 9546 9668 9892
9900–9901 10069 10200 10339 10341
10435 10475 10517 10520 10538
10571 10586 10594   (156 Belege)
Aconnen. disputavit → in logica et phisica
in civit.

acquiesco 3072 6384
acquiro 105 1122 1701 1870 2417 3096
4907 5126 6838 9742 9871 10049
                                    (12 Belege)
acquisitio 1870
actio 1959 8560 9812 10112
actor 3 17 36 41–42 82 95 98 108 131 152
292 326 329 367 381 413 416 419–420
425–426 438 486 497 548 556 564 643
653 656 704 709 717 726 728 800 804
807 852 859 861 876 917 930 956–957
1006 1015 1017 1065 1120 1132 1150
1252 1277 1352 1377 1461 1552 1558
1649 1672 1703 1781 1817 1824 1898
1923 2007 2025 2032 2045 2118 2149
2218 2226 2302 2458 2478 2523 2577
2649 2713 2793–2794 2855 2892 2901
2940 3035 3085 3166 3190 3221 3226
3232 3269 3290 3295 3301 3333 3399
3457 3459 3462 3464 3478 3511 3528
3542 3557 3592 3633 3679 3692 3711
3713 3717 3722 3748–3749 3837 3874
3881 3889 3951 3954 3978 4015 4155
4231 4260 4270 4304 4307 4329 4361
4365 4403 4458 4475–4476 4548 4614
4618 4753 4763 4783 4785 4792 4796
4803 4828 4878 4888 4891 4902 4957
4961 4976 5001 5092 5098 5117 5126
5154 5160 5168 5194 5282 5292 5299
5375 5556 5565 5570 5600 5646 5666
5682 5726 5737 5828 5848 5878 5919
5936 5972 5980 6064 6079 6093 6125
6144 6154 6156 6231 6237 6265 6338
6372 6414 6445 6514 6524 6547 6597
6670 6732 6741 6869 6884 6916 7043
7088 7150 7152 7202 7244 7343 7349
7377 7567 7583 7630 7725 7735 7747
7760 7774 7826 7849 7867 7913 7934
7952–7955 7963 8010 8025 8052 8067
8110 8154 8179 8210 8314 8341 8343
8345 8360 8368 8385 8425 8441 8503
8515 8549 8555 8578 8597 8608 8635
8647 8711 8732 8812 8826 8828 8836
8908 8923 8976 9091 9125 9186 9198
9207 9227 9286 9343 9365 9399 9418
9437 9546 9611 9615 9619 9631 9638
9651 9658 9701 9714 9732 9734 9771
9787 9824 9847 9897 9916 9976
10249–10252 10261 10279 10345
10357 10378 10388 10427 10454–
10455 10493 10523 10543 10546
10585   (325 Belege)

actrix 984 7536

actu 14 202 367 451 576 1238 1282 1496
1865 2226 2581 2627 2780 2855 3128
3825 3874 4243 4528 4733 5874 6172
6440 8018 8344 8441 8702 9012 9289
9599 9720 9730 9973 10062 10074
10398 10454 (37 Belege)

actus 3102 4114 4340 4659 4772 7002
7049 7401 7479 8335 8510 9937 10109
10184 10252 10490 (16 Belege)

acutus 4520

ad abbat. el. 7033 8012

ad Bavarie ducum cur. destinare oratores
119

ad dietam Nurimbergen. congregati 8460

ad eccl. sue debitam obedientiam et iurisd.
redire recusant 9597

ad exitum 63 224 527 800 1030 1287
1742 1982 2159 2620 2931 5936 6712
6938 7505 7552 7968 8555 9552
(19 Belege)

ad illam dietam c. d. card. proficiscatur
7383

ad imper. orator 468

ad instantiam 1 102 117 205 224 274 419
505 619 921 1234–1235 1240 1354
1357 1726 1895 2341 2349 2393 2420
2910 2920 2929–2930 2945 3130 3220
3232 3617 3699 3719 4133 4600 4784
5098 5226 5600 5913 6001 6277 6639
6691 7019 7353 7391 7500 7533 7578
7583 7820 7986 7993 8139 8198 8385
8449 8463 8621 8624 8962 8998 9002
9047 9139 9142 9178 9257 9299 9306
9327 9390 9431 9527 9554 9701 9777
9854 9902 9933 9984 10091 10109
10489 (84 Belege)

ad instantiam abb. 3130 9554

ad instantiam abba. 2910 5098

ad instantiam abba. et capit. colleg. eccl.
2910

ad instar studii Bononien. 1865

ad instar studii Bononien., Parisien. et Colon. 9709

ad instar studii Wien. 7391

ad nutum abb. 9295

ad papam / sed. ap. destinatus orator 6 224
239 312 351 353 381 410 497 1063
1076 1742 2047 2076 2424 2642 4785
6685 7790 8641 9300 9866 9969
(23 Belege)

ad perp. rei memoriam 529 620 2219–
2220 2420 9710 9932 10607

ad present. abb. 1539 5924 6016 7455
7889 8579 8718 9742

ad present. abba. etc. 7136 9379

ad veram fidem reducere 4536 7491

adapto 7231

adc. (1414 Belege)

adc. → duc.

adc. → valor fruct. / red. beneficiorum
[pars separata in fine appensa]

adcurro 3187

addico 10087

addisco 9252

additamentum 6724 8202–8203 8536
10436

additio 761

addo 1137 4569 10087

adduco 2894 8226 9319 10109

adeo 678 917 1234 1790 2085 2138 2232
2244 2341 2815 3162 4123 4433 4447
4545 4586 4666 4930 5618 6107 6188
6337 6447 6786 6991 7236 7383 7653
7772 7814 7942 7975 8269 8335 8348
8374 8545 8802 8956 9388 9589 9857
9871 9932 10098 10520 (46 Belege)

adequo 2138

adhereo 106 2021 2444 2538 4208 5047
6712 7068 7742 7828 8460 8505 8534–
8535 8894 9527–9528 9642 (18 Belege)

adhesio 7236

adhibeo 106 119 224 469 508 731 762
1031 1233 2346–2348 2356 2424 2551
3488 3771 4025 4077 4529 4536 4569
5697 6086 6712 7177 7382–7383 7477
7491 7815 7951 8434 8488 8507 9329–
9330 9360 9528 9569 9787 9814 10108
(43 Belege)

adhortor 732

adiaceo 700 1205 2345 3155 3385 4400
4535 4537 7330 7696

adicio 732 1615 2620 2793 7244 9066
9940

adimo 431 2323

adimpleo 474 657 1173 2349 3197 4822
5496 7083 8763 9634 10110 10362
10472 (13 Belege)

adipiscor 371 1116 1752 1990 2650 3012
3226 4846 5570 6096 7305 9128 9787
10520 (14 Belege)

adiudicatio 529 8703

adiudico 426 684 1959 1965 3454 4781
4976 5044 5745 6390 7525 7953
(12 Belege)
adiumentum 246
adiungo 266 1137 1732 1814 2349 4284
7054
adiuto 2551
adiutor 1053 4079 4603 10087
adiutorium 2415 2923 10031
adiutrix 4606 9041 9261 10097
adiuvo 700 880 1567 2916 3038 7321
9044 9329 9504 9916
adloquor 9569
adm. 7 35 43–44 99 139 149 157 183 190
254 256 291 316 338–339 351 405 426
436 444 458 498 527 537 569 594 606
619 636 642 651 661 709 730 742 800
802 815 851 858 861 863 872 875 890
919 959–960 980 989 997 1001–1002
1006 1031 1068 1101 1135 1214–1215
1234 1304 1320 1352 1377 1380 1405
1435 1448 1502 1506 1527 1586 1591
1606 1642 1732 1742 1781 1784 1788
1796 1807 1824 1840 1843–1844 1867–
1869 1874 1879 1885 1898 1936 1946
1950 1983 2000 2033 2044 2056 2093
2096 2105–2106 2159 2237–2238 2242
2249 2255 2273–2274 2282 2299 2312
2329 2341 2381 2388 2396 2402 2404
2416 2436 2457 2463 2533 2549–2551
2632 2689 2713 2729 2740 2762–2763
2780 2790 2792–2793 2892 2936 2950
2952 2972 2986 2990 3035 3067 3082–
3083 3143 3149 3176 3181 3190–3191
3216–3217 3225 3372 3399 3467 3506
3527–3528 3534 3550 3557 3576 3582–
3583 3600 3624 3646 3671 3694–3695
3721–3722 3736 3742 3755 3762 3827
3829 3919–3921 3951 3984 4013 4057
4088 4213 4225 4264 4269 4277 4282
4288 4324 4339 4421 4430 4447 4450
4453 4457 4502 4506 4512 4535 4545
4550 4552 4618 4620 4647 4661 4668
4726 4763 4784 4796 4813 4821 4828
4847 4859 4898 4933 4946 4957 4976
4999 5033 5053 5089 5126 5153 5155
5160 5183 5194 5210 5217 5225 5275
5294 5302 5348 5403 5413 5420–5421
5534 5538 5576 5591 5601 5603 5654
5661 5667 5674 5676 5709 5714 5726
5744 5761 5764 5768 5770 5811 5828
5836 5847–5848 5878 5880 5893 5910

5919 5932 6019 6038 6052 6056–6057
6080–6081 6142 6166 6172 6244 6267
6282 6297 6307 6313 6337–6338 6344
6366 6390 6432 6513 6552–6553 6561
6567 6609 6674 6694 6700 6732 6752
6802 6839–6840 6861–6862 6889 6902
6925 6961 7067–7069 7072 7088 7091
7132 7186 7195 7229 7236 7257 7277
7324 7328–7329 7377 7400 7431 7453
7466 7477 7533 7567 7582–7583 7608
7653 7673 7721 7735 7741 7760 7788
7838–7839 7849–7852 7856 7869 8000
8017 8020 8025 8049 8063 8103 8120
8203 8360 8368 8385 8534 8537 8545
8630 8637 8663 8665 8683 8704–8705
8727 8729 8763 8766 8863 8869 8905
8923 8938 9016 9031 9045 9059 9065
9070 9089 9092 9110 9115 9128 9145
9147 9149 9159 9199–9200 9249 9260
9273 9300 9312 9363 9427 9437 9455
9457 9528 9554 9648–9649 9667 9670
9684 9701 9707 9714 9730–9731 9733
9745 9777 9790 9824 9832 9847 9890
9898 9907 9930 9935 9937 9976 10004
10015 10020 10022 10045 10071
10088–10089 10154 10244 10383
10425 10434 10438 10480–10481
10546 10578 10607   (477 Belege)
adm. cess. 1606 2402 2632 3550
adm. resign. 7 35 43–44 139 149 183 256
291 316 338–339 351 405 426 436 444
458 498 537 569 594 606 642 651 709
742 800 815 851 858 861 863 872 875
890 919 959 1001 1031 1068 1101
1135 1214–1215 1320 1352 1377 1380
1405 1435 1448 1502 1506 1586 1591
1642 1781 1784 1788 1824 1840 1879
1885 1898 1936 1950 1983 2000 2033
2044 2056 2093 2096 2105–2106 2237–
2238 2242 2249 2274 2282 2299 2329
2381 2388 2404 2457 2463 2533 2549–
2551 2689 2713 2729 2740 2763 2780
2793 2892 2936 2950 2952 2986 3035
3067 3143 3149 3181 3190 3216–3217
3372 3399 3467 3506 3527 3534 3557
3576 3582 3600 3624 3671 3694 3721–
3722 3736 3742 3755 3762 3827 3919–
3921 3951 4057 4088 4225 4264 4269
4277 4288 4324 4339 4421 4430 4450
4453 4457 4502 4506 4545 4550 4618
4647 4661 4668 4726 4763 4784 4813
4821 4828 4847 4859 4898 4933 4946

4957 4976 4999 5033 5053 5089 5126
5153 5155 5160 5194 5210 5217 5225
5275 5294 5302 5348 5403 5413 5420–
5421 5534 5538 5576 5591 5603 5654
5661 5667 5674 5676 5709 5714 5726
5744 5761 5764 5768 5770 5811 5828
5836 5847–5848 5878 5880 5893 5910
5919 5932 6019 6038 6052 6056–6057
6080 6142 6166 6172 6244 6267 6282
6297 6307 6313 6337–6338 6366 6513
6552–6553 6561 6567 6674 6694 6700
6732 6752 6802 6839–6840 6861–6862
6889 6902 6925 7067 7069 7072 7088
7132 7195 7229 7236 7257 7277 7377
7400 7431 7453 7466 7567 7582–7583
7608 7653 7673 7721 7735 7741 7760
7788 7838–7839 7851–7852 7856 8000
8017 8020 8049 8063 8103 8203 8360
8368 8537 8663 8665 8704–8705 8727
8766 8869 8905 8923 8938 9016 9031
9045 9059 9089 9092 9115 9128 9145
9149 9159 9199–9200 9260 9300 9312
9363 9554 9648–9649 9667 9670 9684
9707 9714 9730–9731 9745 9777 9824
9832 9898 9907 10004 10015 10020
10022 10154 10244 10383 10425
10434 10438 10480–10481 10578
                              (354 Belege)
admin. 44 190 306 371–372 619 671 932
  1162 1169 1188 1233 1314 1442 1729
  1796 1865 2068 2078–2079 2154 2218
  2345 2415 2433 3009 3032 3088 3102
  3155 3176 3572 3684 3924 3956 4012
  4414 4473 4606 4963 5606 5608 6619
  6770 7034 7211 7341 7464 7551 7578
  7841 7867 7994 8018 8083 8183 8291
  8309 8510 8535 8679 8707 8935 8962
  9042 9630–9631 9711 9935 10008
  10498 10533   (72 Belege)
admin. filiorum legitimorum et naturalium
  → cler. Sedun. dioc. pater et legitimus
admin. → pot.
administratio 51 254 278 280 765 859
  2079 2433 2712 3076 3155 4167 4939
  5947 7430 7506 7533 7539 7551 7841
  8183 8449 8707 8795 9085 9329 9468
  9489 9701 9711 9715   (31 Belege)
admissa n. fuit → resign.
admoneo 223 9135
admonitio 2346
adnecto 7 45 68 127 131 133–134 233
  438 532 537 546–547 585 618 633 742

781 800 828 844 851 858 861–862 953
963 1003 1083 1089–1090 1118 1214
1216 1258 1333 1374 1400 1408 1491
1497 1533 1586 1780 1789 1810 1824
1840 1865 1885 1904 1916 1977 2105
2248 2275 2358 2440 2467 2494 2511
2598 2797 2845 2853 2855 2872 2924
2941 3041 3059 3086 3125 3149 3162
3175 3289 3363 3385 3429 3451 3483
3498 3526 3582 3595 3597 3627 3691
3705–3706 3772 3814 3961 4011 4013
4058 4060 4091 4150 4284 4474 4490
4534 4546 4552 4580 4633 4783 4785
4796 4988 5126 5228 5496 5522 5581
5644 5691 5715 5743 5997 6001 6016
6037 6051 6080–6081 6114 6154 6243
6361 6376 6426 6458 6513 6766 7007
7189 7200 7434 7463 7553 7783 7814
7820 7836 7860 7875 8063 8113 8208
8248 8345 8426 8471 8503 8601 8802
8812 8863–8864 8874 8884 8894 9137
9139 9159 9348 9401 9415 9427 9430
9501 9546 9550 9552 9806 9828 9935
9982 10031 10131 10246 10252 10257
10267 10346 10453–10454 10479–
10482 10498 10622–10623
                              (197 Belege)
adnexio 2066
adnotatio 9044
adnoto 7261 10110
adnullatio 3000
adnullo 1959 3894 4581 5604 7261 8273
  8534 8715
adoro 10246
adsum 224 297 731–732 761 2178 2271
  2323 5801 8535 10111 10533
                              (12 Belege)
adulescens 1732
adulterium 268 1962 2360 3144 6248
advenio 2219
adventus 762 3162 3548 5503 7383
adversarius 161 292 352 381 412 416 425
  535 546 584 830 980 1065 1233 1241
  1551 1586 1643 1678 1687 1732 1824
  2111 2149 2469 2589 2632 2660 2689
  2729 2779 2794 2945 2990 3051 3346
  3362 3454 3467 3542 3556 3574 3583
  3597 3602 3671 3691 3823 3876 3982
  4066 4284 4329 4378 4412 4475 4477
  4502 4573 4595 4664 4763 4781 4784
  4796 5047 5130 5132 5377 5548 5646
  5648 5745 5756 5848 5853 6007 6038

6049 6055 6082 6133 6210 6214 6640
6732 6792 6811 7012 7306 7382 7611
7721 7826 7850 8057 8113 8133 8203
8544 8606 8661 8683 8869 8970 9126
9128 9286 9300 9528 9576 9627 9681
9721 9734 9777 9810 9821 9847 9868
9870 9879 9902 10228 10302 10373
10493 10523 (128 Belege)

adversitas 5503
adverto 7381–7382
advocatia 2434 6614 9327 10362
advocatio 274 4458 6553 7173 8165
advocatus 1604 1865 2343 2355 2548
4403 7165 7526 9121–9122 9642
10065 (12 Belege)
advoco 223 993 2434 3175 3403 4414
5130 6434 6712 7165 7407 7839 8007
8510 8536 8560 9384 9527 10109
(19 Belege)
aep. 6–7 13 18 24 29 36 42–43 52 56 68
71 80 100 105–106 118 131 133–134
163 175 178 185 190 199 201 203–204
223–224 249 254 260 263 273–274 288
292 327–328 342 344 351 353 371–372
375 377 381 395 403 406 410 431 458
469 504 508 516 519–520 525–526 541
546 558 569 571 576–577 588 610 619
659 705 708–709 725 730–732 734 737
757 761–764 779 794 796 836 861 863
880 885 941 993 1005 1015 1029 1031
1042 1052 1057 1060 1071 1077 1079
1089 1113 1118 1135 1137–1138 1154
1158 1188 1196 1201–1202 1233–1241
1244 1275 1299 1313 1373 1400 1430
1444 1447 1461 1466 1469 1497 1509
1528 1533 1567 1571 1578 1586 1596
1611 1631 1664 1673 1678 1704 1707–
1708 1715 1720 1730 1732 1737 1770
1774 1783 1788 1794 1801 1807 1814
1821 1840–1841 1843–1844 1855 1859
1868–1869 1885 1908–1909 1912 1916
1930 1939 1945 1957 1971–1972 1976
1982 1990 2033 2035 2055 2057 2069
2077–2079 2096 2105–2106 2110–2111
2115 2150–2151 2161 2164–2165 2170
2172 2178 2180 2183 2195 2211 2218–
2220 2228 2237–2238 2242 2256 2262
2275 2285 2292 2319 2323 2340 2342–
2343 2346–2349 2355 2360 2365 2372–
2374 2386 2390 2404 2413 2424 2434
2440 2444 2446 2460 2463 2478 2481–
2482 2498 2511 2548–2549 2551 2566

2577 2619–2620 2635 2640 2670 2687
2708 2729 2779–2782 2790 2794 2853–
2854 2902 2912 2940–2941 2945 2959
2961 2964 2985–2987 2995 3009 3035
3051 3076 3083 3088 3102 3129 3175–
3176 3199 3274 3295 3352 3375 3381
3413 3425 3435 3450 3453–3454 3464
3475 3490 3496 3511 3516 3526–3528
3544 3595 3606 3643 3650 3684–3685
3692 3694 3702 3719–3722 3725 3751
3772 3842 3846 3848 3859 3897 3905
3920 3924–3925 3947 3956 3978 3982
3996 4011 4066 4085 4114 4138 4143–
4144 4152 4167 4195 4213 4222 4231–
4232 4237 4242 4255 4260 4271 4283
4290 4325–4326 4340 4391 4400 4473
4485 4502 4511 4548–4549 4551 4554
4566–4570 4589 4595–4596 4600 4606
4626 4628 4636 4659 4664 4671 4682
4726 4769 4775 4804 4807 4809 4814
4853 4857 4874 4882 4890 4907 4956–
4959 4982 5001 5012 5049 5053 5061
5072 5074 5089–5090 5121 5130 5134
5155 5168 5239 5246 5265 5290–5291
5317 5348 5359 5370 5375 5379 5392
5404 5409 5419 5436 5440 5449 5463
5536 5549 5583 5606 5608 5624 5629
5636–5637 5649 5651 5656 5658 5706
5726 5737 5770 5784 5801 5810 5819
5848 5897 5899 5929 5948 6000 6035
6048 6053 6067 6078–6079 6086 6106
6110 6123 6129 6131 6172 6185 6221
6232 6243 6282 6289 6291 6295–6296
6298 6304 6325 6341 6346 6361 6381
6401 6414 6427 6437 6482 6485 6503
6515 6523 6544 6583 6587 6606 6608
6613 6624 6637–6638 6681 6685 6712
6734 6752 6758 6801 6816 6827 6837
6860 6867 6876 6883 6903 6905 6916
6938 6956 6976 7015 7033–7034 7039
7064 7068 7078 7081 7088 7125 7144
7159 7166 7172 7177 7191 7211 7244
7258 7274–7275 7294–7295 7302 7304
7314 7321 7329 7337 7351–7352 7382–
7383 7389 7394 7399–7400 7406 7449
7454 7467 7469 7477–7479 7488 7491
7513 7533 7537 7585 7591 7605 7620
7655 7705 7721 7742 7745 7752 7756
7767 7791 7798 7802 7808 7812 7814–
7815 7834–7835 7841–7842 7883 7886
7909 7913 7919 7922 7936–7937 7951
7953–7954 7957 7969 7977 7993 7997

8015 8018 8022 8056–8057 8073 8109
8129 8132–8133 8161 8177 8194 8203
8248 8261 8314 8335 8344 8347 8371–
8372 8379 8383 8425 8435 8440–8441
8456–8457 8464 8466 8507 8521 8529
8534–8535 8547 8551 8584 8608 8612
8614 8622 8637 8688 8692 8715 8717
8761 8778 8780 8804 8851 8857 8863–
8864 8876 8917 8923 8925 8927 8938
8946 8998 9000–9001 9023 9035–9036
9041 9044–9045 9060 9094 9108 9121–
9122 9137–9138 9142 9144 9154 9178
9187 9197–9198 9214 9226 9248–9249
9255 9258 9262 9270 9273 9276–9277
9289 9296 9300 9299 9319 9327–9330
9338 9342–9343 9347 9353 9355 9362
9366 9384 9388 9415 9427 9440 9442
9453 9455 9466 9472 9479–9480 9500
9526–9528 9539–9540 9544–9545
9562–9563 9591 9597 9621 9627–9628
9651 9709–9711 9729–9731 9733 9762
9764 9798 9811 9825 9828 9832–9833
9839 9850 9853 9864 9866 9868 9879
9897–9898 9911 9914 9935–9937 9941
9969 9981 9989 10031 10076 10092
10094 10096–10097 10099 10108
10110 10112 10131 10134 10141
10169–10170 10174 10240 10259
10264 10266 10268 10278 10301
10305 10318 10353 10378 10388
10409 10419 10434 10451 10466–
10467 10471 10478–10479 10486–
10487 10490 10498 10530 10588
10593 10605 10610 10614 10625
(870 Belege)

aep. → coll.
aep. Colon. consiliarius 3516
aep. Colon. → orator ad
aep. Craynen. in manibus eius consignetur 8507
aep. Craynen. in manibus nuntiorum ap. tradatur 7337
aep. Craynen. in manibus oratorum ap. consignetur 2347
aep. Craynen. in manibus sed. ap. mittitur 431
aep. → gratis pro fam.
aep. → in manibus vic. gener.
aep. Magunt. consiliarius 576 5440
aep. → pot. examinandi et puniendi
aep. Rigen. → absol. ab excom.

aep. Salzeburg. consiliarius 7399
aep. Trever. consiliarius 4242
aepisc. 260 880 890 941 1052 1493 1762
2035 2165 2269 2285 2440 2548 2877
3084–3086 3102 3161 3466 3684–3685
3721 3747 3897 3956 4152 4222 4566–
4569 4595 6638 6707 7275 7570 7752
7814 8018 8614 9048 9060 9121 9142
9384 9400 9526–9527 9850 9935–9936
10478–10479   (54 Belege)
aer 87 2348 7486 7563 8007
affecto 3197 6991
affectuose 272 7330
affectus 353 2394 4424 7059 7382 7540
8012 9388 9527 10266
affero 242 353 638 921 4391 5074 7329
afficio 352 2342 2476 8461 9609 10109
affido 431
affigo 361 1807 1844 3176 3983 8534
affinis 1841 2505 2642 6188 7044 7479
affinitas 56 431 730 885 2436 2654 3020
3657 4517 4536 4932 5314 5317 5462
6110 6351 6636 7489 7492 7553 7758
7960 9011 9416 10241   (25 Belege)
affirmatio 8460 9528
affirmative 144
affirmo 3175–3176 4391 7382 10109
affixio 2790
afflictio 7696
affligo 631 2317 2323 2440 4941 7059
10183
ager 620 1220 2920 3385 7470 7479 7815
8894 9587 9890 10605   (11 Belege)
agger 9805
aggravatorius 8869
aggravo 371 2790 3076 4374
aggredior 2346 4391 4530 6810 7069
8019 10110
aggregatio 5153 6056 9825
aggrego 3179 5126 9897
agito 2035
agnatus 117–118 191 923 1653 3646 4595
ago 14 44 106 119 223–224 273 352 357
393 431 469 471 497 516 526–527 529
551 575 709 721 731 762 786 794 977
979 1030 1049 1071 1109 1201 1233
1344 1552 1571 1627 1659 1674 1732
1851 1951 1959 1972 2032 2161 2264
2275 2323 2346–2347 2388 2396 2416
2476 2522 2551 2569 2980 2987 3012
3176 3215 3410 3436 3548 3553 3624
3636 3685 3719 3780 3881 3897 3946

4060 4148 4204 4258 4269 4331 4376
4488 4552 4689 4716 4741 4783 4821
4848 4889 4912 5045 5342 5375 5400
5487 5536 5651 5716 5916 6037 6187
6283 6810 6941 6990 6994 7078 7328–
7329 7383 7501 7540 7622 7742 7826
7851 7913 8241 8329 8345 8368 8371
8449 8456 8505 8550 8704 8734 8869
8884 8895 9002 9041 9045 9065 9107
9122 9195 9242 9279 9342 9409 9427
9511 9542 9557 9668 9710 9787 9881
9940 9942 10065 10087 10162 10214
10250 10336 10379 10413 10454
10467 10490 (150 Belege)
alternatim 3747 9258 9710
alternatus 1732 2270 3162 4925
altus 119 786 6039 9041
alumen 4351 7330
alveus 9454
amaritudo 2916
amarus 10257
amator 3176
ambassiator 722 2717 10528
Ambitiose perversorum cupiditati 186
ambitiosus 7830
ambitus 151 620 774 845 992 1014 1032
1089 1378 1430 1707 1802 2209 2441
2489 3175 3179 3652 3699 3871 4513
4618 4726 4759 5350 5647 5671 5682
5723 5800 5818 6067 6431 6617 6752
7472 7696 7978 8874 8900 9163 9182
9218 9400 10516 (45 Belege)
ambo 260 731 890 901 1137 1258 1303
2016 2347 2355 3067 3163 3454 3666
3774 4119 4731 5541 5607 5682 5920
6283 6338 6502 6523 7394 7477 8132
9658 10478 10486 (31 Belege)
ambulo 1550
Amhoff vulg. nunc. → eccl. s. Magni o.s.
Aug.
amica 1145
amicabilis 1421 2347 2945 3161 4567
8335 9044 9066 9933 10108 10362
(11 Belege)
amicitia 2417 9330
amictus 1339
amicus 312 417 631 732 1085 1616 2793
2945 3399 4264 6379 6810 7390 7407
7518 7847 7979 8335 8461 8658 9257
10437 (22 Belege)
amitto 544 739 1357 1987 2080 2170
2641 4415 5503 7433 7551 8269 10128
(13 Belege)

amminuo 7814
amo 2349 7337
amonitio 8463
amor 7329
amotio 185 9065
amotio abb. p. ep. 9065
amoveo 24 118–119 185 619 658 731 764
960 1707 1732 1940 2218 2323 2343
2547 3125 3474 4391 4432 4535 4783
5161 5620 6016 6095 7275 7382 8688
9064 9090 9166 9318 9327 9384 9526–
9527 9742 10182 (39 Belege)
amovibilis 687 790 880 988 1042 1243
2343 2392 3032 7060 7741 9049 9294–
9295 9453 9701 10605 (17 Belege)
amplector 2945 4391
amplexus 4583
ampliatio 4026
amplificatio 7533
amplifico 4510
amplio 1574 2272 2971 8974 9249
amplus 2696 3175 6013 9185 9504
amputarunt → presb. virilia
amputo 2120 2364 2456 3187 5304 7742
9504 9942
an der Mer vulg. nunc. → capel. s. Jacobi
an. (2110 Belege)
1 an. 283 708 765 1843 1866–1867 1871
2106 2340 2729 2793 2974 3436 3549
3874 4253 4556 4600 5210 5666 5972
6243 6846 7312 7614 7820 8579 9041
9091 9327 9355 9365 9384 9576 9627
9668 9765 10070 10138 (39 Belege)
1. an. 8937–8938
2 an. 1 4 107 133 154 186 204 214 254
322 329 351 366 407 412 516 584 671
757 828 839 876 890 921 932 934 939
1118 1194 1201 1228 1233 1394 1647
1671 1673 1687 1732 1741 1822 1843
1959 1977 2025 2105 2107 2118 2149
2159 2200 2226 2235 2244 2272 2313
2315 2323 2327 2343 2433 2463 2492
2521 2628 2632 2706 2769 2780 2790
2792 2797 2862 2893 2910 2941 3058
3082 3084 3114 3153 3175 3218 3225
3251 3439 3465 3530 3587 3632 3671
3699–3700 3702 3714 3719 3748 3775
3855 3897 3919 3972 3984 4164 4218
4225 4232 4271 4282 4329 4391 4472–
4473 4477 4484 4525 4549 4581 4595
4659 4685 4726 4731 4783 4873 4957
4982 5038 5042 5085 5147 5155 5366

5375 5461 5503 5600 5643 5653 5670
5743 5794 5955 5975 6007 6109 6187
6230 6251 6263 6291 6293 6333 6347
6465 6523 6527 6571 6676 6812 6931
6995 7029 7035 7084 7125 7140 7176
7180 7251 7345 7413 7417 7479 7492
7566 7578 7629 7717 7748 7853 7906
7911 7957 7989 8012 8057 8099 8218
8261 8304 8335 8382 8445 8456 8463
8502–8503 8535 8550 8582 8584 8704
8717 8752 8767 8789 8993 9002 9055
9065 9084 9199 9233 9253 9285 9348
9351 9438 9440 9503 9511 9553 9569–
9570 9621 9663 9693 9705 9761–9762
9846 9849 9870 9879 9898 9927 9970
9987 10068 10070 10074–10075 10096
10183–10184 10253 10346 10413
10444 10598–10599   (251 Belege)
2 an. et ultra continue pres. in cur. 3251
2. an. 7
3 an. 5 7 118 319 336 341 367 409 471
564 610 614 661 717 720 794 834 861
868 917 934 957 1015 1150 1194 1233–
1234 1238 1240 1265 1366 1539 1659
1687 1739 1841 1854 1867 1936 2015
2032 2037 2142 2267 2297 2315–2316
2323 2345 2511 2605 2745 2789 2854
2903 2926 2967 2990 3074 3114 3226
3249 3253 3272 3291 3387 3439 3474
3488 3561 3590 3691–3692 3747–3748
3823 3844 3897 4037 4119 4286 4331
4471 4506 4528 4535 4547 4551 4554
4685 4781–4782 4785 4787 4947 4957
4961 4974 5251 5600 5606 5650 5702
5737 5897 5930 5935 5942 5964 6037
6144 6301 6374 6379 6647 6758 6792
6812 6934 7013 7022 7029 7039 7139
7180 7229 7241 7286 7305 7353 7446
7490 7553 7722 7738 7937 7993 8010
8072 8080 8110 8162 8208 8261 8439
8503 8505 8549 8584 8615 8676 8718
8937–8938 8945 8993 9098 9160 9242
9327 9445 9490 9555 9557 9705 9754
9841 9866 9898 9915 9969 9976 9982
10074 10088 10301 10420 10453
10480 10599 10605 10615 (182 Belege)
3. ad 7 an. 3389
3. de 2 an. 1673
4 an. 228 232 451 461 774 919 932 1015
1109 1119 1271 1299 1930 2315–2316
2371 2696 2723 3107 3145 3172 3226
3699 3817 4457 4782 4815 5205 5503

6301 6738 6854 7179 7448 7466 7615
8335 8676 8874 9051 9415 9466 9748
10526 10588   (45 Belege)
5 an. 4 19 22 43 70 119 132 152 166 262
296 329 412 425 478 619 656 667 671
708 720 764 774 779 794 800 815 833
880 921 975 1028 1062 1194 1198
1202 1221 1252 1331 1360 1489 1583–
1584 1646 1664 1692 1845 1857 1874
1887 1901 1922 1929 1936 2030 2037
2092 2094 2101 2171 2206 2237 2315–
2316 2345 2353 2371 2429 2491 2507
2623 2650 2712 2729 2764 2778 2838
2840 2854 2926 3017 3129 3154 3188
3218 3291 3465 3467 3562 3574 3638
3650 3683 3825 3844 3867 3873 3896–
3897 3918 3993 4057 4072 4121 4174
4271 4280 4284 4337 4466 4483 4536
4549 4573 4614 4631 4636 4657 4664
4685 4698 4821 4846 4924 4946 4962
4964 4982 5008 5042 5053 5119 5185
5192 5251 5253 5340 5418 5548 5643
5652 5666 5739 5743 5768 5848 5911
5929 5964 6078 6081 6209 6233 6243–
6244 6265 6285 6338 6345 6379 6457
6513 6578 6677 6732 6774 6918 6939
6999 7008 7061 7098 7142 7174 7179
7235 7321 7341 7375 7407 7451 7501
7628 7642 7660 7738 7745 7788 7887
8080 8099 8110 8138 8145 8177 8261
8279 8362 8438 8464 8494 8503 8554
8584 8595 8615 8762 8799 8925 8937–
8938 8945 9036 9043 9062 9088 9091
9113 9214 9242 9265 9279 9290 9316
9364–9365 9438 9495 9512 9520 9588
9599 9612 9677–9678 9711 9718 9720
9734 9765 9767 9807 9810 9868 9870
9940 9966 10088 10144–10145 10230
10373 10524–10526 10551 10579
10582 10598 10607   (260 Belege)
5. sue et. an. 5137
6 an. 28 717 1076 1234 1647 1737 2080
2111 2342–2343 3093 3984 4534 4729
4877 5964 6019 6090 6209 6462 7125
7186 7870 7888 8192 8535 8580 9090
9589 9773 9830   (31 Belege)
6. sue et. an. 1702 9911
7 an. 40 45 75 105 107 119 127 132 137
262 341 366 451 488 496 520–521 527
574 576 591 636 646 656 730 734 741
764 793–794 800 833 847 861 876 910
955 962 964–965 992 1025–1026 1029

1062–1063 1119 1159 1223 1235 1240
1249 1256 1269 1303 1343 1360 1381
1414 1429 1505 1525 1527 1569 1574
1583 1611 1633 1647 1664 1713 1736
1814 1821 1845 1861 1974 1995 2033
2055 2070 2077 2079 2094 2105 2108
2149 2162 2176 2218 2318 2373 2376
2388 2402 2417 2427 2492 2499 2507
2511 2535 2605 2611 2643 2650 2689
2696 2729 2737 2748 2755 2778 2781–
2782 2787 2840 2853 2921 2971 2990
3000 3011 3046 3074 3104 3118 3125–
3126 3128 3130 3179 3215 3217 3351
3391 3410 3439 3451 3498 3527 3610
3683 3702 3719 3721 3747 3772 3782
3835 3846 3876 3926 3948 3954 3983
3995 4017 4040–4041 4067 4083 4120
4286 4326 4343 4475 4535–4536 4546
4549 4551 4556 4636–4637 4649 4673
4742 4821 4827 4891 4902 4922 4924
4959–4960 4966 5042 5052 5085 5122
5145 5160 5164–5165 5185 5215 5223
5241 5260 5291 5340 5440 5442 5448
5481 5568 5601 5606 5636 5643 5674
5716 5817 5848 5864 5874 5929 5957
5999 6055–6058 6108 6119 6134 6209
6217 6258 6289 6304 6315 6340 6448
6465 6484 6493–6494 6523 6544 6553
6739 6773 6812 6884 6995–6996 7029
7039 7043–7044 7054 7058 7084 7106
7180 7205 7229 7244 7321 7346 7376
7460 7490 7492 7501 7504 7533 7564
7659 7722 7827 7834 7856 7932 7992
8039 8073 8154 8170 8180 8218 8267
8279 8368 8387 8389 8401 8416 8439–
8440 8450–8451 8462 8472 8554 8567
8588 8595 8703 8729 8731 8756 8767
8795 8876 8891 8910 8937–8938 8991
9021 9029 9038 9069 9072 9090 9111
9113 9137 9139 9177 9182 9187 9199
9222 9224 9232 9253 9290 9301 9308–
9309 9327 9380 9438 9449–9450 9452
9463 9527 9533 9576 9587 9621 9630
9637 9668 9720 9734 9870 9923 9937
9940 9983 10067–10068 10070 10113
10116 10129 10131 10245–10246
10255 10267 10278 10323 10354
10383 10393 10417 10449 10480
10519 10529 10596 10599 10622
(380 Belege)
7. sue et. an. 2213 4265 4925 6304 9104
9929

8 an. 355 1076 2160 2712 2745 3339
3436 4891 4974 5080 7820 8816 8941
(13 Belege)
8. sue et. an. 2152 2336 2693 5809 7002
7855 8666 9829 10550
9 an. 839 934 1122 1191 3561 3978 4321
4621 4892 6494 6603 7548 8335 8521
(14 Belege)
9. sue et. an. 329 1444 2336 2558 2676
5184 5688 6614 7171 7404 8689 9633
9929 (13 Belege)
10 an. 584 615 658 833 839 962 1076
1190 1234 1240 1265 1331 1383 1527
1647 1812 1814 2217 2226 2233 2238
2344 2355 2379 2440 2483 2840 3035
3129 3221 3294 3569 3581 3702 3733
3802 3946 4282 4410 4536 4549 4821
5251 5291 5606 5653 5930 6039 6192
6374 7105 7310 7407 7477 7518 7616
7696 7739 7847 7992–7993 8124 8345
8424–8425 8654 8993 9035 9038 9069
9182 9242 9301 9445 9458 9463 9527
9711 9720 9832 9857 9926 9931 10113
10215 10387 10396 10624 (88 Belege)
10. sue et. an. 218 415 439 1000 2054
2138 2152 2160 2351 2357 2676 3473
4275 4617 4850 5747 5809 6479 6603
6684 7002 7171 7484 7518 7855 8957
9173 10429 10550 (29 Belege)
11 an. 1372 2300 3747 5291 6154 8529
8550
11. sue et. an. 884 1079 1987 2357 2619
3432 4965 6161 6479 7745 8244 8557
9409 9783 10289 10451 10483
(17 Belege)
12 an. 451 617 1036 1170 2434 3556
3772 4201 4245 6689 7094 7446 7541
7996 8464 9142 9144 9327 10153
(19 Belege)
12. sue et. an. 53 67 272 514 1573 2029
2279 4479 5905 6301 6574 7171 7385
7546 7628 7677 (16 Belege)
13. sue et. an. 6 1015 1128 1200 1621
2031 2676 2908 3367 3982 4220 4265
4479 4743 5375 7677 9232 (17 Belege)
14 an. 694 1951 3527 7095 7469 9830
14. sue et. an. 1015 2152 2309 3192 3258
4054 4939 5931 6479 7247 8557 10294
10550 (13 Belege)
15 an. 134 525 794 1868 2077 2217–2218
2853 2962 3001 3038 3890 5461 5598
6000 6263 7276 7309 7400 7462 7659

7853 8456 8839 9039 9047 9214 9264
9444 9855 9933 10023 10056
(33 Belege)
15. sue et. an. 51 258 695 1481 1496 1652
1848 6104 6308 6574 7386 8597 9809
9956 10061 10192 10289 10361 10441
10545 (20 Belege)
16 an. 63 950 2858 3308 4401 5419 5929
6271 6854 7470 8749 9714 (12 Belege)
16. sue et. an. 51 63 69 140 184 475 1088
1372 2067 2344 2358 2402 2731 3086
3296 3367 3736 4286 4596 5184 6603
7230 7235 7404 7812 8445 9337 9372
9409 9809 9877 9947 9985 10173
10376 (35 Belege)
17 an. 3721 7855
17. sue et. an. 1 213 727 2061 2344 2357
2511 2992 3296 3407 3637 3866 4309
4591 4597 4774 4956 5219 5813 6254
7404 7430 8617 9131 9157 9337 9947
9985 10423 10441 (30 Belege)
18 an. 1304 5185 7321 9557
18. sue et. an. 22 26 51 140 213 258 322
475 570 647 656 676 702 797 830 1129
1671 1684 1811 1838 1994 2061 2104
2140 2309 2375 2546 2562 2571 2676
3056 3128 3439 3506 4027 4054 4486
4539 4591 4602 4683 4780 4883 4939
5068 5559 5700 5813 5848 6017 6301
6479 6522 6574 6622 6660 6725 6769
6777 7235 7262 7404 7430 7855 8164
8286 8498 9112 9191 9344 9429 9554
9775 10061 10173 10398 10451 10598
(78 Belege)
19 an. 9940
19. sue et. an. 22 175 321 797 1064 1088
1277 1364 2102 2140 2511 2543 2546
2562 2571 2646 2847 3056 3258 3512
3698 3821 4066 4304 4386 4469 4515
4559 4602 4743 4774 4814 4817 5055
5077 5094 5313 5339 5848 6493 6551
6625 6840 7235 7607 8389 8633 8674
9020 9273 9513 9649 9689 9720 9947
9985 10233 10289 10441 10598
(60 Belege)
20 an. 209 932 1076 1233 1492 1874
1948 3014 3597 3689 4039 4282 5461
6088 7058–7059 8401 8464 8541 8703
9011 9327 9420 9491 9609 9832 10466
10605 10624 (29 Belege)
20. sue et. an. 175 494 576 795 893 971
1008 1082 1444 1642 1644 1732 2104

2125 2176 2182 2250 2334 2375 2402
2436 2514 2545 2617 3054 3258 3297
3439 3459 3481 3529 3637 3705 3751
3821 3867 3936 4066 4386 4394 4454
4480 4668 4745 4814 4964 5205 5219
5545 5683 5700 5733 5862 5892 6228
6405 6493 6614 6617 6725 7043 7112
7235 7328 7337 7623 7808 8219 8224
8575 8633 8729 8807 8937 8994 8996
9284 9505 9552 9564 9599 9720 9775
9784 9874 9985 9991 10293 10361
10394 10398 10420 (92 Belege)
21 an. 3153 4731
21. sue et. an. 26 381 450 741 1064 1082
1703 1725 2098 2104 2226 2250 2259
2275 2381 2465 2530 2601 2657 2905
2950 2997 3444 3564 4067 4250 4276
4408 4680 4774 5062 5182 5532 5534
5546 5583 5748 5892 5978 6324 6563
6617 6632 6953 7325 7470 7653 7663
7738 7842 8073 8307 8550 8771 8885
8928 9112 9268 9273 9373 9720 9784
9958 9979 10284 10393–10394 10481
(68 Belege)
22 an. 1382 8076 9318
22. sue et. an. 32 108 234 358 420 450
466 671 676 741 815 896 1064 1106
1109 1121 1153 1357 1444 1496 1633
2006 2023 2104–2105 2177 2259 2301
2373 2403 2528 2633 2835 2925 2992
3035 3143 3183 3297 3366 3558 3632
3640 3705 3799 3856 3912 3919 4171
4191 4245 4284 4310 4394 4487 4507
4559 4677 4807 4819 5165 5339 5364
5532 5851 6071 6106 6228 6245 6254
6285 6470 6504 6546 6551 6562 6601
6625 6659 6714 6779 6850 7023 7166
7208 7325 7402 7440 7467 7470 7566
7584 7727 7767 7842 7962 7973 7980
8076 8129 8271 8765 8928 9053 9095
9113 9206 9261 9266 9273 9337 9351
9363 9435 9509 9517 9783–9784 9823
9954 9970 10020 10072 10089 10289
10309 10393 10441 10596 (129 Belege)
23 an. 2030 7448 8076 8683
23. sue et. an. 31 329 423 450 471 800
810 816 859 1017 1070 1109 1358
1530 1821 1885–1886 1936 1973 1977–
1978 2000 2120 2140 2302 2327 2463
2648 2723 2726 2934 3179 3183 3608
3819 3843 3905 3919 4067 4073 4268
4394–4395 4458 4487 4616 5041 5358

5545 5580 5628 5701 5932 5983 6106
6244 6504 6563 6622 6668 6731 6949
7086 7344 7504 7584 8069 8073 8076
8308 8355 8395 8406 8686 8720 8739
8802 8873 8933 9113 9149 9218 9220
9273 9363 9368 9414 9517 9552 9581
9668 9678 9747 9846 9982 10077
10154 10195 10275 10366 10481
10494 10561 10586   (104 Belege)
24 an. 1792 2950
24. sue et. an. 450 858 1041 1430 1547
1764 1779 1821 1870 2006 2232 2330
2373 2560 2621 2950 3018 3035 3587
3605 3617 3659 4119 4309 4725 5241
5740 5856 6285 6396 6434 6603 7043
7122 8073 8164 8786 8865 8877 9223
9512 9651 9951 10070 10438 10586
                         (46 Belege)
25 an. 330 1237 1732 1982 2033 2132
2340 2926 3733 4061 5461 5725 8536
8756 9037 9587 10132   (17 Belege)
25. sue et. an. 51 1973 2570 3925 4485
4939 5068 5219 5464 5568 5701 7035
7430 7544 9270 9970 10070
                         (17 Belege)
26. sue et. an. 5999 6515 9261
27 an. 262
27. sue et. an. 190 671 1348 2079 7544
9261
28. sue et. an. 267 1961 4814 5608
30 an. 134 274 528 1948 1979 2218 2415
3104 4025 4474 5639 7082 7105 7276
7478 8451 9090 9290 9327 9420 9554
10018 10144 10362 10458 (25 Belege)
30. sue et. an. 3341
33 an. 9976
36 an. 6271
38 an. 6590
40 an. 105 619 996 1901 1909 1954 2077
2658 3268 4057 4569 6446 8460 9049
9589 9594 10179 10622   (18 Belege)
40. sue et. an. 3267
44. sue et. an. 9096
45 an. 8560
50 an. 787 1187 1902 2342 3077
50. sue et. an. 689 1702 4290 5321 7527
54. sue et. an. 6219
55. sue et. an. 10020
56. sue et. an. 1990
58. sue et. an. 9096
59. sue et. an. 2274

60 an. 3631
60. sue et. an. 1956 2625 2807 3167 3393
3940 4121 5496 6786 7532 9260
                         (11 Belege)
67. sue et. an. 4919
70 an. 2091 9457
70. sue et. an. 2000 2560 2625 3249 4079
4630 5072 6300 9080
73. sue et. an. 133
75. sue et. an. 1434
80 an. 1002 3781 9290 9644
80. sue et. an. 255 1451 1789 3933 4668
5893 8727 10305 10578
100 an. 932 1793 3102 3133 3781 3848
4084 4856 8545 9049 9165 9636 9936
10174   (14 Belege)
120 an. 1169
130 an. 1500 9049
150 an. 1237
200 an. 1568 9049 9450 9936
300 an. 9932
an. data cautione → Fiat ad
an. data cautione → Fiat ad 2
an. → disp. ad
an. → disp. ad al. 2
an. → disp. ad al. 5
an. → disp. ad al. 7
an. → disp. ad 2
an. → disp. ad 3
an. → disp. ad 5
an. elapsis in ponte Solodori c. s. Urso et s.
Victore decapitatorum) → ossa 17
sanctorum Thebeorum (1.200
an. et 40 dierum → indulg. 1
an. → Fiat eo suspenso ab ord. executione
p. 3
an. → Fiat in 18.
an. → Fiat in 19.
an. → Fiat in 22.
an. in diversis studiis → studium theol.
circiter 16
an. → indulg. ad 30
an. iubilei 527–528 610 641 794 980 1040
1053 1626 1867 2033 2272 2341 3674
4568 5485 7328–7329 7551 7993 8464
9041 9121 9457 9528 9940 10074
10088 10584   (29 Belege)
an. iubilei → suspensio indulg. p. totum
an. ordinarie in cathedra et stud. Colon. legit → decr. doct. qui 30
an. post gradum mag. p. eum susceptum in
univ. stud. et facult. art. med. studuit et

a pluribus comitibus baronibus et al.
magnis nobilibus propter eius scientiam
et practicam in eadem arte in qua valde
expertus est saldariatus et stipendiatus
fuit tamen d. artem exercere n. potest
→ presb. in art. mag. qui p. 2

an. secutus → cur. p.

an. stud. → univ. Cracov. in art. liberalibus p. 5

anathema 9384

ancilla 9249

anellus 2690

angelus 636 7069 7489 7492

ango 3176

angustus 118 1961

anhelo 7815

anima 82 117 210 279 351 525 687 763
844 925 1002 1236 1328 1497 1527
1568 1604 1693 1948 2033 2150 2162
2267–2268 2270 2389 2415 2780 2805
2820 2858 2935 3043 3111 3170 3385
3472 3474 3574 3582 3892 3946 4031
4091 4595 5304 5489 5606 6793 6817
7083 7106 7370 7376 7463 8037 8133
8323 8352 8485 8560 8854 8996 9046
9294–9295 9400 9420 9489 9644 9730
9801 9935 10075 10479 10490 10616
10622   (78 Belege)

animadverto 352 2349

animal 620 4703 6039 8649 9120

animus 224 353 921 2178 4530 4562
7330 7382–7383 7491 7563 7742 7815
7860 9045 9504 10109 10159
                              (18 Belege)

ann.   (1495 Belege)

annalis 4013

annat.   (1437 Belege)

anni iubilei → indulg.

annimissaria 10117

annimissarius 3624

anniversaria 1568 2389 4031

anniversarium 528 1866 2389 2780 3102
9431 9945

anniversarius 4409

annualis 393 1040 1865

annualiter 1982

annullo 1241 2347 3275 8465 8545 10170

annuntiatio 3528 8710 10108

annuntio 1724 7103

annuo 3385 6516

ante diem 146 295 557 691 730 920 1064
1090 1793 1845 2078 2107 2173 2226

2240 2284 2448 2792 2899 2944 2986
3091 3291 3474 3556 3586 3922 3947
4029 4281 4626 4637 4785 4889 4957
5133 5154 5485 5531 5597 5653 5674
5770 6039 6274 6447 6812 7642 7854
8317 8441 8537 8542 8627 8730 9041
9121–9122 9142 9190 9324 9327 9374
9554 9630 9984 10091 10408 10480–
10481 10520 10534 10542 (73 Belege)

antecedo 8719

anteccllo 732

antecessor 773 964 996 1698 1866 2206
3385 4536 9812 10096 10567
                              (11 Belege)

antefero 292 458 667 845 868 889 1025
3982 5579 6038 6058 6079 6180 7133
7304 7352 7504 7880 8308 8316 8401
8580 8606 8623 8716 8884 9128 9174
9197–9198 9581 9750 9821 9824
                              (34 Belege)

antelatio 195 1936 2296 2781 2990 6058
7585 8316 8580 9557 9581 (11 Belege)

anterior 6253 7433

antiphona 127 3527–3528 4206

antiquus 43 84 103 114 118 169 204 241
262 279 392 394 425 518 547 553 932
941 1029 1182 1190 1235 1237 1455
1527 1707 1756 1784 1796 1830 1835
1840 1868 1912 2083 2108–2110 2270
2320 2323 2416–2417 2440 2684 2855
2910 2926 2945 2964 3100 3129 3139
3220 3226 3295 3300 3359 3363 3410
3454 3511 3527 3561 3619 3670 3720
3748 3765 3806 3892 3947 4551 4568
4600 4687 4752 4796 5053 5096 5126
5436 5532 5636–5637 5692 5744 5801
5957 6059 6108 6144 6154 6178 6271
6344 6682 6694 6700 6765 6915–6916
6941 6991 7015 7104 7125 7128 7186
7236 7383 7400 7474 7518 7739 7767
7815 7954 8007 8110 8113 8305 8314
8371 8427 8469 8503 8606 8614 8637
8799 9070 9098 9121 9218 9329 9615
9815 9841 9897 9940 9960 10110
10135 10240   (145 Belege)

antiquus curialis 204 425 547 553 1455
1912 2855 2926 3220 3226 3359 3670
3720 3947 4600 4687 5436 5532 5636
6108 6144 6178 6271 6682 6694 6700
6765 6915–6916 7400 7474 7739 8110
8371 8503 8614 8799 9070 9098 9815
                              (40 Belege)

antistes 66 185 190 286 543 628 877 1057 1137 1201 1240 1400 1444 1711 1830 1859 1893 1959 2079 2323 2409 2498 2835 2960 3337 3472 3712 3720 3896 3956 4271 4298 4814 6349 6455 6938 6981 7046 7054 7244 7294 7413 7841 8309 8864 9151 9544 9762 9793 9945 10094 10334 10490   (53 Belege)

anulo baculo → lic. utendi

anulo → lic. utendi mitra

anulo sandaliis → lic. utendi mitra baculo

anulus 1016 1250 1773 1876 2011 2021 2077 2138 2361 2690 2983 3071 4016 4543 5216 5282 6505 6707 7128 7465 7986 8473 9045 10031 10267
                    (25 Belege)

ap.   (1605 Belege)

ap. acol. → pape fam. et continuus commensalis et sed.

ap. ad cesarem / imper. / R. I. → orator

ap. apud s. Petrum in loco audientie secrete et discussionis negotiorum cam.

ap. → pacta stipulata in Urbe in pal.

ap. → auct.

ap. auct. not. → publ.

ap. cler. (et forsan pape acol. seu offic.) → cam.

ap. consignetur → aep. Craynen. in manibus oratorum

ap. deput. ad partes Lombardie → nuntius

ap. → disp. ad

ap. et imper. not. 5607 6079 6251

ap. → facult. exequendi litt.

ap. in commendam tenuit → disp.

ap. → in manibus iudicis c. auct.

ap. in regno Dacie et nonnullis al. regnis nuntius → sed.

ap. → liber cam.

ap. liber → registri cam.

ap. mittitur → aep. Craynen. in manibus sed.

ap. not. 25 42 109 119 131 133 221 425 451 490 516 605 671 674 687 708 716 775 801 804 817 844 860 921 994 1002 1030 1064 1090 1129 1147 1233 1266 1371 1394 1414 1528 1673 1784 1788 1807 1818 1912 1982 2118 2229 2238 2267 2346–2347 2356 2388 2443 2470 2505 2574 2624 2794 2798 2806 2853 2855 2892 2912 2941 2945 3011 3076 3078 3083–3084 3102 3151 3162 3175 3179 3232 3243 3306 3410 3415 3435 3474 3517 3592 3670 3678 3692 3702 3739 3788 3914 3938 3983 4011 4017 4077 4091 4096 4164 4168 4183 4255 4258 4260 4285 4289 4414 4466 4477 4567 4588 4719 4784 4790 4794 4814 4821 4848 4958 4961 5038 5103 5126 5155 5198 5430 5436 5495 5535 5538 5570 5573 5601 5606–5607 5637 5652 5676 5725 5794 5912 5916 5920 6038– 6039 6056 6104 6144 6154 6191 6205 6291 6384 6547 6552 6694 6724 6742 6817 6832 6839 7034 7043 7067 7069 7072 7125 7381 7391 7410 7434 7477 7488 7552 7614 7629 7642 7722 7752 7790 7815 7819 7840 7912 8000–8001 8070 8113 8121 8179 8345 8536 8580 8606 8608 8641 8688 8717 8727 8750 8769 8804 8812 8843 8874 8994 9054– 9055 9061 9065–9066 9142 9302 9415 9427 9553 9557 9690 9706 9729–9730 9777 9811 9870 9910 9955 10004 10089 10169 10278 10306 10388 10453   (234 Belege)

ap. not. → causarum pal.

ap. → orator ad sed.

ap. → orator c. facult.

ap. → orator commun. Basil. apud sed.

ap. → orator (prep. [mon.] in Velpach) ad sed.

ap. → pannus razius ad usum pal.

ap. → reductio abb. ad obedientiam sed.

ap. → revocatio facult. collect. fruct. cam.

ap. sed. n. reservatis alternatis mensibus → vac.

ap. sedis → exaltatio

ap. → sine disp.

ap. suspense fuerunt → omnes indulg. p. nunt.

ap. tradatur → aep. Craynen. in manibus nuntiorum

ap. vac. → apud sed.

ap. → vacat. etiam in mensibus

aperio 105 732 786 3102 7382–7383 7491 8697 9249 10110–10111   (11 Belege)

aperitio oris 2549

apex 2348

apl. 157 183 207 222 264 527 617 687 717 1015 1114 1225 1328 1545 1981 2196 2747 2924 2958 3179 3199 3265 3324 3345 3478 3681 3694 3747 3764 3926 3941 3984 4136 4152 4162 4218 4312 5045 7381 9647   (40 Belege)

apostasia 234 657 1372 1849 2771 3308
3463 4389 5874 6922 7033 7792 8376
9094 9742 (15 Belege)
apostasia → absol. ab
apostasiam → absol. ab excom. propter
apostata 1236 4536 7490
apostatas → absol.
apostema 2085
apostolatum 7551
apotheca 4530
apothecarius 836 4956
apparatus 2340 3843
appareo 352 1807 1874 2360 2662 3719
4867 6183 7382 7491 9045 9290 10091
(13 Belege)
appellata capn. Hebernaris Stieveli / Hebermarts Suevli) → capn. ad alt. b.
Marie (vulg.
appellata → iudicia sec. etiam frigravica
vulg.
appellatio 6 118 186 240 254 273–274
431 520 556 619 847 937 941 1168
1346 1354 1539 1544 1732 1793 1801
1891 1959 2071 2269 2342 2347 2458
2522 2626 3051 3097 3116 3176 3225
3593 4085 4148 4289 4581 4890 5044
5380 6250 6390 6673 6696 6933 6935
7049 7329 7469 7533 7536 8113 8182
8198 8385 8443 8510 8629 8651 8763
8863 8935 8998 9096 9121 9180 9214
9249 9528 9777 9933 9943 9982 10070
10159 10362 (80 Belege)
appellatum → molendinum Torlumolen
vulg.
appello 57–58 119 122 170 245 273–274
368 411 617 619 732 930 962 984 1084
1237 1259 1304 1354 1658 1766 1959
1965 2027 2151 2289 2325 2334 2343
2347 2360 2365 2422 2433 2712 2928
3102 3176 3232 3894 3967 4085 4167
4283 4552 4670 4691 4890 5098 5177
5326 5393 5451 5464 5582 5781 6122
6339 6602 6673 6702 6724 6889 7004
7198 7236 7381 7469 7525 7531 7536
7578 7582 7611 7651 7742 7790 7854
8046 8198 8335 8368 8374 8490 8545
8614 8845 9066 9108 9208 9345 9390
9563 9632 9656 9812 9814 9861 9930
9933 9970 10071 10087 10510 10533
(107 Belege)
appendendi litteris sigillum → lic. imprimendi vel

appenditium 3541 10605
appendix 1553 4285
appendo 127 2550 5912 9804
appeto 7962
appl. 7 9 26 50 109 125 129 183 196 199
202 214 286 305 325 339–340 346 356
367 392 402 407 412 421 512 518 555
561 577 584 603 612 630 636 641 665
693 704 734 745 754 845–846 873 875
879–880 890 894 904 1015 1017 1040
1052 1055 1087 1090 1110 1136 1142
1149 1173 1188 1228 1288 1291 1295
1373 1375 1379 1413 1456 1524–1525
1542 1605 1611 1613 1625 1635 1637
1643 1646 1654 1668 1678 1691 1732
1742 1806 1814 1826 1862 1907 1950
2004 2019 2033 2056 2073 2096 2119
2124 2129 2211 2231 2254–2255 2285
2288 2326 2344 2396 2411 2413 2495
2537 2561 2583 2598 2620 2627 2630
2651 2664 2667 2710 2713 2722–2723
2741 2759 2761 2766 2779 2789 2791
2800 2817 2819 2861 2888 2897 2909
2915 2917 2926 2943 3054 3059 3062
3136 3162 3190 3196 3210–3211 3226
3229 3267 3282 3287 3289 3303 3316
3346 3400 3406 3433 3437 3477 3487
3497 3514 3547 3561 3564 3566 3595
3607 3620 3643 3674 3687 3699 3713
3802 3847 3849 3860 3885 3935 3947
4057 4062 4129–4130 4141 4151 4202
4207 4237 4263 4274 4395 4402 4419
4427 4442 4453 4499 4531 4533 4535–
4536 4540 4544 4549 4578 4614 4645–
4646 4716 4736 4774 4802 4829 4844
4846 4862 4884 4891–4893 4950 5002
5015 5040 5045 5083 5092 5133 5147
5154–5155 5185 5217 5222 5227–5228
5284 5288 5320 5327 5337 5343 5357
5392 5398 5419 5432 5438 5443 5454
5467 5469 5535 5540 5546–5547 5552
5560 5567 5569 5579 5587 5589 5628
5635 5641–5642 5669 5679 5701 5707
5713 5725 5735 5752 5765 5770 5787
5793 5876 5880 5896 5928 5955–5956
5996 6010 6027 6116 6160 6163 6170
6182 6196 6287 6324 6337 6367 6379
6393 6409 6460 6531 6543 6573 6587
6593 6607 6616–6617 6679 6686 6694
6699–6700 6705 6720 6722 6727 6764
6774 6787 6808 6839 6844 6849 6857
6864 6886 6892 6905 6908 6916 6965

6975–6976 7020 7034 7045 7076 7125
7129 7133 7140 7167 7192 7203 7205
7213 7236 7253 7257 7264–7265 7312
7318 7326 7368 7376 7382 7393 7410
7419 7476 7497–7498 7582 7593 7606
7634 7646 7694 7738 7796 7816 7842
7868 7878 7888 7896 7911 7958 7962
7967 7970–7972 7978 8000 8014 8026
8046 8056 8092 8124 8135 8149 8155
8200 8202 8208 8222 8236 8276 8296
8314 8331 8365 8424 8440 8476 8503
8513 8521 8526 8576 8594 8630 8671
8714 8733 8780–8781 8792 8798 8801
8819 8850 8856 8859 8872 8892 8894
8899 8902 8956 8989 8994 9055 9059
9069 9098 9111 9117 9201 9274 9278
9287 9309 9311 9348 9352 9355 9362
9368 9379 9389 9437 9440 9473 9495
9502 9546 9581 9583 9615 9621 9650
9664–9665 9686 9711 9733 9743 9769
9774 9786 9820 9848 9863 9867 9872
9890 9892 9896–9897 9915 9932 9954
9972–9973 10010 10013 10018 10031
10034 10047 10072 10088 10205
10208 10228 10234 10244 10264
10319 10339 10365 10368 10380
10388 10398 10432 10495 10502
10512 10519 10528 10535 10538
10559 10566 10607   (538 Belege)
appl. → disp. sup. visit. lim.
appl. → lim.
applicandi → lic.
applicatio 8 1866 4367
applico 186 246 274 693 731–732 1235
   1865 2138 2345 2542 3074 3825 4133
   4367 5697 6941 7486 7542 7820 7848
   8133 8545 9032 9214 9294 9742 9935
   10089 10181 10282 10413 10536
   10620   (34 Belege)
appono 57 761 2763 2781 4231 6813
   7231 8462 9383 9456 9611 9879 10000
   10073   (14 Belege)
apporto 765 10373
apprehendo 1495 2344 2791 2794 3036
   4569 5007 9504 9569 10058 10224
             (11 Belege)
approb. 105 279 529 584 609 617 998
   1174 1241 1646 1739 1796 1801 1831
   1870 2021 2131 2195 2269 2345 2356
   2420 2658 2857 3012 3102 3116 3323
   3385 3525 3846 4019 4413 6001 7244
   7991 8083 8291 8458 8463 8727 9066

9214 9363 9402 9710 9787 10056
   10073 10109 10141 10174 10267
   10454 10614   (55 Belege)
approbatus → dec. eccl. p. can. el. et p.
   abba.
appropinquo 2343 4919 5487
appropriatio 5534
approprio 2344 2389 3125 7696 10302
apr., iun., aug., oct. et decb. → febr.,
aptus 529 923 1874 3176 5606 7491
apud papam orator 2424
apud sed. ap. vac. 2149
aqua 1500 1525 1578 1793 2218–2219
   2389 2862 3102 3733 4038 4211 5968
   6038 7470 7815 9003 9121 (18 Belege)
Aquatice nunc. 9940
Aquen. → moneta op.
aquila 9804
aquilonaris 992
arabilis 932 7236
arbiter 765 1421 1793 3088 4104 4753
   5044 7244 8560 9066 10362
             (11 Belege)
arbitralis 1793 2417 3088 3129
arbitrator 9787
arbitrium 3144 7289 7490 7881 9554
arbitror 4595
arbor 620 6253
archangelus 436 887 1052 1204 2108–
   2110 3696 4075 5607 5620 6082 6614
   6832 8984 10083   (16 Belege)
archicamerarii R. I. electoris dilectus 2681
archicamerarius 127 2681 4011 7689
   8962
archicamerarius → R. I.
archicancellarius 2219 2620 9711
archicancellarius → R. I.
archid. 6 18 24 98 105 109 152 204 272
   292 328 339 361 368 392 403 490 500
   504 571 575–576 621 709 718 757 761
   807 831–832 858 880 890 977 981 994
   1028 1030 1043 1060 1114 1194 1224
   1233 1236 1299 1354 1400 1427 1444
   1489 1506 1516 1539 1544 1593 1596
   1699 1732 1742 1745 1764 1783–1784
   1793 1817 1821 1824 1837 1841 1868
   1874 1880 1892 1922 1924 1972 2025
   2038 2078–2079 2086 2163 2180 2195
   2202 2254 2256 2269 2323 2334 2360
   2372 2377 2402 2490 2548 2700 2766
   2771 2799 2823 2830 2894 2905 2930
   2941 2944 2946 3005 3008 3016 3027

3035 3051 3088 3145 3151 3154 3162–
3163 3197 3225 3227 3229 3378 3403
3429 3451 3472 3492 3498 3511 3556
3561 3571 3620 3678 3692 3719 3765
3797 3825 3828 3850 3865 3894 3922
3928 3947 4071 4091 4133 4135 4175
4234 4242 4271 4281 4307 4322 4357
4366 4374 4403 4406 4458 4473 4483
4489 4568 4583 4608 4633 4667 4691
4731 4770 4796 4800 4828 4847 4887
4910 4922–4923 4943 4956 4962 5131
5133–5134 5162 5183 5213 5339 5347–
5348 5393 5451 5455 5581–5582 5601
5656 5709 5716 5725 5856 5909 5917
5926 5932 5964 6018 6039 6069 6134
6171 6175–6176 6241 6264 6282 6295
6324 6389 6536 6544 6575 6614 6655–
6656 6707 6778 6822 6839–6840 6889
6990 7007 7018 7030 7066 7071 7135
7236 7333 7350 7376 7405 7439 7441
7444 7461 7497 7525 7570 7582 7607
7611 7617 7624 7630 7709 7723 7729
7789 7798 7827 7850 7968 8019 8063
8068 8079 8081 8110 8131 8133 8183
8186 8198–8199 8235 8252 8310 8313
8345 8358 8365 8372 8426 8443 8446
8507 8531 8607 8622 8625 8640 8649
8688 8692 8715 8734 8848 8868 8881
8962 8998 9012 9033 9041 9060 9075
9081 9108 9113 9160 9214 9242 9330
9408 9454 9465–9466 9477 9480 9561
9582 9605 9613 9615 9634 9658 9675
9703 9733 9763 9771 9778 9810 9864
9874 9880 9890 9915–9916 9936 9954
10004 10008 10038 10089 10092–
10093 10095–10096 10098 10231
10318 10345–10346 10358 10392
10424 10444 10454 10466 10488
10519 10536 10605 10618 (375 Belege)
archid. → coll.
archidapifer 246 2344–2345 2355–2356
archidapifer et princeps elector → R. I.
archidiac. 13 63 108 121 127 152 178 183
328 355 381 392–393 520 582 588 590
672 742 744 831 891 917 1003 1028–
1029 1043 1065 1090 1108 1118 1150
1159 1194 1236 1400 1444 1489 1539
1578 1644 1742 1753 1783–1784 1789
1814 1821 1837 1841–1844 1879–1880
1936 1957 2077 2131 2163 2255–2256
2272 2334 2372 2377 2475 2515 2548–
2549 2569 2745 2790 2805 2845 2853–

2855 2867 2902 2939 2941 2946 3008
3027 3051 3059 3152–3154 3163 3169
3201 3295 3350 3359 3451 3467 3475
3498 3541 3571 3595 3597 3624 3627
3672 3678 3709 3825 3859 3921 3984
4013 4036 4091 4270 4372 4512 4590
4721 4731 4803 4908 4936 4964 4994
5126 5213 5340 5347–5348 5377 5381
5496 5581 5653 5926 5935 6001 6037
6097 6256 6263 6434 6447 6499 6662
6778 6791 6811 6840 6853 7007 7018
7186 7322 7333 7403 7493 7552–7553
7578 7582 7617 7656 7700 7789 7834
7837 7847–7851 7854 7968 7975 7980
7990–7991 8063 8113 8133 8179 8183
8270 8345 8372 8385 8439–8441 8597
8607 8625 8640 8716–8717 8993 9075
9091 9193 9255 9378 9427 9465 9473
9477 9551–9553 9613 9625 9627 9654
9658 9671 9703 9729 9733 9763 9806
9810–9811 9814 9825 9878 9898 9910
9982 10008 10092 10097 10176 10231
10240 10453–10454 10466 10477–
10481 10540   (246 Belege)
archidiac. de Cardona vulg. nunc. →
prepos. eccl. s. Castoris in Cardona
archidiac. ruralis 917 1028 1118 1150
4964 5496 7578
archiducis consiliarius 4948 7790 7839
8581
archiducissa 1865 3506 4031 7820
archidux 270 527 700 731 762 859 880
1076 1266 1674 2047 2180 2272–2273
2347 4066–4067 4848 4925 4948 5561
5919 6528 6837 7019 7141 7324 7790
7839 7997 8020 8286 8449 8507 8535
8581 8638 8688 8707 8888 8966 9042
9277 9327–9330 9373 9966 10519
(50 Belege)
archiepiscopatus 2444
archimarescalcus 10070
archiprefectus 9121
archipresb. 241 381 494 699 706 785 801
1300 1439 1469 1770 1784 2137 2401
2446 2629 2853 2966 3343 3535 3691
4092 4280 4453 4694 4717 4763 4821
4923–4924 5134 5160 5373 5425 6034
6547 6720 6792 7257 7441 8257 8360
8874 8927 9060 9145 9825 9863 9954
10383   (50 Belege)
archipresbiteratus 518 695 4691 6720
7067 7952 8046 8716 8901 9059

archipresbiteratus eccl. Lateranen. 7067

ardeo 10111

arduus 576 921 2245 2620 4117 4848

area 1527 1870 2389 2910 7479

arg. (5533 Belege)

arg. → valor fruct. / red. beneficiorum [pars separata in fine appensa]

Argent. → minister o.fr.min. provincie

Argent. vulg. capn. nunc. → vicar. eccl.

argenteus 127 732 2389 7510 8464 10422

argenti et al. metallorum in provincia patrimonii b. Petri in Tuscia → negotium minerarum

argentum, plumbum et al. metalla in territorio R. E. → facult. fodiendi aurum,

arma 190 223 376 417 529 732 889 1063 2347 2377 2916 3072 3155 3487 3548 3674 4401 4510 4520 5048 5053 5654 5786 6188 6810 7239 7329 7382 8427 8463 8657 8710 8838 9122 9379 9527 9871 9940 9982 10000 10111 10478
(42 Belege)

arma seu insignia 8427

armarium 760 3514 4365 5743 8051

armig. 203 368 390 527 614 661 700 789 1084 1315 1354 1442 1519 1645 1732 1956 1959 1962 1995 2038 2151 2164 2191 2269 2289 2383 2599 2609 2654 2830 2928 2959 2970 3173 3268 3385 3922 4171 4438 4510 4569 4596 4598 4608 5239 5267 5345 5462 5597 5861 6039 6648 6991 7230 7441 7671 7689 7828 7831 8259 8701 8730 9067 9285 9330 9446 9457 9632 9887 9933 9946 10021 10033 10259 10510 10534 10605
(77 Belege)

armig. patron. 1995 2038 2830

armo 392 638 731–732 958 979 1951 2672 3072 4530 4966 5126 6263 6931 7069 7491 8306 8808 9936 10110– 10111
(21 Belege)

armorum a patrimonio eccl. Colon. → cessatio

armorum ductor 3072

arrendandi → lic.

arrendandi → pot.

arrendatarius 1528

arrendo 193 834 2107 2463 2740 2780 3291 3692 4282 4509 4549 4893 4957 5155 5653 6144 6812 7229 7642 7853 8286 9199 9427 10346 10611
(25 Belege)

arrestatio 2323

arresto 245 1726 2219–2220 2325 2920 3130 3897 4257 8719 9390 (11 Belege)

arrestum 3130

arriga sive vector 4506

arripio 2550 5487 5912 6712 9554

arrogatio 254

arrogo 254 7382

ars medicine iuxta libros 8349

art. 4–5 15 36–37 65 68 84 92 128 151 205 211 219–220 310 317 327 336 347 359 420 425 438 451 458 465 487 496 588–589 606 649 738 781 800 854 858 878 890 896 898 959 968 1070 1105 1128 1134 1214 1239 1252 1256 1260 1319 1392 1443 1470 1472 1493 1532– 1533 1537 1547 1556 1581 1583 1643 1659 1673–1674 1680–1681 1683 1690 1713 1728 1737 1807 1835–1836 1840 1850 1865 1869 1879 1915 1918 1920 1922 1938 1948 1952 1980 1990 2022 2033 2041 2102 2116 2122 2148 2170 2200 2210 2224 2226 2254 2263 2274 2293 2299 2335 2355 2379 2396 2405 2412–2413 2454 2499 2506 2530 2532 2535 2577 2609 2612 2624 2635 2647 2711 2750 2755 2774 2776 2812 2820 2825 2831 2841 2871 2905 2934 2941 2945 2949–2951 2955 2963 2974 2988 3010–3011 3050 3053 3059 3127 3161 3179 3202 3213 3219 3225 3227 3232 3263 3271 3291 3299 3339 3352 3408 3438 3442 3471 3474–3475 3493 3529 3574 3592 3616 3632 3636–3637 3641– 3642 3645 3658 3670 3674 3677 3695 3704–3705 3709 3738 3764 3778 3782 3795 3801 3813 3839 3852 3863 3867 3876 3879 3941 3954 3979 4010 4023 4025 4053 4100 4114 4123 4140 4149 4151 4171 4174 4176 4178 4201 4212 4230 4253 4270 4272–4273 4285 4349 4356 4360 4362 4385 4387 4403 4406 4411 4419 4434–4435 4466 4488 4507 4509 4525 4528 4562 4577 4590 4593 4621 4647 4659 4680 4684–4685 4783 4785 4796 4821 4831 4884 4891 4922 4950 4972 4976 4982 4987 5017 5030 5037 5039 5070 5108 5122 5142 5175 5194 5197 5199 5237 5241 5286 5296 5347 5350 5362–5363 5373 5389 5400– 5401 5408 5424 5436 5451 5482 5487 5531–5532 5534 5552 5570 5581 5600

5604 5606 5629 5649–5650 5657 5674
5683 5692 5706 5745 5748 5754 5776
5813 5844 5855 5864 5874 5881 5891
5899 5907 5912 5914 5916 5939–5940
5949 5966 6001 6006 6078 6082 6093
6111 6113 6127 6241 6311 6314 6337
6342 6347 6361 6367 6376 6404 6414
6463 6527 6541 6552 6554–6555 6557
6586 6607 6616 6633 6655 6659 6661
6663–6664 6666–6667 6694 6748–6749
6779 6786 6791 6794 6807 6810–6811
6815 6856 6986–6987 6992 7001 7027
7035 7047 7053 7062 7068 7072 7076
7080 7090 7108 7119 7135 7160–7161
7208 7227 7235 7286 7315 7348 7352
7354 7383 7391 7445 7500–7501 7555
7558 7620 7622 7653 7689 7732 7755
7760 7805–7806 7808 7830 7873 7903
7912 7951 7956 7980 8010 8013 8015
8023 8075 8116 8140 8154 8161 8164
8179–8180 8232 8251 8259 8264 8267
8275 8299 8304 8314–8315 8329 8334
8347 8349 8373 8378 8380 8385 8405
8417 8426 8438 8441 8461 8498 8503
8531 8536 8594 8620 8633 8643 8706
8727 8764 8784 8808 8812 8816 8821
8874 8893 8902 8906 8909 8917 8926
8973 8992 9054 9091 9109 9113 9137
9147–9148 9194 9219 9237 9268 9270
9273 9276 9296 9314 9323 9349 9357
9397 9415 9419 9427 9443 9468 9481
9503 9557 9569 9576 9620 9635 9638
9677–9678 9689 9710 9712 9741 9748
9779 9810 9889 9915 9917 9937 9944
9949 9953 9960 9962 9964 9966 9975
10003 10020 10024 10028 10049
10074 10126 10163 10187 10192
10194 10204 10272 10309 10314
10316 10332 10336 10367 10369
10380 10391 10396 10410 10413
10437 10451 10468 10517–10518
10524 10543–10544 10551–10552
10562 10593   (595 Belege)
art. abbrev. Pauli II. fam. → mag. in
art. bac. 65 1681 2102 2934 2945 3011
    3867 4149 4419 4922 5487 5674 5706
    5940 6361 7805 7873 8816 9194 9635
                             (20 Belege)
art. → bac. in
art. decr. doct. in leg. bac. → mag. in
art. decr. doct. pape cap. → mag. in

art. doct. 3782 3801 4950 5194 6463 6552
    7951 8259 8314 8764 9966 10517
                             (12 Belege)
art. doct. ac in theol. bac. → decr. et
art. et bac. in decr. → mag. in
art. et bac. in leg. → mag. in
art. et bac. in theol. → mag. in
art. et decr. bac. → mag. in
art. et decr. doct. → mag. in
art. et decr. licent. → mag. in
art. et in med. → mag. in
art. et in med. mag. → mag. in
art. et in theol. mag. → in
art. et iur. can. doct. 8304
art. et iur. can. stud. → in univ. Papien.
art. et licent. in medicina ac ad presbit. ord.
    et postremo ad bac. in theol. prom. →
    mag. in
art. et med. cultor 2041
art. et med. doct. 588 3674 4025 5531
    5552 5606 5745 6001 6127 6616 6666
    6786 7068 7620 9270 9427 9503 9949
    9975 10336   (20 Belege)
art. et med. doct. com. pal. ac eques imper.
    et regis Bosne medicus 5531
art. et med. facultatibus erigi lic. → stud.
    gener. pro theol., iur. can. et civilis nec-
    non
art. et med. mag. 451 606 2577 5881 6093
    7383 9137
art. et theol. doct. 1134
art. et theol. facultatibus stud. 10396
art. et theol. mag. 2750 3475 10028
art. et theol. magistri et doctores → privil.
    quib. ceteri
art. et utr. iur. bac. → mag. in
art. et utr. iur. licent. → mag. in
art. → facult.
art. facult. legit 3291
art. liberalibus mag. → in
art. liberalibus p. 5 an. stud. → univ. Cra-
    cov. in
art. → lic. recip. mag. in
art. licent. 4922 6779
art. → licent. in
art. mag. 5 15 36–37 65 68 84 92 128 151
    205 211 219 317 327 336 347 359 420
    425 438 451 458 465 487 496 589 738
    800 854 890 898 959 968 1070 1105
    1128 1214 1239 1252 1260 1319 1392
    1470 1472 1493 1537 1581 1583 1643
    1674 1680 1683 1690 1713 1737 1807

1836 1840 1869 1879 1915 1918 1920
1922 1938 1948 1952 1980 2022 2033
2116 2148 2170 2200 2210 2226 2254
2293 2299 2379 2405 2412 2454 2530
2532 2535 2577 2612 2624 2647 2755
2812 2820 2825 2831 2841 2941 2949–
2951 2955 2988 3010 3050 3059 3161
3202 3213 3219 3225 3227 3263 3271
3291 3299 3339 3352 3408 3474–3475
3574 3616 3636 3641–3642 3645 3658
3670 3695 3704–3705 3709 3738 3795
3839 3852 3876 3879 3941 3954 3979
4010 4023 4053 4100 4123 4174 4176
4178 4201 4230 4253 4270 4272–4273
4285 4349 4356 4362 4387 4403 4406
4434 4466 4488 4507 4509 4562 4577
4593 4659 4680 4684–4685 4783 4785
4796 4884 4972 4982 5030 5037 5039
5070 5108 5122 5142 5175 5197 5199
5237 5241 5296 5362–5363 5373 5408
5451 5482 5581 5604 5629 5649–5650
5683 5776 5844 5874 5912 6082 6111
6113 6241 6337 6347 6414 6527 6552
6554–6555 6557 6586 6607 6633 6659
6664 6694 6748 6794 6807 6810–6811
6815 6856 6986 7001 7035 7053 7062
7072 7076 7090 7108 7135 7160–7161
7208 7235 7315 7348 7354 7445 7500
7555 7622 7653 7689 7732 7755 7760
7808 7830 7903 7951 7956 7980 8010
8015 8075 8154 8161 8164 8180 8251
8264 8275 8315 8329 8378 8380 8385
8405 8438 8441 8503 8531 8594 8706
8727 8808 8874 8893 8902 8909 8917
8926 9054 9091 9137 9147 9219 9237
9273 9314 9323 9349 9415 9468 9481
9557 9638 9678 9741 9748 9779 9810
9915 9944 9962 9964 10003 10020
10024 10192 10194 10272 10309
10316 10367 10380 10413 10451
10468 10518 10524 10543 10551–
10552 10562   (340 Belege)
art. → mag.
art. mag. abbrev. 3059
art. mag. et in decr. bac. 5
art. mag. et in decr. doct. 2532 4403
art. mag. et in decr. licent. 84 3271 10551
  10562
art. mag. et in med. mag. 9137
art. mag. et in sacra pagina bac. formatus
  10552

art. mag. et in theol. bac. 3739 5030 6856
art. mag. et in theol. licent. 65 1239 5199
art. mag. et in univ. studii Magunt. stud.
  5039
art. mag. et in utr. iur. stud. 8164
art. mag. et sacre pagine doct. 5296
art. mag. et utr. iur. bac. 3161 5142 5776
art. mag. et utr. iur. doct. 4884
art. mag. et utr. iur. scol. 10518
art. → mag. in
art. mag. in decr. bac. 4403
art. mag. in decr. licent. 2820 7160
art. mag. in iur. can. actu Parisiis stud.
  2226
art. mag. in iur. can. bac. 7161
art. mag. in leg. bac. 9915
art. mag. in leg. licent. 3339
art. mag. in med. doct. 15 7135
art. mag. in registro supplic. script. 7500
art. mag. in sacris ord. constitutus 3795
art. mag. in theol. bac. 854 2988 4178
  7622 9349
art. mag. in theol. bac. formatus 4201
  4356
art. mag. in theol. doct. 8893
art. mag. in theol. licent. 1537 3202
art. mag. in univ. Colon. stud. 589
art. mag. leg. doct. 4685
art. mag. leg. sacrarum prof. 128
art. mag. litt. stud. p. Italiam 2949
art. mag. qui p. 2 an. post gradum mag. p.
  eum susceptum in univ. stud. et facult.
  art. med. studuit et a pluribus comitibus
  baronibus et al. magnis nobilibus propter eius scientiam et practicam in eadem
  arte in qua valde expertus est saldariatus
  et stipendiatus fuit tamen d. artem exercere n. potest → presb. in
art. med. 4025
art. medicine → lic. exercendi
art. ordinarius iur. civilis et canonici →
  mag. in
art. p. plures an. legit → in
art. peritus 7806
art. procur. → mag. in
art. stud. → in stud. gener. Heydelbergen.
  in facultate
art. stud. → in univ. Colon. in facult.
art. stud. → in univ. Cracov. in
art. stud. → in univ. stud. Lovanien. in
art. stud. → in univ. Trever. in facult.

arta clausura 980

artem exercere n. potest → presb. in art.
mag. qui p. 2 an. post gradum mag. p.
eum susceptum in univ. stud. et facult.
art. med. studuit et a pluribus comitibus
baronibus et al. magnis nobilibus propter eius scientiam et practicam in eadem
arte in qua valde expertus est saldariatus
et stipendiatus fuit tamen d.

artem medicine exercet → in phisica practicat et apud commun. op. Bernen.

artes phisice et cirurgie exercent → cler.
laicos in eorum domibus recipiunt et

Artesie → libr.

arteticus 631

articula 2218

articulus 527 620 7433 8816 9003 10323

artifex 7382 8789

artifices mechanici laboratores et manuales
negotiatores 8789

artificium 3051 3268 10049

artium et med. cultor → domorum

arto 3799 5702 7458

artus 980 1961 10214

arx 26 103 1946 2025 2028 2158 2254
3176 3402 3674 4307 7738 8073
(13 Belege)

ascendo 134 154 195 210 374 436 546
559 610 732 996 1233 1240 1526 1707
1783 1798 1801 1863 1945 2030 2389
2394 2892 3165 3392 3454 3488 3527
3678 3945 4084 4518 4659 5282 5430
5470 5530 5703 5971 6697 6744 7049
7056 7126 7222 7492 7912 8007 8323
8351 8368 8761 8956 9045 9457 9603
9638 9815 10114 10214 10251 10279
10505–10506 10547 10605 10619
(68 Belege)

ascribo 2522 4397 5809 7402 7464 9100
10550

asper 9596

asperitas 1956 7563 9214

aspiro 36 2138 3436 6079 7830

asporto 6931 8305

assassinium 10042

assec. 18 52 77 82 107 124 131 133–134
178 183 204 221 233 237 260 309 329
333 336–337 339 355 381 397 405 436
438 451 464 471–472 474 505 520 546–
547 555 569 621 654 672 683 707–708
717 741 756 774 781 798 801–803 812
821 827–828 839 845 862 890 897 960

1028 1045 1052 1064–1065 1083 1118
1196 1199 1216 1227 1236 1269 1272
1303 1357 1378 1404 1426 1430–1431
1441 1479 1497 1503 1539 1557 1563
1573 1577 1586 1611 1646 1659 1673
1683 1737 1748 1760 1770 1783 1791
1803 1807 1841 1851 1879 1922 1950
1958 1982 1985 1990 1994 2009 2016
2027 2037 2040 2101 2104 2106 2111
2183 2193 2226 2237 2275 2281 2297
2315–2316 2323 2339 2366 2374 2377
2388 2399 2402 2410 2431 2440 2462–
2463 2469 2489 2529 2550 2554 2583
2603 2610 2660 2667 2713 2723 2725
2745 2769 2779 2781 2790–2791 2793
2799 2810 2855 2864 2867 2874–2875
2890 2908 2926 2939 2951 2967 2974
2987 3012 3059 3069 3072 3084–3086
3152–3153 3156 3162 3166 3171 3199
3203 3207 3218 3226 3242 3286 3291
3295 3359 3400 3448 3455 3457 3467
3475 3492 3495 3521 3532 3553 3555
3561 3582 3636 3671 3678 3688 3699
3705 3711 3734 3765 3768 3790 3823
3825 3843 3859 3873 3876–3877 3912
3915 3919 3924 3955 3969 3982–3983
3985 3992 4026 4036 4063 4091 4114
4151 4160 4188 4194 4231 4245–4246
4281 4284 4293 4318 4320 4331 4337
4358 4391 4419 4423 4477 4488 4514
4528 4533 4546 4548 4551 4557 4566–
4567 4580 4596 4609 4636–4637 4659
4697 4715 4719 4731 4765 4785 4800
4821 4846 4848 4877 4959 4961 4977
5005 5054 5066 5087 5091 5093 5097
5121 5150 5153 5185 5187 5202 5217
5222 5225–5227 5230 5232 5281 5291
5300 5340 5358 5363 5366 5371 5374
5386 5392 5440 5453 5494 5523 5533
5535 5581 5600–5601 5612 5636 5648
5650 5653 5673 5717 5725 5732 5743–
5744 5747 5751 5753 5828 5840 5875
5881 5890 5897 5916 5920 5922 5930
5955 5960 6036–6037 6039 6049 6055
6078–6079 6083 6124 6127 6154 6187
6251 6256 6265 6278 6283 6325 6414
6417 6431 6445 6453 6465–6466 6470
6500 6514–6515 6553 6585 6592 6602–
6603 6610 6617 6635 6662 6671 6700
6720 6724 6732 6751 6772 6789 6791–
6792 6811 6884 6891 6893 6900 6976
6994 6996 7019 7022 7069 7081 7083

7093 7098 7125 7134 7140 7143 7160
7175 7217 7235 7248 7259 7305 7338
7352 7355 7372 7375–7376 7393 7400
7440 7467 7488 7497 7535 7541 7556
7578 7597 7612 7644 7655 7663 7670
7675 7687 7700 7740 7767 7769 7812
7830 7847–7848 7875 7906–7907 7912
7952 7955 7978 7980 7982 8010 8020
8029 8045 8056 8084 8092 8107 8110
8113 8132 8168 8198 8218 8249 8288
8302 8317 8328 8344 8356 8358 8362
8371 8397 8439 8441 8503 8530 8550
8597 8614 8634 8642 8647 8661 8665
8704 8715 8796 8849 8881 8884 8909
8916 8921 8925 8972 8993 9000 9059
9062 9098 9113 9125 9127 9137 9156
9160 9170 9176 9186 9229 9232–9233
9321 9328 9343 9365 9368 9378–9379
9400 9412 9473 9490 9495 9501 9511
9519 9542 9566 9568 9570–9571 9582
9621 9627 9644 9658 9668 9670 9677
9680 9682 9695 9710 9717 9739 9746
9764 9771 9777 9782 9788 9797 9810
9815 9821 9827 9857 9865–9868 9879
9890 9895 9927 9947 9969 9982 10018
10069 10127 10242 10251 10277–
10278 10285 10324 10344–10346
10353–10354 10367 10377 10398
10453–10455 10457–10458 10479–
10480 10523 10526 10538 10552
10564 10597   (636 Belege)
assec. → vac. p.
assec. → vacat. p.
assentior 111 154 190 863 1391 1400
2024 2027 2034 2044 2106 2108 2219
2318 2338 2341 2533 2660 2898 2902
2986 2995 3221 3285 3376 3458 3544
3583 3620 4092 4402 4440 4569 5767
5888 5912 6277 6282 6297 6515 6674
6801 6805 6820 6921 8494 8880 9729
9769 9952 10162 10318 10346
                      (53 Belege)
assequi n. potuit → ob maximas expensas
doct. insignia
assequor 138 202 372 1233 1241 1730
1783 2079 2138 2323 2341 2396 2402
2706 2712–2713 2793 2805 2811 2926
2931 3007 3289 3424 3525 3678 3747
4126 4631 4669 4719 4923 5533 5655
5700 6466 7029 7125 7305 7352 7426
7477 7734 7851 8203 8205 8351 8440
8534 8763 8799 9328 9455 9528 9582

9658 9720 9747 9947 10217 10373
10453 10481   (63 Belege)
assero 57–58 72 328 361 732 1168 1239
1346 1354 1519 1622 1724 1752 1766
1863 1869 1880 1900 1990 2071 2197
2325 2342 2345 2360 2440 2497 2745
2927 2964 3033 3057 3097 3172 3218
3275 3513 3528 4581 5036 5214 5393
5464 5697 6122 6265 6339 6702 6708
7236 7493 7525 7533 7537 7539 7651
7723 7828 7852 7907 8038 8076 8165
8443 8449 8580 8661 8704 8717 8804
8998 9019 9197 9244 9611 9632 9644
9731 9734 9777 9812 9839 9894 9931
9982 10071 10176 10299 10607
                      (90 Belege)
asservo 2448
assessor 1728 3499 8813
assessor in iudicio sec. 1728
assiduus 1569 7477 8534 9388
assign.   (1172 Belege)
assign. pens. 43 50 54 73 79 111 134 154
157 163 222 288 292 327–328 337 339
361 405 408 412 431 497 520 555 586
602 651 680 704 715 741–742 796 843
858 876 968 981 1013 1028–1029 1031
1034–1035 1148 1184 1202 1263 1285
1304 1312 1324 1352 1391 1451 1461
1465 1489 1506 1510 1525–1526 1586
1716 1722 1781 1783 1786 1788 1804
1809 1846 1869 1912 1987 1996 2007–
2008 2010 2024 2027 2039 2044 2104
2107–2108 2224 2229 2247 2295 2315–
2316 2334 2338 2372 2413 2433 2442
2464 2479 2533 2550 2569 2577 2591
2629 2657 2660 2684 2740 2743 2782
2793 2810 2815 2817 2833 2880 2886
2898 2902 2913 2941 2980 2985–2986
2995 3035 3047 3087 3155 3162–3163
3218 3228 3236 3259 3264 3285 3302
3314 3324 3335 3376 3380 3425 3440
3453 3467 3480 3484 3516 3527 3544
3573 3583 3592 3595 3620 3630 3643
3718 3736 3794 3816 3844 3876 3922
3933 3948 3956 3968 4049 4057 4066
4075 4092 4150 4179 4227 4260 4280
4282 4290 4392 4402 4440 4450 4475
4502 4547 4550 4552 4554 4596 4628
4630 4644 4649 4659 4668 4671 4695
4711 4715 4763 4783 4787 4792–4793
4821 4827 4842 4859 4919 4922 4956
4958–4959 5120 5126 5154–5155 5160

1497

5243 5265 5281 5284 5322 5403 5406
5430 5436 5444 5460 5470 5480 5490
5492 5548 5599 5637 5645 5649 5654–
5655 5660 5673 5698 5725–5726 5767
5775–5776 5789 5827 5837 5842 5857
5871 5888 5904–5905 5916–5917 5919
5932 6074 6079–6080 6082 6088 6123–
6124 6136 6172 6219–6220 6266 6297
6328 6471 6515 6523 6547 6618 6633
6638 6694 6720 6782 6789 6801 6805
6863 6889 6916 6921 6938 6952 7049
7057 7066–7067 7098 7130 7167 7172–
7173 7206 7234 7254 7290–7291 7378
7388 7400 7426 7513 7627 7730 7741
7752 7762 7782 7807 7834 7836–7838
7840 7847–7848 7850 7852 7917 7929
8065 8074 8088 8132 8138 8194 8204–
8205 8323 8444 8474 8533 8578–8580
8618 8625 8698 8716 8726 8854 8866
8868–8869 8874 8903 8905 8994 9015
9018 9055 9060 9138 9160 9192 9205
9231 9236 9239 9399 9423 9488 9543
9576 9582 9623 9628 9675 9684 9689
9701 9708 9723 9729 9736 9815 9866
9872 9880 9882 9920 9952 9982 10004
10038 10130 10162 10170 10205
10252 10318 10345–10346 10370
10387 10468 10546 10580 10591
(417 Belege)

assignamentum 7493
assignandi → lic.
assimilo 105
assisia 1240–1241
assisto 132–133 186 619 636 700 764 960
1052 1071 1238 1240–1241 1707 1730
1732 1742 1851 1871 1972 2078 2138
2323 2345–2346 2368 2470 2551 3129
3175 3435 3897 4028 4659 5056 5496
5534 6053 6345 6607 6712 6931 7180
7304 7321 7391 7815 8461 8534 8697
9041 9066 9165 9258 9328 9330 9528
9531 9764 9932 10097 10112 10320
10373 10396 10490   (66 Belege)
assituo 10605
asso 9569
associo 431 8462 10467
assumo 105 154 186 532 794 971 1029
1372 1653 1702 1793 2079 3059 3088
3474 3525 4104 4129 4389 4786 4923
5379 5404 5419 5936 6209 7406 7562
7986 8473 8560 9065–9066 9940
10087 10137 10141   (37 Belege)

assumptio 2548 4821 5555 5636 6502
7834 8710
assumptio ad ord. card. in consistorio secreto 2548
astringo 105 2805 3308 4979 5376 7330
7741 8075 8719 9510 9710 (11 Belege)
astrologia 4129
astrologus 4129 6811–6812 8439
atramentum 7383
atrium 5217 5226
attempto 352 1233 1842 6016 6708 7383
9160 10169
attendo 138 1581 7547 9266 10108 10267
attento quod 70 111 177 338 352 845 921
1113 1241 1299 1312 1830 1893 1959
2024 2106 2143 2226 2272 2388–2389
2409 2501 2554 2818 2926 2985 3035
3162 3337 3414 3587 4013 4091 4304
4519 4636 4770 4880 5085 5171 5284
5419 5545 5650 5703 5725 5823 5828
5848 5989 6509 7029 7095 7306 7399
7741 7807 8335 8360 8641 8828 8874
9223 9252 9501 9555 9933 9998
10345–10346 10454 10484 (73 Belege)
attenuatus 3436
attestatio 2781
attestor 417 7382
attineo 224 3176 3657 5317 7337 8979
9214
attingo 51 175 190 258 671 1002 1088
1870 2006 2079 2309 2357 2381 2676
2825 2835 3056 3258 3297 4265 4290
4309 4386 4487 4774 5532 5700 5809
5892 6228 6479 6493 6504 6563 6622
7002 7404 7470 7584 8076 8164 8933
9096 9261 9337 9517 9644 9830 9958
9985 10061 10089 10173 10289 10361
10393 10441   (57 Belege)
auct. 14 35 44–45 52 74 82 105 119 127
131 134 136 148 167 188 225 232 237
259–260 270 286 328–329 353 357 393
405 412 419 426 429 497 516 519–520
524 527–528 547 551 575–576 579
581–582 588 594 610 613 620–622
653–654 661 666 673–674 680 709
717–718 789 801–804 819 827–828
836 839 859 862–863 908–909 911
921–922 931 938 959 965 972 974 978
1007 1030–1031 1042 1049 1064–1065
1069 1092 1096 1109 1164–1165 1196
1201 1208 1216 1235 1241 1243 1250
1252 1256 1259 1305 1332 1341 1345

1350 1381 1400 1428 1440 1445 1475
1571 1586 1608–1609 1633 1659 1674
1687 1698 1788–1789 1796 1801 1822
1824 1843 1846 1848 1851 1866–1870
1898 1951 1959 1977 1985 1999 2016
2019 2024–2025 2032 2034 2059 2077
2079 2104 2106 2109–2111 2161 2165
2174 2189 2201 2212 2226 2264 2267
2275 2288 2338 2347 2376 2388 2396
2407 2416 2419 2432 2437 2440 2444
2462–2463 2469–2470 2541 2550–2551
2562 2569 2574 2593 2626 2632–2633
2650 2683 2689 2696 2708 2756 2767
2769 2776 2781–2782 2784–2785 2795
2845 2847 2854–2855 2902 2908 2913
2933 2939 2945 2980 2983 2987 3008–
3009 3012 3047 3053 3057 3059 3076
3080 3082 3085–3086 3096 3102 3118
3191 3202–3203 3207 3213 3215 3219
3226 3270 3280 3289 3301 3315 3351
3385 3389 3402 3408 3410 3465 3475
3480 3486 3502 3511 3528 3553 3568
3573 3575 3583 3603 3631 3672 3691–
3692 3694 3699 3748 3753 3780 3792
3797 3817 3851 3897 3916 3921–3922
3941 3968 3982–3983 4003 4010 4017
4036 4038 4057 4091 4114–4115 4129
4182 4208 4213 4227 4231 4245 4255
4340 4383 4393 4403 4448 4502 4504
4528 4548 4573 4589 4596 4659 4677–
4678 4726 4737 4783 4791 4814 4908
4925 4937 4986 5038 5105 5119 5126
5154 5160–5161 5186 5202 5227 5281
5284 5296 5340 5347 5352 5374–5375
5386 5404 5548 5607 5674 5693 5745
5814 5844 5861 5899 5912 5919 5964
6016 6039 6045 6079 6084 6125 6127
6144 6249 6251 6258 6277–6278 6291
6296 6326 6335 6341 6368 6393 6447
6514–6515 6538 6542 6550 6553 6559
6568 6575 6592 6633 6812 6822 6839
6849 6865 6868 6884 6889 6909 6911
6928 6951 6988 6994 7014 7033 7043
7063 7082 7097 7105 7107 7109 7130
7133 7167 7180 7217 7256–7257 7289
7295 7304–7305 7326 7341 7352 7359
7380 7394 7401 7414 7426 7431 7450
7469 7473 7491 7497 7522 7540 7547
7566 7577 7599 7612 7614 7627 7642
7663 7707 7741 7776 7790 7812 7819
7837 7841 7872 7890 7892 7904 7911
7950 7966 7985 8010 8029 8031 8044

8076 8083–8084 8113 8121 8131 8214
8229 8232 8255 8261 8265 8270 8291
8298 8310 8317 8332 8335 8360 8383
8397 8415 8439–8440 8456 8461 8463
8465 8471 8487 8505 8509 8520 8529
8535 8549 8578 8580–8581 8596 8614
8625 8640 8656 8665 8688 8704 8707
8717 8743 8763 8777–8778 8808 8849
8863–8864 8869 8895 8918 8945 8956
8962 8971 8988 8994 8998 9011 9049
9052 9055 9066 9106 9139 9142 9149
9180 9193 9214 9219 9232–9233 9242
9259 9267 9328 9330 9346 9355 9363
9365 9369 9373 9380 9383 9388 9392
9404 9409 9429 9438 9450 9457 9466
9473 9553–9555 9563–9564 9566
9569–9570 9581–9582 9584 9594 9604
9628–9629 9631 9650 9668 9670 9675
9687 9708 9720 9733 9775 9796 9864
9879 9881 9923 9928–9930 9937 9943
9955–9956 9982 10004 10025 10047
10053 10065 10070–10071 10074–
10075 10101 10134 10144 10160
10165 10170 10176 10205 10208
10217 10219 10252 10267 10278
10283 10309 10332 10345 10347
10351 10367 10370 10381–10383
10388 10396 10398 10405 10444
10454 10481 10486 10490 10493
10519–10520 10531 10537–10538
10546 10577 10586 10588 10592
10597 10605 10609   (686 Belege)
auct. ap. 35 44 52 74 82 127 131 136 188
225 259–260 270 286 328–329 405 412
419 426 429 516 519–520 527–528 576
579 582 594 613 620–622 653–654
801–804 828 839 862 908–909 921 931
938 959 972 974 1007 1042 1064–1065
1096 1164–1165 1196 1208 1216 1241
1243 1250 1332 1341 1350 1400 1428
1445 1475 1586 1608–1609 1698 1788–
1789 1843 1846 1866–1869 1898 1951
1959 1985 1999 2016 2025 2079 2106
2109 2111 2165 2189 2201 2275 2288
2347 2407 2416 2432 2462 2469–2470
2550–2551 2562 2574 2626 2632 2650
2683 2689 2708 2756 2769 2776 2782
2785 2847 2854–2855 2902 2913 2987
3008 3053 3059 3076 3085–3086 3102
3118 3202 3207 3213 3219 3226 3270
3301 3315 3389 3402 3408 3465 3486
3502 3511 3568 3573 3575 3583 3631

3672 3691–3692 3748 3753 3792 3817
3851 3897 3921–3922 3941 4010 4036
4057 4091 4115 4213 4231 4245 4255
4340 4393 4448 4528 4548 4573 4737
4925 5126 5161 5186 5281 5284 5340
5374–5375 5607 5693 5745 5814 5844
5912 5919 5964 6016 6039 6045 6079
6125 6251 6258 6277 6291 6368 6393
6515 6542 6553 6559 6568 6575 6812
6822 6849 6868 6884 6909 6911 6928
6988 7014 7043 7082 7097 7105 7130
7133 7167 7180 7256–7257 7289 7304
7305 7326 7341 7352 7359 7414 7431
7469 7497 7522 7540 7547 7577 7612
7707 7741 7776 7812 7837 7892 7911
7985 8029 8076 8084 8113 8121 8229
8261 8317 8335 8360 8397 8439–8440
8463 8465 8471 8487 8505 8520 8529
8535 8549 8580–8581 8596 8614 8640
8665 8688 8704 8707 8717 8763 8777–
8778 8849 8895 8918 8956 8971 8988
8994 8998 9011 9052 9139 9142 9149
9180 9214 9219 9232–9233 9259 9328
9355 9365 9369 9373 9380 9383 9388
9404 9438 9450 9457 9466 9555 9566
9569–9570 9581–9582 9628–9629
9631 9650 9670 9687 9720 9733 9775
9879 9923 9928–9930 9937 9956
10004 10144 10160 10165 10170
10176 10217 10252 10351 10367
10381–10383 10396 10398 10405
10454 10481 10486 10493 10519–
10520 10531 10586 10597 10609
(376 Belege)
auct. ap. → in manibus iudicis c.
auct. conf. → abb. electus atque ordin..
auct. not. → publ. ap.
auctor 7383
aud. (1400 Belege)
aud. ad imper. orator et nuntius 468
aud. → litig. coram
aud. Rote 2035 9658
audacia 224 2346 2551 4536 7381 9214
audeo 177 3083 6816 7303 10193
audiendi confess. → pot.
audiendi → lic.
audiendi vel legendi publice lectiones in
legibus in quibuscumque scholis sive
studiis gener. → lic.
audientia 623 1807 2196 2494 4847 4889
6271 8368 8405 8536–8537 9870
(12 Belege)

audientia apud papam 623
audientia litt. contradictarum 2196 2494
2794 4847 6271 8368 8405 8536–8537
9870
audientia litt. contradictarum → publicatio
in
audientia secreta 4889
audientiarius 8345
audientie contradictarum litt. procur. →
cubic. et fam., abbrev. et
audientie contradictarum procur. → litt.
audientie litt. contradictarum procur. 2494
audientie secrete et discussionis negotiorum cam. ap. → pacta stipulata in Urbe
in pal. ap. apud s. Petrum in loco
audio 133 223 269 409 731 790 794 921
1234–1235 1237 1355 1698 1871 1890
1961 2034 2197 2341 2343 2347 2383
2417 2448 2794 2862 2964 3034 3162
3232 3393 3731 4085 4282 4530 4536
4611 5304 5448 6128 6456 6514 6775
7339 7381 7391 7469 7477 7529 7533
7583 7614 7742 7815 8535 8629 9003
9041 9065 9155 9184 9224 9249 9504
9631 9720 9937 10031 10109–10110
10267 (71 Belege)
Auf der Egg vulg. nunc. → eccl.
aufero 242 847 3170 3684 4377 4506
5007 6931 7165 7671
auff dem Prant vulg. nunc. → primissaria
par. eccl. in Neunkyrchen
aufugio 5891 6931 7330 9501 9504
aug., oct. et decb. → febr., apr., iun.,
augeo 128 266 1240–1241 2132 3176
4264 5388 5453 5622 7696 9327 9388
(13 Belege)
augmentatio 9328
augmento 2069 3892 5703 7061 8273
8795 9636
augmentum 807 2162 4040 7321 7498
8490 8616 9636
August. → differentia inter cives et cler.
civit. ac dioc.
August. → pax Germanie conclusa in dieta Ratisbon. et confirmata in dieta
August. → scriba civit.
aula 202 260 704 890 1399 1430 1469
1493 1879 2237 2285 2402 2548 2779
2877 3084–3086 3243 3466 3747 5136
5353 5538 6758 6791 7181 7264 8014
8018 8462 8656 8843 9336 9400 9543
(36 Belege)

austeritas 720 2947 6639 7491 7792
australis 7329 8358
Austrie ducis consiliarius → prep. Embricen. Maximiliani
authenticus 4889 5697 8349
auxiliator 2347
auxilio 3175
auxilium 119 224 246 297 353 700 731–732 794 960 1060 1233 1732 1822 2342–2343 2372 2416 2448 2470 2549 2662 2790 3102 3176 3187 3268 3527 3674 3855 3983 4391 4411 4422 4473 4566 4568 4606 4784 5496 5581 5606 5608 5627 5801 6217 6347 6712 7067 7186 7382 7413 7488 8688 9042 9064 9328 9330 9384 9528 9631 9702 9710 9866 (64 Belege)
avena 1312 6960
avicula 9569
Avinionen. → univ. studii Roman. et
avoco 9528
avunculus 980 4520 7141 9062
avunculus) → card. (Pauli II.
avus 1036 1946 4518 9195 9272 9553 9720 10466
avvisamentum 7491
azzurreus 5053 5153 5654 6056 9825

b. Marie virg. et s. Crucis → reliquie s. Walpurgis et
b. Marci Apl. et Ev. → corpus
b. Marie in capel. prepos. vulg. nunc. → vicar. ad alt.
b. Marie in litore Pluiperg vulg. nunc. → capn.
b. Marie → perp. missa et hora
b. Marie Theotonicorum ab iuram. → absol. mag. et fr. hosp.
b. Marie virg. ad alt. s. Crucis deaurate vulg. nunc. → vicar.
b. Marie virg. in Exilio (vulg. Zum elende nunc.) → capel.
b. Marie virg. in sole → imago
b. Marie (vulg. appellata capn. Hebernaris Stieveli / Hebermarts Suevli) → capn. ad alt.
b. Marie vulg. Nazareth nunc. → dom.
b. Marie vulg. nunc. in Capitolio → eccl.
b. Marie Theotonicorum → patron. commendatoris et fr. dom. et conv.
b. Petri in Tuscia → negotium minerarum argenti et al. metallorum in provincia patrimonii

bac. 5 14 18 65 134 294 444 465 485 536–537 576 623 673 757 813 854 858 932 993 1035 1085 1196 1236 1549 1631 1681 1719 1830 1922 2010 2055 2102 2200 2343 2345 2379 2415 2717 2845 2934 2945 2974 2988 3006 3011 3080 3161 3175 3302 3350 3465 3516 3702 3738 3771 3787 3867 3926 3964 4028 4072 4114 4149 4178 4201 4227 4270 4282 4319 4356 4385 4403 4419 4435 4636 4703 4749 4796–4797 4824 4867 4891–4893 4922 4994 5030 5057 5142 5161 5219 5347 5371 5379 5419 5484 5487 5581 5649 5653 5674 5702 5706 5749 5776 5799 5922 5940 6217 6314–6315 6342 6361 6528 6638 6669 6687 6781 6856 6908 7161 7306 7477 7622 7805 7873 7888 7912 8073 8092 8249 8314 8373 8380 8385 8401 8430 8546 8640 8660 8683 8762 8816 8821 8894 8950 8977 9001 9046 9065 9098 9194 9204 9325 9349 9635 9715 9871 9915 9917 9937 9939 10031 10125 10144 10209 10314 10403 10413 10420 10453 10552 10607 10623 (175 Belege)
bac. → art.
bac. → art. mag. et in decr.
bac. → art. mag. et in theol.
bac. → art. mag. et utr. iur.
bac. → art. mag. in decr.
bac. → art. mag. in iur. can.
bac. → art. mag. in leg.
bac. → art. mag. in theol.
bac. → decr.
bac. → decr. et art. doct. ac in theol.
bac. et licent. → iur.
bac. formatus → art. mag. et in sacra pagina
bac. formatus → art. mag. in theol.
bac. formatus in theol. → mag. vel
bac. in art. 858 2200 5649 6314 8821
bac. in decr. 3011 4994 5347 5653 6315 7912 8640 8683 8762 9635 10144 10209 10420 (13 Belege)
bac. in decr. → mag. in art. et
bac. in iur. can. 4319 5653
bac. in leg. 3350 5706
bac. in leg. → mag. in art. et
bac. in theol. 932 1035 1549 2945 3175 3738 3964 4114 4385 4749 4797 5030 6342 6361 8373 8430 8546 9001 9325 9635 9871 10031 10314 (23 Belege)

bac. in theol. → mag. in art. et

bac. in theol. prom. → mag. in art. et licent. in medicina ac ad presbit. ord. et postremo ad

bac. in utr. iur. 5484 5749

bac. → iur.

bac. → mag. in art. decr. doct. in leg.

bac. → mag. in art. et decr.

bac. → mag. in art. et utr. iur.

bac. → theol.

bac., script., abbrev. ac pape fam. → decr.

baccalaureatus 1719 4659 7460

baculo anulo sandaliis → lic. utendi mitra

baculo et al. pontific. insigniis uti possit → abb. mon. mitra,

baculo → lic. utendi anulo

baculus 682 1250 1773 1807 2138 2361 2690 3161 4016 4583 4656 5216 6188 6216 6931 7104 7128 7465 7986 8473 9065 9742 10031 10267   (24 Belege)

Baerle Cuynredyck vulg. nunc. → burscapium

baillivia 886 4291 6754 9526 9528

baillivius 761 886 2345 2406 2437 4257 6138 8507 9329–9330 9943 (11 Belege)

baiocus 339 636 1626 4563 7492–7493 7551 8761 8929 10492

Baldassar n. intellegit nec intellegibiliter loquitur idioma d. op. → n.o. quod

ballista 193 286 294 877 1035 1443 1729 1762 1987 2010 2442 2498 3314 3771 3934 3956 4049 4236 4554 4628 5407 5660 6091 6503 6638 6801 6878 6921 6938 7282 7752 8065 9957 9987
(34 Belege)

balneum 9033

Bamberg. → orator eccl.

bancharius 10088 10099 10170

banchus 185 371 1028 4257 4271 4568 6712 7384 10094–10095 10097
(11 Belege)

banderia 6138

bannitus 205

bannum 368 571 575 831 1427 1489 1879 3151 3163 3169 6778 6935 7381 7403 9763 9825 10176   (17 Belege)

bannus 205 2548 5989 7763

baptismalis 266 1772 1797 1924 2035 2127 3556 4034 6003 7754 8469 8491 9454 9604 9805 10482 10500 10621
(18 Belege)

baptizo 1050 1890 2127 3557 9454 10224

bar. 34 55 274 732 876 912 1245 1465–1466 1645 1658 1692 1736 1814 1821 1963 1972 2132 2254 2284 2340 2358 2569 2676 2765 2870 2938 3143 3410 3464 3476 3572 3632 3674 3699 3815 3825–3826 3843 3922 4155 4271 4482 4725 4746 5213 5251 5260 5538 5600–5601 6039 6255 6294 6347 6424 6478–6479 7429 7490 7526 7812 7848–7850 8535 8653 8706 9051 9455 9527 9622 9804 9886 9989 10012 10108 10120 10174 10377 10392 10425 10427 10500 10534 10536 10598 (87 Belege)

bar. gen. → de com. et

bar. vel illustrium gen. → de com. vel

baraxatura 8464

Barbarenwerder vulg. nunc. → dom. s. Barbare

barbatus 2473

barones et presb. → absol.

baronia 1814 5251

baronibus et al. magnis nobilibus propter eius scientiam et practicam in eadem arte in qua valde expertus est saldariatus et stipendiatus fuit tamen d. artem exercere n. potest → presb. in art. mag. qui p. 2 an. post gradum mag. p. eum susceptum in univ. stud. et facult. art. med. studuit et a pluribus comitibus

baronissa 4832

Basil. a censuris → absol. cives

Basil. apud sed. ap. → orator commun.

Basil. → concilium

Basil. → vig. disp. synodi

basilica 7 9 13 33 50 109 118 125 129 183 196 286 305 325 339–340 346 356 392 402 407 412 512 518 555 561 577 584 630 636 665 704 734 745 754 845–846 873 879 890 894 987 1015 1017 1055 1087 1110 1136 1142 1149 1173 1188 1288 1291 1295 1355 1373 1375 1379 1413 1456 1524 1542 1546 1599 1605 1611 1613 1625 1635 1637 1643 1646 1654 1668 1691 1742 1806 1862 1867 1907 2004 2019 2055–2056 2096 2124 2129 2211 2231 2254–2255 2285 2288 2326 2411 2413 2495 2537 2561 2583 2620 2627 2630 2651 2664 2667 2710 2713 2722–2723 2761 2779 2817 2819 2853 2861 2888 2897 2909 2915 2917 2926 3054 3062 3136 3196 3210–3211

3229 3267 3282 3303 3316 3346 3406
3433 3437 3477 3487 3497 3547 3564
3566 3607 3860 3935 4057 4062 4118
4129 4141 4151 4207 4237 4263 4395
4402 4427 4442 4453 4463 4499 4531
4540 4549 4616 4646 4774 4802 4844
4862 4884 4892–4893 4950 4990 5015
5040 5083 5092 5133 5147 5155 5222
5288 5320 5327 5337 5343 5357 5392
5398 5419 5432 5438 5443 5454 5467
5469 5540 5546–5547 5560 5567 5569
5579 5589 5628 5635 5641–5642 5669
5679 5687 5701 5707 5713 5725 5735
5752 5765 5770 5793 5876 5880 5896
5928 5996 6010 6027 6116 6121 6144
6160 6163 6170 6182 6196 6287 6324
6337 6460 6531 6543 6573 6587 6593
6617 6679 6699 6705 6720 6722 6727
6764 6787 6808 6844 6849 6864 6886
6892 6905 6916 6965 7020 7034 7045
7076 7129 7133 7167 7192 7203 7205
7213 7226 7253 7257 7264–7265 7318
7326 7376 7410 7419 7476 7581–7582
7593 7606 7634 7646 7694 7738 7796
7816 7842 7888 7896 7911 7958 7962
7967 7971–7972 7993 8000 8014 8026
8046 8124 8135 8149 8155 8200 8206
8222 8236 8276 8314 8424 8440 8476
8513 8521 8526 8576 8594 8630 8671
8690 8714 8733 8780–8781 8792 8798
8819 8850 8856 8859 8892 8894 8899
8902 8956 8989 8994 9055 9059 9098
9117 9201 9278 9287 9348 9352 9355
9362 9379 9389 9437 9450 9458 9473
9502 9545–9546 9581 9621 9650 9664–
9665 9686 9733 9743 9774 9786 9848
9867 9872 9890 9892 9897 9954 9972
10010 10013 10034 10047 10072
10088 10234 10244 10264 10317
10319 10339 10368 10380 10388
10398 10495 10502 10512 10519
10528 10535 10538 10559 10566
(413 Belege)
basilica Principis appl. de Urbe cant. superanus → in
bassus 119 680 731–732 1870 6016 6039
6811 9363
bastarda 4536 6351
basto 5100
Bavaria etc. naturalis et legitimus fil. cler.
→ ducis de

Bavarie consiliarius → com. palatini Reni
/ ducis
Bavarie ducum cur. destinare oratores →
ad
beatam Birgittam [de Swecia] fundatum
→ mon. p. ipsam
beginagium 327 408 471 488–489 992
2762 4961–4962 5126 6059 7733 8061
8238 8329 9672 10358 (17 Belege)
bellicus 9752
bello 4510 10111
bellum 190 352 731–732 1119 1794 1972
2317 2342 2347 2349 2641 3051 3155
3548 4422 5479 7068 7337 7391 7489
7491 7742 9214 9262 10095 10110–
10111 (28 Belege)
benedicendi → lic.
benedico 1050 1250 1772–1773 1793
1876 1932 2077 2138 2195 2804 2862
3699 4628 6216 7465 7490 7986 8473
9136 9585 (21 Belege)
benedictio 8 628 1250 1711 1959 2343
2960 4628 6455 6505 7054 7543 8012
9065–9066 9793 (16 Belege)
benedictionibus abbatissarum → forma in
libro pontific. de
benedictionis → abba. munus
benedictionis → facult. recip. munus
benedixit → abba.
benef. (3558 Belege)
benef. → absol. c. disp. ad
benef. ad alt. Trium regum al. sutoris vulg.
nunc. 4477
benef. apud Prynen 2866
benef. commenda vulg. nunc. 8544 10478
benef. → disp. ad
benef. → disp. ad 2 s.c.
benef. → disp. ad 3.
benef. → disp. ad 4 al.
benef. → disp. ad al.
benef. → disp. ad aliud
benef. → disp. ad c.c.
benef. → disp. ad s.c.
benef. → disp. ad 1
benef. → disp. ad 2
benef. → disp. ad 3
benef. → disp. ad 4
benef. → disp. ut
benef. → disp. ut 2
benef. Eysenlen 2394
benef. elemosinale → vicar. vulg. vocata

benef. → facult. confer.
benef. → facult. confer. 30
benef. → facult. disponendi sup.
benef. → facult. nominandi 100 personas
ad totidem
benef. in tit. → facult. confer.
benef. → lic. recip. quecumque
benef. predicatura vulg. nunc. 9598
benef. regentibus doct. et mag. d. univ.
transferri fecerunt → principes ius patron. certorum
benef. Scotorum 8803
benef. tit. 1835 7068
beneficiorum fruct. / red. → [pars separata
in fine appensa]
benefacio 3474
benefic. 13 83 132 220 245 273 279 310
693 785 802 932 973 994 1069 1090
1155 1185 1217 1241 1316 1491 1520
1562 1601 1732 1866 1868 2032 2096
2138 2218 2409 2417 2685 2774 2867
3075 3102 3172 3183 3212 3240 3398
3431 3524 3624 3652 3721 3828 3895
3901 3926 3945 3982 4028 4092 4154
4167 4224 4356 4379 4633 4679 4748
4779 4995 5165 5215 5532 5852 6051
6150 6326 6489 6506 6518 6686–6687
6798–6799 6929 6939 6975 7034 7044
7088 7236 7589 7805 7918 7951 8058
8099 8180 8260 8269 8476 8490 8874
8898 9002 9023 9054 9106 9226 9328
9412 9444 9455 9458 9510 9594 9606
9667 9702 9907 9960 10069 10184
10203 10279 10331 10469 10597
10602 10606 (127 Belege)
beneficia ecclesiastica aut patrimonialia
bona n. haberent → indulsit ut ad sacerdotium et al. ordines se promoveri
facere possent licet
beneficialis 2256 4193 5438
beneficiolum 5636
beneficiarius 338 7391
benemeritum 3897 7383 10111
beneplacitum 277 426 490 2703 9787
10135
benevolentia 352 3176 7815 10110
benevolus 720 3548 10432
benigne 105 7233 9041 10097–10098
benignitas 2346
Berchem nunc. → eccl. vulg. de Oss et
bercteloneum 8464

Bernen. artem medicine exercet → in phisica practicat et apud commun. op.
Betti vulg. nunc. → rusticus
bibliotheca 1246 2438 3831 6502 9394
bibo 7532
biduum 732
bigamia 4023
bigamus 3339 4085 4592
Birgittam [de Swecia] fundatum → mon.
p. ipsam beatam
birretum 7391 10332
Bisoen. vulg. nunc. → eccl.
bladum 117 1237 1240 1312 1497 2894
2920 3482
blandus 9569 10110
Blenckelshoff vulg. vocata → curia Des
Boemie → facult. dividendi p. medium
regnum
Bohemia confluentia → debilium et paup.
ex
Bohemie et in op. Prag. → defensio R. E.
contra hereticos in partibus
Bohemos secum habebat interfecit → c.
ense quem pro sua defensione contra
hereticos
bol. 29 242 497 619 667 671 713 716 982
1400 1489 1683 1742 1746 1824 1833
1873 1879 2079 2115 2355 2441 2511
2543 2584 2600 2612 2636 2662 2681
2709 2738 2825 2855 3054 3174 3320
3451 3583 3606 3610 3721 3831 4521
4563 4593 4628 4669 4700 4721 4725
4794 4848 4871 5178 5423 5453 5474
5670 5745 5786 5881 5913 6082 6194
6576 6755 7001 7082 7100 7125 7156
7269 7492–7493 7605 7767 7789 7898
8131–8133 8315 8439 8444 8555 8717
8832 8998 9077 9427 9631 9690 9706
9832 9947 10088 10090 10247 10334
10337 10486 10492 10519 10546
(105 Belege)
bol. → valor fruct. / red. beneficiorum
[pars separata in fine appensa]
bol. pro val. equi → 20 fl. 75
bombarda 732 3674 4389 5194 5283
bon. 217 1626 1628 1729 2115 2538 2919
2945 3329 4164 4208 4400 4725 5538
7492 7551 7777 8555 8572 9388 9587
10285 10481 (23 Belege)
bona dicta Voyedum 3130
bona dilapidavit → abb. e.m. mon. vagando

bona n. haberent → indulsit ut ad sacerdotium et al. ordines se promoveri
facere possent licet beneficia ecclesiastica aut patrimonialia
bonis n. molestentur → hebreos in personis vel
bonitas 732 7383
Bononien. → privil. studii
Bononien. → univ. studii
Bononien., Parisien. et Colon. → ad instar
studii
bonus 21 60 102 105 186 191 205 245–
246 254 266 270 274 341 419 431 526
528 583 609–610 617 620–621 661 670
687 690 700 731 763–765 790 794 800–
801 834 841 847 876 880 912 955 964
974 979 1031 1052 1084 1122 1154
1171 1179–1180 1188 1191 1212 1233
1235 1237–1238 1354 1391 1500 1527
1599 1626 1647 1653 1697 1707 1726
1737 1739 1756 1772 1795 1867 1894
1909 1912 1945 1947 1959 2008 2044
2078 2090–2091 2118 2138 2151 2164–
2165 2212 2219–2220 2256 2269 2342–
2344 2349 2409 2415 2422 2434 2456
2497 2499 2516 2522 2538 2608 2641
2653 2712 2743 2792 2858 2876 2927
2963–2964 3031 3036 3051 3076 3079
3095–3096 3102 3130 3138–3139 3155
3172 3175 3209 3212 3220 3232 3261
3339 3385 3399 3403 3435 3447 3597
3683 3699 3772–3773 3828 3865 3892
3897 3925 3946 4011 4021 4028 4104
4167 4208 4224 4377 4391 4411 4485
4506 4510 4536 4566–4567 4569 4595
4598 4605–4606 4667 4857 4959 5126
5177 5194 5196 5326 5464 5503 5549
5582 5606 5665 5697 5989 6000 6033–
6034 6039 6084 6138 6194 6263 6266
6270 6319 6327 6516 6526 6606 6697
6712 6775 6793 6838 6876 6931 7007
7054–7055 7069 7074 7125 7141 7144
7223 7237 7296 7299 7302 7329 7336–
7337 7382 7469 7478–7479 7482 7490–
7491 7493 7506 7522 7531 7542 7562
7688–7689 7723 7738 7810 7814–7815
7831 7838 7859–7860 7993 7997 8001
8007 8046 8061 8064 8076 8186 8226
8360 8421 8443 8449 8453 8460–8461
8463–8464 8470 8473 8510 8534 8544
8560 8621 8628 8719 8734 8845 8863
8935 9023 9044–9045 9057–9058

9066–9067 9075 9087 9121–9122 9142
9155–9156 9171 9214 9242 9244 9249
9277 9294 9327 9403 9433 9446 9455
9458 9526–9528 9543 9553–9554 9563
9587 9592 9605 9609 9618 9632 9642
9711 9715 9718 9720 9733 9742 9790
9805 9812 9847 9854 9860 9862 9897
9936 9945 9986 10021 10075 10088–
10089 10103 10108–10109 10134
10150 10169 10174 10182 10184
10240 10245 10267 10285 10302
10320 10336 10373 10413 10446
10466 10490 10497 10518 10542
10545 10567 10605 10618 10625
(383 Belege)
Bosne medicus → art. et med. doct. com.
pal. ac eques imper. et regis
Brabantie → moneta
Brabantie → stuferi monete
Brabantie → tres status
brachia sua sub brachiis submittens 934
brachium 119 730 762 786 934 2417 3796
4974 6401 7413 8076 8464 9710 9932
10411 (15 Belege)
brachium → pot. invocandi
brachium s. Magni confess. 2417
Brandenburg. cap. → marchionis
Brandenburg. consiliarius → marchionis
braxator 8464
Bremen. collect. → abbrev. et in provincia
Bremen. dioc. fil. suum naturalem ad d.
vicar. decano eccl. presentavit → cler.
breve → Fiat p.
breve → p.
breve> sed prius satisfaciat → Fiat <p.
breviarium 7986
brevis, breve 35 44 105 108 112 119 186
205 223–224 274 315 353 371 393 431
443 528–529 571 609 620 634 684 689
691 708 731–732 765–766 779 876 880
917 921 1035 1051 1073 1119 1153
1197 1201 1218 1233 1244 1259 1400
1434 1444–1445 1628 1713 1725 1782
1871 1890 1920 1955–1956 1964 1972
2021 2040 2222 2323 2340–2341 2344
2349 2525 2929 2945 3034 3134 3161
3167 3175 3215 3225 3308 3389 3528
3589–3590 3602 3655 3689 3817 3842
3964 3967 4020 4091 4191 4211 4224
4271 4481 4530 4581 4716 4822 4891
4912 4961 5037 5056 5126 5185 5462
5503 5597 5637 5766 5776 5964 6051

6095 6227 6266 6401 6504 6583 6591
6811 6991 6995 7019 7029 7054 7102
7167 7224 7274 7293 7306 7337 7382
7469 7490 7522 7579 7628 7667 7761
7810 7867 7892 7923 8046 8057 8073
8166 8170 8463–8464 8614 8621 8641
8688 8721 8734 8817 8928–8929 8976
8998 9044 9058 9094–9095 9113 9156
9179–9180 9214 9244 9249 9266 9270
9327–9328 9373 9383 9552 9591 9705
9799 9847 9862 9898 9925 9958 9961
9998 10012 10031 10103 10108–10110
10183–10184 10267–10268 10423
10480 10492 10497 10525 10533
10573 (213 Belege)
Brixin. → absol. pro coadiutore
Brixin. ad eccl. Viennen. translatus → ep.
de eccl.
Brixin. consiliarius → ep.
bruneus 2206
bulla (1110 Belege)
bulla In cena domini 8560
bulla Iovis sancte Sixti IV. 117
bullaria 858 2411 2442 3000 3078 3240
3479 3487 3714 3729 3807 3864 4011
4022 4235 4329 4347 5126 6337 6763
6865 7125 7205 10530 (24 Belege)
bullarum cam. summatoris fam. →
abbrev. maioris et
bullarum → vac. p. decl. certe surreptionis
certarum
bullator 5042 7162
burgensis 3102 5183
burggraviatus 7321 8461 10605
burggravius 127 3059 7952
burgimagister 960 996 1236 1241 1295
1569 1626 1732 1739 1799 1851 1979
1981 2270 2343 3104 3220 3574 3735
3855 4611 5007 5177 5606 7172–7173
7321 7761 7763 7838 7985 8456 8458
8460–8464 8545 9067 9121–9122 9597
9609 10240 10320 10618 (47 Belege)
burgum 115 1104 1125 1373 1715 1973
2096 2124 2855 3385 4395 5398 6054
6823 7602 7809 7974 8053 8716 8829
8849 10088 10398 10594 (24 Belege)
Burgundie cancellarius 7814
Burgundie consiliarius → ducis Austrie /
ducis
Burgundie orator in cur. → R. I. et ducis
Buromasio vulg. nunc. → pratum de

bursa 2138
bursarius 7186
burscapium 1797 5223 9805
burscapium Baerle Cuynredyck vulg.
nunc. 9805
burscapium Dorpen. et in Alden vulg.
nunc. 1797
Bursfelden. presidens → abb. mon.
butirum 1968 2219 2991 6812 7276 7522
8462

c. ense quem pro sua defensione contra hereticos Bohemos secum habebat interfecit 7979
c. rigore examinis 134 932 1266 1990
2341 4659 7090 9369
caballarius 242 640 1411 7269 8929 9326
cadaver 1190 2138 6775 7810 9561
cado 166 532 5879 6253 7433
caducus 4820
capha 7330
calamitas 2323 2342
kalande / kalende 442 2131 3032 3625
3747 4748 4884 6959 7376 7435 7460
7991 8343 8555 9881 10493
(16 Belege)
calceus 10088
calco 6810
calculo 730
calculus 429 489 2548 4941 5098 8449
calix 186 341 1932 2389 3431 7860 9136
9585
Calixti III. → vig. facult.
callus 4498
calor 2120
calumnia 10109
cam. 138 185 190 193 204 217 232 274
297 353 361 371–372 389 392 401 431
451 468–469 489 512 519 528 538 543
552 595 628 636 654 671 679 700 703
716 730 761 766 779 877 932 960 1025
1035 1037 1045 1057 1083 1137 1159
1314 1400 1445 1497 1567 1576 1711
1729 1742 1746 1762 1778 1788 1807
1863 1874 1893 1959 1972 2010 2079
2159 2226 2323 2348 2361 2410 2416
2442 2498 2511 2521 2549 2620–2621
2662 2687 2762 2796 2835 2845 2960
2983 3035 3122 3150 3155 3175 3215
3337 3348 3410 3435 3472 3482 3550
3610 3699 3771 3848 3896–3897 3934
3983 4049 4092 4151 4164 4236 4262

4271 4340 4367 4473 4504 4529 4535
4550 4563 4566 4568 4598 4628 4645
4812 4814 4859 4889 4923 4963 5006
5029 5037 5496 5524 5608 5637 5650
5715 5798 5801 6045 6109 6194 6264
6291 6327 6381 6455 6502 6638 6673
6677 6712 6801 6847 6850 6860 6878
6938 6991 7054 7059 7066–7069 7072
7082 7125 7156 7172–7173 7180 7184
7209 7269 7282 7294 7324 7329 7384
7407 7413 7492–7493 7551–7552 7629
7656 7705 7722 7740 7791 7798–7799
7837–7838 7841 7849 7853–7854 7875
7913 7980 8000 8004 8010 8044 8065
8073 8113 8164 8175 8309 8400 8407–
8408 8438 8440–8441 8463 8525 8535–
8536 8555 8607 8630–8631 8651 8688
8703 8707 8717 8727 8752 8761 8763
8767 8770 8804 8808 8833 8864 8929
8959 9007 9041 9045 9047 9065 9142
9164 9213 9255 9258 9300 9326 9330
9347 9376 9388 9427 9440 9465 9483
9526 9528 9544 9627–9628 9705 9709
9729 9742 9762 9771 9787 9793 9810
9824 9839 9866 9870 9933 9935 9974
9982 9987 9997 10069 10075 10088
10091 10093–10095 10097–10099
10108 10150 10159 10169–10170
10182 10262 10267 10283 10315
10354 10375 10388 10480–10481
10492 10526 10576 10583 10612
(331 Belege)

cam. ap. cler. (et forsan pape acol. seu officic.) 2620

cam. ap. → liber

cam. ap. liber → registri

cam. ap. → pacta stipulata in Urbe in pal. ap. apud S.Petrum in loco audientie secrete et discussionis negotiorum

cam. ap. → revocatio facult. collect. fruct.

cam. computorum ducis → consiliarius et magister in

cam. summatoris fam. → abbrev. maioris et bullarum

cam. usque ad 4.000 fl. renen. → facult. oblig.

cambium 7552 9045

camer. 26 163 376 497 636 785 1077
1321 1492 1558 1659 1778 1929 1931
2219 2242 2323 2762 2781 2794 2797
2945 2986 2988 3083 3165 3175 3692
3855 4076 4088 4351 4367 4453 4666

4780 4786 5045 5163 5282 5487 5731
5928 6078 6082 6206 6265–6266 6346
7066 7068 7376 7490 7760 8001 8183
8280 8534 9006 9257 9354 9360 9545
9552 9732 9765 9901 9906 9910 9933
10006 10091 10099 10170 10217
10330   (76 Belege)

cameraria 9552

camerariatus 2620 3218 4781 6039 6633
6999 9780 10178

camerarius studii Ingelstaten. 1659

camisia 8012 9596

camisias lineas → lic. deferendi

campana 786 1190 1693 1870 2035 2910
4074 4498 7477 7754 9291 9604 10482
10504   (14 Belege)

campana ponderis libr. 598 quam nuper fecit pro castro s. Angeli 4498

campanariatus 2967 3475

campanarius 2007 4498

campanella 2270

campania 4962

campanile 208 1179 1190 1253 1870
2035 2910 3100 3391 4892 5597 7754
8450 8530 9291 9604 10482 10504
(18 Belege)

campester 2648 7113 8653 9035 9041
9857

can.   (4204 Belege)

can. → abba. et

can. actu Parisiis stud. → art. mag. in iur.

can. bac. → art. mag. in iur.

can. → bac. in iur.

can. / cler. sec. → preter abba. et canonissas / moniales nonnulli

can. de s. Spiritu decantare → horas

can. dicere in latino → horas

can. dicere in vulgari sermone → horas

can. dicere iuxta morem / ritum / stilum / usum R. E. → horas

can. dicere iuxta morem eccl. Argent. → horas

can. dicere iuxta reg. s. Benedicti → horas

can. dicere omiserunt → absol. eos qui horas

can. dicere secundum usum eccl. Aquileg. → horas

can. dicere secundum usum eccl. Colon. → horas

can. dicere secundum usum eccl. Constant. → horas

can. dicere secundum usum eccl. Magunt. → horas

can. dicere secundum usum eccl. Misnen. → horas

can. dicere secundum usum eccl. Nuemburg. → horas

can. dicere secundum usum o.fr.min. → horas

can. dicere secundum usum o.pred. → horas

can. doct. → art. et iur.

can. eccl. Frising. → Fiat motu pr. de parochialibus et de

can. el. et p. abba. approbatus → dec. eccl. p.

can. et civilis necnon art. et med. facultatibus erigi lic. → stud. gener. pro theol., iur.

can. et civilis → studium iur.

can. et maior preb. 13 18 131 133 413 571 579 582 706 734 890 1493 1497 1577 1783 1850 1949 2025 2116 2122 2333 2536 2853–2855 2877 2925 3058 3084 3153 3163 3199 3218 3226 3232 3302 3306 3321–3322 3338 3610 3686 3695 3713 3747 3843 3876 3921 4036 4419 4449 4528 4731 5038 5108 5153 5170 5202 5340 5352 5371 5532–5533 5725 5747 5819 5890 5944 5955 5972 6093 6278 6466 6552 6609 6758 7081 7312 7377 7615 7655 7721 7835 7937 7980 8018 8110 8176 8183 8362 8382 8426 8519 8536 8631 8702 8973 9186 9400 9644 9658–9659 9787 9806 9810 9825 9865 10067–10071 10277 10455 10481 (115 Belege)

can. et min. preb. 18 1577 1670 2285 2813 3084 3086 3090 3208 3232 3250 3291 3448 3561 3627 3748 4026 5038 5108 5365 5371 5747 6552 6609 6746 7134 7338 7597 7732 7980 7994 8092 8110 8519 9193 9204 9400 9627 9760 9865 10069 10071 10277 10493 10604 (45 Belege)

can. et preb. → disp. ad

can. et preb. → disp. ad quoscumque

can. et preb. → disp. ad2

can. et preb. → disp. ad3

can. et preb. → facult. confer. 10

can. et preb. Pergel vulg. nunc. 548

can. et preb. pro doct. vel licent. in theol. vel iur. → reserv. 6

can. → facult. creandi 6 mag. in theologia et 6 doct. in iure

can. → facult. iur.

can. → facult. iur. civilis et

can. → Ytalie et Cracov. studium gener. in iur.

can. → lector iur.

can. legens visum suum debilitavit → horas

can. licent. → in iur.

can. → licent. in iur.

can. licent. → iur.

can. pro oratore et de person. pro quodam Thoma → Fiat de

can. reg. accedere → facult. conc. monach. vel

can. sec. et illustres → abba. et

can. stud. → in univ. Papien. art. et iur.

can. → studium iur.

canaparius 202 487 528 2372 6446 6651 10486

cancellaria 5 7 52 123 132 204 310 412 529 699 730 1132 1414 1783 1788 1846 2152 2297 2466 2476 2781 2916 3488 3525 3527 3624 4213 4293 4354 4378 4547 4933 5573 5716 5762 5806 5809 5819 6058–6059 6237 6651 6744 7145 7152 7171–7172 7314 7677 7835 7937 8440 8557 8640 8863–8864 9000 9227 9286 9633 9890 9966 (62 Belege)

cancellaria imperialis 2476

cancellariatus 310 2368

cancellarie archiducis → rect.

cancellarie → constit.

cancellarie → gratis pro fam. notarii

cancellarie quoad idioma → n.o. reg.

cancellarie → reg.

cancellarie scriba 7145

cancellarie secr. → imper.

cancellarius 6 205 335 524 731–732 764 774 779 1253 1865 2323 2368 2440 2511 3051 3408 3516 4452 4506 4512 4822 4961 4994 5385 5632 5819 5891 7352 7656 7677 7814 8440 8863 9041 9188 9360 9472 9479 9966 10091– 10092 10237 10488 (44 Belege)

cancellatio 2511 8717

cancelli 992 5430

cancello 1404 5398

candela 3102 3549 9033

canon 1739 3589 5561

1339 1355 1402 1456 1474 1503 1509
1535 1545 1554 1577 1579 1604 1674
1681 1713 1715 1732 1758 1784 1797
1816 1854 1866–1867 1869 1871 1919
1922 1983 1990 2007 2034 2040 2044
2103 2118 2139 2147 2225 2231 2254–
2255 2261 2264 2270 2272 2294 2357
2359 2414 2416–2417 2428 2443 2453
2489 2515 2520 2524 2583 2604–2605
2620 2631 2637 2651 2745 2756 2761
2792 2800 2926 2936 2946 2972 2988
2995 2998 3012 3047 3075 3080 3102
3172 3180 3232 3337 3363 3388 3395
3466 3492 3516 3524 3526 3535 3569
3576 3601 3621 3692 3697 3739–3740
3822 3827 3905 3922 3972 3982–3984
4057–4058 4071 4076 4078 4091 4096
4102 4110 4112 4124 4128 4149 4151–
4153 4172 4226 4255 4262 4276 4289
4322 4383 4406 4410 4412 4445 4453
4492 4519 4526 4535 4548–4549 4568
4578 4584 4616 4621 4627 4629 4666
4671 4677 4688 4739 4779–4780 4782
4786–4787 4796 4805 4810 4891 4893
4914 4940 4944 4951 4956 4971–4972
4978 4994 5045 5052 5130 5136 5166
5185 5218 5226 5233 5245 5291 5328
5376 5392 5403 5419 5422 5425 5429
5473 5476 5483 5499 5521 5527 5532
5534 5556 5558 5560 5592 5601 5617–
5618 5636 5654 5657 5669–5670 5673–
5674 5693 5706 5728 5732 5777 5780–
5781 5794 5810 5816 5835 5860 5862
5876–5877 5881 5891 5919 5922 5948
5979 5983 5995 5998 6034 6037–6038
6056–6058 6071 6098 6118 6123–6125
6144 6178 6183 6191–6192 6205 6215
6221 6283–6284 6305 6313 6384 6386
6391 6470 6528 6532 6584 6586 6588
6605 6626 6644 6694 6732 6780 6787
6813 6822–6823 6839 6886 6892 6935
6957 6994 7036 7061 7067–7068 7078
7160 7172–7173 7186 7214 7229 7252–
7253 7295 7303 7305–7306 7399–7400
7426–7428 7493 7496–7497 7515
7582–7583 7623 7681 7687 7689 7722
7726 7736 7814 7820 7837–7838 7847
7849 7856 7869 7918–7919 7926 7994
8001 8014–8015 8053 8110 8119 8130–
8131 8135 8146–8147 8165 8177 8188
8210 8297 8312 8314 8318 8329 8336
8341–8342 8360 8439 8441 8478 8490

8507 8535 8553 8578 8585 8592 8595–
8596 8608 8627 8637–8638 8650 8658
8683 8688 8705–8706 8714–8715 8719
8749 8751 8762–8763 8779 8786 8789–
8790 8794 8815 8853 8863 8867 8874
8894–8895 8900 8902 8913 8915 8946
8956 8958 8966 8993 8995 9010 9016
9041 9045 9090 9110 9156 9194 9196
9216 9274 9300 9312 9328 9336 9348
9355 9368 9381 9384 9412 9438 9480
9483 9501 9522 9546 9556 9593 9601
9607 9701 9730 9732 9753 9821 9825
9832 9839 9867 9890 9897 9928–9929
9932 9939–9940 9960 9984 9990
10030 10076 10092–10095 10097–
10099 10119–10120 10130 10132
10134 10187 10213–10214 10271
10273 10290 10319 10326 10368
10390 10413 10416 10430 10435
10450 10459 10464 10512 10514
10538 10594 10616   (576 Belege)

cap. imper. 352 10120

cap. → imper.

cap. → mag. in art. decr. doct. pape

cap. → marchionis Brandenburg.

cap. pape 699 744 4153 7623 9890

cap. → R. I.

cap. → sen.

cap., abbrev. → pape et card. fam. →
   prothonot.,

capax 8462

capel.   (1043 Belege)

capel. b. Marie virg. in Exilio (vulg. Zum
   elende nunc.) 5598 7996

capel. Chaulit nunc. 10257

capel. frewlenorum 8900

capel. Frowlanorum 6431

capel. in curia abba. 7978

capel. prepos. vulg. nunc. → vicar. ad alt.
   b. Marie in

capel. s. Cristofori Reneverhoeff vulg.
   nunc. 5042

capel. s. Jacobi an der Mer vulg. nunc.
   9540

capel. s. Johannis Bapt. vulg. prepos. s. Johannis Bapt. nunc. 6700

capel. Smedechin 7873

capellam castri in par. eccl. → lic. erig.

capellam in colleg. ecclesiam → lic. erig.

capellanatus 1841

capellanis in cantu et musica expertis →
   capn. pro 30

capellas → lic. construendi

capesso 8888 10087 10111

capio 58 106 132 223 352 361 619 629
731–732 761–762 794 935 985 1031
1137 1574 1972 2218 2342 2346–2347
2356 2418 2444 3223 3238 3275 3499
4057 4224 4257 4391 4536 4995 5436
5697 5901 6053 6784 6931 7004 7239
7299 7458 7528 7688 7815 7993 8279
8314 8374 8434 8469 8507 8688 9045
9248 9276 9501 9591 9642 9814 9860
9871 9940 10088 10111 10170 10411
10533 10541   (73 Belege)

capistrum 4506

capistrum unius equi abstulerat → ex stabulo ep.

capit. 18 34 44 97 100 102 105 119 121
131 134 170 178 185–186 190 207 209
223 238 245–246 250 255 263–264
273–274 277 279 281–282 296 300 310
314 352 366 368 405–406 472 505 525
527 532 552 571 585 597–598 613 618–
620 639 641 666 687 693 704 708 725
730 762–764 768 791 798 801 804 827
830 839 847 863–864 902 912 932 952
960 964 973 984 987 992–993 997
1006 1035 1040 1042 1049 1052 1113
1122 1137–1138 1154 1162 1169 1178
1182 1185 1193 1196 1203 1208 1212
1233–1234 1236–1238 1242 1244–1245
1281 1333 1374 1414 1445 1449 1500
1512 1527 1533 1552 1567 1578 1694
1696 1706 1715 1730 1732 1738–1740
1793–1794 1800–1801 1814 1826 1842
1865 1867–1870 1892 1909 1945–1947
1958–1959 1961 1963 1965 1982 1991
2030 2033–2034 2041 2077 2079 2092
2094 2118 2138 2159 2163 2180 2194
2196 2198 2217–2219 2251 2269–2270
2272 2321 2334 2340–2341 2344 2355–
2356 2389–2390 2396 2421 2426 2433
2435 2456 2469 2475 2498 2511 2521–
2522 2548–2551 2573 2609 2631 2637
2662 2672 2692 2724 2727 2790–2791
2820 2831 2841 2867 2894 2910 2930
2940 2945 2948 2964 2966 2973–2974
3028 3033 3039–3040 3070 3087 3093
3095–3096 3100 3102–3103 3114 3116
3125 3130 3144 3155 3162–3163 3175
3185 3199 3212 3218 3225–3226 3291
3306 3419 3424 3446 3465–3466 3489
3511 3524–3526 3528 3548 3583 3599

3610 3643 3656 3683 3699 3702 3718
3720–3721 3725 3748 3764 3772 3779
3798 3825 3828–3829 3836 3844 3853
3855 3859 3874 3896–3897 3914 3924
3945 3955–3956 4011 4013 4028 4031
4033 4071 4073 4084 4091 4121 4167
4200 4222 4227 4255 4260 4272 4280
4318–4319 4331 4340 4351 4371 4374
4379 4389 4391 4400 4409 4506 4512
4547 4566–4567 4569 4581 4595 4610
4678 4725 4763 4848 4857 4884 4889
5008 5044 5074 5126 5173 5227 5247
5282 5363 5379 5409 5421 5485 5489
5503 5534–5535 5559 5583 5594 5606
5608 5620 5644 5648 5652–5653 5655
5703 5718 5721 5794 5802 5819 5825
5897 5912 5917 5923 5947 5964 5974
6000 6016 6037–6038 6057 6090 6109
6111 6123 6131 6236 6263 6277–6278
6344 6357–6358 6395 6426 6446–6447
6453 6504 6515 6536 6539 6613 6625
6637 6678 6712 6720 6740 6743 6770
6782 6789 6816 6837 6903 6921 6941
6991–6992 7000 7007 7019 7041 7055
7060 7064 7074 7078 7080 7083 7091
7133 7176 7180 7186 7236 7295–7296
7304 7307–7308 7321 7337 7381 7383
7413 7439 7464 7469–7471 7477–7479
7530 7533 7541 7544 7547 7562 7564
7582 7620 7688 7754 7795 7812 7818–
7820 7822 7826 7830 7834 7841 7848
7851 7854 7868 7987 7990 7994–7995
8007 8018 8050 8095 8133 8139 8280
8309 8362 8369 8399 8405 8413 8421
8456 8458–8459 8464 8482 8484–8485
8489–8490 8503 8515 8520–8521
8534–8536 8545 8547 8560 8562 8614
8676 8688 8695–8696 8703 8762 8775
8844 8855 8863 8868–8869 8874 8894
8915 8954 8978 9023 9032 9035–9036
9041–9042 9045 9049 9061 9065–9066
9068 9073 9075 9105–9106 9121–9122
9128 9130 9183 9189 9209 9214 9242
9249 9261 9263 9281 9294 9300 9330
9348 9383–9384 9414 9424 9444 9446
9448 9450 9455–9458 9501 9527 9529
9552 9566 9583 9587–9588 9592 9594
9597 9602–9603 9616 9628 9711 9718
9720 9730 9732 9742 9764 9777 9787
9790 9801 9910 9930 9932–9933 9935–
9936 9938 9940 9943 9973 9982 10053
10069 10071 10074–10075 10080–

10081 10088 10091 10094 10096
10098–10099 10109 10115 10141
10159 10174 10184 10212 10214
10240 10245 10247 10257 10267
10362 10373 10382 10413 10424
10467 10490 10523 10531 10533
10536–10537 10541 10543 10577
10605 10607 10609 10612 10614
10619 10622–10623 10625
(692 Belege)

capit. → abba. et

capit. ac ducem Nuemburg. → differentia inter ep. et

capit. colleg. eccl. → ad instantiam abba. et

capit. et subditos Colon. → differentia inter

capit. gener. → abb. et

capit. → in manibus vic.

capit. → mensa prep. et

capit. provincialia abb. et priorum 7478

capit. rurale 1892 2334

capit. → sen.

capit. → syndicus et procur.

capitalis 3176 5035 5878 9609

capitaneus 269 381 732 948 1063 1954 2347 2641 3499 3647 4231 5479 5632 6991 7382 7464 7533 7734 7951 7957 8064 8259 8507 9309 9464 9479 9493–9494 9501 9799 (30 Belege)

capitaneus guardie palatii 3647

Capitolio → eccl. b. Marie vulg. nunc. in

capitula edita in provincia Saxonie sup. negotio metallorum fodiendorum 4889

capitulariter 9066

capn. (1096 Belege)

capn. abb. in Selgenstat nunc. → vicar. eccl. Magunt. vulg.

capn. ad alt. b. Marie (vulg. appellata capn. Hebernaris Stieveli / Hebermarts Suevli) 9656

capn. b. Marie in litore Pluiperg vulg. nunc. 1252

capn. ep. vulg. nunc. → vicar.

capn. Hebernaris Stieveli / Hebermarts Suevli) → capn. ad alt. b. Marie (vulg. appellata

capn. nunc. → vicar. eccl. Argent. vulg.

capn. pro 30 capellanis in cantu et musica expertis 992

capn. Stemberghen (Steenbrighen) 338

capn. sub invocatione s. Nicolai le Vieulx vulg. nunc. 7112

capn. videlicet una ad alt. s. Marie virg. in op. Willebach vulg. nunc. et al. ad alt. s. Barbare in op. Reinstein vulg. nunc. 9704

cappa 105 6016 8545

capsa 1053 1567 1972 3125 3488 7059 7328 10267

captio 8688

captivitas 1444 1859

captivo 921 1031 1737 3102 7144 7149 7165 7723 9155 9384 9527 9609
(12 Belege)

captivus 1732 1822

captura 223 431 469 761 2178 2347 8535 9329

caput 105 731 932 934 1051 1071 1807 3161 3701 3806 4510 4520 4611 5282 5321 6810 7960 7986 9257 9711 10211
(21 Belege)

caput s. Laurentii mart. 9711

capucium 105 2396

caracter 7 471 695 1475 2344 2764 3202 3565 3712 3941 6590 6668 6776 7070 7280 7402 7408 7552 8503 8666
(20 Belege)

caravella 2136 10108

carcer 58 190 361 657 921 1051 1647 1972 2273 2353 2365 2383 2418 2521 2762 2927 3376 3436 4120 4320 4530 4784 4992 4995 5029 5252 5321 5393 6016 6857 7004 7007 7233 7236 7390 7406 7506 7531 7688 7815 8046 8198 8335 9155 9276 9390 9554 9814 9860 10088–10089 10184 10224 (53 Belege)

carceratio 8507

carceribus manciparunt contra ius naturale 2927

carcero 761 794 3685 7381

card. (1577 Belege)

card. fam. → abbrev. et

card. fam. ac abbrev. 1912 4547 5052

card. f[am]. → Fiat pro [Dominici de Ruvere] tit. S.Clementis presb.

card. fam. → prothonot., cap., abbrev., pape et

card. → Fiat reservata pens. pro [Raphaeli Riario] tit. s. Georgii [ad velum aureum]

card. phisicus et fam. 451 9777

card. in consistorio secreto → assumptio ad ord.

card. in testamento hospitali omnes suos
libros et 5.000 fl. renen. pro sustentatione 20 scol. pauperum in partibus Alemannie Inferioris reliquit 9790
card. legati → in manibus
card. (Pauli II. avunculus) 980
card. proficiscatur → ad illam dietam c. d.
cardinalatus 698 2255 2348 2551 3636
4821 6447 7406 9543 9730 10087
(11 Belege)
Cardona archidiac. de Cardona vulg. nunc.
→ prepos. eccl. s. Castoris in
Cardona vulg. nunc. → prepos. eccl. s.
Castoris in Cardona archidiac. de
carentia 1859 4628
careo 1051 1234 2033 2433 3006 3431
5947 7533 9457
caritas 1732 10076
carlenus 1246 1879 2511 3174 3831 3913
4076 4700 4871 8324 8822 9394 10480
10520 (14 Belege)
carlenus → valor fruct. / red. beneficiorum [pars separata in fine appensa]
carnalem com.) → lic. transferendi abba.
(fil.
carnalis 381 518 676 776 971 1168 1198
1562 1615 1702 1764 2360 2984 3686
4158 4208 4265 4479 4546 4981 5137
5196 5503 6248 6385 6850 7611 7767
7881 8016 8073 8672 8738 8766 9415
9699 9846 10056 10065 10170
(40 Belege)
carnalis com. → abba. fil.
carnaliter cognovit → abb.
carnarium 1252 8718
carnes → lic. comedendi
caro 113 848 1038 1946 1948 2083 2235
2505 2972 3757 4829 4941 5912 6433
6458 6772 7066 7186 7276 7311 7518
7869 8462 8756 9110 9224 9292 9456
9596 9932 9971 10031 10092–10093
10413 10542 (36 Belege)
carrum 4566
carta 3574
cartalis 8368
cartularius 4784
carus 731 5347
casale 6039
casale in den Unehorrn vulg. nunc. 6039
casalenum 10088
caseus 8462

casibus episc. → absol. in
casibus locorum ordinariis reserv. → absol. in
casibus n. reserv. → absol. in
casibus papalibus → absol. in
casibus prohibitis → absol. in
casibus reserv. → absol. etiam in
casibus reserv. → absol. in
cass. 30 35 42–43 111 118 170 204 207
337 351–353 372 451 464 488 519–520
537 543 546 551 589 617 699 733 737
744 804 839 848 862 1028 1065 1135
1165 1215 1240–1242 1353 1430 1444
1557 1578 1582 1769 1783 1788 1801
1830 1841 1845–1846 1863 1899 1912
2005 2032 2097 2106 2108 2138 2154
2320 2340–2341 2345 2358 2373 2388
2425 2481 2511 2522 2548 2551 2647
2650 2657 2662 2689 2701 2782 2789–
2790 2817 2885 2915 2926 2984 3000
3035 3067 3084 3175 3191 3215 3226
3246 3268 3291 3319 3377 3446 3464
3467 3504 3507 3525–3526 3550 3556
3573 3581 3624 3636 3715 3770 3794
3817 3825 3847 3859 3882 3887 3896
3919 3922 4037 4085 4129 4133 4166–
4167 4213 4225 4281 4299 4318 4322
4350 4366 4382 4415 4476 4527–4528
4550 4567–4568 4596 4719 4749 4785
4790 4811 4828 4976 4986 5054 5214
5282 5320 5378–5379 5448 5637 5649–
5650 5655 5666 5673 5693 5701 5793
5881 5916 6001 6007 6016 6018 6037
6131 6144 6196 6251 6266 6417 6446
6502 6523 6606 6630 6854 6859 6896
6930 6994 7034 7066 7084 7172–7173
7225 7235 7305 7321 7324 7328 7399
7417 7446 7460 7471 7479 7488 7493–
7494 7501 7510 7530 7620 7735 7767
7798 7835 7839–7840 7853 7871 7880
7889 7892 7903 7919 7922 7968 7978
8001 8012 8167 8220 8241 8269 8304
8306 8314–8315 8368 8463 8465 8474
8534 8579 8625 8660 8699 8703 8717
8727 8767 8799 8923 8925 9128 9138
9142 9163 9214 9299 9368 9389 9415
9455 9493 9501 9528 9647 9654 9709
9726 9936 9982 10063 10068 10070
10092 10104 10162 10170 10283
10344 10383 10413 10438 10452
10622 (299 Belege)

cass. lic. unionis 8465

cassa 8697

cassata → elect. in abba. fuit

cassenmeister vulg. nunc. 4546

castellanus 26 103 295 897 2903 2964
5561 8073 8560 9041

castellum 732 3571 7385 9984

castigo 4506

castitas 105

castri constructa → par. eccl. c. 2 turribus
fortissimis ad modum

castri in par. eccl. → lic. erig. capellam

castrum 79 111 138 171 207 236 269 375
458 461 532 584 670 700 730 820 866
932 948 964 1043 1050 1052 1063
1081 1252 1259 1444 1525 1572 1645
1692 1740 1752 1758 1817 1842 1844
1860 1867–1868 1871 1906 1941 1945
1954 1982 2008 2071 2077 2079 2103
2158 2254 2256 2268 2323 2340 2344
2346 2355 2422 2433–2434 2460 2467
2474 2583 2599 2626 2637 2724 2784
2842 2852 2919 3059 3072 3083 3088
3100 3129–3130 3143 3148 3155 3180
3385 3490 3499 3508 3538 3626 3636
3642 3683–3685 3699 3747 3767 3825
3855 3956 4006 4070 4120 4307 4331
4389 4391 4403 4440 4498 4566–4569
4595 4627 4710 4782 4786 4816 4882
4923–4924 4946 4951 5057 5115 5160
5217 5317 5332 5400 5561 5800 5956–
5957 6038–6039 6128 6189 6520 6625
6732 6934 7078 7149 7291 7309 7406
7412 7425 7466 7483 7490 7533 7552
7616 7620 7637 7721 7820 7828 7836
7848–7849 7851 7951–7952 7970 7988
7998–7999 8160 8271 8314 8448 8469
8488 8522 8607 8691 8756 8784 8863–
8864 9045 9075 9085 9130 9155 9188
9215 9262 9267 9274 9285 9308 9327
9382 9384 9455–9456 9480 9493–9494
9501 9526–9527 9553 9634 9642 9757
9923 9936 9947 9984 10021 10094
10193 10238 10362 10500 10536–
10537 10612   (229 Belege)

casu reversionis ad obedientiam → absol.
in

casualis 934

casualiter 391 4536 7228 7979

casula 186 1773

casus 99 102 117–118 131 138 223 620
687 693 700 763 921 1029 1042 1235
1237 1527 1647 1845 1868 2078–2079
2105 2214 2220 2343–2345 2396 2415–
2416 2435 2549–2550 2554 2794 2862
2926 3012 3102 3125 3130 3175 3399
3526 3548 3561 3823 3897 4011 4340
4552 4596 4649 5037 5251 5291 5535
5601 5662 5674 5828 5833 5904 6016
6039 6057 6326 6379 6424 6455 6941
7098 7145 7296 7328 7330 7355 7413
7471 7490 7522 7540 7551 7558 7819
8001 8462 8584 8688 8704 8712 9036
9199 9214 9229 9328 9456 9711 9787
9881 9932 10071 10074–10075 10112
10247 10345 10413 10486 10545
10619 10624   (114 Belege)

casus summi penit. → facult. exercendi
omnes

catharrhus 10092

cathedr. 352 636 744 803 839 921 927
932 1434 1444 1542 1640 1889 2152
2344 2446 3012 3467 3646 3920 4067
4091 4217 4282 4536 4893 5014 5353
5532 6338 6984 7002 7236 7391 7484
7490 7501 7663 7721 7855 7875 7986–
7987 8344 8385 8490 8530 8557 8607
8752 9065 9511 9825 9890 10126
10267 10416 10453   (58 Belege)

cathedra 1865 2356 4659 4666 10144

cathedra et stud. Colon. legit → decr.
doct. qui 30 an. ordinarie in

cathedram ascendendi et legendi → facult.

catholicos qui partim in pretoriis congregati in consiliis erant comprehensi ac
precipitati sunt de fenestris → scandalum perpetratum ab hereticis in civitate
Prag. contra

catholicus 352–353 635 731 977 1071
1779 1972 4320 4536 4606 5928 6744
7742 7810 7951 7990 8616 9041–9042
9121 9804 10075 10097 10110 10490
10533   (27 Belege)

Chaulit nunc. → capel.

causa 25 31 42–44 58 107 109 119 131
133 154 190 221 224 240 268 273 338
352–353 357 381 398 425–426 431 451
458 489 504 512 516 519 525–529 543
546 556 559 575 588 599 602 605 619
636 658 663 674 704 708 730 762 774–
775 804 816 827 844 860–862 930 941
974 979 994 1002 1005 1036 1043–
1044 1067–1068 1073 1109 1123 1147
1150 1168 1173–1174 1190 1194 1233–

1234 1239–1241 1303–1304 1309 1315
1327 1346 1354 1357 1371 1377 1385
1394 1400 1414 1424 1442 1466 1497
1527–1528 1550 1552 1658 1674 1676
1678 1683 1724 1732 1752 1762 1770
1772 1779 1783–1784 1789 1807 1820
1833 1835 1843 1845–1846 1874 1886
1899–1900 1912 1914 1951 1954 1957
1972 1982 2007–2008 2012 2032 2035
2041 2044 2060 2071 2079 2086 2107
2110 2125 2138 2148–2149 2165 2217
2219–2220 2255–2256 2267 2269 2297
2316 2325 2342 2345–2347 2349 2356
2360 2377–2378 2402 2418 2433–2434
2440 2443 2470 2476 2478 2497 2511
2522–2523 2532 2550–2551 2562 2619
2624 2626 2650 2664 2671 2687 2691
2694 2706 2717 2745 2764 2777 2780
2792 2794 2798 2806 2811 2853 2855
2892 2912 2926 2928 2941 2945 2964
2971 3011 3033 3059 3102 3116 3134
3138 3151 3155 3161–3162 3176 3179
3191 3199 3214 3225–3226 3232 3238
3243 3270 3275 3306 3346 3350 3365
3395 3403 3410 3415 3425 3438 3458
3467 3474–3475 3482 3517 3525 3535
3545 3548 3557 3582–3583 3592–3593
3602 3610 3624 3670–3672 3678 3684
3692 3700 3702 3719–3722 3739 3772
3774 3780 3788 3793 3801 3849 3855
3906 3914 3925 3928 3938 3993 4012
4017 4057 4085 4091 4096 4115 4120
4160 4164 4167 4183 4227 4231 4257–
4258 4283 4285 4289 4374 4376 4384
4391 4443 4458 4471 4519 4528 4535–
4536 4547 4549 4551–4552 4567 4581
4588 4595 4611 4636 4645 4659 4719
4754 4765 4771–4772 4791 4793 4796
4843 4847 4856 4858 4895 4908 4957–
4958 4960 4962 5004 5006–5007 5019
5036 5038 5044–5045 5074 5085 5093
5098 5121 5185 5205 5214 5226 5252
5282 5352 5381 5393 5410 5421 5430
5439 5464 5508 5537 5570 5581 5590
5598 5601 5621 5636–5637 5649 5651–
5652 5678 5681 5697 5717 5744 5755
5762 5781 5794 5827–5828 5907 5916
5990 5999 6038 6058 6084 6090 6122
6144 6154 6221 6253 6264 6271 6283
6291 6296 6339 6364 6367 6390 6401
6424 6444 6462 6489 6495 6544 6547
6552–6553 6613 6617 6623 6682 6694
6696 6700 6702 6712 6724 6752 6770
6777 6791 6816 6832 6842 6846 6899–
6900 6931 6933 6951 6973 6994 7004
7007 7043 7049 7068–7069 7125 7159
7167 7173–7174 7229 7236 7241 7259
7275 7285 7304 7329–7330 7381–7383
7418 7426 7434 7443 7471 7478 7486
7488–7489 7497 7501 7525 7531 7537
7569–7570 7583 7617 7629 7646 7651
7680 7698 7709 7742 7752 7772 7807
7814–7815 7819 7840 7855–7856 7867
7907 7912–7913 7953 7961 7964 7979
7982 7985 7990 7996 8037 8046 8057
8089 8095 8113 8121 8131 8133 8154
8164–8165 8171 8179 8198 8241 8300
8363 8368 8385 8387 8389 8440 8443–
8444 8461–8462 8510 8536 8545 8580
8588 8606 8614 8624–8625 8629 8634
8641 8683 8707 8718–8719 8725 8727
8762–8763 8767 8769 8773 8796 8803–
8804 8812 8843 8881 8923 8935 8938
8974 9002 9004 9026 9042 9044 9054–
9055 9061 9091 9116 9142 9146–9147
9155 9160 9174 9180 9182 9197 9199
9214 9249 9262 9286 9302 9330 9384
9388 9415 9427 9458 9465 9472 9494
9527–9528 9552–9553 9562–9563
9570 9591 9606 9630 9638 9644 9690
9701 9706 9712 9720 9736 9742 9762
9765 9769 9771 9810 9812 9814 9864
9870 9879 9884 9898 9902 9923 9930
9933 9935 9955 9961 9976 9982 9987
9998 10004 10017 10019 10047 10063
10070 10075 10087 10089 10104
10108–10112 10128 10141 10159
10208 10245 10251 10278 10283
10301 10306 10320 10329 10356
10362 10382 10385–10386 10388
10401 10415 10436 10453 10479–
10480 10493 10510 10526 10531
10598   (727 Belege)
causa mere prophana 7867
causa studii sui continuandi disp. 5085
causam infra muros op. Lovanien. audiret
    3232
causarum pal. ap. not. 25 42 109 131 221
    425 451 516 605 674 708 775 844 860
    994 1002 1147 1371 1394 1414 1807
    1912 1982 2267 2443 2470 2624 2798
    2806 2853 2855 2892 2912 2941 2945
    3011 3102 3151 3162 3232 3243 3306
    3410 3415 3474 3517 3592 3670 3678

3692 3702 3739 3788 3914 3938 4017
4091 4096 4164 4183 4258 4285 4289
4567 4588 4958 5038 5430 5570 5794
5916 6038 6154 6271 6291 6547 6552
6694 6724 6832 7434 7488 7629 7752
7819 8113 8121 8179 8536 8580 8606
8641 8727 8804 8812 9054–9055 9142
9302 9553 9690 9706 9870 9955 10004
10089 10278 10306 10388 10453
(110 Belege)

causarum pal. ap. scriba → abbrev. ac

causo 693 912 2440 2835 4264 6447 7522
7814 8545 8747 9003 9309 9589
(13 Belege)

cautela 571 620 1519 1708 1962 2165
3033 5582 5606 6696 7049 7236 7382
8046 8198 8368 9777 10091
(18 Belege)

cautelam → absol. ad

cautio 393 779 2418 5100 5503 7506
7688–7689

cautione → Fiat ad 2 an. data

caveo 220 690 693 798 897 932 1527
2108 2399 2494 2855 3467 3575 3610
4282 4391 4779 4972 5191 5649 5673
5744 5768 5804 5916 6081 7022 8075
8355 8441 8874 9119 9139 9455 9720
9841 9925 9973 10087 10454
(40 Belege)

caverna 2078

cavillose 2417

ceda 6253

cedendi → pot.

cedes 732 1233 10110

cedo 117 267 280 328 520 526 620 654
804 920 1234 1243 1539 1742 1784
1845 2027 2041 2044 2213 2226 2231
2254 2312 2343 2402 2432 2549 2703
3067 3221 3480 3550 3557 3692 3805
4213 4304 4331 4536 4716 4957 5194
5470 5534 5645 5828 6246 6344 6390
6490 6513 6515 6838 6991 7033 7067
7244 7321 7400 7407 7466 7491 7513
7533 7539 7831 7837 7997 8259 8298
8485 8534 8614 8665 8808 8836 8998
9087 9327 9552 9729–9730 9787 9812
9821 9839 9858 9935 10075 10480
10486 10605 10623 (94 Belege)

cedula 29 1788 3365 3692 4536 4848
4859 7295 7742 8636 8712 10099
(12 Belege)

celeber 5503 7742 10110

celebrandi → lic.

celebrare off. divina → facult. conc.

celebratio 208 528 730 1250 2077 2416
3473 4536 4820 7651 8462–8463 9881
9932 9945 10422 (16 Belege)

celebritas 527

celebro 8 103 105 177 201 237 265 272
279 283 285 310 318 327 442 527 620
663 710 741 762 786 807 841 880 992
1190 1237–1238 1240 1525 1527 1568
1631 1647 1730 1793 1797 1867 1870
1895 1941 2033 2040 2078 2127–2128
2138 2150 2195 2218–2219 2270 2272
2389 2463 2620 2792 2848 2862 2910
2993 3033 3075 3152–3153 3308 3385
3393 3410 3431 3474 3513 3528 3581
3610 3617 3619 3706 3733 3853 4028
4031 4040 4070 4251 4319 4409 4424
4535–4536 4569 4745 4779 4820 5279
5332 5391 5448 5600 5850 5881 5887
5903 5913 5981 5999 6003 6128 6389
6442 6554 6591 6810 6816 6996 7083
7184 7186 7198 7231 7252 7308 7349
7383 7460 7470 7472 7480 7490 7564
7579 7651 7860 7897 7986 8075 8139
8266 8273 8314 8452 8462 8535 8553
8601 8627 8730 8957 9003 9034 9041–
9042 9055 9098 9121 9214 9271 9291
9303 9327 9446 9510 9594 9598 9607
9616 9742 9881 9925 9943 9960 9984
9989 10031 10074 10076 10098 10110–
10111 10267 10282 10305 10408
10422 10476 10490 10493 10518
10520 10615 10621–10622 10624
(194 Belege)

celer 731 1868 2033 4211 7330 9213

celeritas 10110

celeriter 921

celestinus 9445

celestis 2740

cella 2762

cellarium 5761

celleraria 1064–1065 1683 2032 2254
2275 2550 3366 3408 3578 4011 4650
4763 4781 4799 4956 4958–4959 5153
6446 6735 7140 7488 7946 8554 9085
10067 10377 (28 Belege)

cellerarius 1299 2275 3199 3947 4311
4333 4956 5485 8554 9647 9711 10069
(12 Belege)

cellula 1173 1732 5342

Chelmen. → absol. a vinculo eccl.

celsitudo 2323 3176 10109

Celsus → Cornelius

celum 561 818 1104 1125 1302 1373
1715 1973 2040 2096 2103 2124 2855
4395 4688 4693 5398 5701 6054 6823
6963 7602 7809 7974 8053 8794 8849
9582 9679 9747 10196 10340 10398
10594   (34 Belege)

cena 166 678 732 7979 8560 9080 9504

cenobium 348 2108 2393 2531 3157 5134
5262 6446 6572 7359 7968 8456 8509
8788 9049 9235   (16 Belege)

censeo 451 1972 3074 4520 4551 7582
8979 9289 9941

censitus 2077

censualis 2077

censura 189 431 619 708 731 761 764 778
1234 1732 1779 1947 2218 2323 2347–
2348 2670 2928 3488 3721 4432 4536
5582 6264 6712 7044 7072 7184 7186
7469 7552 7815 8440 8461 8976 9011
9045 9086 9122 9242 9249 9330 9383
9388 9431 9710–9711 9940 9986
10091 10099 10268 10533 (53 Belege)

censuris → absol. a

censuris → absol. cives Basil. a

censuris → absol. monach. mon. a

census 210 266 270 610 765 912 923
1122 1171 1191 1193 1212 1236 1281
1382 1812 1865 1867 1871 2138 2272
2371 2429 2620 3096 3172 3773 3897
4291 5449 5957 5971 6000–6001 6291
6406 6606 6673 7296 7469 7479 7490
7734 7763 7820 8050 8186 8198 8449
8537 8560 9066 9122 9142 9249 9259
9272 9456 9587 9602 9936 10073
10091 10097 10105 10132 10174
10193 10605 10607 10625 (71 Belege)

centenarium d. cypri pro 20 stuferis computatum) → pretium 3.000 libr. cypri
(quodlibet

centenarius 1236 2325

ceptum 118 732 10088

cera 1876 1945 5216 6189 9033 9804

Kercho et Reymheuer vulg. nunc. → preb.

cerdo 10088

ceremonia 4073 4786–4787

cereus 1050

cerimonia 4786–4787

certifico 210 2008 4567 6455

certo modo vac. 205 412 520 1269 1656
1840 1845 1979 1994 2105–2107 2111
2113 2271 2316 2396 2461 2550 2680
2740 2779–2780 2841 2845 2900 2990
3035 3051 3082 3084 3306 3455 3465
3553 3691 3705 3774 3823 3880 3900
4067 4182 4213 4284 4331 4359 4476
4502 4588 4642 4672 4692 4796 4847
4860 4887 4890–4891 4908 5130 5155
5202 5420 5523 5533 5535 5725 5732
5737 5793 5865 5917 5922 6058 6125
6296 6324 6354 6513 6547 6644 6694
6706 6739 6921 6930 7034 8503 9730
10094 10345 10380 10486 10531
                                 (95 Belege)

certus 7 18 32 77 101 117–119 127 154
186 205 222 254 273 279 292 328 338
361 371 379 381 393 398 412 425 440
443 475 489 493 516 519–520 529 535
546–547 556 573 584 598 617 619 645
651 659 670 684 690 693 700 708–709
720 731 743 763 765–766 779 800 803
828 833 841 873 891 912 921 930 965
996 1040 1051–1052 1076 1084 1089
1154 1163 1178 1184 1220 1234–1237
1240 1269 1304 1369 1391 1431 1466
1495 1503 1539 1586 1624 1633 1649
1656 1659 1678 1687 1707 1730 1738–
1739 1752 1756 1779 1784 1801 1814
1824 1840 1843 1845 1863 1865–1867
1869–1871 1912 1946 1959 1964 1979
1994 2004 2008 2021 2032 2035 2049–
2050 2077 2104–2107 2111 2113 2138
2149 2165 2218–2220 2270–2273 2298
2313 2315–2316 2323 2342–2343 2347
2377 2389 2396 2413 2415 2417 2420
2422 2429 2444 2448 2456 2461 2499
2548 2550 2620 2624 2632 2652–2653
2660 2670 2680 2689 2703 2706 2712
2729 2740 2762 2779–2780 2793–2794
2828 2841 2845 2874 2900 2926 2929
2935 2945 2964 2987 2990 3035 3047
3051 3060 3072 3079 3082–3084 3094
3096 3102 3109 3116 3125 3190 3220
3223 3226–3227 3232 3289 3306 3308
3364–3365 3402 3447 3454–3455 3465
3493 3548 3553 3556 3581 3583 3610
3631 3689 3691 3699 3705 3712 3718–
3719 3721 3728 3758 3773–3774 3788
3823 3825 3855 3880 3892 3900 3982
3997 4020 4031 4040 4066–4067 4091

4120 4151 4167 4182–4183 4206 4208
4213 4257 4281 4284 4297 4305 4313
4331 4351 4357 4359 4374 4378 4396
4406 4476 4484–4485 4502 4506 4509
4515 4546–4547 4550–4552 4569
4573–4574 4588 4595–4596 4642 4672
4685 4692 4763 4782 4784 4796 4820–
4821 4847 4857 4860 4877 4887 4889–
4891 4902 4908 4946–4947 4957–4959
4964 4966 5036 5044 5061 5074 5076
5086 5098 5110 5130–5132 5155 5161
5177 5202 5239 5303–5304 5308 5326
5346 5370 5379 5381 5403 5420–5421
5430 5449 5461 5479 5487 5497 5523
5533 5535 5540 5548 5581–5582 5590
5597 5601 5608 5648–5649 5662 5695
5703 5722 5725 5732 5737 5745 5756
5762 5775 5786 5793 5801 5828 5865
5874 5892 5904 5912 5916–5917 5922
5957 5971 5999 6007 6016 6037–6038
6049 6055 6058 6067 6102 6123 6125
6134 6167 6172 6210 6264 6291 6296
6319 6323–6324 6339 6344 6354 6371
6379 6389 6513 6516 6519 6526–6527
6547 6644 6694 6706 6710 6712 6724
6732 6739 6792 6811 6841 6846–6847
6916 6921 6930 6933 6938 6973 7004
7012 7034 7056 7079 7083 7107 7152
7165 7179 7186 7231 7233 7237 7244
7296 7328 7330 7337 7370 7381 7383
7435 7470 7477–7478 7483 7493 7500–
7501 7506 7510 7520 7542 7551 7553
7583 7646 7651 7659 7682 7721 7741
7748 7761 7782 7788 7791 7815 7820
7839–7840 7847 7850 7856 7897 7904
7953 7997 8002 8029 8073 8133 8166
8182 8186 8203 8205 8300 8385 8427
8434 8437 8489–8490 8494 8503 8537–
8538 8545 8572 8606 8629 8658 8661
8717 8763 8789 8817 8868–8869 8894
8929–8930 8935 9026 9041 9054 9058
9066–9067 9075 9096 9121 9126 9128
9154 9180 9214 9233 9242 9244 9259
9262 9291 9300 9328 9363 9382–9384
9390 9399 9403 9431 9440 9455 9458
9511 9557 9566 9576 9589 9592 9594
9605 9618 9627 9631 9677 9710–9711
9720 9730 9732 9734 9777 9810 9814
9821 9824 9839 9931 9933 9935–9937
9940 9943 9945 9961 10021 10031
10067–10068 10073–10075 10091
10094 10112 10119 10150 10169
10183–10184 10240 10246 10262
10266 10268 10282 10326 10336
10345 10360 10362 10380 10385
10411 10422 10436 10442 10454
10465 10479–10480 10486 10490
10492–10493 10523 10531 10605
10622   (675 Belege)

cervisia 2672 6253 8368 8461 8464 9121
cesar 731 3176 7382 10087 10109
cesarem / imper. / R. I. → orator ap. ad
cesareus 352 1259 2323 7329 7382–7383
9388 10087 10109–10110
cesarianus 732
cess. 7 43 381 451 527 533 583 654 801
803 1194 1585 1606 1788 1807 2135
2238 2252 2255 2263 2402 2433 2551
2632 2763 2782 2791 2943 3035 3059
3083 3085 3155 3191 3467 3511 3526
3550 3575 3692 3694 3722 3983 4101
4167 4213 4225 4260 4271 4528 5297
5470 5534 5601 5793 5989 6082 6381
6515 6870 7223 7407 7533 7617 7735
7836 7853 8061 8204 8290 8309 8550
8704 8716 8836 8938 9730–9732 9879
9932 9937 10068 10088 10453
(85 Belege)

cess. → adm.
cess. iuris → sine
cess. → vac. p.
cessatio 7329 10382
cessatio armorum a patrimonio eccl. Colon. 7329
cesso 941 1916 1972 2159 3093 3415
3548 3897 4225 4645 4781 6337 7485
7493 7761 7841 8463 8736 9050 9455
9526 9591 9710 9733 9787 10240
(26 Belege)

cessura 431
cibos et potus pauperibus distribuere 7991
cibus 2216 7991
cignea porta 8291
cigneus 671 8291
cimit. 105 118 208 266 339 582 620 1020
1190 1235 1241 1252 1267 1303 1447
1497 1564 1733 1772 1797 1853 1964
2001 2025 2035 2055 2108–2110 2127
2138 2147 2195 2862 2910 2929 3100
3102 3201 3391 3454 3660 4034 4618
5096 5607 5670 6389 6742 6824 6830
6883–6884 7522 7588 7754 7993 8312
8314 8457 8469 8530 8553 8718 8834
8880 9121 9182 9249 9309 9343 9602

9604 9805 9864 9945 10016 10031
10033 10482 10500 10536 10621
10624 (84 Belege)

cingo 7236 9003

cinis 1732 9064

cippus 8464

cypri (quodlibet centenarium d. cypri pro
20 stuferis computatum) → pretium
3.000 libr.

cyprus 731 2325

ciragra 631

ciragre et podagre ac arthetiche infirmitatibus afflictus 631

circuitus 617 4243 10062

circumdo 932

circumfero 7865

circumiaceo 2433

circumstantia 5697

circumsto 5503

circumvenio 254 6016

circumvicinus 1190 3597 4535

cirographum 10018

cirurgia 8461

cirurgicus 4930 6641

cirurgie exercent → cler. laicos in eorum
domibus recipiunt et artes phisice et

cisa 9121

cismontana → absol. a familia

cismontana o.fr.min. → familia

cista 2219 3488

citandi → lic.

citandi → pot.

citandi vel evocandi ultra 2 dietas → pot.

citatio 361 904 1259 1843 1846 2841
2885 3051 3116 3270 3493 3862 5108
5573 6553 8165 8461 8641 9160 9355
9936 10453–10454 10527 (24 Belege)

citatorius 9693

citatus 2219 2434 4995 5582 5604 7383
7471 7578 7583 7985 8545 8658 9182
9257 10245 10422 10453 10605
(18 Belege)

cito 119 617 641 986 1241 1647 2218
2392 2434 2670 3828 4028 4581 6133
7322 7390 7459 7688 7763 8046 8545
9932 (22 Belege)

civ. 98 224 254 296 314 352–353 375 431
527–529 619–620 761 800 803–804
1036 1044 1051 1084 1220 1236 1240–
1241 1281 1346 1578 1617 1706 1859
1900 1956 1981 2031 2078 2138 2168
2219–2220 2272–2273 2342 2345 2356

2778 2840 2929 2971 3029 3038 3272
3341 3413 3509 3527 3747 4028 4104
4129 4206 4281 4297 4391 4857 4939
5096 5177 5311 5349 5448 5503 5537–
5538 5582 5971 5989 6033 6246 6265
6319 6405 6431 6857 6876 7144 7236
7268 7321 7429 7469 7471 7482 7492
7506 7531 7551 7745 7761 7860 7868
7979 7994 8119 8186 8304 8427 8443
8490 8494 8545 8560 8629–8630 8700
8813 8851 8900 8976 9121–9122 9182
9262 9271 9450 9455–9456 9526–9527
9533 9634 9742 9862 10088 10091–
10092 10096–10097 10124 10174
10320 10347 10362 (144 Belege)

cives Basil. a censuris → absol.

cives et cler. civit. ac dioc. August. →
differentia inter

civile ad gradum doct. → lic. legendi disputandi et docendi ius

civile → facult. legendi ius

civilis 339 530 1005 1056 1114 1659
1865 1951 2023 3034 3731 4411 4846
4994 5194 5503 5600 6057–6058 6209
6217 7352 7391 7471 7614 7888 8385
8545 9113 9557 9638 9677 9703 9709–
9710 9937 9985 10520 (38 Belege)

civilis et can. → facult. iur.

civilis et canonici → mag. in art. ordinarius iur.

civilis → facult. iur.

civilis necnon art. et med. facultatibus erigi
lic. → stud. gener. pro theol., iur. can.
et

civilis → studium iur.

civilis → studium iur. can. et

civiliter 1569

civissa 619 803

civit. 7–8 26 35 57 69 99 101 105 115 122
127 134 186 193 202 222–223 233 245
264 268 286 292 294 296 311 327 339
352 368 372 403 419 431 438 442 474–
475 497 527–529 537 551 553 571 579
599 619–620 651 661 671 673–674 679
690 693 699–700 703 706 717 725 730–
731 738 741 762–765 794 863 877 911
962 998 1005 1031 1035 1042 1047
1051 1053 1083 1095 1137 1154 1172
1176 1197–1198 1201–1202 1233–1238
1240–1241 1264 1285 1328 1346 1414
1434 1443–1444 1449 1491 1497 1508
1527 1597 1616 1706–1707 1726 1732

1738 1742 1753 1762 1766 1771 1775
1781 1783 1801 1836 1874 1890 1908
1941 1946 1951 1956 1964 1979 1982
1990 2010 2040 2044 2056 2078–2080
2096 2106–2108 2138 2174 2191 2219–
2220 2244 2254 2298–2299 2315 2319
2325 2338 2340 2343–2345 2347–2348
2353 2365 2389 2405 2416 2422 2433
2442 2444 2456 2469 2476 2535 2549
2551 2569 2577 2631 2640 2651 2657
2672 2684 2718 2740 2780 2788 2790
2792–2793 2808 2862 2872 2885 2892
2898 2914 2941 2945 2950 2959 2985–
2986 3007 3035 3051 3060 3083 3102
3125 3129 3155 3162–3163 3175 3218
3272 3275 3293 3302 3314 3372 3376
3385 3402 3410 3424–3425 3431 3439–
3440 3467 3475 3502 3524 3527 3579
3584 3610 3631 3657 3660 3672 3684
3695 3719 3721 3747 3771–3772 3810
3815 3844 3846 3852 3859 3862 3867
3876 3882 3897 3912 3925 3934 3940
3946 3951 3956 3967 3983–3984 4011
4028 4037 4049 4066 4071 4091 4129
4213 4260 4265 4281–4282 4289 4331
4339–4340 4368 4374 4391 4400 4413
4504 4509 4519–4520 4530 4535–4536
4545–4546 4548–4552 4555 4567 4569
4581 4592 4618 4628 4641 4649 4668
4678 4686 4719 4761 4772 4783–4784
4803 4815 4821–4822 4846–4847 4857
4860 4889 4895 4905 4922–4923 4925
4957 4959–4960 5035 5045 5047 5053
5086 5090 5096 5160 5177 5183 5185
5194 5197 5200 5210 5226 5243 5252
5284 5291 5317 5375 5379 5395 5424
5430 5470 5480 5490–5491 5503 5533
5570 5582 5600 5607 5637 5654 5660
5662 5693 5696–5697 5702 5705 5721
5733 5767–5768 5789 5827–5828 5830
5836 5871 5891 5904 5912 5920 5925
5932 5935 5947 5958 6004 6016 6038
6058 6067 6070–6071 6082 6088 6091
6093 6138 6152 6154 6158 6160 6162
6205 6250 6282 6297 6323 6328–6329
6357 6381 6390 6436 6446–6447 6489
6497 6503 6507 6617 6635 6638 6718
6728 6782 6792 6801–6802 6805 6816
6857 6860 6876 6881 6899 6908 6916
6921–6922 6931 6935 6938 6960 6984
6994 7017 7034 7068 7092 7110 7144
7180 7186 7196 7282 7286 7289–7290

7306 7312 7321 7329–7330 7337 7372
7380 7382 7426–7427 7429 7444 7469
7471 7477–7479 7490 7493 7506 7528
7530 7537 7551–7552 7564 7568 7570
7582–7583 7599 7621 7630 7656 7674
7685 7736 7742 7745 7752 7761 7798–
7799 7815 7847–7848 7852 7856 7869
7875 7922 7932 7937 7980 7986 7990
7994 8019 8046 8050 8073 8076 8138
8152 8194 8204–8205 8238 8241 8314
8323 8365 8385 8425 8438 8441 8455
8464 8490 8494 8523 8534–8535 8545
8560 8579–8580 8592 8618 8629 8640
8688 8691 8698 8703–8704 8707 8767
8799 8813 8817 8863 8869 8974 8994
9006 9018 9034 9041 9045 9065–9066
9096 9098 9121–9122 9145 9154–9156
9160 9182 9239 9244 9249 9267 9329–
9330 9336 9368 9376 9379 9384 9388
9399 9455–9456 9458 9473 9477 9483
9496 9501 9511 9515 9527–9528 9552
9609 9619 9627–9628 9632 9636 9648
9675–9676 9705 9709–9710 9746 9771
9787 9815 9830 9839 9867–9868 9872
9878 9880 9896 9901 9923 9932–9933
9935–9937 9940 9945 9982 9987 9992
9995 10004 10031 10057 10091–10092
10095–10096 10108 10112 10121
10135 10150 10169 10174 10184
10245 10251 10267 10279 10290
10320 10332 10362 10367 10383
10413 10422 10438 10441 10478–
10480 10486 10490 10494 10497
10510 10552 10580 10605 10607
10620 10625   (722 Belege)

civit. ac dioc. August. → differentia inter
cives et cler.

civit. Aconnen. disputavit → in logica et
phisica in

civit. August. → scriba

civit. Colon. transferendi → lic. reliquias
ex

civit. et dioc. Colon. → moneta in

civit. Janue de origine Alamannus → habitator uxoratus in

civit. Monast. personaliter visitaret → indulg. permereri val. acsi eccl.

civit. pape 1264 4037 4339 4530 5503
7815

civit. Trident. → factum hebreorum

civit. Trident. → investigatio veritatis in

civitate Prag. contra catholicos qui partim
in pretoriis congregati in consiliis erant
comprehensi ac precipitati sunt de fenestris → scandalum perpetratum ab
hereticis in
civitates et op. sub nomine Hanse vulg.
nunc. 2343 5177 8464 9388
clades 7330 10111
clam 10098
clamo 7381
clandestinus 732 880 4479 6248 6301
7236 7758 8979
clareo, claresco 5697
classis 638 732 1567 2136 2340 2346
7321 7330 7382 7491 9044 10110–
10111 (13 Belege)
classis contra Turcos 638
claudo 932 1044 2138 3385 4930 5448
7059 7236 7492 9003 9270 10267
(12 Belege)
claustrales sive chorales vulg. nunc. →
preb.
claustralia intraret → absol. fuit ea conditione ut septa
claustralis 760 1006 1089 1527 2389 2408
3144 3794 4167 5044 8665 8888 10303
10436 (14 Belege)
claustri sive conv. → vacat. p. ingr.
claustrum 87 553 1732 1870 2218 2862
3391 4482 5096 5744 7472 7522 7754
7986 8874 9910 10065 10381
(18 Belege)
clausula 18 55 121 146 292 295 458 544
557 627 667 691 845 868 889 921 1025
1028 1064 1241 1698 1783 1793 1845
1863 2107 2173 2177 2218 2226 2240
2255 2550 2632 2781 2792 2828 2944
2986 3091 3291 3474 3490 3556 3586
3778 3825 3922 4028 4151 4281 4512
4626 4637 4785 4889 4957 5133 5154
5239 5485 5524 5531 5548 5579 5597
5653 5674 5770 6016 6038 6058 6071
6079 6180 6274 6429 6574 6633 6812
7069 7133 7328 7352 7372 7459 7489
7500 7504 7642 7745 7752 7815 7839
7854 7880 8203 8308 8316–8317 8344
8401 8441 8521 8537 8542 8545 8580
8606 8623 8707 8747 8884 9122 9128
9142 9174 9190 9197–9198 9324 9357
9458 9552 9554 9581 9630 9731 9750
9806 9821 9824 9868 9937 10071
10091 10141 10413 10520 10534
10542 (141 Belege)

clausula → absol.
clausule / constit. / reg. / statutorum de
idiomate → derog.
clausura 99 980 1173 1181 1237 1739
2217 2623 3434 4013 6016 7522 8456
9003 9249 9589 10177 10373
(18 Belege)
clausura → perp.
clavarius 3329
claviculum 3831
clavis 375 393 3161 3329 4506 7059 8449
9041 10089 10267
clavis episc. → procur.
clenodium 2927 4031 7510 8186 8314
9249 9262
cler. (5700 Belege)
cler. → abba. ac canonisse c. nonnullis
cler. → absol. percursores
cler. Bremen. dioc. fil. suum naturalem ad
d. vicar. decano eccl. presentavit 2069
cler. civit. ac dioc. August. → differentia
inter cives et
cler. → ducis de Bavaria etc. naturalis et
legitimus fil.
cler. (et forsan pape acol. seu offic.) →
cam. ap.
cler. in cur. abbrev. 3191
cler. laicos in eorum domibus recipiunt et
artes phisice et cirurgie exercent 8461
cler. p. al. patron. present. 1884
cler. Sedun. dioc. pater et legitimus admin.
filiorum legitimorum et naturalium
8935
clericalis 7 121 471 695 1475 2344 2377
3202 3565 3579 3712 3941 4397 5809
6016 6590 6668 6776 7070 7280 7408
7552 7573 8503 8666 9057 9100 9121
10049 10550 (30 Belege)
clericatus 247 983 1830 3153 3207 3477
4731 4786 4966 7068 7504 8290 10067
10380 (14 Belege)
clerici ex epidemia in carceribus vita func-
ti 2383
clincardus 6074
clinenfraedig 6074
clipeus 4520
Cliven. consiliarius → ducis
clusorium 10528
coadiutans 10257
coadiutor 190 353 425 495 700 774 2256
3076 3805 4606 6515 6602 7407 7841
7942 8534 9045 9489 9940 10109
10137 (21 Belege)

coadiutore Brixin. → absol. pro
coadiutoria 2417 7407 7841 8707 9489
9762
coaptandi reg. observ. → lic.
coapto 1867
coarto 9710
coerceo 2220 3388
coercitio 1241 3721
coexecutor 8046
cogito 732 3176 7381 9528 10109
cognatio 4328
cognatus 191 571 1653 6526 6810 10532
cognitio 764 2356 10087
cognomen 157 520 845 2008 2740 2831
3175 3303–3304 3555 3864 3944 4022
4585 4879 5521 7537 7642 7748 7759
7872 8043 8083 8163 8408 8474 8492–
8493 8497 8595 8975 9253 9260 9923
10207   (35 Belege)
cognominatio 8608
cognomino 2650
cognosco 106 190 431 469 730 1137 1702
2197 2347 2349 2984 4535 4606 4981
5196 6016 6248 6385 7337 7381 7881
8672 8962 9258 9330 9699 9940 9982
10108–10109   (30 Belege)
cognovit → abb. carnaliter
cogo 58 224 280 352 489 687 1241 1442
1865 2347 2509 2894 3083 3435 3825
6516 7233 7236 7539 7696 7815 8473
8707 9319 9528 9554 10336
                            (27 Belege)
cohabitatio 7448 8624
cohabito 671 2658 4265 5342 6301 7261
9011 10065
coheres 2105
coitu → facult. legitimandi ex illicito
coitus 4606 9041 10097
coll.   (1586 Belege)
2 coll. 412 1586 1643 1934 2099 2745
2779 3114 3153 3454 3712 3858 4282
5924 6004 6396 7140 7148 8328 8401
9380 9824   (22 Belege)
coll. abb. 5 7–8 35 42 80 110 143 260 475
516 613 673 687 702 705 1146 1184
1200 1216 1303 1373 1378 1457 1512
1608 1633 1715 1807 2050 2104–2105
2114–2115 2228 2265 2290 2292 2297
2415 2535 2577 2724 2813 2839 2862
2891 2907 2950 3000 3227 3229 3364
3402 3449 3453 3455 3643 3683 3699
3858 4067 4170 4225 4242 4282 4339

4382 4476 4522 4657 4659 4666 4706
4763 4862 4902 4946 4964 4980 5028
5051 5077 5154 5223 5270 5496 5533
5554 5570 5583 5611 5637 5726 5785
5836 5874 5879 5887 5924 5993 6037
6039 6049 6055 6057 6080–6081 6140–
6141 6175 6233 6324 6380 6480 6491
6611 6748 6822 6891 7108 7152 7167
7172 7303–7306 7344 7394 7479 7591
7614 7794 7796 7810 7911 7969–7970
8099 8155 8262 8308 8317 8416 8419
8578–8579 8688 8701 8703 8780 8829
8868–8869 8926 9120 9174 9178 9196
9295 9369 9379 9549 9557 9573 9635
9823 9872 10005 10035 10247 10267
10312 10345 10353 10524 (177 Belege)
coll. abba. 35 306 314 329 337 717 860
1082 1457 1533 1632 1840 2462 2534
2689 2814 2966 3208 3218 3350 3712
3765 3917 3979 4013 4260 4319 4547
4549 4796 4846 5655 5879 5960 5972
6007 6131 6233 6244 6625 6891 7283
7417 7479 7795 7903 8562 8804 8849
9219 9555 9621 9751 9824 9839 9878
10165 10244 10380 10435 (60 Belege)
coll. abba. et canonissarum ac canonicorum 3218
coll. aep. 6–7 18 36 178 185 199 263 377
381 395 410 458 558 571 737 863 1079
1089 1113 1135 1158 1188 1196 1313
1373 1571 1611 1631 1678 1720 1770
1774 1908 1939 1976 2055 2110–2111
2180 2183 2211 2237–2238 2275 2285
2372–2374 2390 2413 2446 2481 2511
2620 2670 2687 2794 2912 2986 3035
3051 3199 3352 3450 3453–3454 3464
3490 3496 3511 3544 3643 3842 3905
3924 3978 3982 4066 4237 4325 4549
4568 4596 4671 4726 4775 4807 4956–
4957 5001 5130 5246 5290 5370 5419
5463 5629 5784 6078–6079 6129 6185
6232 6282 6346 6414 6482 6523 6583
6606 6613 6624 6637 6752 6837 6867
6903 6905 7081 7258 7275 7478 7585
7655 7721 7756 7798 7808 7834–7835
7842 7886 7957 7977 8015 8018 8057
8109 8161 8177 8203 8248 8261 8347
8379 8441 8551 8608 8612 8780 8917
8927 9138 9187 9197 9299 9338 9355
9415 9472 9540 9651 9764 9825 9828
9833 9868 9897–9898 9981 10094
10131 10466 10471 10486–10487
10498   (178 Belege)

coll. archid. 3378

coll. cuiuscumque 11 1089 4129 4618 5133 5463 7305–7306 9233

coll. dec. 136 368 421 687 1196 1208–1209 1275 1340 2106 2724 2779 2926 2936 3022 3291 3363 3402 3489 3524 3583 3595 3683 3752 3769 4272 4318 4370–4371 4509 4575 4720 4925 5600 5896 5911 5985 6004 6039 6350 6523 6527 6613 6743 7646 7874 8069 8121 8135 8150 8155 8158 8300 8562 8926 9061 9668 9916 9932–9933 10131 10244 (62 Belege)

coll. ep. 5 7 18 35 42–43 69 140 183 195 202 222 306 324 359 363 377 410 412 430 489 492 512 514 564 667 704 757 770 845 866 872 894 921 942 944 987 1015 1025–1026 1041 1063 1065–1066 1068 1079 1083 1089 1114 1131 1146 1159 1165–1166 1188 1196 1203 1254 1266 1283 1303 1322 1373 1387 1394 1414 1421 1430 1461 1492 1571 1637 1652 1672 1678 1715 1754 1764 1826 1840 1844–1845 1855 1863 1879 2008 2040 2044 2050 2056 2081 2096 2099 2107–2111 2113 2125 2192 2225–2226 2284 2302 2308 2320 2344 2373–2374 2385 2411 2463 2470 2481 2605 2612 2624 2627 2660 2689 2729–2730 2750 2779 2791 2794 2805 2812 2892 2902 2944 3016 3049 3054 3059 3063 3082 3131 3153 3164 3179 3190 3224 3227 3243 3263 3306 3402 3430 3442 3467 3510 3518 3544 3550 3558 3617 3640 3645 3648 3667 3670–3672 3712 3726 3765 3859 3862 3873 3877 3936 3941 4026 4127 4129 4177 4195 4213 4242 4280–4282 4304 4319 4464 4476–4477 4528 4609 4636 4710 4726 4738 4749 4774 4787 4792 4823 4853 4873–4875 4880 4892–4893 4922 4933 4946 4949 4964 5032 5046 5051 5062–5063 5162 5183 5194 5198–5199 5217 5223 5271–5272 5359 5361 5372 5381 5392 5403 5427 5463 5522 5536 5540 5545–5546 5548 5556 5558 5578 5605–5606 5628 5656 5664 5693 5726 5737 5761 5770 5825 5827 5844 5865 5867 5869 5882 5913 5923–5924 5958 5983 5987 6007 6041 6051 6060 6067 6094 6141 6168 6195–6196 6217 6257 6261 6285 6311 6382 6429 6433 6446 6470 6482 6512–6513 6515 6545 6577 6617 6704–6705 6720 6732 6811 6813 6818 6822 6850 6873 6908 6911 6968 6992 7029 7043 7049 7081 7098 7109 7133 7148 7162 7166–7167 7176 7204 7234 7255 7263 7283 7349 7365 7372 7497 7614 7620 7642 7721 7724 7738 7741 7760 7767 7795–7796 7799 7826 7847 7854 7883 7922 7929 7945 7951 7965 7970 7978 7982 8033 8066 8072 8127 8149 8174 8179 8380 8426 8435 8441 8549 8574 8578–8580 8606 8612 8623 8660 8675 8701–8703 8715–8716 8764 8802 8937 8942 9007 9020 9025 9056 9126 9128 9205–9206 9218 9252 9259 9286 9342 9366 9368–9369 9389 9400–9401 9455 9468 9511 9581–9582 9621 9627 9648 9668 9696 9716 9750 9767 9812 9825 9828 9901 9923 9954 9982 10041 10047 10094 10131 10148 10217 10250–10251 10322 10346 10380 10410 10425 10435 10487 (436 Belege)

coll. mon. 2496 2689 5643 6882

coll. ordin. 588 890 1366 5781 7043 8025 8502

coll. prep. 80 314 764 894 1066 1203 1260 1308 1736 1754 1765 2466 3114 3128 3291 3748 4379 4399 4922 5923 5943 5993 6007 6279 6311 7166 7438 8531 8661 9696 10371 (31 Belege)

coll. prioris 5865

coll. priorisse 2033 3461 3489 3729 3917

coll. quorumcumque 2 6 15 18 26 37–38 48 52 64–65 68 74 120–121 131 141 164 183 186 199 215 220 261 289 307 312 339 347 350 355 359 380 384 392 407 445 449 458 492 499 503 541 587 591 596 607 621 643 647 667 671 701 705 729 741 756 759 774 815 826–827 838 868 884 921 928 930 942 944 959 966 1003 1015 1017 1065 1069 1079 1090 1107 1109 1114–1115 1134 1164–1165 1188 1198 1278 1283 1299 1301 1319 1325 1334 1347 1394 1398 1410 1423 1430 1482 1490 1506 1539 1541 1566 1576 1579 1585 1588 1599 1607 1642 1646 1669 1690 1750 1761 1763 1807 1821 1839–1841 1880 1889 1903 1912 1922 1928 1975 2007 2040 2051 2056 2064–2065 2067–2068 2098 2118 2123 2125 2166 2179 2210 2225 2228 2230 2259 2279 2290 2318 2357–2358

2395 2402 2405 2454 2486 2494 2512
2514 2528 2537 2568 2581 2587 2592
2594 2605 2615 2627 2648 2662 2670
2676 2682 2689 2701 2705 2723–2724
2741 2750 2758–2759 2769 2785 2805
2812–2813 2821 2844 2850 2867 2892
2914 2942 2945 2979 2997–2998 3002
3011 3107 3123 3179 3196 3200 3202
3226 3254 3263 3281 3291 3295 3325
3352 3369 3371 3402 3407 3409–3410
3445 3451 3468 3485 3488 3490 3498
3516 3546 3551 3591–3592 3596 3606
3627 3634 3636–3637 3645 3647 3659
3665 3678 3686 3741 3750 3777 3801
3815 3839 3851 3856–3857 3879 3885
3893 3903 3912 3941 3972 3975 3978
3982 3999 4041 4112 4129 4140 4156
4166 4221 4239 4242 4250 4260 4268
4307 4316–4317 4325 4334 4362 4395
4408 4416 4439 4465 4469 4476 4479
4528 4601 4614 4623 4638 4687 4689
4693 4731 4733 4780 4795 4805 4807
4818–4819 4825 4833 4858 4861 4935
4946 4948 4952 4961 4965 4969 4987
5005 5025 5057 5105 5130 5141–5142
5148 5150 5179 5198 5206 5208 5212
5246 5270 5282 5284 5340 5347–5348
5368 5370–5371 5378 5388 5392 5394
5398 5400 5403 5435–5436 5447 5457
5481 5492 5498–5499 5509 5517 5521
5525 5532 5538 5545 5556 5572 5581
5583 5609 5629 5632 5637 5702 5706
5727 5732 5745 5749 5783 5803 5823
5827 5838 5860 5865 5872 5881 5923
5936 5943 5961–5962 5973 5976 6004
6015 6024 6026 6040 6048 6078 6080
6093 6113 6141 6147 6165 6185 6195–
6196 6210 6222 6257 6266 6271 6274
6322 6324 6343 6352 6416 6425 6453
6459 6479 6527 6544 6548 6552 6570–
6571 6573 6579 6589 6615 6619 6629
6633 6661 6715 6717 6731 6744–6745
6796 6806 6812–6813 6815 6825 6839
6844 6866 6903 6937 6943 6968 7007
7040 7043 7076 7083 7086 7089 7096
7109 7113 7153 7158 7166 7173 7181
7227 7235 7312 7316 7320 7354 7359–
7360 7392 7394 7410 7421 7437–7438
7508 7578 7592 7614 7618 7652 7654
7668 7694 7697 7704 7717 7722 7733
7736 7760 7771 7785 7795 7826 7847
7855 7876 7883 7903 7908 7939 7956–

7957 7965 7975 8033 8059 8117 8121
8126 8130 8152 8156 8183 8229 8239
8244 8261 8319 8322 8367 8371 8380
8408 8433 8440 8495 8499 8505 8526
8531 8534 8536 8538 8540 8548–8549
8568 8578 8585 8608 8640 8643 8676
8694 8703 8758 8762 8776 8787 8800
8849 8854 8876 8893 8908 8917 8991
9024 9052 9098 9112 9114 9126 9156
9194 9232 9235 9237 9296 9298 9320
9341 9355 9370 9400 9415 9436 9466
9470 9521 9525 9552 9555 9557 9577
9620 9622 9643 9680 9693 9696 9698
9714 9719 9734 9747 9783 9812 9819
9823 9825 9845 9867 9869–9870 9889
9899 9912 9921 9928 9954 9962 9977
9982 10006 10024 10070 10086 10125
10131 10204 10222 10278 10280
10309 10314 10340 10363 10372
10405 10425 10440 10451–10452
10462–10463 10466 10471 10493
10526 10568 10570 10593 (662 Belege)

coll. rect. par. eccl. 816 1847 4476 5217
5274 5548 5887 8198 8601

collabor 932 2079 2961 3848 7479 7729
8095 9526 10065 10181

collatio 186 3802 3897 4551 5487 7426
8434 8490

collator 110 117 525 1732 2440 2446
2831 3183 4847 5375 5419 5986 6055
6165 6422 6453 7294 7450 8462 9668
9729 (21 Belege)

collatrix 1732 8328

collect. 33 36 105 144 223–224 270 311
368 392–393 429 431 551 553 624 700
708 730 763 765 782 993 1053 1064
1067 1130 1194 1218 1233 1241 1314
1383 1444–1445 1497 1742 1753 1779
1874 1972 2236 2323 2388 2396 2402
2416 2440 2448 2470 2645 2662 2764
2845 2862 2872 2892 2936 2941 2945
2964 2986 3076 3215 3226 3306 3312
3435 3469 3488 3584 3610 3636 3896
3983 4066 4217 4258 4322 4367 4403
4529 4535 4548 4550–4552 4649 4772
4895 4913 4986 5037 5045 5155 5322
5335 5379 5533 5570 5600 5649 5761
5830 5920 5937 6053 6059 6082 6144
6196 6205 6291 6447 6682 6724 6758
6792 6802 6860 6935 6994 7059 7092
7156 7209 7296 7305 7328–7329 7489
7492 7551–7552 7643 7847–7849 7852

7854 7912 8044 8202 8241 8449 8631
8651 8688 8703–8704 8707 8714–8716
8727 8767 8799 9041 9121 9213 9255
9258 9347 9466 9528 9627–9628 9705
9732 9771 9810 9824 9982 10031
10082 10091 10093–10099 10108
10112 10169–10170 10182 10250
10252 10267 10354 10367 10382
10438 10479–10481 10523 10607
10620   (201 Belege)

collect. → abbrev. et

collect. → abbrev. et in provincia Bremen.

collect. ac abbrev. 9628

collect. conc. → revocatio facult. nunt.,
commissariis et

collect. fruct. cam. ap. → revocatio facult.

collect. gener. 9982

collecta 429 700 761 1205 1626 2150
2346 2348 2389 2448 3038 3083 3175
3610 4509 4983 7492 7551–7552 8226
8463 9041 9330 9881 10091–10093
10095 10097–10099 10112 (32 Belege)

collectanea 10087

collectio 635 10170

collectoria 782 1742 1874 1972 2470
2845 2945 3312 7552–7553 7848 7852
9041 9213 9705 10094 10096–10099
10480–10481   (22 Belege)

colleg.   (1341 Belege)

colleg. eccl. → abb.

colleg. eccl. → abba.

colleg. eccl. → ad instantiam abba. et capit.

colleg. eccl. erexit → in

colleg. eccl. → mensa

colleg. ecclesiam → lic. erig. capellam in

colleg. et sec. eccl. → abb.

collega 118 273 7004 8621 9065

collegialis 265 1870 10075

collegiatura 2379

collegium card. 138 185 190 193 352–353
371–372 389 469 543 628 636 654 671
877 932 973 1035 1057 1137 1400
1445 1711 1746 1788 1814 1870 1972
2010 2079 2159 2273 2323 2379 2442
2498 2521 2549–2550 2621 2796 2835
2960 2983 3122 3150 3155 3410 3472
3699 3771 3848 3896 3934 4049 4164
4236 4271 4340 4391 4473 4566 4568
4598 4628 4645 4814 4963 5006 5029
5496 5608 5798 6045 6109 6194 6291
6327 6381 6455 6502 6638 6673 6677

6712 6801 6878 6938 6991 7054 7066–
7069 7125 7184 7186 7282 7293–7294
7381–7384 7407 7413 7490 7493 7552
7629 7705 7791 7841 7913 8004 8065
8309 8407 8460 8525 8535 8545 8707
8752 8761 8770 8864 8959 9047 9065
9142 9258 9388 9440 9526 9544 9709
9729 9762 9790 9793 9987 9997 10041
10087 10094 10109–10110 10112
10150 10174 10184 10315 10334
10375 10490 10583   (158 Belege)

collegium Sorbonen. 7186

colligo 186 620 638 700 731 1053 1567
1867 1972 2220 2323 2343 2346 2448
3082 3102 4529 5084 5173 5342 6991
7321 7381 7492 8697 9213 9258 9299
9329 9594 10097 10099 10170
                          (33 Belege)

collitigo 79 546 654 732 1843 1937 2509
2793 3143 3582 4785 4796 4895 4922
4976 5534 5563 5678 5828 5975 6290
7283 7656 7735 7740 7970 8000 8204
8597 8863 8966 9029 9127 9227 9418
9522 9552   (37 Belege)

colloco 224 1073 4265 7742 9188

colloquium 732

collum 2396

collusor 9379

Colon. → ad instar studii Bononien., Parisien. et

Colon. → cessatio armorum a patrimonio
eccl.

Colon. consiliarius → aep.

Colon. → differentia inter capit. et subditos

Colon. → horas can. dicere secundum
usum eccl.

Colon. in facult. art. stud. → in univ.

Colon. legit → decr. doct. qui 30 an. ordinarie in cathedra et stud.

Colon. → moneta in civit. et dioc.

Colon. → orator ad aep.

Colon. → orator ad nunt.

Colon. stud. → art. mag. in univ.

Colon. transferendi → lic. reliquias ex civit.

Colon. → tumba ss. Trium regum in eccl.

Colon. → univ. studii

Coloniam et mon. Tuicien. → transferatio
in flumine Reni inter

colonus 1900 2077 2143 2220 3097 7471
8560 9449

color 105 2206 4510 4520 7391

com. 34 51 59 63 117 119 121 127 131
138 166 169 185–186 203 223 235–236
238 246 273–274 292 377 385 412 497
505 574 606 670–671 679–680 694–695
700 707 731–732 753 761 766 820 833
836 863 891 911–912 921 960 971
1042 1050 1052–1053 1065 1079 1084
1116 1180 1194 1208 1215 1234 1238
1241 1243 1269 1344 1395 1444–1445
1465 1496 1517 1549 1578 1626 1679
1685 1698 1704 1730 1732 1741 1801
1821 1843 1845–1846 1865–1872 1875
1945 1968 1972 1975 1982 2020 2023
2065 2079 2108 2110 2126 2132 2138
2140 2142 2158–2159 2168 2173 2175
2178 2188 2218 2231 2240 2275 2279
2284 2309–2310 2313–2314 2321 2323
2334 2340 2344–2345 2354–2360 2364
2388–2389 2396 2398 2434 2441 2444
2507 2511 2548 2550 2573 2581 2616
2645 2650 2662 2703 2730 2734 2830
2852 2862 2867 2911 2950 2976 3061
3072 3075 3083–3085 3088 3091 3096
3106 3129–3130 3166 3176 3180 3234
3268 3281 3302 3381 3391 3435 3446
3451 3472 3476 3506 3508 3528 3572
3632 3637 3646 3674 3683–3686 3699
3719 3733–3734 3772 3801–3802 3807
3827 3843–3844 3846 3896–3897 3912
3925 3982–3983 4017 4031 4036 4054
4070 4077 4085 4103 4119 4129 4167
4234 4251 4391 4400 4409 4411 4424
4435 4520 4536 4548 4567 4569 4595–
4597 4604 4628 4636 4685 4688 4690
4715 4786–4787 4796 4814 4857 5037
5043 5086 5126 5145 5165 5217 5239
5291 5348 5377 5426 5440 5461 5485
5496 5503 5531 5537 5562 5582 5598
5600–5601 5608 5617 5620 5650 5726
5761 5801–5803 5851 5920 5929 5943
5989 6000–6003 6016 6039 6058 6060
6074 6097 6104 6120 6123–6124 6172
6255 6304 6347 6374 6434 6482 6521
6534 6571 6574 6590 6631 6633 6661
6673 6850 6876 6885 6934 6941 7034
7056 7067 7102 7106 7198 7211 7296
7382 7385 7391 7412 7420 7423 7437
7450 7466 7470 7473 7477–7478 7483
7518 7520 7526 7535 7542 7544 7550–
7551 7671 7696 7738 7745 7812 7814–
7815 7820–7821 7838 7852 7855 7940

7943 7957 7993 7996 8017 8065 8078
8082 8084 8192 8279 8299 8345 8360
8464 8483 8490 8502 8507 8522 8529
8534 8540 8545 8614 8702–8703 8714–
8715 8775 8908 8913 8928 8941 8992
9049 9055 9063 9068 9099 9139 9154–
9157 9159 9180 9193 9209 9214 9242
9257 9261 9329 9337 9417 9455–9456
9552–9554 9583 9594 9606–9607
9629–9630 9681 9709 9720 9729–9730
9733 9750 9757 9801 9812 9814 9824
9832 9886 9911 9936 9939 9966 9976
10007 10018 10065 10074–10075
10087 10090 10127 10176 10184
10201 10212 10240 10268 10282
10285 10301 10349 10356 10361–
10362 10373 10393 10441 10451
10466 10482 10493 10536–10537
10584 10611–10612 10625
(506 Belege)

com. → abba. fil. carnalis
com. de Wirttemberg consiliarius 1865
com. et illustri gen. → de
com. et nob. gen. → de
com. Gebennarum consiliarius 8992
com. gen. → de
com. Lateranen. pal. 2398 3983 6850
com. Lateranen. pal. → not. ad instar al.
com.) → lic. transferendi abba. (fil. carnalem
com. pal. ac eques imper. et regis Bosne
medicus → art. et med. doct.
com. palatini Reni / ducis Bavarie consiliarius 119 292 667 833 1202 2323
2511 4559 5009 6016 8360 8714 8908
9952 9976 10127 10285   (17 Belege)
com. palatinum palatii Lateranen. → recept. in
com. patron. → in manibus ducis ac
com. vel bar. vel illustrium gen. → de
combusta fuit → mul. postea iustitiata et
combuste fuerunt → moniales igne
comedendi carnes → lic.
comedo 848 1025 1219 1842 2159 2627
2788 4637 5126 5162 5324 6772 7311
7518 7532 7740 7962 9999 (18 Belege)
comestabulus 5624
comitatus 912 921 964 993 1578 1732
1820 2035 2434 2852 3036 3096 3684
4479 4659 4692 5089 5813 7079 7198
7357 7522 7524 7815 7985 9096 9214
(27 Belege)

comites palatinos et not. → facult. creandi

comitibus baronibus et al. magnis nobilibus propter eius scientiam et practicam
in eadem arte in qua valde expertus est
saldariatus et stipendiatus fuit tamen d.
artem exercere n. potest → presb. in
art. mag. qui p. 2 an. post gradum mag.
p. eum susceptum in univ. stud. et facult. art. med. studuit et a pluribus

comitis de Ravensberge consiliarius →
ducis Julie / ducis Juliacen. et Monten.
ac

comitissa 691 1050 1958 2173 3142 3268
3571 5485 6622 7381 7461 9606 10007
(13 Belege)

comitiva 106 856

comitor 731 10089

comitura 8702

commemoratio 2150 4983 7993

commemoro 732 10110–10111

commenda 13 43 69 104 138 193 199 202
213 222 224 351 353 385 389 391 451
514 518–519 522 547 570 582 672 706
715 730 742 744 756 794 801 803–804
889 909 930 932 1028–1029 1031 1064
1078 1129 1201 1234 1276 1292 1332–
1333 1349 1356 1374 1383 1438 1443–
1445 1496 1679 1730 1737 1742 1746
1778 1788 1814 1826 1840 1994 2006
2096 2109 2135 2140 2231 2252 2254–
2256 2267 2342 2364 2404 2410 2413
2440 2549–2551 2632 2639 2706 2797
2843 2845 2972 2983 3007 3043 3046
3061 3093 3158 3218 3258 3289 3331
3410 3465 3472 3528 3535 3537 3576
3582 3610 3692 3699 3739 3767 3793
3824 3877 3919 3983 4103 4153 4167
4183 4214 4225 4271 4394 4528 4536
4596 4607 4671 4687 4821 4859 4957
4969 5090 5424 5436 5496 5533 5535
5580–5581 5601 5637 5676 5725 5813
5823 5827 5839 5919 5924 5955 6037
6045 6078–6079 6127 6176 6193 6196
6251 6286 6378 6403 6470 6489 6502
6538 6553 6667 6767 6832 6870 6908
6919 6991 6996 7034 7066–7069 7072
7104 7117 7125 7161 7186 7223 7251
7381 7399–7400 7434 7445 7493 7500
7550 7552–7553 7617 7669 7705 7733
7814 7836 7869 7943 8012 8020 8056
8062 8122 8131–8132 8203–8204 8210
8267 8312 8330 8345 8354 8385 8417

8478 8521 8544 8578 8580–8581 8608
8665 8701–8702 8707 8718 8749 8761
8770 8994 8996 9110 9118 9142 9261
9299 9337 9445 9505 9526 9528 9543
9576 9581 9670 9710 9729–9730 9732–
9733 9768 9777 9787–9788 9806 9828
9867 9878–9879 9898 9947 10132
10169–10170 10176 10339 10393
10406 10409 10438 10454 10466
10478 10520   (297 Belege)

commenda vulg. nunc. → benef.

commendam → abbat. in

commendam tenuit → disp. ap. in

commendaria 886 1979

commendataria 486 6350

commendataria gener. vulg. nunc. → precept.

commendatarius 389 458 742 932 1528
1624 2983 3301 3335 4046 4271 4568
4598 4914 5282 5496 5653 6189 6489
6502 6712 6724 7066–7067 7069 7381
7786 8354 8474 9094 9171 9495 9729
(33 Belege)

commendatio 1846 4568 4598 7067 7815
8761 10098 10622

commendator 24 773 886 1979 2045 3712
3773 4812 6335 8795 9121 9384 9527
9932 9936   (15 Belege)

commendatoris et fr. dom. et conv. b. Marie Theotonicorum → patron.

commendo 353 371–372 451 700 794
1071 1707 1788 2349 2505 2983 3465
3576 3692 4167 5007 5436 5496 5801
6045 7383 7745 7815 8688 8862 9046
9258 9299 10110   (30 Belege)

commensalis 8 1064 1283 1596 1855
2104 2791–2792 2998 3243 4946 5928
6140 6447 7162 7671 8410 8574
(18 Belege)

commensalis → abbrev. et continuus

commensalis et sed. ap. acol. → pape fam.
et continuus

commeo 731

commercitus 4389

commercium 1578 7469 9122 10087

comminor 10098

commiserat → abb. qui nonnulla crimina

commisit → abb. qui simoniam

commiss. 62 98 101 119 134 203 223
273–274 276 280 361 372 431–432 479
505 529 617 619 635 674 696 737 761
764 768 800 937 986 1030 1044 1137

1188 1235–1236 1239–1240 1281 1304
1430 1527 1544 1616 1705 1724 1801
1807 1843 1891 1921 1953 1962 1972
2035 2077 2165 2263 2269 2316 2343
2345 2348 2355 2415 2432 2504 2521
2541 2684 2689 2694 2830 2854 2928–
2929 2940–2941 2964 3094 3100 3129
3132 3173 3198 3232 3301 3437 3513
3602 3644 3670 3772 3828 3865 3897
3950 3986 4028 4085 4094 4193 4340
4374 4388 4403 4411 4549 4552 4581
4605 4611 4640 4667 4796 4947 4979
5056 5226 5287 5326 5380 5451 5464
5496 5534 5540 5582 5604 5636 5808
5874 5928 6016 6062–6063 6068 6250–
6251 6339 6390 6590 6673 6712 6889
6931 6964 6979 7068 7156 7198 7268
7285 7469 7477–7479 7482 7526 7537–
7538 7543 7551 7570 7688–7689 7783
7849 7853 7867 7954 7990 7993 7995
8002 8063 8385 8460 8464 8482 8501
8508 8510 8572 8579 8614 8649 8683
8717 8734 8763 8954 8995 8998 9003
9011 9096 9122 9155 9180 9214 9294
9328 9433 9462 9527 9529 9538 9733
9812 9837 9850 9879 9933 9935 10088
10141 10184 10267 10347 10523
10526 10605 10617 10625 (225 Belege)
commissariis concessarum → revocatio
   omnium facult. eisdem nuntiis et
commissariis et collect. conc. → revocatio
   facult. nunt.,
commissarius 105 122 133 224 264 272
   361 431 469 564 635 700 730–731 801
   844 984 1029 1205 1235 1237 1444
   1567 1586 1676 1898 1916 1972 2242
   2246 2344–2345 2347 2406 2632 2898
   2916 3038 3103 3151 3239 3295 3435
   3466 3475 3488 3502 3542 3595 3610
   3772 3788 3958 4032 4036 4167 4227
   4304 4412 4529 4551 4567 4783 4859
   4962 5160 5420 5451 5600 5697 5916
   6196 6401 6527 6997 7055 7321 7328–
   7329 7815 8130–8131 8198 8324 8360
   8449 8463 8697 8707 8734 8775 8777
   8863 9011 9041 9244 9258 9330 9415
   9528 9729 9824 9879 10097–10098
   10330 10490 10546   (108 Belege)
committ. 43 54 58 60 98 101 103 105
   117–119 177 185–186 203 205 240 245
   254 266 268 270 272 274–275 279 328
   330 361 371 393 426 431 469 488 516

526 529–530 554 556 571 610 617 619–
620 623 629 634 651 653 661 684 732
741 749 762–765 773 801 810 830 841
847 856 934 941 962 974 979 1002
1034–1036 1044 1051 1056 1073 1084
1120 1137 1150 1168 1171 1174 1234
1237–1238 1240–1241 1244 1259 1266
1346 1354 1377 1414 1421–1422 1442
1458 1495 1519 1527–1528 1551 1568
1581 1617 1622 1626 1658 1699 1702
1722 1724 1726 1732 1739 1742 1745
1752 1766 1772 1793–1795 1807 1814
1830 1843 1846 1869 1871 1879 1893
1900 1909 1946 1948 1957 1959 1962
1965 2021 2030–2031 2035 2038 2041
2069 2078 2080 2085–2086 2104 2138
2151 2164–2165 2168 2172 2191 2212–
2213 2215 2220 2270 2272 2289 2325
2340–2345 2347–2349 2355–2356
2360 2365 2371 2383 2387 2389 2415
2417–2418 2420–2422 2433 2444 2497
2499 2501 2538 2548 2576 2582 2605
2608 2626 2689 2691–2692 2694 2717
2740 2781 2830 2862 2920–2921 2927
2929–2930 2945 2964 2984 3009 3021
3024 3029 3033 3059–3060 3076 3088
3097 3102 3116 3129–3130 3134 3138–
3139 3144 3155 3161–3162 3172–3173
3175–3176 3185 3220 3225 3275 3323
3337 3339 3375–3376 3388–3389 3436
3447 3454 3466 3475 3499 3504 3513
3548 3574 3579 3581 3590 3593 3602
3624 3657 3684 3689 3694 3709 3720
3748 3771 3773 3813 3828 3855 3880
3894 3897 3925 3928 3954 3964 3967
4011 4013 4020–4021 4028 4032 4050
4057 4085 4090 4148 4163 4167 4183
4200 4211 4229 4257 4265 4283 4289
4332 4357 4377 4391 4421 4438 4447
4485 4503 4506 4519 4530 4550–4552
4566–4567 4569 4581 4583–4584 4592
4595 4603 4605 4611 4620 4649 4659
4691 4703 4716 4719 4783–4784 4796
4890 4907 4910 4922–4923 4962 4974
4976 4986 4995 5044 5074 5096 5098
5100 5130 5168 5177 5185 5194 5214
5226 5239 5267 5317 5393 5461 5464
5525 5537 5581 5600 5665 5692 5697
5700 5766 5873 5881 5908 5916 5957
5971 6001 6016 6033–6035 6038 6074
6122 6138 6248 6263 6266 6298 6319
6321 6344 6390 6401 6446 6456 6497

6507 6542 6553 6565 6597 6643 6673
6691 6697 6702 6712 6811–6812 6816
6857 6876 6931 6933 6935 6991 7004
7007 7019 7022 7079 7102 7141 7145
7179–7180 7186 7215 7224 7236–7237
7285 7299 7306 7308 7329 7336 7350
7352 7379–7383 7389 7391 7413 7426
7444 7469–7470 7477 7510 7520–7522
7525–7526 7529 7533 7537 7539–7540
7544 7551 7566 7570 7583 7651 7667
7688–7689 7734 7741–7742 7755 7761
7763 7772 7815 7838 7859 7867 7909
7951 7964 7993–7994 7997 8002 8025
8029 8038 8046 8050 8058 8073 8076
8133 8139 8165 8186 8198 8201 8368
8446 8449 8460–8463 8470 8473 8480
8490 8510 8545 8579 8607–8608 8614
8624 8629 8637 8688 8715 8719 8721
8734 8763 8767 8808 8829 8845 8880
8888 8894 8935 8956 8976 8998 9002
9045 9049 9058 9064–9066 9096 9108
9121–9122 9155 9180 9197 9208 9242
9249 9259 9262 9270 9272 9286 9318–
9319 9328–9329 9384–9385 9388 9390
9415 9427 9446 9450–9451 9454 9458
9461 9526 9528 9553 9563 9591 9605–
9606 9609 9632 9634 9642 9701–9702
9715 9742 9752 9769 9803 9812 9814
9847 9890 9902 9930 9933 9941 9943
9946 9961 9995 9998 10012 10021
10042 10045 10065 10088–10089
10102 10105 10174 10182 10184
10224 10241 10245 10267–10269
10283 10285 10302 10332 10359
10362 10396 10403 10413 10422–
10423 10454–10455 10472 10479–
10480 10490 10520 10531 10537
10607 10618   (672 Belege)
committ. abb. 1458 1702 2041 2355 3689
8460
committ. ministro provincie ut ref. conv.
iuxta constit. Martinianas 979
committatur gener. ord. → Fiat quod
commoditas 266 8019
commoditer 9801
commodus 528 693 732 1790 1845 2049
2270 2623 2854 3102 3162 3787 4407
4779 4821 5618 6816 7382 7696 7742
7851 8457 8462 8469 8723 9023 9032
9042 9120 9122 9489 9590 9809 9841
9857   (35 Belege)

commoror 8 13 101 203 268 731 941
1073 1168 1442 1447 1616 1724 1726
2057 2298 2422 2771 2805 3223 3487
3579 3602 4569 4605 4761 4930 5086
5636 5721 6250 6337 6351 6847 7106
7391 7493 7528 7841 8073 8494 8629
9148 9416 9458 9632 9887 (47 Belege)
commoveo 2160
commun. 8 13 69 138 185 190 193 262
353 371–372 389 469 495 528 543 617
628 636 654 671 761 764 794 877 932
960 1035 1057 1137 1236 1240–1241
1244 1400 1445 1527 1565 1711 1730
1742 1746 1779 1788 1799 1809 1814
1826 1851 1868–1871 1972 2010 2030
2035 2079 2138 2159 2218 2272 2323
2347–2348 2356 2396 2420 2442 2498
2521 2549–2551 2621 2796 2835 2960
2964 2983 3089 3096 3102 3104 3122
3150 3155 3410 3472 3631 3699 3719
3771 3848 3855 3896 4028 4049 4092
4164 4236 4271 4340 4473 4566 4568
4598 4645 4731 4814 4847 4963 5006
5029 5430 5438 5496 5517 5608 5653
5798 6016 6033 6045 6109 6194 6291
6327 6381 6455 6502 6515 6611 6638
6643 6673 6677 6712 6783 6801 6878
6938 6991 6995 7054 7066–7069 7125
7144 7184 7282 7294 7321 7384 7396
7407 7413 7460 7470–7471 7490 7552–
7553 7629 7658 7705 7742 7761 7791
7810 7837 7841 7913 8012 8065 8083
8291 8309 8311 8349 8407 8417 8451
8456 8490–8491 8525 8535 8560 8707
8752 8761 8770 8864 8959 9010 9045
9047 9065 9111 9121–9122 9142 9155
9182 9258 9262 9383 9388 9440 9456–
9457 9526 9544 9597 9600 9709 9711
9729 9742 9762 9793 9801 9997
10074–10076 10094 10110 10134
10150 10212 10240 10263 10315
10337 10362 10375 10422 10490
10583 10625   (244 Belege)
commun. Basil. apud sed. ap. → orator
commun. op. Bernen. artem medicine exercet → in phisica practicat et apud
commun. → serv.
communicatio 2346 2389 10108
communico 132 526 732 2046 2127 2270
2620 4603 7205 7329 7382 7434 8485
9945   (14 Belege)

communio 3175 5947

communitas 106 469 794 1029 2345 2371
2762 3102 3129 3855 4413 7144 7382
9049 9214 9327 9455 10472 10490
(19 Belege)

communiter 105 1238 1466 1710 1870
2242 2396 2415 4399 6724 8032 8342
10109–10110 (14 Belege)

commutatio 7881 9096

commuto 1732 2792 3106 3436 4549
4822 5002 7859 9328 9458

compactatum 2349 7383 8012 8462
10087

compareo 1793 3175 4374 5947 7578
7909 9814 10159 10245

comparo 3385 3892 5419 9403 10071

compat. 52 82 167 249 259 329 425 478
908 919 944 959 1332 1357 1475 1643
1648 1717 1744 1840 2019 2040 2193
2201 2267 2462 2574 2708 2902 2913
2986–2987 3000 3149 3172 3250 3455
3486 3498 3542 3553 3705 3975 4010
4166 4275 4298 4356 5186 5192 5256
5366 5374–5375 5548 5747 5951 6349
6457 6513 6523 6590 6607 6630 6635
6822 6859 6883 6909 6911 6928 6968
6984 7414 7440 7612 7663 8020 8244
8308 8517 8529 8549 8566 8634 8918
9137 9270 9564 9566 9629 9813 9910
9956 10059 10061 10367 10411 10423
10441 10481 10538 10586 (103 Belege)

compat. → disp. ad

compat. → disp. ad 3.

compat. → disp. ad al.

compat. → disp. ad aliud

compat. → disp. ad 2

compat. → disp. ad 4

compat. → disp. ut

compat. → disp. ut 2

compat. → disp. ut 3 al.

compaternitas 6956

compatior 2926

compello 431 709 730 779 794 977 1241
1314 1442 1527 1707 1871 1959 1972
2218 2341 2415–2416 2418 2548 3176
3291 4031 4258 4265 4535 4549 4784
5549 5761 7303 7671 7854 8198 8443
8545 9242 9457 9527 9634 10093
10169 10268 (43 Belege)

compensatio 2032

compenso 2945

comperio 1707 4351 7815 10141

compermuto 781 3524 4549

compescendi et velandi abba. et monial.
→ lic.

compesco 190 224 731 2345

competitor 9976

competo 617 803 1196 2041 2416 2433
3232 3389 3709 4213 4568 4596 4890
5649 5854 5913 6453 7383 7477 7496
7778 7922 8360 8463 8941 9023 9121
9300 9451 9458 9821 9916 9935 10383
(34 Belege)

complacentia 7383

complaceo 7815

complementum 57 128 223 294 398 443
468 625 960 2660 3111 3636 4842
5683 5813 5929 7125 7444 7492–7493
7741 8002 8061 8555 9427 (25 Belege)

compleo 431 1719 2152 3034 3772 3787
6304 6603 7382 7546 7962 8557 9249
10088 10429 (15 Belege)

completio 9832

completorium 9328

complex 379 2429 3435 5283 5581 7689
8305 9388 9814 10170

complexio 917 934

complices → absol. detentores et

complico 274 1234 2456 2927 3238 3375
3548 5100 6039 6401 6931 7069 7237
7551 9527 9814 (16 Belege)

complures 7539

compono 223–224 353 610 731 1421
2346–2347 2349 2417 3161 3176 4391
4437 4535 7478 7490 7742 8460 9045
9388 9528 10109–10110 (24 Belege)

compositio 25 63 118 131 133 173 193
210 221–222 255 259 282 392 414 463
486 522 527 532 552 564 569 576–577
605 677 687 706 708 716 765 776 800–
801 816 887 917 921 1030 1077 1083
1194 1198 1201–1202 1242 1245 1257
1271 1287 1371 1394 1437 1443 1455
1469 1484 1505 1521 1572 1611 1675
1683 1708 1729 1762 1770 1801 1850
1857 1873 1886 1982 2024 2055 2222
2252 2328 2351 2361 2378 2393 2396
2433 2448 2467 2489 2506 2511 2584
2612 2620 2625 2645 2650 2670 2738
2752 2806 2853 2860 2865 2892 2916
2933 2983 2995 3023 3026 3028 3030
3078 3096 3151 3232 3261 3304 3320
3341 3348 3415 3451 3472 3476 3497

3542 3563 3641 3670 3719–3721 3726
3788 3801 3843 3897 3914 3934 4011
4024 4038 4049 4065 4085 4096 4127
4171 4186 4208 4223 4289 4307 4376
4378 4396 4415 4435 4466 4485 4567
4593 4596 4628 4842 4846 4853 4962
5081 5171 5178 5188 5227–5228 5282
5350 5360 5434 5496 5523 5534 5538
5570 5606 5777 5788 5801 5813 5819
5848 5904 5916 5921 5935–5936 6016
6028 6037 6044 6091 6100 6103 6167
6212 6263–6264 6293 6325 6334 6361
6364 6367 6380 6427 6461 6487 6495
6510 6614 6633 6655 6678 6710 6755
6786 6797 6802 6835 7022 7072 7082
7084 7099 7127 7159 7172–7173 7244
7275 7323 7353 7400 7439 7478 7500–
7501 7504–7505 7637 7656 7664 7705
7718 7738 7740–7741 7752 7777 7798
7834–7836 7838 7840 7898 7930 7950
7968 8063 8130 8132–8133 8183 8203
8270 8278 8344 8352 8359 8381 8393
8400 8426 8447 8467 8547 8550 8572
8597 8718 8769 8773 8785 8790 8808
8812 8820 8876 8908 8923 8944 8980
9016 9040 9044 9127 9137 9156 9273
9294 9300 9299 9306 9343 9384 9388
9397 9458 9528 9552 9565 9613 9633
9658 9678 9690 9720 9811 9832 9839
9846 9851 9867 9870 9911 9933 9939
9947 9980 9987 10064 10067 10069
10074–10075 10104 10108–10109
10149 10162 10202 10209 10216
10221 10232 10285 10292 10306
10311 10314 10377 10391 10451
10455 10462 10478 10484 10493
10526 10561 10609   (372 Belege)
Compostella) → vota peregrinationis (ss.
Petri et Pauli Jerusalemitan. et s. Jacobi
in
comprehendo 127 353 469 525 528 636
764 1238 1244 2030 2111 2340–2341
2631 2779 3772 3825 4411 4536 4958
5654 5919 6081 6447 7069 7383 7551
8580 9330 9932 9936 10075 10607
                        (33 Belege)
comprehensi ac precipitati sunt de fenestris
→ scandalum perpetratum ab hereticis
in civitate Prag. contra catholicos qui
partim in pretoriis congregati in consiliis erant

comprehensio 9866
comprimo 106 431 508 2551 9330
comprobo 7330
compromitto 1527 2159 3088 6266 6931
7289 8998 9261 9446 9461 9787
                        (11 Belege)
compulsorialis 7460
compulsorius 2854
computatio 10091
computatum) → pretium 3.000 libr. cypri
(quodlibet centenarium d. cypri pro 20
stuferis
computo 489 1184 1314 1626 1698 1820
1845 1865 1936 2325 2679 2853 2970
3083 3217 3335 3968 4071 4085 4092
4183 4783–4784 5053 5698 5714 5764
5814 5905 6057–6058 6685 6729 7184
7741 7852 8205 8360 9636 9910 10068
10075 10088 10094 10097 10267
10345–10346   (48 Belege)
computorum ducis → consiliarius et magister in cam.
computus 552 700 1707 1874 2470 3083
3435 4569 5037 7396 7492 7553 8727
8761 10088 10094 10096–10097 10099
10169 10480–10481   (22 Belege)
conatus 2136
conburo 732 847 912 1525 2138 3385
4473 6039 8305 8816 10142
                        (11 Belege)
conbustio 6038
conc.   (1497 Belege)
conc. abb. usum mitre → facult.
conc. alt. port. → facult.
conc. celebrare off. divina → facult.
conc. disp. → facult.
conc. elig. confess. → facult.
conc. esum lacticiniorum → facult.
conc. → facult. prov. 300 personis R. I.
conc. fruct. percip. → facult.
conc. indulg. → facult.
conc. ingr. mon. monial. → facult.
conc. lauream doct. → facult.
conc. → litt. limitatorie facultatum nuntiis
conc. monach. vel can. reg. accedere →
facult.
conc. off. tab. → facult.
conc. → revocatio facult. nunt., commissariis et collect.
conc. si in evidentem → facult.
conc. studentibus fruct. perceptionem →
facult.

conc. testandi → facult.

conc.) → vig. nominationis R. I. / imper. (p. papam

concedendi varias facult. → facult.

concerno 1739

concessarum inquantum inter R. E. et nationem Germanicam interveniente Friderico tunc R. R. nunc vero imperatore concordatis preiudicant → revocatio omnium gr. expectativarum reservationum quoque facultatum et nominationum quibuscumque personis

concessarum → revocatio omnium facult. eisdem nuntiis et commissariis

concilii) → decan. ruralis (

concilium 105 617 732 765 998 1060 1233 1244 1250 1527 1732 1972 2024 2417 2762 2945 3133 3149 3232 3385 3556 3772 4168 4924–4925 6447 6994 7092 7329 7381–7382 7497 8881 9122 9594 10031 10087 10111   (38 Belege)

concilium Basil. 1732 2417 3385 4168 7497 10111

concilium Constant. 105 1233 10031 10087

concilium gener. 998 1527 6447 9594 10031

concilium Lateranense 3133 7382

concipio 1421 6956 7815 10109 10497

concivis 9385

conclave 5606

concludo 223–224 527 762 2058 2343 2548 3060 8535 9045 10112
(11 Belege)

conclusa in dieta Ratisbon. et confirmata in dieta August. → pax Germanie

conclusio 731 1732 4889 7491 8046 9045

conclusio pactorum conventionis et capitulorum 4889

conclusiones facte in dieta Ratisbon. 7491

concordata c. natione Germanie 1527 8534

concordatis preiudicant → revocatio omnium gr. expectativarum reservationum quoque facultatum et nominationum quibuscumque personis concessarum inquantum inter R. E. et nationem Germanicam interveniente Friderico tunc R. R. nunc vero imperatore

concordatum 524 979 1527 1732 2703 3561 3613 4567 4596 7477 8534 8984 9456 9710 10111   (15 Belege)

concordia 7 117 132 157 183 205 224 338–339 348 361 381 398 474 488 526 610 651 709 765 801 861 867 920 979 1003 1006 1031 1033 1068 1077 1202 1214 1237 1303–1304 1352 1391 1421 1506 1528 1582 1687 1706 1732 1769 1793 1824 1845 1912 1936 1973 2008 2032 2056 2058 2085 2093 2104 2106–2107 2218 2226 2302 2338 2340 2343 2346 2349 2377 2393 2444 2448 2463 2469 2541 2548 2550–2551 2605 2660 2703 2780 2793 2805 2916 2945 2995 3039 3102 3109 3116 3148–3149 3163 3179 3189 3218 3378 3399 3467 3544 3575 3670 3722 3782 3825 3853 3855 3948 3951 4227 4281 4304 4391 4447 4502 4547 4552 4573 4588 4644 4715 4753 4763 4781–4782 4784 4790 4796 4814 4828 4847–4848 4957 4959 4976 5036 5126 5210 5223 5243 5420 5522 5540 5548 5576 5604 5636 5693 5726 5744 5762 5814 5828 5837 5878 5916 5937 5964 6019 6037–6038 6082 6108 6123 6266 6384 6414 6453 6489 6553 6565 6693–6694 6854 6891 6916 7167 7236 7312 7329 7337 7377 7381–7382 7413 7458 7477 7491 7504 7567 7676 7721 7736 7741–7742 7839–7840 7850 7904 7907 7951 8000 8002 8179 8182 8205 8238 8259 8315–8316 8385 8449 8545 8717 8725 8734 8869 8925 8938 8941 8998 9045 9138 9155 9224 9249 9286 9329–9330 9369 9388 9399 9456 9510 9526–9528 9543 9628 9718 9720 9731 9787 9881 9887 9928 9940 9976 10025 10069 10071 10076 10109–10111 10256 10345 10362 10386 10451 10468 10480   (264 Belege)

concordie inter regem et imper. in dieta proxime habita → condiciones pacis et

concorditer 431 3072 3848 6016 9461 9997

concorditer electus → abb.

concordo 12 149 165 352 417 426 548 621 643 801 920 1193 1674 1732 1769 1898 2035 2273 2347 2349 2660 2793 2916 2945 3036 3077 3148 3179 3231 3670 3754 3853 4260 4547 4781 4796 4860 5119 5214 5246 5924 6037–6038 6067 6088 6172 6238 6282 6453 6523 6541 6775 6884 6945 7244 7323 7383 7458 7983 8282 8298 8315 8335 8399

8607 8658 8704 8799 9044–9045 9286
9711 9714 9866 9887 9933 10021
10252 10282 10451 10587 (81 Belege)
concors 732
concremo 2033 2456 3385 7723 9041
9457
concubina 629 1722 2463 2948 4649
8470
concubinam tenet → abb.
concubinatus 2583 5226
concurro 352 7491 8460 9677
concursus 166
condemno 379 1244 2476 2548 2658
3436 4530 4974 5044 6401 6534 6590
6816 6933 7165 7522 8463 8629 9390
10172 (20 Belege)
condescendo 1137 10111
condicio 118 237 254 259 451 609 657
709 763–764 802 1040 1122 1701 1737
1739 1756 1807 2079 2463 2547 2793
3059 3072 3139 3144 3431 3467 3919
4031 4231 4255 4284 4331 4475 4519
4877 4958 5291 5404 5535 6379 6389
6466 6812 6916 7019 7299 7355 7382
7506 7578 7742 7831 8466 8763 8863
8894 9045 9327 9456 9615 9711 9742
9881 9932 10071 10099 10546
(69 Belege)
condignus 1707 9121
condicionalis 144
condiciones pacis et concordie inter regem
et imper. in dieta proxime habita 7742
conditione ut septa claustralia intraret →
absol. fuit ea
condo 2138 2219 2389 3060 7537 8719
9592
condono 2389 2551
conduco 761 1060 1550 1946 2323 2417
3175–3176 4391 4473 7118 7469 7491
8707 9032 9330 10413 (17 Belege)
conductum 10075
conecto 5805
conf. 8 43 87 100 102 105 117–119 127
131–132 138 166 170 185–186 208 210
223 231 244–245 262–266 270 273–274
277–278 281–282 285 296 310 338 352
361 390 406 442 519 525 527–529 532
548 583 609–610 616 618–620 628 641
643 670–671 687 690 693 717 731 763
765 768 771 784 788 790–791 801 807
822 861 867 880 886 891 912 920–921
932 964–965 971 973 977–979 992–993

997–998 1003 1005 1028 1031 1033
1042 1045 1052 1068 1076 1092 1122
1137 1169 1176 1180 1182 1187 1190–
1191 1193 1233–1243 1250 1321 1354
1381 1422 1445 1466 1500 1525 1527
1533 1570 1578 1604 1615 1647 1687
1695 1697 1704 1706–1708 1711 1730
1732 1737 1739–1740 1755–1756 1769
1793–1794 1796–1797 1801 1814 1827
1831 1845 1851 1869–1871 1909 1946
1948 1959 1965 1972–1973 1979 1981–
1982 2033–2035 2066 2069 2071 2077–
2079 2090–2091 2104 2106–2108 2131
2138 2149–2150 2159 2162–2163 2195
2218–2220 2270 2272–2273 2302 2323
2333 2341 2343–2345 2348–2349
2355–2356 2371 2388–2389 2393 2406
2415–2417 2420 2428 2433–2435 2440
2444 2519 2522 2541 2550 2597 2620
2631 2642 2660 2712 2762 2782 2796
2805 2820 2848 2854 2862 2876 2894
2910 2922 2937 2946 2959 2963–2964
2973 2983 3031–3032 3039 3043 3074
3076–3077 3079 3095 3099–3100 3102
3106 3116 3125–3126 3133 3139 3148
3163 3179 3212 3218 3231 3272 3289
3291 3378 3385 3399 3402–3403 3413
3434 3446 3524 3542 3575 3646 3656
3664 3670 3683–3684 3698–3699 3722
3725 3772–3773 3781 3794 3825 3829
3846 3853 3855 3892 3896–3897 3926
3945–3946 4013 4017 4019 4028 4031
4039–4040 4046 4076 4080 4084–4085
4133 4152 4159 4167 4198 4209 4222
4231 4271 4291 4293 4297 4304 4328
4351 4406 4409 4413–4414 4493 4502
4506 4520 4547 4550 4552 4566–4569
4573 4595 4686 4689 4753 4761 4763
4781 4796 4814–4815 4847–4848
4856–4857 4882 4957 5067 5074 5173
5183 5210 5311 5404 5461 5535 5608
5636 5673 5744 5814 5819 5828 5897
5924 5957 5991 6000–6001 6016 6037
6108 6154 6189 6194 6251 6291 6327
6341 6344 6357 6377 6390 6392 6414
6453 6455 6458 6515 6526 6583 6693
6775 6793 6816 6827 6854 6884 6888
6916 6922 6929 6931 6994 7033–7034
7054–7055 7080 7104–7107 7179–7180
7183 7186 7198 7236 7240 7244 7276
7289 7296 7302 7308 7312 7321 7337
7341 7358 7382–7383 7396 7407 7413

7428 7455 7458 7460 7463–7464 7470–
7471 7477 7479–7481 7490–7491 7500
7504 7522 7546–7547 7552 7681 7688
7721 7736 7741–7742 7754–7755 7795
7802 7807 7814–7815 7831 7838–7839
7860–7861 7864–7865 7907 7985–7987
7990–7991 7993–7994 7997 8002 8012
8019 8064 8083 8133 8170 8183 8202
8238 8259 8273 8279 8291 8305 8309
8368 8399 8430 8437 8449 8451–8452
8454 8458 8460–8464 8467 8473 8490
8510–8511 8515 8529 8537 8545 8560
8571 8607 8652–8653 8656 8672 8688
8696 8703 8707 8717 8795 8851 8863
8894 8902 8962 9023 9033 9035 9040–
9041 9049 9065–9067 9069 9075 9121–
9122 9124 9129 9136 9142 9168–9169
9171 9181–9182 9214 9224 9226 9242
9249 9256 9259 9261 9263 9286 9294
9306 9327–9330 9357 9363 9384 9403
9418 9420 9440 9447–9448 9455–9458
9466 9500 9526–9527 9544 9552 9584
9586 9592 9594–9595 9597 9607 9625
9630–9631 9641 9709 9711 9720 9729
9731 9762 9787 9790 9798 9881 9886–
9887 9914 9930 9932 9935–9938 9940
9943 9969 9982 9984 10009 10031
10037 10046 10056 10065 10069
10071 10073 10075–10076 10087–
10088 10094 10099 10101 10114–
10115 10134–10135 10137 10141
10143 10168 10172 10174 10179
10181 10184 10208 10219 10240
10252 10256–10257 10259 10266
10282 10305 10334 10345 10349
10360 10362 10373 10406 10413
10418 10422 10451 10468 10490
10532 10537 10587 10605 10607
10609 10614 10616 10622–10623
10625   (742 Belege)
conf. → abb. electus atque ordin. auct.
conf. → absol.
conf. investituram → absol. et
conf. privil. → absol. et
confalonerius 7382
confectio 261 492 2106 2939 4558 4585
    4879 4957 6552 7049 7305 7551 7642
    7748 7759 7852 8568 8975 9233 9628
    9696 9824 9828 9936   (24 Belege)
confectis → litt. (desup.) n.
confederatio 270 794 2463 5870

confederatio et liga c. papa inita 794
Confederatorum → interpres coram nunt.
    ap. dietarum
confederatus 106 431 731 794 1029 1060
    2245 2347 2416–2417 2436 2926 3072
    3548 4782 4887 7019 7337 8488 8688
    9174 9329 9940 9982 10076
                        (25 Belege)
confer. 5 13 18 25 29 34 51 54 103 117
    133–135 204–205 221–222 225 274
    310 328 352–353 381 405 414 431 453
    456 458 465 471 487 558–559 577 594
    620–621 624 654 687 730 737 741–742
    744 748 775 801 812 827 858 880 902
    930–931 945 957 962 1003 1028 1048
    1083 1109 1160 1226 1231 1236 1250
    1266 1282 1330 1383 1409 1430 1437
    1444 1497 1505 1527 1530 1533 1535
    1547 1609–1610 1620 1659 1666 1679
    1683 1685 1691 1714 1723 1739 1742
    1770 1785 1807 1813 1816 1848 1850
    1865 1876 1894 1915 1922 1943 1963
    2016 2044 2087 2093 2105–2106 2117
    2185 2226 2231 2255 2263–2264 2268
    2315–2316 2341 2343 2345 2355 2376–
    2377 2389 2407 2413 2417 2423 2425
    2428 2436 2440 2467 2511 2530 2548
    2550 2578 2584 2595 2648 2650 2662
    2695 2728 2766 2781 2791 2799 2807
    2831 2839 2847 2877 2887 2905 2949–
    2950 2964 2985 2988 2995 3022 3061
    3084–3085 3089 3113 3125 3153 3156
    3163 3176 3179 3199 3224 3226 3247
    3265 3276 3363 3385 3410 3414–3415
    3453 3459 3465 3475 3492 3521 3538
    3542 3557 3561 3571 3574 3581 3608
    3627 3632 3636 3643 3671–3672 3690
    3694–3695 3719 3772 3784 3801 3807
    3825 3832 3842 3855 3861 3881 3982
    3984 3987 4024 4031 4096 4101 4103
    4109 4123 4165 4167 4180 4202 4225
    4227 4243 4245 4255 4280 4284 4290
    4307 4322 4335–4336 4354 4413 4421
    4424 4458 4535–4536 4546–4547 4551
    4561 4568 4581 4585 4596 4601 4618
    4651 4659 4664 4763 4782 4800 4821
    4853 4862 4869 4884 4922–4923 4933
    4961–4962 4967 4987 5009 5029 5037
    5042 5045 5049 5051 5057 5072 5121
    5130 5156 5178 5186 5194 5202 5204
    5225 5228 5231 5275 5340 5379 5382–
    5383 5409 5423 5436 5511 5523 5538

5541 5561 5575 5606 5630 5647–5648
5725 5743–5744 5809 5813 5878 5912
5924 5929 5935 5955 5982 5999 6005
6007 6016 6019 6051 6072 6075 6078
6103 6108 6123–6124 6140 6187 6209
6251 6263–6264 6325 6367 6415 6435
6454 6476 6485 6509 6605 6613 6622
6630 6633 6638 6724 6729 6786 6895
6918 6934 7015 7024 7049 7065–7066
7068–7069 7078 7080 7083 7090 7109
7111 7136 7252 7276 7305 7328 7352–
7353 7375 7383 7405 7426 7450 7477
7489–7492 7530 7537 7553 7587 7591
7617 7630 7636–7637 7647 7664 7701
7707 7714 7733 7738 7741 7769 7811–
7812 7826 7836 7839 7847 7873 7875
7887 7894 7980 7982 7986 8016 8060
8081 8095 8131–8132 8136 8142 8150
8179 8204 8227 8257 8277–8278 8308
8335 8360 8363 8393 8395 8435 8453
8503 8512 8521–8523 8530 8597 8601
8607 8612 8688 8701 8707 8714 8755
8815 8820 8835–8836 8848–8849
8855–8856 8890 8997 9012 9045 9174
9181 9186 9193 9198 9257 9261 9275
9312 9321 9335 9342 9380 9406 9427
9508 9559 9562 9571 9599 9621 9647–
9648 9681 9701 9710 9729–9730 9742
9787 9821 9825 9839 9846–9847 9862
9864 9867–9868 9878–9879 9895 9916
9926 9932 9940 9982 10031 10050
10062–10063 10070 10084 10109
10117 10156 10161 10165 10176
10195 10210 10242 10250 10252
10301 10314 10344–10345 10354
10367–10368 10376 10381–10382
10396 10413 10427 10449 10451
10459 10466 10481 10494 10509–
10510 10515 10533 10600–10601
10623   (581 Belege)
confer. 10 can. et preb. → facult.
confer. 30 benef. → facult.
confer. benef. → facult.
confer. benef. in tit. → facult.
confer. et recipiendi reliquias → facult.
confer. fam. suis quecumque mon. → facult.
confer. insignia magistratus → facult.
confess. 99 113 118–119 133 262 264 283
     290 409 431 441 527–528 581 610 617
     620 691 725 730 769 783 788–790 794
     822 847 880 921 980 1004 1029 1040

1050 1076 1172 1176–1177 1189 1211
1213 1234–1238 1240 1288 1345 1355
1365 1401 1464 1527 1569 1599 1615
1639 1645 1647 1698 1739 1757 1799
1854 1867 1869 1871 1947 1960 1966
2033–2034 2077 2079 2105 2132 2159
2254 2267 2272 2341 2343 2345 2355
2368 2417 2436 2599 2689 2729 2792
2862 2910 3038 3088 3125 3179 3291
3393 3398 3472 3508 3601 3683 3733
3748 3801 3812 3971 4017 4132 4183
4219 4287 4410 4482 4535–4536 4549
4568 4596 4648 4783 4941 4989 5002
5053 5196 5251 5295 5304 5448 5461
5531 5644 5653 5674 6016 6128 6344
6386 6477 6496 6553 6586 6648 6775
6827 6871 6879 7106 7154 7165 7198
7233 7276 7297 7328 7337 7390–7391
7413 7426 7477–7478 7485 7489 7516
7522–7523 7533–7534 7540 7546 7553
7562 7685 7691 7814 7858–7860 7866
7881 7990 7993 7998 8065 8279 8451
8456–8457 8461–8462 8464 8488 8535
8552 8595 8637 8653 8700 8854 8927
8937 8990 8993 9036 9038 9041 9065
9182 9214 9224 9249 9290 9309 9388
9433 9444 9454 9457–9458 9552 9561
9584 9594 9631 9647 9790 9796 9807
9849 9890 9919 9934–9935 9937–9938
9940 9945 9993 10026 10031 10074
10089 10093 10134 10137 10141
10172 10177 10267 10272 10362
10503 10542 10584 10624 (262 Belege)
confess. elig. → lic.
confess. → facult. conc. elig.
confess. → facult. elig.
confess. → facult. habendi idoneum
confess. → lic. elig.
confess. → pot. audiendi
confic. 63 100 135 152 159 186 260 309
     329 338 405 431 487 497 533 546 610
     624 667 672 716 737 803 827 890 930
     934 1015 1055 1128 1236 1369 1414
     1430 1508 1585 1611 1707 1710 1747
     1780 1784 1841 1844 1885 1922 1932
     1943 2000 2032 2080 2177 2220 2255
     2268 2316 2328 2338 2343 2372 2397
     2413 2420 2530 2533 2545 2550 2554
     2608 2650 2768 2789 2810 2821 2839
     3011 3016 3082–3085 3090 3102 3153
     3199 3247 3271 3350 3363 3438 3484
     3511 3528 3550 3566 3592 3597 3668

3672 3681 3694 3739 3748 3758 3794
3873 3876 3919 3941 4026 4038 4041
4066 4109 4121 4123 4151 4180 4202
4251 4280 4295 4315 4325 4354 4359
4529 4536 4546 4593 4637 4705 4728
4731 4781 4785 4835 4879 4891 4902
4916 4923 4946 4957 4961 5054 5130
5154 5156 5171 5189 5317 5363 5501
5533 5538 5636–5637 5650–5651 5674
5708 5725 5732 5743–5745 5787 5794
5801 5805 5813 5895 5924 5936 5949
5964 5989 5994 6004 6067 6071 6078
6108 6118 6283 6332 6354 6392 6473
6486 6513 6515 6519 6633 6790 6792
6811 6813 6817 6830 6834 6838 6850
6876 6916–6917 6926 6934 7049 7072
7081 7148 7152 7181 7236 7244 7255
7289 7291 7304 7352 7376–7377 7381
7417 7431 7447 7471 7507 7578 7614
7653 7739 7783 7834–7835 7847 7853
7912 7953–7954 7968 7980 7982 8018
8048 8169 8177 8308 8317 8323 8362
8438 8464 8520 8523 8534 8579 8601
8607 8621 8655–8656 8676 8686 8701–
8702 8704 8715 8727 8739 8747 8799
8808 8857 8902 9040 9055–9056 9127
9164 9191–9192 9199 9205 9249 9299
9309 9312 9363 9365 9455 9576 9582
9618 9628 9645 9711 9745 9773 9875
9932 9937 10014 10065 10069 10091
10176 10258 10279 10390 10411
10413 10444 10454 10478 10505
10531 10600 10607　　(321 Belege)
confic. litt. 63 100 135 186 338 610 934
1236 1369 1932 2032 2080 2177 2220
2255 2268 2316 2343 2397 2420 2545
3082 3153 3271 3758 3794 3873 3876
4026 4038 4151 4251 4280 4354 4546
4781 4835 4879 4916 4946 5054 5154
5156 5171 5317 5533 5538 5636 5650
5744 5805 5813 5895 5924 5936 5964
5989 6004 6071 6283 6332 6486 6519
6633 6792 6813 6916–6917 6926 6934
7049 7152 7236 7352 7614 7783 7835
7847 7953 8464 8579 8601 8607 8702
8747 8808 9040 9191 9249 9309 9365
9455 9645 9932 10065 10258 10411
10413 10478 10505　　(100 Belege)
conficio 732 774 909 1673 2505 4201
4502 7491 9363 10266
confido 2345 3548 7491 7830 9214

confingo 7382 10174
confinis 848 1044 1122 1645 2440 2620
2852 2862 3167 4598 5561 8894 9033
9122 9586 9998 10093 10095
　　　　　　　　　(18 Belege)
confinium 4083 9174
confirmandi elect. abba. → lic. visitandi et
confirmata in dieta August. → pax Germanie conclusa in dieta Ratisbon. et
confiscator 4208
confisco 2538 5697 9121 10618
confiteor 620 935 965 1237 3144 5392
6124 7044 10224
conflictus 958 4389 4766 7828
conflo 3733
confluentia 1569
confluentia → debilium et paup. ex Bohemia
confluo 134 965 1044 2219 2267 2862
3631 3772 3848 4410 4424 4549 5598
7337 7996 8451 8462–8463 8937 8974
9035 9122 10215　　(23 Belege)
conformis 765 960 980 1163 1233 1241
2463 2635 2689 3009 4085 7391 9587
9812 10373　　(15 Belege)
conformo 765
confoveo 431
confractus → abb. infirmitate vel senio
confractus → abb. modernus senio
confrater 441 793 992 998 1796 1965
2131 2142 3032 4076 4079 4224 6665
6872 8343 8627 8894 8902 8907 9041
9434 9853 9937–9938 10088 10266
10373 10617　　(28 Belege)
confraternitas 85 262 992 998 1211 1796
2092 2131–2132 2162 2740 4017 6872
7435 7460 8343 8902 9041 9066 9184
9655 9938 9943 10088 10617
　　　　　　　　　(25 Belege)
confraternitatis sive gilde → fr. et sorores
confratres et consorores confraternitatis
hosp. 9938
confratria 441 7460 7991 8627 9853
confringo 21 24 498 835 917 1191 1312
1324 1385 1451 1547 1578 1627 1825
1835 2807 2815 3318 3393 3580 3762
4061 4079 4277 5425 5811 5840 6515
6786 8444 8679 8854 9166 9328 9708
9928 10402　　(37 Belege)
confugio 1865 3102 3176 6931 9121
confundo 768

confusio 732

congratulor 7382

congregati → ad dietam Nurimbergen.

congregati in consiliis erant comprehensi ac precipitati sunt de fenestris → scandalum perpetratum ab hereticis in civitate Prag. contra catholicos qui partim in pretoriis

congregatio 527 1757 1814 1866 2078 2344 2356 3009 3100 3699 4037 5010 5047 6295 6922 7240 7297 7481 8454 8535 8707 9047 9711 10141 10184 10490 (26 Belege)

congrego 283 765 1909 2024 2030 3385 3772 4013–4014 4536 6446–6447 8460 10108 (14 Belege)

congrua → pens.

congrua portio 117 230 1182 1345 2033 2440 2631 4031 4603 6447 7352 7444 8001 9040 9049 9936 10012 10374 (18 Belege)

congruo 34 71 204 408 471 577 734 765 812 844 1147 1160 1226 1439 1444 1547 1610 1666 1673 1770 1816 1922 1940 2050 2055 2126 2222 2315 2366 2511 2548 2595 2650 2695 2817 2853 2926 2949 3113 3143 3224 3226 3236 3328 3363 3453 3480 3581 3584 3643 3758 3861 4183 4227 4280 4546 4800 4961 4967 5037 5045 5275 5418 5436 5569 5751 5767 5775 5794 5916 6016 6131 6264 6375 6427 6453 6482 6622 6994 7376 7384 7471 7558 7579 7617 7636–7637 7696 7777 7847 7856 7860 7887 7894 7994 8130 8198 8223 8422 8554 8714 8856 8993 8997 9080 9440 9478 9553 9565 9647 9682 9787 9870 9901 9916 9926 9982 10172 10214 10401 10489 (121 Belege)

congruus 117 230 529 1182 1345 2033 2035 2083 2440 2631 3510 4031 4603 6447 7329 7352 7444 7997 8001 9040 9049 9729 9932 9936 10012 10374 (26 Belege)

coniug. 98 819 1171 2105 3144 3423 3579 4344 4566–4567 5503 5744 6883 7231 8935 9011 9417 9621 10412 (19 Belege)

coniugalis 272

coniugium 272

coniungo 885 1238 1615 2448 2654 3139 3747 4649 4932 6298 7742 7758 8520 9122 9850 10188 (16 Belege)

coniux 661 1225 1689 2191 2360 2858 4517 4925 5549 5622 6876 7328 7814 8185 9812 10037 10056 (17 Belege)

connubo 1235

conor 106 725 1190 1972 3548 4391 7329 7337 7491 8405 8461 9252 9388 9504 10109 (15 Belege)

conprincipalis 10268

conqueror 1233 3176 4391 5074 7491 8545 10110–10111 10268

conquiro 1874 10490

conquisitio 2345

consang. 51 431 702 730 858 917 1075 1268 1444 1677 1779 2057 2345 2436 2654 2913 2984 3249 3257 3657 4264 4479 4536 4649 4932 5622 5805 6298 6300 6304 7328 7492 7553 7814 8534 8825 8979 9062 9850 10007 10437 (41 Belege)

consanguineus 118 191 631 1500 1616 1950 2038 2138 2549 3209 4231 4394 4452 4552 4595 5072 5347 5632 6033 6158 6338 6434 6565 7689 7814 7834 7847 8015 8461 9166 9209 9249 9636 9699 9887 9911 10531 (37 Belege)

conscribo 2476 2658 5007

consecr. 118 185–186 190 193 286 294 371 419 511 527 543 620 847 877 1035 1057 1137 1201 1240–1241 1250 1400 1444–1445 1729 1859 1941 2010 2079 2159 2323 2440 2442 2498 2804 3155 3180 3542 3896 3934 3956 4271 4473 4535–4536 4628 4814 5006 5461 5496 6503 6515 6553 6583 6712 6782 6938 7072 7125 7282 7413 7489 7552 7752 7841 7913 7986 8309 8469 8581 8864 8974 9466 9544 9581 9730 9742 9762 9971 10031 10094 10175 10334 10482 (85 Belege)

consecr. → facult. recip. munus

consecr. → facult. suscipiendi munus

consecr. → lic.

consecratas ex eccl. abstulit → mul. maligno spiritu 45 hostias

consecro 208

consecutio 9932

consensu superiorum → Fiat c.

consensus 26 29 44 50 71 87 102 118 134 138 202 264 266 281 286 288 292 310 329 337 339 361 364 375 381 390 406 497 518 520 527 529 569 586 594 610 613 618 620 680 687 693 704 730 741

763 774 789 796 804 830 863 877 917
964 973 1031 1034 1042 1045 1176
1182 1201–1202 1235 1237 1239 1243
1303 1424 1443 1500 1502 1508 1510
1525 1527 1542 1546 1585–1586 1615
1658 1674 1678 1707 1716 1732 1739
1742 1781 1783 1794 1801 1804 1807
1818 1826 1831 1855 1869 1871 1936
1996 2010 2025 2071 2079 2109 2138
2218 2231 2238 2272–2273 2275 2338
2343 2356 2393 2433 2435 2440 2469
2498 2551 2569 2612 2657 2672 2782
2832 2862 2959 2964 2987 3035–3036
3073–3074 3079 3096 3116 3120 3129
3139 3170 3212 3218 3221 3268 3272
3291 3314 3319 3393 3511 3528 3592
3594 3624 3636 3664 3692 3694–3695
3699 3748 3771 3794 3827 3853 3855
3892 3917 3934 3956 3969 4017 4066–
4067 4071 4074–4075 4091–4092 4126
4138 4167 4198 4222 4227 4231 4254
4260 4282 4340 4409–4411 4424 4477
4502 4506 4522 4545 4547 4552 4569
4628 4637 4659 4669 4678 4715 4753
4783 4786–4787 4821 4847 4873 4893
4902 4923 4944 4958–4960 5053 5090
5133–5134 5155 5160 5173 5214 5284
5322 5332 5340 5348 5403 5421 5425
5436 5470 5480 5490 5502 5596 5599
5619 5637 5654 5673–5674 5688 5693
5703 5714 5745 5761 5789 5813 5819
5828 5842 5848 5854 5916 5919 5932
5964 5980 6000 6016 6018 6058 6079
6082 6091 6123 6136 6154 6160 6165
6189 6195 6219 6221 6297 6308 6357
6424 6500 6503 6515 6553 6638 6724
6801 6921 6935 6938 7043 7049 7056
7060 7078 7107 7130 7148 7172 7175
7240 7244 7257 7302 7306 7308 7356
7370 7382–7383 7399 7424 7426 7431
7444 7458 7464 7478–7479 7504 7517
7522 7531–7532 7547 7582 7588 7614
7674 7688 7733 7741 7752 7754 7760
7807 7837 7841 7851–7852 7860 7980
8061 8064–8065 8076 8119 8121 8205
8317 8323 8449 8456 8464 8483 8509–
8510 8559 8578–8579 8676 8700 8704
8803 8829 8863 8869 8894 8925 8938
9015–9016 9023 9035 9041 9045 9049
9052 9060 9070 9075 9121 9142 9147
9205 9231 9233 9249 9257 9286 9299
9312 9399 9457 9487 9511 9545 9555

9576 9582 9592 9594 9597 9623 9628
9631 9638 9670 9675 9736 9769 9787
9880–9881 9935–9936 9940 9943 9982
10025 10031 10038 10056 10065
10109 10132 10142 10147 10181
10184 10197 10200 10250 10259
10269 10351 10367 10373 10413
10434 10472 10480 10486 10505
10557 10605 10621 10625 (463 Belege)

consensus patron. 1826 2356

consentio 254 264 274 525 790 920 1135
1234 2255 2348 2551 2658 2892 2980
3067 3076 3130 3573 3794 3881 4066
4129 4167 4213 4260 4528 4671 4814
4902 5217 5535 5604 5607 5649 6694
6802 6889 7049 7173 7184 7382 7401
7426 7599 7815 7841 7850 8121 8265
8579 8703 8723 8976 9081 9142 9187
9199 9369 9787 9812 9883 10065
10071 10109 10131 10147 10170
10252 10370 10382–10383 10388
(72 Belege)

consequenter 4374 7382

consequi n. potuerunt → absol.

consequor 166 527 762 794 943 960 1233
1814 1840 1844 2052 2088 2217 2275
2347 2551 2789 3453 4211 6516 6810
7382 7444 7479 7491 8463 9121 9277
9327 9828 9931 10177 10422
(33 Belege)

conserv. 97 101 105–106 118 127 133
186 190 207 224 254 283 303 352 442
527 532 610 615 641 725 744 764–765
834 891 965 986 1044 1050 1098 1183
1233 1235–1236 1238 1240–1241 1244
1259 1527 1560 1567 1626 1647 1694
1755 1851 1866 1868 1940 1945 2033
2035 2079 2138 2165 2213 2218 2272
2323 2345 2356 2390 2392 2417 2437
2500 2626 2862 2867 2910 3032 3039
3078 3082 3095 3100 3102–3103 3185
3232 3556 3828 3865 3897 3967 4011
4028 4034 4282 4411 4595 4848 5282
5464 5582 5606 6039 6062 6108 6250
6263 6339 6344 6395 6673 6990 7180
7223 7295 7306 7322 7337 7391 7459
7478–7479 7488 7549 7562 7783 7863
7985 7987 7990 7993–7995 8004 8012
8300 8452 8457–8458 8461 8463 8465
8482 8490 8514 8545 8560 8640 8704
8719 9068 9093 9156 9241 9243 9285
9305 9444 9448 9455–9456 9458 9460

9630 9701 9711 9724 9732–9733 9932
9935–9937 10110 10136 10182 10184
10214 10343 10490 10531 10605–
10606 10617 10625   (182 Belege)
conservandi eucharistie sacramentum →
lic.
conservatio 1184 5534 7337 8460 8545
9458 10074
conservator universitatis 3232
consideratio 1732 7341 7735 9457
considero 1626 2340 2522 4569 5968
7330 7491 9592
consido 223 7382 7491
consignatio 763 2323 6291
consignetur → aep. Craynen. in manibus
eius
consignetur → aep. Craynen. in manibus
oratorum ap.
consigno 87 431 700 731 761 764 1145
1154 1742 2344 2346–2348 2360 2448
3220 3488 5524 6991 7815 8463 8507
8688 8707 9041 9383 9799 9866 10373
            (29 Belege)
consiliarius 119 292 391 497 552 576 667
774 833 876 989 1202 1434 1865 2323
2437 2511 2548 2681 2748 2874 3059
3072 3439 3516 3626 3756 3859 3947
3954 4242 4306 4452 4559 4582 4601
4610–4611 4685 4780 4822 4847–4848
4948 5009 5088 5126 5440 5801 5929
6001 6016 7084 7180 7341 7353 7399
7790 7839 8360 8581 8714 8808 8908
8992 9045 9139 9214 9321 9374 9427
9654 9952 9976 10127 10158 10254
10285 10387 10444 10490 10519
10537   (83 Belege)
consiliarius → aep. Colon.
consiliarius → aep. Magunt.
consiliarius → aep. Salzeburg.
consiliarius → aep. Trever.
consiliarius → com. de Wirttemberg
consiliarius → com. Gebennarum
consiliarius → com. palatini Reni / ducis
Bavarie
consiliarius → ducis Cliven.
consiliarius → ducis Julie / ducis Juliacen.
et Monten. ac comitis de Ravensberge
consiliarius → ep. Brixin.
consiliarius → ep. Monast.
consiliarius → ep. Traiect.
consiliarius et magister in cam. computorum ducis 552

consiliarius → marchionis Brandenburg.
consiliarius → prep. Embricen. Maximiliani Austrie ducis
consiliarius → R. I.
consiliis erant comprehensi ac precipitati
sunt de fenestris → scandalum perpetratum ab hereticis in civitate Prag. contra catholicos qui partim in pretoriis
congregati in
consilium 119 190 223–224 352 372 529
636 671 731 764 877 932 989 1053
1400 1615 1726 1732 2079 2549 2662
3021 3163 3175 3410 3548 3798 4025
4422 4536 4606 4849 4889 5479 5606
5627 6347 6921 7117 7312 7489 7492
7744 7815 8534 8688 8701 9259 9384
9388 9527–9528 9655 9931 10092–
10093 10110 10112 10332 10373
10542   (62 Belege)
consisto 57 131 277 279 451 468 709 794
848 1029 1042 1171 1190 1201 1233
1240 1414 1527 1578 1707 1804 1870
1982 2010 2035 2138 2158 2165 2270
2347 2356 2372 2413 2434 2620 2920
3096 3102 3133 3232 3440 3525 3685
3692 4013 4083 4085 4243 4411 4645
5223 5251 5464 5549 6154 6194 6293
6327 6935 7198 7306 7469 7491 7551
7583 7778 8064 8376 8451 8535 8716
9035 9061 9214 9458 9527 9742 9932–
9933 10027 10037 10062 10065 10266–
10267 10305 10605   (87 Belege)
consistorialis 2343 2548 5130 5282 7407
7839 10087
consistorio secreto → assumptio ad ord.
card. in
consistorium 8 185 190 294 372 431 543
636 921 932 1057 1137 1400 1444
1711 2079 2323 2347–2348 2522 2548–
2549 2732 2960 3129 3155 3896 3934
4271 4473 4537 4568 4790 4814 4963
5090 5496 5798 6327 6381 6455 6515
6801 6938 7054 7184 7294 7413 7489
7552 7790 7841 7859 7913 8012 8309
8752 8864 9142 9258 9277 9388 9526
9762 10087 10094 10150 10334 10583
            (69 Belege)
consobrina 8672
consolatio 2417
consoror 9938
consors 240 598 661 1084 1444 1726
1766 2191 2422 3029 3033 3185 4581

5044 5177 5464 5781 5874 6264 6456
6691 7308 7853 8545 8935 9058 9390
9461 9529 9935 10618   (31 Belege)
consortio 5126
consortium 540 5153 6056 9825 9897
conspectus 2217
Constant. → concilium
Constant. gubernare n. poterat → infir-
    mitatibus oppressus eccl.
Constant. → horas can. dicere secundum
    usum eccl.
Constant. prov. et el. → differentia inter
    ep.
constantia 965
conscientia 620 1946 2150 2963 4414
    8462
constit. / reg. / statutorum de idiomate →
    derog. clausule /
constit.   (1011 Belege)
constit. cancellarie 1846
constit. Execrabilis → sine disp. contra
constit. → in puerili et.
constit. Martinianas → committ. ministro
    provincie ut ref. conv. iuxta
constitutio Carolina / Karolina 1233 8560
constitutus → art. mag. in sacris ord.
consto 357 393 497 551 575 709 1030–
    1031 1109 1201 1571 1851 1866 1951
    1959 2032 2105 2107 2161 2275 2345
    2388 2396 2416 2980 2987 3012 3076
    3215 3225 3385 3410 3526 3553 3881
    4078 4129 4167 4367 4504 4596 4791
    4814 4908 4923 5067 5105 5154 5607
    5650 6079 6084 6144 6251 6326 6550
    6633 6694 6839 6889 7049 7109 7324
    7380 7383 7396 7401 7459 7473 7599
    7614 7819 7841 7853 7872 8001 8010
    8121 8165 8265 8344 8509 8625 8656
    8716 8808 8863–8864 9392 9456 9554
    9570 9883 9937 9955 10009 10074–
    10075 10252 10283 10347 10370
    10388 10607   (104 Belege)
constructa → par. eccl. c. 2 turribus for-
    tissimis ad modum castri
constructio 528 1658 9592
construendi capellas → lic.
construo 118 525 527 620 732 833 992
    1042 1237 1241 1658 1707 1870 2035
    2415 2420 2547 2852 3268 3472 5606
    6935 6941 7078 7542 7588 7681 7754
    7810 7986 8450–8451 8469 8544 8974
    9450 9592 9805 9853 10065 10088
                        (41 Belege)

constudeo 10323
consuesco 24 105 119 127 134 186 451
    620 636 654 671 687 694 741 773 790
    801 930 963 983 1029 1053 1233 1241
    1282 1466 1479 1626 1729 1789 1796
    1799 1801 1868 1979 2035 2343–2344
    2389 2394 2597 2743 2762 2781 2831
    2862 3033 3102 3165 3385 3413 3527
    3574 3611 3624 3664 3922 4050 4280
    4379 4410 4546 4666 4765 4891 4933
    4966 5219 5282–5283 5534 5770 5928
    5936 5957 5971 6038 6059 6263 6724
    6743 7106 7161 7341 7381 7477 7518
    7533 7646 7696 7814 7937 7997 8092
    8131 8210 8344 8398 8424 8462–8464
    8473 8485 8545 8560 8702 8789 8874
    8996 9033 9049 9066 9075 9091 9221
    9249 9295 9552 9554 9569 9595 9606
    9713 9730 9932 9940 9945 10065
    10075 10170 10174 10182 10422
    10458 10520 10622   (137 Belege)
consuetis → lic. legendi c. libris et habi-
    tibus
consuetudo 195 279 461 941 998 1029
    1190 1414 1466 1527 1796 1831 1866
    1868 2021 2083 2131 2270 2348 2356
    2389 2417 2440 2684 2762 2922 2945
    3033 3057 3083 3099 3102 3139 3431
    3748 3843 4037 4091 4519 4568 4620
    5096 5487 5770 5865 6344 6591 7308
    7328 7488 7717 7991 8007 8344 9121
    9329 9554 9587 9631 9760 9762 9771
    9924 9930 9932 9940 9960 10069
    10074 10096 10135 10174 10622
                        (73 Belege)
consuevit → mon. quod p. prep. sec. et
    abba. regi
consul 117–118 141 186 262 297 528–529
    617 620 654 762 764 794 912 962 988
    1005 1015 1036 1044 1084 1095 1190
    1235–1236 1240–1241 1511 1527 1564
    1726 1730 1732 1739 1799 1851 1979
    2033 2035 2066 2208 2215 2218–2220
    2270–2272 2343 2348 2371 2417 2420
    2422 2433 2620 2927 2971 3039 3043
    3051 3074 3104 3129 3151 3268 3272
    3275 3375 3527 3574 3719 3735 3828
    3855 3867 3878 3892 3967 4023 4028
    4034 4039 4213 4281 4289 4410 4414
    4592 4595 5007 5169 5185 5244 5395
    5683 5801 5989 6033 6389 6931 7004
    7061 7172–7173 7179 7268 7321 7337

7439 7460 7471 7480 7506 7531 7621
7736 7742 7761 7763 7837–7838 7860
7993 8038 8064 8186 8373 8450–8452
8456 8460–8464 8490 8545 8550 8579
8629 8712 9043 9065 9067 9096 9104
9111 9121–9122 9155 9182 9214 9256
9272 9291 9327 9384 9450 9458 9527
9590 9597 9600 9607 9619 9636 9701
9812 9933 9943 9945 9995 10042
10057 10105 10135 10240 10256
10282 10302 10320 10362 10413
10468 10531 10605 10607 10618–
10619 10621　　　　　　(193 Belege)
consularis 1235
consulator 9256
consulatus 620 690 731 1015 1137 1176
　　1244 1295 1438 1732 1890 1981 2021
　　2082 2220 2356 2415 2963 2971 3099
　　3272 3435 3892 4117 4282 4413 5177
　　5606 5974 7107 7111 7140 7337 7506
　　7551 8189 8451 8560 8579 8676 8691
　　9039 9054 9121–9122 9328 9554 9598
　　9685 9711 9940 10519 10624
　　　　　　　　　　　　(53 Belege)
consules et confederati 794
consulo 989 2078 2792 2945 4391 7321
　　7742 7814 9096 9528 10109
　　　　　　　　　　　　(11 Belege)
consultor 9527
consummatio 2347 2356
consummo 971 1168 4479 5093 8979
consumo 431 1036 1240 2105 3525 7019
　　8683 9155 9528 9871
consumptio 1036
contemno 1209
contemplatio 10110
contendo 2272 2349 8449 10087
contentatio 9787
contentio 6810 8460 10110
contento 353 7382
contentus 391 1870 1874 2159 2348–2349
　　2974 3072 3116 3548 7236 7488 7491
　　8335 8976 9458 9461 9618 9718
　　　　　　　　　　　　(19 Belege)
contexo 285
contiguus 62 118 487 529 794 1225 1267
　　1788 1790 1870 2035 2126 2340 2402
　　3168 3247 3683 3772 5019 5136 5487
　　7048 7434 8002 8716 8813 9252 9336
　　10536 10605　　　　　(30 Belege)
continens 732 2793 9066

continentia 431 619 762 2658 3094 9330
contineo 731 1238 1673 1698 1707 1732
　　1793 2138 2159 2220 2963 3099 6876
　　7083 7151 7276 7321 7337 7383 8555
　　9457　　　　　　　　　(21 Belege)
contingo 134 352 433 658 671 786 803
　　1527 1604 1947 2219 2272–2273 2310
　　2341 2344 2394 2440 2790 2805 2928
　　2964 3528 3805 4028 5606 6630 6724
　　7079 7329 7522 7540 7812 7831 8473
　　8534 8545 9142 9330 9388 9528 9625
　　9710 9764 9787 9945 10096
　　　　　　　　　　　　(47 Belege)
continuatio 9847
continue pres. in cur. → 2 an. et ultra
continuo 224 1842 1844 2650 2791 2794
　　3733 4536 4581 4598 5085 5905 5947
　　5990 6258 6497 6810 7391 7501 8269
　　8490 9044 9202 9328 9360 9809 9847
　　9961 9976 10092 10110　(31 Belege)
continuus 2078 2091 2104 2792 2998
　　3085 3251 3363 3388 3548 3683 4536
　　4946 5002 6140 7162 7446 8075 9710
　　9847 10073 10088 10605　(23 Belege)
continuus commensalis → abbrev. et
continuus commensalis et sed. ap. acol.
　　→ pape fam. et
contio principum 3175
contionator 3548
conthor. 127 833 7106 7391 7540 7814
contracto matrim. → disp. sup. ignoranter
contractum matrim. → vac. p.
contractum matrim. → vacat. p.
contractus 128 272 470 571 617 1015
　　1073 1075 1241 1258 1442 1559 1593
　　1826 2272 2315–2316 2365 2417 2548
　　2910 3024 3085 3153 3208 3331 3553
　　3721 3838 3973 4257 4283 4328 4371
　　4606 4749 4796 5021 5052 5119 5149
　　5160 5231 5317 5524 5538 5703 6035
　　6379 6547 7041 7069 7121 7359 7364
　　7405 7736 7760 7853 7855–7856 7885
　　8116 8172 8282 8614 8625 8897 8966
　　9011 9197 9210 9511 9587 9615 9674
　　9699 10239 10296　　　　(80 Belege)
contradico 10174
contradictarius 3493
contradictarum → audientia litt.
contradictarum litt. procur. → cubic. et
　　fam., abbrev. et audientie
contradictarum procur. → audientie litt.

contradictarum procur. → litt. audientie

contradictarum → publicatio in audientia
litt.

contradicte 1789 2196 2494 2794 3474
3987 4847 6271 8368 8405 8536–8537
9870 10089   (14 Belege)

contradictio 1528 2342 9455

contradictor 730

contraho 58 95 254 275 371 393 519 610
885 912 971 983 1073 1075 1168 1442
1616 1622 1846 1860 2345 2365 2521
2654 2658 2857 2984 3114 3492 3528
4023 4265 4479 4517 4766 5086 5389
5462 5503 5600 6035 6079 6110 6122
6248 6298 6301 6590 6636 7007 7184
7261 7525 7531 7745 7758 7814 7960
8534 8979 9011 9327 9416 9501 9587
9674 9699 9711 10056   (69 Belege)

contrarius 118 352 730 1031 1236 2159
2349 3000 6455 7782 9045 9328 9771
10380   (14 Belege)

contravenio 118 254 9242 9446 9787

contribuo 118 620 4406 4502 8463 8607
9108

contributio 964 8460

controversia 106 393 864 1304 2035 2346
2416 2448 3077 3339 3622 4391 6037
7233 7447 7741–7742 7961 8463 8494
8534–8535 8941 9121 9711 9906
10109   (27 Belege)

contumacia 674 2781 8448 9814

conv. 1 10 47 60 79 87 90 102 114 117
186 208 210 244–245 262 266–267
270–271 276–277 285 308 361 367 374
398 432 516 525 527–529 553 610 612
616–618 620–621 635 637 657 671 687
717 730–731 763 765 767 769 771 784
786 789–790 794 798 848 858 880 886
965 978–980 986 997 1016 1038 1040
1044 1046 1076 1082 1098 1122 1153
1161 1180 1183 1191 1235–1238 1240
1243 1250 1260 1339 1355 1527 1533
1570 1574 1626 1647 1698 1701 1706
1708 1711 1719 1739 1746 1755 1798
1801 1814 1827 1831 1840 1851 1866–
1867 1869 1871 1875–1876 1894 1909
1940–1941 1945–1947 1957 2011 2028
2030 2033–2034 2045 2086 2089 2091
2107–2108 2126 2138 2150 2153 2181
2195 2206 2213–2214 2217–2218 2265
2269–2270 2317 2338 2342 2344–2345
2356 2361 2391–2394 2415–2417 2428

2435 2437 2443 2516 2531 2534 2576
2591 2597 2621 2632 2657 2690 2745
2781 2796 2804 2814 2841 2849 2858
2862 2876 2884 2891 2910 2922 2959
2961 2964 2972 3036 3071 3073 3076
3089 3096–3097 3100 3102 3130 3133–
3134 3139 3142 3323 3340 3375 3385
3455 3472 3488–3489 3542 3593 3631
3683–3684 3698–3699 3797 3802 3824
3848 3882 3917 3979 4012–4013 4016–
4017 4028 4031 4035 4038 4094 4254
4265 4281 4311 4332 4407 4414 4503
4543 4566–4567 4611 4729 4761 4764
4776 4796 4846 4966 5175 5197 5311
5405 5419 5451 5461 5496 5798 5865
5903 5972 6007 6051 6143 6216 6244
6280 6442 6455 6505 6648 6673 6691
6816 6891 6931 7054 7059 7067 7102–
7105 7107 7128 7161 7175 7186 7240
7276 7296–7297 7299 7308 7311 7336
7341 7370 7400 7459 7463–7465 7478–
7479 7482 7491 7524 7538 7544 7546–
7547 7549 7696 7741–7742 7761 7772
7802 7820 7859–7860 7864 7987 7993
7997–7998 8001–8002 8004 8006–8007
8012 8076 8163 8240 8305 8317 8447
8449 8454–8457 8462 8465 8467–8468
8470 8473 8489 8509–8510 8637 8652
8795 8941 8962 9003 9037–9038 9040
9049 9065 9069 9087 9093 9096 9099
9103 9120–9121 9124 9129 9142 9154–
9155 9169 9171 9180 9224 9234 9240–
9241 9243 9249 9257 9259 9263 9293
9295 9305–9306 9327–9328 9403 9431
9433 9447 9451 9453 9458 9460–9461
9569 9584–9585 9587 9589 9591–9592
9596 9618 9632 9648 9701 9724 9742
9755 9803 9807 9858 9886 9930 9933–
9936 9940 9971 9984 10031 10037
10046 10065 10073 10101–10102
10108 10110–10111 10114–10115
10136–10137 10139–10143 10168
10180–10182 10184 10215 10219
10243 10246 10256 10258–10259
10267 10269 10302 10328 10336
10343 10353 10360 10373 10385
10413–10414 10422 10472 10490
10498 10506 10605 10607 10617
10620 10625   (501 Belege)

conv. → abba. et

conv. b. Marie Theotonicorum → patron.
commendatoris et fr. dom. et

conv. iuxta constit. Martinianas → committ. ministro provincie ut ref.

conv. → vacat. p. ingr.

conv. → vacat. p. ingr. claustri sive

convalesco 720

convenio 127 352 431 526–527 529 731 762 867 1236 1826 1861 2030 2078 2106 2218 2344 3249 3652 4305 5496 5561 6120 6158 6876 7106 7329–7330 7381 7471 7491 7741 7830 7997 8535 8763 8817 9042 9045 9066 9144 9184 9382 9388 9528 9592 9864 9932 10102 10109 10373 (51 Belege)

conventiculum 7383

conventio 1235–1236 1793 1930 1982 2118 2344 2670 3249 4120 4889 6876 7830 9327 9932 (15 Belege)

conventio c. R. I. 9327

conventoria 2735

conventualis 90 104 118 224 720 765 801 979 1626 1732 1865 1869 2141 2267 2392 3576 4167 4265 4432 4474 4535 4703 4776 4821 6078 6550 6639 7223 7399 7478 7927 7993 8017 8020 8510 8665 8712 8715 8744 8996 9189 9257 9576 10169 10182 10302–10303 (47 Belege)

conventualis → abbat. n.

conventui interfuerunt → oratores Nurimbergen.

conventus August. 10087

conversa 9933

conversatio 105 237 1870

conversio 10533

conversor 99 2160 2762 3388 4401 5991 6784 8462–8463

conversus 3689

converto 131 700 790 1040 1250 1867–1868 1876 2348 2356 2448 2935 2963 3038 3172 3175 3488 3583 3848 4389 4535 4569 4666 5282 5375 6406 7059 7321 7328 7382 7485 7493 7542 8449 8460 8466 8545 8974 9121 9124 9171 9214 9527 9881 10132 10282 10607 (47 Belege)

convicinus 223

convinco 732 1268 8579

convivium 2829 3581

convoco 1972

cooperator 1760

cooperio 4809 10422

cooperor 7742 9592

copia 134 138 224 520 708 731–732 782 800 803 1527 1946 2159 2275 2341 2346 2389 2417 2452 2550 2629 3215 4028 4167 4367 4519 4565 4568 4848 4924 4958 5697 5836 6001 6320 6603 6664 7382 7522 7540 7620 7742 7839 8205 8488 8515 8535 8580 9417 9456 10109–10110 (52 Belege)

copiosus 2219 2270 7391 9035

copula 971 1168 4265 4479

copulor 56 9850

coquina 9569 10268

coquo 1527 9569

coquus 3453 4914 9006

cor 2916 10109–10110

chorales vulg. nunc. → preb. claustrales sive

choralis 2389 5489 5696 8490 8789

Coramnet vulg. nunc. → preb.

chorda 6016 6434

chorea 6810

chori ep. 1874 2573 7488

choriepiscopatus 671

Cornelius Celsus 9394

cornu 4510

corona 1313 3264 3525 4017 4522 4721 7676 8345

corona → valor fruct. / red. beneficiorum [pars separata in fine appensa]

coronatio 3549 6095 9815

coronatio pape 6095 9815

corp. 105 118 236 285 498 517 544 584 617 720 739 1085–1086 1207 1225 1466 1547 1581 1660 1793 1964 1987 2025 2035 2063 2080 2095 2170 2216 2291 2340 2417 3021 3126 3187 3589 3695 3868 3896 4028 4123 4510 4536 4545 4809 4849 5298 5389 5559 5811 5815 5840 5994 6154 6183 6828 6894 7228 7433 7478 7480 7489 7540 7653 7744 7806 7860 7881 7884 7924 7993 8012 8166 8444 8464 8534 8679 8747 8816 9270 9409 9450 9458 9506 9559 9935 10031 10323 10432 10490 10536 (91 Belege)

corp. → def.

corpora s. Wiboredis et s. Kerhilde virg. 2417

corpora ss. Albani et Vincentii, Aurei et Justine ac al. ss. 7478 corporalis 185–186 1732 1826 1844 2625 2790 10089

corpus b. Marci Apl. et Ev. 617

corpus b. Quirini 8464

corpus Christi 9188 10305 10422

corpus s. Galli 10031

corpus s. Guidonis 9458

correctio 571 659 2079 2089 3175 3323 4407 4447 7391 9065–9066 (11 Belege)

corrector 131 1188 1444 3527 4595 6344–6345 9166

corrector et abbrev. 1444 3527

corrector litt. de minori iustitia → abbrev. et

correctoria 9166

corrigo 117 730 765 1042 1447 2195 2256 2455 3670 3964 4257 4821 5398 5604 5732 7413 9933 10537 (18 Belege)

corripio 9942

corrumpo 4569 7500

chorus 132 186 222 310 424 524 741 932 992 1090 1305 1373 1461 1574 1874 2012 2272 2573 2631 2924 3100 3183 3395 3465 3610 3624 4023 4091 4281 4289 4585 5126 5226 5282 5418 5703 5899 6344 6555 6995 7021 7426 7488 7582 7851 7994 8490 8729 9065 9514 9881 10047 10088 10131 10257 10468 (56 Belege)

chorus vulg. wespel nominatus 5703

cottidianus 1051 1466 1865–1866 3547 5535 5947 6446–6447 7236 7486 8489 8688 9105 9431 10536 (16 Belege)

cottidie 880 2150 2346 2848 4117 5376 5503 6053 7236 7742 7962 9742 (12 Belege)

Cracov. in art. liberalibus p. 5 an. stud. → univ.

Cracov. in art. stud. → in univ.

Cracov. studium gener. in iur. can. → Ytalie et

Craynen. in manibus eius consignetur → aep.

Craynen. in manibus nuntiorum ap. tradatur → aep.

Craynen. in manibus oratorum ap. consignetur → aep.

Craynen. in manibus sed. ap. mittitur → aep.

creandi 6 mag. in theologia et 6 doct. in iure can. → facult.

creandi comites palatinos et not. → facult.

creandi not. → facult.

creandi tabelliones → facult.

creatio 636 3234 3897 4129 4227 5053 5654 7068 7407 7489 7603 8314 9015 9553 10108 (15 Belege)

creatura 709 4257 7961

credentialis 431 469 700 2349 8507 9044 10108

credentiarius 783 4613 5079 6192 6338

creditor 393 516 610 620 636 730 996 1233–1234 1241 1930 2325 2344–2345 2371 2446 2497 3153 3528 3610 3802 3897 4475 4567 4600 4716 4784 5503 5538 6264 7184 7269 7407 7492–7493 7568 7642 7812 8464 8719 8761 9501 10184 10268 (44 Belege)

credo 274 468 595 732 845 1377 1578 1689 2220 2348–2349 2448 2635 3102 3385 3472 4536 4606 5604 6455 6553 6810 6918 7491 7552 7830 9457 10110 10262 (29 Belege)

cremo 352 6458 9384

creo 431 469 636 730 1779 2398 2436 2857 3525 4535–4537 7328–7329 7489 7553 8329 8715 9804 10486 (20 Belege)

cresco 635 8462 8560

crimen 328 330 620 741 880 935 1766 1947 3144 3436 3574 3928 4183 4569 4592 6812 6857 7380 7506 7554 7688–7689 8038 8259 9121 9155 9328 9501 9634 9860 10537 (31 Belege)

crimina commiserat → abb. qui nonnulla

criminalis 1005 1732 2342 2476 3161 4200 4569 7261 7471 8545 9146 (11 Belege)

criminosus 2476 4535

cripta 1669 2373 2574 4573 4957 5456 5800 6115 6586 7305 9530 9568 9847 (13 Belege)

cristallinus 1194

Cristana nunc. → maior preb.

Cristana nunc. → min. preb.

christianitas 2762 3556 4636 4924 5436 5856 6994 7117 7329 8881 10162 (11 Belege)

christianitatis concilium 2762 3556 4924 6994 8881

christianus 224 352 731–732 1053 2347 3082 3175–3176 3701 3897 4257 7330 7382 7489 7492 7742 7815 8463 9121 9388 10087 10110–10111 (24 Belege)

christifideles 409 620 880 977 1044 1796
1946 1972 2025 2218 2345 3699 3772
3848 4257 4264 5251 5598 7329 7337
7696 7991 7996–7997 8451 8463 8974
9035 9064 9090 9528 10088
(32 Belege)
croceus 4510
Croniis vulg. nunc. Storch → de
Cruce vulg. nunc. → preb. de la
crucesigno 4422 7951
crudelis 6712 10110
crudelitas 977 1071 9042
crudeliter 710 3044 6811 8314 8464
cruor 4424
crus 3021
cruciata 118–119 224 392 431 489 619
635–636 700 761 1053 1108 1130 1567
1779 1946 1972 2323 2348 2448 3038
3683 4509 4529 4606 5438 5801 5823
7059 7321 7328 7330 7489–7490 7551
7951 8324 8463 8466 8535 8697 8822
9258 9270 10074 10091 10097–10098
10108 10170 (51 Belege)
cruciata → indulg. pro Rhodianis et
cruciatam → facult. predicandi
cruciatam → facult. statuendi dietas et
predicandi
cruciatam → indulg. propter
cruciatam → pot. predicandi
cruciate → absol. valetudinarios a voto s.
cruciate → indulg.
cruciate → indulg. in opus s.
cruciatus 4535
crux 732 1793 5282 9713
cubic. 13 35 132 205 357 392–393 490
518 569 699 737 742 794 856 890 1123
1311 1395 1674 1712 1732 1783 1788
1842–1843 2078 2227 2256 2263 2273
2351 2413 2440 2515 2523 2550 2624
2639 2794 2949 2995 3059 3064 3082
3084–3086 3092 3111 3191 3504 3653
3665 3719–3720 3817 3844 3987 4036
4059 4067 4168 4280 4527 4589 4613
4690 4726 4782 4797 4821 4884 4964
4996 5038 5067 5133 5154 5591 5604
5652–5653 5655 5725–5726 5823 6038
6078 6108 6232 6265 6268 6274 6293
6309 6446 6502 6811 6817 6840 6935
6991 7018 7043 7049 7066 7068 7151
7171–7172 7245 7283 7303 7478 7498
7656 7735 7834–7837 7839 7847 7852–
7853 7856 7907 7936 7951–7953 7962

7990 8130 8179 8183 8301 8363 8405
8407 8535 8597 8641 8655 8676 8701
8708 8714 8716 8738 8763 8766 8922–
8923 8994 9159 9174 9193 9205 9299
9312 9318 9400 9473 9480 9553–9554
9654 9680 9733 9762 9806 9811 9818
9832 9866 10089 10095 10242 10344
10478–10479 10600 (184 Belege)
cubic. et fam., abbrev. et audientie contradictarum litt. procur. 8405
cubic. → gratis pro fam.
cubic. → Nicolai V.
cubic. → script. abbrev. Pii II.
cucullus 2356
cudo 8464
cugnus 1190 2135 3641 6082 6328 10330
Cuynredyck vulg. nunc. → burscapium
Baerle
cuiuscumque → coll.
culpa 2170 4211 5618
culpabilis 201 3622 6565 6810 8259 8434
9258 10411 10481
culpo 6712
cultellus 201 417 880 2085 2232 2364
2829 3622 3967 4586 7772 8335 8658
9135 9409 9504 9569 (17 Belege)
cultor 2041 2208
cultor → art. et med.
cultor → domorum artium et med.
cultura 10258
cultus 807 2162 2712 3102 4040 4566
7061 7491 8461 8490 8795 9327 9932
(13 Belege)
cupiditas 186
cupiens supra patrimonio val. ann. 15 fl. ad
ord. presbit. promoveri 9959
cupio 105 657 732 1051 1171 1739 1868
1870 1956 2272 2825 3472 3892 4037
4120 4520 5194 5606 5809 7054 7390
7522 8163 8259 8434 8530 9461 9959
9992 10214 10490 (31 Belege)
cur. (2160 Belege)
cur. → abb. litig. in
cur. abbrev. → cler. in
cur. absentandi → lic. pro natione Alamanica se a
cur. → 2 an. et ultra continue pres. in
cur. defunct. → in
cur. destinare oratores → ad Bavarie ducum
cur. et molendinum Tarlimolen vulg.
nunc. 932

cur. → gratis pro not.
cur. → litig. in
cur. p. an. secutus 4659
cur. → pres. in
cur. → R. I. et ducis Burgundie orator in
cur. → resign. extra
cur. secutus 204 425 2926 3306 3721
3782 3811 3989 4281 4549 4784 6051
6271 6560 7109 8902 (16 Belege)
cur. sequens 8 185 222 297 371 393 495
708 779 932 1035–1036 1135 1424
1608 1753 1789 1800 2159 2446 2521
2663 2703 2825 2831 2945 2983 3051
3150 3153 3155 3410 3414 3472 3549
3610 3775 3896 4082 4167 4228 4271
4322 4340 4357 4376 4400 4528 4553
4568 4596 4645 4785 4848 4891–4892
5006 5283 5613 5777 6093 6212 6246
6264 6355 6378 6673 6712 6771 6839
6850 6878 7059 7072 7125 7250 7384
7407 7493 7522 7540 7552–7553 7682
7841 8012 8081 8344 8371 8407 8460
8604 8683–8684 8731 8799 8983 9160
9258 9343 9427 9440 9469 9490 9709
9878 9937 9947 9982 10088–10089
10094 10099 10168 10170 10262
10360 (117 Belege)
cur. → vac. p. resign. vel p.o. in
cur. → vac. p.o. in
cur. → vac. p.o. infra
cur. → vac. p.o. infra 2 dietas a
cura 10 55 59 105 117 185 210 245 270
279 351 525 528 687 763 765 794 844
872 921 1002 1181 1188 1237 1242
1497 1527 1693 1772 1814 1948 2033
2079 2126 2138 2267–2268 2270 2415
2417 2420 2511 2542 2780 3088 3111
3170 3176 3537 3548 3574 3773 3806
3825 3946 4028 4084 4091 4313 4407
4547 4566 5304 5606 5608 5697 6003
6279 6494 6817 7297 7337 7370 7413
7463 7548 7582 7742 7815 7993 8133
8170 8323 8352 8460–8461 8463 8485
8488 8560 8795 8854 8996 9046 9059
9065 9294–9295 9329 9420 9456 9458
9489 9504 9618 9644 9730 9801 9935
10065 10075 10110 10137 10141
10267 10310 10413 10479 10482
10490 (120 Belege)
curatis → Fiat de n.
curator 1964 4974 5464

curia abba. → capel. in
curia Des Blenckelshoff vulg. vocata 529
curia ruralis de Munchhofe vulg. nunc.
1869
curialis 127 204 260 425 547 553 620 880
930 1455 1830 1912 1936 2855 2926
3220 3226 3359 3402 3581 3619 3670
3720 3947 4600 4672 4687 4806 5436
5532 5636 5675 5801 6067 6108 6144
6178 6264 6271 6682 6694 6700 6765
6915–6916 7400 7474 7522 7540 7739
8110 8314 8371 8503 8614 8799 9033
9070 9098 9796 9815 9864 9868 10383
(64 Belege)
curiis → exten. disp. ad omnes personas in
curo 20 114 323 352 526 536 609 657 730
794 921 941 1234 1474 1615 1633
1701 1854 1964 2104 2118 2237 2270
2281 2323 2339 2349 2415 2546 2571
2680 2792 2794 2811 2845 2848 2910
2945 2948 3072 3106 3118 3684 3782
3788 3874 3919 4019 4061 4293 4474
4516 4529 4536 4547 4792 4933 4962
5085 5098 5219 5244 5267 5308 5400
5496 5533–5535 5537 5892 5903 6078
6381 6417 6563 6651 6858 7355 7477
7491 7736 7749 7761 7907 8507 8534
8588 8744 8762 8863 8865 8911 9044
9131 9297 9327–9328 9337 9388 9407
9457 9528 9619 9764 9862 10074
10110 10336 10344 10357 10365
10450 10537 (114 Belege)
curro 33 876 1193 2521 2822 3631 3716
3813 3855 5243 5622 5905 6219 6253
6489 7748 7922 8767 8803 9147 9362
9456 9684 (23 Belege)
cursor 428 577 640 671 766 858 1218
1628 1655 2323 3549 3592 4563 4593
4889 5154 5943 6384 6732 6917 6935
6996 8629 8797 8886 9430 9901 10091
10167 10338 10342 10492 (32 Belege)
cursor et officiarius et pape fam. 8797
cursus 628 7867 10360
curtis 1237 2091 2762 3385 4271 5703
6059 7994 9592 9672
curtisanus 3295 5801 8260
cuspis 5487
cust. 13 137 201 222 473 475 653 708–
709 917 962 973 1006 1137 1209 1220
1346 1466 1527 1574 1596 1741–1742
1835 2038 2191 2218 2249 2270 2415
2429 2612 2944 2963 3014 3051 3443

3574 3629 3672 4084 4293 4329 4375
4468 4783 4863 4946 4964 5404 5485
5538 5840 6016 6280 6502 6507 6691
6770 6839 6931 6935 7008 7018 7172
7302 7308 7582 7588 7591 7608 7734
7802 7975 8012 8138 8202 8270 8397
8438 8580 8607 8795 8968 9041 9070
9091–9092 9387 9473 9479 9607 9621
10031 10068 10088 10097 10099
10101 10141 10143 10184 10268
10360 10520 10531   (106 Belege)

custod. 13 45 84 87 105 137 212 222 296
336–337 394 473 497 627 673 732 737
905 979 1064 1237 1244 1256 1383
1466 1574 1596 1610 1741 1783 1835
1841 1843 1846 1854 2149 2218 2256
2316 2374 2429 2537 2551 2675 2817
3014 3402 3434 3464 3574 3609 3624
3636 3833 4084 4231 4255 4293 4434
4501 4548 4567 4593 4658–4659 4863
4892 4962 5036 5102 5160 5183 5381
5538 5561 5619 5644 5673 5697 6125
6190 6210 6249 6280 6446 6475 6685
6749 6839 6941 7003 7018 7056 7133
7140 7302 7352 7416 7552–7553 7582–
7583 7608 7617 7633 7735 7836–7837
7955 7975 7993 8152 8202–8203 8227
8270 8304 8344 8360 8372 8390 8397
8431 8438–8440 8507 8565 8607 8612
8701 8724 8749 8762–8763 8780 8808
8869 8871 8921 8932 9041 9075 9091–
9092 9193 9235 9387 9467 9480 9552
9730 9806 9866 9927 9933 10089
10096 10344–10345 10436 10520
10604   (164 Belege)

custodiatus 1854

custodio 1044 2417 7997 9155

dabuntur → operariis, practicis et expertis
ex Germania litt. passus

Dacie et nonnullis al. regnis nuntius →
sed. ap. in regno

damnabiliter 4208

damnafico 2138 3155 10098

damno 620 935 3102 6672 7239 9096
10109

damnum 352–353 371 610 794 998 1241
1707 1801 2497 2793 3722 4510 4569
4857 5561 6095 7381 7469 7998 8464
8474 10110–10111   (24 Belege)

dapifer 8612

dat. 57 111 185 250 306 339 352 371–372
374 389 393 431 469 506 529 613 628
641 654 671 700 732 761 765 779 839
848 881 932 993 1053 1064 1137 1200
1219 1241 1353 1400 1468 1582 1628
1711 1739 1769 1781 1793 1830 1901
1972 2035 2079 2104 2138 2323 2334
2340–2341 2346 2348–2349 2358 2389
2429 2446 2548 2621 2642 2734 2796
2817 2835 2885 2923 2960 2983–2984
3083 3131 3150 3153 3175–3176 3191
3215 3225 3410 3467 3548 3550 3573
3581 3600 3692 3699 3712 3770 3801
3847 3859 3896 4026 4136 4167 4190
4271 4331 4340 4391 4473 4521 4568
4596 4614 4636 4736 4749 4814 4923
4939 4946 4963 5029 5056 5282 5320
5378 5503 5608 5637 6055 6109 6144
6194 6286 6291 6327 6381 6455 6606
6695 6712 6859 6930 6991 7048 7054
7072 7151 7184 7225 7303 7321 7327
7329–7330 7381–7383 7405 7407 7413
7434 7479 7486 7488 7490–7491 7552
7689 7742 7791 7798 7841–7842 7913
7916 7922 7982 8002 8004 8131 8304
8309 8344 8525 8534 8614 8625 8707
8752 8959 9045 9047 9065 9142 9155
9258 9388–9389 9526 9544 9570 9634
9636 9647 9677 9709 9762 9793 9832
9866 9936 9982 9997 10009 10063
10087 10091 10093–10095 10097–
10099 10108–10110 10120 10150
10169–10170 10315 10375 10425
10490 10583 10609   (238 Belege)

data cautione → Fiat ad 2 an.

datarius 118 1219 1918 2316 2717 5440
5848 8888

datio 2672

datium 2272 8560

de 2 an. → disp. ad 3.

de Bavaria etc. naturalis et legitimus fil.
cler. → ducis

de Cardona vulg. nunc. → prepos. eccl. s.
Castoris in Cardona archidiac.

de com. et bar. gen. 2284 7812 9886

de com. et illustri gen. 2364 3451 9242

de com. et nob. gen. 3843

de com. gen. 59 127 891 921 1444 1975
1982 2188 2313–2314 2334 2388 2573
2616 2662 3472 3685–3686 3843 4036
4085 4251 4690 5440 5496 5608 6000–
6001 6633 7437 7544 8534 8540 8908
10240 10361 10441   (37 Belege)

de com. vel bar. vel illustrium gen. 3699

de Croniis vulg. nunc. Storch 2041

de eccl. Brixin. ad eccl. Viennen. translatus → ep.

de excom. propter simoniam → absol. p. Paulum_II.

de illegitimo matrim. 840

de illustri baronum gen. 1466

de illustri gen. 51 63 212 984 3896 6322 6633

de la Cruce vulg. nunc. → preb.

de Lechregal et de Lummed nunc. → preb.

de legitimo matrim. 261 997 1291 2079 2107–2108 2689 3772 3859 5440 7413 8316 8545 9457   (14 Belege)

de Lummed nunc. → preb. de Lechregal et

de Lummede [nunc.] → preb.

de maiori parco 134 1188 1245 1266 2109 9576 9678

de maiori parco → abbrev.

de maiori parco abbrev. presidenti et pape fam. 1266

de maiori parco → decr. doct. et abbrev.

de maiori presidentia abbrev. procur. 2584

de mil. gen. 1 13 65 67 70 127 131 134 141 152 184 188 215 218 258 261 267 298 319 321 339 368 439 473 540 600 608 647 672 677 707 756 797 800 811 817 831 835 839 850 859 905 911 932 971 993 997 1009 1017 1041 1051 1062 1064 1067 1088 1111 1141 1150 1158 1194 1253 1259 1268 1291 1311 1376 1415 1425 1485 1488 1496 1611 1633 1671–1672 1683 1712 1805 1833 1838 1841–1842 1857 1863 1880 1885– 1886 1936 1991 2017 2031–2032 2038 2094–2095 2116 2118 2120 2125 2155 2160–2161 2177 2255 2267 2292 2327 2333 2351 2353 2361 2366 2370 2397 2402 2408 2455 2469 2491 2507 2511– 2512 2515 2523 2527–2528 2549–2550 2554 2562 2569 2600–2601 2616 2621 2637–2638 2661 2669 2674 2688 2703 2737 2745 2748 2845 2862 2931 2945 3002 3056 3082–3085 3090 3111–3112 3187 3226 3294 3296 3309 3317 3353 3359 3446 3498 3505 3516 3526 3578 3594 3613 3628 3637 3659–3660 3698 3700 3721 3736 3752 3782 3801 3856 3868 3881 3914 3947 4011 4027–4028

4052 4093 4280 4294 4387 4401 4473 4486 4512 4544 4611 4614 4617–4618 4643 4690 4731 4814 4825 4850 4949 4952 4960 5284 5297 5370 5453 5491– 5492 5588 5603 5616 5630 5751 5809 5858 6020 6142 6195 6256 6263 6274 6315 6340 6384 6388 6429 6499 6515 6522–6523 6561 6564 6579 6601 6661 6736 6746 6778 6840 6919 6935 6973 6991 7002 7039 7043 7051 7066 7230 7241 7262 7303–7304 7407 7413 7466 7484 7518 7582 7689 7711 7740 7760 7782 7789 7823 7834 7837–7838 7840 7846–7848 7850 7853 7855 7899 7932 7963 7965 7968 7975 8039 8063 8091 8096 8218 8365 8390 8428 8515 8521 8527 8530 8545 8554 8556–8557 8715 8863 8876 8882 8902 8908 9016 9088 9125 9173 9193 9195 9211 9232 9300 9312 9316–9318 9321 9328 9344 9457 9554 9637 9642 9651 9676 9680 9689 9713 9723 9763 9783 9806 9812 9886 9947 9979 9983 9985 10026 10067 10069–10070 10077 10123 10127 10144 10173 10201 10217 10222– 10223 10233 10271 10278 10280 10285 10289 10295 10322 10352 10376 10387 10427–10428 10438 10450 10455 10466 10478 10483 10493 10513 10526 10531 10548 10550 10596 10599 10603 (394 Belege)

de min. presidentia abbrev. 2791 6781

de minori iustitia → abbrev. et corrector litt.

de minori parco 2891

de n. prom. 19 22 40 45 51 70 75 107 152 182 214 327–329 379 407 412 451 478 496 520–521 536 570 574 576 591 646 667 671 730 734 741 800 811 815 861 868 876 921 939 975 1025–1026 1062– 1063 1119 1159 1198 1202 1224 1303 1348 1407 1414 1426 1429 1505 1583– 1584 1633 1671 1687 1713 1736 1809 1821 1840–1841 1845 1912 1929 1936 1974 1989 2040 2055 2070 2094 2101 2105 2108 2149 2171 2176 2192 2226 2237 2313 2327 2353 2373 2386 2388 2402 2409 2427 2429 2491–2492 2507 2511 2525 2535 2611 2650 2689 2729 2737 2748 2755 2769 2787 2790 2853– 2854 2926 2987 2990 3000 3011 3046 3114 3126 3128 3215 3217–3218 3225

3291 3296 3351 3410 3439 3498 3562
3587 3638 3670–3671 3678 3692 3702
3747 3782 3835 3837 3844 3867 3896
3924 3926 3972 3976 3983 3995 4067
4121 4218 4225 4232 4271 4284 4326
4329 4343 4394 4556 4614 4636 4673
4677 4685 4690 4726 4742 4821 4827
4873 4891 4902 4922 4924 4939 4946
4964 4966 4982 5052 5085 5122 5145
5160 5164 5185 5205 5215 5223 5228
5241 5260 5291 5366 5440 5481 5548
5601 5643 5652 5666 5674 5700 5702
5716 5739 5793–5794 5817 5848 5874
5964 5972 5985 6055–6056 6058 6187
6195 6209 6230 6244 6254 6263 6265
6285 6289 6293 6297 6315 6338 6340
6374 6448 6457 6465 6493 6513 6523
6527 6530 6544 6546 6553 6571 6578
6603 6738 6773 6812 6889 6957 6995–
6996 7013 7022 7029 7035 7084 7098
7142 7205 7235 7346 7353 7376 7394
7430 7451 7492 7501 7504 7642 7660
7721 7738 7788 7827 7834 7900 7932
7980 8015 8039 8072 8080 8099 8110
8145 8154 8164 8170 8177 8180 8218
8261 8267 8345 8382 8387 8416 8440
8502–8503 8505 8549 8554 8567 8579
8584 8588 8703 8729 8731 8767 8804
8876 8910 8937–8938 8945 8991 9029
9113 9137 9139 9141 9160 9199 9219
9222 9232–9233 9242 9279 9316 9325
9346 9351 9380 9398 9438 9495 9512
9520 9576 9599 9612 9621 9637 9668
9678 9705 9734 9765 9767 9810 9833
9841 9846 9866 9870 9923 9947 9966
9983 10067–10068 10070 10131 10230
10278 10323 10354 10384 10393
10425 10449 10466 10480 10519
10524–10525 10529 10579 10582
10596 10598–10599   (398 Belege)
de natione Scotica → abb. et monachi
de nob. et illustri gen. 107 2867 6521
  6999 7488
de nob. et illustrissimo gen. 9930
de nob. gen. 5–6 18 29 32 52 104 115 153
  162 177–178 191 204–205 222 295 312
  335 357 371–372 381 392–393 395 400
  410 486 513 517 585 590 624 631 658
  669 698 708 737 779 792 811 871 877
  881 885 890 917 976 987 1023 1026
  1055 1114 1215 1254 1291 1366 1394
  1447 1503 1505 1538 1571 1611 1621

1640 1644 1671 1673–1674 1683 1703
1720 1730 1735 1741–1743 1775 1788
1821 1864 1922 1928 1942 1959 1982
2024 2054 2059 2068 2099 2163 2166
2226 2275 2327 2398 2408 2427 2455
2463 2469 2494 2511 2514 2546 2571
2605 2617 2638 2681 2686 2689 2693
2731 2755 2844–2845 2862 2905 2934
2992 3027 3051 3059 3127 3140 3169
3179 3191 3262 3309 3347 3349 3367
3416 3464 3576 3660 3671 3677 3692
3700 3720 3782 3881 3905 3922 4009
4019 4066 4091 4144 4231 4275 4277
4369 4373 4377 4416 4506 4527 4572
4590–4591 4596 4650 4654 4677 4689
4691 4694 4710 4733 4803 4814 4818
4908 4917 4943 4994 5028 5043 5066
5184 5213 5298 5322 5347 5370 5384–
5385 5453 5500 5524 5545 5632 5656
5658 5676 5716–5718 5736–5737 5807
5819 5837 5879 5900 5963 6016 6029
6151–6152 6171 6176 6228 6263–6264
6327 6342 6352 6374 6408 6422–6423
6522 6633 6637 6661 6771 6804 6814
7007 7018 7022 7229 7249 7333 7354
7403–7404 7608 7620 7633 7656 7677
7689 7743 7749 7751 7781 7798–7799
7811 7814 7826 7831 7856 7916 7942
8016 8030 8036 8064 8080 8101 8109–
8110 8113 8120 8125 8133 8210 8224
8230 8288 8306 8327 8334 8345 8356
8372 8377 8379 8385 8404 8440 8473
8524 8554 8565 8612 8640 8665–8666
8708 8717 8721 8730 8762 8826 8831
8874 8890 8912 8914 8957 8968 8998
9012 9025 9046 9075 9113 9119 9131
9146 9162 9164 9190 9197 9233 9254
9274 9276 9323 9347 9365 9447 9457
9464 9466 9468–9469 9471–9472
9474–9476 9478–9482 9491 9495 9542
9570 9633 9762 9795 9797 9856 9891
9915 9926 9948 10067 10090 10094
10144 10150 10169 10236 10312
10344–10345 10353 10380 10392–
10393 10451 10459 10466 10485
10493 10501 10582 10604 10613
                        (385 Belege)
de nob. gen. → abba.
de novo 34 44 102 118–119 188 236 266
  270 274 319 390 398 456 584 618 687
  693 717 762 781 833 861 1009 1042
  1086 1216 1226 1237 1430 1445 1616

1693 1708 1727 1770 1783 1801 1816
1845 1848 1850 1865 1869–1870 1946
2035 2093 2226 2231 2270 2315–2316
2379 2390 2420–2421 2474 2550 2637
2695 2811 2854 2961 2986 3022 3032
3162 3224 3363 3472 3553 3557 3643
3646 3719 3772 3832 3861 3925 4011
4101 4224 4280 4284 4293 4535 4549
4595 4664 5072 5098 5489 5606 5722
5929 5982 6012 6045 6111 6221 6301
6323 6367 6497 6547 6643 7103 7105
7136 7252 7426 7479 7483 7541 7552–
7553 7591 7630 7738 7741 7783 7826
7937 7987 8132 8279 8335 8437 8456
8463–8464 8468 8530 8544 8547 8550
8649 8679 8715 8855 8880 8974 9040–
9041 9090 9108 9124 9165 9181 9198
9249 9312 9337 9380 9501 9508 9594
9647–9648 9729 9825 9862 9878–9879
9932 9961 9992 10084 10101 10109
10150 10257 10349 10526 10609
10622–10623   (178 Belege)

de novo ad 30 an. → indulg.

de o.fr.herem. s. Aug. se ad o.s. Ben. transtulit 3308

de origine Alamannus → habitator uxoratus in civit. Janue

de parco maiori abbrev. pape fam. 134

de Putkies nunc. → preb.

de Ravensberge consiliarius → ducis Julie / ducis Juliacen. et Monten. ac comitis

de Rospoyll et Mapoyll nunc. → preb.

de Ruvere] tit. s. Clementis presb. card. f[am]. → Fiat pro [Dominici

de Schulenborch nunc. → nob. vulg.

de Torner nunc. → preb.

de Vissora vulg. nunc. → preb.

de Wese Termase vulg. nunc. → paroch.

de Widen vulg. nunc. → vicar.

de Wirttemberg consiliarius → com.

deaurate vulg. nunc. → vicar. b. Marie virg. ad alt. s. Crucis

deauratus 2389 3587

debacchor 10110

debello 529 732 5597 7742 7828

debeo 43 117–118 127 162 195 202 208
232 270 285 294 412 419 426 431 525
527–529 532 548 594 610 619–620 636
657 663 687 690 699 708–709 762 764
920 923 979 1042 1044 1051 1181
1184 1233 1235–1237 1314 1394 1445
1527 1551 1608 1616 1659 1732 1740

1842 1865 1893 1916 1945–1946 1959
1982 2005 2021 2025 2030 2066 2078
2090 2107–2108 2149 2197 2219–2220
2272 2341 2343–2344 2348–2349 2356
2360 2377 2389 2410 2434 2440 2444
2494 2498 2541 2547 2549–2550 2712
2781 2805 2910 2931 2945 2963–2964
2986 3033 3059 3073 3076 3102 3111
3116 3162 3175–3176 3218 3300 3337
3385 3403 3436 3454 3526 3548 3556
3561 3610 3722 3729 3765 3772 3788
3799 3825 3897 3921 3982 3984 4012
4117 4151 4167 4225 4227 4284 4331–
4332 4353 4411 4447 4458 4476 4520
4530 4536 4551 4569 4614 4902 4933
4957–4958 4972 5039 5074 5076 5098
5100 5155 5165 5191 5197 5210 5291
5329 5340 5363 5379 5503 5535 5637
5703 5732 5743 5761 5968 6080–6082
6194 6327 6381 6389 6414 6691 6695
6776 6811–6812 6854 6916 6941 6961
7059 7090 7160 7180 7186 7240 7256
7269 7289 7305 7321 7329–7330 7342
7352 7381 7383 7407 7463 7470–7471
7477 7479 7486 7490–7491 7501 7518
7522 7551 7620 7689 7815 7831 7839
7841 7852 7854 7860 7865 7867 7985
7993–7994 8075 8081 8095 8335 8355
8448 8461–8463 8465–8466 8534–8535
8545 8607 8621 8716 8752 8894 9041
9045 9049 9066 9090 9121 9128 9142
9185 9255 9257 9259 9267 9286 9293
9328–9329 9390 9427 9433 9447 9455
9457–9458 9461 9526 9582 9594 9597–
9598 9606 9615 9677 9701 9711 9718
9720 9742 9787–9788 9841 9871 9881
9932 9937 9941 9973 10018 10071
10073 10075 10087 10098 10109
10137 10267 10283 10336 10362
10373 10413 10422 10490 10526
10533 10605 10609   (336 Belege)

debilis 843 917 934 1569 2220 2346 3162
4028 8012 9003

debilitas 2235 2291 3689 5002 8460 8747
9598 9818 10432 10542

debilitavit → horas can. legens visum suum

debilito 8269

debilium et paup. ex Bohemia confluentia 1569

debitam obedientiam et iurisd. redire recusant → ad eccl. sue

debitor 7 91 217 516 708 794 1054 1874
2325 2446 2548 4535 6264 7815 8719
9262 9931 10268 10330 (19 Belege)
debitum 186 272 371 393 525 610 616
620 777 794 845 912 932 996 1159
1201 1234 1461 1875 2079 2219 2323
2344–2345 2371 2410 2415 2497 2500
2521 2641 2781 2928 3139 3528 3610
3699 3721 3772 3894 3897 4271 4332
4536 4566 4569 4784 4857 4890 5037
5503 5697 6059 6291 6860 7179 7330
7490 7656 7799 7812 7859 7875 8166
8438 8448 8534 8631 8707 8795 9142
9255 9277 9293 9327 9347 9465 9501
9528 9569 9628 9705 9710–9711 9787
9824 9932 10088 10094 10098 10108
10169 10182 10184 10336 (95 Belege)
dec. (2007 Belege)
dec. → coll.
dec. eccl. p. can. el. et p. abba. approbatus
584
decan. 5 18 44 51 61 71 116 131–135 144
178 188 207 260 292 327 351 357 367
400 405 425 474 497 517 546–547 563–
564 584–585 613 621 649 672–673 693
717 763 774 801 805 807 828 844 857
860–863 872 902 911–912 917–918
921 930 932 951 955 981 1003 1014
1028–1029 1031 1033 1045 1063 1065
1089 1118 1196 1198 1216 1234 1253
1258 1265 1269 1304 1321 1356 1376
1430 1461 1477 1506 1523 1549 1578
1610 1631 1672 1683 1700 1732 1770
1803 1805 1807 1821 1879 1904 1912
1916 1922 1936 1948 1982 1986 2016
2024 2033 2055 2075 2077 2084 2109–
2111 2113 2121 2148 2163 2167 2254
2272 2327 2340–2341 2358–2359 2366
2374 2380 2388 2410 2413 2434 2451
2457 2494 2506 2528–2529 2532 2550
2573 2603 2605 2657 2695 2713 2751
2762 2776 2780 2783 2789 2792 2794
2854–2855 2926 2930–2931 2945 2957
2985 3028 3059 3082–3086 3130 3149
3151 3162 3191 3199 3218 3226 3231–
3232 3287 3295 3306 3309 3312 3359
3389 3408 3419 3446 3452–3454 3467
3490 3511 3535 3557 3575 3582–3583
3587 3600 3610 3617 3636 3654 3656
3672 3678 3683 3687 3692 3705 3720–
3722 3725 3748 3753 3755–3756 3758
3768 3782 3817 3825–3826 3828 3830

3875 3884 3896 3955 3977 3980 4011
4025 4058 4066–4067 4091 4146 4175
4242 4255 4262 4277 4280 4284–4285
4290 4348 4367–4368 4394 4419 4434–
4435 4453 4477 4534 4546–4548 4580–
4582 4588 4610 4630 4677 4682 4685
4707 4719 4754 4762–4763 4786–4787
4848 4860 4884 4891 4924–4925 4955
4961 5001 5042 5045 5052 5105 5108
5160 5170 5209 5237 5282 5284 5286
5291 5300 5340 5358 5363 5370 5379
5391 5400 5428 5436 5456 5489 5524
5538 5547–5548 5570 5581 5607 5636–
5637 5649–5650 5653 5661 5673 5678
5691 5725 5737 5746 5755 5794 5801
5839 5856 5879 5881 5897 5912–5913
5919 5925 5942 6016 6037 6039 6056–
6058 6060 6084 6123–6124 6130 6144
6167 6171 6238 6255–6256 6264–6265
6271 6338 6345 6355 6357 6438 6544
6547 6561 6575 6596 6629 6662 6667
6685 6697 6771 6789 6791 6817 6842
6900 6935 6940–6941 6994 7001 7051
7066 7068 7080–7081 7083 7092 7117
7140 7180 7189 7234 7236 7244 7295
7307 7321 7327 7352–7353 7375–7377
7394 7416 7432 7453 7477 7488 7497–
7498 7553 7578 7633 7670 7700 7711
7722 7740 7783 7790–7791 7801 7814
7834–7837 7848–7851 7854 7912 7937
7952 7954 7990 7994 8018 8056 8073
8091 8113 8130 8132–8133 8152 8190
8205 8249 8304 8314 8325 8347 8385
8397 8425–8426 8439 8529–8530 8537
8547 8580–8581 8588 8608 8614 8701–
8702 8769 8801 8844 8881 8915 8998
9045 9059 9063 9092 9097 9125 9139
9197–9198 9297 9300 9299 9343 9361
9368–9369 9378 9420 9455 9457 9461
9466 9472–9473 9491 9500–9501 9536
9543 9552 9554 9557 9597 9628–9631
9654 9658 9677 9680 9714 9720 9729–
9732 9743 9777 9806 9824 9927–9928
9935 10027 10080 10091–10099 10127
10131 10161 10184 10211 10267
10279 10345–10346 10383 10425
10427 10444 10448 10450 10453
10455 10465 10473 10479–10480
10482 10505 10519–10520 10523
10526 10536–10537 10543 10549
10552 10599 10609 10624 (601 Belege)

decan. ruralis (concilii) 1045 2945 3028
3149 3232 3753 4924–4925 5856 6271
9198 (11 Belege)
decanissa 274 7822
decano eccl. presentavit → cler. Bremen.
dioc. fil. suum naturalem ad d. vicar.
decantare → horas can. de s. Spiritu
decanto 127 201 2131 3102 3272 3527–
3528 4206 4983 6941 7991 8490 8789
9188 9328 9940 (16 Belege)
decapitatorum) → ossa 17 sanctorum Thebeorum (1.200 an. elapsis in ponte Solodori c. s. Urso et s. Victore
decb. → febr., apr., iun., aug., oct. et
decb. → vac. in mensibus febr., apr., iun.,
aug., oct. et
decb. → vacat. in mensibus febr., apr.,
iun., aug., oct. et
decedo 102 105 118 201 451 527 678 880
1051 1190 1243 1784 1793 1807 1877
2085 2090 2110 2254–2255 2344 2549
2641 3175 3473 3699 3805–3806 4028
4447 4506 5968 6253 6565 6816 7055
7321 7407 7537 7810 7975 7991 7993
8493 8808 9121 9138 9937 10075
10268 10481 10520 (52 Belege)
decennium 8464
decens 352 1212 2160 2560 2690 6447
9003 9192
decenter 9121
deceo 2945 4568
decernatur → absol. nullam esse
decerno 223 268 352 1073 1187 1234
1779 1795 2195 2344 2347 2928 3825
4566 6263 6553 6696 7055 7156 7469
8534 9011 9777 10087 (24 Belege)
decerto 7742
decessus 4527 9941
decido 133 431 762 2071 2356 2433 2964
7583 7985 8462 9732 10531
(12 Belege)
decima 60 102 117 393 406 516 525 527
616 620 670 687 700 709 763 964 1053
1187 1528 1756 1779 1831 1865–1867
1869 1871 1947 1957 2168 2195 2393
2417 2542 2597 2642 2894 2920 3077
3079 3097 3133 3139 3385 4039 4057
4152 4506 5311 5449 5819 6221 6935
7078 7296 7330 7381 7444 7489 7551
8535 8863 8954 9023 9041 9066–9067
9185 9208 9224 9249 9592 9594 9625
9890 9935 9946 9984 10073 10137

10257–10258 10266 10282 10302
10413 10605 (87 Belege)
decimalis 1174 1528 1801 2417 3133
5084 7252 7296 9041 9224 9594 9605
9936 10037 10074 (15 Belege)
decimis ex novalibus perceptis → absol.
pro
decimo 1866 2417 6935 7381 10074
decipio 617 1899 2349 5503 7102
decisio 10109
decl. 7 15 29 42 44 57 59 77 110–111
117–118 127–128 132–133 136 144
154 183 195 201 204 224 273–275 292
319 324 335 338 352 359 401 420 431
451 471 475 487 518 524 527–529 535
611 617 619 636 667 672 685 708 717
764 774 786 803 828 857 881 911 921
930 963 1025 1029 1041 1044 1049
1064–1065 1068 1073 1076 1082 1126
1135 1200 1203 1235–1236 1238–1239
1266 1275 1283 1303 1360 1377 1394
1414 1430 1445 1497 1533 1581 1595
1616 1643 1659 1673 1707 1732 1770
1787 1826 1840 1842–1844 1855 1863
1868–1869 1879 1895 1908 1931 1934
1939 1959 1967 1972 1990 2025 2030
2050 2079 2099 2104–2105 2108 2110–
2111 2119 2145 2154 2159 2265 2267
2270 2288 2290 2297 2302 2308 2316
2318 2320 2344 2373–2374 2396 2413
2415–2416 2421 2463 2511 2515 2522
2548–2550 2608 2624 2650 2689 2729
2779 2781 2788–2789 2793 2857 2862
2928–2929 2950 2987 2990 2999–3000
3035 3059 3084 3116 3130 3134 3153
3162 3164 3274 3306 3350 3389 3453–
3454 3456 3524–3526 3544 3547–3548
3556–3557 3581 3617 3624 3648 3670
3677–3678 3683 3685 3697 3712 3719
3721 3748 3765 3772 3782 3817 3836
3842 3859 3892 3894 3897 3917 4000
4026 4028 4085 4104 4193 4225 4229
4261 4265 4272 4280 4325 4339 4347
4476 4506 4512 4520 4527 4536 4546
4549 4551 4568 4611 4614 4631 4636
4671 4678 4690 4697 4726 4749 4774
4780–4781 4783 4792 4796 4833 4846
4875 4884 4892 4895 4933 4946 4956
4958 4966 4976 5042 5052 5058 5063
5113 5130 5173 5194 5217 5241 5271
5308 5324 5375 5385 5388 5403 5457
5461 5463 5480 5517 5522 5540 5546

5548 5570 5573 5636 5653 5674 5703
5725 5745 5761 5770 5776 5793 5813
5819 5823 5844 5865 5890 5913 5918–
5919 5965 5989–5990 6007 6013 6038
6049 6081 6093 6108 6151 6187 6231
6233 6244 6251 6261 6263–6264 6291
6375 6380 6396 6414 6447 6480 6513
6527 6552–6553 6602 6611 6624 6669
6732 6739 6812–6813 6850 6867 6882
6933–6934 6994 7007 7019 7069–7070
7081 7108–7109 7112 7119 7133 7140
7152 7162 7166 7172 7198 7283 7286
7303–7306 7328–7329 7352 7365 7383
7390–7391 7404 7444 7470–7471 7477
7479 7490–7491 7498 7500–7501 7551
7614 7642 7656 7677 7721 7724 7740
7742 7749 7760 7763 7767 7782 7790–
7791 7795 7815 7826 7834–7835 7842
7850–7853 7874 7916 7929 7937 7945
7951 7962 7977–7978 7982 7993 8001–
8002 8046 8072 8099 8131 8133 8135
8312 8316 8340 8347 8362 8407 8426
8434 8443 8448 8462–8464 8493 8512
8526 8536 8549 8580–8581 8588 8640
8665 8675 8683 8688 8702 8707 8716–
8717 8723 8735 8762–8764 8821 8836
8962 9036 9041 9046 9049 9096 9126–
9128 9137 9154 9156 9166 9178 9196
9206 9211 9214 9249 9256 9289 9299
9379 9384 9400 9415 9427 9454 9472
9511 9526 9528 9554 9563 9587 9608
9627 9631 9677 9710 9718 9720 9729
9740 9750 9764 9812 9825 9828 9846–
9847 9860 9862 9866 9868 9879 9890–
9891 9916 9923 9930 9933 9935–9937
9940 9982 9989 10018 10041 10067
10075 10091 10094 10104 10111
10148 10153 10174 10223 10233
10244 10250 10257–10258 10268
10285 10289 10332 10336 10345
10388 10490 10493 10523 10536
10605 10607   (599 Belege)
decl. certe surreptionis certarum bullarum
   → vac. p.
decl. nullitatis 1863 2159 2344 2781 8443
   8448 9526
decl. quanti → sine
declinatorius 3513
declino 786 3071 9328 10466
decollo 935 3051 7149 10411
decor 5654

decoro 768 4520 7522
decr. 5 13 19 79 84 106 109 111 132 159
   205–206 222 235 262 277 292 297 312
   315–316 351 355 359 381 414 419 444
   489 524 528–530 536 546–547 576 582
   596 624 636 667 673 683 687 699 706–
   707 717 749 757 774–775 782 803 828
   833 836 852 855 858 861 863 866 876
   880 890 951 981 1031 1083 1090 1114
   1147 1150 1159 1194 1198 1215 1233
   1237 1249 1265–1266 1303 1311 1341
   1356 1381 1421 1428 1439 1457 1461
   1466 1471 1488 1505 1511 1514 1580
   1586 1609 1611 1631 1664 1674 1683
   1710 1769–1770 1879 1921 1924 1970
   1998 2003 2008–2009 2021 2027 2041
   2055 2059 2068 2093 2107 2118 2180
   2200 2218 2226 2245 2255 2274 2292
   2318 2323–2324 2329 2379 2413 2416
   2440 2487 2494 2503 2506 2521 2523
   2532 2548–2550 2554 2562 2564 2574
   2590 2600 2612 2620 2622 2650 2680
   2696 2702 2706 2740 2750 2820–2821
   2843 2845 2853 2855 2892 2898 2924
   2940 2950 2958 2970 2974 2990 2995
   3011–3012 3078 3080 3082 3084–3086
   3092 3143 3153 3160 3162–3163 3191
   3217–3218 3271 3302 3306 3352 3355
   3357 3371 3389 3403 3438 3446 3490
   3513 3516 3524–3525 3527 3538 3559
   3566 3574 3581 3592 3600 3627 3637
   3650 3692 3694 3702 3719 3722 3726
   3735 3739 3772 3788 3798 3801 3814
   3818 3843 3859 3876 3896 3919 3926
   3947 3978 4020 4035–4036 4059 4072
   4088 4116 4146 4151 4164 4167 4170
   4195 4213 4223 4227 4229 4241 4270
   4281–4282 4296 4300 4304 4306–4307
   4325 4340 4357 4390 4403 4415 4466
   4476 4501 4506 4512 4518 4528 4551
   4566 4568 4582 4611 4631 4636 4659
   4666 4669 4691 4696 4703 4719 4738
   4752 4780–4781 4784 4786 4796 4821
   4824 4827 4846 4848 4895 4923–4924
   4948 4955 4960 4962 4964 4994 5045
   5057 5091 5105 5117 5123 5126 5130
   5135 5154 5161 5177 5188 5197 5219
   5226–5227 5237 5259 5307 5347–5348
   5381 5404 5456 5485 5489–5490 5498
   5521–5522 5524 5536 5538 5563 5607–
   5608 5632 5636 5649–5650 5653 5665
   5678 5702 5716 5725–5726 5749 5768

5781 5789 5800–5801 5803 5828 5848–
5849 5878 5881 5897 5899 5908 5912–
5914 5919 5926 5936 5942 5947 5962
6001 6016 6026 6034 6037 6058 6067
6080 6093–6094 6108 6165 6169 6172
6217 6236 6242 6271 6313 6315 6324–
6325 6329 6338 6342 6344–6345 6368
6377 6410 6429 6503 6509 6514 6528
6561 6602 6618 6661–6662 6674 6687
6710 6715 6719–6720 6739 6784 6791
6822 6839 6945 6994 7001 7040 7043
7047 7067 7072–7073 7083–7084
7109–7111 7142 7159–7160 7172–7174
7190 7194 7236 7272 7275 7283–7284
7294 7306 7331 7333 7337 7376–7377
7381 7399 7413 7422 7439 7444 7449
7454 7478–7479 7512 7577 7599 7617
7627 7630 7633 7674 7689 7714 7731
7741 7774 7790 7811 7834 7839 7849
7853 7855 7862 7876 7912–7913 7919
7922 7955 7984 8015 8073 8092 8115
8125 8130–8131 8140 8183 8202 8205
8217 8227 8249 8270 8314 8345 8360
8362 8368 8380 8401–8402 8405 8425
8438 8440 8471 8523 8534–8535 8537
8545 8549 8578 8581 8588 8611 8618–
8619 8640 8650 8660 8665 8683 8688
8704–8705 8712 8716 8718–8719
8762–8763 8775 8808 8906 8908 8910
8923 8950 8962 8970 8977 9040 9065
9091 9096 9128 9138 9172 9196 9255
9258 9299 9312 9324 9329 9331 9348
9365 9368 9378–9380 9382 9387–9388
9392 9417 9431 9440 9458 9466 9501
9543 9549 9565 9586 9620–9622 9625
9628–9629 9635 9654 9658 9670 9678
9709 9729 9734 9777 9796 9832 9847
9849 9866 9883 9897 9917 9928 9939–
9940 9948 9973 9976 9982 9987 9993
10018–10019 10024 10026 10075
10078 10087 10089 10098 10111
10127 10131 10144 10209 10260
10285 10336 10360 10373–10374
10387 10413 10420 10451 10454
10462 10478 10490 10519–10520
10526 10551 10562 10571 10580
10593 10595 10604   (690 Belege)
decr. bac. 5 444 536 576 757 1631 2200
2379 2845 3080 3302 3516 3702 3926
4072 4227 4270 4282 4403 4636 4703
4796 4824 5057 5161 5219 5649 5702
6528 6687 8073 8249 8380 8401 8660
8950 8977 9917 9939   (39 Belege)

decr. bac. → art. mag. et in
decr. bac. → art. mag. in
decr. → bac. in
decr. bac. → mag. in art. et
decr. bac., script., abbrev. ac pape fam.
    8660
decr. doct. 13 106 111 132 159 205 235
    292 312 315–316 351 355 359 414 419
    528–529 576 582 596 624 636 667 673
    683 687 699 706–707 717 774 833 836
    852 858 861 866 876 880 890 981 1031
    1083 1147 1194 1198 1356 1421 1428
    1457 1461 1466 1514 1580 1674 1683
    1710 1769–1770 1879 1921 1924 1970
    2003 2008 2041 2059 2068 2118 2180
    2226 2245 2255 2274 2324 2413 2416
    2440 2494 2503 2506 2521 2523 2532
    2548–2550 2554 2562 2600 2612 2620
    2622 2706 2740 2821 2843 2853 2855
    2892 2898 2940 2950 2958 2974 2995
    3082 3084–3086 3092 3143 3153 3160
    3163 3218 3306 3352 3371 3389 3403
    3438 3490 3513 3516 3524–3525 3527
    3538 3559 3574 3581 3592 3600 3694
    3719 3722 3726 3735 3739 3772 3788
    3798 3801 3814 3818 3843 3876 3896
    3978 4020 4036 4059 4116 4146 4151
    4164 4167 4170 4241 4306–4307 4325
    4340 4357 4390 4403 4466 4506 4512
    4551 4566 4582 4631 4666 4691 4696
    4719 4738 4752 4781 4784 4786 4796
    4821 4848 4895 4924 4948 4955 4962
    5045 5091 5105 5126 5130 5135 5154
    5177 5188 5226 5307 5347 5381 5404
    5456 5489 5498 5521–5522 5524 5538
    5563 5608 5632 5636 5665 5678 5725–
    5726 5768 5781 5801 5828 5849 5878
    5881 5897 5899 5912–5913 5936 5962
    6034 6037 6058 6094 6108 6165 6236
    6242 6271 6313 6338 6342 6344–6345
    6429 6503 6514 6561 6618 6661–6662
    6719 6739 6784 6791 6839 6945 6994
    7001 7040 7043 7072–7073 7083–7084
    7109–7111 7159 7172–7174 7236 7275
    7283–7284 7294 7331 7333 7376 7381
    7399 7439 7454 7478–7479 7627 7630
    7633 7689 7714 7731 7741 7774 7790
    7849 7853 7855 7913 7919 7922 8073
    8092 8115 8125 8130–8131 8183 8202
    8205 8227 8270 8345 8360 8368 8402
    8405 8425 8440 8523 8535 8537 8588
    8611 8619 8640 8650 8688 8704–8705

8712 8716 8718–8719 8762–8763 8775
8908 8923 8962 9040 9096 9128 9138
9172 9196 9255 9258 9299 9312 9324
9329 9348 9368 9378 9380 9387 9417
9501 9543 9586 9620 9628 9654 9658
9678 9709 9729 9734 9777 9796 9832
9847 9849 9866 9897 9928 9940 9948
9973 9982 9993 10019 10026 10075
10078 10089 10098 10127 10131
10144 10260 10285 10336 10360
10374 10387 10451 10462 10478
10490 10519–10520 10526 10593
(409 Belege)

decr. doct. abbrev. et pape fam. procur.
2503 8712

decr. doct. abbrev. → mag.

decr. doct. abbrev. pape fam. 6344

decr. doct. → art. mag. et in

decr. doct. et abbrev. de maiori parco
9678

decr. doct. in leg. bac. → mag. in art.

decr. doct. → mag. in art. et

decr. doct. pape cap. → mag. in art.

decr. doct. qui 30 an. ordinarie in cathedra
et stud. Colon. legit 10144

decr. doct. script. abbrev. 2843

decr. et art. doct. ac in theol. bac. 8314

decr. licent. 13 19 79 84 109 206 222 359
381 489 524 530 547 717 749 774 782
828 855 863 866 951 1090 1114 1150
1159 1215 1233 1237 1249 1265 1303
1311 1341 1471 1505 1511 1586 1609
1611 1631 1664 1879 1998 2009 2021
2027 2041 2055 2093 2107 2218 2255
2292 2318 2323 2329 2379 2487 2548
2564 2574 2590 2650 2680 2696 2702
2750 2820 2924 2970 3078 3084 3162
3271 3355 3357 3446 3516 3524 3566
3627 3650 3692 3801 3843 3859 3919
3947 4195 4213 4223 4227 4229 4281–
4282 4296 4300 4304 4415 4476 4501
4518 4528 4611 4659 4669 4719 4796
4827 4846 4948 4960 4964 4994 5123
5197 5227 5237 5259 5348 5485 5490
5524 5536 5538 5607 5650 5716 5725–
5726 5768 5789 5803 5848 5897 5908
5912 5914 5919 5926 5936 5942 5947
6001 6016 6026 6067 6080 6169 6172
6217 6324–6325 6329 6368 6377 6410
6509 6602 6674 6710 6715 6822 7043
7072 7084 7109 7142 7160 7190 7194
7272 7306 7376–7377 7399 7413 7422

7449 7454 7512 7577 7599 7617 7674
7811 7839 7862 7876 7912 7984 8015
8140 8217 8227 8380 8438 8471 8545
8549 8578 8581 8618 8665 8688 8718
8762 8906 8908 8910 8970 9065 9091
9138 9331 9348 9365 9368 9382 9388
9392 9440 9549 9621–9622 9625 9629
9670 9883 9976 9987 10018 10024
10089 10127 10209 10451 10454
10551 10562 10580 10593 10595
10604 (245 Belege)

decr. licent. abbrev. et pape fam. 4719

decr. licent. → art. mag. et in

decr. licent. → art. mag. in

decr. → licent. in

decr. licent. → mag. in art. et

decr. → mag. in art. et bac. in

decrepitus 286 2356 7830 10484

decretale 3559

decurro 661 1793 4856 9166

decursus 412 527 2341 10267

decus 2219 5053 9940

dedecus 7381

dedico 1739 1859 9945

deduco 79 255 372 774 989 2021 2372
2403 2500 2511 2791 2793 3088 3218
3583 4331 4351 4528 4957 5259 6720
7269 7841 7850 8001 8714 8716 9041
9049 9555 9787 9928 10258
(33 Belege)

deductio 223 431 468 595 730 1626 4400
4536 5637 7156 7492–7493 7552–7553
10112 10262 (16 Belege)

def. 1 6–7 32 52 63 69 73–74 82 108 140
156 179 190–191 195 201 218 225 234
247–249 259 267 317 327 329 344 351
405 412 420 425–426 431 436 448–449
451 458 471 475 478 514 517 519 535
538 544 555 570 584 588 592 599 622
632 647 650–651 656 671 695 727 730
739 741 781 797 806 815 819–820 849
859 893 898–899 907–908 933 944
1008 1017 1064 1069–1070 1079–1080
1082 1085–1086 1088 1091 1109 1131
1164 1203 1207 1234 1236 1261 1269
1292 1300 1312 1322 1330 1332 1352
1356–1358 1364 1387 1431 1444 1449
1457 1462 1470 1475 1479 1516 1520
1539 1569 1573 1580–1581 1587 1591
1593 1600 1606 1608–1609 1611 1630
1632–1633 1641 1643 1648 1652–1653
1660 1674 1680 1689 1703 1715 1717

1779 1792 1821 1844 1864 1889 1893
1934 1936 1977 1985 1987 1994 1999–
2000 2016 2019 2022–2023 2067 2080–
2081 2095 2104–2106 2108 2114 2143
2152 2170 2177 2181–2182 2193 2201
2226 2232 2262 2273 2275 2281 2286
2302 2309 2315–2316 2327 2330 2335
2351 2357 2373 2376 2381 2402–2403
2407 2419 2431 2436 2450 2460 2462
2465–2466 2489 2511 2537 2539 2574
2577 2583 2602 2622 2631 2633 2646
2648 2657 2671 2678 2683 2689 2708
2723 2750 2756 2764 2767 2769 2774
2785 2810 2835 2842 2847 2889 2902
2905 2913 2926 2938 2950 2956 2985
2987 2992 3000 3010 3021 3046 3054
3101 3105 3107 3118 3126–3128 3143
3156 3172 3183 3187 3202 3207 3213
3224 3246 3248 3250 3258 3263 3307
3328 3337 3342 3351 3360 3363 3372
3429 3438–3439 3455–3456 3459 3482
3486 3498 3506 3512 3515 3529 3542
3547 3553 3558 3562 3566 3568 3576
3580 3587 3589 3608 3624 3632 3653
3659 3687 3705 3712 3736 3751 3763
3772 3784–3785 3791 3800 3803 3843–
3844 3868 3873 3875 3915–3916 3919
3926 3941 3969 3975 3998 4010 4042
4066–4067 4087 4114 4119 4126 4171
4197 4213 4260 4267–4268 4275–4276
4284 4298 4304 4343–4345 4369 4385
4393 4404 4434 4458 4478 4487 4495
4507 4514 4522–4523 4533 4535–4536
4550 4557 4560 4570 4596 4606 4625
4636 4670 4677 4680 4683 4688 4723
4725 4745 4748 4750 4769 4774 4778
4807 4809 4814 4819 4849 4867 4879
4920 4929 4934 4948 4965 4967 5005
5025 5028 5113 5176 5186–5187 5192
5203 5210 5219 5228 5241 5256 5291
5294 5313 5329 5346 5353 5366 5374–
5375 5386 5389 5403 5424 5440 5459
5476 5480 5523 5532 5534 5545–5546
5556 5583 5608 5636 5645 5672–5673
5683 5688 5701 5729 5732 5747–5748
5751 5773–5774 5783 5793 5805 5815
5838 5847 5873 5881 5892 5914 5917
5931 5938 5951 5960 5964 6006 6025
6071 6078 6080–6081 6118 6130–6131
6135 6142 6183 6236 6244 6251 6277
6283 6288 6296 6303–6304 6330 6338
6349 6367–6368 6376 6383 6393 6396–
6397 6400 6405 6457 6459 6461 6470
6479 6486 6509 6513 6515 6520 6523
6535 6546 6559 6562–6563 6617 6625
6630 6635 6660 6668 6684 6721 6752
6769 6779 6822 6828 6831 6840 6849
6859 6865 6868 6874 6883 6888 6893–
6894 6909 6911 6918 6928 6930 6962
6968 7014 7046 7065 7070 7086 7088
7097 7101 7112 7122 7171 7173 7208
7228 7230 7243 7257 7294 7314 7320
7328 7342 7344 7346 7372 7394 7398
7402 7414 7433 7440 7453 7467 7469
7475 7484 7489–7490 7492 7504 7544
7556 7559 7584 7612 7617 7623 7642
7653 7663 7677 7679 7698 7724 7727
7738 7744 7757 7776 7780 7784 7788
7803 7806 7808 7842 7855 7895 7924
7962 7965 7978 8020 8029 8037 8069
8073 8076 8102 8129 8138 8164 8168
8189 8198 8207 8229 8232 8244 8295
8307–8308 8344 8355 8389 8424 8434
8441 8453 8487 8498 8517–8518 8526
8529 8549 8557 8559 8566 8568 8597
8617 8634 8636 8641 8658 8663 8666
8686 8689 8693 8696 8701 8703 8729
8749 8765–8766 8771 8796 8802 8807
8815–8816 8821 8854 8865 8873 8877
8885 8891 8908 8918 8939 8945 8994
8996 9041 9053 9095 9100 9113 9118–
9119 9137 9149 9206 9217–9220 9227
9229 9231–9232 9251 9266 9270 9273
9341 9355 9369 9372–9373 9409 9414
9417 9435 9437 9439 9459 9466 9505–
9506 9512 9517 9552 9554 9559 9562
9564 9566 9581 9601 9610 9633 9635
9645 9647 9649–9650 9740 9747 9751
9754–9755 9766 9782–9783 9809 9813
9823 9829–9830 9857 9863 9874 9877
9895 9906 9911 9929 9947 9951 9956
9970 10009 10020 10059 10061 10070
10097 10131 10133 10141 10154
10160 10165 10249 10291 10294
10309 10321 10323 10329 10361
10367 10390 10394 10412 10420
10426 10431 10438 10441 10451
10481 10538 10550 10586 10602
10611   (834 Belege)
def. corp. 517 544 584 739 1085–1086
1207 1581 1660 1987 2080 2095 2170
3126 3187 3589 3868 4809 4849 5389
5815 6183 6828 6894 7228 7433 7489
7806 7924 8816 9270 9409 9506 9559
10323   (35 Belege)

def. et. 1 6 32 52 63 69 108 140 190 218
234 267 329 351 405 420 449 458 475
538 570 647 651 656 671 695 727 741
797 815 859 893 1008 1017 1064 1070
1079 1082 1088 1109 1358 1364 1444
1573 1633 1703 1779 1821 1936 1977
1994 2000 2023 2067 2104–2105 2152
2177 2226 2232 2275 2302 2327 2330
2351 2357 2373 2402–2403 2436 2511
2537 2633 2646 2657 2723 2750 2835
2847 2905 2950 3046 3054 3107 3128
3143 3183 3258 3439 3506 3512 3515
3529 3558 3566 3587 3632 3659 3736
3751 3919 4066–4067 4119 4171 4260
4268 4276 4284 4304 4434 4458 4507
4535 4596 4677 4680 4683 4725 4745
4774 4807 4814 4819 4948 4965 5219
5241 5313 5375 5532 5545–5546 5583
5608 5683 5701 5748 5881 5931 6071
6244 6304 6396 6405 6470 6479 6515
6546 6617 6625 6660 6769 6779 6840
7086 7112 7122 7171 7173 7230 7294
7328 7344 7394 7402 7467 7469 7484
7492 7504 7544 7623 7653 7677 7727
7738 7808 7842 7855 7962 8069 8073
8076 8129 8164 8189 8229 8307–8308
8355 8389 8453 8498 8557 8597 8617
8666 8686 8689 8703 8765 8771 8802
8854 8865 8873 8877 8885 8908 8994
8996 9095 9113 9149 9206 9218 9220
9266 9273 9372 9414 9435 9466 9505
9512 9517 9552 9554 9564 9581 9633
9649 9747 9783 9809 9823 9829–9830
9874 9877 9911 9929 9947 9951 9970
10020 10070 10131 10154 10309
10394 10438 10451 10481 10550
10586   (257 Belege)

def. et. et sup. idiomate → disp. sup.

def. luminis 517

def. medicorum 201 8434

def. nat. 6–7 52 69 73–74 82 140 156 179
191 195 225 247–249 259 317 327 329
344 412 425–426 431 436 448–449 451
458 471 478 519 535 544 555 588 592
599 622 632 650–651 695 730 781 806
819–820 849 898–899 907–908 933
944 1069–1070 1080 1091 1131 1203
1234 1261 1269 1292 1300 1322 1330
1332 1352 1356–1357 1387 1431 1449
1457 1462 1470 1475 1479 1516 1520
1573 1580 1587 1591 1593 1600 1606
1608–1609 1611 1630 1632 1641 1643

1648 1652–1653 1674 1680 1689 1715
1717 1779 1792 1864 1889 1893 1934
1985 1999 2016 2019 2022 2081 2104
2106 2108 2114 2143 2181–2182 2193
2201 2262 2281 2286 2309 2315–2316
2335 2357 2376 2381 2407 2419 2431
2436 2460 2462 2465–2466 2489 2537
2539 2574 2577 2583 2602 2622 2631
2633 2648 2683 2689 2708 2756 2764
2767 2769 2774 2785 2810 2842 2847
2889 2902 2913 2926 2938 2956 2985
2987 2992 3000 3010 3101 3105 3107
3118 3127 3156 3172 3202 3207 3213
3224 3246 3248 3250 3263 3307 3328
3337 3342 3351 3360 3363 3372 3429
3438 3455–3456 3459 3482 3486 3498
3512 3515 3542 3547 3553 3562 3568
3576 3580 3608 3624 3653 3687 3705
3712 3763 3772 3784–3785 3791 3800
3803 3843–3844 3873 3875 3915–3916
3926 3941 3969 3975 3998 4010 4042
4087 4126 4197 4213 4260 4267 4275
4298 4343–4345 4369 4385 4393 4404
4478 4487 4495 4514 4522–4523 4533
4535–4536 4550 4557 4560 4570 4606
4625 4636 4670 4688 4723 4748 4750
4769 4774 4778 4819 4879 4920 4929
4934 4948 4967 5005 5025 5028 5113
5176 5186–5187 5192 5203 5210 5228
5256 5291 5294 5329 5346 5353 5366
5374–5375 5386 5403 5424 5440 5459
5476 5480 5523 5532 5534 5545 5556
5636 5645 5672–5673 5688 5729 5732
5747–5748 5751 5773–5774 5783 5793
5805 5838 5847 5873 5881 5892 5917
5938 5951 5960 5964 6006 6025 6071
6078 6080–6081 6118 6130–6131 6135
6142 6236 6251 6277 6283 6288 6296
6303 6330 6338 6349 6367–6368 6376
6383 6393 6396–6397 6400 6457 6459
6461 6486 6509 6513 6515 6520 6523
6535 6559 6562–6563 6630 6635 6668
6684 6721 6752 6822 6831 6849 6859
6865 6868 6874 6883 6888 6893 6909
6911 6918 6928 6930 6962 6968 7014
7046 7065 7070 7088 7097 7101 7173
7208 7243 7257 7294 7314 7320 7328
7342 7346 7372 7394 7398 7414 7440
7453 7475 7489–7490 7556 7559 7584
7612 7617 7642 7663 7679 7698 7724
7757 7776 7780 7784 7788 7803 7808
7855 7895 7965 7978 8020 8029 8037

8102 8138 8168 8198 8207 8229 8232
8244 8295 8344 8424 8441 8487 8517–
8518 8526 8529 8549 8559 8566 8568
8634 8636 8641 8658 8663 8693 8696
8701 8703 8729 8749 8766 8796 8807
8815 8821 8854 8891 8918 8939 8945
9041 9053 9100 9118–9119 9137 9217
9219 9227 9229 9231–9232 9251 9341
9355 9369 9373 9417 9437 9439 9459
9466 9562 9564 9566 9601 9610 9635
9645 9647 9650 9740 9751 9754–9755
9766 9782 9813 9857 9863 9895 9906
9956 10009 10059 10061 10097 10131
10133 10160 10165 10249 10291
10294 10309 10321 10329 10361
10367 10390 10412 10420 10426
10431 10441 10451 10481 10538
10586 10611   (574 Belege)
def. nat. → abbrev. absque disp. sup.
def. oculi 1164 1581 2080 2450 2678
    4867
def. pecuniarum 1539
def. spiritus 201
def. visus 1312
defalco 2079 2945
defendo 352 619 1599 2415 3106 3146
    3897 4014 5036 6188 6810 7330 7689
    8374 8658 9203 9942   (17 Belege)
defensibilis 8463
defensio 106 201 391 635 730–731 880
    1180 1205 1240–1241 1550 1779 1972
    2364 2434 2470 2641 3009 3175 4389
    4606 5487 5947 6263 7180 7236 7302
    7489 7492 7551 7907 7979 8095 8456
    8535 8697 9041–9042 9121 9142 9329
    9379 10075 10097 10111   (46 Belege)
defensio R. E. contra hereticos in partibus
    Bohemie et in op. Prag. 9042
defensione contra hereticos Bohemos se-
    cum habebat interfecit → c. ense quem
    pro sua
defensione fidei → indulg. pro
defensione (que iuris naturalis est) dene-
    gata 3009
defensor 186 728 1707 4355 8007 8941
deferendi camisias lineas → lic.
defero 105 127 525 636 1241 1738 1742
    1779 1793 1874 1972 3579 3772 4023
    4028 4091 4536 4995 5697 6016 7383
    7530 7986 8427 9044 9270 9552 9569
    9596 10110 10373 10422 10622
                            (33 Belege)

deficio 693 1500 2025 2066 2110 8076
    8119 10110
definitivus 1528 1678 2289 2928 4148
    4552 6891
defloratio 6507
defloro 6385 10089
defluo 9185
deformitas 6183 7228 9409
deformo 10181
defraudo 2032 4031 9940 10245
defunct. 36 43 135 202 204 222 285 405
    413 416 442 458 485 493 534 547 589
    673 704 726 817 845 860 889–890 909
    992 1135 1277 1299 1378 1461 1600
    1649 1672 1732 1793 1823 1916 1938
    1981 2007–2008 2035 2044 2112 2127
    2131 2138 2162 2288 2315 2373–2374
    2389 2414 2420 2439 2509 2523 2649
    2831 2855 2929 3012 3058 3082 3085
    3139 3290 3372 3414 3474 3528 3682
    3695 3747 3774 3784 3811 3859 3877–
    3878 3910 3920 3922 4044 4151 4203
    4253 4319 4328 4331 4409 4423 4552
    4600 4618 4659 4664 4669 4710 4731
    4759 4782–4784 4791 4800 4846 4877–
    4878 4891–4892 4902 4916 4925 4946
    4956 4959 4976 5001 5025 5051 5061
    5134 5154 5177 5222–5223 5235 5250
    5527 5533–5534 5541 5563 5646 5673
    5696 5725–5726 5731–5732 5758
    5827–5828 5902 5951 5966 5972 5980
    5990 6067 6080 6093 6231 6233 6264–
    6265 6282 6292 6446 6553 6568 6590
    6617 6810 6833 6908 6918 6996 7083
    7106 7159 7193 7234 7303 7343 7374
    7578 7630 7642 7722 7740 7745 7860
    7875 7937 7963 7991 7993 8133 8227
    8304 8329 8335 8353 8368 8379 8425
    8469 8481 8549–8550 8581 8596–8597
    8608 8627 8683 8743 8778 8827 8843
    8885 8935 9006 9045 9115 9126 9205
    9233 9286 9342–9343 9472 9501 9508
    9555 9607 9654 9665 9751 9847 9878
    9906 9976 10041 10285 10344 10352
    10378 10381 10388 10423 10478–
    10479 10486 10493 10554 10622
                            (252 Belege)
defunct. → in cur.
dego 10 262 264 320 659 763 765 872
    977 1048 1076 1170 1184 1235–1236
    1238 1242 1434 1698 1708 1870 1909
    2138 2267 2273 2344 3001 3076 3100

3825 4209 6641 7297 7413 7696 8421
8456 8460 9065 9329 9458 9618 9711
9936 10137 10177 10224   (47 Belege)
degradatio 242 4569
degrado 880 2521
dehonesto 8139
deicio 979 9504
delapidatio 6931 8510 8624
delapido 5196
delatio 9065
delecto 7742
delegatio 941 1174 1622 2830 5239 5426
    5909 6035 6597
delegatus 119 254 361 431 556 931 974
    1539 1656 1824 1959 3134 3431 3825
    4331 4552 5121 5160 5861 7075 7224
    8002 10351 10357   (24 Belege)
deleo 1550 3153 7383 7405 7434 7637
    7937
delibero 2916 6857 7382
delictis elencatis → absol. a certis
delictis gravibus → absol. etiamsi in
delictum 2273 2356 2792 3059 3520 4551
    5226 9096 10074
delinquo 2345 3436 3964 5461 9096
demando 1772 4208 7477 10110 10267
dementia 4562 7353
demeritum 469 1137 5056
deminuo 138 246 1383 1500 1578 1640
    1674 2030 2033 2138 2345 2389 2440
    2712 2862 3102 3104 4566 6038–6039
    6355 7059 7103 7125 7498 8348 9124
    9589 9935 10302   (30 Belege)
demitto 731
demo 654
demoliendi → lic.
demolior 236 246 528–529 1181 1235
    1707 2035 2138 2420 2852 3098 6497
    7493 8456 8469 9804 9936 (18 Belege)
demolitio 2035
demulceo 7491
den. 185–186 190 232 235 259 371 932
    964 1057 1137 1193 1237 1553 1626
    1711 2521 2684 2738 2910 2983 3150
    3155 3385 3472 3896 4150 4164 4271
    4340 4395 4645 5006 5496 5789 6673
    6712 7054 7082 7125 7244 7384 7407
    7413 7492 7551 7553 8012 8309 8407
    8535 8864 9049 9077 9249 9258 9363
    9440 9544 9609 9709 9762 9881
    10091–10095 10097–10099 10150
    10278 10360 10583   (75 Belege)

den. → valor fruct. / red. beneficiorum
    [pars separata in fine appensa]
den. → libr.
den. monete Lubic. 9881
den. monete Romane 9440
den. monete Salzeburg. → libr.
den. s. Petri 232 7551 10091–10095
    10097–10099
denegatio 2626
denegavit → absol.
denego 57 385 1442 2021 2078 2219
    2383 3009 3061 3225 4103 5100 5537
    6215 6456 7198 7224 7329 7550 7611
    8463 8534 9012 9108 10108
                            (25 Belege)
denuntio 1844 1972 2945 4374 10012
depaupero 3009 8510 8545 10093
depend. 104 654 763 773 801 950 1028
    1383 1492 2232 2267 2404 2551 2845
    3012 3576 3773 4059 4245 4432 4448
    4569 4703 4821 5562 5598 5676 6045
    6176 6484 7161 7223 7493 7527 7608
    7705 7860 7996 8017 8020 8417 8455
    8471 8571 8649 8665 8702 8707 8712
    8715 8744 8996 9046 9129 9165 9257
    9327–9328 9505 9576 9878 9932
    10074 10169–10170 10520 (66 Belege)
deperdo 1527 1946 2083 2138
depereo 619
depingo 9244 10000
deploratus 2916
depono 33 338 458 575 619 763 1237
    1240 1608 1779 2161 2219 2497 2538
    2645 3051 3082 3223 3389 3672 4208
    4637 4786 5524 5650 6428 7004 7551
    8186 9762 10031 10481 10519
                            (33 Belege)
depopulo 8464 10110
deporto 3508 8560 9901
deposco 10087
depositarius 1382 2159 2645 4340 4428
    7269 7493 8458 9258
depositio 338
depredatio 996
depredator 4536
depredatores → absol. sacrilegos incen-
    diarios et
depredo 1525 3238
deprehendo 353 2349 4411
deprimo 4332
deput. 1 26 105 132 186 190 264–265 283
    348 489 527 556 610 653 671 700 789

801 880 941 965 1029 1053 1057 1163
1168 1233 1235–1236 1238 1240 1328
1355 1442 1497 1527 1647 1675 1707
1770 1779 1796–1797 1801 1826 1865
1868 1898 1916 1946 1965 1972 2030
2035 2077–2079 2127 2138 2164–2165
2191 2206 2323 2342–2343 2345 2356
2392 2415 2422 2429 2434 2470 2620
2626 2740 2792 2845 2862 2898 2945
2963–2964 3031 3060 3076 3185 3323
3365 3385 3402 3469 3475 3542 3557
3610 3683–3684 3787–3788 3805 4206
4282 4325 4414 4447 4549–4552 4764
5098 5130 5173–5174 5196 5251 5413
5426 5438 5461 5464 6374 6454 6614
6619 6648 6939 7068 7186 7329 7352
7383 7407 7471 7478 7489 7524 7551
7583 7689 7814 7986 7998 8046 8131
8279 8291 8449 8462 8464 8494 8510
8534–8535 8545 8584 8629 8653 8679
8697 8703 8707 8775 8978 9036 9041
9061 9065 9096 9121 9214 9249 9290
9309 9357 9457 9528 9592 9594 9724
9742 9812 9817 9879 9940 10008
10076 10150 10182 10267 10310
10385 10392 10436 10450 10490
10536 10618 10624   (202 Belege)
deput. ad partes Lombardie → nuntius ap.
deput. → lic.
deput. → pot.
deputatio 190 431 671 794 1235 2415
    3162 3646 7244 7551 7841 8183 9041
    9261 9458 10097–10098   (17 Belege)
der man zu den eren nit mechtig sein
    mochte → in lingua Germanica vulg.
derideo 3701
Derihoben vulg. nunc. → eccl. de Theo-
    nisvilla de
derog. 13 24 29 63 110 135 138 195 220
    222 264 299 324 328 348 359 367 405
    412 451 461 524 528 537 546 564 571
    594 620 642 646 662 730 744 757 798
    801 839 845 861 868 872 917 923 932
    943 1029 1032 1076 1083 1116 1234
    1238 1252 1256 1414 1548 1646 1710
    1722 1783 1790 1830 1934 2044 2106–
    2108 2110 2149 2152 2156 2237 2242
    2284 2330 2340–2341 2360 2415 2448
    2494 2554 2689 2765 2780 2782 2802
    2853 2985 2996 3000 3083–3084 3096
    3153 3171 3190 3389 3416 3435 3454
    3465 3467 3525–3526 3535 3556 3561

3573 3575–3576 3668 3678 3706 3838
3874 3939 4031 4136 4281–4282 4293
4340 4343 4423 4476 4489 4512 4519
4549 4573 4596 4611 4628 4636 4678
4846 4859 4879 4923 4957 4960 4994
5039 5051 5165 5170 5226 5232 5332
5340 5370 5379 5436 5489 5524 5535
5540 5581 5673 5716 5725 5744 5770
5794 5809 5813 5827–5828 5854 5864
5890 5913 5916 5928 5947 5952 5979
5985 5989 6016 6081 6231 6237 6293
6581 6633 6732 6735 6926 6961 6984
6996 7049 7069 7081 7133 7135 7140
7148 7166 7171–7172 7178 7234 7312
7329 7345 7388 7399–7400 7403 7410
7493 7500–7501 7513 7560 7611 7620–
7621 7656 7677 7721 7727 7768 7782
7827 7834–7835 7837 7839 7849 7895
7912–7913 7916 7937 7951 7953 7955
7965 7980 7993 7997 8010 8018 8045
8058 8073 8075 8081 8089 8121 8180
8182 8189 8195 8203 8255 8261 8315–
8316 8321 8344 8351 8385 8387 8440–
8441 8462 8490 8535 8545 8667 8702–
8703 8715 8731 8763 8874 8942 9049
9119 9128 9142 9195 9197 9227 9289
9294 9300 9368 9384 9455 9464 9540
9543 9552 9570 9581 9628 9633 9646–
9647 9720–9721 9764 9771 9776–9777
9809 9879 9903 9915 9923 9925 9932
9973 10087 10112 10141 10147 10159
10380 10423 10454 10523 10531
10545   (331 Belege)
derog. clausule / constit. / reg. / statutorum
    de idiomate 451 642 1783 5854 6237
    7069 7513 8715
derog. iur. patron. 135 461 564 594 620
    845 861 1116 1252 1548 1722 1830
    1934 2044 2237 2765 2782 2802 2996
    3000 3084 3171 3190 3389 3465 3535
    3573 3668 3706 3838 3939 4281 4423
    4489 4636 4859 4879 4957 5051 5232
    5332 5581 5716 5725 5827–5828 5890
    5985 6581 6926 6996 7049 7081 7133
    7135 7140 7148 7234 7345 7403 7410
    7560 7611 7621 7656 7721 7727 7837
    7937 7951 7965 8010 8045 8058 8089
    8121 8182 8255 8315–8316 8321 8441
    8667 9464 9543 9570 9646 9764 10159
    10545   (90 Belege)
Dertbichen [= Dietkirchen] vulg. nunc.
    5652

Des Blenckelshoff vulg. vocata → curia

descendo 1225 1544 2389 3072 4011
4059 4129 4520 7090 7382 8427 8990
9804   (13 Belege)

descensus 10092

describo 1550 2183 2740 2894 3765 3982
7305 8548 10346

descript. 5–6 15 18 26 42–43 68 74 80
110 121 140 143 148 150 154 183 195
199 201 260 292 314 324 329 335 347
355 359 368 377 379 381 401–402 405
412 421 425 430 445 458 464 471 499
503 512 514 518 526 535 571 587 591
621 667 673 685 702 717 734 737 756
770 826 845 860 868 884 889 917 919
930 942 952 966–967 1015 1025 1041
1064–1065 1068 1089–1090 1114–1115
1126 1138 1146 1165–1166 1188 1200
1203 1254 1264 1266 1283 1299 1303
1308 1334 1360 1373 1378 1387 1414
1421 1430 1461 1482 1491 1533 1539
1541 1571 1585 1596 1599 1606–1607
1631 1637 1644 1646 1652 1672 1678
1687 1715 1750 1764–1765 1774 1787
1807 1826 1840 1842 1846–1847 1879
1934 1942 1944 1976 2008 2050 2067
2096 2098–2099 2104–2105 2107–2108
2111 2114 2119 2226 2259 2275 2290
2293 2296–2297 2302 2320 2334 2358
2385 2405 2411 2463 2514 2587 2605
2612 2620 2624 2627 2648 2652 2670
2689 2701 2705 2729 2745 2769 2779
2785 2794 2812–2813 2874 2892 2902
2907 2926 2936 2943–2944 2966 2999
3001 3035 3051 3056 3059 3063 3082
3085–3086 3090 3114 3131 3153 3162
3164 3190 3200 3208 3218 3224 3227
3229 3243 3246 3254 3263 3274 3283
3291 3295 3306 3350 3352 3359 3364
3407 3426 3442 3450 3454–3456 3464
3467 3488 3510–3511 3516 3544 3557–
3558 3575 3581 3592 3596 3611 3648
3654 3667 3671 3691 3712 3726 3750
3757 3765 3772 3777 3782 3819 3822
3826 3836 3839 3858–3859 3873 3879
3893 3917 3919 3941 3979 3999 4026
4052 4059 4066 4112 4127 4129 4213
4221 4241–4242 4250 4268 4280–4282
4285 4304 4307 4325 4339 4347 4362
4370–4371 4399 4444 4464 4476–4477
4549 4551 4558 4593 4601 4614 4618
4631 4636 4657 4659 4671 4687 4690

4697 4731 4775 4780–4782 4795–4796
4807 4821 4846 4852–4853 4873–4875
4880 4885 4891 4893 4922 4935 4946
4949 4964 4969 4976 4994 5001 5005
5028 5046 5063 5108 5126 5130 5134
5150 5159 5162 5187 5194 5198–5199
5217 5223 5270–5272 5274 5282 5284
5290 5327 5359 5361 5368 5370–5372
5375 5381 5385 5388 5392 5403 5435
5457–5458 5479 5497 5509 5521–5522
5532 5545–5546 5554 5556 5558 5578–
5579 5581 5609 5628–5629 5636 5643
5648 5650 5664 5706 5726 5731–5732
5737 5745 5761–5762 5770 5776 5784
5793 5819 5828 5860 5865 5869 5881
5887 5906 5911 5916 5918 5923 5943
5964–5965 5973 5983 5987 5993 6004
6007 6013 6024 6037–6039 6041 6048–
6049 6051 6058–6059 6067 6079 6094
6113 6129 6131 6141 6180 6185 6257
6265 6271 6282 6285 6324 6338 6342
6346 6352 6414 6422 6429 6470 6522–
6523 6545 6547 6552 6563 6570 6579
6602 6606 6611 6624–6625 6633 6720
6730 6732 6744 6748 6752 6772 6796
6806 6811–6813 6846 6850 6866 6873
6911 6943 6961 6968 6991 7015 7043
7049 7070 7081 7109 7127 7133 7140
7166 7172 7204 7263–7264 7275 7304
7316 7320 7352 7437 7492 7504 7585
7590 7592 7614 7617–7618 7642 7654–
7656 7677 7704 7741 7760 7782 7794
7796 7798 7842 7847 7850 7856 7880
7883 7903 7908 7911–7912 7916 7922
7945 7951 7957 7962 7970 7977–7978
7982 8033 8040 8057 8066 8099 8110
8117 8121 8131 8152 8155 8161 8174
8177 8198 8203 8244 8261 8264 8316–
8317 8319 8328 8347 8367 8371 8380
8401 8405 8416 8419 8426 8440 8503
8505 8526 8531 8534 8537 8548 8580
8585 8588 8606 8608 8611 8623 8675–
8676 8683 8736 8762 8764 8776 8780
8800 8804 8868 8884 8893 8937 8942
9007 9020 9056 9104 9126 9128 9138
9156 9196–9198 9218 9232 9286 9299
9318 9338 9342 9355 9368 9370 9379
9389 9399–9400 9436 9464 9466 9468
9472 9525 9540 9549 9557 9576 9581–
9582 9620–9621 9627 9635 9648 9662
9677 9680 9747 9750 9765 9767 9812
9824 9828 9831 9834 9867 9872 9878

9898 9921 9923 9954 9962 9981–9982
10005–10006 10036 10070–10071
10086 10123 10131 10233 10250–
10252 10268 10280 10289 10309
10322 10340 10346 10353 10372
10380 10405 10428 10435 10449
10453 10481 10487 10493 10498
10520 10524 10530 10570 (749 Belege)

descript. → liber pape fam.

descript. → pape fam.

descript. → prerog. ad instar pape fam.

descriptio 4520 10099

desero 87 732 977 3176 7491 10110

desertus 932 7236

deservio 20 87 132 525 830 963 1046
1052 1394 1527 1732 1782 1790 2007
2034 2392 2575 3922 4113 4479 4509
5419 5991 6374 7160 7718 7741 7814
7994 8473 8490 9049 9224 9249 9259
9294 9328 9451 9527 9561 9566 9858
9940 10075 10180 10374 10413 10450
10605 (49 Belege)

desiderium 353 1137 2348–2349 2448
3197 7330 7337 7491 10111

desidero 42 54 56 71 103 117 153–154
160 185 222 239 266 338 351 379 436
438 471 488 528 530 536 569 573 582
609 620 635 650 730 760 802 804 839
848 918 935 985 992 1009 1119 1135
1150 1169–1170 1235 1269 1356 1471
1485 1525 1620 1678 1739 1781 1784
1814 1843–1844 1846 1869 1894 1941
1961 2007 2035 2062–2063 2069 2107
2149 2218 2255 2297 2340 2342 2345
2356 2373 2424 2457 2548 2550 2623
2652 2733 2772 2794 2853 2921 2926
2945 2971 2990 3076 3083–3084 3087
3114 3162 3176 3190 3224 3309 3474
3527 3580 3589 3624 3683 3695 3728
3848 3878 3881 3890 4090 4114 4130
4168 4264 4282 4289 4332–4333 4378
4397 4424 4487 4512 4568 4572 4846
4923 4960 4974 5130 5133 5136 5291
5363 5419 5532 5648 5670 5696 5700
5828 5865 5899 5905 5956 5989 6007
6079 6110 6286 6361 6365 6389 6414
6436 6446 6513 6554 6636 6700 6710
6834 6839 7061 7241 7252 7275 7312
7321 7391 7493 7533 7563 7582 7588
7614 7617 7741 7745 7748 7757 7780
7814 7820 7856 7862 7940 7962 8020
8093 8207 8360 8450 8456 8747 8749

8756 8763 8773 8813 8861 8868 8923
8939 9033 9094 9100 9121 9199 9250
9291 9300 9327 9380 9434 9454 9629
9677 9720 9765 9769 9809 9825 9850
9923 9952 10056 10068–10069 10089
10097 10102 10184 10214 10545
10550 10621 10624 (246 Belege)

designo 636 732 7382 7491 9388

desino 1737 2347 3689 10110

desisto 678 709 732 762 1031 1241 1959
1972 2256 2342 2347 2349 2790 2964
3076 3144 3176 3527 4784 4957 5052
6712 6931 7130 7177 7236 7742 7815
8464 8697 9527 10111 (32 Belege)

desolatio 3699

desolatus 260 528 693 848 1010 1353
1414 1430 1578 1674 2138 2143 2496
3057 3085 3467 3537 3747 3848 4728
5012 5299 6323 8399 8808 9171 9311
10088 10493 (29 Belege)

desperatio 7491

desponsatio 5282

despotes 378 1071

destinare oratores → ad Bavarie ducum
cur.

destinatus orator → ad papam / sed. ap.

destino 6 18 119 223–224 312 351 353
381 410 469 497 582 679 702 722 730–
732 761 804 917 1029 1063 1076 1655
1742 1774 1841 1845 1972 1995 2047
2076 2343 2355 2436 2548 2620 2642
2717 2734 3051 3059 3083 3528 4011
4155 4227 4509 4529 4685 4690 4782
4785 4848 4874 4887 4994 5126 5145
5347 5538 5561 5636 5716 5897 5956
6016 6037 6058 6685 7069 7172 7328
7337 7382 7394 7407 7489 7548 7616
7656 7677 7790 7798 7815 7834 7839
7988 7999 8202 8314 8368 8379 8401
8440 8638 8714 8912 9015 9041 9300
9324 9466 9479 9627 9832 9866 9877
9969 9984–9985 10033 10094 10111
10245 10409 10466 10488 (120 Belege)

destitutio 1444 6172 6507

destitutus 352 498 1445 1547 2625 2835
4123 4545 4847 5811 5840 5994 7478
7653 8444 8679 9832 10466
(18 Belege)

destitutus → abb. regimine

destructio 10049

destruendi → lic.

destruo 246 528 763 1568 1900 2033
2345 2551 2745 3689 7029 7139 7598
8305 (14 Belege)
desum 16 157 250 306 314 352–353 374
418 506 529 584 627 700 732 765 779
839 848 862 881 993 1258 1405 1678
1769 1781 1788 2104 2108–2109 2251
2306 2349 2429 2548 2642 2734 2817
2885 2984 3064 3083 3131 3153 3175–
3177 3191 3303–3304 3411 3452 3467
3522 3548 3550 3555 3573 3581 3600
3699 3710 3712 3718 3730 3770 3847
3859 3864 3932 3944 4022 4136 4190
4192 4521 4536 4568 4596 4645 4736
4749 4786 4803 4810 4814 4844 4879
4923 4926 4939 4959 5045 5095 5126
5163 5230 5282–5283 5346 5353–5354
5364 5378 5426 5430 5442 5563 5637
5650 5799 5879 5972 6007 6055 6066
6071 6079 6089 6127 6132 6210 6217
6236 6241 6288 6433 6776 6808 6920
7068–7069 7072 7165 7225 7274 7303
7306 7309 7321 7327 7329 7382–7383
7479 7488 7490 7594 7658 7739 7798
7837 7872 7922 8002 8020 8043 8131
8150 8160 8163 8304 8408 8492–8493
8497 8555 8595 8597 8625 8685 8715
8931 8966 8987 9098 9142 9155 9253
9260 9288 9388–9389 9405 9427 9528
9552 9634 9647 9660 9730 9742 9764
9836 9866 9982 10063 10087 10097
10119–10120 10187 10207 10267
10290 10425 10439 10609 (209 Belege)
detentia 2267
detentio 224
detentor 131 486 764 917 1259 1527 1770
1840 2032 2275 2609 2626 2782 2790
3220 3295 3877 3918 3947 4253 4255
4411 4551 4566–4567 4796 5154 6144
6263 6931 7018 7469 7850 8113 8308
8360 8412 8588 8606 8707 8826 9286
9399 9466 9514 9701 9825 9847 10320
10589 (50 Belege)
detentores et complices → absol.
deterioro 2220 2690
detestabilis 1909 2444 3102
detin. 5 7 22 28 154 202 260 336 351 355
367 411 451 461 517 584 588 619 657
700 703–704 708 717 727 731 741 756
815 828 839 841 844–845 857 890 897
917 931 941 950 1015 1021 1090 1109
1150 1202 1240 1252 1272 1340 1346

1366 1378 1381 1383 1412 1430–1431
1449 1492 1659 1732 1741 1771 1822
1826 1841 1861 1930 1947 1959 1974
1977 1982 1994 2009 2015–2016 2032
2080 2106 2177 2256 2315–2316 2330
2344 2348 2377 2386 2408 2418 2489
2511 2521 2535 2562 2582–2583 2607
2628 2632 2635 2637 2643 2658 2687
2723 2745 2764 2789 2792 2831 2903
2905 3006 3058 3085–3086 3118 3129
3151–3153 3203 3212 3225 3253 3275
3291 3294 3339 3350 3387 3414 3443
3447 3487 3554 3561 3632 3691 3705
3711 3748 3850 3876 3894 3971 3984
4021 4108 4119 4245 4320–4321 4331
4358 4472 4474 4527–4528 4547–4548
4562 4600 4659 4731 4783–4785 4787
4877 4882 4887 4946 4957 4974 5002
5008 5029 5038 5066 5118 5130 5147
5192 5202 5241 5284 5291 5334 5347
5375 5379 5537 5549 5568 5575 5581
5600 5639 5650 5672 5725 5737 5744
5781 5826 5879 5891 5907 5912 5916
5955 6016 6019 6114 6120 6144 6154
6243 6251 6283 6296 6333 6338 6403
6432 6445 6494 6500 6527 6602 6676–
6677 6733 6772 6792 6811 6828 6918
6934 6996 7022 7043 7074 7140 7215
7223 7233 7235 7237 7303 7305 7312
7345 7359 7375 7408 7417 7445 7466–
7467 7469 7566 7583 7656 7682 7688
7722 7738 7815 7841 7847 7850 7853
7855–7856 7870 7901 7951–7952 7989
8010 8020 8029 8073 8124 8205 8208
8226 8284 8288 8304 8360 8362 8367
8385 8439 8449 8507 8529 8550 8555
8590 8601 8625 8640 8647 8676 8718
8808 8874 8916 8921 8935 8945 8966
8991 8998 9004 9055 9084 9098 9137
9144 9155 9233 9251 9297 9390 9433
9455 9458 9473 9490–9491 9505 9526–
9527 9562 9570 9576 9609 9621 9625
9693 9754 9773 9800 9830 9857 9875
9879 9890 9898 9915 9923 9926 9982
10047 10070 10075 10088 10195
10252 10285 10301 10383 10444
10454 10458 10480 10526 10588
10595 10598 10625 (380 Belege)
detractio 1874 8434
detraho 4603 8344
detrimentum 2345 2440 2641 5298 6504
9214 9799 9932 10184 10215

detulerunt → absol. eos qui prohibita ad
partes infidelium

deus 980 1345 5559 5636 6775 7106 7742
10098 10109 10267

devastatio 283 794 4391 7391 7859

devasto 352 527 794 1525 1794 2091
2346 5419 7179 9309 9449 9528
10093–10095 (15 Belege)

devenio 528 730 2035 2712 2963 3399
5606 7312 7815 7993 9932 10214
(12 Belege)

deviantes → absol. in heresim

devinco 731

devio 2348 4535

devol. 53 82 184 248 292 314 319 328
348 351 353 367 386 454 461 465 489
505 568 621 626 675 717 727 798 828
839 845 1021 1090 1156 1233 1252
1272 1313 1353 1381 1383 1414 1430
1449 1492 1508 1523 1539 1544 1589
1743 1771 1830 2005 2027 2040 2046
2055 2080 2137 2157 2268 2323 2377
2386 2411 2496 2510 2526 2535 2562
2579 2607 2613 2628 2640 2643 2729
2765 2789 2831 2838 2866 2891 2893
2903 2975 2978 3008 3035 3059 3081
3163 3172 3225 3227 3287 3327 3350
3409 3420 3427 3465 3475 3495 3505
3525 3537 3554 3561 3578 3587 3647
3706 3748 3760 3765 3850 3862 3885
3917 3922 3927 3941 3997 4008 4019
4087 4095 4099 4162 4173 4197 4213
4220 4284 4331 4434 4494 4518 4609
4687 4741 4780 4892 4974 4987 5038
5200 5202 5223 5227 5371 5400 5426
5430 5568 5571 5639 5663 5683 5725
5743–5744 5760 5839 5898 5955 5972
6056 6088 6114 6144 6154 6172 6251
6269 6282 6296 6333 6338 6394 6398
6472 6492 6494 6500 6539 6572 6586
6629 6649 6676 6700 6934 6959 7052
7090 7111 7207 7232 7253 7279–7280
7290 7355 7408 7434 7566 7575 7598
7712 7856 7870 7886 7899 7937 7989
8047 8094 8112 8121 8196 8208 8303–
8304 8316–8317 8384 8424–8425 8438
8445 8530 8555 8574 8577 8590 8608
8645 8676 8691 8808 8829 8836 8872
8874 8955 8966 8990 9084 9197 9355
9419 9549 9570 9637 9689 9748 9771
9773 9789 9824 9839 9857 9867 9908
9915–9916 10047 10070 10081 10151

10176 10188 10195 10225 10272
10312 10345 10350 10354 10366
10445 10479 10581 (283 Belege)

devol. → vac. p.

devol. → vacat. p.

devolvo 3781

devotio 190 528 1044 1870 2218 3238
4424 4569 5598 6647 7059 7382 7486
7522 7540 7754 7815 7996 8974 9035
9360 9527 9533 10422 10536
(25 Belege)

devotus 3385 5347

devoveo 105 7330 7382 10267

dexter 105 391 584 739 1660 1987 2095
2232 2364 2678 3006 3187 3868 4867
5304 5815 6828 8314 8816 9504 10128
10323 (22 Belege)

dy lange hure nunc. 2360

diabolico spiritu ductus quendam hominem
nulla necessitate coactus interfecit 2509

diabolicus 2509 7975

diabolus 1631 9504

diac. 26 34 43 77 119 121 154 222 225
329 347 398 412 449 469 497 564 573
582 610 612 624 636 646 672 686 691
707 757 774 781 861–862 881 938 956
965 1052 1064 1194 1203 1233 1321
1327 1392 1444 1453 1487 1492 1506
1508 1516 1541 1558 1561 1606 1664
1710 1732 1809 1841 1879 2056 2079
2118 2129 2163 2228 2231 2242 2252
2254 2288 2315–2316 2318 2353 2366
2393 2397 2402 2410 2431 2491 2507
2541 2550 2605 2616 2637 2687 2793–
2794 2799 2816 2821 2845 2926 2945
2987 3016 3030 3059 3090 3106 3168
3218 3246 3319 3333 3403 3410 3415
3420 3510 3512 3583 3592 3605 3632
3653 3670 3692 3747 3766 3859 3870
3881 3917 3948 3975 4049 4112 4166
4271 4304 4329 4361 4401 4455 4458
4509 4528 4535 4546–4547 4556 4596
4631 4669 4677 4726 4782 4819 4946
4958 4992 5003 5052 5057–5058 5069
5098 5131 5136 5157 5164 5183 5215
5284 5316 5398 5408 5440 5523 5570
5596 5600–5601 5636 5644 5650 5652
5655 5694 5704 5729 5731 5760 5774
5793–5794 5801 5831 5839 5881 5919–
5920 5953 5964 6004 6048 6060 6106
6124 6142 6233 6254 6265–6266 6282
6291 6325 6327 6335 6344 6346 6370

6403 6424 6502 6523 6536 6542 6547
6595 6605 6626 6651–6652 6678 6688
6700 6724 6752 6839 6886 6974 6991
7030 7049 7109 7117 7173 7176 7200
7218 7225 7275 7283 7291 7312 7410
7431 7451 7466 7497 7505 7547 7583–
7584 7652 7663 7721–7722 7735 7760
7812 7826 7834 7836 7838 7840 7844
7847 7852 7915 7924 8002 8043 8076
8198 8202 8204 8218 8331 8426 8471
8521 8579 8606 8644 8688 8704 8720
8752 8786 8828 8857 8868 8891 8935
8937 9002 9060 9086 9142 9156 9160
9172 9186 9194 9205 9274 9327 9400
9422 9443 9480 9483 9526 9543 9552
9555 9569 9576 9729 9754 9766 9783
9878 9897 9902 9906 9958 9985 10001
10006 10067 10099 10119 10131–
10133 10170 10217 10238 10244
10364 10390 10455 10466 10493
10519 10531   (355 Belege)
diacon. 16 89 92 109 183 201 214 216
   302 325 329 388 455 461 480 523 545
   577 581 630 717 719 745 818 830 845
   872–873 879 921 987 1015 1021 1051
   1125 1127 1136 1142 1153 1155 1204
   1229 1252 1295 1297 1373 1375 1420
   1456 1470 1524 1542 1546 1605 1611
   1613 1625 1633 1636 1646 1665 1673
   1715 1821 1903 1973 1991 2004 2040
   2052 2055 2096 2103 2124 2130 2337
   2382 2395 2431 2508 2525 2561 2583
   2621 2664 2761 2817 2855 2863 2881
   2897 2914–2915 2917 2926 2949 3062
   3210 3220 3251 3300 3305 3312 3438
   3452 3473 3497 3566 3584 3589 3747
   3763 3810 3931 3948 3983 3998 4047
   4057 4118 4124 4128 4175 4207 4218
   4232 4259 4323 4342 4395 4401 4425
   4427 4442 4463 4490 4614 4616 4661
   4674 4687–4688 4704 4740 4749 4821
   4844 4884 4916 4950 4971 4986 5092
   5133 5222 5275 5282 5357 5375 5398
   5438 5469 5478 5560 5568–5569 5589
   5608 5617 5687 5701 5713 5725 5780
   5816 5876 5880 5922 5958 5964 6054
   6072 6089 6108 6131 6145 6160 6191
   6266 6399 6402 6407 6504 6513 6549
   6593 6646 6687 6722 6762 6787 6808
   6823 6892 6915 6955 6963 6965 7129
   7165 7167 7203 7214 7253 7286 7294
   7389 7476 7591 7593 7602 7606 7646

7738 7750 7760 7779 7809 7913 7962
7974 8014 8026 8053 8082 8135 8149
8155 8206 8236 8267 8382 8436 8476
8529 8550 8554 8564 8574 8582 8588
8594 8602 8614 8638 8670 8690 8716
8728 8733 8737 8771 8779 8781 8786
8794 8816 8819 8849 8853 8856 8860
8899 8928 8931 8943 8945 8957 8960
9083 9098 9223 9242 9310 9351 9355
9422 9479 9499 9501–9502 9548 9552
9582 9621 9624 9648 9686 9743 9784
9841 9872 9901 9972 10013 10190
10196 10200 10313–10314 10317
10319 10339 10341 10368 10398
10430 10475 10528 10538 10594
                              (321 Belege)
diaconalis 687 1848 2297 3100 3381 3747
   4220 4544 5164 8267 9940 (11 Belege)
dicendi horas → lic.
dicendi off. matutinale → lic.
dicere in latino → horas can.
dicere in vulgari sermone → horas can.
dicere iuxta morem / ritum / stilum / usum
   R. E. → horas can.
dicere iuxta morem eccl. Argent. → horas
   can.
dicere iuxta reg. s. Benedicti → horas can.
dicere omiserunt → absol. eos qui horas
   can.
dicere secundum usum eccl. Aquileg. →
   horas can.
dicere secundum usum eccl. Colon. → horas can.
dicere secundum usum eccl. Constant. →
   horas can.
dicere secundum usum eccl. Magunt. →
   horas can.
dicere secundum usum eccl. Misnen. →
   horas can.
dicere secundum usum eccl. Nuemburg.
   → horas can.
dicere secundum usum o.fr.min. → horas
   can.
dicere secundum usum o.pred. → horas
   can.
dicio 529 794 1060 2220 2347 4549 7551
   7815 9182 10490
dicitur Lantrecht → iur. quod vulg.
dico 29 112 167 183 187 190 202 220 223
   279 352 431 461 469 488 526 658 678
   690 700 731–732 741 836 839 876 889
   897 932 1168 1194 1236 1238 1469

1559 1707 1737–1738 1866 1908 1939
1943 1946 2040 2079 2107 2115 2150
2226 2255 2315 2346 2349 2356 2360
2374 2562 2779 2792 2862 2930 2936
2986 3096 3100 3102 3130 3176 3226
3232 3255 3291 3308 3385 3467 3525
3602 3692 3721 3765 3890 3922 3946
3983–3984 4134 4185 4191 4281–4282
4284 4391 4413 4476 4522 4535 4569
4596 4637 4782 4787 4790 4795 4873
4892 4959 5160 5217 5375 5649 5673
5695 5770 5776 5804 5916 6016 6039
6057 6059 6081 6144 6227 6297 6641
6643 6700 6712 6775 6923 6994 7078
7167 7304 7329 7381–7383 7405 7477
7491 7498 7501 7582 7760 7814–7815
7839 7851 7997 8057 8075 8269 8355
8440–8441 8456 8460 8463 8474 8483
8492 8496 8530 8537 8627 8707 8763
8829 8874 8925 9045 9080 9106 9119
9128 9187 9244 9259 9327 9504 9510–
9511 9554 9621 9631 9681 9720 9762
9824 9841 9897 9930 9935 10069
10087 10109–10111 10184 10345
10362 10380 10437 10454 10524–
10525 10573 10622   (209 Belege)
dicta to der Lanttokerken → villa vulg.
Diedem vulg. nunc. → eccl. in villa
dierum → indulg. 1 an. et
dies 13 42–44 46 105 117 119 127–128
    132–133 138 146 154 166 185–186 201
    207 224 259 265–266 274 294–295 319
    351 353 372 375 389 409 417 431 451
    486 489 519–520 527 532 546–547 551
    557 605 613 628 636 654 667 678 689
    691 695 708 719 730–732 774 801 803
    816–817 845 860 877 917 920–921 932
    934 971 980 998 1002 1026 1030 1038
    1064 1083 1090 1184 1191 1194 1233
    1237 1241–1242 1321 1400 1434 1443
    1492 1559 1572 1591 1647 1703 1711
    1732 1742 1746 1793 1796 1807 1824
    1841 1844–1845 1851 1863 1865 1867
    1869 1871 1874 1877 1886 1893 1916
    1936–1937 1946–1947 1971–1972
    2025 2078–2079 2083 2085 2106–2107
    2110 2115 2125 2135 2138 2159 2173
    2218–2220 2226 2232 2240 2244 2254
    2267 2270 2283–2284 2323 2342–2343
    2355 2373 2376–2378 2388–2389 2396
    2416 2433 2436 2442 2448 2473 2511
    2521 2543 2566 2584 2614 2619 2621

2636 2662 2679 2790 2792 2796 2829–
2830 2835 2845 2853 2862 2899 2931
2944 2960 2964 2970 2983 2986–2987
2990–2991 3044 3047 3067 3083 3091
3096 3102 3116 3122 3146 3151 3176
3291 3299 3410 3451–3452 3473–3474
3476 3506 3526–3528 3556 3583 3586
3624 3626 3655 3694 3699 3714 3722
3771–3772 3788 3855 3896–3897 3922
3947 3956 4014 4017 4029 4049 4085
4164 4167 4183 4271 4281–4282 4320
4378 4424 4473 4477 4506 4527 4535–
4536 4567 4569 4603 4626 4637 4779
4783–4785 4796 4820 4848 4889 4930
4957 5009 5093 5133 5154 5217 5245
5485 5487 5517 5531 5535 5597 5653
5674 5761 5770 5947 5968 6039 6052
6082 6093 6107 6144 6194 6217 6265
6274 6291 6293 6312 6326–6327 6341
6344 6381 6396 6429 6447 6455 6458
6495 6547 6614 6618 6678 6685 6712
6724 6729 6732 6786 6801 6810 6812
6832 6850 6861 6878 6881 6900 6921
6931 6938 6991 6994 7034 7049 7054
7066 7069 7072 7078 7084 7106 7125
7131 7144 7172–7174 7189 7223 7244
7255 7275 7282 7296 7300 7304–7305
7324 7328 7333 7353 7377 7400 7407
7413 7432 7439 7472 7477–7479 7488
7492 7504–7505 7522 7540 7551 7583
7620 7629 7642 7651 7664 7735 7738
7740–7742 7789 7791 7798 7814 7820
7836 7838–7839 7841 7853–7854 7856
7889 7907 7913 7930 7937 7950 7965
7988 7991 7993 7999–8001 8004 8012
8065 8071 8110 8131–8133 8164 8203–
8204 8241 8281 8284 8309 8314 8317
8344 8360 8383 8393 8400 8434 8437
8441 8444 8451–8452 8461–8462 8464
8474 8484 8507 8525 8534–8535 8537
8542 8550 8555 8567 8627 8658 8688
8695 8701–8703 8707 8714–8717 8727
8730 8750 8752 8761 8767 8769 8773
8785 8789 8804 8832 8843 8864 8908
8925 8944 8959 8962 8998 9002–9003
9016 9034 9039 9041 9047 9065 9071
9116 9121–9122 9128 9137–9138 9142
9156 9164 9188 9190 9199 9214 9224
9255 9258 9270 9294 9300 9302–9303
9306 9324 9327–9328 9348 9355 9365
9374 9376 9384 9388 9427 9440 9456–
9457 9466 9526 9552–9554 9569 9596

9607 9630–9631 9663 9670 9677–9678
9690 9709 9733 9762 9771 9793 9811
9832 9839 9849 9870 9888 9906 9910–
9911 9925 9928–9929 9935 9937 9939
9947 9982 9984 9987 9997 10019
10031 10068 10070 10075 10087
10091–10094 10096 10138 10142
10150 10169–10170 10246 10267
10282 10285 10330 10345–10346
10375 10382 10388 10408 10411
10413 10422 10438 10478 10480–
10481 10486 10520 10526 10534
10542 10583 10612 10622 (631 Belege)
dies dominica 166 719 2219 3655 7477
7997 8451 9034 9188 9881 9901 10031
(12 Belege)
dies Iovis 117 2083 9607
dies Lune 9607
dies Mercurii 10267
dies Veneris 654
dieta 222–223 732 1299 2360 2926 2971
4340 4374 4519 4923 5222 5726 5989
6067 6235 6266 6298 6339 6351 7337
7383 7489–7491 7742 7819 7835 8460
8463 8601 8712 9171 9327 9665 9681
9850 10065 10108 10110–10111
(41 Belege)
dieta ad pacem confirmandam inter reges
Hungarie et Polonie 7490
dieta August. 223
dieta August. → pax Germanie conclusa
in dieta Ratisbon. et confirmata in
dieta Confederatorum 2926 7337
dieta → gener.
dieta generalis 223
dieta → imper. in
dieta Italica 7491
dieta Nurimbergen. 7383 8460 10108
10110
dieta p. Fredericum R. I. indicta 7835
dieta proxime habita → condiciones pacis
et concordie inter regem et imper. in
dieta Ratisbon. 223 7491 9327
dieta Ratisbon. et confirmata in dieta August. → pax Germanie conclusa in
dieta Rome 10110
dietam c. d. card. proficiscatur → ad illam
dietam habere 7491
dietam Nurimbergen. congregati → ad
dietarum Confederatorum → interpres coram nunt. ap.

dietas a cur. → vac. p.o. infra
dietas a cur. → vac. p.o. infra2
dietas et predicandi cruciatam → facult.
statuendi
dietas → pot. citandi vel evocandi ultra
dietas → pot. citandi vel evocandi ultra2
Dietkirchen] vulg. nunc. → Dertbichen [=
diete Lipren. [= Lipsien.?] 6351
dietim 4822
diffamatio 2118 4974
diffamo 330 1551 3076 5196 5226 5465
5825 6857 7506 8470 9155 (11 Belege)
differentia 526 731 2456 2712 4391 8139
9045 9528
differentia idiomatis 2712
differentia inter abba. et oppidanos 4391
differentia inter capit. et subditos Colon.
4391
differentia inter cives et cler. civit. ac dioc.
August. 2456
differentia inter ep. Constant. prov. et el.
9045
differentia inter ep. et capit. ac ducem
Nuemburg. 8139
differentia inter R. I. et regem Hungarie
731
differentiam mon. monial. personaliter visitare n. potest → propter loci distantiam ac idiomatis
differo 2347 2424 2641 3176 9447 10112
difficilis 7186
difficultas 106 2138 6931 7815 7913 9798
9932
difficulter 7236
diffidatio 6913
diffido 3971 4966 5566 6590 6913 8259
diffinitiva 57 319 411 546 684 960 1036
1163 1239 1304 1354 1959 1965 2422
3097 4784 5413 5745 5762 6266 6339
6401 7381 7533 7539 7583 7611 7850
7937 7953 8182 8368 8385 8440 8503
8606 8717 8734 8763 9066 9122 9128
9156 9249 9458 9527 9777 9812 9824
10070 10480 (51 Belege)
diffinitor 1040 4167 6816 7186
difformitas 1581 4867
diffuse 508
digero 7815
digitus 391 2232 3187 7228 7433 8816
9942
dign. 29 42 119 134 375 564 672 932
1135 1159 1208 1234 1653 1730 1865

1869 1958 2028 2037 2077 2159 2198
2281 2340–2341 2676 2712 2987 3054
3125 3153 3258 3297 3350 3381 3473
3490 3548 3576 3825 4535 4559 4659
4703 4774 4821 4846 5126 5202 5219
5353 5497 5532 6038 6053 6094 6344
6414 6479 6935 7109 7172 7275 7283
7303 7306 7352 7355 7483 7749 7855
7986 7990 8131 8133 8316 8344 8385
8545 8707 8937 9457 9576 9658 9668
9731 9811 9825 10087 10150 10181–
10182 10184 10250 10283 10289
10303 10479 10609   (99 Belege)

dign. abbat. → suppressio

dignor 205 3176 3197 7383

dignus 2272 2347 4666 7330 10466
10533

diiudico 352

dilapidavit → abb. e.m. mon. vagando
bona

dilapido 2415 7336

dilatio 393 2159 2371 2641 3897 4600
7179

dilato 7329

dilectus 6 140 148 306 322 359 373 381
395 410 667 671 722 734 737 774 881
911 987 1003 1015 1041 1113 1194
1224 1325 1496 1581 1644 1652 1674
1841 1863 2061 2068 2110 2138 2180
2230 2323 2334 2357 2385 2511 2539
2548 2670 2681 2684 2821 2945 2976
3051 3082 3086 3090 3156 3226 3274
3359 3420 3426 3446 3464 3496 3498
3581 3672 3719 3726 3741 3801 3859
3924 3982 4052 4167 4195 4520 4614
4628 4731 4780 4814 4948–4949 4961
4994 5057 5063 5089 5126 5141 5282
5359 5499 5521 5532 5538 5632 5656
5732 5801 5803 5819 5860 5874 5916
6016 6051 6131 6144 6176 6264 6311
6422 6482 6522–6523 6536 6579 6637
6661 6667 6806 6811 6837 6839 6844
6850 6967 6991 7030 7044 7049 7081
7137 7173 7286 7294 7656 7677 7728
7797–7798 7834 7847 7850 8018 8078
8702 8763 8786 8908 8927 8938 8966
9020 9025 9296 9299 9337 9355 9363
9380 9466 9478 9629 9638 9648 9651
9720 9750 9878 9889 9947 10090
10127 10217 10278 10322 10440
10451 10488 10493 10523 10526
10593   (188 Belege)

dilectus → archicamerarii R. I. electoris

dilectus → R. I.

diligens 5697

diligenter 469 489 1314 5697 7742 9044
10108 10245

diligentia 224 352 508 762 1031 2793
3548 6086 7177 7337 7491 9787 10099
10110   (14 Belege)

dim. 28 100 121 134 205 237 451 564 571
657 707 709 802 897 934 1130 1179
1269 1372 1374 1431 1445 1608 1610
1737–1738 1802 1807 1868 1912 1916
2024 2069 2226 2241 2255 2315–2316
2346 2376–2377 2390 2469 2506 2554
2635 2650 2687 2762 2789 2793 2805
2926 2948 3059 3076 3153 3232 3307
3467 3574 3582 3692 3747 3875 3919
3921 3983 4231 4255 4280 4284 4331
4389 4659 4701 4766 4784 4821 4956
4958 4990 5119 5192 5217 5227–5228
5281 5284 5329 5340 5363 5522 5533
5535 5559 5600 5636 5751 5770 5827
5964 6007 6033 6037 6039 6056 6080
6244 6263 6283 6466 6695 6811–6812
6839 7019 7059 7156 7205 7355 7383
7426 7578 7617 7875 7934 7980 7982
8001 8132 8168 8390 8426 8519 8588
8607 8640 8665 8702 8727 8888 8932
9026 9122 9171 9255 9379 9439 9511
9565 9582 9625 9631 9765 9787–9788
9818 9982 10071 10091–10092 10131
10170 10250–10251 10267 10336
10344 10346 10480 10546 10552
10604   (174 Belege)

dimensio 5971

dimidium 782 861 3431 3728 3953 5610
6581 9557 10069

dimidius 700 1831 2862 3374 3385 4076
4379 4522 9214

diminutio 1982 3175–3176 4198 5881
7814

dimissio 1586 2635 7321

dimissio eccl. → absol. et

dimisso clericali habitu ad exercitium armorum se contulit 2377

dimissorialis 2677 2710 3196 3207 3230
3273 3438 3477 3772 4232 5282 5357
6233 9353 9389 9499   (16 Belege)

dioc. (9595 Belege)

dioc. → Fiat in al.

dioc. Leod. → divisio

diocesani → lic.

diocesanus 992 1201 2341 2392–2393
3385 3550 4185 9044 10267

directio 1814 7054 7993

dirigo 118 353 732 1628 1972 4367 4595
5056 5194 7102 7554 7854 8688 9044–
9045 9383 9732 10108 (18 Belege)

dirimo 106

diripio 731 3102

diruo 529 1181

discedo 223 679 731–732 2347–2348
3072 3176 3420 3548 7329 8007 10087
10111–10112 (15 Belege)

disciplina 1826 2030 2923 4389 7471

discipulus Petri principis appl. 7236

disco 694 1707 6931

discooperio 2428

discordia 1615 1732 1779 1958 2035
2197 2346 2916 4391 4581 5503 7489
7492 7742 7822 8449 8460 8696 9526
9528 10109–10110 (22 Belege)

discors 1615

discrepo 10110

discrimen 2078 9003 9388

discussio 4889

discussionis negotiorum cam. ap. → pacta
stipulata in Urbe in pal. ap. apud s. Petrum in loco audientie secrete et

discutio 2346 9528

dismembratio 528 6143 9003

dismembro 117 451 528 1048 3348

disobedientia 2046

disp. (2894 Belege)

disp. ab inhab. 2670 3146

disp. ad 1 benef. 3878 4628 6324 7428
9828

disp. ad 2 al. incompat. 4060 7007

disp. ad 2 an. 1673 2492

disp. ad 2 benef. 225 1090 1431 2105
2463 3581 3665 4167 4280 4562 4628
5491 5606–5607 5653 5674 6296 6385
7167 7332 7978 8092 8477 8888 8936
9412 9505 10145 10303 (29 Belege)

disp. ad 2 can. et preb. 1196

disp. ad 2 compat. 52 167 259 1840 2019
2267 2462 2986 3149 5192 5548 6909
6984 8918 9564 9629 (16 Belege)

disp. ad 2 incompat. 7 18 35 43 51–52 74
107 121 123 131 143 148 183 204 258–
259 292 317 331 335 338 359 407 411
458 512 519 537 544 564 582 591–592
632 673 702 708 717 722 737 756 774

797 813 817 845 860 863 930 933
1025–1026 1068 1090 1113 1146 1188
1202–1203 1256 1269 1296 1303 1306
1308 1325 1343 1351 1356 1360 1373
1430 1470 1492 1496 1498 1506 1579
1596 1652 1674 1764 1807 1840–1841
1843 1910 1912 1916 1973 1977 2007
2024 2032 2060 2067 2099 2104 2113
2192 2200 2211 2223 2226 2230 2238
2256 2297 2304 2318 2333 2357–2358
2364 2372 2374 2397–2398 2402 2484
2527 2537 2539 2602 2617 2627 2648
2650 2669–2670 2723 2729–2730 2742
2758 2764 2769 2774 2779 2789 2821
2845 2892 2902 2913 2936 2944–2945
2985 2992 3035 3050–3051 3082 3087
3127 3151 3225 3227 3243 3309 3319
3357 3389 3401–3402 3497 3511 3526
3530 3540 3552 3571 3596 3610 3624
3627 3636 3640 3671 3691 3744 3782
3801 3859 3926 3954 3976 3982 4055
4067 4122 4127 4166 4181 4225 4242
4282 4325 4354 4370–4371 4453 4475
4558 4570 4591 4637 4649 4657 4709
4726 4756 4763 4769 4780–4781 4783
4800 4864 4873–4874 4876 4956 4976
4994 5045 5051 5057 5062 5130 5135
5145 5153–5155 5171 5201–5202 5217
5223 5252 5256 5270 5282 5291 5347
5361 5371 5375 5379 5484 5488 5499
5532 5545 5548 5556 5558 5585 5600
5616 5629 5648 5666 5673–5675 5725
5732 5744 5761 5776–5777 5827–5828
5834 5836 5848 5887 5912 5916–5917
5923 5936 5943 5973 5985 6007 6016
6058 6067 6078–6079 6113 6154 6174
6228 6233 6266 6279 6288 6296 6408
6459 6470 6494 6523 6544 6553 6594
6611 6629 6651 6661 6691 6716 6725
6732 6806 6812 6839 6866 6905 6945
6996 7008 7010 7043 7080–7081 7098
7166 7172 7174 7208 7235 7244 7255
7284 7294 7303 7316 7368 7372 7399
7405 7409 7511 7656 7662 7674 7717
7722 7740 7760 7767 7776 7795 7808
7847 7883 7907 7936 7945 7952 7962
7969 7978 7980 8036 8057 8092 8130
8168 8177 8183 8270 8308 8316 8344
8360 8367 8385 8402 8417 8426 8517
8529 8549–8550 8606 8608–8609 8623
8640 8643 8683 8701 8714 8718 8753
8762 8804 8808 8854 8937 8968 9052

9091 9097–9098 9115 9126 9133 9233
9296 9355 9388 9409 9435 9437–9438
9466 9478 9497 9500 9511 9555 9581
9610 9621 9677 9743 9764 9810 9828
9839 9878 9883 9897 9913 9917 9948
9985 10005 10047 10067 10233 10244
10250 10278 10289 10308 10312
10316 10380–10381 10388 10421
10440 10451 10453 10466 10478
10486 10493 10498 10530 10548
10570 10579 10596   (474 Belege)

disp. ad 2 par. eccl. 3232 4318 9355

disp. ad 2 prepos. 8707

disp. ad 2 s.c.benef. 5580 5779

disp. ad 3 al. incompat. 1586

disp. ad 3 an. 8993

disp. ad 3 benef. 4666 5606

disp. ad 3 can. et preb. 839

disp. ad 3 incompat. 71 917 1090 1147
1394 1444 1497 1571 2275 2314 2515
2745 2797 2941 3111 3451 3453 3695
3720 3917 4067 4690 4694 4846 4943
5028 5088 5105 5536 5581 5718 5736
6283 6553 6559 6629 6685 6781 6811
7244 7258 7614 7642 7798 7895 8072
8314 9015 9197 9365 9469 9628 10598
    (53 Belege)

disp. ad 3. benef. 3574 3782 4512 7847
8908 10344

disp. ad 3. compat. 5374

disp. ad 3. de 2 an. 1673

disp. ad 3. incompat. 43 204 677 831 862
921 1014 1028 1063 1118 1252 1303
1392 1673 1821 1874 1879 2024 2105
2226 2353 2388 2440 2554 2681 2740
2845 2853 3078 3153 3179 3451 3498
3524 3581 3610 3632 3636 3654 3700
4280–4281 4403 4528 4782 4814 4848
4893 4957 4962 5028 5051 5340 5606
5636 5674 5768 5849 5897 5911 6016
6056 6071 6078 6255 6602 6667 6732
6812 7018 7341 7352 7497 7582 7614
7739 8202 8344 8471 8530 8702 8762
8868 8923 9200 9343 9658 10018
10127 10144 10251 10387 10455
10486 10519   (95 Belege)

disp. ad 4 al. benef. 3498 8529

disp. ad 4 benef. 3873 5732 9227

disp. ad 4 compat. 1717

disp. ad 4 incompat. 7852 8132

disp. ad 5 an. 1360

disp. ad al. 2 an. 6293

disp. ad al. 2 incompat. 1119

disp. ad al. 5 an. 1583

disp. ad al. 7 an. 2605 2650

disp. ad al. benef. 5774

disp. ad al. compat. 1357 2193 7612 7663

disp. ad al. incompat. 4495

disp. ad aliud benef. 4559 6527

disp. ad aliud compat. 10538

disp. ad aliud incompat. 1003 5340 5570
5913 5916 6037 6663 8280 8828

disp. ad benef. 1035 3778 5559 5881 9776
10441

disp. ad benef. → absol. c.

disp. ad c.c. benef. 1094 1276 1475 1652
1811 2571 4061 5094 8078 9131

disp. ad can. et preb. 2676 4276

disp. ad compat. 4275 5951

disp. ad futura 339 1093 1126 1463 2074
2552 3686 3702 4998 5339 5378 5471
5522 5524 5976 6266 6418 6469 7031
7368 8169 8183 8205 8735 8849 8938
9359 9366 9399 9812 9828 9845 10287
10475   (34 Belege)

disp. ad incompat. 67 140 193 319 322
413 422 571 714 861 1473 1632 1749
1770 1878 2118 2183 2472 2515 2563
2586 2635 2687 2998 3162 3405 3649
3665 3677 3982 3994 4067 4130 4174
4325 4477 4536 4772 4854 5071 5185
5263 5313 5369 5411 5556 5580 5634
5737 5797 5970 6021 6199–6200 6266
6414 6447 6625 6710 6730 6924 7018
7173 7205 7352 7617 7740 7835 8133
8344 8504 8821 8937 8947 8982 9020
9299 9355 9599 10091 10230 10300
10397 10433 10443   (85 Belege)

disp. ad min. ord. 52 6385 6486 6551

disp. ad omnes ord. 544 7261 8796 8933

disp. ad omnes personas in curiis → exten.

disp. ad percip. fruct. 5154

disp. ad qualiacumque incompat. 3246

disp. ad quecumque 82 622 1356 1475
1497 1680 2022 2104 2201 2462 2708
2785 3051 3363 3486 3712 3868 4654
5673 5728 6640 7097 7261 7559 8440
8487 9270 9437 10365 10481
    (30 Belege)

disp. ad quodcumque 26 31 51 55 114 175
213 218 225 247 322 373 415 439 466
471 475 478 538 555 576 676 739 741
795 797 810 842 849 893 899–900 908

933 1007 1051 1070 1083 1088 1203
1261–1262 1288 1330 1332 1335 1348
1364 1419 1479 1491 1520 1575 1581
1587 1606 1611 1640 1671 1684 1715
1728 1838 1854 1919 2049 2061 2080
2085 2102 2160 2176 2226 2250 2291
2301 2315 2335 2358 2465 2476 2489
2562 2604 2637 2689 2693 2726 2729
2731 2767 2853 2985 3101 3112 3223
3296 3367 3444 3481 3486 3512 3674
3712 3791 3821 3866 4010 4027 4054
4113 4213 4267 4304 4310 4343 4386
4454 4474 4478 4480 4486–4487 4506
4514 4535–4536 4539 4562 4572 4591
4597 4602 4636 4666 4678 4680 4683
4716 4743 4750 4814 4817 4867 4883
4934 4966 4981 5028 5041 5047 5055
5122 5176 5184 5203 5210 5244 5262
5304 5308 5375 5419 5556 5729–5730
5733 5793 5805 5809 5847 5851 5894
5903 5914 5952 6017 6071 6188 6244–
6245 6296 6304 6367 6379 6383 6406
6522 6546 6559 6565 6601 6632 6689
6836 6865 6913 6930 6949 6953 7023
7036 7046 7050 7137 7145 7235 7262
7301 7344 7370 7404 7414 7430 7440
7584 7598 7642 7679 7808 8198 8202
8219 8224 8342 8349 8389 8440–8441
8478 8557 8634 8636 8666 8763 8913
9020 9099–9100 9135 9146 9173 9202
9209 9218 9268 9273 9284 9344 9363
9372 9382 9407 9513 9599 9740 9813
9857 9903 9954 9956 9979 10049
10056 10128 10172 10227 10236
10284 10294 10361 10398 10429
10431 10550 10574 10586 10598
(278 Belege)

disp. ad quoscumque can. et preb. 503
2152 5931 7171 10483

disp. ad s.c. benef. 1474 3432

disp. ad sacros ord. 8232 8244

disp. ad tenendum par. eccl. 7112

disp. ad vitam 133 1269 1673 2037 2323
2342 3408 3700 4962 6167 6739 7840
8993 9365 10387   (15 Belege)

disp. ap. 257 338 674 839 1347 2947
6708 7582 8707 9915

disp. ap. in commendam tenuit 385 1445
4103 6667 7550 7553 7943 8994

disp. ap. → sine

disp. contra constit. Execrabilis → sine

disp. de idiomate 451 1788 6462

disp. de n. prom. 152 412 574 1687 2094
2388 4286 4598 4924 5165 5418 5440
5643 6233 6396 6999 7430 7738 8554
8945 9351 9512 9947 10070 10129
(25 Belege)

disp. de n. resid. 877 2442 3695 4614
5700 6938 8348 9833

disp. → facult.

disp. → facult. conc.

disp. Pauli II. → vig.

disp. Pii II. et Pauli II. 5535

disp. Pii II. → vig.

disp. synodi Basil. → vig.

disp. sup. def. et. et sup. idiomate 3919

disp. sup. def. nat. → abbrev. absque

disp. sup. ignoranter contracto matrim.
4328

disp. sup. impedimento matrim. 56 885
1075 2057 2654 2984 3020 3257 3657
4517 4932 5314 5317 5462 6035 6110
6248 6351 6636 7745 7814 8825 8979
9011 9416 9850 10007 10241
(28 Belege)

disp. sup. prom. 3179 5608 9958

disp. sup. relax. iuram. 6490

disp. sup. transgressione iuramenti 3012

disp. sup. visit. lim. appl. 1228

disp. sup. voto 971

disp. uberior 1063 1641 2143 2309 2620
2842 3363 4809 4908 5028 5164 5353
5532 5774 6283 6397 6446 6457 6523
6822 6874 8517 9355   (23 Belege)

disp. ut 2 benef. 4892 5730 6154 6296

disp. ut 2 compat. 1744 2902 9910 10061

disp. ut 2 incompat. 299 329 372 405 410
621 959 1064 1113 1412 1537 1559
1607 1678 2056 2412 2528 3573 3686
3819 3922 4170 4176 4247 4306 4518
4696 4698 4893 4969 4980 5392 5418
5525 5761 5799 6274 6943 6970 7084
7394 7622 7842 7970 7980 8056 8177
8380 8884 8962 9074 9525 10024
10131 10394 10405 10599 (57 Belege)

disp. ut 3 al. compat. 3250

disp. ut 3 incompat. 596 3291 3574 3922
4509 4892 5043 5347 5453 5649 5801
6271 6811 8345 8439 9007 9557
(17 Belege)

disp. ut 3. incompat. 1064 2226 2494
3389 4893 4976 6274 7497 7642 8808
9897 10519   (12 Belege)

disp. ut ad omnes ord. prom. val. 5914
6534 9906
disp. → vig.
disparitas 1871
dispendium 2088 6908 9182 9591
dispendo 1569
dispensator 488
dispergo 7240
dispersio 6038
dispertio 224
displicentia 9045
displiceo 223 7383
disponendi de 8 off. procur. → facult.
disponendi sup. benef. → facult.
dispono 201 296 372 1981 2348 2541
2780 3031 3093 3176 3399 3434 3772
4340 5126 5210 6016 6838 6876 6908
7069 7329 7337 7399 7552–7553 7772
7839 7907 8007 8133 8707 8734 9787
9932 10094 10096   (37 Belege)
dispositio 117 617 828 1313 1527 2394
3162 3672 3897 4551 6724 7382 7860
8460 8907 9256 9330 9570 9730 10000
10076 10096   (22 Belege)
dispositive 144
disputandi et docendi ius civile ad gradum
doct. → lic. legendi
disputatio 5308
disputavit → in logica et phisica in civit.
Aconnen.
disputo 1114 2244 6514 7477
disrumpo 1527
dissemino 762 1137 2346 4606 7406
dissensio 138 264 419 525 1732 2343
2417 3163 4569 6143 6991 7104 7107
7329 7337 7429 7448 7477 7742 9385
9388 9510 9594 10076 10110
        (25 Belege)
dissensiones inter abb. et monach. 138
6143
dissimilis 3581 7059 10267
dissipatio 10087
dissipo 254 2712 3076 4167
dissolutio 44 613 1383 1732 1868 1901
2255 2341 2793 3125 4566 5535 5692
6143 7582 7984 9048 9142 9731–9732
        (20 Belege)
dissolvo 44 272 613 1868–1869 2341
2345–2346 2794 3699 3825 4821 9501
9711   (14 Belege)
dissuadeo 353

distantia 103 105 277 1043 1756 1801
2088 2127 2415 2542 2712 2854 3657
4070 4407 5376 7296 8451 9171 9182
9259 9604 9936 10482 10605 10621
        (26 Belege)
distantiam ac idiomatis differentiam mon.
monial. personaliter visitare n. potest
→ propter loci
distincte 4809
distinctio 9710
distinctus 3846 5219 6003 6466 9742
disto 103 138 202 283 296 426 487 493
607 610 726 731 912 922 1044 1179
1565 1645 1756 1924 1938 1941 2158
2322–2323 2862 2894 3037 3162 3342
3402 3431 3910 3922 4284 4340 4379
4519 4547 4659 4739 4828 4848 4925
5534 5581 5726 5968 6003 6067 6128
6266 6282 6298 6554 6951 7306 7434
7463 7498 7740 7819 7912 8198 8469
8581 8596 8601 8712 9006 9165 9185
9188 9382 9583 9589 9594 9681 9702
9801 9850 9945 10065 10142 10282
10500   (86 Belege)
distraho 8460 8470 10542
distribuo 36 134 138 174 183 186 202 325
339 451 489 497 520 547 609 619 627
674 687 700 708 765 782 803 845 862
877 879 921 930 997 1030 1042 1068
1104 1142 1155–1156 1196 1202 1235
1240 1295 1307 1313 1361 1363 1367
1400 1430 1466 1527 1529 1542 1546
1596 1603 1643 1807 1846 1869–1870
1912 1936 1946 1982 2032 2103 2108–
2110 2115 2124 2159 2214 2234 2237
2275 2285 2345–2346 2361 2364 2389
2406 2416–2417 2452 2463 2469–2470
2507 2550 2619 2629 2640 2720 2740
2780–2782 2794 2845 2894 2898 2902
2931 2936 2986–2987 3008 3051 3102
3162–3163 3175 3220 3389 3440 3476
3511 3527–3528 3630 3643 3683 3691
3694–3695 3702 3722 3739 3772 3896–
3897 3900 3920 3969 3984 4028 4066–
4067 4167 4315 4402 4458 4512 4565
4573 4615 4619 4637 4659 4664 4712
4720 4749 4786 4794 4796 4814 4822
4847 4911 4923–4925 4946 4959 5099
5130–5131 5138–5139 5330 5420 5453
5480 5523 5606 5649 5655 5742 5749–
5750 5822 5859 5868 5883 5912–5913
5946 5960 5985 6060 6066 6077 6125

6159 6179 6195 6249 6263 6266 6282
6296 6320 6407 6417 6473 6503 6515
6593 6603 6664 6706 6787 6812 6865
6877 6880 6951 6963 7078 7098 7125
7167 7234 7260 7264 7312 7391 7413
7476–7477 7510 7593 7606–7607 7620
7631 7642 7674 7708 7738 7767 7838–
7841 7852 7891 7905 7911 7913 7950
7954 7974 7980 7990–7991 8001 8014–
8015 8053 8056 8145 8149 8155 8205
8236 8258 8344 8434 8458 8461 8537
8564 8580–8581 8584 8768 8781 8849
8863 8869 8899 8902 8938 8949 9015
9036 9041 9160 9186–9187 9198–9199
9205 9233 9328 9343 9369 9377 9388
9417 9440 9456 9544 9584 9621 9630
9664 9734 9762 9881 9923 9954 10005
10162 10165 10170 10253 10267
10283 10339 10362 10427 10461
10481 10519 10605 10623 (333 Belege)
distributio 1051 1466 1865–1866 2973
3547 3631 5535 6446–6447 7820 8489
8688 9105 9328 9431 9458 10536
(18 Belege)
districte 8534 10490
districtus 127 527 1043 1159 1171 1194
1831 1981 2021 2035 2038 2143 2168
2218 2220 2255 2569 2862 3337 3610
3843 3855 3920 4222 4551 4596 4956
5340 6067 6339 6934–6935 7582 7802
7820 8064 8463 9041 9182 9214 9267
9292 9935 10091–10093 10095–10097
10099 10417 10605 (52 Belege)
districtus seu off. (archidiac. vulg. nunc.)
7582
diurnus 6941 9594
diversorium 4473
diversus 59 208 220 223–224 264 273 328
393 412 546 610 623 640 730–731 766
768 782 789 794 958 962 989 1005
1046 1154 1174 1205 1234 1238 1241
1447 1544 1628 1732 1865 1867 1870
1874 1947 1951 1959 1972 2138 2226
2272–2273 2323 2343–2347 2355 2368
2410 2434 2444 2476 2548 2689 2762
2790 2794 2922 2963 3009 3051 3099
3102 3139 3155 3454 3528 3600 3610
3670 3699 3721 3798 3802 3897 3946
3984 4040 4046 4091 4262 4271 4282
4291 4377 4400 4410 4412 4414 4529
4567 4586 4595 4614 4666 4716 4796
4822 4857 5056 5383 5419–5420 6003

6265 6652 7069 7074 7305 7328 7488
7491 7522 7533 7540 7551 7642 7689
7836–7837 7913 7937 7980 7985 8226
8259 8385 8449 8452 8463 8545 8658
8707 8719 8874 9045 9121 9142 9182
9262 9357 9455 9527 9594 9631 9701
9705 9711 9734 9811 9819 9887 9932
9989 10088 10092 10099 10111 10183
10224 10266 10330 10362 10385
10523 (173 Belege)
diverto 7382 9528
dividendi p. medium regnum Boemie →
facult.
divido 105 285 993 2820 3082 3102 4566
5599 7289 7492 8449 8490 9328 10074
10257 10302 (16 Belege)
divietus 7480
divina → facult. conc. celebrare off.
divinus 117 208 237 265 269 279 318 327
442 620 663 710 730 741 786 807 830
880 963 965 1052 1190 1234 1237
1328 1469 1525 1626–1627 1631 1772
1797 1826 1866 1870 1890 1895 1941
1961 2040 2078 2128 2162 2195 2218–
2219 2270 2345 2356 2416 2463 2910
3075 3099 3102 3125 3146 3176 3308
3385 3393 3513 3528 3581 3655 3699
3706 3733 3853 4040 4113 4319 4379
4424 4535–4536 4566 4569 5321 5332
5881 5991 5999 6003 6442 6504 6554
7061 7184 7198 7231 7236 7308 7339
7349 7460 7480 7491 7533 7729 7742
7897 7986 8266 8314 8490 8510 8795
9042 9100 9121 9128 9184 9214 9291
9327–9328 9594 9616 9798 9932 9940
10074 10076 10359 10413 10450
10476 10518 10615 10621 (131 Belege)
divisio 165 977 989 1578 4536 7329 7815
10099
divisio dioc. Leod. 989 7815
divitie 353
divortium 268 272 2212 7448
divulgo 106 9330
do 4 117 224 352–353 371 431 529 725
731 762 794 800 861 880 932 1056
1119 1233 1239 1646 1822 1869–1870
1946–1947 1965 2010 2138 2316 2342–
2343 2349 2356 2377 2389 2416 2448
2636 2662 2694 2712 2793 2848 2862
2923 2986 3021 3099 3102 3128–3129
3268 3447 3482 3488 3674 3722 3825
4076 4211 4257 4271 4391 4413 4422

4473 4475 4606 4631 4889 5100 5130
5323 5503 5703 6016 6209 6217 6248
6347 6385 6447 6515–6516 6638 6691
6712 6744 6832 7066 7109 7286 7337
7390 7407 7489–7492 7501 7506 7521
8083 8443 8507 8535 9011 9045 9075
9144 9214 9249 9327 9369 9388 9554
9586 9618 9711 9932 9940 10071
10088 10091–10099 10103 10108–
10109 10170 10266 10347 10403
10413 10481   (142 Belege)
docendi ius civile ad gradum doct. → lic.
legendi disputandi et
docendi → mag. c. facult.
doceo 458 575 1114 1445 1608 1865
2161 2275 2619 2796 2960 3270 3389
3671–3672 4284 4637 4649 4791 4922
4925 5161 5379 5649–5650 5701 5798
6082 6428 6811 8864 9709 9732 9762
9937 10170 10345 10382 10481 10519
10583   (41 Belege)
doct. 6 13 15 29 106 111 128 132 134 141
159 205 235 292 297–298 312 315–316
351 353 355 359 390 401 412 414 419
430 469 497 528–530 537 551 576 582
588 596 619 624 636 644 650 667 673
679 683 687 699 701 706–707 717 764
774 801 833 836 852 858 861 866 868
876 880 890 904 909 917 930 932 981
989 997 1009 1026 1031 1083 1114
1134 1147 1150 1188 1194 1198 1202
1234 1237–1238 1241 1266 1304 1334
1356 1370 1394 1400 1421 1428 1457
1461 1466 1486 1489 1514 1580 1583
1586 1629 1646 1659 1674 1683 1710
1742 1753 1769–1770 1784 1833 1841–
1843 1845 1863 1865 1867 1879 1886
1921 1924 1970 2003 2008 2010 2035
2041 2059 2068 2080 2118 2155 2180
2225–2226 2245 2251 2255 2272–2274
2323–2324 2333 2341 2343 2356–2358
2361 2401 2404 2413 2415–2416 2440
2454 2485 2494 2503 2506 2511 2521
2523 2532 2538 2548–2550 2554 2562
2564 2577 2582 2600 2612 2620 2622
2662 2689 2706 2740 2745 2776 2821
2825 2843 2845 2853 2855 2862 2892
2898 2940 2950 2957–2958 2974 2980
2995 3034 3060 3080 3082 3084–3086
3092 3130 3143 3153 3160 3163 3175
3191 3202 3215 3218 3306 3352 3371
3381 3389 3403 3410 3435 3438 3490

3504 3506 3513 3516 3524–3525 3527
3538 3559 3574 3581 3592 3600 3627
3632 3654 3656 3663 3674 3694 3700
3719–3720 3722 3726 3731 3735 3739
3772 3782 3788 3798 3801 3814 3818
3843 3859 3876 3896 3954 3977–3978
4011 4020 4025 4031 4036 4059 4065
4116 4127 4146 4151 4164 4167 4170
4241–4242 4282 4304 4306–4307 4325
4340 4357 4390 4403 4411 4440 4466
4506 4512 4527–4529 4536 4550–4552
4559 4566–4567 4582 4610–4611 4631
4636 4647 4659 4666 4685 4691 4696
4719 4738 4752 4762 4781 4784 4786–
4787 4796 4814 4821–4822 4842 4846
4848 4851 4856–4857 4884 4895 4923–
4924 4930 4948 4950 4955 4960 4962
4994 5038 5043 5045 5088 5091 5105
5120 5126 5129–5130 5135 5145 5154
5174 5177 5188 5194 5197 5203 5226
5296 5307 5311–5312 5322 5347 5367
5370 5379 5381 5404 5430 5456 5489
5495 5498 5503 5521–5522 5524 5531
5538 5552 5563 5606 5608 5627 5632
5636 5650 5665 5672 5678 5692 5716
5725–5726 5745–5746 5763 5768 5781
5801 5823 5828 5849 5858 5878 5881
5897 5899 5907 5912–5913 5919 5936
5962 5974 5997 6001 6016 6034 6037
6045 6058 6090 6093–6094 6108 6111
6123 6127 6165 6172 6209 6234 6236
6242 6271 6297 6313 6338 6342 6344–
6345 6385 6395 6429 6453 6463 6503
6514–6515 6552 6559 6561 6579 6616
6618 6641 6661–6662 6666 6685 6719
6739 6784 6786 6791 6817 6839 6869
6931 6940 6943 6945 6952 6994 7001
7040 7043–7044 7054 7068 7072–7073
7083–7084 7109–7111 7135 7159
7172–7174 7194 7236 7244 7275 7283–
7284 7291 7293–7294 7306 7312 7321
7331 7333 7352 7376 7381 7391 7394–
7395 7399 7405 7407 7439 7454 7460
7478–7479 7497 7501 7554 7616 7620
7627 7630 7633 7656 7689 7714 7731
7741 7755 7774 7780 7790 7812 7815
7835–7836 7841 7849 7853 7855 7913
7919 7922 7951 8003 8073 8092 8096
8115 8125 8130–8132 8136 8170 8183
8198 8202–8203 8205 8227 8259 8270
8304 8314 8318 8328 8345 8349 8360
8368 8385 8402 8405 8425 8430 8440

8505 8523 8534–8535 8537 8544–8545
8581 8588 8611 8619 8625 8629 8640
8650 8688 8704–8705 8712 8714 8716
8718–8719 8762–8764 8775 8808 8828
8882 8893 8908 8923 8949 8962 8991
9002 9004 9033 9040 9065 9096–9097
9113 9128 9137–9138 9142 9148 9172
9195–9196 9233 9255 9258 9260 9270
9294 9296 9299 9312 9324 9329 9348
9361 9368 9378 9380 9387 9417 9427
9440 9457 9501 9503 9543 9557 9586
9592 9620 9627–9628 9654 9658 9678
9687 9689 9705 9709–9710 9729–9730
9734 9743 9777 9796 9810–9811 9828
9832 9847 9849 9866 9884 9889–9890
9897 9928 9932 9937 9940 9948–9949
9952 9966 9973 9975 9982 9993 10019
10026 10031 10067 10075 10078
10089 10098 10127 10131 10144
10150 10249 10260 10285 10336
10352 10360 10367 10374 10387
10396 10403 10413 10437 10451
10454 10462 10478–10481 10486
10490 10517 10519–10520 10526
10593   (766 Belege)
doct. abbrev. et pape fam. procur. → decr.
doct. abbrev. → mag. decr.
doct. abbrev. pape fam. → decr.
doct. ac in theol. bac. → decr. et art.
doct. → art.
doct. → art. et iur. can.
doct. → art. et med.
doct. → art. et theol.
doct. → art. mag. et in decr.
doct. → art. mag. et sacre pagine
doct. → art. mag. et utr. iur.
doct. → art. mag. in med.
doct. → art. mag. in theol.
doct. → art. mag. leg.
doct. aut licent. → iur.
doct. com. pal. ac eques imper. et regis
    Bosne medicus → art. et med.
doct. → decr.
doct. et abbrev. de maiori parco → decr.
doct. et mag. d. univ. transferri fecerunt
    → principes ius patron. certorum benef.
    regentibus
doct. extiterint → facult. in qua mag. vel
doct. → facult. conc. lauream
doct. → in aliqua univ. studii gener. grad.
doct. in iure can. → facult. creandi 6 mag.
    in theol. et 6

doct. in leg. bac. → mag. in art. decr.
doct. insignia assequi n. potuit → ob ma-
    ximas expensas
doct. → iur.
doct. → iur. grad.
doct. → leg.
doct. → lic. legendi disputandi et docendi
    ius civile ad gradum
doct. → lic. recip. grad.
doct. → mag. in art. et decr.
doct. → mag. in art. et in med.
doct. → med.
doct. pape cap. → mag. in art. decr.
doct. qui 30 an. ordinarie in cathedra et
    stud. Colon. legit → decr.
doct. → relax. ab iuram. de n. recipiendo
    grad.
doct. script. abbrev. → decr.
doct. seu licent. aut al. graduatus in utr. vel
    altero iur. seu theol. aut med. 29
doct. → theol.
doct. vel licent. → in theol. seu altero iur.
doct. vel licent. in theol. vel iur. → reserv.
    6 can. et preb. pro
doct., abbrev. pape refer. secretus → leg.
doctoralis 4733 4846 4976 8763
doctoralis → lic.
doctorandi → lic.
doctoratus 1719 2717 3012 3034 4659
    4923 4961 5194 5323 5913 6209 6638
    7054 7293 7460 10396   (16 Belege)
doctores → privil. quib. ceteri art. et theol.
    magistri et
doctoro 2825 7501 7888 9369
doctrina 7330
doctus 2964 3778 4628
documentum 476 1031 2105 4028
dohana 2985
dolenter 10110
doleo 1071 7383 7742 10109
dolor 353 9528 10109
dolose 254 2118 9197
dolosus 7814
dolus 3919 5214 9787
dom. 24 62 87 92 105 117–119 121 186
    201 208 214 236 245 259 262 264 269–
    270 273 275 279 292 296 308 328 392
    432 451 483 486 527–528 532–533 556
    571 583 597–598 609 616 631 654 657–
    658 661 671 689–690 694 730 732 742
    760 762–765 773 791 816 872 880 886
    895 930 941 961 971 977 979 997 1006

1030 1042 1047 1050 1073 1076 1170
1172 1176 1179 1186 1189–1190 1202
1233 1235–1238 1240–1242 1244–1245
1253 1259 1332 1377 1400 1424 1490
1497 1508 1525 1527 1572 1578 1599
1615–1616 1626 1645 1647 1658 1674
1693 1695 1707 1722 1732 1739 1757
1793–1794 1796 1814 1841 1866–1867
1869–1871 1885 1890 1941 1945 1979
2034–2035 2041 2045 2063 2076 2078–
2079 2091 2126 2195 2213 2218–2220
2254 2256 2272 2276 2283–2284 2287
2337 2341–2343 2345 2354–2356 2376
2382 2410 2420 2423 2433 2442 2448
2456 2463 2497 2500 2574 2619 2626
2659 2688 2762 2780 2845 2910 2920
2930 2948–2949 2976 2980 2987 3036
3042 3073 3076 3100 3102 3104 3130
3134 3142 3223 3268 3308 3323 3328
3377 3391 3423 3431 3434–3435 3438
3440 3503 3508 3542 3548 3561 3571
3574 3622 3624 3626 3636 3642 3672
3683 3689 3699 3701 3733 3773 3794
3850 3940–3941 3947 3964 3967 3998
4029 4032 4046 4049 4074 4076 4167
4224 4232 4243 4254 4257 4259 4340
4347 4374 4389 4401 4406 4413 4435
4452 4463 4530 4536 4547 4552 4568
4598 4628 4659 4676 4780 4796 4909
4974 4987 5017 5073–5074 5098 5181
5194 5251 5253 5279 5283 5400 5448
5504 5562 5570 5606–5607 5622 5636
5674 5676 5745 5781 5891 5901 5905
5912 5938 5958 5991 6039 6049–6050
6105 6145 6161 6241 6246 6253 6291
6300 6392 6434 6497 6581 6639 6689
6715 6775 6798 6890 6934–6935 7061
7064 7078 7106 7125 7165 7173 7183
7200 7226 7236 7240 7269 7306 7312
7324 7328 7339 7391 7413 7426 7432
7448 7466 7469–7470 7477 7479 7493
7497 7522 7526 7528 7533 7540 7542
7545 7564 7570 7671 7678 7740 7750
7754 7768 7779 7792 7814 7821 7836
7839–7841 7864 7877 7913 7950 7985–
7986 7988 7991 7993 7996 8076 8083
8093 8097 8121 8162 8284 8291 8410
8443 8451 8454 8456 8460–8464 8471
8483 8530 8545 8571 8630 8641 8649
8658 8665 8689 8698 8700 8707 8720
8744 8799 8860 8869 8894 8960 8976
8985 9033–9034 9041 9060 9064 9099
9121–9122 9135 9149 9155 9165 9171
9181 9184 9203 9221 9234 9257 9285
9360 9384 9403 9421 9427 9433 9445
9458 9504 9510 9526–9527 9587 9591–
9592 9607 9628–9629 9631 9709 9764
9796 9804 9807 9812 9838 9900 9932–
9933 9936 9943 9945 9982 10033
10062 10065 10074 10087–10088
10091 10099 10114 10132 10142
10169–10170 10176 10214 10265
10267 10283 10332 10349 10417
10422 10434 10451 10475 10481
10490 10500 10504 10513 10520
10536–10537 10595 10605 10607
10617 (534 Belege)

dom. b. Marie vulg. Nazareth nunc. 262
1739 7522

dom. et conv. b. Marie Theotonicorum →
patron. commendatoris et fr.

dom. s. Barbare Barbarenwerder vulg.
nunc. 3542

dom. sive hosp. in monasterium monial.
o.s. Aug. erigere 3323

dom. → vac. p. ingr.

dom. → vacat. p. ingr.

domesticus 18 224 431 471 526 730 762
1188 1238 1269 1642 2342 2448 2864
4058 4325 4391 4546 4593 4637 4941
5126 5531 6078 6732 7223 7303 7677
7739 7852 7983 8730 8804 9271 9327
9445 9553 9832 9846 10480
(40 Belege)

domibus recipiunt et artes phisice et cirurgie exercent → cler. laicos in eorum

domicella 3768

domicellus 57 87 244 847 948 1071 1205
1568 1699 2165 3020 3339 4374 4536
4739 6884 7139 7183 9655 9890 10108
10179 10316 (23 Belege)

domicilium 992 2310 9003 10245

domina 265 348 1049 2033 2596 2870
3705 3768 7339 8489 9262 9833
(12 Belege)

domini Falconis [prothonot.] → gratis pro
fam.

dominica in Passione 8451

dominica mensis sept. in eccl. Lubic. → in
prima

dominica Palmarum 9901

dominica Passionis domini qua cantatur
Judica 166

dominica post festum Resurrectionis
  Christi 9034
dominica quadragesime Letare et in festo
  s. Jacobi 7997
dominica Quasimodogeniti 2219
dominicalis 9923
dominicum / s.sepulcrum → sepulcrum
dominicus 82 189 375 1011 2218 2413
  3059 3197 3266 4114 4452 4535 4776
  5002 5031 5043 6700 6839 7306 7767
  7981 8179 8270 8390 8597 9193 9299
  9867   (28 Belege)
dominium 8 63 119 245 277 352 636 670
  700 730 880 921 955 964 1029 1052–
  1053 1076 1122 1538 1578 1698 1732
  1814 1865–1867 1968 1982 2035 2132
  2138 2158 2214 2272 2340–2342 2348–
  2349 2356 2389 2393 2416 2434 2852
  3051 3059 3071 3075 3095 3102 3167
  3176 3391 3472 3508 3683–3685 4028
  4167 4307 4351 4536 4595 5084 5251
  5968 6039 6934 6941 7064 7069 7328–
  7330 7382 7410 7469–7470 7477 7491–
  7492 7551 7815 7821 8461–8462 8464
  8588 8712 9003 9121 9214 9257 9261
  9327–9328 9384 9526–9527 9729 9936
  10018 10033 10065 10111 10180
  10267 10305 10413 10422 10619
  10621   (115 Belege)
dominor 7382
dominus 117 127 146 166 246 265 277
  295 360 406 532 575 659 694 700 716
  732 789 794 847 992 1050 1100 1230
  1333 1354 1444 1499 1538 1578 1628
  1645 1650 1703–1704 1732 1740 1777
  1794–1795 1814 1941 1954 1968 1972
  1982 2077–2078 2126 2138 2158 2162
  2168 2268 2306 2310 2316 2340 2355–
  2356 2371 2411 2433 2516 2542 2598
  2626 2662 2689 2786 2870 2934 2986
  3075 3088 3180 3215 3234 3354 3528
  3548 3646 3733 3850 3853 4017 4036
  4155 4204 4520 4530 4645 4654 4703
  4739 4783 4785 4790 4828 5126 5193
  5243 5251 5260 5267 5440 5537 5549
  5561 5598 5679 5818 5881 5968 5989
  6000 6002 6016 6128 6241 6264 6323
  6435 6485 6648 6852 6934 7059 7381
  7423 7426 7469–7470 7479 7491 7522
  7594 7723 7734 7853 7990 8064 8271
  8279 8312 8446 8469 8507 8522 8534
  8542 8560 8571 8700 8703 8727 8730

8767 9034 9051 9139 9164 9214 9265
  9299 9427 9678 9681 9733 9757 9839
  9947 10032 10065 10092 10109–10110
  10159 10214 10282–10283 10362
  10382 10408 10417 10482 10537
  10619 10625   (189 Belege)
domorum artium et med. cultor 2041
domum in monasterium → facult. erig.
domum → lic. pro fr. o. min. de observ.
  reg. recipiendi novam
domuncula 1244 6847 8894
domus abb. 2091
donatio 33 170 244 609 620 690 807 993
  1105 1732 1795 1801 1827 1851 1868–
  1870 2069 2272–2273 2355 2417 3074
  3892 4017 4413 4595 5703 6251 7183
  7479 7611 7689 7864 8863 9023 9049
  9122 9249 9618 9932 9935–9936
  10073 10112 10266 10625 (47 Belege)
donatio iur. patron. 2273
donator 1236 1772 9618
dono 87 170 244 264 406 527 529 609
  613 690 700 763 807 833 932 982 993
  998 1052 1236 1500 1801 1851 1868–
  1870 2069 2126 2272–2273 2417 2538
  2576 2645 2820 2910 2964 3074 3174
  3268 4017 4152 4222 4291 4409 4595
  5590 6406 6697 6753 7078 7125 7183
  7464 7479 7521 7689 7864 7994 7997
  8863 9023 9041 9049 9067 9096 9458
  9594 9618 9629 9932 9984 10141
  10179 10219 10266   (76 Belege)
dormiendi in lectis plumeis → lic.
dormio 2396 7772 8087 9596
dormito 732
dormitorium 1732 2396 6504 7772 7986
  8530 10075
Dorpen. et in Alden vulg. nunc. → burscapium
dos 103 266 338 1442 1519 1617 1707
  1739 1865 2360 2620 3892 4410 7078
  7521–7522 7801 8624 8935 9263
  10106 10537   (22 Belege)
dotalis 102 3079
dotalicium 3129 3138 4605
dotatio 1626 1730 3043 7860 8064 8498
  9066 9625
dotator 3892
doto 230 265–266 341 617 620 659 841
  880 955 1044 1225 1525 1645 1797
  1941 2033 2077 2079 2138 2270 2276
  2344–2345 2394 2415 2417 2778 2840

3041 3447 3474 3509 3683 3699 4011
4070 4224 4297 4447 4635 4739 5174
5606 6111 6389 6753 7061 7321 7391
7444 7470 7518 7522 7533 7562 7588
7839 7860 7868 8064 8466 8530 8544
8560 8813 9035 9185 9291 9595 9604
9625 9636 9742 9790 9881 9992 10031
10089 10134 10175 10184 10193
10197 10472 10567 10621 (87 Belege)
dubito 588 977 1064 1466 1550 1606
1698 1866 1959 1972 2035 2267 2270
2344 2549 2854 2885 3548 3689 4847
4890 5559 5573 5919 6251 6261 6888
7167 7537 7904 7937 8851 9096 9122
9511 9527 9531 9720 10109–10110
10112 10454 (42 Belege)
dubius 119 7491 8464
duc. 7 42 104 111 117–118 128 131–132
217 255 351 361 371–372 381 392–393
412 431 436 476 482 489 495 529 532
562 586 594 606 642 679 722 730 740–
741 744 761 777 794 802–803 843 858
880 919 955 989 1035 1053 1068 1095
1105 1135 1145 1147 1157 1198 1202
1214–1215 1218 1233 1241 1246 1263
1303 1312 1327 1422 1567 1578 1599
1623 1626 1645 1651 1658 1673 1746
1749 1778 1780–1781 1783–1784 1801
1824 1840 1842 1894 1930 1958 1972–
1973 1996 2000 2007–2008 2039 2078
2149 2206 2226 2245 2247 2282 2321
2340 2342–2343 2371 2388–2389 2396
2404 2438 2440 2446 2448 2457 2519
2541 2548 2577 2605 2625 2645 2664
2668 2739 2796 2835 2843 2845 2913
2927 2935 2968 2993 3008 3048 3083
3090 3148–3149 3163 3191 3285 3354
3361 3388 3410 3414 3488 3548 3557
3595 3636 3695 3699 3722 3755 3772
3775 3813 3831 3882 3919 3984 4011
4049 4071 4076 4092 4096 4198 4229
4240 4242 4260 4271 4288 4311 4322
4346 4387 4395–4397 4411–4412 4450
4476–4477 4507 4518 4521 4526 4528
4545 4554 4573 4595–4596 4671 4784–
4785 4828 4859 4868 4873 4886 4893
4924 4956 4976 4982 4999 5053 5057
5092 5098 5155 5171 5214 5227 5259
5282 5436 5503 5604 5622 5637 5654–
5655 5703 5725–5726 5728 5744 5754
5758 5761 5789 5794 5871 5907 5912–
5913 6001 6018 6038 6045 6075 6082

6095 6123–6124 6136 6144 6160 6172
6191 6204 6246 6264 6266 6277 6291
6297 6337 6381 6390 6414 6481 6489
6576 6664 6674 6693 6744 6842 6847
6862 6914 6960 7022 7044 7059 7072
7130 7156–7157 7172 7186 7217 7220
7312 7321 7328 7377 7382–7383 7390–
7391 7394 7396 7400 7449 7477 7500
7522 7540 7551 7567 7614 7637 7642
7688–7689 7735–7736 7748–7749
7814 7826 7838 7841 7875 7882 7931
7937 8015 8017 8072 8081 8110 8183
8241 8277 8312 8315 8323 8345 8385
8407 8439–8440 8461 8604 8607–8608
8686 8714–8715 8718 8723 8761 8790
8805 8829 8894 8908 8923 8938 8994
9016 9041 9045 9075 9126 9137 9149
9164 9182 9214 9255 9257 9262 9286
9306 9342 9357 9375 9394 9399 9409
9427 9437 9439 9456 9501 9543 9551
9560 9570 9576 9592 9609 9628–9630
9675 9711 9731 9742 9779 9796 9806
9859 9898 9923 9989 9991 10012
10015 10021 10060 10068 10088–
10089 10092 10097–10098 10110
10132 10161 10205 10209 10226
10247 10266 10278 10346 10373
10383 10387 10418 10520 10523
10576 10580 10605 (445 Belege)
duc. → valor fruct. / red. beneficiorum
[pars separata in fine appensa]
duc. adc. 7 42 104 111 118 128 132 255
351 361 372 381 431 436 532 562 586
594 606 642 730 740–741 744 761 802–
803 843 858 919 1068 1095 1105 1135
1157 1214–1215 1233 1241 1303 1327
1422 1599 1626 1673 1746 1749 1780–
1781 1784 1824 1840 1842 2000 2007–
2008 2039 2226 2247 2282 2321 2389
2404 2446 2457 2541 2625 2664 2739
2835 2843 2845 2927 2993 3008 3048
3083 3149 3163 3285 3361 3410 3414
3488 3557 3595 3695 3722 3755 3882
4071 4096 4240 4242 4260 4288 4346
4395 4397 4450 4476–4477 4507 4528
4545 4554 4573 4671 4828 4859 4873
4924 4976 4982 4999 5057 5092 5098
5155 5259 5436 5604 5637 5726 5744
5754 5758 5761 5871 5912 6001 6018
6045 6075 6123 6172 6204 6277 6291
6297 6337 6481 6576 6664 6674 6693
6744 6842 6862 6914 6960 7072 7157

7217 7312 7321 7377 7394 7396 7400
7449 7500 7522 7540 7567 7614 7637
7688–7689 7736 7748–7749 7882 7931
8015 8017 8072 8081 8183 8312 8315
8323 8440 8608 8686 8715 8718 8723
8761 8790 8805 8894 8908 8938 8994
9016 9126 9149 9164 9286 9306 9357
9375 9409 9427 9437 9439 9543 9551
9560 9675 9731 9806 9859 9898 9923
9991 10015 10060 10088 10132 10161
10205 10226 10278 10418 10520
                (227 Belege)
duc. auri 392 482 1145 1147 1198 1202
1263 1651 1996 2446 2519 2668 3148
3354 3831 4011 4092 4450 4596 4784
4868 5227 5282 5789 6160 7022 7044
7172 7220 7522 8183 8277 8604 8829
9342 9796 9923 10346 10387 10576
10580   (41 Belege)
duc. Veneten. 392–393 1147 1202 1218
3354 4886 6191 7022 7156 7841 8110
9045 10278   (14 Belege)
ducalis 2437 5617 7391
ducalis consiliarius 2437
ducem Nuemburg. → differentia inter ep.
et capit. ac
ducem → off. probi et religiosi apud
ducendi 12 personas equestres → lic.
duci natum restituere 2197
ducis ac com. patron. → in manibus
ducis Austrie / ducis Burgundie consiliarius 552 774 989 2748 3756 4306 4452
4611 4822 4847 5088 5126 5929 6001
7180 9139 9427 10158 10519
                (19 Belege)
ducis Austrie dilectus 373 1581 7797
8966
ducis Austrie et Burgundie orator ad papam destinatus 9015
ducis Bavarie consiliarius → com. palatini
Reni /
ducis Burgundie orator in cur. → R. I. et
ducis Cliven. consiliarius 7084 10254
ducis → consiliarius et magister in cam.
computorum
ducis consiliarius → prep. Embricen. Maximiliani Austrie
ducis de Bavaria etc. naturalis et legitimus
fil. cler. 9552
ducis phisicus 9427
ducis Juliacen. et Monten. ac comitis de
Ravensberge consiliarius → ducis Julie
/

ducis Julie / ducis Juliacen. et Monten. ac
comitis de Ravensberge consiliarius
4610 4685
ducis Mediolani consiliarius 3072
ducis Silesie consiliarius 3059 4780 8808
ducissa 87 269 671 910 1053 1075 1175
1796 1948 2077 2342 2452–2453 3129
4319 4447 4925 5842 6811 7328 7339
7517 7522 7533 7540 7814 7822 7828
8478 9262 9308 9420 10095 10373
10607   (35 Belege)
ducisse Mediolan. cant. → illustris
duco 118 121 246 529 629 765 794 1243
1551 1626 1693 1869 1961 2079 2342–
2343 2415 2509 2560 3009 3579 4032
4037 4257 4530 4703 4766 4784 4889
5035 5618 6590 6810 6931 7083 7236
7330 7390 7540 7551 7828 7975 7993
8300 8463–8464 9710–9711 10089
10157 10283 10486   (52 Belege)
ducto 2342
ductor 3072
ducum cur. destinare oratores → ad Bavarie
duo 217 732 1831 1946 2138 2199 2232
2597 3600 5282 6001 6228 6931 7019
7059 7382–7383 7742 8530 8537 8795
10092 10111 10172 10552 (25 Belege)
duplex 2057 9458
duplicatum quia perditum in via 2346
duplico 451 964 2346 4167 5535 5606
6144 6344 7066 7489 7853 9678 10441
10490   (14 Belege)
duro 431 512 636 830 1044 1241 1304
1578 1727 2040 2115 2343 2374 2548
3009 3235 3385 3526 3828 4167 4536
4882 6096 6735 7198 7469 7490 7962
8057 8261 8335 9055 9122 9466 10467
                (35 Belege)
durus 7004 7815 9814
dux 5 13 34 44 63 105–106 117–119 127
131 136 138 140 165–166 176 185–186
190 212 219 223 225 238–239 245–246
255 265 292 300 306 352–353 355 373
377–378 413 419 469 524 527–529 552
575 619 667 670–671 679–680 700
730–732 762 774 794 800 804 860–861
875 884 929 932 957 971 989 1005
1029 1037 1041 1051 1053 1060 1063
1071 1076 1105 1122 1202 1215 1222
1233 1235 1253 1256 1269 1356 1444
1489 1496 1508 1578 1581 1644 1698

1732 1742 1794 1796 1817 1821 1842
1851 1854 1874–1875 1945 1994–1995
2020 2025 2033 2067–2068 2077–2079
2108 2110 2136 2138 2140 2197 2226
2256 2272–2273 2287 2323 2340 2344–
2347 2349 2354–2358 2361 2365 2371
2389 2394 2403 2424 2433 2437 2448
2451 2453 2463 2475 2490 2506 2511
2549 2576 2603 2642 2650 2658 2692
2717 2734 2748 2776 2784 2789 2831
2870 2941 2962 2967 2976 3059 3072
3074 3084 3088 3095 3106 3129–3130
3155 3174 3179 3226 3257–3258 3410
3436 3446 3449 3499 3537 3572 3587
3617 3684–3686 3699 3726 3756 3801–
3802 3807 3825 3896 3924 3983 4017
4052 4054 4058 4067 4080–4081 4117
4129 4155 4306 4389 4391 4409–4411
4431 4447 4452 4482 4502–4503 4512
4518 4549–4550 4559 4567–4569
4595–4597 4610–4611 4628 4685
4689–4690 4780 4814 4822 4847 4853
4882 4889 4949 4958–4959 4962 5009
5043 5063 5084 5088 5126 5141 5217
5252 5260 5282 5291 5331 5461 5496
5499 5538 5558 5562 5564 5581 5597
5601 5617 5620 5725 5777 5800–5803
5811 5813 5848 5929 5971 6001 6016
6039 6058 6100 6124 6154 6172 6176
6304 6374 6456 6459 6500 6510 6522
6559 6581 6590 6640–6641 6661 6709
6721 6773 6811 6827 6906 6914 6991
7034 7056 7064 7067–7069 7079 7084
7106 7170 7173 7179–7180 7183 7219
7296 7309 7328–7330 7337 7355 7358
7373 7377 7382 7385 7391 7407 7462
7469–7470 7477–7478 7489 7492 7500
7520–7522 7526 7532–7533 7535 7540
7547–7548 7551–7552 7617 7627 7700
7797 7799 7812 7814–7815 7820 7834–
7835 7838–7839 7867 7907 7932 7940
7942 7986 7988 7990 7993 7999 8018
8065 8070 8078 8083 8139 8202 8291
8309 8312 8342 8344–8345 8360 8385
8390 8402 8426 8456 8460 8464 8483
8505 8507 8516 8533 8535 8559 8571
8581 8607 8648 8673 8714 8808 8908
8913 9015 9042 9045 9047 9049 9068
9096 9110 9139 9154 9156 9181 9188
9197 9209 9257 9262 9264 9290 9297
9308 9327–9328 9330 9337 9342 9363
9427 9438 9455–9456 9501 9528 9543
9552–9554 9570 9576 9592 9630–9631
9638 9681 9720 9731–9733 9736 9750
9756–9757 9775 9808 9812–9813 9854
9866 9877–9878 9890 9914–9915 9932
9947 9952 9970 9976 9984–9985
10033 10070–10071 10076 10084
10087 10089–10090 10095 10127
10142 10158–10159 10174 10180
10201 10237 10254 10267–10268
10282 10285 10305 10322 10351
10356 10362 10373 10422–10423
10465 10486 10493 10537 10542
10607 10625   (552 Belege)

e.m. 5 19 36 42 52 61–62 71 117 121 127
132 178 183 210 222 228 246 254 271
287 292 296 328 348 359 366 370 392
405 411 445 471 474 488 505 512 516
522 527–529 546–547 550 555 558 567
571 579–580 582 599 610 620–621 627
654 658 660–661 672 686–687 692 704
707 722 725 743 764 781 809 815 827
834 837 857 860–863 867 893–894 898
907 910–911 916 920 930 932 952 957
967 978 986 998 1003 1007 1009 1015
1044 1050 1064–1066 1068 1076 1103
1113 1158 1171 1179 1181 1183 1188
1196 1200 1203 1235 1238 1243 1256
1264 1266 1269 1287 1292 1300 1308
1313 1332 1346 1348–1349 1360 1374
1377 1384 1412 1430 1435 1444 1466
1471 1480–1481 1489 1492 1497 1508
1512 1519 1527 1586 1594 1606 1637
1658 1678 1687 1700 1708 1716 1738–
1739 1745–1746 1777 1783 1788–1789
1792 1807 1814 1819 1823–1824 1836
1841–1844 1855 1857 1860 1863 1865–
1867 1871 1879 1885 1894 1936 1940
1945–1946 1956 1962 1982 2008 2016
2025 2027–2028 2034–2035 2041 2044
2048 2072 2075 2077 2096 2110–2111
2113 2119 2138 2149 2153 2156 2161
2165 2180 2183–2184 2191 2226 2236–
2238 2253 2280 2282 2285 2290 2295
2297 2300 2308 2315–2316 2329 2338
2340–2343 2345 2351 2376 2389–2390
2396 2404 2413 2420 2422–2423 2428–
2429 2433 2463 2469 2478 2480 2503
2506 2511 2515 2528 2558 2562 2566
2597 2606 2619–2620 2657 2724 2729
2739 2741 2761 2770 2779–2781 2789
2796 2813 2830 2866–2867 2892 2894

2914 2920 2930–2931 2943 2958–2959
2989 2994 2999 3004 3011–3012 3015
3032 3055 3059 3073 3076 3078 3100
3102 3106 3108 3113 3129 3134 3138
3143 3151–3152 3155 3162 3166 3199
3213 3216 3218 3222 3232 3240 3243
3249–3250 3275 3280 3290–3291 3306
3323 3334 3345 3359–3360 3363 3389
3391 3402 3408 3431 3440 3445 3451
3453–3454 3461 3465 3467 3472 3478
3490 3502 3516 3521 3524 3526 3539
3547 3554 3573 3582 3584 3588 3629
3632 3636 3640 3668 3683 3689 3695–
3696 3699–3700 3703 3707 3730 3733
3742 3748 3758 3802 3808 3824–3825
3833 3836 3842 3880 3905–3906 3914
3942 3947 3954 3960 3967 3982–3983
3996 4011 4013 4024 4028 4035 4059
4073 4089 4111 4129 4168 4187 4242
4245 4259 4271 4281–4282 4289 4299
4307 4319 4329 4368 4379 4384 4401
4425 4474 4476–4477 4487 4509 4512
4518 4567–4568 4587 4593 4596 4605
4607 4611 4614 4659 4661 4668 4671
4678 4691 4710 4716 4726 4744 4748–
4749 4763 4775 4779 4785 4792 4796
4821 4824 4846 4858 4880 4890–4893
4895 4901 4915 4925 4937 4946 4957
4966 4975 4987 4992 4999 5001 5012
5029 5037 5051–5053 5057 5072 5098
5130–5133 5137 5145 5147 5155 5158
5160 5194 5197 5223 5225 5227 5235
5270 5272 5275 5283 5291 5306 5331
5338 5342 5370 5381 5391 5393 5397
5400 5405 5416 5426 5436 5443 5456
5477 5511 5516 5519 5529 5544–5545
5636 5648–5649 5652 5654 5673 5692
5715 5732 5736 5747 5755 5761 5770
5776 5794 5798 5823 5827–5828 5837
5862 5876 5879 5881 5913 5943 5955
5981 5987 6002 6004 6012 6026 6044
6051 6056–6058 6067 6070 6078 6080–
6081 6094 6125 6140 6154 6161 6187
6219 6233 6249 6251 6282 6297 6299–
6300 6335 6338 6348 6350 6362 6432–
6433 6446 6464 6490 6498 6515 6527
6547 6553 6555 6559 6563 6577–6578
6605 6630 6637 6673 6685 6705 6741
6743 6749 6772 6783 6791 6816–6817
6840 6889 6899 6922 6927 6942 6972
6992 6998 7013 7043 7057 7095 7133
7140 7148 7162 7168 7175 7181 7236

7295–7296 7301 7304 7306 7336 7339
7352 7357 7375 7384 7394 7416 7427
7432 7435 7447 7457 7466 7471 7473
7477–7479 7486 7497–7498 7504 7524
7533 7553 7570 7572 7576 7583 7613
7627 7642 7651 7736 7738 7741 7770
7788–7789 7791 7820 7827 7837 7840
7847–7848 7852 7854 7856 7862 7889
7907 7911 7929 7946 7950 7952 7955
7968 7970 7978 7988 7994 8002 8020
8022 8062 8079 8125 8129 8133 8144–
8145 8153 8161 8171 8198 8202 8213
8248 8262–8263 8270 8294–8295 8308
8331–8332 8363 8390 8395 8438–8439
8442–8443 8455–8456 8461 8463 8466
8471 8518 8520 8525 8549 8569 8571
8580 8602 8641 8649 8661 8663 8665
8667 8689 8701 8703–8705 8707 8715
8719 8744 8756 8762–8763 8780 8799
8829 8833–8834 8836 8841 8862 8868–
8869 8895 8916 8921–8923 8927 8971
8995 9004 9026 9038 9041 9056 9059
9092 9108 9117 9142 9144 9163 9165
9171 9189 9199 9205 9212 9235 9294
9300 9299 9311–9312 9327 9342–9343
9366 9393 9399 9406 9422 9427 9431
9437 9442 9446 9451 9455 9457–9458
9488 9509 9511 9531 9540 9543 9554
9561–9562 9576 9590–9591 9619
9628–9629 9631 9634 9680 9687 9691
9693 9701 9710 9730 9734 9742 9745
9764–9765 9771–9772 9787 9793 9796
9825 9835 9845 9864 9866–9867 9878
9881–9882 9906 9933 9935–9937 9972
9982 10005 10019 10031 10052 10080
10126 10131 10141 10143 10150
10164 10176–10177 10190 10219
10244 10268 10274 10278–10279
10281–10283 10285 10332 10344
10381–10382 10413 10449 10451
10458 10466 10471 10478–10479
10481 10493 10508 10528–10529
10531 10536–10537 10552 10585
10597 10599 10603 10605 10607
10611–10612 10624   (966 Belege)

e.m. mon. vagando bona dilapidavit →
abb.

eccl. → par.

eccl. Auf der Egg vulg. nunc. 4282

eccl. b. Marie vulg. nunc. in Capitolio
7530

eccl. Bamberg. → orator

eccl. Bisoen. vulg. nunc. 6244

eccl. c. Martena vulg. nunc. Grenin 10296

eccl. Chelmen. → absol. a vinculo

eccl. Constant. gubernare n. poterat → infirmitatibus oppressus

eccl. de Theonisvilla de Derihoben vulg. nunc. 9937

eccl. in Nova villa vulg. Neuestat 8648

eccl. in Steyna an der Strasse vulg. nunc. 4673

eccl. in Theonisvilla vulg. 3525

eccl. in villa Diedem vulg. nunc. 5600

eccl. Lateranen. → archipresbiteratus

eccl. Lubic. → in prima dominica mensis sept. in

eccl. Lubuc. → absol. p. prom. ad

eccl. plebis / pleban. nunc. 151 621 654 1052 1495 1679 1788 2109–2110 2299 2410 2494 2497 3032 3061 3083 3135 3213 3249 3259 3491 3504 3574 3669 3729 4308 4382 4390 4394 4403 4420 5072 5265 5302 5575 5677 6300 6667 6714 7122 7235 7313 7493 7550 7943 8046 8315 8335 8432 8471 8676 8901 9057 9059 9527 9828 10307 10311 10354 10588 (60 Belege)

eccl. Premislen. → absol. a vinculo

eccl. rectoria vulg. nunc. 6785

eccl. regalis nunc. (100 m. arg.) → abbat.

eccl. Reval. → Jackenbeck preb.

eccl. ruralis 5012 5223 7113 7953

eccl. s. Jacobi Mercatorum vulg. nunc. 3891

eccl. s. Johannis prepos. vulg. nunc. 7542

eccl. s. Magni o.s. Aug. Amhoff vulg. nunc. 5823

eccl. s. Marie vulg. Sandmareynkirchen (Sandmereynkerchen) nunc. 4873

eccl. s. Pancratii Paderburn. forensis vulg. nunc. 4792

eccl. Troian. → absol. a vinculo

eccl. vulg. de Oss et Berchem nunc. 10299

eccl. vulg. nunc. Lutenbach 6124

eccl. Wladislav. → absol. a vinculo

eccles. 8 105 127 131 186 274 431 511 619–620 730 764 778 790 998 1043 1053 1120 1171 1190 1234 1241 1250 1275 1497 1527 1730 1732 1773 1779 1796 1865 1876 1947 2035 2077 2079 2138 2218–2220 2342 2345 2356 2417 2456 2862 2928 2943 2971 3059 3175 3475 3488 3528 3610 3721 3828 4028 4391 4411 4551 4566 4569 4716 4922 6264 6344 7069 7072 7184 7289 7328 7391 7465 7469 7488 7490 7552 7791 7810 7828 7860 8095 8166 8186 8440 8461 8463 8466 8560 8907 8976 9011 9045 9136 9178 9214 9242 9244 9382 9431 9526 9594 9600 9711 9935 10012 10074–10075 10141 10169 10174 10184 10268 10422 10490 10625 (118 Belege)

eccles. → absol. a penis

eccles. et sec. → absol. personas

eccles. exponentes pecuniam → absol. personas

ecclesiam → lic. erig. capellam in colleg.

ecclesias → facult. nominandi personas idoneas ad

ecclesiastica aut patrimonialia bona n. haberent → indulsit ut ad sacerdotium et al. ordines se promoveri facere possent licet beneficia

economus 7007

edes 4536

edictum 1807 2218–2219 2392 3176 7231 7459 8186 8545

edificandi → lic.

edificatio 1052 1626 2376 7485

edifico 87 118 127 132 279 296 532 620 794 833 932 1253 1707 1732 1867 1870 2138 2220 2270 2276 2356 2420 2623 2910 3032 3626 3772 3997 4011 5448 7458 7493 7518 7522 7810 7987 7993 8279 8457 8463 8469 8756 8813 8974 9023 9249 9510 9588 9591 9790 9805 10033 10193 10417 10504 10532 10621 (57 Belege)

edificium 87 246 658 932 1179 1241 1527 1867 2138 2219 2272 2300 2356 2547 2690 2712 2961 3074 4282 5448 6038 6497 6935 7464 7533 8464 8545 8795 9090 9171 9444–9445 10215 10302 (34 Belege)

edita in provincia Saxonie sup. negotio metallorum fodiendorum → capitula

edituarius 5869

edo 35 106 431 730 1043 1238 1466 2444 4889 7782 7815 9226 9330 9771 9937 10111–10112 10523 (18 Belege)

edoceo 7815

educo, educare 2197 3548 10588
educo, educere 9121
effectum → absol. ad
effectus 35 138 431 526 529 532 764 774
 858 932 1184 1527 1739 1868–1869
 2010 2033 2273 2275 2344 2396 2415–
 2416 2436 2440 2550–2551 2703 2961
 2983 2995 3467 3513 3548 3801 3825
 4017 4367 4780 4833 5252 5599 5637
 5648–5649 6143 6732 7049 7069 7072
 7184 7236 7296 7306 7328 7400 7491
 7493 7620 7741 7815 8132 8205 8434
 8440 8488 8771 9272 9294 9383 9742
 9825 9947 10070 10103 10109 10111
 10336 10536   (79 Belege)
effero 732
efficaciter 431 5496 7761 9553
efficax 7180 10111
efficio 239 527 1234 1739 4606 6447
 7299 7742 7814 8269 10109
                               (11 Belege)
efflagito 2448
effluo 1228 2110 3473 9242 9816
effundo 7742 8789
effusio 810 856 1020 1421 3161 3581
 3748 3772 5100 5487 6253 6606 6810
 7578 7717 7742 8457 8606 8838 8950
 9100 9821 9945 10211 10338
                               (25 Belege)
Egg vulg. nunc. → eccl. Auf der
egre fero 9504
egredior 7486
egregius 3825 6552
egritudo 201 690 2216 3778 4809
egrotus 4413 8170
eicio 3375 3435 4389 4606 6931 7478
eiectio 2916
Eysenlen → benef.
el. 13 29 47 51 70 100 185 193 204 268
 273–274 286 292 294 335 352–353
 371–372 375 381 392 419 526 543 584–
 585 628 671–672 708 730 828 902 911
 921 932 1003 1028–1029 1031 1035
 1052 1057 1076 1118 1135 1137–1138
 1201 1234 1239 1291 1321 1400 1443–
 1445 1455 1610 1664 1673 1676 1729–
 1730 1742–1743 1760 1762 1783 1788
 1850 1894 1965 2010 2049 2079 2111
 2159 2163 2246 2275 2323 2342 2344
 2346 2351 2361 2388 2396 2408 2434
 2436 2440 2442 2498 2521 2549–2551
 2620–2621 2662 2703 2762 2789 2796

 2983 3011 3028 3084 3093 3111 3122
 3150 3155 3175 3183 3190–3191 3199
 3336 3359 3408 3419 3446 3472 3476
 3574 3597 3617 3624 3650 3656 3678
 3684 3692 3698 3720–3721 3725 3771–
 3772 3878 3896–3897 3906 3912 3921
 3934 3955–3956 3977 4049 4066 4085
 4196 4231 4236 4248 4260 4280 4340
 4354 4396 4403 4409 4415 4473 4518–
 4519 4554 4566–4567 4598 4610 4628
 4645 4725 4785 4811 4814 4882 4960
 4963 5037 5047 5089 5105 5194 5282
 5323 5363 5381 5400 5404 5407 5430
 5433 5436 5532 5535 5581 5601 5608
 5660 5716 5725 5794 5798 5801 5891
 5899 5904 5963 6016 6078–6079 6082
 6091 6109 6111 6138 6167 6171 6196
 6243 6264 6266 6291 6304 6381 6447
 6455 6500 6503 6514–6515 6552–6553
 6583 6638 6673 6685 6712 6782 6801
 6878 6921–6922 6931 6938 6991 7001
 7018 7034 7049 7066–7067 7072 7104
 7110 7125 7138 7180 7184 7186 7224
 7282 7294 7300 7321 7376–7377 7399
 7407 7413 7439 7464 7477 7491 7530
 7552 7572 7629 7752 7790–7791 7812
 7814 7822 7835–7836 7839 7852 7913
 7919 7927 7953 7968 7986 8012 8016
 8065 8205 8281 8309 8314 8345 8372
 8407 8440 8515 8529 8534–8535 8555
 8640 8672 8695 8707 8717 8752 8775
 8795 8844 8864 8915 8922–8923 9009–
 9010 9045 9049 9071 9075 9138 9142
 9151 9189 9197 9221 9255 9258 9306
 9321 9328 9345 9347 9388 9440 9455
 9457 9464 9466 9469 9472 9479–9480
 9500 9526 9543–9544 9552–9553 9565
 9597 9629 9631 9654 9709 9730 9762
 9777 9806 9878 9906 9911 9957 9980
 9987 9997 10023 10068–10069 10071
 10090 10093–10094 10109 10141
 10451 10453 10478 10526 10528
 10543 10583   (399 Belege)
el. → abb.
el. → abba.
el. → ad abbat.
el. → differentia inter ep. Constant. prov.
 et
el. et p. abba. approbatus → dec. eccl. p.
 can.
elabor 619 779 996 1187 1426 1901 1982
 2049 2244 2379 2507 2650 3077 3268

3402 3473 3683 3728 3983 4061 4479
5119 6000 6187 7029 7854 8463 8560
9041 9045 9049 9450 9932 9936 10097
10336   (36 Belege)
elaboro 7742
elapsis in ponte Solodori c. s. Urso et s.
   Victore decapitatorum) → ossa 17
   sanctorum Thebeorum (1.200 an.
elargatio 4606 9041 10097
elargio 1250 1527 2973 7533 9065 10031
elargo 4520
elect. 8 100 109 148 185 273–274 278
   1028 1235 1381 1414 1527 1568 1586
   1711 1912 1959 2107–2108 2138 2159
   2272 2297 2344–2345 2522 2549–2550
   2632 2964 3175 3221 3318 3385 3446
   3490 3698–3699 3756 3892 3896 4019
   4085 4271 4567–4568 5897 5912 5936
   6016 6515 6775 7033 7054 7067–7068
   7117 7337 7401 7491 7552 7791 7951
   7986 7994 8012 8489 8534–8535 8707
   8795 9045 9068 9306 9330 9447 9457
   9461 9595 9777 9933 9969 10065
   10087 10104 10111 10250 10334
   10584 10609   (91 Belege)
elect. abba. → lic. visitandi et confirmandi
elect. in abba. fuit cassata 3175
elect. → vacat. p.
electa 1958–1959 1965 4085 10283
electivus 1029 5581
elector 42 127 246 471 569 576 730 734
   833 971 1041 1586 1627 1684 1740
   1912 2033 2077–2079 2107–2108 2136
   2138 2219 2340 2345 2347 2355–2357
   2511 2548 2620 2681 2898 2980 3035
   3129–3130 3221 3239 3274 3296 3318
   3320 3451 3772 3801 3803 4011 4260
   4391 4547 4552 4566 4763 4814 4955
   5092 5181 5420 5437 5562 5599 5801
   5811 5916 5936 6082 6205 6523 6775
   6916 7081 7296 7394 7401 7410 7477
   7488 7688 7815 7834–7835 7839 7990
   8132 8460 8547 8581 8714 8727 8962
   9042 9299 9388 9552 9630 9697 9709
   9711 10070 10087 10108 10434 10534
               (107 Belege)
elector → R. I. archidapifer et princeps
electoris dilectus → archicamerarii R. I.
4 electorum imper. boni et iusti ponderis
   → 24 fl. renen. superiorum auri monete
electus → abb. concorditer

electus atque ordin. auct. conf. → abb.
elephantia 3805
elemosina 528 1235 1240 1527 1569 1946
   2343 2356 2843 2862 2973 3043 3046
   3102 3158 3559 3631 4032 4423 4884
   5580 5944 6197 7458 7578 7696 8449
   8451 8461 8464 8628 9165 9249 9272
   9591 10088 10413   (37 Belege)
elemosinale → vicar. vulg. vocata benef.
elemosinalis 1600 7578 9054 9771 9881
elemosinarius 199 827–828 2765 2805
   3183 3748 6758 8354 8371 9054 9100
               (12 Belege)
elencatis → absol. a certis delictis
elenco 10074
elende nunc.) → capel. b. Marie virg. in
   Exilio (vulg. Zum
elevo 2428
elig. 66 99 113 118 133 154 208 261–262
   264 274 278 306 431 441 492 528 617
   620 687 691 730 769 783 788 822 847
   880 923 980 1004 1040 1042 1050
   1076 1172 1176–1177 1180 1189 1211
   1213 1233–1234 1236–1237 1239–1240
   1321 1365 1401 1464 1527 1533 1569
   1578 1639 1647 1693 1730 1739 1757
   1793 1867 1869–1870 1890 1947 1959–
   1960 1966 1979 2033 2078–2079 2105
   2132 2159 2198 2272 2340 2345 2349
   2355 2368 2389 2409 2416–2417 2440
   2521 2599 2689 2695 2792 2910 3038
   3040 3088 3125 3218 3272 3291 3385
   3474 3511 3610 3733 3765 3801 3858
   4011 4017 4019 4032 4132 4209 4219
   4280 4287 4311 4325 4410 4431 4473
   4482 4558 4567–4569 4596 4648 4783
   4941 4957 4989 5002 5053 5096 5197
   5217 5251 5295 5379 5448 5531 5653
   5674 5770 5924 6016 6344 6477 6496
   6552 6648 6813 6827 6879 7049 7080
   7106 7154 7198 7276 7297 7321 7328
   7337 7391 7413 7426 7477 7479 7486
   7488–7489 7516 7522–7523 7534–7535
   7539–7540 7548 7562 7685 7691 7814
   7856 7858–7860 7866 7986 7990 7993–
   7994 8007 8300 8440 8451 8456–8457
   8461 8515 8534 8552 8937 9036 9038
   9065 9068 9156 9240 9261 9444 9455–
   9456 9458 9461 9552 9581 9584 9595
   9598 9696 9796 9807 9824–9825 9849
   9919 9937–9938 9993 10026 10065
   10074 10109 10137 10140 10184
   10362 10422 10503 10542 (247 Belege)

elig. → abb.
elig. confess. → facult.
elig. confess. → facult. conc.
elig. confess. → lic.
elig. et instit. ep. → facult.
elig. → in abba.
elig. → lic. confess.
elig. magistram → facult.
eligendi abba. → iur.
eligendi prep. → lic.
eligere → abba.
emancipo 132 687 2853 2855 2926 3436
    3526 5284 8763
emano 1029 1844 1972 2270 2323 2341
    2348 2356 2910 2987 4085 4411 4424
    4995 7083 7329 7399 7460 7551 7760
    7815 7839 9932   (23 Belege)
Embricen. Maximiliani Austrie ducis con-
    siliarius → prep.
emendi → lic.
emendo 886 10031
emeritus 4509
emphyteosis 1212 1739 2620 6189 6246
    7299 10088
eminens 9881
emissio 707 1738 7952 10377
emissionem professionis → vacat. p.
emissus → abb.
emitto 971 1042 1236 1630 1941 1987
    2160 2218 2771 3590 3940 4073 4265
    4332 4479 6857 7330 7404 7528 7950
    8453 8489 8957 9458 9742 10427
                          (26 Belege)
emo 285 483 527 529 613 620 1191 1874
    1894 2021 2035 2356 2620 2780 3079
    3133 3139 3385 3699 3831 4039 4569
    5697 7299 7839 7860 8434 8463 8537
    8929 9067 9272 9383 9403 9456 9587
    9594 9625 9986 10037 10074 10102
    10105   (43 Belege)
emologo 3088
emolumentum 87 620 932 983 1729 1762
    1772 3099 3102 3155 6271 6811 7289
    9066 9932 10004 10531   (17 Belege)
emptio 338 620 2035 2876 3139 3385
    3825 7859 9171 9403 10037 10174
                          (12 Belege)
emptor 2272 5503 10174
emptores librorum 5503
emulus 105 2342
emunitas 821 1491 1895 2218 2270 2315
    2744 2772 3318 3467 3561 3695 3789

3842 3883 5548 8031 8617 9630 9960
    10176 10279   (22 Belege)
enarro 610 3557 4422 9203 9790
enitor 10112
enormis 330 921 3376 9121
ense quem pro sua defensione contra he-
    reticos Bohemos secum habebat inter-
    fecit → c.
ensis 5304 7979
enumeratus 18 38 65 120 220 289 392
    425 449 458 729 759 928 1003 1188
    1198 1219 1278 1347 1394 1410 1579
    1761 1821 1839 1841 1912 1922 2230
    2318 2486 2537 2592 2594 2636 2821
    2850 2892 2942 3196 3221 3226 3281
    3364 3515 3665 3741 3757 3903 3982
    4041 4239 4260 4281 4325 4479 4614
    4689 4731 4733 4819 4821 4858 4961
    4987 5042 5057 5141 5148 5378 5388
    5394 5398 5403 5492 5498–5499 5532
    5545 5655 5732 5881 5973 6004 6058–
    6059 6080 6210 6266 6271 6459 6527
    6615 6772 6806 6839 6844 7040 7089
    7127 7153 7173 7722 7760 7795 7826
    7847 7855 7912 7965 8183 8405 8568
    8640 8683 8762 8854 9114 9126 9622
    9867 9889 10131 10278 10314 10425
    10466   (127 Belege)
enumero 15 37 587 643 732 1841 2007
    2025 2636 2979 3016 3410 3741 4529
    4780 4787 4946 4959 5154 5208 5282
    5860 6055 6545 6579 7181 8130–8131
    8408 8659 8937 9318 9355 10530
                          (34 Belege)

ep.   (2566 Belege)
ep. → amotio abb. p.
ep. Brixin. consiliarius 497
ep. capistrum unius equi abstulerat → ex
    stabulo
ep. → coll.
ep. Constant. prov. et el. → differentia
    inter
ep. de eccl. Brixin. ad eccl. Viennen. trans-
    latus 9327
ep. et capit. ac ducem Nuemburg. → dif-
    ferentia inter
ep. → facult. elig. et instit.
ep. phisicus 496
ep. Herbip. → orator
ep. → in manibus vic. gener. in spir.
ep. in universali eccl. 3155 3684 9775

ep. → lic.
ep. Monast. consiliarius 1434 3859 7341
ep. patron. 2490
ep. prefectus → abb. p.
ep. Sambien. → absol.
ep. Traiect. consiliarius 7353 10490
ep. Traiect. → orator
ep. Trident. → orator
ep. → vic.
ep. vulg. nunc. → vicar. capn.
epidemia 996 2025 2383 9810
episc. 42 44 46 99 138 193 202 268 286
   294 310 372 375 393 419 608 704 822
   1035 1182 1237 1399 1430 1443 1469
   1527 1578 1647 1729–1730 1732 1879
   1946 2010 2038 2071 2111 2159 2237
   2272 2323 2343 2402 2410 2440 2442
   2444 2498 2521 2779 2862 2930 2970
   2986 3097 3148 3155 3175 3243 3268
   3314 3526 3825 3934 4049 4168 4200
   4289 4396 4554 4628 4661 5136 5291
   5330 5353 5561 5819 5904 5957 6091
   6143 6264 6503 6515 6758 6782 6791
   6801 6848 6921 6938 6991 7007 7034
   7125 7181 7264 7289 7300 7321 7552–
   7553 7783 7791 7831 7990 8171 8430
   8465 8534 8679 8723 8775 8863 9041
   9049 9075 9090 9122 9336 9349 9455
   9526 9543 9553 9585 9711 9957 9987
   10012 10067–10069 10266 10413
                              (136 Belege)
episc. → abb. mon. habet iurisd.
episc. → absol. in casibus
episc. → procur. clavis
episc. uti → abb. mon. mitra
episcopatus 185 1732 2348 2671 5485
   7488 10098
episteler appellantur 8490
epistolam ac evangelium decantare 201
epistolaris 5601 5663 9737
epistula 201
equalis 294 1466 1527 1868 2108 2255
   2389 2687 3671 4754 5173 5636–5637
   7295   (14 Belege)
equalitas 5173
eques 732 2672 5531 9936
eques imper. et regis Bosne medicus →
   art. et med. doct. com. pal. ac
equester 4091 7551
equestres → lic. ducendi
equestres → lic. ducendi 12 personas

equi abstulerat → ex stabulo ep. capistrum
   unius
equi apti et accommodi ad deferendam
   sellam 1874
equi pro pape et sue familie usu 8226
equis → 50 fl. adc. pro 3
equito 6253 7433 8888
equivalentia 1154
equo 1235 1241
equorum → litt. passus usque ad numerum
equus 242 339 761 982 1109 1874 3174
   3984 4506 7742 8226 8929 9121 9871
                              (14 Belege)
equus, aequus 1865 3102 7289 7742 7815
   10536
erect. 1145 1564 3037 3486 3671 3853
   9041 9185 9943 10074 10150 10247
   10536 10541 10609   (15 Belege)
erectio 965 973 1235 1564 1572 1732
   1772 1814 1827 1869 1924 1992 2034
   2138 2270 2272 2343 2359 2416 2434
   3447 3642 4091 4367 4569 5223 5448
   6251 6355 7184 7252 7469 7522 7545
   7861 7986 8752 8851 8902 9003 9066
   9130 9592 9625 9932 10065 10282
   10536   (48 Belege)
eren nit mechtig sein mochte → in lingua
   Germanica vulg. der man zu den
erexit → in colleg. eccl.
Erforden. → univ. studii
erig. 8 87 94 103 117–118 188 202 207
   209 236 246 262–263 265–266 269 296
   308 341 532 639 659 671 730 732 738
   764 841 847 886 932 955 961 965 973
   977 1042 1044 1052 1154 1170 1176
   1179 1181 1190 1225 1235 1237 1241
   1243 1245 1499 1525 1572 1574 1578
   1604 1617 1626 1645 1696 1704 1706–
   1707 1732 1739 1756 1772 1793 1797
   1799 1814 1865–1870 1872 1941 2034–
   2035 2077–2079 2082 2126 2138 2195–
   2196 2214 2270 2287 2340 2342–2345
   2354–2356 2359 2389 2394 2415–2417
   2420 2433–2434 2463 2542 2599 2712
   2740 2792 2848 2852 2858 2910 2964
   3037 3073 3098 3100 3130 3175 3234
   3261 3323 3348 3391 3434 3447 3472
   3474 3508 3534 3542 3556 3664 3691
   3767 3825 3853 4034 4074 4091 4224
   4367 4410 4413 4447 4451 4474 4535
   4567–4568 4984 5197 5267 5342 5379
   5489 5606 5722 5968 6003 6111 6355

6374 6497 6691 6753 6793 6941 6996
7064 7082 7147 7180 7184 7240 7252
7302 7391 7423 7425 7469–7470 7472
7483 7522 7533 7588 7659 7783 7801
7814 7820–7821 7986 7993 8133 8279
8455–8456 8464 8466 8483 8491 8530
8560 8752 8813–8814 8851 8880 8884
8902 8907 8973–8974 9003 9015 9032
9035 9041 9045 9066–9067 9139 9168
9182 9185 9214 9291 9294 9354 9431
9454 9561 9591 9604 9625 9709–9710
9715 9790 9798 9804–9805 9853 9881
9933 9937 9939 9943 10031–10032
10065 10074–10075 10150 10175
10184 10214 10267 10282 10336
10466 10472 10482 10500 10536–
10537 10567 10609 10612 10616
10621 10623–10624   (284 Belege)
erig. capellam castri in par. eccl. → lic.
erig. capellam in colleg. ecclesiam → lic.
erig. domum in monasterium → facult.
erig. et fund. quecumque mon. → facult.
erig. → lic.
erig. par. eccl. → facult.
erig. taxas vel gabellas → facult.
erig. universitatem stud. gener. → facult.
erigere → dom. sive hosp. in monasterium
   monial. o.s. Aug.
erigi lic. → stud. gener. pro theol., iur.
   can. et civilis necnon art. et med. facultatibus
erogatio 10074
erogo 761 1205 3102 9272
erratus 10486
error 57 2349 3602 3699 3917 4325 4907
   7083 7479 7488 8335 8425 10425
                     (13 Belege)
erudio 2272 7558 9032
eruditio 7054
erumpo 6810
estas 1071
estimatio 3548 3825
estimo 3548 5645 8512 10087
estivus 9185
estuarium 9504
esum lacticiniorum → facult. conc.
esus 113 117–118 186 243 620 730 1039
   2158–2159 2208 2219–2220 2235 2272
   2310 2436 2734 3163 4568 4596 4941
   5298 6016 6456 7328 7391 7412 8003
   8410 8460–8462 8537 9184 9224 9292
   9381 9456 9596 9971 9984 9999 10027

10031 10092 10150 10295 10305
10542   (50 Belege)
et si placet 330 830 1056 2342–2343 2626
   3116 4659 4783 4923 5916 6638 6734
   7867 8073 8719 9328   (17 Belege)
et. 1 6 22 26 31–32 51–53 63 67 69 108
   133 140 175 184 190 213 218 234 254–
   255 258 267 272 286 321–322 329 351
   358 373 379 381 405 415 420 423 439
   449–450 458 466 471 475 494 514 538
   570 576 647 651 656 671 676 689 695
   702 727 732 741 795 797 800 810 815–
   816 830 849 858–859 861 884 893 896
   971 1000 1008 1015 1017 1041 1064
   1070 1073 1079 1082 1088 1106 1109
   1121 1128–1129 1137 1153 1200 1277
   1348 1357–1358 1364 1372 1430 1434
   1444 1451 1481 1496 1530 1547 1573
   1581 1616 1621 1633 1642 1644 1652
   1671 1684 1702–1703 1725 1732 1764
   1779 1789 1811 1821 1838 1848 1868–
   1870 1885–1886 1936 1956 1961 1973
   1977–1978 1987 1990 1994 2000 2006
   2023 2029 2031 2054 2061 2067 2079
   2098 2102 2104–2105 2120 2125 2138
   2140 2152 2160 2176–2177 2182 2213
   2226 2232 2250 2259 2274–2275 2279
   2301–2302 2309 2327 2330 2334 2336–
   2337 2342 2344 2351 2357–2358 2373
   2375 2381 2402–2403 2436 2463 2465
   2476 2511 2514 2522 2528 2530 2537
   2543 2545–2546 2558 2560 2562 2571
   2601 2617 2619 2621 2625 2633 2646
   2648 2657 2676 2693 2723 2726 2731
   2750 2796 2807 2835 2847 2905 2908
   2925 2934 2950 2983 2992 2997 3018
   3035 3046 3054 3056 3086 3107 3128
   3143 3155 3167 3179 3183 3192 3249
   3258 3267 3296–3297 3300 3341 3366–
   3367 3370 3393 3407 3432 3439 3444
   3459 3473 3481 3506 3512 3515 3529
   3558 3564 3566 3587 3605 3608 3617
   3632 3637 3640 3659 3698 3701 3705
   3736 3751 3799 3819 3821 3843 3856
   3866–3867 3905 3912 3919 3925 3933
   3936 3940 3982 3998 4027 4054 4066–
   4067 4073 4079 4119 4121 4171 4191
   4201 4220 4245 4250 4260 4265 4268
   4275–4276 4284 4286 4290 4304 4309–
   4310 4386 4394–4395 4408 4434 4454
   4458 4469 4479–4480 4485–4487 4507
   4515 4535 4539 4559 4591 4596–4597

4602 4616–4617 4630 4668 4677 4680
4683 4725 4743 4745 4774 4780 4807
4809 4814 4817 4819 4850 4883 4919
4925 4939 4948 4956 4964–4965 5041
5055 5062 5068 5072 5077 5094 5122
5137 5165 5182 5184 5205 5219 5241
5298 5313 5321 5339 5358 5364 5375
5389 5464 5496 5532 5534 5545–5546
5559 5568 5580 5583 5608 5628 5683
5688 5700–5701 5733 5740 5743 5747–
5748 5809 5813 5848 5851 5856 5862
5881 5892–5893 5905 5931–5932 5978
5983 5999 6017 6071 6104 6106 6161
6219 6228 6244–6245 6254 6285 6300–
6301 6304 6308 6324 6396 6405 6434
6470 6479 6493 6504 6515 6522 6534
6546 6551 6562–6563 6574 6601 6603
6614 6617 6622 6625 6632 6659–6660
6668 6684 6714 6725 6731 6769 6777
6779 6786 6840 6850 6876 6894 6922
6949 6953 7002 7023 7035 7043 7086
7112 7122 7133 7145 7166 7171 7173
7208 7230 7235 7247 7262 7294 7325
7328 7344 7385–7386 7394 7402 7404
7413 7430 7440 7467 7469–7470 7484–
7485 7492 7504 7518 7527 7532 7544
7546 7566 7584 7607 7623 7628 7653
7663 7677 7727 7738 7745 7767 7808
7812 7830 7842 7855 7962 7973 7980
8069 8073 8076 8129 8164 8189 8219
8224 8229 8244 8271 8286 8307–8308
8323 8332 8352 8355 8369 8389 8395
8406 8445 8453 8498 8534 8550 8557
8575 8597 8617 8633 8666 8674 8686
8689 8703 8720 8727 8729 8739 8765
8771 8786 8802 8807 8816 8854 8865
8873 8877 8885 8908 8928 8933 8937
8957 8994 8996 9020 9053 9080 9095–
9096 9104 9112–9113 9131 9149 9157
9173 9206 9218 9220 9223 9232 9260–
9261 9266 9268 9270 9273 9284 9337
9344 9351 9363 9368 9372–9373 9409
9414 9420 9429 9435 9466 9505 9509
9512–9513 9517 9544 9552 9554 9564
9581 9599 9633 9649 9651 9668 9678
9689 9720 9747 9762 9775 9783–9784
9809 9818 9823 9829–9830 9846 9874
9877 9894 9911 9929 9947 9951 9954
9956 9958 9970 9979 9982 9985 9991
10020 10023 10061 10070 10072
10077 10089 10131 10154 10173
10192 10195 10233 10236 10271

10275 10284 10289 10293–10294
10305 10309 10361 10364 10366
10376 10393–10394 10398 10420
10423 10429 10438 10441 10451
10481 10483–10484 10494 10545
10550 10561 10578 10586 10596
10598   (740 Belege)
et. an. → an.
et. constit. → in puerili
et. → def.
eucharistia 620 689 1050 1194 1241 1964
    2021 2218 2428 2910 3655 4034 4070
    5448 5461 5947 6128 7997 8462 9188
    9285 9290 10031   (23 Belege)
eucharistie → lic. recip. sacramentum
eucharistie sacramentum → lic. conser-
    vandi
evacuo 3162 4374
evado 7239 8198 9121 10049
evagino 201 2232 2829 4583 5487 8658
    9379 9504
evangelicus 7330
evangelium 201 9097 9737
evenio 1527 4536 5561 9594 10110
eventus 185–186 693 730 803 912 1029
    1116 1122 1383 1409 1500 1845 2226
    2377 2835 3116 3171 3794 3919 4213
    4264 5340 5363 5828 5990 6038 6139
    6158 6811 6931 7337 7447 7478 7491
    7860 7875 7907 8665 8707 8763 9003
    9062 9455 9589 9598 9788 9818 10183
    10454 10478 10480 10552 (53 Belege)
everto 2138
evidens 170 636 1212 1241 1243 1422
    1739 1801 1894 1940 2071 2218 2894
    3139 3897 4271 4535 7054 7296 7299
    7479 8894 9075 9087 9121–9122 9142
    9171 9456 9594 9936 10088 10091
    10102 10269 10413 10605 (37 Belege)
evidentem → facult. conc. si in
evinco 590 3817 5924 7907 9156
evito 1071 2058 2793 4659 6067 6088
    7234 7337 7993 8869 9121 9182 9461
    10089   (14 Belege)
evocandi → lic.
evocandi → pot.
evocandi ultra 2 dietas → pot. citandi vel
evocari → abba. ad iudicium
evoco 57 101 245 1005 1241 2035 2078
    2854 2971 3102 3967 4567 4611 4923
    6250 6876 7004 7539 7985 8545 9182
    9710 10480   (23 Belege)

ex disp. 193 257 281 547 801 804 839
  862 1215 1430 1445 1586 1840 2140
  2254 2256 2323 2388 2549 2551 2554
  2762 3085 3111 3424 3636 4067 4321
  4528 4924 4960 4969 5340 5524 5601
  5695 5819 6127 6235 6544 6870 6919
  7072 7223 7381 7493 8423 8994 8996
  9427 9445 9552 9733 9898 10438
  (55 Belege)
ex eo quod → vac.
ex eo quod → vacat.
ex ordinibus mendicantium in monach. →
  facult. recipiendi certos fr.
ex stabulo ep. capistrum unius equi abstulerat 4506
ex utr. par. 5–6 13 18 29 32 34 51 61 63
  65 70 115 121 127 131 134 141 152–
  153 162 184 204–205 215 218 222 261
  295 298 312 319 335 357 368 371–372
  381 392–393 410 439 473 486 513 517
  540 574 590 600 608 647 658 669 671–
  672 677 685 707–708 737 756 779 792
  797 800 811 817 831 835 839 850 871
  876 890–891 905 911 921 932 971 976
  984 993 997 1009 1017 1023 1026
  1055 1062 1064 1067 1075 1088 1111
  1114 1119 1150 1158 1194 1215 1253–
  1254 1259 1268 1291 1311 1366 1376
  1425 1444 1488 1496 1571 1621 1633
  1640 1644 1671–1674 1683 1703 1712
  1720 1738 1741–1743 1775 1805 1821
  1833 1838 1841–1842 1857 1863 1880
  1885–1886 1928 1936 1942 1959 1963
  1975 1982 2017 2024 2031–2032 2038
  2054 2061 2068 2094–2095 2099 2116
  2118 2120 2125 2152 2155 2160–2161
  2166 2177 2188 2240 2255 2267 2275
  2313–2314 2327 2333–2334 2351 2353
  2364 2366 2370 2388 2397 2408 2427
  2455 2469 2491 2507 2511 2514–2515
  2523 2527–2528 2546 2549–2550 2554
  2562 2569 2571 2573 2600–2601 2605
  2611 2616 2637–2638 2650 2661–2662
  2669 2674 2676 2681 2688–2689 2693
  2703 2731 2737 2745 2748 2844–2845
  2862 2867 2905 2931 2934 2944–2945
  2985 2987 3002 3027 3051 3056 3059
  3082–3086 3090 3111–3112 3126 3140
  3169 3179 3187 3191 3226 3258 3262
  3294 3296 3309 3317 3349 3353 3359
  3410 3446 3451 3464 3472 3498 3505
  3516 3526 3576 3578 3594 3613 3628

3632 3637 3659–3660 3671 3677 3685–
3686 3698 3720–3721 3736 3752 3782
3826 3856 3859 3868 3881 3896 3914
3947 3984 4011 4019 4027–4028 4036
4066–4067 4085 4091 4093 4144 4155
4231 4277 4280 4282 4347 4373 4377
4387 4401 4416 4482 4486 4506 4512
4527 4544 4572 4590–4591 4596 4614
4617–4618 4636 4643 4650 4654 4678
4691 4694 4710 4731 4733 4791 4803
4814 4818 4825 4850 4908 4917 4943
4952 4960 4965 4994 5037 5066 5087–
5088 5213 5284 5298 5347 5370 5384–
5385 5416 5453 5492 5496 5524 5545
5603 5608 5616 5630 5632 5658 5676
5716–5718 5736–5737 5807 5809 5819
5837 5858 5879 5900 5931 5963 6001
6016 6020 6029 6151–6152 6171 6176
6195 6256 6263–6264 6274 6315 6322
6327 6340 6352 6374 6388 6408 6423
6429 6479 6499 6521–6523 6561 6564
6601 6633 6661 6736 6778 6804 6814
6840 6919 6935 6973 6991 6999 7002
7007 7018 7022 7039 7051 7066 7096
7110 7171 7229 7235 7241 7249 7262
7303 7333 7403 7407 7410 7413 7429
7437 7466 7484 7488 7518 7535 7544
7582 7608 7620 7633 7656 7677 7689
7711 7719 7743 7749 7751 7760 7781–
7782 7789 7798–7799 7811–7812 7826
7834 7846–7848 7850 7853 7855–7856
7899 7932 7942 7965 7968 7975 8016
8030 8036 8063–8064 8080 8091 8096
8110 8113 8120 8125 8133 8210 8218
8224 8230 8288 8306 8327 8334 8356
8365 8372 8379 8385 8404 8428 8440
8473 8515 8521 8527 8530 8540 8545
8554 8556–8557 8565 8612 8640 8665–
8666 8708 8715 8762 8802 8826 8831
8863 8876 8882 8890 8902 8908 8912
8914 8957 8968 8998 9012 9016 9025
9046 9065 9071 9075 9088 9113 9119
9125 9131 9146 9159 9162 9164 9173
9190 9193 9197 9211 9232–9233 9242
9254–9255 9274 9276 9300 9312 9316
9318 9321 9323 9328 9344 9388 9447
9457 9464 9466 9468–9469 9472 9474–
9476 9478–9482 9491 9495 9542 9552
9554 9570 9633 9637 9642 9676 9680
9713–9714 9723 9762–9763 9783 9795
9797 9806 9812 9856 9874 9886 9890–
9891 9915 9926 9947–9948 9970 9979

9983 9985 10026 10067 10069–10070
10090 10094 10123 10127 10144
10150 10169 10201 10217 10222–
10223 10233 10236 10240 10271
10278 10280 10285 10289 10312
10344–10345 10353 10376 10380
10387 10392–10393 10398 10411
10423 10425 10427–10428 10438
10450–10451 10454–10455 10478
10483 10485 10493 10501 10513
10548 10550 10585 10596 10598–
10599 10603 10613   (714 Belege)
exactio 1527 2343 2345 3175 3772 3825
3897 9989
exactor 2034 3488 3984 5637 8822 9554
exactus 223 2645 3312 4529 5801 7330
9041
exaggero 10111
exaltatio ap. sedis 353
examen 134 273 932 1266 1646 1893
1990 2341 3337 3510 4085 4659 7090
8385 8956 9369   (16 Belege)
examinandi et puniendi aep. → pot.
examinandi → pot.
examinatio 3021 3771 7236 7261 9065
examinis → c. rigore
examino 619 636 700 731 764 1137 1576
1830 1893 2105 2256 2409 2729 2862
3337 3971 4257 4569 4846 5873 7391
8175 9371 9450 9528 9621 9709 9932
9937 9974 10172 10411   (32 Belege)
exaudio 2346 10111
exburso 1626 8894
excedo 132 273 431 546 704 730 763 773
863 957 1202 1236 1383 1790 1863
1982 2032 2105 2270 2341 2402 2415
2515 2545 2913 3082 3221 3692 4227
4254 4327 4512 4546 4692 4754 4780
4787 4895 4937 5110 5490–5491 5533
5599 5745 5865 6297 6486 6553 6633
6792 6891 7304 7479 7749 7807 7840
7851–7852 7994 8163 8312 8363 8426
8533 8715 8719 8939 9049 9300 9363
9415 9472 9493 9576 9801 9932 9935
10414   (79 Belege)
excelsus 7382
exceptio 3088 3513 7059
exceptis sed. ap. reserv. → absol. parochianos ab omnibus peccatis
excessibus → absol. ab
excessibus presbitericidii → absol. ab

excessus 619 880 1447 1732 2138 2273
2383 2456 3161 3674 3709 4050 4167
4257 4549 4551 6534 6931 7391 7539
7554 7688–7689 9121 10021 10224
10537   (27 Belege)
excidium 528 7330
excipio 117 689 932 1051 1173 1793
1947 2138 2159 2195 2341 2620 2782
2945 2991 3089 3772 5376 6447 7305
7391 7489 7533 8451 8462 8489 8535
9105 9121 9258 9543 9581 10005
10093   (34 Belege)
excito 9710
excludo 118 4974 7240 7480 7501
exclusive 9730
excogito 998
excom. 32 72 162 177 203 237 240 245
268 274 283 310 318 327 349 393 567
571 620 657 708 710 720 730 741 744
763–765 779 786 856 921 941 1020
1064 1220 1234 1370 1445 1449 1551
1631 1647 1702 1724 1732 1746 1793
1844 1868 1892 1895 1912 1945 1947
1962 2030 2035 2040 2085 2128 2150
2219 2315–2316 2355 2383 2410 2422
2434 2456 2463 2497 2521 2538 2548
2550 2620 2639 2662 2671 2694 2762
2771 2803 2845 2929 2943 2950 2964
2993 3024 3116 3129 3145 3153 3161
3185 3232 3249 3275 3287 3308 3350
3410 3488 3513 3617 3619 3706 3720
3733 3748 3828 3855 3967 4167 4208
4256 4265 4319–4320 4329 4338 4357
4374 4474 4536 4572 4581 4600 4716
4782 4895 4923 4974 4981 4995 5036
5121 5168 5284 5291 5332 5391 5461
5465 5582 5600 5677 5737 5781 5801
5818 5881 5903 5912–5913 5981 5992
6039 6051 6095 6158 6233 6248 6264
6291 6339 6456 6673 6696 6784 6931
6933 7004 7072 7165 7236 7274 7328
7336 7349 7380 7471 7480 7490 7510
7551–7552 7578 7682 7723 7734 7792
7867 7880 7953 8046 8076 8081 8166
8198 8266 8273 8300 8314 8443 8451–
8452 8460 8462–8463 8473 8492 8553
8601 8688 8707 8712 8734 8838 8869
8888 8901 8998 9064 9098 9100 9121
9178 9262 9306 9382 9388 9405 9433
9528 9582 9631 9729 9733 9777 9814
9902 9916 9933 9940 9989 10040
10069 10075 10091 10099 10211

10302 10338 10346 10423 10462
10465 10476 10479 10493 10518
10520   (267 Belege)
excom. → abb. propter vitam infamem
excom. → absol. ab
excom. → absol. peregrinos ab
excom. → absol. simoniacos ab
excom. aep. Rigen. → absol. ab
excom. exist. → ob n. responsionem libelli
excom. → facult.
excom. propter apostasiam → absol. ab
excom. propter simoniam → absol. p.
  Paulum_II. de
excomputo 2448 7854
excusatio 1031 2521
excuso 118 2346 3175 10110
exec. 13 48 53 57 74 105 118–119 138
  185 195 202 222 224 279 296 314 338–
  339 351 359 361 381 412 431 451 458
  469 489 514 516 518–519 528–529 537
  541 619–620 658 680 687 702 704–705
  708 730 741 755 762 789 796 804 827
  845 862–863 917 930 934 952 1026
  1029 1089–1090 1135 1163 1200 1233–
  1234 1239–1240 1259 1394 1444–1445
  1461 1487 1541 1571 1586 1596 1644
  1659 1742 1752 1764 1772 1778 1781
  1783 1788 1793 1807 1833 1843–1846
  1898 1936 1981–1982 2035 2044 2056
  2060 2105–2111 2133 2159 2161 2219
  2228 2237–2238 2254 2256 2270 2272
  2275 2285 2293 2342–2343 2358 2372
  2413 2416–2417 2422 2463 2537 2550
  2569 2619–2621 2627 2657 2662 2681
  2689 2703 2720 2729–2730 2779–2782
  2789–2791 2793 2812–2813 2845 2854
  2898 2902 2913 2929 2931 2936 2950
  2973 2984–2986 3031 3051 3054 3083–
  3085 3094 3102 3111 3120 3125 3129
  3131 3149 3212 3218 3221 3225 3232
  3263 3388 3430 3440 3446 3453–3455
  3458 3461 3480 3510 3524 3527 3540
  3553 3573 3592 3646 3694 3699 3719–
  3720 3722 3726 3876 3897 3909 3912
  3920–3922 3941 3976 3983–3984 4052
  4066–4067 4071 4075 4085 4129 4138
  4167 4183 4208 4225 4242 4281 4289
  4297 4325 4367 4403 4440 4495 4509
  4521 4550–4552 4554 4566–4569 4573
  4595–4596 4636–4637 4666 4671 4678
  4720 4726 4763–4764 4774–4775 4784

4794 4797 4804 4807 4814 4821 4838
4847 4859 4874 4922–4925 4946 4949
4956–4960 4964 4994 5046 5051–5052
5056 5062 5105 5131–5132 5134 5153–
5155 5217 5226 5261 5270 5272 5290
5324 5363 5370 5372 5392 5398 5400
5420 5427 5447 5449 5470 5492 5534
5536 5548 5554 5600 5604–5606 5649
5653–5655 5673–5674 5676 5693 5698
5726 5731 5737 5761 5770 5789 5827–
5828 5836 5842 5848 5854 5869 5881
5887 5893 5897 5913 5943 5945 5960
5964 5983 5985 5989 5993 6000 6007
6048 6056 6059–6060 6067 6070 6078
6080 6082 6108 6113 6123–6125 6144
6160 6168 6175 6180 6185 6217 6219
6232–6233 6244 6249 6282 6285 6296
6321 6346 6447 6473 6502 6515 6522
6547 6553 6625 6685 6712 6742 6758
6805 6811–6812 6865 6873 6877 6927
6961 6991 7034 7052 7066 7069 7072
7098 7103 7133 7144 7167 7172–7173
7186 7223 7234 7244 7255 7258 7263–
7264 7296 7305 7312 7356 7359 7381
7410 7438 7455 7477 7513 7552 7570
7620 7642 7674 7680 7717 7721 7740–
7741 7745 7767 7789 7794 7808 7811
7836–7837 7839–7840 7847–7848
7850–7853 7860 7936 7950 7957 7969
7980 8032 8046 8056–8057 8066 8069
8073 8121 8131 8133 8145 8149 8177
8204 8248 8317 8335 8344 8406 8423
8435 8440–8441 8448 8477 8486 8515
8521 8531 8534 8537 8580–8581 8584
8607 8614 8621 8686 8702–8703 8709
8716 8719 8763 8868–8869 8884 8918
8926 8938 8955 8973 8976 8994 9015
9052 9056 9058–9060 9063 9066 9104
9115 9126 9169 9174 9187 9198–9199
9205 9233 9272 9294 9300 9357 9369
9384 9427 9436 9455–9456 9464 9527
9543 9551 9555 9576 9581–9582 9592
9621 9628–9631 9670 9675 9689 9701
9706 9710 9729 9733 9740 9742 9751
9765 9777 9796 9805 9812 9825 9847
9872 9882 9929 9932 9954 9957 9976
9982 10025 10089 10108 10110–10112
10119 10131 10169–10170 10248
10253 10267 10285 10320 10436
10479 10486 10488 10498 10519–
10520 10536 10545   (636 Belege)

1592

exec. testamenti 516 1752 1981 2929
  3031 3163 3212 3388 4289 4297 4403
  6321 7066 7186 7570 7745 8537 8719
  8973 9066 9384 9592 9629 9805 9847
  10285 10320   (27 Belege)
Execrabilis 839 3086 4108 5202 7140
  7467 7906 7952 8439 8614 8647 8667
  8777 8916 9473   (15 Belege)
Execrabilis → sine disp. contra constit.
executione p. 3 an. → Fiat eo suspenso ab
  ord.
executorialis 451 546 1163 1659 1851
  1863 2689 2929 5913 8545 8629 9128
  9431 9681 9812   (15 Belege)
executorius 834 6697
exemplo 105
exemplum 190 353 731–732 2347 7330
  7337 7382 7990 9940 9982 10109
                  (12 Belege)
exempt. 207 270 620 658–659 687 765
  789 912 921 1029 1044 1090 1122
  1191 1235–1236 1382 1570 1697 1739
  1801 1812 1826 1865 1946 2077 2079
  2089 2107 2118 2236 2267 2344–2345
  2391 2416 2434 2740 2973 3009 3078
  3128 3134 3155 3162 3171 3218 3221
  3253 3291 3359 3366 3425 3467 3474–
  3475 3524–3527 3574 3578 3582 3597
  3610 3683 3685 3694 3699 3721 3748
  3794 3848 3900 3982 4004 4011 4019
  4026 4074 4091 4113 4123 4167–4168
  4218 4271 4282 4307 4407 4430 4446
  4479 4512 4519 4536 4545 4550 4552
  4583 4603 4610 4631 4659 4752 4765
  4786 4813 4820 4848 4907 4925 4974
  4994 5051 5098 5126 5131 5153–5154
  5170 5173 5219 5284 5308 5366 5370
  5379 5400 5419 5487 5524 5538 5637
  5644 5724–5725 5744 5811 5825 5840
  5856 5865 5918 5928 5964 5971 5990
  6056 6070 6128 6172 6189 6205 6217
  6263 6339 6347 6399 6417 6447 6513
  6515 6590 6648 6706 6724 6786 6794
  6802 6810–6811 6859 6881 6916 6941
  7088 7107 7125 7151 7223 7236 7240
  7276 7305 7308 7355 7426 7435 7460
  7470–7471 7474 7479 7483 7522 7552
  7642 7653 7656 7677 7696 7729 7734
  7749 7755 7790 7820 7859–7860 7867
  7945 7951 7954 7965 7978 7986 7990–
  7991 8002 8010 8012 8015 8020 8073
  8110 8177 8202 8204 8211 8273 8308
  8314 8316 8323 8335 8360 8385 8401
  8407 8417 8421 8441 8444–8445 8451
  8453 8462–8464 8468–8470 8473 8490
  8535–8536 8545 8581 8601 8627 8640
  8651 8660 8665 8700 8707 8712 8717
  8744 8804 8807 8828 8869 8894 8899
  8928 8933 8988 9003 9015 9066 9075
  9091 9113 9121–9122 9146 9185 9188
  9214 9218 9223–9224 9255 9270 9272
  9329 9347 9367 9401 9420 9431 9438–
  9439 9449 9457 9465 9526–9527 9552
  9554 9569 9581 9584 9587 9596 9598
  9628 9658 9668 9670 9685 9705 9710
  9730–9731 9742 9777 9825 9839 9852
  9886 9897 9915 9930 9932 9935 9937
  9940 9973 9991 9993 9998 10033
  10069 10074 10088 10097 10131
  10141 10169 10174 10184 10214
  10247 10269 10278 10345–10346
  10354 10356 10380 10413 10454
  10458 10466 10472 10478–10480
  10484 10497 10536–10539 10607
  10619 10621   (381 Belege)
exempt. → facult.
exeo 971 1173 1250 1616 2195 2217
  2762 3728 4265 4389 4530 4535 4822
  5228 5252 6931 7531 7628 7792 9504
  9742 10193 10432   (23 Belege)
exequendi litt. ap. → facult.
exequie 442 1793 2127 2356 5448 7860
  7991
exequor 57 297 546 700 762 1186 1946
  1972 2210 2521 2885 3163 3645 3917
  4391 5056 5697 5801 7330 7337 8335
  8579 8719 9040 9086 9090 9122 9710
  9814 9936 10112   (31 Belege)
exercendi art. medicine → lic.
exercendi iurisd. in personas et subiectos
  univ. → facult.
exercendi omnes casus summi penit. →
  facult.
exercendi omnia al. off. → lic.
exercendi pontific. → facult.
exercendi pontific. → lic.
exercent → cler. laicos in eorum domibus
  recipiunt et artes phisice et cirurgie
exerceo 133 186 193 210 279 286 294
  393 419 525 620 687 763 877 977 993
  1002 1035 1169 1201 1241 1443 1479
  1527 1693 1762 2010 2033 2079 2244
  2270 2368 2416–2417 2442 2764 2871
  3007 3306 3314 3475 3487 3610 3702

3771 3778 3934 3940 3956 4049 4257
4628 5090 5100 5304 5393 5660 5662
5881 5904 6003 6091 6279 6347 6503
6515 6638 6782 6801 6921 6938 7236
7261 7282 7289 7370 7463 7485 7490
7558 7729 7752 8019 8323 8349 8417
8461 8485 8535 8854 8974 8996 9042
9086 9122 9128 9166 9294–9295 9455
9489 9609 9644 9935 9937 10049
10075–10076 10141 10184 10411
10437 10490　　　　　　(113 Belege)

exercere n. potest → presb. in art. mag.
qui p. 2 an. post gradum mag. p. eum
susceptum in univ. stud. et facult. art.
med. studuit et a pluribus comitibus baronibus et al. magnis nobilibus propter
eius scientiam et practicam in eadem
arte in qua valde expertus est saldariatus
et stipendiatus fuit tamen d. artem

exercet → in phisica practicat et apud
commun. op. Bernen. artem medicine

exercitium 2377 2415 2470 2945 4091
8133 9504 9710 9882 10240 10490
　　　　　　(11 Belege)

exercito 4401

exercitus 732 2448 3175 3548 4014 7330
7382 7742 10110–10111

exhalo 2456 9569

exhaurio 274 9214

exhaustio 1948

exhibeo 105 529 2220 2347 2521 2971
6941 7329 7696 7742 7907 8376 8449
10108 10481　　　　　　(15 Belege)

exhibitio 2138 7066

exhibitor 2521

exhortatio 731 7491

exhortor 3548 7330 7478 7815 8464 9388
9501

exhumandi → lic.

exhumo 2035 2420 8166

exigo 431 525 687 700 730 964 1042
1053–1054 1779 1990 2034 2662 2672
2793 3038 3548 3772 3825 3984 4391
4566 4569 4596 5056 5155 5637 6337
7186 7489–7490 7551 7553 8063 8451
8535 9214 9554 9594 9814 9932 9936
10092 10098 10137 10330 10481
　　　　　　(47 Belege)

exiguus 169 932 5085

Exilio (vulg. Zum elende nunc.) → capel.
b. Marie virg. in

exilis 932 1234 4264 7533 7696

exilitas 87 7547 9032

exilium 7996 8335

eximo 105 186 765 789 912 997 1029
1053 1180 1235 1241 1673 1870 1946
2077 2079 2434 2964 3095 3268 3721
3772–3773 3855 4566 4626 5744 7470
7985 7993 9154 9420 9456 9504 9984
10490 10624　　　　　　(37 Belege)

exist. 7 132–133 138 225 237 379 431
475 487 524 526–529 617 629 651 654
693 700 708–709 761 764–765 786 790
828 845 889 943 992 1065 1138 1200
1219 1233–1235 1241 1409 1414 1419
1445 1527 1551 1569 1595 1599 1611
1659 1677 1706 1772 1788 1855 1870
1972 1987 1994 2032 2038 2078 2090
2108 2110 2118 2126 2138 2218 2220
2242 2270 2272 2300 2323 2340–2341
2343–2345 2355–2356 2360 2373 2417
2624 2637 2762 2789 2852 2862 2929
2949 3012 3033 3037 3059 3076 3088
3095 3102 3258 3312 3525–3526 3549
3556–3557 3674 3683 3699 3733 3748
3772 3794 3802 3805 3843 3878 3897
3925 3948 3971 4112 4114 4120 4320
4389 4401 4407 4422 4474 4476 4530
4598 4659 4690 4780–4783 4946 4956
5002 5042 5052 5202 5241 5323 5459
5532 5559 5589 5606 5692 5732 5903–
5904 5916 5918–5919 5951 6045 6140
6323 6374 6381 6434 6447 6458 6513
6515 6534 6553 6640 6643 6647 6689
6812 6876 7079 7111 7145 7147 7149
7165 7198 7231 7321 7355 7434 7477–
7478 7551 7582–7583 7721 7752 7782
7810 7826 7994 7998 8119 8154 8183
8261 8306 8344 8362 8399 8445 8461
8463–8464 8466 8473 8490 8534 8536
8545 8601 8627 8661 8683 8697 8707
8795 8808 8862 8907 8916 8956 8960
8986 9045 9058 9065 9085 9090 9121
9192 9198 9202 9214 9242 9257–9259
9285 9292 9297 9328 9348 9384 9416
9427 9450 9456 9504 9553 9559 9631
9641 9710 9720 9729 9733 9858 9940
10031 10065 10067 10105 10141
10159 10183–10184 10224 10257
10285 10413 10493 10520 10536
10622　　　　　　(288 Belege)

existimo 7491 9214 10110

exitus 63 224 527 800 1030 1287 1447
1742 1874 1982 2159 2620 2931 4606
5936 6712 6938 7505 7552 7968 8555
9552 (22 Belege)
exoneratio 616
exopto 2343
exorior 620 765 1544 1599 1732 1869
2267 2273 2340 2793 3077 3157 3163
3226 4530 5194 6037 6991 7068 7682
8449 8463–8464 8534 8941 9002
10076 10110 (28 Belege)
expavesco 318 327 1722 5279 5332 6811
7510 7566 8266 8314 9100 9616 10476
(13 Belege)
expect. (2126 Belege)
expect. extra nationem suam impetraret
nisi idioma quod communiter homines
loquuntur ibidem intellegeret et intellegibiliter loqui sciret → nullus gr.
expect. extra suam nationem impetraret
nisi idioma quod communiter homines
ibidem loquuntur intellegeret et intellegibiliter loqui sciret → voluntas pape
quod nullus gr.
expect. → mutatio gr.
expect. → vig. gr.
expectativarum reservationum quoque facultatum et nominationum quibuscumque personis concessarum inquantum
inter R. E. et nationem Germanicam interveniente Friderico tunc R. R. nunc
vero imperatore concordatis preiudicant
→ revocatio omnium gr.
expecto 732 2270 2348 2781 2789 3765
3859 3982 7382 8007 8962 9044 10605
(13 Belege)
exped. (1652 Belege)
expeditio 353 371–372 526 1753 2346
3083 3175 3488 3548 4391 6516 7151
7224 7382 8226 8460 9041 9328 10108
(20 Belege)
expello 270 619 977 1702 1895 2349
3223 4536 4552 4781 6665 8421 9527
10021 10302 (15 Belege)
expendo 29 205 223 242 254 427 443 468
506 588 640 684 730 761 766 880 920
1030 1130 1628 1742 1874 1972 2007
2035 2079 2100 2302 2355 2377 2448
2480 2672 2685 2848 2894 3179 3346
3377 3548 3600 3671 3683 3722 3772
4400 4473 4475 4509 4521 4563 4566
4598 4784 4846 4848 4923 4974 4994

5044 5098 5130 5448 5563 5728 5744
6187 6212 6300 6390 6414 6884 6933
7156 7174 7295 7305 7328 7352 7382
7492–7493 7518 7736 7788 7840 7951
7955 8226 8439 8463 8607 8629 8636
8710 8712 8734 8929 8956 9045 9065
9071 9142 9249 9731 9762 9832 9901
9936 10070 10091 10110 10112 10396
10403 10492 10619 (117 Belege)
expensas doct. insignia assequi n. potuit
→ ob maximas
experior 1860 1982 2549 4351 6347 9721
9932 10109
expertis → capn. pro 30 capellanis in cantu et musica
expertis ex Germania litt. passus dabuntur
→ operariis, practicis et
expertus est saldariatus et stipendiatus fuit
tamen d. artem exercere n. potest →
presb. in art. mag. qui p. 2 an. post gradum mag. p. eum susceptum in univ.
stud. et facult. art. med. studuit et a pluribus comitibus baronibus et al. magnis
nobilibus propter eius scientiam et practicam in eadem arte in qua valde
expertus in musica et cantu 992 1982
expertus metallorum ex Germania 4889
expiro 417 2829 3044 3146 4320 6107
7167 9710
explicatio 7491 9042 10533
explico 7329
explorator 7239
exponentes pecuniam → absol. personas
eccles.
expono 223–224 230 352 392 417 526
658 730 761–762 794 1044 1053 1234
1345 1756 1870 1946 1972 2138 2342–
2346 2348 2376 2448 2499 3076 3175–
3176 3385 3436 4536 4882 6323 6339
6447 7236 7321 7382 7469–7470 7477
7490–7491 7542 7815 8165 8507 8534
8688 8894 9011 9045 9171 9221 9259
9330 9384 9455 9501 9528 9592 9597
9932 10088 10091 10109–10111 10181
10184 (75 Belege)
exporto 3038 7510 8437 9329
express. 44 50 59 77 100 117–118 128
132 134–136 154 186 250 288 337–339
361 451 475 497 520 569 586 594 610
613 672 680 704 790 802 863 963
1030–1031 1034 1152 1196 1236 1238
1303 1369 1391 1414 1497 1502 1578

1716 1727 1781 1783 1804 1840–1841
1865 1895 1908 1931–1932 1936 1990
2024 2027 2030 2032 2050 2080 2106
2108 2111 2160 2226 2267–2268 2270
2273 2284 2288 2316 2318 2338 2343
2396–2397 2421 2432 2469 2515–2516
2533 2545 2608 2632 2660 2782 2898
2986–2987 2995 3082 3153 3221 3271
3285 3376 3458 3544 3556 3574 3583
3592 3620 3692 3748 3758 3794 3827–
3828 3873 3876 3917 3968 4019 4026
4036 4038 4075 4092 4119 4193 4251
4280 4354 4402 4440 4476 4512 4528
4546–4547 4631 4721 4780–4781 4787
4835 4879 4884 4916 4946 4956 4964
4968 5154 5171 5241 5281 5317 5370
5425 5430 5436 5470 5490 5533 5535
5538 5546 5581 5599 5636 5650 5654
5673–5674 5725 5744–5745 5761 5789
5805 5813 5842 5848 5854 5888 5895
5916 5919 5932 5936 5964 5989 6004
6016 6018 6058 6071 6082 6136 6160
6187 6219 6264 6277 6283 6297 6375
6422 6447 6480 6486 6515 6519 6527
6553 6633 6674 6735 6790 6792 6805
6812 6881 6917 6994 7014 7049 7095
7108–7109 7140 7151–7152 7172 7236
7257 7283 7324 7352 7498 7504 7614
7674 7688 7721 7741 7783 7790 7795
7807 7826 7835 7837 7841 7847 7850–
7852 7856 7978 8001 8018 8113 8189
8205 8371 8385 8426 8459 8464 8545
8559 8579–8580 8601 8607–8608 8665
8702 8707 8716 8808 8821 8829 8863
8888 9040 9046 9049 9052 9127 9142
9231 9249 9309 9380 9427 9431 9493
9552 9557 9576 9618 9628 9631 9658
9675 9729 9811 9857 9925 9928 9932
9935 9937 9952 10025 10065 10067
10069 10150 10162 10168 10289
10318 10336 10411 10422 10458
10478 10480 10493 10505 10536
10605   (339 Belege)
exprimo 117–118 133 224 250 546 687
    1001 1234 1252 1346 1414 1693 1752
    1863 1977 2044 2106 2108 2167 2220
    2242 2270 2348 2389 2455 2466 2549
    2703 2939 2983 2986 3223 3435 3527
    4245 4325 4367 4411 4473 4478 4550
    4611 4796 4884 5308 6332 6566 7034
    7049 7068 7083 7271 7305 7383 7491
    7642 7748–7749 7759 7826 7834 7852

7854 7953 8363 8489 8568 8836 8975
9066 9300 9303 9456 9628 9659 9866
9890 9923 9936 10031 10067 10070
10169 10486   (85 Belege)
expugnatio 246 732
expugnator 246
expugno 529 731 4014 7330 9527 10110
expulsi heretici ac reintegrata plebania
    4536
expulsio 786 1895 3733 6931 7480
exquisitus 10087
exsolvo 2410 5599 7256 8534
exspiro 2343 3701 5321 5487 7868 8434
    8658 9135
exspolio 205 9897
exstirpandi hereses → facult.
exsto 1071
exten. 195 207 230 262 329 337 381 571
    576 667 794 1015 1029 1065 1113
    1236 1238 1250 1303 1392 1414 1533
    1569 1678 1707 1730 1739 1807 1840
    1867–1868 1870 1936 1976 2035 2037
    2077 2108 2183 2195 2219–2220 2225
    2245 2323 2341 2344 2373 2511 2515
    2521 2550–2551 2558 2562 2574 2593
    2598 2650 2657 2662 2672 2685 2689
    2723 2743 2777 2782 2791–2792 2809
    2817 2822 2834 2838–2839 2847 2853–
    2854 2865 2874 2877 2884 2902 2929
    2936 2943 2945 2948 2987 2995 3000
    3035 3052 3055 3087 3116 3119 3135
    3156 3165 3168 3199 3218 3222 3225
    3232 3265 3291 3320 3350 3378 3385
    3425 3443 3453–3454 3474 3525–3526
    3544 3547 3554 3556–3557 3561 3563
    3576 3582 3598 3600 3624 3630–3632
    3636 3641 3643 3671–3672 3683 3691–
    3692 3694 3721–3722 3742–3743 3764
    3772 3780 3808 3816 3843 3846–3847
    3858 3871 3897 3929 3944 3958 3968–
    3969 3987 4013 4017 4046 4057 4063
    4071 4076 4078 4122 4157 4165 4167
    4193 4213 4225 4227 4251 4255 4281–
    4282 4284 4329 4333 4354 4363 4400
    4403 4415 4422 4436–4437 4458 4502
    4504 4520–4522 4535 4545–4546 4548
    4551–4552 4568 4581 4586 4598 4600
    4611 4647 4649 4651 4659 4669 4691
    4700 4722 4726 4749 4754 4763 4780–
    4784 4786–4787 4796 4821 4828 4839
    4847–4848 4862 4867 4871 4874 4877
    4891 4893 4922–4923 4933 4937 4957

4964 4994 5001 5009 5044 5049 5053
5063 5072 5098 5126 5130 5154–5155
5160 5168 5181 5284 5322 5330 5348
5360 5363 5375 5379 5403 5421 5423
5434 5449–5450 5461 5463 5480 5491
5523 5529 5535 5538 5540 5563 5569
5579 5621 5630 5637 5647 5649 5653–
5655 5674 5680 5694 5725–5726 5740
5743–5744 5748 5755 5767 5828 5836
5848 5865 5878 5901 5912 5918 5921
5958 5983 5989 6016 6032 6035 6037–
6039 6056–6058 6070 6081 6108 6144
6180 6187 6196 6212 6220 6234 6244
6249–6250 6277 6282 6291 6329 6341
6390 6396 6414 6427 6446 6498 6509
6514–6515 6527 6542 6545 6553 6559
6618 6625 6642 6655 6678 6697 6719
6723 6777 6820 6834 6839 6854 6859–
6860 6873 6900 6911 6931 6951 6991
7007 7024 7032 7038 7040 7042 7056
7058 7069 7084 7092 7110 7124 7130
7133 7166 7173–7174 7179 7181 7187
7198 7222 7235 7241 7264 7275 7294
7306 7337 7369 7380 7391 7416 7422
7426 7428 7450 7460 7478–7479 7490
7492 7505 7531 7541 7547 7554 7577
7620 7647–7648 7664 7680 7688–7689
7721 7732 7741 7793 7814 7835 7838
7840 7847–7848 7851–7854 7862 7872
7889 7903 7940 7955 7980 7985 7990
8000 8002 8007 8037 8049 8081 8106
8131–8132 8140 8182–8183 8198 8202
8226 8237 8241 8255 8278 8308 8316–
8317 8321 8323 8327–8328 8352 8355
8359 8368 8371 8406 8438–8439 8441
8443 8452 8454 8462–8463 8473–8474
8521 8524 8535–8537 8550 8571 8579
8606 8608 8625 8656 8661 8675 8712
8717–8718 8726 8755 8767 8799 8803
8820 8834 8843 8846 8869 8884 8908
8952 8956 8962 8980 9015–9016 9031
9036 9042 9047 9049–9050 9060 9071
9092 9124 9126 9137 9163 9193 9195
9197 9203 9205 9224 9294 9330 9335
9337 9347 9351 9368 9388 9397 9399
9415 9431 9450 9457 9504 9528 9576
9599 9603 9630–9631 9633 9636 9658
9678 9687 9696 9720 9730 9750 9762
9777 9790 9795 9812 9824–9825 9828
9843 9864 9868 9873 9880 9897 9929
9935–9941 9952 9982 10025 10044
10060 10068–10070 10074 10112

10120 10127–10128 10133 10150
10168–10170 10174 10184 10192
10208 10210 10212 10215 10250–
10251 10314 10346 10354 10367
10373 10376 10382 10386–10387
10392 10438 10442 10451 10453
10481 10486–10487 10490 10493
10509 10526 10533 10537 10590
10604–10605 10607 10622
(669 Belege)

exten. disp. ad omnes personas in curiis
    7391
exten. indulg. ad mul. 9224
exten. indulg. Pauli II. pro sororibus 1739
extenuo 4603
exterior 1237 10098
externus 2345 2434
exterreo 731–732
extinctio 765 932 1937 2830 2926 4458
    4596 5637 5745 6539 6553 7173 7477
    8121 9329 9591 10065 10609
(18 Belege)
extinguo 119 134 732 1235 1869 2120
    2349 2712 3825 5196 7019 7244 7491
    7533 8001 9458 10181   (17 Belege)
extirpo 7489
extiterint → facult. in qua mag. vel doct.
extorqueo 186 1042 1793 1868 2041 2215
    3499 3504 3919 4626 6838 7256 7268
    7867 8451 9155 9527 9634 9935 10169
    10184   (21 Belege)
extorsio 8464
extra cur. → resign.
extra nationem 2242 2348
extra nationem suam impetraret nisi idi-
    oma quod communiter homines loquun-
    tur ibidem intellegeret et intellegibiliter
    loqui sciret → nullus gr. expect.
extra temp.   (1018 Belege)
extraho 4611 6810 9634
extramontanus 8868
extraneus 7480 8545
extraordinarius 8545
extremus 2138 4930 7492 7540 9122
    10056 10111
exuro 1599

fabrica 33 118 488 532 536 598 693 1730
    1740 2035 2270 2348 2415 2448 2636
    2645 2848 3106 3175 3396 4084 4133
    5282 6038 6246 6691 6939 7055 7542
    7814 8138 8449 8545 9249 9457 9563

9631 9805 9932–9933 10282 10537
10605   (43 Belege)
fabricator 7381
fabrico 710 3377 6497 8449
facere possent licet beneficia ecclesiastica
    aut patrimonialia bona n. haberent →
    indulsit ut ad sacerdotium et al. ordines
    se promoveri
facilis 431 2417 2790 7742 9388 9931
    10103
facinorosus 8560
facinus 6712
facio 7 13 18 26 42 51 57 79 82 87 105
    109 117–119 127 132 157 183 186 190
    201 223 245 254 264 279 285 338–339
    352–353 361 371 393 412 433 457 471
    474 488 525–527 529 564 610 620–621
    637 651 671 687 709–710 730–732 741
    761–766 786 794 816 828 833 861 863
    880 920 934 952 957 960 962 984–985
    989 992–993 1006 1031 1033 1035
    1042 1046 1050 1052 1063 1068 1071
    1137 1190 1202 1206 1214 1234–1237
    1239–1240 1243–1244 1269 1303–1304
    1332 1352 1445 1468 1475 1506 1527
    1533 1567 1626 1687 1689 1704 1706–
    1707 1715 1732 1738 1772 1782 1793
    1801 1808 1814 1824 1826 1843 1870
    1875 1912 1936 1941 1958–1959 1972–
    1973 1978 1982 2021 2025 2035 2038
    2049 2056 2078–2079 2093 2106–2107
    2111 2133 2138 2159 2199 2212–2213
    2218 2226 2254 2256 2269–2270 2272–
    2273 2302 2323 2325 2338 2340–2343
    2346–2349 2356 2377 2383 2393 2413
    2417–2420 2439 2444 2462–2463 2469
    2474 2500 2521 2536 2541 2547–2548
    2550–2551 2574–2575 2584 2605 2609
    2643 2658 2660 2670 2727 2780–2781
    2791 2793–2794 2819 2825 2831 2841
    2852 2854 2892 2894 2910 2920 2943
    2973 2985–2987 3021 3051 3075–3076
    3102 3116 3125 3130 3149 3163 3175–
    3176 3189 3218 3232 3238 3249 3275
    3300 3318 3346 3365 3394 3410 3435–
    3436 3447 3454 3467 3473 3487 3499
    3525 3528 3544 3547–3548 3553 3556
    3561 3592 3602 3624 3627 3646 3672
    3683 3689 3699 3712 3722 3771 3782
    3796 3828 3831 3843 3922 3948 3951
    3967 3982 4011 4031 4038 4040 4046
    4057 4091 4096 4101 4120–4121 4163

4227 4304 4391 4403 4412 4437 4447
4483 4487 4496 4498 4502 4504 4509
4519 4536 4549 4551–4552 4566–4569
4573 4585 4588 4644–4645 4659 4715
4739 4753 4779 4782 4786 4796 4814
4821 4828 4847–4848 4879 4882 4907
4947 4957 4961–4962 4976 4983 4994–
4995 4997 5029 5076 5112 5118 5155
5197 5210 5223 5243 5390 5420 5430
5436 5487 5489 5534–5535 5538 5540
5548 5570 5573 5576 5581–5583 5606
5636–5637 5650 5652 5684 5692–5693
5697 5726 5744 5748 5761 5794 5796
5814 5828 5830 5837 5878 5916 5937
5964 5989 5994 6016 6019 6038 6058–
6059 6082 6090 6108 6144 6263–6266
6291 6338 6344 6384–6385 6414 6454
6486 6489 6497 6513 6553 6565 6625
6673 6693–6694 6792 6854 6857 6876
6891 6903 6913 6916 6918 6931 6933
7054 7060 7102–7103 7149 7160 7165
7167 7184 7231 7236 7268 7288 7305
7321 7328–7329 7337 7342 7353 7377
7381–7384 7406 7413 7426 7460 7469
7477 7479–7480 7491–7493 7504 7522
7530 7539 7551 7567 7579 7583 7617
7651 7676 7688 7718 7721 7741–7742
7744 7795 7810 7814–7815 7822 7834–
7835 7839 7847 7851 7854 7875 7904
7951 7986 7991 8000 8012 8044 8076
8095 8130 8133 8198 8205 8223 8238
8259 8305 8315–8316 8368 8385 8434
8439 8443 8449 8451 8455–8458 8460
8463 8469 8473 8481 8483 8485–8486
8507 8516 8535 8550 8588 8627 8630
8636–8637 8658 8685 8688 8717 8730
8734 8797 8799 8813 8874 8880 8888
8925 8929 8938 8956 8974 8983 8998
9010 9035 9041 9044–9045 9049–9050
9053 9121–9122 9128 9137–9138 9148
9151 9155 9185 9188 9224 9226 9233
9242 9249 9252 9257 9271 9291 9294–
9295 9327–9330 9369 9383–9384 9388
9453 9455 9458 9504 9510 9526–9528
9555 9561 9631 9718 9720 9731–9733
9742 9790 9796 9805 9821 9825 9832
9839 9841 9851 9853–9854 9860 9867
9870 9878 9881 9928 9930 9932 9935
9937 9943 9945 9984 10004 10031
10052 10056 10064–10065 10069
10071 10076 10087–10088 10091
10093–10094 10096–10097 10108–

1598

10111 10141 10150 10159 10169
10180 10184 10209 10243 10248
10256 10258 10267 10345–10347
10411 10413 10422 10441 10453–
10454 10468 10479–10480 10482
10484 10490 10497 10526 10532
10605 10607 10625   (721 Belege)
fact. 29 42 44 117 121 127 132 144 195
260 273 292 338 352–353 420 443 468
471 489 497 522 527 529 633 679 731–
732 761 764 802–803 847 921 932 979
1036 1064–1065 1082 1174 1203 1236
1238–1239 1242 1381 1391 1414 1506
1578 1581 1626 1643 1659 1673–1674
1793 1841 1844–1845 1865 1870 1930
1934 1959 1972 1982 2008 2021 2033–
2034 2050 2085 2105 2197 2242 2267
2348 2372–2373 2376 2389 2448 2462
2511 2522 2548 2551 2626 2637 2650
2691 2712 2781 2805 2833 2862 2913
2941 2986–2987 3035 3039 3088 3102
3130 3162 3176 3218 3376 3513 3525–
3526 3542 3548 3557 3610 3677 3721
3748 3882 4085 4272 4281 4569 4611
4678 4763 4774 4782 4958 5042 5076
5113 5241 5329 5480 5490 5540 5548
5653 5697 5865 5907 5913 5916 6082
6093 6244 6263 6381 6384 6396 6447
6513 6613 6732 6739 6810 6812 6889
6933–6934 6994 7068 7070 7108 7112
7125 7236 7296 7305 7329 7337 7382
7396 7407 7466 7477 7479 7491–7493
7500 7539 7552 7614 7674 7677 7688
7724 7815 7830 7853–7854 7867 7929
7937 7984 7993 8002 8142 8165 8204
8312 8536 8545 8549 8581 8629 8640
8688 8707 8767 8836 8930 8941 9016
9042 9060 9086 9137 9166 9206 9242
9244 9286 9306 9327 9380 9383–9384
9400 9427 9457 9526–9527 9534 9553
9611 9645 9710 9720 9731–9732 9740
9764 9777 9839 9866 9879 9916 9933
9936–9937 9940 9947 9982 10004
10018 10075 10110–10112 10159
10257 10367 10454 10490 (270 Belege)
factor 9986
factum hebreorum civit. Trident. 9244
factura 2438 4498
facult. 8 117 122 131 133 183 185–186
190 202 205 224 262 286 296 329 338
352 372 375 393 412 429 431 442 469
471 487 512 519 527–528 543 628 635–

636 700 730–731 741 761 764–765 845
863 877 880 932 997 1003 1026 1028
1042 1057 1064 1076 1089–1090 1137
1201 1203 1211 1233 1237 1239 1241
1273 1275 1306 1373 1383 1400 1430
1444 1497 1504 1527 1578 1591 1626
1633 1646–1647 1711 1744 1753 1764
1775 1779 1843 1845 1865 1867 1869
1874 1921 1940 1947 1972–1973 2010
2033 2040 2078–2079 2105 2113 2118
2132 2195 2200 2218 2238 2245 2254
2270 2272–2273 2283 2297 2323 2342–
2344 2346 2349 2353 2355–2356 2372
2392 2396 2398 2406 2415 2434 2436
2440 2463 2498 2523 2537 2550 2670
2712 2729–2730 2764 2781–2782 2792
2797 2845 2862 2898 2902 2905 2912
2916 2935–2936 2941 2960 2963–2964
2973 2987 2998 3082 3084 3089 3106
3125 3131 3167 3199 3217 3225 3291
3308 3313 3365 3383 3410 3415 3453
3472 3475 3488 3526 3534 3540 3548
3556 3573–3574 3594 3624 3683 3689
3692 3695 3699 3702 3896 3910 3914
3917 3922 3946 3956 4026 4028 4049
4057 4067 4091 4112 4114 4166 4175
4206 4212 4220 4271 4281–4282 4340
4391 4395 4400 4410–4411 4477 4509
4525 4535–4536 4543 4547 4549–4550
4568–4569 4595–4596 4606 4628 4637
4659 4666 4763 4772 4783 4796 4814
4847 4891 4922 4946 4957–4958 5042
5045 5051 5105 5126 5130 5154 5196
5217 5261 5270 5275 5315 5330 5370
5392 5404 5461 5606 5648 5653 5660
5674 5697 5761 5770 5827 5854 5874
5912 5923 5943 5951 5985 5999 6031
6039 6055 6058 6091 6209 6251 6253
6281 6344 6347 6455 6505 6515 6565
6712 6735 6801 6839 6888 6931 6935
6938 6961 7033 7043 7054 7060 7064
7069 7073 7081 7166–7167 7198 7244
7296 7299 7302–7303 7312 7328–7330
7337 7352 7377 7391 7399 7413 7426
7460 7471 7477 7489–7492 7501 7522
7551–7553 7614 7642 7654 7663 7685
7767 7808 7835 7839 7841–7842 7851
7860 7962 7981 7985–7986 7990 7993
8012 8056–8057 8072 8119 8132 8204–
8205 8226 8279 8309 8316 8345 8372
8432 8439–8441 8451 8461 8464 8477
8498 8530 8535 8537 8581 8584 8619

8633 8653 8684 8688 8697 8702 8704
8719 8734 8763 8773 8816 8864 8868
8884 8938 9006 9011 9036 9041 9065
9122 9127–9128 9159 9178 9182 9187
9199 9214 9233 9249 9258 9328 9369
9388 9390 9427 9444 9454 9465 9528
9544 9557 9586 9629–9630 9677 9710–
9711 9730 9742 9762 9764 9793 9825
9862 9923 9932–9933 9940 9945 9971
10031 10035 10057 10069 10074
10094 10096–10099 10108 10111–
10112 10139 10169 10174 10184
10214 10217 10250 10267 10271
10279 10289 10310 10334 10345–
10346 10380 10396 10401 10405
10420 10449 10454 10480 10486
10503 10519–10520 10523 10624
(513 Belege)

facult. → absol.

facult. ap. → orator c.

facult. art. 1865 2355 5874 6347 9677

facult. art. med. studuit et a pluribus comitibus baronibus et al. magnis nobilibus propter eius scientiam et practicam in eadem arte in qua valde expertus est saldariatus et stipendiatus fuit tamen d. artem exercere n. potest → presb. in art. mag. qui p. 2 an. post gradum mag. p. eum susceptum in univ. stud. et

facult. art. stud. → in univ. Colon. in

facult. art. stud. → in univ. Trever. in

facult. c. privil. etc. more univ. 7460

facult. Calixti III. → vig.

facult. cathedram ascendendi et legendi 4659

facult. collect. fruct. cam. ap. → revocatio

facult. conc. abb. usum mitre 4535

facult. conc. alt. port. 431 2436 3699 4535 7328 7490 7553

facult. conc. celebrare off. divina 4535–4536

facult. conc. disp. 6251

facult. conc. elig. confess. 431 730 4535 7489

facult. conc. esum lacticiniorum 730 2436

facult. conc. fruct. percip. 2436 4536 7328

facult. conc. indulg. 2436 4535–4536 4606 7328 7489 9041 10097

facult. conc. ingr. mon. monial. 4535

facult. conc. lauream doct. 4536

facult. conc. monach. vel can. reg. accedere 4536

facult. conc. off. tab. 4391 4536

facult. conc. si in evidentem 636

facult. conc. studentibus fruct. perceptionem 7490

facult. conc. testandi 4535 7069

facult. concedendi varias facult. 9528

facult. confer. 10 can. et preb. 4568

facult. confer. 30 benef. 7553

facult. confer. benef. 431 730 2436 4536 4596 7328 7489–7490 7492

facult. confer. benef. in tit. 7069

facult. confer. et recipiendi reliquias 3089

facult. confer. fam. suis quecumque mon. 4535

facult. confer. insignia magistratus 7490

facult. creandi 6 mag. in theologia et 6 doct. in iure can. 469

facult. creandi comites palatinos et not. 4536

facult. creandi not. 2398 2436 4535 7328

facult. creandi tabelliones 431 730 7489 7553

facult. disp. 431 636 730 1779 2436 3365 4535–4536 4847 7069 7328–7329 7489–7490 7492 7553 (16 Belege)

facult. disponendi de 8 off. procur. 7069

facult. disponendi sup. benef. 296 372 7552–7553 10094

facult. dividendi p. medium regnum Boemie 7492

facult. docendi → mag. c.

facult. eisdem nuntiis et commissariis concessarum → revocatio omnium

facult. elig. confess. 262 528 1076 1211 1527 1867 1947 2033 2079 2272 4410 7198 7337 7426 7685 7860 7990 7993 9036 9444 10074 10503 (22 Belege)

facult. elig. et instit. ep. 7986

facult. elig. magistram 1237

facult. erig. domum in monasterium 9933

facult. erig. et fund. quecumque mon. 4535

facult. erig. par. eccl. 1626 2078

facult. erig. taxas vel gabellas 1241

facult. erig. universitatem stud. gener. 1578

facult. excom. 7490

facult. exempt. 4536

facult. exequendi litt. ap. 9122

facult. exercendi iurisd. in personas et subiectos univ. 1241

facult. exercendi omnes casus summi penit. 7490

facult. exercendi pontific. 4049 5660 6091
6801

facult. exstirpandi hereses 7489

facult. → facult. concedendi varias

facult. fodiendi aurum, argentum, plumbum et al. metalla in territorio R. E.
6281

facult. habendi 2 penit. 7490

facult. habendi idoneum confess. 9182

facult. in legibus 7460

facult. in qua mag. vel doct. extiterint
9710

facult. inquirendi contra falsarios 4535
7490

facult. iur. 4666

facult. iur. can. 10420

facult. iur. civilis 6209 7614 9677

facult. iur. civilis et can. 9677

facult. legalis 3217

facult. legendi ius civile 7391

facult. legit → art.

facult. legitimandi ex illicito coitu 9041
10097

facult. maioris penit. 7069

facult. nominandi 100 personas ad totidem
benef. 2342

facult. nominandi personas idoneas ad ecclesias 2344

facult. nunt., commissariis et collect. conc.
→ revocatio

facult. oblig. cam. usque ad 4.000 fl. renen. 431

facult. perm. 393 1089 1775 2118 2353
2463 2729 3695 3914 4220 4395 4535
4549 5045 5275 5653 6031 6735 6839
7043 7073 7081 7244 7312 7654 7842
8345 8581 9159 9629 9862 (31 Belege)

facult. predicandi 3167 7302

facult. predicandi cruciatam 636

facult. prov. 300 personis R. I. conc. 1275
1497 1633 2342 3475 4549 5854 7081
9178

facult. recip. habitum 9711

facult. recip. munus benedictionis 8 628
1711 2960 6455 7054 8012 9793

facult. recip. munus consecr. 185 190 543
1201 1400 2323 2498 3896 3956 4271
4814 6515 6938 7413 7841 8864 9544
9762 10334   (19 Belege)

facult. recipiendi certos fr. ex ordinibus
mendicantium in monach. 3308

facult. reconciliandi 2862 3689 9945

facult. ref. 7490 7551

facult. relax. 4535–4536 5697 7069

facult. resign. 122 133 183 202 205 329
338 393 412 471 487 512 741 845 863
1003 1026 1064 1090 1203 1273 1306
1373 1383 1430 1497 1504 1591 1744
1753 1764 1775 1843 1874 1921 1973
2040 2105 2113 2200 2238 2254 2283
2297 2353 2372 2463 2523 2537 2550
2729–2730 2764 2781 2797 2845 2898
2902 2912 2936 2941 2987 2998 3084
3131 3225 3313 3383 3410 3415 3453
3526 3534 3540 3556 3573–3574 3624
3692 3695 3910 3917 3922 4026 4057
4067 4112 4166 4175 4281–4282 4477
4509 4536 4547 4550 4637 4763 4772
4783 4891 4946 4958 5042 5051 5105
5126 5130 5154 5217 5261 5270 5315
5330 5392 5648 5653 5674 5761 5770
5827 5923 5943 5951 5985 6055 6058
6344 6735 6935 7166 7303 7377 7582
7614 7642 7663 7767 7808 7835 7851
7962 8056–8057 8072 8119 8132 8204–
8205 8316 8372 8432 8439–8441 8477
8537 8619 8684 8702 8763 8773 8868
8884 8938 9006 9127–9128 9187 9199
9233 9369 9427 9465 9557 9630 9730
9764 9825 9923 10035 10069 10169
10217 10250 10271 10279 10289
10346 10380 10401 10405 10449
10480 10519–10520   (196 Belege)

facult. sepeliendi 442 2195

facult. statuendi dietas et predicandi cruciatam 7489

facult. suscipiendi munus consecr. 286
877 1137 2079 8309 10094

facult. suspendendi 4535 7489 9388

facult. theol. 5874 8816

facult. utendi 636 2973 4535 4543 6505
7329 7490 7986 9742 10139

facult. visit. 375 636 997 2356 4114 4535
7981 7993 9065

facultate art. stud. → in stud. gener. Heydelbergen. in

facultatibus erigi lic. → stud. gener. pro
theol., iur. can. et civilis necnon art. et
med.

facultatibus stud. → art. et theol.

facultatum et nominationum quibuscumque personis concessarum inquantum
inter R. E. et nationem Germanicam interveniente Friderico tunc R. R. nunc
vero imperatore concordatis preiudicant
→ revocatio omnium gr. expectativarum reservationum quoque
facultatum nuntiis conc. → litt. limitatorie
phalanga 1895
Falconis [prothonot.] → gratis pro fam.
domini
fallacia 508 7337
falsa moneta 3377
falsarios → facult. inquirendi contra
false 1354 3513 7533 7539 8995 8998
falsificatio 400
falsificator 5825
falsificator → librorum eccl.
falsifico 3436 3493 3652 4780 7390 9693
falsitas 9415
falsiter 9501
falsus 57–58 98 106 279 361 710 762
1137 1168 1346 1519 1527 1622 1752
1766 1863 1900 1965 2226 2325 2341
2346 2497 2745 3097 3172 3275 3377
4374 4581 5214 5226 5393 5524 6053
6122 6138 6339 6702 6811–6812 6876
7236 7406 7493 7525 7651 7723 8038
8443 8717 9330 9427 9632 9812 9860
9946 9976   (59 Belege)
fam.   (2572 Belege)
fam. → abbrev.
fam. → abbrev. ac Nicolai V.
fam. → abbrev. et card.
fam. → abbrev. et pape
fam. → abbrev. et Pauli II.
fam. → abbrev. et summatoris
fam. → abbrev. maioris et bullarum cam.
summatoris
fam. → abbrev. pape
fam. → abbrev. refer.
fam. → abbrev. referendarius et pape
fam. ac abbrev. → card.
fam. aep. → gratis pro
fam. aut abbrev. vel in registro supplic.
script. → Pauli II.
fam. → card. phisicus et
fam. cubic. → gratis pro
fam. → de maiori parco abbrev. presidenti
et pape
fam. → de parco maiori abbrev. pape

fam. → decr. bac., script., abbrev. ac pape
fam. → decr. doct. abbrev. pape
fam. → decr. licent. abbrev. et pape
fam. descript. → liber pape
fam. descript. → pape
fam. descript. → prerog. ad instar pape
fam. domini Falconis [prothonot.] → gratis pro
fam. et abbrev. → Nicolai V.
fam. et abbrev. → pape
fam. et abbrev. → Pii II.
fam. et abbrev. → vicecancellarii
fam. et continuus commensalis et sed. ap.
acol. → pape
f[am]. → Fiat pro [Dominici de Ruvere]
tit. s. Clementis presb. card.
fam. → mag. in art. abbrev. Pauli II.
fam. nepos → prothonot., abbrev. et pape
fam. → Nicolai V.
fam. Nicolai V. et abbrev. 6060
fam. notarii cancellarie → gratis pro
fam. procur. → decr. doct. abbrev. et pape
fam. → prothonot., cap., abbrev., pape et
card.
fam. → script. abbrev. et pape
fam. suis quecumque mon. → facult. confer.
fam. vicecamerarii → gratis pro
fam. vicecancellarii → gratis pro
fam., abbrev. et audientie contradictarum
litt. procur. → cubic. et
fama 352 5697 8305
fames 5503 7742
familia 118 352–353 877 880 923 1053
1190 1564 1645 1739 1871 1890 2310
2788 2947 2991 3095 3590 3646 3655
4011 4424 4814 4856 4957 6004 6614
7328 7410 7588 7815 8064 8226 8360
8427 8658 8683 10087 10466 10497
10536 10545   (43 Belege)
familia cismontana → absol. a
familia cismontana o.fr. min. 2947
familia ultramontana o.fr.min. 2947
familiaritas 512 518 1787 2025 2729 3085
3235 3420 3454 3525 4057 5162 5505
5573 5761 5865 6096 6261 7740 7962
8683 8817 9400 9847   (24 Belege)
famosus 1056 9935
famula 1234 4211 4424
famulor 1173 1814 2910 6810 9589
10267

fervor 105

festis → Fiat ut petitur de indulg. 15 an. in 2

festivitas 119 962 1050 1194 1250 1647 1890 2341–2343 3104 4424 5376 8451 9039 9090 9832 10267 10422
(19 Belege)

festivus 2270 3655 9003 9072 10246

festum 134 962 2077 2077 2150 2195 2218–2219 2342 2434 3527 3527–3528 3733 3772 4206 4473 5598 6775 7105 7329 7460 7841 7992–7993 8095 8456 9034 9042 9182 9588 9630 9730 9787 9832 10088 10215 10305 10422
(39 Belege)

festum Annuntiationis 3527–3528 7105

festum Apparationis sive Glorificationis Jesu Christi 9881

festum Ascensionis domini 9214

festum Assumptionis b. Marie virg. 2219

festum b. Marie Magdalene 9042

festum Circumcisionis domini 2077

festum Corporis Christi 2272 8451 9607

festum Exaltationis s. Crucis 9214

festum Matris 2342

festum Nativitatis b. Marie 127 2219

festum Nativitatis Christi / Domini 2348 4473 9787

festum Nativitatis s. Johannis Bapt. 7329

festum Pascale 166 689 1241 6775 8095

festum Pentecostes 8717

festum Presentationis Marie virg. 10422

festum Purificationis et Palmarum 1050

festum Resurrectionis Christi 1201 2218 7522 7540 9034

festum s. Georgii 9630

festum s. Hilarii 10215

festum s. Jacobi 7997 9730

festum s. Johannis Bapt. 7841

festum s. Leodegarii 10215

festum s. Martini 5185

festum s. Petri 9034

festum ss. Anne et Margarete virg. 7460

festum ss. Kyliani et sociorum 9214

festum Visitationis b. Marie 7460

festus 127 1201 2218–2219 2272 5185 5461 7105 7460 7522 7540 7997 8717 9214 9466 9607 9630 9881 10422
(19 Belege)

feudalis 1354 2342 3403 8460 10362

feudatarius 2356 7302 7994 9526

feudum 170 670 801 932 1354 1866 1871 2342 2416 2433–2434 2547 3129 3413 3685 4566–4567 4595 5044 5561 7490 7820 10605 (23 Belege)

Fiat 105 393 536 708 921 926 934 1042 1250 1581 1793 1956 2007 2035 2094 2218–2220 2275 2342 2383 2420 2452 2511 2560 2562 2571 3009 3074 3100 3111 3130 3272 3453 3733 3824 3897 4025 4054 4066 4389 4618 4636 4641 4797 5156 5439 5503 5649 5862 6004 6188 6216 6574 6732 7069 7072 7145 7240 7299 7302 7337 7391 7470 7837 7937 7993 8002 8130 8261 8434 8438 8641 8703 8715 8747 9121–9122 9128 9214 9311 9327 9407 9456 9480 9504 9589 9670 9710–9711 9825 9947 10184 10244 10411 10599 (96 Belege)

Fiat ⟨p. breve⟩ sed prius satisfaciat 921

Fiat 7 an. 8703

Fiat ad 2 an. 3897

Fiat ad 2 an. data cautione 5503

Fiat ad 3 an. 8261

Fiat ad 5 an. 2094 8438 9711

Fiat ad 6 an. 9589

Fiat ad 6 menses 393 708 9128

Fiat ad an. 4618 6732

Fiat ad vitam 3824

Fiat c. consensu superiorum 7302

Fiat c. pens. 3. partis fruct. 2560

Fiat citra ministerium alt. 934 4025 4389 6188 7145 8434 10411

Fiat de 3 an. 7337

Fiat de can. pro oratore et de person. pro cuidam Thoma 4797

Fiat de consensu aep. 1042

Fiat de consensu card. 9670

Fiat de consensu gener. 2079

Fiat de consensu ordin. 3074 7240

Fiat de consensu patronorum 2275

Fiat de indulg. 3 an. 3272

Fiat de indulg. 10 an. 3733

Fiat de indulg. 12 an. 9327

Fiat de indulg. plen. pro semel tamen 9214

Fiat de mitra et baculo 6216

Fiat de n. curatis 536

Fiat de novo 7937

Fiat de uno curato 9407

Fiat durante consulatu 9122

Fiat durante lite 3009

Fiat eo suspenso ab ord. executione p. 3 an. 934

Fiat excepta septimana sancta 7391

Fiat in 2 festis 2342 7993

Fiat in 18. an. 4054 6574

Fiat in 19. an. 2511 2562 2571 9947

Fiat in 22. an. 7470

Fiat in al. dioc. 5156

Fiat in observ. reg. 8747

Fiat in suo mon. 1250

Fiat in una die et semel 2342

Fiat iniuncta penitentia salutari 9504

Fiat motu pr. 2007 3111 3453 4066 4636 4641 5649 5862 6004 7069 8130 8641 8715 9311 9480 10244   (16 Belege)

Fiat motu pr. de parochialibus et de can. eccl. Frising. 7069

Fiat motu pr. pro 3 parafrenariis 6004

Fiat p. breve 1956

Fiat pro Alberto [Cock?] abbrev. 926

Fiat pro [Dominici de Ruvere] tit. s. Clementis presb. card. f[am]. 7072

Fiat pro Mathia Kaltoff 5439

Fiat pro primo in forma 3100

Fiat pro se 9825

Fiat pro utr. 9480

Fiat quatenus n. sit resign. 9710

Fiat quod committatur gener. ord. 2420

Fiat quod committatur ordin. 105 1581 2035

Fiat quod pens. ad 3. partem reducatur 8715

Fiat reservata pens. pro [Raphaeli Riario] tit. s. Georgii [ad velum aureum] card. 7837

Fiat satisfactio prout de iure et committatur ordinario 2383

Fiat si in evidentem 7299 9121 9456

Fiat si neutri 8002

Fiat si sit Alamanus 2452

Fiat ut petitur ad vitam 3130

Fiat ut petitur de baculo 1250

Fiat ut petitur de conf. 2219–2220

Fiat ut petitur de indulg. 15 an. in 2 festis 2218

Fiat ut petitur de secunda parte 10184

Fiat ut petitur dummodo infra biennium sit subdiac. 10599

Fiat ut petitur reserv. quarta parte par. eccl. 1793

fictus 4780 7382 7815

fidedignus 476 7236 7479

fidei → indulg. pro defensione

fideicommissarius 10096

fideiuro 2470 2845 3775 4716 4913 6264 9383 9634

fideiussio 26

fideiussor 297 371 2446 3549 4120 5421 5801 6516 7506 7688 9554 9634 9742 10091 10362   (15 Belege)

fideiussoria 7506

fidelis 353 392 528 2131 2138 2343 2740 5461 5833 7324 7383 7406 7458 7742 7810 7990–7991 7993 8449 8714 8789 9036   (22 Belege)

fidelitas 190 932 2344 3129 3848 5110 6515 9384 9527

fideliter 620 9553 10000

fides 105–106 119 224 353 469 529 635 731–732 762 1053 1233 1779 1972 2342 2345–2348 2356 2448 2521 2551 2916 3082 3175–3176 4077 4320 4391 4504 4510 4536 4569 4606 5608 6248 6744 7328 7330 7477 7479 7489 7491–7492 7551 7738 7742 7815 7951 7990 8507 8616 8688 8697 8715 9041–9042 9045 9121 9327 9329–9330 9360 9804 10075 10097 10108 10110–10112 10224 10533   (74 Belege)

figo 4884 8464

figura 10000

fil. 22 95 105 170 181 240 254–255 266 312 352–353 368 415 527 552 557 619 689 732 751 762 783 803 851 880 884 932 971 1044 1071 1073 1075 1129 1171 1225 1229 1237 1243 1258 1378 1422 1442 1499 1536 1553 1615 1662 1776 1788 1887 1964 1981–1982 2024 2033 2057 2067 2069 2079 2088 2127 2138 2195 2213 2272 2342–2343 2346 2349 2360 2389 2474 2538 2811 2857 2903 2922 2929 2945 2984 3000 3037 3046 3129 3138 3257 3346 3545 3571 3646 3733 3834 3867 4028 4031 4053 4060 4090 4102 4143 4208 4257 4282 4297 4313 4328 4482 4502 4505 4517 4522 4549 4605–4606 4649 4755 4766 4784 4846 4873 4925 4956 5031 5185 5217 5250–5251 5267 5283 5462 5503 5538 5600–5601 5757 5778 5848 6002 6051 6210 6226 6301 6308 6347 6513 6516 6526 6552 6590 6614 6692 6697 6711 6766 6811–6812 6871 6876 6882

6907 6913 6929 7091 7223 7240 7308
7328 7382 7391 7420 7434 7469 7490–
7491 7520 7537 7542 7594 7696 7741
7761 7814 7820–7822 7831 7839 8064
8154 8305 8358 8425 8427 8460 8468–
8470 8483 8534–8535 8547 8625 8756
8814 8935 8964 8970 8973 8990 9011
9040 9042 9057 9066 9095 9108 9168
9188 9259 9261 9265 9277 9301 9319
9324 9363 9369 9373 9455–9456 9501
9519 9528 9550 9552–9554 9618 9642
9674 9830 9897 10007 10009 10031–
10032 10065 10075 10088 10091–
10092 10103 10114–10115 10159
10163 10254 10416 10472 10500
10607   (262 Belege)

fil. carnalem com.) → lic. transferendi abba. (

fil. carnalis com. → abba.

fil. cler. → ducis de Bavaria etc. naturalis
et legitimus

fil. legitimum et naturalem heredem universalem instit. 7831

fil. suum naturalem ad d. vicar. decano
eccl. presentavit → cler. Bremen. dioc.

filiam naturalem Junonem more paterno
moderate prout poterat correxit 4257

filiatio 6876

filiorum legitimorum et naturalium →
cler. Sedun. dioc. pater et legitimus admin.

filius sororis ep. 2389

fimbria 7329

finalis 9832

fingo 2417

finio 609 1191 1732 1812 1867 1869
1871 1874 2159 2343 2345 2521 3548
3714 3855 4535 4554 7125 7321 7629
7820 8012 8164 9348 9388 9440 9587
9849 9987 10109 10413   (31 Belege)

finis 352 431 516 732 1030 1062 1184
1769 2340 2343 2349 2417 3175–3176
4519 4569 4685 4784 4924 4931 5480
5697 6058 6854 7289 7330 7888 8606
9004 9045 9121 9128 9388 9933 10088
10097 10224   (37 Belege)

finitimus 2347 3176

firmitas 1959 1972 7019 7329 8002 9940

firmiter 7469

firmo 1739 2343 3060 7329 8941 9155
9587 10111

firmus 732 1697 2448 3385 9941

fiscalis 2256 2442 3232 3499 4995 7353
7570 9306 9360

fiscalis universitatis 3232

fiscus 361 7551 10320

phisica in civit. Aconnen. disputavit → in
logica et

phisica practicat et apud commun. op. Bernen. artem medicine exercet → in

phisicalis 9002

phisice et cirurgie cxercent → cler. laicos
in eorum domibus recipiunt et artes

phisicus 451 496 2244 3215 3778 5035
6641 6667 7391 7558 8417 8461 9427
9777   (14 Belege)

phisicus → ep.

phisicus et cirurgicus ducum 6641

phisicus et fam. → card.

phisicus et patronus 5035

phisicus → R. I.

fistula 5002

fl.   (2431 Belege)

fl. → valor fruct. / red. beneficiorum [pars
separata in fine appensa]

8 fl. renen. electorum imper. in auro 2107

10 fl. adc. (76 baiocos pro fl.) pro pretio
unius equi 339

10 fl. de cam. pro residuo solut. tam ex-
pensarum quam emende unius equi
8929

12 fl. renen. auri monete electorum imper.
3318

20 fl. 75 bol. pro val. equi 242

24 fl. renen. superiorum auri monete 4
electorum imper. boni et iusti ponderis
1912

30 fl. auri renen. electorum imper. 2108

30 fl. renen. monete 4 electorum imper.
3239

50 fl. adc. pro 3 equis 761

60 fl. auri renen. monete electorum imper.
3221

100 fl. renen. electorum imper. 2980

100 fl. renen. ex quib. 2 scolares studere
volentes (unus in art. et alter in iur.
can.) nutriri deberent 2963

180 fl. auri renen. monete electorum R. I.
3320

fl. ad ord. presbit. promoveri → cupiens
supra patrimonio val. ann. 15

fl. adc.) → abbat. (1.000

fl. adc.) → abbat. (200
fl. adc.) → abbat. (300
fl. adc.) → abbat. (500
fl. auri de Reno 9192
fl. auri Ung. 10082 10112
fl. renen.) → abbat. (400
fl. renen.) → abbat. (500
fl. renen. → facult. oblig. cam. usque ad
4.000
fl. renen. pro sustentatione 20 scol. pauperum in partibus Alemannie Inferioris
reliquit → card. in testamento hospitali
omnes suos libros et 5.000
fl. Ung. 10091 10112 10208
flagellum 4506
flagerizech 9434
Flandrie → libr. grossi monete
Flandrie → libr. monete
Flandrie → tres status
flavius 4510
Florentin. → univ. studii
floridus 3825
flumen 525 764 2038 2138 2437 2443
2745 3102 3385 3413 4566 5652 5971
6003 7068 8467 9185 9292 9790 10032
(20 Belege)
flumen quod vulgo Albea dicitur 3102
flumine Reni inter Coloniam et mon. Tuicien. → transferatio in
fluvius 1707 7068 9438
fluxus 6639
fodiendarum → mag. montium et minerarum
fodiendi aurum, argentum, plumbum et al.
metalla in territorio R. E. → facult.
fodiendi pro metalli mineris → lic.
fodiendorum → capitula edita in provincia
Saxonie sup. negotio metallorum
fodina 2078 3733 10362
fodio 529 731 2078 4889 6281 6446 8464
9003 9327
foedus 353 9388
folium 3699 5053 5153 5637 5654 6056
7980 9825
fons 266 1772 1797 1924 2035 2127 3556
3624 4034 4124 6003 6301 6956 7698
7754 8469 8491 9454 9604 9805 10482
10500 10621 (23 Belege)
fons baptismalis 266 1772 1797 1924
2035 2127 3556 4034 6003 7754 8469
8491 9454 9805 10482 10500 10621
(17 Belege)

foraneus 203 1005 1658 5239 7471 10618
fore 148 264 529 774 1673 3274 4026
4028 4280 4347 4549 4567 5271 5522
5716 5776 5819 5895 6004 6037 7728
7978 8526 9300 9940 10267
(26 Belege)
forensis 1235 2272 2862 4792 8462
forensis vulg. nunc. → eccl. s. Pancratii
Paderburn.
forestis 9742
foris 9701
forma 18 26 63 132 136 186 195 248 493
519 529 547 579 620 737 771 779 840
1026 1065 1116 1184 1202 1208 1216
1241 1608 1642 1659 1688 1722 1770
1809 1843–1844 1937 1939 1964 1973
1985 2104 2189 2218–2220 2225 2270
2316 2323 2340 2342–2343 2420 2440
2484 2489 2521 2535 2550 2620 2626
2677 2741 2763 2769 2793 2830 2949
2951 2987 3035 3100 3134 3161 3167
3291 3363 3410 3449 3474 3553 3587
3602 3758 3787 3826 3842 3981 4002
4167 4183 4231 4272 4314 4397 4411
4509 4550 4573 4575 4614 4672–4673
4687 4720 4796 4870 4877 4889 4891
4902 4922 4976 5005 5025 5035 5121
5160–5161 5198 5214 5301 5327 5517
5600–5601 5776 5944 6286 6350 6353
6523 6593 6611 6613 6741 6743 6812
6849 6908 6916 6991 6994 7044 7070
7108 7113 7172 7174 7214 7274 7279
7344 7393 7459 7490–7491 7498 7509
7591 7646 7699 7830 7836 7856 7874
7937 7970 8002 8113 8158 8229 8233
8305 8371 8462 8560 8583 8601 8641
8670 8702 8704 8707 8787 8801 8817
8863 8926 8993 9066 9074 9127 9185
9270 9324 9328 9398 9415 9418 9555
9591 9608 9710 9729–9731 9734 9750
9766 9788–9789 9811 9910 9915–9916
9932 9935 9937 10000 10131 10165
10212 10258 10268 10315 10382–
10383 10490 10529 10607 (231 Belege)
forma in libro pontific. de benedictionibus
abbatissarum 2343 9066
formatus → art. mag. et in sacra pagina
bac.
formatus → art. mag. in theol. bac.
formatus in theol. → mag. vel bac.
formidabilis 7330

formido 2044 2550 3102 3130 4028 5538
7069 7426 8245
formo 134 183 325 339 438 830 858 879
1044 1104 1142 1155 1202 1295 1307
1361 1363 1367 1542 1546 1603 1643
2010 2019 2103 2117 2124 2415 2469
2507 3000 3175 3220 3238 3479 3487
3702 3729 3772 3807 3864 4201 4235
4329 4347 4356 4510 4541 4585 4749
4844 4896 4922 4926 4944 5050 5078
5106 5172 5341 5354 5429 5439 5473
5518 5589 5701 5741 5816 5834 5866
5876 6054 6266 6337 6407 6593 6763
6787 6865 6880 6963 7122 7167 7205
7260 7340 7476 7496 7593 7606 7631
7638 7708 7738 7741 7787 7796 7879
7974 8014 8053 8145–8147 8149 8155
8236 8258 8318 8339 8368 8385 8434
8564 8781 8899 8902 8949 8958 9065
9160 9343 9377 9511 9621 9664 9685
9923 9954 10005 10339 10403 10435
10461 10531 10552 10623 (138 Belege)
formula 3225
fornicator 5825
fortalitium 337 2035 2852
fortis 46 201 2852 6732 8269 9660 10109
fortissimis ad modum castri constructa →
par. eccl. c. 2 turribus
fortuito 1085 7558
fortuitus 1527 7551 8335
fortuna 2963
forum 1043 2079 3102 6497 7307 8545
10159
forum eccles. 1043 2079
forum op. 7307
forum sec. 8545
forum vetitum 10159
foveo 992 7381 10245
fr. 10 24 59 79 87 89–90 99–100 105 114
118 126 154 185 224 262 270 274 284
315 330 342 351 372 375 381 392 431
442 469 474 497 518 527–529 546–547
583 597–598 609 619 623 632 635 661
671 676 687 689 694 700 709 720 731
763–765 776 804 811 861 872 877 880
886 917 930 932 948 961 971 977 979
992 997 1006 1047–1048 1053 1063
1094 1113 1123 1153 1172 1174 1179
1181 1186 1198 1225 1233 1235–1237
1240 1242 1253 1332 1341 1354–1355
1372 1447 1474 1562 1572 1574–1575
1604 1615 1626 1636 1658–1659 1693

1704 1719 1726 1732 1737 1739 1742
1793 1796 1799 1801 1854 1861 1864–
1865 1867–1869 1871 1876 1892 1909
1936 1941 1972 1979 2010 2025 2034
2045 2048 2076 2079 2130 2191 2213
2218 2235 2244 2254–2255 2275–2276
2287 2322 2334 2337 2341–2343 2346
2355–2356 2389 2406 2417 2420 2433–
2434 2442 2531 2548–2549 2551 2573
2604 2619 2641 2652 2684 2717 2734
2740 2762 2853 2862 2916–2917 2920
2947 3036 3038 3042 3046 3060 3076
3100 3102 3129–3130 3139 3142 3183
3223 3268 3308 3314 3339 3341 3346
3385 3388 3391 3431 3434 3472 3487–
3488 3513 3542 3548 3590 3600 3624–
3626 3636 3646 3686 3689 3733 3747
3771 3773 3778 3790 3795 3825 3853
3882 3946 3964 4011 4021 4037–4039
4047 4061 4080 4183 4186 4208–4209
4224 4231 4245 4247 4254 4276 4291
4374 4391 4493 4497 4499 4509 4511
4520 4529 4535 4546 4596 4611 4614
4628 4689 4729 4761 4822 4868 4889
5074 5110 5137 5162 5244 5293 5332
5372 5375 5419 5461 5538 5637 5657
5669 5695 5766 5823 5845 5901 5903
5912 5938 5989 5991 6032 6086 6108
6144 6161 6189 6266 6280 6323 6388
6399 6466 6482 6556 6638–6639 6688
6744 6810 6847 6850 6854 6857 6921
6931 6938 6959 7036 7064 7078 7088
7102 7106 7124 7149 7183 7188 7224
7235 7240 7274 7289 7302 7321 7370
7376 7388 7390 7410 7412–7413 7428
7432 7435 7469–7470 7473 7477–7478
7488–7491 7493 7522 7545–7546
7548–7549 7570 7578 7582–7583 7598
7611 7685 7734 7755 7761 7767 7772
7810 7815 7821 7830 7834–7835 7839
7860 7913 7950 7985 7987–7988 7990
7993 7999 8003 8010 8016 8056 8078
8093 8122 8180 8186 8202 8204–8205
8237 8313–8314 8365 8372 8376 8421
8437 8451 8456 8460–8461 8463 8473
8483 8507 8520 8530 8544 8571 8590
8612 8616 8627 8637–8638 8641 8649
8707 8734 8738 8766 8795 8803 8818
8872 8890 8894 8907–8908 8913 8947
8988 9011 9033–9034 9036 9041 9047
9064–9065 9099 9101 9121–9122 9126
9135 9142 9147 9154 9165 9179 9181

9184 9202 9218 9221 9249 9257–9258
9262 9270 9277 9292 9299 9329 9360
9384 9415 9433 9458 9501 9526–9528
9533 9553 9582 9590–9591 9605 9618
9624–9625 9641 9668 9711 9720 9738
9804 9818 9846 9881 9890 9897 9911
9914 9933 9936 9945 9947 9957 9984
9986 9992 10037 10065 10070 10088
10114 10137 10142 10169–10170
10177 10214 10266–10267 10295
10330 10380 10396 10403 10422
10490 10493 10504 10511 10534
10583 10607 10617   (567 Belege)
fr. dom. et conv. b. Marie Theotonicorum
   → patron. commendatoris et
fr. et sorores confraternitatis sive gilde
   262
fr. ex ordinibus mendicantium in monach.
   → facult. recipiendi certos
fr. hosp. b. Marie Theotonicorum ab iuram. → absol. mag. et
fr. hosp. in partibus Prussie → privil. et
   indulg. ad instar mag. gener. et
fr. o. Carm. → magister gener.
fr. profes. et novicii → abb. ac
fr. → prothonot., abbrev. summatoris
fragilitas 2063
fragm. 306 543 1468 1544 1557 1901
   2334 2425 2548 2789 3226 3573 3581
   3847 3859 4350 4568 4736 5282 5378
   5637 5761 5939 6055 6606 6665 6854
   6859 7048 7303 7321 7488 7839 8150
   8304 9142 9318 9588 9634 10120
   10425 10452   (42 Belege)
franci 959 1840 2226 2247 4415 4545
   5286 5693 5775 6136 8868–8869 9423
   9576 9623   (15 Belege)
franci → valor fruct. / red. beneficiorum
   [pars separata in fine appensa]
franci Artesie 5693
frango 5110
fraternitas 442 738 992 1238 1299 2025
   2162 3032 3508 4283 4884 7106 8614
   8894 8907 9041 9434 9937 10045
   10088 10605   (21 Belege)
fraternus 4583
fraudulenter 489 4357 9493
fraus 512 1863 2226 3919 5697 5722
   9787
Fredericum R. I. indicta → dieta p.
frequens 6172 8463

frequenter 1234 2341 2440 4566 9249
   9932
frequento 105 932 2272 3102 7236 8490
   10032
fretum 6889
frewlenorum → capel.
Friburgen. → univ. studii
Friderico tunc R. R. nunc vero imperatore
   concordatis preiudicant → revocatio
   omnium gr. expectativarum reservationum quoque facultatum et nominationum quibuscumque personis concessarum inquantum inter R. E. et nationem Germanicam interveniente
friestuel / vriestoel sive stulgericht vulg.
   nunc. 2219–2220 7471
frigidus 9596
frigravica vulg. appellata → iudicia sec.
   etiam
frigravicus 8545
frigravius 2219 7321
frigus 10482 10621
Frising. → Fiat motu pr. de parochialibus
   et de can. eccl.
Fronaltar vulg. nunc. → alt. maius
frons 8434
Frowlanorum → capel.
fruct.   (1745 Belege)
fruct. apud eccl. Oscen. sperat nisi idioma
   loci intellegibiliter loquitur → nullum
fruct. / red. beneficiorum → [pars separata
   in fine appensa]
fruct. cam. ap. → revocatio facult. collect.
fruct. → disp. ad percip.
fruct. → Fiat c. pens. 3. partis
fruct. male perceptis → absol. sup.
fruct. perceptionem → facult. conc. studentibus
fruct. percip. → facult. conc.
fruct. percip. → lic.
fructuosus 7382
frumentalis 9023
frumentum 2920 6263 10111
fruor 9182 9501 10252
frustror 2344
frux 3385 10214
fuga 6158
fugio 117 4530 5419 7486 10093
fugitivus 1807
fulcio 8545
fulgeo 8464

fulminatorium 10169

fulmino 529

fund. 8 202 230 265–266 341 367 559 570
584 594 610 617 620 757 760 790 807
824 872 880 897 912 973 992 1032
1052 1169–1170 1178 1225 1236 1238
1242 1328 1345 1390 1409 1525 1544
1604 1615 1636 1645 1677 1692–1693
1696 1698 1707 1732 1739 1814 1826
1865 1870 1981 1990 2025 2030 2066
2079 2126 2138 2149–2150 2158 2206
2270 2330 2342–2345 2354–2355 2389
2394 2399 2417 2434 2620 2628 2712
2765 2781 2792 2840 2858 2937 3032
3038 3041 3043 3046 3075 3096 3100
3153 3212 3214 3272 3323 3331 3472
3474 3610 3683–3684 3699 3747 3772
3781 3922 4034 4059 4070 4152 4163
4281 4337 4343 4356 4413 4424 4493
4535 4568–4569 4610 4614 4635 4739
4779 4856 4972 5038 5165 5185 5191
5226 5340 5376 5461 5587 5622 5743–
5744 5804 5952 5968 5979 6160 6236
6251 6259 6323 6355 6389 6405 6443
6458 6811 6957 6984 7014 7022 7061
7083 7090 7160 7236 7312 7321 7376
7391 7420 7444 7470 7548 7553 7562
7591 7659 7696 7754 7827 7860 7895
7980 7994 8064 8075 8119 8189 8195
8198 8261 8316 8355 8386 8441 8451
8456 8530 8544 8560 8567 8719 8813
8862 8874 8894 8990 9023 9041 9049
9062 9066 9090 9303 9348 9363 9434
9444 9583 9592 9595–9596 9607 9615
9630 9636 9742 9771 9773 9805 9881
9886 9915 9925 9930 9935 9940 9973
9982 9984 9992 10031 10057 10065
10071 10134 10147 10174–10175
10184 10193 10225 10282 10336
10358 10373 10413 10454 10490
10536–10537 10545 10567 10624
                              (271 Belege)

fund. → lic.

fund. quecumque mon. → facult. erig. et

fund. → vac. a prima eius

fundacus Theotonicorum Venetiarum
7493

fundamentum 1732 2138 2347 3548

fundatrix 370 2988 5622

fundatum → mon. p. ipsam beatam Birgittam [de Swecia]

fundatum → mon. p. nonnullos principes
seu illustres

funditus 2138

fundo, fundere 7991

fundus 620 2345 4413 4520 8377 8560
9592

funeralis 3102 9998

fungor 46 794 1239 2035 2383 2620 3602
5534 6188 6447 8335 8524 8534 8817
9166 9272 9591 9898 9933 (19 Belege)

fur 7118

furiose 5912

furor 105 4562

furor, furari 8628

furtive 2608 6931

furtum 2172 2521 3175 3376 4377 5465
7007 8038 10224

futura → disp. ad

futurus 127 185–186 274 339 469 471 732
762 764 983 1051 1093 1126 1201
1463 1527 1866 2074 2079 2344 2348
2355 2379 2394 2415 2552 2964 3175
3215 3487 3548 3686 3702 3843 3855
4115 4606 4998 5339 5378 5471 5522
5524 5881 5976 6016 6266 6291 6418
6469 6931 7031 7251 7324 7368 7407
7477 7492 7742 7951 8007 8012 8164
8169 8183 8205 8462 8735 8849 8938
9002 9065–9066 9155 9214 9267 9348
9359 9366 9399 9447 9718 9730 9742
9762 9812 9828 9845 9849 9901 9938
10031 10074 10110–10111 10267
10282 10287 10413 10441 10475
10541   (103 Belege)

gabella 1240–1241 2417 3897 4566 5153
6056 9121 9825 9839

gabellas → facult. erig. taxas vel

galea 4422 4520 5051

gasthuus 8316

gasthuus → mon. vulg. nunc.

gatta 4264

gaudeo 87 111 186 265 279 635 1040
1170 1233 1236 1693 1814 1865 1867
2078 2108 2297 2341 2344–2345 2347
2356 2374 2910 2923 3034 3084 3235
3454 3787 4032 4520 4806 4889 5197
5578 5761 6465 6651 6813 7297 7391
7477 7501 7522 7642 7814 7856 8455
8464 9121 9457 9709–9710 9804
10045 10184 10362 10396 10490
10536–10537   (62 Belege)

Gebennarum consiliarius → com.

gemma 732

gen. 1 5–6 13 18 29 32 34 51–52 55 59 61
63 65 67 70 77 104 107 115 121 127
131 134 141 152–153 162 177–178 184
188 191 204–205 212 215 218 222 258
261 267 274 295 298 312 319 321 335
339 357 368 371–372 381 392–393 395
400 410 439 446 473 486 513 517 540
574 585 590 600 608 619 624 631 647
658 669 671–672 677 685 698 707–708
737 756 779 782 792 797 800 811 817
831 835 839 842 850 859 871 876–877
881 885 890–891 905 911 917 921 932
971 976 984 987 993 997 1009 1017
1023 1026 1041 1051 1055 1062 1064
1067 1075 1088 1111 1114 1119 1141
1150 1158 1194 1202 1205 1215 1253–
1254 1259 1268 1291 1311 1366 1376
1394 1415 1425 1444 1447 1465–1466
1485 1488 1496 1503 1505 1538 1571
1611 1621 1633 1640 1644 1671–1674
1683–1684 1700 1702–1703 1712 1720
1730 1735–1736 1738 1741–1743 1775
1788 1805 1821 1833 1838 1841–1842
1857 1863–1864 1880 1885–1886 1922
1928 1936 1942 1959 1963 1975 1982
1991 2017 2024 2029 2031–2032 2038
2054 2059 2061 2068 2094–2095 2099
2116 2118 2120 2125 2152 2155 2160–
2161 2163 2166 2177 2188 2226 2240
2254–2255 2267 2275 2284 2292 2313–
2314 2327 2333–2334 2345 2351 2353
2358 2361 2364 2366 2370 2388 2397–
2398 2402 2408 2427 2433 2455 2463
2469 2491 2494 2507 2511–2512 2514–
2515 2523 2527–2528 2546 2549–2550
2554 2562 2569 2571 2573 2600–2601
2605 2611 2616–2617 2621 2631 2637–
2638 2650 2661–2662 2669 2674 2676
2681 2686 2688–2689 2693 2703 2731
2737 2745 2748 2755 2765 2844–2845
2862 2867 2870 2905 2931 2934 2944–
2945 2985 2987 2992 3002 3012 3027
3034 3051 3056 3059 3082–3086 3090
3111–3112 3126–3127 3140 3143 3169
3179 3187 3191 3226 3258 3262 3294
3296 3309 3317 3347 3349 3353 3359
3367 3410 3416 3446 3451 3464 3472
3476 3498 3505 3516 3526 3576 3578
3586 3594 3613 3628 3632 3637 3659–
3660 3671 3677 3684–3686 3692 3698–

3700 3720–3721 3736 3752 3782 3801
3815 3825–3826 3843 3856 3859 3868
3881 3896 3905 3914 3922 3947 3969
3984 4009 4011 4019 4027–4028 4036
4052 4066–4067 4085 4091 4093 4144
4155 4231 4251 4271 4275 4277 4280
4282 4294 4347 4356 4369 4373 4377
4387 4401 4416 4473 4486 4506 4512
4527 4544 4572 4590–4591 4596 4611
4614 4617–4618 4636 4643 4650 4654
4677–4678 4689–4691 4694 4710 4725
4731 4733 4746 4791 4803 4814 4818
4825 4850 4908 4917 4943 4949 4952
4960 4965 4994 5028 5037 5043 5055
5066 5087–5088 5183–5184 5213 5284
5291 5297–5298 5322 5347 5370 5377
5384–5385 5416 5440 5453 5485 5491–
5492 5496 5500 5524 5545 5581 5588
5600 5603 5608 5616 5630 5632 5656
5658 5676 5697 5716–5718 5736–5737
5751 5807 5809 5819 5837 5858 5879
5900 5931 5963 6001 6016 6020 6029
6104 6142 6151–6152 6171 6176 6195
6228 6255–6256 6263–6264 6274 6294
6304 6315 6322 6327 6340 6342 6352
6374 6384 6388 6408 6422–6424 6429
6479 6499 6515 6521–6523 6561 6564
6579 6590 6601 6633 6637 6661 6721
6732 6736 6746 6771 6778 6804 6814
6840 6919 6929 6935 6973 6991 6999
7002 7007 7018 7022 7039 7043 7051
7066 7096 7110 7171 7229–7230 7235
7241 7249 7262 7303–7304 7333 7352
7354 7403–7404 7407 7410 7413 7429
7437 7466 7484 7488 7518 7532 7535
7544 7582 7608 7620 7633 7656 7677
7689 7711 7719 7740 7742–7743 7749
7751 7760 7781–7782 7789 7798–7799
7811–7812 7814 7823 7826 7831 7834
7837–7838 7840 7846–7850 7853
7855–7856 7899 7916 7932 7942 7963
7965 7968 7975 8016–8017 8030 8036
8039 8063–8064 8080 8091 8096 8101
8109–8110 8113 8120 8125 8133 8210
8218 8224 8230 8288 8306 8327 8334
8345 8356 8365 8372 8377 8379 8385
8390 8404 8428 8440 8473 8487 8489
8515 8521 8524 8527 8530 8534 8540
8545 8554 8556–8557 8565 8612 8640
8665–8666 8708 8715 8717 8721 8730
8762 8802 8826 8831 8863 8874 8876
8882 8890 8902 8908 8912 8914 8957

8968 8998 9012 9016 9025 9046 9065
9071 9075 9088 9113 9119 9125 9131
9146 9156–9157 9159 9162 9164 9173
9190 9193 9195 9197 9211 9232–9233
9242 9254–9255 9274 9276 9300 9312
9316–9318 9321 9323 9328 9344 9347
9365 9376 9388 9447 9457 9464 9466
9468–9469 9471–9472 9474–9476
9478–9482 9491 9495 9527 9542 9552–
9554 9570 9596 9622 9633 9637 9642
9651 9655 9676 9680 9689 9713–9714
9723 9762–9763 9783 9795 9797 9806
9809 9812 9856 9874 9886 9891 9915
9926 9930 9947–9948 9970 9979 9983
9985 10000 10026 10067 10069–10070
10077 10089–10090 10094 10108
10123 10127 10144 10150 10169
10173 10201 10217 10222–10223
10233 10236 10240 10254 10271
10278 10280 10285 10289 10295
10312 10322 10344–10345 10352–
10353 10376–10377 10380 10387
10392–10393 10398 10411 10423
10427–10428 10438 10441 10450–
10451 10455 10459 10466 10478
10483 10485 10493 10500–10501
10513 10526 10531 10548 10550
10582 10585 10596 10598–10599
10603–10604 10613   (935 Belege)
gen. → abba. de nob.
gen. → de com.
gen. → de com. et bar.
gen. → de com. et illustri
gen. → de com. et nob.
gen. → de com. vel bar. vel illustrium
gen. → de mil.
gen. → de nob.
gen. → de nob. et illustri
gen. → de nob. et illustrissimo
genealogia 570 1409 7106 8355 10225
gener 2929 9812
gener. 87 105–106 186 203 223–224 271
    273 345 385 390 431 469 486 508 519
    530 582 588 610 617 619–620 623 654
    706 708 730–731 764–765 791 921 941
    979 998 1005 1028 1035 1042 1044
    1056 1120 1181 1202 1235 1237 1256
    1259 1281 1304 1335 1394 1527 1568
    1578 1606 1622 1626 1658 1671 1679
    1685 1719 1730 1756 1783 1801 1807
    1820 1865 1869–1870 1909 1936 1946
    1957 1972 1979 2008 2024 2030 2038

2078 2089 2133 2218–2219 2272–2273
2341 2348 2406 2411 2420 2470 2499–
2500 2589 2632 2641 2825 2845 2854
2858 2964 2970 2983 3046 3061 3306
3381 3385 3488 3610 3685 3731 3771–
3772 3787 3794 3892 3964 4037 4074
4085 4103 4167–4168 4209 4229 4262
4282 4291 4374 4411 4413–4414 4422
4535–4536 4567 4602 4678 4729 4742
4780–4782 4784 4812 4884 4887 4889–
4890 4923 4975 5130 5152 5194 5302
5348 5379 5419 5535 5558 5620 5632
5648 5658 5695 5715 5723 5848 5899
5905 5909 5955 5991 6122 6228 6251
6264 6291 6296 6324 6374 6377 6442
6447 6489 6597 6673 6712 6876 6933
6990 7109 7135 7174 7198 7240 7302
7382–7383 7391 7439 7444 7460 7500–
7501 7512 7550–7551 7562 7564 7614
7685 7734 7754–7755 7790 7815 7834
7841 7848 7943 7957 7986 7993 8012
8020 8025 8049 8093 8139 8218 8335
8345 8383 8385 8425 8462–8463 8471
8498 8565 8581 8614 8640 8651 8665
8688 8703 8763 8802 8848 8962 8995
9003 9064 9066 9149 9168 9232 9248
9255 9257 9262 9279 9309 9330 9337
9345 9457 9479 9512 9526 9545 9562
9594 9660 9709–9710 9720 9726 9742
9777 9787 9790 9812 9870 9902 9936–
9937 9939 9943 9946 9961 9982 9984
9999 10031 10065 10070 10091 10093
10095–10096 10098–10099 10110
10141 10169 10177 10204 10265
10291 10347 10373 10403 10422
10481 10490 10504 10520 10531
10599 10625   (330 Belege)
gener. → abb. et capit.
gener. → abb. o. Prem.
gener. → absol.
gener. aep. → in manibus vic.
gener. → collect.
gener. dieta 223
gener. et fr. hosp. in partibus Prussie →
    privil. et indulg. ad instar mag.
gener. → facult. erig. universitatem stud.
gener. fr. o. Carm. → magister
gener. grad. doct. → in aliqua univ. studii
gener. Heydelbergen. in facultate art. stud.
    → in stud.
gener. in iur. can. → Ytalie et Cracov.
    studium

gener. in spir. aep. → in manibus vic.

gener. in spir. ep. → in manibus vic.

gener. → lic. audiendi vel legendi publice lectiones in legibus in quibuscumque scholis sive studiis

gener. o.pred. 431

gener. ord. → Fiat quod committatur

gener. pro theol., iur. can. et civilis necnon art. et med. facultatibus erigi lic. → stud.

gener. → stud.

gener. → vic.

gener. vulg. nunc. → precept. commendataria

generaliter 2255 7106

generatio 7321 7868 9636

genero 4536 9384

genitalis 2120 7924

genitor 53 117–118 225 254 657 811 1052 1442 1707 1822 2079 2221 2340 2389 3126 3341 3683 3850 4753 5448 5606 6876 7079 7088 7404 7815 8295 8918 8935 9137 9552 9931 10105 10172 10536   (36 Belege)

genitrix 254 1345 1865 2340 4074 5622 6876 7521 7830 10091–10092 10245 10373 10422   (14 Belege)

gens 731 7382 7391 7742 9330 9528 9871

gentes armorum 7382 9871

gentes marchionis 7391

genuflecto 7744

Germania litt. passus dabuntur → operariis, practicis et expertis ex

Germanica vulg. der man zu den eren nit mechtig sein mochte → in lingua

Germanicam interveniente Friderico tunc R. R. nunc vero imperatore concordatis preiudicant → revocatio omnium gr. expectativarum reservationum quoque facultatum et nominationum quibuscumque personis concessarum inquantum inter R. E. et nationem

Germanice loquuntur n. intellegit nec intellegibiliter scit loqui → idioma quod communiter homines nationis

Germanie conclusa in dieta Ratisbon. et confirmata in dieta August. → pax

Germanie → concordata c. natione

germanus 99 127 185 312 342 375 497 518 671 730 804 861 917 1123 1253 1341 1461 1636 1659 1869 2025 2048 2079 2275 2334 2549 2551 2573 2852–

2853 3024 3472 3600 3624 3636 3686 3790 4011 4155 4391 4493 4596 4611 4761 5538 5632 5912 6108 6266 6810 7198 7235 7410 7412 7533 7734 7767 7814 7839 7990 8056 8202 8204 8313– 8314 8372 8612 8734 8890 8908 9011 9126 9147 9262 9384 9415 9553 9582 9668 9720 9818 9986 10070 10092 10266 10380 10534   (87 Belege)

gero 34 105 190 352 426 619 717 763 880 921 998 1647 1707 1752 1793 1870 1880 1940 1948 1963 2091 2218 2256 2377 2394 3155 3482 3795 3946 4028 4066 4095 4424 4569 5744 5913 6296 6442 6647 7002 7059 7236 7382–7383 7491 7742 7754 7815 7989 8510 9106 9262 9504 9527 9533 10075 10109 10111 10266 10422 10536 (61 Belege)

gestandi → lic.

gesto 105 731 767 1738 2771 2830 2862 3142 7391 7404 9249   (11 Belege)

gestor 42–43 3624 3720 4340 4961 7848

gilda 262 1851 8813

gilde → fr. et sorores confraternitatis sive

gladius 1051 3146 4536 4583 4586 5487 6411 6810 8374 8493 8658 9504 10026 10423   (14 Belege)

glans 5053 5153 5654 6056 9825

glaucus 4520

Gleckelmesser (Glockelmesse) vulg. nunc. → primissaria

globus 6253

Glockelmesse) vulg. nunc. → primissaria Gleckelmesser (

gloria 732 3176

gloriosa 2206 7106 8314

Gneznen. → absol. religiosos et laicos in provincia

Gorgenni) vulg. Gorgia nunc. → mon. s. Gorgonii (

Gorgia nunc. → mon. s. Gorgonii (Gorgenni) vulg.

gr.   (2178 Belege)

gr. expect. extra nationem suam impetraret nisi idioma quod communiter homines loquuntur ibidem intellegeret et intellegibiliter loqui sciret → nullus

gr. expect. extra suam nationem impetraret nisi idioma quod communiter homines ibidem loquuntur intellegeret et intellegibiliter loqui sciret → voluntas pape quod nullus

gr. expect. → mutatio

gr. expect. → vig.

gr. expectativarum reservationum quoque facultatum et nominationum quibuscumque personis concessarum inquantum inter R. E. et nationem Germanicam interveniente Friderico tunc R. R. nunc vero imperatore concordatis preiudicant → revocatio omnium

grad. 56 431 530 594 623 730 830 885 1056 1075 1114 1266 1305 1394 1646 1719 1779 2010 2057 2216 2436 2654 2717 2825 2963 2984 3012 3020 3257 3657 3678 3771 3787 4114 4282 4411 4479 4517 4536 4636 4649 4733 4891 4922–4923 4932 4961 5108 5126 5130 5194 5314 5317 5323 5462 5805 5999 6058 6110 6209 6298 6347 6351 6636 7231 7293 7328 7460 7477 7489 7492 7553 7614 7755 7758 7790 7814 7960 8825 8979 9011 9113 9192 9369 9416 9457 9625 9677 9689 9699 9850 9871 10007 10126 10204 10241 10396 10403 10520   (99 Belege)

grad. doct. → in aliqua univ. studii gener.

grad. doct. → iur.

grad. doct. → lic. recip.

grad. doct. → relax. ab iuram. de n. recipiendo

grad. mag. → lic. prom. ad

gradarius 8226

gradatim 195 2272 7912

graduatus 29 222 530 537 880 997 2341 2436 4028 4546 5649 7328 7391 10278 10451   (15 Belege)

graduatus in utr. vel altero iur. seu theol. aut med. → doct. seu licent. aut al.

gradum doct. → lic. legendi disputandi et docendi ius civile ad

gradum mag. p. eum susceptum in univ. stud. et facult. art. med. studuit et a pluribus comitibus baronibus et al. magnis nobilibus propter eius scientiam et practicam in eadem arte in qua valde expertus est saldariatus et stipendiatus fuit tamen d. artem exercere n. potest → presb. in art. mag. qui p. 2 an. post

grammatica 1707

grandis 2219 9182

grangium 610 2091 3855 7311 9120 10182

granum 5321 5703 5819 10302

gratiosus 529 620 2219–2220 2342 2420 2620 4550 6916 8305 8462 8560 9710 9932 9935 10258   (16 Belege)

gratis 6–7 13 26 43 48 52 57 69 74 80 127 131–134 136 148 154 160 183 186 195 202 204 222 270 288 306 314 337 339 381 401 407 409 412 428 441 445 451 458–459 469 474 487–489 494 512 514 518–520 526 528 541 546 592 627 641 687 697 702 704–705 715 730 734 742 744 770 772 783 787 794 857 862–863 868 877 880–881 894 912 917 919 952 957 959 1003 1015 1019 1025 1028– 1029 1042 1045–1046 1050 1064–1065 1067 1071 1097 1131 1135 1138 1146 1166–1167 1190 1196 1200 1203 1233 1236–1237 1243 1260 1264 1266 1283 1291 1299 1303 1308 1322 1373 1377– 1378 1383 1387 1391 1416 1450 1457 1490 1492 1497 1504 1506 1527 1541 1560 1571 1577–1578 1585 1588 1596 1614 1631–1632 1644 1652 1672 1678 1691 1710 1716 1732 1740 1744–1745 1754 1764–1765 1778 1781 1783–1784 1787–1788 1809 1840–1841 1843–1844 1846 1855 1861 1902 1914 1936 1942 1976–1978 2007–2008 2016 2019 2021 2040 2044 2052 2056 2073 2081 2099 2105–2107 2111 2113 2115 2125 2133 2169 2183 2189 2192–2193 2198 2200 2211 2217–2218 2228 2231 2238 2242 2254 2268 2272 2275 2285 2297 2319 2334 2340–2341 2344–2345 2357–2358 2373–2374 2385–2386 2389 2401 2404 2407 2411 2413 2416–2417 2440 2463 2495 2534 2537 2539 2549 2554 2593 2605 2621 2627 2640 2657 2670 2689 2723 2729–2730 2779–2782 2790–2791 2794 2805 2812–2813 2845 2855 2874 2891 2902 2912 2936 2944 2950 2962 2985 3000 3008 3022 3035 3051 3056 3082–3086 3090 3125 3130–3131 3190 3195 3224–3227 3229 3232 3243 3263 3291 3297 3301 3313 3359 3364 3420 3430 3434 3450 3453–3455 3461 3464 3467 3488 3494 3510–3511 3518 3524– 3527 3535 3540 3544 3550 3553 3556 3573 3581–3582 3599 3643 3654 3670 3689 3692 3694 3701 3726 3751 3757 3765 3769 3774 3819 3836 3862 3877 3890 3900 3909 3917 3920 3922 3931

3941 3954 3958 3976 3982–3984 3998
4026 4036 4052 4066–4067 4127–4129
4133 4155 4166 4175 4213 4225 4237
4249 4253 4281–4282 4284 4298 4315
4325 4370–4371 4378 4402–4403 4414
4420–4421 4434 4444 4457–4458 4472
4487 4495 4509 4520 4527 4555 4573
4577 4599 4601 4636–4637 4643 4659
4666 4671 4701 4719–4720 4738 4749
4763 4774 4781–4787 4792 4794 4797
4807 4821 4848 4873–4874 4891 4893
4922–4925 4944 4946 4949 4956–4960
4964 4982 5001 5042 5051–5053 5057
5062–5063 5070 5126 5128 5130 5153–
5155 5162 5187 5209 5217 5223 5257
5261 5270–5272 5283 5290 5324 5339
5361 5370 5372 5375 5388 5392 5398–
5399 5419 5427 5435 5447 5455 5465
5479 5501 5533–5536 5538 5544 5548
5551 5554 5579 5583 5603 5605 5611
5623 5628 5636–5637 5639 5648–5650
5654–5655 5673–5674 5679 5726 5731
5737 5741 5770 5784–5785 5793 5801
5815 5827–5828 5844 5854 5869 5884
5887 5896–5897 5911–5913 5919 5924
5932 5960 5978 5983 5985 5987 5993
6004–6005 6007 6034 6048–6049
6055–6059 6067 6069 6078–6079 6082
6113 6123–6125 6140 6168 6175 6180
6185 6195 6217 6244 6249 6262 6271
6285 6293 6311 6324 6344 6346 6349
6361 6415 6428 6433 6446 6459 6461
6513 6522–6523 6545 6573 6587 6589
6606 6617 6629–6630 6642 6667–6668
6685 6706 6720 6742 6744 6748 6752
6772 6784 6800 6811–6812 6850 6865
6873–6874 6877 6895 6903 6905 6911
6915 6927 6954 6958 6968 6981 6991
7024 7029 7036 7043 7046 7059 7066–
7069 7072 7081 7088 7098 7122 7133
7137 7148 7162 7166–7167 7223 7234
7244 7255 7263–7264 7281 7286 7290
7296 7303–7306 7309 7312 7337 7351
7359 7363 7375 7381 7383 7388 7399–
7400 7404 7412–7413 7417 7438 7462
7467 7471 7493 7504 7507 7510 7522
7534 7540 7547–7548 7559 7582 7585
7598 7607 7614 7621 7624 7638 7642
7674 7677 7685 7687 7696 7721 7728
7735 7738–7739 7741 7760 7790 7794–
7796 7808 7814 7830 7835–7838 7842
7847–7848 7850 7852–7856 7880 7883

7907 7911 7922 7929 7936 7957 7962
7965 7969–7970 7986 7990 7993 8005
8066 8069 8072–8073 8099 8109 8121
8127 8129–8132 8144 8149 8161 8177
8247 8270 8308 8314 8316 8349 8371
8392 8434 8442 8453 8477 8479 8531
8534–8535 8562 8574 8578 8580–8581
8584 8601 8608 8653 8663 8683 8688
8701–8704 8707 8714–8717 8756
8761–8763 8766 8770 8780 8804 8815
8824 8829 8849 8860 8868 8873 8879
8884 8908 8922 8925–8927 8935 8937
8966 8994 9020 9041 9045 9052 9059–
9060 9081 9104 9117 9126–9128 9174–
9175 9186 9197–9199 9205 9218 9224
9233 9262 9264 9270 9286 9299 9338
9362 9366 9368–9369 9392 9427 9435–
9436 9456 9458 9471 9477–9478 9528
9540 9543 9555 9569 9581–9582 9584
9650 9668 9670 9675 9677 9681 9689
9696 9729–9730 9733–9734 9740 9751
9764–9765 9767 9810 9821 9823–9825
9832 9845 9855 9867 9870 9872 9878–
9879 9881 9897–9898 9901 9906 9910
9915 9921 9940 9954 9969 9982 9989
10031 10044 10061 10072 10075
10119 10131 10164 10244 10248
10251 10253 10267 10271 10273
10285 10289 10332 10344–10346
10353 10371 10380 10449 10479
10486 10488 10498 10519 10524
10537 10605 10621 10624 (989 Belege)
gratis pro abbrev. 5606 6034
gratis pro antiquo curiali 3670
gratis pro aud. 7735
gratis pro card. 742 2549 5919 7066–7069
  8761 8770 9060 9729–9730 (12 Belege)
gratis pro fam. aep. 9000
gratis pro fam. [aud.] locumtenentis 9000
gratis pro fam. cubic. 5133
gratis pro fam. domini Falconis [protho-
  not.] 5679
gratis pro fam. notarii cancellarie 5679
gratis pro fam. vicecamerarii 459 2845
gratis pro fam. vicecancellarii 4284
gratis pro nepote card. 5912–5913
gratis pro not. cur. 1090 8441
gratis pro pape fam. 9581
gratis pro persona card. 1732
gratis pro socio 624 7834 7836 7838 9910
gratis pro sollicitatore 4925

gratis ubique 4821 6004

gratitudo 190 932 4569 7183 7382

gratus 433 1041 2448 3548 4520 7329
7382–7383 7742 9787 10110
(11 Belege)

gravamen 1578 3232 4028 9182

gravatus 3525 7942

gravibus → absol. etiamsi in delictis

gravidus 10032

gravis 106 610 731 810 998 1660 1766
1814 1869 1895 1972 2025 2035 2272
2337 2343 2658 2792 3102 3548 3699
3721 3778 3964 4073 4271 4569 4846
4923 5118 5561 6183 6250 6639 6775
6935 7329 7383 7446 7486 7814 7881
8463 9142 9270 9526 9936 10109
10396 (49 Belege)

graviter 2949 3748 5007 7069 7491 9100

gravo 186 488 616 1527 1875 2658 2894
3139 3308 3695 3794 3843 3897 4271
4353 4770 6614 7221 7426 7598 7859
7867 8002 8335 8345 8534 8679 8828
8925 8956 9003 9439 9457 9993 10153
10184 (36 Belege)

grefferius 8344

gremium 7156

Grenin → eccl. c. Martena vulg. nunc.

Gripeswalden. → univ. studii

griseus 105

Groningen. → peperstrate op.

grossi monete Flandrie → libr.

grossus 36 42 105 134 138 174 183 186
202 325 339 438 451 485 489 497 520
547 559 581 586 602 619 627 674 687
708 765 803 830 845 858 877 879 921
930 993 997 1030 1068 1104 1142
1155–1156 1196 1201 1235 1295 1307
1313 1361 1363 1367 1391 1400 1430
1528–1529 1542 1546 1553 1596 1603
1626 1643 1722 1742 1807 1812 1846
1869 1912 1926 1936 1940 1946 1982
2010 2019 2032 2103 2109–2110 2115
2117 2124 2159 2214 2234 2237 2275
2285 2345–2346 2358 2361 2364 2406
2411 2416–2417 2442 2451–2452 2463
2469–2470 2507 2619 2629 2640 2662
2720 2740 2782 2825 2845 2898 2902
2931 2936 2987 2989 3000 3008 3051
3078 3162 3175 3214 3220 3240 3389
3410 3440 3476 3479 3487 3511 3527–
3528 3630 3643 3683 3691 3694–3695
3702 3714 3722 3739 3772 3807 3864

3896–3897 3900 3920 3969 3984 4011
4022 4028 4057 4060 4066–4067 4071
4075 4096 4123 4150 4167 4235 4315
4329 4338 4347 4458 4512 4541 4565
4568–4569 4573 4585 4615 4619 4637
4659 4664 4712 4720 4749 4785–4786
4794 4796 4814 4822 4844 4847–4848
4896 4911 4922–4925 4946 4958–4959
5050 5078 5099 5106 5126 5130–5131
5138–5139 5172 5282 5319 5330 5341
5420 5423 5429 5439 5453 5473 5480
5518 5523 5606 5637 5649 5687 5701
5741–5742 5749–5750 5769 5816 5822
5834 5836 5859 5866 5868 5876 5883
5912–5913 5946 5960 5985 6058 6060
6077 6109 6125 6159 6179 6195 6249
6266 6282 6291 6296 6320 6337 6407
6417 6473 6503 6510 6515 6593 6603
6664 6706 6763 6787 6812 6865 6877
6880 6935 6941 6951 6954 6963 7078
7098 7100 7122 7125 7167 7205 7234
7260 7264 7312 7340 7391 7413 7450
7476–7477 7496 7510 7552 7593 7602
7606–7607 7620 7631 7638 7642 7674
7708 7738 7741 7787 7796 7838–7841
7850 7879 7891 7905 7911 7913 7950
7954 7974 7980 7990 8001 8004 8014–
8015 8053 8056 8145–8147 8149 8155
8205 8236 8238 8258 8339 8344 8413
8434 8439 8458 8461 8515 8521 8535
8559 8564 8580–8581 8584 8719 8752
8768 8781 8820 8849 8854 8863 8869
8899 8902 8925 8938 8949 8958 9015
9036 9041 9048 9160 9186–9187 9198–
9199 9205 9233 9343 9369 9377 9388
9417 9440 9456 9499 9511 9544 9584
9621 9630 9664 9685 9707 9734 9751
9762 9796 9849 9897 9923 9954 9987
10005 10091–10097 10162 10165
10170 10174 10253 10267 10283
10339 10345–10346 10362 10386
10413 10427 10435 10461 10481
10519 10530 10536 10539 10605
10607 10623 (457 Belege)

grossus → valor fruct. / red. beneficiorum
[pars separata in fine appensa]

grossus monete Bruggen. 9796

grossus monete Flandrie 6238 8925 9707
9751 10345–10346 10386 10539

guard. 118 392 700 979 997 1179 1236
1693 1972 2035 2218 3076 3488 4529
7102 7183 7993 8451 8616 8649 9121–
9122 10267 (23 Belege)

guardia 3647

gubernare n. poterat → infirmitatibus oppressus eccl. Constant.

gubernarius 4076

gubernatio 6939 9075 9553 10076

gubernationis → absol. ab officio

gubernator 764 998 1235 1264 1778 2078
2340 2345 2986 3106 4447 4506 4569
6939 7311 7381 8863 9077 10567
(19 Belege)

guberno 20 119 185 264 610 620 637 765
1238 1243 1253 1801 1814 1868 1924
1948 1951 2028 2033 2265 2322 2392–
2393 2922 3032 3070 3076 3131 3234
3574 3664 4012 4023 4269 4410 4413
4432 4447 5283 6193 6344 6622 6816
6994 7104 7479 7533 7741 7783 7814
8007 8259 8305 8424 8455 8485 8534
8707 9224 9259 9420 9553 9742 9940
10031 10037 10073 10141 10170
10227 10285 10607 10625 (73 Belege)

guerra 169 246 527 730 848 912 1181
1216 1234–1235 1640 1746 1801 2091
2138 2238 2368 2389 2420 2440 2496
2690 2745 2854 2862 2885 3350 3528
3721 3825 4264 4572 4580 4654 4882
5194 5568 5881 6038 6070 6355 6447
7029 7033 7059 7391 7479 7489 7492
7498 7522 7696 7814 7859 8306 8348
8449 8456–8457 8461–8462 8464–8465
8545 8808 9003 9171 9219 9309 9457
9528 9553 9589 9935–9936 10093–
10094 10183 10215 10302 10500
(81 Belege)

guerra hussitarum 848

guida 106

gutta 9290

habebat interfecit → c. ense quem pro sua
defensione contra hereticos Bohemos
secum

habendi 2 penit. → facult.

habendi idoneum confess. → facult.

habeo 34 42 82 91 105 118 132 134 204–
205 208 224 241 274 319 352–353 359
363 372 392–393 431 440 451 468–469
476 518–519 526 529 546 595 605 620
623 628 631 635 640 667 731–732 737
741–742 744 762 764 782 794 804 844
864 889–890 905 912 1031 1042 1044
1046 1064 1145 1147 1190 1202 1204
1208 1238–1242 1245 1270 1292 1304
1364 1394 1466 1492 1514 1542 1548
1559 1578 1583 1615 1660 1678–1679
1727 1730 1739 1746 1756 1772 1781
1784 1801 1807 1814 1818 1821 1826
1833 1840–1841 1843–1844 1846 1851
1863 1867–1868 1879 1881 1893 1899
1937 1972 1978 1982 2033 2035 2079
2108 2112 2127 2131 2138 2159 2168
2192 2213 2219–2220 2231–2232 2237
2254 2268 2270 2272 2274 2296 2310
2342–2344 2349 2374 2413 2416–2417
2440 2448 2463 2501 2531 2548–2549
2551 2560 2631 2635 2671 2689 2703
2710 2762 2780–2781 2790 2792–2794
2853–2854 2858 2862 2864 2892 2894
2931 2957 2985–2987 3051 3059 3061
3082 3096 3102 3122 3130 3148–3149
3176 3218 3221 3226 3302 3306 3308
3312 3319 3337 3339 3354 3383 3385
3410 3418 3434 3453 3467 3474 3482
3526 3548–3549 3576 3582 3594 3600
3610 3619 3636 3654–3655 3699 3730
3761 3801 3813 3843 3846 3874 3877
3897 3964 3969 3999 4011 4028 4039
4085 4091 4101 4121 4201 4227 4243
4254 4313 4367 4387 4391 4477–4478
4510–4511 4549 4551 4568–4569
4595–4596 4600 4603 4611 4636–4637
4659 4671 4697 4703 4719 4744 4763
4784 4796 4809 4822 4847 4859 4886
4902 4908 4956–4958 4963 4972 5007
5029 5036 5056 5130 5132 5155 5160–
5161 5197 5227 5297 5320 5383 5434
5503 5533 5535 5538 5618 5648–5649
5655 5687 5697 5725 5733 5743 5745
5761–5762 5770 5801 5827–5828 5854
5912 5932 5947 5955 5968 6016 6037–
6039 6045 6059 6078–6079 6124 6144
6171 6191 6214 6251 6253 6263–6264
6283 6304 6338 6344 6454 6456 6465
6513 6516 6553 6629 6677 6679 6697
6708 6732 6762 6775 6791 6812 6828
6830 6846 6850 6865 6876 6982 7022
7034 7044 7049 7066 7069 7072 7125
7132 7151 7172 7184 7186 7205 7220
7224 7236 7271 7299 7304–7306 7329–
7330 7337 7382–7383 7391 7399 7404
7417 7419–7420 7434 7463 7469 7479
7490–7491 7493 7496 7533 7552–7553
7582 7598 7620 7638 7739 7742 7757
7790 7798 7810 7815 7836 7838 7850–
7853 7856 7867 7889 7912 7937 7958

7962 7967 7979 7986 8004 8037 8073
8110 8132 8186 8203–8205 8229 8245
8290 8344 8424 8441 8450 8460–8462
8485 8489 8510 8515 8535 8544 8560
8604 8606 8703 8707 8717 8749 8761
8773 8829 8849 8864 8869 8894 8931
8957 8963 8973–8974 8994 9003 9011
9045 9050 9059 9065–9066 9068 9121–
9122 9128 9138 9142 9154 9156 9171
9182 9213–9214 9249 9258 9270 9300
9299 9327 9383–9384 9389 9403 9415
9427 9456–9457 9466 9477 9540 9543
9552 9576 9621 9638 9641 9678 9710
9742 9755 9765 9777 9787 9796 9799
9811–9812 9839 9854 9857 9865–9867
9871 9879 9881 9923 9925 9928 9930–
9931 9935 9940 9945 9947 10012
10025 10067 10069 10071 10073–
10075 10088–10089 10093 10098
10109–10110 10124 10135 10141
10169 10184 10252 10267 10278
10283 10301 10336 10340 10360
10438 10478 10481 10486 10490
10500 10520 10526 10605 (606 Belege)
haberent → indulsit ut ad sacerdotium et
al. ordines se promoveri facere possent
licet beneficia ecclesiastica aut patrimonialia bona n.
habet → abba. merum et mixtum imperium
habet iurisd. episc. → abb. mon.
habet → tit. patrimonialem sufficientem
habetur) → mon. Parcen. o. Prem. Leod.
dioc. (in quo Theutonicum idioma vulgare
habil. 55 267 709 2687 2818 4535–4536
6523 6590 6810 7069 (11 Belege)
habilis 119 7501 8010 9214
habita → condiciones pacis et concordie
inter regem et imper. in dieta proxime
habitatio 87 529 689 979 1179 1233 1253
1599 1646 1867 2034–2035 2254 2287
2433 3655 3998 4257 4463 4475 4781
5376 5448 6298 7469 7493 7678 7750
7840 8533 8974 9403 9607 10176
10504 10583 (36 Belege)
habitatio Melchioris iuxta s. Eustachium in
fenestra sale maioris 7840
habitator 103 118 266 654 663 786 847
923 961 1044 1589 1645 1699 1772
1869 1895 1968 2035 2071 2127 2272
2342 2428 2434 2542 2599 2662 3041

3075 3099 3102 3125 3699 3733 4040
4784 5267 6647 7064 7252 7285 7420
7469 7480 7985 8462–8463 8469 9070
9456 9587 9604 9943 10031 10500
(55 Belege)
habitator uxoratus in civit. Janue de origine Alamannus 3060
habitatrix 2988
habitatus 1525
habitibus consuetis → lic. legendi c. libris
et
habito 87 105 273 529 1616 2343 2345
2599 2712 3377 3664 5342 6291 6323
7308 8658 8894 10214 (18 Belege)
habitor 285 2434 3060 3775 4500 5039
5503 6691 7740 7860 8165 (11 Belege)
habitum → facult. recip.
habitus 105 154 245 262 469 657 971
1372 1659 1702 1738 1845–1846 1865
1870 1936 2206 2235 2360 2377 2396
2679 2771 2830 2862 2970 3142 3223
3579 3699 3795 4085 4183 4265 4389
4666 4783 4976 5697 6685 6729 7404
7540 7620 7953 8163 8360 8707 8888
9096 9596 9681 9711 9910 9923 9932
10050 10074 10087 10110 10315
10346 10427 (63 Belege)
halben 2220 4569
Halberstad. → vicar. Regis et Regine
nunc. in eccl.
Hallensium → libr.
Hamburgen. eccl. → scandalum in
hansa 2343 5177 7144 8464 9388
Hanse vulg. nunc. → civitates et op. sub
nomine
harena 3385
haurio 3733
hebdomada 103 1038 1053 2270 2918
4551 4569 7252 7994 8095 8335 8789
9224 9596 9607 10093 (16 Belege)
hebdomadalis 8573
hebdomadaria vulg. nunc. → vicar. sive
missa
hebdomadariarum vulg. nunc. → preb.
hebdomadarius 11 273–274 570 1508
1698 2685 3218 4085 5744 6518 6865
9412 9940 10048 10455 10586
(17 Belege)
Hebermarts Suevli) → capn. ad alt. b.
Marie (vulg. appellata capn. Hebernaris
Stieveli /

Hebernaris Stieveli / Hebermarts Suevli)
→ capn. ad alt. b. Marie (vulg. appellata capn.
hebreorum bona confiscata 5697
hebreorum civit. Trident. → factum
hebreorum negotium 5697
hebreos in personis vel bonis n. molestentur 9244
hebreus 1779 3377 5697 9244
hebreus mag. alchimistarum 3377
hebreus (pro parte omnium hebreorum in
Italia) 9244
Heydelbergen. in facultate art. stud. → in
stud. gener.
Heidelbergen. → univ. studii
her Schelen convent nunc. 1238
Herbip. → orator ep.
heredem universalem instit. → fil. legitimum et naturalem
hereditarius 556 687 955 2272 2341–2342
3036 3220 3946 9277 9742 10349
(12 Belege)
hereditas 516 1036 2389 3346 4974 6516
7734 8595 8935 9277
herem. 79 623 763 1083 1094 1235–1236
1276 1288 1626 1793 1867 2255 2604
2717 3130 3308 3487 3626 3733 3825
4080 4245 4511 4611 4628 5669 5823
5901 6639 7149 7582–7583 7772 7810
7860 7993 8003 8637 8707 8913 9064
9099 9142 9154 9181 9202 9257 9454
9804 9897 9947 10114 10142 10266
10422   (56 Belege)
heremitarium 763 1369
heres 117 170 264 285 295 378 406 468
661 932 973 1071 1169 1171 1225
1236 1500 1615 1645 1739 1869 2069
2079 2086 2126 2138 2191 2269 2325
2355 2474 2511 2620 2903 2928 2937
2988 3024 3041 3060 3102 3261 3346
3388 3410 3413 3474 3561 3781 4011
4074 4208 4424 4447 4510 4520 4645
4984 5006 5185 5989 6000 6265 6323
6526 7125 7299 7470 7482 7542 7552
7611 7831 7839 7860 8427 8880 8935
9041 9058 9090 9121 9262 9354 9384
9440 9495 9501 9561 9609 9636 9805
9890 9992 10000 10065 10105 10147
10193 10245 10336 10362 10567
(103 Belege)
hereses → facult. exstirpandi

heresiarcha 7156
heresim deviantes → absol. in
heresis 620 4208 4535–4536 7477 7489
7491 9860
herespincerna 10377
heretici hussite 2371
heretici provincie Alacri 9042
heretici scilicet civitatis Pragensis tumul-
tum insurrexisse 7742
hereticis in civitate Prag. contra catholicos
qui partim in pretoriis congregati in
consiliis erant comprehensi ac precipitati sunt de fenestris → scandalum perpetratum ab
hereticos Bohemos secum habebat interfecit → c. ense quem pro sua defensione
contra
hereticos in partibus Bohemie et in op.
Prag. → defensio R. E. contra
hereticus 105 619–620 731 977 985 1161
1172 1569 1645 1947 2342 2371 2971
3083 3488 3683 3689 4320 4510 4535–
4536 4598 5036 5372 5823 6672 6677
6744 6857 7102 7179 7239 7490–7491
7551 7742 7769 7810 7951 7979 7990
7998 8226 8368 8467 8616 9042 9065
9330 9804 10110 10142 10533
(54 Belege)
heuser unde hoffstete nunc. → locus vulg.
ode oder pawfellige
hydropicus 8434
hiemalis 7391 8491 9798 10032 10621
hypotheco 7521 9711
Hisckenberg (Insenbergh) → mons vulg.
historia 7236
histrio 1599
hoffstete nunc. → locus vulg. ode oder
pawfellige heuser unde
hoffczehenden 2597
homagium 7490 9527
homicida 3339 5479
homicidio → absol. ab
homicidium 55 201 417 880 934 1051
1119 1335 1807 2031 2118 2232 2244
2420 2662 2826 3146 3520 3622 3709
3728 3810 4289 4422 4569 4583 5035
5581 5733 5766 5908 6188 6253 6411
6565 6812 6913 7391 7429 7553 7951
8058 8201 8259 8314 8335 8480 8492
8579 8658 8715 8829 8995 9702 9906
10021 10411 10423 10481 (59 Belege)

homines loquuntur ibidem intellegeret et
    intellegibiliter loqui sciret → nullus gr.
    expect. extra nationem suam impetraret
    nisi idioma quod communiter
homines nationis Germanice loquuntur n.
    intellegit nec intellegibiliter scit loqui
    → idioma quod communiter
hominum n. loquitur → idioma
homo 106 431 469 508 525 527 699 794
    1233 1239 1565 1626 1705 1710 2025
    2035 2078 2132 2138 2178 2242 2273
    2341 2356 2413 2433 2476 2509 2781
    2971 3102 3139 3155 3375 3622 3733
    3828 3855 4133 4399 4568 4628 4654
    5126 5376 5461 6323 7004 7231 7349
    7651 7742 8019 8032 8342 8376 8464
    8491 8715 9121 9130 9244 9327 9330
    9384 9450 9591 10135 10362 10411
    10413 10491 10510 10607 10618
    10621   (76 Belege)
honestas 2348 7485 9609
honeste 99 266 330 1145 1548 1551 1626
    1732 2107 8463 10490   (11 Belege)
honeste ad instar al. presb. vivere potest
    → patrimonium ex quo
honestus 105 117 185 236 269 529 631
    1243 1869–1870 2349 2448 2829 3393
    3528 4257 5604 5618 7527–7528 7532–
    7533 8545 9045 9121 10089
                                (26 Belege)
honor 114 127 209 230 620 833 1238
    1345 1525 1617 1706 1739 2025 2088
    2131 2220 2270 2306 2348 2740 2792
    2945 3043 3098 3176 3447 3508 3527
    3626 3683 3922 4983 5419 5657 5947
    6236 6271 6447 7329 7337 7381–7382
    7522 7814 7860–7861 8451 8464 8530
    8627 8688 8814 8880 9066–9067 9557
    9805 9860 10088 10109 10134 10373
    10533 10536   (64 Belege)
honor nationis Germanice 2348
honorabilis 3548
honorifice 9156
honoro 2079
hora 105 112 187 208 658 741 876 889
    917 1238 1250 1469 1508 1559 1713
    1920 1943 2040 2107 2115 2131 2218
    2226 2274 2374 2562 2762 2779 2792
    2862 2936 2986 3096 3125 3215 3226
    3255 3272 3308 3721 3764–3765 3890
    3922 3946 3984 4134 4167 4185 4191
    4255 4281 4284 4424 4476 4481 4522

    4530 4535 4637 4779 4782 4795 4873
    4892 4959 5160 5217 5375–5376 5695
    5770 5776 5968 6016 6057 6059 6144
    6227 6297 6641 6700 6923 6941 7167
    7760 7991 8057 8269 8335 8496 8530
    8537 8789 9041 9106 9128 9187 9259
    9554 9594 9607 9621 9762 9824 10069
    10074 10345 10380 10437 10525
    10573   (112 Belege)
hora b. Marie → perp. missa et
horas can. de s. Spiritu decantare 2131
    7991
horas can. dicere in latino 3096
horas can. dicere in vulgari sermone 3096
horas can. dicere iuxta morem / ritum / sti-
    lum / usum R. E. 741 1469 1508 1559
    1713 1920 2040 2107 2226 2274 2374
    2779 2792 2936 2986 3215 3255 3308
    3764–3765 3890 3922 4185 4255 4281
    4284 4481 4522 4637 4873 4959 5160
    5217 5375 5770 6057 6059 6144 6227
    6297 7167 8057 8530 8537 9128 9187
    10380   (47 Belege)
horas can. dicere iuxta morem eccl. Ar-
    gent. 658 3125
horas can. dicere iuxta reg. s. Benedicti
    2862
horas can. dicere omiserunt → absol. eos
    qui
horas can. dicere secundum usum eccl.
    Aquileg. 187
horas can. dicere secundum usum eccl. Co-
    lon. 3721
horas can. dicere secundum usum eccl.
    Constant. 10074
horas can. dicere secundum usum eccl.
    Magunt. 9554
horas can. dicere secundum usum eccl.
    Misnen. 9762
horas can. dicere secundum usum eccl.
    Nuemburg. 10069
horas can. dicere secundum usum
    o.fr.min. 5695
horas can. dicere secundum usum o.pred.
    3946 6641
horas can. legens visum suum debilitavit
    8269
horas → lic. dicendi
hordeum 1312 5703 6960
horrende 732
horribiliter 1798

hortatio 106 117 119 127 186 190 224
239 372 431 433 469 508 522 527 529
619 687 700 721 731 761–762 764 794
921 960 980 993 998 1031 1060 1071
1181 1222 1233–1234 1240–1241 1344
1527 1567 1730 1732 1865 1874 1940
1972 2035 2078 2136 2138 2159 2178
2197 2199 2271 2323 2340–2348 2356
2415–2417 2424 2437 2448 2548–2549
2551 2916 2945 2972 2974 3038 3072
3076 3175 3435 3527 3684 3897 4031
4066 4077 4473 4536 4568–4569 4606
4784 4882 5074 5110 5126 5367 5524
5627 5781 5947 6053 6086 6176 6712
6931 7078 7177 7186 7321 7337 7391
7395 7406 7469 7477 7490 7742 7814–
7815 7869 8460–8461 8463 8488 8507
8516 8534–8535 8545 8688 8697 9041
9044–9045 9050 9065–9066 9090 9105
9110 9249 9258 9277 9327–9330 9360
9383 9388 9431 9455 9526 9528 9597
9600 9709 9711 9799 9854 9866 9931–
9933 9935 9940 10097–10098 10108–
10110 10112 10373 10419 10422
10533 10542 10607   (185 Belege)

hortor 297 352 526 1742 2347 2349 2416
2521 2641 3176 3548 4391 4536 5007
5496 5801 7329 7381–7382 7477 7491
7671 7696 7742 7815 8405 8413 8464
8715 9327 9590 9764 10087 10109–
10111   (36 Belege)

hosp. 24 52 105 183 193 285 296 315 325
394 504 510 529 609 617 624 659 704
730 764 773 886 961 988 1035 1044
1053 1068 1105 1118 1128 1155 1205
1211 1240–1241 1259 1341 1412 1449
1525 1527 1544 1569 1609 1628 1707
1729 1769 1814 1816 1829 1864 1867
1903 1981 1987 1990 2034 2055 2099
2105 2108–2110 2129–2130 2218 2228
2267 2270 2299 2315–2316 2343–2345
2356 2359 2382 2406 2416–2417 2428
2457 2463 2466 2500 2565 2608 2626
2633–2634 2653 2659 2740 2747 2819
2830 2841 2890 2914 2979 2989 3001
3032 3038 3060 3074 3104 3190 3245
3249 3314 3323 3453 3622 3643 3665
3675 3772–3774 3795 3806 3867 3934
3998 4039 4074 4076 4122 4135 4159
4167 4206 4254–4255 4289 4291 4374
4413 4473 4526 4569 4594 4639 4659
4672 4674 4749 4775 4846 4889 4891

4909 4914 4956 4959 5019 5028 5072
5136 5277 5432 5455 5487 5558 5581
5606–5607 5715 5761 5778 5787 5816
5890–5891 5928 5960 6007 6009 6014
6058 6067 6078 6080–6081 6083 6144
6191 6264 6300 6379 6390 6397 6407
6473 6549 6627 6639 6712 6741 6842
6930 6942 6975 7052 7103 7157 7210
7264 7274 7302 7370 7394 7410 7418
7423 7436 7447 7489 7515 7639 7641
7659 7740 7825 7845 7860 7964 7970
7993 8024 8060 8064 8077 8093 8122
8195 8198 8202 8255 8263 8344 8386
8424 8434 8451 8460–8463 8480 8502–
8503 8535 8560 8571 8586 8613 8628
8634 8659 8784 8786 8795 8869 8960
9004 9033 9067 9165 9170 9212 9221
9249 9262 9291 9298 9303 9310 9317
9328 9369 9384 9422 9458 9505 9526–
9527 9545 9691 9765 9790 9932 9938
9943 9961 9982 9984 10045 10076
10088 10151 10184 10188 10319
10427 10607 10624   (311 Belege)

hosp. b. Marie Theotonicorum ab iuram.
→ absol. mag. et fr.

hosp. in monasterium monial. o.s. Aug.
erigere → dom. sive

hosp. in partibus Prussie → privil. et indulg. ad instar mag. gener. et fr.

hosp. Theotonicorum in Urbe 193 1729
6712

hosp. → vac. p. ingr.

hospes 4552 5283 7311 8434 8462

hospilitas 105

hospitalarius 1525 2267 9317

hospitali omnes suos libros et 5.000 fl. renen. pro sustentatione 20 scol. pauperum in partibus Alemannie Inferioris reliquit → card. in testamento

hospitaliariatus 2267

hospitalitas 3032 10088

hospitalitas → peregrinorum infirmorum
languentium ac al. miserarum personarum

hospitium Hominis silvestri 6264

hospito 848 1707 8410 8461

hospitor 786 4974

hostia 847

hostiaria 3561 3748 6758

hostiaria nunc. → preb.

hostiarius 1063 9944 10344

hostias consecratas ex eccl. abstulit →
  mul. maligno spiritu 45
hostilis 2138 2313 5901
hostiliter 6039
hostis 528 880 1053 1674 2342 2346
  2916 3176 5194 7079 7236 7382 7742
  8456 9504 9528 9600 10110–10111
  (19 Belege)
humanitas 2323 2346
humanus 1673 2079 7477 7742 7993
  10268
humiditas 1179
humilio 89
humilis 1190 2341 4074 7821 10089
humilitas 7329
humiliter 105
Hummersen vulg. nunc. → prepos. ruralis
  in
Hungarie → differentia inter R. I. et regem
hure nunc. → dy lange
hussita 623 848 2371 3689 10110
hussitana heresis 4536
Jackenbeck preb. in eccl. Reval. 7143
  7366
Jackenbecke → preb. eccl. Reval. vulg.
  nunc. preb.
iaceo 932 2025 4780 7464 10095 10536
iacio 847
iactantia 7688–7689
iacto 2417
iactura 2272 3825 9526 10112
iactus 296
ianua 786 3385 5448
Janue de origine Alamannus → habitator
  uxoratus in civit.
Jasaphat vulg. nunc. → Vallis
ictus 201 880 9504
idioma 13 401 451 642 654 699 730 1173
  1710 1783 1788–1789 2242 2413 2712
  3389 3919 4378 4399 5854 6237 6462
  7069 7513 7778 7875 8032 8081 8314
  8342 8660 8715 9252 9742 9897 10491
  (36 Belege)
idioma Alamani et Sclavi 9897
idioma d. op. → n.o. quod Baldassar n.
  intellegit nec intellegibiliter loquitur
idioma hominum n. loquitur 1789 3389
  10491
idioma Italicum n. intellegit 6462
idioma Leod. dioc. n. intellegit nec intellegibiliter loqui scit 699 2413 8660

idioma loci intellegibiliter loquitur →
  nullum fruct. apud eccl. Oscen. sperat
  nisi
idioma → n.o. reg. cancellarie quoad
idioma Polonorum perfecte intellegens
  8314
idioma quod communiter homines loquuntur ibidem intellegeret et intellegibiliter
  loqui sciret → nullus gr. expect. extra
  nationem suam impetraret nisi
idioma quod communiter homines nationis
  Germanice loquuntur n. intellegit nec
  intellegibiliter scit loqui 1710
idioma Teutonicum n. loquitur neque intellegit 1788 9252
idioma toto posse conabitur addiscere
  9252
idioma vulgare habetur) → mon. Parcen.
  o. Prem. Leod. dioc. (in quo Theutonicum
idiomate → derog. clausule / constit. / reg.
  / statutorum de
idiomate → disp. de
idiomate → disp. sup. def. et. et sup.
idiomate latino italico expers 1173
idiomate nationis quod n. loquitur → indultum sup.
idiomate Theutonico faciende → off. predicationis in
idiomatis differentiam mon. monial. personaliter visitare n. potest → propter
  loci distantiam ac
idoneitas 2862
idoneus 117 186 352 393 469 620 779
  790 880 923 962 1044 1071 1233 1239
  1615 1782 1865 1981 2033 2077 2105
  2270 2344 2418 2440 2831 2964 3416
  3474 3771 4019 4039 4121 4391 4628
  4678 4779 5100 5174 5342 5994 6016
  6389 6991 7054 7090 7186 7198 7329
  7337 7391 7463 7470 7480 7718 7875
  8460 8579 8627 9041 9066 9182 9252
  9329 9710 9858 9932 9940 10074
  10087 10110 10112 10336 10392
  10403 10450 10532 (78 Belege)
ieiunio 7522 7814
ieiunium 1948 10413
ientaculum 4424
Jerusalemitan. et s. Jacobi in Compostella)
  → vota peregrinationis (ss. Petri et Pauli

ignarus 1173 1701 1965 3475 3712 4115
  4567 4907 6534 7145 7165 7305 7758
  7830 8376 10031 10069 10526
  (18 Belege)
ignarus → abb. litterarum
igne combuste fuerunt → moniales
ignis 1240 1525 1527 1732 2033 2091
  2138 2342 4473 6458 7239 9041 9155
  9309 9384 9457 9589   (17 Belege)
ignobilis 2341 2343
ignominiosus 6931
ignoranter 4328 8979
ignoranter contracto matrim. → disp. sup.
ignorantia 7304 10004
ignorantia → absol. quia in
ignoro 353 845 885 2654 3152 3176 3897
  4479 7223 7261 8979 9491 9699 9976
  10356   (15 Belege)
ignotus 3072
illegalis 8707
illegitimus 840 1234 2489 3182 3829
  7090 9373 9631 10089 10097
illibatus 1697 3385
illicentiatus 7792 8707
illicite 4167 9879
illicito coitu → facult. legitimandi ex
illicitus 275 4257 4606 8213 8461 8464
  8535 9041 10097 10174 10526
  (11 Belege)
illumino 4809
illustres → abba. et can. sec. et
illustres fundatum → mon. p. nonnullos
  principes seu
illustri gen. → de com. et
illustri gen. → de nob. et
illustris 51 63 107 212 984 1466 1578
  2364 2452 2867 3359 3451 3637 3699
  3896 4769 6322 6521 6633 6999 7469
  7488 7742 8545 9242 9930 (26 Belege)
illustris ducisse Mediolan. cant. 2452
illustrissimo gen. → de nob. et
illustrium gen. → de com. vel bar. vel
illustro 584 2219 2341 9552 9930
imago 127 547 1044 1826 2025 2900
  3508 3772 4794 4796 6004 6545 6563
  7098 7865 7880 8046 8770 9035 9067
  9244   (21 Belege)
imago b. Marie virg. in sole 127
immanis 7742 10110
immed. 8 163 185 207 223 273 516 617
  620 628 828 912 1180 1235 1241 1711
  1739 1940 2030 2035 2077 2089 2138

2341–2345 2361 2391 2415 2621 2862
  3130 3139 3699 3848 4085 4271 4626
  4983 5196 5449 5496 5676 6037 6194
  6327 6550 6673 7069 7321 7478 7533
  7582 7754 7762 7815 7859 7990 8004
  8007 8095 8449 8471 8473 8702 9065
  9261 9456 9527 9584 9762 9886 9936
  9997 10031 10112 10150 10184 10269
  10375 10537   (83 Belege)
immemor 2323
immemorabilis 9249
immineo 351 731 1527 2267 2780 3111
  3971 6817 7330 7742 9003 9046 9388
  9730 10092 10111 10479   (17 Belege)
immisceo 2389 9100
immitto 1959 7007 9933
immobilis 57 186 528 690 692 1171 1174
  1212 1707 1739 1795 1801 2164–2165
  2191 2219 2289 2434 2653 2963 3036
  3079 3096 3139 3155 3212 3699 4028
  4183 4567 4667 5464 5549 6084 6138
  6263 7223 7296 7299 7469 7482 7506
  8490 9087 9122 9327 9384 9446 9458
  9724 9742 9933 9945 10184
  (54 Belege)
immoderatus 9935
immunitas 133 2033 2343 5461 8456
  8464 9448
impar 4568
impedimenta per ipsos excogitari contra
  iurisdictionem et libertatem ecclesiasti-
  cam 998
impedimento matrim. → disp. sup.
impedimentum 56 353 431 730 885 941
  998 1060 1172 2057 2219 2654 2984
  3020 3257 3657 4391 4517 4932 5314
  5317 5462 6035 6110 6248 6298 6301
  6351 6636 6941 6956 7328–7329 7382
  7477 7489 7553 7745 7814 8825 8979
  9011 9416 9732–9733 9850 10007
  10111 10240–10241   (50 Belege)
impedio 529 619 921 1442 1527 1551
  1844 1865 2035 2415 2916 3088 3102
  4569 4719 7329 9214 9249 9455 9528
  9932 10159 10240 10320 10490
  (25 Belege)
impendo 190 620 690 762 794 1181 1814
  1874 1972 3565 3771 3896 4066 4520
  4536 5524 5561 6039 6176 7391 7522
  8763 9214 9327 9388 9528 9932 9940
  10109   (29 Belege)

imper. 14 44 105 119 132 190 223–224
245 351–353 357 378 393 397 431 443
468 471 475 497 516 526 529 546–547
551 569 575 636 654 657 680 704 709
730–732 768 819 839 863 917 921 955
980 993 1015 1030–1031 1044 1049
1071 1090 1109 1118 1132 1201 1233
1241 1256 1275 1497 1568 1571 1574
1586 1598 1627 1659 1674 1730 1799
1801 1817 1845 1851 1912 1959 2009
2021 2024 2029 2032 2107–2108 2136
2138 2161 2178 2220 2264 2270 2273
2275 2323 2340 2342–2349 2388 2396
2434 2476 2548 2569 2593 2898 2916
2980 2987 3012 3035 3059 3071 3080
3102 3134 3157 3175–3176 3199 3215
3221 3239 3272 3318 3389 3408 3410
3478 3553 3574 3585 3600 3720–3721
3780 3803 3859 3892 3906 3983 4003
4038 4114 4129 4167 4260 4340 4391
4458 4475 4504 4520 4547 4552 4567
4569 4596 4606 4726 4763 4791 4796
4814 4904 4908 4937 4955 4986 5105
5154 5160 5181 5227 5379 5420 5437
5450 5521 5531 5579 5607 5674 5811
5854 5916 5918 5936 5989 6016 6036
6079 6082 6084 6093 6144 6205 6249
6251 6293 6326 6439 6494 6550 6633
6643 6775 6827 6839 6889 6916 6994
7019 7109 7125 7172 7184 7264 7269
7295 7321 7329–7330 7380–7383 7399
7401 7432 7463 7473 7489–7492 7530
7563 7599 7614 7742 7763 7782 7790
7815 7819 7841 7851 7872 7946 7950
7997 8010 8044 8121 8131–8132 8204
8238 8255 8265 8332 8424 8451 8456
8461–8463 8507 8509 8580 8656 8727
8789 8793 8808 8843 8863–8864 8869
8962 9016 9045 9066–9067 9178 9182
9193 9214 9269 9272 9300 9360 9363
9374 9380 9392 9412 9415 9501 9553–
9554 9570 9591 9636 9649 9697 9711
9796 9799 9864 9937 9943 9955 10004
10012 10070 10074–10075 10087
10101 10105 10108–10112 10120
10170 10183–10184 10267 10276
10283 10328 10347 10353 10362
10370 10373 10388 10419 10434
10444 10450 10523 10525 10592
10605   (357 Belege)
imper. / R. I. → orator ap. ad cesarem /

imper. cancellarie secr. 1132
imper. cap. 9016
imper. → cap.
imper. et regis Bosne medicus → art. et
med. doct. com. pal. ac eques
imper. in dieta 7742
imper. in dieta proxime habita → condiciones pacis et concordie inter regem et
imper. not. 1959 2107 2273 5607 6079
6251
imper. not. → ap. et
imper. → op.
imper. orator → ad
imper. orator et nuntius → aud. ad
imper. (p. papam conc.) → vig. nominationis R. I. /
imper. → prim. preces R. I. /
imperatore concordatis preiudicant → revocatio omnium gr. expectativarum reservationum quoque facultatum et nominationum quibuscumque personis
concessarum inquantum inter R. E. et
nationem Germanicam interveniente
Friderico tunc R. R. nunc vero
imperatrix 8993
imperfectus 10075
imperium habet → abba. merum et mixtum
impero 2206
imperpetuus 8880
impertior 2021
impetitio 3088 9860
impeto 7383
impetraret nisi idioma quod communiter
homines loquuntur ibidem intellegeret
et intellegibiliter loqui sciret → nullus
gr. expect. extra nationem suam
impetratio 828 2885 2987 5393 7937
8363 9932
impetro 119 245 548 832 941 1154 1163
1346 1586 2159 2242 2433 2660 2780
3012 3161 3218 3232 3355 3553 3828
3967 4399 4581 4933 5393 5728 5770
6816 7004 7236 7583 7937 8032 8777
9718 10245   (37 Belege)
impetus 2346
impignero 186 964 3088 3130 3175 3855
7568 8001 8064 9327 9681 9936
                                  (12 Belege)
impius 4536
implementum 6123 7840

impleo 2343
implico 352 2420 2862
imponendi subsidium → lic.
imponi et in 4 partes scindi fecerunt → sup. rotis
impono 127 275 285 489 1779 1814 2349 3102 4568 5044 5697 6931 7019 7236 7381 7860 8460 8560 8688 9045 9121 9383 9527 9933 9936 10073
(26 Belege)
importantia 2916
importo 111
importunus 7329
impositio 431 7477 7859 9259 9591
impossibilis 1233
impotentia 272
impregno 9742
impresentiarum 912 1056 2035 2413
impressio 1959 5503
impressio librorum 5503
impressor librorum 1490 2473 9244
impressores librorum certum libellum vendunt 9244
imprimendi vel appendendi litteris sigillum → lic.
imprimo 9804
impubes 10089
impudicus 1626
impugnatio 2448
impugno 2448 9526
impune 352
impunitas 9121
impurus 7742
in 4 partes scindi fecerunt → sup. rotis imponi et
in 18. an. → Fiat
in 19. an. → Fiat
in 22. an. → Fiat
in abba. elig. 9261
in abba. fuit cassata → elect.
in abbrev. et not. assumptus 3059
in al. dioc. → Fiat
in Alden vulg. nunc. → burscapium Dorpen. et
in aliqua univ. studii gener. grad. doct. 7790
in art. abbrev. Pauli II. fam. → mag.
in art. → bac.
in art. decr. doct. in leg. bac. → mag.
in art. decr. doct. pape cap. → mag.
in art. et bac. in decr. → mag.

in art. et bac. in leg. → mag.
in art. et bac. in theol. → mag.
in art. et decr. bac. → mag.
in art. et decr. doct. → mag.
in art. et decr. licent. → mag.
in art. et in med. doct. → mag.
in art. et in med. → mag.
in art. et in med. mag. → mag.
in art. et in theol. mag. 5754
in art. et licent. in medicina ac ad presbit. ord. et postremo ad bac. in theol. prom. → mag.
in art. et utr. iur. bac. → mag.
in art. et utr. iur. licent. → mag.
in art. liberalibus mag. 2335 5855 9113
in art. liberalibus p. 5 an. stud. → univ. Cracov.
in art. → lic. recip. mag.
in art. → licent.
in art. → mag.
in art. mag. qui p. 2 an. post gradum mag. p. eum susceptum in univ. stud. et facult. art. med. studuit et a pluribus comitibus baronibus et al. magnis nobilibus propter eius scientiam et practicam in eadem arte in qua valde expertus est saldariatus et stipendiatus fuit tamen d. artem exercere n. potest → presb.
in art. ordinarius iur. civilis et canonici → mag.
in art. p. plures an. legit 10126
in art. procur. → mag.
in art. stud. → aliquos an.
in art. stud. → in univ. Cracov.
in art. stud. → in univ. stud. Lovanien.
in arte phisica satis eruditus 7558
in audientia litt. contradictarum → publicatio
in basilica Principis appl. de Urbe cant. superanus 5419
in cam. computorum ducis → consiliarius et magister
in cancellaria imper. [script.] 2476
in cantu et musica expertis → capn. pro
in cantu et musica expertis → capn. pro 30 capellanis
in Capitolio → eccl. b. Marie vulg. nunc.
in casibus episc. → absol.
in casibus locorum ordinariis reserv. → absol.
in casibus n. reserv. → absol.

in casibus papalibus → absol.

in casibus prohibitis → absol.

in casibus reserv. → absol.

in casibus reserv. → absol. etiam

in casu reversionis ad obedientiam → absol.

in casu vacat. 102 131 138 687 763 1029 1042 1235 1868 2079 2214 2344–2345 2396 2416 2435 2549 3012 3125 3175 3561 4011 4596 6326 6941 7296 7413 7819 8001 8462 8712 9199 9328 9456 9881 9932 10074–10075 10247 10413 10486 10545 10619   (43 Belege)

in cathedra et stud. Colon. legit → decr. doct. qui 30 an. ordinarie

in colleg. eccl. erexit 8279

in colleg. ecclesiam → lic. erig. capellam

in com. palatinum palatii Lateranen. → recept.

in commendam 13 69 138 193 213 222 224 351 353 385 391 451 514 518–519 547 706 715 730 742 744 756 794 803– 804 889 909 1029 1031 1064 1078 1129 1201 1234 1276 1292 1374 1383 1438 1443–1445 1496 1679 1737 1742 1746 1778 1788 1814 1840 2006 2109 2135 2140 2231 2254–2256 2267 2342 2364 2404 2410 2413 2440 2549–2551 2632 2639 2797 2845 2972 2983 3007 3061 3093 3218 3258 3410 3465 3472 3528 3576 3692 3699 3739 3877 3983 4103 4153 4167 4183 4225 4271 4394 4528 4596 4671 4821 4859 4957 4969 5090 5424 5436 5533 5535 5601 5637 5676 5725 5813 5823 5839 5919 5924 6037 6045 6078–6079 6127 6176 6193 6378 6403 6470 6502 6667 6832 6870 6919 6991 7034 7066–7069 7072 7104 7117 7125 7161 7186 7223 7381 7399– 7400 7434 7493 7500 7550 7552–7553 7705 7733 7814 7836 7869 7943 8012 8020 8056 8122 8131–8132 8203–8204 8210 8267 8345 8417 8478 8521 8578 8580–8581 8608 8665 8701–8702 8707 8718 8749 8994 8996 9110 9118 9142 9261 9299 9337 9445 9505 9526 9543 9576 9581 9670 9729–9730 9732–9733 9777 9806 9867 9878–9879 9898 9947 10132 10169–10170 10339 10393 10406 10409 10438 10466 10520   (221 Belege)

in commendam → abbat.

in commendam tenuit → disp. ap.

in consistorio secreto → assumptio ad ord. card.

in cur. → abb. litig.

in cur. abbrev. → cler.

in cur. → 2 an. et ultra continue pres.

in cur. defunct. 36 43 135 204 405 413 416 458 485 547 704 860 889–890 1461 1600 1649 1672 3528 3920 4203 4253 4319 4423 4618 4659 4664 4710 4731 4759 4782–4784 4791 4800 4877 4892 4946 4956 4959 4976 5001 5025 5051 5061 5134 5154 5223 5235 5527 5533–5534 5541 5563 5646 5725 5731– 5732 5758 5828 5902 5951 5966 5972 5980 6080 6093 6231 6233 6265 6292 6446 6553 6568 6833 6996 7159 7303 7343 7374 7578 7630 7722 7740 7875 7963 8227 8353 8379 8425 8549–8550 8597 8608 8743 8778 8827 8843 9126 9205 9233 9286 9342–9343 9472 9508 9878 9976 10041 10285 10352 10388 10423 10478 10493   (115 Belege)

in cur. → litig.

in cur. → pres.

in cur. → R. I. et ducis Burgundie orator

in cur. → vac. p. resign. vel p.o.

in cur. → vac. p.o.

in curia abba. → capel.

in curiis → exten. disp. ad omnes personas

in decr. → bac.

in decr. bac. → art. mag.

in decr. bac. → art. mag. et

in decr. doct. → art. mag. et

in decr. → licent.

in decr. licent. → art. mag.

in decr. licent. → art. mag. et

in decr. → mag. in art. et bac.

in delictis gravibus → absol. etiamsi

in den Selgen Winckel vulg. nunc. → locus

in den Unehorrn vulg. nunc. → casale

in dieta → imper.

in dieta proxime habita → condiciones pacis et concordie inter regem et imper.

in diversis studiis → studium theol. circiter 16 an.

in eorum domibus recipiunt et artes phisice et cirurgie exercent → cler. laicos

in evidentem → facult. conc. si

in evidentem → si
in Exilio (vulg. Zum elende nunc.) →
  capel. b. Marie virg.
in facult. art. stud. → in univ. Colon.
in facult. art. stud. → in univ. Trever.
in facultate art. stud. → in stud. gener.
  Heydelbergen.
in phisica doctus plures a gravissimis egri-
  tudinibus liberavit 3778
in phisica practicat et apud commun. op.
  Bernen. artem medicine exercet 8417
in forma articularum 2218
in forma brevis 1964 2323 2340 3161
  3167 6991 7274 8641 9328 9591 10268
                                (11 Belege)
in forma commende 9729
in forma communi 5517
in forma conversa 10607
in forma gratiosa 529 620 2219–2220
  2342 2420 2620 4550 6916 8305 8462
  8560 9710 9932 9935 10258
                                (16 Belege)
in forma iur. 3410 4167 6812 7937 8817
in forma Militantis eccl. 2626 4411 9937
  10490
in forma pape fam. 1065
in forma paup. 18 26 136 248 493 579
  840 1116 1208 1216 1608 1642 1688
  1722 1939 1973 1985 2104 2189 2484
  2535 2677 2741 2769 2951 2987 3035
  3291 3363 3449 3587 3981 4002 4272
  4314 4397 4509 4575 4672–4673 4687
  4877 4902 5005 5025 5035 5160–5161
  5198 5301 5517 5600 5776 5944 6286
  6350 6353 6523 6611 6613 6741 6743
  6849 6908 7070 7108 7113 7214 7279
  7344 7393 7509 7591 7646 7699 7874
  8158 8229 8233 8371 8583 8601 8670
  8787 8801 8926 9074 9270 9324 9398
  9555 9608 9766 9788–9789 9915–9916
  10131 10165 10382 10529 (101 Belege)
in forma sequestri 3134
in forma speciali 3291 6611
in forma transumpti 771
in heresim deviantes → absol.
in idiomate Theutonico faciende → off.
  predicationis
in ignorantia → absol. quia
in iur. can. actu Parisiis stud. → art. mag.
in iur. can. → bac.
in iur. can. bac. → art. mag.

in iur. can. → Ytalie et Cracov. studium
  gener.
in iur. can. licent. 488 1056 4281 5799
in iur. can. → licent.
in iur. stud. → in univ. studii
in iure can. → facult. creandi 6 mag. in
  theologia et 6 doct.
in leg. → bac.
in leg. bac. → art. mag.
in leg. bac. → mag. in art. decr. doct.
in leg. → licent.
in leg. licent. → art. mag.
in leg. → mag. in art. et bac.
in legibus → facult.
in legibus in quibuscumque scholis sive
  studiis gener. → lic. audiendi vel legendi publice lectiones
in legibus licent. 803 2814 9626
in libro cancellarie 5 204 5762 6058–6059
in lingua Germanica vulg. der man zu den
  eren nit mechtig sein mochte 2220
in litore Pluiperg vulg. nunc. → capn. b.
  Marie
in logica et phisica in civit. Aconnen. disputavit 2244
in manibus abb. 22 33 42 252 813 1080
  2267 2632 3301 3335 4063 4127 4436
  4847 5121 6393 6515 7233 7539
                                (19 Belege)
in manibus abba. 571 1877 3345 3615
  4180
in manibus aep. 371 403 519 709 2577
  3425 6221 6515 7394 8863 9562 9864
  10588   (13 Belege)
in manibus archid. 3554
in manibus aud. 3719 9473 9819 9821
in manibus can. 390 1303 2254 7583
in manibus capit. 131 1233 6277–6278
  7582 8520 9414
in manibus card. 3168 8890
in manibus card. legati 757 5430
in manibus cellerarii 9647
in manibus collect. 8717
in manibus commissarii ap. 2898 3772
  4551
in manibus dec. 2041 2069 2194 2355
  3643 3983 4331 7544 8371 8503 8614
  8762 9534 9708   (14 Belege)
in manibus ducis 2451
in manibus ducis ac com. patron. 10356
in manibus eius consignetur → aep. Craynen.

in manibus ep. 149 420 567 764 874 921
1263 1304 1753 1801 1820 1861 2118
2640 2664 2715 2764 3603 3882 4013
4108 4606 4649 5842 6263 6324 6445
6951 7251 8002 8142 8192 8711 9213
9337 9357 9382 9401 9545 9769 9775
10091 10278 10301 10335 10406
10546 10605   (48 Belege)
in manibus executoris ap. 4225
in manibus iudicis c. auct. ap. 8397
in manibus lantgravii 6030
in manibus ministrarum 1941
in manibus ministri 1042
in manibus not. 7454 7732 8580
in manibus nunt. 761
in manibus nuntiorum ap. tradatur → aep.
Craynen.
in manibus offic. 387 569 775 3053 4884
5410 6489 6752 7807 7904
in manibus oratorum ap. consignetur →
aep. Craynen.
in manibus ordin. 7 257 344 357 393 512
559 599 1202 1340 1659 1716 1835
1899 2019 2110 2148 2233 2247 2519
2607 2681 2684 2751 2845 2911 3047
3087 3334 3338 3415 3917 4630 4636
4792 4974 5137 5334 5508 5723 5737
5757 5865 6051 6096 6367 6444 6603
6613 6899 7014 7043 7367 7443 7450
7497 7830 7948 7978 8202 8298 8426
8439 8444 8803 8849 8934 9251 9323
9479 9557 9675 9712 9736 9780 9884
10003 10019 10208 10431 (80 Belege)
in manibus pape   (1516 Belege)
in manibus patron. 2541
in manibus Pauli II. 159 408 1922 2817
3059 3148 3592 4290 4437 4551 5316
6354 6918 9040 10526   (15 Belege)
in manibus prelati 2263
in manibus prep. 23 136 338 551 560
1006 1124 2662 3226 3833 3968 6173
6475 7193 8037 8241 8767 8998 9116
10031 10367 10459   (22 Belege)
in manibus presidentis 3699
in manibus provincialis 8795
in manibus scolast. 5089 7189 9417
in manibus sed. ap. mittitur → aep. Craynen.
in manibus vic. capit. 5974
in manibus vic. gener. aep. 588
in manibus vic. gener. in spir. aep. 1783

in manibus vic. gener. in spir. ep. 10625
in manibus vicecancellarii dec. 2847
in med. doct. → art. mag.
in med. doct. → mag. in art. et
in med. mag. → art. mag. et
in med. → mag. in art. et
in med. mag. → mag. in art. et
in medicina ac ad presbit. ord. et postremo
ad bac. in theol. prom. → mag. in art. et
licent.
in mensibus ap. → vacat. etiam
in mensibus febr., apr., iun., aug., oct. et
decb. → vac.
in mensibus febr., apr., iun., aug., oct. et
decb. → vacat.
in metallorum aliarumque rerum mineris
comperiendis et metallis aliisque rebus
ex illis deducendis expertus 4351
in minori parco → abbrev.
in mon. monial. → lic. ingrediendi
in monach. → facult. recipiendi certos fr.
ex ordinibus mendicantium
in monasterium → facult. erig. domum
in monasterium monial. o.s. Aug. erigere
→ dom. sive hosp.
in mortis articulo 527 620 9003
in off. alt. ministrare valeat → absol. ut
etiam
in op. Prag. → defensio R. E. contra hereticos in partibus Bohemie et
in op. Reinstein vulg. nunc. → capn. videlicet una ad alt. s. Marie virg. in op.
Willebach vulg. nunc. et al. ad alt. s.
Barbare
in op. Willebach vulg. nunc. et al. ad alt. s.
Barbare in op. Reinstein vulg. nunc. →
capn. videlicet una ad alt. s. Marie virg.
in opus s.cruciate → indulg.
in par. eccl. → lic. erig. capellam castri
in partibus Alemannie Inferioris reliquit
→ card. in testamento hospitali omnes
suos libros et 5.000 fl. renen. pro sustentatione 20 scol. pauperum
in partibus Bohemie et in op. Prag. →
defensio R. E. contra hereticos
in partibus infidelium 419 1201 2010
4049 6938 7752
in partibus Prussie → privil. et indulg. ad
instar mag. gener. et fr. hosp.
in personas et subiectos univ. → facult.
exercendi iurisd.

in personis vel bonis n. molestentur → hebreos

in possessione superioritatis → abb.

in presenti dieta quam nuper Rome celebravit papa 10110

in prima dominica mensis sept. in eccl. Lubic. 9881

in provincia Bremen. collect. → abbrev. et

in provincia Gneznen. → absol. religiosos et laicos

in provincia Saxonie sup. negotio metallorum fodiendorum → capitula edita

in puerili et. constit. 2337 5389 8816

in quibuscumque scholis sive studiis gener. → lic. audiendi vel legendi publice lectiones in legibus

in registro supplic. 983 1132 1659 2494 2779 2891 3632 3692 4186 4218 4361 4376 4527 4618 5403 6016 6271 8073 8352 8393 9065 9526 10067–10069 10089 (26 Belege)

in registro supplic. script. → abbrev. et

in registro supplic. script. → Pauli II. fam. aut abbrev. vel

in registro supplic. script. → Pii II. abbrev. vel

in registro supplic. script. → art. mag.

in ritibus et celebrationibus minime experti 9932

in Rota → litig.

in sacra pagina bac. formatus → art. mag. et

in sacris ord. constitutus → art. mag.

in sole → imago b. Marie virg.

in specialibus vic. → ordin. et illius

in stud. gener. Heydelbergen. in facultate art. stud. 8498

in theol. → bac.

in theol. bac. → art. mag.

in theol. bac. → art. mag. et

in theol. bac. → decr. et art. doct. ac

in theol. bac. formatus → art. mag.

in theol. doct. → art. mag.

in theol. → licent.

in theol. licent. → art. mag.

in theol. licent. → art. mag. et

in theol. mag. → in art. et

in theol. → mag. in art. et bac.

in theol. → mag. vel bac. formatus

in theol. prom. → mag. in art. et licent. in medicina ac ad presbit. ord. et postremo ad bac.

in theol. seu altero iur. doct. vel licent. 619

in theol. vel iur. → reserv. 6 can. et preb. pro doct. vel licent.

in theologia et 6 doct. in iure can. → facult. creandi 6 mag.

in territorio R. E. → facult. fodiendi aurum, argentum, plumbum et al. metalla

in testamento hospitali omnes suos libros et 5.000 fl. renen. pro sustentatione 20 scol. pauperum in partibus Alemannie Inferioris reliquit → card.

in tit. 51 69 213 222 351 514 773 909 1029 1383 1496 1737 1742 1846 2006 2025 2256 2364 2440 2549 2551 2843 3258 3465 3576 3597 3767 4596 4666 4884 4939 5436 5813 5928 6442 7067– 7069 7289 7423 7493 7735 8122 8131 8417 8471 8665 9118 9261 9337 9710 9733 9866 10393 10454 (55 Belege)

in tit. → abbat.

in tit. → facult. confer. benef.

in turno ordin. → vac. p.o.

in univ. Colon. in facult. art. stud. 4212

in univ. Colon. stud. → art. mag.

in univ. Cracov. in art. stud. 4114

in univ. legentes 7391

in univ. Papien. art. et iur. can. stud. 3053

in univ. stud. et facult. art. med. studuit et a pluribus comitibus baronibus et al. magnis nobilibus propter eius scientiam et practicam in eadem arte in qua valde expertus est saldariatus et stipendiatus fuit tamen d. artem exercere n. potest → presb. in art. mag. qui p. 2 an. post gradum mag. p. eum susceptum

in univ. stud. Lovanien. in art. stud. 5813

in univ. studii in iur. stud. 3566

in univ. studii Magunt. stud. → art. mag. et

in univ. Trever. in facult. art. stud. 8633

in universali eccl. → ep.

in Urbe in pal. ap. apud s. Petrum in loco audientie secrete et discussionis negotiorum cam. ap. → pacta stipulata

in utr. iur. → bac.

in utr. iur. stud. → art. mag. et

in utr. vel altero iur. seu theol. aut med. → doct. seu licent. aut al. graduatus

inadvertenter 488

inadvertentia 943 2455 4193 7352 8665

inanis 2344 9982 10087

incapax 184

incarceratio 764 3172 6158 6784 7506

incarcero 762–763 1137 1732 2020–2021
2195 2941 4120 4974 6016 6565 6931
7145 7237 7268 7406 8198 8688 9634
9814 10411 (22 Belege)

incastellatus 2852

incedo 2272 6263 7744 10050

incendiarios et depredatores → absol. sacrilegos

incendiarius 4536

incendium 732 763 912 1525 1732 2033
2091 2217 4038 7059 7391 7859 8399
8449 9309 9457 10302 (17 Belege)

incendo 1699 5597

inceptio 118

incertus 1233

incessanter 10110

incido 529 2216 2928 4424 5559 5733
5989 7763 7792 7881 9989 (11 Belege)

incipio 186 201 516 762 794 847 932
1201 1241 1344 1871 2025 2159 2178
2344 2347 2356 2416 2433 2521 2862
3175 3268 3626 3701 3714 4164 4520
4595 4606 5056 5487 6109 6291 6931
7125 7139 7177 7251 7413 7629 8012
8164 8198 8449 8535 8752 9002 9348
9384 9440 9504 9663 9761–9762 9847
9849 9898 9987 10074 10088 10096
10104 10110 10413 (65 Belege)

incito 10111

inclinatio 2349

inclino 3076 3684

inclitus 932 2341 2347 4782 7173 9388

includo 980 1961 2195 2346–2347 2923
3076 3488 4013 4500 5196 7068 7742
7815 9171 9584 9589 9625 9742
(19 Belege)

inclusarium 10141

inclusive 594 700 2219

inclusorium 4032

incognitus 6708 6931

incola 103 118 132 203 246 262 266 620
654 731 786 794 992 1053 1190 1206
1237 1241 1528 1578 1589 1626 1645
1706 1732 1756 1772 1797 1867 1895
2035 2071 2127 2208 2220 2269–2270
2272 2310 2341–2343 2422 2428 2542
2548 2848 2971 3041 3075 3099 3212
3388 3403 3508 3579 3602 3674 3699
3733 3878 3925 4040 4424 4552 4569
4703 4857 4932 4995 5084 5538 5721
5968 6038–6039 6250 6339 6691 6939
7064 7236 7252 7321 7328 7381 7412
7469 7471 7480 7522 7537 7723 7810
7860 7985 7992–7993 8073 8165 8259
8451 8462–8464 8469 8490 8545 8629
8654 9121 9182 9185 9214 9267 9328
9455–9456 9527 9591 9632 9801 9943
10032 10174 10267 10472 10482
10500 10605 (130 Belege)

incolarum villarum Osnaburg. dioc. → patron.

incolo 932 7236

incolumis 2138

incommodus 2346 2434 3548 5730 6003
8461 10087

incompat. (1461 Belege)

incompat. → disp. ad

incompat. → disp. ad 2 al.

incompat. → disp. ad 3 al.

incompat. → disp. ad 3.

incompat. → disp. ad al.

incompat. → disp. ad al. 2

incompat. → disp. ad aliud

incompat. → disp. ad qualiacumque

incompat. → disp. ad 2

incompat. → disp. ad 3

incompat. → disp. ad 4

incompat. → disp. ut

incompat. → disp. ut 3.

incompat. → disp. ut 2

incompat. → disp. ut 3

inconsuetus 9045

incontinens 237 389

inconveniens 9045

inchoo 1739 2440 6941

incorp. 44 62 87 102 117 131 133–134
138 188 207 210 240 246 250 262–264
266 271 281–282 310 328 366 374 390
483 516 519 525 528–529 532 610 612–
613 617–621 634 637 654 658 693 730
762–763 773 784 790 804 822 872 912
962–965 978 1029 1037 1045 1049
1052 1083 1161 1182 1184–1185 1193
1216 1221 1235 1237 1241–1243 1245
1259 1383 1393 1412 1511 1527 1578
1698 1708 1755 1772 1798 1801 1814
1831 1851 1865–1869 1872 1875 1901
1914 1938 1941 1945–1946 1982 2028
2030 2033 2035 2077 2090–2092 2138
2196 2214 2254 2272–2273 2317 2340
2355–2356 2390 2392–2394 2396

1611 1626 1647 1692 1739 1742 1777
1779 1796 1814 1867 1870 1875 1887
1902 1946 1954 1972 1995 2025 2030
2033 2077 2079 2088 2092 2132 2142
2162 2206 2217–2218 2272 2323 2340
2342–2346 2348 2355 2389 2394 2417
2428 2434 2436 2448 2645 2663 2778
2781–2782 2840 2862 2921 2962 2971
3038 3074 3104 3106 3125 3129–3130
3175 3272 3391 3488 3527 3548 3626
3683 3733 3772 3825 4017 4040 4083
4282 4410 4482 4529 4535–4536 4549
4551 4568 4606 4959–4960 5042 5080
5251 5253 5438 5448 5461 5485 5598
5606 5653 6057 6280 6291 6458 6484
6647 6935 6938 6991 7058–7059 7061
7102 7105–7106 7139 7180 7274 7276
7297 7309–7310 7321 7328–7329 7337
7370 7407 7460 7462 7477–7478 7481
7489–7490 7492 7518 7533 7548 7551
7564 7616 7659 7685 7860 7988 7990
7992–7993 7996–7997 7999 8166 8237
8279 8401 8449–8451 8456 8462–8464
8466 8472 8535 8595 8653–8654 8697
8703 8756 8789 8937 9035–9039 9041
9043–9044 9051 9069 9072 9090 9111
9121 9182 9187 9214 9224 9253 9258
9264–9265 9285 9290 9301 9308–9309
9327–9329 9365 9444–9445 9449–9450
9452 9458 9463 9466 9526–9528 9533
9587–9589 9594 9630 9807 9832 9855
9914 9931 9935 9937 9940 10031
10045 10074–10075 10088 10091
10097–10099 10111–10113 10116
10138 10170 10177 10215 10246
10255 10267 10362 10373 10383
10417 10615 10622 10624 (325 Belege)

indulg. 1 an. 9327 9365 10138

indulg. 1 an. et 40 dierum 10138

indulg. 2 an. 2272 5461 7180 8456 8789
9253 9285 10074–10075

indulg. 3 an. 118 409 614 1238 1240 1867
2142 3272 4551 6647 7139 7993 9445
10074 10088 10615   (16 Belege)

indulg. 3. partis peccatorum 5461

indulg. 4 an. 9051

indulg. 5 an. 166 262 794 833 1221 1692
1887 2030 2092 2206 3825 5251 5253
7061 7321 8279 9043 9214 9265 9807
9940 10088 10373   (23 Belege)

indulg. 6 an. 1647 2343

indulg. 7 an. 105 119 127 132 262 341
488 527 764 833 847 910 955 964–965
992 1029 1223 1235 1240 1525 1527
1569 1574 1611 1647 1995 2077 2218
2417 2778 2781–2782 2840 2921 2971
3074 3125 3130 3391 3683 4017 4040
4083 4549 4551 4959–4960 5042 5448
5598 5606 6057 6484 7058 7106 7180
7321 7460 7533 7564 7659 8279 8450
8462 8472 8595 8756 8937 9069 9072
9111 9187 9224 9290 9308–9309 9327
9449–9450 9452 9463 9533 9587 9630
9937 9940 10116 10246 10255 10267
10383 10417 10622   (94 Belege)

indulg. 8 an. 5080

indulg. 9 an. 7548

indulg. 10 an. 833 962 1076 1190 1234
1240 1527 1814 2840 3129 3733 4410
4549 5251 5606 5653 7310 7337 7407
7518 7616 7992–7993 8654 9035 9038
9069 9182 9301 9445 9458 9463 9832
9931 10113 10215   (36 Belege)

indulg. 12 an. 617 2434 3772 7996 8464
9327

indulg. 14 an. 694 3527

indulg. 15 an. 525 794 2077 2217–2218
2962 3038 5598 7309 7462 7659 8456
9039 9214 9264 9444 9855 (17 Belege)

indulg. 15 an. in 2 festis → Fiat ut petitur
de

indulg. 20 an. 209 1076 4282 5461 7337
8401 8703 9327 9832 10624

indulg. 25 an. 2033 2132 2340 3733 9037

indulg. 30 an. 134 528 1875 2218 3104
7276 7478 8451 9090 9290 10362
                              (11 Belege)

indulg. 30 dierum 9328 10031

indulg. 40 an. 105 1954 2077 9589

indulg. 40 dierum 127 409 998 1796 7106
8464 9914 10138

indulg. 50 an. 787 1902 2342

indulg. 100 an. 932

indulg. 100 dierum 105 431 730 2436
3626 7328 7988 7999 9327 9365 10031
                              (11 Belege)

indulg. 200 dierum 8462

indulg. ad 30 an. 2218

indulg. ad instar mag. gener. et fr. hosp. in
partibus Prussie → privil. et

indulg. ad mul. → exten.

indulg. anni iubilei 528 641 1053 1626
1867 2272 4568 5485 7328–7329 8449
8464 9940 10074 10091   (15 Belege)

indulg. contra Turcos 7274

indulg. cruciate 5438 8463

indulg. de novo ad 30 an. 7105

indulg. et rem. 166 641 1626 2272 2342
7297 7481 9121

indulg. → facult. conc.

indulg. in opus s.cruciate 392

indulg. medie partis peccatorum 5461

indulg. p. nunt. ap. suspense fuerunt →
omnes

indulg. p. totum an. iubilei → suspensio

indulg. Pauli II. pro sororibus → exten.

indulg. → pec. ex

indulg. permereri val. acsi eccl. civit. Monast. personaliter visitaret 1434

indulg. perp. 6280 8653

indulg. plen. 270 392 528 700 794 980
1434 1527 1626 1647 1946 2025 2033
2079 2272 2344 2355 2645 2663 2862
3272 3488 3683 3825 4606 5461 5598
6938 7059 7105 7328 7370 7533 7551
7685 7860 7990 7993 7997 8463–8464
8466 8535 9036 9121 9214 9466 9527–
9528 9935 10031 10074–10075 10177
10267   (55 Belege)

indulg. plen. pro semel tamen → Fiat de

indulg. pro defensione fidei 8697 9329
10075

indulg. pro Rhodianis et cruciata 1946

indulg. propter cruciatam 3683

indulg. propter revocationem suspensa fuit
10075

indulg. proveniunt → oblationes que ex

indulg. Rhodiana 1567 2346 2389 2645
3175 9041 10097–10098 10112 10170

indulg. Rhodianarum → publicatio

indulg. Rhodionarum → revocatio

indulg. suspensa 528

indulg. visit. stationes Urbis 4482

indulgeo 1190 1895 2219 2416 8462 8545
8747 9940 10490

indulsit ut ad sacerdotium et al. ordines se
promoveri facere possent licet beneficia
ecclesiastica aut patrimonialia bona n.
haberent 10490

indultum 24 87 99 105 112 118–119 133
166 185–187 189 191 205 210 262 264
269 285–286 296 315 366 401 419 426
442 511 519 525 527–528 569 610 619–
620 631 636–637 654 658 682 687 693
706 720 741 763 854 880 891 917 921
923 932 1005 1016 1029 1038 1042

1044 1046 1050 1052 1057 1065 1123
1132 1170 1190 1194 1201 1233 1235
1238 1240 1242–1243 1250 1342 1355
1434 1508 1527 1559 1565 1578 1653
1707 1713 1732 1739 1782 1793 1801
1814 1865–1867 1869–1870 1875–1876
1890 1920 1940–1941 1943 1947 1960–
1961 1968 1990 2010–2011 2034–2035
2040 2044 2077–2079 2088 2107 2111
2127 2158–2159 2218–2220 2270 2272
2274 2322 2341 2343–2344 2349 2356
2389 2393 2408 2415–2417 2420 2428
2434 2436 2440 2521 2547 2662 2690
2762 2794 2835 2964 2971 2973 2983
2991 3012 3036 3070–3071 3075 3102
3130 3133 3142 3175 3197 3215 3255
3308 3385 3393 3416 3431 3436 3472
3526 3528 3542 3547 3550 3559 3581
3587 3610 3695 3699 3702 3721 3731
3733 3764–3765 3771 3799 3825 3848
3897 3922 3940 3956 3997 4011–4012
4016 4023 4025 4028 4067 4185 4219
4227 4255 4271 4280–4282 4405 4407
4411 4431 4452 4473 4481–4482 4510–
4511 4536 4549 4551 4566–4569 4596
4611 4626 4628 4656 4678 4686 4729
4739 4752 4779 4822 4983 5002 5084
5105 5153–5154 5174 5197 5216 5282
5291 5342 5376 5379 5400 5407 5409
5419 5461 5606 5637 5683 5833 5881
5904 5994 6004 6016 6057 6297 6337
6347 6406 6424 6458 6488 6496 6503
6505 6513 6545 6641 6707 6732 6743
6782 6812 6872 7061 7069 7104 7128
7198 7236 7275 7297 7302 7306 7311
7328 7383 7391 7405 7407 7460 7463
7465 7470 7472 7477 7481 7488 7490
7492–7493 7497 7518 7522 7528 7530
7532–7533 7540 7546 7551 7579 7614
7688 7718 7741 7755 7761 7791 7805
7810 7812 7814 7853 7860 7985–7986
7994 8003 8007 8012 8042 8269 8291
8300 8335 8344 8385 8427 8437 8440
8451 8455 8460–8464 8473 8483 8485
8490 8496 8536–8537 8545 8560 8621
8627 8631 8700 8713 8772 8874 9034
9041 9049 9061 9065–9066 9090–9091
9094 9106 9121–9122 9124 9134 9136
9182 9187–9188 9224 9249 9258 9271
9294–9295 9403 9409 9446 9451 9453
9455–9458 9489 9510 9552 9554 9566
9585 9595 9598 9606 9631 9641 9677

9709 9718 9720 9742 9762 9804 9903
9932 9936–9937 9945 9971 9984 9986
10031 10045–10046 10049 10056
10069 10074 10093 10098 10137
10142 10180 10184 10213 10267
10374 10408 10413 10422–10423
10450 10486 10520 10604–10605
10609 10624   (478 Belege)
indultum → absol. et
indultum colligendi pecunias in subventi-
onem pauperum 2220
indultum sup. idiomate nationis quod n. loquitur 401
indumentum 7986
induo 1738 7540 10302
industria 2416 2469 7337
industriose 3096
indutie 4391 7329 7742
ineo 794 2032 2349 3072 3341 4391 7337
9330 10108–10109
inequalis 1784 1846 3087 7056 10326
inequalitas 351 5173 7312 7553
inexpeditus 2138
inexpugnabilis 7998
infamatio 6016
infamem excom. → abb. propter vitam
infamia 22 55 657 2177 2368 2388 3223
3436 4535 7079 7235 7897 8270 8555
8610 8775 8777 8909 9137 9569 9594
9970   (22 Belege)
infamia → absol. ab
infamie maculam → abol.
infamis 274 4474
infantia 2138
infectio 7993
infeliciter 731
inferior 105 186 1202 1237 2220 4704
4984 6434 6995 7491 8707 (11 Belege)
infero 190 223 352–353 725 731 794
1005 1707 2323 2340 2347 2456 2964
3176 3232 4028 4374 4552 7337 7506
7815 8335 9309 9569 9732–9733 9989
10110–10111   (30 Belege)
inferus 9376
infestatio 7381
infesto 2440 5100 9388
infestus 7382
infeudatio 1865–1867 1869 1871 4595
7820
infeudo 2474 4569
inficio 3968 4536 4921 9122

infidelis 419 636 1201 2010 2346 4049
4536 6938 7302 7551 7752 8368 8467
9526 10112   (15 Belege)
infidelium detulerunt → absol. eos qui
prohibita ad partes
infinitus 3954 8335 10111
infirmaria 1941
infirmitas 631 690 720 775 1122 1191
1660 1941 1974 2052 2158 2337 2658
3021 3060 3300 3798 3946 4073 4370
4406 4941 5118 5559 5813 5815 5891
6172 6183 6639 6846 6941 7486 7744
7792 7881 7884 8002 8534 8695 8747
9160 9192 9270 9357 9367 9437 9559
10380 10432   (50 Belege)
infirmitate vel senio confractus → abb.
infirmitatibus oppressus eccl. Constant.
gubernare n. poterat 8534
infirmorum languentium ac al. miserarum
personarum hospitalitas → peregrinorum
infirmus 105 1233 1569 2034 2747 3032
3060 3699 4025 4909 4914 5558 5606
7094 7426 7860 8093 8460–8462 8560
9003 9389 10088 10314 10388
(26 Belege)
informatio 106 190 224 352 431 469 527
694 700 731 761–762 764 921 980 989
1031 1233 2343 2347–2348 2448 2645
4473 7742 7815 7937 8007 8460 8507
8688 9330 9388 9528 10099 10109
(36 Belege)
informo 190 224 469 526 619 731 2712
4367 4391 4536 5524 7383 7478 8707
10112   (15 Belege)
infortunium 5503
infra muros op. Lovanien. audiret → causam
infringo 1527 2973 8461 9327 9932
infula 10267
infulatus 182
Ingelstaden. → univ. studii
ingenium 9528
ingens 732
ingero 1064 2845 4529 9527
ingr. 79 121 141 154 269 328 461 546
553 622 707 727 798 870 895 901 930
1050 1128 1172–1173 1332 1372 1829–
1830 1841 1923 1955 2076 2160 2226
2345 2619 2684 2688 2762 2768 2849
2856 2864 2884 2976 3218 3300 3359
3473 3643 3801 3854 3947 4011 4089

4421 4423 4495 4521 4535 4547 4586
4659 4676 4687 4709 4758 4957 5076
5293 5340 5455 5548 5743 5745 6161
6169 6470 6553 6639 7015 7432 7479–
7480 7486 7491 7497 7517 7522 7533
7768 7950 7952 7954 7978 8010 8259
8270 8424 8689 8756 8799 8947 8957
8988 9096 9101 9193 9218 9227 9234
9276 9406 9627 9639 9741 9796 9909
10066 10106 10111 10176 10332
10351 10373 10390 10427 10477
10513   (126 Belege)
ingr. claustri sive conv. → vacat. p.
ingr. conv. → vacat. p.
ingr. dom. → vac. p.
ingr. dom. → vacat. p.
ingr. hosp. → vac. p.
ingr. mon. monial. → facult. conc.
ingr. mon. → vac. p.
ingr. mon. → vacat. p.
ingr. relig. → vac. p.
ingr. relig. → vacat. p.
ingratitudo 7382
ingrediendi in mon. monial. → lic.
inhab. 22 36 55 273 413 417 584 657 864
     897 1119 1357 1431 1475 1647 1741
     1974 2020 2025 2094 2267 2342 2376
     2388 2476 2562 2670 2706 2975 3006
     3048 3085 3133 3146 3151 3161 3249
     3308 3328 3377 3423 3526 3622 3748
     3806 3810 3878 3884 4108 4320 4725
     5202 5805 5913 6016 6215 6241 6253
     6347 6385 6913 7235 7558 7578 7760
     7830 7847 8270 8371 8550 8553 8555
     8775 8777 8888 8921 9220 9382 9569
     9582 9594 9615 9710 9810 9821 9906
     9910 10023 10058 10070 10211 10217
     10411 10481 10526 10588 10598
                           (97 Belege)
inhab. → abol.
inhab. → disp. ab
inhabilis 184 273 2232 2377 2583 3396
     3574 5744 6494 8707
inhabitatio 3436
inhabitator 1924 8658 10537
inhabito 1179 1645 1885 1890 2276 2343
     2410 2780 3436 3440 3853 4076 4568
     6246 6392 6639 7678 8456 9591 10088
     10132   (21 Belege)
inhereo 2112 9279
inhibeo 254 979 1578 1730 1793 1959
     1972 2415 2762 3176 4581 5096 6497

6857 7469 7583 7993 8451 8464 8534–
8535 8719 9086 9244 10111
                           (25 Belege)
inhibitio 118 264 1240 1551 1846 2910
     2964 3268 8464 8560 10490
                           (11 Belege)
inhoneste 237
inhonestus 330 629 765 2079 3102 8463
inhumaniter 8314
inhumanus 9449
inhumo 7540
inicio 1020 1631 3161 3967 5487 5600
     9100 9616 9821 10211
iniectio 741 921 1793
inimicus 283 2347 3175–3176 3597 4374
     4389 4572 7382 7742 9388 10323
                           (12 Belege)
iniquitas 7223 7469
iniquus 7815 9554
inita → confederatio et liga c. papa
initium 223 3932 7391 10141
iniungo 1071 2672 3488 4211 5056 8226
     9504
iniuria 101 223 678 725 732 810 1233
     1724 2298 2323 2433 2964 3176 3967
     4374 5100 5168 6188 6250 6935 7382
     7470 8139 8335 8463 9455 9709 9943
     10091 10111   (30 Belege)
iniurio, iniurior 245 1346 1519 4605 6697
     6810 7531 7772 8434 8490 8649 9995
                           (12 Belege)
iniuriose 9379
iniuriosus 1051 2829 4552 8374 8658
     9569 9942
iniuste 732 1900 7268 8535 9276 10109
     10169
iniustus 7382
innocens 2118 4506 4530 5697 9860
innocentia 4530
innodo 708 2316 2694 3232 3513 3528
     3721 3967 4167 4329 4374 4716 4974
     5913 6264 6339 7328 8259 8300 8314
     8440 8461 8473 9384 9431 10479
                           (26 Belege)
innotesco 2347 8535 9388
innovatio 1235 1237 3699 8458 9718
innovo 3072 3542 4391 9050 10087
innumerabilis 352 7330
innuo 10110
inobedientia 1578 7469
inoboediens 270 1236 2195 4549 7469

inopia 789 923 4023 10093 10396

inops 732

inquieto 118 3102

inquirat si puerum illum de quo fama fert
iudei emerunt 5697

inquirendi contra falsarios → facult.

inquiro 57 105 469 3175 3436 3855 4535
5697 7490 7742 9044 9244 10108
10112   (14 Belege)

inquisitio 105 188 1238 3488 4200 5636
8368

inquisitor 105 619–620 3488 5372 6744
6857 7102

insania 224 9214

insanio 10092

inscribo 5697 6872

Insenbergh) → mons vulg. Hisckenberg (

insensatus 5002

insero 105 528 1732 1793 2220 2341
3581 5989 7330 7489 9155 10031
10490   (13 Belege)

insertio 801 3385 3684 6697 8449 9628

inservio 3487 3890

insidie 7236 7382

insidior 5618

insignia assequi n. potuit → ob maximas
expensas doct.

insignia → lic. portandi

insignia magistratus → facult. confer.

insignia professoratus seu mag. theol. recipiendi → lic.

insigniis uti possit → abb. mon. mitra, baculo et al. pontific.

insignio 471 1475 3712

insignis 117 266 286 341 682 767 1016
1250 1266 1773 1876 1890 1992 2011
2077 2138 2219 2347 2361 2690 2983
3009 3034 3071 3771 3843 4016 4091
4520 4535 4543 4603 4656 4659 4846
5194 5216 6209 6505 6514 6638 6691
6707 6724 7104 7128 7289 7293 7352
7406 7460 7465 7490 7986 8427 8462
8473 8763 8956 9003 9065 9113 9249
9742 9804 9940 9945 10000 10075
10373 10396 10482 10520 10621
                                    (74 Belege)

insignitus 7 695 2344 2764 3202 3712
3941 5913 6590 6668 7070 7280 7391
7408 7552 8503 8666   (17 Belege)

insignium 5153 6056 7352 9825

insimul 13 36 45 77 133 136 152 164 169
183 199 204–205 207 222 252 260 270

274 314 318 327 338–339 348 355 367
413 449 461 471 519–520 527 546–547
553 606 642 650 661 706 708–709 730
741 744 756 800 824 827–828 836 839
845 901 905 909 912 917 921–922 930
932 992 1003 1029 1055 1064 1068
1081 1090 1114 1116 1118 1129 1184
1194 1238 1242 1245 1383 1412 1414
1430 1457 1481 1491 1506 1508 1594
1672–1673 1677 1683 1691 1708 1741
1755 1770 1783 1801 1807 1830 1846
1865 1870 1879 1904 1936 1951 1959
1969 1977 1982 1990 1994 2002 2008
2030 2033 2037 2050 2053 2072 2106
2109–2110 2116 2121 2138–2139 2167
2226 2228 2254–2256 2315 2323 2347
2358 2388 2396 2413 2415 2417 2457
2463 2470 2485 2550–2551 2564 2632
2662 2700 2703 2745 2751 2782 2789
2793 2853–2855 2872 2926 2939 2945
2948 2950 3012 3047 3059 3083 3096
3153 3162 3168 3213 3226 3232 3247
3287 3295 3306 3321 3408 3414 3424
3429 3451 3465 3474 3488 3527 3535
3557 3559 3561 3581–3583 3597 3627
3631–3632 3636 3652 3668 3672 3686
3691 3695 3697 3705–3706 3720 3722
3747–3748 3767 3772 3788 3823 3838
3920–3922 3945 3961 3969 3984 4060
4067 4086 4138 4182 4213 4231 4284
4318 4321 4413 4417 4423 4501 4509
4546–4547 4551 4588 4706 4710 4713
4716 4726 4728 4762 4770 4780 4782
4792 4848 4859 4873 4884 4922 4924–
4925 4957–4958 4961 4987 5021 5038
5043 5052–5053 5066 5102 5115 5131–
5134 5149 5161 5181 5192 5214 5217
5219 5222 5225 5283–5284 5291 5340
5347 5374 5392 5500 5519 5533 5535
5540 5581 5603 5649 5654 5672–5673
5721 5738 5743 5745 5753 5768 5779
5797 5805 5823 5825 5848 5854 5856
5881 5890 5897 5911–5913 5960 5981
5995 5997 6016 6039 6051 6060 6114
6125 6144 6154 6167 6186 6190 6235
6283 6329 6350 6445–6446 6503 6525
6527 6544 6553 6602 6625 6630 6671
6694 6744 6758 6761 6811 6817 6839
6883 6889 6900 7034 7066 7068–7069
7085 7098 7117 7140 7148 7173 7189
7244 7296 7305 7337 7341 7353 7357
7376–7377 7394 7399 7467 7479 7498

3106 3114 3131 3153 3164 3200 3208
3218 3227 3229 3243 3246 3254 3263
3274 3283 3291 3295 3306 3350 3352
3359 3364 3393 3407 3418 3426 3442
3450 3455–3456 3464 3467 3488 3510–
3511 3516 3527 3544 3557–3558 3575
3581 3592 3596 3611 3642 3648 3654
3667 3671 3683 3691 3726 3750 3757
3765 3769 3772 3777 3782 3819 3822
3826 3836 3839 3858–3859 3873 3879
3893 3917 3919 3941 3975 3979 3999
4026 4052 4059 4066 4112 4127 4129
4213 4221 4241–4242 4250 4261 4268
4281–4282 4285 4304 4325 4339 4347
4362 4370–4371 4444 4464 4476–4477
4509 4549 4558 4593 4601 4614 4631
4636–4637 4657 4659 4687 4690 4731
4775 4780–4781 4795–4796 4807 4821
4846 4852–4853 4873–4875 4880 4885
4893 4922 4935 4946 4949 4964 4969
4976 4994 5001 5005 5028 5032 5046
5063 5108 5126 5130 5150 5159 5162
5187 5194 5196 5198–5199 5217 5223
5270–5272 5274 5282 5284 5290 5327
5359 5361 5368 5370–5372 5375 5381
5385 5388 5392 5403 5435 5457–5458
5479 5497 5505 5509 5521–5522 5532
5545–5546 5554 5556 5558 5579 5581
5609 5628–5629 5643 5650 5706 5726
5731–5732 5737 5745 5761–5762 5770
5776 5784 5793 5819 5860 5869 5881
5887 5906 5916 5923 5943 5964–5965
5973 5983 5987 5993 6004 6024 6037–
6039 6041 6048–6049 6055 6058–6059
6067 6079 6094 6113 6129 6131 6141
6151 6180 6185 6217 6257 6265 6271
6282 6285 6311 6324 6338 6342 6346
6352 6414 6422 6429 6458 6470 6482
6522–6523 6545 6547 6552 6563 6570
6579 6602 6606 6611 6624–6625 6633
6720 6730 6744 6748 6752 6772 6796
6806 6812–6813 6850 6866 6873 6905
6911 6943 6961 6968 6991 7015 7043
7049 7070 7081 7109 7119 7127 7133
7140 7166 7172 7204 7263–7264 7275
7286 7302 7304 7316 7320 7352 7391
7437 7504 7530 7585 7590 7592 7614
7618 7642 7654–7656 7677 7704 7728
7741 7748 7760 7767 7782 7794 7796
7798 7820 7842 7847 7856 7880 7883
7886 7903 7908 7911–7912 7922 7951
7957 7962 7965 7969–7970 7977–7978

7982 7986 7993 8033 8040 8057 8066
8099 8110 8117 8121 8131 8152 8155
8161 8174 8177 8198 8203 8237 8244
8248 8261 8264 8308 8316–8317 8319
8328 8367 8371 8380 8401 8405 8416
8419 8423 8426 8440 8503 8505 8526
8537 8548 8562 8585 8588 8606 8608
8611 8623 8653 8663 8675–8676 8683
8702 8715 8736 8762 8764 8776 8780
8800 8804 8808 8869 8884 8893 8908
8937 8942 9007 9020 9056 9066 9078
9104 9126 9128 9138 9156 9174 9196–
9198 9214 9232–9233 9286 9299 9338
9342 9355 9368–9370 9379 9389 9399–
9400 9436 9458 9464 9466 9468 9472
9525–9526 9528 9540 9549 9555 9557
9576 9581–9582 9620–9621 9627 9635
9648 9662 9680 9696 9709–9710 9722
9735 9742 9747 9750 9767 9812 9824
9828 9831 9834 9867 9872 9878 9897–
9898 9921 9923 9940 9954 9962 9981–
9982 10006 10036 10065 10070–10071
10074 10086 10123 10131 10177
10184 10212 10223 10250–10251
10253 10268 10280 10289 10309
10322 10340 10346 10353 10372
10380 10405 10428 10435 10449
10453 10481–10482 10485–10487
10493 10498 10520 10524 10530
10536–10537 10570   (812 Belege)

instar al. com. Lateranen. pal. → not. ad

instar al. presb. vivere potest → patrimonium ex quo honeste ad

instar mag. gener. et fr. hosp. in partibus
Prussie → privil. et indulg. ad

instar pape fam. descript. → prerog. ad

instar → privil. ad

instar studii Bononien., Parisien. et Colon.
→ ad

instauratio 9887

instauro 1241

instigatio 7381 7688

instigo 1631 4789

instit. 24 34 117 119 127 169 184 232 296
300 366 368 620 658 687 731 743 757–
758 765 804 912 916 929 976 992 998
1015 1045 1049 1068 1092 1113 1162
1182 1184 1233 1237–1240 1315 1350
1427 1433 1481 1489 1539 1615 1687
1703 1730 1768 1770 1814 1824 1865
1868 1890 1981 2066 2077 2092 2132
2138 2162 2269 2340–2341 2377 2392

2434 2440 2469 2490 2631 2684 2830
2862 2900 2923 3069 3100 3126 3151
3232 3268 3366 3385 3388–3389 3396
3434 3487 3492 3508 3537 3548 3561
3669 3797 3850 3859 3862 3894 4003
4031 4075 4148 4242 4281 4283 4319
4406 4411 4424 4468 4503 4519 4566
4666 4678 4689 4704 4753 4800 4828
4890 4897 4975 5183 5226 5247 5618
5648 5889 5917 5955 6135 6197 6403
6526 6581 6918 6931 6941 6976 7014
7019 7065 7165 7172 7198 7200 7312
7361 7376 7413 7439 7444 7463 7466
7479 7533 7562 7578 7611 7626 7635
7831 7834 7838 7986 8001 8079 8147
8180 8189 8235 8289 8343 8369 8430
8439–8441 8460–8462 8489–8490
8502 8521–8522 8560 8579 8622 8626
8661 8855 8923 8978 9012 9022 9058
9073 9121 9144 9169 9214 9295 9328–
9329 9412 9440 9458 9539 9595 9634
9660 9701 9756 9914 9932 9935 9940
9982 10008 10031 10070 10081 10087–
10088 10137 10141 10143 10181
10245 10265 10267 10271 10291
10347 10424 10454 10519 10536
10567 10609   (249 Belege)
instit. ep. → facult. elig. et
instit. → fil. legitimum et naturalem he-
    redem universalem
institor 43 128 372 671 932 1708 1711
    2079 2323 2620 2960 2980 3051 3451
    3538 3721 4271 4340 4473 4568 4814
    4848 5453 6109 6123 6265 6291 6355
    6381 6509 6515 6712 6801 6850 6991
    7072 7400 7407 7488 7839–7840 7913
    8004 8204 8383 8752 8864 9071 9137
    9258 9552 9793 9935 10070 10170
    10451 10478 10486 10524 (59 Belege)
instituendi → lic.
instituendi → pot.
institutio 127 992 2272 2319 2684 3610
    3734 3957 5097 5568 6215 6241 6502
    6889 7522 10267 10318   (17 Belege)
institutus → abb.
insto 166 2424 2437 3176 5162 6447
    7094 7244 7329–7330 7815 7844 9047
    9388 9966 10153 10396   (17 Belege)
instr. 14 44 210 357 393 497 516 527 551
    575 654 709–710 732 801 819 1030–
    1031 1049 1109 1190 1201 1497 1571
    1659 1674 1851 1951 1959 2032 2107

2138 2161 2264 2273 2275 2356 2388
2396 2551 2569 2987 3012 3215 3270
3291 3385 3410 3528 3553 3624 3636
3780 3881 4038 4076 4078 4114 4129
4167 4340 4351 4504 4567 4596 4791
4814 4908 4923 4986 5105 5154 5227
5607 5674 6079 6082 6084 6144 6251
6291 6326 6446 6515 6550 6633 6694
6811 6839 6889 6994 7049 7109 7295
7380 7401 7473 7599 7614 7744 7819
7841 7872 8001 8010 8044 8121 8131
8265 8509 8625 8656 8808 8863–8864
8869 9330 9392 9456 9526 9553–9554
9570 9611 9618 9796 9879 9883 9932
9937 9955 10009 10074–10075 10088
10101 10104 10170 10184 10283
10345 10347 10370 10388 (144 Belege)
instructio 223 352 526 1567 2346 3175–
    3176 3548 4391 5056 5637 5697 7329–
    7330 7381–7383 7491 9045 9388 9528
    10109–10111   (24 Belege)
instruo 762 997 2136 2342 2415–2416
    5689 7321 8688 9249 9940 10109
    10111   (13 Belege)
insudo 5419 8269
insufficiens 1073 8763
insula 87 730 1205 1414 1972 2138 2232
    2342 2344–2346 3695 5404 6131 6154
    6991 7078 7226 7355 8535 9328 10112
    10141 10162   (24 Belege)
insurgo 2136 7742 10110–10111
integer 8 185 190 207 250 489 532 687
    932 1051 1137 1184 1235 1245 1572
    1698 1711 1868 1946 2079 2091 2273
    2323 2340 2396 2416 2435 2919 2960
    3096 3825 3896 4017 4271 4367 4379
    4536 6194 6327 7054 7296 7383 7396
    7400 7413 7492 7798 7814 7854 8012
    8309 8534–8535 8547 8688 8864 9061
    9065 9277 9327 9388 9427 9544 9710–
    9711 9762 9939 10074–10075 10150
    10212 10247 10267 10541 10583
               (75 Belege)
integraliter 3365 4889 9330
intellegentia 2349 4391 7329 7382
intellegeret et intellegibiliter loqui sciret
    → nullus gr. expect. extra nationem
    suam impetraret nisi idioma quod com-
    muniter homines loquuntur ibidem
intellegibilis 3524
intellegibiliter 654 699 1710 1789 2242
    3389 4399 8032 8660 9252

intellegibiliter loquitur idioma d. op. →
n.o. quod Baldassar n. intellegit nec

intellegit → idioma Italicum n.

intellegit → idioma Teutonicum n. loquitur neque

intellegit nec intellegibiliter loqui scit →
idioma Leod. dioc. n.

intellegit nec intellegibiliter loquitur idioma d. op. → n.o. quod Baldassar n.

intellegit nec intellegibiliter scit loqui →
idioma quod communiter homines nationis Germanice loquuntur n.

intellego 239 353 508 527 619 635 654
699 731–732 985 1163 1710 1788–1789
1865 1972 2035 2178 2199 2242 2323
2346–2348 2413 2424 2448 2522 2916
3175 3897 4213 4399 4529 4790 5697
5854 6462 7330 7337 7382–7383 7463
7742 7778 7814–7815 8032 8314 8342
8660 9044 9213 9360 9388 9742 9897
10141 10533   (60 Belege)

intemperies 87

intendo 1 8 361 391 731 839 955 983
1225 1394 1435 1528 1801 2104 2107
2149 2270 2320 2334 2341 2434 2499
2689 2941 3033 3179 3199 3465 3548
4167 4224 4264 4374 4391 4453 4549
4568 4606 4614 4618 4640 4719 4962
5061 5108 5126 5606 5971 6033 6038
6465 6553 6772 7293 7791 7828 8057
8170 8177 8658 8702 8716 9202 9205
9384 9511 9668 9742 9846 10042
10065 10071 10258 10385 10567
                               (75 Belege)

intentio 2448 4031 4527 4569 7815 9272

intercedo 2507 9526 9709 9814

intercipio 8464

intercludo 3215

interd. 295 393 431 691 730–731 761 764
786 1064 1090 1234 1242 1650 1779
1870 1947 2040 2219–2220 2226 2284
2323 2348 2383 2410 2521 2550 2671
2781 2899 2928 2943 2986 3102 3134
3152 3385 3388 3528 3581 3610 3720
3922 3947 4028 4067 4251 4391 4535–
4536 4596 4626 4745 4785 4995 5154
5448 5600 5770 5850 6039 6401 6770
6812 7198 7480 7489–7490 7519 7551
7723 7812 7854 8064 8441 8448 8688
8976 9042 9055 9121 9142 9184 9214
9267 9324 9616 9630 9814 9986 10302
10533 10542 10618 10624 (96 Belege)

interd. → abol.

interd. → absol. ab

interdico 254 3076 3155 3268 3528 7328
7812 10092

interemptione mulieris → absol. ab

interesse 4031

interfecit → c. ense quem pro sua defensione contra hereticos Bohemos secum
habebat

interfectio 9531

interfector 10618

interficio 162 379 710 819 836 880 1119
1516 1550 1599 2143 2221 2239 2509
3261 4530 4562 4572 4654 4789 5047
5126 5279 5283 5697 5733 5746 6811
7110 7144 7429 7828 7979 8027 8314
8335 8425 8464 8658 8701 9203 9244
9262 9504 9676 10026 10042 10510
                               (48 Belege)

interfuerunt → oratores Nurimbergen.
conventui

interimo 4562 4654 5697

interior 10111

intermedius 4510 5968 9504

intermitto 528 7742

interpellatio 9787

interpono 352 431 2522 3072 3176 7329
7469 9383 9982 10323

interpositio 352 2522 9458

interpres coram nunt. ap. dietarum Confederatorum 2926

interrumpo 7382 9045

intersum 917 958 1119 1466 1951 2088
2275 2340 2360 2389 2916 3548 4073
4117 4389 4766 4779 4930 4966 5047
5376 5581 6095 6390 7079 7198 7460
7828 7830 7849 9122 9146 9702 9814
10109–10111 10184   (38 Belege)

interveniente Friderico tunc R. R. nunc
vero imperatore concordatis preiudicant
→ revocatio omnium gr. expectativarum reservationum quoque facultatum
et nominationum quibuscumque personis concessarum inquantum inter R. E.
et nationem Germanicam

intervenio 1137 1826 2916 3102 3399
7337 9731

interventio 801 8534

interverto 8464

intestatus 1653 3175 7055 7479 9121

intestinum 7742

intimo 11 195 426 459 564 621 681 839
861 1030–1031 1159 1735 1843 2060
2096 2320 2484 2793 2926 2990 3162
3525 3672 3692 3851 3972 4402 4528
4551 4614 4672 4786 4796 4946 5108
5194 5381 5430 5606 5731 5819 5844
6038 6059 6123 6185 6265 6432 6434
6772 7015 7166–7167 7176 7312 7382
7493 7954 7975 8032 8113 8503 8537
8606 8702 8716 8823 8998 9004 9007
9555 9600 9668 9721 9897–9898
10067 (78 Belege)

intitulo 2220 9510

intraret → absol. fuit ea conditione ut septa claustralia

intro 185 609 971 1616 1630 1796 1956
2740 2830 3144 3223 3590 3622 4201
4479 5559 6931 7033 7404 7532 7628
7881 8641 9135 9155 9367 9472 9504
9569 9825 10067 (31 Belege)

introcludo 224 619 762 779 1035 1742
4581 7224 8046 8734 9180 10110
(12 Belege)

introduco 118 732 765 1414 1867 1871
1909 2341–2342 2862 3009 3699 7413
9329 10214 10302 (16 Belege)

introductio 765

introeo 731

introitus 431 528 1241 1626 1742 2111
2931 3798 4535 8555 8729 10082
10088 10112 10330 (15 Belege)

intromitto 204 210 1241 1732 2256 2345
3102 4529 7381 7383 8473 9327 10075
10169 10490 (15 Belege)

intrudo 131–133 154 204–205 222 363
369 393 405 411 425–426 438 458–459
469 546–547 575 580 621 673 704 717
744 801 839 844 905 911 929–930 960
991 1030 1065 1090 1150 1163 1196
1224 1252 1277 1313 1349 1360 1445
1492 1544 1559 1600 1608 1659 1674
1678 1727 1732 1745 1841–1843 1912
1959 2007 2024 2027 2038 2096 2111
2153 2161 2246 2268 2275 2320 2372–
2373 2413–2414 2463 2523 2536 2550
2609 2619 2632 2643 2732 2776 2779
2805 2830 2841 2845 2853–2854 2885
2926 2940 2975 3009 3059 3152 3155
3163 3179 3232 3270 3302 3339 3375
3389 3525–3527 3554 3583 3587 3650
3670–3672 3692 3694–3695 3702
3747–3748 3765 3844 3847 3880 3932

3957 3969 3982–3983 4015 4036 4183
4225 4227 4229 4274 4284 4290 4319
4374 4402–4403 4477 4483 4528 4546–
4548 4550 4585 4614 4637 4649 4659
4663 4671–4672 4749 4763 4780–4781
4783–4784 4786–4787 4791–4792
4821 4846 4848 4859 4892–4893 4925
4956 4958 4962 4976 5001 5029 5052
5061 5108 5130–5131 5152 5161 5202
5223 5225 5241 5379 5381 5400 5403
5430 5505 5526 5534 5573 5606 5636
5648 5650 5664 5674 5692 5701 5725
5743 5756 5761 5819 5844 5875 5891
5912 5936 6039 6057 6059 6079 6082
6090 6154 6217 6233 6265 6268 6390
6414 6428 6432 6452 6502 6547 6553
6670 6811 6853 6951 6968 6996 7034
7040 7066 7152 7167 7176 7181 7186
7264 7283 7304–7305 7343 7364 7391
7408 7417 7441 7488 7497 7566 7689
7722 7735 7760 7798 7834 7847–7850
7856 7907 7913–7914 7953–7955 7975
8032 8113 8154 8208 8211 8258 8371
8391 8536 8544 8567 8580–8581 8588
8610 8641 8661 8683 8714–8717 8732
8762–8763 8823 8864 8970 8987 9007
9045 9052 9090 9126 9205 9219 9273
9286 9300 9299 9318 9378 9400 9404
9472–9473 9477 9501 9547 9582 9631
9651 9658 9668 9721 9729–9730 9733
9756 9771 9787 9808 9830 9867 9897–
9898 9932 9976 10070 10170 10252
10278 10283 10285 10344–10345
10347 10382–10383 10398 10405
10444 10453–10455 10480–10481
10519–10520 10527 10546 10549
10595 (385 Belege)

intrusio 880 1163 2101 2790 7790 8183
9733 9916

intuitus 571 7383 10169

inundatio 87 1500 1525 1578 2218–2219
2389 2862 3102 4038 6038 7815 8273
9003 10032 (15 Belege)

inundo 6003

inunguo 1044

inusitatum 8460

invado 352 417 1234 1645 1798 2091
2342 2364 2371 3146 4422 4552 5304
5503 6039 6188 7144 8493 8658 9328
9330 10021 10323 (23 Belege)

invalesco 4536

invalide 708 3624 9526
invaliditas 984
invalidus 273–274 4085 6752 7117 7444
 8407 9860
invasio 223 1599 2138 7103 7769 10049
invasor 2078 6039 7321
invenio 720 732 1172 1527 3175 5342
 5733 6931 9450 10432
inventarium 5697
investigatio veritatis in civit. Trident. 5697
investio 1593 2474 3232 4595 4678 5247
 9924
investitura 670
investituram → absol. et conf.
invictus 10110
invidia 7688
invigilo 3897
inviolabiliter 1697 2793 7078 8490 9065
invito 678 732 3843 5487 6810 7330
 7979 8335
invitus 2197 10087
invocandi brachium → pot.
invocatio 103 119 528 659 841 1044 1225
 1941 2183 4197 4284 4410 4424 4447
 4596 4984 6401 7112 7147 7522 7588
 7986 8451 8661 9090 9561 9805 10482
 (28 Belege)
invocatione s. Nicolai le Vieulx vulg.
 nunc. → capn. sub
invoco 730 762 8076 8464 9932
involvo 2368 4569
iocale 207 1801 1869 2078 2434 3642
 3699 3897 4400 5534 5637 7165 7336
 7801 8545 9214 9257 9294 9935 10247
 (20 Belege)
ioco 6689
iocundus 2078
iocus 7979
Johannis nunc. → op. vulg. Sancti
irrefragabilis 9710
irreg. 40 55 162 165 201 259 283–284
 379 417 431 571 620 661 678 709 730
 757 856 934–935 958 1051 1076 1119
 1444 1458 1539 1659 1687 1728 2120
 2232 2244 2315–2316 2330 2340 2342
 2364 2368 2377 2402 2415 2440 2489
 2535 2538 2658 2687 2829 3051 3116
 3144 3155 3162 3249 3310 3431 3454
 3581 3594 3610 3694 3701 3728 3796
 3878 3971 4014 4025 4031 4126 4178
 4320 4338 4389 4401 4422 4433 4437
 4506 4528 4562 4583 4586 4654 4780

 4907 4930 4946 4966 4981 5035–5036
 5041–5042 5047 5072 5119 5121 5126
 5192 5228 5321 5334 5479 5487 5728
 5881 6078 6120 6188 6263 6300 6379
 6382 6434 6446 6459 6502 6565 6590
 6593 6602 6614 6664 6677 6710 6748
 6822 6865 6913 6931 6935 6954 6963
 7007 7078–7079 7095 7118 7125 7131–
 7132 7145 7149 7184 7231 7239 7261
 7274 7323 7328–7329 7365 7390 7405
 7429 7476 7486 7552–7553 7558 7577
 7602 7607 7620 7631 7676 7682 7738
 7767 7772 7828 7830–7831 7835 7841
 7859–7860 7867 7897 7937 7979–7980
 7990 8002 8033 8056 8076 8177 8192
 8213 8256 8258–8259 8282–8283 8285
 8306 8312 8332 8335 8374 8376 8385
 8434–8435 8465 8473 8493 8521 8529
 8535 8550 8612 8618 8658 8663 8674
 8701 8704 8712 8732 8777 8869 8888
 8890 8922 8949 8957 8988 8991 9020
 9026 9042 9096 9104 9115 9126–9127
 9146 9186 9203 9258 9294 9417 9427
 9437 9440 9467 9531 9552 9569 9668
 9678 9750 9772 9783 9795 9805 9811
 9821 9827 9897 9928–9929 9942 9960
 9970 9976 10094 10096 10103 10117
 10170 10172 10184 10192 10217
 10224 10294 10357 10411 10432
 (286 Belege)
irreg. → absol. ab
irreparabilis 9214
irrevocabilem → pot. revocandi procur.
irrevocabilis 154 1068 2052 3670 3694
 4353 5538 9894 10373
irritus 2549 9044 10109
irrogo 2433 6935 9455
irrumpo 3175 7330
irruo 3967 4583 7239 8374
Italiam → art. mag. litt. stud. p.
Italicum n. intellegit → idioma
Italicus (n. Alamanus) → natione
Ytalie et Cracov. studium gener. in iur.
 can. 2442
iter 640 679 732 766 1071 1173 1628
 3162 3172 3831 4563 4988 5786 7156
 8226 8929 9045 9528 9554 9832 9901
 10091 10492 (23 Belege)
itero 2349 9165 10245
iubeo 777 935 2548 2945 3385 9035
iubilei → an.

iubilei → indulg. anni

iubilei → suspensio indulg. p. totum an.

iubileum 527–528 610 641 794 980 1040 1053 1626 1867 2033 2272 2340–2341 3548 3674 4568 5485 7328–7329 7551 7993 8449 8464 9041 9121 9457 9528 9940 10074 10088 10091 10098–10099 10267 10584 (36 Belege)

iucunditas 7815

iudeus 157 1726 3098 3175 3377 3701 5697 6941 10224

iudeus qui summam furto subtraxit postea baptizatus est 10224

iudex 26 58 72 105 117 119 127 245 268 273 361 426 546 556 564 610 651 653 661 684 725 765 801 930 941 974 993 1120 1163 1168 1171 1190 1220 1239 1259 1277 1418 1497 1539 1656 1770 1868 1898 1916 1959 1965 2021 2035 2038 2077–2078 2138 2165 2191 2202 2219–2220 2246 2356 2365 2398 2415 2429 2434 2620 2712 2971 3063 3076 3088 3097 3134 3144 3227 3232 3295 3431 3447 3466 3475 3557 3595 3602 3721 3825 3842 3925 3946 3971 4036 4085 4289 4296 4331 4476 4515 4550– 4552 4664 4923 4946 4979 5086 5121 5160 5226 5413 5420 5426 5775 5861 6123 6241 6250 6339 6446 6544 6565 6643 6759 6931 7075 7224 7477 7583 7617 7831 7850 7985 8130–8131 8149 8198 8300 8345 8397 8461 8463 8490 8545 8614 8658 8703 8734 8777 8962 8998 9122 9146 9148 9180 9259 9267 9328 9384 9427 9455 9514 9554 9563 9634 9711 9720 9798 9812 9879 9887 9930 9935 10008 10118 10159 10169 10362 10480 10486 10490 10531 10605 (180 Belege)

iudicandi → pot.

iudices → abb. ac scolast.

iudicia sec. etiam frigravica vulg. appella- ta 8545

iudicia vetita 2079 2219–2220 2434 7321 9182 10605

iudicis c. auct. ap. → in manibus

iudico 352 1044 1163 1728 2971 3825 3971 4476 5582 7145 7231 7491 8462 10109 (14 Belege)

iudicialis 8463 9618

iudicium 57 101 105 526 1005 1043 1120 1171 1190 1241 1659 1728 1766 2078–

2079 2219–2220 2356 2434 2776 2854 3097 3102 3403 3684 3967 5582 5989 6250 6876 7285 7321 7407 7471 7539 7761 7985 8461 8545 8734 9086 9182 9249 10087 10172 10411 10605 (47 Belege)

iudicium evocari → abba. ad

iugerum 10349 10605

iugiter 6447

Juliacen. et Monten. ac comitis de Ravens- berge consiliarius → ducis Julie / ducis

iun. 2934 3086 3556 3862 9815

iun., aug., oct. et decb. → febr., apr.,

iun., aug., oct. et decb. → vac. in mensi- bus febr., apr.,

iun., aug., oct. et decb. → vacat. in men- sibus febr., apr.,

iunctura 391 9504

iungo 934 10093

iur. (2039 Belege)

iur. bac. 485 537 673 1085 1830 1922 2055 3006 3161 3465 4319 4891–4893 5142 5371 5379 5581 5776 5922 6669 6781 6908 8092 9098 9204 10125 (27 Belege)

iur. bac. → art. mag. et utr.

iur. bac. et licent. 1085

iur. → bac. in utr.

iur. bac. → mag. in art. et utr.

iur. can. actu Parisiis stud. → art. mag. in

iur. can. bac. → art. mag. in

iur. can. → bac. in

iur. can. doct. → art. et

iur. can. et civilis necnon art. et med. fa- cultatibus erigi lic. → stud. gener. pro theol.,

iur. can. et civilis → studium

iur. can. → facult.

iur. can. → Ytalie et Cracov. studium ge- ner. in

iur. can. → lector

iur. can. licent. 488 1056 2273 4281 5799 8362 9379

iur. can. licent. → in

iur. can. → licent. in

iur. can. stud. → in univ. Papien. art. et

iur. can. → studium

iur. civilis et can. → facult.

iur. civilis et canonici → mag. in art. or- dinarius

iur. civilis → facult.

iurisperitus 8461

iuro 530 737 1843 1851 2108 3012 3060
3129 3389 3668 4120 4353 4645 4763
4922 5252 5379 5637 6016 6038 7083
7488 8545 8629 9446 9457 9563 10069
(28 Belege)

ius civile ad gradum doct. → lic. legendi
disputandi et docendi

ius civile → facult. legendi

ius patron. ad mon. → transtulit

ius patron. certorum benef. regentibus
doct. et mag. d. univ. transferri fecerunt
→ principes

ius presentandi → abb.

iussus 731–732 4966 7329 7835

iuste 788 7381–7382 9249 9935

iustificatio 2347 7381–7383 7815

Justine ac al. ss. → corpora ss. Albani et
Vincentii, Aurei et

iustitia 57 132 224 352 731 1188 2078
2219 2347 2626 2781 3172 3176 3548
3685 5537 6534 6931 7491 8545 9045
9249 9327 9609 (24 Belege)

iustitia → abbrev. et corrector litt. de minori

iustitiarius 7869

iustitiata et combusta fuit → mul. postea

iustitio 847

iustus 431 1912 1959 2418 3399 4028
6775 7469 7838 8360 9156 9272 9554
9594 9932 10250 10533 (17 Belege)

iuvenalis 4201

iuvenilis 1581 1616 2342 3701 4377 4401
6534 7145 7485

iuvenis 731 1068 5217 10089

iuventas 4506 7228 7848 8399

iuventus 739 2170 4849 5419 5766 6639

iuvo 700 3548 4391 7321 9764 10110

l. T. p.) → abbat. (100

l. T. p.) → abbat. (600

l. T. p. → valor fruct. / red. beneficiorum
[pars separata in fine appensa]

la Cruce vulg. nunc. → preb. de

labes 259 1869 1879 1930 2025 2377
2670 3249 3575 4115 4305 4353 4406
4536 4620 4921 5072 5119 5194 5879
6120 6300 7897 7904 8608 9382 9594
10103 10588 (29 Belege)

labor 761 1235 1238 1241 1814 1854
1870 1948 2636 3176 3683 4032 4406
4473 4636 5823 6744 7446 7951 8789

9065 9160 9420 9559 9705 10091–
10099 10109–10110 10490 (37 Belege)

labor, labi 617 1321 3162 7198

laborator 992 8789

laboro 690 932 2052 2078 3733 4391
4406 4820 5438 6172 7236 9420 10056
10108 10110 (15 Belege)

lac 8462

lacero 2550 5434 5912

lacticiniorum → facult. conc. esum

lacticinium 117–118 186 243 620 730
1039 1968 2158–2159 2208 2219–2220
2235 2272 2310 2436 2734 3163 4568
4596 4941 6016 6456 6812 7276 7328
7391 7412 7522 7540 7814 8003 8410
8460–8461 8537 9184 9292 9381 9456
9984 9999 10027 10092 10150 10295
10305 10542 (49 Belege)

lacuna 7470

lacus 326 7997

laic. (1251 Belege)

laic. → patron.

laic. → soc. nobilium

laici et clerici de cetero ab imaginibus et
predicationibus ac libris abstineant
9244

laicos in eorum domibus recipiunt et artes
phisice et cirurgie exercent → cler.

laicos in provincia Gneznen. → absol. religiosos et

lamentatio 9227

lamentor 7742

lamentum 10087

lana 285 7860

lancea 6128 9504

languentium ac al. miserarum personarum
hospitalitas → peregrinorum infirmorum

langueo, languesco 3032

lania 9041

lantgravia 1493 4167 7110

lantgraviatus 9182 9941

lantgravius 223 527 960 1234 1794 1857
1912 2033 2035 2077 2275 2340 2349
3076 3435 3685 3896–3897 4085 4167
4391 4882 5496 5897 6030 7044 7383
7812 7821 8139 8464 8545 9279 9969–
9970 10169–10170 10271 (38 Belege)

lantmarscalcus 9384 9527

Lantrecht → iur. quod vulg. dicitur

Lanttokerken → villa vulg. dicta to der

lantvogtus 9327

Lantzhuett → moneta op.

lapideus 8450

lapis 296 2035 3701 5283 7464 8434 8469 10266

lapsus 268 598 2025 2071 2343 7907 8978

laqueus 7531

largior 6505

largiter 3102 7391

largitio 2343 10142

largus 1054 2410 2605 10330

lasta 3482

Lateranen. → archipresbiteratus eccl.

Lateranen. → concilium

Lateranen. pal. → com.

Lateranen. pal. → not. ad instar al. com.

Lateranen. → recept. in com. palatinum palatii

latere → legatus de

latere → orator c. pot. legati de

latino → horas can. dicere in

latinus 1173 3096

lator 980 1071 1874 4569 7815 8507 8688 9042 9329 10533

latro 7149 7165 7231 7236 10411

latrocinium 4569 10411

latus 106 237 620 732 775 992 1036 1793 1869 2346–2348 2538 2640 3088 3176 3670 3897 4552 4895 4981 6384 6790 6933 7760 7815 8507 8579 8763 8935 9042 9045 9066 9121 9185 9249 9771 10493 10533 (39 Belege)

laudabilis 1870 2160 2178 2347 4447 9710 9940 10490

laudo 2349 3548 4391 9066 9258 10087

lauream doct. → facult. conc.

laureus 4536 7937 8327

laus 732 1617 2347 2416 3043 3116 3176 3472 7106 7244 8451 9787 9943 (13 Belege)

le Vieulx vulg. nunc. → capn. sub invocatione s. Nicolai

Lechregal et de Lummed nunc. → preb. de

lectio 1241 1583 4282 7083

lectiones in legibus in quibuscumque scholis sive studiis gener. → lic. audiendi vel legendi publice

lectis plumeis → lic. dormiendi in

lector 1288 1854 1941 2498 2602 4752 5991 6377 6463 6638 6921 7428 7754 8430 8446 9148 9202 9457 (18 Belege)

lector iur. can. 9148

lector psalmorum 6463

lector theol. 1288 1854 2498 5991 6921 7428 7754

lectoralis 3121

lectoratus 8430

lectores sive quartarii nunc. 9457

lectoria 3561 6463 9097 9693 10623

lectorium 7083

lectura 3787 4666 7083 7888 9710 10087

lectus 7448

ledo 223 417 864 1051 1234 1569 1964 3146 3161 4485 7433 7554 9409 10481 (14 Belege)

leg. 14 128 353 355 390 412 430 470 497 537 551 582 644 650 687 800–801 803 833 868 930 989 1188 1237 1489 1583 1586 1629 1659 1753 1784 1833 1843 1863 1865 1886 2112 2226 2286 2323 2404 2457 2470 2511 2541 2548 2564 2814 2957 2974 2980 3034 3102 3153 3339 3350 3504 3627 3654 3731 3859 3954 4011 4127 4282 4299 4304 4440 4520 4550 4552 4610 4631 4647 4685 4814 4846 4960 5088 5126 5145 5154 5188 5430 5495 5538 5627 5692 5706 5763 5799 5803 5919 5997 6045 6111 6123 6172 6297 6395 6453 6514 6559 6685 6752 6817 6919 6952 6994 7044 7275 7352–7353 7383 7391 7394 7460 7554 7614 7672 7780 7815 7836 8136 8318 8328 8505 8521 8545 8581 8625 8629 8714 8828 8882 9002 9016 9045– 9046 9113 9233 9369 9557 9626–9627 9687 9705 9709 9720 9730 9810 9828 9884 9889 9915 9932 9937 9952 10089 10367 10413 10438 10451 10453 10478–10479 10481 10520 10546 (169 Belege)

leg. bac. → art. mag. in

leg. → bac. in

leg. bac. → mag. in art. decr. doct. in

leg. doct. 390 412 430 497 833 868 1188 1237 1489 1586 1659 1833 1843 1863 1886 2323 2404 2564 2980 3153 3627 3654 3954 4011 4127 4304 4610 4631 4685 4960 5088 5145 5154 5188 5430 5538 5627 5692 5763 5919 5997 6045 6297 6395 6453 6685 7044 7352 7394 7554 8328 8505 8581 8828 8882 9113 9233 9627 9687 9705 9828 9884 9889 9952 10367 10451 10478–10479 10481 (69 Belege)

leg. doct. → art. mag.

leg. doct., abbrev. pape refer. secretus
1188

leg. licent. 355 470 537 800–801 2112
2457 2470 2541 3339 4299 4631 5126
5803 6752 6919 6994 7353 7672 8521
9557 9627 10438   (23 Belege)

leg. licent. → art. mag. in

leg. → licent. in

leg. → mag. in art. et bac. in

leg. sacrarum prof. → art. mag.

legalis 202 487 2855 2971 3217 3897
6067 6838 7498 7740 7819 8198 9006
9850   (14 Belege)

legalis → facult.

legalitas 4504

legatarius 8719

legati de latere → orator c. pot.

legati → in manibus card.

legatio 223–224 352 393 636 960 985
2254 3096 4535–4536 7490 7492–7493
7663 10087   (16 Belege)

legatum, legatus 1 43 98 101 106 108 149
180 205 223–224 270 275 352 371 405
409 429 431 436 584 610 612 636 640
654 656 679 709 720 730 757 774–775
781 784 829 874 921 957 965 985
1052–1053 1060 1086 1096 1176 1198
1218 1235–1238 1243 1252 1259 1263
1281 1321 1349 1354 1392 1444 1497
1600 1606 1643 1649 1658 1680 1732
1742 1779 1801 1851 1874 1909 1963
1972 2027 2035 2077 2112 2118 2165
2206 2226 2300 2315–2316 2335 2343
2348 2364 2371 2393 2429 2440 2445
2507 2532 2538 2541 2605 2626 2635
2650 2697 2713 2715 2782 3000 3012
3033 3059 3085 3096 3106 3149 3156
3168 3319 3332 3385 3403 3416 3436
3475 3502 3548 3678 3699 3705 3772
3852 3861 3882 3897 3925 3957 3984
4066 4085 4116 4133 4208 4211 4227
4274 4391 4419 4535–4537 4563 4566
4605 4631 4669 4685 4717 4756 4783
4821 4847–4848 4976 5095 5098 5183
5201 5226 5284 5348 5430 5436 5461
5468 5512 5538 5673 5702 5732 5774
5829 5900 5930 5960 6026 6212 6250
6324 6344 6357 6514 6527 6694 6832
6888–6889 7033 7068–7069 7112 7156
7184 7198 7289 7328–7330 7381 7383
7396 7446 7478 7489–7492 7497 7530
7547 7584 7663 7670 7688 7723 7734
7742 7768 7774 7802 7820 7831 7844
7853 7879 7892 7911 7922 8002 8060
8202 8226 8405 8462 8471 8490 8530
8608 8616 8620 8629 8631 8673 8711
8734 8828 8895 8951 8971 8984 9030
9041 9045 9065–9066 9086 9121–9122
9154 9160 9238 9254 9257 9327 9357
9384 9388 9458 9466 9473 9495 9512
9528 9586 9594 9673 9783 9798 9902
9930 9989 10001 10012 10087 10098
10108–10112 10168 10214 10256
10266–10267 10280 10285 10305
10422 10436 10455 10474 10543
10546 10551 10564 10614 (321 Belege)

legatus de latere 1 98 101 108 149 180
205 223–224 270 275 371 429 431 436
612 636 656 709 730 774 781 784 829
874 921 957 970 1053 1086 1198 1236
1259 1349 1354 1606 1680 1779 1874
1963 1972 2027 2165 2226 2300 2371
2440 2445 2507 2605 2626 2635 2650
2715 3012 3085 3106 3475 3502 3678
3699 3705 3772 3861 3882 3984 4085
4227 4391 4536–4537 4593 4605 4669
4685 4690 4717 4783 4847–4848 5095
5201 5512 5538 5673 5829 5930 5960
6026 6344 6527 6694 6888 7033 7068
7112 7198 7289 7328–7330 7383 7478
7489 7492 7497 7530 7547 7663 7688
7723 7734 7768 7774 7802 7922 8002
8060 8202 8226 8608 8629 8631 8711
8971 9030 9122 9154 9238 9319 9327
9357 9365 9388 9466 9473 9495 9528
9586 9594 9673 9902 9930 10012
10108–10112 10256 10285 10436
10551   (153 Belege)

legatus natus 3897

legatus Romane sedis 10087

legendi c. libris et habitibus consuetis →
lic.

legendi disputandi et docendi ius civile ad
gradum doct. → lic.

legendi → facult. cathedram ascendendi et

legendi ius civile → facult.

legendi publice lectiones in legibus in quibuscumque scholis sive studiis gener.
→ lic. audiendi vel

legens visum suum debilitavit → horas
can.

legentes → in univ.

legibus → facult. in

legibus in quibuscumque scholis sive studiis gener. → lic. audiendi vel legendi publice lectiones in

legit → art. facult.

legit → decr. doct. qui 30 an. ordinarie in cathedra et stud. Colon.

legit → in art. p. plures an.

legitimandi ex illicito coitu → facult.

legitimatio 9850

legitime 286 1043 1073 1225 1568 1739 1752 1870 2857 3510 4882 4939 6002 7223 7296 7469 7525 8186 8443 8863 8935 9249 9563 10000 10607
         (25 Belege)

legitimo 4536 4606 6929 9041 10009 10097

legitimorum et naturalium → cler. Sedun. dioc. pater et legitimus admin. filiorum

legitimum et naturalem heredem universalem instit. → fil.

legitimus 99 119 140 185 191 261 489 514 663 941 997 1137 1291 1653 1689 1978 2079 2107–2108 2110 2360 2417 2689 2691 2740 2796 2983 3296 3513 3655 3772 3859 4229 4939 5440 5813 5848 6324 6513 6526 6546 6922 7413 7479 7533 7831 7980 8032 8073 8295 8316 8545 8615 8935 8979 9011 9119 9121 9249 9447 9457 9544 9552 9762 9985 10056 10289   (67 Belege)

legitimus admin. filiorum legitimorum et naturalium → cler. Sedun. dioc. pater et

legitimus fil. cler. → ducis de Bavaria etc. naturalis et

lego 105 187 201 690 1114 1198 1241 1256 1508 1713 1719 1865 1867 1920 2219 2272–2274 2347 2389 2916 2964 3291 3308 3559 3764 3787 4255 4282 4411 4659 4666 4779 5130 5703 6111 6514 6961 7083 7106 7165 7293 7352 7391 7460 7477 7614 7840–7841 7986 8269 8342 9041 9457 9596 9709–9710 9937 10109 10126 10144 10204 10403 10520   (64 Belege)

lego, legare 1154 2138 2389 2964 4031 7831 8719 8734

legum doct. 128 353 497 537 551 582 644 650 687 801 930 989 1583 1629 1659 1753 1784 2323 2511 2548 2957 3504 3859 4440 4550 4552 4647 4814 4846 5495 6111 6123 6172 6559 6817 6952

7275 7780 7815 7836 8136 8318 8545 8625 8629 8714 9002 9730 9810 9932
         (50 Belege)

legumen 1237

lenis 2434

lenitas 4377

leniter 571

lentus 4848

leo 8399

Leod. dioc. (in quo Theutonicum idioma vulgare habetur) → mon. Parcen. o. Prem.

Leod. dioc. n. intellegit nec intellegibiliter loqui scit → idioma

Leod. → divisio dioc.

lepra 3798 3968 8002

leprosorium 2423 7013 7736 9619

leprosus 764 2343 2989 3032 3102 5342 5400 6058 6697 6715 7061 7988
         (12 Belege)

lepus 5073 10000

lesio 105 417 921 1244 3341 9409 10128

letalis 5581

letaliter 1964 4766 6810 9776

leuca 4284 10092

Levenis [recte: Livonis] nunc. → preb.

levis 4391

levita 1051 2052 5282 7021 7414 7735

levitinus 6513

levitorium 7021

levo 2356 6301 6956 7069 7860 8464

libelli excom. exist. → ob n. responsionem

libellus 310 1742 1874 7396 7867 8300 9244 10493

liber cam. ap. 7980

liber cancellarie 5 204 6058–6059

liber collectorie 1874

liber confraternitatis 2740

liber decretalium 3559

liber maleficorum 1550

liber monetarum 10386

liber offic. 5067

liber officiorum 9982

liber pape fam. descript. 8736

liber quittantiarum 3699

liber reg. eccl. 7488

liber → registri cam. ap.

liber registri supplic. 6001 8368

liber resignationum 10170

liber seu rotulus cancellarie descript. 5762

liber statutorum camere 9933

liber taxarum 6455 9802

liber, libera, liberum 79 254 296 310 730–
731 762 764 960 980 1050 1137 1234
1466 1730 1781 1814 2063 2199 2219–
2220 2255 2310 2549 2920 3036 3102
3130 3385 3528 3685 3897 4066 4536
4620 5697 6565 6614 6775 6876 7321
7328 7428 7781 7814–7815 7837 7868
8410 8473 8935 8994 9182 9294 9327
9330 9374 9787 9989 10031 10088
10096 10295 10605   (64 Belege)

liber, libri 5 204 341 1490 1550 1874
2138 2343 2473 2499 2740 3559 3699
4666 5067 5392 5419 5503 5637 5762
5825 6001 6058–6059 6455 7488 7860
7980 8076 8349 8368 8537 8545 8736
9066 9244 9790 9802 9933 9982
                          (40 Belege)

liberalibus mag. → in art.

liberalibus p. 5 an. stud. → univ. Cracov.
in art.

liberalis 4 1865 2116 2148 2219 2335
4403 4419 5855 6663 7080 7337 7501
8594 8764 9113 10605   (17 Belege)

liberatio 223 353 525 620 2218 2444 3083
4784 6784 7382 7406 8046 (12 Belege)

libere sedes 2219–2220 7321 9182 10605

libero 190 789 1182 1205 1801 2025 2071
2136 2415 2418 2894 3772 3778 4120
4566 4583 4764 5252 7180 7533 7881
9504 9798 9860 10159   (25 Belege)

libertas 270 998 1241 1527 2021 2033
2219 3043 3102 3139 3385 5823 7859
8473 9066 9182 9448 9814 (18 Belege)

libet 3542 8460

libido 7337

libr. 235 259 559 581 586 602 628 876
1193 1263 1722 1916 1926 1945 2230
2325 2451 2825 2941 3214 3385 3831
4060 4071 4075 4096 4123 4198 4218
4260 4367 4395 4498 4522 4711 4793
4827–4828 4919 5185 5425 5460 5545
5600 5645 5681 5748 5813 5842 6189
6219 6510 6891 6899 6902 7244 7321
7450 7760 7922 8444 8461 8696 8803
8820 8854 8869 8874 8975 9033 9049
9103 9121 9147 9249 9318 9362–9363
9409 9458 9602 9629 9707 10088
10162 10278 10360 10386 10539
10583   (90 Belege)

libr. → valor fruct. / red. beneficiorum
[pars separata in fine appensa]

libr. Artesie 5645

libr. cypri (quodlibet centenarium d. cypri
pro 20 stuferis computatum) → pretium
3.000

libr. den. 235 259 1193 7244 9049 9249
9363 10278 10360

libr. den. monete Salzeburg. 9249

libr. grossi monete Flandrie 10162

libr. Hallensium 9458

libr. monete 10583

libr. monete Flandrie 9409

libr. monete Lubic. 9629

libr. monete Meten. 6891

librarius 9394

libris et habitibus consuetis → lic. legendi c.

libro pontific. de benedictionibus abbatissarum → forma in

librorum eccl. falsificator 5825

libros comparare 5419

libros et 5.000 fl. renen. pro sustentatione
20 scol. pauperum in partibus Alemannie Inferioris reliquit → card. in testamento hospitali omnes suos

libros vendidisse 5392

lic.   (1472 Belege)

lic. abba. → absque

lic. absentandi 861 1394 2044 2111 2115
2689 2797 3096 3162 3474 4261 5983
6465 6553 7585 7642 7856 8057 8177
8869 9369 9898 10340 10481
                          (24 Belege)

lic. absolvendi 1796

lic. accipiendi par. eccl. 10504

lic. applicandi 2345 6941

lic. arrendandi 193 834 2107 2463 2780
3291 3692 4509 4893 5155 5653 6144
6812 7229 7642 7853 8286 9199 9427
10346 10611   (21 Belege)

lic. assignandi 9185

lic. audiendi 1871 4282 5304 5448 7339
7533 8535 9184 9720 10031

lic. audiendi vel legendi publice lectiones
in legibus in quibuscumque scholis sive
studiis gener. 4282

lic. benedicendi 1773 2077 2138 2804
2862 6216

lic. celebrandi 105 4070 4424 6128 6554
6591

lic. citandi 7763
lic. coaptandi reg. observ. 1867
lic. comedendi carnes 848
lic. compescendi et velandi abba. et monial. 2345
lic. confess. elig. 2159 7328
lic. consecr. 620 1240 1859 2804 5461
10482
lic. conservandi eucharistie sacramentum
9285
lic. construendi capellas 3268
lic. deferendi camisias lineas 9596
lic. demoliendi 236 1181 2035 2852 3098
9804
lic. deput. 283 1328 2345 2392 5251 5461
6614 7478 7998 8462 8494 9290 9457
10392   (14 Belege)
lic. destruendi 246
lic. dicendi horas 1238 1469 1559 2107
2226 2779 2792 2936 2986 3125 3226
3890 4284 4522 4637 4782 4795 4873
4892 4959 5160 5217 5375 5695 5770
5776 6057 6059 6144 6227 8057 8530
9128 9554 10345 10380 10437
(37 Belege)
lic. dicendi off. matutinale 9080
lic. diocesani 992
lic. doctoralis 4846 4976
lic. doctorandi 2825 7501 9369
lic. dormiendi in lectis plumeis 9596
lic. ducendi 12 personas equestres 7551
lic. edificandi 118 620 1253 2276 8463
lic. elig. confess. 262 441 788 1050 1172
1176–1177 1189 1213 1234 1365 1401
1464 1569 1639 1869 2105 2355 2417
2792 3088 3125 3733 3801 4132 4287
4596 5653 5674 6016 6344 6648 6827
7489 7516 7522–7523 7691 7858 7866
8457 9796 9807 9919 9937 10362
(46 Belege)
lic. eligendi prep. 2198 7337
lic. emendi 620 1894 10074
lic. ep. 245 310 1645 1801 2035 3007
3825 4028 9925
lic. erig. 8 87 94 236 246 262 266 308 955
961 977 1044 1170 1176 1179 1225
1235 1499 1604 1645 1706 1797 1865
1868 2035 2082 2126 2287 2354–2356
2415–2416 2434 2542 2852 3037 3100
3130 3175 3234 3261 3391 3474 3508
3534 4034 4074 4091 4224 4367 4410
4451 4568 4984 5197 5606 5968 6003

6374 6753 6941 7147 7240 7252 7302
7391 7423 7425 7469 7588 7814 7820–
7821 8456 8491 8560 8813–8814 8973
9015 9067 9182 9185 9291 9354 9454
9561 9591 9604 9805 9853 10032
10065 10184 10214 10466 10482
10500 10537 10621 10623–10624
(103 Belege)
lic. erig. capellam castri in par. eccl. 1868
lic. erig. capellam in colleg. ecclesiam
3130
lic. evocandi 4923 9710
lic. exercendi art. medicine 2871 10437
lic. exercendi omnia al. off. 2244
lic. exercendi pontific. 193 294 877 1762
2442 3771 3956 5662 6801 7282 7752
(11 Belege)
lic. exhumandi 2035 2420
lic. fodiendi pro metalli mineris 6446
lic. fruct. percip. 1063 1974 2780 5606
5761 6614 9953 10251 10479
lic. fund. 265 620 2342 2354 2417 2434
3041 6389 7061 7562 9742 10147
10175   (13 Belege)
lic. gestandi 767 7404
lic. imponendi subsidium 4568
lic. imprimendi vel appendendi litteris sigillum 9804
lic. ingrediendi in mon. monial. 1955
7517
lic. insignia professoratus seu mag. theol.
recipiendi 8956
lic. instituendi 2077 3508 6941
lic. legendi c. libris et habitibus consuetis
4666
lic. legendi disputandi et docendi ius civile
ad gradum doct. 1114
lic. locandi 1249 4282 10132
lic. n. prom. 3954
lic. n. resid. 167 294 1256 2548 3085
3149 3771 5548 6459 6801 7094 7752
8132 8477 9052 9369   (16 Belege)
lic. nominandi 117
lic. ordin. 620 8560 10214 10532
lic. perm. 7 18 44 51 55 70–71 75 79 82
137 140 197 202 206 225 247 252 299
314 321 325 327 329 331 335 338 351
359 361 372 393 405 410 412 416 418
425–426 451 458 471 475 478 497 512
524 555 581 590 596 621–622 650 676
734 741 792 807 810 815 817 831 839–
840 842 845 876 894 900 905 908 919

921 946 1003 1009 1025 1032 1051
1064 1067 1070 1083 1086 1089–1090
1113 1119 1121 1129 1138 1188 1201
1232 1262 1269 1272 1279 1308 1330–
1332 1341 1348 1351 1356 1360 1373
1412 1430 1449 1462 1475 1489 1491–
1492 1508–1509 1520 1537 1559 1575
1581 1585 1587 1594 1596 1606–1608
1611 1631 1640 1646 1672 1678 1680
1683 1700 1715 1717–1718 1737 1739
1741–1742 1744 1753 1764 1790 1805
1807 1821 1824 1832 1838 1840–1841
1843 1846 1852 1879 1882 1921 1987
1994 2016 2024 2026 2037–2038 2040
2043 2053 2056 2060 2095 2099 2105
2108–2109 2112 2143 2152 2163 2170
2174–2176 2183 2193 2200–2201 2226
2238 2248 2254 2256 2275 2291 2304
2315 2327 2333 2353 2364 2372 2380
2388 2396 2399 2402 2408 2412 2449
2462–2463 2485 2489 2494 2507 2511
2514 2523 2528 2554 2559 2588 2600–
2602 2604 2611 2638 2640 2650 2660
2662 2665 2669 2674 2680 2686 2689
2693 2708 2726 2737 2740 2745 2764
2779–2780 2797 2814 2845 2847 2902
2926 2938 2944 2985–2987 2992 2998
3000 3012 3035 3059 3083 3086–3087
3111 3131 3160 3169 3179 3207 3213
3215 3243 3246 3250 3258 3291 3296
3306–3307 3313 3315 3357 3368 3389
3401–3402 3408 3410 3414 3439 3444
3446 3455 3467 3481 3486 3490 3506
3512 3524 3526 3534 3537 3540 3552
3562 3571 3573 3576 3581 3596 3622
3628 3632 3636 3650 3660 3671 3678
3686–3687 3691–3692 3695 3702
3705–3707 3712 3744 3747 3783 3791
3814 3819 3837 3844 3859 3878 3884
3893 3922 3924 3926 3930 3941–3942
3969 3975 3977 3980 3982 4009–4010
4025 4036 4057 4067 4108 4113 4122
4139 4167 4170 4175–4176 4213 4225
4231 4247 4254 4275 4281–4282 4284
4293 4298 4304 4306 4309 4318 4325
4336 4354 4356 4380 4402–4403 4408
4434 4453–4454 4458 4475–4477 4486
4489 4495 4501 4506 4509 4518 4549
4558 4573 4577 4580 4582 4602 4612
4622 4628 4631 4636–4637 4649 4664
4666 4669 4671 4673 4683 4691 4696
4698 4703 4706–4707 4710 4726 4737

4743 4752 4763 4778 4781–4782 4814
4821 4848 4864 4867 4874 4883–4884
4887 4891–4893 4907–4908 4946 4957
4964 4969 4976 4980 4987 4994 5005
5009 5038 5042–5043 5053 5058 5069–
5070 5093 5105 5126 5130 5155 5176
5185 5191 5210 5215 5217 5221–5222
5237 5256 5270 5291 5310 5313 5315
5329 5339–5340 5347 5356 5366 5370
5374 5378–5379 5398 5418–5419 5436
5451 5453 5491 5525 5536 5538 5545
5556 5581 5595–5596 5606 5621 5626
5649 5653 5666 5672–5673 5675 5716
5725 5730 5733–5734 5737–5738 5744
5747 5761 5768 5794 5799 5801 5840
5844 5847 5855 5881 5887 5894 5911–
5913 5930 6029 6039 6055 6065 6096
6144 6154 6165 6183 6185 6193 6195
6244 6251 6263 6265 6271 6274 6285
6296 6304 6324 6337 6349 6379 6383
6385 6412 6457 6523 6527–6528 6532
6544 6546 6559 6564 6566 6594 6596
6625 6630 6635 6656 6660 6680 6683–
6685 6725 6739 6769 6771 6781 6813
6817 6819 6822 6858 6865 6874 6888
6905 6930 6935 6943 6953–6954 6970
6982 6994 7007 7014 7039 7083–7084
7097–7098 7108 7137 7140 7147 7160
7166 7176 7178 7190 7193 7208 7244
7249 7255 7263 7271–7272 7275 7303
7313 7333 7341 7377 7394 7400 7414
7430 7440 7468 7497 7504 7560 7582
7584 7614 7622 7642 7656 7689 7721
7735 7739 7760 7780 7837 7849 7852
7871 7922 7932–7933 7936 7962 7970
7980 8015 8017 8020 8030 8036–8037
8055–8056 8058 8063 8072 8110 8177
8202–8203 8205 8224 8227 8261 8270
8286 8308 8316 8339 8345 8349 8360
8365 8372 8380 8390 8402 8404 8438–
8441 8471 8487 8503 8505 8515 8530
8556–8557 8574 8584 8623 8634 8636
8646 8661 8688 8707 8754 8763 8775
8777 8807 8865 8868 8874 8884 8888
8910 8913–8915 8927 8938 8962 8973
8998 9006–9007 9052 9073–9075
9088–9089 9098 9100 9113 9133 9138
9142 9147 9156 9177 9186 9197 9209
9227 9229 9268 9273 9300 9339 9343–
9344 9364 9368 9387 9391 9393 9435
9469 9471 9497 9511 9525 9549 9552
9557 9564 9566 9570 9576 9581 9599

9627 9734 9740 9743 9763 9808 9811
9813 9839 9847 9857 9897–9898 9906
9910 9913 9928 9956 9969 9980 9988
10005 10024 10033 10043 10047
10056 10067–10068 10077–10078
10127 10131 10144 10150 10169
10173 10194 10211 10217 10227
10250–10251 10260 10271 10289
10303 10309 10316 10344 10367
10380 10382 10387–10388 10394
10405 10411 10413 10423 10441
10449 10455 10476 10479 10483
10486 10493 10498 10501 10519
10524 10528 10546 10551 10586
10596 10598–10599   (892 Belege)
lic. portandi insignia 9804
lic. predicandi 409
lic. presentandi 1203 6389
lic. pro fr. o. min. de observ. reg. recipiendi novam domum 7477
lic. pro natione Alamanica se a cur. absentandi 9897
lic. prom. ad grad. mag. 9689
lic. prom. ad licent. 2717
lic. recip. grad. doct. 2010 10520
lic. recip. mag. in art. 4891
lic. recip. oleum sacrum 1044
lic. recip. primam tonsuram 3796
lic. recip. quecumque benef. 1843
lic. recip. reliquias sanctorum 2340 3772
lic. recip. sacramentum eucharistie 689
lic. reliquias ex civit. Colon. transferendi
   9156
lic. resign. 35 713 1753 1874 2044 2055
   2297 2780 2792 3415 4067 4151 4726
   4771 4946 5392 5535 5548 5674 5865
   6031 6056 6732 7427 9015 9677 9764
   10068   (28 Belege)
lic. se absentandi 2200
lic. se transferendi 126 609 2416 4073
   8398 8453 10511
lic. separandi 266 9185 10482
lic. sepeliendi 5448
lic. standi 2049 2637
lic. standi in al. mon. → abb.
lic. stud. 656 5999 6057–6058 7054
lic. → stud. gener. pro theol., iur. can. et
   civilis necnon art. et med. facultatibus
   erigi
lic. superioris 631 1173 2235 3393 4536
   4666 5419 6399 7370 7562 7831 8453
   8747 9755 9818 10432   (16 Belege)

lic. supprimendi 186 1706 2345 6355
lic. surrogandi 861
lic. tacendi 329 425 519 1203 1611 1652
   1715 2104 2539 2902 2985 3455 3785
   3941 3998 4343 4750 4774 4879 5028
   5187 5203 5556 6078 6461 6523 6721
   7617 7679 8344 8634 9437 9829 10412
                        (34 Belege)
lic. testandi 133 863 1065 1744 2107
   2550 2782 2792 3007 3039 3291 3410
   3469 3524 3527 3922 3984 4568 4637
   4763 4781 4783 4786 4895 5045 5051
   5126 5269 5606 5653 5674 5695 5911
   6031 6038 6056 6447 7236 7303 7489
   7642 8133 8317 8537 8793 9128 9187
   9233 10251 10344 10449 10480
                        (52 Belege)
lic. transeundi 90 2235 8093 8114 9094
   10054 10106
lic. transferendi 236 597 774 1197 1241
   1867 2035 2063 2216 2345 2355 2416
   2862 2921 2947 3689 3733 4453 4912
   7563 8451 9933 10065 10432
                        (24 Belege)
lic. transferendi abba. (fil. carnalem com.)
   10065
lic. transl. 5901 7423
lic. uniendi 2416 2781
lic. unionis → cass.
lic. usufruendi 2780
lic. utendi anulo baculo 2361
lic. utendi mitra anulo 1773 2077
lic. utendi mitra baculo anulo sandaliis
   2138
lic. utendi pontific. 6216
lic. vendendi 3699 7542 7859 9087 9171
   9594 10184
lic. vescendi 1946 1968
lic. visit. 118–119 1940 2345 3266 5031
   8078 9179
lic. visitandi et confirmandi elect. abba.
   2345
lic. vivendi sub reg. o.s. Aug.
licent. 13 19 29 65 79 84 109 134 206 222
   355 359 381 470 488–489 517 524 530
   537 547 581 619 717 749 774–775 782
   800–801 803 828 855 863 866 932 951
   997 1056 1085 1090 1114 1150 1159
   1215 1233–1234 1237 1239 1249 1265–
   1266 1303 1311 1341 1355 1439 1471
   1488 1505 1511 1537 1586 1609 1611
   1631 1646 1664 1770 1837 1879 1990

1998 2009–2010 2021 2027 2041 2055
2093 2095 2107 2112 2218 2255 2273
2292 2318 2323 2329 2341 2345 2379
2396 2413 2415 2457 2470 2487 2541
2548 2564 2574 2590 2612 2650 2680
2696 2702 2717 2745 2750 2814 2820
2924 2970 3078 3084 3162 3175 3202
3226 3271 3339 3355 3357 3446 3516
3524 3566 3603 3627 3632 3637 3650
3692 3719 3801 3843 3859 3891 3919
3947 4063 4114 4195 4213 4223 4227
4229 4281–4282 4296 4299–4300 4304
4415 4476 4501 4518 4528 4611 4631
4659 4669 4699 4719 4773 4787 4796
4821 4827 4846 4922–4923 4948 4960–
4961 4964 4976 4994 5123 5126 5130
5174 5197 5199 5227 5237 5259 5348
5370 5482 5485 5490 5492 5524 5536
5538 5607 5650 5716 5722 5725–5726
5749 5768 5789 5799–5800 5803 5848
5897 5908 5912 5914 5919 5926 5936
5942 5947 6001 6016 6026 6067 6080
6093 6123 6169 6172 6209 6217 6238
6293 6324–6325 6329 6368 6377 6410
6509 6602 6661 6674 6710 6715 6720
6752 6779 6804 6822 6919 6994 7043
7072 7083–7084 7100 7109 7142 7159–
7160 7190 7194 7272 7293 7306 7353
7376–7377 7399 7413 7422 7444 7449
7454 7501 7505 7512 7577 7599 7617
7672 7674 7811 7834 7839 7862 7876
7912 7922 7955 7984 8015 8140 8217
8227 8362 8380 8385 8438 8440 8471
8521 8545–8546 8549 8578 8581 8618
8640 8665 8688 8718 8762–8763 8854
8906 8908 8910 8970 9016 9065 9091
9138–9139 9195 9202 9331 9348 9365
9368–9369 9379 9382 9388 9390 9392
9415 9440 9466 9549 9557 9565 9621–
9622 9625–9627 9629 9670 9689 9700
9709 9815 9828 9832 9862 9883 9937
9976 9987 10018 10024 10031 10089
10127 10144 10209 10396 10403
10413 10438 10451 10453–10454
10537 10551 10562 10580 10593
10595 10604 10623   (384 Belege)
licent. abbrev. et pape fam. → decr.
licent. → art.
licent. → art. mag. et in decr.
licent. → art. mag. et in theol.
licent. → art. mag. in decr.

licent. → art. mag. in leg.
licent. → art. mag. in theol.
licent. aut al. graduatus in utr. vel altero
     iur. seu theol. aut med. → doct. seu
licent. → decr.
licent. in art. 9689 10024
licent. in decr. 775 1266 1439 1770 2413
     2650 3078 3637 3719 4821 5749 6093
     6661 6720 6994 7159 7444 7834 8362
     8440 8640 9379 9466 9565 9832 10144
                              (26 Belege)
licent. in iur. can. 2415 5722 7083 9369
     10031
licent. → in iur. can.
licent. in leg. 5538 6994 9627 10089
licent. in medicina ac ad presbit. ord. et
     postremo ad bac. in theol. prom. →
     mag. in art. et
licent. in theol. 1234 1355 1990 2010
     8546
licent. → in theol. seu altero iur. doct. vel
licent. in theol. vel iur. → reserv. 6 can. et
     preb. pro doct. vel
licent. → iur.
licent. → iur. bac. et
licent. → iur. can.
licent. → iur. doct. aut
licent. → leg.
licent. → lic. prom. ad
licent. → mag. in art. et decr.
licent. → mag. in art. et utr. iur.
licent. → theol.
licentiatura 7460
licentio 7382
liceo 105 185 352 786 1194 1793 2219
     3021 3176 3385 3692 4028 4551 5156
     6708 6838 7744 7830 8427 8464 8473
     9214 9249 9587 9709 9937 10075
     10141 10174   (29 Belege)
liga 224 794 3072 3548 4782 7381
liga c. papa inita → confederatio et
lignamen 2035
ligneus 7744 8450 8464 10246
lignum 4506 7228 7231 10481
ligo 106 237 371 1234 1647 3548 7184
     7381
lim. 8 103 181 186 208 223 516 569 619
     636 773 880 912 932 965 992 997 1040
     1190 1201 1228 1237 1240–1241 1378
     1658 1662 1707 1732 1797 1801 1814
     1870 1887 1895 1902 2033 2131 2159
     2272 2310 2342 2394 2433 2442 2521

2597 2747 2862 2921–2922 3037 3175
3541 3674 3714 3855 3957 3997 4122
4164 4340 4410 4535–4536 4554 4595–
4596 4645 5002 5374 5530 5954 5968
5995 6109 6291 6338 6691 6774–6775
6857 6871 6931 6945 7058 7078 7107
7125 7251 7271 7382 7413 7470 7493
7629 7991 8012 8164 8279 8449 8462
8484 8530 8535 8592 8752 8974 8990
9002 9035 9041 9224 9250 9348 9384
9388 9440 9454 9561 9663 9711 9761–
9762 9790 9814 9849 9933 9936 9987
10031 10096 10141 10216 10267
10282 10392 10413 10532 10621
(140 Belege)
lim. appl. 636 880 1040 1228 1732 2033
3674 4535–4536 4645 5002 6774 6857
7125 7382 9440 9711 10031
(18 Belege)
lim. appl. → disp. sup. visit.
limitatio 7491
limitatorie facultatum nuntiis conc. → litt.
limito 2270 3076
linea 217 1544 4059 4093 7090 7186
8012 8427 9062 9596 9804 (11 Belege)
lineas → lic. deferendi camisias
lingua 1173 2219–2220 7289 7463 9742
9897
lingua Alamanica / Germanica / Theuto-
nica 2219–2220 7289 7463 9897
lingua Gallica 7289 9742
lingua Germanica vulg. der man zu den
eren nit mechtig sein mochte → in
lingua Slavonica 9897
linteamen 105 8012
Lipzen. → univ. studii
liquor 8461
lis 1 43–44 82 117 121 134 240 260 270
274 310 328 352 361 400 420 426 488
519 525 546–547 564 573 620 627 654
661 704 709 732 765 905 932 960 979
1015 1044 1084 1090 1132 1196 1233
1239–1240 1304 1421 1497 1520 1528
1539 1544 1593 1643 1673 1726–1727
1732 1766 1807 1936–1937 1947 1978
1987 2035 2044 2056 2058 2191 2226
2267 2273 2302 2312 2340 2349 2368
2422 2469 2509 2511 2528 2548 2702–
2703 2713 2727 2793 2830 2855 2910
2920 3009 3029 3033 3036 3039 3059
3076 3157 3162 3185 3189 3199 3221
3226 3295 3365 3385 3388–3389 3467

3547 3557 3582 3602 3636 3671 3687
3722 3825 3837 3844 3920 4019 4036
4203 4283 4400 4458 4550 4581 4596
4608 4659 4703 4716 4783–4784 4792
4931 4964 4974 5025 5044 5117 5126
5177 5464 5538 5570 5601 5646 5725
5781 5791 5874 6067 6080 6088 6125
6139 6158 6263–6264 6371 6432 6456
6553 6565 6593 6691 6791 6832 6916
6961 6994 7019 7043 7055 7069 7130
7173 7234 7244 7308 7447 7477 7577
7617 7682 7735 7853 7875 7901 7907
7913 7953 8025 8046 8113 8245 8368
8463–8464 8488 8510 8524 8545 8597
8665 8683 8703 8717 8743 8836 8869
8935 8966 8998 9041 9045 9058 9121
9127 9233 9273 9300 9304 9329 9345
9379 9384 9388 9390 9412 9437 9446
9451 9461 9466 9501 9527–9529 9543
9591 9718 9720 9732 9742 9787 9821
9847 9935 9961 10104 10169 10176
10184 10252 10279 10382 10454–
10455 10479 10520 10618 10622
(271 Belege)
litig. (1991 Belege)
litig. coram abb. 6990 9108 10351
litig. coram aud. 12 18 31 35 42 68 128
134 167 205 212 338–339 381 419 425
438 451 472 474 486 489 505 520 546
569 600 612 704 708 726 738 762 774–
775 779 805 837 844 860 890 897 930
957 1003 1033 1118 1252 1256 1283
1391 1400 1430 1461 1489 1506 1558
1586 1674 1678 1781 1804 1826 1841
1843 1845 1860 1879 1936 1973 2035
2099 2101 2111 2118–2119 2149 2263
2329 2334 2340 2374 2408 2414 2440
2463 2469 2478 2511 2549 2564 2575
2635 2660 2689 2711 2713 2729 2757
2779–2781 2789–2790 2792–2793
2839 2841 2845 2885 2892 2908 2931
2933 2936 3030 3035 3067 3082 3124
3162 3168 3172 3175 3179 3190 3209
3226 3232 3244 3285 3302 3457 3465
3478 3513 3553 3557 3574 3650 3671
3691 3694 3702 3713 3717 3786 3803
3823 3859 3881 3911 3991 4044 4086
4126 4155 4175 4284 4290 4307 4355
4434 4501 4550 4556 4560 4590 4596
4659 4763 4784–4785 4796 4814 4853
4860 4870 4877–4878 4887 4908 4916
4924 4957 5052–5053 5055 5130 5132

5155 5210 5217 5225 5306 5331 5403
5505 5526 5534 5565 5576 5601–5602
5636 5654–5655 5666 5698 5702 5725–
5726 5728 5743 5848 5911 5932 5949
5966 6001 6049 6055–6058 6082 6093
6108 6127 6205 6233 6237 6265 6302
6337–6338 6367 6380 6414 6423 6433
6446 6514 6547 6605 6609 6633 6732
6738 6747 6791–6792 6834 6854 6889
6891 6916 6934 6948 6961 6993 7019
7025 7034 7040 7066 7068 7088 7109
7152 7202 7236 7244 7264 7290 7303
7306 7399 7432 7466 7513 7529 7533
7544 7552 7567 7583 7619 7633 7689
7721 7735 7740 7747 7788 7826 7834–
7835 7838 7840 7848 7850 7853 7875
7907 7913 7919 7934 7954–7955 7970
7975 8067 8087 8111 8133 8145 8179
8203–8204 8270 8304 8316 8332 8341
8377 8385 8403 8423 8426 8438 8440
8503 8524 8537 8541 8578 8610 8661
8702–8704 8725 8743 8762 8889 8962
8987 8998 9029 9054 9091 9125 9128
9138 9160 9186 9205 9218 9300 9299
9329 9342 9355 9368 9378–9379 9389
9399 9417 9477 9540 9543 9552 9576
9627 9638 9658 9668 9678 9701 9718
9729–9732 9734 9744 9777 9787 9810
9812 9821 9824–9825 9846–9847 9867
9870 9879 9890 9897–9898 9937 9976
9982 10064 10069 10228 10242 10244
10250–10251 10344–10345 10380
10405 10425 10453 10455 10466
10480 10519 10543   (424 Belege)

litig. in cur. 7 131 178 199 205 274 306
326 329 421 425 451 458 546–547 570
707 712 728 737 830 876 889 920 980
1026 1163 1214 1233–1234 1241 1445
1461 1491 1606 1672 1678 1842 1844
1860 1879 1973 1994 2016 2019 2027
2040 2050 2119 2183 2226 2242 2307
2312 2373 2379 2488 2511 2537 2562
2689 2774 2776 2782 2790 2793–2794
2799 2845 2855 2902 2933 2987 3012
3085 3149 3190 3213 3221 3295 3408
3453 3467 3499 3511 3544 3556–3557
3571 3632 3636 3643 3678 3690–3691
3695 3699 3703 3720 3782 3817 3920
3941 3948 3982 4036 4057–4058 4227
4260 4262 4284 4304 4331 4470 4548–
4549 4552 4582 4631 4659 4664 4669
4671 4726 4756 4786 4796 4803 4891

4924 4962 4976 5038 5132 5214 5223
5241 5270 5291 5307 5310 5370 5381
5400 5403 5456 5524 5548 5556 5624
5636 5640 5648 5674 5693 5737 5744–
5745 5756 5924 5943 5955 5990 6007
6056 6060 6078–6081 6090 6165 6210
6231 6266 6278 6282 6324 6373 6384
6414 6452 6523 6527 6544 6643 6732
6741 6811–6812 6851 6889 6891 6931
7075 7152 7159 7167 7193 7224 7283
7377 7554 7572 7707 7757 7817 7847–
7848 7850 8010 8052 8057 8113 8130
8179 8205 8273 8286 8360 8371 8379
8425 8441 8471 8503 8578 8608 8640
8675 8715–8716 8718 8767 8775 8826–
8827 8864 8868 8966 9055 9122 9126
9160 9235 9286 9342 9379 9412 9415
9473 9485 9495 9500 9511 9543 9553
9570 9576 9581 9628 9630 9654 9732–
9733 9764 9910 10041 10176 10184
10217 10250–10251 10279 10373
10388 10398 10427 10453–10454
10478 10493 10553 10585 (285 Belege)

litig. in cur. → abb.

litig. in Rota 564 673 801–802 862 1672
1845 2111 2149 2469 2987 4260 4677
5596 5606 6553 6630 7117 7953 8095
8133 8849 9368 9923 10036 10487
10604   (27 Belege)

litigiosus 8545

litore Pluiperg vulg. nunc. → capn. b.
Marie in

litt.   (1670 Belege)

litt. ap. → facult. exequendi

litt. audientie contradictarum procur. 2494

litt. → confic.

litt. conserv. 3100 7478

litt. contradictarum → audientia

litt. contradictarum procur. → audientie

litt. contradictarum → publicatio in audientia

litt. de minori iustitia → abbrev. et corrector

litt. (desup.) n. confectis 152 159 260 309
338 405 487 497 533 546 624 667 672
737 803 827 890 930 1015 1055 1128
1414 1430 1585 1611 1710 1747 1784
1841 1844 1922 1943 2328 2372 2413
2550 2608 2650 2768 2789 2810 2821
2839 3011 3016 3083–3085 3090 3199
3247 3350 3363 3438 3550 3592 3597
3668 3672 3681 3694 3739 3748 3919

794 804 847 886 889 912 922 934 955
977 985 991–992 994 1042–1043 1047
1049 1052 1057 1060 1064 1090 1092
1118 1123 1135 1172 1202 1205 1209
1233–1235 1241 1256 1299 1350 1434
1496 1520 1527–1528 1547 1567 1578
1593 1615 1626 1645 1650 1655 1658
1678 1693 1703 1705–1707 1727 1732
1772 1779 1789 1793 1795 1801 1814
1851 1865 1867 1870 1895 1909 1938
1945 1961 1964 2025 2035 2040 2083
2089 2091 2104 2110 2126 2138 2150
2175 2219–2220 2254 2256 2268 2272
2276 2287 2306 2310 2343 2345–2347
2356 2360 2364 2383 2389 2391–2393
2396 2416 2420 2433–2434 2448 2457
2609 2660 2689 2706 2712 2727 2782
2786 2791 2838 2845 2852 2870 2894
2899 2903 2910–2911 2928 2934 2946
2948 2964 2984 3009 3034–3035 3037
3046 3063 3075 3079 3085 3088 3099
3148 3155 3162 3170 3175 3177 3179
3184 3195 3197 3217 3232 3268 3342
3354 3381–3382 3385 3388–3389 3393
3398 3408 3411 3475 3502 3508 3528–
3529 3550 3557 3572 3610 3622 3655
3660 3683–3684 3699 3702 3705 3709
3718 3731 3733 3850 3853 3855 3859
3910 3922 3925 3947 3997 4013 4024
4036 4057 4067 4074 4133 4135 4155
4158 4183 4185 4192 4204 4206 4242
4251 4255 4351 4365 4370 4391 4400
4406 4410–4411 4424 4431 4447 4452
4472 4475 4529 4535–4536 4551 4566–
4569 4600 4608 4618 4626 4628 4659
4678 4708 4739 4745 4783 4785 4797
4822 4828 4879 4889 4922–4923 4968
4976 5028 5045 5051 5080 5095 5098
5119 5126 5130 5160 5163 5210 5217
5222–5223 5252–5253 5260 5283 5321
5340 5342 5426 5430 5438 5442 5444
5449 5491 5503 5534 5549 5554 5606
5618 5620 5636 5697 5716 5806 5850
5916–5917 5947 5968 5989 6000 6004
6016 6039 6051 6057 6067 6082 6132
6135 6138 6215 6221 6265 6279 6282–
6283 6332 6339 6344 6358 6433 6435
6533 6554 6639 6647–6648 6651 6691
6752–6753 6812 6832 6842 6852 6876
6916 6923 6939 6941 6951 6990 7014
7034 7048–7049 7072 7078–7079 7098
7107 7135 7144 7165–7166 7179 7198
7207 7230 7274 7289 7296 7302 7328–
7329 7337 7381–7382 7391 7413 7458
7463 7469–7470 7477–7478 7486 7488
7491–7493 7498 7500 7522 7527–7528
7540 7551–7553 7562 7579 7582 7594
7611 7646 7658 7681 7688 7723 7733
7739 7742 7744 7778 7783 7814–7815
7820 7830 7835 7851 7854 7912 7968
7997 8001 8019–8020 8064 8150 8165
8202 8269 8279 8298 8304 8312 8316
8342 8390 8440–8441 8446 8456 8461–
8462 8464 8469 8484 8494 8510 8536
8542 8578 8581 8584 8596–8597 8601
8653–8654 8660 8685 8704 8721 8730
8736 8747 8869 8873 8923 8929 9001
9034–9035 9040–9041 9049 9051 9057
9061 9066–9067 9098 9108 9115 9120–
9121 9142 9155–9156 9166 9171 9179
9182 9214 9259 9265 9267 9294 9299
9324 9327 9379 9384 9427 9454 9456
9464 9495 9504 9526–9528 9550 9552
9554 9557 9576 9590 9592 9594 9596
9604 9628 9630–9631 9634 9696 9720
9733–9734 9742 9771 9778 9787 9798
9868 9870 9875 9881 9906 9932 9935
9943 9989 10018 10031 10065 10073
10076 10088 10098 10106 10108–
10110 10112 10135 10141 10186–
10187 10258 10282–10283 10336
10382 10408 10417 10422 10432
10436 10439 10472 10490 10520
10531–10532 10536–10537 10542
10599 10605 10609 10619 10621
10625   (660 Belege)
locus in den Selgen Winckel vulg. nunc.
    3853
locus reperiendi corruptus 7492 7500
locus ubi homines idioma Theotonicum lo-
    quuntur 8342
locus ubi idioma Theutonicum quod com-
    petenter intellegit quod vero loqui nescit
    consistit 7778
locus vulg. ode oder pawfellige heuser
    unde hoffstete nunc. 2220
logica et phisica in civit. Aconnen. dispu-
    tavit → in
Lombardie → nuntius ap. deput. ad partes
longinquus 2658 4410
longitudo 5108
longus 1793 1947 2344 2852 2920 2922
    3162 4391 5130 5801 6016 6744 6846
    7237 7742 8463 9259 9527 9762 10497
                              (20 Belege)

loqui → idioma quod communiter homines nationis Germanice loquuntur n. intellegit nec intellegibiliter scit

loqui sciret → nullus gr. expect. extra nationem suam impetraret nisi idioma
quod communiter homines loquuntur
ibidem intellegeret et intellegibiliter

loqui scit → idioma Leod. dioc. n. intellegit nec intellegibiliter

loquitur idioma d. op. → n.o. quod Baldassar n. intellegit nec intellegibiliter

loquitur → idioma hominum n.

loquitur → indultum sup. idiomate nationis quod n.

loquitur neque intellegit → idioma Teutonicum n.

loquitur → nullum fruct. apud eccl. Oscen. sperat nisi idioma loci intellegibiliter

loquor 99 401 654 699 732 1710 1788–
1789 2242 2413 3389 4399 4536 5854
7463 7532 7688–7689 7742 7778 8032
8342 8660 9252 9742 9897 10012
10087 10491   (29 Belege)

loquuntur ibidem intellegeret et intellegibiliter loqui sciret → nullus gr. expect.
extra nationem suam impetraret nisi
idioma quod communiter homines

loquuntur n. intellegit nec intellegibiliter
scit loqui → idioma quod communiter
homines nationis Germanice

Lovanien. audiret → causam infra muros
op.

Lovanien. in art. stud. → in univ. stud.

Lovanien. → univ. studii

Lubic. → den. monete

Lubic. → in prima dominica mensis sept.
in eccl.

Lubic. → libr. monete

Lubic. Livonista nunc. → preb. eccl.

lubricus 237 2120

Lubuc. → absol. pro prom. ad eccl.

lucrum 5538 10098

ludo 6894 9379

ludus 3574

lumen 517 2095 2337 4809 10176

luminare 1945 3385

luminis → def.

Lummed nunc. → preb. de Lechregal et
de

Lummede [nunc.] → preb. de

luna 9607

Luneburgen. → univ. studii

Lutenbach → eccl. vulg. nunc.

lutosus 2848

m.   (6513 Belege)

m. → valor fruct. / red. beneficiorum [pars
separata in fine appensa]

m. arg. → valor fruct. / red. beneficiorum
[pars separata in fine appensa]

m. arg.) → abbat. (8

m. arg.) → abbat. (20

m. arg.) → abbat. (30

m. arg.) → abbat. (40

m. arg.) → abbat. (50

m. arg.) → abbat. (60

m. arg.) → abbat. (90

m. arg.) → abbat. eccl. regalis nunc. (100

m. arg. p.) → abbat. (20

m. arg. p.) → abbat. (22

m. arg.) → preb. ac abbat. (insimul 36

macellum 6124

macerius 889 5827

machina 5194

machinor 1962

macula 22 55 273–274 657 1207 1660
2177 2368 2388 3223 3868 3968 4023
4535 4809 5121 5389 5815 6183 6215
6828 7007 7079 7235 7738 7760 7897
8270 8550 8553 8555 8610 8775 8777
8888 8909 9042 9137 9220 9270 9569
9594 9615 9710 9821 9906 9910 9970
                                     (49 Belege)

maculam → abol. infamie

maculam simonie → abol.

madeo 6253

mag. 5 15 36–37 65 68 84 92–93 105 128
134 151 205 211 219–220 224 270 285
310 317 327 336 347 351–352 359 420
425 430 438 440 451 458 465 469 487–
488 496 528–529 536 551–552 589 598
606 617 619 623 649 730 738 764 781
800 854 878 880 886 890–891 896 898
932 959 968 993 1029–1030 1035
1065–1066 1070 1075 1090 1105 1128
1181 1188 1205 1209 1214 1233 1235–
1241 1252 1256 1260 1266 1319 1377
1392 1443 1470 1472 1493 1532–1533
1537 1556 1581 1583 1628 1642–1643
1658–1659 1673–1674 1680 1683 1690
1713 1719 1728 1730 1737 1765 1778
1807 1835–1836 1840 1850–1851 1863

1865 1867 1869 1879 1915 1918 1920
1922 1936 1938 1948 1952 1979–1980
1990 2010 2022 2033–2035 2079 2089
2107 2112 2116 2122 2148 2170 2200
2210 2220 2224–2226 2251 2254 2263
2265 2272–2273 2293 2299 2335 2344–
2345 2347 2356 2379 2396 2405–2406
2412–2413 2415–2417 2420 2438 2454
2471 2487 2494 2505–2506 2530 2532
2535 2550 2577 2609 2612 2624 2635
2641 2647 2657 2687 2711 2750 2755
2774 2776 2791 2812 2820 2825 2831
2841 2848 2941 2945 2949–2951 2955
2974 2988 3010–3011 3035 3050 3059
3076 3084 3090 3106 3116 3127 3130
3161 3175 3179 3202 3213 3215 3217
3219 3225 3227 3232 3263 3271 3288
3291 3299 3339 3352 3377 3396 3408
3435 3438 3442 3465 3471 3474–3475
3488 3493 3525 3529–3530 3574 3592
3610 3616 3632 3636–3637 3641–3642
3645 3658 3667 3669–3670 3677 3695
3704–3705 3709 3738 3764 3771 3782
3787 3795 3813 3817 3839 3852 3863
3876 3879 3920 3934 3941 3954 3964
3979 3987 4010 4023 4037 4046 4053
4074 4100 4114 4116 4123 4140 4151
4171 4174 4176 4178 4201 4230 4253–
4254 4270 4272–4273 4282 4285 4291
4349 4353 4356 4360 4362 4385 4387
4399 4403 4406 4411 4413 4434–4435
4466 4477 4488 4498 4507 4509 4527–
4528 4530 4551 4562 4567 4577 4590
4593 4647 4659 4680 4684–4685 4719
4731 4738 4782–4783 4785 4790 4796
4821 4831 4846 4848 4852 4859 4884
4889 4891 4893 4922–4923 4972 4976
4982 4987 5017 5030 5037 5039 5070
5108 5122 5129 5142 5175 5197 5199
5217 5237 5241 5286 5296 5347 5350
5362–5363 5373 5389 5400–5401 5403
5408 5424 5435–5436 5451 5470 5482
5527 5532 5534 5558 5570 5581 5599–
5600 5604 5629 5637 5649–5650 5657
5683 5692 5706 5748 5754 5776 5823
5839 5844 5855 5864 5874 5881 5891
5899 5907 5912 5914 5916 5939 5949
5966 6006 6058 6078 6082 6093 6111
6113 6123 6134 6144 6171 6241 6246
6271 6291 6311 6337 6339 6342 6344
6347 6361 6367 6376 6385 6404 6414
6421 6516 6527 6541–6542 6552 6554–

6555 6557 6586 6607 6633 6638 6655
6659 6661 6663–6664 6667 6691 6694
6712 6748–6749 6791 6794 6807 6810–
6811 6815 6856 6870 6931 6939 6986–
6987 6991–6992 7001 7027 7035 7047
7049 7053 7062 7072 7076 7080 7090
7102 7108 7119 7135 7160–7161 7208
7227 7235 7240 7286 7302 7306 7312
7315 7348 7352 7354 7383 7391 7413
7439 7445 7490 7493 7500–7501 7511
7529 7531 7551–7552 7555 7564 7614
7620 7622 7651 7653 7685 7689 7732
7748 7754–7755 7760 7808 7830 7838
7841 7860 7869 7876–7877 7891 7903
7912–7913 7951 7956 7980 7986 8010
8013 8015 8023 8075 8093 8116 8140
8154 8161 8164 8179–8180 8232 8241
8244 8251 8264 8267 8275 8299 8314–
8315 8329 8334 8347 8373 8378 8380
8385 8405 8426 8438 8441 8449 8461–
8462 8503 8521 8531 8535–8536 8560
8578 8594 8620 8643 8706 8727 8763
8784 8799 8808 8812 8816 8821 8874
8893 8902 8906 8909 8917 8925–8926
8956 8973 8992 9002 9032–9033 9045
9054 9064 9066 9091 9109 9113 9121
9137 9147–9148 9155 9219 9221 9237
9262 9268 9271 9273 9276 9314 9323
9349 9357 9384 9388 9397 9415 9419
9427 9443 9458 9468 9481 9526–9528
9545 9557 9563 9576 9620 9635 9638
9650 9677–9678 9689 9709–9710 9712
9734 9741 9748 9777 9779 9805 9810
9871 9889–9890 9915 9917 9936–9937
9939 9943–9944 9953–9954 9957 9960
9962 9964 9984 9999 10003 10020
10024 10028 10031 10065 10074
10088 10098 10126 10163 10169
10192 10194 10204 10268 10272
10309 10314 10316 10332 10344
10367 10369 10373 10380 10391
10396 10410 10413 10444 10451
10468 10490 10518 10520 10524
10541 10543–10544 10551–10552
10562 10593 10607 10623 (797 Belege)

mag. abbrev. → art.

mag. alchimistarum → hebreus

mag. art. 310 6404 6663 7080 9276 10544

mag. → art.

mag. → art. et med.

mag. → art. et theol.

mag. → art. mag. et in med.
mag. c. facult. docendi 4922
mag. d. univ. transferri fecerunt → principes ius patron. certorum benef. regentibus doct. et
mag. decr. doct. abbrev. 4116
mag. et fr. hosp. b. Marie Theotonicorum
ab iuram. → absol.
mag. et in decr. bac. → art.
mag. et in decr. doct. → art.
mag. et in decr. licent. → art.
mag. et in med. mag. → art.
mag. et in sacra pagina bac. formatus →
art.
mag. et in theol. bac. → art.
mag. et in theol. licent. → art.
mag. et in univ. studii Magunt. stud. →
art.
mag. et in utr. iur. stud. → art.
mag. et sacre pagine doct. → art.
mag. et utr. iur. bac. → art.
mag. et utr. iur. doct. → art.
mag. et utr. iur. scol. → art.
mag. gener. et fr. hosp. in partibus Prussie
→ privil. et indulg. ad instar
mag. in art. 220 649 781 878 896 1252
1256 1443 1532–1533 1556 1659 1673
1728 1835 1850 1990 2122 2224 2226
2263 2413 2506 2577 2609 2635 2711
2774 2776 2941 2945 2974 3011 3127
3179 3232 3339 3438 3442 3471 3493
3529 3592 3632 3637 3677 3764 3782
3813 3863 4114 4140 4151 4171 4270
4360 4385 4435 4528 4590 4647 4659
4821 4831 4891 4976 4987 5017 5286
5347 5350 5389 5400–5401 5424 5436
5532 5534 5570 5600 5657 5692 5706
5748 5864 5891 5899 5907 5914 5916
5939 5949 5966 6006 6078 6093 6311
6342 6361 6367 6376 6541 6655 6661
6667 6749 6791 6987 6992 7027 7047
7119 7227 7286 7352 7620 7912 8013
8023 8116 8140 8179 8232 8267 8299
8334 8347 8373 8385 8426 8536 8620
8643 8784 8812 8816 8821 8906 8973
8992 9109 9268 9357 9397 9419 9427
9443 9576 9620 9635 9677 9689 9712
9889 9917 9937 9953 9960 10074
10126 10163 10204 10314 10332
10369 10391 10410 10451 10593
(169 Belege)

mag. in art. abbrev. Pauli II. fam. 4821
mag. in art. decr. doct. in leg. bac. 2974
mag. in art. decr. doct. pape cap. 4151
mag. in art. et bac. in decr. 3011 7912
9635
mag. in art. et bac. in leg. 5706
mag. in art. et bac. in theol. 2945 4385
6361 8816 9635 10314
mag. in art. et decr. bac. 4270 9917
mag. in art. et decr. doct. 5899
mag. in art. et decr. licent. 5914 7047
mag. in art. et in med. 2776 6093 6667
9427
mag. in art. et in med. doct. 2577 5907
mag. in art. et in med. mag. 7620
mag. → in art. et in theol.
mag. in art. et licent. in medicina ac ad
presbit. ord. et postremo ad bac. in theol. prom. 4114
mag. in art. et utr. iur. bac. 4891
mag. in art. et utr. iur. licent. 3632
mag. → in art. liberalibus
mag. in art. → lic. recip.
mag. in art. ordinarius iur. civilis et canonici 1659
mag. in art. procur. 6655
mag. in decr. bac. → art.
mag. in decr. licent. → art.
mag. in iur. can. actu Parisiis stud. → art.
mag. in iur. can. bac. → art.
mag. in leg. bac. → art.
mag. in leg. licent. → art.
mag. in med. doct. → art.
mag. in registro supplic. script. → art.
mag. in sacris ord. constitutus → art.
mag. in theol. bac. → art.
mag. in theol. bac. formatus → art.
mag. in theol. doct. → art.
mag. in theol. licent. → art.
mag. in theologia et 6 doct. in iure can. →
facult. creandi 6
mag. in univ. Colon. stud. → art.
mag. leg. doct. → art.
mag. leg. sacrarum prof. → art.
mag. → lic. prom. ad grad.
mag. litt. stud. p. Italiam → art.
mag. → mag. in art. et in med.
mag. → med.
mag. montium et minerarum fodiendarum
4889
mag. qui p. 2 an. post gradum mag. p. eum
susceptum in univ. stud. et facult. art.

med. studuit et a pluribus comitibus baronibus et al. magnis nobilibus propter
eius scientiam et practicam in eadem
arte in qua valde expertus est saldariatus
et stipendiatus fuit tamen d. artem exercere n. potest → presb. in art.
mag. theol. recipiendi → lic. insignia professoratus seu
mag. vel bac. formatus in theol. 134
mag. vel doct. extiterint → facult. in qua
magister gener. fr. o. Carm. 1658 2079
magister in cam. computorum ducis →
consiliarius et
magisteratus 6638
magistercivium 118 170 186 617 654 762
764 932 962 1036 1044 1084 1240–
1241 1244 1511 1527 1677 1726 2035
2066 2082 2219–2220 2272 2348 2417
2420 2620 2963 3268 3439 3499 3855
4034 4039 4282 4410 5174 5244 5606
5683 5974 6643 7034 7061 7107 7179
7439 7506 7860 7993 8451–8452 8462
8550 8560 9214 9272 9607 9830 9945
9995 10057 10105 10256 10624
(67 Belege)
magisterdomus 624 2044 2372 4555 4879
5854 5919 6263 7303 8761 9164 9172
(12 Belege)
magisterium 1035 3787 5419 7477 9677
magistra 986 1235 1237–1238 1739 1757
1814 2345 3079 8456 9715 10269
(12 Belege)
magistram → facult. elig.
magistratus 224 254 3771 5056 5244
7490 7814
magistratus → facult. confer. insignia
magistri et doctores → privil. quib. ceteri
art. et theol.
magnates 2079 8505
magnificentia 2219
magnificus 5448
magnitudo 4569 7742
magnus 51 105 118 246 273 353 436 619–
620 658 732 794 965 1044 1241 1527
1568 1702 1869 2033 2071 2088 2127
2138 2178 2218 2284 2300 2340–2341
2345–2347 2416 2438 2641 2662 2894
2916 3175 3451 3548 3631 4046 4410
4530 4536 4567 4583 5561 5608 5697
5968 6255 6347 6504 6647 6744 6931
7069 7381–7382 7578 7742 7812 7815
8460 8464 8529 8828 9033 9066 9142

9255 9388 9457 9527–9528 9642 9765
9935 10087 10110 10215 10536
(85 Belege)
Magunt. consiliarius → aep.
Magunt. → horas can. dicere secundum
usum eccl.
Magunt. stud. → art. mag. et in univ. studii
Magunt. → univ. studii
Magunt. vulg. capn. abb. in Selgenstat
nunc. → vicar. eccl.
maiestas 224 352–353 731 980 1233 1241
1259 2220 2323 2349 2548 3175–3176
6293 7329–7330 7381–7383 7491 7554
7742 9045 9388 10109–10111 10373
(29 Belege)
maior 13 18 36 44 100 118 131 133–134
154 195 273 294 314 319 326 408 413
516 546 553 571 579 582 620 654 693–
694 706 713 732 734 779 794 890 923
932 943 993–994 1071 1160 1184 1188
1194 1234 1239 1245 1266 1275 1346
1358 1400 1493 1497 1508 1577 1606
1626 1707 1757 1783 1831 1846 1850
1870 1885 1890 1946–1947 1949 1990
2025 2034 2109 2116 2122 2125 2150
2205 2255 2272 2285 2333 2340–2341
2345 2349 2361 2378–2379 2402 2536
2570 2584 2590 2650 2821 2853–2855
2877 2894 2925 2957 2989 3033 3058
3079 3083–3084 3086 3090 3100 3102
3108 3117 3140 3153 3163 3199 3218
3226 3232 3291 3302 3306 3321–3322
3338 3359 3428 3548 3610 3678 3686
3689 3692 3695 3713 3747 3788 3825
3836 3843 3849 3867 3876 3921 4026
4036 4057 4168 4289 4329 4376 4378
4399 4419 4449 4528 4535 4588 4636–
4637 4731 4793 4857 5038 5108 5153
5170 5173 5202 5223 5282 5311 5340
5352 5371 5410 5532–5533 5540 5670
5681 5725 5744 5747 5751 5819 5889–
5890 5916 5944 5955 5972 6016 6058
6079–6080 6093 6123–6124 6142 6278
6297 6364 6379 6466 6495 6552 6609
6614 6633 6743 6758 6761 6776 6835
6842 6850 6915 6935 6967 7021 7049
7066 7068–7069 7080–7081 7125 7129
7134 7159 7167 7180 7231 7236 7275
7292 7312 7330 7356 7377 7414 7479
7530 7553 7615 7655 7721 7734 7740
7742 7805 7835 7840 7859 7865 7912

7937 7953 7980 7994 8018–8019 8076
8110 8176 8183 8351 8362 8382 8409
8426 8444 8493 8519 8536–8537 8608
8613 8631 8658 8702 8813 8869 8894
8962 8973 8993 9007 9067 9097 9116
9186 9308 9400 9504 9510 9526 9566
9576 9627–9628 9644 9658–9659 9670
9678 9720 9731–9732 9760 9787 9806
9810–9811 9825 9865 9871 9878 9897
9935 9989 10031 10067–10071 10073
10093 10130 10134 10162 10184
10216 10258 10277 10344 10455
10481 10604   (346 Belege)
maior → abbrev.
maior pars 100 273 516 693 779 923 932
   1626 1870 1946 2345 3102 5223 5889
   7080 7125 7180 7236 7530 8076 9732
   9871 9935 10093   (24 Belege)
maior preb. → can. et
maior preb. Cristana nunc. 9865
maiori abbrev. pape fam. → de parco
maiori parco → abbrev. de
maiori parco abbrev. presidenti et pape
   fam. → de
maiori parco → decr. doct. et abbrev. de
maiori presidentia abbrev. procur. → de
maioris → absol. secundum pot. penit.
maioris et bullarum cam. summatoris fam.
   → abbrev.
maioris penit. → facult.
maioris → pot. penit.
Maioris Pazeke (Pazcke) nunc. → preb.
maius Fronaltar vulg. nunc. → alt.
maldrum 1312 1497 4877 5819 9592
   10367 10481
male 2316 3076 4437 4535 5440 5848
male perceptis → absol. sup. fruct.
malefacio 223
malefactor 2020 2476 2658 5007 5035
   9121
maleficus 1550 8808
malevolus 3187
maligno spiritu 45 hostias consecratas ex
   eccl. abstulit → mul.
malignus 847 1551 5618
malitia 5538
malitiose 1036
malo 3272
malus 55 119 246 352 1578 2138 2345
   2349 2415 2456 2712 3076 3728 3806
   4281 4422 6913 7391 7531 7742 7937
   9330 10031 10111   (24 Belege)

mamburnus 7814
mancipalis 6221
mancipo 58 361 657 921 1647 2365 2383
   2418 2927 3376 4995 5321 5393 6857
   7004 7236 7390 7506 8046 8335 9155
   9390 9554 9814 9860 10089 10184
                              (27 Belege)
mandatorium 7838
mandavit → absol.
mando 1 59 245 352 619–620 720 982
   997 1042 1237 1243 1964 2020 2033
   2343 2421 2780 3130 3174 3385 3670
   3684 3689 4257 4506 7004 7007 7186
   7426 7820 7875 8314 8658 9040 9154
   9259 9272 9455 9594 9814 9860 9906
   9940 9960 10112 10267 10536
                              (48 Belege)
maneo 1172 1874 2345 2548 3102 3798
   8713
Mangolt → Monitorisauri al. / vulg.
manibus … → in
manifesto 1689
manifestus 352 1233 7742 9011 9388
   9935
manipularis 393 406 709 8863 9041
   10266
mansio 1831 2035
mansionaria 1090 1782 3068 5027 5398
   10122 10126
mansionarius 973 1090 1782 3059 4149
   5398 5881 7734 9023 10095
mansuetudo 2323
mansus 2920
mantellum 105 2396
manualis 3096 8789
manus (2422 Belege)
manuteneo 352 700 3683 8405 9242 9732
manutentio 442 1739 6291 7337 9445
   9458
Mapoyll nunc. → preb. de Rospoyll et
mappa 7986
marchio 22 127 351 378 415 532 734 793
   1041 1052 1060 1071 1281 1626 1684
   1794 1863 1945 2033 2061 2077–2079
   2178 2275 2340 2344–2345 2356 2368
   2550 2681 2703 3129 3169 3257 3296
   3451 3496 3685 3801–3802 3825 3947
   4011 4567 4606 4814 4850 5521 5727
   5801 6078 6183 7137 7145 7294 7391
   7410 7488 7533 7688–7689 7851–7853
   7990 8139 8318 8581 8739 8962 9042–
   9043 9328–9329 9380 9455–9456 9528
   9552 9732 10513   (83 Belege)

marchionis Brandenburg. cap. 6183

marchionis Brandenburg. consiliarius
3947 5801

marchionis orator 127

marchionissa 7519

mare 87 2862 7330 10170 10453

marescalcus 955 2830 4080 7563 9058
9360 10091 10268

margarita 732

margo 13 42–44 128 132–133 138 193
204 207 210 259 294 315 319 351 372
375 389 451 459 469 472 486 489 497
519–520 527 532 546–547 551 589 605
613 628 654 667 671 695 706 708–709
716 737 741–742 744 774–775 782
800–801 803–804 816 839 860 877 917
921 932 994 1002 1026 1030 1071
1083 1118 1135 1137 1184 1194 1241–
1242 1245 1307 1331 1400 1443 1445
1489 1492 1505 1542 1546 1559 1572
1582 1591 1698 1708 1711 1727 1737
1746 1783–1784 1788 1814 1824 1841
1843 1851 1863 1866 1879 1886 1916
1937 1946 1982 1987 2005 2078–2079
2102 2115 2125 2138 2159 2226 2236
2240 2267 2273 2323 2344 2349 2355–
2356 2372–2374 2377–2378 2388 2396
2416 2433 2442–2443 2473 2511 2521
2538 2543 2551 2566 2573 2584 2619–
2621 2660 2662 2710 2790–2791 2796
2825 2835 2855 2926 2931 2941 2943
2960 2980 2983 2986 2990 3054 3067
3083 3096 3111 3122 3129 3150–3151
3215 3221 3232 3299 3306 3320 3355
3410 3439 3451 3472 3476 3525–3526
3583 3600 3624 3632 3636 3670–3671
3692 3699 3720 3722 3771–3772 3778
3782 3787–3788 3794 3801 3817 3848
3854 3882 3896 3919 3956 3983 3987
4038 4049 4060 4067 4085 4116 4167
4190 4225 4231 4271 4280 4284–4285
4307 4322 4340 4367 4376 4378 4415
4473 4477 4484 4547–4548 4550 4566–
4568 4588 4593 4598 4649 4700 4719
4763 4772 4782 4785 4791 4796 4811
4814 4842 4846–4848 4871 4899 4931
4956 4958–4959 4961 4963 4976 5029
5052 5105 5133 5155 5217 5227 5320
5347 5379 5434 5436 5453 5492 5523
5534–5535 5538 5607–5608 5637 5641
5649–5650 5652 5654–5655 5666 5683
5687 5701 5725–5726 5732 5745 5748
5761 5793–5794 5798 5821 5848 5881
5916 5919–5920 5933 5985 6016 6037–
6038 6055–6057 6059–6060 6081–6082
6091 6093 6109 6124 6144 6165 6194
6212 6234 6243 6264–6265 6291 6293
6312 6326–6327 6341 6344 6381 6455
6495 6547 6614 6618 6677–6679 6712
6724 6762 6786 6801–6802 6812 6832
6848 6850 6878 6881 6896 6900 6921
6938 6991 6994 7034 7049 7054 7066
7069 7072 7078 7084 7125 7131 7159
7167 7172–7174 7184 7187 7223 7244
7255 7275 7282 7296 7300 7303–7305
7324 7333 7353 7377 7400 7407 7413
7419 7432 7439 7478–7479 7488–7490
7492–7493 7504–7505 7552 7583 7605
7620 7637 7664 7705 7735 7738–7741
7767 7789 7791 7798 7821 7836 7838–
7841 7853–7856 7871–7872 7889 7913
7930 7937 7950 7958 7965 7967 7972
8000–8001 8004 8044 8065 8071 8110
8122 8131–8133 8203–8204 8241 8281
8309 8314 8344 8352 8383 8393 8400
8424 8441 8444 8484 8512 8525 8550
8555 8701–8703 8707 8714–8717 8727
8750 8752 8767 8769 8773 8785 8799
8804 8832 8843 8849 8864 8908 8944
8959 8962 8998 9016 9047 9052 9065
9071 9116 9137–9138 9142 9152 9156
9160 9164 9199 9255 9258 9294 9300
9302 9306 9335 9355 9376 9388–9389
9427 9455–9457 9526 9544 9552–9554
9630–9631 9670 9678 9690 9709 9730
9732–9733 9742 9762 9771 9793 9811
9832 9839 9866–9867 9870 9911 9928–
9929 9935 9937 9939 9947 9982 9997
10019 10068–10070 10074–10075
10092 10094 10104 10120 10149–
10150 10159 10162 10169–10170
10200 10247 10267 10283 10285
10304 10306 10315 10326 10344–
10345 10360 10375 10382–10383
10438 10451 10455 10478 10486
10490 10520 10523 10526 10541
10583 10612 10622   (631 Belege)

maritalis 272 8624

maritime 2340

maritimus 10110

marito 3102

maritus 265 268 417 1169 1528 1941
3129 3138 3925 4021 4485 4822 5317
5462 6708 7531 7616 8624 9011 9203
9504   (21 Belege)

marmor 118
Mart. ac s. Erasmi → ossa 10.000
Martena vulg. nunc. Grenin → eccl. c.
Martinianas → committ. ministro provincie ut ref. conv. iuxta constit.
masculinus 1500 4595 10088 10545
masculus 2138 4011
massa 9456–9457
masserius 7798
mater 99 279 487 980 1042 1176 1617
  1689 1695 1739 1941 2195 2202 2297
  2740 2790 2910 2930 3036 3096 3163
  4053 4201 4219 4485 4515 4690 4784
  5283 5448 5485 6351 7106 7562 7598
  7888 9195 9365 9807 9936 10144
  10458   (42 Belege)
materia 2035 10536
maternus 191 1173 1653 6516
matricula 13
matriculariatus 3583
matricularius 84 489 958 1391 1783 3363
  3557 3583 4367 4375–4376 4548 4550
  4659 5645 6055 6060 6125 6483 7056
  7423 7814 8559 10171 10344 10356
                (26 Belege)
matriculus 13
matrim. 56 58 95 128 254 261 272 275
  431 470 519 571 684 730 840 885 971
  983 997 1015 1073 1075 1168 1291
  1442 1559 1593 1616 1622 1689 1779
  1826 1846 1860 2057 2079 2107–2108
  2127 2212 2315–2316 2365 2436 2458
  2654 2658 2689 2857–2858 2984 3020
  3024 3085 3153 3208 3257 3331 3365
  3492 3553 3657 3772 3838 3859 3878
  4023 4265 4283 4328 4371 4479 4517
  4606 4749 4766 4780 4796 4932 4979
  5021 5052 5086 5149 5231 5314 5317
  5440 5462 5524 5600 6035 6079 6110
  6122 6248 6298 6301 6351 6547 6590
  6636 6956 7041 7121 7261 7328–7329
  7359 7364 7405 7413 7448 7489 7525
  7531 7553 7736 7745 7758 7760 7814
  7853 7855–7856 7885 7960 8116 8172
  8295 8316 8545 8614 8625 8825 8897
  8966 8979 9011 9210 9416 9447 9457
  9511 9615 9674 9699 9762 9850 10007
  10056 10239 10241 10296 (154 Belege)
matrim. → disp. sup. ignoranter contracto
matrim. → disp. sup. impedimento
matrim. → vac. p. contractum

matrim. → vacat. p. contractum
matrimonialis 2256 7261
matrimonialiter 56
matrix 1756 5039 9108 9259 10031
  10075
maturo cum cardinalibus consilio 989
maturus 352 989 4391 7383
matutinale → lic. dicendi off.
matutinalis 992 3102 5376 9080 9607
matutinus 1178 9065 9328 9446
Maximiliani Austrie ducis consiliarius →
  prep. Embricen.
mechanicus 8789
mechtig sein mochte → in lingua Germanica vulg. der man zu den eren nit
med. 6 15 29 451 496 588 606 1865 2041
  2265 2356 2471 2485 2550 2577 2776
  2871 2941 3060 3202 3215 3674 3801
  4025 4114 4282 4411 4719 4762 5129
  5197 5203 5311 5531 5538 5552 5606
  5745 5881 5907 6001 6093 6127 6339
  6347 6385 6616 6641 6666–6667 6786
  7068 7135 7383 7391 7486 7558 7620
  8170 8349 8376 8417 8537 9137 9270–
  9271 9427 9503 9710 9777 9949 9975
  10336 10437 10542   (75 Belege)
med. → art.
med. cultor → art. et
med. cultor → domorum artium et
med. doct. 6 15 588 2485 2577 2776 3202
  3215 3674 4025 4762 5129 5203 5311
  5531 5538 5552 5606 5745 5907 6001
  6127 6385 6616 6666 6786 7068 7135
  7620 8170 8349 9137 9270 9427 9503
  9949 9975 10336   (38 Belege)
med. doct. → art. et
med. doct. → art. mag. in
med. doct. com. pal. ac eques imper. et
  regis Bosne medicus → art. et
med. doct. → mag. in art. et in
med. → doct. seu licent. aut al. graduatus
  in utr. vel altero iur. seu theol. aut
med. facultatibus erigi lic. → stud. gener.
  pro theol., iur. can. et civilis necnon art.
  et
med. mag. 451 606 2577 2941 3215 5881
  6093 6385 7383 7620 9137 9777
                (12 Belege)
med. mag. → art. et
med. mag. → art. mag. et in
med. → mag. in art. et in

med. mag. → mag. in art. et in

med. studuit et a pluribus comitibus baronibus et al. magnis nobilibus propter
eius scientiam et practicam in eadem
arte in qua valde expertus est saldariatus
et stipendiatus fuit tamen d. artem exercere n. potest → presb. in art. mag. qui
p. 2 an. post gradum mag. p. eum susceptum in univ. stud. et facult. art.

medela 4025 8434 9569

medeor 4391

media preb. Nappel (Napel) vulg. nunc.
1455

mediamissa 802–804

mediamissaria 1203 7721 7800

mediatio 2346

mediator 1258 5160 5487 9197

medicina ac ad presbit. ord. et postremo ad
bac. in theol. prom. → mag. in art. et
licent. in

medicinalis 6385

medicine abire → abbat. pro remedio

medicine exercet → in phisica practicat et
apud commun. op. Bernen. artem

medicine → lic. exercendi art.

medico 3806 6347

medicorum → def.

medicorum incuria 201

medicus 201 417 451 935 2550 3021 3798
4114 4849 5479 5531 5865 6001 7383
7744 7748 8434 9427 10092–10093
(20 Belege)

medicus → art. et med. doct. com. pal. ac
eques imper. et regis Bosne

medicus → R. I.

medie partis peccatorum → indulg.

medietas 271 1772 2371 2620 3006 3079
3599 4059 4882 5282 5604 5703 6018
6446–6447 7179 7551 7734 9066 9122
9787 10413 10607 (23 Belege)

medimissarius 4749 6407

medio 548 1237 1793 7407 7742 8179
8658

mediocris 2220 10087

mediocriter 7815

Mediolan. cant. → illustris ducisse

medium 118 2197 2218 2763 3699 4120
4338 4391 4510 4520 4809 7491 9155
9634 (14 Belege)

medium regnum Boemie → facult. dividendi p.

medius 195 211 352 391 526 546 618 943
1435 1455 1831 1868 2285 2348 2416
3090 3126 3187 3199 3291 3627 3678
3684 3747 3853 3897 4254 4284 4333
4389 4391 5461 5747 5891 6128 6142
6266 6800 7228 7491–7492 7597 7806
7980 8601 8918 9625 10091–10092
10095 10097 10099 10110 10142
(54 Belege)

medo 9121

melior 117 195 1739 2348 2793 7044
7299 7382 7491 8007 9045 9075 9528
10110 10180 10214 (16 Belege)

melioratio 3853 8545 10088 10132 10349

melioratio librorum, iocalium et paramen-
torum 8545

melioro 8795 10088

membrum 1119 2340 2476 3161 4626
6339 8535 8571 9085 9257 10182
(11 Belege)

memini 2323 7491

memor 352 10056

memoria 529 620 1241 2219–2220 2389
2420 9710 9914 9932 10000 10109
10607 10622 (14 Belege)

memorialis 2793 9045

memoriam → ad perp. rei

mendacium 2346

mendax 7381–7382

mendicantium in monach. → facult. recipiendi certos fr. ex ordinibus

mendico 105 527 617 1693 1870 2356
2436 2762 3102 3308 3733 4536 5074
5098 7328 7477 7696 8461 8535 9319
10065 10106 (22 Belege)

mendicus 2343

mendum 3524

menia 7423

mens 431 731 1421 3176 7095 7382 7491
7528 8463 9528 10109 (11 Belege)

mensa 44 46 99 131 138 163 168 207 250
266 273 282 286 294 314 348 366 372
393 406 412 419 525 527 532 613 618–
619 636 732 761–762 804 813 822 890
912 964 992 1035 1042 1049 1052
1083 1182 1185 1237 1245 1277 1321
1443 1527 1578 1712 1729 1732 1762
1801 1814 1867–1869 1945 1982 2010
2030 2071 2077 2092 2111 2138 2196
2273 2288 2323 2355 2389 2392 2396
2410 2416 2421 2433 2440 2442 2444
2498 2548 2676 2885 2964 3058 3087

3096 3102 3125 3148 3155 3162 3314
3466 3631 3684 3721 3825 3897 3934
3956 4011 4017 4033 4049 4071 4152
4168 4196 4222 4255 4257 4379 4383
4396 4409 4554 4566–4569 4595 4628
4776 4785 4796 4829 4895 5042 5126
5421 5438 5487 5496 5530 5534–5535
5561 5660 5662 5819 5904 5957 6016
6051 6082 6091 6123 6135 6143 6377
6446–6447 6479 6503 6527 6617 6638
6782 6789 6801 6832 6848 6921 6938
6941 6991 7000 7034 7078 7110 7125
7268 7289 7295 7300 7321 7337 7448
7460 7478–7479 7493 7541 7547 7552–
7553 7688 7737 7741 7752 7783 7814
7818–7819 7840–7841 7848 7854 7979
7990 8007 8279 8405 8430 8459 8463
8465 8527 8534 8547 8550 8614 8626
8723 8761 8863 8908 9007 9023 9032
9041 9048 9060–9061 9075 9103 9121–
9122 9142 9183 9203 9214 9239 9270
9294 9306 9348 9408 9412 9424 9450
9455 9457 9526 9587 9602–9603 9742
9801 9935–9936 9957 9987 9999
10012 10031 10071 10074–10075
10091 10115 10150 10212 10214
10247 10257 10266 10302 10328
10339 10413 10536 10541 10605
10607 10614 10619 10622 10625
(287 Belege)
mensa abbatialis 163 266 273 618 2030
2416 4168 4829 5496 5530 6082 6832
7541 7547 7741 8007 9103 9270 9306
10031 10328 10339 (22 Belege)
mensa aepisc. 406 1052 1762 3684 3897
3956 4152 4222 4566–4569 4595 6638
7752 7814 9048 9060 9121 9142 9526
9935–9936 (23 Belege)
mensa can. 7078
mensa capit. 44 131 207 250 282 366 613
619 804 912 964 992 1042 1049 1052
1237 1245 1578 1814 1867–1869 1982
2092 2355 2389 2396 2433 2548 3087
3096 3102 3155 3466 3825 3956 4033
4071 4379 4409 5126 5535 6016 6123
6446–6447 6789 7000 7078 7295 7337
7478–7479 7541 7818–7819 7848 7854
7990 8459 8547 9032 9061 9183 9294
9348 9424 9602–9603 9935–9936
10074–10075 10091 10115 10212
10214 10247 10257 10536 10541
10605 10607 10614 10619 10622
(86 Belege)

mensa colleg. eccl. 2421 8279
mensa commun. 2964 10625
mensa conventualis 2392 4776 4796
10302
mensa dom. 4796
mensa eccl. 131 992 1185 1762 1868
3102 3825 4196 5660 5662 5904 6801
6848 7078 7478 9294 9457 9801 9987
(19 Belege)
mensa episc. 46 138 286 294 372 393 406
419 822 1035 1443 1527 1578 1729
2010 2071 2111 2323 2410 2440 2442
2444 2498 3148 3155 3314 3825 3934
4049 4396 4554 4628 5561 5660 5819
5904 5957 6091 6143 6503 6782 6801
6848 6921 6938 6991 7034 7125 7289
7300 7321 7552–7553 7783 7990 8465
8723 8863 9041 9075 9122 9455 9526
9957 9987 10266 10413 (67 Belege)
mensa et cohabitatio 7448
mensa mon. 527 3631 4017 9742
mensa par. eccl. 1814
mensa prep. et capit. 10074
mensa univ. 2273 7840–7841
mensarius 1946 10526
mense → procur.
mensibus ap. → vacat. etiam in
mensibus febr., apr., iun., aug., oct. et
decb. → vac. in
mensibus febr., apr., iun., aug., oct. et
decb. → vacat. in
mensibus → vac. ap. sed. n. reservatis alternatis
mensis 7 11 18 42–43 134 138 183 185
188 195 205 217 222–223 241 294 296
328–329 372 379 392–393 413 425–426
431 458–459 469 471 517–518 520 524
529 532 564 575 636 654 671 673–674
679 681 687 708 717 727 737 741 765
779 803 839 845 857 860–861 904 930
1002 1021 1029–1031 1089 1123 1147
1159 1172 1184 1194 1202 1224 1233
1237 1241 1272 1400 1412 1414 1426
1430 1445 1449 1533 1608 1659 1698
1732 1741 1746 1770 1779 1841 1843
1845–1846 1860 1936 1972 1982 1994
2007 2040 2052 2060 2094 2096 2101
2108 2110–2111 2138 2161 2163 2177
2242 2272 2275 2297 2320 2330 2340
2347–2348 2372 2374 2377 2396 2438
2440 2446 2458 2473 2484 2489 2535
2549 2619 2632 2637 2652 2670 2679

2689 2793–2794 2798 2841 2854 2885
2905 2926 2945 2970 2990 3047 3083
3085 3151–3152 3162 3176 3215 3221
3270 3354 3389 3399 3410 3454 3457
3465 3474 3525–3526 3549 3583 3613
3670 3672 3683 3692 3702 3705 3722
3730 3733 3748 3775 3782 3806 3851
3876 3972 4011 4017 4019 4085 4091
4183 4190 4231 4258 4280 4284 4331
4340 4376 4402 4484 4504 4527–4528
4547–4549 4551 4567–4568 4595–4596
4614 4618 4631 4637 4649 4672 4677
4719 4763 4783–4787 4791 4796 4806
4848 4868 4886 4925 4931 4946 4958
4961 4976 4982 4994 5029 5052 5061
5066 5108 5126 5154 5161 5194 5202
5217 5225 5227–5228 5247 5334 5347
5381 5409 5430 5496 5526 5534 5573
5600 5606 5624 5637 5650 5654–5655
5701 5725 5731–5732 5744 5794 5806
5825 5844 5854 5891 5907 5913 5916
5947 5972 5983 5985 5988 6016 6038–
6039 6042 6055–6057 6059 6082 6123
6133 6154 6185 6191 6217 6251 6264–
6265 6291 6381 6428 6432 6434 6453
6455 6527 6547 6553 6583 6602 6618
6671 6685 6693 6712 6729 6772 6811–
6812 6828 6850 6968 6991 7015 7022
7044 7049 7069 7080 7125 7140 7152
7161 7166–7167 7172 7176 7198 7220
7235 7255 7312 7321 7329 7359 7377
7445 7469 7477–7478 7488 7492 7533
7552–7553 7566 7620 7637 7642 7688
7740–7741 7748 7835 7839 7847 7852
7907 7951 7954 7962 7975 8032 8076
8081 8095 8110 8113 8131–8133 8198
8314 8360 8362 8368 8385 8395 8438
8441 8462 8464 8503 8536–8537 8550
8554–8555 8567 8604 8606 8640–8641
8674 8701–8702 8714 8716–8717 8762
8769 8777 8804 8823 8864 8868 8916
8921 8925 8994 8998 9004 9042 9047
9074 9090 9113 9127–9128 9137 9155
9160 9164 9180 9185 9205 9219 9227
9255 9257–9258 9286 9297 9302 9316
9326 9342 9346 9355 9388 9400 9404
9427 9438 9455 9472–9473 9505 9526
9553 9555 9582 9625 9668 9696 9709–
9710 9720–9721 9732 9742 9787 9796
9810 9816 9821 9825 9881 9897–9898
9901 9910 9923 9932 10047 10067–
10068 10071 10094 10096 10150

10170 10186 10217 10252 10278
10315 10346–10347 10381–10382
10413 10427 10453–10454 10480–
10481 10519 10526–10527 10595
(535 Belege)

mensis sept. in eccl. Lubic. → in prima
dominica

mensura 117 1312 2672 5971 6960 9121

mentio 13 18 26 29 42 44 79 82 109 121
132 144 195 260 285 292 338 420 457
471 529 564 687 731 802–803 863 921
957 1035 1063–1065 1082 1203 1206
1234 1236 1239 1414 1468 1581 1643
1673 1793 1844 1912 1934 2033 2050
2105–2106 2111 2133 2220 2226 2242
2267 2302 2373 2413 2439 2444 2462
2511 2609 2643 2650 2727 2791 2794
2831 2854 2892 2985 2987 3035 3102
3225 3232 3238 3365 3410 3487 3525–
3526 3547 3553 3556–3557 3582 3592
3610 3624 3677 3721 3748 3968 3982
4412 4483 4496 4568 4611 4678 4749
4774 4781 4786 4848 4879 4958 4961–
4962 4976 4994 4997 5029 5076 5113
5241 5329 5390 5430 5436 5534–5535
5540 5570 5581 5606 5636–5637 5653
5655 5684 5794 5796 5830 5865 5913
6038 6058–6059 6081 6090 6093 6144
6244 6264–6266 6338 6396 6447 6513
6673 6739 6792 6812 6934 6994 7068–
7070 7103 7108 7112 7288 7305 7321
7342 7383–7384 7491–7492 7500 7533
7614 7617 7677 7724 7740 7834 7839
7847 7851 7993 8130 8133 8165 8223
8259 8312 8439 8481 8486 8549 8581
8588 8637 8640 8685 8707 8797 8836
8930 8983 9010 9137 9148 9206 9233
9380 9400 9427 9631 9645 9740 9742
9764 9796 9821 9851 9866–9867 9870
9878 9916 9932 9937 9982 10018
10087 10110 10248 10257 10346–
10347 10367 10441 10454 10479–
10480 (244 Belege)

Mer vulg. nunc. → capel. s. Jacobi an der
merc. 8 185 190 217 297 319 371–372
392–393 468 489 495 595 613 628 654
667 671 708 779 932 1035 1137 1147
1202 1382 1708 1746 2159 2219 2340
2342 2428 2446 2566 2822 2825 2945
3102 3122 3143 3150 3153 3354 3388
3410 3549 3563 3632 3730 3775 3896
4017 4065 4357 4400 4553 4596 4600

4716 4785 4794 4848 4868 4936 5174
5177 5227 5503 5701 5748 5801 5986
6033 6095 6264 6283 6355 6381 6673
6801 6838 6842 6850 6878 6900 6935
7022 7044 7054 7125 7144 7172 7333
7353 7381 7384 7396 7413 7492–7493
7537 7552–7553 7682 7841 7937 8344
8462–8463 8535 8545 8567 8604 8627
8843 8983 9262 9342 9383 9427 9440
9733 9796 9986 10012 10070 10091–
10092 10095–10099 10168 10170
10262 10278 10478   (140 Belege)
mercantia 7144 7485 9122 9609
mercatores → absol.
mercatorum der schonefarer vulg. nunc.
    → vicar.
Mercatorum vulg. nunc. → eccl. s. Jacobi
mercatura 1551 10012
mercerius 10088
merces 766 2342 3176
mercor 8463
mercurius 10267
mereo 1434 2437 3548 7337 7742 7815
    10098
meretricisus 8463
meridies 6251
merito 10109
merciarius 10262
merum et mixtum imperium habet → ab-
    ba.
merus 2270 10012
merx 1730 2342
messias pape cursor 2323
mestus 731
metalla in territorio R. E. → facult. fodi-
    endi aurum, argentum, plumbum et al.
metalli mineris → lic. fodiendi pro
metallorum fodiendorum → capitula edita
    in provincia Saxonie sup. negotio
metallorum in provincia patrimonii b. Petri
    in Tuscia → negotium minerarum ar-
    genti et al.
metallum 4351 4498 4889 6281 6446
    10362
Meten. → libr. monete
meto 279 1499 1781 1870 1954 2127
    2142 2158 3766 4786 5223 5596 6067
    7066 7321 10258 10482 10624
                        (18 Belege)
metropolitanus 393 880 921 1578 1737
    1870 2150 2209 2360 2987 3646 3684
    4067 4994 7002 7501 9258 9400 9466
    9825   (20 Belege)

metropoliticus 3897
metus 58 280 527 765 1051 1616 3009
    4822 7236 7306 7506 7528 7815 7835
    9554 9634 10169   (17 Belege)
migro 1154
mil. 1 13 61 65 67 70 121 126–127 131
    134 141 152 184 188 215 218 222 258
    261 265 267 298 312 319 321 339 368
    439 456 473 516 540 600 608 619 623
    647 670 672 677 685 702 707 732 756
    797 800 811 817 831 835 839 842 850
    859 905 911 917 932 935 955 971 993
    997 1009 1017 1041 1051 1062 1064
    1067 1075 1088 1111 1119 1123 1141
    1150 1158 1168 1194 1253 1259 1268
    1291 1311 1315 1376 1415 1425 1485
    1488 1496 1528 1578 1611 1633 1640
    1671–1672 1683–1684 1700 1712 1738
    1795 1805 1833 1838 1841–1842 1857
    1863 1880 1885–1886 1936 1946 1991
    1995 2017 2029 2031–2032 2038 2061
    2094–2095 2116 2118 2120 2125 2152
    2155 2160–2161 2177 2255 2267 2276
    2292 2327 2333 2346 2351 2353 2361
    2366 2370 2377 2397 2402 2408 2444
    2455 2469 2474 2491 2507 2511–2512
    2515 2523 2527–2528 2542 2549–2550
    2554 2562 2569 2600–2601 2611 2616
    2621 2626 2637–2638 2642 2650 2661
    2669 2674 2688 2703 2717 2734 2737
    2745 2748 2830 2845 2862 2929 2931
    2944–2945 2970 2985 2987 3002 3056
    3079 3082–3086 3090 3111–3112 3126
    3187 3226 3294 3296 3309 3317 3353
    3359 3439 3446 3498 3505 3516 3526
    3528 3548 3578 3593–3594 3613 3628
    3637 3659–3660 3685 3698 3700 3721
    3736 3752 3782 3801 3825 3856 3859
    3868 3881 3914 3947 3984 4011 4021
    4027–4028 4052 4066–4067 4093 4155
    4280 4282 4294 4347 4387 4401 4438
    4452 4473 4486 4512 4544 4611 4614
    4617–4618 4636 4643 4678 4689–4690
    4731 4791 4814 4825 4850 4856–4857
    4949 4952 4960 4965–4966 5037 5055
    5080 5087–5088 5183 5251 5253 5284
    5297 5317 5370 5377 5416 5453 5461
    5491–5492 5524 5588 5603 5616 5630
    5632 5704 5751 5809 5858 5931 5968
    6016 6020 6142 6195 6256 6263 6274
    6315 6340 6384 6388 6429 6499 6515
    6522–6523 6561 6564 6579 6601 6636

6643 6661 6691 6732 6736 6746 6778
6840–6841 6913 6919 6935 6973 6991
7002 7039 7043 7049 7051 7066 7096
7110 7171 7230 7235 7241 7262 7303–
7304 7358 7381 7407 7413 7425 7466
7469 7482 7484 7490 7518 7520 7526
7548 7582 7689 7711 7719 7740 7760
7782 7789 7823 7834 7837–7840 7846–
7848 7850 7853 7855 7899 7932 7963
7965 7968 7975 7988 7999 8003 8039
8063 8091 8096 8218 8365 8390 8428
8487 8489 8510 8515 8521 8527 8530
8534 8545 8554 8556–8557 8715 8802
8863 8876 8882 8902 8908 8912 9016
9049 9065 9071 9088 9125 9155 9159
9173 9193 9195 9211 9232 9300 9312
9316–9318 9321 9327–9328 9344 9354
9374 9384–9385 9388 9427 9455 9457
9554 9592 9596 9637 9642 9651 9655
9676 9680 9689 9713–9714 9723 9763
9783 9804 9806 9809 9812 9874 9877
9886–9887 9947 9970 9979 9983–9985
10026 10033 10067 10069–10070
10077 10123 10127 10144 10173–
10174 10193 10201 10217 10222–
10223 10233 10254 10271 10278
10280 10283 10285 10289 10295
10320 10322 10352 10376 10387
10398 10408 10411 10420 10423
10427–10428 10438 10450 10455
10466 10478 10483 10493 10513
10526 10531 10548 10550 10567
10585 10596 10598–10599 10603
(561 Belege)

mil. gen. → de
mil. patron. 2511 4689 4966
milia, miliare 103 283 732 1044 1179
    1565 1645 1924 1941 2127 2158 2323
    2862 3037 3402 3431 4379 4535 4547
    4739 4828 5968 6282 6554 7104 7463
    9165 9185 9188 9382 9945 10092
    10142 10282 (34 Belege)
miliare Alamanicum / Theutonicum 732
    1044 2127 3037 3431 4739 5968 7104
    7463 9165 9188 (11 Belege)
miliare Italicum 1044 1179 1645 1941
    2127 2158 3037 9945 10282
militaris 848 3086 7986
militia 24 126 273 1799 2344 4397 4535
    5809 6291 7522 7986 9100 9384 9527–
    9528 10373 10550 (17 Belege)

milito 2341 9262 9527 9937
mille 731 10111
min. 4 18 29 52 66 82 92 105 115 129
    131–132 138 152 183 185 190 193 195
    198 201 214 247 254 262 339 353 367
    371–372 379 389 435 438 459 469 471
    487 495 529 543–546 553 584 620 628
    635–636 665 671 711 719 732 741 765
    800 812 832 876 879 890 932 943 972
    979 997 1035–1036 1051 1057 1127
    1137 1171 1188 1202 1236 1250 1252
    1291 1303 1332 1339 1347 1400 1445
    1542 1546 1555 1577 1599 1605 1635–
    1636 1666 1670–1671 1711 1715 1739
    1742 1746 1788 1831 1867–1868 1871
    1876 1909 1935 2016 2019 2050 2055
    2079 2124 2129 2139 2149 2159 2218
    2254–2255 2270 2281 2285 2323 2327
    2350 2382 2395 2440 2460 2476 2495
    2521 2549–2550 2555 2574 2621 2659
    2673 2689 2710 2714 2723 2735 2745
    2756 2761 2764 2791 2796–2797 2813
    2819 2829 2835 2855 2879 2891 2894
    2936 2947 2949 2960 2983 2987 3076
    3079 3084 3086 3090 3102 3106 3122
    3150 3155 3208 3220 3232 3250 3273
    3291 3316 3359 3370 3385 3433 3438
    3448 3452 3472 3528 3537 3547 3561
    3566 3570 3584 3590 3612 3627 3636
    3674 3678 3691 3699 3701 3729 3748–
    3749 3800 3806 3844 3848 3896 3934
    3940 3971 3998 4026 4057 4062 4105
    4151 4156 4164 4169 4248 4259 4271
    4282 4340 4395 4442 4446 4463 4473
    4490 4525 4549 4560 4566 4568 4598
    4618 4645 4681 4688 4693 4780 4794
    4814 4867 4907 4963 5006 5029 5038–
    5039 5108 5147 5202 5219 5222 5238
    5255 5282 5327 5357 5365–5366 5371
    5431–5432 5438 5443 5464 5496 5504
    5568–5570 5589 5593 5601 5608 5643
    5669 5687 5701 5713–5714 5716 5747
    5798 5816 5876 5892 5928 5943 5958
    5964 6010 6045 6054 6072 6082 6109
    6145 6160 6182 6184 6194 6233 6263
    6266 6291 6293 6327 6338 6350 6381
    6385 6455 6472 6486 6502 6523 6530
    6551–6552 6565 6573 6578 6602 6609
    6673 6712 6722 6746 6762 6764 6781
    6787 6791 6845 6876 6892 6915 6936
    6958 6963 6965 6977 6991 6996 6999
    7014 7035 7054 7066–7069 7078–7080

7125 7134 7167 7184 7199 7205 7210
7214 7226 7253 7276 7294 7314 7330
7338 7372 7383–7384 7389 7396 7407
7413 7469 7476–7477 7490 7503 7530
7552–7553 7558 7566 7581–7582
7597–7598 7602 7606 7620 7629 7634
7641 7663 7705 7708 7710 7732 7738
7750 7760 7764 7779 7791 7798 7809
7821 7825 7830 7842 7845 7896 7913
7937 7962 7971 7980 7993–7994 8005
8012 8014 8066 8082 8092 8110 8135
8147 8198 8205 8218 8232 8236 8242
8295 8298 8309 8314 8351 8407 8451
8476 8519 8525 8529 8534–8535 8545
8564 8576 8582 8594 8641 8658 8670
8690 8707 8728–8729 8752 8770 8781
8849 8860 8864 8894 8933 8937 8956
8959–8960 9010 9014 9047 9065 9067
9071 9121–9122 9142 9193 9199 9204
9225 9232 9258 9287 9310 9348 9379
9400 9422 9440 9473 9502 9507 9517
9526 9531 9544–9546 9564 9580–9581
9627 9644 9665 9668 9709 9720 9729
9740 9742 9747 9760 9762 9786 9793
9820 9847 9865–9866 9872 9890 9892–
9893 9897–9898 9900–9901 9966 9974
9997 10069 10071 10073 10150 10200
10258 10277 10315 10319 10339
10341 10375 10380 10388 10435
10475 10480 10493 10512 10538
10571 10583 10594 10602 10604
10617 10625   (581 Belege)
min. de observ. reg. recipiendi novam do-
    mum → lic. pro fr. o.
min. ord.   → disp. ad
min. penit.   → absol. c. pot.
min. penit.   → pot.
min. preb.   → can. et
min. preb. Cristana nunc. 5038 5371 7980
    9865
min. presidentia abbrev.   → de
min.   → serv.
minatio 6816
mine 1959
minera 2078 3733 4351 4889 6446 9327
mineralis 3733
minerarum argenti et al. metallorum in
    provincia patrimonii b. Petri in Tuscia
    → negotium
minerarum fodiendarum → mag. montium
    et

mineris → lic. fodiendi pro metalli
minister 469 527 623 628 979 1042 1186
    1209 1236 1527 1615 1707 2244 2343
    3268 3391 3431 3434 3542 3590 4569
    4729 6653 8237 8638 10267 10403
                            (27 Belege)
minister o.fr.min. provincie Argent. 3268
ministerialis 880 3176
ministerium 201 290 379 391 417 544
    897 934 1085–1086 1119 1647 1728
    2232 2315 2476 2658 3806 4025 4320
    4389 4479 4506 4572 4867 4907 4930
    4966 5321 5487 6188 6253 6411 6565
    6590 6689 6810 7079 7145 7613 7828
    8335 8434 8658 9135 9146 9382 9409
    9569 10224 10411 10481   (52 Belege)
ministra 279 1941
ministrare sacramenta → absol. ut possint
ministrare valeat → absol. ut etiam in off.
    alt.
ministro 57 201 379 391 417 544 663 790
    934 1044 1119 1581 1647 1698 1772
    1871 2078 2080 2270 2315 2347 2364
    2658 2829 3021 3102 3146 3223 3308
    3393 3473 3806 3971 4057 4201 4320
    4479 4562 4654 4739 4809 4867 4930
    4966 5156 5321 5342 5461 5487 5537
    5947 6128 6442 6590 7079 7390 7480
    7491 7805 7830 8335 8434 8463 9003
    9065 9146 9249 9382 9409 9454 9569
    10069 10224 10411 10481 (75 Belege)
ministro provincie ut ref. conv. iuxta con-
    stit. Martinianas → committ.
minorennis 8445 9534
minores penitentiarii → absol. possunt
minori iustitia → abbrev. et corrector litt.
    de
minori parco → abbrev. in
minoro 996
minuo 2549 5453 6677
minus 352 529 619 1243 1626 1707 1869
    1972 2346 3176 7299 7426 7501 8010
    9858 9935 10413   (17 Belege)
minuta 2159 4271 6712 6991 7066–7067
    10282
miraculosus 3772
miraculum 119 527 847 965 3772 4410
    4424 5598 5697 7337 7996 8464 9244
                            (13 Belege)
miraculum s. Materni 527
miror 352 2448 4529 7381 9528 9854

mirus 731

misceo 2270 2436 6991 7553 10012

miser 3032

miserabilis 98 105 1241 1707 4028 5400
8001

miserarum personarum hospitalitas →
peregrinorum infirmorum languentium
ac al.

misericordia 7537

Misnen. → horas can. dicere secundum
usum eccl.

missa 8 103 177 237 269 279 283 285 310
318 327 341 442 620 659 710 741 807
992 1178 1236 1240 1250 1527 1631
1647 1772 1793 1797 1867 1870 1941
1961 2033 2040 2066 2077–2078 2128
2131 2136 2138 2150 2218–2219 2270
2274 2389 2463 2792 2848 2862 2910
2993 3033 3125 3152–3153 3272 3308
3410 3431 3473–3474 3513 3528 3610
3617 3619 3655 4028 4040 4297 4319
4409 4424 4451 4569 4603 4611 4745
4779 4820 4983 5279 5391 5448 5600
5703 5850 5881 5887 5903 5913 5981
5999 6128 6194 6327 6389 6554 6591
6941 6975 6996 7083 7106 7252 7460
7470 7472 7477 7486 7533 7579 7651
7659 7815 7860 7897 7986 7991 7997
8037 8075 8266 8273 8314 8452 8460
8462 8553 8601 8627 8730 8795 8907
8957 9003 9041 9055 9065 9077 9098
9188 9214 9271 9303 9328 9446 9510
9594 9598 9607 9616 9629 9742 9881
9914 9925 9960 9984 9989 10031
10074 10076 10267 10282 10408
10476 10493 10518 10520 10545
10597 10622 10624 (177 Belege)

missa de Corpore Christi 7994

missa de s. Cruce 9881

missa et hora b. Marie → perp.

missa hebdomadaria vulg. nunc. → vicar.
sive

missarius 8918

misse → absol. et transl.

missio 106 190 224 431 762 1972 2347
2416 7383 7990 8488 9330 9940 9982
10087 (15 Belege)

missivus 2020

mitra 682 1016 1250 1773 1876 2011
2077 2138 2416 2690 2983 3071 3436
4016 4535 4543 4656 6194 6216 6327
6505 6707 6931 7104 7128 7465 7986

8473 9065 9585 9742 10031 10266
(33 Belege)

mitra anulo → lic. utendi

mitra baculo anulo sandaliis → lic. utendi

mitra episc. uti → abb. mon.

mitra, baculo et al. pontific. insigniis uti
possit → abb. mon.

mitre → facult. conc. abb. usum

mittitur → aep. Craynen. in manibus sed.
ap.

mitto 33 106 108 119 223–224 339 352–
353 431 433 468–469 619 636 700 730–
732 761–762 782 880 960 1233 1241
1567 1628 1674 1737 1742 1801 1874
1972 2021 2078 2270 2323 2346–2349
2417 2448 2522 2550 2620 2746 2916
3051 3085 3175–3176 3525 3548 3772
3852 3862 3892 4357 4391 4473 4509
4529 4563 4635–4636 4666 5035 5524
5538 5581 5597 5620 5870 6016 6053
6154 6811 7059 7321 7328–7330 7337
7381–7382 7489–7492 7742 7815 7841
7994 8087 8226 8259 8421 8460 8463
8507 8535 8573 8688 8697 8907 8929
9041 9045 9096 9213 9244 9258 9299
9327 9329–9330 9412 9528 9546 9629
9881 9960 10087 10092–10093 10095
10097–10099 10109–10112 10170
10267 10282 10305 10533 (140 Belege)

mixtum imperium habet → abba. merum
et

mobilis 186 528 1726 1739 2091 2164
3036 3096 3155 4028 4183 5177 6138
7223 7469 7490 7506 8186 9142 9446
9458 9642 (22 Belege)

moderate 4257

modernus 265 525 527 658 762 765 880
996 1180 1190 1209 1250 1578 1851
1868 2035 2079 2090 2138 2267 2342–
2344 2389 2440 2474 2740 2831 3074
3102 3106 3391 3697 3772 3846 3946
4374 4857 5110 5165 5267 5534 5693
5968 6016 6082 6442 6458 6691 7060
7078 7424 7478 7542 7553 7705 7812
7841 8064 8454 8489 8726 8808 9065
9155 9182 9249 9259 9380 9545 9858
10110 10257 (73 Belege)

modernus senio confractus → abb.

moderor 7997

modestia 10087

modicus 989 1732 1739 1814 2343 4907
5321 6183 8719 9214 9409 9589 9609
9932 10088 10098 (16 Belege)

modificatio 10413

modius 4692 6960

modum castri constructa → par. eccl. c. 2 turribus fortissimis ad

modus 8 107 205 222 352 412 451 520 526–527 643 671 731–732 1163 1269 1369 1548 1656 1807 1840 1844–1845 1946 1979 1994 2078 2105–2107 2111 2113 2271 2315–2316 2346 2348 2396 2461 2522 2550 2577 2680 2740 2779– 2780 2841 2845 2852 2900 2964 2990 3035 3051 3082 3084 3096 3148 3176 3306 3455 3465 3492 3553 3581 3691 3705 3774 3823 3848 3880 3900 3997 4067 4182 4211 4213 4284 4331 4359 4396 4476 4502 4588 4614 4642 4672 4692 4796 4847 4860 4887 4890–4891 4908 5056 5130 5155 5202 5346 5370 5420 5503 5523 5533 5535 5649 5725 5732 5737 5793 5865 5917 5922 6058 6125 6283 6296 6324 6354 6447 6513 6547 6644 6694 6706 6739 6884 6921 6930 6938 7034 7244 7321 7323 7330 7383 7489–7491 7500 7553 7815 7838 7872 7953 8083 8291 8385 8456 8474 8503 8652 8672 9026 9045 9066 9127 9251 9292 9710 9730 9857 9887 10063 10088 10094 10110–10111 10345 10380 10486 10531 10605 (174 Belege)

modus habende diete 732

molendinum 170 932 1645 1737 3385 3684 7470 9527

molendinum Tarlimolen vulg. nunc. → cur. et

molendinum Torlumolen vulg. appellatum 170

molestatio 3076 3106 4957 5074 10031

molestator 861 7994

molestentur → hebreos in personis vel bonis n.

molestia 1005 2340 3176 4320 6922 7383 7479

molestio 2256

molesto 7 105 274 658 725 834 1190 1237 1551 2356 2433 3088 3144 3435 3590 3646 3689 4028 4964 5503 6935 7078 7985 8165 8374 8460 8658 9244 9449 9504 9732 10169 10490
(33 Belege)

molior 186 732 3175 7382 9327

mon. (1919 Belege)

mon. a censuris → absol. monach.

mon. → abb. lic. standi in al.

mon. → abba. et

mon. amovit → abba. a regimine

mon. Bursfelden. presidens → abb.

mon. → coll.

mon. → facult. confer. fam. suis quecumque

mon. → facult. erig. et fund. quecumque

mon. habet iurisd. episc. → abb.

mon.] in Velpach) ad sed. ap. → orator (prep. [

mon. mitra episc. uti → abb.

mon. mitra, baculo et al. pontific. insigniis uti possit → abb.

mon. monial. → facult. conc. ingr.

mon. monial. → lic. ingrediendi in

mon. monial. personaliter visitare n. potest → propter loci distantiam ac idiomatis differentiam

mon. p. ipsam beatam Birgittam [de Swecia] fundatum 1732

mon. p. nonnullos principes seu illustres fundatum 9930

mon. Parcen. o. Prem. Leod. dioc. (in quo Theutonicum idioma vulgare habetur) 9742

mon. presb. sec. present. → abb.

mon. prope muros op. Sunth Zwerin. dioc. ord. s. Salvatoris vulg. s. Brigide nunc. 7546

mon. quod p. prep. sec. et abba. regi consuevit 7341

mon. reserv. → abb.

mon. s. Gorgonii (Gorgenni) vulg. Gorgia nunc. 8715

mon. → transtulit ius patron. ad

mon. Tuicien. → transferatio in flumine Reni inter Coloniam et

mon. → vac. p. ingr.

mon. → vacat. p. ingr.

mon. vagando bona dilapidavit → abb. e.m.

mon. vulg. nunc. gasthuus 8316

monach. 20 47 87 117 119 138 210 294 373 409 451 520 584 610 620 628 631 658 687 722 725 763 842 900 963 1007 1122 1243 1250 1253 1383 1419 1492 1578 1647 1657 1711 1725 1792 1801 1826 1875 1882 1911 1940 1946–1947 2010 2030 2034 2049 2091 2138 2267 2300 2315–2316 2322 2340–2345

2393–2394 2415–2416 2418 2444 2547
2575 2623 2632 2653 2712 2740 2831
2835 2838 2862 2893 2922 2960 2970
2983 3009 3012 3112 3166 3308 3443
3463 3473 3629 3689 3698–3699 3728
3946 3998 4038 4113 4183 4225 4245
4313 4358 4401 4410 4414 4432 4447
4474 4499 4508 4536 4567 4633 4666
4782 4800 4820 4829 4981 5029 5110
5175 5404 5419 5449 5461 5464 5516
5626 5730 5748 5894 5956 5999 6105
6143 6327 6406 6455 6515 6710 6816
6922 6931 7010 7033 7054 7104 7118
7161 7233 7276 7404 7439 7470–7471
7524 7741 7762 7831 7882 7884 8002
8012 8076 8210 8267 8349 8371 8398
8417 8423–8424 8474 8510 8525 8672
8685 8707 8888 8956 8996 9003 9065
9085 9118 9142 9180 9224 9249 9259
9295 9327–9328 9350 9453 9461 9531
9569 9576 9621 9711 9793 9858 9878
9886 9903 9940 9958 9997 10054
10065 10150 10181–10182 10184
10243 10294 10302 10334 10359
10385 10413 10432 10458 10466
10574 10583   (234 Belege)
monach. → dissensiones inter abb. et
monach. → facult. recipiendi certos fr. ex
    ordinibus mendicantium in
monach. mon. a censuris → absol.
monach. vel can. reg. accedere → facult.
    conc.
monachalis 105 1235
monachi de natione Scotica → abb. et
monachi nigri → presidentes, abb. et
monarcha 10087
Monast. consiliarius → ep.
Monast. personaliter visitaret → indulg.
    permereri val. acsi eccl. civit.
monasterium → facult. erig. domum in
monasterium monial. o.s. Aug. erigere →
    dom. sive hosp. in
monasteriunculum 3130
monasticus 609 2923
moneo 732 1793 2270 2346–2347 2928
    3175–3176 3232 4167 4374 4995 5496
    5534 5600 7186 7236 7382 7469 7734
    7742 8460 9383 9461 9711 9935 10056
                                (27 Belege)
moneta 42 68 186 371 392 471 485 537
    548 559 569 581 586 602 628 693 876
    959 1031 1057 1190 1193 1202 1218

1237 1263 1391 1500 1553 1627 1722
1742 1812 1840 1851 1912 1926 2025
2069 2135 2220 2226 2247 2451 2457
2479 2684 2822 2825 2853 2898 2910
2941 2989 3035 3155 3163 3214 3217
3221 3239 3264 3318 3320 3354 3377
3385 3525 3576 3595 3631 3641 3716
3788 3803 3813 3892 3968 4060 4071
4075 4092 4096 4150 4164 4198 4255
4260 4367 4395 4457 4522 4545 4547
4588 4596 4645 4668 4711 4753 4793
4827–4828 4847–4848 4868 4886 4919
4955 5092 5181 5185 5210 5243 5286
5425 5436–5437 5460 5468 5496 5548
5599 5622 5645 5681 5709 5714 5725
5748 5764 5767 5775 5789 5813–5814
5837 5842 5878 5905 5916 5936 5957
6058 6074 6136 6191 6205 6219 6266
6453 6470 6489 6510 6693 6720 6775
6786 6805 6891 6899 6902 6916 7022
7100 7125 7156 7186 7244 7384 7396
7401 7450 7458 7492 7518 7521 7748
7760 7815 7868 7922 8061 8132 8238
8331 8444 8464 8559 8679 8696 8727
8766 8803 8820 8854 8868–8869 8874
8925 9045–9046 9049 9147 9231 9249
9362–9363 9409 9423 9440 9456 9576
9592 9615 9623 9628–9629 9636 9649
9684 9697 9707 9751 9777 9796 9881
9933 10071 10162 10174 10318 10345–
10346 10360 10386 10434 10539
10583   (239 Belege)
moneta → valor fruct. / red. beneficiorum
    [pars separata in fine appensa]
moneta Argent. 186 5185
moneta Barren. 2226 2247 6136 9576
moneta Brabantie 1190 2457 3813 4092
    6219 6510 8061 8766
moneta Bremen. 3595
moneta Bruggen. 42 9796
moneta Burgundie 5053 8766 9231
moneta Colon. 537 1190 2910 3788 5764
    5767 5789
moneta communis 1742
moneta currens 5622 8803
moneta currens in Artesio 9147
moneta currens Leod. 2822 9684
moneta electorum imper. 1912 2898 3035
    3221 3239 3318 3892 5936 6775 6916
    7401 9697 10434   (13 Belege)
moneta Embicen. 9629

moneta Flandrie 485 559 581 586 602
  1391 1553 1722 1926 2451 2825 2941
  2989 3214 4060 4071 4075 4096 4150
  4367 4457 4522 4588 4711 4793 4827
  4847–4848 4919 5425 5436 5460 5645
  5681 5709 5714 5748 5813 5842 6058
  6786 7100 7450 8238 8559 8820 8854
  8925 9409 9707 9751 9777 10162
  10346 10386 10539   (56 Belege)
moneta Franckforden. 2220
moneta Francie 559 4522 6720 7815 8869
  9615
moneta Gelrie 9592
moneta Halberstad. 3163
moneta Hamburgen. 2069
moneta Hanonie 5837
moneta Hollandie 8444
moneta illarum partium 5468 6489 6902
  7868 8696
moneta illius patrie 4668 5286
moneta imper. 9649
moneta in Bavaria currens 876 7922
moneta in civit. et dioc. Colon. 3631 5243
  6805
moneta in illis partibus currens 628 5905
  7748
moneta in Louvania 7244
moneta in regno Polonie 6266
moneta Lothoringie 1840
moneta Lubic. 693 2025 5725 5878 7521
  9628–9629 9636 9881
moneta Meten. 8868 8874
moneta Monacen. 3385
moneta op. Aquen. 10318
moneta op. Lantzhuett 7760 9362
moneta Paderburn. 5814
moneta pro quolibet fl. 4071
moneta Romana 371 1057 3155 4164
  4645 5496 7125 7384 7396 9440
moneta Sabaudie 1031 6453
moneta Salzeburg. 9249
moneta Thuringie 10071
moneta Wratislavie 2479
monete 4 electorum imper. boni et iusti
  ponderis → 24 fl. renen. superiorum
  auri
monete 4 electorum imper. → 30 fl. renen.
monete Flandrie → libr.
monete → libr.
monete Lubic. → den.
monete Lubic. → libr.

monete Meten. → libr.
monete Romane → den.
monete Salzeburg. → libr. den.
monial. 10 59 87 102 113 119 141 148
  224 246 264 267 269–271 276–278 329
  348 352 445 471 474 527–529 568 571
  582 612 615–616 620 762 764–765
  789–790 850 858 872 984 997 1030
  1048 1050 1068 1172–1173 1180–1181
  1184 1187 1234–1235 1238 1240–1242
  1266 1313 1465 1489 1508 1533 1582
  1618 1678 1696–1697 1701–1702 1708
  1739 1798 1814 1840 1865 1869 1871
  1877 1909 1930 1945–1946 1955–1956
  1959 1965 2008 2033 2035–2036 2044
  2077 2089–2090 2099 2106–2108 2138
  2214 2217 2269 2293 2341 2345 2349
  2355 2381 2391 2393 2417 2420 2428
  2444 2534 2542 2605 2609 2667 2684
  2689 2712 2914 2923 3041 3057 3077
  3100 3157 3295 3323 3345 3424 3510
  3597 3615 3684 3686 3695 3711 3742
  3747 3753 3785 3843 3917 3941 3947
  4013 4019 4035 4050 4126 4211 4229
  4344 4384 4407 4421 4447 4470 4474
  4482 4523 4535 4566 4678 4748 4764
  4892 4957 5196 5237 5340 5342 5358
  5404 5426 5451 5524 5586 5598 5607
  5652 5692 5798 5805 5862 5981 6002
  6026 6067 6070 6144 6154 6648 6758
  6816 6933 7044 7136 7167 7256 7341
  7359 7413 7438 7472 7479 7481 7501
  7517–7518 7522 7528 7530 7532 7534
  7539 7544 7548–7549 7562–7563 7696
  7795 7861 7872 7954 7984 7993 7996
  8003 8057 8092 8168 8181 8183 8262
  8297 8357 8449 8453 8456 8460–8461
  8468 8534 8573 8596 8623 8701 8707
  8718 8779 8783 8962 9026 9030 9038
  9049 9065–9066 9073 9098 9103 9119
  9124 9160 9171 9180 9229 9240 9249
  9283 9329 9371 9424 9511–9512 9584
  9586–9587 9589 9596 9618 9627 9667
  9671 9715 9734 9742 9808 9862 9930
  9936 10065 10073 10084 10103–10104
  10106 10137–10138 10141 10181
  10184 10215 10218 10259 10267
  10279 10306 10354–10355 10361
  10373 10381 10413 10458 10466
  10498 10620   (327 Belege)
monial. → abba. et

monial. → facult. conc. ingr. mon.

monial. → lic. compescendi et velandi abba. et

monial. → lic. ingrediendi in mon.

monial. o.s. Aug. erigere → dom. sive hosp. in monasterium

monial. personaliter visitare n. potest → propter loci distantiam ac idiomatis differentiam mon.

moniales igne combuste fuerunt 9589

moniales nonnulli can. / cler. sec. → preter abba. et canonissas /

monitio 744 1445 1732 2928 2948 3232 3692 3695 6447 6502 7994 8581 9165 9169 9582 10075   (16 Belege)

monitorialis 9777

Monitorisauri al. / vulg. Mangolt 3524

monitorium 9936

monitorius 273–274 451 1678 1844 2107 2118 2256 2372 2549–2550 2790 2845 3116 3527 3692 3694 3922 3983 4085 4374 4568 4783–4784 4821 4958 5052 5674 5912–5913 6039 6217 6712 7067 7069 7144 7186 8205 8534 8560 9527 9812 9932 10520   (44 Belege)

monocularis 2480 6417

Monpoydel vulg. nunc. → preb. Ruipoydel et

mons 532 919 1044 1237 1497 2035 2379 3157 3642 4568 4889 5609 5885 6502 6697 7978 8100 8518 8843 9343 10212   (21 Belege)

mons s. Marie virg. vulg. Vrowberge nunc. 1237

mons vulg. Hisckenberg (Insenbergh) 532

montanus 9327

Monten. ac comitis de Ravensberge consiliarius → ducis Julie / ducis Juliacen. et

montium et minerarum fodiendarum → mag.

mora 352 393 619 2342 2346 2793 2929 3597 3602 3655 4536 4581 5036 6876 7383 7568 8507 8756 9383 10099   (20 Belege)

moratorium 393 708 779 1233 2345 2446 3549 3775 3897 4484 5503 5715 7044 7642 8464 9711 10183–10184   (18 Belege)

moratorium → absol. et

morbillus 5815

morbositas 7486

morbus 996 3805 4820 4867 5815 8679 9489

morbus elephantie 3805

more univ. → facult. c. privil. etc.

morem / ritum / stilum / usum R. E. → horas can. dicere iuxta

morem eccl. Argent. → horas can. dicere iuxta

morior 1569 2511 2805 4433 9294

moror 187 631 720 1235 1870 1941 2345 2928 3940 4110 5618 6442 7329 7428 7527 9106   (16 Belege)

mors 190 201 230 379 527 620 670 861 935 971 1171 1569 1689 1793 1959 1962 1965 2254 2315 2658 2820 3197 3622 3632 3971 4028 4583 4595 5604 5697 6125 6301 6526 6534 6565 6590 6614 6677 6948 7088 7165 7231 7531 7558 7744 7815 7875 7937 8259 8376 8434 8734 9003 9096 9306 9504 9841 10092 10172 10411 10481 (61 Belege)

mortalis 417 620

mortifico 3772

mortuus 118 1233 1447 1753 2138 2244 2389 3537 3874 4025 4084 4586 6586 7479–7480 7772 9294 9379 (18 Belege)

mos 112 154 352 658 741 877 889 932 1006 1920 2040 2107 2226 2342 2344 2349 2442 2792 2936 2986 3093 3125 3161 3215 3308 3436 3890 3922 3984 4236 4257 4281 4476 4481 4536 4637 4873 4892 4909 5217 6057 6227 6297 7167 7329 7413 7460 7594 8057 8065 8537 9042 9106 9121 9128 9824 9932 10212 10214 10380 10437 10525 10533   (63 Belege)

motivum 732

motu pr.   (1757 Belege)

motu pr. de parochialibus et de can. eccl. Frising. → Fiat

motu pr. pro 3 parafrenariis → Fiat

motus 1051 3859 4413 9942

moveo 190 201 620 732 2323 2941 3033 4120 4167 4374 7381 9002 9122 9732 9940 9982 10095 10111   (18 Belege)

mul. 56 58 72 95 105 117 268–269 272– 273 529 684 688–689 692 847 885 971 1049–1050 1075 1171 1176 1225 1235 1442 1519 1616 1622 1860 1955 1961– 1962 2127 2164 2213 2289 2298 2315– 2316 2343 2360 2365 2654 2857 2870

2910 3024 3144 3323 3346 3423 3473
3492 3657 3925 4265 4328 4515 4517
4562 4649 4749 4766 4783 4822 4932
4979 4981 4984 5097 5291 5317 5462
5549 5665 6079 6110 6122 6248 6251
6298 6385 6411 6507 6590 6622 6636
6702 6708 6772 7525 7531–7533 7611
7729 7866 7868 7881 7994 8374 8461
8463 8489 8542 8579 8715 8979 9003
9011 9066 9203 9224 9304 9308 9416
9420 9458 9504 9531 9699 9733 9805
9930 9933 10032 10037 10056 10147
10241 10283 10302 10607 (134 Belege)
mul. → abba. et
mul. → exten. indulg. ad
mul. maligno spiritu 45 hostias consecratas
ex eccl. abstulit 847
mul. postea iustitiata et combusta fuit 847
mulieris → absol. ab interemptione
multiplex 1005 1042
multipliciter 658 4503 6935 8461
multiplico 794
multitudo 965 2078 2219 2789 3772 4410
4424 5598 7304 7391 7814 7996–7997
8974 9620 9815 10215 (17 Belege)
multus 51 105 118–119 186 190 224 270
353 469 529 616 708 732 762 764–765
794 820 847 880 977 985 1137 1241
1314 1347 1854 1899 1951 2143 2215
2342 2346 2348–2349 2448 2511 2641
2692 2894 2926 3102 3155 3162 3223
3306 3390 3397 3665 3683 3843 4389
4391 4552 4569 4628 4636 4654 4659
4781 4784 5156 5404 5561 5581 5697
5730 5968 6003 6053 6344 6385 6931
7104 7236 7321 7382–7383 7406 7434
7464 7491 7558 7689 7742 7814–7815
7997–7998 8198 8269 8362 8376 8462
8464 9045 9122 9214 9242 9248 9374
9473 9501 9504 9631 9702 9941 10087
10093–10094 10110–10111 10174
10273 10330 10466 (117 Belege)
Munchhofe vulg. nunc. → curia ruralis de
mundanus 2035 5156
mundus 134 2548 3761 3984 7836 8226
9045 10111 10490
municipalis 690 5503
munio 529 732 1707 2035 2672 6003
6810 9003 9527 10074
munitio 880
munus 8 185 190 286 294 371 419 543
628 877 965 1057 1137 1201 1400

1444–1445 1711 1959 2010 2079 2159
2323 2343 2440 2442 2498 2960 3155
3896 3956 4211 4271 4473 4536 4814
5006 5496 6455 6503 6515 6553 6583
6712 6782 6938 7054 7072 7282 7413
7543 7752 7841 7913 8012 8309 8581
8637 8864 9066 9466 9544 9730 9762
9793 10094 10334 (67 Belege)
munus benedictionis → abba.
munus benedictionis → facult. recip.
munus consecr. → facult. recip.
munus consecr. → facult. suscipiendi
muratura 2636
muratus 529 7527 9061
murmuratio 7413
muros op. Lovanien. audiret → causam
infra
muros op. Sunth Zwerin. dioc. ord. s. Salvatoris vulg. s. Brigide nunc. → mon.
prope
murus 529 932 1181 1235 1240–1241
1243 1424 1863 2002 2025 2035 2044
2072 2420 2921 3102 3153 3232 3880
4324 4601 4659 4944 5143 5491 6003
6497 6817 7236 7546 8456 8464 8525
8715 9003 9768 9933 9935 (39 Belege)
musica 992 1982
musica expertis → capn. pro
mutatio 35 42 110 143 154 264 306 324
381 430 489 492 564 571 673 717 860
862–863 894 904 1025–1026 1065–
1066 1068 1089 1188 1196 1208 1303
1373 1387 1430 1461 1533 1632 1637
1715 1783 1840 1844–1845 2008 2040
2050 2099 2104 2107 2110 2226 2297
2320 2340 2372 2374 2446 2511 2670
2689 2724 2779 2789 2794 2831 2855
2907 3153 3227 3306 3402 3467 3489
3556 3581 3695 3712 3765 4067 4081
4129 4177 4255 4281–4282 4371 4476–
4477 4528 4547 4549 4558 4636 4726
4891–4892 4946 4956–4957 4980 5133
5154 5159 5223 5270 5272 5274 5375
5548 5579 5629 5649 5655 5664 5726
5770 5827 5865 5867 5879 5882 5887
5911 5923–5924 5985 5993 6051 6055
6059 6141 6233 6244 6293 6346 6414
6512 6790 6813 6891 7043 7049 7081
7109 7140 7148 7166–7167 7172 7283
7304 7614 7721 7738 7767 7834 7856
7880 7945 7970 7978 8057 8072 8155
8203 8426 8578 8623 8675 8701 8780

8804 8868 9007 9126 9128 9233 9286
9299 9342 9369 9380 9400 9468 9540
9557 9573 9581–9582 9668 9824–9825
9828 9985 10065 10435 10453
(197 Belege)

mutatio coll. 1844 2050 2099 2107 2297
2374 3581 3712 3765 4255 4281 4476
4528 5993 6346 6512 6813 6891 7049
7172 (20 Belege)

mutatio gr. expect. 35 42 110 143 154 306
381 430 489 492 564 571 673 717 860
862–863 894 904 1025–1026 1065–
1066 1068 1089 1188 1196 1208 1303
1373 1387 1430 1461 1632 1637 1715
1783 1845 2008 2040 2050 2104 2107
2110 2226 2372 2374 2446 2511 2670
2689 2724 2789 2794 2831 2855 2907
3153 3306 3402 3467 3489 3556 3695
3765 4067 4081 4282 4371 4476–4477
4528 4547 4549 4636 4891–4892 4957
4980 5133 5154 5159 5223 5270 5272
5274 5375 5548 5579 5629 5649 5655
5664 5726 5770 5827 5867 5879 5882
5887 5911 5923–5924 5985 6051 6055
6141 6233 6244 6293 6414 6790 7043
7081 7109 7148 7166–7167 7283 7304
7614 7721 7738 7767 7834 7856 7880
7945 7970 8057 8155 8426 8578 8623
8675 8701 8780 8804 8868 9007 9126
9233 9286 9299 9342 9369 9380 9400
9468 9540 9557 9573 9581–9582 9668
9824–9825 9828 9985 10435 10453
(161 Belege)

mutatio ord. 264

mutatus 860

mutilatio 1119 3161 3796

mutilitas 4766

mutilo 710 1951 2342 2476 3685 4389
4572 4654 5126 6590 6811–6812 7079
7828 8314 (15 Belege)

muto 105 1241 1414 1430 1567 2105
2310 2346 2373 2779 3162 4536 7090
7109 7125 8579 9668 (17 Belege)

mutuor 4257 4553 4784–4785 7520 9262

n. Alamanus) → natione Italicus (

n. confectis → litt. (desup.)

n. curatis → Fiat de

n. fuit → resign. admissa

n. intellegit nec intellegibiliter loquitur
idioma d. op. → n.o. quod Baldassar

n. intellegit nec intellegibiliter scit loqui
→ idioma quod communiter homines
nationis Germanice loquuntur

n. loquitur neque intellegit → idioma Teutonicum

n. potest → presb. in art. mag. qui p. 2 an.
post gradum mag. p. eum susceptum in
univ. stud. et facult. art. med. studuit et
a pluribus comitibus baronibus et al.
magnis nobilibus propter eius scientiam
et practicam in eadem arte in qua valde
expertus est saldariatus et stipendiatus
fuit tamen d. artem

n. potest → propter loci distantiam ac
idiomatis differentiam mon. monial.
personaliter visitare

n. prom. → de

n. prom. → disp. de

n. prom. → lic.

n. prom. → vac. p.

n. prom. → vacat. p.

n. prom. → vacat. p. resign. seu

n. recipiendo grad. doct. → relax. ab iuram. de

n. resid. → disp. de

n. resid. → lic.

n. responsionem libelli excom. exist. →
ob

n.o. 7 13 29 52 67 69 74 106 116 118 121
127 136 140 154 178 184 188 199 202
218 222 224–225 232 237 240 248 256
259–260 267–268 274 292 296 318 327
344 348 361 369–370 381 412 425–426
458 461 465 471 478 489 493 514 519
535–536 538 544 547 555 576 589 592
594 598 606 627 636 651 654 673–674
680 693 695 699–700 707 710 713 717
724 738–739 741 756 797–798 801–804
824 827–828 836 839 845 858 862 866
880 889–890 893 921 972 1003 1015
1025–1026 1029 1031 1064 1068 1070
1075 1081 1088 1091 1107 1109 1113–
1114 1129 1135 1150 1156 1209 1237
1252 1304 1352–1353 1358 1360 1364
1383 1394 1412 1414 1438 1444 1462
1467 1480 1489 1491 1559 1578 1586
1594 1600 1606 1611 1672 1674 1689
1693 1715 1719 1783 1788 1793 1802
1805 1807 1818–1819 1840 1879 1888–
1889 1912 1950 1972 1985 1994 2010
2016 2024 2032 2040 2071 2080 2097
2101 2104 2108–2110 2152–2153 2159

2167 2226 2228 2237 2267 2275 2288
2297 2299 2304 2322–2323 2327 2333
2335 2340 2356 2359 2371 2379 2402
2413 2430 2441 2462 2469–2470 2483
2509 2540 2549 2562 2564 2569 2574
2583 2590 2632–2633 2670 2684 2719
2724 2745 2762 2771 2780 2782 2794
2798–2799 2831 2835 2847 2854–2855
2866 2890–2891 2902 2910 2913 2926
2948 2985–2987 3008 3039 3046 3053
3058–3059 3063 3076 3086 3101 3105
3111 3118 3131 3135 3143 3179 3183
3191 3199 3201 3246 3258–3259 3317–
3318 3332 3350 3363 3366 3370 3389
3431 3438 3448–3449 3454 3459 3465
3469 3488 3492 3505–3506 3509 3511–
3512 3529 3553 3558 3571 3587 3631–
3632 3636 3643 3652 3660 3666 3678
3685–3686 3691 3694–3695 3702–3703
3707 3709 3720 3736 3755 3765 3803
3817 3843–3844 3862 3868 3876 3886
3891 3897 3920–3922 3969 3975 4004
4006 4011 4057 4066–4068 4113 4119
4129 4167 4193 4200 4213 4231 4255
4260 4276 4280 4282–4285 4304 4314
4321 4331 4358 4374 4378 4399 4419
4423 4462 4476 4507 4509 4520 4533
4547–4550 4552 4581 4596 4608 4625
4631 4636–4637 4641 4669 4671 4677
4680 4687 4706 4710 4720 4725–4726
4785–4787 4791 4796 4846 4867 4873
4877 4884 4891–4892 4924–4925
4932–4933 4958–4959 4961 4972 4978
4982 4987 5012 5045 5051 5062 5095
5102 5107 5115 5125 5131–5133 5160–
5161 5181 5186–5187 5203 5206 5210
5215 5219 5222–5223 5264 5281 5283–
5284 5291 5313 5317 5340 5347 5381–
5382 5384 5400 5419 5424 5430 5436
5440 5456 5459 5462 5470 5475 5491
5503 5519 5524 5527 5532 5534 5540
5548 5556 5573 5581 5596 5600–5601
5606–5607 5621 5637 5649 5673 5701
5716 5729 5732 5744–5745 5761 5768
5770 5776 5793 5804 5814 5825 5848
5881 5885 5900 5903 5913 5931 5944
5948 5951 5955 5959–5960 5985 5999
6006 6026 6030 6036 6038 6060 6071
6080–6081 6092–6093 6124–6125
6140 6142 6165 6172 6204 6251 6263
6266 6277 6296–6297 6301 6304 6330
6335 6339 6342 6350 6376 6384 6390

6414 6441 6456 6464 6472 6513 6520–
6521 6523 6546 6553 6580 6625 6630
6638 6660 6685 6744 6761 6803 6811–
6812 6830 6839 6851 6865 6900 6907–
6908 6956–6957 6970 6978 6996 7007
7068 7075 7078 7094–7095 7097–7098
7104 7117 7122 7132 7152 7160 7167
7171–7173 7179 7187 7194 7204 7208
7228 7236 7240 7252 7255 7275 7306
7312 7321 7344 7349 7352 7355 7376
7383 7394 7408 7414 7417 7422 7445
7447 7466–7467 7475 7484 7488 7492
7498 7518 7535 7553 7566 7578 7591
7613 7689 7707 7717 7728 7732–7733
7739 7744 7755 7774 7776 7780 7808
7838 7848–7849 7856 7911 7915 7922
7937 7939 7954 7962 7966 7980 7984
8000 8012 8018 8032 8056 8063 8073
8076 8081 8120–8121 8125 8129–8132
8135 8158 8168 8183 8198 8233 8262
8267 8285 8308 8314–8317 8355 8360
8362 8371–8372 8379 8386 8389 8395
8413 8417 8426 8439 8443 8462 8503
8506 8518 8520 8522 8529 8535 8544
8549 8557 8562 8565 8567–8568 8580
8583 8590 8608 8617 8629 8641 8660
8663 8666–8667 8686 8688 8691 8696
8701 8704 8707 8715 8718 8726 8729
8762 8765 8843 8849 8863 8865 8869
8873 8877 8884–8885 8895–8896 8904
8907 8952 8966 8978 8994 8996 9011
9030 9055 9089 9113 9137 9147 9187
9204 9206 9227 9229 9235 9239 9270
9273 9324 9328–9329 9346 9355 9369
9372 9379–9380 9400 9409 9412 9414
9435 9437 9466 9473 9480 9490 9511
9517 9527 9552–9554 9564–9565 9570
9581–9582 9628–9630 9634 9650 9657
9665 9681 9701 9734 9743 9751 9764
9766 9781 9787 9810 9812–9813 9824
9839 9856 9863 9874–9875 9897 9906
9908 9910–9911 9916 9923 9929 9940
9947 9982 9984 9986 10018 10020
10047 10066 10084 10090 10131
10155 10161 10165 10176 10212
10217 10245 10252–10253 10270
10279 10306 10309 10318 10324
10329 10332 10336 10347 10351
10354 10367 10380–10383 10387
10401 10434 10438 10444 10449
10451 10455 10459 10468 10481
10486 10493 10518 10520 10550
10597 10611 10625   (926 Belege)

n.o. quod Baldassar n. intellegit nec intellegibiliter loquitur idioma d. op. 654
n.o. reg. cancellarie quoad idioma 699
1783 1788 4378 8081
nanciscor 794
Nanneten. → univ. studii
Napel) vulg. nunc. → media preb. Nappel
(
Nappel (Napel) vulg. nunc. → media preb.
narratio 106 117 119 186 224 239 431
469 489 508 520 522 527 529 571 617
619 635 638 687 700 731 761–762 794
980 985 989 998 1071 1137 1163 1181
1233–1234 1240–1241 1567 1707 1730
1732 1742 1865 1874 1972 2035 2078
2136 2159 2178 2197 2199 2323 2341–
2348 2402 2415 2417 2424 2433 2448
2521 2548 2551 2916 2945 2964 3072
3175 3528 3897 4031 4272 4529 4536
4569 4606 4882 5074 5110 5126 5367
5524 5781 5947 6038 6086 6339 6381
6712 6931 6991 7102 7186 7321 7337
7391 7406 7469 7477–7478 7493 7742
7814–7815 7841 8460–8461 8516
8534–8535 8545 8688 8697 8707 9042
9044 9065–9066 9090 9213–9214 9258
9327 9329 9360 9431 9455 9501 9526
9597 9709 9711 9799 9803 9854 9932
9940 9982 10075 10097 10108 10110
10112 10267 10373 10419 10486
10533 10542   (156 Belege)
narro 731–732 1492 2078 2220 2987
3175 5029 7329
nasus 3161 3473
nat. 6–7 52 69 73–74 82 140 156 179 191
195 225 247–249 259 317 327 329 344
351 412 425–426 431 436 448–449 451
458 471 478 519 535 544 555 588 592
599 622 632 650–651 695 730 781 806
819–820 849 898–899 907–908 933
944 1069–1070 1080 1091 1131 1203
1234 1261 1269 1292 1300 1322 1330
1332 1352 1356–1357 1387 1431 1449
1457 1462 1470 1475 1479 1516 1520
1573 1580 1587 1591 1593 1600 1606
1608–1609 1611 1630 1632 1641 1643
1648 1652–1653 1674 1680 1689 1715
1717 1779 1792 1864 1889 1893 1934
1985 1999 2016 2019 2022 2081 2104
2106 2108 2114 2143 2181–2182 2193
2201 2262 2281 2286 2309 2315–2316
2335 2357 2376 2381 2407 2419 2431

2436 2460 2462 2465–2466 2489 2537
2539 2574 2577 2583 2602 2622 2631
2633 2648 2683 2689 2708 2756 2764
2767 2769 2774 2785 2810 2842 2847
2889 2902 2913 2926 2938 2956 2985
2987 2992 3000 3010 3101 3105 3107
3118 3127 3156 3172 3202 3207 3213
3224 3246 3248 3250 3263 3307 3328
3337 3342 3351 3360 3363 3372 3429
3438 3455–3456 3459 3482 3486 3498
3512 3515 3542 3547 3553 3562 3568
3576 3580 3608 3624 3653 3687 3705
3712 3763 3772 3784–3785 3791 3800
3803 3843–3844 3873 3875 3915–3916
3926 3941 3969 3975 3998 4010 4042
4087 4126 4197 4213 4260 4267 4275
4298 4343–4345 4369 4385 4393 4404
4478 4487 4495 4514 4522–4523 4533
4535–4536 4550 4557 4560 4570 4606
4625 4636 4670 4688 4723 4748 4750
4769 4774 4778 4819 4879 4920 4929
4934 4948 4967 5005 5025 5028 5113
5176 5186–5187 5192 5203 5210 5228
5256 5291 5294 5329 5346 5353 5366
5374–5375 5386 5403 5424 5440 5459
5476 5480 5523 5532 5534 5545 5556
5636 5645 5672–5673 5688 5729 5732
5747–5748 5751 5773–5774 5783 5793
5805 5838 5847 5873 5881 5892 5917
5938 5951 5960 5964 6006 6025 6071
6078 6080–6081 6118 6130–6131 6135
6142 6236 6251 6277 6283 6288 6296
6303 6330 6338 6349 6367–6368 6376
6383 6393 6396–6397 6400 6457 6459
6461 6486 6509 6513 6515 6520 6523
6535 6559 6562–6563 6630 6635 6668
6684 6721 6752 6822 6831 6849 6859
6865 6868 6874 6883 6888 6893 6909
6911 6918 6928 6930 6962 6968 7014
7046 7065 7070 7088 7097 7101 7173
7208 7243 7257 7294 7314 7320 7328
7342 7346 7372 7394 7398 7414 7440
7453 7475 7489–7490 7556 7559 7584
7612 7617 7642 7663 7679 7698 7724
7757 7776 7780 7784 7788 7803 7808
7855 7895 7965 7978 8007 8020 8029
8037 8102 8138 8168 8198 8207 8229
8232 8244 8295 8344 8424 8441 8487
8517–8518 8526 8529 8549 8559 8566
8568 8634 8636 8641 8658 8663 8693
8696 8701 8703 8729 8749 8766 8796
8807 8815 8821 8854 8891 8918 8939

8945 9041 9053 9100 9118–9119 9137
9217 9219 9227 9229 9231–9232 9251
9341 9355 9369 9373 9417 9437 9439
9459 9466 9562 9564 9566 9601 9610
9635 9645 9647 9650 9740 9751 9754–
9755 9766 9782 9813 9857 9863 9895
9906 9956 10009 10059 10061 10097
10131 10133 10160 10165 10249
10291 10294 10309 10321 10329
10361 10367 10390 10412 10420
10426 10431 10441 10451 10481
10538 10586 10611   (576 Belege)
nat. → abbrev. absque disp. sup. def.
nat. → def.
nata 191 619 1225 2077 2342 3807 5086
6811 7520–7521 7745 10007 10037
10283   (14 Belege)
natio 119 348 401 524 699 1527 1710
1946 2242 2300 2348 2413 2494 2635
2916 3082 3561 3613 4282 4399 4567
4596 4782 4790 4933 5854 5928 6344
7329 7383 7477 7489 7491 7501 7513
7522 7540 7815 7839 8032 8460 8462
8534 8637 9361 9455–9456 9595 9710
9890 9897 9999 10087–10089 10108
10110–10111 10413   (59 Belege)
natio Alemanie / Germanica 119 348 524
699 1527 1710 2310 2348 2494 2635
2916 3082 3561 3613 4282 4567 4596
4782 4790 4933 5177 5854 6344 7383
7477 7489 7491 7501 7815 7839 8460
8462 8534 8637 9361 9455–9456 9595
9710 9897 9999 10087–10089 10108
10110–10111   (47 Belege)
natio Boemie 5928
natio Polonie 9890
natio Scotica 1946 10413
natione Alamanica se a cur. absentandi →
lic. pro
natione Germanie → concordata c.
natione Italicus (n. Alamanus) 699 2448
2494 4933
natione Scotica → abb. et monachi de
nationem → extra
nationem Germanicam interveniente Friderico tunc R. R. nunc vero imperatore
concordatis preiudicant → revocatio
omnium gr. expectativarum reservationum quoque facultatum et nominationum quibuscumque personis concessarum inquantum inter R. E. et

nationem suam impetraret nisi idioma
quod communiter homines loquuntur
ibidem intellegeret et intellegibiliter loqui sciret → nullus gr. expect. extra
nationis Germanice loquuntur n. intellegit
nec intellegibiliter scit loqui → idioma
quod communiter homines
nationis quod n. loquitur → indultum sup.
idiomate
nativitas 127 1172 7382 7537
nativus 4282 7240
natum ducis invito patre retinere 2197
natura 2235 7382 10542
naturalem ad d. vicar. decano eccl. presentavit → cler. Bremen. dioc. fil. suum
naturalem heredem universalem instit. →
fil. legitimum et
naturalis 2069 2360 2927 3009 4021 4090
4257 6301 7831 8935 9233 9552
          (12 Belege)
naturalis et legitimus fil. cler. → ducis de
Bavaria etc.
naturalium → cler. Sedun. dioc. pater et
legitimus admin. filiorum legitimorum
et
natus 69 72 185 1050 1129 1626 1653
2197 2357–2358 2360 2379 2562 2581
2790 2792 3088 3155 3258 3439 3801
3829 3897 4054 4104 4257 4566–4567
4596–4597 4606 5086 6120 6614 7090
7173 7391 7520 7806 7812 7821 8073
8908 8994 9041 9156 9277 9457 9527
9552 9733 9877 9914 9936 9985 10087
10097 10393 10536   (59 Belege)
naufragium 3102
nauta 2428
navicula 4547
navigatura 3413
navigium 3579
navigo 7330
navis 2136 2342 3102 6033 7382 10108
10111
navis ad bellum instructa 2342
Nazareth nunc. → dom. b. Marie vulg.
necessarius 419 431 631 761 1042 1170
1235 1239 1253 1737 1870 1961 1972
2035 2346 2416 2916 3825 4074 4201
4536 4551 6053 6935 7330 7491 7754
7810 7821 8434 8463 8789 9108 9121
10110 10490   (36 Belege)
necesse 2219 5503

necessitas 170 529 700 1044 2346 2509
  4569 4784 5056 5662 5904 6000 6941
  7156 7321 8463 10049   (17 Belege)
necessito 7382
necessum 2347
neco 4211
nepharius 2178
neglegentia 765 1707 2079 2365 2522
  2576 6123 8548 10359 10536
neglegentia abb. 2576
neglegentia procur. 2365 6123
neglegentia script. 8548
neglegentia sollicitatorum 10536
neglego 588 1181 1241 1626 1735 1826
  2079 2219 2272 2345 2712 2831 3163
  3699 4031 9262 9594 9710 9940 10362
  10531   (21 Belege)
nego 353 9045 9319 9330
negotiator 2410 4340 4961 8789
negotio 6838
negotio metallorum fodiendorum → capitula edita in provincia Saxonie sup.
negotior 525 3772
negotiorum cam. ap. → pacta stipulata in
  Urbe in pal. ap. apud s. Petrum in loco
  audientie secrete et discussionis
negotium 42–43 106 119 134 190 223–
  224 339 353 379 431 469 471 508 576
  636 700 721 731 761–762 764 794 861
  921 1030–1031 1137 1233 1266 1344
  1377 1394 1972 2108 2192 2245 2340
  2347–2348 2374 2416–2417 2420 2448
  2548 2620 2652 2793–2794 2862 2916
  3072 3084–3085 3162 3224 3418 3474
  3624 3702 3720–3721 3761 3926 4012
  4091 4117 4200 4282 4391 4400 4453
  4473 4529 4551 4606 4610 4636–4637
  4666 4697 4848 4889 4961 5367 5383
  5648 5697 5801 5823 5828 5947 5956
  6007 6053 6086 6337 6390 6465 6553
  6811 6846 7069 7083 7177 7328 7337
  7382 7395 7552 7617 7642 7741 7815
  7836 7848 7962 8007 8057 8073 8226
  8507 8534–8535 8621 8688 8868 8888
  8935 8962 9045 9330 9360 9369 9554
  9594 9847 9866 9898 9940 10068–
  10069 10111–10112 10174 10252
  10340 10419 10450 10467 10481
  10533   (154 Belege)
negotium diete 10111
negotium metallorum fodiendorum 4889

negotium minerarum argenti et al. metallorum in provincia patrimonii b. Petri in
  Tuscia 4889
nemo 352 461 1119 1190 1842 1947 1972
  2021 2219–2220 2348 2434 4654 7074
  7985 7994 8763 9064 9455 9628 10147
  10336 10454 10605   (24 Belege)
nemus 8467 9431 10621
nepos 6 18 22 34 185 312 327 518 582
  744 881 917 973 1003 1225 1414 1444
  1671 1742 1764 1774 1855 1936 1982
  2025 2275 2657 2703 2713 2797 2934
  2972 3054 3059 3086 3090 3212 3306
  3371 3496 3636 3751 3757 4144 4231
  4279 4555 4589 4668 4738 5028 5108
  5177 5538 5632 5704 5727 5854 5862
  5912–5913 5920 5973 6345 6515 6931
  7049 7066 7078 7186 7229–7230 7382
  7582 7623 7677 7839 7869 7892 8109
  8767 8912 9110 9255 9321 9329 9347
  9380 9472 9543 9599 9932 10451
            (93 Belege)
nepos → abbrev.
nepos → prothonot., abbrev. et pape fam.
nequeo 1002 1237 1434 2088 2235 2389
  4391 4822 4923 6515 7448 7479 8323
  8352 8707 9182 9489 9644 9841 9871
  10403 10482   (22 Belege)
nequiter 9390
nescio 2984 3657 6434 7778 9252
nescius 10087
Neuestat → eccl. in Nova villa vulg.
Neunkyrchen auff dem Prant vulg. nunc.
  → primissaria par. eccl. in
neuter 4689
neutri → si
Nicolai V. abbrev. 4669
Nicolai V. cubic. 13 737 1712 2515 3059
  4168 4797 4821 6293 7952–7953 8179
  8597 8714 8716 10242   (16 Belege)
Nicolai V. et abbrev. → fam.
Nicolai V. et Pii II. abbrev. 5330
Nicolai V. fam. 93 260 571 821 1273
  1623 2372 2790 3247 3454 3459 3526
  3592 3606 3780 3988 4641 4821 4823
  4859 5053 5217 5688 5732 5887 6031
  6058 6605 6623 6633 6723 6758 7193
  7303 7306 7446 7736 7811 7962 8204
  8606 8714 8767 8804 8882 8895 9312
  9677 9692 10176 10345 10383 10388
  10478 10499   (55 Belege)

Nicolai V. fam. → abbrev. ac

Nicolai V. fam. et abbrev. 3526 4641
5887 6031

niger 105 876 1738 1826 1940 1946 2030
2034 2206 2344 2396 4510 7244 7391
7471 9804 10193 (17 Belege)

nigri → presidentes, abb. et monachi

nihil, nil 111 224 352 687 732 762 801
979 1201 1841 1845 1946 2025 2079
2220 3175–3176 4057 4772 6038 7329
7382–7383 7407 7742 7815 8164 9528
10092 10094–10095 10110 (32 Belege)

nimius 1179 2120 4867

nit mechtig sein mochte → in lingua Germanica vulg. der man zu den eren

nitor 1868 2548 3102 4626 10098 10268

nitrata 7859

nix 10482 10621

nob. 5–6 18 29 32 51–52 61 87 104 107
115 121 127 153 162 177–178 191 199
204–205 222 292 295 312 335 357 371–
372 378 381 392–393 395 400 410 436
446 486 513 517 557 574 585 590 619
623–624 631 658–659 669–670 685
698 701 708 730 732 737 761 779 792
804 811 842 848 871 876–877 881 885
890 917 948 973 976 987 989 1023
1026 1049 1053 1055 1062 1071 1075
1114 1119 1172 1194 1202 1205 1215
1253–1254 1291 1315 1366 1394 1414
1447 1503 1505 1538 1571 1578 1611
1621 1625 1640 1644 1650 1653 1671
1673–1674 1683–1684 1699–1700
1702–1703 1720 1730 1735 1738 1741–
1743 1775 1777 1788 1793 1821 1864
1868 1922 1928 1942 1946 1959 1982
2024 2029 2032 2035 2054 2059 2061
2068 2091 2099 2110 2132 2138 2150
2152 2163 2166 2219 2226 2237 2240
2275 2284 2323 2327 2340–2341 2345
2347 2357–2359 2398 2408 2427 2436
2455 2463 2465 2469 2494 2500 2511
2514–2515 2546 2551 2571 2599 2605
2611 2617 2638 2650 2662 2681 2686
2689 2693 2727 2731 2734 2755 2786
2844–2845 2862 2867 2899 2905 2934
2938 2944 2964 2985 2987 2990 2992
3027 3038 3051 3059 3075 3084 3086
3088 3111 3126–3127 3140 3169 3179
3191 3197 3226 3262 3268 3309 3339
3347 3349 3367 3399 3410 3416 3451
3464 3496 3528 3576 3586 3660 3671

3674 3677 3686 3692 3700 3720 3768
3782 3802 3825 3827 3843–3844 3853
3859 3881 3905 3922 3947 3982–3984
4009 4019 4029 4066–4067 4085 4091
4129 4133 4143–4144 4231 4271 4275
4277 4282 4347 4369 4373–4374 4377
4391 4416 4438 4482 4489 4493 4506
4520 4527 4572 4590–4591 4596 4601
4635–4636 4650 4654 4677–4678 4689
4691 4694 4710 4725 4733 4739 4764
4778 4791 4803 4814 4818 4822 4908
4917 4943 4965 4994 5002 5018 5028
5037 5043 5047 5053 5055 5066 5087–
5088 5096 5134 5153 5183–5184 5213
5219 5298 5322 5347 5370 5384–5385
5416 5453 5500 5524 5537 5545 5549
5581 5597 5601 5632 5649 5654 5656
5658 5672 5676 5716–5718 5732 5736–
5737 5807 5819 5837 5879 5900 5931
5941 5955 5963 6016 6029 6035 6056
6092 6104 6151–6152 6164 6171 6176
6228 6255 6263–6264 6285 6304 6327
6342 6347 6352 6374 6408 6422–6423
6456 6521–6522 6622 6633 6637 6661
6691 6732 6771–6772 6804 6814 6837
6840 6852 6884 6991 6999 7007 7018
7022 7043 7048 7096 7110 7139 7171
7229 7235 7249 7328 7333 7352 7354
7358 7391 7403–7404 7410 7469 7478–
7479 7488 7500–7501 7608 7611 7616
7620 7633 7656 7659 7677 7689 7696
7719 7743 7749 7751 7781 7798–7799
7811 7814 7826 7831 7839 7856 7916
7942 7955 8016–8017 8030 8036 8064
8080 8101 8109–8110 8113 8120 8125
8133 8189 8210 8224 8230 8232 8288
8306 8313 8327 8334 8345 8348 8356
8360 8365 8372 8377 8379 8385 8397
8404 8427 8440 8446 8473 8489 8524
8530 8542 8544–8545 8554 8565 8612
8640 8647 8665–8666 8708 8717 8721
8730 8762 8802 8814 8826 8831 8863
8874 8890 8912 8914 8957 8968 8998
9012 9025 9041 9046 9065–9066 9071
9075 9113 9119 9131 9146 9159 9162
9164 9188 9190 9197 9233 9254–9255
9265 9274 9276 9285 9299 9323 9347
9365 9376 9388 9420 9447 9455–9457
9464 9466 9468–9469 9471–9472
9474–9476 9478–9482 9490–9491
9495 9528 9542 9545 9570 9596 9633
9655 9714 9720 9733 9762 9795 9797

9809 9825 9856 9874 9887 9890–9891
9915 9926 9930 9948 9970 9975 9984
9989 10007 10012 10067 10075 10090
10094 10144 10150 10169 10174
10179 10217 10236 10254 10268
10278 10312 10323 10344–10345
10347 10353 10373 10380 10392–
10393 10398 10411 10413 10420
10423 10434 10441 10451 10454–
10455 10459 10466 10478 10485
10493 10501 10532 10582 10585
10598 10604 10607 10613 (690 Belege)

nob. et illustri gen. → de

nob. et illustrissimo gen. → de

nob. gen. → abba. de

nob. gen. → de

nob. gen. → de com. et

nob. vulg. de Schulenborch nunc. 199

nobiles mulieres nullam professionem
emittentes recipiunt 8489

nobilibus propter eius scientiam et practicam in eadem arte in qua valde expertus
est saldariatus et stipendiatus fuit tamen
d. artem exercere n. potest → presb. in
art. mag. qui p. 2 an. post gradum mag.
p. eum susceptum in univ. stud. et facult. art. med. studuit et a pluribus comitibus baronibus et al. magnis

nobilitas 997 4520 8042 9365

nobilitatis insigniis decorare cupiens arma
conc. 4520

nobilium laic. → soc.

noctu 980 1599 3102 7472

nocturnus 4586 5376 5733 6941 7165
9003 9594

nolo 223 765 1626 1947 2396 5461 6344
6516 7578 7810 9203 9787 10099
(13 Belege)

nomen 13 43–44 106 119 224 279 353
361 392 495 502 520 526 551 700 732
737 761 764–765 845 923 957 993
1036 1108 1202 1233 1258 1346 1627
1727 1742 1868–1869 2008 2024–2025
2035 2041 2106 2168 2220 2270 2342–
2343 2347–2348 2356 2396 2413 2416
2566 2569 2740 2793 2831 2854 2929
2972 2980 2986 3051 3174–3176 3238
3354 3385 3548 3684–3686 3710 3722
3730 4011 4057 4077 4082 4478 4536
4553 4595 4605 4731 4753 4803 4814
4848 4857 5227 5538 5600 6033 6158
6265–6266 6433 6515 6614 6850 6878

6900 6991 7022 7072 7151 7186 7230
7269 7382 7477 7488–7489 7493 7537
7578 7642 7742 7748 7759 7815 7839
7841 7847 7852 7855 7869 8202 8204–
8205 8383 8464 8474 8536 8545 8688
8752 8804 8975 9010 9035 9042 9110
9142 9262 9302 9330 9388 9405 9528
9597 9678 9681 9701 9709 9764 9923
9935–9936 10070 10087 10092–10099
10108–10110 10170 10245 10486
10490 10533 (180 Belege)

nominandi 100 personas ad totidem benef.
→ facult.

nominandi → lic.

nominandi personas idoneas ad ecclesias
→ facult.

nominata → villa Sira vulg.

nominatim 4409

nominatio 352–353 475 497 546–547 679
704 839 1064 1090 1118 1239 1256
1497 1598 1659 1970 1980 1984 2009
2024 2029 2149 2236 2341 2344 2415
2518 2620 2650 2916 2945 3199 3408
3525 3650 3699 4340 4458 4477 4552
4904 5191 5379 5420 5450 5606 5673
5854 6093 7432 7477 7782 7841 7851
7942 7946 8204 8238 8332 8463 8580
8716 8843 8927 9178 9269 9363 9380
9412 9415 9427 9720 9932 10276
10336 10353 10486 10523 10592
10599 (82 Belege)

nominationis R. I. / imper. (p. papam
conc.) → vig.

nominationum quibuscumque personis
concessarum inquantum inter R. E. et
nationem Germanicam interveniente
Friderico tunc R. R. nunc vero imperatore concordatis preiudicant → revocatio omnium gr. expectativarum reservationum quoque facultatum et

nominatus → chorus vulg. wespel

nomine Hanse vulg. nunc. → civitates et
op. sub

nomino 54 117 352–353 518 700 708 717
765 854 930 992 1239 1275 1377 1497
1552 1578 1633 1770 1885 1945 1978
2033 2077 2342 2344 2417 2440 2703
3416 3527 3530 3593 3610 4272 4549
4551 4780 4783 4796 4966 5001 5042
5308 5581 5606 5636 5703 5745 5854
6016 6261 6344 6651 6669 6811 6916
6941 7053 7081 7090 7151 7224 7463

7477 7530 7841 8579 8607 8716 8847
9042 9174 9178 9327 9427 9457 9701
9705 9710 9815 9868 9937 10071
10111 10486 10490 10519 10523
10533   (91 Belege)
nonnulla crimina commiserat → abb. qui
norma 620
nosco 131 352 732 3232 3548 3678 7533
8884 9627 9935
not. 13–14 25 36 42 44 71 105 109 119
131 133–135 138 174 183 186 202 221
296 325 339 344 357 361 393 401 425
451 489–490 497 516 518 520 547 551
575 605 609 619 627 654 671 674 680
687 704 708–709 716 741 765 775 782
794 801 803–804 816–817 819 844–845
860–863 877 879 890 921 930 956 994
997 1002 1028 1030–1031 1049 1058
1060 1064 1068 1090 1099 1104 1109
1129 1142 1147 1155–1156 1196 1201–
1202 1233 1235 1266 1295 1307 1313
1361 1363 1367 1371 1394 1400 1414
1421 1430 1497 1528–1529 1542 1546
1571 1579 1596 1603 1643 1659 1673–
1674 1746 1765 1778 1784 1788 1807
1818 1846 1851 1869 1874 1912 1936
1946 1951 1959 1972 1982 2008 2032
2103 2107–2110 2115 2118 2124 2159
2161 2214 2229 2234 2237–2238 2245
2264 2267 2273 2275 2285 2304 2323
2345–2347 2356–2357 2361 2364 2374
2388 2396 2398 2406 2413 2416–2417
2436 2443 2448 2452 2463 2469–2470
2505 2507 2548 2550–2551 2569 2574
2593 2619 2624 2629 2640 2658 2681
2713 2720 2740 2752 2774 2780–2782
2794 2798 2806 2845 2853 2855 2892
2898 2902 2912 2931 2936 2941 2945
2980 2985–2987 2995 3008 3011–3012
3051 3059 3076 3078 3080 3083–3084
3102 3151 3162 3175 3179 3215 3220
3226 3232 3243 3291 3306 3389 3410
3415 3435 3440 3454 3474 3476 3504
3511 3517 3527–3528 3535 3553 3563
3592 3610 3624 3630 3636 3643 3670
3678 3683 3691–3692 3694–3695 3702
3722 3739 3772 3780 3788 3843 3896–
3897 3900 3914 3920 3938 3969 3983–
3984 4003 4011 4017 4028 4038 4066–
4068 4077–4078 4091 4096 4114 4127
4129 4164 4167–4168 4183 4255 4258
4260 4262 4280 4285 4289 4315 4340

4402 4414 4458 4466 4473 4477 4504
4512 4535–4536 4547 4565 4567–4569
4573 4585 4588 4596 4615 4619 4636–
4637 4659 4664 4712 4719–4720 4726
4749 4763 4772 4782 4784–4786 4790–
4791 4794 4796 4814 4821–4822 4844
4847–4848 4898 4908 4911 4923–4926
4937 4946 4958–4959 4961 4986 5038
5050 5078 5099 5103 5105–5106 5121
5126 5130–5131 5138–5139 5154–5155
5172 5198 5227 5319 5330 5341 5354
5372 5379 5420 5430 5436 5453 5480
5495 5518 5523 5532 5535 5538 5570
5573 5581 5589 5600–5601 5606–5607
5636–5637 5649 5652 5654–5655 5674
5676 5697 5701 5706 5716 5725 5742
5749–5750 5794 5816 5822–5823 5834
5836 5859 5866 5868 5876 5883 5912–
5913 5916 5920 5946 5960 5985 6007
6016 6038–6039 6054 6056 6060 6066
6077 6079 6082 6084 6104 6109 6125
6143–6144 6154 6159 6179 6191 6195
6205 6249 6251 6266 6271 6282 6291
6296 6320 6326 6344 6374 6384 6407
6417 6473 6503 6515 6547 6550 6552–
6553 6593 6603 6633 6664 6694 6706
6712 6724 6742 6787 6791 6812 6817
6832 6839 6865 6877 6880 6889 6931
6951 6954 6963 6994 7034 7043 7049
7067 7069 7072 7078 7080 7098 7109
7125 7167 7234 7260 7264 7291 7295
7312 7328 7330 7380–7381 7391 7394
7401 7410 7413 7434 7454 7473 7476–
7477 7488 7510 7533 7552 7593 7599
7606–7607 7614 7617 7620 7629 7631
7642 7664 7674 7708 7717 7722 7732
7738 7752 7767 7790 7815 7819 7838–
7841 7852 7872 7891 7905 7911–7913
7950 7954 7974 7980 7990 8000–8002
8010 8012 8014–8015 8017 8044 8053
8056 8070 8113 8121 8131 8145 8149
8155 8179 8198 8205 8236 8255 8258
8265 8270 8327 8344–8345 8434 8439
8441 8458 8507 8509 8536 8564 8580–
8581 8584 8606 8608 8614 8625 8630
8641 8656 8688 8707–8708 8717 8727
8750 8763 8767–8769 8781 8804 8808
8812 8843 8849 8863–8864 8869 8874
8899 8902 8938 8949 8962 8994 8998
9015 9036 9041 9045 9054–9055 9061
9065–9066 9142 9160 9186–9187 9193
9198–9199 9205 9233 9286 9299 9302

9330 9343 9361 9369 9377 9388 9392
9415 9417 9427 9440 9456 9526 9528
9543–9544 9552–9554 9557 9570 9584
9587 9621 9630 9664 9690 9706 9729–
9730 9734 9762 9777 9796 9806 9811
9864 9870 9883 9910 9923 9937 9954–
9955 9982 10004–10005 10009 10074–
10075 10089 10092–10097 10101
10104 10162 10165 10169–10170
10202 10242 10253 10267 10278
10283 10306 10314 10339 10344–
10345 10347 10362 10370 10388
10427 10441–10442 10444 10453
10461 10478 10481 10519 10605
10623   (789 Belege)
not. ad instar al. com. Lateranen. pal.
    2398
not. → ap.
not. → ap. et imper.
not. assumptus → in abbrev. et
not. → causarum pal. ap.
not. cur. → gratis pro
not. → facult. creandi
not. → facult. creandi comites palatinos et
not. → imper.
not. publ. 42 105 135 547 609 704 741
    956 1421 1497 1951 2374 2396 2551
    2640 2987 3528 3535 3563 3636 3843
    4078 4280 4898 5379 5538 5581 5607
    5697 6016 7049 7080 7454 7533 7617
    7664 7841 8002 8198 8327 8580 8614
    8962 8998 9415 9526 9553 9630 9883
    10074 10104 10388 10442 (53 Belege)
not. → publ. ap. auct.
not. Rote 605 1394 2752 2995 3610 8270
    9587 10202 10306
nota 2005 3176 7493 7853 8462 9160
    9510 10087 10110
notabilis 4391 5991 6016 7993 8427 8462
    9003 10091
notariatus 861 2548 3080 3306 5538
notariatus aule Colon. 5538
notarii cancellarie → gratis pro fam.
notificatio 762 2356
notitia 8 13 117 185–186 190 210 294 372
    374 431 433 516 543 671 730 782 932
    1031 1057 1137 1201 1228 1400 1444
    1711 1729 1746 2010 2035 2060 2079
    2100 2110 2159 2214 2323 2346 2376
    2392–2394 2433 2480 2521 2549 2551
    2685 2790 2862 2960 3130 3150 3155
    3175 3472 3600 3671 3699 3714 3772

3855 3896 3934 4049 4164 4254 4271
4340 4367 4473 4536–4537 4554 4568
4595 4598 4645 4790 4814 4963 5090
5193 5496 5530 5637 5798 6109 6291
6327 6341 6381 6455 6515 6712 6801
6931 6938 6991 7054 7059 7125 7184
7251 7294 7321 7337 7407 7413 7552–
7553 7629 7742 7790 7815 7841 7859
7913 7937 7980 8002 8007 8012 8309
8407 8460 8511 8535 8752 8864 9002
9142 9258 9348 9384 9388 9440 9461
9526 9663 9709 9761–9762 9793 9849
9935 9987 10094 10096–10097 10150
10267 10334 10413 10490 10583
10609   (157 Belege)
noto 3076 9528
notorium 9814
nova prov.   (1833 Belege)
nova prov. → absol. et
Nova villa vulg. Neuestat → eccl. in
novalibus perceptis → absol. pro decimis
    ex
novalis 1527 1866–1867 1947 2542 3385
    9249 10258 10413
novam domum → lic. pro fr. o. min. de
    observ. reg. recipiendi
novellus 7486 9937
noverca 3925
novicii → abb. ac fr. profes. et
noviter 246 525 639 996 1194 1235 1739
    1814 2196 2389 2628 3348 3486 3508
    3767 4337 5187 7184 7659 7810 8658
    9294 9431 9526 9588 9939 10074
    10150 10247 10541 10612 (31 Belege)
novicius 1040 1250 2340 2415–2416
    4389 4422 5461
novo ad 30 an. → indulg. de
novus   (2100 Belege)
nox 732 1044 4530 5581 9003 9135 9841
nubo 272
Nuemburg. → differentia inter ep. et capit.
    ac ducem
Nuemburg. → horas can. dicere secundum
    usum eccl.
nulla obtenta → absol.
nullam esse decernatur → absol.
nulli → si
nullitas 57 1863 2159 2344 2781 3116
    8443 8448 9526 9933
nullitatis → decl.
nulliter 273 3232

nullius dioc. 1473 1854 3720 4119 4527
7786 9094 9945
nullum benef. 9 29 32 48 184 350 353 359
364 420 440 493 547 697 851 906 934
945 1068 1313 1360 1430 1441 1455
1457 1511 1599 1630 1750 1881 1999
2128 2181 2210 2484 2583 2765 2779
2805 2812 2827 2902 2925–2926 3006
3054 3218 3295 3384 3461 3536 3554
3619 3701 3706 3750 3790 3854 3912
3999 4065 4100 4102 4310 4481 4488
4509 4544 4575 4580 4601 4617 4625
4631 4659 4672 4755 4794 4877 4964
5073 5143 5147 5386 5388 5436 5544
5623 5712 5804 5873 5902 5943 5988
6108 6186 6217 6262 6292 6313 6331
6433 6474 6560 6865 6919 6937 7040
7078 7093 7191 7303 7319 7325 7344
7346 7438 7440 7693 7716 7740 7760
7767 7829 7976 8100 8153 8198 8229
8259 8358 8441 8526 8577 8590 8609
8661 8677 8683 8709 8782 8809 8811
8884 9276 9311 9425 9459 9480 9518
9555 9725 9737 9748 9789 9830 9836
9844 9897 9959 10013 10024 10270
10388 10470 10552   (166 Belege)
nullum fruct. apud eccl. Oscen. sperat nisi
idioma loci intellegibiliter loquitur
8660
nullus 6 8–9 17 29 32 48 79 87 105 118
134 161 167 184–185 210 220 222 260
262 272 274 292 306 326 350 353 359
363–364 367 371 405 420 425 440 493
505 525–527 529 547 617 619 697 732
775 781 794 803 839 843 851 897 906
922 932 934 943 945 971 989 993 997
1025 1031 1042 1051 1065 1068 1073
1163 1172 1203 1234–1235 1237–1238
1244 1272 1299 1313–1314 1360 1377
1409 1414 1430–1431 1441 1455 1457
1473 1492 1511 1527 1544 1581 1599
1614 1622 1630 1707 1750 1790 1840
1854 1868–1870 1879 1881 1934 1946–
1947 1959 1972–1973 1999 2025 2079
2104 2106–2108 2128 2152 2160 2172
2181 2210 2219 2242 2313 2315 2323
2340–2341 2343–2344 2348–2349
2374 2376–2377 2394 2396 2399 2415–
2416 2462 2484 2509 2511 2549 2556
2560 2583 2650 2664 2689 2712 2763–
2765 2779 2791 2805 2812 2827 2830
2835 2857–2858 2862 2892 2894 2902

2925–2926 2928 2987–2988 3006 3047
3054 3085 3102 3130 3176 3218 3223
3232 3295 3312 3384–3385 3389 3399
3416 3453 3461 3467 3488 3526 3529–
3530 3536 3554 3574–3576 3582 3619
3643 3671 3678 3699 3701–3702 3706
3720 3748 3750 3772 3790 3825 3829
3848 3854 3859 3874 3876 3897 3912
3922 3925 3968 3992 3999 4028 4057
4065 4091 4100 4102 4119 4129 4171
4229 4255 4265 4281–4282 4304 4310
4399 4447 4481 4488–4489 4509 4512
4519 4527 4529 4544 4548 4569 4575
4580–4581 4596 4601 4614 4617 4625
4631 4636 4659 4672 4755 4780 4784
4791 4794 4873 4877 4880 4924 4933
4958 4960 4962 4964 4972 4994 5052
5056 5073 5143 5147 5152 5170 5183
5266 5298–5299 5348 5370 5379 5386
5388 5436 5461 5491 5503 5505 5524
5544–5545 5606 5623 5637 5712 5768
5794 5804 5809 5819 5823 5827 5853–
5854 5865 5873 5878 5902 5916 5919
5943 5947 5955 5988 6016 6039 6081
6108 6125 6144 6158 6172 6186 6217
6237 6262 6292 6302 6313 6331 6390
6433 6447 6456 6465 6474 6513 6560
6597 6633 6678 6708 6738 6744 6761
6811 6865 6889 6916 6919 6937 7007
7019 7022 7029 7040 7049 7070 7078
7093 7109 7151 7172 7191 7224 7280
7283 7289 7303–7306 7312 7319 7321
7325 7344 7346 7355 7376 7382–7383
7404 7408 7432 7438 7440–7441 7469
7479 7491 7493 7497 7500–7501 7533
7562 7656 7689 7693 7716–7717 7740
7760 7767 7769 7786 7814–7815 7828–
7829 7849 7853 7904 7912 7950 7955
7976 7980 8018 8032 8100 8111 8130
8133 8153 8185 8198 8229 8259 8314
8316 8351 8357–8358 8360 8371 8385
8407 8425–8426 8438 8441 8473 8489–
8490 8526 8536 8544–8545 8577 8579
8590 8606 8609 8658 8660–8661 8677
8683 8696 8709 8714 8732 8743 8763
8782 8802 8809 8811–8812 8863 8868
8874 8884 8890 8908 8935 8974 9065–
9066 9094 9119 9137 9185 9195 9197
9214 9218 9273 9276 9286 9311 9327
9342 9361 9368 9402 9415 9425–9427
9455 9457 9459 9472 9480 9511 9518
9528 9553–9555 9615–9616 9620 9627

9661 9718 9725 9737 9748 9789 9796
9828 9830 9836 9844 9854 9874 9886
9897 9910 9915 9930 9932 9935–9936
9940 9945 9959 10013 10024 10065
10075 10087–10088 10098 10109–
10110 10137 10169 10184 10217
10257 10270 10347 10362 10388
10427 10470 10552   (594 Belege)

nullus gr. expect. extra nationem suam impetraret nisi idioma quod communiter
homines loquuntur ibidem intellegeret
et intellegibiliter loqui sciret 2242 4399

numerarius 1063 7172–7173

numero 3488 7072 8198 9587

numerositas 2219

numerum 6 equorum → litt. passus usque
ad

numerus 223 353 526 529 635 687 763
996 1235–1236 1241 1527 1579 1707
2132 2217 2270 2345 2413 2548 2835
3082 3096 3984 4889 5039 5404 5563
5636 6916 7328 7479 7562 7836 7838
8489 8702 8868 9035 9185 9328 9710
9936 10141 10174   (45 Belege)

nummus 10174

nunc 1 31 42–44 79 121 132 264 268 286
328 342 419 451 458 471 519 569 571
584 613 620 654 657 672 700 730 765
957 960 1009 1025 1051 1064 1084
1119 1235 1237 1269 1394 1400 1428
1444–1445 1508 1606 1615 1702 1704
1730 1744 1867–1868 1912 1934 1956
1958 1994 2010 2035 2049 2136 2138
2262 2342 2345–2346 2349 2356 2402
2413 2440 2616 2631 2782 2791 2853–
2854 2862 2916 2933 2945 3000 3012
3033 3076 3102 3155 3176 3191 3209
3302 3319 3323 3362 3439 3457 3556
3583 3587 3595 3636 3640 3654 3678
3684 3699 3721 3772 3799 3876 3878
3897 3982 4012 4061 4175 4227 4319
4361 4389 4402 4407 4447 4502 4536
4546 4548–4551 4604 4659 4664 4692
4770 4783–4784 4796 4800 4803 4847
4870 4918 4939 4955 4962 4969 5045
5058 5092 5098 5111 5126 5131 5149
5225 5284 5291 5307 5403 5419 5527
5533 5538 5541 5556 5573 5601 5607
5636–5637 5647 5666 5725–5726 5732
5737 5745 5751 5770 5775 5837 5844
5848 5861 5881 5887–5888 5916 5919
5929 5943 5958 5972 5981 5995 6004

6051 6064 6067 6078–6079 6082 6090
6108 6118 6142 6195 6214 6220 6238
6251 6261 6264 6266 6347 6354 6381
6510 6539 6590 6618 6638 6712 6791
6824 6854 6888 6916 7069 7078 7094–
7095 7125 7130 7150 7224 7236 7274
7291 7321 7329 7331 7349 7366 7370
7381 7407 7469 7490 7533 7544 7583
7588 7677 7740 7745 7815 7826 7828
7830 7835 7850–7851 8110 8132 8198
8204 8405 8426 8453 8464 8474 8480–
8481 8550 8578 8665 8676 8715 8717
8723 8732 8828 8998 9096 9106 9139
9160 9164–9165 9231 9417 9420 9477
9479 9522 9528 9545 9569 9582 9606
9668 9708 9710 9729 9731 9771 9775
9803 9821 9841 9878 9890 9897–9898
9970 10001 10025 10056 10074–10075
10109 10111 10133 10143 10150
10279 10289 10318 10336 10394
10420 10431 10479 10523 10533
10567 10607   (341 Belege)

nunc resign. → abbrev.

nunc. (1125 Belege)

nunc. (100 m. arg.) → abbat. eccl. regalis

nunc. → abbat. Sclavorum

nunc. → abbat. Turicen.

nunc. → alt. Alamel

nunc. → alt. maius Fronaltar vulg.

nunc. → alt. sacramenti vulg.

nunc. → benef. ad alt. Trium regum al.
sutoris vulg.

nunc. → benef. commenda vulg.

nunc. → benef. predicatura vulg.

nunc. → burscapium Baerle Cuynredyck
vulg.

nunc. → burscapium Dorpen. et in Alden
vulg.

nunc. → can. et preb. Pergel vulg.

nunc.) → capel. b. Marie virg. in Exilio
(vulg. Zum elende

nunc. → capel. Chaulit

nunc. → capel. s. Cristofori Reneverhoeff
vulg.

nunc. → capel. s. Jacobi an der Mer vulg.

nunc. → capel. s. Johannis Bapt. vulg.
prepos. S.Johannis Bapt.

nunc. → capn. b. Marie in litore Pluiperg
vulg.

nunc. → capn. sub invocatione s. Nicolai
le Vieulx vulg.

nunc. → capn. videlicet una ad alt. s. Marie virg. in op. Willebach vulg. nunc. et al. ad alt. s. Barbare in op. Reinstein vulg.

nunc. → casale in den Unehorrn vulg.

nunc. → cassenmeister vulg.

nunc. → civitates et op. sub nomine Hanse vulg.

nunc. → cur. et molendinum Tarlimolen vulg.

nunc. → curia ruralis de Munchhofe vulg.

nunc. → Dertbichen [= Dietkirchen] vulg.

nunc. → dy lange hure

nunc.) → districtus seu off. (archidiac. vulg.

nunc. → dom. b. Marie vulg. Nazareth

nunc. → dom. s. Barbare Barbarenwerder vulg.

nunc. → eccl. Auf der Egg vulg.

nunc. → eccl. Bisoen. vulg.

nunc. → eccl. de Theonisvilla de Derihoben vulg.

nunc. → eccl. in Steyna an der Strasse vulg.

nunc. → eccl. in villa Diedem vulg.

nunc. → eccl. plebis / pleban.

nunc. → eccl. rectoria vulg.

nunc. → eccl. s. Jacobi Mercatorum vulg.

nunc. → eccl. s. Johannis prepos. vulg.

nunc. → eccl. s. Magni o.s. Aug. Amhoff vulg.

nunc. → eccl. s. Marie vulg. Sandmareynkirchen (Sandmereynkerchen)

nunc. → eccl. s. Pancratii Paderburn. forensis vulg.

nunc. → eccl. vulg. de Oss et Berchem

nunc. et al. ad alt. s. Barbare in op. Reinstein vulg. nunc. → capn. videlicet una ad alt. s. Marie virg. in op. Willebach vulg.

nunc. → friestuel / vriestoel sive stulgericht vulg.

nunc. gasthuus → mon. vulg.

nunc. Grenin → eccl. c. Martena vulg.

nunc. in Capitolio → eccl. b. Marie vulg.

nunc. in eccl. Halberstad. → vicar. Regis et Regine

nunc. → locus in den Selgen Winckel vulg.

nunc. → locus vulg. ode oder pawfellige heuser unde hoffstete

nunc. Lutenbach → eccl. vulg.

nunc. → maior preb. Cristana

nunc. → media preb. Nappel (Napel) vulg.

nunc. → min. preb. Cristana

nunc. → mon. prope muros op. Sunth Zwerin. dioc. ord. s. Salvatoris vulg. S.Brigide

nunc. → mon. s. Gorgonii (Gorgenni) vulg. Gorgia

nunc. → mons s. Marie virg. vulg. Vrowberge

nunc. → nob. vulg. de Schulenborch

nunc. → op. vulg. Sancti Johannis

nunc. → par. eccl. Westenrisck vulg.

nunc. → paroch. de Wese Termase vulg.

nunc. → pratum de Buromasio vulg.

nunc. → preb. Kercho et Reymheuer vulg.

nunc. → preb. claustrales sive chorales vulg.

nunc. → preb. Coramnet vulg.

nunc. → preb. de la Cruce vulg.

nunc. → preb. de Lechregal et de Lummed

nunc. → preb. de Putkies

nunc. → preb. de Rospoyll et Mapoyll

nunc. → preb. de Torner

nunc. → preb. de Vissora vulg.

nunc. → preb. hebdomadariarum vulg.

nunc. → preb. hostiaria

nunc. preb. Jackenbecke → preb. eccl. Reval. vulg.

nunc. → preb. Levenis [recte: Livonis]

nunc. → preb. Livonis sive Livonista vulg.

nunc. → preb. Maioris Pazeke (Pazcke)

nunc. → preb. Ruipoydel et Monpoydel vulg.

nunc. → preb. Torenen. (Tortenen.)

nunc. → preb. Vesmere vulg.

nunc. → precept. commendataria gener. vulg.

nunc. → prep. in Sehusen Verden. dioc. vulg.

nunc. → prepos. eccl. s. Castoris in Cardona archidiac. de Cardona vulg.

nunc. → prepos. ruralis in Hummersen vulg.

nunc. → prepos. ruralis vulg.

nunc. → primissaria Gleckelmesser (Glockelmesse) vulg.

nunc. → primissaria par. eccl. in Neunkyrchen auff dem Prant vulg.

nunc. → rusticus Betti vulg.
nunc. → schlaffmissaria vulg.
nunc. Storch → de Croniis vulg.
nunc. → thesaur. Visnapu (/.) vulg.
nunc. → Vallis Jasaphat vulg.
nunc. → vicar. ad alt. b. Marie in capel. prepos. vulg.
nunc. → vicar. b. Marie virg. ad alt. s. Crucis deaurate vulg.
nunc. → vicar. capn. ep. vulg.
nunc. → vicar. de Widen vulg.
nunc. → vicar. eccl. Argent. vulg. capn.
nunc. → vicar. eccl. Magunt. vulg. capn. abb. in Selgenstat
nunc. → vicar. mercatorum der schonefarer vulg.
nunc. → vicar. quartaria
nunc. → vicar. schlaffmissaria vulg.
nunc. → vicar. sive missa hebdomadaria vulg.
nunc. → vulg.
nundine 1730 2218–2220 8434 8462–8464
nunt. 1 33 98 101 105–106 118–119 180 223–224 270 273–275 353 392 431 433 468–469 508 526 551 633 638 679 700 708 730–731 761 763–764 782 784 829 917 921 957 970 980 1029 1053 1060 1071 1090 1198 1205 1233–1234 1236 1241 1349 1354 1628 1724 1742 1774 1779 1851 1866 1874 1963 1972 2027 2078 2165 2213 2226 2245 2276 2323 2347 2436 2448 2470 2538 2605 2697 2926 2940 2945 3012 3059 3083 3085 3138 3361 3365 3435 3475 3548 3610 3683 3699 3705 3772 3861 3882 3896 3928 3957 4085 4198 4332 4340 4391 4400 4403 4473 4529 4536 4551 4593 4605–4606 4649 4685 4783 4847 4887 4974 4976 4995 5056 5095 5323 5367 5379 5512 5538 5581 5620 5636–5637 5697 5801 5814 5823 5829 5870 5930 6026 6154 6212 6250 6527 6694 6809 6888 6900 6933 6997 7092 7112 7125 7156 7172 7184 7289 7321 7328–7330 7337 7382 7395 7407 7446 7489 7492 7497 7530 7551–7554 7670 7723 7742 7768 7774 7802 7814–7815 7848 7912 7922 7990 8000 8060 8113 8202 8226 8241 8314 8368 8401 8464 8481 8507 8534 8620 8629 8631 8688 8707 8711 8752 8767 8799 8929 8971 8978 8984 9030 9041–9042 9044–9045 9122 9249 9255 9258 9327 9330 9349 9357 9383 9388 9479 9528 9546 9587 9663 9724 9814 9832 9901 9930 9933 9940 10008 10031 10082 10091–10092 10097–10098 10108–10112 10169 10245 10285 10436 10533 10551 10607
(262 Belege)

nunt. ap. dietarum Confederatorum → interpres coram
nunt. ap. suspense fuerunt → omnes indulg. p.
nunt. Colon. → orator ad
nunt., commissariis et collect. conc. → revocatio facult.
nuntiatio 223 7328
nuntiis conc. → litt. limitatorie facultatum
nuntiis et commissariis concessarum → revocatio omnium facult. eisdem
nuntio 371 921 1732 5582 6696 10091
nuntiorum ap. tradatur → aep. Craynen. in manibus
nuntius ap. deput. ad partes Lombardie 3365
nuntius → aud. ad imper. orator et
nuntius et orator 4536 7742
nuntius → sed. ap. in regno Dacie et nonnullis al. regnis
nuptialis 527
nuptie 527 731 762 1795 6810 7521 8535
Nurimbergen. congregati → ad dietam
Nurimbergen. conventui interfuerunt → oratores
nutrio 2963 4023 4406 7745 9120 10088
nutus 620 687 988 1042 1046 1243 1868 1979 2218 2343 2392 3032 4432 7060 7540 7741 8473 9049 9156 9295 9453 9531 9701 10605 (24 Belege)

o. Carm. → magister gener. fr.
o. Cist. → abb. superior
o.fr.herem. s. Aug. se ad o.s. Ben. transtulit → de
o.fr.min. de observ. reg. recipiendi novam domum → lic. pro
o.fr.min. → familia cismontana
o.fr.min. → familia ultramontana
o.fr.min. → horas can. dicere secundum usum
o.fr.min. provincie Argent. → minister
o.pred. → gener.
o.pred. → horas can. dicere secundum usum

o.pred. → univ. studii

o. Prem. gener. → abb.

o. Prem. Leod. dioc. (in quo Theutonicum idioma vulgare habetur) → mon. Parcen.

o.s. Aug. Amhoff vulg. nunc. → eccl. s. Magni

o.s. Aug. erigere → dom. sive hosp. in monasterium monial.

o.s. Aug. → lic. vivendi sub reg.

o.s. Ben. transtulit → de o.fr.herem. S.Aug. se ad

ob maximas expensas doct. insignia assequi n. potuit 7352

ob n. responsionem libelli excom. exist. 7867

obedientia 109 262 620 765 1172 1181 1234 1240 1372 1578 1626 1871 2077–2079 2323 2945 3076 3176 3683 3940 4729 5110 7296 7471 7480 8202 8462 9042 9329 9597 10087 10180 10267 10285 10302 10490 10533 (38 Belege)

obedientiam → absol. in casu reversionis ad

obedientiam et iurisd. redire recusant → ad eccl. sue debitam

obedientiam sed. ap. → reductio abb. ad

obedientiarius 4678

obedio 274 932 1578 1732 2437 2444 2550 3155 5461 7302 7506 10112 10141 (13 Belege)

obedium 5404

obeo 3 55 109 121 134 167 201 205 351 412 420 426 451 487–488 505 519 546 607 673 704 820 880 889 934 1065 1132 1173 1196 1283 1304 1643 1647 1840 1923 1964 1971 2025 2149 2374 2440 2463 2469 2612 2614 2702 2779 2793–2794 2926 3051 3083 3162 3218 3225–3227 3270 3420 3447 3462 3473 3475 3526 3557 3592 3622 3663 3713 3810 4208 4283 4374 4528 4583 4784 5093 5916 6263 6302 6339 6371 6411 6547 6761 6812 6961 7003 7007 7019 7034 7068 7126 7167 7189 7290 7540 7583 7611 7619 7729 7774 7837 7952–7953 7970 8025 8060 8113 8145 8179 8284 8304 8332 8374 8503 8535 8581 8683 8695 8723 8743 8797 8863 8925 9054 9127 9142 9198 9227 9262 9304 9345 9415 9437 9466 9504 9569 9628 9648 9681 9701 9720 9777 9810 9821

9897 9937 9961 9976 10044 10071 10147 10251–10252 10380 10388 10411 10423 10454 10474 10479 10520 10523 (164 Belege)

obitus 44 121 254 273–274 339 405 519 524 704 774 1015 1219 1225 1458 1497 1500 1615 1674 1707 1739 1843 1937 1978 1981 2024 2189 2316 2343 2361 2410 2440 2463 2490 2551 2780 2916 2928–2929 2983 3095 3129 3148 3582 3600 3636 3692 3765 4019 4085 4201 4225 4231 4284 4406 4447 4458 4502 4546 4725 4787 4815 4856 5185 5620 5692 5703 5770 5865 5891 5907 6018 6263 6265 6373 6424 6470 6527 6876 6889 6891 7015 7078 7173 7283 7478 7521 7530 7537 7635 7748 7838 7841 7860 7868 7994 8064 8133 8178 8204 8270 8464 8490 8534 8544 8581 8625 8813 8863 9155 9328 9500 9527 9543 9625 9636 9812 10056 10087 (119 Belege)

oblata 730 794 6189

oblatio 528 1233 1626 1772 1793 1890 2034 2448 2663 3385 3848 4057 5223 6945 7059 7321 7990 8449 8463–8464 8466 8974 9041 10031 10141 10267 10622 (27 Belege)

oblationes que ex indulg. proveniunt 7059 10267

oblatus 7786 10091

oblegium 6426 8537 9713

oblig. (1409 Belege)

oblig. → absol. ab

oblig. cam. usque ad 4.000 fl. renen. → facult.

obliviscor 2348 7337

oblocutio 7815

obloquor 469 2346

obreptio 2345

obsequium 70 352 521 794 1025 1063 1764 2044 2111 2297 2476 2797 3085 3971 4129 4520 4596 4821 4982 5131 5134 5162 5650 5929 6104 6374 6447 6772–6773 7162 7167 7738 7844 8261 8286 8679 8817 9106 9198 10153 (40 Belege)

obsequor 2323

observ. 87 90 105 117–118 154 185 245 262 315 431 469 527–528 620 635 657–658 687 720 764–765 769 789 971 977 979–980 997 1040 1076 1170 1172–

1173 1179 1235–1236 1250 1253 1616
1698 1732 1739 1826 1867 1870–1871
1875 1909 1946–1947 1956 1972 2030
2079 2138 2149 2160 2217 2287 2322–
2323 2341–2345 2355–2356 2420 2619
2623 2762 2862 2910 2916 2947 2964
3060 3071 3139 3176 3388 3472 3488
3590 3631 3699 4013 4037 4407 4413–
4414 4529 4729 4812 5461 5559 5901
6002 6016 6639 6922 6931 7064 7102
7183 7240 7297 7321 7413 7469–7471
7477–7478 7517 7696 7821 7991 7993
7997–7998 8453 8456 8460 8462–8463
8480 8747 8988 9011 9035 9066 9068
9096 9154 9257–9258 9328–9329 9360
9589 9591 9595 9634 10065 10088
10103 10177 10246 10373 10413
10422 10490 10504   (156 Belege)
observ. → lic. coaptandi reg.
observ. reg. → Fiat in
observ. reg. recipiendi novam domum →
   lic. pro fr. o. min. de
observatio 1120 1236 1421 1793 2159
   2218 3033 8315 8545 9214 9242
                           (11 Belege)
observatorius 1870
observo 822 1659 1697 1707 1732 1793
   2159 2219 2323 2348 2793 3057 3139
   3323 3385 3388 3646 4413 4947 5376
   5989 6401 7078 7308 7330 7469 7488
   7815 8545 9065 9106 9257 9327 9456
   9458 9787 9812 10112   (38 Belege)
obsideo 2345 2371 3674 5194 7149 7382
   8464 10110
obsidio 529 1071 1205 3155 3674 4966
   7742 8456 9936
obsisto 10110
obsto 4193 7329 7479 7688 9923 10087
obsum 353
obtempero 352 7469 9804
obtenta → absol. nulla
obtin.   (1652 Belege)
obvenio 489 10605
obventio 10622
obvio 3548 4569 7305 7814–7815 9528
   10111
occasio 7 105 217 559 704 709 1030 1051
   1391 1421 1615 1673 1784 1812 1846
   1947 2104 2254 2273 2433 2551 2763
   2943 3076 3102 3109 3116 3155 3176
   3527–3528 3721–3722 3732 3843 4167
   4281 4568 4784 4793 5036 5074 5177

5379 5470 5653 5916 6082 6297 7000
7055–7056 7173 7328 7407 7489 7492
7741 7840–7841 7854 8165 8204–8205
8368 8388 8534 8545 9036 9247 9249
9327 9399 9427 9670 9731–9732 9811
10111 10326   (80 Belege)
occasus 8789 9224
occidentalis 524 7551
occido 162 731 1951 1972 3155 3685
   4389 4766 5697 6590 7079 (11 Belege)
occultator 764
occulte 8449
occulto 8888
occultus 7469
occupatio 328 960 2256 2343 3527 3855
   4784 5052 6712 9527 9642 (11 Belege)
occupator 246 326 381 419 839 1235
   1421 1817 2444 2478 2549 2864 3668
   4227 4329 4549 4784 4888 5316 6078
   7156 7760 7952 8464 8621 8707 9121
   9262 9495 9511 9730 9812 9816 10455
                           (34 Belege)
occupo 7 154 351–352 367 411 451 461
   527 731–732 794 839 841 941 979
   1036 1259 1445 1693 1795 1945 2107
   2164 2226 2256 2323 2327 2348–2349
   2483 2497 2516 2765 2838 2893 3129
   3346 3556 3692 3865 3922 3954 4218
   4289 4411 4485 4598 4785 4882 4974
   5008 5426 5464 5537 5575 5581 5600
   5639 5710 5744 5826 5885 6154 6447
   6700 6889 7074 7469 7488 7491 7583
   7722 7810 7814–7815 7828 7853 7855
   7951 8020 8273 8360 8424 8439 8581
   8621 8625 8707 8863 8874 8921 8945
   8984 8998 9384 9433 9455 9526 9582
   9621 9733 9857 9867 10047 10067–
   10068 10075 10111 10466 10542
   10552 10625   (113 Belege)
occurro 117 731–732 3176 3825 7329
   7337 7491 9066 9388 10075 10110–
   10111   (13 Belege)
oct. et decb. → febr., apr., iun., aug.,
oct. et decb. → vac. in mensibus febr.,
   apr., iun., aug.,
oct. et decb. → vacat. in mensibus febr.,
   apr., iun., aug.,
octava Pentecostis 7460
octavus 2088 2218 2342 3176 7460 8451
   9188
octogenarius 21 3956 6313 7942 8088
   8707

oculi → def.

oculus 517 544 584 739 1085–1086 1164
1207 1331 1581 1660 1987 2080 2095
2170 2337 2450 2678 3589 3868 4809
4867 5389 5815 5914 6183 6828 6894
7382 9270 9388 9409 9506 9559 10111
10128 10176   (37 Belege)

ode oder pawfellige heuser unde hoffstete
nunc. → locus vulg.

odium 10098 10497

off. 133 186 208 237 265 269 279 286
310 318 327 376 393 419 425 442 451
619–620 662–663 704 710 730 741 762
781 861 864 877 880 917 983 1006
1028 1030 1035 1052 1063 1179 1190
1201 1234 1237–1238 1253 1282 1304
1328 1377 1394 1469 1479 1497 1508
1525 1559 1626 1631 1653 1707 1739
1762 1772 1797 1807 1816 1826 1854
1866 1869–1870 1889 1895 1961 1981
2010 2040 2052 2066 2078 2105 2128
2195 2218–2219 2244 2256 2267 2270
2274–2275 2318 2323 2340 2345 2356
2368 2374 2389 2413 2415–2417 2437
2442 2463 2470 2548 2550 2652 2729
2764 2802 2872 2900 2910 2945 2964
2967 3007 3021 3035 3075 3080 3099
3102 3125 3146 3153 3162 3175 3179
3205 3291 3306 3308 3312 3393 3413
3435–3436 3469 3475 3487 3490 3513
3528 3578 3689 3699 3702 3706 3733
3739 3771 3853 3867 3964 3971 4037
4040 4167 4253 4279 4319–4320 4379
4391 4424 4429 4481 4535–4536 4551
4568–4569 4628 4631 4731 4765 4781
4786 4813 4821–4822 4922 4966 5048
5063 5126 5228 5282 5321 5332 5376
5393 5403 5536 5538 5581 5619 5660
5662–5663 5761 5786 5827 5881 5904
5919 5928 5983 5999 6003 6007 6038–
6039 6051 6091 6271 6374 6442 6475
6502 6504 6554 6590 6602 6629 6732
6782 6801 6939 6975 7021 7033 7069
7077 7079 7184 7198 7231 7236 7261
7282 7289 7305 7339 7349 7352 7381
7407 7414 7460 7480 7489 7506 7533
7537 7582 7729 7735 7752 7754 7815
7830 7844 7848–7849 7851–7852 7860
7875 7897 7953 7986 8060 8208 8266
8314 8335 8382 8430 8439 8463 8490
8537 8611 8630 8736 8886 8961 8974
9042 9070 9080 9085 9100 9121 9126
9128 9166 9184 9214 9291 9328 9440
9455 9461 9468 9594 9616 9621 9631
9705 9737 9742 9777 9798 9852 9890
9897 9933 9940 9982 10004 10031
10067 10074 10092 10094 10167
10250 10303 10359 10380 10450
10476 10479 10504 10518 10537
10609 10615 10621 10623 (347 Belege)

off. alt. ministrare valeat → absol. ut etiam in

off. (archidiac. vulg. nunc.) → districtus
scu

off. divina → facult. conc. celebrare

off. → lic. exercendi omnia al.

off. matutinale → lic. dicendi

off. predicationis in idiomate Theutonico
faciende 7875

off. predicature 781 1869 2389 3175 5228
8208

off. probi et religiosi apud ducem 2437

off. procur. → facult. disponendi de 8

off. tab. → facult. conc.

offendo 1233 2323 2829 3689 9504
10109

offensio 7382 9709

offero 13 138 185 190 193 353 371–372
389 469 529 543 588 628 654 671 877
932 1035 1057 1137 1400 1445 1711
1729 1746 1762 1788 2010 2034 2079
2159 2323 2383 2433 2442 2498 2521
2549 2621 2796 2835 2960 2983 3122
3150 3155 3176 3385 3410 3472 3582
3699 3771 3848 3896 3919 3934 4049
4164 4236 4271 4340 4391 4473 4566
4568 4598 4628 4645 4814 4963 5006
5029 5496 5608 5798 6045 6109 6194
6291 6327 6381 6455 6502 6638 6673
6677 6712 6801 6878 6938 6991 7054
7066–7069 7125 7184 7282 7294 7382
7384 7407 7413 7491 7551–7552 7629
7705 7752 7791 7841 7913 8004 8065
8164 8309 8407 8525 8535 8707 8752
8761 8770 8864 8959 9010 9047 9065
9142 9255 9258 9388 9440 9526 9544
9709 9729 9762 9793 9930 9987 9997
10087 10094 10150 10315 10375
10583   (151 Belege)

offerta 6466

offertorium 2025 3389 9003

offic.   (1782 Belege)

offic.) → cam. ap. cler. (et forsan pape
acol. seu

officina 932 1170 1235 1867 1870 2035 2910 3733 4074

officio 3102–3103 3561 4028 8473 8490 9553 10076

officio gubernationis → absol. ab

officialatus 530 932 2550 3155 5912

officiarius 8797

officiatio 4758

officium 3525

oldermannus 8813

oleum 620 1044 1190 3556 4034 4070 8462

oleum sacrum → lic. recip.

oliva 1050 8462 9901

olivetum 7553

omiserunt → absol. eos qui horas can. dicere

omissio 774 4546

omitto 117 488 889 1237 2346–2347 2632 2916 3175 4535 4879 5056 5535 6509 6553 7740 8460 9044 9390 9709 9828 9937 9945 10536   (24 Belege)

omnes indulg. p. nunt. ap. suspense fuerunt 118

omnes ord. → disp. ad

omnes ord. prom. val. → disp. ut ad

omnis lingue excepta materna penitus ignara est 1173

onerarius 2136 10108

onere recompense → absol. ab

onero 2963 4857 9142

onus 79 186 208 525 528 616 1383 1732 1814 1875 1899 1972 2344–2345 2389 2780 3218 3699 3772 3843 3897 4271 4313 4332 4353 4536 4566 4569 4603 4957 6038 6060 6271 6515 7261 7328 7696 7850 7859 7997 8390 8560 8719 8795 9049 9142 9420 9457 9510 9787 9812 9928 9940 9945 10184
                                    (55 Belege)

onustus 732 10111

op.   (1839 Belege)

op. Aquen. → moneta

op. Bernen. artem medicine exercet → in phisica practicat et apud commun.

op. Groningen. → peperstrate

op. imper. 397 657 732 1015 1044 1799 2342–2343 3134 3478 7264 7463 8451 8456 8461 8789 9067 9272 9943 10105 10328   (21 Belege)

op. Lantzhuett → moneta

op. Lovanien. audiret → causam infra muros

op. → n.o. quod Baldassar n. intellegit nec intellegibiliter loquitur idioma d.

op. Prag. → defensio R. E. contra hereticos in partibus Bohemie et in

op. Reinstein vulg. nunc. → capn. videlicet una ad alt. s. Marie virg. in op. Willebach vulg. nunc. et al. ad alt. s. Barbare in

op. sub nomine Hanse vulg. nunc. → civitates et

op. Sunth Zwerin. dioc. ord. s. Salvatoris vulg. s. Brigide nunc. → mon. prope muros

op. vulg. Sancti Johannis nunc. 6003

op. Willebach vulg. nunc. et al. ad alt. s. Barbare in op. Reinstein vulg. nunc. → capn. videlicet una ad alt. s. Marie virg. in

opera 4 190 224 353 762 1056 1119 1233 1646 1874 2010 2424 3128 4631 5130 5323 5503 5524 6209 6217 6638 6712 7109 7286 7337 7491 7501 8507 8535 9369 9388 10109 10481   (33 Belege)

operariis, practicis et expertis ex Germania litt. passus dabuntur 4889

operarius 2078 4889

operatio 224

operator 1053

operor 224 794 1031 2416 3548 4391 7233 10533

opifex 10088

opinio 1031 2349 4847 9330 9940

opitulentus 7329

opitulor 7696

oportet 1161 3176 3798 3843 10396

oportunitas 2916 6337

oportunus 106 352 469 619 700 794 2346 3175 4536 4551 7382 7391 7742 7900 8434 9011 9066 9825 9933 10111
                                    (20 Belege)

oppid. 266 516 613 731 961 989 996 1044 1169 1174 1194 1569 1578 1732 1793 1799 1865 1871 1981 2021 2066 2069 2071 2215 2219–2220 2298 2325 2343 2371 2415 2417 2420 2499 2576 2792 2921 3024 3037 3043 3098 3129 3132 3138 3173 3579 3781 3878 4391 4410 4605 4753 5287 5393 5622 6003 6039 6259 6308 6639 7179 7236 7463 7469–7470 7485 7860–7861 7867 8186 8451

8464 8808 9003 9067 9605 9629 9986
10031–10032 10174 10302 10472
(83 Belege)
oppidani agrestes et coloni territorii op.
2220
oppidanos → differentia inter abba. et
oppono 273 319 516 527 619–620 1073
1511 1539 1707 2389 2637 3684 5404
6039 6673 6847 6889 7407 7489 7492
7791 7937 9058 9122 9408 9461 9790
10141 10479 (30 Belege)
oppositio 528 4447
oppressio 977 3176
oppressus eccl. Constant. gubernare n. poterat → infirmitatibus
opprimo 2158 2497 3176 4569 5228 5321
8534
opprobriosus 9504
opprobrium 2346 6053
oppugnatio 7815 9600 10111
oppugnator 4530
oppugno 2347 2416
ops 9528
optime 2349
optimus 731 3548 7382–7383
optio 546 3678 7338 7912 10564
opto 195 546 571 943 2417 3695 4606
7381 7426 7491 7826 7875 8018 9760
10108 10413 10604 (17 Belege)
opulenter 3825
opulentus 7330
opus 106 118–119 352 392 525 700 764
801 1031 1233 1707 2106 2270 2347–
2348 2409 2448 2792 3096 3106 3176
3548 3610 3772 4536 4549 4606 4628
4822 5971 6497 7059 7328 7337 7382
7656 7815 7881 8226 8269 8464 8568
9249 9458 9832 9937 10074 10076
10088 10110–10111 (52 Belege)
opus s.cruciate → indulg. in
oraculum 10112
oratio 127 1796 4206 7991 8789
orator 6 18 69 106 119 127 223–224 239
296 312 351–353 381 410 431 468–469
497 526–527 582 591 633 679 700 702
730–732 761–762 764 804 827 917 920
989 1029 1063 1076 1137 1215 1233
1241 1674 1693 1698 1742 1779 1841
1845 1893 1972 1995 2021 2047 2076
2078 2178 2220 2344 2346–2349 2355–
2356 2424 2436 2448 2548 2551 2620
2642 2734 2858 2916 2940 3051 3088

3116 3175–3176 3337 3516 3528 3548
3772 4011 4155 4167 4391 4403 4412
4530 4536 4566 4583 4606 4685 4690
4782 4785 4797 4848 4857 4874 4879
4882 4887 4994 5126 5323 5347 5521
5536 5538 5558 5581 5627 5636 5716
5897 5919 6016 6037 6058 6071 6297–
6298 6579 6613 6685 6712 6900 6914
7044 7102 7125 7172 7321 7328–7330
7337 7357 7381–7383 7394 7407 7478
7491 7548 7554 7616 7656 7677 7742
7790 7798 7814–7815 7830 7834 7839
7988 7999 8025 8202 8318 8368 8379
8462 8507 8535 8612 8640–8641 8688
8714–8715 8912 9015 9025 9041–9042
9044–9045 9255 9300 9299 9319 9329–
9330 9360 9388 9455 9504 9528 9600
9630 9634 9654 9854 9866 9877 9890
9916 9940 9969 9984–9985 10033
10087 10089 10091 10108–10112
10409 10419 10488 10533 (228 Belege)
orator ad aep. Colon. 4391
orator → ad imper.
orator ad nonnullas Germanie partes 2436
orator ad nunt. Colon. 4391
orator ad papam 6 119 1029 1841 1995
2355 2620 2734 3051 3772 4011 4155
4782 4994 5347 5538 5636 6058 7407
7554 7656 7677 7798 7988 7999 8318
8379 8714 8912 9015 9877 9985 10033
10409 10488 (35 Belege)
orator → ad papam / sed. ap. destinatus
orator ad Paulum II. 8714
orator ad sed. ap. 1845 7839 8202
orator ap. 106 224 431 469 731 761 1233
1241 1972 2078 2346–2348 2551 2916
4536 4606 5323 7102 7321 7742 7815
8368 8535 8688 9044 9329–9330 9360
9388 10108–10112 (35 Belege)
orator ap. ad cesarem / imper. / R. I. 431
2346 10109
orator armatus 4530
orator blandis verbis excusare papam
10110
orator c. facult. ap. 764
orator c. pot. legati de latere 1779 7328
10112
orator cognoverit mentem cesaris 10109
orator commun. Basil. apud sed. ap. 69
orator Confoederatorum 5627
orator ducis Austrie et Burgundie 989

orator ducis Sabaudie 10087
orator eccl. Bamberg. 10089
orator ep. Herbip. 10089
orator ep. Traiect. 6037
orator ep. Trident. 10089
orator et nuntius ap. 5323
orator et nuntius → aud. ad imper.
orator imper. / R. I. 351 1845 2346 7125
  10267
orator in cur. 917 5716 5919
orator in cur. → R. I. et ducis Burgundie
orator pape 224 431 469 764 1137 4391
  7337 7383 10108
orator pape et imper. 224
orator (prep. [mon.] in Velpach) ad sed.
  ap. 431
orator principum imper. 2346
orator regis 353 10109
orator regis Ferdinandi 732
orator regis Polonie 9890
orator studii Colon. 10089
orator Venetorum 353 527 731 762 8535
  9600
oratore et de person. pro quodam Thoma
  → Fiat de can. pro
oratores → ad Bavarie ducum cur. destinare
oratores ad papam 119
oratores Nurimbergen. conventui interfuerunt 2916
oratorium 1235 2574 2910 5342 7493
  7522 7987 9704
oratorum ap. consignetur → aep. Craynen.
  in manibus
oratrix 1615 1959 7531 7821
orbis 3548 10087 10111
orbo 1173 1331 1581 2095 2337 4809
  10176
ord. (1997 Belege)
ord. card. in consistorio secreto → assumptio ad
ord. constitutus → art. mag. in sacris
ord. → disp. ad min.
ord. → disp. ad omnes
ord. → disp. ad sacros
ord. et postremo ad bac. in theol. prom.
  → mag. in art. et licent. in medicina ac
  ad presbit.
ord. executione p. 3 an. → Fiat eo suspenso ab
ord. → Fiat quod committatur gener.

ord. presbit. promoveri → cupiens supra
  patrimonio val. ann. 15 fl. ad
ord. prom. fuerunt → absol. eos qui n. rite
  ad
ord. prom. val. → disp. ut ad omnes
ord. s. Salvatoris vulg. s. Brigide nunc. →
  mon. prope muros op. Sunth Zwerin.
  dioc.
ordin. 7–8 11 31 44–45 105 119 131 134
  148 157 167 207 232 237 257 270 328–
  329 344 357 393 405 512 524–525 559
  581 588 599 620 654 659 661 674 718
  763 836 859 890 912 922 934 965 996
  1044 1064 1068–1069 1092 1190 1202
  1233 1235 1241 1243 1252 1256 1259
  1277 1305 1340 1345 1350 1366 1381
  1440 1444 1495 1520 1539 1581 1583
  1615 1633 1659 1687 1716 1739 1796
  1822 1824 1835 1848 1865 1867–1868
  1870–1871 1880 1899 1959 1977 2019
  2024–2025 2034–2035 2059 2077–2079
  2089 2106 2110 2148 2150 2174–2175
  2212 2226 2233 2247 2267 2272 2343
  2345 2356 2365 2376 2383 2389 2391
  2398 2415 2419 2444 2463 2519 2541
  2607 2633 2681 2684 2706 2710 2751
  2767 2784 2795 2845 2908 2911 2933
  2939 2973 2983–2984 2995 3009 3046–
  3047 3057 3063 3074 3079 3085 3087
  3130 3170 3191 3203 3217 3226 3268
  3280 3289 3314 3334 3338 3351 3385
  3389 3408 3415 3436 3467 3475 3480
  3486 3528 3568 3572 3582 3603 3615
  3631 3694 3699 3709 3721 3816 3855
  3916–3917 4011 4017 4091 4158 4182
  4227 4383 4403 4406 4410 4424 4502
  4548 4551 4569 4589 4628 4630 4636
  4659 4677–4678 4752 4792 4847 4907
  4974 4990 5038 5090 5130 5137 5160
  5202 5222 5284 5296 5321 5334 5352
  5386 5508 5548 5723 5737 5757 5781
  5865 6051 6057 6079 6096 6127 6135
  6165 6215 6241 6278 6296 6335 6341
  6367 6444 6447 6453 6497 6514 6538
  6544 6559 6592 6603 6613 6648 6792
  6801 6822 6859 6899 6928 7014 7033
  7043 7061 7063 7105 7107 7135 7198
  7217 7240 7367 7391 7394 7426 7443
  7450 7458 7460 7463 7470 7497 7533
  7540 7566 7588 7611 7627 7646 7707
  7741 7830 7860 7890 7904 7948 7966
  7978 8010 8025 8029 8031 8046 8083

8165 8180 8202 8214 8232 8261 8269–
8270 8291 8298 8304 8310 8316 8328
8332 8368 8415 8426 8439–8440 8444
8456 8462 8471 8494 8502 8529 8560
8578 8584 8704 8721 8743 8775 8777
8803 8849 8863 8934 8945 8991 9041
9049 9055 9066 9106 9242 9251 9259
9267 9299 9323 9346 9363 9409 9429
9457 9473 9479 9495 9557 9564 9584
9604 9606 9631 9634 9675 9708 9712
9736 9777 9780 9881 9884 9928 9937
10003–10004 10019 10025 10047
10053 10065 10070–10071 10073
10076 10135 10144 10176 10197
10205 10208 10214 10219 10278
10309 10336 10431 10444 10454
10490 10493 10532 10538 10577
10588 10592 10605 10609 10621
            (432 Belege)
ordin. auct. conf. → abb. electus atque
ordin. → coll.
ordin. et illius in specialibus vic. 2389
ordin. → lic.
ordin. → vac. p.o. in turno
ordinamentum 4040 7083 8133
ordinarie in cathedra et stud. Colon. legit
  → decr. doct. qui 30 an.
ordinariis reserv. → absol. a peccatis etiam locorum
ordinariis reserv. → absol. in casibus locorum
ordinariter 1198
ordinarius iur. civilis et canonici → mag.
in art.
ordinatio 134 822 1176 1235 1345 1710
  2242 2322 2413 2444 3116 4281 4566
  5039 5404 5606 6016 6935 7477 7479
  7860 7985 9249 9328 9384 9710 9940
  10099 10141   (29 Belege)
ordinatio studii Colon. 9710
ordinem circa hebreorum negotium diligenter intellegat 5697
ordines se promoveri facere possent licet
beneficia ecclesiastica aut patrimonialia
bona n. haberent → indulsit ut ad sacerdotium et al.
ordinibus mendicantium in monach. → facult. recipiendi certos fr. ex
ordino 106 186 265 296 731 764 794 807
  822 1193 1617 1972 2162 2345 2347–
  2348 2377 2620 3033 3096 3102 3175
  3218 3825 3846 5448 6216 6916 7491

7542 7681 7815 7860 7986 8385 8449
8507 8537 8545 8560 8763 8789 9066
9121 9155 9249 9259 9457 9592 9732
9787 9881 10071 10141 10180 10472
10490   (57 Belege)
orphanus 2138 2927 3102 8038
organista 8490 9032
organum 8490 9032
orientalis 1253 1854 2340 3142 3272
  4512 6778 7551 9214
originalis 105 529 1527 8461
origine Alamannus → habitator uxoratus
  in civit. Janue de
origo 1444 2790 2858 3060 3686 4581
  5606 8427 8601 9930 10110
            (11 Belege)
orior 1 43 103 106 117 134 270 352 400
  488 525 573 709 764 1015 1044 1179
  1233 1239–1240 1520 1528 1539 1593
  1615 1732 1936 1947–1948 1978 2044
  2106 2138 2340 2343 2456 2703 2855
  2911 2920 3039 3059 3385 3389 3391
  3527 3548 3602 3772 3964 4129 4586
  4608 4703 4752 5025 5117 5529 5601
  5725 5768 5947 6003 6067 6263 7470
  7522 7540 7741 7839 7875 7913 8524
  8998 9121 9446 9455 9510 9527–9528
  9591 9718 9818 10069 10087 10110
  10184 10252 10279 10344 10382
  10479   (92 Belege)
ornamentum 118 186 341 511 732 1527
  1876 2138 3104 4520 6038 7465 7860
  7986 8469 8545 9072 9136 9585 9711
            (20 Belege)
orno 1870 7993 10266
oro 732 1434 2805
ortalicium 87 7754
orthodoxus 7328 9042 9804
ortulanus 932 1916 7236 10344
ortularius 6836
ortus 87 620 3499 7183 7493 7754 9224
  10504
os, oris 2549
os, ossis 284 2035 2420 8469 9450
Oscen. sperat nisi idioma loci intellegibiliter loquitur → nullum fruct. apud
eccl.
Osnaburg. dioc. → patron. incolarum villarum
Oss et Berchem nunc. → eccl. vulg. de
ossa 10.000 Mart. ac s. Erasmi 284

ossa 17 sanctorum Thebeorum (1.200 an. elapsis in ponte Solodori c. s. Urso et s. Victore decapitatorum) 9450

ossorium 2108–2110 2704 3624 5607 6824

ostendo 224 2349 2415 7382 7997 10111

ostiarius 3748 8242

ovum 654 2219–2220 3163 5298 7522 7540 7814 8460 8462 8537 (11 Belege)

p. assec. → vac.

p. assec. → vacat.

p. breve 44 108 112 119 205 274 315 371 393 528–529 571 609 620 634 684 689 691 708 765 779 876 880 917 921 1035 1051 1073 1119 1153 1197 1244 1259 1400 1434 1445 1713 1725 1782 1871 1890 1920 1955–1956 1972 2021 2040 2222 2341 2525 2929 3034 3134 3161 3215 3225 3308 3389 3528 3589–3590 3602 3655 3689 3842 3964 3967 4020 4091 4191 4211 4224 4271 4481 4530 4581 4716 4822 4891 4912 5037 5126 5185 5462 5503 5597 5637 5766 5776 5964 6051 6095 6227 6266 6401 6504 6583 6591 6811 6995 7019 7029 7054 7224 7293 7306 7469 7522 7579 7628 7667 7761 7810 7867 7892 7923 8046 8057 8073 8166 8170 8463 8614 8621 8721 8734 8817 8928 8976 8998 9058 9094–9095 9113 9156 9179–9180 9214 9244 9249 9266 9373 9552 9847 9862 9898 9925 9958 9961 9998 10012 10031 10103 10110 10183–10184 10267 10423 10480 10497 10525 10573 (162 Belege)

p. cess. → vac.

p. contractum matrim. → vac.

p. contractum matrim. → vacat.

p. decl. certe surreptionis certarum bullarum → vac.

p. devol. → vac.

p. devol. → vacat.

p. elect. → vacat.

p. emissionem professionis → vacat.

p. ingr. claustri sive conv. → vacat.

p. ingr. conv. → vacat.

p. ingr. dom. → vac.

p. ingr. dom. → vacat.

p. ingr. hosp. → vac.

p. ingr. mon. → vac.

p. ingr. mon. → vacat.

p. ingr. relig. → vac.

p. ingr. relig. → vacat.

p. n. prom. → vac.

p. n. prom. → vacat.

p. perm. → vac.

p. priv. → vac.

p. priv. → vacat.

p. prom. → vac.

p. prom. → vacat.

p. resign. seu n. prom. → vacat.

p. resign. → vac. p.o. seu

p. resign. → vacat.

p. resign. vel p.o. in cur. → vac.

p.o. (4339 Belege)

p.o. in cur. → vac.

p.o. in cur. → vac. p. resign. vel

p.o. in turno ordin. → vac.

p.o. infra 2 dietas a cur. → vac.

p.o. seu p. resign. → vac.

p.o. → vac.

pacifice 7 40 63 352 451 488 788 1237 1824 1912 2402 2554 2854 3057 3072 3582 3610 3919 4012 4669 5363 7491 7851 8925 9155 9403 9821 9945 9982 10552 (30 Belege)

pacifico, pacificor 2522 6565

pacificus 127 190 687 794 960 1222 1940 2159 2271 2818 2972 3583 3984 4066 6176 7186 7477 7869 8545 9045 9110 9327 9455 9528 9764 9932 9935 10131 10607 (29 Belege)

pacis et concordie inter regem et imper. in dieta proxime habita → condiciones

paco 7329 7491

pacta stipulata in Urbe in pal. ap. apud s. Petrum in loco audientie secrete et discussionis negotiorum cam. ap. 4889

pactio 5843 10526

pactum 7 42 327 505 1236 1421 1739 2052 2302 2315 2620 2670 3072 3114 3176 3179 3323 4119 4519 4529 4542 4783 4889 4947 5072 5161 5334 5426 5891 7897 8213 8696 9534 9595 9615 9711 9864 10132 10169 10226 10349 (41 Belege)

Paderburn. forensis vulg. nunc. → eccl. s. Pancratii

Paduan. → univ. studii

pagamentum 537

paganus 7498

pagina 5 469 1370 1533 1801 3475 5296 5999 7855 8956 9710 10552 (12 Belege) pagina bac. formatus → art. mag. et in sacra

pagine doct. → art. mag. et sacre

pal. 25 42 109 119 131 221 425 451 516 605 674 708 730 732 775 804 816 844 860 974 994 1002 1147 1303 1371 1394 1414 1719 1746 1784 1807 1842 1912 1982 2008 2267 2374 2398 2443 2470 2624 2636 2791 2798 2806 2853 2855 2892 2912 2926 2941 2945 3011 3096 3102 3151 3162 3226 3232 3243 3306 3329 3410 3415 3474–3475 3517 3592 3647 3670 3678 3692 3702 3739 3771 3788 3914 3938 3983 4017 4091 4096 4164 4168 4183 4258 4285 4289 4476 4509 4547 4567 4588 4772 4781 4889 4958 4961 5038 5121 5126 5330 5430 5531 5570 5619 5636–5637 5794 5865 5916 6016 6038 6154 6191 6271 6291 6374 6502 6547 6552 6638 6694 6724 6772 6791 6832 6846 6850 6915 7129 7381 7434 7488 7629 7752 7815 7819 7840 7912 8113 8121 8131 8171 8179 8536 8580 8606 8641 8727 8769 8804 8812 8843 9054–9055 9061 9142 9247 9302 9330 9383 9427 9553 9690 9706 9777 9815 9847 9870 9955 9987 10004 10089 10104 10278 10306 10388 10396 10453   (180 Belege)

pal. ac eques imper. et regis Bosne medicus → art. et med. doct. com.

pal. ap. apud s. Petrum in loco audientie secrete et discussionis negotiorum cam. ap. → pacta stipulata in Urbe in

pal. ap. not. → causarum

pal. ap. → pannus razius ad usum

pal. ap. scriba → abbrev. ac causarum

pal. → com. Lateranen.

pal. → not. ad instar al. com. Lateranen.

palatii Lateranen. → recept. in com. palatinum

palatini Reni / ducis Bavarie consiliarius → com.

palatinos et not. → facult. creandi comites

palatinum palatii Lateranen. → recept. in com.

palatinus 117 119 185–186 203 223 246 273–274 292 377 392 497 679–680 731 766 833 897 911 971 1234 1238 1496 1698 1801 1821 1875 2020 2108 2110 2138 2175 2309 2323 2340 2344–2345 2354–2358 2389 2444 2511 2548 2645

2650 3130 3176 3381 3446 3506 3699 3719 3772 3802 3807 3846 3896–3897 3925 3982–3983 4017 4054 4085 4391 4400 4409 4411 4536 4548 4559 4569 4595–4597 4628 4636 4814 4857 5126 5165 5239 5291 5461 5562 5608 5617 5803 5929 6016 6172 6811 7106 7198 7211 7296 7329 7391 7477–7478 7745 7812 7838 7940 7993 8064 8078 8082 8110 8360 8714–8715 8908 8913 9049 9154–9156 9337 9363 9456 9479 9552– 9554 9629 9720 9729 9750 9976 10018 10087 10090 10127 10184 10282 10285 10301 10611   (143 Belege)

palla 186

pallium 3896 7492

palma olivarum 9901

paludosus 4013 5968

panetarius Theutonicus in cur. 8604

pango 2025 2706

panis 2894 3102 4424 6263 9569

pannus 285 3549 7860 9383 10262

pannus razius ad usum pal. ap. 9383

papa (3093 Belege)

papa inita → confederatio et liga c.

papalibus → absol. in casibus

papalis 431 619 1147 1626 2078 2346– 2347 2662 3329 3831 4208 4338 5423 6039 6424 6935 7022 7839 8604 9799 10330 10481   (22 Belege)

papam / sed. ap. destinatus orator → ad

papam conc.) → vig. nominationis R. I. / imper. (p.

pape ab antiquo fam. 84

pape acol. 44 381 512 633 673 708 839 1064–1065 1090 1412 1430 1784 1845 2047 2106–2107 2110 2236 2515 2620 2740 2745 2781–2782 2792 2974 2986 3454 3526 3528 3671 3825 3855 3983– 3984 4066 4151 4200 4227 4403 4509 4781–4783 4786–4787 4922–4924 4957 4960 5052 5133 5291 5483 5542 5607 5621 5650 5653 5674 5770 5854 5884 5913 6007 6039 6056 6402 6446– 6447 6710 6812 7171 7434 7642 7844 7847 7856 8056 8441 8580–8581 8638 8703 8715 8949 9187 9233 9312 9368 9484 9720 9811 9929 10069 10190 10217 10380 10481 10501 (102 Belege)

pape acol. seu offic.) → cam. ap. cler. (et forsan

pape cap. 451 519 699 706 744 1031 2225
2255 2620 2637 3080 3576 4151 4153
4262 4548 4786–4787 4994 5527 5534
5657 5669 5794 5862 5995 6034 6057
6123–6124 6144 6470 7582 7623 7847
7856 8130–8131 8314 8329 8863 9045
9348 9890 9929   (45 Belege)
pape → cap.
pape cap. → mag. in art. decr. doct.
pape → civit.
pape et card. fam. → prothonot., cap.,
    abbrev.,
pape fam.   (1703 Belege)
pape fam. → abbrev.
pape fam. → abbrev. et
pape fam. → abbrev. referendarius et
pape fam. → de maiori parco abbrev.
    presidenti et
pape fam. → de parco maiori abbrev.
pape fam. → decr. bac., script., abbrev. ac
pape fam. → decr. doct. abbrev.
pape fam. → decr. licent. abbrev. et
pape fam. descript. 6 15 18 26 42–43 68
74 80 110 121 140 143 148 150 154
183 199 201 260 292 314 324 329 335
347 355 359 368 377 379 381 401–402
405 412 421 425 430 445 458 464 471
499 503 512 514 518 526 535 571 587
591 621 667 673 685 702 717 734 737
756 770 826 845 860 868 884 889 917
930 942 952 966–967 1015 1025 1041
1064–1065 1068 1089–1090 1114–1115
1126 1138 1146 1165–1166 1188 1200
1203 1254 1264 1266 1283 1299 1303
1308 1334 1360 1373 1378 1387 1414
1421 1430 1461 1482 1533 1539 1541
1571 1585 1596 1599 1606–1607 1631
1644 1646 1652 1672 1678 1687 1715
1750 1764–1765 1774 1787 1807 1826
1840 1842 1846–1847 1879 1934 1942
1944 1976 2008 2050 2067 2096 2098–
2099 2104–2105 2107–2108 2111 2114
2119 2226 2259 2275 2290 2293 2296–
2297 2302 2320 2334 2358 2385 2405
2411 2463 2514 2587 2605 2612 2620
2624 2627 2648 2670 2689 2701 2705
2729 2745 2769 2779 2785 2794 2812–
2813 2874 2892 2902 2907 2926 2936
2943–2944 2966 2999 3001 3035 3051
3056 3059 3063 3082 3085–3086 3090
3114 3131 3153 3162 3164 3190 3200
3208 3224 3227 3229 3246 3254 3263
3274 3283 3291 3295 3306 3350 3352
3359 3364 3407 3426 3442 3450 3454–
3456 3464 3467 3510–3511 3516 3544
3557–3558 3575 3581 3592 3596 3611
3648 3654 3667 3671 3691 3726 3750
3757 3765 3772 3777 3782 3819 3822
3826 3836 3839 3858–3859 3873 3879
3893 3917 3919 3979 3999 4052 4059
4066 4112 4127 4129 4213 4221 4241–
4242 4250 4268 4280–4282 4285 4304
4307 4325 4339 4347 4362 4370–4371
4444 4464 4476–4477 4549 4558 4601
4614 4618 4631 4636 4657 4659 4671
4687 4690 4697 4731 4775 4780–4782
4795–4796 4807 4821 4846 4852–4853
4873–4875 4880 4885 4891 4893 4922
4935 4946 4949 4964 4969 4976 4994
5001 5005 5028 5046 5063 5108 5126
5130 5134 5150 5159 5162 5187 5194
5198–5199 5217 5223 5270–5272 5274
5282 5284 5290 5327 5359 5361 5368
5370–5372 5375 5381 5385 5388 5392
5403 5435 5457–5458 5479 5497 5509
5521–5522 5532 5545–5546 5554 5556
5558 5578–5579 5581 5609 5628–5629
5636 5643 5648 5650 5664 5706 5726
5731–5732 5737 5745 5761 5770 5776
5784 5793 5819 5828 5860 5865 5869
5881 5887 5906 5911 5916 5918 5923
5943 5964–5965 5973 5983 5987 5993
6004 6007 6013 6024 6037–6039 6041
6048–6049 6051 6058–6059 6067 6079
6094 6113 6129 6131 6141 6180 6185
6257 6265 6271 6282 6285 6324 6338
6342 6346 6352 6414 6422 6429 6470
6522–6523 6545 6547 6552 6563 6570
6579 6602 6606 6624–6625 6633 6720
6730 6732 6748 6752 6772 6796 6806
6812–6813 6846 6850 6866 6873 6943
6961 6968 6991 7015 7043 7049 7081
7109 7127 7133 7140 7166 7172 7204
7263–7264 7275 7304 7316 7320 7352
7437 7504 7585 7590 7592 7614 7617–
7618 7642 7655–7656 7677 7704 7741
7760 7782 7794 7796 7798 7842 7847
7850 7856 7880 7883 7908 7911–7912
7916 7922 7945 7957 7962 7970 7977–
7978 7982 8033 8040 8057 8066 8099
8110 8117 8121 8131 8152 8155 8161
8174 8177 8198 8203 8244 8261 8264
8316 8319 8328 8347 8367 8371 8380
8401 8405 8416 8419 8426 8440 8503

8505 8526 8531 8537 8548 8580 8585
8588 8606 8608 8611 8623 8675–8676
8683 8736 8762 8764 8776 8780 8800
8804 8868 8884 8893 8937 8942 9007
9020 9056 9126 9128 9138 9156 9196–
9198 9232 9286 9299 9318 9338 9342
9355 9368 9370 9379 9389 9399–9400
9436 9464 9466 9468 9472 9525 9540
9549 9557 9576 9581–9582 9620–9621
9627 9635 9648 9662 9677 9680 9747
9750 9765 9767 9812 9824 9828 9831
9834 9867 9872 9878 9898 9921 9923
9954 9962 9981–9982 10005–10006
10036 10070–10071 10086 10123
10131 10233 10250–10251 10268
10280 10309 10322 10340 10346
10353 10380 10405 10428 10435
10449 10453 10481 10487 10493
10498 10520 10524 10530 10570
(717 Belege)
pape fam. descript. → liber
pape fam. descript. → prerog. ad instar
pape fam. et abbrev. 1128 1842 3059
6742 8272 8345 8503 8584
pape fam. et continuus commensalis et sed.
ap. acol. 6140
pape fam. nepos → prothonot., abbrev. et
pape fam. procur. → decr. doct. abbrev. et
pape fam. → script. abbrev. et
pape nepos 744 7066
pape not. 7815
pape refer. secretus → leg. doct., abbrev.
Papien. art. et iur. can. stud. → in univ.
Papien. → univ. studii
papyreus 1742 1874 10099
papyrus 7470
par. (5798 Belege)
par. eccl. (3097 Belege)
par. eccl. → absol. parochianos quarumcumque
par. eccl. c. 2 turribus fortissimis ad modum castri constructa 2852
par. eccl. → coll. rect.
par. eccl. → disp. ad
par. eccl. → disp. ad tenendum
par. eccl. → disp. ad 2
par. eccl. → facult. erig.
par. eccl. in Neunkyrchen auff dem Prant
vulg. nunc. → primissaria
par. eccl. → lic. accipiendi
par. eccl. → lic. erig. capellam castri in

par. eccl. → mensa
par. eccl. Westenrisck vulg. nunc. 1548
par. → ex utr.
paradisus 731 3440 4470 7227
parafrenalis 1795 7469
parafrenariis → Fiat motu pr. pro 3
parafrenarius 339 487 519–520 762 1378
1788 1855 1874 2192 2238 2446 2463
2936 2950 3035 3299 3689 3695 3920
3922 4066–4067 4444 4509 4641 5285
5480 5596 5654 6004 6055 6057 6059
6124–6125 6292 6297 6595 6651 6752
7019 7760 7788 7856 7880 7965 8613
8676 8895 9115 9160 9368 9555 9578
9825 9935 10380 10449 (59 Belege)
paralysis 9489
paralyticus 4406 8679
paramentum 833 1250 1773 2862 8545
Parcen. o. Prem. Leod. dioc. (in quo Theutonicum idioma vulgare habetur) →
mon.
parco → abbrev. de maiori
parco → abbrev. in minori
parco abbrev. presidenti et pape fam. →
de maiori
parco → decr. doct. et abbrev. de maiori
parco maiori abbrev. pape fam. → de
parcus 134 1188 1245 1266 2109 2891
9576 9678
parens 264 631 658 1172 1236 1604 1702
1796 1890 2160 2658 2858 3043 3474
4074 4265 4377 4552 4879 4983 5805
6406 7404 7518 7528 7849–7850 8073
8335 8862 8957 9818 10089 10345
(34 Belege)
parentela 2765 5606 5804 8119 8273
8537
pareo 1445 1732 1844 2270 2323 2928
3232 4374 4782 4822 7236 9330 9457
(13 Belege)
pario 10110
Parisien. et Colon. → ad instar studii Bononien.,
Parisien. → univ. studii
Parisiis stud. → art. mag. in iur. can. actu
pariter 543 1163 2041 2347 2609 2645
8407
paritio 2790 2929 5913 6401 9777
parlamentum 2776 8461–8463 10159
paro 28 100 525 564 571 707 1241 1374
1610 1802 1916 2024 2226 2255 2272
2340 2390 2506 2554 2745 2789 2892

3221 3307 3747 3794 3875 3983 4280
4701 4956 5217 5227 5284 5340 5533–
5534 5622 5770 5827 6056 6078 6205
6244 6466 6839 6916 7329 7381–7383
7491 7617 7742 7783 7934 8607 8640
8702 8932 8956 9026 9565 9625 9765
9787 9818 10131 10193 10250 10344
10346 10552   (73 Belege)

paroch. 117 262 266 279 465 535 620 864
901 921 992 1108 1235 1237 1239
1241 1533 1645 1707 1781 1797 1801
1865 1867 1890 1895 1902 1924 2127
2158 2195 2394 2762 2780 2854 2910
3385 3528 3541–3542 3943 3997 4122
4410 4548 4550–4551 4596 4995 5197
5215 5251 5530 5954 5957 5995 6003
6055–6056 6060 6691 7180 7271 7321
7463 7477 7562 7681 7820 7993 7997
8449 8451 8460 8485 8974 9003 9035
9066 9185 9188 9463 9527 9547 9592
9604 9742 9805 9887 9933 9936 10088
10282 10482 10537 10567 10621
        (97 Belege)

paroch. de Wese Termase vulg. nunc.
9592

parochialibus et de can. eccl. Frising. →
Fiat motu pr. de

parochianos ab omnibus peccatis exceptis
sed. ap. reserv. → absol.

parochianos quarumcumque par. eccl. →
absol.

parochianus 162 209 240 279 525 620 687
1233 1239–1240 1533 1788 1901 1992
2033 2088 2105 2270 2415 2782 2790
2792 3037 3074 3525–3526 3530 3664
3719 3946 4091 4549 4739 5291 5606
5947 5968 6057 6691 6916 7205 7308
7464 7477 7681 7810 7814 8073 8323
8335 8352 8461 8508 8584 8704 9057
9185 9631 9924 9931 10031 10175
10179 10345 10482 10621 (66 Belege)

parochus 2033 9267 9301

pars   (1300 Belege)

3. pars 44 118–119 121 134 154 217 259
329 339 353 431 444 487 489 516 518
529 651 700 730 732 764 802 862 880
1001 1028 1030 1058 1152 1187 1235
1245 1284 1312 1380 1424 1444 1452
1486 1525 1626 1674 1788 1831 1843
1846 1866–1867 2033 2035 2056 2106
2220 2227 2229 2256 2342 2374 2415
2417 2463 2494 2530 2550 2560 2597

2625 2663 2781 2791 2807 2845 2855
2862 2880 2960 2987 3076 3083–3084
3410 3516 3526 3550 3554 3583 3671–
3672 3694 3721 3762 3813 3921–3922
3984 4079 4254 4324 4367 4449 4528
4548 4568 4692 4782 4821 4848 4893
4924 4937 4956 4958 5053 5089 5125
5132 5187 5294 5461 5534 5570 5650
5655 5669 5745 5921 6039 6057 6060
6080 6124 6172 6266 6297 6302 6602
6674 6792 6854 6862 6891 6902 6945
6960 7059 7068 7078 7098 7100 7244
7305 7328 7330 7352 7383 7471 7479
7491 7501 7551 7553 7582 7608 7653
7762 7807 7820 7836 7849 7854 7907
7931 7953 7962 7990 8132 8204 8360
8390 8440 8444 8462–8463 8466 8533
8547 8580 8618 8663 8703 8715–8716
8726 8746 8994 8996 9016 9018 9041
9081 9122 9128 9199 9205 9286 9300
9329 9368–9369 9427 9457 9528 9629
9711 9731 9812 9937 10069 10074
10089 10093 10110 10176 10252
10282 10306 10346 10380 10382
10402 10413 10480 10505 10520
        (236 Belege)

3. pars indulg. 1626

parte par. eccl. → Fiat ut petitur reserv.
quarta

partem reducatur → Fiat quod pens. ad 3.

2 partes canonicorum eccl. de natione Germanica et al. 3. pars de natione Italica
2494

partes infidelium detulerunt → absol. eos
qui prohibita ad

partes Lombardie → nuntius ap. deput. ad

partes scindi fecerunt → sup. rotis imponi
et in

partes scindi fecerunt → sup. rotis imponi
et in4

partialitas 9932

partibus Alemannie Inferioris reliquit →
card. in testamento hospitali omnes suos
libros et 5.000 fl. renen. pro sustentatione 20 scol. pauperum in

partibus Bohemie et in op. Prag. → defensio R. E. contra hereticos in

partibus Prussie → privil. et indulg. ad
instar mag. gener. et fr. hosp. in

participo 540 636 2413 2549–2550 3175
4536 7481 7490 7997 8463 10012
        (12 Belege)

particula 4473 5282 9609
particularis 106 1982 2825 3897 4376 5748 9016
particulariter 1466
particule salutifere crucis Jesu Christi 5282
partim 2916 3610 4536 7156 7308 9171 9527
partio 2127 4822 10302
partior 1874
partis fruct. → Fiat c. pens. 3.
partis peccatorum → indulg. 3.
partis peccatorum → indulg. medie
partita 1874
parum 4406 9011 9801 9828
parvulus 2127 6323 7181
parvus 246 1031 1581 2138 2232 3868 5342 7183 7985 8679 9035 9409 9592 10073 10283   (15 Belege)
pasco 3029 7012
pascuum 7012 9431
passagium 4422
passim 2007 2636 7722 7834 7852 9821
passio 166 3197
passionatus 6810
passus 134 223 526 731 934 1123 1312 1411 1655 1801 2548 3082 3798 3984 4320 4666 4889 5383 5636 5730 6053 7328 7446 7551 7722 7836 7838 7847– 7848 8226 8657 8702 8868 9045 9663 9677 9742 10184   (38 Belege)
passus dabuntur → operariis, practicis et expertis ex Germania litt.
passus → litt.
passus usque ad numerum 6 equorum → litt.
pastor 70 1190 1237–1239 1851 1890 2845 2910 3114 3356 3388 3453 3469 3524 3737 3850 5124 5568 5745 5776 6016 6296 6374 6775 7054 7468 7478 7674 7814 7856 7994 8767 8804 9021 9330 9426 9592 9901 10605
            (40 Belege)
pastoralis 1250 1773 2361 7442 9065
pastoria 292 304 811 1049 1703 1807 1906 2050 2107 2111 2138 2175 2327 2359 2377 2511 2600 2780 3692 4471 4668 4814 5440 5879 5958 6403 6683 7015 7478 7638 7674 7856 8363 8425 8661 9056 9294 9299 9599 9874 10427 10605   (42 Belege)

patardus 642
patardus → valor fruct. / red. beneficio- rum [pars separata in fine appensa]
patella 10088
patena 9136
patentes 105 4569 7004 9932
pateo 224 1497 2008 3291 3365 3528 3636 4581 4889 5002 6515 8727 8869 9982   (14 Belege)
pater 21 51 58 99 105 262 274 657 732 917 971 1796 2079 2197 2862 3436 3527 4013 4158 4424 4690 4784 4939 5462 6516 7297 7328 8935 8994 9011 9155 9195 9233 9742 10056 10087 10141 10144 10420 10466 (40 Belege)
pater et legitimus admin. filiorum legiti- morum et naturalium → cler. Sedun. dioc.
Pater Noster et Ave Maria 105 1796
paternitas 6876
paternus 191 1036 1653 3051 3138 3925 4257 4974 6516 7734 9195 9277 9553   (13 Belege)
patibulum 7231
patiens 1312 2104 2106 3946 5914
patienter 8434
patior 778 977 1071 1241 1648 1653 2106 3576 3772 4391 4879 6504 6908 6931 7469 7533 7998 8295 9799 10092 10142 10215 10426   (23 Belege)
patria 731 794 861 993 1241 1377 1394 1742 2297 4282 4569 4668 5286 5436 5487 6138 6219 7328 7517 7594 7962 8421 8817 9122 9527–9528 10031
            (27 Belege)
patriarcha 310 326 350 985 998 1073 1148 1685 1819 2341 2635 2724 3454 4281 4339 4671 4858 5403 5732 6067 7489 7493 8049 8072 8574 8639 8705 9090 9211 9273 9412 9495 9898 10481
            (34 Belege)
patriarchalis 2217 7493
patriarchatus 7492 9898
patrimonialem sufficientem habet → tit.
patrimonialia bona n. haberent → indulsit ut ad sacerdotium et al. ordines se pro- moveri facere possent licet beneficia ec- clesiastica aut
patrimonialis 254 3220 8544 8963 9249 10111 10490
patrimonii b. Petri in Tuscia → negotium minerarum argenti et al. metallorum in provincia

patrimonio eccl. Colon. → cessatio armorum a

patrimonio val. ann. 15 fl. ad ord. presbit. promoveri → cupiens supra

patrimonium 371 476 1145 1548 2985 4889 4974 7329 8273 9959 10124
(11 Belege)

patrimonium b. Petri in Tuscia 4889

patrimonium ex quo honeste ad instar al. presb. vivere potest 1145 1548

patrinus 4039

patricius 2446 3674

patrius 1073

patro 1071

patrocinium 3064

patron.   (1316 Belege)

patron. abb. 1427 1801 3162 3385 4031 4828 7843 10249

patron. abba. 271 2270 3389 5237 5291 6389 8010 9586

patron. ad mon. → transtulit ius

patron. → armig.

patron. certorum benef. regentibus doct. et mag. d. univ. transferri fecerunt → principes ius

patron. commendatoris et fr. dom. et conv. b. Marie Theotonicorum 2045

patron. → derog. iur.

patron. → donatio iur.

patron. → ep.

patron. → in manibus ducis ac com.

patron. incolarum villarum Osnaburg. dioc. 1797

patron. laic. 26 40 52 54 82 122 124 135–136 139 165 167 184 199 214 227 264 290 292 310 325 336 348 364 367 381 412 421 492 448 461 465 515 562 567–568 571 575 584 594 621–622 672 727 730 734 741 757 798 800 802–804 827 832 834 845 857 860 862 875 901 912 922 930 958 1003 1015 1068 1109 1113 1144 1161 1185 1199 1252 1256 1269 1290 1360 1390 1404 1414 1417 1429–1430 1433 1444 1446–1447 1467 1489 1491 1497 1539 1544 1547 1561 1563 1573 1593 1625 1678 1687 1691 1703 1722 1747 1754 1759 1771 1822 1826 1842 1867 1884 1934 1936 1942 1990 1993 2016 2025 2038 2044 2046 2050 2056 2058 2096 2105 2110 2177 2188 2226 2253 2256 2268 2275 2319 2321 2327 2333 2335 2359 2372 2375

2377 2396 2409 2421 2441 2450 2463 2466 2490 2535 2545 2593 2596 2608– 2609 2765 2782 2830 2832 2842–2843 2887 2901 2905 2914 2950 2970 3006 3008 3015–3016 3041 3047 3057 3059 3083 3118 3121 3124 3126 3131 3151 3153 3158 3162 3179 3183 3190 3203 3213 3218 3233 3242 3244 3247 3253 3287 3291 3294 3324 3378 3397 3410 3414 3427 3431 3448 3453 3465 3475 3478 3511 3522 3528–3529 3535–3536 3542 3561 3571 3573 3594 3606 3610 3643 3660 3668–3669 3678–3679 3684 3691–3692 3695 3703 3706 3709 3748 3766–3768 3784 3793 3813 3838 3844 3862 3867 3877 3881 3894 3901 3947 3922 3927 3939 3970 3982 4003 4017 4053 4059 4075 4091–4092 4096 4099 4119 4126 4130 4135–4136 4138 4143 4148 4154 4162 4171 4194 4197–4198 4214 4231 4234 4270 4281 4286 4313 4319 4322 4330–4331 4349 4392–4393 4421 4423 4426 4430 4453 4466 4472– 4473 4509 4515 4544 4587 4614 4617 4636 4687 4689 4691 4706 4710 4717 4726 4753 4758 4778 4792 4796 4814 4821 4845–4846 4859 4870 4877 4879 4890 4898 4908 4923 4939 4945 4964 4972 4974 4985 4987 5019 5043 5051 5068 5073 5097 5134 5147 5151 5197 5202 5219 5222 5232 5244 5246 5296 5303 5306 5309 5332 5340 5364 5371 5386 5400 5402 5425 5440 5486 5524 5529 5571 5580–5581 5587 5596 5600 5610 5629 5637 5645 5648 5652–5653 5658 5670 5700 5710 5725 5743–5745 5748 5762 5772–5773 5779 5819 5826– 5827 5836 5842 5847 5863 5879 5881 5886 5889 5943 5955 5959 5979 5985 6007 6042 6060 6124–6125 6144 6169 6186 6196–6197 6215 6251–6252 6258 6285–6286 6296 6350 6372–6373 6375 6379 6403 6443 6514 6524–6525 6538– 6539 6544 6547 6552 6580 6586 6606 6609 6617 6622 6670 6691 6732 6741 6758–6759 6792 6824 6887 6945 6957 6993 6996 7014 7022 7039 7049 7075 7081 7088 7090 7098 7133 7135 7140 7148 7160 7172–7173 7200 7211 7230 7234 7247 7280 7287 7295 7350 7361 7375 7377 7398 7408 7427 7443–7444 7447 7466 7550 7572 7598 7607 7611

7635 7648 7656 7664 7672 7687 7717
7721 7727 7780 7798 7816 7868 7873
7887 7889 7907 7952 7962 7970 7980
8008 8010 8016 8045 8053 8058 8065
8075 8089 8119 8125 8133 8149 8162
8177 8180 8185 8192 8207 8253 8255
8263 8277 8303–8304 8312 8314–8317
8325 8333 8360 8362 8365 8385 8397
8403 8438–8441 8503 8522 8550 8553
8565 8574 8580 8589 8607 8622 8653
8655 8667 8674 8676 8700–8701 8727
8731 8739 8750 8788 8811 8815 8820
8827 8829 8855 8876 8895 8962 8975
8978 8986 8990 9007 9012 9031 9052
9054 9081 9098 9100 9113 9144–9145
9233 9299 9304 9324 9368 9401–9402
9408 9419 9427 9429 9484 9487 9498
9507 9509 9615 9629 9634–9635 9638
9648 9655 9660 9980 9700 9703 9707
9743 9758 9764–9766 9771 9776 9778
9788 9800 9817 9822 9833 9867–9868
9874 9879–9880 9915 9921 9960 9973
10040 10070 10072 10077 10114
10151 10155–10156 10159 10176
10181 10188 10194–10195 10250
10261 10272 10285 10291 10316
10332 10338 10367 10380–10381
10427 10470 10478 10481 10504
10510 10539 10557 10599 (707 Belege)

patron. → mil.

patron. present. → cler. p. al.

patron. regis 29 131 375 1994 2232 2506
4403 5089 6154 6297 6667 7424 7951
8010 9890 (15 Belege)

patron. → revocatio iur.

patron. → Wilhelmus Rotschilt

patrona 1237 2684 6389 6405 10498

patronarius 7814

patruus 794 917 7868 9011 9416 9527

paucitas 296 6504

paucus 154 224 270 413 529 731 932
2283 2313 2440 2835 3044 3116 3146
3897 4014 4568 5228 6107 6458 7236
7276 7321 7533 7769 7830 8335 9270
9906 10411 (30 Belege)

Pauli Jerusalemitan. et s. Jacobi in Compostella) → vota peregrinationis (ss.
Petri et

Pauli II. → litt.

Pauli II. → disp. Pii II. et

Pauli II. fam. → abbrev. et

Pauli II. fam. aut abbrev. vel in registro
supplic. script. 2891

Pauli II. fam. → mag. in art. abbrev.

Pauli II. pro sororibus → exten. indulg.

Pauli II. → vig. disp.

Paulum_II. de excom. propter simoniam
→ absol. p.

paup. 18 26 105 108 136 199 248 391 412
442 493 529 579 764 840 923 1068
1116 1149 1208 1216 1240–1241 1441
1525 1527 1539 1569 1608 1642 1688
1707 1722 1908 1939 1973 1985 2052
2104 2189 2208 2218–2220 2270 2343
2356 2416 2458 2484 2535 2677 2741
2747 2765 2769 2805 2943 2951 2984
2987 3035 3060 3074 3102 3104 3218
3291 3295 3308 3363 3388 3436 3449
3587 3631 3832 3973 3981 4002 4074
4272 4310 4314 4391 4397 4413 4470
4496 4509 4569 4575 4599 4625 4672–
4673 4687 4877 4902 4909 5005 5019
5025 5035 5098 5150 5152 5160–5161
5198 5301 5340 5517 5558 5600 5606
5743 5761 5776 5928 5944 6049 6286
6331 6350 6353 6401 6474 6523 6560
6611 6613 6741 6743 6849 6908 7070
7103 7108 7113 7117 7214 7279 7344
7359 7393 7485 7509 7537 7591 7646
7652 7699 7874 7923 7972 7991 7994
8038 8064 8093 8158 8229 8233 8255
8262 8293 8300 8371 8434 8451 8461
8537 8545 8567 8571 8583 8601 8613
8641 8670 8677 8765 8787 8801 8809
8926 9067 9074 9126 9182 9221 9270
9272 9291 9319 9324 9389 9398 9459
9555 9591 9608 9683 9725 9766 9788–
9790 9830 9836 9898 9915–9916 9925
9961 9984 10044 10076 10089 10131
10165 10274 10382 10529 (225 Belege)

paup. ex Bohemia confluentia → debilium
et

pauperculus 1172–1173 2927 7598

pauperes Christi 3388 3631 4496 7485
10076

pauperes et infirmi (more persico) tractan-
tur 4909

paupertas 105 274 789 996 1015 1702
1809 1867 2052 2446 2717 2885 3771
4020 4110 4482 4846 5321 7547 7696
7735 8956 9223 9266 10091
(25 Belege)

pauperum in partibus Alemannie Inferioris reliquit → card. in testamento hospitali omnes suos libros et 5.000 fl. renen. pro sustentatione 20 scol.

pawfellige heuser unde hoffstete nunc. → locus vulg. ode oder

pax 106 190 201 223–224 526–527 621 636 731–732 762 876 1391 1732 1946 2044 2346–2349 2417 2743 2916 3036 3176 3209 4391 5194 5330 6712 6810 7068–7069 7337 7381–7382 7407 7489–7492 7742 7815 8061 8434 8460 8535 8560 9044 9327 9330 9543 10108–10110 10112   (57 Belege)

pax Germanie conclusa in dieta Ratisbon. et confirmata in dieta August. 223

Pazcke) nunc. → preb. Maioris

Pazeke (Pazcke) nunc. → preb. Maioris

pec. 72 101 105 162 186 190 203 223 274 361 419 429 431 469 483 489 598 613 619 635 638 653 658 661 670 692 700 708 730–731 743 761 779 782 794 974 1052 1084 1108 1120 1154 1218 1220 1240–1241 1314 1495 1519 1539 1567 1626 1647 1742 1779 1795 1801 1814 1870 1972 1982 2071 2086 2138 2165 2219–2220 2316 2323 2346 2348 2389 2410 2448 2641 2653 2694 2745 2781 2916 2928 2963 3038 3082–3083 3163 3173 3175 3185 3312 3488 3548 3602 3610 3775 3855 4067 4104 4151 4257 4305 4357 4400 4406 4410 4509 4519 4529 4567 4640 4716 4857 4907 5007 5086 5098 5161 5326 5524–5525 5624 5801 5819 6034 6053 6062 6250 6263– 6264 6291 6339 6344 6381 6516 6643 6841 6935 6991 7059 7186 7321 7328 7330 7336 7477 7485 7490 7492–7493 7520 7526 7542 7551–7552 7682 7798 7815 7909 7993 8073 8186 8198 8226 8314 8443 8446 8448–8449 8463 8490 8535 8545 8608 8672 8697 8719 8817 8894 9041 9044–9045 9058 9096 9121 9142 9213 9258 9262 9267 9329 9383– 9384 9390 9403 9427 9461 9526 9534 9587 9618 9625 9632 9634 9742 9871 9933 9936 9961 9995 10023 10071 10092 10097–10099 10110–10112 10170 10182 10184 10267 10362 10465 10526   (224 Belege)

pec. ex indulg. 638 700 761 1567 1946 1972 2323 2346 2348 2389 2448 2645

3175 3488 4529 6291 6935 6991 7321 8697 9041 9044 9258 9329 10097– 10098 10112 10170 10267 (29 Belege)

peccatis → absol. a

peccatis etiam locorum ordinariis reserv. → absol. a

peccatis exceptis sed. ap. reserv. → absol. parochianos ab omnibus

peccatorum → indulg. 3. partis

peccatorum → indulg. medie partis

peccatum 620 1871 2782 2862 3102 3720 4549 5461 7381 7522 7533 7540 7859 9631 10031   (15 Belege)

pectus 934 2085 7490 9135

peculiaris 3176 7991 10622

peculium 10049

pecuniam → absol. personas eccles. exponentes

pecuniarius 2781 3403 6016 8448 10332

pecuniarum → def.

pecus 7012

pedagium 4566 5153 6056 9825 9839

pedellus 5503

pedes 732 2672 9936

pedestris 4091

pellicula 1660 4809

pellifex 1299

pellis 7391

pena 154 186 223 274 529 620 920 1236 1241 1445 1551 1730 1732 1793 1945– 1946 1973 2035 2040 2149–2150 2273 2410 2434 2521 2670 2762 2793 3102 3129 3175 4595 4716 5035 5214 5582 5989 6016 6039 6082 7186 7236 7244 7312 7510 7551 7734 7791 8095 8164 8186 8451 8460–8462 8534 8658 9064 9096 9121 9249 9433 9461 9528 9582 9594 9609 9634 9711 9787 9814 9933 10075 10088–10089 10285 10332 (77 Belege)

penalis 273 1678 1844 2107 2118 2256 2343 2372 2549–2550 2790 2845 3116 3527 3692 3694 3922 3983 4085 4568 4783–4784 4821 4958 5052 5674 5912 6039 6217 6712 7067 7069 7144 8205 8534 8560 9527 9812 9932 9936 10520 (41 Belege)

pendeo 1 82 121 134 328 420 426 519 546–547 654 704 709 905 1073 1090 1132 1196 1233 1304 1421 1497 1643 1807 1987 2035 2056 2226 2312 2340 2469 2509 2528 2702 2713 2855 3162

3189 3221 3232 3295 3467 3557 3636
3671 3687 3837 3844 3920 4031 4036
4203 4283 4391 4659 4783 4792 4964
5074 5646 5791 6016 6080 6125 6139
6371 6432 6593 6791 6832 6916 6961
7043 7069 7173 7491 7577 7867 7901
7907 7953 8025 8113 8368 8524 8597
8665 8683 8703 8717 8743 8869 8966
9041 9127 9233 9300 9304 9345 9384
9412 9451 9527 9543 9552 9732 9821
9847 9961 10104 10176 10479 10520
10622   (114 Belege)
penetro 7330 10111
penis eccles. → absol. a
penit. 326 529 654 662 713 1160 1599
  1807 1865–1866 2106 2244 2255 2273
  2318 2821 2987 3117 3179 3205 3674
  3689 3692 3712 3836 4151 4211 4535
  4549 4600 4636 4990 5063 5443 5669
  5919 5928 6078 6080 6337 6916 6958
  6967 7068–7069 7078 7159 7490 7582–
  7583 7617 7620 7798 7820 8314 8493
  8611 8613 8630 8637 8658 8886 8894
  8956 9059 9348 9361 9473 9545 9670
  9878 9890 9897–9898 10089 10380
                          (76 Belege)
penit. → absol. c. pot. min.
penit. → facult. exercendi omnes casus
  summi
penit. → facult. habendi
penit. → facult. habendi 2
penit. → facult. maioris
penit. maioris → absol. secundum pot.
penit. maioris → pot.
penit. → pot. min.
penitentia 208 528–529 791 934 1042
  1176 1186 1190 1236 1527 1616 1695
  1739 1945 1956 2107 2195 2213 2910
  3076 3223 3268 3330 3436 3488 3742
  4209 4211 4389 5073 9155 9504 9742
  9936 10349   (36 Belege)
penitentiarii → absol. possunt minores
peniteo 527 1236 2035 2254 3106 7910
  8437 8463 9214 10203
penna 3524
pens. (1524 Belege)
pens. 3. partis fruct. → Fiat c.
pens. ad 3. partem reducatur → Fiat quod
pens. → assign.
pens. congrua 9729 9932
pens. pro [Raphaeli Riario] tit. s. Georgii
  [ad velum aureum] card. → Fiat reservata

pensionarius 9361
penuria 5503
peperstrate op. Groningen. 3074
perago 266 761 1377 1866 2245 2356
  3099 3272 4282 4379 5648 6846 7552
  9369 9431 9528 9742 10056
                          (18 Belege)
perceptio 1241 1727 1964 2021 2340
  2548 2930 2945 2974 4551 5226 7479
  7490 7814 8139 9720 9933 10099
  10174 10605   (20 Belege)
perceptionem → facult. conc. studentibus
  fruct.
perceptis → absol. pro decimis ex novalibus
perceptis → absol. sup. fruct. male
percip. 24 35 44 117 188 193 204 272 325
  327 329 351 366 371 412 471 512 516
  520 582 625 636 684 706 709 730–731
  741 757 781 834 863 932 1031 1063–
  1064 1077 1090 1100 1119 1147 1187
  1201 1235 1304 1308 1366 1528 1539
  1559 1578 1586 1664 1703 1739 1764
  1772 1782–1783 1831 1841 1843 1845
  1866 1868 1879 1916 1943 1947 1971
  1973–1974 1982 1990 2025 2041 2044
  2105 2113 2118 2218 2226 2272 2304
  2313 2315–2316 2323 2343–2344 2376
  2379 2388 2392 2396 2436 2440 2463
  2535 2548 2551 2562 2597 2612 2635
  2670 2689 2692 2729 2740 2780 2782
  2791–2792 2797–2798 2845 2944 2963
  2974 3035 3077–3078 3085 3097 3131
  3172 3225 3232 3249 3291 3300 3306
  3363 3432 3454 3524 3540 3547–3548
  3550 3556 3573 3581 3654 3692 3695
  3738 3798–3799 3802 3814 3859 3873
  3876 3917 3922 3954 3956 4039 4059
  4171 4190 4225 4281 4325 4390 4403
  4406 4415 4437 4471 4476–4477 4509
  4535–4536 4547 4551 4566 4628 4637
  4677 4698 4719 4782 4848 4893 4922
  4924 4953 4956 4960 4987 5039 5045
  5051 5126 5130 5133 5154 5192 5215
  5223 5228 5267 5270 5284 5392 5440
  5489 5524 5545 5548 5606 5618 5629
  5673 5761 5770 5827 5848 5864 5897
  5916 5923 5929 5943 5947 5968 6007
  6038 6055 6057 6081 6111 6125 6144
  6154 6215 6217 6241 6275 6283 6300
  6324 6337 6447 6453 6459 6503 6518
  6528 6544 6603 6614 6626 6710 6732

6739 6811–6812 6934–6935 7007 7029
7039 7044 7069 7160 7166 7235–7236
7271 7289 7328 7332 7352 7391 7407
7497 7553 7575 7614 7642 7718 7722
7738 7741 7760 7769 7776 7791 7837
7844 7851 7853 7897 7912 8039 8052
8125 8138 8177 8180 8286 8317 8344–
8345 8385 8389 8426 8441 8461 8464
8494 8537 8554–8555 8581–8582 8610
8674 8702 8707 8714 8772 8777 8884
8930 8938 9049 9052 9066 9105 9139
9148 9186 9191 9196 9199 9249 9369
9427 9457–9458 9489 9501 9557 9592
9594 9602 9605 9621 9629 9710 9718
9720 9734 9765 9771 9787 9806 9810
9821 9847 9861 9898 9925 9935 9953
9969 9974 10031 10058 10067 10070–
10071 10074 10087–10088 10169
10217 10233 10251 10258 10271
10289 10344 10360 10380 10405
10479 10497 10519 10526 10537
10586 10598 10611 10622 (401 Belege)

percip. → facult. conc. fruct.

percip. fruct. → disp. ad

percip. → lic. fruct.

percip. → quota quam abba.

percursor 4536

percursores cler. → absol.

percussio 3473 8335

percutio 201 571 678 856 1051 1807 2829
3161 3473 3581 3805–3806 4552 4583
4820 5100 5321 5487 6188 6253 6810
6894 8335 8434 8808 9100 9135 9379
10211 10338 (30 Belege)

perditus 508

perdo 469 2346 2916 4085 5650 7228
8929 9409 10111 10323

perduco 224 431 526 761 2323 2417 3176
3548 4473 4606 9330 (11 Belege)

peregre 3197

peregrinatio 181 1123 1954 2044 4549
5827 6617 7111

peregrinationis (ss. Petri et Pauli Jerusalemitan. et s. Jacobi in Compostella) →
vota

peregrinorum infirmorum languentium ac
al. miserarum personarum hospitalitas
3032

peregrinos ab excom. → absol.

peregrinus 296 992 2434 2862 3032 3238
5461 7991 7993 8462 10076 10088
(12 Belege)

perfecte 8314 8342 9897

perfectio 1867

perfero 610 1626 3683 6639 9142

perficio 762 2178 2272 3268 3474 7815
8451 8469 8956

perfidia 732 2346

perfidus 9804

perforo 6497

Pergel vulg. nunc. → can. et preb.

pergo 4606

perhibeo 3798

periclitor 2428

periculosus 2420 2444 7491

periculum 105 246 283 352 731 1626
2035 2078 2138 2344–2346 2428 2854
2971 4374 4583 4739 5376 5436 5559
5582 5968 6816 6991 7321 7330 7446
7744 7993 8376 8494 9003 9388 9504
9936 10092 10110–10111 (39 Belege)

periculum Turcorum 2346 6991 10110

perinde val. 7 15 29 42–44 57 59 77 110
117–118 128 132–133 136 144 154 183
195 292 319 324 335 338 359 420 451
471 475 487 518 524 535 611 667 672
685 717 744 764 803 857 881 911 921
930 963 1029 1041 1064–1065 1068
1076 1082 1126 1135 1184 1200 1239
1275 1283 1303 1360 1377 1394 1414
1430 1497 1533 1581 1595 1643 1659
1673 1770 1826 1840 1851 1855 1879
1895 1908 1931 1934 1937 1939 1972
1990 2033 2050 2079 2099 2104–2105
2110–2111 2119 2145 2183 2225 2242
2265 2267 2270 2288 2290 2297 2302
2308 2316 2318 2320 2344 2373–2374
2396 2413 2421 2511 2515 2608 2624
2650 2689 2729 2779 2789 2805 2987
2990 2999–3000 3035 3059 3153 3162
3164 3243 3274 3306 3350 3456 3487
3524–3526 3544 3547 3553 3556–3557
3581 3617 3648 3670 3677–3678 3683
3697 3712 3719 3721 3765 3782 3817
3836 3842 3859 3917 4026 4028 4104
4193 4225 4261 4272 4280 4325 4339
4347 4367 4476 4512 4546 4549 4551
4568 4611 4614 4631 4636 4671 4678
4690 4726 4749 4774 4780–4781 4783
4785 4787 4792 4796 4833 4846 4875
4884 4891–4893 4895 4933 4946 4956
4966 5042 5052 5058 5063 5113 5130
5194 5241 5271 5308 5324 5375 5385
5388 5403 5457 5463 5480 5517 5522

5540 5546 5548 5570 5636–5637 5653
5674 5745 5761 5770 5776 5793 5813
5819 5844 5865 5890 5913 5918–5919
5965 5989 6007 6013 6049 6081 6093
6108 6151 6187 6231 6233 6244 6251
6261 6264 6375 6380 6396 6414 6480
6513 6527 6552–6553 6602 6611 6624
6669 6732 6739 6812–6813 6850 6867
6882 6891 6934 6994 7070 7081 7108–
7109 7112 7119 7133 7140 7152 7162
7166 7172 7283 7286 7303–7304 7306
7365 7479 7498 7500–7501 7614 7656
7677 7721 7724 7749 7760 7767 7782
7790 7795 7815 7826 7834 7842 7850–
7853 7874 7916 7929 7937 7945 7951
7977–7978 7982 8001–8002 8057 8072
8099 8131 8133 8135 8312 8316 8340
8347 8362 8426 8462 8512 8526 8536
8549 8580–8581 8588 8640 8665 8675
8688 8702 8707 8716 8762 8764 8821
8836 8962 9046 9049 9126–9128 9137
9154 9156 9166 9178 9196 9206 9211
9299 9379 9400 9427 9472 9511 9608
9627 9631 9720 9729 9740 9750 9764
9811–9812 9825 9828 9846–9847 9866
9868 9879 9890–9891 9916 9923 9935–
9937 9940 9982 10018 10041 10067
10094 10148 10223 10233 10244
10250 10257 10268 10289 10336
10345 10388 10493 10536 10605
(444 Belege)

peritia 1701

peritus 2416 2964 4129 4519 7806 7892
9503

peritus → art.

peritus → R. I.

periurio → absol. a

periurium 657 661 1746 2608 5284 6339
6490 7380 8164 8202 9036 (11 Belege)

perlustro 731

perm. (1347 Belege)

perm. → facult.

perm. → lic.

perm. → pot.

perm. → vac. p.

permaneo 272 352 528 657 689 720 971
1355 1697 1870 2235 2771 3385 4265
5035 7156 7404 7448 7527 7628 8453
8707 8979 9094 9677 9941 10056
10071 10373 10490 (30 Belege)

permereor 1434

permereri val. acsi eccl. civit. Monast. personaliter visitaret → indulg.

permissio 9825

permitto 105–106 118 725 794 834 912
1237 1241 1701 1793 1946 2256 2344
2346 2470 2548 4028 6931 7330 7469
7741 8460 8463 8534 9329 9455 9501
10490 (29 Belege)

permixtus 10413

permolestus 731–732

permultus 10111

pernicies 9528

perniciosus 732 2347 3176 7742

pernocto 185 269 7532–7533

perp. (3129 Belege)

perp. clausura 2217

perp. → indulg.

perp. missa et hora b. Marie 3272

perp. rei memoriam → ad

perperam 9180

perpetior 10098 10111

perpetratum ab hereticis in civitate Prag.
contra catholicos qui partim in pretoriis
congregati in consiliis erant comprehensi ac precipitati sunt de fenestris →
scandalum

perpetro 880 2273 2420 2521 3102 3520
4536 5697 6913 7391 7990 8314 8492
8579 9121 (15 Belege)

perplexus 2349

perquiro 4529

persecutio 1794 1972 2049 2637 3689
4567 6931 7239

persevero 205 224 232 469 508 721 762
794 1163 1233 1344 2078 2416 3176
3308 4606 5367 6086 7177 7337 7395
7490 7815 7990 8507 8817 9330 9360
9600 9847 9940 (31 Belege)

persisto 106 132 7330 9122 10169

persolutio 5119

persolv. 7 12 35 44 50 72 111 117–118
121 127 132 134 151 154 156–157 163
183 222 231 270 272 278 286 288 292
294 326–328 337–339 351 361 372 405
408 431 465 471 474 488 497–498 518–
520 555 559 569 573 582 586 594 602
606 610 613 621 644 650–651 654 680
687 704 709 715 717 733 741–742 765
790 796 800–801 816 840 858 863 876
890 917 932 968 981 1001–1002 1006
1009 1028–1029 1031 1033–1035 1077
1135 1171 1184 1193–1194 1198 1202

1233 1240 1258 1263 1285 1303–1304
1312 1327 1341 1371 1391 1424 1443–
1444 1451–1452 1465 1486 1495 1497
1506 1508 1510 1525–1526 1559 1586
1716 1722 1739 1746 1749 1767 1780–
1781 1783–1784 1788–1789 1804 1809
1812 1820 1824 1835 1840 1842–1843
1845–1846 1861 1868 1879 1885 1912
1936 1938 1949 1973 1982 1987 1996
2007–2008 2010 2012 2024 2027 2032–
2033 2039 2044 2055 2079 2093 2096
2104 2106–2108 2224 2226–2227 2229
2247 2249 2255 2273–2274 2295 2299
2315–2316 2329 2333–2334 2338 2371
2373 2381 2388 2402–2403 2410 2413
2432–2433 2435 2440 2442 2444 2451
2457 2463 2466 2469–2470 2479 2499
2519 2530 2533 2541 2549–2550 2569
2591 2605 2612 2627 2629 2631 2657
2660 2664 2684 2706 2709 2740 2743
2745 2780 2782 2791–2792 2807 2810
2815 2817 2833 2841 2845 2892 2898
2902 2910 2913 2926 2936 2941 2945
2960 2980 2985–2986 2989 2995 3030
3035 3054 3066 3083–3084 3087 3143
3149 3155 3162–3163 3171 3179 3189–
3190 3209 3216 3218 3221 3226 3236
3239 3249 3259 3264 3279 3285 3302
3309 3314 3319 3324 3335 3376 3380
3399 3410 3425 3440 3453 3458 3480
3516 3527 3542 3544 3550 3554 3556–
3557 3566 3573–3574 3576 3580 3582–
3583 3592 3594–3595 3600 3619–3620
3624 3628 3630 3643 3660 3670–3671
3721–3722 3729 3736 3772 3775 3782
3788 3808 3825 3827 3844 3853 3876
3919 3921–3922 3926 3948 3956 3968–
3969 3984 4049 4066 4071 4075 4092
4123 4150 4167 4198 4213 4225 4227
4254–4255 4260 4264 4269 4282 4290
4295 4304 4331–4332 4357 4392 4402
4421 4430 4440 4449–4450 4453 4457
4475–4477 4502 4507 4516 4519 4522
4545 4547–4548 4550–4552 4554 4573
4588 4596 4618 4628 4630 4644 4659
4668 4671 4682 4692 4695 4699 4715
4721 4763 4776 4781 4783–4784 4787
4792–4793 4811 4813 4815 4821 4826–
4828 4834 4846–4848 4877 4898 4919
4922–4923 4933 4946–4947 4956
4958–4960 4962 5053 5092 5119 5126
5155 5160 5178 5185 5194 5210 5217

5243 5246 5265 5281 5284 5294 5302
5307 5322 5344 5348 5403 5406 5413
5420 5424–5425 5430 5436 5444 5470
5480 5490–5492 5496 5508 5511 5522
5527 5534 5540 5548 5561 5576 5599
5603–5604 5636–5637 5645 5648 5650
5652 5654–5655 5667 5669 5673 5693
5696 5703 5709 5719 5725–5726 5744–
5745 5748 5761 5767 5770 5775 5789
5801 5827–5828 5836–5837 5840 5842
5844 5847–5848 5854 5857 5871 5873
5878 5880 5888 5905 5910 5916 5919
5921 5932 5937 5958 5964 6012 6016
6018 6057–6058 6067 6074 6079–6080
6082 6088 6092 6108 6120 6123–6124
6136 6144 6160 6165–6166 6172 6201
6205 6210 6219 6238 6244 6263 6266
6277 6282 6291 6295 6297 6302 6307
6328 6332 6337–6338 6344 6365 6384
6414 6424 6436 6471 6489 6510 6516
6523 6547 6552 6561 6602 6618 6633
6638 6664 6674 6678 6694 6720 6752
6755 6782 6786 6789 6802 6805 6820
6839 6854 6863 6891 6899 6902 6908
6914 6916 6921 6938 6945 6952 6960
6973 7007 7034 7040 7056–7057 7067
7098 7117 7130 7132 7167 7172 7234
7236 7244 7254 7257 7290 7312 7330
7378 7381 7388 7400 7426 7449–7450
7458 7477 7501 7513 7518 7522 7552
7607 7609 7627 7674 7688 7735 7741
7752 7760 7782 7814 7830 7834 7837–
7838 7840 7847–7848 7850 7852 7904
7907 7975 8015 8065 8081 8121 8138
8186 8194 8198 8203–8205 8238 8277
8315 8323 8345 8385 8390 8440 8449
8460 8463 8471 8474 8521 8533–8534
8536 8538 8545 8578–8580 8608 8618
8625 8650 8665 8679 8686 8698 8704
8715–8717 8723 8726 8766 8795 8803
8817 8854 8866 8868–8869 8874 8882
8915 8925 8994 8998 9015–9016 9018
9049 9055 9060 9137–9138 9142 9145
9147 9159–9160 9164 9187 9193 9205
9231 9239 9249 9262 9312 9336 9357
9363 9369 9380 9382 9390 9399 9488
9543 9554 9582 9623 9628 9634 9675
9678 9689 9708 9727 9729 9731 9733
9787 9810 9815 9824–9825 9872 9880
9882 9920 9928 9947 9952 9957 9982
10004 10015 10025 10031 10038
10064 10130–10131 10161–10162

10170 10205 10208 10221 10250
10257 10279 10318 10346 10367
10382–10383 10387 10413 10418
10434 10438 10451 10459 10468
10480 10486 10519 10524 10553
10580 10583 10587–10588 10591
10601   (871 Belege)
person. 40 408 451 569 994 1236 1539
    1703 1788 1889 1945 1994 2226 2262
    2315–2316 2377 2456 2748 2798 2831
    3084 3350 3410 3516 3530 3846 3927
    4051 4190 4225 4774 4792 4797 4961–
    4962 5202 5217 5219 5388 5532–5533
    5535 5629 5714 5789 5837 5862 6038
    6056–6057 6060 6078–6079 6081–6082
    6124 6219 6337 6889 7066–7067 7069
    7072 7355 7389 7733 7932 8130–8133
    8456 8483 8767 8889 9096 9113 9297
    9300 9299 9427 9670 9832 9839 9870
    9874 9885 10344–10346 10536 10612
                                      (93 Belege)
person. pro quodam Thoma → Fiat de
    can. pro oratore et de
persona 15 37–38 59 65 98 105–106 117
    120 127 131 185–186 220 289 312 425
    431 449 458 529 610 619 636 643 729–
    730 759 923 928 932 1053 1057 1071
    1098 1184 1188 1198 1233–1234 1239–
    1241 1253 1275 1278 1347 1394 1409–
    1410 1497 1527 1539 1551 1615 1626
    1633 1707–1708 1730 1732 1746 1761
    1774 1782 1796 1814 1821 1839 1841
    1869 1885 1912 1959 1981 2033–2034
    2066 2077 2108 2159 2195 2218–2220
    2256 2267 2270 2341–2342 2344–2345
    2349 2356 2379 2389 2416 2420 2428
    2434 2436 2440 2486 2537 2550 2592
    2594 2636 2703 2712 2740 2792 2831
    2850 2916 2942 2964 3016 3032 3036
    3038 3082 3102 3155 3175–3176 3196
    3226 3281 3410 3416 3475 3515–3516
    3525 3610 3721 3733 3772–3773 3825
    3828 3897 3903 3982 4028 4039 4041
    4091 4190 4225 4239 4260 4379 4391
    4411 4447 4479 4484 4536 4549 4566
    4568 4628 4666 4689 4733 4779 4819
    4848 4858 4922 4946 4987 5056 5141
    5148 5208 5378 5388 5394 5398 5400
    5485 5492 5498 5532 5545 5561 5582
    5655 5854 5973 5991 5994 6016 6057
    6210 6263 6337 6344 6389 6459 6502
    6527 6615 6816 6991 7040 7067 7069

7081 7089 7127 7145 7153 7173 7181
    7187 7198 7252 7276 7304 7306 7324
    7328 7330 7337 7382 7389 7391 7399
    7413 7447 7460 7463 7469 7479–7480
    7488–7490 7522 7540 7551 7553 7696
    7722 7795 7802 7814–7815 7826 7855
    7912 7932 7986 8093 8226 8449 8460–
    8464 8466 8473 8507 8534 8545 8568
    8579 8640 8659 8697 8707 8716 8723
    8829 8854 8889 8937 9003 9044 9114
    9121–9122 9126 9178 9182 9224 9244
    9262 9329 9433 9456 9543 9594 9622
    9654 9710–9711 9867 9930 9932 9935
    9937 9940 9973 10012 10074–10075
    10088 10108 10174 10181 10183–
    10184 10257 10267 10314 10344–
    10345 10392 10422 10425 10466
    10486 10490 10532 10536–10537
    10584 10606   (335 Belege)
personalis 167 765 1990 3100 3454 4568
    6417 7160 7851 7875 9718 9720 10482
    10497   (14 Belege)
personaliter 24 134 393 584 636 1237
    1266 1269 1434 1865 1951 2010 2040
    2066 2297 2416 2462 2712 2916 3125
    3175–3176 3467 4509 4614 4636 5002
    5037 5191 5321 5581 5947 7111 7330
    7405 7491 7497 7522 7540 7836 7909
    9328 9501 9552 9742 10109 10497
                                    (47 Belege)
personaliter visitaret → indulg. permereri
    val. acsi eccl. civit. Monast.
personarum hospitalitas → peregrinorum
    infirmorum languentium ac al. misera-
    rum
personas ad totidem benef. → facult. no-
    minandi 100
personas eccles. et sec. → absol.
personas eccles. exponentes pecuniam →
    absol.
personas equestres → lic. ducendi 12
personas et subiectos univ. → facult. ex-
    ercendi iurisd. in
personas idoneas ad ecclesias → facult.
    nominandi
personas in curiis → exten. disp. ad omnes
personis concessarum inquantum inter R.
    E. et nationem Germanicam interveni-
    ente Friderico tunc R. R. nunc vero im-
    peratore concordatis preiudicant → re-
    vocatio omnium gr. expectativarum re-
    servationum quoque facultatum et no-
    minationum quibuscumque

personis R. I. conc. → facult. prov. 300

personis vel bonis n. molestentur → hebreos in

persuadeo 190 3175 3971 4391 9894

persuasio 2021

pertin. 8 102 117 170 186 188 266 270 281 328 364 393 406 527 529 536 613 617 661 666 670 687 700 709 717 732 784 800 880 932 941 964 1006 1042 1052 1092 1105 1171 1182 1184 1187 1209 1212 1235 1243–1244 1696 1707 1726 1801 1831 1851 1861 1868–1870 1875 1957 1972 1982 2033 2035 2066 2071 2088 2111 2119 2138 2269 2273 2317 2341 2344 2376 2415–2416 2421 2433 2466 2474 2542 2547 2620 2660 2684 2690 2712 2745 2763 2862 2894 2920 3148 3155 3162 3176 3378 3385 3440 3453 3610 3684 3699 3748 3802 3825 3855 3897 3956 4031 4074 4120 4152 4222 4283 4331 4475 4551 4566 4568–4569 4595 4666 4790 4882 5051 5183 5311 5326 5449 5537 5697 5813 5819 5957 5971 5989 6016 6049 6055 6221 6244 6263 6380 6491 6519 6561 6638 6724 6732 6935 6959 6998 7078 7094 7128 7136 7183 7223 7321 7337 7358 7373 7381 7399 7410 7426 7455 7469 7479 7488 7491 7551 7553 7611 7678 7707 7754 7791 7810 7819 7839 7854 7913 7994 7997 8002 8014 8064 8073 8135 8189 8259 8305 8399 8490– 8491 8510 8533 8560 8579–8580 8628 8703 8863 8907 8935 8974 9003 9023 9041 9075 9087 9120–9121 9136 9169 9249 9259 9294 9319 9329 9379 9384 9403 9433 9461 9510 9528 9563 9594 9701 9732 9787 9801 9878 9890 9932– 9933 9935–9936 9940 10031 10075 10091 10094 10096–10097 10099 10132 10142 10153 10266 10282 10349 10360 10413 10423 10481 10605 10609 10615 10621 10625
(264 Belege)

pertinax 9600

pertracto 610 5956

pertranseo 5968

perturbatio 2347 3350

perturbo 105 1122 1732 2150 2470 2548 3176 4320 5487 5801 7381–7382 7470 8510 8640
(15 Belege)

Perusin. → univ. studii

pervenio 431 731 904 912 989 1867 1948 2110 2347 2376 2416 2521 2790 3083 3130 3296 4389 4530 4536 5813 6324 6712 7551 7742 8073 8179 8725 10111 10362
(29 Belege)

perverto 186

pes 2658 3642 6697 6810

pestilens 2348 8007

pestilentia 7993

pestilentialis 105 4028

pestis 105 118 412 1941 2025 2389 2835 4201 5419 5503 7382 7486 7993 9810
(14 Belege)

petia 217 619 1739 1861 2213 2218 5250 9096 10033

petitio 352 1071 1870 2346 2349 7337 7382 7491 9165 9943

peto 106 186 352 429 588 620 631 764 801 921 989 1073 1250 1442 1647 1793 1865 2218–2220 2343 2348–2349 2929 3130 3223 3436 3548 3685 4529 4666 4743 4939 5321 5487 5929 6000 6515 7061 7381–7383 7469 7525 7745 7815 9045 9165 9249 9388 9528 10087 10184 10599 10607
(55 Belege)

piculus 7742

pie 7337

pietas 2792 3106 4549 4822 7742 7881 8269 9458

pignoralicius 5549

pignoratio 1241

pignoro 3130 7482 9711

pignus 762 2071 3175 3825 5549 9087

Pii II. abbrev. → Nicolai V. et

Pii II. abbrev. vel in registro supplic. script. 8073

Pii II. cubic. → script. abbrev.

Pii II. et Pauli II. → disp.

Pii II. fam. et abbrev. 4957 5854

Pii II. → vig. disp.

pileum 7406

pingo 4520

pinguis 2963 7426

pirata 2342 2347 7144 9096

Pisan. → univ. studii

piscarius 3155

piscator 2021 6561 9175

piscatorium 1831

piscina 932 7470

piscis 34 222 398 573 610 646 5136 5298 5919–5920 7244 7547 7760 7826 7924

8331 8935 9186 9205 9292 10092
(21 Belege)
pistoria 6263
pitancia 9569
pius 186 353 1527 1867 2138 2219 2348
2780 3102 3388 3436 4031 7458 7551
8449 8461 8463 8719 9272 9591 9832
9862 10088 (23 Belege)
pyxis 1194 1235
placeo 330 508 732 830 1056 1137 1377
2342–2343 2349 2626 3034 3116 3699
4659 4666 4783 4923 5916 6638 6734
7867 8073 8568 8719 9003 9328 9510
9710 10109 10520 (31 Belege)
plaga 2025 7069
plancus 4520
platea 157 561 1238 1244 3098 4340
4395 5047 5398 6847 7839 10323
10398 (13 Belege)
platea iudeorum 157 3098
plaustrum 2343 4566 7997 8464 9214
pleb. 297 554 570 654 659 704 762 790
794 917 1092 1125 1202 1274 1495
1504 1527 1533 1599 1721 1770 1831
1964 2021 2107 2174 2270 2332 2382
2431 2497 2560 2691 2825 2935 3030
3060 3209 3251 3268 3385 3389 3470
3574 3624 3669 3729 3763 3892 4367
4403 4455 4504 4622 4647 4655 4782
4986 5155 5183 5219 5304 5522 5801
5861 5947 6016 6171 6233 6515 6642
6933 7198 7279 7321 7399 7476 7642
7671 7833 7872 7912 8314 8335 8432
8463 8553 8567 8608 8678 8704 8795
9045 9091 9249 9515 9529 9634 9898
9972–9973 10022 10088 10091–10099
10444 10625 (114 Belege)
pleban. 151 259 330 488 654 762 888 953
1064 1092 1274 1358 1384 1481 1495
1843 1977 2099 2109–2110 2175 2332
2417 2463 2480 2485 2935 3032 3069
3083 3135 3179 3206 3209 3213 3249
3259 3298 3491 3574 3624 3729 3902
4382 4390 4394 4403 4420 4459 4536
4622 4647 4783 4868 4950 4975 5154–
5155 5175 5183 5199 5522 5575 5677
5782 5930 5997 6051 6093 6278 6300
6417 6459 6535 6667 6692 6714 7122
7215 7235 7242 7313 7552 7642 8107
8211 8254 8315 8335 8432 8463 8553
8608 8676 8678 8691 8812 8925 8940
9091 9476 9490 9527 9828 9898 10091

10131 10251 10311 10346 10354
10357 10588 (113 Belege)
pleban. nunc. → eccl. plebis /
plebeius 2341 3527 9528 10362
plebiculus 5072
plebis / pleban. nunc. → eccl.
plebs 151 621 698 919 1052 1244 1504
1679 1788 2008 2299 2410 2494 2497
2935 3038 3061 3504 3574 3669 3801
4103 4308 4975 5265 5302 7493 7550
7552 7943 8046 8314 8335 8471 8678
8901 9012 9045 9057 9059 9128 9348
9501 9998 10307 (45 Belege)
plen. 106 127 132 166 224 262 392 431
528 610 617 620 688 731 762 785 794
880 980 1040 1230 1240–1241 1365
1618 1626 1647 1657 1757 1844 1959
1972 2025 2033 2049 2079 2272 2342–
2344 2346 2663 2862 2963 3176 3488
3683 3825 4132 4287 4289 4367 4595
4606 4941–4942 4989 5349 5461 5485
5531 5720 6016 6039 6827 6966 7019
7059 7083 7236 7328 7399 7479 7492
7522 7540 7551 7781 7815 7858 7860
7866 7990 7998 8002 8462 8464 8466
8488 8534–8535 8552 8608 8697 8836
9030 9036 9041 9121 9214 9327 9330
9433 9444 9457–9458 9528 9594 9710
9922 10031 10074–10075 10097
10108–10109 10111 10177 10267
10407 10490 10584 10617 (123 Belege)
plen. → indulg.
plen. pro semel tamen → Fiat de indulg.
plen. → rem.
plene 469 1238 1673 1707 1793 1972
2138 4284 6876 7321 10388
(11 Belege)
plerique 7501 9937
plicca 8061
Pluiperg vulg. nunc. → capn. b. Marie in
litore
pluma 9596
plumbator 5162
plumbeus 431 762
plumbum 4527 6281 7490 10533
plumbum et al. metalla in territorio R. E.
→ facult. fodiendi aurum, argentum,
plumeis → lic. dormiendi in lectis
pluralitas 1615
plures 134 186–187 274 338 412 425 490
527 530 564 571 618 703 762 845 921
1021 1029 1043 1056 1119 1241 1256

1383 1569 1616 1627 1673 1722 1737
1801 1868 1870 2044 2091 2235 2270
2297 2343 2345–2346 2349 2389 2432
2444 2497 2551 2658 2712 2792 2825
2854 2949 2987 3001 3006 3036 3059
3139 3179 3414 3699 3778 3782 3798
3878 3946 4067 4091 4265 4281 4319
4389 4401 4407 4424 4447 4485 4510
4549 4566 4598 4633 4716 4766 4785
4923 4981 5038 5066 5134 5162 5173
5194 5219 5419 5430 5440 5448 5597
5724 5881 5957 6172 6300 6347 6465
6590 6640 7022 7059 7069 7083 7167
7293 7330 7359 7382 7391 7501 7552
7558 7755 7980 8358 8376 8470 8535
8550 8601 8658 8719 8863 8929 8966
9045 9075 9106 9155 9233 9311 9350
9473 9527 9591 9671 9677 9710 9742
9923 9932 9985 10047 10110 10126
10204 10214–10215 10336 10373
10403 10552 10605 10622 (165 Belege)
plures an. legit → in art. p.
plurimus 353 508 730 732 932 935 1172
1241 2159 2206 2219 2437 3102 3385
3548 4025 4391 4569 5244 5581 5598
5971 7381 7491 7996 8534 9449 9594
9606 9711 9935 10076 10174 10183
(34 Belege)
plus 119 708 1241 1445 1948 3557 3632
5971 6810 8046 8665 9122 10093–
10095 10110 (16 Belege)
podagra 631 4941
politicus 731
pollens 732
pollex 8314 9504 9942
ponderis → 24 fl. renen. superiorum auri
monete 4 electorum imper. boni et iusti
pondero 2945 9388
pondus 1031 1912 3399 4498 6775 7838
8360 8679 9121 9142 9156 9554 9936
10250 (14 Belege)
pono 118 431 731 764 886 1053 1234
1259 1567 1702 1940 1979 2049 2079
2218 2220 2343 2440 2781 2931 3125
3152 3175–3176 3674 4482 4520 4535
6401 7059 7165 7328 7383 7986 8464
8555 8752 9066 9388 10004 10098
10109–10111 10267 10345 10504
(47 Belege)
pons 62 1155 1449 2219–2220 2340 2706
2866 3385 4749 5816 5823 5968 6407
8502 9185 9450 9833 10089 10121
10200 (21 Belege)

ponte Solodori c. s. Urso et s. Victore decapitatorum) → ossa 17 sanctorum
Thebeorum (1.200 an. elapsis in
pontifex 119 1234 2973 3102 3176 3553
4563 7491 8452 9448 9528 9555 9710
10087 10109 10111 10184 10267
(18 Belege)
pontific. 186 193 286 294 419 682 767
877 1016 1035 1201 1250 1443 1762
1773 1876 2010–2011 2077 2138 2343
2361 2416 2442 2690 2983 3071 3314
3771 3825 3934 3940 3956 4016 4049
4535 4543 4569 4628 4656 5090 5216
5660 5662 5695 5904 6091 6216 6503
6505 6638 6707 6782 6801 6921 6938
7104 7128 7282 7289 7465 7752 7986
8425 8473 8974 9066 9249 9731 9742
10266 (71 Belege)
pontific. de benedictionibus abbatissarum
→ forma in libro
pontific. → facult. exercendi
pontific. insigniis uti possit → abb. mon.
mitra, baculo et al.
pontific. → lic. exercendi
pontific. → lic. utendi
pontificatus 5965 7015 7151
pontifices 10267
pontificius 1646 9296 10087
popularis 2219 4847 8461
populor 10111
populosus 118 169 3102 7814 9003 9945
populus 134 166 353 794 872 965 1029
1250 1732 2078 2417 3175 3548 3946
4400 4410 4424 4536 4569 4581 5047
6258 7102 7328 7330 7413 7465 7477
7997 8534 8937 9598 9989 10076
10087 10215 (36 Belege)
porca 1930
porcus 3385 8649
porrigo 732 1241 3674 4606 8464 9041
9072 10097
port. → alt.
port. → facult. conc. alt.
porta 118 671 932 1009 1447 1491 3102
4555 5215 5619 5644 5827 6003 6249
6489 7236 7271 7798 7953 7993 8291
8464 8581 8921 9003 9070 10520
10605 (28 Belege)
portale 4057
portandi insignia → lic.
portenaria 2703 7488 9552

porticus 4726 8358

portinatus 3152

portio 117 230 266 326 602 760 765 834
1046 1182 1184 1237 1345 1722 1793
1865 1868 1870 1890 1938 1951 2033
2160 2343 2364 2389 2392–2393 2410
2440 2631 2743 2787 2795 2989 3102
3234 3410 3487 3600 3918 4031 4060
4071 4082 4148 4167 4204 4258 4269
4367 4376 4522 4603 4666 4726 4741
4827 4889 5017 5395 5400 5610 5651
5744 6037 6039 6058 6241 6447 6622
6880 6990 6994 7256 7289 7352 7444
7814 8001 8067 8241 8329 8463 8489
8665 8830 8935 9040 9049 9107 9431
9457–9458 9557 9765 9930 9933 9936
10012 10162 10212 10214 10302
10360 10374 10379 10536–10537
10612 10625   (111 Belege)

porto 628 934 1218 1233 2206 2316 5440
5848 7228 9804 10092   (11 Belege)

portuaria 2275 2550

portus 2340 2428 3102

positio 2079 10111

possent licet beneficia ecclesiastica aut patrimonialia bona n. haberent → indulsit
ut ad sacerdotium et al. ordines se promoveri facere

possessio 24 34 36 45 127 134 138 168
190 205 231 239 260 277 344 352 357
363 371–372 425 451 469 483 518–519
522 527 546 619–620 651 654 667 687
709 734 762 794 800 834 844 889–890
905 960 980 993 1025 1031 1052 1064–
1065 1124 1184 1196 1222 1233–1234
1241 1256 1270 1292 1303 1352 1354
1495 1497 1503 1514 1527–1528 1678
1697 1730 1732 1735 1742 1752 1781
1783–1784 1801 1807 1818 1820 1833
1840–1841 1843–1846 1863 1879–1880
1916 1936 1940 1959 1965 1984 1990
2024 2105–2107 2112 2138 2154 2159
2163 2225 2237 2263 2271 2274 2296
2323 2340 2344–2345 2372 2374 2376
2424 2433 2440 2463 2469 2548 2550–
2551 2554 2577 2580 2597 2662 2679
2689 2706 2729 2745 2779–2781 2790–
2792 2794 2805 2854 2864 2931 2957
2970 2972 2985 3047 3059 3072 3082
3084–3086 3111 3134 3149 3155 3163
3191 3218 3226 3232 3291 3302 3306
3370 3383 3408 3467 3474 3482 3525

3547 3576 3600 3619 3624 3646 3671
3699 3712 3843 3874 3877 3894 3969
3983–3984 3992 4028 4057 4066 4085
4101 4135 4163 4167 4183 4227 4231
4282 4286 4391 4406 4411 4415 4476–
4477 4551 4569 4600 4631 4659 4671
4719 4744 4753 4763 4783–4784 4857
4859 4873 4893 4902 4908 4946 4956–
4957 4961 5008 5061 5130 5132 5155
5160–5161 5187 5247 5297 5468 5533–
5535 5548 5570 5648 5655 5726 5731
5745 5762 5770 5793 5827–5828 5848
5854 5912 5924 5990 6016 6037 6056
6059 6078–6080 6123–6125 6144 6176
6214 6244 6335 6338 6354 6380 6403
6423 6447 6513 6527 6538 6568 6613
6629 6652 6685 6729 6734 6811 6830
7034 7049 7072 7112 7166 7172 7186
7191 7230 7283 7299 7305 7312 7383
7417 7426 7477 7490 7553 7567 7578
7620 7711 7757 7774 7790 7814 7830
7850 7852–7853 7859 7869 7875 7907
7912–7913 7955 8031 8033 8113 8203–
8205 8211 8290 8360 8405 8415 8449
8473 8503 8519 8524 8534 8537 8544–
8545 8579 8588 8703 8773 8827 9053–
9054 9059 9110 9128 9138 9142 9155
9169 9218 9300 9327–9328 9367 9384
9389 9403 9427 9455–9456 9461 9477
9494 9501 9527–9528 9540 9555 9576
9582 9621 9638 9648 9660 9678 9696
9701 9720 9732–9733 9764–9765 9777
9787 9811–9812 9824 9839 9847 9865
9910 9932–9933 9935 9945 9982
10037 10047 10071 10102 10169
10194 10258 10269 10283 10315
10336 10345–10346 10373 10438
10454 10478 10486 10523 10607
(445 Belege)

possessione superioritatis → abb. in

possessor 7 41 44 82 122 161 199 230 296
367–368 392–393 420 426 451 459 497
500 520 546–547 573 575 644 704 709
717 728 788 800 804 807 845 852 859
861 890 930 957 1006 1015 1030 1118
1128 1132 1135 1154 1233 1304 1352
1417 1428 1506 1606 1649 1672 1674
1817 1898 1912 1923 1938 1987 2032
2045 2056 2118 2149 2189 2226 2251
2262 2315 2321 2373 2439 2523 2528
2577 2605 2612 2713 2781 2783 2793–
2794 2818 2831 2854–2855 2872 2884

2892 2901 2908 2933 2957 3030 3035
3059 3063 3085 3157 3244 3290 3301
3399 3457 3459 3478 3511 3528 3536
3547 3553 3557 3587 3592 3643 3671
3682 3691–3692 3713 3717 3722 3782
3794 3811 3837 3845 3859 3874 3876
3881 3889 3951 3978 3992 4004 4036
4044 4136 4203 4231 4255 4260 4270
4304 4307 4319 4361 4365 4403 4412
4477 4538 4548 4596 4618 4664 4673
4731 4763 4785 4803 4815 4821 4828
4860 4922 4957 4962 4976 5025 5092
5111 5126 5160 5194 5222–5223 5235
5284 5299 5348 5370 5375 5403 5413
5527 5548 5600 5640 5659 5666 5726
5737 5743 5801 5817 5828 5858 5972
6059 6079 6082 6093 6156 6231 6302
6369–6370 6373 6470 6489 6514 6547
6552 6629 6670 6732 6741 6761 6940
6961 7003 7018 7025 7043 7049 7132
7150 7202 7244 7283 7312 7323 7343
7351 7446 7567 7611 7619 7630 7642
7683 7736 7748 7759 7774 7808 7824
7826 7854 7934 7937 7954 7963 7975
8025 8027 8060 8073 8075 8110 8130
8154 8210 8259 8316 8345 8353 8368
8415 8423 8503 8520 8524 8549–8550
8555 8581 8597 8608 8615 8651 8683
8704 8836 8908 9002 9091 9096 9218
9227 9286 9368 9404 9412 9415 9494
9542 9546 9552 9615 9631 9700 9714
9726 9734 9771 9846 9868 9916 9923
9937 9976 10069 10217 10250 10285
10345 10357 10378 10388 10466
10477 10493 10520 10543 10564
(333 Belege)
possibilis 794
possideo 1 7 40 63 107 131 183 199 296
412–413 451 458 488 575 618 658 670
803 828 839–840 861 1003 1068 1118
1237 1461 1466 1539 1608 1673 1697
1704 1732 1792 1842 1844 2044 2093–
2094 2099 2149 2161 2226 2233 2374
2392 2396 2409 2431–2434 2540 2562
2564 2616 2712 2779 2790 2793 2799
2805 2818 2854 2926 2943 2967 3018
3047 3085 3097 3133 3139 3145 3193
3226 3355 3389 3397 3457 3467 3544
3574 3587 3652 3672 3678 3712 3844
3901 3922 4039 4091 4414–4415 4483
4513 4581 4637 4671 4677 4782 4786
4848 4946 4964 5038 5115 5132 5202

5219 5340 5440 5522 5532 5538 5581
5606 5702 5718 5743 5793 5840 5878
5913 5920 5929 5942 5957 6007 6036
6042 6060 6090 6096 6140 6165 6237
6244 6263 6265–6266 6379 6396 6428
6445 6494 6523 6553 6603 6678 6854
6889 6984 6996 7080 7095 7237 7306
7414 7578 7582 7810 7815 7854 7875
7887 7900 7975 8073 8130 8192 8358
8383 8541 8550 8554 8580 8640 8777
8795 8925 9057 9106 9155 9192–9193
9249 9318 9325 9399 9412 9438 9479
9511 9554 9557 9576 9581–9582 9658
9900 9970 9982 10004 10019 10070
10100 10179 10186 10347 10362
10370 10427 10454 10480–10481
10519 (220 Belege)
possint ministrare sacramenta → absol. ut
possit → abb. mon. mitra, baculo et al.
pontific. insigniis uti
possum 24 29 87 99 105–106 117–118
127 137 167 177 193 210 220 224 239
245–246 254 264 272 296 310 351–353
372 391 393 413 417 419 429 431 436
461 469 471 488 508 527–529 544 613
619 631 654 670 682 690 693 720 730–
732 762–765 791 798 839 845 880 904
923 932 934 971 983 989 992 996 1001
1005 1042–1044 1050 1052 1060 1083
1119 1145 1170 1172–1173 1179–1180
1186 1190 1212 1233–1238 1241 1243
1250 1256 1269 1312 1331 1355 1372
1377 1386 1409 1414 1430 1444 1466
1527 1539 1548 1559 1565 1569 1581
1616 1633 1644 1647 1693 1707 1730
1738 1783 1790 1807 1814 1844–1845
1863 1865–1867 1870 1875 1895 1932
1946–1947 1968 1972 2006 2024 2034–
2035 2078 2083 2106–2107 2110 2132
2138 2150 2167 2177 2206 2218–2220
2242 2270 2274–2275 2291 2315 2322–
2323 2340–2349 2355–2356 2376 2396
2415 2417 2419–2420 2424 2434 2440
2446 2448 2466 2521–2522 2547 2549–
2551 2575 2620 2631 2689–2690 2692
2706 2712 2762 2771 2780 2793 2848
2854 2885 2902 2910 2916 2923 2931
2939 2963 2971 3034 3036 3038 3070
3076 3130 3163 3175–3176 3197 3436
3467 3474–3475 3488 3508 3528 3542
3548 3646 3685 3689 3721 3733 3772
3778 3795 3802 3813 3825 3897 4013

1715

4023 4028 4032 4034 4038 4117 4121
4129 4211 4257 4271 4329 4374 4391
4407 4432 4447 4482 4512 4519 4533
4536 4549–4550 4568 4585 4596 4606
4628 4636–4637 4649 4654 4669 4716
4739 4785 4809 4821 4939 4964 4966
4969 5002 5015 5126 5156 5170 5183
5216 5298 5308 5340 5376 5388 5398
5436 5453 5489 5559 5578 5582 5637
5655 5697 5768 5848 5905 5968 5994
6016 6059 6123 6130 6167 6172 6301
6337 6347 6523 6563 6583 6630 6633
6639 6691 6707 6732 6739 6789 6801
6810–6811 6816 6876 6923 6934 6956
6991 7019 7034 7049 7060–7061 7072
7079 7125 7147 7180 7186 7191 7198
7236 7240 7244 7275 7285 7289 7299
7305 7311–7312 7321 7328–7330 7352
7355 7381–7383 7390–7391 7399 7407
7413 7444 7458 7460 7464 7469 7471
7479 7488 7490–7491 7493 7500–7501
7518 7522 7532–7533 7546 7552–7553
7568 7642 7656 7696 7741–7742 7744
7748 7759 7761 7769 7790 7812 7814
7841 7851 7860 7875 7980 7997 8001
8012 8018–8019 8076 8198 8269 8279
8305 8336 8344 8348 8351 8360 8385
8390 8407 8434 8437 8451–8453 8455
8457 8460–8464 8469 8483 8490–8491
8494 8534 8544–8545 8557 8560 8568
8584 8603 8696 8707 8712–8713 8730
8763 8772 8796 8799 8816 8863 8874
8925 8956–8957 8975 9003 9032 9034
9036 9041–9042 9045 9061 9065–9066
9091 9094 9096 9120 9122 9136–9137
9155 9182 9185 9188 9197 9224 9233
9249 9252 9267 9303 9313 9328 9369
9382 9390 9409 9446 9453–9458 9466
9511 9526 9528 9543 9566 9576 9585–
9586 9589 9591 9594 9598 9628 9641
9677 9709–9711 9718 9732 9742 9787
9790 9799 9801 9850 9857 9871 9886
9906 9923 9928 9930 9932 9935–9938
9940–9941 9960 9973 9981 10004
10031–10032 10045 10067 10069
10076 10087–10088 10093 10103
10109–10111 10142 10184 10214
10224 10258 10289 10362 10374
10396 10413 10432 10454 10481–
10482 10490 10520 10533 10536
10583 10605 10622 10624 (615 Belege)

possunt → absol.
possunt minores penitentiarii → absol.
posta 636 5813
posterus 57 941 1065 1071 1354 1793
1844 2111 3039 3721 4208 5919 6250
8335 8457 9166 9180 9528 9866 10536
(20 Belege)
postpono 318 1846 8888
postscriptum 732
postulata → abba.
postulatio 921 984 3385 9528
postulo 267 273–274 431 536 708 730
984 989 1445 2079 3176 3218 3548
3848 3896 4085 4264 5608 6800 7544
7578 8163 9261 10112 (25 Belege)
pot. 1 98–99 105 108 180 183 185 223–
224 270 275 429 431 617 632 641 656
700 730–731 762–764 774 784 829 957
970 986 1053 1137 1198 1202 1237
1276 1303 1354 1606 1615 1647 1742
1779 1874 1963 1972 1982 2035 2077
2138 2226 2347 2371 2440 2605 2696
2730 2740 3012 3032 3076 3085 3223
3474–3475 3488 3502 3553 3581 3671
3699 3705 3772 3795 3828 3861 3882
3982 4028 4085 4227 4258 4391 4394
4530 4535–4536 4567 4581 4593 4605
4685 4783 4847 5095 5187 5512 5538
5733 5829 5930 6026 6039 6266 6527
6694 6744 6888 7004 7112 7132 7145
7289 7322 7328–7330 7382 7413 7493
7497 7530 7551 7562 7688 7723 7768
7774 7922 8046 8076 8154 8202 8226
8270 8464 8537 8608 8629 8631 8711
8713 8762 8971 9030 9036 9122 9154
9249 9319 9327 9368 9388 9528 9594
9658 9710 9787 9898 9930 9932–9933
10074 10087 10108–10109 10112
10120 10293 10301 10330 10346
10436 10551 (174 Belege)
pot. absol. 99 7551 8046 9036 9528
10074
pot. admin. 3032
pot. arrendandi 2740
pot. audiendi confess. 1237
pot. cedendi 1742 2226
pot. citandi 617 641 912 986 1043 1241
1647 2971 3828 4028 4581 4923 7322
7688 7763 8046 9850 9932 (18 Belege)
pot. citandi vel evocandi ultra 2 dietas 641
912 986 1043 1241 2971 4923 7763
9850

pot. deput. 2077 7551
pot. evocandi 7004
pot. examinandi 731 764 1137
pot. examinandi et puniendi aep. 764
pot. instituendi 7562
pot. invocandi brachium 8076
pot. iudicandi 7145
pot. legati de latere → orator c.
pot. min. penit. 9898
pot. min. penit. → absol. c.
pot. penit. maioris 4535
pot. penit. maioris → absol. secundum
pot. perm. 183 632 774 1202 1276 1303
    1982 2440 2696 2730 3223 3488 3553
    3581 3795 3982 4394 5187 6744 8154
    8270 8762 9368 9658 10120 10293
                              (26 Belege)
pot. predicandi cruciatam 10108
pot. redimendi 8537
pot. resistendi 1615
pot. revocandi procur. irrevocabilem 5538
pot. suspendendi 185
pot. transferendi 7413
pot. visitandi 9933
potens 190 1959 2348 7742 7815 9374
    10111
potentatus 224 352 2347 3175 7329 8460
    10110
potentia 352 732 6677 6889 7426 9388
    10110–10111
poterat → infirmitatibus oppressus eccl.
    Constant. gubernare n.
potest → patrimonium ex quo honeste ad
    instar al. presb. vivere
potest → presb. in art. mag. qui p. 2 an.
    post gradum mag. p. eum susceptum in
    univ. stud. et facult. art. med. studuit et
    a pluribus comitibus baronibus et al.
    magnis nobilibus propter eius scientiam
    et practicam in eadem arte in qua valde
    expertus est saldariatus et stipendiatus
    fuit tamen d. artem exercere n.
potest → propter loci distantiam ac idio-
    matis differentiam mon. monial. perso-
    naliter visitare n.
potior 1869 2219 8464
potissime 4391
potuerunt → absol. consequi n.
potuit → ob maximas expensas doct. in-
    signia assequi n.
potus 7991

Poznan. → univ. studii
practicam in eadem arte in qua valde ex-
    pertus est saldariatus et stipendiatus fuit
    tamen d. artem exercere n. potest →
    presb. in art. mag. qui p. 2 an. post gra-
    dum mag. p. eum susceptum in univ.
    stud. et facult. art. med. studuit et a plu-
    ribus comitibus baronibus et al. magnis
    nobilibus propter eius scientiam et
practicat et apud commun. op. Bernen. ar-
    tem medicine exercet → in phisica
practicis et expertis ex Germania litt. pas-
    sus dabuntur → operariis,
practico 8417 8463
practicus 4889 5904 6347
Prag. contra catholicos qui partim in pre-
    toriis congregati in consiliis erant com-
    prehensi ac precipitati sunt de fenestris
    → scandalum perpetratum ab hereticis
    in civitate
Prag. → defensio R. E. contra hereticos in
    partibus Bohemie et in op.
prandium 3843 6810 8335
Prant vulg. nunc. → primissaria par. eccl.
    in Neunkyrchen auff dem
pratum 1422 2389 2620 3097 3391 4289
    4703 5971 7470 7553 7816 9935
                              (12 Belege)
pratum de Buromasio vulg. nunc. 5971
pravitas 105 619–620 1868 3488 5372
    6744 6857 7102
pravus 4536 5538 9330
preb.   (3011 Belege)
preb. ac abbat. (insimul 36 m. arg.) 3722
preb. al. in Stubental 1620
preb. → can. et maior
preb. → can. et min.
preb. Kercho et Reymheuer vulg. nunc.
    5891
preb. claustrales sive chorales vulg. nunc.
    2389
preb. Coramnet vulg. nunc. 3338
preb. Cristana nunc. → maior
preb. Cristana nunc. → min.
preb. de la Cruce vulg. nunc. 4780
preb. de Lechregal et de Lummed nunc.
    7937
preb. de Lummede [nunc.] 8327
preb. de Putkies nunc. 1128
preb. de Rospoyll et Mapoyll nunc. 2764
preb. de Torner nunc. 2764

preb. de Vissora vulg. nunc. 4782 4786
preb. → disp. ad
preb. → disp. ad 2 can. et
preb. → disp. ad 3 can. et
preb. → disp. ad can. et
preb. → disp. ad quoscumque can. et
preb. eccl. Reval. vulg. nunc. preb. Jackenbecke 7062 7143 7366 7912
preb. → facult. confer. 10 can. et
preb. hebdomadariarum vulg. nunc. 5744
preb. hostiaria nunc. 3561
preb. Jackenbecke → preb. eccl. Reval.
   vulg. nunc.
preb. in eccl. Reval. → Jackenbeck
preb. Levenis [recte: Livonis] nunc. 6067
preb. Livonis 6414
preb. Livonis sive Livonista vulg. nunc.
   5744
preb. Maioris Pazeke (Pazcke) nunc. 1850
preb. Nappel (Napel) vulg. nunc. → media
preb. Pergel vulg. nunc. → can. et
preb. pro doct. vel licent. in theol. vel iur.
   → reserv. 6 can. et
preb. Ruipoydel et Monpoydel vulg. nunc.
   3482
preb. Torenen. (Tortenen.) nunc. 3482
preb. Vesmere vulg. nunc. 7912
preb. Vratenaye [?] 10439
prebend. 265 273–274 451 800 872 1143
   1238 1435 1466 1483 1769 1840 2041
   2043 2120 2341 2417 2780 2853 2855
   2926 2974 3028 3163 3245 3324 3370
   3467 3627 3654 3746–3747 3982 4015
   4044 4243 4601 4620 4637 4762 4846
   4858 5089 5168 5202 5715 5726 5794
   5916 6426 6521 6633 6724 6732 6935
   7375 7377 7497 7599 7617 8018 8130
   8344 8413 8426 8519 8588 8702 8763
   8780 8783 8793 8817 8860 8884 8916
   8923 8973 9128 9222 9310–9311 9371
   9457 9493 9644 9787 9982 10062
   10339 10531   (92 Belege)
prebendalis 43–44 2894 9457
prebendarius 2685 6310 6518 6609 6933
   9667 10048
prebendo 375 1282 3398 3825 9730
prebeo 246 2318 3176 8715 10422
prec. 224 352–353 680 880 1706 2323
   2346 2448 2463 2645 2666 3389 3585
   3600 3684 3859 3906 4475 4796 5160
   5461 5579 5918 6036 6431 6439 6494
   7019 7125 7399 8900 10111 10373
                          (34 Belege)

precaria 2041
precaveo 4857
precedo 828 2356 9330
precentor 541 705 987 6422 7467 7620
   7799 8016 9464 9468 9570 (11 Belege)
precept. 62 483 486 556 654 661 760 886
   1064 1240 1259 2344 2406 2500 2626
   2740 2831 2845 2858 2979–2980 3076
   3328 3435 3716 3773 3794 4129 4167
   4291 4374 4413 4909 4987 5155 5562
   5676 5781 5828 5912 6086 6356 6712
   6754 7209 7296 7841 7864 7913 8093
   8443 8471 8483 8535 8571 8649 8665
   8698 8744 9060 9121 9149 9165 9249
   9384 9388 9527–9528 9628–9629 9631
   9709 9933 9943 9982 10045 10088
   10169–10170 10265 10520 (81 Belege)
precept. commendataria gener. vulg. nunc.
   486
preces R. I. / imper. → prim.
precipio 2347 3163 5989 9248
precipitati sunt de fenestris → scandalum
   perpetratum ab hereticis in civitate Prag.
   contra catholicos qui partim in pretoriis
   congregati in consiliis erant comprehensi ac
precipito 4536
precipuus 353 1250 1626 1854 2346 3176
   3964 4566 5606 6209 7382 9003 10110
                          (13 Belege)
precise 10092
preclarus 7330 7742
preda 431 2342
predecessor 620 762 880 1187 1568 1793
   1868 2079 2220 2272 2345 2417 3032
   3088 4568 5651 6037 7276 7336 8473
   9087 9121 9327 9448 9583 9590 9711
   10000 10109 10533–10534 10616
                          (32 Belege)
predefunctus 10110
predialis 9890
predicandi cruciatam → facult.
predicandi cruciatam → facult. statuendi
   dietas et
predicandi cruciatam → pot.
predicandi → facult.
predicandi → lic.
predicatio 409 1479 1972 2066 2415 7321
   7491 7875 8697 9244 9420 10074
                          (12 Belege)
predicationis in idiomate Theutonico faciende → off.

predicator 372 620 1071 1567 2244 3548
7477 7875 9440 10031
predicatura 781 1869 2389 3175 5228
8208 9598 10282
predicatura vulg. nunc. → benef.
predicature → off.
predico 186 409 623 636 1707 1779 1867
2218–2219 2323 2415–2416 3167 3175
3946 4424 4666 4780 5244 5823 6442
6775 7102 7302 7321 7324 7477 7489
9244 9350 9598 10031 10108 10490
(34 Belege)
predilectus 18 8640 9342
predium 663 1831 3385 10073
predo 9045
preeminentia 1821 1879 4666 6791 7582
preevito 7744
prefecit → abba.
prefectio 5496
prefectus → abb.
prefectus → abb. p. ep.
prefero 1615 2272 3575 7305 9677 9881
preficio 379 469 671 989 1035 1071 1959
2010 2025 2079 2342 2345 2348 2411
2522 3007 3148 3191 3757 3802 4085
4183 5080 5252 5496 5620 6095 6109
7539 7551 7734 7742 7814 8228 8534
8923 9328 9526 9529 10018
(40 Belege)
prefigo 9447
prefixio 5076
prefulgeo 6053
pregnans 4822 6385 9003
pregravo 1241 3699 3897
preinsertus 1693 1698 2516 3102 3610
6916 7151 7330 7745
preiudicant → revocatio omnium gr. expectativarum reservationum quoque facultatum et nominationum quibuscumque personis concessarum inquantum
inter R. E. et nationem Germanicam interveniente Friderico tunc R. R. nunc
vero imperatore concordatis
preiudico 2916 9166 9718
preiudicium 103 540 1565 2079 2219
2343 2416 2498 3075 4037 5549 6001
6497 6935 7329 7790 8040 8427 9036
9368 9384 9526 9544 9581 9591 9604
9606 9762 10031 10104   (30 Belege)
prelatus 54 105 119 127 620 636 725 730
761 989 1040 1071 1237 1240–1241
1732 1945–1946 1948 2021 2131 2263

2323 2347 2389 2416 2926 3009 3161
3176 3548 4535–4536 4595 4659 4922
4976 5098 5130 5700 6037 6053 6209
6712 6811 6934 7302 7469 7477 7991
7997 8368 8510 8688 8888 9155 9214
9328 9388 9454–9455 9457 9526 9528
10075 10111   (66 Belege)
premio 10266
Premislen. → absol. a vinculo eccl.
premissarius 6160 7601 7648 7879 7966
8154 8195 8360
premitto 44 469 1237 1383 1973 2267
2389 2793 2848 3102 3557 3646 4391
6643 7004 7305 7383 8073 8545 8697
9137 9384 9634 9814 9916 9936
(26 Belege)
premunitus 9182
prep.   (1972 Belege)
prep. → abb. ac
prep. → coll.
prep. Embricen. eiusdem Maximiliani consiliarius 989
prep. et capit. → mensa
prep. in Sehusen Verden. dioc. vulg. nunc.
8962
prep. → lic. eligendi
prep. [mon.] in Velpach) ad sed. ap. →
orator (
prep. sec. et abba. regi consuevit → mon.
quod p.
preparo 732 3162 4424 7330 7382 9960
prepono 3765
prepos. 1 13 34 36 42–44 63 79 100 127
131–134 148 176–177 183 185 224 260
326 345 351–353 355 393 451 458 472
497 517–518 525 531 546–547 575 617
639 644 650–651 672 677 685 687 708–
709 717 730 742 756 794 796 800–804
827–828 831 835 839 850 858 862 866
905 909 912 917 921 926 932 950 960
980 1003 1009 1013 1028–1031 1034
1042 1051 1058 1065 1097 1105 1114
1129 1135 1154 1194 1215 1222 1233–
1234 1241 1252–1253 1263 1269 1304
1374 1383 1412 1418 1424 1433 1444–
1445 1448 1465 1485 1491–1492 1497
1527 1578 1586 1619 1631 1640 1646
1672–1674 1683 1730 1737 1742 1770
1775 1778 1783–1784 1850–1851 1857
1863 1865 1868–1869 1874 1880 1885–
1886 1912 1982 1985 1991 1994 2038
2055 2077–2078 2118 2138 2141 2153

2188 2198 2212 2227 2229 2231 2252–
2256 2267 2275 2288 2300 2323 2333
2340–2342 2349 2353 2361 2372 2375
2396 2404 2408 2410 2432 2440 2448
2459 2463 2466 2470 2485 2487 2511
2535 2547–2551 2554 2577 2612 2620
2629 2647 2656 2662 2681 2740 2745
2780 2790 2792–2794 2799 2845 2854–
2855 2857 2872 2894 2926 2941 2945
2950 2974 2986–2987 3005 3012 3051
3053 3059 3066 3082–3086 3093 3111
3116 3119 3125 3130 3142–3143 3153
3160 3169 3179 3191 3215 3218 3240
3243 3258 3295 3301 3306 3309 3335
3339 3355 3381 3392 3403 3410 3415
3451 3465 3472 3475 3498 3517 3525–
3527 3548 3550 3555 3563 3574 3582
3597 3619 3632 3636 3643 3650 3666
3671–3672 3683–3684 3686 3692
3694–3695 3699–3700 3711 3720–3722
3772 3782 3797 3801 3825 3827 3843–
3844 3859 3874 3891 3896 3912 3914
3922 3957 4011 4031 4036 4050 4059
4063 4067 4079 4091 4095 4127 4155
4229 4246 4255 4260 4280 4282–4283
4289 4296 4319 4321 4363 4398 4432
4473 4477 4489 4512 4519 4527–4528
4535 4546–4552 4559 4596 4608 4690–
4691 4715 4719 4721 4723 4725 4731
4763 4814 4846 4848 4859 4865 4956–
4960 5009 5043 5085 5089 5105 5126
5133 5153–5155 5170 5188 5194 5196
5222 5227 5234 5266 5282 5284 5291
5340 5347 5358 5413 5424 5430 5436
5453 5522 5533–5535 5538 5596 5601
5603 5606 5608 5621 5649–5650 5654–
5655 5683 5704 5716 5725–5726 5744–
5745 5770–5771 5801 5805 5823 5840
5846 5848 5850 5881 5899 5906 5919–
5920 5926 5929 5971 6001 6007 6016
6030 6037–6039 6044–6045 6060
6080–6083 6087–6088 6108 6111
6123–6125 6132 6144 6151 6154 6172
6193 6212 6217–6218 6243 6263 6265–
6266 6292 6294 6312 6335 6344 6355
6364 6374 6403 6414 6424 6429 6446–
6447 6461 6468 6470 6502 6515 6521
6550 6553 6564 6581 6667 6700 6710
6724 6732 6798 6800 6807 6839–6840
6900 6922 6935 6942 6951 6991 6994
6996 6998 7007 7022 7034 7040 7043
7049 7066–7067 7078 7111 7125 7142

7161 7172–7173 7175 7186 7215 7223
7236 7241 7250 7259 7290 7303–7306
7337 7341 7355 7372 7375 7377 7383
7393 7399–7400 7413 7454 7473 7488
7497–7498 7500–7501 7511 7533 7542
7552 7554–7555 7582–7583 7620 7713
7716 7740 7749 7767 7811–7812 7814
7834–7841 7848–7851 7854–7856
7927 7937 7942 7951–7955 7966 7968
7980 7990 8010 8044–8045 8052 8056
8063 8073 8110 8113 8115 8130–8133
8162 8183 8185 8202–8205 8255 8263
8288 8298 8314–8315 8344–8345 8363
8368 8371 8404 8418 8425–8426 8439
8441 8466 8474 8505 8515 8521 8524
8530 8545 8579 8581 8608 8614 8618
8621 8641 8647 8650 8688 8702–8704
8707–8708 8712 8714–8718 8762–8763
8775 8795 8808 8828 8831 8862–8864
8874 8905 8908 8919 8922–8923 8941
8994 8998 9059 9084–9085 9098 9125
9137 9153 9156 9159 9189 9203 9205
9242 9254–9255 9257 9273 9281 9292
9299 9321 9328 9343 9355 9368 9384
9388 9401 9411 9417 9426–9427 9445
9452 9456 9469 9472–9473 9477 9480
9484 9490 9527 9543 9546 9553–9554
9571 9594 9625 9627–9628 9631 9654
9658 9670–9671 9674 9677–9678 9701
9718 9720 9729–9733 9742 9746 9764
9769 9771 9777 9806 9808 9811–9812
9824–9825 9832 9862 9866–9867 9898
9901 9910 9926 9928 9932 9935 9940–
9941 9948 9952 9966 9976 9982
10018–10019 10041 10069 10071
10075 10091 10131 10140 10150
10170 10176 10182 10212 10232
10240 10250 10252 10260 10267
10285 10318 10344–10347 10354
10373 10377–10378 10380–10382
10385 10392 10405 10411 10438
10451 10453–10455 10462 10466
10478–10482 10486 10493 10519–
10520 10531 10552 10599 10609
10619–10620   (876 Belege)
prepos. → disp. ad
prepos. eccl. s. Castoris in Cardona archidiac. de Cardona vulg. nunc. 9553
prepos. ruralis 1 1851 1994 3160 3339
   3957 5744–5745 5846 6154 6807 7355
   8255 8288 9401 9674 9867 10405
                              (18 Belege)

prepos. ruralis in Hummersen vulg. nunc.
9674
prepos. ruralis vulg. nunc. 1994
prepos. s. Johannis Bapt. nunc. → capel.
S.Johannis Bapt. vulg.
prepos. vulg. nunc. → eccl. s. Johannis
prepos. vulg. nunc. → vicar. ad alt. b.
Marie in capel.
prepositissa 1619 2284 2421
prerog. 5–6 15 18 26 42–43 68 74 80 110
121 140 143 148 150 154 183 199 201
222 260 292 314 324 329 335 347 355
359 368 377 379 381 392 402 405 412
421 425 430 445 458 464 471 490 499
503 512 514 518 526 530 535 571 587
591 621 667 673 702 717 734 737 756
770 826 845 860 868 884 889 911 917
919 930 942 952 966–967 1015 1025
1029 1041 1064–1065 1068 1089–1090
1114–1115 1126 1131 1138 1146 1165–
1166 1188 1200 1203 1219 1254 1264
1266 1283 1299 1303 1308 1334 1360
1373 1378 1387 1414 1421 1430 1461
1482 1491 1533 1539 1541 1571 1585
1596 1599 1606–1607 1631 1637 1644
1646 1652 1672 1678 1687 1715 1750
1764–1765 1774 1784 1787 1807 1826
1840 1842 1846–1847 1869 1879 1934
1942 1944 1976 2008 2044 2050 2052
2067 2096 2098–2099 2104–2105
2107–2108 2111 2114–2115 2119 2183
2192 2200 2211 2226 2259 2275 2290
2293 2296–2297 2302 2320 2334 2357–
2358 2374 2385 2405 2411 2463 2514
2587 2605 2612 2620 2624 2627 2648
2652 2670 2689 2701 2705 2729 2745
2769 2779 2785 2788 2794 2797 2812–
2813 2874 2892 2902 2907 2926 2936
2943–2944 2966 2985 2990 3001 3035
3051 3056 3059 3063 3082 3084–3086
3090 3114 3131 3153 3164 3190 3200
3208 3218 3224 3227 3229 3235 3243
3246 3254 3263 3274 3283 3291 3295
3306 3350 3352 3359 3364 3402 3407
3418 3426 3442 3450 3454–3456 3464
3467 3488 3510–3511 3516 3527 3544
3557–3558 3575 3581 3592 3596 3611
3647–3648 3654 3667 3671 3691 3712
3726 3750 3757 3765 3769 3772 3777
3782 3819 3822 3826 3836 3839 3858–
3859 3873 3879 3893 3917 3919 3941
3975 3979 3999 4026 4052 4059 4066

4112 4127 4129 4213 4221 4241–4242
4250 4253 4261 4268 4280–4282 4285
4304 4307 4325 4339 4347 4362 4370–
4371 4399 4444 4464 4476–4477 4509
4520 4549 4551 4558 4593 4601 4614
4618 4631 4636–4637 4657 4659 4671
4687 4690 4697 4731 4775 4780–4782
4795–4796 4806–4807 4821 4846
4852–4853 4873–4874 4880 4885 4889
4891 4893 4922 4935 4946 4949 4964
4969 4976 4994 5001 5005 5028 5032
5046 5063 5108 5126 5130 5134 5150
5159 5162 5187 5194 5198–5199 5217
5223 5270–5272 5274 5282 5284 5290
5327 5359 5361 5368 5370–5372 5375
5381 5385 5388 5392 5403 5435 5457–
5458 5479 5497 5505 5509 5521–5522
5532 5545–5546 5554 5556 5558 5578–
5579 5581 5609 5628–5629 5636 5643
5648 5650 5664 5706 5726 5731–5732
5737 5745 5761–5762 5770 5776 5784
5793 5819 5828 5860 5865 5869 5881
5887 5906 5911 5916 5918 5923 5943
5964–5965 5973 5983 5987 5993 6004
6007 6024 6037–6039 6041 6048–6049
6051 6055 6058–6059 6067 6079 6094
6113 6129 6131 6141 6151 6180 6185
6217 6257 6265 6271 6282 6285 6293
6311 6324 6338 6342 6346 6352 6414
6422 6429 6465 6470 6482 6522–6523
6545 6547 6552 6563 6570 6579 6602
6606 6611 6624–6625 6633 6720 6730
6732 6744 6748 6752 6772 6796 6806
6811–6813 6846 6850 6866 6873 6905
6911 6943 6961 6968 6991 7015 7043
7049 7068 7070 7081 7109 7127 7133
7140 7166 7172 7204 7263–7264 7275
7286 7304 7316 7320 7352 7437 7504
7582 7585 7590 7592 7614 7617–7618
7642 7654–7656 7677 7704 7728 7741
7748 7760 7767 7782 7794 7796 7798
7842 7847 7856 7880 7883 7903 7908
7911–7912 7916 7922 7951 7957 7962
7965 7969–7970 7977–7978 7982 8033
8040 8057 8066 8073 8099 8110 8117
8121 8131 8152 8155 8161 8174 8177
8198 8203 8244 8261 8264 8308 8314
8316–8317 8319 8328 8347 8367 8371
8380 8401 8405 8416 8419 8423 8426
8440 8503 8505 8526 8531 8534 8537
8548 8562 8579–8580 8585 8588 8606
8608 8611 8623 8663 8675–8676 8683

8702 8704 8715 8736 8762 8764 8776
8780 8800 8804 8808 8868–8869 8884
8893 8908 8937 8942 9007 9020 9056
9078 9104 9126 9128 9138 9156 9174
9196–9198 9218 9232–9233 9286 9299
9338 9342 9355 9368–9370 9379 9389
9399–9400 9436 9455 9464 9466 9468
9472 9525 9540 9549 9555 9557 9576
9581–9582 9620–9621 9627 9635 9648
9662 9677 9680 9696 9722 9735 9747
9750 9765 9767 9812 9815 9824 9828
9831 9834 9847 9867 9872 9878 9897–
9898 9921 9923 9954 9962 9981–9982
10005–10006 10036 10068–10071
10086 10094 10123 10131 10223
10251–10253 10280 10289 10309
10322 10340 10346 10353 10372
10380 10405 10428 10435 10449
10453 10481 10485–10487 10493
10498 10520 10524 10530 10570
(823 Belege)

prerog. ad instar pape fam. descript. 6 15
18 26 43 68 74 80 110 121 140 143 148
150 154 183 199 201 260 314 324 329
335 347 355 359 368 377 381 402 405
412 421 425 430 445 458 464 499 503
512 514 518 526 535 571 587 591 621
667 673 702 717 734 737 756 770 826
845 860 868 884 889 917 930 942 952
966–967 1015 1025 1041 1064–1065
1068 1089–1090 1114–1115 1126 1138
1146 1165–1166 1188 1200 1203 1254
1264 1266 1283 1299 1303 1308 1334
1360 1373 1378 1387 1414 1421 1430
1461 1482 1533 1539 1541 1571 1585
1596 1599 1606–1607 1631 1644 1652
1672 1678 1687 1715 1750 1764–1765
1774 1787 1807 1826 1840 1847 1879
1934 1942 1944 1976 2008 2050 2067
2096 2098 2104 2107 2111 2114 2119
2226 2259 2275 2293 2302 2320 2334
2358 2385 2405 2411 2463 2514 2587
2605 2612 2620 2624 2627 2648 2670
2689 2701 2705 2729 2745 2769 2779
2785 2794 2812–2813 2874 2892 2902
2907 2926 2936 2943–2944 2966 3001
3035 3051 3056 3059 3063 3082 3085–
3086 3090 3114 3131 3153 3164 3200
3208 3227 3229 3246 3254 3263 3274
3283 3291 3295 3306 3350 3352 3359
3364 3407 3426 3442 3450 3455–3456
3464 3467 3510–3511 3516 3544 3557–

3558 3575 3581 3592 3596 3611 3648
3654 3667 3671 3691 3726 3750 3757
3765 3772 3777 3782 3819 3822 3836
3839 3858–3859 3873 3879 3893 3917
3919 3979 3999 4052 4059 4066 4112
4127 4129 4213 4221 4241–4242 4250
4268 4281–4282 4285 4304 4325 4339
4347 4362 4370–4371 4444 4464 4476–
4477 4549 4558 4601 4614 4631 4636
4657 4659 4687 4690 4731 4775 4780–
4781 4795 4807 4821 4846 4852–4853
4873–4874 4880 4885 4893 4922 4935
4946 4949 4964 4969 4976 4994 5001
5005 5028 5046 5063 5108 5130 5150
5159 5162 5187 5194 5198–5199 5217
5223 5270–5272 5274 5282 5284 5290
5327 5359 5361 5368 5370–5372 5375
5381 5385 5388 5392 5403 5435 5457–
5458 5479 5497 5509 5521–5522 5532
5545–5546 5554 5556 5558 5579 5581
5609 5628–5629 5643 5650 5706 5726
5731–5732 5737 5745 5761 5770 5776
5784 5793 5819 5860 5869 5881 5887
5906 5916 5923 5943 5964–5965 5973
5983 5987 5993 6004 6024 6037–6039
6041 6048–6049 6058 6067 6079 6094
6113 6129 6131 6141 6180 6185 6257
6265 6271 6282 6285 6324 6338 6342
6346 6352 6414 6422 6429 6470 6522–
6523 6545 6547 6552 6563 6570 6579
6602 6606 6624–6625 6633 6720 6730
6748 6752 6772 6796 6806 6812–6813
6850 6866 6873 6943 6961 6968 6991
7015 7043 7049 7081 7109 7127 7133
7140 7166 7172 7204 7263–7264 7275
7304 7316 7320 7352 7437 7504 7585
7590 7592 7614 7618 7642 7655–7656
7677 7704 7741 7760 7782 7794 7796
7798 7842 7847 7856 7880 7883 7908
7911–7912 7922 7957 7970 7977–7978
7982 8033 8040 8057 8066 8099 8110
8117 8121 8152 8155 8161 8174 8177
8198 8203 8244 8261 8264 8316 8319
8328 8367 8371 8380 8401 8405 8416
8419 8426 8440 8503 8505 8526 8537
8548 8585 8588 8606 8608 8611 8623
8675–8676 8683 8736 8762 8764 8776
8780 8800 8804 8884 8893 8937 8942
9007 9020 9056 9126 9128 9138 9156
9196–9198 9232 9286 9299 9338 9342
9355 9368 9370 9379 9389 9399–9400
9436 9464 9466 9468 9472 9525 9540

9549 9557 9576 9581–9582 9620–9621
9627 9635 9648 9662 9680 9747 9750
9767 9812 9824 9828 9831 9834 9867
9872 9878 9898 9921 9923 9954 9962
9981–9982 10006 10036 10070–10071
10086 10123 10131 10251 10280
10309 10322 10340 10346 10353
10380 10405 10428 10435 10449
10453 10481 10487 10493 10498
10520 10524 10530 10570 (654 Belege)

prerogatio 352

pres. 9 32 48 95 127–128 152 164 177
184–185 224 228 274 364 438 451 460
512 516 527 537 546 564 566 619 657
704 708 741 762 779 783 820 827 921
967 969 980 1035 1114 1118 1147
1159 1207 1235 1316 1347 1426 1447
1508 1515 1586 1664 1667 1707 1783
1807 1844 2005 2019 2079 2103 2115
2134 2149 2218 2238 2273–2274 2323
2337 2340 2347 2349 2484 2521 2551
2570 2583 2627 2651 2662 2740 2749
2790 2794 2853 2879 2892 2974 2995
3012 3060 3153 3162 3208 3225–3226
3251 3292 3312 3402 3430 3457 3461
3469 3559 3581–3582 3587 3635 3665
3671 3680 3694 3699 3728 3740 3748
3844 3876 3890 3901 3972 3983 4047
4114 4129 4147 4149 4170 4185 4207
4210 4231–4232 4265 4273 4276 4357
4365 4423 4425 4446 4484 4525 4531
4562 4566 4575 4595 4606 4636 4755
4794 4796 4798 4846 4889 4902 4922
4994 5035 5155 5180 5194 5202 5228
5241 5284 5323 5371 5456 5485 5533
5545 5581 5675 5724 5728 5875 5887
5915 5958 6039 6051 6054 6071–6072
6079 6144 6160 6187 6195 6209 6265
6279 6369 6391 6450 6465 6534 6549
6565 6599 6634 6712 6846 6849 6874
6894 6908 6937 6996 7007 7011 7034
7062 7084 7110 7125 7151 7159 7184
7237 7244 7293 7324 7330 7344 7359
7382 7394 7476 7478 7502 7504 7525
7530 7693 7742 7755 7764 7815 7836
7840 7844 7853 7907 7912 7945 7951
7962 7974 8014 8032 8066 8069 8076
8147 8241 8245 8260 8262 8286 8288
8314 8360 8407 8413 8425 8475 8496
8503 8526 8536–8537 8614 8661 8682
8688 8702 8709 8727 8781 8808 8839
8888 8894 8910 8916 8966 9008 9021

9042 9065 9071 9074 9180 9286 9311
9318 9327 9329–9330 9373 9388 9398
9401 9412 9457 9472–9473 9480 9518
9541 9546 9555 9587 9621 9649 9710
9771 9810 9821 9830 9847 9868 9893
9897 9923 9938 9974 9976 9990 10000
10009 10047 10070 10081 10110–
10111 10123 10183 10189 10240
10302 10394 10411 10441 10470
10479 10529 10533 10594 10611
(357 Belege)

pres. in cur. 9 48 128 152 164 177 228
364 438 460 512 537 564 566 704 708
741 783 820 827 921 967 969 1035
1114 1147 1159 1207 1316 1347 1426
1447 1508 1515 1664 1667 1807 2019
2115 2149 2274 2323 2337 2347 2484
2570 2583 2749 2879 2892 2974 2995
3012 3153 3208 3225–3226 3251 3292
3312 3430 3457 3461 3581–3582 3587
3635 3665 3671 3680 3694 3728 3740
3844 3876 3890 3901 3972 3983 4047
4114 4147 4149 4170 4185 4207 4210
4231–4232 4273 4276 4357 4365 4423
4446 4525 4531 4575 4755 4794 4798
4846 4902 4922 4994 5035 5180 5202
5228 5241 5284 5371 5456 5533 5545
5581 5675 5724 5728 5875 5915 5958
6039 6051 6054 6071–6072 6144 6160
6187 6195 6209 6265 6369 6391 6450
6534 6549 6565 6599 6634 6849 6874
6894 6908 6937 6996 7007 7011 7062
7084 7159 7237 7244 7293 7344 7359
7394 7476 7502 7504 7693 7764 7844
7907 7912 7945 7951 7962 7974 8014
8032 8066 8069 8076 8147 8245 8260
8262 8286 8288 8314 8360 8413 8425
8475 8496 8503 8526 8537 8661 8682
8709 8781 8808 8839 8888 8910 8966
9008 9021 9071 9074 9286 9311 9318
9373 9388 9398 9401 9412 9472–9473
9480 9518 9541 9546 9555 9621 9649
9771 9810 9830 9868 9893 9897 9974
9976 10047 10081 10123 10189 10240
10302 10394 10470 10479 10529
10611 (239 Belege)

pres. in cur. → an. 2 an. et ultra continue

presb. (2913 Belege)

presb. abbrev. 3153

presb. → absol. barones et

presb. card. f[am]. → Fiat pro [Dominici
de Ruvere] tit. s. Clementis

presb. in art. mag. qui p. 2 an. post gradum mag. p. eum susceptum in univ. stud. et facult. art. med. studuit et a pluribus comitibus baronibus et al. magnis nobilibus propter eius scientiam et practicam in eadem arte in qua valde expertus est saldariatus et stipendiatus fuit tamen d. artem exercere n. potest 6347

presb. sec. present. → abb. mon.

presb. virilia amputarunt 2456

presb. vivere potest → patrimonium ex quo honeste ad instar al.

presbit. 29 52 82 92 109 183 201–202 214 216 222 234 298 302 304 325 329 388 455 461 480 520 523 545 577 581 630 687 717 719 745 772 818 830 845 872–873 879 917 987 1015 1021 1119 1125 1127 1136 1142 1155–1156 1159 1204 1229 1252 1295 1297 1358 1373 1375 1379 1399 1420 1456 1470 1524 1542 1546 1548 1605 1611 1613 1625 1636 1646 1665 1673 1715 1725 1870 1879 1903 1936 1973 1977 1991 1998 2004 2040 2052 2055 2093 2096 2103 2124 2129 2139 2160 2337 2342 2376 2382 2395 2408 2431 2462 2508 2525 2560–2561 2583 2664 2671 2761 2764 2817 2819 2835 2863 2881 2913–2914 2949 3033 3062 3084 3100 3183 3220 3251 3300 3305 3312 3357 3438 3452 3473 3497 3510 3524 3566 3584 3651 3665 3671 3719 3729 3747 3763 3799 3905 3931 3948 3983 3998 4047 4057 4091 4097 4114 4124 4128 4163 4175 4207 4218 4232 4259 4271 4323 4342 4395 4401 4425 4427 4442 4455 4463 4479 4487 4490 4497 4541 4614 4616 4627 4661 4688 4704 4740 4749 4782 4821 4844 4867 4916 4930 4950 4971 4986 5042 5092 5133 5222 5275 5327 5357 5375 5378 5398 5438 5469 5478 5560 5568–5569 5589 5608 5617 5643 5687 5701–5702 5713 5725 5744 5780 5804 5816 5876 5880–5881 5892 5922 5953 5958 5964 6004 6054 6072 6109 6131 6145 6160 6191 6244 6266 6340 6399 6402 6407 6454 6501 6504 6513 6549 6590 6593 6626 6646 6678 6687–6689 6762 6787 6808 6823 6865 6886 6892 6915 6955 6963 6965 7040 7054 7082 7084 7111 7129 7167 7188 7203 7214 7253 7286 7294 7369 7389 7457 7469 7474 7476 7591 7593–7594 7602 7606 7646 7738 7740–7741 7750 7760 7772 7779 7809 7913 7962 7974–7975 7983 8014 8026 8046 8053 8076 8082 8135 8149 8155 8167 8206 8218 8236 8382 8436 8476 8550 8554 8564 8574 8579 8582 8588 8594 8602 8614 8638 8670 8690 8728 8733 8737 8771 8779 8781 8786 8794 8849 8853 8856 8860 8899 8928 8937 8943 8945 8957 8960 8963 9006 9053 9083 9098 9113 9223 9310 9351 9355 9422 9479 9501–9502 9505 9509 9548 9552 9557 9569 9582 9621 9648 9686 9743 9784 9867 9872 9900–9901 9940 9957 9959 9972 9983 9991 10013 10041 10094 10190 10196 10200 10238 10313–10314 10317 10319 10339 10341 10346 10364 10368 10398 10411 10430 10475 10524 10528 10538 10594 (419 Belege)

presbit. ord. et postremo ad bac. in theol. prom. → mag. in art. et licent. in medicina ac ad

presbit. promoveri → cupiens supra patrimonio val. ann. 15 fl. ad ord.

presbitericidii → absol. ab excessibus

presbitericidio → absol. a

presbitericidium 1447 2456

prescriptio 9249

present. 10 24 26 34 117 127 131 165 176 180 184 188 202 207 214 222–223 238 244 252 265 292–293 300 328 335 353 368 385 387 413 431 437 456 488 519 567 570 575 580 618 620 634 666 708 718 738 741 743 757–758 764 790 804 811 813 820 827 832 897 914 916 929 962 964 976 982 1011 1015 1032 1044 1068 1071 1092 1095 1105 1113 1161–1162 1182 1203 1208 1225–1226 1233 1236–1240 1243 1256 1309 1315 1327 1350 1356 1370 1384 1389 1418 1427 1429 1433 1444 1446 1468 1481 1489 1511 1520 1533 1539–1540 1544 1549 1564 1589 1593 1604 1615 1625 1659–1660 1674 1677 1679 1685 1687 1703–1704 1730 1732 1742 1768 1770 1788 1814 1817 1822 1824 1869 1874–1875 1884 1930 1936 1945 1981 1990 1993 2032 2038 2069 2077–2078 2105 2109 2153 2175 2177 2182 2188 2202 2253 2270 2306 2317 2319 2321 2327 2341 2344 2356 2359 2375 2377 2416 2426

2440–2441 2469 2490 2511 2576 2596
2609 2620 2662 2684 2700 2747–2748
2823 2830–2831 2858 2862 2901 2905
2918 2934 2941 2961 2970 2988 2996
3046–3047 3059 3061 3069 3126 3128
3130–3131 3151 3158 3162 3169 3174
3179 3183 3190 3201 3215 3225 3234
3287 3289–3290 3366 3385 3389 3396
3416 3427 3429 3447 3451 3453 3475
3492 3499 3511 3514 3525 3528–3530
3537 3556 3561 3571–3572 3593 3625
3662–3663 3668–3669 3679 3683 3692
3695 3698 3703 3705 3709 3719 3767
3781 3797 3832–3833 3844 3850 3859
3867 3894 3896–3897 3957 3974 3998
4003–4004 4017 4031 4039 4059 4075
4103 4121 4126 4135–4136 4143 4148
4158 4163 4171 4204 4231 4234 4242
4270 4280–4281 4286 4319 4322 4331
4340 4367 4372 4403 4406 4410 4435
4438 4468 4489 4504 4515 4546–4548
4550 4604 4608 4610 4614 4617 4633
4635 4637 4666 4678 4689 4691 4716
4758 4778 4796 4800 4821 4828 4846
4856 4859 4870 4884 4889–4890 4908
4910 4925 4939 4974–4975 4985 5043
5056 5073 5085 5089 5093 5097 5124
5160 5165 5169 5175 5183 5197 5215
5219 5222 5226 5232 5244 5291 5306
5331 5340 5346 5395 5405 5426 5440
5451 5486 5524 5558 5568 5581 5594
5600–5601 5610 5620 5622 5636 5644
5648 5652 5658 5683 5700 5716 5722
5745 5761–5762 5777 5800 5802 5804
5810 5812 5819 5874 5879 5886 5889
5909 5917 5924 5955 5967 5974 6016
6029–6030 6051 6059 6082 6088 6120
6134–6135 6144 6197 6208 6215 6226
6236 6241 6259 6285 6296 6373 6379
6389 6403 6405 6519 6544 6559 6581
6614 6622 6663 6771 6800 6854 6884
6889 6906 6916–6918 6930 6959 6976
6990–6991 6994 6996 7007 7014 7048
7065 7090–7091 7107 7135–7136 7140
7172–7173 7198 7200 7209 7211 7230–
7231 7256 7280 7285 7337 7350 7361
7376–7377 7383 7385 7410 7439 7441
7444 7447 7455 7461 7463 7466 7475
7477 7492 7500 7542 7550 7570 7578
7594 7611 7626–7627 7632 7636 7688
7727 7742 7802 7822 7838–7839 7853–
7854 7868 7877 7889 7895 7943 7968

8002 8014 8073 8079 8110 8112 8119
8142 8164 8180 8185 8189 8192 8199
8210 8235 8240 8286 8294 8304–8305
8312–8314 8316 8338 8343 8345 8355
8358 8360 8362 8365 8369 8373 8377
8379 8383 8385 8390 8425–8426 8439–
8441 8460 8462–8463 8502 8510 8521–
8522 8544 8550 8565 8567 8579–8580
8614 8622 8626 8648 8653 8661 8674
8681 8688 8717–8718 8721 8775 8817
8827 8847 8851 8855 8862 8881 8907
8941 8962 8974 8978 8984 8993 9012
9022 9041 9066 9073 9104 9128 9139
9144 9157 9180 9215 9299 9304 9329–
9330 9337 9345 9379 9387 9393 9402
9408 9412 9426–9427 9464 9466 9484
9495 9509 9512 9539 9552 9558 9561
9586 9598 9615 9619 9629 9634 9655
9660 9701 9703 9732 9742 9756–9758
9768 9775 9800 9805 9817 9878 9890
9915 9924 9935 9937 9940 9966 9970
9973 10008 10070 10073 10094 10099
10135 10142 10179 10182 10201
10224 10257 10265 10271 10318
10336 10347 10358 10393 10424
10498 10501 10510 10519 10532
10536–10537 10545 10595 10605
10611   (728 Belege)

present. abb. 1243 2317 5812 7889 8510
  8579
present. → abb.
present. abb. → ad
present. → abb. mon. presb. sec.
present. abba. 188 10257
present. abba. → ad
present. abba. → vig.
present. → cler. p. al. patron.
presentandi → abb. ius
presentandi → lic.
presentavit → cler. Bremen. dioc. fil.
  suum naturalem ad d. vicar. decano
  eccl.
presentavit pape 2 equos pro parte et nomine ducis Saxonie 3174
presentia 224 273 431 497 619 730 786
  1051 1466 2273 2349 2448 3176 3385
  3810 4596 4637 4814 4941 5878 7382
  7492 7519 9042 9122 9142 9203 9271
  9327 9742 10480 10534   (32 Belege)
presentialitas 2794 6465
preservo 9526

presidens 1040 1122 1266 1826 1946
2030 2138 2340 2344–2345 2415 3699
4013 6816 6931 7240 7460 7470–7471
7478 8707 9592 10184 10490
(24 Belege)
presidens → abb. mon. Bursfelden.
presidentes 1040 7471
presidentes, abb. et monachi nigri 7471
presidenti et pape fam. → de maiori parco
abbrev.
presidentia abbrev. → de min.
presidentia abbrev. procur. → de maiori
presideo 2361 2584 2791 6781
presidium 1238 3175–3176 7742 10111
prestatio 3897 4606 6876 7268 10088
prestimonialis 5718
prestimonium 709 6004
prestitas 2138
presto 106 119 208 223 246 433 700 731–
732 1031 1071 1233 1240 1586 1844
1867 2034 2159 2220 2346 2360 2372
2379 2418 2448 2470 2549 2729 2790
2928 3076 3116 3175–3176 3527–3528
3728 3983 4066 4411 4566 4568 4784
5056 5110 5404 5479 5524 5581 5608
5627 5957 5964 5999 6217 7004 7067
7083 7186 7381 7477 7488 7497 7506
7531 7815 7912 8449 8688 9042 9045
9121 9185 9262 9328 9384 9456 9631
9634 9689 9702 9862 9866 10018
10035 10091 10098 10110 10285
10533 (90 Belege)
presul 10087
presum 186 674 997 1221 1312 1527
1774 2030 2347 2440 2549 2964 4037
5534 6143 6172 7493 7752 7814 8407
8534 8707 9142 9328 9456 9528 9543
9552 9799 10065 (30 Belege)
presumo 118 1005 1060 1244 1527 1631
1693 1822 3088 3155 3323 4167 4569
4719 5096 7223 7329–7330 7469–7470
8534 9527 9814 10141 10490
(25 Belege)
pretendo 765 789 1073 1208 1237 1793
1814 2079 2212–2213 2671 2857 2884
3024 3036 3076 3655 3722 3855 3859
4011 4085 4148 4438 4592 4703 4979
5594 5637 5652 5658 6456 6553 6876
7578 7722 8192 8313 8734 8817 9299
9427 9461 9539 9660 9734 9817 9879
9970 10071 (50 Belege)

preter abba. et canonissas / moniales nonnulli can. /cler. sec. 952 1533 1715
1959 2270 5583 6625 6903 10354
pretereo 314 443 619 1071 1321 1901
2288 2323 2862 5503 7979 8536 9203
9554 10088 10109 (16 Belege)
pretermitto 224 943 4193
pretextus 245 338 620 1122 1252 1381
1527 1658 1673 1793 2032 2079 2344
2356 2548 2670 2793 3134 3291 3443
3843 3876 4550 4606 4780 4904 5781
5907 6447 7470 7851 8131 8362 8490
8534–8535 8545 8734 9066 9086 9458
9526 9976 10141 (44 Belege)
pretiosus 186 732 3155 10266
pretium 285 339 617 1212 1312 2218
2272 2325 2620 3699 5957 6000 7542
7859 8629 9087 9171 9272 9394 9456
9594 10102 10262 10605 (24 Belege)
pretium 3.000 libr. cypri (quodlibet centenarium d. cypri pro 20 stuferis computatum) 2325
pretoriis congregati in consiliis erant comprehensi ac precipitati sunt de fenestris
→ scandalum perpetratum ab hereticis
in civitate Prag. contra catholicos qui
partim in
pretorium 4536 7312 7372
prevaleo 7382
prevenio 9569 10092
prevideo 9214
pridie 623 1586
prim. 1292 1706 2272 2463 3389 3585
3600 3859 3906 4475 4589 4796 4957
5160 5579 5713 5918 5983 6036 6431
6439 6494 7019 7399 8900 10008
10189 (27 Belege)
prim. preces R. I. / imper. 2463 2666 3389
3500 3585 3859 3906 4475 4796 5160
5579 5918 6036 6431 6439 6494 7019
7399 8900 (19 Belege)
prima dominica mensis sept. in eccl. Lubic. → in
prima eius fund. → vac. a
primam tonsuram → lic. recip.
primas 779 4595 7064 8300 8316 8372
9255
primevus 897 1564 2343 2359 7312
10545
primiceria 249 704 1508 1723 2139 2237
3149 3792 3983 4958 5132 5162 5426
6703 7642 7648 (16 Belege)

primiceriatus 351 4879
primicerius 1199 4137 4844 5162 7037
primicia 4057
primissa 1732 1793 1870 2270 3176
primissaria 103 181 436 519 624 704 724
  800–801 852 878 963 1033 1068 1147
  1155 1167 1209 1290 1320 1412 1453
  1467 1475 1494 1582 1649 1687 1689
  1814 1844 1860 1866–1868 1936–1937
  2007–2008 2016 2044 2050 2056 2097
  2228 2233 2237–2238 2297 2319 2352
  2380 2384 2425 2473 2480 2523 2541
  2564 2589 2699 2746 3131 3179 3292
  3324 3408 3454 3554 3610 3636 3671–
  3672 3774 3875 4011 4086 4109 4273
  4313 4339 4477 4585 4632 4670 4749
  4782–4783 4786 4844 4881 4892 4937
  4950 4966 5109 5115 5133 5160 5189
  5191 5215 5291 5381 5392 5481 5761
  5861 6019 6046 6055 6067 6078–6081
  6088 6296 6556 6793 7015 7132 7159
  7212 7222 7279 7422 7495 7497–7498
  7504 7566 7572 7607 7849 7864 7893
  7952 7966 8040 8057 8075 8099 8201
  8212 8283 8308 8579 8596 8634 8639
  8661 8692 8707 8834 8850 8861 8870
  8904 8953 9022 9030 9337 9380 9412
  9734 9923 10019 10074 10184 10510
                              (171 Belege)
primissaria Gleckelmesser (Glockelmesse)
  vulg. nunc. 1147
primissaria par. eccl. in Neunkyrchen auff
  dem Prant vulg. nunc. 2319
primissarius 622 800 1320 1436 1483
  1866 1977 2096 2139 2740 3638 3747
  3900 4463 5024 5160 5191 5215 6799
  6912 6936 7059 7160 7974 8057 8099
  8206 8579 9083 9412 9960 10272
                              (32 Belege)
primogenitus 557 731 2424 4606 6811
  7382 7490 9042 10108
primordium 5965 7015 7834
primus 7 9 66 71 83 125 129 183 186 196
  198 305 340 343 346 356 379 391 396
  412 435 510 561 584 655 667 693 711
  731 741 846 863 869 889–890 972
  1017 1042 1055 1073 1087 1104 1110
  1248 1255 1291 1302 1413 1555 1571
  1605 1635–1636 1643 1654 1668 1673
  1691 1806–1807 1846 1862 1870 1890
  1907 1936 1987 2004 2019 2025 2055
  2104–2105 2124 2257 2273 2305 2326

2349–2350 2411 2495 2618 2620 2630
2654 2659 2666–2667 2673 2677 2689
2710 2713 2722–2723 2769 2779 2861
2888 2909 2987 3036 3045 3054 3102
3136 3196 3211 3230 3240 3273 3282
3291 3303 3316 3399 3406 3433 3437
3477 3503 3525–3526 3547 3564 3570
3607 3612 3640 3724 3759 3796 3860
3897 3935 3952 4060 4062 4141 4263
4273 4283 4347 4395 4441 4456 4531
4540 4551 4599 4646 4681 4774 4781–
4782 4802 4874 4938 4970 5001 5015
5040 5083 5153 5190 5238 5255 5268
5277 5288 5328 5337 5343 5357 5431–
5432 5454 5462 5467 5504 5517 5540
5546 5567 5579 5589 5619 5633 5635
5641–5642 5673 5679 5690 5701 5707
5711 5735 5752 5765 5778 5793 5918
5983 5996 6009–6010 6014 6016 6027
6049–6050 6054 6058–6059 6116–6117
6121 6144 6160 6163 6170 6180 6182
6196 6282 6287 6454 6460 6472 6502
6529 6531 6543 6545 6617 6625 6627
6633 6679 6699 6713 6727 6751 6776
6844 6849 6864 6873 6890 6892 6915
6943 6956 6965 7020 7076 7108 7133
7149 7167 7192 7199 7205 7210 7213
7226 7265 7304 7314 7318 7326 7337
7383 7419 7421 7470 7477 7503 7531
7561 7606 7634 7639 7657 7686 7694
7708 7710 7738 7765 7796 7816 7825
7842 7845 7888 7896 7937 7954 7958
7967 7971–7972 7986 8005 8024 8070
8077 8086 8097 8124 8147 8151 8189
8200 8222 8276 8300 8308 8320 8326
8344–8345 8362 8424 8474 8487 8500
8513 8526 8564 8576 8586 8671 8688
8764 8792 8798 8804 8849–8850 8859
8884 8892 8949 8985 8989 9045 9121–
9122 9181 9194 9197 9201 9224–9225
9270 9278 9287 9310 9352–9353 9360
9362 9379 9389 9413 9421–9422 9428
9441 9492 9511 9581 9608 9631 9665
9679 9710 9750 9774 9779 9791 9838
9848 9881 9892 9923 9940 9954 9960
10005 10010 10034 10047 10088
10200 10234 10244 10264 10266
10340 10413 10447 10461 10495
10502 10507 10512 10535 10559
10566 10571 10607   (416 Belege)
princeps 119 223–224 239 246 352–353
  443 505 526–527 576 640 671 730 732

762 766 880 977 1071 1114 1202 1493
1586 1627 1684 1854 1860 1871 1959
2033 2035 2077–2078 2132 2138 2219
2270 2273 2275 2323 2344–2346 2349
2355–2357 2448 2551 2620 2765 2916
3076 3084 3129–3130 3175 3296 3548
3581 3613 3699 3896–3897 4011 4167
4391 4536 4566–4568 4595 4821 5056
5092 5145 5521 5581 6039 6053 6514
6827 7067 7106 7236 7328 7330 7381
7470 7473 7489 7491–7492 7688 7742
7815 7821 7907 7937 7990 7997 8267
8460 8462–8463 8505 8535 8714 8862
9015 9042–9043 9214 9261 9300 9324
9363 9388 9427 9456 9528 9576 9628
9710–9711 9930 10070 10087 10108–
10112 10174 10237 10271 10533
                          (139 Belege)

princeps elector → R. I. archidapifer et

principalis 136 706 1737 1821 1865 1879
1982 2198 2341 2345 2371 2446 2522
2548 3221 3548 4120 4659 5479 5538
6390 6861 7007 7049 7582 7986 8385
8638 8935 9658 9677 9825 10031
10170   (34 Belege)

principatus 880 10087

principes ius patron. certorum benef. regentibus doct. et mag. d. univ. transferri fecerunt 2273

principes seu illustres fundatum → mon. p. nonnullos

Principis appl. de Urbe cant. superanus → in basilica

principis electoris dilectus 2357 2681 3274

principis phisicus 9427

principissa 910 1948 3129 7696 7821

principium 2499 3787 7151 7383

Prynen → benef. apud

prior 42–43 106 186 205 264 270 273 308
392 398 431–432 457 508 516 525 527
529–530 583 598 616 619 687 717 730
762–763 765 773 786 811 965 1041
1047 1176 1191 1205 1234–1236 1238
1259 1383 1527 1572 1611 1658 1689
1739 1764 1793 1796 1814 1844 1866–
1867 1869 1894 1909 1941 1946 2028
2034–2035 2078–2079 2089 2111 2119
2126 2178 2272 2341 2343 2345–2346
2356 2391 2413 2415 2463 2500 2621
2712 2740 2797 2831 2838 2920 2929
2959 2990 3012 3042 3100 3102 3130

3134 3139 3291 3431 3488 3721 3730
3853 3964 4017 4026 4037 4057 4085
4094 4245 4255 4289 4311 4407 4414
4566 4569 4703 4726 4776 4796 4812
4833 4913 4946 4975 5090 5226 5405
5517 5524 5548 5613 5770 5850 5865
5895 5901 5991 6007 6055 6176 6355
6447 6708 6754 6775 6813 6816 7048
7054 7066 7172 7186 7240 7299 7413
7426 7470–7471 7478 7522 7524 7546
7570 7608 7705 7783 7810 7860 7903
7978 7982 7993 7997–7998 8017 8076
8163 8257 8335 8363 8449 8451 8460
8510 8535–8536 8545 8580 8637 8641
8649 8688 8707 9034 9041–9042 9064–
9065 9121–9122 9142 9145 9155 9165–
9166 9181 9248–9249 9257 9299 9327
9329 9433 9458 9570 9591–9592 9711
9742 9825 9866 9878 9943 9945 10074
10088 10112 10114 10131 10141–
10142 10266–10267 10302 10413
10422 10486 10490 10536 10605
                          (247 Belege)

prioralis 10609

prioratus 104 186 472 508 522 527 619
687 763 773 1129 1205 1383 1527
1792 1911 2135 2226 2406 2413 2463
2500 2551 2632 2712 2845 3012 3576
3629 3729–3730 4057 4059 4167 4245
4255 4358 4391 4474 4535 4703 4714
4726 4821 4913–4914 4993 5090 5227
5516 5613–5614 5653 5839 5928 6078
6085 6176 6754 7067–7068 7185 7493
7608 7705 7814 7847 7882 8017 8020
8665 8707 8712 8715 8768 8869 8994
8996 9046 9142 9299 9327–9328 9505
9576 9857 9878–9879 10112 10292
10339   (91 Belege)

priores → abb. et

prioris → coll.

priorissa 10 185 264 270 527–529 612
620 687 762–763 765 789 791 850 872
944 984 1181 1235 1237 1242 1527
1701 1739 1798 1945 2033 2083 2086
2089 2108 2126 2217 2391 2417 2923
3100 3461 3489 3683 3729 3825 3917
4035 4764 5073 5196 6051 6648 7341
7413 7438 7458–7459 7481 7562 7984
8456 8460 8509 8962 9065 9171 9329
9458 9584 9587 9589 9618 9648 9742
10065 10137 10141 10490 10620
                        (78 Belege)

priorisse → coll.

prioritas 3300

priorum → capit. provincialia abb. et

priorum → privil. abb. et

pristinus 224 522 528 619 932 1196 1599
1783 1868–1869 1901 2030 2111 2320
2340 2522 3130 3176 3220 3504 6446
7303–7305 7506 7533 7847 8316 8534–
8535 8941 9142 9218 9618 9732–9733
9814 9821 10031 10049 10094 10169
10441   (43 Belege)

priv. 32 36 42 177 184 237 249 310 318–
319 327–328 349 367 400 485 488 633
674 703 708 710 717 741 743 810 819
880 930 962 1015 1020 1034 1064
1068 1109 1160 1163 1258 1331 1370
1421 1430 1449 1495 1516 1548 1631
1722 1770 1807 1822 1861 1863 1879
1892 1912 1951 2031 2041 2046 2099
2106 2112 2128 2172 2221 2226 2232
2239 2327 2380 2429 2463 2509 2513
2582 2608 2639 2662 2683 2745 2781
2789 2803 2845 2948 2950 2993 3035
3044 3059 3086 3114 3145 3152–3153
3158 3179 3287 3339 3350 3376 3410
3414 3482 3487 3493 3513 3556 3574
3581 3617 3619 3632 3652 3691 3706
3709 3747–3748 3776 3973 4043 4067
4095 4119 4161 4183 4255–4256 4289
4319 4321 4329 4331 4354 4403 4421
4474–4475 4519 4527–4528 4542 4635
4649 4745 4782–4783 4789 4850 4877
4986 5056 5130 5137 5160–5161 5194
5199 5241 5279 5283–5284 5291 5332
5379 5391 5426 5465 5566 5581 5587
5600 5677 5737 5746 5801 5818 5825
5843 5850 5879 5881 5887 5903 5908
5912–5913 5918 5981 5992 6051 6084
6107 6154 6158 6424 6606 6672 6691
6772 6811–6812 6820 6900 6996 7022
7034 7110 7215 7349 7353 7380 7449
7466 7490 7510 7533 7554 7566 7578
7615 7625 7648 7717 7729 7741 7880
7937 7951 7953–7954 7966 7975 8058
8081 8133 8201 8205 8213 8266 8300
8314 8360 8368 8425 8438 8492 8578
8580 8601 8606 8608 8628 8672 8676
8696 8701 8712 8775 8817 8838 8849
8901 8950 8984 9002 9055 9057 9084
9098 9100 9127 9144 9197 9251 9254
9379 9405 9437 9491 9534 9559 9616
9674 9676 9693 9702 9729 9734 9752

9830 9864 9879 9915–9916 10026
10040 10042 10050 10063 10070
10098 10159 10170 10226 10237
10250 10301 10315 10359 10369
10446 10462 10465 10476 10493
10510 10518 10520   (322 Belege)

priv. → vac. p.

priv. → vacat. p.

privil. 87 105 138 186 245 264–265 270
348 401 451 530 540 546 619–620 635
662 671 687 725 768 771 788 791 912
917 1029 1083 1170 1176 1233 1235–
1239 1241 1525 1527 1570 1578 1647
1693 1739 1793 1801 1826 1865 1867–
1868 2033 2035 2077–2078 2083 2138
2140 2165 2195 2213 2219–2220 2276
2340–2341 2344–2345 2356 2396
2416–2417 2434 2440 2626 2910 2923
2973 3034 3106 3385 3451 3699 3731
3787 4013 4032 4037 4351 4549 4566
4626 4846 5074 5126 5197 5436 5461
5531 5535 5864 6583 6651 6813 6827
6990 7069 7078 7166 7258 7275–7276
7285 7297 7302 7321 7383 7391 7399
7460 7471 7477 7481 7493 7501 7522
7562 7642 7740 7754–7755 7791 7821
7856 7985 8076 8083 8267 8291 8305
8385 8451–8452 8455–8456 8461
8463–8464 8473 8535 8581 8702 9035
9069 9121–9122 9139 9182 9214 9289
9294 9379 9448 9455 9526 9581 9584
9631 9677 9709–9710 9804 9936
10031 10046 10088 10139 10147
10184 10267 10362 10396 10413
10490 10536–10537 10605

(187 Belege)

privil. abb. 1826 7471 10147

privil. abb. et priorum 7471

privil. → absol. et conf.

privil. ad instar 530 2434 7302 7642 9709

privil. et indulg. ad instar mag. gener. et fr.
hosp. in partibus Prussie 9526

privil. etc. more univ. → facult. c.

privil. quib. ceteri art. et theol. magistri et
doctores 10396

privil. studii Bononien. 1865 9709

privilegio 932 1114 2974 3036 7391 9182

privo 119 674 1052 1085 1445 1807 2345
2691 3389 4050 4229 4536 4549 4849
5321 5389 6344 7380 7742 7924 8368
8534 8941 9327 9710 9882 10110

(27 Belege)

pro coadiutore Brixin. → absol.

proavus 10466

probatio 7546

probatus 476 1043 4415 4719 5538 5599
7488 7620 9138 10087

probi et religiosi apud ducem → off.

probi viri 254 651 1241 1959 2862 4211
4783–4784 6497 7859 10472
(11 Belege)

probitas 224

probo 103 830 1727 1783 2365 2635 3964
4085 4284 4976 9839 10109
(12 Belege)

procedo 57 185 224 254 273 431 516 528
619 762 1163 1234 1239–1240 1527
1742 1807 1972 2343 2348 2964 3102
3116 3593 3602 3719 3855 3928 4085
4183 4367 4535 4550 4780 5056 5600
5854 5989 6321 6447 6857 6991 7198
7224 7329 7382 7477 8007 8046 8335
8368 8534 8560 8621 8734 9045 9122
9180 9249 9447 9689 9847 9933 9998
10075 10098 10108–10109 10112
10159 10383 10481   (72 Belege)

processio 1241 1250 2077 2088 2218
2272 6016 7391 8462 9039 9188 10422
(12 Belege)

processio eucharistie in honorem Corporis
Christi 1241 2088 2272 8462 9188
10422

processionaliter 1241 1793 2272 3508

processus 319 363 529 778 861 921 1090
1174 1559 1659 2107 2118 2236 2364
2415 2740 2990 3078 3238 3855 4011
4229 4402 4659 4784 4786 4848 5637
5697 5932 6059 6534 7224 7838 7850
7937 8203 8368 8443 8606 8717 9015
9501 9860 9906 9923 9928 10091–
10092 10159 10169   (51 Belege)

processus omnis contra iudeos 5697

proclamatio 2220

proconsul 117 141 186 254 721 758 764
1005 1084 1129 1190 1235 1240–1241
1328 1677 1730 1732 1799 1851 2033
2035 2069 2218 2270 2417 2422 2433
2620 2840 2971 2988 3043 3162 3175
3272 3275 3719 3878 3892 4028 4297
4592 4595 5169 5367 5622 5801 6033
6931 7004 7172–7173 7321 7395 7460
7471 7480 7761 7837–7838 7993 8038
8186 8358 8452 8458 8460–8463 8545
8789 8808 9043 9066 9111 9122 9155

9384 9458 9527 9561 9607 9701 9768
9812 9943 10302 10362 10413 10531
10607 10618   (94 Belege)

procreata in abba. 4085

procreatio 2858

procreator 1890 4925

procreo 1 6 134 254 840 932 997 1064
1202 1205 1291 1551 1689 1702 1722
2024 2032 2108 2267 2345 2455 2689
2755 2948 2987 3085 3090 3423 3772
3859 4085 4328 4649 4766 5183 5370
5385 6515 6702 7479 7799 8316 8470
8489 8524 8529 8545 9011 9119 9255
9365 9447 9457 9552 9596 9631 9674
9720 9886 10056 10108 10144 10289
(63 Belege)

procur. 10 14 18 25 42 44 50 71 79 82
109 111 117–119 132 134 149 154 186
255 271 285 288 292 297 337 339 357
361 371 392–393 408 411 414 451 457–
458 483 497 509 516 520 543 546–547
551 569 571 575–576 581–582 613 620
651 661 680 687 704 709 734 737 741–
742 748 757 774 790 803 819 827–828
858 861 863 867 876 890 907 918 930
932 951 957 960 1007 1015 1030–1031
1034 1049 1057 1068 1081 1089 1109
1147–1148 1150 1201–1202 1228
1303–1304 1327 1330–1331 1360 1371
1382 1385 1391 1393–1394 1400 1403
1412 1414 1424 1430 1435 1437–1438
1444 1451–1452 1466 1471 1485 1489
1497 1502 1505 1510–1511 1527 1530
1553 1571 1586 1588 1591 1609 1614
1626 1659 1673–1674 1683 1707 1714
1716 1732 1736 1739 1742 1756 1762
1770 1781 1783–1784 1789 1804 1807–
1808 1816 1843 1851 1857 1863 1865–
1867 1873 1879 1886 1898 1912 1925
1936 1946 1951 1959 1963 1991 1996
2024 2027 2032 2041 2044 2052 2105–
2109 2111 2118 2159 2196 2242 2244
2254 2264 2273 2295 2299 2318 2323
2334 2338 2341 2365 2377–2378 2388
2396 2417 2433 2440 2469 2477 2480
2494 2503 2511 2515 2521 2523 2533
2551 2558 2569 2574 2584 2591 2598
2612 2645 2650 2684 2743 2792 2794
2809–2811 2815 2817 2822 2831 2834
2839 2845 2847 2853 2862 2865 2877
2892 2898 2902 2913 2926 2943 2945
2980 2986–2987 2995 3012 3035 3052

3055 3114 3116 3135 3155–3156 3161
3165 3175 3179 3191 3199 3205 3209
3215 3218 3221–3222 3225 3232 3259
3265 3270 3285 3291 3319–3320 3350
3354 3365 3376 3380 3394 3410 3425
3438 3440 3458 3472 3474 3487 3516
3525 3528 3544 3553–3554 3556 3561
3582–3583 3592 3598 3610 3620 3624
3627 3630–3632 3636 3641 3643 3660
3670–3672 3694 3714 3719–3722
3742–3743 3752 3760 3764 3780 3782
3801 3808 3827 3843–3844 3847 3855
3881 3896 3929 3958 3969 3982 3987
4028 4038 4049 4066 4071 4075 4078
4091–4092 4096 4101 4114 4122 4129
4135 4157 4160 4164–4165 4167 4193
4213 4225 4227 4242 4255 4280–4283
4289 4329 4333 4340 4353 4363 4402
4412 4437 4443 4458 4502 4504 4521–
4522 4545–4548 4552 4554 4566–4567
4581 4595–4596 4600 4645 4647 4651
4659 4691 4700 4722 4776 4782–4784
4786–4787 4791 4814 4821 4828 4839
4846–4847 4862 4871 4891 4895 4908
4919 4923 4937 4957–4958 4961–4962
4964 4974 4986 4995 4997 5006–5007
5009 5011 5045 5049 5053 5063 5081
5112 5121 5126 5130 5154–5155 5160
5181 5214 5226–5227 5265 5282 5284
5322 5348 5360 5363 5379 5403 5423
5425 5430 5434 5436 5439 5449–5450
5470 5480 5490 5523 5529 5534–5535
5538 5541 5569–5570 5599 5606–5607
5621 5630 5636–5637 5647 5649 5651
5654 5673–5674 5678 5680 5683–5684
5692 5694 5706 5725–5726 5740 5743
5748 5755 5761–5762 5767 5789 5801
5819 5828 5836 5842 5848 5854 5878
5888 5912 5916 5918 5920–5921 5932
5943 5955 5958 5964 5990 6018 6032
6037 6057–6058 6070 6079 6081–6082
6084 6090 6109 6123 6136 6144 6160
6187 6209 6219–6220 6234 6249–6251
6271 6277 6282 6291 6295 6297 6326
6329 6414 6427 6446 6471 6490 6498
6509 6514–6515 6527 6542 6547 6550
6559 6613 6618 6633 6642 6655 6673–
6674 6678 6682 6694 6710 6719 6723
6775 6777 6791–6792 6805 6816 6820
6832 6834 6839 6854 6857 6860 6884
6889 6899–6900 6916 6918 6931 6951–
6952 6991 6994 7007 7024 7032 7038–

7040 7042 7049 7052 7068–7069 7084
7109–7110 7124–7125 7130 7159 7167
7172 7174 7181 7186–7187 7235 7244
7251 7264 7274–7275 7288 7295 7323–
7324 7353 7357 7369 7380 7384 7401
7407 7413 7416 7422 7426 7473 7478
7504–7505 7551 7570 7577 7599 7614
7617 7620 7629 7647–7648 7664 7674
7680 7688–7689 7717 7732 7741 7793
7807 7815 7819 7834–7835 7837–7839
7841 7847–7848 7851–7852 7855 7860
7862 7872 7889 7922 7940 8000–8001
8010 8012 8014 8044 8049 8060 8081
8106 8121 8140 8171 8183 8202 8205
8241 8265 8278 8321 8323 8327 8352
8355 8359 8363 8368 8405–8406 8438
8509 8521–8522 8524 8535–8537 8545
8559 8579 8588 8606 8611 8614 8625
8637 8656 8685 8688 8712 8716 8718
8725 8752 8763 8803 8808 8820 8834
8843 8846 8854 8863 8869 8886 8890
8894 8908 8952 8962 8980 9002 9010
9015–9016 9018 9031 9041 9060 9091–
9092 9113 9137 9163 9174 9195 9197
9205 9231 9299 9302 9306 9330 9334–
9336 9347–9348 9351 9368–9369 9388
9392 9397 9399 9408 9415 9417 9427
9440 9456 9553–9554 9570 9576 9599
9611 9628 9630–9631 9633 9638 9663
9675 9678 9687 9720 9732 9761–9762
9771 9787 9795–9796 9810 9812 9828
9843 9849 9870 9873 9878–9880 9882–
9883 9897–9898 9902 9924 9929 9937
9943 9952 9955 9976 9982 9987 10025
10038 10044 10052 10060 10064
10068 10071 10074–10075 10089
10096 10104 10128 10150 10162
10169–10170 10184 10192 10208–
10210 10252 10283 10318 10320
10345–10346 10354 10360 10367
10370 10376 10380 10387–10388
10413 10438 10451 10453 10467
10480 10484 10509 10526 10590–
10591 10604   (941 Belege)

procur. abba. 2831
procur. → abbrev.
procur. → abbrev. et
procur. → audientie litt. contradictarum
procur. capit. → syndicus et
procur. clavis episc. 9041
procur. → cubic. et fam., abbrev. et audientie contradictarum litt.

procur. → de maiori presidentia abbrev.

procur. → decr. doct. abbrev. et pape fam.

procur. → facult. disponendi de 8 off.

procur. irrevocabilem → pot. revocandi

procur. → litt. audientie contradictarum

procur. → mag. in art.

procur. mense 9408

procuratio 654 3354 4353 5091 6335
7022

procuratorium 7381

procuratrix 980

procuro 58 294 337 529 920 979 1033
1052 1202 1845 1978 2096 2106 2138
2302 2477 2945 3467 3488 3525 3692
3825 3855 3876 3964 4200 4569 4957
5214 5217 5247 5524 5801 6282 6401
6810–6811 6916 7034 7083 7329–7330
7469 7551 7848 7851 7904 8622 8716
8869 8974 9042 9045 9066 9510 9527
9623 10131 10159 10169 10339 10345
(62 Belege)

proditor 6434

produco 654 3719 5098 8763 10336
10382

proelium 1972

prof. 128 308 537 636 650 904 1370 1533
1574 1729 1792 1879 2107 2255 2356
2442 2717 3488 3771 3778 3787 4368
4822 4981 4990 5308 5372 5669 6337
6661 6744 6942 7102 7104 7240 7282
7388 7439 7477 7522 7552 7582 7620
7752 7755 7772 7884 7922 8237 8315
8894 9059 9969 10088 10101 10396
(56 Belege)

prof. → art. mag. leg. sacrarum

profanus 186 1234 2434 7867 8166 8545

profectio 526 679

profero 2346 6053 7328

profes. 24 90 99 267 286 294 351 358 469
486 609 623 720 760 842 877 880 934
977 980 1007 1072 1094 1102 1172–
1173 1276 1574–1575 1615 1640 1711
1719 1722 1737 1854 1864 1919 1943
1948 1956 1959 2010 2049 2063 2154
2160 2216 2218 2235 2267 2272 2300
2315–2316 2343 2348 2389 2498 2582
2604 2621 2762–2763 2884 2947 2983
3012 3142 3167 3223 3330 3335 3393
3473 3513 3576 3589–3590 3629 3689
3698 3728 3806 3940 3956 4004 4019
4049 4061 4073–4074 4079 4113 4126
4245 4311 4313 4389 4401 4447 4511

4535 4628 4633 4678 4729 4766 4912
4963 5194 5244 5262 5308 5404 5419
5436 5461 5559 5620 5637 5657 5692
5695 5798 5823 5894 5903 5999 6106
6399 6550 6638 6869 6921–6922 6938
7036 7118 7124 7224 7233 7250 7282
7289 7301 7321 7399 7404 7413 7527–
7528 7562 7583 7598 7608 7754 7792
7986 8076 8078 8114 8327 8371 8478
8480 8489 8590 8713 8720 8744 8747
8888 8894 8913 8988 9094 9142 9179
9209 9218 9221 9249 9317 9350 9407
9528 9569 9711 9755 9818 9897 9957–
9958 10049 10056 10106 10141 10169
10227 10265 10294 10339 10359
10373 10432 10458 10511 10574
10583 (210 Belege)

profes. et novicii → abb. ac fr.

professio 707 971 2771 4265 4479 4729
7404 7950 7952 8453 8463 8473 8489
8957 10377 10427 (16 Belege)

professionis → vacat. p. emissionem

professoratus 1972 3102 3581 7477 8956

professoratus seu mag. theol. recipiendi
→ lic. insignia

proficio 7742 8761 10087 10490

proficiscatur → ad illam dietam c. d. card.

proficiscor 106 353 985 1377 1400 1496
2297 3175 4391 5126 6712 7328 7330
7383 7446 8314 9034 9087 10111
(19 Belege)

profiteor 1474 2347 2653 2658 3076 4245
4666 8076 10087

profluo 2025

progenitor 51 1604 2168 2356 2394 2474
3075 3892 4493 4739 5606 5952 5968
6443 6793 7420 7548 7696 8862 9327
10417 10536 (22 Belege)

progredior 880

progressus 10108

prohibeo 636 731 1959 2159 2862 3176
4536 7391 8462 9267 9504 9937 10490
10625 (14 Belege)

prohibita ad partes infidelium detulerunt
→ absol. eos qui

prohibitio 352 1693 3197 3897 4550

prohibitis → absol. in casibus

proicio 2550 3701

proiectio 9814

proles 274 861 1551 1702 1722 2658
2857–2858 2948 4023 4479 4649 8979
9011 9850 10056 (16 Belege)

prom. (2067 Belege)

prom. → absol. et

prom. ad eccl. Lubuc. → absol. p.

prom. ad grad. mag. → lic.

prom. ad licent. → lic.

prom. → de n.

prom. → disp. de n.

prom. → disp. sup.

prom. fuerunt → absol. eos qui n. rite ad
ord.

prom. → lic. n.

prom. → mag. in art. et licent. in medicina
ac ad presbit. ord. et postremo ad bac. in
theol.

prom. → vac. p.

prom. → vac. p. n.

prom. → vacat. p.

prom. → vacat. p. n.

prom. → vacat. p. resign. seu n.

prom. val. → disp. ut ad omnes ord.

promissio 657 743 3009 3919 4569 4907
5538 7069 7477 9383

promissionibus et iuramentis → absol. a

promitto 42 138 217 241 254 270 274 294
338 352 372 392–393 412 458 469 518
520 532 575 654 671 674 779 921 932
1002 1052 1147 1184 1202 1241 1383
1445 1608 1732 1746 1783 1845 1936
1994 2008 2107 2159 2161 2275 2377
2396 2416 2473 2619 2679 2793 2970
3083 3102 3130 3270 3354 3389 3410
3475 3492 3583 3672 3699 3730 4011
4017 4085 4183 4190 4231 4258 4284
4340 4367 4473 4596 4637 4649 4781
4783 4786 4791 4848 4868 4886 4889
4925 4958 4976 5029 5086 5154 5161
5227 5637 5650 5652 5701 5703 5761
5794 5825 5854 5913 6016 6059 6082
6191 6251 6264–6265 6381 6428 6455
6509 6685 6693 6729 6811–6812 6850
7022 7044 7072 7160 7172 7220 7255
7293 7305 7390 7478 7553 7620 7688–
7689 7760 7815 7837 7841 7854 7913
8044 8110 8314 8360 8395 8438 8464
8536 8604 8734 8752 8769 8804 8864
8925 8994 9142 9155 9164 9255 9258
9302 9330 9342 9383 9388 9552 9634
9709 9732 9793 9796 9910 9997 10104
10110 10150 10268 10278 10346–
10347 10382 10478 10481 10519
10612 (191 Belege)

promotio 2410 5042 5912 7383 7814–
7815 10110

promotor 3721 4200

promoveri → cupiens supra patrimonio
val. ann. 15 fl. ad ord. presbit.

promoveri facere possent licet beneficia
ecclesiastica aut patrimonialia bona n.
haberent → indulsit ut ad sacerdotium
et al. ordines se

promptitudo 3548 7382

promptus 2178 2945 9710

promulgatio 5413

promulgo 57–58 122 240 279 617 1239
1304 1724 2289 2325 2334 2422 2541
2855 3097 3102 3106 3225 4148 4581
4592 6241 6339 7004 7539 7611 7682
8368 8443 8629 8734 8763 9041 9458
9527 9812 9946 9986 10240 10245
10373 10468 10480 10510 10533
(46 Belege)

pronuntiatio 971

pronuntio 3232 4374 7244 8703 9458
9814

propinquus 1732 1981 4074 4307 4536
5697 9122 10033

propono 256 352 498 526 654 1445 1617
1914 2078 2249 2254 2858 3129 3216
3827 4123 5535 6038 6542 6802 7132
7147 7330 7431 7491 7582 7741 7843
7856 7868 8325 8441 8704 8729 9159
9363 9611 9636 9649 9667 9733 9812
10004 10147 10459 10466 10567
10601 (48 Belege)

propositio 106 2347 9330

propositum 224 731 1972 2349 2448 5503
7330 9360 10169

proprietas 7491 10490

propter loci distantiam ac idiomatis differentiam mon. monial. personaliter visitare n. potest 2712

propugnaculum 9121 10112

propugnator 2345

propulso 2349

prorector 2035 8154

prorog. 7 11 43 79 134 183 185 195 296
328–329 412 425–426 459 471 564 576
671 681 706 717 741 774 779 816 839
845 860–861 880 904 921 930 1002
1026 1030–1031 1053 1062–1063
1118–1119 1159 1224 1303 1360 1400
1445 1533 1583 1673 1698 1770 1821
1840–1843 1860 1912 1936 2037 2060

2094 2096 2101 2111 2159 2219 2242
2313 2320 2323 2340 2342–2344 2348
2372–2374 2377 2429 2440 2458 2484
2492 2507 2548–2549 2605 2623 2790
2793 2841 2854 2885 2926 2990 3221
3408 3451 3465 3525–3526 3650 3670
3672 3692 3700 3702 3719 3782 3851
3896–3897 3972 3976 4072 4117 4201
4218 4225 4280 4284 4402 4476 4528
4546 4548–4549 4551 4567 4614 4618
4631 4672 4685 4719 4763 4784 4786–
4787 4796 4821 4848 4931 4946 4956
4958 4961–4962 4982 5052 5061 5108
5194 5217 5225 5239 5291 5340 5381
5430 5526 5534 5573 5606 5624 5636–
5637 5654–5655 5701 5725 5731 5768
5794 5806 5819 5844 5848 5911 5916
5929–5930 5972 5985 6038–6039
6055–6057 6059 6078 6119 6123 6133
6165 6167 6185 6192 6195 6233 6243
6264–6265 6293 6374 6432 6434 6527
6547 6553 6583 6618 6724 6734 6739
6772 6968 7015 7049 7125 7152 7166–
7167 7176 7241 7312 7328–7329 7377
7469 7478 7488 7504 7536 7541 7566
7568 7637 7642 7740 7748 7907 7954
7975 8015 8032 8080 8095 8099 8110
8113 8131–8133 8218 8261 8368 8438
8441 8463 8503 8537 8567 8584 8606
8641 8701–8702 8714 8716–8717 8762
8823 8925 8937–8938 8991 8993 8998
9004 9007 9074 9113 9127–9128 9160
9164 9205 9219 9242 9286 9316 9346
9365 9398 9404 9438 9472 9503 9553
9555 9631 9668 9677 9696 9705 9721
9771 9825 9846 9897–9898 9976
10067–10068 10074 10230 10252
10345 10453–10454 10478 10480
10527 10599   (330 Belege)
prorumpo 9569
prosapia 9930
proscribo 2433
prosecutio 1737 4552 7130 9180 9847
    10320
prosequor 119 224 353 762 803 941 1031
    1060 1344 1528 2323 2347 2416 2448
    2458 3172 3199 3454 3548 3721 4391
    4569 4606 4719 5035 5496 6490 6816
    7337 7533 7536 7815 7993 8507 8535
    9384 9527 9600 10070 10110 10159
    10362 10419   (43 Belege)

prospectus 6935
prosterno 6253
prosum 3548 8093 9011
protectio 270 620 765 932 1042 1697
    1801 1865 2033 2035 2267 2343 2347
    2356 2417 2420 2973 3095 3385 3434
    3773 7180 7321 7993 8560 9035 9066
    9069 9121–9122 9169 9180 9249 9403
    9554 9589 10137   (37 Belege)
protector 2035 3689 5074 7755 9257
protego 9066
protesto 3513
protestor 1793
prothomart. 222 527 906 1204 1664 1902
    2268 2342 3619 5197 5229 (11 Belege)
prothonot. 13 26 34 69 132 190 351–352
    411 451 472 547 636 905 921 1028
    1062 1065 1113 1350 1712 1732 1742
    1783–1784 1863 1890 2118 2276 2355
    2361 2379 2413 2440 2548–2551 2573–
    2574 2681 2845 2941 3054 3078 3084–
    3086 3179 3410 3415 3548 3658 3720
    4011 4025 4063 4081 4088 4101 4155
    4167 4255 4271 4293 4412 4553 4596
    4636 4733 4782 4785 4797 '4848 4887
    4889 4961 5056 5126 5381 5538 5636–
    5637 5801 5912 6082 6144 6190 6293
    6344–6345 6629 6670 6732 6738 6839
    6940 6957 6991 6997 7161 7381–7383
    7410 7477 7522 7552 7620 7767 7790
    7793 7814 7834 7837 7951 7953 7955
    8012 8345 8661 8665 8679 8717 8874
    8922 8966 9016 9056 9299 9312 9415
    9427 9558 9565 9633 9658 9729–9732
    9762 9866 9982 10099 10169–10170
    10356 10372 10603   (150 Belege)
prothonot.] → gratis pro fam. domini Fal-
    conis [
prothonot., abbrev. et pape fam. nepos
    3054
prothonot., abbrev. summatoris fr. 7767
prothonot., cap., abbrev., pape et card.
    fam. 6732
prothonotariatus 8993 9045 9720
prout 105–106 183 671 1042 1187 1234
    1238 1466 1673–1674 1707 1732 1793
    1941 1946 1979 2025 2079 2138 2346
    2383 2854 2963 3066 3099 3125 3162
    3308 3434 3436 3528 3617 4011 4257
    4260 4568 4921 5674 5703 6082 6344
    6724 6790 6846 6876 7276 7321 7370
    7381 7491 7815 7860 7867 7989 8427

8507 8656 8802 8869 9045 9224 9403
9457 9501 9510 9587 9814 10009
10098 10180 10182 10336 10422
10425 10490 10533   (77 Belege)
prov.   (4155 Belege)
prov. 300 personis R. I. conc.   → facult.
prov.   → absol. et
prov.   → absol. et nova
prov. et el.   → differentia inter ep. Constant.
prov. fuit   → abb.
proveho 425 5130 6602 7407
provenio 1496 1527 2645 2963 4028 7059
   7990 8464 8696 9066 9337 9606 9730
   9742 9890 10267   (16 Belege)
proveniunt   → oblationes que ex indulg.
proventus 118 762 2272 3104 4536 4566
   4595 4889 6038 6935 7328 7464 7479
   7493 7769 9456 9602 9710 10098
   10141 10282 10362   (22 Belege)
proventus unius fovee 4889
provideretur   → abb.
provincia 33 105 118 185–186 262 270
   392–393 431 469 527 529 552 619 635–
   636 700 730 765 782 789 977 979 997
   1042 1067 1071 1181 1233 1236 1241
   1253 1314 1497 1600 1604 1606 1626
   1658 1739 1742 1826 1854 1865 1867
   1941 1946 1972 2010 2030 2034 2079
   2089 2144 2218 2236 2340 2343 2345
   2347 2355–2356 2391 2402 2433 2470
   2501 2662 2717 2845 2852 2945 2947
   3096 3162 3167 3268 3306 3391 3434
   3469 3472 3488 3590 3610 3636 3699
   3771 3787 3897 3925 3940 3964 4257
   4340 4519 4535 4569 4596 4628 4889
   4913 5037 5372 5568 5777 6196 6280
   6293 6357 6399 6442 6744 6816 7064
   7069 7156 7183 7186 7240 7289 7302
   7391 7406 7413 7470–7471 7478 7489
   7492 7551 7848–7849 7852 7859 7912
   7985 7993 8202 8237 8638 8648 8651
   8704 8707 8752 8888 9034 9042 9065
   9122 9155 9179 9248 9257 9267 9329
   9347 9388 9466 9528 9551 9803 9943
   9982 10031 10087 10091 10094 10108
   10111–10112 10169–10170 10182
   10267 10345 10354 10367 10403
   10422 10438 10479–10480 10490
                         (186 Belege)
provincia Bremen. collect.   → abbrev. et in

provincia Gneznen.   → absol. religiosos et
   laicos in
provincia patrimonii b. Petri in Tuscia   →
   negotium minerarum argenti et al. metallorum in
provincia Saxonie sup. negotio metallorum
   fodiendorum   → capitula edita in
provincie Argent.   → minister o.fr.min.
provincie ut ref. conv. iuxta constit. Martinianas   → committ. ministro
provincialia abb. et priorum   → capit.
provincialis 105 118 186 270 308 529 619
   765 1042 1122 1236–1237 1658 1739
   2034 2079 2089 2218 2356 2391 2433–
   2434 3176 3268 3391 3434 3699 3940
   6816 7186 7413 7470 7478 7820 8076
   8461 8795 9065 9154–9155 9248 9257
   9329 9528 9803 9936 9984 10184
   10267   (49 Belege)
provisor 764 992 1239–1240 1313 1527
   1569 2034–2035 2270 2345 2653 3032
   3561 3668 3685 3867 3974 4413 4546–
   4547 4846 6339 7860 8567 8907 9043
   9108 9182 9456–9457 9710 10618
                         (33 Belege)
provisorius 8707
provoco 3967 8493 10111
proximus 105 314 412 570 619 732 1201
   1321 1500 1544 1615 1901 2033 2220
   2288 2340 2348 2525 3215 5622 7479
   7742 7979 8007 8463 8535 8717 8804
   9062 9164 9185 9203 9214 9730 9732
   9787 9901 10071 10267 10526
                         (40 Belege)
prudenter 7815
prudentia 732 7381
Prussie   → privil. et indulg. ad instar mag.
   gener. et fr. hosp. in partibus
Prutenos ab iuram.   → absol.
Psalterium b. Marie virg. 1796
pseudoepiscopus 10533
publ. 42 44 105 135 208 210 318 357 393
   431 476 497 518 547 551 575 609 620
   654 700 704 709 741 956 1030–1031
   1109 1201 1421 1497 1571 1659 1674
   1722 1724 1732 1807 1851 1951 1959
   2032 2105 2107 2161 2218 2220 2242
   2273 2275 2374 2388 2392 2396 2551
   2640 2794 2855 2928 2945 2950 2963
   2967 2987 2990 3012 3034 3059 3063
   3067 3082–3084 3090 3099 3131 3151
   3153 3155 3175–3176 3179 3190 3215

3221 3232 3259 3283 3291 3364 3377
3385 3389 3402 3408 3410 3416 3454
3465 3474 3526–3528 3535 3542 3548
3553 3556–3557 3563 3575 3579 3582
3592 3595 3600 3610 3627 3636 3671–
3672 3691 3695 3700 3720 3731 3739
3780 3787 3825 3843 3849 3862 3881
3917 3919–3921 3983–3984 4003 4026
4028 4046 4066–4067 4076 4078 4088
4116 4151 4167 4186 4190 4231 4255
4260 4262 4280 4319 4331 4340 4367
4389 4391 4411 4417 4424 4504 4519
4547–4549 4567 4596 4614 4631 4637
4649 4658 4669 4719 4726 4731 4766
4781 4786–4787 4791 4796 4806 4820–
4821 4889 4891 4895 4898 4908–4909
4922–4923 4958 4960–4962 4969 4994
5007 5038 5047 5052–5053 5074 5105
5126 5131–5132 5136 5154 5202 5227
5320 5347 5379 5381 5385 5388 5430
5456 5534 5581 5599 5607 5649 5655
5673 5693 5697 5703 5725 5732–5733
5744 5761 5768 5787 5825 5848 5854
5891 5901 5913 5916 5932–5933 5937
5949 5964 5975 6016 6038–6039 6055
6060 6079–6081 6084 6101 6124–6125
6143–6144 6151 6162 6167 6172 6210
6251 6264 6266 6271 6291 6326 6378
6381 6446 6465 6470 6513 6550 6633
6691 6694 6811–6812 6839 6876 6881
6889 7049 7068 7070 7072 7080 7084
7109–7110 7127 7130–7131 7145 7224
7236 7245 7276 7283 7289 7296 7302
7305–7306 7312 7329–7330 7337
7381–7382 7391 7399 7401 7403 7410
7431–7432 7449 7454 7459 7473 7477
7488 7491 7504 7522 7533 7540 7554
7599 7614 7617 7620 7664 7676 7735
7740–7742 7751 7790 7798 7815 7819
7828 7836 7838 7840–7841 7850 7853–
7854 7856 7872 7895 7912 7937 7950
7954 7962 7970 7980 7985 7993 8001–
8002 8010 8044 8057 8075 8081 8121
8131 8133 8198 8202–8203 8205 8210
8265 8281 8290 8308 8312 8314 8327–
8328 8340 8345 8393 8405 8439–8440
8455 8462–8463 8492 8545 8551 8580
8597 8614 8625 8640 8653 8683 8697
8707 8715–8716 8766 8773 8808 8812
8860 8863–8864 8869 8908 8918 8925
8949 8962 8994 8998 9011 9045 9049
9055–9056 9071 9091 9104 9115 9117

9119 9122 9126–9127 9152 9156 9160
9182 9185 9187 9199 9224 9249 9330
9355 9379 9383 9388 9392 9415 9420
9437 9455–9456 9464 9466 9472–9474
9479–9480 9526 9528 9553–9554 9570
9576 9618 9628–9631 9638 9654 9658
9681 9705 9710 9732 9734 9742 9764–
9765 9787 9790 9810 9831–9832 9839
9841 9846–9847 9868 9883 9910–9911
9923 9928–9929 9935 9937–9938 9947
9955 9982 9984 10012 10031 10068–
10071 10074–10075 10087 10091–
10092 10096 10098 10104 10108–
10111 10127 10131 10159 10170
10176 10251–10252 10267 10283
10323 10344–10347 10367 10370
10377 10382–10383 10388 10390
10396 10413 10418 10422 10428
10442 10454 10468 10478 10481
10486–10487 10490 10519 10523
10536–10537 10607 10609

(586 Belege)

publ. ap. auct. not. 9330
publ. → not.
publicatio 195 528 635 2794 4783 4814
6515 7835 8464 9007 10075
(11 Belege)
publicatio in audientia litt. contradictarum
2794
publicatio indulg. 10075
publicatio indulg. Rhodianarum 528
publicator 1071
publice 177 352–353 529 732 921 1194
1220 2347 2463 2948 3176 4282 4374
4649 5582 6696 7382 7460 7742 8449
8462–8463 8560 10012 10050 10087
10091 10111 (29 Belege)
publice lectiones in legibus in quibuscumque scholis sive studiis gener. → lic.
audiendi vel legendi
publico 119 134 224 329–330 393 431
610 741 765 845 863 889 1053 1071
1533 1578 1608 1732 1779 2077 2079
2297 2344 2348 2416 2448 2548 2658
2916 3129 3465 3488 3672 3897 4551
4596 4606 4631 5538 5581 5806 5972
6039 6059 6344 6401 6527 6638 6694
6968 7102 7165 7180 7274 7329 7551
7748 7815 7835 7907 7993 8032 8461
8463 8534 8536 8606 9044 9074 9219
9258 9262 9630 9677 9696 9720 10009
10098 10252 (80 Belege)

puditia 5100

puella 275 1527 2984 3102 6385 7745
9249 10089

puellula 2138

puer 3044 3423 3473 5697 6107 6301
6702 6956 9244

puerili et. constit. → in

puerilis 2337 4809 5389 8816

pugil 10110

pugna 5047 10338

pugnator 731

pugno 3051 4389 7302 9804 10110

pugnus 3473

pulso 732 786 2270 3102 7477

puniendi aep. → pot. examinandi et

punio 730–731 764 1031 1042 1137 1707
2273 2348 4535 4551 5035 5479 7383
10533 10537   (16 Belege)

punitio 764

pupillaris 861 1869

pupillus 921 1036 1207 2168 4104 7814
9609

purgo 7506 9860

purificator 6446

purifico 2127

puritas 105 7383

purus 732 1865 1867 6093 7820 9142

Putkies nunc. → preb. de

puteus 847 1051

puto 732 7102 8269 10087 10109 10245

quadragenarius 1419 7524

quadragesima 654 2218–2219 2525 4568
7522 7814 7997 10542

quadragesimalis 1968 2219 2991 5298
6812 7522 7540 7814 8462 10092–
10093   (11 Belege)

quadrimestris 205 6941

quadripartitus 10099

qualiacumque incompat. → disp. ad

qualificatus 2964 4028 5370 7500 7953
7955 8385 8462 9787 9930 9940
                    (11 Belege)

qualitas 2273 2740 4606 4666 7852 8829
10536

quamcito 10361

quamplures 1578 2456 3699 3964 7815
9384 10093 10481

quamplurimum 7469 8789 10012

quamprimum 237 329 451 742 802 1088
1527 1567 1737 1807 2309 2344 2349
2357 2376 2676 2790 3297 4231 4255

4284 4318 4331 4386 4487 4774 5532
5697 5700 5892 6080 6228 6324 6466
6479 6493 6504 6563 7019 7382 7470
7578 7584 7980 8073 8557 9327 9383
9582 9958 9985 10109 10289
                    (53 Belege)

quanti → sine decl.

quantitas 670 1240–1241 1495 2071 2641
2894 3579 3855 4305 4519 4569 5098
5282 5321 6447 7296 7682 8817 8894
9214   (21 Belege)

quarta parte par. eccl. → Fiat ut petitur
reserv.

quartale 10257

quartanarius 6377

quartaria nunc. → vicar.

quartesium 9185

quartus 154 338 497 590 844 1391 1508
1793 1890 1948 3000 3102 3670 4057
4726 5400 5916 7093 7101 7860 8306
8345 8490 8891 9041 10537 10612
                    (27 Belege)

quasso 10112

quater 1050 7261 7517

quecumque → disp. ad

queo 1947

querceus 10000

quercus 5053 5153 5654 6056 9825

querela 794 2021 2692 3102 7742 10087
10320

querimonia 7004

quero 2551 3176 7381–7382 8789 9003

queror 1867 1870 4291 7491 7506 8451
10087

querulor 8545

questio 9122

questor 1867 8451 9932

questuo 1867 4032 4159

questus 1241 7102 8535 9854 9932

quia → vac.

quies 1122 2323 2347 7563

quiesco 10111

quiete 1491 2696 3139

quieto 7489 7492

quietus 2623 2945 3176 7383

quindena 2219

quindenniorum → quitt.

quinquennium 9214

quinternus 7492

quitt. 207 210 246 250 271 282 489 495
528 532 551 610 637 763 790 993 1042
1049 1185 1221 1233 1235 1237 1242

1245 1527 1626 1698 1798 1851 1875
1940–1941 1946 2028 2033 2091–2092
2214 2273 2392–2393 2415–2416 2435
2443 2511 2662 2892 3042 3074 3096
3102 3125 3610 3631 3699 3825 3827
3882 4013 4017 4038 4379 4409 4550–
4552 4649 6341 6712 7078 7092 7125
7295–7296 7321 7337 7396 7478–7479
7530 7547 7552 7814 7853 7984 7990
8001 8007 8202 8241 8418 8459 8467
8536 8547 8571 8703–8704 8717 8767
8799 9040 9047 9049 9061 9066 9103
9124 9294 9427 9431 9457 9935 9937
9939 9982 10031 10074–10075 10101
10168 10180 10214 10247 10382
10541 10612 10620 10622 10625
(132 Belege)
quitt. quindenniorum 207 210 246 250
271 282 528 532 610 637 763 790 1042
1049 1185 1221 1233 1235 1237 1242
1245 1527 1698 1798 1851 1875 1940–
1941 1946 2028 2033 2091–2092 2214
2273 2392–2393 2415–2416 2435 2443
3042 3074 3096 3102 3125 3631 3825
3827 4013 4017 4038 4379 4409 6341
7078 7295–7296 7321 7337 7478–7479
7547 7984 7990 8001 8007 8459 8467
8547 8571 9040 9047 9049 9061 9066
9103 9124 9294 9431 9457 9935 9937
9939 10074–10075 10101 10168 10180
10214 10247 10541 10612 10620
10622 10625   (96 Belege)
quittatio 3794
quitto 730 9839
quodcumque → disp. ad
quond.   (1213 Belege)
quorumcumque → coll.
quoscumque can. et preb. → disp. ad
quota 3102 8935 9049
quota quam abba. percip. 9049

R. E. contra hereticos in partibus Bohemie
et in op. Prag. → defensio
R. E. et nationem Germanicam interveniente Friderico tunc R. R. nunc vero imperatore concordatis preiudicant → revocatio omnium gr. expectativarum reservationum quoque facultatum et nominationum quibuscumque personis
concessarum inquantum inter
R. E. → facult. fodiendi aurum, argentum,
plumbum et al. metalla in territorio

R. E. → horas can. dicere iuxta morem /
ritum / stilum / usum
R. R. nunc vero imperatore concordatis
preiudicant → revocatio omnium gr.
expectativarum reservationum quoque
facultatum et nominationum quibuscumque personis concessarum inquantum inter R. E. et nationem Germanicam interveniente Friderico tunc
R. I. 22 42 117–119 127 180 223–224 246
322 351–353 361 391 469 475 525–526
569 576 610 617 619 702 730–731 734
771 787 833 876 880–881 917 971 982
993 1005 1041 1064 1075 1118 1137
1233–1235 1240–1241 1275 1377 1474
1497 1578 1586 1633 1684 1706 1730
1740 1801 1841 1902 1919 1970 1980
1982 1984 2024 2033 2035 2077–2079
2108 2118 2138 2149 2165 2206 2216
2219–2220 2254 2270 2272–2273 2275
2340–2349 2355–2357 2370 2433 2448
2463 2476 2511 2518 2548 2551 2605
2620 2637 2650 2666 2672 2681 2703
2916 2945 2973 3038 3071 3082 3086
3093 3128 3130 3175–3176 3215 3274
3320 3328 3413 3439 3451 3475 3496
3525 3548 3579 3581–3582 3626 3646
3674 3699 3720–3721 3772 3801–3802
3848 3957 4011 4257 4309 4311 4343
4391 4414 4466 4477 4536 4547 4549
4566–4567 4582 4595 4601 4606 4796
4874 5056 5191 5194 5217 5538 5562
5599 5657 5673 5704 5727 5739 5801
5854 5897 5912 5916 5989 6051 6264
6293 6431 6494 6523 6530 6614 6685
6712 6827 6929 7059 7065 7078 7081
7103 7125 7172 7296 7321 7329 7381–
7383 7394 7400 7407 7428 7460 7469
7471 7477 7488–7489 7491 7526 7530
7533 7616 7688–7689 7742 7814–7815
7834–7835 7839 7850 7986 7990 7993
8003 8007 8267 8323 8352 8451–8452
8455 8460–8464 8490 8534–8535 8545
8547 8581 8653 8702 8716 8790 8843
8900 8927 8962 8993 9016 9042 9044–
9045 9050 9066 9178 9182 9196 9214
9299 9327 9329 9337 9348–9349 9354
9360 9380 9388 9438 9457 9503 9526
9528 9546 9591 9595 9630 9654 9709
9720 9812 9866 9898 9936 9940 9976
9989 10008–10009 10021 10046 10070
10108–10112 10120 10183 10250

10267 10276 10362 10377 10387
10393 10409 10450 10523 10525
10599 10605   (338 Belege)
R. I. / imper. (p. papam conc.) → vig. nominationis
R. I. / imper. → prim. preces
R. I. / imper. (princeps) elector 42 127
246 471 569 576 730 734 833 971 1041
1586 1627 1684 1740 2033 2077–2079
2108 2136 2138 2219 2340 2344–2345
2347 2355–2357 2511 2548 2620 2681
2898 2980 3035 3129–3130 3239 3274
3296 3320 3451 3699 3772 3801 3803
4011 4260 4391 4547 4552 4566 4763
4814 4955 5092 5181 5420 5437 5562
5599 5801 5811 5916 5936 6082 6205
6523 6916 7081 7296 7394 7410 7477
7488 7688 7815 7834–7835 7839 7990
8132 8460 8547 8581 8714 8727 8962
9042 9299 9388 9552 9630 9697 9709
9711 10070 10087 10108 10434 10534
                               (103 Belege)
R. I. archicamerarius 127 2681 4011 7689
8962
R. I. archicancellarius 2219 2620 9711
R. I. archidapifer et princeps elector 246
2344–2345 2355–2356
R. I. cap. 2605 2637
R. I. conc. → facult. prov. 300 personis
R. I. consiliarius 391 876 2548 3439 4582
4601 5801 9045 9214 9374 9654 10387
10444   (13 Belege)
R. I. → conventio c.
R. I. dilectus 322 881 3082 3086 5538
5916 6051 6264 10523
R. I. electoris dilectus → archicamerarii
R. I. et ducis Burgundie orator in cur. 469
R. I. et regem Hungarie → differentia in-
ter
R. I. phisicus 3215
R. I. indicta → dieta p. Fredericum
R. I. medicus 5531 7383
R. I. → orator ap. ad cesarem / imper. /
R. I. peritus 9503
R. I. scriba 1343 2476
raccomandatio 731
Raphaeli Riario] tit. s. Georgii [ad velum
aureum] card. → Fiat reservata pens.
pro [
ramus 5053 5153 5654 6056 6253 9825
10000

rancor 117 2349 3223
rapina 4422 7391 10110
rapio 2057 2091 7144
raptim 10098
raptor 7231 7671
raro 2033 3071 5342
rata 285 9214
ratificatio 2021
ratificatio → absol.
ratifico 132 1727 1851 1863 1937 2416
2679 3526 4958 6344 6812 7490 7500
7620 7853 9456 10069 10075 10520
                               (19 Belege)
ratio 13 34 71 131 138 185 190 193 204
210 224 246 270 273 278 328 353 371–
372 389 392 408 429 431 450 468 471
485 489 522 543 577 583 613 628 654
671 700 730 734 765 777 794 812 844
877 920–921 932 989 1035 1057 1122
1137 1147 1160 1193 1226 1233 1236
1242 1245 1314 1382 1391 1400 1439
1444–1445 1519 1547 1572 1610 1626
1666 1673 1708 1711 1729 1746 1752
1762 1770 1784 1788 1795 1816 1865
1867 1869 1871 1874 1922 1940 1959
2010 2050 2055 2079 2111 2126 2159
2222 2226 2315 2323 2346–2347 2366
2396 2410 2415 2433 2442 2498 2511
2521 2548–2549 2595 2621 2650 2653
2663 2695 2792 2796 2817 2835 2853
2894 2919 2926 2949 2960 2964 2983
3083 3102 3113 3122 3143 3150 3155
3224 3226 3236 3300 3328 3363 3410
3435 3453 3472 3480 3526 3581 3583–
3584 3587 3610 3643 3699 3758 3771
3799 3848 3861 3896 3934 4011 4017
4038 4049 4057 4076 4085 4164 4183
4227 4236 4271 4280 4340 4379 4409
4473 4529 4535 4546 4551 4566 4569
4598 4628 4645 4800 4814 4821 4961
4963 4967 5006 5037 5045 5089 5110
5275 5418 5436 5491 5496 5534–5535
5538 5569 5608 5702 5751 5767 5775
5794 5798 5813 5916 5989 6016 6038–
6039 6045 6055 6109 6131 6194 6264
6291 6327 6344 6375 6381 6427 6453
6455 6482 6502 6622 6638 6673 6677
6712 6801 6878 6938 6991 6994 7018
7054 7066–7069 7078 7125 7159 7184
7282 7294 7296 7357 7376 7384 7407
7413 7471 7477 7490–7493 7547 7552–
7553 7558 7617 7629 7636–7637 7696

7705 7741 7752 7777 7791 7820 7841
7847 7853 7856 7887 7894 7913 7994
8001 8065 8130 8198 8223 8309 8407
8422 8449 8460 8525 8535 8554 8560
8707 8714 8717 8752 8761 8766 8770
8856 8864 8869 8959 8993 8997 9010
9041 9047 9065–9066 9080 9128 9142
9213 9258 9261 9306 9319 9327 9388
9440 9457 9478 9510 9526 9544 9552–
9553 9565 9587 9647 9682 9709 9729
9733 9762 9787 9793 9812 9870 9901
9916 9926 9982 9987 9997 10031
10073 10075 10091–10092 10094
10096–10098 10109–10110 10150
10172 10212 10214 10247 10283
10315 10323 10375 10401 10481
10486 10489 10541 10583 10599
10609 10622   (399 Belege)
rationabilis 498 658 6770 9814 9935
rationi congruit 34 71 204 408 471 577
    734 765 812 844 1147 1160 1226 1439
    1444 1547 1610 1666 1673 1770 1816
    1922 1940 2050 2055 2126 2222 2315
    2366 2511 2548 2595 2650 2695 2817
    2853 2926 2949 3113 3143 3224 3226
    3236 3328 3363 3453 3480 3581 3584
    3643 3758 3861 4183 4227 4280 4546
    4800 4961 4967 5037 5045 5275 5418
    5436 5569 5751 5767 5775 5794 5916
    6016 6131 6264 6375 6427 6453 6482
    6622 6994 7376 7384 7471 7558 7617
    7636–7637 7696 7777 7847 7856 7887
    7894 7994 8130 8198 8223 8422 8554
    8714 8856 8993 8997 9080 9440 9478
    9553 9565 9647 9682 9787 9870 9901
    9916 9926 9982 10172 10214 10401
    10489   (119 Belege)
Ratisbon. et confirmata in dieta August.
    → pax Germanie conclusa in dieta
Ravensberge consiliarius → ducis Julie /
    ducis Juliacen. et Monten. ac comitis de
razium 9383
razius ad usum pal. ap. → pannus
reaggravatorius 8869
reaggravo 4374
reago 786
realis 527 2220
realiter 3482 3775
reassumo 7382 7583 8888
reatus 201 234 657 661 720 1051 1447
    1746 1807 2118 3146 3308 3622 3709
    4562 5733 6188 6248 6253 6339 6411

6490 6565 7553 8058 8164 8201–8202
8335 8480 8658 9036 9094 10411
10423 10481   (36 Belege)
rebellio 731 3009
rebellis 619 730 1236 1578 1826 1844
    2030 2347 2444 3548 4566–4567 5912
    6401 7469 7471 8205 10112 10302
                        (19 Belege)
recamatoria 10049
recambium 10092
recedo 106 487 636 786 1051 1172 1355
    1552 1870 1962 2550 2853 3223 3590
    3733 4211 4536 5076 5678 5761 6271
    6282 6337 7486 7490 7740–7741 8658
    8707 8715 8957 9006 9166 9554 9871
                        (35 Belege)
recens 7742 10110
recenseo 10111
recept. 114 132 294 319 340 412 428–429
    530 553 555 687 765 921 1090 1104
    1108 1186 1266 1271 1302 1430 1444
    1605 1635–1636 1643 1654 1701 1753
    1783 1796 1892 2010 2019 2055 2107
    2118 2348 2357 2548 2659 2672 2684
    2689 2713 2723 2740 2745 2792 2862
    2892 2941 3054 3059 3078 3088 3179
    3196 3230 3291 3406 3437 3465 3528
    3610 3772 3860 3922 3983–3984 4011
    4127 4200 4255 4263 4347 4569 4681
    4772 4774 4786 4848 4895 4938 5007
    5045 5067 5282 5432 5454 5496 5504
    5538 5570 5581 5589 5600 5617 5637
    5649 5653 5679 5683 5701 5761 5778
    5793 5920 6049–6050 6054 6117 6160
    6374 6402 6531 6792 6811 6849 6915
    6994 7083 7192 7205 7226 7293 7479
    7552 7558 7606 7842 7848 7852 7888
    7896 7913 7937 7972 8097 8463 8500
    8526 8545 8564 8717 8763 8767 8888
    8902 8949 8985 9015 9096 9187 9194
    9353 9389 9413 9421 9428 9456 9581
    9608 9631 9679 9710 9838 9892 9923
    9930 10047 10053 10089 10091–10092
    10200 10461 10490 10620 (180 Belege)
recept. in com. palatinum palatii Latera-
    nen. 3983
recepto 6672
receptor 720 5326 10091 10432
recip. (1692 Belege)
recip. grad. doct. → lic.
recip. habitum → facult.

recip. mag. in art. → lic.
recip. munus benedictionis → facult.
recip. munus consecr. → facult.
recip. oleum sacrum → lic.
recip. primam tonsuram → lic.
recip. quecumque benef. → lic.
recip. reliquias sanctorum → lic.
recip. sacramentum eucharistie → lic.
recipiendi certos fr. ex ordinibus mendicantium in monach. → facult.
recipiendi → lic. insignia professoratus
  seu mag. theol.
recipiendi novam domum → lic. pro fr. o.
  min. de observ. reg.
recipiendi reliquias → facult. confer. et
recipiendo grad. doct. → relax. ab iuram.
  de n.
recipiunt et artes phisice et cirurgie exercent → cler. laicos in eorum domibus
recisio 1150 6038
recito 921 1796 1920 2374 3125 3215
  4481 7491 9554 9762
reclamo 1578
recludo 2346
reclusorius 1237
recognitio 8962
recognosco 2345 4340 4856 4923 5379
recommendatio 224
recompensa 613 1814 1869 2035 5649
  9003 9787
recompensatio 957 1461 4151 7907 8464
recompense → absol. ab onere
recompensus 5828 7478
reconciliandi → facult.
reconciliatio 2360
reconcilio 571 682 2197 2862 3161 3689
  4535 8457 9742 9945 10031
                              (11 Belege)
recondo 166 1234 1875 2035 2417 7478
  8437 8464 9450
recordor 2349
recreatio 3096
rect.   (1888 Belege)
rect. cancellarie archiducis 9966
rect. par. eccl. → coll.
rectifico 7304 9618
rectoratus 1421
rectoria 390 740 889 1866 2092 2600
  2780 3505 3639 4198 5126 5805 6785
  8037 8107 9431 9862 9940 10346
                              (19 Belege)

rectoria vulg. nunc. → eccl.
rectrix 1190 1237 1615 7545 8454
rectus 2346
recuperatio 186 730 2346 3435 5957 7007
  7321 10224
recupero 619 700 730 1826 1959 1972
  2138 2547 2550 2712 3155 5007 5524
  5538 6158 7186 7742 7815 8697 9045
  9155 9455 9526 10021 10112 10526
                              (26 Belege)
recurro 1044 3076 5461 7810 9595 10169
  10490
recusant → ad eccl. sue debitam obedientiam et iurisd. redire
recusatio 118 127 1239 5161 8473
recuso 117 205 278 372 830 1028 1171
  1234 1539 1593 1679 1685 1701 1732
  1795 1826 2030 2272 2345 2387 2474
  2521 2550 3129 3155 3162 3220 3669
  4003 4031 4620 4640 4947 6673 6935
  7019 7186 7198 7274 7308 7336 7383
  7449 7469 7471 7521 7909 8050 8369
  8446 8734 9066 9262 9272 9330 9527–
  9528 9597 9701 9933 10105 10182
  10193 10336 10607   (65 Belege)
red. 98 203 210 245–246 266 442 556 765
  923 996 1051 1241 1500 1600 1617
  1868 1870 1982 2069 2138 2341 2356
  2894 2973 3104 3129 3721 3892 3897
  3986 4332 4387 4410 4549 4603 4857
  5173 5239 5448 6038 7186 7252 7578
  7696 7761 7815 7868 8133 8451 8510
  8560 8649 9023 9054 9171 9263 9384
  9529 9607 9625 9790 9854 9881 10169
  10257 10373 10505 10607 10625
                              (70 Belege)
red. beneficiorum → [pars separata in fine
  appensa]
reddituarius 3435 7183 10169
reddo 224 431 489 700 730 777 1031
  1314 1707 1865 2107 2138 2377 2548
  3083 3175 3435 4535 4569 5037 7381
  7383 8449 8956 9003 9041 9383 9711
  9982 10097–10098 10169 10336
                              (33 Belege)
redemptio 964 3855 7268 9936
redeo 87 223 242 431 657 679 700 731
  764–765 861 1051 1172–1173 1394
  1893 2049 3337 3474 3728 4091 4766
  5007 5029 5827 6253 6516 6617 6931
  7156 7240 7506 7551 7722 8095 8462
  8761 8863 8868 9045 9166 9203 9258–

9259 9329 9597 9677 10533
(48 Belege)
redigo 996 1732 4038 4536 5697
redimendi → pot.
redimibilis 9742
redimo 2323 2620 3079 3139 3385 8537
9087 9382 9456 9711 10174
(11 Belege)
redire recusant → ad eccl. sue debitam
obedientiam et iurisd.
reducatur → Fiat quod pens. ad 3. partem
reduco 119 169 620 651 730 764 1241
1869 1946 2226 2340 2396 4332 4536
5110 5173 5404 5534 6018 6424 6916
7337 7413 7491 7614 7810 7997 8453
8464 8715 9064 9257 9606 10141
10169 10212 10258 10302 10413
10422 (40 Belege)
reductio 651 654 2226 2413 2623 3813
4254 5110 5703 6891 7067 7705 8390
9369 9733 10505 (16 Belege)
reductio abb. ad obedientiam sed. ap.
5110
redundo 2793
reedificatio 2138 8399
reedifico 528 1240 2025 2921 4473 7139
9033 9064
ref. 87 111 117–119 121 133 135 154
185–186 210 224 260 273 306 359 371
391 471 488 520 529 532 546 564 571
584 614 620 627 636 645 658 672 704
713 717 765 768 774 790 802–803 828
831 833 839 886 889 921 932 979 1014
1030–1031 1068 1131 1152 1196 1202
1206 1233 1236–1238 1241 1243 1252
1258 1265 1312 1331 1448 1578 1626
1641 1659 1674 1693 1698 1715 1732
1737 1750 1814 1826 1851 1865 1867
1869 1871 1909 1912 1927 1931 1945–
1947 1982 1991 2030 2032–2033 2035
2040 2058 2063 2077–2078 2083 2135
2138 2160 2218–2219 2222 2226 2270
2273 2284 2300 2315–2316 2338 2340
2345 2355 2360 2387 2389 2402 2415–
2416 2420 2432 2440 2462 2469 2476
2511 2537 2543 2550 2623 2632 2650
2660 2689 2771 2782 2828 2831 2862
2961 2968 3032 3050–3051 3083 3100
3102 3116 3161 3175 3178 3221 3291
3415 3435 3453 3472 3490 3524 3527–
3528 3556–3557 3582 3594 3602 3610
3627 3670 3684 3692 3699–3700 3718

3728 3748 3799 3825 3827–3828 3848
3876 3948 3954 3968–3969 4011–4012
4019 4028 4036 4084–4085 4119 4126
4166–4167 4245 4280 4283 4318 4320
4329 4336 4407 4414 4434 4458 4465
4476–4478 4487 4519 4535 4546–4547
4549 4551 4569 4574 4576 4710 4763–
4764 4879 4895 4902 4956 4964–4965
4968 4987 5038 5239 5250 5253 5274
5303 5321 5329 5340 5353 5370 5375
5430 5496 5524 5535 5538 5540 5573
5581 5601 5620 5637 5650 5655 5722
5740 5745 5761 5767 5874 5913 5989
6016 6037 6039 6067 6084 6095 6154
6210 6264 6283 6286 6315 6323–6324
6338 6363 6367 6417 6470 6509 6523
6527 6552–6553 6565 6633 6639 6647
6683 6735 6776 6789 6812 6931 6937
6991 6996 7014 7049 7095 7108–7109
7118 7140 7151 7172 7180 7225 7236
7271 7322 7329 7382 7391 7400 7413
7471 7478 7490 7501 7522 7531 7551
7553 7614 7664 7689 7741 7745 7813
7820 7850 7892 7993–7994 8018 8113
8179 8189 8308 8319 8371 8385 8412
8434 8449 8453–8454 8464 8510 8545
8608 8629 8652 8665 8696 8707 8749
8762 8808 8890 8925 8930 8937 9002
9040 9052 9061 9065–9066 9094 9121–
9122 9127 9144 9148 9154–9155 9160
9233 9257 9261 9300 9328–9329 9362
9380 9447 9455 9458 9464 9493 9570
9576 9591 9630 9638 9730–9731 9783
9801 9803 9825 9868 9928 9932 9935
9937 10004 10024 10031 10044 10067
10070 10073 10081 10114 10147
10168 10174 10184 10212 10302
10383 10413 10426 10454 10476
10486 10490 10520 10536 10564
10605 (455 Belege)
ref. conv. iuxta constit. Martinianas →
committ. ministro provincie ut
ref. → facult.
refectorium 934 1707 2083 7276 10504
refer. 52 224 327 471 526 762 1053 1188
1493 1596 1642 1971 2140 2548 2551
2724 2864 3364 3410 3573 3606 3712
3720 3739 3982 4225 4248 4281 4546
4593 4891 4893 4976 5126 5538 5794
5928 6001 6611 6662 6732 7066 7072
7303 7328 7739 7814 8132 8317 8548
8574 8717 9166 9349 9543 9553 9654

9663 9828 9846–9847 9854 10108
10436 10480 10551 (66 Belege)

refer. fam. → abbrev.

refer. secretus → leg. doct., abbrev. pape

referendariatus 2548

referendarius et pape fam. → abbrev.

refero 105–106 119 224 279 431 469 619
731–732 794 920 980 1233 1870 2235
2343 2346–2349 2356 2417 2551 2672
2986 3365 3473 4046 4077 4374 4391
4400 4606 4889 7381 7477–7478 7742
7815 8535 9042 9045 9327 9329–9330
9360 9385 9850 10087 10108 10111
10533 (53 Belege)

reficio 8734 9249

reformator 1176 1626 1946 2035 8510
9155 9711 10267

refreno 7381

refrigesco 528

refugium 296 3176

reg. 7 24 63 87 90 105 110 118 185–186
208 245–246 264 299 315 324 359 405
412 451 528–529 535 546 610 620–621
642 657–658 687 699 720 730 764–765
769 786 789–791 801 813 845 868 872
971 980 997 1029 1045 1076 1170
1173 1176 1189 1233 1235–1237 1250
1252 1615–1616 1698 1708 1722 1732
1737 1739 1757 1783 1788 1790 1814
1826–1827 1867 1870 1875 1894 1909
1946 1948 1956 2030 2063 2079 2110
2138 2152 2156 2160 2213 2217 2226
2284 2297 2322 2340–2345 2364 2389
2396 2415–2416 2419–2420 2436 2440
2446 2549 2623 2688 2712 2771 2797
2830–2831 2862 2910 2947 2959 3036
3071 3076 3100 3223 3268 3323 3330
3385 3393 3435 3454 3488 3525 3542
3576 3624 3631 3699 3772 4009 4013
4019 4028 4031 4035 4037 4073 4085
4209 4293 4378 4398 4407 4413–4414
4424 4479 4547 4569 4628 4726 4912
4923 4933 5196–5197 5404 5436 5461
5573 5770 5806 5809 5901 6002 6105
6237 6355–6356 6602 6639 6744 6806
6813 6931 7069 7152 7171–7172 7240
7301 7328 7388 7400 7404 7410 7413
7471 7477 7488 7490 7493 7522 7527
7622 7677 7696 7782 7802 7814 7835
7860 7916 7937 7951 7997 8018 8076
8081 8163 8284 8417 8453–8454 8456
8460 8462 8478 8535 8557 8571 8747

8942 9035 9049 9065–9066 9068 9096
9142 9154 9169 9227 9257 9328–9329
9540 9552 9589 9591 9595–9596 9609
9633 9641 9710 9721 9733 9798 9807
9850 9867 9909 9923 9936 10096
10103 10141 10174 10177 10214
10246 10266–10267 10303 10373
10413 10422–10423 10427 10432
10490 10605 10609 (293 Belege)

reg. / statutorum de idiomate → derog.
clausule / constit. /

reg. accedere → facult. conc. monach. vel
can.

reg. cancellarie 7 412 699 730 1783 1788
2152 2297 3624 4293 4378 4547 4933
5573 5806 5809 6237 7152 7171–7172
7677 7835 7937 8557 9228 9633
(26 Belege)

reg. cancellarie quoad idioma → n.o.

reg. eccl. → liber

reg. → Fiat in observ.

reg. o.s. Aug. → lic. vivendi sub

reg. observ. → lic. coaptandi

reg. recipiendi novam domum → lic. pro
fr. o. min. de observ.

reg. s. Benedicti → horas can. dicere iuxta

regalis 180 310 608 2219 2356 3130 6293
6445 6720 7535 8064 8267 8462 8656
8843 9045 10067–10069 10184
(20 Belege)

regalis nunc. (100 m. arg.) → abbat. eccl.

regem et imper. in dieta proxime habita
→ condiciones pacis et concordie inter

regem Hungarie → differentia inter R. I.
et

regentibus doct. et mag. d. univ. transferri
fecerunt → principes ius patron. certorum benef.

regi consuevit → mon. quod p. prep. sec.
et abba.

regimen 55 119 246 267 278 280 707 765
773 859 1031 1048 1052 1237 1312
1445 1578 1647 1909 2138 2323 2341
2345 2415 2433 2712 3076 3155 3472
4023 4167 4281 4566 4569 5404 5620
7478 7533 7539 7738 7762 7913 8133
8534 8707 9221 9258 9262 9327 9489
9527 9711 10031 10182 10184 10267
(56 Belege)

regimine destitutus → abb.

regimine mon. amovit → abba. a

regina 732 1237 1325 1355 1795 2684
3528 3544 4206 5458 5860 7469 7552
9011 9099 9450 9595 9648 9940
(19 Belege)
Regine → alt. Regis et
Regine nunc. in eccl. Halberstad. → vicar.
Regis et
regio 106 2323 2342 5732 6291 7477
7522 7540 7839 9033 9070 9388
(12 Belege)
regio Campitelli 5732
regio Parionis 9033
regio Pinee 9070
regio Regule 6291
regio s. Eustachii 7839
regis Bosne medicus → art. et med. doct.
com. pal. ac eques imper. et
regis Dacie consiliarius 2874 3954 9321
9654
Regis et Regine → alt.
Regis et Regine nunc. in eccl. Halberstad.
→ vicar.
regis phisicus et dilectus 6667
regis Hungarie consiliarius 2681
regis illustris dilectus 3359
regis nonnus 5632
regis → patron.
registrator 3525
registri cam. ap. liber 5637
registro 1788 1946 3550 3670 3699 4550
4811 4828 5491 6052 6131 7306 7450
7968 8061 8163 8717 8938 9041 9160
9576 9603 9904 10170 10425
(25 Belege)
registro supplic. script. → abbrev. et in
registro supplic. script. → Pauli II. fam.
aut abbrev. vel in
registro supplic. script. → Pii II. abbrev.
vel in
registro supplic. script. → art. mag. in
registrorum taxatores etc. → abbrev.
script.
registrum 472 983 1132 1240 1659 2256
2494 2511 2779 2891 3153 3525 3632
3692 4186 4218 4361 4376 4527 4568
4618 4731 4812 5340 5403 5409 5637
6001 6016 6271 6545 6651 7500 7505
8073 8352 8368 8393 8474 8608 8717
9065 9526 10067–10069 10089 10607
(48 Belege)
regius 731 1948 8014 10224

regnis nuntius → sed. ap. in regno Dacie
et nonnullis al.
regno 9142
regno Dacie et nonnullis al. regnis nuntius
→ sed. ap. in
regnum 6 205 283 352 371 392 409 431
654 679 700 708 730 732 779 977 1071
1252 1578 1645 1732 1742 2078 2245
2344 2349 2538 2782 2921 2971 3051
3059 3085 3167 3175–3176 3689 3984
4014 4114 4198 4208 4217 4391 4535–
4536 4636 4821 4994 5322 5632 5928
6004 6154 6266 6357 6672 7067 7069
7156 7329 7469 7489–7492 7522 7551–
7553 7656 7677 7802 7998 8044 8110
8368 8372 8631 8651 8697 9041–9042
9058 9255 9309 9330 9347 9388 9466
9469 9473 9479 9545 9586 9742 9890
10082 10087 10091–10095 10098–
10099 10108 10110 10112 10224
10488 10533   (112 Belege)
regnum Boemie → facult. dividendi p.
medium
rego 20 52 119 530 850 880 912 1256
1865 1870 2079 2273 2343 2355–2356
2712 3631 4213 4447 4666 6812 7314
7370 7382 7399 7741 7840–7841 7860
8352 8707 8854 9000 9526 9710 9940
9966 10126 10204   (39 Belege)
regratior 7383
regredior 2254
regressio 30 4167 9806
regressus 190 573 636 742 1784 2254–
2255 2549–2551 3702 3825 4552 4596
6037 6344 7034 7066–7067 7069 7144
7382 7407 7492 7839 8203 8521 8994
9526 9543 9554 9729 9731 10170
10478 10526   (36 Belege)
regulariter 2356
regum al. sutoris vulg. nunc. → benef. ad
alt. Trium
regum in eccl. Colon. → tumba ss. Trium
rehab. 274 412 708 778 781 1366 1431
1703 1971 1994 2093 2163 2177 2377
2396 2452 2635 2793 3047 3116 3475
4572 4663 4677 4921 5219 5304 5347
5440 5643 6283 6465 6640 6671 6811
7198 7231 7769 7900 9611 9776 9947
10098 10480 10524   (45 Belege)
rehab. → absol. et
rehabeo 10098

rei memoriam → ad perp.
reicio 7533 7742 10111
reiectio 9045
Reymheuer vulg. nunc. → preb. Kercho et
reincidentia 4391
Reinstein vulg. nunc. → capn. videlicet
una ad alt. S.Marie virg. in op. Willebach vulg. nunc. et al. ad alt. s. Barbare
in op.
reintegratio 2346
reintegro 4229 4536
reintro 1616 4535
rel. 57 72 245 266 273 690 1168–1169
1174 1528 1739 1941 1953 1956 2086
2269 2550 2620 2928–2929 2964 3020
3268 3709 4021 4074 4085 4281 4482
4569 5860 7521–7522 7537 7551 8825
9384 9605 9817 9850 10267 10320
10472   (43 Belege)
relatio 8 185 190 279 294 372 431 469
543 671 721 731–732 762 794 932
1031 1057 1137 1400 1444 1711 2079
2159 2178 2323 2347 2448 2960 3150
3155 3472 3548 3896 3934 4049 4271
4340 4473 4568–4569 4598 4645 4790
4814 4882 4963 5090 5193 5496 5798
6086 6291 6327 6381 6455 6515 6712
6801 6938 6991 7054 7125 7177 7184
7294 7413 7490 7552 7629 7790 7841
7859 7913 7951 8309 8507 8707 8752
8864 9142 9258 9388 9440 9526 9709
9762 9940 9946 10094 10150 10334
10583   (93 Belege)
relatum 2346
relax. 205 223 352 530 657 761 794 1234
1236 1269 1586 1647 1796 1947 2159
2199 2272 2346 2348 2383 2551 3114
3130 3436 3787 3897 4115 4120 4353
4535–4536 4600 4645 4974 5037 5118
5194 5421 5524 5538 5697 5964 6016
6038 6266 6490 6565 6770 6931 7004
7069 7083 7156 7293 7303 7305 7469
7506 7522 7531 7540 7688 7881 8095
8198 8507 8707 8941 9036 9385 9390
9446 9527 9594 9634 9720 9799 9854
9862 9866 9894 10018 10031 10035
10089 10520   (86 Belege)
relax. ab iuram. de n. recipiendo grad.
doct. 530
relax. → facult.
relax. iuram. → disp. sup.

relego 8510 10618
relevatio 186
relevo 3528 3721 5701 8752 9142
relig. 105 117 141 154 315 352 486 529
727 732 819 930 971 1042 1071 1236
1449 1630 1730 1830 1870 1941 1972
2030 2181 2213 2226 2272 2315 2344–
2345 2396 2415–2416 2437 2501 2619
2658 2684 2712 2762 2835 2845 2856
2858 2864 2980 3038 3076 3323 3335
3375 3473 3631 3854 4037–4038 4046
4201 4340 4389 4411 4413 4421 4423
4447 4536 4548–4549 4586 4659 4687
4758 4957 5007 5118 5455 5496 5548
6393 6397 6470 6553 6754 6931 7102
7276 7330 7382 7413 7432 7458 7471
7497 7527 7540 7815 7881 7950 7952
7954 7978 8010 8093 8131 8210 8270
8424 8461 8747 8947 8988 9011 9096
9193 9218 9227 9276 9388 9407 9446
9528 9616 9741 9818 9909 10065–
10066 10087–10088 10106 10111
10184 10214 10283 10332 10351
10477   (138 Belege)
relig. → vac. p. ingr.
relig. → vacat. p. ingr.
religiosi apud ducem → off. probi et
religiosos et laicos in provincia Gneznen.
→ absol.
relinquo 98 102 127 274 516 528 861 916
1527 1617 1707 1732 2077 2090 2416
2499 2596 2653 2935 3129 3175 3388
3699 3781 4479 5177 6251 6389 7055
7336 7526 7814 7821 7860 7997 8463
8719 9066 9121 9262 9526 9742 9790
10091 10267 10607   (46 Belege)
reliquias ex civit. Colon. transferendi →
lic.
reliquias → facult. confer. et recipiendi
reliquias sanctorum → lic. recip.
reliquie 284 1047 1197 1875 2035 2340
2429 3089 3772 4686 5282 5534 6647
7180 7997 8437 8469 9034 9156 9450
9552 9711 9932 9935 10215
                               (25 Belege)
reliquie de Sepulcro dominico 6647
reliquie s. Crucis 7180
reliquie s. Laurentii 9711
reliquie s. Sebastiani 1875
reliquie s. Theodori alienavit 2429
reliquie s. Truperti 8437

reliquie s. Walpurgis et b. Marie virg. et s. Crucis 5282

reliquie ss. 12 Appl. 9932

reliquie ss. Ursi et eius sociorum 9450

reliquit → card. in testamento hospitali omnes suos libros et 5.000 fl. renen. pro sustentatione 20 scol. pauperum in partibus Alemannie Inferioris

reliquus 217 353 426 508 1235 1307 1814 1865 1961 2136 2341 2348 2448 2645 3033 3100 3600 3684 6502 6876 7059 7542 7582 7815 8076 8463 8490 8545 9122 9328 9383 9388 9606 9940 10110 (35 Belege)

rem. 127 166 262 610 617 620 641 688 785 794 880 996 1040 1230 1240–1241 1365 1618 1626 1647 1657 1757 1788 2049 2342–2343 2796 3817 4132 4151 4287 4289 4644 4941–4942 4963 4989 5349 5461 5485 5531 5720 6016 6194 6250 6327 6677 6762 6827 6966 7059 7083 7125 7297 7328 7481 7492 7522 7540 7552 7781 7858 7860 7866 7998 8004 8462 8488 8534 8552 9036 9041 9433 9444 9457–9458 9544 9594 9922 10407 10584 10617 (82 Belege)

rem. → indulg. et

rem. plen. 127 166 262 610 617 620 688 785 794 880 1040 1230 1240–1241 1365 1618 1647 1657 1757 2049 2343 4132 4287 4289 4941–4942 4989 5349 5461 5485 5531 5720 6016 6827 6966 7083 7328 7492 7522 7540 7781 7858 7860 7866 7998 8462 8488 8534 8552 9036 9041 9433 9444 9457–9458 9594 9922 10407 10584 10617 (60 Belege)

remando 7324

remaneo 102 118 246 573 636 651 932 971 1241 1303 1352 1372 1616 1824 2025 2106 2138 2291 2346 2349 2641 2712 2941 3076 3144 3436 3583 3689 4227 4628 4753 4815 5389 5503 5815 5848 5865 6003 6039 6183 6301 6523 6708 6894 6922 6956 7404 7486 7492 7504 7567 7748 7758 7792 8707 8719 8957 9011 9045 9094 9379 9553 9555 9881 10069 10075 10112 10170 10214 10224 (70 Belege)

remedio medicine abire → abbat. pro

remedium 352 526 3043 3176 3385 4536 7486 7815 10109

remeo 732

remigo 732

reminiscor 3176

remitto 8 117 273 543 613 1746 2021 2323 2389 2507 2522 2745 3102 3699 3906 4085 4164 4211 4598 5196 5537 5744 6379 7125 7305 7328 7490 8407 9258 9328 9330 9528 9742 10071 10087 10091 10109 (37 Belege)

removeo 166 273 689 1772 1893 2342 3337 4034 5317 9122 9182 9285 (12 Belege)

renen. (1333 Belege)

renen. → valor fruct. / red. beneficiorum [pars separata in fine appensa]

Reneverhoeff vulg. nunc. → capel. s. Cristofori

Reni / ducis Bavarie consiliarius → com. palatini

Reni inter Coloniam et mon. Tuicien. → transferatio in flumine

renitor 9383

Reno → fl. auri de

renovatio 641 2474

renovo 1868 3116 6673 8490

renuntiatio 26 2105 3035 3462 8300

renuntio 273 547 765 1738 1840 1868 2105–2106 2541 3009 3035 3399 3462 3525 5517 6143 6805 7383 8300 8640 8688 (21 Belege)

reor 372 451 731–732 9258 9456

reparatio 658 693 880 2218–2220 2348 2935 3104 3848 4076 6246 7328 8460 8466 8894 9033 9072 9171 9444–9445 9832 10049 10074 10088 10132 (26 Belege)

reparatura 488 9602

reparo 700 1732 1867 1946 2220 2547 2690 3772 4282 7479 7993 9090 9171 9249 9510 (15 Belege)

repello 2415 5321 7815 8335 10111 10523

repentinus 7059

reperio 105 429 469 985 1445 1615 1807 2105 2220 2270 3175 3771 4213 4473 4529 5503 5697 5986 6455 7231 7500–7501 7551 8073 8545 9096 9292 9450 10110 10144 10245 10362 10403 (33 Belege)

repetitio 190

repeto 2793 10110

repleo 1660

repono 352 619 1073 1527 3220 8449
9732–9733 9935

reporto 284 411 529 636 960 1163 1299
1528 1567 1678 2689 2928 3009 4304
4473 4636 4784 4880 5545 5762 6266
7109 7324 7381 7391 7533 7583 7850
7954 8182 8371 8440 8606 8707 8717
8802 8889 9128 9451 9526 9566 9620
9709 9777 9812 9824 9970 10070
10526   (49 Belege)

repositio 1739 2415

repositorium Corporis Domini 9742

reprehendo 10108

represento 274 932 1449 3599 5171 5173
7689 9270

repressalie 1726

reprimo 2346 4391

repudio 6516

repulsio 880

reputatio 1044

reputo 63 134 1846 2078 2270 2631 3162
3381 5340 6016 7352 9940 (12 Belege)

requestus 4848

requies 992

requiesco 2052 8789 9935

requiro 105 118 223 488 525 584 620 731
794 932 1137 1201 1234 1947 1972
2046 2118 2392–2393 3548 3914 4391
4551 4666 4946 5662 5730 5881 6160
6389 6417 6801 7236 7330 7470 7491
7851 9330 9383 9527 9710 9936
                         (42 Belege)

requisitio 106 431 635 794 1947 2346
2916 4552 7814 8507 9330 9526 10320
                         (13 Belege)

resarcio 794

rescindo 1150

rescribendarius 3525

rescribo 2343 2356 9799

reserv. 8 12–13 31 42 63 68 94 103 111
117 127 131–132 149 151 154 156 185
202 224 230 265–266 285 294 296 326
328–329 339 353 372 412 423 426 431
471–472 474 485 487 516 518–520 539
548 559 573 581–582 613 620 636 651
654 672 700 716 730 762 765 774 781
790 801–802 816 828 835 840 844 858
862 872 880 917 921 932 991 1009
1028–1029 1031 1033 1044 1049 1067
1071 1128 1152 1169 1182 1194 1198
1225 1233–1235 1237 1240 1249 1275

1290 1312 1327 1331 1341 1345 1385
1400 1424 1443–1444 1452 1494 1497
1500 1503 1508 1527 1547 1553 1559
1564 1582 1615 1627 1645 1673–1674
1704 1732 1746 1749 1767 1780 1789
1793 1799 1814 1842 1844 1851 1868–
1869 1871 1879 1917 1925 1945 1949
1977 1981 1987 2008 2010 2012 2032–
2033 2044 2055 2069 2077 2082 2105–
2106 2108 2160 2229 2254–2255 2264
2270 2273–2274 2285 2318 2334 2341
2343 2349 2354–2355 2372 2389–2390
2392 2413 2415 2417 2434–2435 2440
2442 2470 2506 2519 2530 2533 2543
2572 2605 2616 2625 2627 2631 2684
2703 2709 2711 2744 2782 2791 2807
2828 2843 2845 2858 2862 2864 2878
2916 2937 2945 2960 2985–2986 3009
3016 3030 3035 3041 3054 3090 3130
3148 3150 3171 3179 3191 3209 3216
3221 3226 3247 3261 3270 3302 3309
3410 3415 3472 3504 3508 3525–3526
3542 3548 3554 3556 3566 3580 3583
3594 3619 3628 3631 3671 3684 3692
3694 3699 3719 3722 3742 3772 3780
3782 3808 3813 3825 3832 3844 3897
3921–3922 3926 3934 3948 3956 3969
4011 4013 4024 4031 4049 4057 4064
4066–4067 4074 4079 4123 4167 4178
4213 4224–4225 4254–4255 4271 4291
4295 4304 4340 4344 4361 4379 4395
4399 4410 4415 4421 4424 4437 4449
4476–4477 4507 4521–4522 4535–4536
4552 4567 4596 4598 4604 4669 4682
4699 4721 4776 4781 4796 4811 4821
4846 4920 4937 4956 4958 4960 4962
4984 5010 5033 5072 5125 5155 5174
5181 5185 5251 5344 5348 5381 5430
5496 5505 5511 5522 5532 5534–5535
5538 5556 5570 5604 5606 5622 5636–
5637 5648 5662 5669 5674 5705 5714
5726 5745 5748 5801 5813 5821 5833
5844 5854 5873 5904 5916 5921 5924
5968 5972 6012 6016 6037–6038 6057
6100 6108 6124–6125 6158 6160 6165
6259 6263 6295 6300 6323 6332 6337
6389 6447 6481 6503 6515 6547 6655
6664 6694 6720 6735 6786 6793 6801
6812 6820 6830 6850 6854 6862 6881
6891 6914 6921 6938 6941 6991 6994
7007 7034 7039–7040 7052 7061 7069
7082–7083 7100 7103 7117 7132 7140

7171 7187 7217 7244 7252 7308 7312
7321 7323 7328 7352 7381 7383 7444
7450 7455 7490 7492 7504 7522 7533
7540 7552–7553 7607 7674 7736 7740–
7741 7791 7807 7812 7814 7837 7841
7851 7856 7859–7861 7868 7898 7907
7912 7928–7929 7931 7951 7955 7962
7982–7983 7990 7994 8001 8020 8061
8064 8081 8121 8132 8142 8164 8192
8238 8265 8277 8279 8308 8345 8352
8363 8368 8407 8440 8463–8464 8491
8521 8536 8538 8547 8550 8578 8580
8584 8607 8650 8665 8688 8701 8703–
8704 8715–8716 8723 8726 8790 8813–
8814 8828 8869 8880 8915 8923 8994
8998 9003 9030 9036 9040–9041 9046
9049 9062 9065 9067 9081 9085 9164
9185 9187 9193 9198 9214 9220 9257
9286 9291 9299 9337 9354 9357 9368–
9369 9434 9440 9455–9456 9526 9543
9552 9555 9560 9582 9604 9607 9628
9631 9636 9644 9670 9678 9690 9727
9729–9730 9733 9805–9806 9824–9825
9832 9853 9859 9866 9879 9887 9923
9928 9932–9933 9936–9937 9940 9947
9957 9982 9992 10012 10025 10031
10064–10065 10071 10074 10096
10120 10134 10147 10161 10175–
10176 10180 10208 10213 10225
10232 10240 10250 10257 10278–
10279 10306 10311 10339 10344–
10345 10367 10374 10382–10383
10387–10388 10402 10406 10441
10451 10453 10459 10466 10479
10482 10484 10486 10520 10531
10536–10537 10561 10567 10583
10587 10601 10612 10621–10624
(707 Belege)

reserv. 6 can. et preb. pro doct. vel licent.
in theol. vel iur. 1234

reserv. → abb. mon.

reserv. → absol. a peccatis etiam locorum
ordinariis

reserv. → absol. etiam in casibus

reserv. → absol. in casibus

reserv. → absol. in casibus locorum ordinariis

reserv. → absol. in casibus n.

reserv. → absol. parochianos ab omnibus
peccatis exceptis sed. ap.

reserv. quarta parte par. eccl. → Fiat ut
petitur

reservata pens. pro [Raphaeli Riario] tit. s.
Georgii [ad velum aureum] card. →
Fiat

reservationum quoque facultatum et nominationum quibuscumque personis
concessarum inquantum inter R. E. et
nationem Germanicam interveniente
Friderico tunc R. R. nunc vero imperatore concordatis preiudicant → revocatio omnium gr. expectativarum

reservatis alternatis mensibus → vac. ap.
sed. n.

resid. 24 29 35 70 79 83 119 124 133 138
167 193 198 201 222 234 246 264 268
274 286 294 317 325 329 357 366 393
436 517 536 547 554 564 571 581 584
598 619 655 657–658 693 730 741 744
762 799 807 815 834 854 860–861 863
877 917 932 941 1002 1025 1028 1031–
1032 1034–1035 1062 1065 1090 1100
1119 1195 1201 1204 1238–1239 1241
1249 1255–1256 1269 1348 1358 1373
1470 1491 1559 1586 1609 1626 1664
1682 1732 1737 1764 1782 1784 1793
1807 1841–1842 1845 1865 1870 1893
1912 1921 1941 1943 1959 1968 1989–
1990 2010 2025 2033 2040 2066 2080
2101 2103–2105 2113 2118 2120 2134
2149 2158 2213 2288 2304 2322 2355
2374 2379 2386 2389 2396 2402 2406
2417 2433 2440 2442 2444 2448 2462–
2463 2492 2508 2535 2548 2551 2605
2623 2671 2689 2692 2730 2756 2769
2773 2781 2792 2794 2797 2825 2845
2853 2879 2902 2910 2929 2940 2974
2985 3012 3049 3085 3096 3100 3102
3108 3125 3131 3149 3155 3162 3166
3186 3232 3337 3357 3364 3370 3431–
3432 3439 3454 3467 3472 3474–3475
3503 3514 3542 3547 3569 3571 3587
3590 3595 3610 3612 3624 3657 3683
3691–3692 3695 3720 3722 3747 3771
3788 3792 3799 3814 3837 3846 3905–
3906 3917 3922 3924 3934 3956 3993
4041 4047 4063 4067 4105 4160 4210
4225 4265 4273 4281 4283–4284 4289
4319 4325 4396 4405–4406 4411 4425
4455–4456 4476–4477 4490 4509 4525
4549 4564 4566 4568–4569 4584 4614
4616 4618 4637 4659 4664 4673 4677–
4678 4687–4688 4698 4718 4749 4768
4782 4795 4821 4847 4892–4893 4900

4928 4946 4956 4966 4979 4987 5014
5035 5037 5039 5045 5051 5068 5072
5098 5110 5121 5126 5130 5133 5153
5166 5177 5180 5191 5215 5222–5223
5233 5245 5254 5270 5291 5296 5317
5328 5413 5419 5438 5447 5469 5480
5486 5506 5524 5534 5548 5560 5563
5587 5604 5609 5617–5618 5629 5637
5652–5653 5655 5673 5679 5685–5686
5700–5701 5711 5713 5716 5729 5776
5778 5801 5816 5834 5864 5869 5873
5913 5915 5921 5943 5947 5964 5972
5979 5984–5985 5994 6051 6054–6055
6059 6079 6088 6123 6144 6168 6184
6198 6215 6266 6274–6275 6298 6303
6324 6342 6374 6385 6399 6407 6417
6447 6454 6457 6459 6462 6467 6488
6497 6503 6507 6518 6534 6544 6553
6582 6584 6607 6626 6634 6638 6653
6659 6665 6688 6732 6739 6779 6782
6787 6789 6798 6801 6812 6829 6845
6886 6891 6936 6938 6943 6972 6982
6985 7007 7019 7029 7037 7049 7068
7083–7084 7094 7144 7160 7167 7178
7198 7236 7240 7255 7271 7321 7332
7376 7389 7405 7421 7433 7444 7449
7497 7522 7540 7575 7580 7616 7642
7710 7718 7721 7745 7752 7760 7764
7776 7814 7851 7853 7875 7913 7953
7970 7988 7999 8046 8066 8075 8084
8095 8099 8124–8125 8132 8167 8180
8183 8195 8218 8286 8311 8314 8345
8348 8354 8360 8389 8426 8438 8440–
8441 8462 8477 8487 8579 8607 8614–
8615 8690 8704 8799 8818 8868 8874
8884 8888 8910 8935 8937–8938 9002
9052 9066 9074 9090–9091 9128 9139
9148 9166 9187 9199 9218 9224 9231
9233 9279 9316 9327 9369 9427 9455
9457 9473 9492 9501 9527 9545 9552
9554 9557 9566 9569 9576 9582 9591
9611 9658 9681 9718 9720 9748 9758
9771 9787 9833 9870 9925 9933 9937
9945 9957 9982 9984 9987 9991 10018
10073 10075 10132 10135 10169
10184 10233 10271 10346 10364
10367 10380 10393 10398 10403
10430 10449 10453 10480 10482
10486 10490 10497 10510 10517
10519–10520 10537 10586 10605
10622   (634 Belege)

resid. → disp. de n.
resid. → lic. n.
residuus 8 43 128 223 294 371 443 520
   532 543 640 708 957 1194 1233 1445
   1746 1874 1916 2473 2499 2573 2792
   2796 2941 3083 3111 3583 3699 3722
   3775 3813 3896 4151 4164 4190 4225
   4645 4814 4848 4944 5063 5154 5489
   5637 5732 5745 5794 5897 5929 6037
   6082 6194 6265 6327 6516 6762 6801
   6850 6938 7125 7328 7478 7492–7493
   7498 7552–7553 7620 7638 7796 7911
   8407 8466 8864 8929 9255 9394 9427
   9458 9526 9544 9552 9867 9947 10056
   10091–10092 10170 10267 10382
   10481 10492 10609   (94 Belege)
resign.   (3046 Belege)
resign. abbat. 7544
resign. → abbrev. nunc
resign. → adm.
resign. admissa n. fuit 2312
resign. extra cur. 96 282 419 485 516 820
   956 1067 2038 2738 2806 2838 3066
   3179 3563 3643 4031 4815 5907 6051
   6100 6144 6951 7080 7357 7375 8962
   9016 9427 9712 9754 9873 10001
   10306 10442   (35 Belege)
resign. → facult.
resign. → Fiat quatenus n. sit
resign. in manibus … → in manibus …
resign. → lic.
resign. seu n. prom. → vacat. p.
resign. → vac. p.o. seu p.
resign. → vacat. p.
resign. vel p.o. in cur. → vac. p.
resistendi → pot.
resisto 1615 2078 2349 4038 7321 7337
   9388 9526 9528 10098
resortio 185
respectus 2346 2507 3897 5503 9854
   10092
respicio 7382 8545
respondeo 352–353 731–732 830 960 993
   1051 2040 2159 2199 2219 2347 2349
   2434 3129 3176 4784 6446–6447 7019
   7236 7329 7337 7381–7382 7469 7491
   7815 8413 8545 8688 9050 9105 9327
   9457 9528 9932 9935–9936 10096
   10108 10110–10111 10467 (45 Belege)
responsio 106 190 310 431 731 2349 2500
   3548 4569 6189 7815 7867 8186 8300
   9096 9330 9940 9982 10110 10493
            (20 Belege)

responsionem libelli excom. exist. →
  ob n.
restauratio 1240–1241 8449 8464
restauro 2138 8545 9618
restit. 7–8 18 30 50 55 96 117 119 128
131 133–134 154 163 190 205 207 222
224 235 254 264 266 270 274 286 288
292 327 337 351–352 361 374 381 405
408 417 426 431 436 471 483 485 497
502 522 527–529 559 569 602 610 619–
620 628 651 654 658 661 704 709 732
736 739 741–742 762–763 765 777 790
794 796 843–844 862–863 880 900 934
964 979 992–993 1003 1028 1030–1031
1044 1067 1148 1150 1154 1157 1196
1202 1234 1243 1246 1284 1324 1391
1397 1431 1461 1466 1485–1486 1506
1510 1518 1525–1526 1570 1586 1599
1673 1739 1783–1784 1795 1798 1801
1804 1809 1820 1827 1841 1843 1846
1868–1869 1874 1885 1901 1911–1912
1926 1930 1945–1946 1968–1969
1991–1992 1996 2000 2008 2024 2030
2058 2078–2079 2089 2104 2108 2111
2118–2119 2126 2197 2212 2249 2254–
2255 2272 2275 2316 2320 2323 2334
2338 2340 2342–2343 2347 2360 2364
2372 2381 2389 2393–2394 2404 2413
2415–2417 2432 2434 2463 2470–2471
2478 2513 2521–2522 2533 2535 2538
2551 2562 2573 2576–2577 2609 2620
2635 2643 2657 2660 2670 2684 2687
2689–2690 2713 2733 2740 2763 2781
2792 2794 2804–2805 2817 2833 2855
2862 2880 2892 2913 2943 2963 2973
2986 2995 3037 3047 3078 3087 3102
3109 3119 3125 3129–3130 3148 3155
3162 3165 3179 3181 3190 3209 3218
3220 3226 3236 3256–3257 3285 3341
3346 3355 3364 3376 3380 3392 3403
3454 3458 3480 3504 3506 3516 3527
3557 3576 3583 3592 3619 3624 3627
3630 3642–3643 3660 3670–3671 3684
3699–3700 3716 3719 3729 3732 3736
3762 3772 3801 3807 3816–3817 3876
3896–3897 3922 3945 3968 4013 4071
4084 4142 4167 4178 4183 4208 4227
4255 4290 4327 4389 4402 4415 4437
4440 4485 4502 4518 4522 4528 4536
4547–4548 4569 4596 4598 4669 4695
4711 4719 4754 4763 4780 4784–4785
4792–4793 4796 4882 4898 4907 4922–

4923 4931 4937 4956 4960–4962 4966
4986 5019 5037 5042 5045 5052 5126
5130 5136 5154–5155 5160 5195 5202
5217 5265 5282–5284 5286 5302 5315
5320 5322 5353 5360 5381 5403 5407
5420 5425 5436–5437 5447 5449 5460–
5461 5470 5480 5490–5492 5524 5530
5532 5534–5536 5538 5549 5570 5599
5601 5621 5636–5637 5650 5653–5655
5660 5666 5669 5674 5676 5698 5725–
5726 5732 5740 5755 5761 5767 5793
5798 5801 5819 5821 5827–5828 5830
5847–5848 5854 5871 5873 5881 5891
5897 5903 5908 5910 5916 5924 5929
5951 5964 5985–5986 5989 6000 6018
6037–6039 6045 6052 6058–6060 6082
6087 6101 6108 6123–6125 6143–6144
6162 6165 6172 6219 6238 6253 6264
6295 6297 6323 6328 6337–6338 6384
6389 6436 6446–6447 6471 6505 6516
6544 6559 6561 6565 6590 6674 6697
6700 6710 6712 6720 6732 6789 6792
6801 6839 6848 6861 6863 6916 6945
7000 7034 7049 7056 7066 7072 7114
7126 7128 7144 7173 7206 7222–7223
7233 7241 7257 7266 7290 7303–7306
7381 7426 7434 7450 7455 7466 7469–
7470 7478 7491 7493 7501 7504 7506
7513 7521 7533 7541 7545 7551 7558
7615 7617 7671 7674 7688 7696 7705
7736 7762 7767 7769 7801 7814–7815
7830 7840 7847 7853–7854 7856 7860
7940 7978 7994 8000 8002 8007 8061
8076 8103 8132 8163 8179 8181 8186
8193 8204–8205 8248 8312 8316 8323
8360 8368 8388 8430 8463 8474 8516
8534–8536 8545–8546 8618 8663 8688
8698 8715 8717–8718 8726 8746 8763
8766 8802 8854 8868–8869 8875 8923
8938 8941 8956 8976 8994 9003 9041
9048–9049 9057 9060 9065 9085 9091
9096 9103 9120 9124 9126 9142 9145
9160 9185 9197 9205 9214 9218 9231
9257 9262 9286 9300 9322 9327 9336
9357 9399 9423 9457 9488 9527–9528
9552 9554 9576 9584 9603 9618 9634
9670 9684 9689 9709 9731–9732 9751
9777 9785 9801 9811 9814–9815 9821
9832 9839 9860 9898 9901 9903–9904
9920 9935–9936 9947 9971 9982
10015 10017 10025 10031 10038
10041 10047–10049 10071 10074

10093–10094 10099 10110 10114
10169–10170 10208 10245 10251
10259 10279 10318 10323 10383
10386 10414 10434 10441 10451
10462 10478 10490 10505–10506
10519 10546–10547 10591 10605
10619   (759 Belege)

restit. → absol. et

resto 2138 3175 3548 7493 8761 9456
10099

restrictio 127

restrictus 794

resurrectio 2218

retardo 4208 7761

retentio 1057 4396 4598 4814 5090 6016

retin. 44 55 71 124 134 185 188 193 201
206 212–213 222 257 292 299 323 338
352–353 367 375 425 444 461 467 471
487 489 514 518 536 544 562 564 596
625 654 657 667 672 718 730 741 761
765 774 800 824 831 834 840 844 850
897 900 917 921 932 957 959 1014
1022 1028 1031 1064 1083 1116 1121–
1122 1138 1181 1194 1201 1232 1253
1256 1260 1266 1269 1279 1314 1331
1343 1387 1400 1409 1414 1425 1430
1443–1445 1447 1449 1485 1501 1505
1567 1586 1599–1600 1644 1659 1672–
1673 1703 1742 1744 1778 1788 1790
1842–1843 1846 1889 1936 1963 1982
1994 2024–2025 2037–2038 2043
2055–2056 2094 2099 2104 2109–2110
2149 2175 2193 2197 2199 2231 2242
2255 2267 2281 2288 2304 2346 2349
2357 2364 2369 2379 2388 2392 2399
2408 2436 2440 2462–2463 2485 2491
2506 2511 2546 2551 2559 2601 2620
2622 2631–2633 2638 2648 2650 2662
2665 2670 2676 2687 2689 2696 2729
2737 2762 2769 2773 2776 2789–2790
2792 2794 2799 2847 2855 2882 2902
2913 2926 2967 3007 3012 3047 3065
3083 3111 3127 3143 3146 3163 3175
3183 3191 3215 3232 3246 3250 3258
3297 3306 3312 3383 3392 3408 3410
3414 3419 3424 3431 3436 3451 3455
3472 3488 3498–3499 3511 3556 3559
3574 3576 3581 3587 3597 3604 3624
3632 3691–3692 3699–3700 3705–3706
3719 3785 3788 3795 3806 3817 3823
3830 3832 3843 3855 3874–3875 3884
3896 3899 3915 3922 3941 3969 3978

3991 4004 4011 4108 4167 4255 4270
4280 4284 4306 4313 4329 4337 4365
4377 4403 4406 4466 4473 4477 4513
4516 4533 4547 4549 4573 4606 4649
4669 4673 4677 4703 4706 4726 4752
4774 4781 4785 4796 4814 4884 4887
4917 4976 4987 5009 5042 5090 5105
5110 5123 5187 5194 5219 5225–5227
5234 5242 5286 5291 5303 5308 5313
5340 5347 5353 5366 5377–5378 5392
5398 5407 5418 5476 5491 5523–5524
5532–5533 5596 5600 5636 5653 5714
5716 5726 5730 5744 5751 5754 5761–
5763 5801 5819 5840 5878 5881 5911
5919–5920 5924 5932 5935 5960–5961
5975 6037 6039 6051 6090 6093–6094
6130 6154 6167 6176 6193 6210 6233
6242 6247 6253 6265 6274 6283 6296
6338 6412 6414 6429 6434 6442 6445
6479 6486 6503 6513 6523 6527 6534
6544 6551 6565 6574 6607 6630 6655–
6656 6671 6730 6732 6736 6739 6744
6772 6789 6791 6810–6812 6822 6854
6859 6889 6915 6938 6970 7002 7008
7022 7065 7067 7069 7081 7084 7088
7117 7125 7136 7147 7161 7165 7182
7191 7205 7223 7240 7246 7272 7289
7315 7341 7352 7354–7355 7385 7399–
7400 7402 7434 7500 7513 7552 7560
7608 7614 7617 7678 7721 7733 7736
7749 7752 7778 7797 7848 7850–7851
7911 7937 7951 7968 7975 8013 8020
8055–8056 8063 8073 8110 8122 8125
8132 8154 8168 8179 8198 8270 8299
8335–8336 8344 8360 8362 8428 8463
8498 8503 8532 8536 8550 8556 8559
8567–8568 8588 8603 8640 8664–8665
8678 8707 8718 8752 8762 8775 8796
8864 8874 8906 8914–8915 8962 8973–
8974 8993 9001 9004 9012 9062 9073
9075 9088 9091 9098 9134 9137 9142
9162 9250 9254 9273 9286 9313 9328
9339 9350 9355 9363 9365 9368 9379
9382 9388 9409 9437 9484 9511 9525
9543 9552 9576 9579 9600 9627 9637
9658 9668 9730 9733–9734 9743 9763
9806 9828 9878 9890 9898 9903 9928
9947 9982 10004 10018 10041 10061
10063 10098 10131 10155 10217
10250 10278–10279 10285 10297
10312 10316 10321 10344 10353
10367 10381 10388 10393 10405

10411 10423 10450–10451 10453
10455 10466 10479 10481 10501
10519–10520 10551 10610 10613
10622 (647 Belege)
retraho 2049 7321 7531 10490
retroago 270 610 1854 3798 8269 9121
9589 9804 9932
retrocedo 732
retrolabor 779
retroscribo 3129
retrotraho 7391
reus 17 36 82 98 131 161 367–368 393
419–420 425–426 546 564 570 573 575
643 653 656 704 709 717 728 737 775
800 804 807 852 859 861 876 890 917
930 957 1006 1015 1025 1090 1132
1135 1277 1304 1352 1360 1377 1417
1649 1672 1674 1781 1817 1824 1840
1843 1898 1912 1923 1938 2007 2025
2032 2045 2056 2149 2189 2226 2251
2275 2315 2321 2458 2523 2528 2548
2577 2609 2713 2781 2793–2794 2855
2884 2892 2901 2940 3005 3030 3035
3059 3085 3088 3157 3190 3209 3221
3226 3244 3269 3290 3295 3301 3399
3459 3478 3511 3526 3528 3542 3553
3592 3691–3692 3711 3713 3717 3722
3782 3811 3837 3874 3876–3877 3881
3889 3947 3951 3954 3978 3992 4015
4036 4203 4231 4253 4255 4260 4270
4304 4307 4319 4361 4365 4403 4475–
4476 4538 4548 4596 4618 4731 4763
4781 4785 4792 4796 4803 4815 4828
4853 4877–4878 4891–4892 4902 4957
4961–4962 4976 5001 5092 5111 5117
5126 5154 5160 5194 5222 5266 5282
5299 5348 5370 5375 5403 5527 5548
5556 5570 5600 5606 5624 5640 5666
5674 5682 5726 5737 5801 5817 5819
5828 5858 5875 5878 5919 5936 5955
5972 5980 6064 6079 6090 6093 6144
6156 6231 6237 6338 6372 6414 6433
6514 6524 6547 6670 6701 6732 6741
6761 6811 6884 6916 6940 6996 7003
7018 7088 7150 7202 7244 7283 7290
7323 7343 7349 7351 7377 7446 7536
7567 7619 7627 7630 7683 7725 7736
7747 7760 7774 7788 7808 7826 7849
7867 7934 7952–7955 7963 7975 8000
8010 8025 8052 8060 8067 8110 8130
8154 8179 8210 8259 8316 8345 8353
8360 8368 8423 8425 8503 8515 8555

8578 8597 8606 8608 8635 8651 8677
8812 8826 8828 8836 8914 8923 8976
9054 9091 9218 9227 9286 9343 9399
9412 9418 9466 9546 9615 9631 9700
9714 9732 9734 9771 9787 9808 9819
9824 9832 9847 9868 9897 9916 9976
10069 10217 10250–10252 10261
10279 10285 10345 10357 10378
10388 10411 10466 10493 10520
10523 10543 10546 10564 10585
10589 (361 Belege)
reval. 7 35–36 69 195 306 329 337–338
381 421 564 571 621 667 673 717 803
857 860 889 917 930 942 1025 1029
1065–1066 1089 1113 1135 1159 1165
1283 1303 1414 1533 1637 1643 1678
1807 1840 1844–1846 1936 1976 2056
2099 2105 2107 2111–2112 2119 2156
2183 2225 2358 2373–2374 2440 2624
2670 2687 2689 2729 2779 2805 2874
2907 2936 2990 3035 3153 3190 3208
3227 3350 3352 3453–3454 3524 3544
3547–3548 3556 3640 3648–3649 3691
3712 3782 3917 3975 4151 4281 4339
4476 4548–4549 4551 4596 4659 4726
4763 4781 4796 4852 4874 4880 4891
4893 4956–4957 4969 5001 5051 5063
5130 5154 5217 5270 5375 5381 5388
5403 5463 5578–5579 5629 5648 5654
5693 5726 5731 5745 5761 5906 5917
5972 5983 6000 6038–6039 6049 6055–
6056 6058–6059 6079 6180 6244 6251
6257 6396 6513 6545 6625 6633 6732
6813 6873 6911 7049 7081 7109 7133
7148 7166 7305 7498 7738 7798 7886
7903 7929 7970 7982 8033 8057 8072
8203 8308 8316–8317 8371 8441 8503
8579 8588 8606 8661 8675 8703 8717
8778 8884 8937 8942 9128 9197 9286
9342 9368 9466 9511 9621 9627 9668
9740 9750 9824–9825 9828 9846–9847
9878 9898 10036 10250–10252 10345
10380 10435 10481 10493 (227 Belege)
Reval. → Jackenbeck preb. in eccl.
Reval. vulg. nunc. preb. Jackenbecke →
preb. eccl.
revalido 10251
reverentia 2945 3176 5110 8688 9597
10108
reversio 3162 7471
reversionis ad obedientiam → absol. in
casu

revertor 731–732 2138 3060 3162 4389
  4529 4666 7382 7583 7962 8817 9122
  9597   (14 Belege)
revideo 489 700 1314 1874 5074
revocandi procur. irrevocabilem → pot.
revocatio 26 69 127 224 240 254 274 803
  932 1029 1205 1233 1586 1739 1826
  1972 2256 2346 2413 2440 2548 2916
  3225 4596 4783 4974 5912 6038 6143
  7067 7102 7236 7329–7330 7382 7815
  8368 8463 8688 8802 9618 10075
  10108 10170   (44 Belege)
revocatio facult. collect. fruct. cam. ap.
  10108
revocatio facult. nunt., commissariis et collect. conc. 224
revocatio indulg. Rhodionarum 7102
revocatio iur. patron. 2256
revocatio omnium facult. eisdem nuntiis et
  commissariis concessarum 4783
revocatio omnium gr. expectativarum reservationum quoque facultatum et nominationum quibuscumque personis
  concessarum inquantum inter R. E. et
  nationem Germanicam interveniente
  Friderico tunc R. R. nunc vero imperatore concordatis preiudicant 2916
revocationem suspensa fuit → indulg.
  propter
revocatorius 4958
revoco 69 119 154 224 230 273 971 998
  1029 1068 1236 1354 1626 1739 1788
  1801 1946 1972 2035 2049 2079 2118
  2323 2341 2440 2550 2781 3114 3176
  3435 3683 3946 4085 4353 4536 4678
  4958 5538 5881 6038 7102 7296 7321
  7382–7383 7391 7551 7815 8448 8463
  8510 8535 8697 8700 9040 9044 9257
  9329 9732–9733 10074–10075 10109
  10169 10373 10422 10441 (67 Belege)
rex 6–7 18 29 105 111 117 131 138 148
  186 190 205 214 223–224 232 239 293
  312 335 352–353 368 375 381 393 395
  410 525–526 582 591 617 633 671 694
  708 731–732 779 783 790 865 880 987
  1005 1007 1050 1071 1096 1190 1329
  1414 1444 1465 1491 1520 1535 1571
  1578 1594 1652 1677 1707 1737 1742
  1779 1801 1841–1842 1875 1882 1947
  1994 2040 2069 2078 2135 2138 2219
  2232 2268 2315–2316 2329 2334 2340
  2342–2347 2349 2356 2371 2385 2395

2424 2488 2506 2538–2539 2681 2684
2724 2743 2831 2834 2852–2853 2864
2874 2916 2926 2945 2964 2971 3051
3059 3083 3088 3095 3102 3124 3167
3175–3176 3179 3331 3339 3359 3374
3385 3426 3464 3527 3548 3641 3652
3654 3672 3692 3699 3781 3795 3843
3907 3933 3954 3969 3990 3997 4038
4057 4060 4091 4254 4280 4354 4376
4391 4403 4413 4477 4522 4535–4536
4546 4566 4595 4606 4618 4705 4731
4765 4891 4908 4972 4994 5028 5038
5061 5089 5119 5194 5296 5347 5376
5385 5479 5531 5560 5606 5632 5636
5651 5716 5730 5737 5814 5860 5881
5989 5994 6037 6082 6154 6158 6297
6311 6328 6414 6422 6447 6482 6519
6552 6612 6661 6667 6811 6827 6900
7044 7060 7068–7069 7149 7174 7179
7286 7329–7330 7341 7357 7361 7381–
7382 7406 7412 7424 7469 7489–7492
7551–7552 7554 7656 7677 7728 7734
7740 7742 7774 7798 7800 7802 7815
7828 7879 7951 7978 8010 8051 8060
8064 8110 8130–8131 8198 8246 8256
8259 8284 8314 8343 8368 8379 8393
8399 8401 8425 8440 8450–8451 8460–
8461 8483 8520 8550 8612 8640–8641
8649 8686 8912 8923 8965 9020 9025
9036 9041–9042 9044 9055 9091 9137
9182 9209 9249 9252 9262 9295 9309
9315 9321 9343 9388 9412 9444 9453
9466 9469 9478 9546 9576 9606 9648
9654 9667 9732 9742 9764 9767 9775
9804 9890 9907 9936 9940 10004
10060 10087 10091–10092 10094
10098 10108–10112 10142 10180
10184 10243 10250 10350 10488
10533–10534 10541   (366 Belege)
Rhodiana → indulg.
Rhodianarum → publicatio indulg.
Rhodianis et cruciata → indulg. pro
Rhodionarum → revocatio indulg.
Riario] tit. s. Georgii [ad velum aureum]
  card. → Fiat reservata pens. pro [Ra-
  phaeli
Rigen. → absol. ab excom. aep.
rigide 5559
rigor 134 932 1266 1346 1990 2341 4659
  7090 8385 9065 9096 9369 (12 Belege)
rigore examinis → c.

rigorosus 469

ripa 732 5971

rite 1174 2344 3712 4282 4535 5697 6782
10479 10493

rite ad ord. prom. fuerunt → absol. eos
qui n.

ritum / stilum / usum R. E. → horas can.
dicere iuxta morem /

ritus 105 264 1469 2274 2779 3125 3510
5770 6059 6941 7491 8269 8530 9932
10069   (15 Belege)

rivus 3642

rixa 201 1599 1793 1951 2232 4530 4586
5733

rixosus 8545

roboro 10174

robur 132 528 1959 1972 2270 2341 3488
6038 6744 7019 7156 8002 9940 10074
                             (14 Belege)

rochettum 273 278 527 1959 4085 9261
9306 10104 10283

rogatio 7337

rogo 352–353 732 2079 2349 3175 7381
7383 8536 9044 10110   (11 Belege)

Roman. et Avinionen. → univ. studii

Romane → den. monete

romipeta 2199 3238

romipete et peregrini 3238

rosa 4520

rosarius 1240

Rospoyll et Mapoyll nunc. → preb. de

Rostocken. → univ. studii

Rota 564 605 673 801–803 862 1394
1672 1845 2035 2111 2149 2349 2469
2752 2987 2995 3610 3906 4260 4677
4976 5492 5581 5596 5606 5645 6059
6553 6630 7117 7173 7953 8095 8130–
8131 8133 8270 8767 8849 9368 9527
9587 9658 9923 10036 10202 10306
10487 10604   (51 Belege)

Rota → litig. in

Rote → aud.

Rote → not.

rotis imponi et in 4 partes scindi fecerunt
→ sup.

rotulus 4412 4593 4780 5636 5762 6004
8548 9815

rotundus 6253

ruber 1876 5216 6016 7391 7406 9804
10332

rubigo 7383

ruina 532 730 2712 3176 4038 7533
9527–9528 10111 10466

ruinor 8545

ruinose 9940

ruinosus 4076 6344 7464

Ruipoydel et Monpoydel vulg. nunc. →
preb.

rumor 9504

rumpo 5002 7815

ruo 1867

rurale → capit.

rurale concilium 2945 3149 3232 4924–
4925 7092

rurales loci 785

ruralis 1 785 872 917 932 1028–1029
1045 1118 1150 1178 1851 1869 1892
1994 2334 2945 3028 3149 3160 3232
3339 3381 3753 3957 4924–4925 4964
5012 5219 5223 5496 5744–5745 5846
5856 6154 6271 6807 7092 7113 7117
7236 7355 7578 7660 7953 8133 8255
8288 9061 9198 9297 9401 9674 9867
9906 10405 10466   (59 Belege)

ruralis → archidiac.

ruralis (concilii) → decan.

ruralis de Munchhofe vulg. nunc. → curia

ruralis → eccl.

ruralis in Hummersen vulg. nunc. →
prepos.

ruralis → prepos.

ruralis vulg. nunc. → prepos.

rursus 1233 1972

rus 786

rusticus 8829 9135 10093

rusticus Betti vulg. nunc. 8829

Ruvere] tit. s. Clementis presb. card.
f[am]. → Fiat pro [Dominici de

s. Aug. se ad o.s. Ben. transtulit → de
o.fr.herem.

s. Barbare Barbarenwerder vulg. nunc. →
dom.

s. Barbare in op. Reinstein vulg. nunc. →
capn. videlicet una ad alt. s. Marie virg.
in op. Willebach vulg. nunc. et al. ad
alt.

s. Benedicti → horas can. dicere iuxta reg.

s. Brigide nunc. → mon. prope muros op.
Sunth Zwerin. dioc. ord. s. Salvatoris
vulg.

s.c.   (1500 Belege)

s.c. benef. → disp. ad

s.c. benef. → disp. ad2

s. Castoris in Cardona archidiac. de Cardona vulg. nunc. → prepos. eccl.

s. Clementis presb. card. f[am]. → Fiat pro [Dominici de Ruvere] tit.

s. Cristofori Reneverhoeff vulg. nunc. → capel.

s. Crucis deaurate vulg. nunc. → vicar. b. Marie virg. ad alt.

s. Crucis → reliquie s. Walpurgis et b. Marie virg. et

s.cruciate → absol. valetudinarios a voto

s.cruciate → indulg. in opus

s.d. (2867 Belege)

s. Erasmi → ossa 10.000 Mart. ac

s. Gorgonii (Gorgenni) vulg. Gorgia nunc. → mon.

s. Jacobi an der Mer vulg. nunc. → capel.

s. Jacobi in Compostella) → vota peregrinationis (ss. Petri et Pauli Jerusalemitan. et

s. Jacobi Mercatorum vulg. nunc. → eccl.

s. Johannis Bapt. vulg. prepos. s. Johannis Bapt. nunc. → capel.

s. Johannis prepos. vulg. nunc. → eccl.

s. Magni o.s. Aug. Amhoff vulg. nunc. → eccl.

s. Marie virg. in op. Willebach vulg. nunc. et al. ad alt. s. Barbare in op. Reinstein vulg. nunc. → capn. videlicet una ad alt.

s. Marie virg. vulg. Vrowberge nunc. → mons

s. Marie vulg. Sandmareynkirchen (Sandmereynkerchen) nunc. → eccl.

s. Nicolai le Vieulx vulg. nunc. → capn. sub invocatione

s. Pancratii Paderburn. forensis vulg. nunc. → eccl.

s. Petri → den.

s. Petrum in loco audientie secrete et discussionis negotiorum cam. ap. → pacta stipulata in Urbe in pal. ap. apud

s. Salvatoris vulg. s. Brigide nunc. → mon. prope muros op. Sunth Zwerin. dioc. ord.

s.sepulcrum → sepulcrum dominicum /

s. Spiritu decantare → horas can. de

s. Urso et s. Victore decapitatorum) → ossa 17 sanctorum Thebeorum (1.200 an. elapsis in ponte Solodori c.

s. Victore decapitatorum) → ossa 17 sanctorum Thebeorum (1.200 an. elapsis in ponte Solodori c. s. Urso et

s. Walpurgis et b. Marie virg. et s. Crucis → reliquie

sabbatum 1241 2254 7993 8627 8789 9607

saccomano 731

sacellum 9937

sacer 5 52 128 352 636 671 985 1044 1190 1238 1370 1399 1445 1533 1551 1562 1715 1719 1746 1801 1985 2111 2273 2550 2577 2819 2835 2956 3475 3556 3699 3782 3795 3799 3971 4210 4245 4389 4536 4628 4821 4849 4924 4930 4939 5296 5716 5815 5951 5999 6454 6590 6647 6956 7014 7165 7381 7383 7391 7489 7492 7540 7688 7830 8232 8244 8460 8630 8894 8956 9053 9059 9128 9179 9330 9388 9705 9710 9937 9945 10087 10109–10110 10364 10533 10552 (86 Belege)

sacerd. 201 208 286 367 543 594 628 773 877 1044 1137 1772 2131 2149 2244 2442 2498 2712 3366 3385 3771 4536 4569 4614 4645 4677 4946 5165 5448 5766 6160 6442 7477 7480 7522 7540 7913 7991 8460 9066 9224 9271 9544 9607 9762 9890 10049 10074–10075 10257 10267 10541 (52 Belege)

sacerdotalis 487 1138 1706 2463 3033 3525 3534 3788 4276 4552 5743 6446– 6447 7019 7469 8075 8202 8817 9053 9136 9940 10067 (22 Belege)

sacerdotium 40 741 917 931 2216 2353 2796 2983 3102 4411 5291 5440 5743 5999 6347 6922 7235 7741 7784 7791 8355 8567 9958 9973 9997 10490 (26 Belege)

sacerdotium et al. ordines se promoveri facere possent licet beneficia ecclesiastica aut patrimonialia bona n. haberent → indulsit ut ad

sacra pagina 5 1370 1533 1801 3475 5296 5999 8956 9710 10552

sacra pagina bac. formatus → art. mag. et in

sacramenta → absol. ut possint ministrare

sacramenti vulg. nunc. → alt.

sacramentum 36 166 620 663 689 790 1190 1237 1241 1565 1698 1871 1890 1964 2046 2218 2270 2910 3102 3223

3393 3655 4028 4034 4057 4070 4547
5342 5448 5461 5968 6128 6442 7328
7464 7480 7810 7997 8462–8463 9003
9065 9188 9249 9285 9290 9932 10031
10306 10490   (50 Belege)

sacramentum eucharistie → lic. recip.

sacramentum → lic. conservandi eucharistie

sacrarum prof. → art. mag. leg.

sacrarum studium 9945

sacre pagine doct. → art. mag. et

sacrilegium 2521 4377 4986 7510 9860

sacrilegos incendiarios et depredatores → absol.

sacrilegus 4536

sacris ord. constitutus → art. mag. in

sacrista 2415 8580

sacristia 109 129 183 339 346 356 402
412 480 555 577 630 665 734 873 879
890 1017 1055 1110 1291 1375 1379
1413 1546 1605 1611 1613 1635 1646
1654 1806 1907 2019 2055 2326 2429
2495 2583 2630 2651 2659 2710 2713
2722–2723 2761 2817 2897 2917 2926
3054 3062 3210 3385 3406 3433 3437
3497 3566 3860 3935 4057 4062 4263
4499 4540 4646 4774 4802 4844 4950
5133 5288 5337 5357 5454 5469 5546
5567 5569 5579 5589 5600 5635 5641–
5642 5679 5687 5701 5713 5725 5765
5793 5876 6163 6170 6182 6196 6287
6543 6593 6617 6699 6722 6764 6808
6844 6849 7192 7226 7253 7265 7318
7476 7581 7606 7634 7738 7888 7896
7962 7971 8026 8124 8200 8206 8276
8424 8476 8545 8671 8690 8714 8733
8792 8856 8895 8902 9287 9352 9379
9389 9546 9621 9665 9686 9743 9848
9872 9982 10034 10047 10244 10264
10317 10339 10368 10495 10502
10512 10535 10538   (163 Belege)

sacros ord. → disp. ad

sacrum → lic. recip. oleum

sagitta 1085

sagittarius 3674

sal 3385 7722 7840 7859

sala 44

Salamantin. → univ. studii

salariatus 6347

salarium 431 679 1628 1982 3099 3579
3831 4636 4666 4787 5561 6038 7156
7828 8226 9607 10092   (17 Belege)

saldariatus et stipendiatus fuit tamen d. artem exercere n. potest → presb. in art. mag. qui p. 2 an. post gradum mag. p. eum susceptum in univ. stud. et facult. art. med. studuit et a pluribus comitibus baronibus et al. magnis nobilibus propter eius scientiam et practicam in eadem arte in qua valde expertus est

salinare 4595

saline 10362

salubris 7486

salus 833 1328 1604 2150 2389 2820
3472 3474 3892 4595 6793 7106 7742
9528 10616   (15 Belege)

salutaris 3488 7742 9504

salutifer 5282

saluto 732

salvatio 1241

salvo 3021

salvus 573 1550 2195 5098 5342 6194
6327 6374 7236 7551 7754 7814 8607
8707 9787   (15 Belege)

salvusconductus 91 224 378 761 794 1071
1550 2219 3761 4091 4473 4606 6053
7552 7909 8707 9330 9901 (18 Belege)

Salzeburg. consiliarius → aep.

Salzeburg. → libr. den. monete

Sambien. → absol. ep.

sancio 732 2916 3385

Sancti Johannis nunc. → op. vulg.

sanctimonia 732

sanctimonialis 1162 3434 3742 4012 4713
6446 10373

sanctio 3897

sanctitas 352 3129 7383 10109

sanctorum → lic. recip. reliquias

sanctorum Thebeorum (1.200 an. elapsis in ponte Solodori c. s. Urso et s. Victore decapitatorum) → ossa 17

sanctus 106 117 189 224 290 534 732
1044 1047 1123 1345 2159 2340 2991
3772 4034 4070 4413 4424 4431 4452
6647 7156 7330 7382 7391 7997 8166
8464 8894 9034 9244 9450 9552 10098
          (35 Belege)

sandaliis → lic. utendi mitra baculo anulo

sandalium 1738 2138 3071 9065

Sandmareynkirchen (Sandmereynkerchen) nunc. → eccl. s. Marie vulg.

Sandmereynkerchen) nunc. → eccl. s. Marie vulg. Sandmareynkirchen (

sanguineus 9146

sanguis 166 594 810 856 1020 1050 1421
1544 1615 1728 1981 3161 3581 3686
3748 3772 4074 5100 5487 5622 5989
6253 6606 6639 6810 7090 7165 7330
7578 7717 7742 8457 8606 8838 8950
8990 9096 9100 9290 9821 9915 9945
10211 10338 10411   (45 Belege)

sanguis Jhesu Christi / Salvatoris 166
1100 9290

sanitas 1826

sanus 431 764 7095

sapiens 7019 7742

sapientia 5194

saracenus 7302

sardagium 3825

sartago 7867

sartor 6246

satago 2862 8464

satisfacio 105 393 431 489 620 628 762
779 845 921 1233–1234 1241 1314
1732 1795 2302 2344 2348–2349 2383
2446 2497 2548 2641 2928 3155 3163
3802 4377 4484 4595 4716 4784 5100
5392 5624 6059 6455 7004 7337 7470
7477 7568 7642 8464 9003 9045 9065
9096 9319 9427 9501 9734 9814 9989
10088 10183 10268 10467 10607
                (61 Belege)

satisfactio 684 912 921 1030 1707 2383
2387 2928 4178 4437 5100 6039 7788
7853 8534 8545   (16 Belege)

satisfaciat → Fiat <p. breve> sed prius

Saxonie sup. negotio metallorum fodiendorum → capitula edita in provincia

saxum 118

scabinalis 3220

scabinus 262 757 1171 1190 1236 1569
1726 1739 1766 1895 2168 2218 2220
2325 2343 2348 3220 3579 3828 4995
6308 6401 7460 7869 7985 8463–8464
9256 9609 9945 10302 10320
                (32 Belege)

scapha / schaffa 117

scala 10398

scandalizo 8463

scandalum 764–765 1732 1869 2340 3102
3175 3964 4037 4536 4569 5056 5947
7305 7381 9011 9606   (17 Belege)

scandalum in Hamburgen. eccl. 3102

scandalum perpetratum ab hereticis in civitate Prag. contra catholicos qui partim

in pretoriis congregati in consiliis erant
comprehensi ac precipitati sunt de fenestris 4536

scapula 105

scarpellinus 2636

sceleratus 2476 9121

scelus 106 8535 9329

scindi fecerunt → sup. rotis imponi et in 4
partes

scindo 1060 9384 9527 9569

scio 699 765 1710 2242 2349 2413 3176
3548 4399 4783 5854 7381–7383 7537
8032 8314 8660 10109   (19 Belege)

sciret → nullus gr. expect. extra nationem
suam impetraret nisi idioma quod communiter homines loquuntur ibidem intellegeret et intelligibiliter loqui

sciscitor 7491

scisma 106 9122 10111

scismaticus 1947 4535 4606 4645 7302
7490 9121–9122 9526

scit → idioma Leod. dioc. n. intellegit nec
intellegibiliter loqui

scit loqui → idioma quod communiter homines nationis Germanice loquuntur n.
intellegit nec intellegibiliter

schlaffermessaria nunc. 1461 6555

schlaffmissaria vulg. nunc. 6168

schlaffmissaria vulg. nunc. → vicar.

Sclavorum nunc. → abbat.

scol. 7 9 66 83 125 129 134 140 175 196
198 305 307 329 340 343 346 356 379
391 396 412 415 435 453 510 542 555
561 589 622 655 711 814 835 846 869
879 882 890 933 935 972 1017 1055
1079 1087 1104 1110 1188 1195 1248
1255 1269 1291 1302 1394 1413 1475
1555 1605–1606 1609 1635 1643 1648
1652 1654 1668 1680 1691 1707 1806
1862 1864 1867 1907–1908 1987 2019
2035 2055 2080 2104 2124 2170 2213
2232 2257 2272–2273 2286 2305 2326
2342 2350 2411 2476 2481 2484 2495
2499 2501 2539 2555 2630 2659 2667
2673 2689 2701 2710 2722–2723 2756
2769 2779 2861 2879 2888 2909 2956
2963 2992–2993 3045 3054 3101–3102
3110 3136 3161 3196 3211 3230 3232
3273 3282 3303 3316 3371 3382 3406
3433 3437 3477 3503 3547 3564–3565
3570 3607 3612 3701 3712 3715 3724
3759 3785 3828 3860 3905 3935 3952

4052 4062 4105 4141 4206 4237 4263
4273 4275 4283 4292 4298 4347 4369
4389 4397 4411 4441 4456 4480 4525
4531 4540 4560 4567 4569–4570 4599
4646 4677 4681 4750 4769 4774 4794
4802 4814 4949 4970 5015 5040 5055
5059 5083 5153 5190 5238 5255 5268
5277 5288 5337 5343 5357 5431–5432
5454 5467 5486 5504 5540 5546 5567
5579 5589 5609 5633 5635 5641–5642
5673 5679 5701 5707 5711 5733 5735
5752 5765 5778 5793 5809 5892 5938
5943 5996 6009–6010 6014 6027 6038
6049–6050 6054 6078 6116–6117 6121
6131 6144 6160 6163 6170 6182 6184
6196 6245 6251 6282 6287 6303 6319
6330 6349 6383 6400 6460 6472 6529
6531 6543 6573 6617 6627 6679 6699
6713 6721 6727 6829 6840 6844–6845
6849 6864 6890 6892 6894 6898 6928
6962 6965 6981 6985 6990 7002 7014
7020 7076 7133 7171 7192 7199 7205
7210 7213 7226 7228 7243 7265 7314
7318 7320 7326 7391 7402 7421 7460
7479 7484 7497 7503 7559 7561 7574
7606 7634 7639 7657 7686 7694 7708
7726 7738 7764–7765 7786 7796 7803
7816 7825 7840 7842 7845 7874 7888
7896 7958 7967 7970–7972 8005 8024
8077 8086 8097 8124 8147 8151 8200
8222 8276 8287 8320 8326 8424 8487
8500 8513 8526 8537 8564 8576 8586
8666 8671 8792 8798 8804 8807 8849–
8850 8859 8884 8892 8902 8918 8985
8989 9071 9112 9194 9201 9225 9270
9278 9287 9341 9353 9362 9379 9389–
9390 9409 9413 9421–9422 9428 9441
9492 9581 9608 9665 9679 9774 9779
9790–9791 9829 9838 9848 9877 9892–
9893 9954 9985 10010 10034 10047
10079 10090 10166 10200 10233–
10235 10244 10294 10322 10340
10361 10429 10431 10441 10447
10461 10481 10495 10502 10507
10512 10518 10530 10535 10550
10559 10566 10571   (473 Belege)

scol. → art. mag. et utr. iur.

scol. pauperum in partibus Alemannie Inferioris reliquit → card. in testamento hospitali omnes suos libros et 5.000 fl. renen. pro sustentatione 20

scola 4023 4074 4282 7181 7445 9409

scolast. 5 57 71 101 109 203–205 225 240
260 342 348 516 524 540 547 551 610
672 708 800 807 836 941 1015 1049
1052 1067 1109 1114 1128 1163 1171
1183 1234 1346 1360 1371 1390 1414
1416 1421 1443–1444 1659 1675 1742
1752 1770 1783–1784 1814 1857 1949
1959 1965 1980 2035 2038 2146 2165
2169 2183 2218–2219 2274 2358 2415
2423 2432 2485 2595 2661 2795 2815
2830 2933 2974 2985 3055 3087 3114
3139 3165 3173 3218 3221 3359 3366
3420 3450–3451 3453 3474 3524–3525
3547 3554 3579 3593–3594 3611 3691
3694 3738 3748 3814 3846 3876 3896
3912 3936 3958 3986 4003 4021 4025
4028 4193 4280 4357 4403 4506 4581
4631 4659 4691 4727 4731 4804 4847
4905 5012 5037 5042 5074 5093 5160
5171 5197 5226 5266 5375 5450 5485
5495 5529 5539–5540 5575 5648 5721
5737 5743 5878 5897 5930 5955 5962
6007 6038 6090 6093 6118 6167 6203
6266 6297 6542 6633 6697 6702 6811–
6812 6951 7004 7012 7022 7038 7081
7110 7131 7136 7156 7189 7236 7306
7312 7375 7445 7447 7478 7492 7575
7583 7707 7894 7912 8022 8030 8039
8044 8138 8158 8314 8368 8371–8372
8392 8405 8448–8449 8515 8547 8556
8661 8704 8927 8998 9186 9193 9243
9258 9418 9454–9455 9457 9464 9562–
9563 9731 9787 9812 9832 9926 9936–
9937 10088 10126 10271 10332 10374
10431 10479–10480   (246 Belege)

scolast. → abb. et

scolast. iudices → abb. ac

scolastr. 6 71 77 109 132 165 204–205
260 489 524 527 546–547 571 621 672
708–709 730 734 737 802 836 1055
1064–1065 1067 1244 1282 1303 1366
1485 1659 1683 1712 1742 1783–1784
1788 1980 1991 2116 2242 2327 2333
2366 2372 2415–2416 2469 2485 2518
2569 2661 2703 2794 2867 2911 2933
2974 3035 3083–3084 3125 3224 3232
3237 3359 3381 3451 3459 3474 3526
3528 3581–3582 3678 3719–3721 3825
3846 3909 3915 3955 4188 4280 4444
4567 4631 4659 4663 4719 4727 4734
4796 4846–4848 4923 4960 4987 5037

scutifer 4431

scutum 241 1190 2135 3335 3410 3576
3641 4255 5053 5153 5654 5837 6056
6328 6453 6720 7186 7518 7815 8869
9046 9427 9825 9933　　　(24 Belege)

scutum → valor fruct. / red. beneficiorum
[pars separata in fine appensa]

sec. 8 20 24 57–58 87 100–101 117 119
121 131 182 201 227 245 262 273–274
279 282 287 306 314 329 401 412 525
536 584 610 615 620–621 637 661 671
687 730 762 786 790 813 850 912 952–
953 980 984 1005 1007 1028–1029
1045 1068 1171 1184 1216 1234–1235
1237–1238 1243 1276 1370 1389 1457
1533 1541 1575 1611 1619 1653 1694
1708 1715 1728 1737–1738 1745 1796
1801 1816 1867–1870 1875 1882 1919
1950 1958–1959 1963 1981 2010 2033
2035 2046 2055 2063 2066 2160 2165
2191 2219 2226 2270 2272–2273 2284
2300 2340 2342 2345 2364 2393–2394
2415–2416 2420–2421 2440 2446 2575
2700 2712 2776 2797 2831 2841 2843
2862 2891 2920 2966 2971 3009 3076
3131 3218 3223 3350 3366 3385 3393
3416 3429 3466 3488 3576 3581–3582
3611 3631 3720–3722 3765 3772 3778
3795 3825 3941 3979 4012 4038 4085
4142 4172 4180 4213 4260 4411 4413
4424 4447 4479 4552 4628 4666 4678
4703 4796 4800 4821 4856 4956–4957
4974 4995 5010 5223 5308 5340 5436
5448 5522 5583 5606 5655 5730 5917
5928 6016 6039 6131 6154 6250 6339
6355 6374 6401 6417 6442 6514 6519
6565 6625 6691 6744 6806 6813 6899
6903 6916 6923 7069 7074 7124 7283
7337 7341 7349 7388 7399–7400 7404
7410 7413 7438 7449 7460 7471 7479
7490 7493 7530 7543–7544 7681 7718
7735 7741 7802 7814 7822 7860 7895
7903 7970 7985 7997 8049 8051 8076
8131–8133 8172 8198 8210 8291 8305
8312 8417 8424 8460–8461 8464 8473
8478 8483 8535 8545 8560 8653 8658
8884 8888 8907 8933 8937 9066 9084
9124 9142 9145–9146 9182 9209 9219
9249 9259 9261 9291 9295 9350 9355
9378 9384 9448 9453 9531 9555 9586
9618 9667 9710 9733 9751 9790 9801
9824 9839 9903 9930 9932 9935 9940

10012 10031 10049–10050 10073
10075 10096 10131 10150 10165
10172 10174 10180–10181 10183–
10184 10212 10227 10257 10279
10283 10312 10354 10380 10411
10455 10458 10466 10605 10607
10609　　　　　　　(361 Belege)

sec. → absol. personas eccles. et

sec. eccl. → abb. colleg. et

sec. et abba. regi consuevit → mon. quod
p. prep.

sec. et illustres → abba. et can.

sec. etiam frigravica vulg. appellata →
iudicia

sec. present. → abb. mon. presb.

sec. → preter abba. et canonissas / moniales nonnulli can. / cler.

secedo 731

secr. 44 131 310 335 352 361 393 413
415 430 715 779 836 880 1063 1132
1138 1266 1549 1571 1578 1788 1874
1890 1994 2015 2340 2395 2440 2451
2475 2724 2874 3051 3364 3516 3525
3572 3654 3882 3926 4117 4391 4550
4961 4982 5057 5089 5385 5534–5535
5636 5737 5739 5746 5764 5819 5881
5929 5961 6078 6502 6709 6720 7067–
7068 7170 7223 7275 7454 7468 7492
7912 8070 8256 8344–8345 8505 8574
9016 9057 9059 9096 9106 9438 9445
9543 9813 9993 10087 10479
　　　　　　　　　(91 Belege)

secr. → imper. cancellarie

secretaria 1333

secretariatus 310

secrete et discussionis negotiorum cam. ap.
→ pacta stipulata in Urbe in pal. ap.
apud s. Petrum in loco audientie

secreto 636 794 2348 2522 2548 4537
5786 7330 8363

secreto → assumptio ad ord. card. in consistorio

secretus 13 35 392 518 731–732 1188
1241 1596 1783 1788 1916 1972 2220
2639 3453 3720 4889 5079 5604 6192
6446 6502 7043 7303 7839 7852–7853
8738 8808 9299 9818 10344
　　　　　　　　　(33 Belege)

secretus → leg. doct., abbrev. pape refer.

secta Malgonnen. 5874

seculum 971 8719

secundaria 3218 5346 5751 8625 9218

secundogenitus 63

secundum carnem pape affinis 2505

secundus 195 290 667 845 862 889 1025
1241 1364 1373 1846 1936 2038 2105
2219 2605 2839 2990 3039 3179 3202
3291 3454 3525 3549 3558 3671 3685
4059 4530 4821 4874 5513 5517 5545
5579 6038 6079 6180 6545 6625 6873
7049 7133 7352 7470 7504 7986 8300
8308 8316 8580 8606 8623 8688 8884
9128 9197 9368 9436 9581 9750 9787
9824 10005 10159 10184 10373 10455
(69 Belege)

securitas 3220 7236

securus 3130 9330

secutus → cur.

sed. 1 57 69 106 108 119 122 133–134
185 190 205 207 223–224 240 245 257
270 273–275 296 352–353 368 401 405
409 411 426 429 431 469 488 490 512
516 526–527 540 547 556 582 591 609–
610 617 619–620 633 654 658 671 679
687 700 708 718 720–721 731–732
761–762 764–765 781 794 801 804 817
828 847 880 917 921 962 965 984
1029–1030 1042 1052–1053 1062 1071
1084 1090 1096 1113 1129 1137 1180
1233 1235–1236 1238 1241 1243 1252
1259 1266 1304 1349 1354–1355 1382–
1383 1438 1442–1443 1497 1539 1626
1643 1647 1658 1673 1680 1724 1732
1739 1742 1766 1779 1783–1784 1793
1796 1801 1808 1818 1845 1863 1871
1874 1890 1909 1940 1954 1959 1972
2010 2027 2077 2079 2105 2108 2118
2138 2149 2151 2165 2214 2219–2220
2256 2267 2272 2276 2300 2325 2343
2345–2348 2360–2361 2388 2406 2408
2416 2422 2429 2432–2433 2440 2444
2458 2470 2505 2507 2522 2548 2621
2626 2635 2712 2724 2745 2774 2782
2792 2862 2928 2941 2964 2970 2973
3012 3036 3054 3059 3078 3083–3085
3102 3130 3139 3175–3176 3185 3223
3229 3232 3238 3268 3291 3308 3319
3385 3416 3474 3524 3548 3571 3587
3602 3613 3628 3683–3685 3705 3825
3842 3882 3894 3897 3906 3922 3928
3967 3973 3984 4011 4037 4050 4063
4066–4068 4077 4116 4127 4133 4167
4211 4255 4289 4332 4340 4403 4414
4466 4473 4477 4529 4552 4566–4567
4569 4596 4605 4626 4666 4685 4691
4763 4782 4784 4787 4790 4797 4814
4821 4848 4859 4890 4925 4960 4969
4983 5044 5098 5103 5110 5126 5134
5155 5177 5198 5226 5251 5321 5326
5367 5379 5381 5393 5430 5436 5438
5451 5464 5468 5524 5538 5582 5601
5607 5636–5637 5674 5716 5761 5823
5881 5920 5985 6016 6026 6053 6056
6067 6140 6194 6212 6250 6319 6327
6339 6344 6457 6516 6550 6619 6673
6694 6702 6732 6812 6832 6839 6900
6991 6997 7004 7033–7034 7043 7198
7236 7305 7321 7328–7330 7381–7382
7391 7394–7396 7406 7410 7446 7469
7477–7478 7489 7491–7492 7522 7525
7530 7533 7536 7547 7552–7553 7578
7582 7611 7614 7646 7651 7663 7670
7723 7741 7767–7768 7774 7790–7791
7793 7814–7815 7820 7838–7839 7849
7859 7965 8000–8001 8004 8007 8046
8060 8070 8110 8131 8177 8179 8202
8226 8291 8339 8345 8368 8405 8432
8440 8449 8462 8464 8471 8481 8507
8535 8545 8560 8574 8608 8614 8622
8629 8638 8650 8679 8688 8702–8703
8717 8719 8750 8775 8845 8874 8905
8978 8992 8994 9030 9035–9036 9042
9045 9065–9066 9108 9121 9155 9182
9198 9208 9248 9258 9262 9327 9330
9345 9357 9360 9384 9403 9415 9455–
9456 9466 9472 9512 9527–9528 9553–
9554 9557 9563 9570 9586–9587 9589
9595 9628 9632 9718 9724 9729–9730
9755 9790 9804 9832 9841 9901 9910
9930 9932–9933 9940 9961 9970 9982
9997 10001 10004 10012 10031 10087
10098 10108–10109 10112 10168
10170 10184 10214 10245 10266–
10267 10345 10372 10422 10441
10454 10510 10533 10537 10564
10605 10607 10609 10614 10624
(559 Belege)

sed. ap. acol. → pape fam. et continuus
commensalis et

sed. ap. destinatus orator → ad papam /

sed. ap. in regno Dacie et nonnullis al. regnis nuntius 7552

sed. ap. mittitur → aep. Craynen. in manibus

sed. ap. → orator ad
sed. ap. → orator commun. Basil. apud
sed. ap. → orator (prep. [mon.] in Velpach) ad
sed. ap. → reductio abb. ad obedientiam
sed. ap. reserv. → absol. parochianos ab
   omnibus peccatis exceptis
sed. ap. vac. → apud
sed. n. reservatis alternatis mensibus →
   vac. ap.
sedeo 1874 8534 10481
sedis → cxaltatio ap.
sedisvacantia 718 5008
seditio 1951 2662
sedo 732 2078 2197 4400 4530 6810 7321
   7329 8460 10110
seduco 7406
Sedun. dioc. pater et legitimus admin. filiorum legitimorum et naturalium →
   cler.
segrego 266
Sehusen Verden. dioc. vulg. nunc. →
   prep. in
Selgen Winckel vulg. nunc. → locus in
   den
Selgenstat nunc. → vicar. eccl. Magunt.
   vulg. capn. abb. in
sella 1874
selmessaria nunc. 4476 6306 6772 10332
semel 99 119 620 1434 1865 2342 2356
   4535 5725 9214
semel tamen → Fiat de indulg. plen. pro
semen 5819 8457 9945
semestris 18 1994 2107 4391 7184
semino 106
semiprebenda 5130–5133 7109 8490
   10185
semiprebendarius 5133
semiprebendatus 5065
sen. 134 176 185 536 692 923 929 932
   1003 1006 1042 1135 1171 1174 1209
   1356 1489 1500 1626 1678 1704 1712
   1770 1842 1865–1869 1880 1885–1886
   1981 2066 2272–2273 2433 2596 2637
   2988 3035 3051 3086 3155 3163 3192
   3221 3258 3306 3363 3466 3610 3827
   3850 4011 4024 4120 4171 4596 4772
   4786–4787 5036 5108 5154 5165 5281
   5331 5448 5606 5622 5703 5726 5960
   6188 6285 6446 6559 6581 6672 6793
   6820 7095 7236 7376 7401 7469 7521
   7544 7580 7831 7835 7860 7986 8257

   8355 8676 8716 8789 8890 8908 9011
   9467 9472 9605 9625 9636 9642 9678
   9772 9801 9808 9811–9812 9916 9928
   9940 9946 10075 10134 10181 10212
   10267 10305 10381 10567 (126 Belege)
sen. cap. 2272
sen. capit. 2637
Senarum → univ. studii urbis
senator 1244 10089
senatus 6265 10087
senectudo 8323
senectus 4121 4511 9003 9736 9745
   10153
senescalcus 2406
senex 843 971 3038 4120 4229 5979 6138
   9925 10087
senilis 2522 5298 8534 10023
senilitas 4061
senio confractus → abb. infirmitate vel
senio confractus → abb. modernus
senium 21 24 63 425 498 716 835 917
   1191 1312 1324 1385 1451 1547 1578
   1627 1707 1780 1825 1835 1885 2000
   2530 2533 2658 2807 2815 2820 2926
   3308 3318 3393 3484 3566 3580 3762
   3933 3947 4079 4121 4123 4201 4254
   4277 4536 4545 5321 5348 5425 5811
   5840 5994 6392 6515 6602 6786 6838
   7221 7407 7426 7598 7653 7867 7942
   8177 8323 8335 8345 8352 8444 8534
   8621 8679 8727 8854 9166 9192 9319
   9328 9420 9439 9708 9711 9745 9928
   9993 10176 10402   (88 Belege)
sent. 57–58 72 122 205 237 240 268 279
   318–319 352 371 411 426 546 571 617
   620 657 684 708 720 765 775 856 921
   941 960 980 1036 1163 1233 1239
   1241 1304 1354 1528 1631 1647 1678
   1702 1724 1732 1746 1793 1868 1947
   1959 1965 2030 2150 2269 2289 2316
   2325 2334 2365 2417 2422 2456 2458
   2463 2469 2538 2541 2620 2635 2689
   2694 2771 2855 2857 2928 2943 3009
   3088 3097 3106 3116 3129 3176 3225
   3232 3249 3275 3308 3388 3513 3528
   3556 3670 3720 3787 3897 3967 4148
   4167 4229 4265 4329 4374 4536 4552
   4572 4581 4592 4784 4895 4974 4976
   4981 4995 5121 5214 5413 5464 5650
   5745 5762 5913 5989 6241 6265–6266
   6339 6384 6401 6673 6891 7004 7033–
   7034 7165 7198 7274 7305 7381 7391

7471 7531 7533 7539 7578 7583 7611
7682 7742 7760 7850 7889 7937 7953–
7954 8182 8300 8314 8368 8385 8440
8443 8463–8464 8473 8503 8606 8688
8703 8707 8717 8734 8763 8845 8864
8888–8889 8935 8998 9041 9066 9086
9121–9122 9128 9146 9156 9178 9180
9208 9382 9384 9451 9458 9527–9528
9771 9777 9812 9814 9824 9933 9936
9940 9946 9970 9986 10069–10070
10087 10211 10240 10245 10338
10346 10373 10423 10468 10479–
10480 10493 10510   (221 Belege)
sent. → absol. a
sententialiter 9384
sententio 10172
sentio 4822
separandi → lic.
separatio 965 2345 7448 9003 9048 9242
10056 10240
separo 266 273 886 912 977 1073 4433
7448 9061 9185 9454 10267 10482
(13 Belege)
sepeliendi → facult.
sepeliendi → lic.
sepelio 118 285 442 694 1050 1241 1890
2195 2340 2389 2929 5448 7480 7492
7540 7810 7860 7993 8166 9561 10466
10536   (22 Belege)
sepes 1900
sept. in eccl. Lubic. → in prima dominica
mensis
septa claustralia intraret → absol. fuit ea
conditione ut
septem 880 9936
septimana 117 807 1051 2083 2159 2792
2991 3431 7083 7268 7391 8075 8795
9598 9677 9881   (16 Belege)
septimanalis 9510
septimus 732 3176
septuagenarius 1528 2658 8323 8726
10245
septum 127 569 786 2206 2270 2322
2343 2415 3144 3356 3393 3561 3699
5202 5694 7997 9249 9798 10031
(19 Belege)
sepulcrum 82 118 189 236 375 1141 1233
1355 1568 2389 2413 3197 3266 4114
4431 4452 4535 4659 5002 5031 5534
6647 7981 8078 8363 9179 9458 9925
(28 Belege)

sepulcrum dominicum / s. sepulcrum 82
189 375 1141 1355 2413 3197 3266
4114 4431 4452 4535 5002 5031 6647
7981 8078 8363 9179 9458 (20 Belege)
sepultura 105 118 208 620 1234 1236
1238 1568 1793 1890 2025 2355 2598
3102 3408 4028 4473 4568 4984 5096
6775 7477 7548 7993 8166 8318 10088
(27 Belege)
sequens → cur.
sequester 205 1205 3134 4231 5117 5241
6082 7533 7954 9732–9733 9854 9866
(13 Belege)
sequestratio 4596 7019
sequestret → abbat.
sequestro 700 1205 1959 2217 2346 2930
2986 4231 4258 5155 6082 6138 6390
7854 7954 8516 9732–9733 9854 9947
(20 Belege)
sequor 8 185 204 222 297 371 393 425
495 564 708 732 779 820 932 1035–
1036 1119 1124 1135 1241 1304 1347
1424 1608 1732 1753 1789 1800 2025
2050 2159 2347 2446 2521 2662–2663
2703 2792 2825 2831 2853 2926 2945
2949 2983 3006 3051 3085 3111 3150
3153 3155 3176 3306 3390 3410 3414
3472 3549 3610 3721 3775 3782 3798
3811 3896 3989 4082 4167 4201 4228
4271 4281 4322 4340 4357 4376 4391
4400 4528 4549 4553 4568 4586 4596
4645 4659 4781 4783–4785 4848 4891–
4892 5006 5061 5283 5487 5613 5777
5801 6051 6093 6212 6246 6264 6271
6355 6378 6465 6560 6673 6712 6771
6810 6839 6850 6878 6884 7059 7072
7109 7125 7250 7330 7382 7384 7407
7446 7490–7491 7493 7501 7522 7540
7552–7553 7682 7816 7841 8012 8081
8095 8344 8371 8385 8407 8460 8503
8535 8604 8683–8684 8731 8799 8804
8839 8902 8983 9045 9160 9164 9185
9224 9258 9343 9427 9440 9469 9473
9490 9569 9709 9732 9762 9847 9878
9937 9947 9976 9982 10087–10089
10094 10099 10110 10168 10170
10262 10273 10360 10490 10526
(195 Belege)
seratura 3329
serenitas 7381
sericeus 6016 8629 10422

sericum 285 7860

series 8545

sermo 731–732 3096 5007 7329

sermone → horas can. dicere in vulgari

sero 8789

serpellitium 4023

serpo 7815

serta 2415

serv. 8 13 138 185 190 193 353 371–372 376 379 389 469 495 527 543 628 636 654 671 690 877 921 932 935 1035 1057 1137 1219 1269 1400 1445 1711 1746 1788 1948 2010 2079–2080 2112 2159 2323 2342 2442 2498 2521 2549– 2551 2621 2641 2658 2730 2788 2796 2835 2960 2983 3085 3089 3095 3122 3150 3155 3402 3410 3418 3472 3487 3699 3771 3848 3896 3934 3967 3976 4049 4057 4129 4164 4222 4236 4271 4326 4340 4473 4506 4566 4568 4598 4637 4645 4731 4814 4821 4963 5006 5029 5084 5156 5430 5440 5496 5608 5637 5652 5739 5798 5865 5943 5957 5964 5985 5990 6016 6045 6109 6187 6194 6289 6291 6327 6374 6381 6455 6457 6502 6515 6530 6561 6590 6638 6640–6641 6673 6677 6712 6772 6783 6801 6846 6878 6934 6938 6991 7054 7066–7069 7094 7125 7144 7149 7165 7184 7282 7294 7384 7396 7407 7413 7428 7470 7477 7490 7527 7552–7553 7629 7658 7705 7738 7791 7841 7913 7957 7962 8012 8065 8177 8309 8311 8344 8407 8449 8525 8535 8702 8707 8752 8761 8770 8863–8864 8928 8937 8959 9010 9047 9065 9105 9142 9232 9258 9276 9279 9388 9420 9438 9440 9526 9544 9709 9729 9742 9762 9793 9847 9866 9966 9997 10094 10150 10153 10263 10315 10337 10354 10375 10525 10583   (232 Belege)

serv. commun. 8 13 138 185 190 193 353 371–372 389 469 495 543 628 636 654 671 877 932 1035 1057 1137 1400 1445 1711 1746 1788 2010 2079 2323 2442 2498 2521 2549–2550 2621 2796 2835 2960 2983 3122 3150 3155 3410 3472 3699 3771 3848 3896 4049 4164 4236 4271 4473 4566 4598 4645 4731 4814 4963 5006 5029 5496 5608 5798 6016 6045 6109 6194 6327 6381 6455 6502 6638 6673 6801 6878 6938 7054

7066–7069 7125 7184 7282 7294 7384 7407 7413 7490 7552–7553 7629 7658 7791 7841 7913 8012 8065 8309 8407 8525 8535 8707 8752 8761 8770 8864 8959 9047 9142 9258 9388 9440 9526 9544 9709 9729 9762 9793 9997 10094 10150 10315 10337 10375 10583   (128 Belege)

serv. min. 138 185 190 193 353 371–372 389 469 543 628 671 932 1035 1057 1137 1400 1445 1711 1788 2079 2323 2521 2549 2621 2796 2835 2960 3122 3150 3155 3472 3699 3848 3896 3934 4164 4271 4473 4566 4598 4645 4814 4963 5006 5029 5496 5608 5798 6045 6109 6194 6327 6381 6455 6502 6673 7054 7066–7069 7125 7184 7294 7384 7413 7477 7490 7552–7553 7629 7791 7913 8012 8309 8407 8525 8535 8707 8770 8864 8959 9047 9142 9258 9440 9526 9544 9729 9762 9793 9997 10150 10315 10375 10583   (97 Belege)

serviens armorum 889 3487 5048 5786 8657 8710 10478

servio 350 731 889 980 1691 2637 3001 3323 4389 4457 4914 5048 5559 5606 5786 5957 5979 6189 6530 7485–7486 7744 8164 8657 8710 8749 8767 9326 9847 10000 10374 10478   (32 Belege)

servitium R. I. 2342

servitor 4506 6128 9527 10096

servitrix 1234

servitus 10616

servo 1241 1956 3032 5653 7491 8688 9155 9854 10110

servus 2920 3589 7477

severus 575

sevitia 9203

sexagenarius 3946 4123 5168 6436 8335

sexageni 1742 10071

sexagenores monete Thuringie 10071

sexprebenda 1936 2060 2107–2109 8265

sextus 1241 1948 7339 9328 10093

sexus 105 527 654 1040 1236 1240 1500 1569 1615 1796 1869 1946 2034 2131 2218 2342–2343 2428 2474 2792 3036 3038 3041 3102 3508 3733 4257 4340 4568 5096 5251 6057 6323 7522 7540 7993 8427 8462 8464 8534–8535 8704 9182 9327 9943 10012 10257 10490 10545   (49 Belege)

si in evidentem 170 636 1212 1243 1422
1739 1801 1894 1940 2218 2894 3139
4271 7054 7296 7299 7479 8894 9075
9087 9121 9142 9171 9456 9594 9936
10088 10102 10269 10413 10605

(31 Belege)

si in evidentem → facult. conc.

si neutri 1 41–42 68 108 122 128 131–132
145 152 159 176 199 238 273–274 278
323 363 367–369 381 387 411 421 425
438 486 497 504–505 547 564 570 575
584 588 594 612 673 718 737–738 741
775 805 807 811 831 836 839 853 859
861 876 897 902 916 929–931 957 984
1011 1026 1064 1088 1113 1147 1150
1156 1252 1272 1277 1304 1313 1315
1321 1349 1352 1360 1384 1400 1417–
1418 1427 1433 1459 1481 1489 1497
1533 1544 1580 1608 1614 1656 1703
1770 1783 1817 1824 1841–1842 1846
1851 1860 1863 1921 1958–1959 1965
1987 1990 2032 2038 2045 2055 2153
2163 2175 2188 2202 2226 2246 2251
2253 2275 2321 2359 2379 2408 2429
2440 2511 2536 2575 2589 2619 2635
2650 2704 2712 2732 2783 2792 2800
2830–2831 2854 2872 2900–2901 2936
2939 2951 2957 2970 2996 3008 3049
3051 3059 3063 3067 3085 3153 3157
3162–3163 3166 3168 3179 3226 3232
3244 3269 3362 3381 3410 3414 3431
3464 3511 3526 3537 3541 3553 3561
3567 3571 3584 3632 3668 3670 3672
3679 3687 3691–3692 3696 3702 3711
3747–3748 3752–3753 3786 3794 3842
3859 3889 3906 3918 3920 3954 3957
4004 4036 4060 4063 4085–4086 4091
4126 4136 4143 4227 4270 4290 4293–
4294 4296 4307 4312 4322 4331 4355
4365 4403 4412 4437 4475–4477 4483
4515 4546–4548 4550 4552 4573 4585
4608 4614 4634 4664 4668 4673 4717
4758 4780 4785 4792 4796 4811 4815
4847 4853 4870 4873 4888 4892–4893
4905 4908 4961–4962 4976 5034 5045
5055 5073 5097 5108 5121 5194 5214
5222 5241 5282 5292 5306 5370 5377–
5378 5505 5558 5570 5601 5606 5610
5629 5648 5650 5652 5658 5706 5762
5817 5845 5909 5919 5924 5934 5955
6016 6078 6123 6144 6154 6156 6230
6233 6237 6241 6258 6265 6268 6278

6286 6337 6372 6403 6445 6524 6527
6540 6544 6547 6580–6581 6592 6659
6663 6800 6811 6818 6853 6869 6912
6940 6942 6948 6951 6994 7043 7049
7075 7084 7088 7091 7135 7152 7174–
7175 7181 7230 7264 7283 7351 7361
7364 7376 7441 7447 7512–7513 7544
7553 7557 7566 7577 7611 7627 7636
7722 7725 7733 7735 7756 7795 7812
7822 7832 7834 7851 7855–7856 7890
7913–7914 7919 7953–7955 7962 7964
8002 8018 8031 8046 8063 8067 8087
8110 8130–8133 8135 8178–8179 8189
8210 8235 8241 8253 8304 8308 8313–
8314 8338 8341 8343 8345 8365 8372–
8373 8379 8385 8391 8425 8503 8515
8555 8565 8578 8580 8600 8622 8625
8635 8661 8702–8704 8711 8714–8715
8717 8721 8743 8762 8775 8801 8828
8844 8874 8908 8923 8927 8951 8966
8987 9022 9054 9142 9186 9193 9205
9207 9255 9299 9311 9315 9343 9345
9368 9379 9382 9399 9408 9415 9466–
9467 9493–9495 9509 9514 9539 9542
9552–9553 9557–9558 9571 9611 9631
9651 9655 9658 9660 9680 9700–9701
9726 9730 9734 9756–9757 9778 9787
9808 9810 9817 9824 9839 9867–9868
9879 9890 9897 9902 9910 9915–9916
9918 9926 9929 9948 9970 10008
10064 10068–10070 10118 10159
10242 10250–10251 10261 10283
10318 10333 10345–10346 10357–
10358 10378 10398 10436 10454–
10455 10466 10480–10481 10493
10523 10549 10589 10592 (577 Belege)

si nulli 6 17 79 161 292 326 363 405 425
505 547 775 922 1025 1065 1492 1544
1614 1879 1973 2377 2511 2556 2664
2830 2892 2926 2988 3218 3232 3312
3389 3399 3529–3530 3574 3643 3702
3748 3876 3992 4255 4489 4548 4791
4873 4924 4962 4994 5052 5152 5266
5299 5348 5505 5524 5606 5819 5827
5853 5916 5919 6039 6125 6144 6158
6302 6390 6433 6597 6633 6678 6738
6761 6811 6889 6916 7224 7283 7306
7376 7432 7441 7497 7656 7689 7849
7853 7955 8111 8130 8133 8185 8357
8425–8426 8438 8536 8544 8606 8683
8714 8732 8743 8812 8863 8868 8874
8890 8908 9218 9273 9286 9342 9368

9402 9415 9426 9553 9615 9627 9661
9796 9874 9910 10217 10347 10427
(128 Belege)
sicurus 9330
sigillatio 1965 3176
sigillifer 1586 2035 2256 3516 4283 4552
7289 7570 8198 8614 8731 (11 Belege)
sigillo 4167 4473 4510 4780 4859 9526
9709 9932 10169–10170 10526 10609
(12 Belege)
sigillum 105 529 1707 1876 2973 3436
4510 4780 5216 7865 8608 8679 9045
9155 9678 9804 9932 10074 10099
10169 10526 (21 Belege)
sigillum (in quo sculpi debeant imagines)
7865
sigillum → lic. imprimendi vel appendendi litteris
significo 223 731 1071 1972 2346 2349
3176 7337 7382–7383 7469 7742 9388
9528 9764 (15 Belege)
signo 224 619 744 762 983 1241 1698
1742 4218 6001 6271 7382 7390 7491
8717 (15 Belege)
signum 1756 8962 10108 10110
silentium 275 1814 5044 7019 7477 9591
10109
siligo 1312 4692 4877 5703 6037 6960
9592 10257 10367 10481
silva 1161 2542 3855 7231
silvestris 6264
simbolum 105
similimodo 1071 1711 2346 3848 4569
7054 7815 7838 8507 9592
similis 119 239 469 671 732 761 858 977
980 985 1042 1060 1172 1241 1567
1946 1972 2078 2136 2178 2235 2342
2344 2346–2348 2356 2389 2417 2424
2521 3102 3371 3385 3399 3435 3467
3843 3848 3897 4473 5119 5367 5697
5968 6053 6086 6720 6991 7043 7102
7236 7304 7321 7450 7489–7490 7492
7815 7838 7841 8460 8535 8688 8696
8802 8918 9042 9045 9122 9147 9328
9360 9415 9697 9828 10075 10112
10339 10345 10533 (81 Belege)
similiter 352 732 820 2658 3175 4595
5132 5968 6078 6283 6825 7382 7810
8335 9403 9504 10141 10267
(18 Belege)
simonia 259 328 709 1739 1869 1879
1930 2025 2041 2172 2316 2377 2582

2670 3249 3575 4067 4115 4305 4353
4406 4620 5072 5119 5121 5194 5196
5879 5908 6051 6120 6300 7489 7741
7897 7904 7951 8572 8608 9096 9144
9382 9594 10103 10588 (45 Belege)
simonia → absol. a
simoniacos ab excom. → absol.
simoniacus 7 42 249 327 505 1109 1258
1495 1548 1868 1930 2041 2052 2315–
2316 3114 3179 3414 3482 3492 3581
3652 3973 4119 4519 4536 4542 4783
4921 5119 5160–5161 5334 5426 5891
7518 7951 8282 8672 8696 8849 9127
9197 9251 9382 9534 9611 9615 9864
9879 10063 10226 (52 Belege)
simoniam → absol. p. Paulum_II. de excom. propter
simoniam commisit → abb. qui
simonie → abol. maculam
simplex 50 136 152 167 199 260 363–364
379 571 724 733–734 801–802 828 890
911 963 1030 1044 1083 1326 1357
1360 1430 1449 1481 1661 1754 1818
1830 1868 1914 2044 2052 2082 2115
2117 2138 2228 2233 2302 2352 2354
2436 2469 2587 2628 2679 2685 2739
2837 2945 3046 3074 3102 3121 3190
3247 3271 3293 3345 3382 3414 3501
3510 3522 3525 3528 3536 3561 3578
3583 3592 3643 3652 3672 3867 3982
4013 4053 4403 4417 4448 4472 4502
4713 4752 4770 4796 4841 4884 4907
5027 5053 5160 5162 5181 5244 5283
5299 5340 5386 5400 5526 5558 5663
5725 5738 5767 5804 5834 5890 5943
6233 6286 6358 6685 6793 6865 6909
6984 6996 7121 7126 7196 7261 7328
7334 7357 7403 7414 7447 7553 7582
7617 7666 7830 7879 7922 7951 7954
7970 7978 8018 8055 8113 8180 8184
8189 8198 8360 8382 8422 8490 8536
8545 8579 8614 8661 8803 8955 9055
9079 9098 9100 9137 9212 9215 9229
9380 9511 9623 9657 9737 9852 9896
9965 10011 10084 10118 10131 10348
(184 Belege)
simplicitas 7740
simultas 352 7742 9709
synagoga 6941
syndicatus 9106
syndicus 1511 1732 2270 4496 4961 5227
6093 8894 9113 9330

syndicus et procur. capit. 9330

sine cess. iuris 8061

sine cognomine 5521

sine dat. 1064 1219 1241 1353 1468 1582
1769 1830 1901 2138 2334 2358 2389
6286 6606 6859 6930 7048 (18 Belege)

sine decl. quanti 1049

sine die 9041

sine dioc. 315 1307 1814 2102 2168 2240
3778 3787 4484 7493 7598 7821 8122
9056 (14 Belege)

sine disp. 756 897 1430 4527 5192

sine disp. ap. 704 3295 4245 8371

sine disp. contra constit. Execrabilis 8916

sine lic. 285 442 527 1241 4477 4677
5947 6337 6922 7033 7506 7860
(12 Belege)

sine numero 1579

sine signatura 3232

sine tit. 1971 4331 4797 5743

sine val. 5051 5223 6067

singularis 1098 1870 7059 7068–7069
7540 8534 9224 9388 9533 10266
10422 10490 (13 Belege)

singuli 105 127 186 217 265 270 431 528
654 700 765 807 1029 1042 1051 1237
1241 1434 1568 1647 1698 1732 1779
1868 1870 2035 2218 2220 2272 2342–
2343 2389 2433 2444 2499–2500 2740
2762 2792 2910 3249 3385 3431 3655
3699 3772 3828 3843 4028 4536 4568–
4569 4603 4958 5674 6447 6651 6816
6941 7069 7083 7180 7276 7389 7522
7540 7551 7991 8449 8461–8462 8536
8545 8761 9066 9122 9128 9272 9388
9455 9457 9587 9598 9710 9881 9914
9933 9937 9940 10108 10169 10214
10267 10336 10360 10486 10490
(97 Belege)

sinister 169 186 352–353 431 472 517
544 693 700 730–732 801 864 921
1031 1085–1086 1164 1207 1331 1578
1581 1689 1707 2080 2106–2107 2170
2323 2337 2344 2349 2396 2450 2452
2835 2848 2855 2862 3126 3291 3308
3439 3469 3548 3643 3683 3691 3720
3782 3892 3983 4536 4628 4783 4809
4867 4921 5389 5581 5606 5697 5743–
5744 5914 6038 6056 6074 6183 6247
6651 6689 6894 6995 7029 7049 7061
7228 7321 7346 7383 7404 7433 7477
7491 7493 7500 7546 7656 7688 7738

7749 7806 7815 7860 7875 7924 7986
8002 8018 8164 8261 8269 8345 8430
8440 8503 8507 8568 8704 8717 8729
8763 8816 8937–8938 9003 9045 9249
9270 9279 9316 9409 9457 9461 9559
9589 9710 9765 9915 9923 9935 9966
10068 10087–10088 10110 10230
10323 10599 (142 Belege)

sino 2199

synodalis 1043 2434 3048 4628 9563

synodi Basil. → vig. disp.

synodus 2024 3843 3846 6446 9594
10614

Sira vulg. nominata → villa

sisto 223

situatus 773 1645 1814 2035 2342 4549
6247 6683 8520 8601 9057 9261 9349
10345 (14 Belege)

situs 8 63 139 181 338 561 620 763 786
794 807 992 997 1237 1539 1695 1698
1707 1814 1866 1869 1885 2035 2071
2132 2158 2195 2341 2356 2396 2420
2597 2744 2858 2862 2921 3071 3102
3385 3674 3699 3843 3997 4095 4218
4280 4365 4410 4568 4598 4726 4748
5404 5530 5561 5670 5819 5968 5971
6003 6081 6235–6236 6691 6775 6941
6945 7386 7420 7656 7795 7993 8279
8460–8461 8467 8592 8958 9033 9041
9121 9129 9309 9454 9583 9586 9790
9935 9940 9945 10012 10018 10088
10141 10180–10181 10282 10362
10482 10567 10605 (101 Belege)

Smedechin → capel.

soc. 8 13 43–44 50 53 63 127–128 132
151 185 190 207 210 241 246 282 286
294 297 319 371 392 468 486 489 502
526 543 579 595 624 628 654 667 671
685 695 716 774–775 777 793 800–801
803–804 835 932 994 1035 1057 1118
1137 1147 1194 1201–1202 1233 1242
1287 1304 1355 1393 1400 1489 1521
1530 1542 1559 1708 1711 1742 1801
1866 1874 1879 1886 1894 1946 1982
2010 2034 2079 2115 2132 2159 2226
2232 2323 2433 2470 2505 2511 2521
2543 2548 2551 2566 2600 2619–2621
2663 2681 2709 2792 2796 2822 2835
2843 2936 2945 2954 2960 2974 2980
2983 2986 2990 3051 3082 3089 3096
3099 3111 3150 3153 3155 3270 3289
3299 3304 3312 3354 3451 3472 3538

3610 3624 3632 3721 3794 3825 3890
3896 3964 4038 4067 4167 4190–4191
4225 4271 4283 4340 4357 4376 4378
4422 4431 4473 4536 4553 4568 4596
4637 4645 4658 4691 4719 4785 4791
4814 4847–4848 4873 4889 4937 4944
4993 4996 5006 5076 5105 5133 5174
5217 5227 5347 5375 5453 5487 5496
5503 5538 5608 5701 5770 5788 5801
5819 5848 5881 5913 5933 5936 5986
6053 6055–6056 6081–6082 6109 6123
6144 6191 6194–6195 6264–6265 6291
6304 6312 6327 6355 6362 6381 6509
6515 6565 6638 6673 6689 6710 6712
6782–6783 6801 6848 6850 6854 6878
6881 6900 6914 6938 6991 7022 7072
7125 7144 7167 7294 7311 7328 7376
7384 7396 7400 7407 7413 7488 7493
7552–7553 7583 7629 7656 7722 7752
7789 7814 7834 7836 7838–7841 7860
7913 7937 8004 8012 8110 8204–8205
8309 8314 8381 8383 8400 8407 8430
8441 8444 8518 8521 8525 8535 8547
8604 8658 8705 8717 8752 8768 8864
8868 8894 8908 8959 8983 9066 9071
9117 9135 9137 9149 9156 9214 9258
9273 9300 9299 9342 9347 9355 9388
9411 9427 9440 9450 9457 9504 9526
9531 9552–9554 9572 9630–9631 9706
9709 9733 9762 9793 9795 9811 9832
9839 9851 9863 9910–9911 9935 9966
10019 10053 10070 10074–10075
10090 10093 10095–10097 10099
10150 10169–10170 10209 10247
10263 10278 10334 10337 10380
10392 10451 10466 10478 10486
10490 10519–10520 10523–10524
10526 10541 10583 10590 10609
10625   (396 Belege)
soc. nobilium laic. 127
sodalis 3701 5515
sol. 185 190 371 559 732 932 964 1057
    1137 1237 1711 1746 2347 2521 2960
    2983 3150 3155 3214 3472 3896 4164
    4271 4340 4568 4645 4793 5006 5496
    5814 6673 6712 6762 6991 7054 7125
    7384 7396 7407 7413 7553 8012 8309
    8407 8525 8535 8864 9258 9440 9544
    9587 9709 9762 9787 10091 10093–
    10094 10096 10150 10209 10583
    10605   (62 Belege)

sola sign.   (1296 Belege)
soldanus 4600 4784
soldatus 1874 4389 7828
soldatus commercitus 4389
soldus / saldum 4389 7553 8761
sole → imago b. Marie virg. in
solemnizo 1442 2127
soleo 182 221 790 1737 1814 2033 2343
    2448 2474 2926 2967 3234 3488 4057
    4391 4884 5534 6003 6263 6519 6744
    6832 6899 7231 7578 7800 7802 8122
    8130 8888 9090 9121 9124 9449 9569
    9667 9742 9940 10110 10184 10227
                              (41 Belege)
solido 10481
solitus 20 79 185 285 371–372 537 543
    620 654 671 765 909 1007 1057 1068
    1184 1233 1241 1253 1400 1444 1466
    1492 1575 1708 1772 1882 1924 1951
    2010 2028 2033 2138 2244 2265 2323
    2342 2344 2355 2392 2440 2549 2843
    2960 3093 3131 3234 3339 3472 3559
    3721 3778 3795 3997 4060 4172 4213
    4254 4269 4271 4376 4432 4546–4547
    4606 4645 4814 5608 5651 5730 6037
    6082 6109 6154 6193 6327 6344 6381
    6447 6515 6622 6994 7125 7294 7407
    7469 7479 7735 7783 7791 7841 7913
    7970 8007 8012 8131 8198 8284 8423
    8535 8707 8752 8864 8884 8923 8956
    9106 9185 9209 9214 9257–9258 9587
    9589 9742 9793 9932 10037 10049
    10073 10181 10252 10279 10285
    10334 10625   (127 Belege)
sollemnis 993 1236 1250 1738 2218 2342
    2356 3733 3897 6505 7180 7465 7991
    9011 9041 9065 9067 9188 9634 9881
    10031 10422   (22 Belege)
sollemnitas 690 1201 6194 6327
sollertia 508
sollicitatio 1842 6502 6931
sollicitator 393 427 430 966 1674 1833
    2110 2448 2455 2480 2485 2543 2619
    2662 2954 3583 3720–3721 4329 4631
    4925 4960–4961 5636 5726 5897 6212
    6502 6752 7840 7955 8154 8767 8863
    8908 9628 9631 9762 10075 10089
    10104 10509 10519–10520 10536
    10619   (46 Belege)
sollicito 5479 6712 10184
sollicitudo 1031 2985 3083 5524 7177

Solodori c. s. Urso et s. Victore decapitatorum) → ossa 17 sanctorum Thebeorum (1.200 an. elapsis in ponte

solum 77 118 353 657 690 1176 1238
1738 2219 2320 2343 2345 2347 2469
2762 2828 3033 3072 3076 3859 4254
4391 5217 5298 5480 5503 5517 5561
6003 6446–6447 7068 7330 7382 7460
7470 7742 7815 8198 8462–8463 8544
9121–9122 9303 9510 9552 9611 9815
9879 9932 10367 10605   (53 Belege)

solus 105 273 732 762 932 1046 1235
1241 2138 2341 3033 3453 3527 3699
3825 3890 4284 5217 5649 8789 8894
9121 9224 10110 10536   (25 Belege)

solut. 8 43 50 128 162 177 185 190 223
292 371 426 443 468 495 543 551 620
640 651 654 679 687 708 816 932 960
1002 1028 1035 1057 1120 1137 1171
1184 1194 1233 1382 1486 1525 1586
1626 1673 1708 1711 1742 1746 1800–
1801 1846 1868 1911–1912 1930 2079
2159 2249 2254–2255 2316 2374 2377
2381 2410 2417 2432 2470 2521 2533
2548 2641 2662 2689 2706 2763 2920
2945 2960 2983 2987 2995 3095 3102
3116 3119 3148 3153 3155 3181 3221
3365 3526 3592 3630 3660 3699 3716
3721 3732 3736 3772 3782 3825 3882
3896 3998 4164 4167 4208 4271 4284
4338 4357 4402 4415 4551–4552 4568–
4569 4598 4600 4626 4645 4649 4781
4784–4785 4793 5052 5153 5160 5217
5379 5420 5437 5492 5496 5534 5604
5649 5654–5655 5701 5748 5794 5929
6052 6056 6194 6246 6263–6264 6327
6337 6471 6523 6547 6561 6618 6673–
6674 6712 6848 6929 6991 7000 7034
7049 7054 7088 7092 7125 7179 7184
7186 7384 7396 7407 7413 7449 7466
7478 7488 7492 7530 7551–7553 7682
7798 7812 7814 7853–7854 7859 7872
8000 8012 8081 8132 8202 8205 8241
8309 8323 8443 8464 8535–8536 8545
8555 8618 8672 8704 8717 8726 8746
8767 8799 8854 8864 8929 8983 9142
9164 9214 9224 9258 9262 9306 9327
9427 9440 9526 9544 9552–9553 9670
9709 9732 9734 9762 9825 9832 9839
9851 9867 9956 9982 10015 10031
10047–10048 10056 10074–10075
10081 10091 10150 10170 10174

10262 10382–10383 10392 10413
10434 10438 10465 10478 10524
10583 10622   (273 Belege)

solv. (1256 Belege)

sonitus 2270

sono 3434

sonus 2270

sopio 2448 4391 8464

soror 6 99 105 185 208 245 262 264–265
279 417 527–529 687 691 763 791 872
980 992 1042 1083 1170 1173 1176
1181 1189–1190 1225 1236–1238 1527
1616 1695 1701 1722 1732 1739 1757
1941 1945 1963 2083 2126 2195 2284
2389 2420 2780 2910 2930 3036 3076
3079 3096 3223 3268 3341 3434 3825
4032 4104 4209 4219 4493 4566 4614
4942 4974 4984 5073 5098 5462 6351
6433 6772 7458 7522 7527 7533 7540
7546 7616 7868 7910 7985 7994 8237
8454 8460–8461 8463 8534 9171 9262
9458 9625 9798 9807 9933–9934 9936
10137 10141 10177 10214 10266
10349   (110 Belege)

sorores → abba. et

sorores confraternitatis sive gilde → fr. et

sororibus → exten. indulg. Pauli II. pro

sors 3549 5538

sortilegus 6857

sortior 138 532 774 932 1184 1527 1868
2273 2416 2440 2961 4017 5637 6143
7069 7072 7236 7493 8488 9272 9294
10070 10109   (23 Belege)

sortitus 4780 4833 5648 7296 10111
10536

spata 4780

spatium 127 419 1732 1807 1844 2220
2790 3694 5321 5947 6432 7835 7962
9004 9733   (15 Belege)

specificatio 4585

specifico 2535 4549 9935 10098

specto 10 43 60 117 131 398 419 431 614
617 709 731 762 764 773 790 801 816
920 1200 1237–1238 1240 1244 1422
1489 1519 1527 1539 1739 1752 1756
1762 1795 1814 1869–1870 1947 1981
2078 2090 2138 2213 2220 2256 2272
2340 2356 2440 2608 2626 2653 2848
2862 3077 3097 3130 3139 3179 3234
3403 3435 3453 3466 3610 3734 3781
3825 3855 3925 4013 4021 4231 4382
4546 4566–4569 4595–4596 4635 4703

4946 5197 5217 5222 5283 5496 5561
5600 5823 5924 6039 6051 6084 6088
6246 6263 6270 6279 6308 6673 6906
6935 7041 7055 7064 7074 7140 7198
7296 7299 7376 7383 7470 7478 7500
7526 7542 7583 7752 7828 7840 7994
8119 8186 8192 8273 8355 8460 8579
8614 8649 8653 8937 8954 8998 9041
9049 9061 9066 9085 9087 9121–9122
9171 9327 9455 9461 9539 9563 9642
9733 9742 9933 9935 9940 9961 9982
10033 10035 10075 10088 10176
10240 10267 10312 10318 10451
10472 10537 10605 10607 10625
(175 Belege)

sperat nisi idioma loci intellegibiliter loquitur → nullum fruct. apud eccl. Oscen.

sperno 1340

spero 166 272 306 319 352–353 620 943
989 1594 1840 2197 2323 2344 2347
2374 2410 2789 2945 3007 3389 3453
3474 3548 3709 3802 4733 4961 5156
6553 6583 7072 7172 7304 7324 7444
7739 7742 8298 8534 8579 8581 8660
8707 9121 9705 9828 10109
(48 Belege)

spes 731 7742 8707 10098 10108 10112

specialibus vic. → ordin. et illius in

specialis 63 1239 1796 1870 2066 2343
2389 2394 2416 2793 3083 3232 3291
3699 3984 4626 4796 4958 4963 5854
6038 6611 7033–7034 7069 7761 7954
8658 8683 8688 8763 8931 9066 9154
9527 9932 10099 10301 (38 Belege)

specialiter 1742 4340 5606 6038 6454
10091

spir. 268 275 345 372 385 390 610 620
671 692 700 706 744 764 921 1005
1148 1202 1304 1442 1622 1647 1685
1756 1760 1783 1796 1807 1814 1871
1909 1946 1957 2008 2038 2040 2079
2133 2212 2218 2272 2298 2433 2469
2490 2964 2970 3007 3046 3306 3669
3684 4103 4168 4328 4374 4414 4447
4649 4780 4784 4890 4975 5226 5302
5317 5348 5404 5695 5723 5891 5899
5909 6122 6324 6619 6876 6996 7198
7256 7383 7407 7444 7491 7512 7550
7651 7714 7943 8049 8291 8335 8383
8464 8545 8565 8640 8763 8775 8828
8848 8851 8941 9003 9066 9086 9168

9214 9273 9337 9384 9457 9545 9562
9711 9777 9878 9898 9902 9946 9961
9982 10108 10110 10141 10265 10347
10625 (128 Belege)

spir. aep. → in manibus vic. gener. in

spir. ep. → in manibus vic. gener. in

spiritu 45 hostias consecratas ex eccl. abstulit → mul. maligno

spiritus 201 847 2456 2509 5618 7975
9569

spiritus → def.

spoliare → abbat.

spoliatio 2852 3116 5989 7689 7763

spoliator 1817 3544 4227 5989 6401 7962

spoliatus in via 2409

spolio 273 357 522 828 979 1015 1645
1737 1863 2118 2168 2267 2269 2409
2456 2692 2712 2927 3009 3129–3130
3172 3597 3685 4320 4391 4857 4962
5007 5247 5468 5989 6033 6838 6996
7069 7237 7426 7533 7671 7688–7689
7723 8314 8405 8421 8449 8608 8808
9045 9135 9155 9262 9384 9527 9553
9642 9701 9814 9946 10021 10071
10091 10093 10174 10285 (66 Belege)

spolium 2782 3088 6945 7381 7391
10285

spontaneus 935

sponte 789

ss. Albani et Vincentii, Aurei et Justine ac
al. ss. → corpora

ss. Petri et Pauli Jerusalemitan. et s. Jacobi
in Compostella) → vota peregrinationis
(

ss. Trium regum in eccl. Colon. → tumba

stabilio 224

stabilis 6189

stabilitas 24

stabulo ep. capistrum unius equi abstulerat
→ ex

stabulum 4506 7760

stadium 9583

stallum 4091 6344 7582 7851 9881

standi in al. mon. → abb. lic.

standi → lic.

stanga 4530

statio 2217 4482 10177

stationes Urbis → indulg. visit.

statuendi dietas et predicandi cruciatam
→ facult.

statuo 105 310 532 693 731 762 764 1043
1071 1697 1793 2035 2118 2195 2219–

2220 2272 2341 2348 2458 3033 3175
3385 4028 4413 4536 4568 5173 6344
7330 7469 7489 8462 8545 8763 9122
9415 9447 9456–9458 9710 9940
10137   (44 Belege)
status 119 121 224 352 619 989 1196
    1599 1739 1783 1868–1869 1901 2030
    2079 2111 2119 2160 2197 2220 2320
    2340 2415 2417 2444 2522 2805 2858
    3130 3139 3176 3220 3504 3548 5606
    6446–6447 7303–7305 7337 7382 7471
    7506 7533 7814 7847 7978 8001 8170
    8316 8462–8463 8534–8535 8763 8802
    8941 9121 9142 9218 9606 9618 9732–
    9733 9821 10031 10049 10065 10094
    10169 10441   (72 Belege)
status Brabantie → tres
status Flandrie → tres
statutorum de idiomate → derog. clausule
    / constit. / reg. /
statutum 13 29 102 105 117–118 127 132
    134 167 195 220 222 260 274 296 310
    328 451 488 524 527–528 532 537 571
    610 619 636 646 687 690 693 730–731
    764 768 788 798 804 839 886 917 932
    943 997–998 1003 1042–1043 1051
    1076 1120 1154 1234 1238 1241 1256
    1394 1414 1527 1707 1740 1793 1842
    1868 1892–1893 1946 2033 2077–2078
    2090 2104 2106–2108 2218–2219 2297
    2340–2341 2345 2413 2415 2444 2494
    2550 2554 2560 2689 2780 2853 2855
    2973 3048 3076 3083 3102 3183 3300
    3306 3454 3467 3488 3526 3561 3575–
    3576 3610 3678 3772 3788 3825 3846
    3859 3874 3964 4035 4129 4243 4282
    4285 4411 4535 4549 4569 4596 4628
    4636 4781 4846 4960 4994 5126 5170
    5183 5197 5283 5370 5379 5489 5491
    5503 5540 5649 5673 5768 5794 5865
    5878 5913 5916 5947 6016 6081 6172
    6231 6633 6744 6816 6941 6961 7083
    7094 7171 7178 7303 7312 7321 7355
    7405 7407 7479 7488 7493 7500–7501
    7518 7535 7551 7656 7728 7732 7768
    7834–7835 7848–7849 7912–7913
    7953 7955 7980 7985 7997 8018 8073
    8125 8132 8180 8203 8291 8351 8360
    8362 8385 8387 8413 8426 8440–8441
    8461–8464 8545 8603 8696 8702–8703
    8715 8718 8731 8762–8763 8816 8847
    8863 8874 8925 9065 9119 9128 9195

9197 9226 9300 9328 9368 9447 9455–
    9458 9491 9511 9553 9594 9628 9631
    9647 9710 9718 9720 9742 9771 9777
    9787 9790 9809 9841 9879 9897 9903
    9930 9932–9933 9937–9938 9940
    10031 10074 10088 10099 10141
    10332 10373 10413 10454 10523
    10531 10605   (283 Belege)
Steenbrighen) → capn. Stemberghen (
Steyna an der Strasse vulg. nunc. → eccl.
    in
stella 10607
Stemberghen (Steenbrighen) → capn.
sterilitas 1578 7815 9120
sterlingus / sterlinus 912 1366 2199 3919
    7337 9657
sterlingus → valor fruct. / red. benefici-
    orum [pars separata in fine appensa]
sterno 1235 5007
steura 4596
scientia 2348 2415 5689 6347 7329 7429
    9214 9709
scientiam et practicam in eadem arte in
    qua valde expertus est saldariatus et sti-
    pendiatus fuit tamen d. artem exercere
    n. potest → presb. in art. mag. qui p. 2
    an. post gradum mag. p. eum susceptum
    in univ. stud. et facult. art. med. studuit
    et a pluribus comitibus baronibus et al.
    magnis nobilibus propter eius
Stieveli / Hebermarts Suevli) → capn. ad
    alt. b. Marie (vulg. appellata capn. He-
    bernaris
stilum / usum R. E. → horas can. dicere
    iuxta morem / ritum /
stilus 105 3215 4481 7151 9554
stipendiarius 5448 7689 7828 10093
stipendiatus 6347
stipendiatus fuit tamen d. artem exercere n.
    potest → presb. in art. mag. qui p. 2 an.
    post gradum mag. p. eum susceptum in
    univ. stud. et facult. art. med. studuit et
    a pluribus comitibus baronibus et al.
    magnis nobilibus propter eius scientiam
    et practicam in eadem arte in qua valde
    expertus est saldariatus et
stipendium 431 1233 1241 2270 2356
    2417 2636 3548 6811 7083 7289 7352
    7391 7477 5551 8490 8761 9527 9940
    10135   (20 Belege)
stipulata in Urbe in pal. ap. apud s. Petrum
    in loco audientie secrete et discussionis
    negotiorum cam. ap. → pacta

stipulo 4889 5703

sto 127 200 536 1043 1372 2044 2049
2283 2297 2322 2637 2658 3051 3072
3308 3393 3670 3692 3721 3798 3946
4091 4411 4729 4733 6530 7328 7448
7501 7527 7578 7738 8286 8503 8713
9045 9122 9504 9641 9685 9755 9818
9906 10109   (44 Belege)

stola 10302

stomachus 3689 10432

Storch → de Croniis vulg. nunc.

strages 7391 7742 10111

Strasse vulg. nunc. → eccl. in Steyna an
der

strenuus 2500

strictus 1947 5559

stringo 1250 4013 9936

structura 118 488 658 693 932 1527 2272
2317 2547 2623 2820 2971 3848 4282
6344 7533 8466 8795 9090 9445 9602
10181   (22 Belege)

stuba 5558 9135

Stubental → preb. al. in

stud. 1 4 14 69–70 224 254 322 366 508
530 536 576 589 619 623 656 744 764
800 830 921 932 1056 1062 1088 1114
1119 1198 1236 1241 1256 1335 1348
1394 1496 1547 1578 1583 1646 1659
1671 1732 1801 1865–1867 1869 2010
2023 2035 2111 2149 2178 2226 2232
2250–2251 2272–2273 2341 2347 2349
2355–2356 2358 2379 2402 2492 2499
2511 2543 2562 2581 2617 2650 2820
2825 2905 2949 2963 2974 3012 3034
3053 3128 3161 3175–3176 3187 3217
3232 3291 3296 3432 3439 3481 3512
3559 3566 3674 3701 3731 3771 3782
3787 3821 3867 4054 4065 4074 4114
4212 4282 4304 4319 4391 4394 4411
4525 4528 4535–4536 4567 4597 4602
4606 4621 4631 4636 4659 4666 4742
4780–4781 4814 4846 4884 4891 4922–
4923 4930 4939 4961 4974 4976 5039
5085 5108 5126 5130 5194 5379 5419
5464 5487 5503 5505 5608 5724 5733
5813 5848 5874 5905 5999 6057–6058
6062 6111 6209 6217 6228 6258 6339
6345 6347 6374 6440 6527 6530 6544
6565 6622 6638 6712 6725 6810–6811
6904 6990 6995 7023 7039 7054 7090
7104 7109 7186 7235 7293 7312 7337
7352 7391 7451 7460 7479 7490–7491

7501 7614 7696 7742 7755 7790 7815
7839–7841 7888 7932 8025 8052 8164
8183 8218 8269 8286 8344–8345 8385
8387 8389 8498 8507 8537 8545 8550
8581 8629 8633 8816 8884 8910 8937
8956 8991 9012 9113 9148 9202 9232
9276 9279 9346 9369 9383 9390 9409
9512 9552 9599 9677 9709–9710 9718
9720 9775 9787 9809 9870–9871 9933
9937 9939 9945 9956 9985 10061
10089–10090 10109–10110 10112
10128 10144 10187 10204 10323
10332 10396 10398 10420 10481
10520 10588 10598–10599
                             (299 Belege)

stud. → aliquos an. in art.

stud. → art. et theol. facultatibus

stud. → art. mag. et in univ. studii Magunt.

stud. → art. mag. et in utr. iur.

stud. → art. mag. in iur. can. actu Parisiis

stud. → art. mag. in univ. Colon.

stud. Colon. legit → decr. doct. qui 30 an.
ordinarie in cathedra et

stud. et facult. art. med. studuit et a pluribus comitibus baronibus et al. magnis
nobilibus propter eius scientiam et practicam in eadem arte in qua valde expertus est saldariatus et stipendiatus fuit tamen d. artem exercere n. potest →
presb. in art. mag. qui p. 2 an. post gradum mag. p. eum susceptum in univ.

stud. gener. 530 764 1056 1256 1578
1671 1801 1865 2273 2499 2825 3012
3731 3771 4411 4535–4536 4567 4602
4742 4884 4923 5130 5194 5379 5419
5848 5905 6228 6374 6990 7391 7460
7501 7614 7755 8218 8345 8498 8581
9232 9279 9512 9709–9710 9720 9787
9870 9937 9939 10204 10599
                             (53 Belege)

stud. gener. → facult. erig. universitatem

stud. gener. Heydelbergen. in facultate art.
stud. → in

stud. gener. pro theol., iur. can. et civilis
necnon art. et med. facultatibus erigi
lic. 7391

stud. → in stud. gener. Heydelbergen. in
facultate art.

stud. → in univ. Colon. in facult. art.

stud. → in univ. Cracov. in art.

stud. → in univ. Papien. art. et iur. can.

stud. → in univ. stud. Lovanien. in art.

stud. → in univ. studii in iur.

stud. → in univ. Trever. in facult. art.

stud. → lic.

stud. Lovanien. in art. stud. → in univ.

stud. p. Italiam → art. mag. litt.

stud. → univ. Cracov. in art. liberalibus p. 5 an.

studentibus fruct. perceptionem → facult. conc.

studii Bononien. → privil.

studii Bononien. → univ.

studii Bononien., Parisien. et Colon. → ad instar

studii Colon. → univ.

studii Erforden. → univ.

studii Florentin. → univ.

studii Friburgen. → univ.

studii gener. grad. doct. → in aliqua univ.

studii Gripeswalden. → univ.

studii Heidelbergen. → univ.

studii in iur. stud. → in univ.

studii Ingelstaden. → univ.

studii Lipzen. → univ.

studii Lovanien. → univ.

studii Luneburgen. → univ.

studii Magunt. stud. → art. mag. et in univ.

studii Magunt. → univ.

studii Nanneten. → univ.

studii o.pred. → univ.

studii Paduan. → univ.

studii Papien. → univ.

studii Parisien. → univ.

studii Perusin. → univ.

studii Pisan. → univ.

studii Poznan. → univ.

studii Roman. et Avinionen. → univ.

studii Rostocken. → univ.

studii Salamantin. → univ.

studii Trever. → univ.

studii Tubingen. → univ.

studii → univ.

studii urbis Senarum → univ.

studii Urbis → univ.

studii Wien. → univ.

studiis gener. → lic. audiendi vel legendi publice lectiones in legibus in quibuscumque scholis sive

studiis → studium theol. circiter

studiis → studium theol. circiter 16 an. in diversis

studio insistere 4074 6530 9718 9720 10112

studio litt. insistere 830 2232 2650 3296 4074 9718

studiorum → univ.

studium gener. in iur. can. → Ytalie et Cracov.

studium iur. can. 4923 5724 7054

studium iur. can. et civilis 1865 2023

studium iur. civilis 4411 6057 9709

studium theol. circiter 16 an. in diversis studiis 5419

studium universale 536 3128 7614 8956

studuit et a pluribus comitibus baronibus et al. magnis nobilibus propter eius scientiam et practicam in eadem arte in qua valde expertus est saldariatus et stipendiatus fuit tamen d. artem exercere n. potest → presb. in art. mag. qui p. 2 an. post gradum mag. p. eum susceptum in univ. stud. et facult. art. med.

stufa 732 9033

stuferi antique monete Francie 9615

stuferi monete Brabantie 2457 4092 8061 8766

stuferi monete Burgundie 5053 8766 9231

stuferi monete Flandrie 4457 5714 9777

stuferi monete Francie 9615

stuferis computatum) → pretium 3.000 libr. cypri (quodlibet centenarium d. cypri pro 20

stuferus 73 327 1781 1804 1820 1874 2325 2457 3301 3410 4071 4092 4457 4569 4895 5045 5053 5655 5698 5714 5905 6057 6123 8061 8241 8766–8767 9231 9615 9777   (30 Belege)

stuferus → valor fruct. / red. beneficiorum [pars separata in fine appensa]

stulgericht vulg. nunc. → friestuel / vriestoel sive

suadeo 205 732 2945 3176 7404 7491 9504 10109

suasio 2160 7814

sub eodem / uno tecto 260 338 379 512 718 919 959 1090 1256 1274 1308 1360 1506 1744 1826 1840 1994 2105 2200 2233 2463 2689 2730 2773 2792 2902 2986 3149 3291 3408 3414 3428 3454 3525–3526 3573 3581 3665 3691 3695 3893 3976 4166–4167 4225 4282

4549 4622 4637 4770 4783 4864 4892–
4893 5130 5155 5225 5398 5545 5606
5653 5673–5674 5738 5762 5943 6296
6459 6504 6686 6730 6789 6812 7044
7081 7147 7271 7354 7377 7578 7582
7717 7721 7969 8058 8308 8316 8380
8623 8884 8936 8938 9052 9059 9098
9186 9368 9621 9910 10004 10067–
10068 10622   (103 Belege)
subcollect. 105 122 134 223 232 339 368
403 429 431 489 520 679 703 730 1045
1053 1159 1430 1775 1779 2236 2872
2916 2964 3059 3469 3482 3526 3636
4066 4535 4803 4923 4966 4994 5052
5200 5217 5362 5777 5819 5874 5935
6152 6157 6514 6718 6758 6840 6896
7017 7209 7305 7333 7554 7630 7643
7656 7798–7799 7875 7951–7952 8010
8073 8113 8365 8438 8440–8441 8466
8597 8607 8640 8808 8833 9007 9376
9465 9473 9477 9483 9496 9771 9824
9867–9868 10091–10099 10250 10252
10345 10380 10382 10607 (103 Belege)
subcollect. → abbrev. et
subconservator 1851
subcumbo 352
subcustodia 310 4429
subcustos 310 819
subdecanatus 6633 10451
subdecanus 101 577 2854 3474 3670
4104 4391 6250 6321 7012 8464
        (11 Belege)
subdelegatus 1851 4020 4636 5177 6035
6507 6931 9890
subdiac. 19 29 40 70 77 101 205 304 478
636 648 679 820 858 1029 1058 1072
1081 1168 1269 1323 1606 1632 1681
1770 1974 2055 2094 2105 2120 2226
2379 2413 2431 2560 2664 2671 2706
2740 2755 2787 2847 2915 2998 3161
3187 3202 3217 3291 3439 3474 3486
3512 3537 3562 3587 3621 3702 3782
3948 3954 3983 3998 4065 4124 4345
4535 4636 4685 4810 4964 5211 5284
5322 5452 5532 5568 5570 5607 5649
5666 5729 5743 5830 5964 5972 6056
6058–6059 6263 6315 6324 6345 6523
6544 6626 6633 6684 6725 6915 6949
6995 7029 7140 7286 7346 7376 7389
7407 7738 7912 8110 8164 8261 8318
8345 8440 8503 8529–8530 8534 8670
8714 8729 8731 8766 8779 8905 8937–

8938 8991 9015 9128 9147 9203 9242
9279 9316 9332 9438 9553 9637 9686
9743 9765 9784 9825 9923 9966 10068
10230 10323 10364 10456 10599
        (155 Belege)
subdiacon. 40 51 70 92 183 185 201 214
216 234 302 320 325 328–329 339 388
402 412 451 455 461 480 520 523 545
574 577 581 667 717 734 745 754 818
845 872–873 879 975 987 1015 1021
1026 1051 1062–1063 1118–1119 1125
1127 1136 1142 1155 1159 1202 1204
1229 1252 1295 1297 1347 1363 1373
1375 1377 1420 1444 1456 1508 1524
1542 1546 1605 1625 1636 1638 1646
1665 1715 1783 1888 1903 1912 1936
1973 1991 2004 2040 2052 2055 2096
2099 2103 2111 2124 2130 2159 2167
2327 2337 2353 2364 2382 2388 2395
2408 2427 2429 2431 2492 2507–2508
2511 2561 2611 2650–2651 2761 2817
2853 2855 2863 2881 2926 2949 3000
3011 3084 3126 3179 3210 3220 3225–
3226 3251 3267 3312 3438 3452 3473
3486 3497 3566 3584 3685 3763 3810
3931 3948 3984 3995 4030 4057 4091
4117 4128 4149 4175 4207 4218 4232
4259 4271 4276 4323 4342 4395 4401
4425 4427 4442 4463 4490 4499 4614
4616 4688 4693 4704 4740 4749 4813
4821 4827 4844 4851 4884 4895 4916
4924 4950 4971 4986 5092 5126 5133
5222 5245 5275 5282 5284 5291 5327
5357 5375 5387 5398 5438 5469 5478
5560 5568–5570 5589 5608 5617 5687
5701–5702 5713 5716 5780 5816 5876
5880 5892 5922 5958 5964 5983 6054
6072 6131 6145 6160 6233 6266 6374
6402 6407 6501 6513 6515 6527 6549
6593 6646 6687 6722 6762 6787 6791
6812 6823 6892 6915 6955 6963 6965
6977 6995 7084 7129 7167 7203 7205
7214 7253 7294 7328 7369 7389 7407
7430 7476 7566 7591 7593 7602 7606
7646 7738 7741 7750 7760 7779 7809
7836 7962 7974 8014 8026 8039 8046
8053 8080 8082 8099 8110 8135 8149
8155 8170 8195 8206 8218 8236 8261
8382 8436 8476 8480 8503 8529 8535
8564 8574 8582 8584 8594 8602 8614
8638 8659 8670 8690 8714 8728 8733
8737 8749 8779 8781 8786 8794 8803

8849 8853 8856 8860 8876 8899 8910
8943 8960 9029 9098 9139 9238 9242
9310 9316 9325 9346 9351 9355 9388
9422 9429 9466 9479 9502 9546 9548
9582 9629 9648 9650 9664 9668 9678
9738 9809 9870 9872 9892 9900–9901
9972 9983 10013 10069–10070 10189–
10190 10196 10200 10313–10314
10319 10339 10341 10346 10368
10388 10411 10425 10435 10466
10475 10520 10524 10528 10538
10579 10594 10598   (409 Belege)

subdiaconalis 3516 8195 9940

subditos Colon. → differentia inter capit.
et

subditus 127 273 353 794 880 1233 2078–
2079 2219 2323 2342 2356 2434 2456
3072 3130 3176 3685 4391 4536 4596
4962 6003 6039 7069 7321 7337 8449
8461 8490 8560 8941 9327 9526 9932
9943 9945   (37 Belege)

subeo 1742 1899 1948 3197 3721 6744
7558 8956 9812 10396

subexecutor 1814 2930 3163 9817

subiaceo 1234 1844 3323

subicio 529 764–765 979 997 1732 1946
2077 2219 2344 3268 3721 4389 4447
5968 7491 7533 9065 9267 9527 9592
9790 10282   (23 Belege)

subiectio 620 658 1029 1527 1739 1756
1870 2089 2340 2343 2391 3590 4626
5620 7820 9224 9584   (17 Belege)

subiectos univ. → facult. exercendi iurisd.
in personas et

subiectus 8 131 163 185 207 273 431 516
617 628 636 730 764–765 794 912 964
1040 1180 1235 1238 1241 1382 1578
1647 1702 1711 1756 1867 1870 1932
1940 2030 2035 2077 2089 2138 2214
2218 2272 2341–2342 2344–2345 2361
2389 2391 2415 2621 2862 3075 3130
3139 3175 3685 3689 3699 3848 3957
4085 4091 4271 4407 4536 4626 4983
5196 5342 5449 5496 5620 6194 6327
6550 6673 7069 7329 7370 7425 7478
7489 7492 7762 7815 7859 7864 7986
7990 8004 8007 8449 8457 8461–8462
8464 8473 8702 9045 9065 9209 9214
9224 9261 9329 9433 9456 9466 9526–
9527 9584 9591 9814 9886 9932 9935–
9936 9997–9998 10031 10091 10108
10112 10150 10184 10267 10269
10375 10490   (128 Belege)

subintro 5487

subiugo 7337

subiungo 352 2356

sublatio 5117 7244

sublevamen 10184

sublevo 4753 8799 9066

subministro 7330 10111

submissio 2345 3009 10137 10184

submitto 789 934 1235 1732 1814 1946
3323 3685 4013 4407 9041 9065 9154
9742 10267   (15 Belege)

submoveo 9528

submurmuro 5697

suborior 1732 1793 7059 10110

subprior 880

subscribo 14 44 357 393 497 516 551 575
654 709 731 1030–1031 1049 1109
1201 1497 1571 1659 1674 1851 1951
1959 2032 2107 2161 2264 2275 2388
2396 2551 2980 2987 3012 3215 3291
3410 3553 3624 3636 3692 3780 3881–
3882 4038 4114 4129 4167 4340 4504
4567 4596 4791 4814 4859 4908 4986
5105 5154 5227 5379 5607 6079 6082
6084 6251 6326 6550 6633 6839 6889
6994 7049 7109 7295 7401 7473 7614
7722 7819 7872 8010 8044 8131 8265
8509 8625 8808 8863–8864 8869 9330
9392 9526 9553–9554 9570 9796 9883
9937 9955 10018 10074–10075 10101
10104 10170 10345 10347 10370
10388   (111 Belege)

subscriptio 7537

subsequor 24 36 45 134 168 231 260 344
363 425 731 734 1025 1065 1073 1196
1256 1303 1381 1497 1503 1735 1820
1845 1863 1879–1880 1916 1965 1984
1990 2024 2105 2107 2112 2150 2154
2163 2225 2263 2319 2376 2440 2550
2554 2577 2580 2662 2706 2729 2745
2779 2791 2805 3047 3059 3085–3086
3163 3191 3218 3226 3232 3291 3370
3408 3467 3525 3547 3624 3671 3712
3983 3992 4057 4135 4163 4231 4265
4282 4286 4406 4422 4476 4479 4551
4631 4659 4873 4893 4946 4961 5008
5468 5548 5726 5731 5793 5848 5919
6059 6123–6125 6244 6335 6354 6380
6403 6423 6527 6538 6568 6613 6652
7112 7166 7172 7191 7230 7283 7296
7312 7552–7553 7578 7711 7774 7830
7875 7907 7955 8031 8033 8415 8519

8524 8537 8544 8579 8588 8827 8979
9053–9054 9218 9367 9494 9648 9660
9696 9701 9732 9824 10047 10091
10108 10169 10194 10336 10523
(161 Belege)
subsidium 127 529 731 782 1053 1205
1779 1972 2935 2963 4568 4596 4626
5905 7059 7144 7329–7330 7382 7551
7705 8607 9383 9935–9936 10091
10110 10267   (28 Belege)
subsidium → lic. imponendi
subsisto 588 9935 9940
substantialis 10214
substituo 509 576 700 731 1031 1081
1147 1288 1394 1873 2558 2574 3702
3760 4091 4157 4206 4504 4536 4871
5011 5112 5979 6414 6777 6918 7493
7793 8121 8406 9195 9576 9858 9873
9943 10112   (36 Belege)
substitutio 1031 3881
subsum 117 138 789 2220 3897 4091
7321 7539 9064 9180 9182 10537
(12 Belege)
subthesauraria 4765 7623
subtractio 4566
subtraho 1237 1578 1647 1865 2608 3175
4200 6138 7007 7491 7814 10224
10285   (13 Belege)
subtus 6016
suburbium 122 246 673 763 977 1156
1508 1706 2034–2035 2138 2220 2355–
2356 2428 3032 3063 3385 3781 3810
4189 4860 5131 6002 6016 7032 7042
7288 7542 8452 8456 8779 9458 10279
10328 10494   (36 Belege)
subvenio 782 923 1972 7302 9272 9526
subventio 631 693 1071 1867 2219–2220
2356 7321 7330
subversio 528
succedo 191 687 1653 5503 6016 7558
8736
succentor 9940
succentoria 2434 7376 7483 8836
successio 353 2256 3138 3925 6515 7841
8473 9045
successive 66 101 210 363 451 468 530
775 803 836 965 1304 1552 2272 2315–
2316 3378 3385 3415 3467 3670 3699
4608 4893 5480 5534 6250 6339 6341
6390 6956 7012 7370 7414 7498 7837
8167 8358 8473 8634 8863 9096 9126
9137 9257 9415 9439 9466 10219
10382 10422 10538   (52 Belege)

successivus 9635
successor 117 1049 1071 1152 1169 1190
1250 1604 1868 2272 2440 2620 2862
2910 2928 3075 3130 3528 3683 4070
4411 4432 4550 4566 4781 4835 4856
5348 5957 5968 6219 6633 6891 7198
7275–7276 7358 7449 7490 7521 7839
8042 8133 8974 9041 9214 9357 9710
9742 10087 10109 10268 10349 10534
10616   (55 Belege)
successus 2270 4028
succresco 2270
succurro 7696 9388
sudor 8789
Suevli) → capn. ad alt. b. Marie (vulg.
appellata capn. Hebernaris Stieveli / Hebermarts
suffero 2323 2522 4780 6810 9096 9160
9420 10111 10396
sufficio 352 843 912 989 1145 1204 1241
1527 1548 2160 2218 2345–2346 2531
3897 5039 5743 6447 6516 7151 7391
7491 7696 7742 7815 7860 8451 8956
8963 9023 9879 10111 10124
(33 Belege)
sufficientem habet → tit. patrimonialem
sufficienter 451 659 1076 1236 1339 1569
1701 2110 4211 7061 7109 8314 9455
9916 9940 10567   (16 Belege)
suffrag. 186 193 274 286 375 619 1201
1241 1444 1729 2341 2389 2498 3712
3956 4049 4511 4518 4628 5317 5695
5823 6091 6503 6638 7289 7617 8113
8371 8578 9041 9319 9581 9940
(34 Belege)
suffragium 2162 3772 4511 8449
suffragnitas 2010
suffragor 2340 3859 7329
suffulcio 2376 2764 3671
suggero 732 1578 7382
suggestio 1965 2341–2342 2964 3919
9860
summa 7 72 134 154 203 249 274 361
371 374 429 436 468 483 559 598 610
613 617 653 658 692 708 730 761 763
777 779 794 912 957 974 992 1030
1052 1084 1154 1220 1240 1383 1466
1519 1526 1617 1647 1719 1737 1779
1793 1795 1798 1801 1814 1874 1894
1945 1972 1982 2030 2086 2165 2219
2230 2376 2394 2410 2415 2446 2499
2548 2645 2653 2694 2706 2745 2781

552 587 610 614 617 619 623 630 671
686 695 704 717 719 730 762 771 774
779 783 786–787 793–794 802–803
818 845 859 863 865 872 876 879–881
886 889 910–911 917 971 977 983 987
1015 1035 1037 1042 1051 1063 1076
1095 1105 1125 1132 1136 1142 1152
1155 1194 1202 1224 1233–1234 1236–
1237 1240–1241 1243 1253 1269 1291
1295 1355 1373 1375 1420 1456 1474
1496 1506 1542 1546 1561 1578 1581
1605–1606 1636 1652 1659 1665 1671
1684 1693 1698 1707 1715 1742 1801
1807 1821 1841 1845 1854 1867–1869
1875 1902 1922 1934 1946 1973 1983
1991 1995 2020 2033 2040 2052 2057
2061 2077 2096 2103 2108 2124 2138
2206 2216 2220 2226 2230 2272–2273
2318 2323 2340–2342 2355 2358 2361
2389 2395–2396 2420 2428 2440 2463
2476 2494 2511 2544 2547 2551 2561
2604 2635 2637 2664 2670 2681 2684
2687 2717 2734 2761 2779 2821 2881
2891 2936 2962 2966 2970–2971 2976
2979 3037–3038 3060 3062 3075–3076
3088 3090 3093–3094 3102 3106 3116–
3117 3130 3142 3153 3167 3190 3220
3226 3234 3251 3296 3312 3328 3372
3403 3412 3420 3435–3436 3439 3451–
3452 3524 3535 3544 3557 3566 3584
3610 3627 3632 3650 3670–3671 3692
3699 3718–3719 3741 3748 3763 3765
3772 3794 3801 3807 3825 3828 3931
3968 3982–3983 3985 3998 4020 4028
4037 4054 4091 4124 4167 4175 4186
4218 4260 4280–4281 4284 4309 4311
4323 4325–4326 4343 4361 4376 4378
4394–4395 4410–4414 4427 4442 4453
4457 4476 4478 4490 4500 4502 4527
4559 4567 4569 4581 4597 4613–4614
4616 4618 4628 4659 4688 4704 4731
4738 4740 4749 4780 4782 4787 4814
4822 4844 4851 4879 4961 4964 4968
4986 5009 5045 5057 5063 5089 5133
5201 5222 5282 5308 5347 5375 5379
5388 5398 5403 5419 5430 5438 5478
5499 5522 5524 5532 5538 5540 5560
5562 5568 5581 5589 5600 5617 5620
5652 5657 5687 5701 5704 5713 5732
5770 5780 5787 5801 5816 5848 5854
5874 5876 5880–5881 5899 5916 5956
5964 5971 5989 6001 6016 6051 6054

6072 6078 6081 6106 6172 6195 6206
6213 6233 6264–6266 6271 6293 6309
6407 6447 6509 6528 6534 6553 6574
6593 6602 6613–6614 6619 6661 6709
6735 6762 6787 6806 6823 6844 6872
6892 6900 6915–6916 6923 6958 6963
6965 7049 7059 7078 7095 7103 7109
7125 7137 7151 7167 7170 7179 7203
7205 7211 7214 7224 7286 7291 7296
7303 7309 7342 7352 7377 7391 7399
7412 7426 7431 7442 7462 7476–7477
7483 7500 7505 7530 7533–7534 7585
7593 7602 7614 7646 7677 7721–7722
7735–7736 7738 7745 7755 7760 7786
7788 7797 7809 7834 7847 7907 7919
7942 7962 7965 7974 7986 7988 7990
7993 7996 8003 8007 8014 8046 8053
8065 8073 8082–8083 8093 8099 8110
8135 8149 8155 8228 8236 8290 8311
8345 8349 8352 8355 8368 8379 8393
8450 8455 8464 8474 8478 8490 8535
8547–8548 8564 8574 8582 8602 8614
8630 8641 8653–8654 8656 8679 8690
8707 8715 8717 8733–8734 8762–8763
8781 8786 8794 8817 8849 8853 8860
8908 8913 8920 8928 8930 8938 8943
8962 8966 9011 9020 9041–9043 9049
9051 9065–9066 9070 9094 9098–9099
9155 9165 9180 9211 9214 9257 9264–
9265 9274 9290 9296 9301 9349 9351
9354–9355 9363 9380 9444 9458 9463
9469 9501–9502 9522 9526 9528 9569–
9570 9582 9591 9595 9638 9648 9654
9720 9743 9766 9775 9821 9868 9872
9889 9892 9901–9902 9923 9937 9940
9947 9952 9966 9972 9985 10004
10013 10033 10067–10069 10074–
10075 10089 10127 10159 10174
10196 10200 10212 10267 10282
10313 10317 10319 10338–10339
10341 10368 10453–10454 10486
10490 10523 10530 10536–10538
10593–10594   (701 Belege)
supplic. script. → abbrev. et in registro
supplic. script. → Pauli II. fam. aut
  abbrev. vel in registro
supplic. script. → Pii II. abbrev. vel in registro
supplic. script. → art. mag. in registro
supplicio affectus 2342 2476
supplicium 2020 2342 2476 7118 7145
  7390 7522 9096 10411 10618

suppono 786 2089 2383 2391 2781 2928
 3528 3773 4785 5464 5600 6770 7723
 7812 7854 8448 9184 9267 9814 10618
 (20 Belege)
supportatio 1865
supporto 205 4603 9049 9591
suppressio 1814 1869 3825 7104 7469
 7994 10150 10482
suppressio dign. abbat. 10150
supprimendi → lic.
supprimo 186 210 1235 1243 1572 1706
 1814 1865 2028 2034 2138 2345 2463
 2511 2712 3074 3385 3825 4447 5489
 6355 7019 7104 7533 7783 7848 7872
 7994 9294 9742 10065 10282 10609
 (33 Belege)
suprapono 2220
suprascribo 2916
suprascriptio 431 469
supremus 570 1184 5928 8507 8615 9545
surgo 5487
surrepo 7847
surreptio 828 1843 1863 2345 3855 3859
 8763
surreptionis certarum bullarum → vac. p.
 decl. certe
surrepticius 10523
surripio 2032
surrog. 3 31 34 36 43–44 63 82 95 107–
 109 121 131–135 183 204–205 260 292
 316 319 328–329 342 368 392–393
 412–413 416 419–420 426 451 485 487
 497 505 519–520 546–547 569 575 580
 600 607 621 704 706 708–709 717 726
 728 730 800 804 807 820 828 836 852
 859–861 889–890 905 909 917 957 991
 1017 1026 1065 1090 1118 1132 1135
 1150 1154 1196 1283 1304 1360 1378
 1421 1428 1439 1445 1461 1491 1497
 1503 1539 1544 1552 1600 1606 1643
 1672 1674 1727 1735 1770 1784 1788
 1807 1821 1823 1840 1842–1843 1846
 1860 1912 1916 1923 1938 1973 1978
 1980 1987 2007 2024–2025 2027 2032
 2101 2112 2118 2149 2253 2307 2312
 2315 2373–2374 2377 2414 2440 2463
 2469 2478 2488 2490 2511 2523 2528
 2549–2551 2577 2609 2612 2649 2660
 2664 2702–2703 2706 2713 2774 2779–
 2780 2791 2793–2794 2830 2839 2841
 2845 2872 2884 2908 2926 2945 2957
 3005 3012 3051 3059 3067 3082–3083

3085 3124 3149 3152–3153 3162 3179
3190 3218 3225–3227 3232 3270 3281
3290 3295 3302 3312 3333 3359 3378
3414 3457 3459 3462 3465 3471 3475
3478 3526 3528 3544 3547 3553 3557
3571 3575 3582–3584 3592 3600 3633
3636 3643 3650 3682 3691 3695 3702
3717 3719 3784 3794 3811 3859 3874
3877 3881 3888 3920 3925 3932 3938
3947 3978 3992 4015 4036 4058 4066
4091 4183 4203 4227 4231 4253 4260
4262 4270 4274 4283 4299 4319 4361
4365 4403 4458 4470 4475 4502 4528
4538 4546 4548–4549 4600 4618 4642
4659 4664 4669 4671 4731 4749 4759
4781–4783 4787 4792 4796 4800 4803
4847 4870 4877–4878 4891 4893 4902
4918 4922 4924 4955–4957 4966 4976
4994 5001 5017 5024–5025 5051 5053
5061 5126 5130–5131 5134 5149 5154
5161 5194 5199 5223 5235 5241 5247
5291 5335 5375 5384 5426 5527 5533
5541 5563 5565 5579 5594 5600–5601
5606 5636 5640 5646 5648 5666 5725
5737 5743 5787 5791 5794 5801 5819
5827–5828 5848 5861 5875 5911–5912
5919 5943 5966 5972 5980–5981 6051
6057 6064 6079–6080 6090 6093 6097
6139 6144 6195 6210 6231 6251 6264–
6265 6302 6337–6338 6371 6414 6423
6446 6452 6470 6514 6547 6552–6553
6558 6577 6593 6609 6678 6701 6741
6761 6791 6812 6833 6854 6889 6891
6918 6961 6975 6996–6997 7003 7018–
7019 7025 7034 7043 7068 7075 7126
7159 7167 7172–7173 7193 7202 7224
7283 7290 7306 7343 7349 7403 7432
7446 7461 7544 7583 7619 7630 7633
7644 7670 7722 7735 7740 7747 7774
7782 7808 7826 7837–7838 7849 7853
7875 7901 7907 7913 7934 7952–7953
7955 7963 7970 7975 8018 8052 8060
8081 8113 8131 8133 8145 8151 8178–
8179 8182 8203–8205 8227 8258 8270
8273 8304 8332 8343 8353 8360 8368
8379 8403 8412 8423 8425–8426 8441
8456 8474 8503 8537 8549–8550 8580–
8581 8597 8606 8608 8614 8625 8640
8651 8677 8683 8703 8714–8715 8717
8732 8743 8763 8826 8828 8843 8863
8914 8923 8970 8986 9052 9054 9125–
9127 9155 9160 9170 9198 9205 9227

9233 9286 9300 9304 9342–9343 9345
9355 9365 9378 9412 9415 9418 9437
9466 9472–9473 9479 9485 9501 9522
9546 9552–9553 9565 9568 9576 9628
9638 9648 9668 9701 9703 9730–9734
9744 9771 9819 9879 9924 9937 9976
10041 10053 10069 10133 10176
10217 10228 10244 10249–10252
10278–10279 10285 10291 10301
10378 10380 10383 10388 10394
10400 10423 10425 10427 10453–
10455 10478–10479 10493 10519–
10520 10523 10543 10564 10611
(643 Belege)
surrogandi → lic.
susceptio 2267 3434 10126
susceptum in univ. stud. et facult. art. med.
studuit et a pluribus comitibus baronibus et al. magnis nobilibus propter eius
scientiam et practicam in eadem arte in
qua valde expertus est saldariatus et stipendiatus fuit tamen d. artem exercere
n. potest → presb. in art. mag. qui p. 2
an. post gradum mag. p. eum
suscipiendi munus consecr. → facult.
suscipio 105 245 286 372 530 620 700
731 877 1042 1137 1238 1697 2010
2033 2079 2160 2216 2440 2442 2830
2963 2973 3095 3385 3473 3773 4510
4729 4961 5108 5194 6347 6583 6782
7044 7072 7079 7180 7282 7293 7330
7464 7477 7501 7533 7566 7755 7790
7993 8147 8309 8454 8550 8560 8707
8979 9003 9069 9094 9122 9169 9249
9258 9466 9589 10056 10069 10094
10137 10204 10396 10403 10427
(74 Belege)
suscito 7477
suspecto 2349 3798 5035 8368 9328 9860
suspendendi → facult.
suspendendi → pot.
suspendo 118 185 528 934 1036 1241–
1242 2347 2945 2974 3528 3683 4167
4506 4535 5044 5226 5321 6434 6712
6931 7231 7383 7489 7531 7812 8139
8335 8434 9042 9249 9388 9616 9711
10075 10533 (36 Belege)
suspensa fuit → indulg. propter revocationem
suspensa → indulg.
suspensatio 934

suspense fuerunt → omnes indulg. p. nunt.
ap.
suspensio 118 528 636 1241 1972 2974
3528 4167 4536 7069 7531 7551 8335
8535 9042 9527 9933 10075
(18 Belege)
suspensio indulg. p. totum an. iubilei 7551
suspenso ab ord. executione p. 3 an. →
Fiat eo
suspicio 527 2348 3088 7337 7815 8007
suspicio pestilentis aeris 2348
sustentatio 406 764 790 1235 1737 1867
1972 2160 2272 2343 2415 2542 3104
4152 4291 4387 4493 4569 6753 7061
7104 7814 7860 8430 9023 9790
(26 Belege)
sustentatione 20 scol. pauperum in partibus
Alemannie Inferioris reliquit → card. in
testamento hospitali omnes suos libros
et 5.000 fl. renen. pro
sustentatione → abba. pro illius
sustento 1845 1972 2138 2343 2690 2790
3102 3162 3813 4121 4447 5848 6038
7479 7533 7696 8001 8348 8723 9023
9057 9182 9589 9857 10482 10520
(26 Belege)
sustineo 1854 2342–2343 2434 5823 7261
7381 7566 9121
sutor 4424 4477
sutoris vulg. nunc. → benef. ad alt. Trium
regum al.
Swecia] fundatum → mon. p. ipsam beatam Birgittam [de

tab. 1063 2105 2652 2729 3035 4253
4391 4536 4781 4922 6629 7261 7489
7553 8961 9126 (16 Belege)
tab. → facult. conc. off.
tabellarius 638 5007 10110
tabellio 431 730 1779 4536 7489
tabelliones → facult. creandi
taberna 1599 3102 5581 8560 9379 9702
tabernaculum 9742 10422
tabernarius 1599
tabula 7391 8410
tacendi → lic.
taceo 329 425–426 519 1203 1611 1652
1715 2104 2108 2270 2419 2539 2902
2985 3455 3785 3941 3998 4343 4393
4636 4750 4774 4879 5028 5187 5203
5556 5725 6078 6461 6523 6559 6721
7469 7617 7679 8244 8344 8634 8945
9437 9829 10412 (45 Belege)

talaris 105

talentum 876 6489 9602

tallia 3175 3897

tango 9526

tardatio 1708

Tarlimolen vulg. nunc. → cur. et molendinum

tasca 4780

tassea 1035

taxa 1241 3488 4536 6455 6744 7125 7705 8460 8752 8956 9742 9802 10068 (13 Belege)

taxas vel gabellas → facult. erig.

taxator 6545

taxatores etc. → abbrev. script. registrorum

taxillus 3574

taxo 588 5563 7184 7223 7705 7840 8312 8460

Thebeorum (1.200 an. elapsis in ponte Solodori c. s. Urso et s. Victore decapitatorum) → ossa 17 sanctorum

tecto → sub eodem / uno

tectum 260 338 379 512 718 919 959 1026 1064 1090 1256 1274 1308 1360 1506 1744 1826 1840 1994 2105 2200 2233 2463 2631 2689 2730 2773 2792 2902 2986 3149 3291 3408 3414 3428 3454 3525–3526 3573 3581 3665 3691 3695 3893 3976 4166–4167 4225 4282 4549 4622 4637 4770 4783 4864 4892–4893 5130 5155 5225 5398 5545 5606 5653 5673–5674 5738 5762 5943 6296 6459 6504 6686 6730 6789 6812 7044 7081 7147 7271 7354 7377 7578 7582 7717 7721 7969 8058 8308 8316 8380 8623 8884 8936 8938 9052 9059 9098 9171 9186 9368 9621 9910 10004 10067–10068 10622 (107 Belege)

tegurium 9035

tela linea de Olanda 217

telonarius 2433 5393 7236

teloneum 516 525 762 1762 1801 1982 2035 2433 3102 3772 4391 4566 6000 6638 7477 7752 8464 9214 9319 9839 9935 (21 Belege)

teloneum Lansten 7477

telum 1987

temerariter 7406

temerarius 1031

temere 1631

temeritas 508 1060 9214

temp. (1418 Belege)

tempestas 3102 9003 10482

tempestuosus 266

templum 5217 7579

temporalis 8 63 127 186 245 277 372 671 700 730 789 794 964 1044 1076 1442 1528 1538 1578 1647 1704 1817 1865 1867 1909 1982 2079 2132 2138 2162 2214 2272 2306 2310 2340 2342 2356 2389 2416 2433–2434 2516 2934 2950 3075 3088 3102 3155 3436 3684 4129 4204 4307 4351 4414 4447 4506 4703 5251 5968 6002 6016 6534 6619 6648 6934 7064 7426 7469 7479 7491 7594 7998 8259 8291 8462 8464 8571 8712 8941 9003 9085 9139 9168 9257 9265 9384 9455 9526–9527 9591 9711 9733 9757 10033 10065 10087 10110 10180 10214 10482 10537 10619 10621 (104 Belege)

tempto 106 731 1578 4569 7382–7383 9045 9936 10490

tempus dietarum seu nundinarum 8463

tendo 3176

tenebre 4809

tenementum 117 119 620 4271

tenendum par. eccl. → disp. ad

teneo 24 51 72 79 82 127 134 154 167 204 237 259 352 371 385 412 451 488 532 571 610 618 629 654 670 693 700 762 765 773 777 801–802 861 909 917 932 971 1028 1042 1044 1065 1068 1084 1194 1233–1234 1236 1240–1241 1269 1369 1409 1421 1445 1568 1575 1578 1616 1707 1722 1732 1737 1752 1756 1789 1799 1807 1826 1865 1867–1871 1946 1956 1990 2010 2030 2032 2035 2111 2138 2163 2219–2220 2231 2256 2323 2342–2343 2371 2374 2376 2379 2410 2417 2440 2463 2548 2605 2706 2762 2793 2894 2920 2926 2945 2948 2967 2987 3072 3100 3130 3155 3300 3306 3431 3467 3543 3547–3548 3553 3587 3610 3670 3685 3721 3773 3778 3825 3835 3843 3897 3922 4057 4084 4103 4167 4213 4231 4243 4255 4257 4328 4331 4337 4411 4413 4502 4546 4583 4596 4598 4600 4626 4636 4645 4649 4678 4731 4779 4813 4821 4882 4962 5155 5219 5228 5291 5308 5376 5538 5600 5643 5804 5928 5957

6016 6119 6215 6265 6300 6389–6390
6502 6515 6671 6691 6718 6812 6883
6916 6941 6995 7019 7069 7082–7083
7112 7161 7198 7252 7302 7305 7308
7328 7337 7355 7383 7405 7471 7477
7522 7540 7550–7553 7578 7615 7646
7651 7717 7784 7791 7814 7837 7841
7888 7906 7943 7980 8122 8131 8186
8426 8443 8449 8461–8463 8470 8490
8534 8536 8560 8603 8615 8702–8703
8707 8864 8874 8916 8937 8941 9003
9033 9040 9066 9120 9128 9139 9155
9214 9242 9249 9257 9259 9295 9319
9383 9455 9457 9526 9552 9595 9618
9631–9632 9671 9709–9710 9713 9718
9730–9731 9787 9797 9812 9814 9858
9861 9881 9927 9933 10023 10062
10071 10074 10087–10088 10132
10181–10182 10184 10217 10245
10251 10267 10406 10413 10420
10441 10480 10482 10520 10546
10588   (321 Belege)
tener 379 5914
tenet → abb. concubinam
tenor 353 1693 1972 2138 2790 3602
    4028 4476 7102 8984 9363 9600 10088
    10490   (14 Belege)
tenuis 6447 9857 10520 10609
tenuit → disp. ap. in commendam
tenuta Lubamie (Lubanne) 10091
tenutarius 4506
theol. 29 65 134 286 294 308 351 465 469
    488 537 619 623 636 650 813 854 880
    904 909 932 997 1026 1035 1134 1196
    1233–1234 1238–1239 1288 1355 1370
    1533 1537 1549 1574 1719 1729 1854
    1865 1879 1990 2010 2107 2272–2273
    2341 2343 2345 2355–2356 2396 2415
    2442 2498 2550 2717 2750 2945 2964
    2988 3080 3175 3202 3475 3488 3530
    3581 3603 3667 3738 3771 3787 3817
    3891 3896 3934 3964 4114 4178 4201
    4282 4353 4356 4368 4385 4411 4435
    4636 4699 4749 4773 4797 4822 4867
    4990 4994 5030 5038 5174 5197 5199
    5308 5312 5372 5419 5637 5716 5754
    5823 5874 5912–5913 5974 5991 5999
    6123 6134 6337 6342 6361 6440 6638
    6661 6744 6856 6921 6942 7100 7102
    7104 7186 7240 7282 7306 7388 7391
    7413 7428 7439 7477 7501 7511 7522
    7551–7552 7620 7622 7656 7752 7754–

7755 7922 8237 8264 8314–8315 8373
8385 8430 8546 8643 8763 8816 8893–
8894 8925 8956 9001 9059 9065 9202
9260 9325 9349 9390 9407 9415 9545
9635 9689 9700 9709–9710 9715 9862
9871 9937 9957 9969 10028 10031
10098 10314 10396 10403 10413
10451 10453 10541 10623 (202 Belege)
theol. aut med. → doct. seu licent. aut al.
    graduatus in utr. vel altero iur. seu
theol. aut med. → graduatus in utr. vel
    altero iur. seu
theol. bac. 294 465 623 813 854 1196
    1719 2010 2717 2988 3771 3787 4178
    4201 4356 4435 4867 5419 6638 6856
    7622 8314 8894 9065 9349 9715 9937
    10623   (28 Belege)
theol. bac. → art. mag. et in
theol. bac. → art. mag. in
theol. bac. → decr. et art. doct. ac in
theol. bac. formatus → art. mag. in
theol. → bac. in
theol. circiter 16 an. in diversis studiis →
    studium
theol. doct. 904 909 1026 1134 1370 3202
    3896 5038 5197 5312 5823 5974 7439
    8893 9260 9689 10413 10451
                             (18 Belege)
theol. doct. → art. et
theol. doct. → art. mag. in
theol. → facult.
theol. facultatibus stud. → art. et
theol. licent. 65 1239 1537 2010 2396
    3202 3603 3891 4699 4773 5199 6123
    7100 7922 9202 9390 9415 9700 9862
    9937   (20 Belege)
theol. licent. → art. mag. et in
theol. licent. → art. mag. in
theol. → licent. in
theol. mag. → art. et
theol. → mag. in art. et bac. in
theol. mag. → in art. et in
theol. → mag. vel bac. formatus in
theol. magistri et doctores → privil. quib.
    ceteri art. et
theol. prom. → mag. in art. et licent. in
    medicina ac ad presbit. ord. et postremo
    ad bac. in
theol. recipiendi → lic. insignia professo-
    ratus seu mag.
theol. seu altero iur. doct. vel licent. → in

theol. vel iur. → reserv. 6 can. et preb. pro doct. vel licent. in

theol., iur. can. et civilis necnon art. et med. facultatibus erigi lic. → stud. gener. pro

theologia et 6 doct. in iure can. → facult. creandi 6 mag. in

Theonisvilla de Derihoben vulg. nunc. → eccl. de

Theonisvilla vulg. → eccl. in

Theotonicorum ab iuram. → absol. mag. et fr. hosp. b. Marie

Theotonicorum in Urbe → hosp.

theotonicus / theutonicus 193 732 740 982 1044 1218 1246 1369 2127 2438 2473 2935 3174 3365 3549 3831 4483–4484 4530 5048 7104 7289 7321 7778 7875 7965 8223 8342 8464 8604 9165 9247 9252 9326 9545 9742 9802 (37 Belege)

theotonicus barbatus impressor librorum 2473

ter 185 889 1796 1912 2264 2791 3681 3907 5579 7261 8801 10283
(12 Belege)

tergum 1031

term. 11 127 134 185 195 329 425–426 459 564 681 717 741 763 816 839 845 861 889 1002 1030–1031 1445 1533 1735 1756 1840 1842 1845 1912 2060 2111 2320 2323 2340 2458 2548 2841 2885 2926 2990 3072 3221 3465 3526 3672 3702 3782 3976 4117 4225 4284 4402 4551 4614 4618 4631 4635 4672 4763 4796 4821 4946 5076 5108 5194 5217 5225 5381 5534 5573 5606 5624 5655 5701 5725 5794 5844 5848 5947 5972 6016 6038 6055 6059 6123 6133 6195 6233 6243 6265 6332 6374 6432 6527 6553 6583 6734 6772 6968 7015 7125 7152 7166–7167 7176 7198 7312 7382 7469 7536 7568 7748 7904 7907 7954 7975 8032 8095 8099 8113 8186 8438 8441 8462 8537 8567 8584 8606 8622 8702 8716 8762 8823 8894 8937 8957 8998 9004 9007 9074 9128 9160 9164 9219 9316 9404 9472 9553 9555 9668 9677 9696 9711 9721 9814 9825 9897–9898 9935–9936 10230 10252 10268 10453–10454 10480 10523 10527 (169 Belege)

Termase vulg. nunc. → paroch. de Wese

termino 106 426 2340 4567 6712 7489 7491 8464 8734 9249 10110
(11 Belege)

ternarium 6090 6236

terra 166 189 352 431 494 695 700 730 761 794 934 993 1123 1190 1578 1604 1739 1752 1851 1861 1897 2008 2213 2218 2272 2341 2349 2389 2550 3071 3102 3105 3142 3176 3359 3414 3472 3502 3535 3548 3610 3684–3685 3794 3957 4091 4271 4519 4566 4595 5017 5076 5250 5626 5743–5744 5746 5819 6038 6241 6253 6442 6499 6677 6935 6988 7006 7285 7382 7410 7433 7464 7493 7521 7551 7553 7568 7815 7968 8162 8166 8221 8273 8343 8530 8612 8667 9059 9122 9262 9330 9479 9587 9606 9936 9941 10021 10033 10092 10095–10096 10098–10099 10108 10110 10112 10258 10267 10349 10362 10405 10413 10422 10481
(114 Belege)

terremotus 2346 10112

terreo 7236

terrestris 731 10110

terrigene 2971

territorio R. E. → facult. fodiendi aurum, argentum, plumbum et al. metalla in

territorium 208 1190 1212 1528 1865 2008 2020 2071 2220 2344 2434 2440 3125 3683 3685 4413 5597 5600 6002 6189 6281 6832 7285 7532 8829 9045 9267 9292 9327 9583 9932 10411
(32 Belege)

terror 1959

tertiaria 154

tertius 528 1831 1865 2218 2839 3100 3686 3699 3855 4116 4892 5624 6109 6431 8900 9041 10172 10250 10551
(19 Belege)

thes. 75 106 138 199 260 274 328 571 730–731 765 847 861 863 932 1054 1084 1209 1237 1491 1781 1835 1941 2038 2253 2269 2275 2318 2348 2460 2704 2812 2854–2855 2877 2924 2945 2948 3183 3378 3414 3466 3556–3557 3564 3573 3599 3684 3733 3748 3922 3984 4028 4085 4255 4318 4320 4331 4391 4500 4554 4645 4728 4785 4847 5038 5126 5197 5282 5524 5755 5887 5893 5932 6045 6125 6328 6656 7029 7094 7306 7352 7417 7556 7709 7815

8018 8088 8309 8367 8371 8423 8441
8597 8683 8726 8915 9002 9007 9115
9154 9267 9330 9553–9554 9576 9640
9657 9821 9929 10089 10098 10133
10153   (114 Belege)
thesaur. 75 328 546 862–863 952 1030
1199 1381 1637 1753 1990 2023 2038
2782 2853–2855 2872 2945 3084–3086
3387 3480 3522 3557 3595 3686 3877
3920–3922 3983–3984 4036 4255 4781
4791 4961 5089 5202 5318 5433 5533–
5535 5548 5653 5693 5745 5805 5862
6059 6125 6196 6510 6552–6553 6735
7003 7066 7306 7322 7357 7541 7575
7687 8092 8098 8130 8204 8580 8683
8868–8869 8988 9002 9186–9187 9321
9862 9910 9932 10250 10276 10326
10330 10453 10479–10481 10529
                        (93 Belege)
thesaur. Visnapu (/.) vulg. nunc. 5433
thesaurus 1240 3385
testamentarius 2256
testamenti → exec.
testamento hospitali omnes suos libros et
5.000 fl. renen. pro sustentatione 20
scol. pauperum in partibus Alemannie
Inferioris reliquit → card. in
testamentum 266 516 690 923 1145 1653
1707 1739 1752 1981 2138 2219 2269
2389 2499 2620 2780 2792 2929 3031
3060 3102 3163 3212 3388 3447 4289
4297 4403 6321 6526 7066 7186 7537
7542 7570 7745 7831 7997 8537 8719
8973 9066 9384 9592 9629 9742 9790
9805 9847 9941 9945 10245 10267
10285 10320 10336 10472 10545
                        (59 Belege)
testandi → facult. conc.
testandi → lic.
testator 33 841 923 1739 1981 2138 8719
9941 10267 10336 10472   (11 Belege)
testatrix 10320
testiculus 4849
testifico 3385
testim. 92 109 183 193 214 216 294 304
325 339–340 371 388 412 455 459 461
480 520 523 543 545 555 577 630 717
719 745 818 845 872 879 987 1015
1021 1035 1057 1104 1118 1125 1127
1136 1142 1155 1202 1229 1233 1295
1297 1302 1373 1375 1382 1420 1456
1524 1527 1542 1546 1605 1611 1625

1636 1643 1646 1665 1673 1715 1732
1783 1800–1801 1903 1991 2004 2010
2019 2025 2040 2052 2055 2096 2103
2124 2236 2267 2382 2395 2431 2548
2561 2659 2664 2689 2713 2723 2761
2817 2863 2881 2945 2949 3011 3054
3062 3155 3196 3210 3220 3226 3230
3251 3312 3437–3438 3452 3497 3566
3584 3610 3763 3860 3931 3934 3944
3948 3998 4057 4124 4128 4164 4175
4207–4208 4232 4259 4263 4323 4342
4347 4395 4425 4427 4442 4463 4490
4599 4614 4616 4645 4681 4688 4704
4740 4749 4785 4844 4851 4884 4916
4938 4950 4960 4971 4986 5007 5067
5092 5133 5222 5275 5282 5327 5343
5375 5378–5379 5398 5432 5438 5454
5469 5478 5496 5504 5560 5568–5570
5589 5617 5679 5687 5701 5713 5761
5778 5780 5793 5816 5876 5880 5922
5958 5964 6049–6050 6054 6057 6072
6117 6125 6131 6145 6160 6191 6266
6402 6407 6531 6549 6593 6646 6673
6687 6762 6787 6808 6823 6849 6886
6892 6915 6963 6965 7129 7167 7192
7203 7205 7214 7226 7253 7286 7384
7476 7561 7591 7593 7602 7606 7646
7722 7735 7738 7750 7760 7779 7809
7842 7848 7888 7896 7913 7962 7967
7972 7974 8005 8014 8026 8046 8053
8082 8097 8135 8149 8155 8206 8236
8418 8436 8476 8500 8526 8564 8574
8582 8594 8602 8614 8638 8670 8690
8714 8716 8719 8728 8733 8737 8749
8779 8781 8786 8794 8849 8853 8856
8860 8899 8902 8943 8949 8960 8985
9006 9036 9083 9098 9194 9310 9351
9353 9355 9389 9413 9421–9422 9427–
9428 9440 9479 9501–9502 9548 9581–
9582 9608 9621 9648 9664 9668 9679
9686 9720 9743 9802 9820–9821 9838
9872 9892 9900–9901 9923 9972
10013 10047 10170 10190 10196
10200 10313–10314 10317 10319
10339 10341 10344 10368 10392
10398 10435 10461 10475 10528
10531 10538 10594   (379 Belege)
testis 26 241 392 458 476 575 1147 1202
1445 1502 1586 1608 1783 2161 2619
2985 3060 3120 3389 3410 3672 3730
4011 4028 4085 4129 4167 4284 4340
4596 4637 4649 4786 4868 4925 5076

5161 5227 5599 5650 5701 5887 6171
6191 6195 6264–6266 6428 6811 7022
7172 7220 7431 7479 7620 7840 8110
8536 8604 8630 8962 9342 9839 10170
10278 10382 10479 10481 10519
(70 Belege)

testor 133 730 863 1065 1744 1845 1874
2107 2550 2782 2792 3007 3039 3176
3291 3410 3469 3524 3527 3695 3922
3984 4535 4568 4637 4763 4781 4783
4786 4895 5045 5051 5126 5269 5606
5653 5674 5695 5911 6031 6038 6056
6447 7069 7236 7303 7489 7642 8133
8317 8537 8793 8868 9128 9187 9233
10251 10344 10449 10480 (60 Belege)

testudo 9940

Theutonico faciende → off. predicationis
in idiomate

Theutonicum idioma vulgare habetur) →
mon. Parcen. o. Prem. Leod. dioc. (in
quo

Teutonicum n. loquitur neque intellegit →
idioma

textor 1807 8198

tibia 3021 5002 7744

timeo 528 904 923 1569 1615 1737 1956
2497 2637 3454 4025 4353 4921 4964
5130 7274 7382 7506 7913 8192 9011
9096 (22 Belege)

timor 1235 4201

tinellus 1025 1219 1842 2627 2788 4637
5126 5162 5324 6772 7740 7962 9815
(13 Belege)

tyrannis 7337 7382

tyrannus 2916 7330 7382

tit. (1151 Belege)

tit. → abbat. in

tit. → benef.

tit. → facult. confer. benef. in

tit. patrimonialem sufficientem habet 8963

tit. s. Clementis presb. card. f[am]. → Fiat
pro [Dominici de Ruvere]

tit. s. Georgii [ad velum aureum] card. →
Fiat reservata pens. pro [Raphaeli Ria-
rio]

to der Lanttokerken → villa vulg. dicta

tolero 720 7381 10413

tollo 731–732 764 2348 2548 2974 3859
4391 4536 7328 7491 8688 9732–9733
10109 (15 Belege)

Thoma → Fiat de can. pro oratore et de
person. pro quodam

tondeo 7 9 66 83 125 129 183 196 198
305 340 343 346 356 379 396 412 435
510 561 584 655 711 741 846 869 890
972 1017 1055 1087 1110 1248 1255
1291 1302 1413 1555 1668 1691 1806
1846 1862 1907 1987 2004 2104 2124
2257 2305 2326 2350 2411 2495 2618
2630 2667 2673 2677 2710 2722 2769
2779 2861 2888 2909 3045 3136 3211
3230 3240 3273 3282 3303 3316 3406
3433 3477 3503 3547 3564 3570 3579
3607 3612 3724 3759 3796 3935 3952
4062 4141 4263 4273 4283 4395 4441
4456 4531 4540 4599 4646 4802 4970
5015 5040 5083 5153 5190 5238 5255
5268 5277 5288 5328 5337 5343 5357
5431–5432 5467 5540 5546 5567 5579
5633 5635 5641–5642 5673 5679 5690
5701 5707 5711 5735 5752 5765 5778
5793 5996 6009–6010 6014 6027 6116–
6117 6121 6144 6163 6170 6182 6196
6282 6287 6454 6460 6472 6529 6531
6543 6617 6627 6679 6699 6713 6727
6776 6844 6849 6864 6890 6892 6943
6965 7020 7076 7133 7167 7199 7205
7210 7213 7265 7314 7318 7326 7419
7421 7503 7561 7602 7634 7639 7657
7686 7694 7708 7710 7738 7765 7796
7816 7825 7845 7888 7958 7967 7971–
7972 8005 8024 8077 8086 8124 8147
8151 8200 8222 8276 8320 8326 8424
8487 8513 8576 8586 8671 8792 8798
8804 8849–8850 8859 8884 8892 8989
9201 9225 9270 9278 9287 9310 9352
9362 9379 9389 9422 9428 9441 9492
9665 9774 9779 9791 9848 9954 10010
10034 10047 10234 10244 10264
10340 10447 10495 10502 10507
10512 10535 10559 10566 10571
(273 Belege)

tonsorista 3357 8592 10586

tonsura 340 412 555 1104 1302 1605
1635–1636 1643 1654 2019 2055 2411
2659 2689 2713 2723 3054 3196 3230
3437 3860 4263 4347 4681 4774 4938
5432 5454 5504 5589 5679 5701 5778
5793 6049–6050 6054 6117 6160 6531
6849 6915 7192 7205 7226 7606 7842
7888 7896 7972 8097 8500 8526 8564
8902 8949 8985 9194 9353 9389 9413
9421 9428 9581 9608 9679 9838 9892
9923 10200 10461 (72 Belege)

tonsuram → lic. recip. primam
Torenen. (Tortenen.) nunc. → preb.
Torlumolen vulg. appellatum → molendinum
Torner nunc. → preb. de
torqueo 361 4257
torquis 127 10373
Tortenen.) nunc. → preb. Torenen. (
tortura 935 2658 3971 6434 7007 7165 9860 10172 10411
torturo 9276 10411
torus 191 1653 7479 9119 9631 10097 10289
totalis 185 190 223 371 543 679 932 1057 1137 1742 2159 2983 2995 3155 3896 4164 4271 4568 5496 6673 6712 6991 7125 7384 7396 7407 7413 7798 7853 8012 8309 8535 9045 9258 9427 9440 9559 9709 10285 10466 (40 Belege)
totaliter 105 739 2712 2974 4340 5389 6111 7055 7540 9882 10466 (11 Belege)
totus 42 259 352 636 654 732 912 977 996 1036 1147 1233 1890 2079 2089 2220 2310 2347 2356 2391 2474 2740 2858 3021 3072 3082 3155 3175 3385 3488 3548 4391 4413 4568 4598 4886 4961 5372 5534 5655 5697 6033 6194 6327 6381 6614 6643 6689 6744 6801 6941 7049 7102 7236 7381–7382 7489– 7492 7521 7551 7815 8399 8456 8789 8795 9042 9252 9342 9552 9943 10071 10087–10088 10200 10536 (77 Belege)
tractatus 731 1732 2346 2916 7490–7491 10108 10110
tracto 223–224 272 469 526 763 2347 2349 3176 3548 4117 4391 4909 6931 7382 7477 7552 9388 9528 9543 10110 (21 Belege)
tradatur → aep. Craynen. in manibus nuntiorum ap.
traditio 1695
trado 21 33 239 284 431 638 732 761 763 960 1176 1234 2025 2138 2195 2344 2347 2349 2424 3385 3525 4028 4067 4473 5534 6001 7059 7145 7186 7236 7337 7493 7815 8166 8463 8688 9590 10023 10089 10099 10267 10411 10618 (43 Belege)
traduco 2347
traductio 1073

traho 58 240 273 352 393 398 619 941 1005 1043 1168 1190 1241 1346 1357 1442 1724 1732 1752 1766 1900 1957 2035 2079 2086 2219–2220 2325 2346 2360 2433–2434 2497 2694 2790 2793 2928–2929 3097 3134 3161 3403 3597 3655 3684 3686 4389 4520 4581 4611 5036 5185 5214 5226 5393 5537 5606 5652 5828 6122 6339 6401 6434 6702 6816 6876 7004 7236 7285 7321 7407 7471 7525 7531 7568 7583 7651 7761 7867 7985 8427 8443 8490 8507 8545 8629 8756 8935 9182 9390 9563 9812 9930 9933 10047 10159 10245 10510 (98 Belege)
Traiect. consiliarius → ep.
Traiect. → orator ep.
tranquillitas 989
transalpinus 7815
transcendo 255 610 687 1451 2560 2625 2807 4121 4630 4668 5496 7448 8727 9818 10305 (15 Belege)
transcribo 529 2790 4812 5409 6000 9982 10110
transcriptio 186
transduco 9804
transeo 90 106 372 529 720 765 1152 1525 1701 1854 1947 2063 2235 3162 4091 4835 5376 6633 7552 8093 8114 8616 9094 9357 9454 9906 10054 10093 10106 10583 (30 Belege)
transeundi → lic.
transferatio in flumine Reni inter Coloniam et mon. Tuicien. 3413
transferendi abba. (fil. carnalem com.) → lic.
transferendi → lic.
transferendi → lic. reliquias ex civit. Colon.
transferendi → lic. se
transferendi → pot.
transfero 105 119 126 166 186 236 246 296 315 379 471 488 527–528 597 609 617 654 657 730 765 774 791 932 997 1047 1071 1076 1173 1197 1235 1241 1383 1615 1626 1793–1794 1814 1865 1867 1909 1990 2034–2035 2063 2138 2192 2216 2273 2297 2344–2345 2347 2355 2416 2632 2652 2771 2862 2921 2947 3012 3076 3098 3139 3155 3162 3170 3191 3217 3224 3308 3418 3528 3643 3689 3699 3733 3761 3787 3897

4071 4073 4245 4391 4453 4568 4637
4686 4729 4822 4873 4912 5761 5828
5874 5891 5947 6007 6105 6846 6922
6935 7033 7293 7331 7381 7413 7522
7540 7562–7563 7617 7783 7792 7820
7831 7986 8076 8095 8298 8398 8451
8453 8469 8672 8697 8707 8747 8868–
8869 8888 8923 8957 9060 9094 9156
9171 9327 9329 9337 9380 9450 9543
9592 9755 9841 9933 9936 10025
10031 10065 10068 10073 10087
10340 10373 10432 10511 (159 Belege)
transferri fecerunt → principes ius patron.
 certorum benef. regentibus doct. et mag.
 d. univ.
transgredior 1826 2030 7471 10332
transgressio 3012 9036
transgressione iuramenti → disp. sup.
transgressor 2030 3897 7471
transigo 8464
transitus 731 2348 3488 4536 6497 9185
 9330
transl. 244 246 250 296 327 339 352 371–
 372 431 528 594 804 932 965 1057
 1235–1236 1525 1527 1867 1869 2034
 2220 2227 2345 2521 2987 3012 3035
 3102 3434 4071 4245 4340 4473–4474
 4477 4536 4830 4923 5693 5716 5901
 6002 6070 6079 6165 6381 6639 7066–
 7067 7125 7184 7384 7423 7552 7614
 7835 7851 7884 8076 8121 8407 8578–
 8579 8607 8723 8864 8925 8957 9142
 9258 9327–9328 9380 9440 9444 9457
 9472 9526–9527 9592 9867 9936
 10025 10087 10184 10193 10373
 10607 10614 (92 Belege)
transl. → lic.
transl. misse → absol. et
translatus → ep. de eccl. Brixin. ad eccl.
 Viennen.
transmitto 284 352 393 629 880 1567
 4391 5007 6291 6516 7186 7321 8466
 9258 9383 10099 10170 (17 Belege)
transpareo 10422
transporto 8461
transtulit → de o.fr.herem. s. Aug. se ad
 o.s. Ben.
transtulit ius patron. ad mon. 1814
transumo 105 117 489 529 771 1624 2429
 3175 3364 4812 5769 6001 6754 7276
 7980 8461 8962 9458 10009 10074
 10385 10489 (22 Belege)

tres 897 980 989 1241 1831 1893 2197
 3748 5768 6651 10089 10091–10093
 10095–10096 10099 10214 10373
 (19 Belege)
tres status Brabantie 989
tres status Flandrie 2197
treuga 223 352 7329 7382 7491
Trever. consiliarius → aep.
Trever. in facult. art. stud. → in univ.
Trever. → univ. studii
triangularis 4520
tribunal 3176 7985 10245
tribuo 1035 3102 7522 7540
Trident. → factum hebreorum civit.
Trident. → investigatio veritatis in civit.
Trident. → orator ep.
triduum 1947
triennium 105 270 528 732 765 1241
 1826 2030 2885 6812 7160 7471 8164
 8445 9384 9388 9621 (17 Belege)
triplex 687 2143
triremis 2342 2347 7144 7382 9799
triticum 2894
Trium regum al. sutoris vulg. nunc. → benef. ad alt.
triumphus 2377
Troian. → absol. a vinculo eccl.
trucido 2020 2342 7742 9527
trudo 1972
trunco 4611
truncus 8449 8464
Tubingen. → univ. studii
tueor 687 3683 4028 8461 10087 10111
Tuicien. → transferatio in flumine Reni
 inter Coloniam et mon.
tuitio 1865 3306 3600 5535 6194 6327
 7734 9528
tumba 1964 2864 4546 9940
tumba ss. Trium regum in eccl. Colon.
 2864 4546
tumultus 1233 7742
tunica 105 2206 2396
turbatio 3176 4882
turbo 1216 2317 2440 2690 4580 5881
 6070 6447 7734 7859 8456 8461–8462
 8465 9171 9219 9457 9553 10302
 10500 (20 Belege)
Turcos → indulg. contra
turibularia 222 3183 4294 4786 4799
 5152 5918 8060 9514 10192
turibulariatus 67 1006 5403

Turicen. nunc. → abbat.
turno ordin. → vac. p.o. in
turnus 1539 3859 9777
turpis 732
turribus fortissimis ad modum castri constructa → par. eccl. c. 2
turris 292 512 2356 2852 4600 4784 6003
6051 6434
Tuscia → negotium minerarum argenti et
al. metallorum in provincia patrimonii
b. Petri in
tutela 921 1238 3088 7506 8461
tutor 368 456 1161 1801 2138 2168 3088
3341 3548 4104 5345 7382 7814 9388
10607 (15 Belege)
tutoria 2168
tutorius 1036
tutrix 4104
tutus 1972 2345 4550 4581 7459 7464
10109

uberior 133 225 259 471 564 632 781 862
933 957 1003 1063 1269 1586 1641
2104 2143 2281 2309 2620 2767 2842
3127 3363 3425 3574 3765 3843 3873
3969 4092 4280 4809 4908 5028 5164
5353 5532 5636 5774 6037 6283 6397
6446 6457 6523 6822 6874 7244 7679
7798 7847 8091 8232 8344 8517 8529
8559 8702 8821 8908 8923 9229 9355
9437 9610 9870 10018 (68 Belege)
uberior → disp.
ulterior, ulterius 201 272 1051 1841 2159
2364 2548 2641 2650 2755 2819 3102
3162 4183 6447 6583 7460 7960 9504
9591 10097 10472 (22 Belege)
ultimus 230 266 273–274 296 500 520
644 807 845 930 1137 1239 1369 1444
1527 1711 2020 2079 2111 2138 2341–
2343 2349 2448 2476 2549 2620 2791
2831 2983 3536 3553 3848 4093 4297
4790 4821 5495 5659 6265 6283 6373
6455 6629 7019 7025 7118 7145 7306
7382 7390 7444 7491 7522 7642 7748
7759 7790 7824 7859–7860 7994 8027
8073 8095 8536 8615 8634 8789 9058
9066 9096 9121 9249 9272 9327 9361
9388 9404 9494 9504 9512 9526 9629
9762 9841 9923 9937 10094 10110
10245 10411 10618 (95 Belege)
ultramarinus 534 1123 3197 4431 4452
4536 6647 9179

ultramontana o.fr.min. → familia
ultramontanus 262 1831 2267 2356 2359
2417 2658 2947 4391 4927 6810 7067
7337 8720 9361 10093 10386 10453
(18 Belege)
unanimis 7329
uncia 1865 1867 7180 7820 9142 10214
uncia → valor fruct. / red. beneficiorum
[pars separata in fine appensa]
unctio 1237
Unehorrn vulg. nunc. → casale in den
Ung. 10091–10099 10330 10387
(11 Belege)
Ung. → valor fruct. / red. beneficiorum
[pars separata in fine appensa]
Ung. → fl.
Ung. → fl. auri
ungelt 2272 3175
unicus 122 132 134 170 201 244 279 339
403 426 456 932 971 1551 1578 1615
2154 2269–2270 2841 2974 3059 3176
4066 4939 4994 5583 6526 6590 6708
6718 7209 7611 7656 7795 7864 7952
8029 8438 8607 8808 9376 9473 9483
9496 9771 9775 9868 9945 10109
10380 (51 Belege)
uniendi → lic.
unio 1 43–44 46 117 119 133–134 138
169 188 205 207 210 230 246 250 255
264–265 281–282 310 390 408 451
487–488 516 527–529 532 610 613 617
620 633 651 687 762–763 784 801 829
858 872 964 977–978 992 1035 1040
1042 1048–1049 1182 1184 1194 1216
1234 1237–1238 1242–1243 1245 1252
1256 1304 1327 1345 1383 1447 1569–
1570 1578 1674 1696 1698 1708 1729
1772 1788 1794 1814 1841–1842 1845–
1846 1851 1865 1868–1870 1875 1880
1916 1941 1945–1946 1969 1982 2030
2033 2226 2255 2272–2273 2323 2338
2341–2344 2347 2356 2374 2388–2389
2396 2415–2417 2440 2443–2444 2511
2548 2620 2780–2782 2790–2791
2793–2794 2854–2855 2919 2922–2923
2964 2985 3009 3012 3040 3074 3085
3100 3125 3130 3162 3191 3259 3289
3364 3431 3453–3454 3525 3550 3557
3583 3694 3699 3720–3721 3755 3772
3825 3892 3945 4011 4013 4017 4031
4038 4084 4133 4155 4168 4248 4283–
4284 4379 4409 4536 4547–4548 4550–

4551 4566–4568 4580 4726 4763 4787
4796 4821 4828 4848 4902 4909 4923–
4924 4956 4960–4962 5039 5043 5045
5052–5053 5183 5217 5251 5282 5340
5496 5524 5535 5538 5620 5650 5654–
5655 5725 5770 5777 5839 5845 5881
5912 6016 6038–6039 6057–6058 6060
6078–6080 6082 6143 6175 6235 6266
6294 6323 6326 6356–6357 6417 6447
6455 6503 6521 6667 6697 6710 6732
6812 6816 6832 6840 6922 6935 7061
7067 7078 7103–7104 7236 7256 7295–
7297 7305 7308 7352 7355 7382 7400
7420 7423 7434 7455 7463 7478–7479
7481 7493 7497 7522 7541 7547 7552–
7553 7582 7722 7739 7741 7783 7818–
7819 7836–7837 7840–7841 7851
7853–7854 7863 7872 7984 8001–8002
8015 8130–8131 8202 8288 8305 8447
8449 8463 8465 8467 8473 8483–8484
8571 8700 8703 8714–8715 8717 8808
8849 8862–8863 8925 9040–9041
9048–9049 9057 9061 9066 9122 9142
9328 9348 9393 9424 9431 9434 9440
9451 9457 9461 9501 9576 9586 9597
9603 9607 9628 9730–9732 9801 9804
9868 9932 9935–9937 10031 10065
10071 10074–10075 10114–10115
10141 10150 10161 10168 10176
10180 10212 10219 10243 10247
10251–10252 10259 10267 10282
10285 10299 10328 10345–10346
10354 10360 10453–10454 10479–
10480 10520 10536 10605 10612
10619 10622 10625   (420 Belege)
unionis → cass. lic.
unitas 912 2087 3364 4284
univ. 1 4 14 69 209 246 254 322 441 498
529–530 537 589 620 623 744 764 794
800 891 912 932 988 1005 1056 1088
1114 1119 1190 1198 1236 1240–1241
1348 1394 1547 1569 1578 1583 1646
1705 1719 1730 1732 1797 1865–1867
1869 1945 1972 2023 2035 2078 2111
2138 2213 2219–2220 2251 2272–2273
2341 2343 2355–2356 2358 2379 2422
2433 2511 2543 2781 2905 2971 3012
3032 3034 3053 3128 3130 3161 3179
3187 3217 3232 3291 3375 3502 3512
3559 3566 3674 3731 3733 3782 3787
3821 3828 4023 4034 4054 4065 4114
4212 4304 4394 4403 4411 4525 4535

4546–4547 4567 4597 4631 4659 4666
4733 4752 4780 4814 4846 4884 4891
4922 4930 4939 4974 4976 5039 5055
5126 5130 5194 5379 5464 5505 5702
5733 5813 5874 5905 5989 6062 6111
6209 6217 6319 6339 6347 6440 6565
6622 6725 6811 6904 6961 6990 7004
7023 7090 7186 7293 7312 7352 7391
7460 7477 7479–7480 7493 7614 7651
7741 7755 7763 7790 7839–7841 7993
8025 8186 8448 8452 8461–8464 8629
8633 8937 8956 9012 9039 9041 9113
9148 9185 9272 9276 9301 9329 9337
9369 9390 9450 9457 9552 9591 9599
9677 9689 9701 9710 9720 9775 9809
9871 9931 9933 9937 9939 9956 10061
10090 10105 10128 10174 10183–
10184 10282 10323 10332 10396
10398 10420 10481 10490 10520
10598 10605 10607 10617–10618
10621   (248 Belege)
univ. Colon. in facult. art. stud. → in
univ. Colon. stud. → art. mag. in
univ. Cracov. in art. liberalibus p. 5 an.
   stud. 4
univ. Cracov. in art. stud. → in
univ. → facult. c. privil. etc. more
univ. → facult. exercendi iurisd. in personas et subiectos
univ. legentes → in
univ. Papien. art. et iur. can. stud. → in
univ. stud. et facult. art. med. studuit et a
   pluribus comitibus baronibus et al. magnis nobilibus propter eius scientiam et
   practicam in eadem arte in qua valde
   expertus est saldariatus et stipendiatus
   fuit tamen d. artem exercere n. potest
   → presb. in art. mag. qui p. 2 an. post
   gradum mag. p. eum susceptum in
univ. stud. Lovanien. in art. stud. → in
univ. studii 1 4 254 322 744 800 891 1056
1198 1241 1335 1348 1547 1583 1646
1865 1867 2035 2111 2213 2251 2272–
2273 2341 2355 2379 2511 2905 3161
3291 3512 3559 3566 3674 3731 3782
3787 4065 4304 4394 4411 4567 4631
4659 4666 4780 4922 4939 4974 4976
5039 5126 5194 5464 5505 5733 5813
6062 6111 6209 6217 6339 6565 6725
6811 6990 7023 7090 7293 7312 7352
7391 7460 7479 7790 7839–7841 8629
8956 9012 9113 9148 9276 9369 9390

9599 9677 9689 9720 9775 9871 9937
9939 10061 10090 10128 10332 10396
10398 10598 (101 Belege)
univ. studii Bononien. 1646 4976 7391
9012 10061
univ. studii Colon. 254 1241 1583 2341
2905 4974 5464 7293 7312 8629 9599
(11 Belege)
univ. studii Erforden. 2035 2379 3161
3291 8956
univ. studii Florentin. 3787
univ. studii Friburgen. 1865 2272–2273
3787 4780 6725 7460 7839–7841
univ. studii gener. grad. doct. → in aliqua
univ. studii Gripeswalden. 6111
univ. studii Heidelbergen. 2355 5126
9390
univ. studii in iur. stud. → in
univ. studii Ingelstaden. 4411 6811 7391
9369 9720 10332
univ. studii Lipzen. 6811
univ. studii Lovanien. 1 744 891 1547
2213 4065 4922 5813 6062 6217 6339
6990 7023 9148 9689 9871 (16 Belege)
univ. studii Luneburgen. 7460
univ. studii Magunt. 1348 3512 5039
7479
univ. studii Magunt. stud. → art. mag. et
in
univ. studii Nanneten. 10396
univ. studii o.pred. 7755
univ. studii Paduan. 800 4394 10398
10598
univ. studii Papien. 2511 4304 4666 5126
5733 6209
univ. studii Parisien. 7090 8956 9276
10090 10396
univ. studii Perusin. 3782 4631 5194 6217
univ. studii Pisan. 3787
univ. studii Poznan. 3559
univ. studii Roman. et Avinionen. 4659
univ. studii Rostocken. 7293 9775 10396
univ. studii Salamantin. 7391
univ. studii Trever. 2251 4567 5505 7352
9113 9937
univ. studii Tubingen. 1867 4939 9939
univ. studii Urbis 4 1056 3731 3787 4780
6209 9677 9871
univ. studii urbis Senarum 2111
univ. studii Wien. 322 1198 1335 3674
5194 6565 7391 10128

univ. studiorum 1236 7460
univ. transferri fecerunt → principes ius
patron. certorum benef. regentibus doct.
et mag. d.
univ. Trever. in facult. art. stud. → in
universalem instit. → fil. legitimum et naturalem heredem
universali eccl. → ep. in
universalis 536 636 2138 3155 3684 4208
6526 7491 7831 9594 9775 (11 Belege)
universalis dieta 7491
universitatem stud. gener. → facult. erig.
universus 105 240 262 431 700 730 891
1236 1757 1779 3032 3099 3102 3984
4028 4379 4411 4567 5835 5968 6775
6816 7069 7186 7236 7306 7330 7469
7742 8458 8697 8710 8756 9041 9937
9943 10108 10111–10112 10362 10490
10622 (42 Belege)
uno tecto → sub eodem
unus 8 24 51 87 103 117–118 124 140
162 223 273 319 329 339 352 359 431
451 502 526 528 533 620 687 709 732
737 773 782 861 872 877 963 982 1026
1037 1042 1173 1202 1225 1233 1236–
1238 1241 1496 1527 1542 1571 1599
1693 1715 1727 1730 1732 1738 1790
1793 1801 1807 1831 1854 1867 1870–
1871 1874 1945 1958 1981 2008 2010
2035 2044 2046 2077 2105–2107 2109
2138 2183 2233 2269 2272 2315–2316
2323 2340–2342 2344 2347 2349 2364
2389 2393 2396 2415–2416 2434 2442
2469 2498–2499 2542 2554 2620 2740
2762 2792 2910 2937 2963 2986 2992
3070 3212 3291 3300 3439 3447 3453
3525 3548 3610 3613 3674 3699 3771–
3772 3855 3859 3878 3890 3893 3934
3967–3968 4039 4070 4085 4151 4224
4284 4331 4498 4504 4506 4530 4536
4547 4549 4551 4568 4628 4637 4716
4778 4780 4796 4828 4848 4889 4957
4983–4984 5047 5244–5245 5283 5308
5329 5375 5487 5503 5532 5534–5535
5538 5561 5606 5637 5655 5673 5687
5715–5716 5725 5737–5738 5762 5768
5783 5918 5928 5964 6059 6140 6228
6233 6271 6283 6303 6324 6374 6379
6389 6504 6563 6638 6673 6689 6697
6730 6732 6753 6775 6801 6810 6822
6859 6876 6903 6941 7049 7083 7104
7125 7147 7167 7179–7180 7239 7282

7321 7329 7381 7391 7396 7413 7469
7477 7489 7530 7553 7562 7578 7752
7754 7798–7799 7814–7815 7819–7820
7822 7834 7836 7839 7851 7853 7856
7937 8064–8065 8110 8131 8133 8335
8344 8347 8413 8449 8456 8463 8515
8535 8537 8614 8627 8661 8707 8712
8717 8725 8789 8907 8929 9023 9061
9090 9142 9156 9180 9185 9188 9214
9249 9259 9295 9382 9407 9440 9442
9451 9453 9456 9466 9510 9552 9587
9595 9598 9604 9606 9609 9623 9625
9629 9710 9742 9760 9762 9796 9828
9849 9858 9881 9897 9930 9933 9937
9940 9976 9985 9987 10004 10031
10065 10067 10069 10071 10075–
10076 10098 10132 10142 10157
10174 10180–10182 10266–10267
10312 10345–10346 10373 10411
10454 10481–10482 10486 10490
10520 10546 10621 10623–10624
(370 Belege)
Urbe cant. superanus → in basilica Principis appl. de
Urbe → hosp. Theotonicorum in
Urbe in pal. ap. apud s. Petrum in loco audientie secrete et discussionis negotiorum cam. ap. → pacta stipulata in
Urbis → indulg. visit. stationes
urbis Senarum → univ. studii
Urbis studii rect. 6209
Urbis → univ. studii
urbs 673 1029 2111 2345 4340 6516 7330 8530 10176
urgens 2346
urgeo 7382 9742
usualis 876 7922
usuarius 4535 5538 10174
usufructuo 3440 3684
usufructus 2356 3148 9742
usufruendi → lic.
usufruor 2780 4666
usum eccl. Aquileg. → horas can. dicere secundum
usum eccl. Colon. → horas can. dicere secundum
usum eccl. Constant. → horas can. dicere secundum
usum eccl. Magunt. → horas can. dicere secundum
usum eccl. Misnen. → horas can. dicere secundum

usum eccl. Nuemburg. → horas can. dicere secundum
usum mitre → facult. conc. abb.
usum o.fr.min. → horas can. dicere secundum
usum o.pred. → horas can. dicere secundum
usum pal. ap. → pannus razius ad
usum R. E. → horas can. dicere iuxta morem / ritum / stilum /
usura 749 4257 4332 6838
usurpo 60 794 2355 2576 3389 3403 4536 7069 7470 7598 8560 10302
(12 Belege)
usus 87 127 131 186–187 618 700 876
932 961 1122 1179 1191 1233 1253
1508 1559 1695 1713 1867 2034 2115
2235 2254 2272 2287 2344 2356 2374
2416 2499 2562 2631 2910 2963 3172
3226 3255 3583 3721 3764–3765 3831
3946 4134 4185 4191 4255 4284 4522
4535 4666 4782 4795 4959 5160 5375
5535 5695 5722 5776 6016 6144 6194
6327 6344 6392 6406 6446–6447 6641
6700 6923 7078 7329 7382 7464 7469
7598 7760 8226 8460 8496 8533 8974
9124 9187 9214 9383 9451 9527 9554
9621 9742 9762 9804 9862 10033
10065 10087 10176 10257 10282
10345 10413 10504 10573 (107 Belege)
utendi anulo baculo → lic.
utendi → facult.
utendi mitra anulo → lic.
utendi mitra baculo anulo sandaliis → lic.
utendi pontific. → lic.
uterque 1236 2284 3102 3202 3498 3947
4261 4956 6263 6342 7491 8186 9985
10109 10413   (15 Belege)
uti → abb. mon. mitra episc.
uti possit → abb. mon. mitra, baculo et al. pontific. insigniis
utilis 2035 3699 4389 7299 10092 10413
utilitas 131 617 620 1241 1739 1868 2071
2220 3175 3583 3897 4391 4535 6344
7066 7491 7815 8894 9087 9121 9403
9451 10073 10088 10111 10268 10605
(27 Belege)
utor 118 245 264 352 636 682 791 912
1016 1250 1732 1773 1793 1814 1876
1968 2011 2077–2079 2138 2158 2206
2297 2323 2343 2356 2361 2396 2416
2690 2788 2973 2983 3034 3071 3125

3175 3402 3542 3731 4013 4016 4037
4535–4536 4543 4551 4656 4697 5216
5608 5648 6216 6465 6505 6611 6707
7104 7128 7324 7328–7330 7382 7391
7465 7469 7490–7492 7522 7741 7821
7865 7986 8012 8300 8427 8462 8464
8473 9035 9040 9065 9214 9221 9455
9569 9585 9677 9742 10031 10110–
10111 10139 10267 10396 10486
(99 Belege)
utr. 5–6 13 18 29 32 34 51 61 63 65 70
105 115 121 127 131 134 141 152–153
162 184 204–205 215 218 222 261 295
297–298 312 319 335 357 368 371–372
381 392–393 401 410 439 473 485–486
513 517 527 530 537 540 574 581–582
590 600 608 624 647 654 658 669 671–
673 677 685 707–708 737 756 774 779
792 797 800 811 817 831 835 839 850
871 876 890–891 905 911 917 921 932
971 976 984 993 997 1009 1017 1023
1026 1040 1055 1062 1064 1067 1075
1085 1088 1111 1114 1119 1150 1158
1194 1202 1215 1240 1253–1254 1259
1266 1268 1291 1311 1334 1341 1366
1376 1394 1400 1425 1444 1486 1488
1496 1569 1571 1621 1633 1640 1644
1646 1671–1674 1683 1703 1712 1720
1738 1741–1743 1775 1796 1805 1821
1830 1833 1837–1838 1841–1842 1845
1857 1863 1869 1880 1885–1886 1922
1928 1936 1942 1946 1959 1963 1975
1982 2017 2024 2031–2032 2034 2038
2054–2055 2061 2068 2080 2094–2095
2099 2116 2118 2120 2125 2131 2152
2155 2160–2161 2166 2177 2188 2218
2225 2240 2255 2267 2274–2275 2313–
2314 2323 2327 2333–2334 2341–2343
2345 2351 2353 2361 2364 2366 2370
2388 2397 2401 2408 2427–2428 2440
2454–2455 2469 2474 2491 2507 2511
2514–2515 2523 2527–2528 2538 2546
2548–2550 2554 2562 2569 2571 2573
2577 2600–2601 2605 2611–2612 2616
2637–2638 2650 2661–2662 2669 2674
2676 2681 2688–2689 2693 2703 2731
2737 2745 2748 2792 2844–2845 2862
2867 2905 2931 2934 2944–2945 2985
2987 3002 3006 3027 3036 3038 3041
3051 3056 3059 3080 3082–3086 3090
3102 3111–3112 3126 3140 3161 3169
3175 3179 3187 3191 3226 3258 3262

3294 3296 3309 3317 3349 3353 3359
3381 3410 3435 3446 3451 3464–3465
3472 3498 3504–3506 3508 3516 3524
3526 3574 3576 3578 3594 3613 3628
3632 3637 3656 3659–3660 3663 3671
3677 3685–3686 3698 3700 3720–3721
3733 3736 3752 3772 3782 3801 3826
3856 3859 3868 3881 3896 3914 3947
3977 3984 4011 4019 4027–4028 4036
4057 4063 4065–4067 4085 4091 4093
4127 4144 4155 4167 4231 4242 4277
4280 4282 4304 4319 4340 4347 4373
4377 4387 4401 4416 4482 4486 4506
4512 4527–4529 4544 4559 4568 4572
4590–4591 4596 4611 4614 4617–4618
4636 4643 4650 4654 4659 4678 4691
4694 4710 4731 4733 4787 4791 4803
4814 4818 4822 4825 4827 4842 4850–
4851 4856–4857 4884 4891–4893 4908
4917 4923 4933 4943 4948 4952 4955
4960 4965 4976 4994 5037 5043 5066
5087–5088 5096 5120 5130 5142 5194
5213 5251 5284 5298 5322 5347 5370–
5371 5379 5384–5385 5416 5453 5484
5492 5496 5524 5545 5581 5603 5608
5616 5630 5632 5650 5658 5676 5716–
5718 5725 5736–5737 5746 5749 5776
5801 5807 5809 5819 5837 5858 5879
5900 5922 5931 5963 6001 6016 6020
6029 6057 6090 6093 6123 6151–6152
6171 6176 6195 6234 6238 6256 6263–
6264 6274 6293 6315 6322–6323 6327
6340 6352 6374 6388 6408 6423 6429
6479 6499 6515 6521–6523 6561 6564
6579 6601 6633 6661 6669 6736 6778
6781 6804 6814 6840 6869 6904 6908
6919 6931 6935 6940 6943 6973 6991
6999 7002 7007 7018 7022 7039 7051
7066 7072 7083 7096 7110 7171 7229
7235 7241 7244 7249 7262 7291 7293
7303 7306 7329 7333 7352–7353 7391
7403 7405 7407 7410 7413 7429 7437
7466 7484 7488 7497 7501 7505 7518
7522 7535 7540 7544 7582 7608 7616
7620 7633 7656 7677 7689 7711 7719
7743 7749 7751 7760 7781–7782 7789
7798–7799 7811–7812 7826 7834–7836
7846–7850 7853 7855–7856 7892 7899
7916 7932 7942 7965 7968 7975 7993
8001 8003 8016 8030 8036 8063–8064
8080 8091–8092 8096 8110 8113 8120
8125 8132–8133 8164 8198 8203 8210

8218 8224 8230 8288 8306 8327 8334
8356 8365 8372 8379 8385 8395 8404
8427–8428 8440 8462 8464 8473 8515
8521 8527 8530 8534–8535 8540 8545
8554 8556–8557 8565 8611–8612 8629
8640 8665–8666 8704 8707–8708
8714–8715 8762 8802 8826 8831 8854
8863 8876 8882 8890 8902 8908 8912
8914 8933 8949 8957 8968 8991 8998
9004 9012 9016 9025 9033 9046 9065
9071 9075 9088 9097–9098 9113 9119
9125 9131 9139 9146 9148 9159 9162
9164 9173 9182 9190 9193 9197 9204
9211 9232–9233 9242 9254–9255 9274
9276 9294 9300 9312 9316 9318 9321
9323 9327–9328 9344 9361 9369 9388
9440 9447 9457 9464 9466 9468–9469
9472 9474–9476 9478–9482 9491
9495–9496 9542 9552 9554 9557 9570
9592 9633 9637 9642 9676 9680 9710
9713–9714 9720 9723 9743 9762–9763
9783 9795 9797 9806 9811–9812 9828
9856 9866 9874 9886 9890–9891 9915
9926 9943 9947–9948 9970 9979 9983
9985 10012 10026 10067 10069–10070
10090 10094 10123 10125 10127
10144 10150 10169 10201 10217
10222–10223 10233 10236 10240
10249 10257 10271 10278 10280
10285 10289 10312 10344–10345
10352–10353 10376 10380 10387
10392–10393 10398 10411 10423
10425 10427–10428 10438 10450–
10451 10454–10455 10478 10480
10483 10485–10486 10490 10493
10501 10513 10518 10537 10548
10550 10585 10596 10598–10599
10603 10613   (939 Belege)
utr. iur. bac. → art. mag. et
utr. iur. → bac. in
utr. iur. bac. → mag. in art. et
utr. iur. doct. → art. mag. et
utr. iur. licent. → mag. in art. et
utr. iur. scol. → art. mag. et
utr. iur. stud. → art. mag. et in
utr. par. → ex
utr. vel altero iur. seu theol. aut med. →
    doct. seu licent. aut al. graduatus in
utrimque 732 8520
ux. 146 269 275 360 417 653 659 661 690
    730 833 916 1171 1174 1365 1551
    1568 1617 1650 1657 1890 1954–1955

1964 1968 2126 2151 2158 2173 2191
2256 2269 2276 2310 2360 2497 2538
2654 2658 2740 2786 2929 3091 3220
3341 3385 3586 3642 3655 3733 3781
3878 4021 4023 4076 4145 4219 4328
4410 4413 4451 4536 4605 4783 4822
4832 4941–4942 4974 5018 5448 5461
5485 5531 5549 5597 5622 5720 6002
6128 6374 6389 6405 6478 6496 6517
6590 6697 6708–6709 6811 6852 6876
6956 7183 7321 7328 7381 7391 7448
7472 7506 7520 7525 7537 7542 7578
7781 7858 7868 8064 8358 8410 8534
8542 8552 8624 8629 8756 8813 8880
8935 9011 9190 9271 9285 9327 9374
9416 9504 9618 9699 9812 9933 9949
9975 10037 10087–10088 10105 10132
10147 10158 10245 10254 10267
10269 10295–10296 10320 10362
10407 10472 10536   (154 Belege)
uxoratus 98 3060 7761
uxoratus in civit. Janue de origine Alamannus → habitator

vac.   (5432 Belege)
vac. a prima eius fund. 2025
vac. ap. sed. n. reservatis alternatis men-
    sibus 1732
vac. → apud sed. ap.
vac. ex eo quod 5 7 379 517 683 857 1412
    1659 1826 2831 3118 3387 3998 4243
    4547 4962 6120 6144 6414 6445 7656
    7717 7951 8027 8439 8829 8916 8945
    9297 9473 9547 9625 9923 9926 10004
    10047 10427   (37 Belege)
vac. in mensibus febr., apr., iun., aug., oct.
    et decb. 372
vac. p. assec. 131 178 233 309 337 339
    355 381 397 438 505 546–547 621 672
    707 756 798 821 827–828 862 890
    1045 1064–1065 1083 1216 1227 1404
    1441 1557 1577 1586 1803 1841 1922
    1950 2009 2016 2027 2106 2237 2366
    2431 2529 2583 2610 2667 2713 2723
    2725 2745 2793 2799 2855 2867 2890
    2926 2951 2974 3059 3086 3152 3156
    3218 3242 3286 3291 3359 3400 3448
    3457 3495 3521 3561 3582 3678 3711
    3768 3859 3876–3877 3955 4091 4114
    4151 4188 4194 4245–4246 4281 4391
    4419 4477 4488 4528 4546 4548 4580
    4609 4715 4719 4731 4821 4848 4959

vac. p. resign. vel p.o. in cur. 1863 5053
vac. p.o.   (4299 Belege)
vac. p.o. in cur. 11 13 29 32 35 44 84 109
136 152 183 202 214 290 314 326–327
337–339 351 380 431 451 458 461 471
474 487–488 491 515 519–520 547 564
577 582 584 624 642 644 651 686 698–
699 706 730 734 742 744 762 827–828
832 844–845 857 860–862 865 881
888–889 913 921 930 958 1003 1064
1078 1090 1135 1144 1156 1202 1234
1252 1292 1300 1360 1362 1373 1395
1414 1416 1430 1441 1450 1490 1493
1508 1527 1559 1576 1596 1611 1637
1646 1672 1678 1747 1754 1770 1781
1783–1784 1787–1788 1841–1844
1855 1916 1918 1931 1934 1936 1940
1942 1983 2007 2025 2036 2044 2050
2056 2073 2076 2099 2106–2107 2112
2115 2124 2231 2237–2238 2285 2297
2323 2328 2372 2374 2396–2397 2401
2413 2446 2463 2485 2548 2627 2657
2681 2724 2728–2729 2748 2779 2781–
2782 2789–2790 2793–2794 2802 2805
2821 2854 2873 2883 2887 2892 2901–
2902 2912 2936 2950 2958 2974 2990
3001 3016 3054 3059 3067 3080 3082–
3083 3090 3121 3131 3149 3162–3163
3184 3190 3213 3221 3225–3226 3232–
3233 3243 3247 3277 3291 3302 3363
3372 3382 3448 3453 3467 3480 3490
3500 3511 3514 3522 3524–3525 3527–
3528 3536 3540 3550 3556–3557 3573
3581 3587 3592 3619 3632 3636 3643
3653 3658 3668 3671–3672 3678 3691–
3692 3694–3695 3720 3739 3748 3751
3766 3774 3817 3843–3844 3847 3874
3909 3916–3917 3919–3922 3939 3941
3975 3982–3985 4018 4053 4066–4067
4102 4138 4151 4153 4193 4225 4231
4300 4302 4319 4331 4378 4421 4457
4476 4509 4546 4555 4596 4613 4618
4636–4637 4658–4659 4668 4671 4677
4689 4701 4705 4720 4726 4731 4763
4774 4782 4785 4794 4801 4808 4838
4846 4859 4869 4879 4892 4894 4901
4914 4923 4925 4945 4956 4958–4959
4976 4982 4996 5025 5049 5051 5127
5129 5131–5132 5134 5136 5146 5151
5153–5155 5160 5163 5187 5217 5222
5246 5261 5285 5316 5325 5351 5370
5381 5392 5424 5439 5442 5447 5488

5501 5524 5527 5533–5534 5548 5551
5563 5570 5581 5596 5637 5648 5651
5653–5655 5674 5714 5725–5726 5732
5743 5745 5761 5770 5787 5794 5827–
5828 5830–5831 5844 5846 5862 5873
5890 5919 5928 5943 5945 5951 5972
5985 5995 6007 6037 6051 6055–6057
6059–6060 6067 6078–6079 6101 6108
6118 6123–6125 6151 6165 6186 6204
6214 6233 6251 6271 6282 6292 6297
6305 6309 6337–6338 6350 6354 6414
6435 6446 6473 6538 6547 6552–6553
6555 6568 6587 6592 6595 6611 6613
6629 6631 6670 6693 6726 6732 6742
6758 6826 6830 6836 6843 6850 6945
6958 6961 6996 7022 7066–7067 7078
7081 7098 7131 7133 7148 7152 7159
7166 7181 7198 7234 7255 7287 7303–
7304 7312 7351 7359 7377 7403 7431
7477 7479 7493 7512 7552 7554 7585–
7586 7617 7621 7642 7656 7684 7721
7727 7733 7735 7767 7788 7798 7834–
7835 7837–7840 7849 7873 7903 7907
7912 7915 7936–7937 7951–7952 7955
7962 7965 7968 7970 7978 7980 7982
8010 8018 8020 8048 8056 8081 8095
8110 8113 8120–8121 8130 8149 8177
8183 8210 8272 8283 8317 8360 8362
8366 8393 8405 8421 8439–8440 8518
8520 8535 8555 8562 8574 8581 8597
8606–8608 8614 8655 8664 8676 8683
8686 8692 8701 8703 8738–8739 8749
8763 8766 8773 8786 8810 8857 8868
8884 8895 8916 8918 8938 8955 8986
8994 9007 9026 9052 9054 9059 9081
9100 9115 9126–9127 9152 9158 9164
9172 9175 9187 9198–9199 9205 9212
9227 9233 9255 9299 9311 9343 9361
9369 9466 9472 9511 9530 9543 9576
9582 9614 9621 9638 9646 9668 9670
9677 9680 9706 9729 9733–9734 9764–
9766 9770–9771 9811 9815 9822 9825
9828 9832 9846 9856 9868 9872 9875
9890 9908 9921 9928–9929 9935
10014 10062 10067–10068 10070
10100 10131 10148 10155–10156
10171 10202 10218 10229 10250–
10251 10253 10264 10279 10324
10338 10344 10346 10380–10383
10405 10409 10435 10439 10449
10453 10478–10481 10486 10499
10519 10523 10540 10558 10600
(729 Belege)

vac. p.o. in turno ordin. 9777

vac. p.o. infra 2 dietas a cur. 202 381 2268
4643 6090 9764

vac. p.o. seu p. resign. 1533 2038 8676
10339

vac. quia 1846

vacantia 9841

vacat. (1001 Belege)

vacat. etiam in mensibus ap. 687

vacat. ex eo quod 741 3082 3253 5066
5672 6256 8015 9825

vacat. in mensibus febr., apr., iun., aug.,
oct. et decb. 296 4340 7552–7553

vacat. p. assec. 18 221 260 336–337 405
451 474 672 708 812 827 839 845 1199
1272 1378 1503 1563 1646 1748 1760
1791 1807 1879 1982 1985 2040 2339
2410 2440 2603 2781 2864 2875 2926
3012 3059 3084 3199 3203 3218 3295
3359 3555 3790 3912 3924 3985 4114
4358 4423 4528 4557 4715 4785 4846
4961 4977 5093 5153 5185 5217 5227
5232 5291 5300 5453 5494 5535 5581
5753 5840 5881 5890 5922 6078–6079
6083 6124 6265 6414 6417 6466 6500
6617 6662 6893 6994 7081 7134 7140
7143 7376 7393 7467 7655 7675 7687
7700 7767 7847–7848 7952 7955 8107
8113 8302 8328 8356 8439 8597 8642
8647 8849 8881 9000 9098 9176 9321
9378 9412 9621 9746 9797 9815 9827
9865–9866 10069 10277 10324 10344–
10345 10354 10458 10479 (137 Belege)

vacat. p. contractum matrim. 571 3553
7121 7364 7760 8614

vacat. p. devol. 2643 2838 6338 8424
8966 9355

vacat. p. elect. 109

vacat. p. emissionem professionis 707

vacat. p. ingr. claustri sive conv. 553

vacat. p. ingr. conv. 79 798

vacat. p. ingr. dom. 121 895 1332 1841
2619 4547 4676 6161 7432

vacat. p. ingr. mon. 461 622 707 3218
3801 4011 4089 4495 5340 6169 9639
(11 Belege)

vacat. p. ingr. relig. 141 930 1830 2226
2856 4423 4659 5455 6470 7950 8270
8424 8947 9909 10332 10477
(16 Belege)

vacat. p. n. prom. 845 3294 4534 5581
6144 6206 6625 8051 8563 8601 9648
(11 Belege)

vacat. p. priv. 32 42 177 184 237 249 310
318 327 349 367 400 485 488 674 708
717 741 743 819 930 1020 1064 1109
1258 1331 1370 1421 1516 1548 1631
1722 1822 1863 1892 1951 2031 2046
2099 2112 2128 2172 2221 2239 2380
2429 2463 2509 2513 2582 2608 2639
2662 2683 2845 2948 2950 2993 3035
3086 3114 3145 3152–3153 3179 3287
3339 3350 3376 3410 3414 3482 3493
3574 3581 3617 3619 3632 3652 3691
3706 3709 3747–3748 3776 3973 4067
4095 4119 4161 4183 4256 4289 4319
4321 4329 4421 4474–4475 4519 4542
4635 4783 4789 4850 4877 4986 5130
5160–5161 5241 5279 5283–5284 5291
5332 5379 5391 5426 5465 5581 5587
5600 5677 5737 5746 5825 5850 5881
5903 5912–5913 5992 6051 6084 6107
6158 6606 6672 6691 6772 6811–6812
6996 7022 7215 7349 7449 7466 7510
7566 7578 7648 7717 7729 7953–7954
7966 7975 8058 8081 8201 8213 8266
8300 8314 8360 8425 8438 8492 8578
8601 8606 8608 8628 8672 8676 8696
8701 8817 8838 8849 8901 8950 9055
9057 9084 9098 9100 9127 9197 9251
9254 9405 9437 9491 9534 9616 9674
9676 9702 9752 9830 9864 9916 10040
10042 10050 10063 10159 10226
10237 10250 10359 10446 10462
10465 10476 10493 10510 10518
10520 (222 Belege)

vacat. p. prom. 51 372 381 392 605 708
1003 1057 1215 1455 1673 1788 1881
2110 2256 2275 2511 2703 3082 3084
3190–3191 3336 3446 3476 3617 3678
3692 3921–3922 4011 4231 4260 4536
5433 5532 5581 5801 5891 6078 6171
6196 6264 6304 6447 6685 7072 7835–
7836 7852 7953 8267 8923 9071 9255
9321 9469 9479–9480 9629 9878 9906
9911 10070 10451 10453 10478
(67 Belege)

vacat. p. resign. 10 13 23 25 133 151–152
154 192 225 249 282 309 326 335 337
411 414 458 465 472 497 516 564 584
605 624 672 698 704 715 734 740 742
774 779 800 816 832 835 844 858 865
917 991 1002 1014 1028 1049 1055
1067 1118 1184–1185 1198 1260 1310
1362 1371 1389 1394 1400 1437 1453–

1454 1457 1469 1484 1547 1558–1559
1582 1586 1593 1597 1611 1664 1674
1677 1687 1709–1710 1743 1780 1856
1874 1879 1917 1922 1937 1943 2008
2012 2087 2141 2242 2254 2264 2297
2319 2328 2372 2374 2395 2398 2401
2444 2506 2511 2558 2560 2566 2598
2608 2625 2650 2768 2775 2789 2806–
2807 2809–2810 2821 2832 2853 2860
2864 2892 2914 2940 2957 2995 2999
3011 3015 3030 3035 3055 3090 3156
3162–3163 3199 3209 3232 3247 3269
3271 3302 3309 3344 3363 3410 3438
3459 3467 3542 3554 3582 3592 3598
3617 3636 3639 3668 3680 3682 3719–
3720 3726 3743 3764 3774 3780 3782
3803 3825 3843 3847 3854 3929 4024
4041 4079 4082 4111 4127 4186 4214
4258 4289 4302 4307 4329 4363 4546
4559 4561 4581 4589–4590 4593 4637
4660 4705 4722 4726 4731 4782 4796
4838 4842 4892 4920 4937 4940 4968
5003 5016 5063 5104 5178 5188–5189
5209 5229 5312 5340 5344 5410 5428
5432 5456 5495–5496 5511 5524 5553
5564 5570 5588 5600–5601 5651 5653
5682 5705–5706 5708 5714 5726 5740
5748 5756 5773 5786 5801 5813 5827–
5828 5848 5862 5942 5949 6032 6037
6067 6080 6090 6100 6103 6108 6124
6127 6160 6187 6214 6302 6329 6337–
6338 6380 6400 6445–6446 6494–6495
6499 6547 6550 6556 6655 6670 6694
6710 6719 6732 6786 6791–6792 6794
6830 6834 6870 6914 6991 6996 7007
7009 7032 7040 7066 7081 7084–7085
7099 7103 7110 7123 7136 7212 7217
7244 7275 7323 7357 7373 7375–7376
7417 7446–7447 7454 7473 7500 7507
7542 7552 7601 7656 7683 7688 7718
7736 7740 7749 7777 7835–7836 7847
7850 7855 7879 7889 7898 7951 7968
7978 7982–7983 8007 8023 8045 8110
8132 8138 8142 8154 8169 8183 8198
8241 8272 8328 8362 8375 8536–8537
8547 8588 8607 8655 8701 8703 8727
8739 8766 8769 8784–8785 8790 8799
8809 8834 8857 8866 8874 8902 8908
8919 8973 8977 9016 9026 9032 9046
9053–9054 9056 9097 9106 9163 9217
9233 9299 9347 9397 9411 9419 9427
9432 9443 9475 9560 9576 9619–9620

9627 9648 9678 9690 9714 9720 9763
9772 9806 9810 9825 9828 9832 9857
9867 9873 9947 9982 10003 10052
10064 10119 10161 10167 10176
10202 10264 10279 10306 10344
10390 10425 10427 10453 10459
10462 10466 10478 10484 10531
10547 10561 10600–10601
                (472 Belege)

vacat. p. resign. seu n. prom. 2859
vacatio 117 693 1369 1527 2110 2794
   2964 3802 7337 7553 8534 9066 9764
   9932 10075   (15 Belege)
vado 223 352
vagabundo 4981
vagabundus 3102 4766 6931
vagando bona dilapidavit → abb. e.m.
   mon.
vage 224
vago 412
vagor 765 1947 7336
vaivoda 732
val.   (2191 Belege)
val. acsi eccl. civit. Monast. personaliter
   visitaret → indulg. permereri
val. ann. 15 fl. ad ord. presbit. promoveri
   → cupiens supra patrimonio
val. → disp. ut ad omnes ord. prom.
val. equi → 20 fl. 75 bol. pro
valeat → absol. ut etiam in off. alt. ministrare
valetudinarios a voto s.cruciate → absol.
valetudinarius 1249 4120 7490
valgolta vini 2272
validitas 10607
validus 224 529 2346 9941 10110
vallis 143 531 794 1033 1506 1867–1869
   2007 2106 2356 2440 2478 2600 3014
   3072 4171 4249 4434 4519 4684 5065
   5327 5404 5673 6602 6710 7227 7399
   7819 7951 8050 8608 8656 9137 9327
   9694 10141 10490   (39 Belege)
Vallis Jasaphat vulg. nunc. 791
valor fruct. / red. beneficiorum → [pars
   separata in fine appensa]
valve 361 1807 1844 2790 3176 3983
   7498 8534 9701
varias facult. → facult. concedendi
varius 186 262 576 732 2344 2416 2973
   3825 4626 5436 7105 7391 7446 7533
   7742 7993 9160 9528 10031
                (19 Belege)

vas 732 2021 2138 7465 7867

vasallus 127 199 670 800–801 1233 1711
3129 3155 3802 3922 4391 4506 6039
7054 7069 7302 8449 8490 8510 8941
9526–9527 9642   (24 Belege)

vasto 932 2342 7236 7522

vectigal 3102 9214 9989

vecto 4506

vehemens 2348 7382

vehementer 223 8640 9854

vehiculum 6253

veho 4566 7144

velandi abba. et monial. → lic. compescendi et

velo 2195 2345 4265

Velpach) ad sed. ap. → orator (prep.
[mon.] in

velum 26 154 347 497 564 582 672 861
938 956 1327 1487 1492 1541 2056
2228 2366 2794 2799 2845 2987 3415
3766 4166 4271 4304 4677 5069 5282
5596 5636 5694 5704 5731 5831 6048
6060 6266 6327 6346 6424 7049 7093
7312 7540 7721 7837 7840 7852 8471
8579 8688 9060 9194 9400 9906 10006
10131 10217 10244 10422 10493
10519   (63 Belege)

vena vini 9214

venalis 5503

vendendi → lic.

vendico 7815

venditio 277 617 1241 1243 1422 1801
2071 2393 3079 3130 3897 4569 4857
5957 7296 7479 9121 9142 9171 9263
9456 10073 10607   (23 Belege)

venditor 10174 10607

vendo 186 277 617 996 1243 1422 1527
1801 1982 2071 2218–2220 2272 2393
2429 2642 3072 3130 3139 3699 3721
3855 3897 4271 4569 4857 5311 5392
5957 6263 7054 7296 7299 7470 7479
7531 7542 7859 8461 8463 8560 8629
8894 9087 9121 9129 9171 9244 9263
9456 9587 9594 9711 9742 9936 9986
10073 10102 10174 10184 10269
10413 10605   (64 Belege)

veneratio 9935

veneror 9035 9067

Veneten. → duc.

venio 254 526 654 671 732 762 1003
1528 2033 2219–2220 2658 3223 3399
3855 4391 4422 4763 5007 5641 7381

7552 8139 8437 8464 8491 9042 9528
9595 10087 10109   (31 Belege)

venter 9569

verax 6850

verbalis 5168

verbera 201

verbero 3044 3161 7729

verbum 95 105 528 732 909 1051 1073
1442 1732 1793 2218–2219 2415–2416
2781 2829 2857 3116 3175 3385 3684
3859 3917 4265 4552 4606 6000 6079
6775 7330 7500 7525 7853 7865 8374
8434 8462 8464 8658 9350 9365 9504
9531 9569 9598 9942 10073 10110
10490 10607   (50 Belege)

verbum Dei 2218 2415–2416 6775 9350
9598

Verden. dioc. vulg. nunc. → prep. in Sehusen

verecundia 10089

vereor 732 1793 3076 7382 7815

vergo 923 3308 4037 9319

verisimiliter 1615 3436 7491

veritas 224 469 700 1578 1622 2349 5524
5697 7383 9244

veritatis in civit. Trident. → investigatio

vero 190 352 508 732 774 1235 1578
1865 1867–1868 1959 2008 2021 2024
2105 2138 2255 2270 2341 2345 2349
2433 2554 2620 2631 2916 2964 2987
3076 3139 3155 3176 3385 3475 3548
3684 3772 4367 4606 5058 5503 5919
5929 6381 6539 6625 6712 7191 7382
7582 7778 8449 8453 8463 8466 8490
8534 9041 9142 9165 9384 9528 9787
10073 10092 10109–10110 10143
10336 10431 10479   (71 Belege)

verociter 2360

versiculus 127

versor 1972 4510 7381 7815

versus 732 1173 2008 2550 3079 3172
6251 6431 7144 8226 8314 8900 10098
     (13 Belege)

verto 732 7859 8139

verus 133 469 619 651 732 1025 1527
1578 1869 1959 2220 2270 2417 2516
2729 2788 4254 4257 4281 4528 4536
4551 4585 4606 4787 5098 5534 6553
6891 7198 7304 7382 7491 7740 7760
7810 7852 8073 8363 8390 8615 8998
9121 9472 9890 9932 10004 10070–
10071 10108   (50 Belege)

vescendi → lic.

vescor 654 1038 1946 1968 2083 2159
2991 4829 6458 6812 7276 7518 7522
7540 7814 9971 10092–10093 10413
(19 Belege)

vesica 4809

vesmere 7912

Vesmere vulg. nunc. → preb.

vesper 731–732

vespera 9065 9224 9328

vesta 732

vestimentum 2396 5534 9136

vestio 99

vestis 105 1932 1940 2497 3795 7465

vestitus 1042 10074 10583

vetita iudicia 1241 2079 2219–2220 2434
7321 8545 9182 10159 10605

vetus 2109 3582 4595 4720 4892 8884
9214 9709

vetustas 8545

vetustus 930 2926 5675 9065 9864

vexatio 731 1042 3176 6931 8192 8461

vexillum 6138

vexo 2323 4503 7568 10088 10111

via 106 181 242 588 730–731 794 909
1015 1972 2008 2078 2219–2220 2346
2374 2409 2551 2636 2848 2854 2945
3102 3176 3737 4391 4902 5108 5522
5723 5968 7321 7338 7381 8142 8368
8756 9003 9050 9261 9379 9528 9787
10073 10109 10482 10605 (47 Belege)

viagium 534

viaticum 223 1874 9832

viator 992

vic. 4 23 46 54 105 108 117–118 121 131
136 139 152 154 167 183 186 193 198
201 210 225 249 262 268 273 275 290
304 310 345 348 366–367 385 390 461
464–465 471 525 536 555 562 569 571
588 610 617–618 620 622–623 635 672
680 692–693 700 704 706 741 743–744
818 822 824 829 832 837 841 843 854
861 875 880 889 902 916 921–922 941
962 967 969 977 979 985 987 997 999
1015 1028 1042 1044 1048 1051 1073
1100 1118 1125 1148 1182 1185 1193
1202 1229 1235–1237 1243–1244 1281
1293 1304 1332 1347 1353 1360 1371
1373 1405–1406 1414 1420 1425 1427
1430 1435 1438 1469–1470 1497 1527
1543 1548 1559 1576 1590 1596 1599
1606 1614 1622 1626 1632 1636 1638

1679 1685–1686 1698 1711 1738–1739
1756 1770 1772 1783 1793 1801 1807
1819–1820 1824 1831 1851 1860 1865
1870–1871 1897 1903 1905 1912 1943
1946 1957–1958 1964 1973 1976 2008
2025–2026 2032–2033 2038 2040–2041
2043–2044 2052 2060 2078–2079 2105
2111 2133 2138 2149 2153 2159 2183
2204 2212 2218 2238 2262 2270 2272
2283 2298 2307 2315 2321 2341 2365
2372 2389 2392 2415 2417 2430 2469
2488 2490 2508 2564 2589 2619 2631
2651 2659 2664 2721 2730 2741 2779–
2781 2789–2790 2792 2800 2807 2820
2824 2863 2867 2882 2912 2914 2939
2950 2964 2967 2970 2973 2985 3008
3031 3035 3040 3046 3055 3061 3070
3102–3103 3116 3151 3153 3162–3163
3172 3180 3183 3190 3221 3225 3253
3268 3306 3313 3343 3357 3359 3363
3368 3381 3385 3408 3414 3424 3446–
3447 3458 3465 3467 3488 3524 3544
3561 3581 3590 3604–3605 3610 3624
3636 3652 3669–3671 3678 3684 3691
3695 3712 3727 3742 3745 3747–3749
3772 3793 3816 3819 3828 3835 3865
3876 3904 3930 3937 3972 3987 4026
4028 4030–4031 4037 4059 4085 4091
4095 4097 4103 4108 4120 4129 4154
4163 4168 4174 4188 4213 4227 4254
4260 4281 4292 4318 4323 4327 4339
4342 4353 4365 4374 4395 4406 4414
4425 4440 4457 4505 4513 4516 4531
4547 4549 4552 4569 4614 4618 4634
4661 4671 4687 4692 4697 4704 4780
4782 4784 4795 4859 4872 4878 4887
4890 4900 4975 4999 5011 5037 5045
5058 5069 5073 5132 5134 5155 5162
5194 5197 5207 5210 5212 5217 5226
5228 5243 5282 5302 5317 5327 5340
5348 5371 5398 5404 5439 5449 5452
5459 5466 5478 5506 5519 5547 5550
5558 5563 5568 5601 5607 5637 5648
5667 5674 5679 5682 5686 5695 5703
5721 5723 5725 5729 5745 5757 5766
5778 5827 5836 5847 5873 5878 5891
5899 5909 5974 5994 6067 6122 6142
6146 6168 6181 6183 6197–6198 6202
6251 6258 6296 6298 6324 6350 6377
6391 6403 6414 6467 6501 6513 6524
6547 6549 6578 6580 6582 6597 6607
6614 6630 6687 6710 6730 6741 6745

6755 6765 6770 6789 6803 6813 6830
6854 6869 6876 6890 6907 6925 6931
6933 6941 6945 6958 6979 6996 7011
7039 7060 7100–7101 7111 7147 7169
7174 7183 7187 7198 7233 7256 7302
7306 7321 7346 7352 7354–7355 7357
7361 7369 7376–7377 7379 7382 7408
7434 7439 7444 7463 7470 7479 7494
7503 7505 7512 7533 7537 7550 7573
7588 7651 7653 7674 7678 7682 7688–
7689 7692 7699 7714 7734–7735 7741
7749 7760 7796 7800 7822 7827 7832
7865 7904 7909 7943 7970 7983 7994
8001 8014 8026 8046 8049 8054 8063
8066 8085 8095 8133 8138 8145 8154
8165 8177 8231–8232 8251 8253 8258
8261 8273 8335 8357 8360 8362 8381
8383 8387 8399 8425 8439 8458 8461–
8463 8490 8494 8517–8518 8536 8545
8553 8561 8564–8565 8579 8602 8640
8734 8737 8740 8749 8763 8775 8817
8828 8848 8851 8902 8916 8936 8939
8943 8948 8952 8962 8988 8995–8996
9002–9003 9006 9040 9049 9059 9065–
9066 9098 9106 9154–9155 9160 9168
9197 9200 9214 9230 9249 9257 9259–
9260 9266 9273 9294–9295 9333 9337
9345 9351 9358 9386 9400 9408 9418
9437 9456–9457 9507 9520 9545–9546
9556 9561–9562 9586–9587 9627 9630
9634 9669 9675 9685–9686 9691 9702
9708–9709 9721 9726 9745 9777 9786–
9787 9808 9820 9858 9862 9867–9868
9878 9881 9894 9898 9902 9907 9935
9944 9946 9951–9952 9961 9974 9976
9980 9982 10005 10012–10013 10027
10031 10035 10070–10071 10074
10083 10088 10092–10099 10118
10141 10150 10165 10180 10189–
10190 10199–10200 10238 10257
10264–10265 10267 10282 10288
10291 10319 10327 10339 10341
10347 10349 10367 10388 10422
10428 10449 10481 10528 10531
10541 10594 10606 10616–10617
10622 10625   (820 Belege)
vic. capit. → in manibus
vic. ep. 706 743 1622 1801 1958 1964
    2365 3712 5155 6979 8154 8579 9976
                      (13 Belege)
vic. gener. 273 345 390 588 610 617 620
    921 979 1028 1044 1235 1281 1606

1626 1679 1783 1807 1865 1946 1957
2008 2038 2218 2589 2970 3046 3061
3306 4374 4780 4782 4887 4890 4975
5348 5558 5648 5695 5723 5909 6251
6296 6324 6377 6933 7174 7198 7439
7444 7512 7734 8425 8848 8995 9003
9066 9168 9337 9345 9545 9562 9726
9777 10070 10141 10265 10267 10291
10347 10481 10531   (72 Belege)
vic. gener. aep. → in manibus
vic. gener. in spir. aep. → in manibus
vic. gener. in spir. ep. → in manibus
vic. → ordin. et illius in specialibus
vicar. (2072 Belege)
vicar. ad alt. b. Marie in capel. prepos.
    vulg. nunc. 6800
vicar. b. Marie virg. ad alt. s. Crucis de-
    aurate vulg. nunc. 3587
vicar. capn. ep. vulg. nunc. 9260
vicar. de Widen vulg. nunc. 6577
vicar. decano eccl. presentavit → cler.
    Bremen. dioc. fil. suum naturalem ad d.
vicar. eccl. Argent. vulg. capn. nunc. 9260
vicar. eccl. Magunt. vulg. capn. abb. in
    Selgenstat nunc. 5756
vicar. mercatorum der schonefarer vulg.
    nunc. 8567
vicar. quartaria nunc. 4956–4957 5049
    6833 8955 9457
vicar. Regis et Regine nunc. in eccl. Halb-
    erstad. 260
vicar. schlaffmissaria vulg. nunc. 6168
vicar. sive missa hebdomadaria vulg.
    nunc. 9412
vicar. vulg. vocata benef. elemosinale
    9771
vicarialis 1620
vicariatus 3499 3590 4037 5891 9257
vice 902 943 1739 2035 2341 2620 2740
    6016 6090 6502 7951 9710 9973 10302
    10411   (15 Belege)
vicecamerarii → gratis pro fam.
vicecamerarius 459 1030 1627 1778 3526
    4351 4784 4889 6811 9270 10455
                      (11 Belege)
vicecancellarii fam. et abbrev. 9576 10381
vicecancellarii → gratis pro fam.
vicecancellarius 132–133 430 512 584
    655 919 1065 1216 1240 1306 1387
    1461 1914 1977 2016 2105 2119 2343
    2353 2554 2670 2729 2845 2853 3080
    3402 3418 3719 3839 4213 4284 4359

4370 4408 4580 4631 4649 4652 4795
4821 4873 4908 4963 5167 5271 5509
5545 5726 5781 5837 6082 6141 6345
6352 6420 6523 6612 6620 6716 6731
6806 7043 7108 7113 7133 7490 7704
7706 7786 7913 7969 8308 8405 8611
8623 8705 8787 8804 8902 8937–8938
9000 9094 9166 9286 9469 9526 9576
9616 9621 9933 10091 10244 10271
10381 10481 10546 10554 10578
(100 Belege)

vicecomes / viscomes 6786 7109 7337
10320

vicecommendator 5636

vicecuratus 6374 7814

vicecustos 10093

vicedecanatus 7989

vicedecanus 598 932 1236 2930 2945
3832 5594 5648 5652 7236 7626 9777
9933 10159 (14 Belege)

vicedepositarius 10099

vicedominatus 600 644 1029–1030 3153
3359 3947 4731 7552–7553 9811
(11 Belege)

vicedominus 2173 2596 3738 3748 3947
5485 5654 7553 9508 10409

vicegerens 3525 4552

vicegerentia 9166

viceprepositura 6417

viceprepositus 3125 6417

viceregens 10411

vicesimus 1779

vicethesaurarius 4889 10099 10169

vicinatus 2848

vicinia 9065

vicinus 138 731 1527 1599 1732 1924
2025 2091 2927 2971 3102 4551 5904
5947 7104 7231 7987 7990 9188 9528
9998 10111 10142 10332 10482 10490
(26 Belege)

vicis 118 640 765 1730 3162 3610 4032
4848 4925 7224 7383 8335 (12 Belege)

vicissim 7470

victoria 2550 3548 7742 7875

victualia 99 525 1053

victus 105 1042 1647 2396 2442 8789
10074 10583

victus mensa nunc. 2442

viculus 8449

vicus 118 1237 4218 7993 8399

video 352 469 526 730 732 989 1238
1599 1865 1946 1961 1972 2220 2347

2349 2793 2825 3176 3436 3548 4391
4809 5748 5947 7081 7276 7329 7381–
7382 7491 7533 7742 7860 7997 8044
8799 9011 9881 10087 10108–10111
(43 Belege)

vidua 57 98 245 273–274 619 692 1168
1174 2269 2419 2620 2927–2928 3129
3709 4023 4074 4085 4104 4447 6351
6385 6389 7521 7531 7821 7867 8185
8566 9234 9733 9805 9850 10607
(35 Belege)

Viennen. translatus → ep. de eccl. Brixin.
ad eccl.

Vieulx vulg. nunc. → capn. sub invocatione s. Nicolai le

vig. disp. 52 82 133 204 222 247 425 436
471 544 555 564 781 819–820 957
1003 1014 1028 1076 1252 1261 1269
1431 1479 1520 1580 1586 1673 1715
1746 1792 1874 1879 1922 2016 2024
2037 2080 2104 2193 2231 2281 2315
2337 2462 2489 2648 2680 2696 2767
2810 2853 2913 3018 3224 3232 3455
3542 3553 3632 3699 3705 3712 3719–
3720 3782 3843 3875 3969 3998 4072
4126 4345 4533 4546 4560 4636 4731
4908 4962 5028 5066 5228 5329 5353
5366 5374–5375 5523 5538 5556 5636
5732 5747 5751 5774 5805 5839 5897
5913 5930 5960 5964 6016 6037 6081
6119 6131 6192 6283 6296 6367 6393
6396–6397 6602 6635 6667 6859 6883
6909 6928 7018 7065 7104 7236 7241
7352 7372 7400 7556 7582–7583 7757
8076 8091 8132 8168 8198 8344 8368
8529 8550 8559 8634 8636 8665 8796
8821 8828 8908 8923 9229 9355 9437
9503 9610 9635 9647 9658 9782 9813
9857 9895 9969 10127 10285 10318
10393 10420 10479 (172 Belege)

vig. disp. Pauli II. 564 957 1922 2080
3843 3998 4546 4962 5636 6016 8368
9658 10127 10393 (14 Belege)

vig. disp. Pii II. 204 1076 2337 10285

vig. disp. synodi Basil. 2024

vig. facult. Calixti III. 997

vig. gr. expect. 7 11 17–18 36 43–44 77–
79 116 121 131–132 134 159 178 183
195 201 235 260 292 329 335 337–338
345 363 381 401 405 408 416 425–426
438 451 459 471–472 474 489 519 537
564 571 600 607 619 621 667 681 685

699 707–709 724 734 737 762 798–799
820 839–840 844–845 860 862–863
889–890 904–905 917 939 959 1003
1015 1025–1026 1029–1031 1064–1066
1068 1083 1113–1114 1116 1118 1124
1135 1146 1159 1196 1224 1258 1283
1303–1305 1350 1352 1378 1421 1430
1444–1445 1461 1502–1503 1506 1513
1517 1533 1557 1566 1571 1580 1586
1588 1602–1603 1608 1642 1644 1659
1669 1687–1688 1709 1722 1733 1735
1770 1783–1784 1803 1807 1809 1818
1840–1843 1845 1855 1860 1863 1879
1916 1937–1938 1973 1978 1980 1982
1987 1994 2001 2007–2008 2015 2025
2044 2052 2055–2056 2060 2076 2093
2096 2099 2101 2104–2109 2111 2114
2118–2119 2139 2155 2183 2189 2207
2238 2242 2251 2262–2263 2266 2275
2288 2293 2296 2302 2320 2357 2373–
2374 2379 2402 2414 2431 2463 2469
2477 2484 2511 2523 2528 2535 2549–
2551 2556 2577 2580 2616 2624 2650
2660 2677 2689 2729 2769–2770 2779–
2782 2789–2794 2797–2798 2823 2839
2841 2853 2855 2874 2890 2892 2902
2908 2926 2936 2951 2957 2985 2987
2990 2994 3022 3035 3051 3067 3082
3084 3086 3105 3131 3141 3149 3152–
3153 3162 3199 3208 3218 3224–3225
3291 3295 3306 3322 3332 3358–3359
3363–3364 3400 3402 3453–3454 3457
3467 3471 3480 3490 3498–3499 3511
3525 3528 3530 3547 3556–3557 3569
3575 3584 3587 3595 3609 3619 3627
3636 3643 3650 3654 3663 3670–3672
3687 3690 3692 3694–3695 3702 3712
3719–3720 3747 3749 3763 3774 3782
3826 3842 3873 3876–3877 3886 3912
3917–3918 3920–3921 3932 3947 3972
3979 3981 3983 4002 4026 4036 4068
4081 4175 4193 4213 4255 4282 4284
4290 4294 4301 4304 4339 4361 4364
4368 4397 4402 4412 4428 4434 4444
4476–4477 4522 4528 4546–4549 4551
4560 4573 4609 4614 4631 4637 4643
4652 4658–4659 4671 4673 4677 4687
4706 4726 4744 4756 4763 4780–4781
4786 4796 4811 4814 4847 4873 4880
4884 4891–4893 4902 4908 4922 4924–
4925 4946 4957–4959 4966 4969 4976
4986 4992 4994 5005 5015 5019 5022

5042 5045 5051–5052 5061 5063 5092–
5093 5108 5126 5130 5133–5134 5150
5152 5154 5156 5158 5160 5162 5170
5183 5194 5198 5210 5214 5217 5223
5271 5292 5297 5301 5327 5335 5340
5375 5384 5400 5403 5430 5435 5458
5463 5480–5481 5494 5505 5522 5533–
5534 5541 5545 5548 5563 5570 5573
5578 5584 5588 5596 5600 5606–5607
5629 5637 5639 5643 5647 5650 5653–
5654 5663 5673–5675 5693 5706 5726
5731–5732 5737 5745 5761 5770 5776–
5777 5793 5797 5814 5819 5823 5827
5831 5844 5853 5865 5890 5911 5916–
5917 5923–5924 5942 5951 5955 5958
5969 5972 5985 6007 6037–6038 6049
6051 6055–6059 6064 6067 6078–6079
6082 6108 6123–6125 6129 6133 6142
6154 6168 6185 6187 6190 6223 6233
6244 6251 6265 6286 6338 6350 6353
6363 6367 6376 6396 6414 6423 6432
6446 6464–6465 6470 6490 6513–6514
6523 6527 6540 6553 6577 6598 6602
6629 6652 6690 6694 6710 6716 6730
6732 6739 6741 6772 6785 6818 6822
6850 6882 6887 6916 6920 6951 6968
6994 7015–7016 7034 7043 7081 7093
7109 7113 7123 7133 7140 7148 7152
7159 7166–7167 7173 7176 7204–7205
7214 7225 7264 7275 7283 7298 7303–
7306 7312 7323 7372 7377 7393 7417
7497–7498 7503–7505 7509 7513 7566
7577 7591 7614 7617 7630 7633 7642
7646 7656 7682 7699 7711 7722 7733
7735 7738 7743 7746 7748 7756 7760
7767 7782–7783 7788 7790 7795–7796
7798 7826 7834–7835 7846 7848–7849
7852 7876 7879 7903 7907 7913 7953–
7954 7961–7962 7975 7980 7994 8018
8032–8033 8041 8060 8092 8095 8099
8110–8111 8113 8130–8132 8135 8141
8151 8183 8204 8220 8227 8233 8282
8295 8308 8315 8360 8371 8391 8394
8405 8411 8426 8431 8435 8441 8462
8502–8503 8516 8518 8524 8536–8537
8549 8551 8555 8562 8574 8581–8582
8588 8600 8606 8641 8661 8663 8670
8675 8683 8686 8703–8704 8714 8716
8762 8787 8801–8802 8812 8823 8828
8868 8874 8908 8926 8973 8984 8988
8998 9000 9004 9007 9021 9055–9056
9074 9090 9127 9156 9160 9198 9205

9207 9211 9218–9219 9246 9252 9286
9298 9300 9299 9324 9334 9342–9343
9355 9362 9367 9380 9389 9398 9415
9427 9455 9472–9473 9481–9482 9511
9534 9540 9549 9555 9557 9571 9581
9608 9620 9623 9627 9648 9651 9659
9661 9666 9668 9677 9681 9696 9716
9721 9729 9731 9764 9779 9788 9810
9815 9821 9824–9825 9846–9847 9867
9870 9878–9879 9890 9897–9898 9910
9916 9923 9928 9968 10036 10041
10067–10069 10107 10157 10185
10192 10205–10206 10217 10251
10278 10281 10299 10380 10382
10394 10398 10425 10435 10451
10479–10481 10486 10498 10526–
10527 10529 10549 10554 10564
10585 10604   (927 Belege)
vig. nominationis R. I. / imper. (p. papam
conc.) 352 475 546–547 704 839 1064
1090 1118 1256 1497 1659 1970 1980
1984 2009 2024 2029 2149 2341 2344
2518 2620 2650 2945 3199 3408 3525
4458 4477 4552 4796 4904 5191 5379
5420 5450 5673 5854 6093 7432 7782
7851 8204 8238 8332 8463 8580 8716
8843 8927 9269 9363 9380 9412 9415
9720 10276 10353 10523 10592 10599
                                (62 Belege)
vig. present. abba. 8240
vigeo 90 105 412 687 998 1076 1496
2138 2160 2322 2420 2854 2862 3034
3631 3699 4201 5194 5901 7289 7391
7489 7492 7997 9528 9710 9720 9787
9870 9932 9935 10240 10246 10520
10599   (35 Belege)
vigilia 105 794 992 2131 2389 7991
vigilie ac misse pro fidelibus defunctis
2131
vigilo 1947 7074 10533
vilicatio 3385
vilicus 4611 5229
vilipendium 5912 8205
villa 8 45 57 87 103 118 169 184 230 245
260 266 271 277 292 318 328 333 338
375 390 393 406 414 437 456 491 527
532 571 610 675 708–709 724 734 745
750 802 811 872 887–888 901 930 940
949 954 970 972 1010 1049 1068 1092
1109 1116 1156 1170–1171 1185 1187
1194 1206 1230 1237 1243 1299 1315–
1316 1343 1345 1353 1358 1370 1414

1422 1430 1459 1467 1476 1490 1497
1499 1528 1543 1565 1585 1589 1596
1625 1638 1645 1663 1675 1707 1732–
1733 1756 1772 1775 1788 1797–1798
1801 1829–1830 1867 1869 1875 1934
1936–1937 1945 1947 1999 2008 2025–
2026 2033 2044 2046 2071 2077 2106
2119 2126–2127 2138 2146–2147 2162
2167–2168 2183 2187 2190 2198 2232
2237 2256 2269 2288 2297 2310 2341–
2342 2352 2356 2384 2389 2421 2425
2433–2435 2453 2473 2490 2507 2542
2587 2595 2599 2620 2642 2644 2699
2745 2781 2789 2830 2841 2848 2868
2873 2881 2894 2913 2949 3006 3016
3018 3057 3069 3077 3083 3097 3130
3133 3139 3152 3155 3158 3162 3166
3172 3181 3203 3226 3232 3243 3249
3278 3286–3287 3309 3363 3374 3377
3382 3385 3389 3403 3414 3461 3487
3491 3535 3554 3556–3557 3561 3606
3621 3624 3633 3636 3651 3676 3678
3694 3701 3704 3707 3727 3747–3748
3754 3772 3822 3825 3875 3877 3918
3922 3957 3966 4008 4011 4039 4074
4095 4099 4102 4107 4109 4112 4120
4125 4152 4176 4184 4202 4222 4234
4271 4318 4331 4339 4355 4382 4423
4438 4458 4463 4494 4506 4524 4581
4585 4595 4631–4632 4649 4662 4676
4685 4692 4703 4760 4796 4891 4894
4914 4956 4958 4971 4995 5039 5084
5125 5132 5143 5160 5225 5232 5267
5274 5281 5299 5306 5333 5340 5366
5374 5400 5404 5468 5470 5481 5491
5495 5510 5551 5556 5581 5600 5666
5673 5692 5695 5699 5703 5718 5728
5762 5775 5780 5782 5819 5827 5832
5861 5879 5957 6038–6039 6043 6055
6067 6078 6088 6098 6145 6187 6221
6253 6262 6273 6285 6296 6317 6323
6388 6409 6413 6450 6472 6491 6494
6545 6552 6602 6606 6614 6625 6691
6711 6733 6750 6758 6803 6830 6862
6872 6881 6907 6936 6939 6945 6973–
6974 7007 7041 7053 7121 7201 7212
7230 7252–7253 7279 7292 7296 7312
7337 7363 7373 7381 7405 7412 7420
7466 7470 7478–7479 7483 7487 7498
7512–7513 7533 7601 7625 7635–7636
7646 7648 7651 7661 7672 7696–7697
7720 7722 7733–7735 7741 7788 7819

7833 7860 7864 7879–7880 7915 7925
7951 7993 8000 8011 8022 8046 8063–
8064 8084 8090 8136 8149 8154 8157
8162 8170 8177 8181 8215 8250–8251
8257 8259 8272 8283–8284 8294 8330
8350 8363 8367 8371 8391 8414 8425
8435 8438 8442 8533 8577 8614 8634
8661–8663 8667 8669 8675 8677 8699–
8700 8705 8707 8712 8765–8766 8788
8827 8835–8836 8863 8868 8870 8911
8916 8919 8964 8984 8991 9012 9023
9031 9041 9056–9057 9067 9076 9083
9087 9097–9098 9120–9121 9129 9142
9168–9169 9171 9181 9185 9205 9263
9267 9363 9400 9403 9405 9437 9453
9455–9456 9488 9504 9529 9592 9607
9621 9625 9657 9670 9687 9701 9714
9727 9733 9764 9790 9794 9801 9805
9875 9887 9890 9900 9908 9923 9936
10008 10013 10032–10033 10067–
10069 10073 10075 10093 10102
10141 10146 10175 10197 10219–
10220 10258 10261 10266 10269
10345–10346 10362 10413 10458
10493 10504 10527 10529 10531
10605 10621 10625   (609 Belege)
villa Diedem vulg. nunc. → eccl. in
villa Sira vulg. nominata 7053
villa vulg. dicta to der Lanttokerken 2232
villa vulg. Neuestat → eccl. in Nova
villagium 483 762 1866–1867 1869 1871
    2099 3580 3855 3954 4633 4848 5549
    5815 6240 6835 8491 8829 9935
                        (19 Belege)
villanus 10501
villarum Osnaburg. dioc. → patron. inco-
    larum
villicalis 1831
Vincentii, Aurei et Justine ac al. ss. →
    corpora ss. Albani et
vinco 1031 7329
vinculo eccl. Chelmen. → absol. a
vinculo eccl. Premislen. → absol. a
vinculo eccl. Troian. → absol. a
vinculo eccl. Wladislav. → absol. a
vinculum 9 43 136 144 204 372 431 451
    610 651 672 713 800 822 860–861 997
    1003 1028 1090 1176 1199 1234 1283
    1291 1439 1441 1444 1450 1457 1460
    1606 1611 1707 1710 1732 1742 1770
    1783 1787 1874 2008 2015 2035 2073
    2081 2112 2159 2206 2242 2253 2323

2413 2440 2444 2535 2649 2789 2791
2862 2912 2933 2939 2972 3067 3096
3190 3218 3306 3410 3524 3617 3619
3624 3643 3692 3774 3877 3919 3982
4026 4102 4195 4227 4340 4378 4394
4414 4457 4473 4568 4581 4629 4659
4738 4792 4821 4830 4859 4979 5003
5155 5388 5424 5532 5535 5540 5565
5577 5592 5761 5793 5844 5963 5987
5990 6078–6079 6083 6189 6195–6196
6205 6251 6263 6387 6447 6461 6682
6694 6712 6720 6850 7066 7068–7069
7140 7186 7264 7290 7306 7328 7389
7477 7500 7585 7687 7698 7869 7907
7952 7970 7975 8060 8131 8290 8490
8718 8888 8894 9110 9258 9299 9328
9384 9388 9392 9477 9480 9526 9576
9610 9627–9628 9670 9696 9777 9790
9810 9823 9897 9932 9937 10305
10380 10435 10453 10455 10481
10523   (190 Belege)
vindico 1870 7268 7506 9155 10111
vinea 2208 2356 2393 8198 9403
vinum 525 762 1240 1527 2021 2272
    2343 2393 2672 3579 3772 4566 4620
    7997 8198 8461 8464 8560 9214 10257
    10302   (21 Belege)
violatio 205 1947 4231 5241
violator 2021 3897
violenter 2364 3102 3129 4611 7004 9155
    9527 9642 9733
violentia 1421 2323 4421 5600 8198 9616
violentus 741 1064 2845 7306 8560 8838
    9100
violo 810 1892 7578 7717 7954 8457
    9169 9945 10021
vir 103 105 117 185–186 254 272 392
    529 651 732 804 811 830 885 973 1071
    1194 1235 1241 1253 1625 1650 1699
    1777 1865 1868 1959 1962 2032 2138
    2150 2217 2323 2347 2365 2497 2500
    2650 2734 2786 2857 2862 2964 2990
    3075–3076 3197 3399 3496 3528 3657
    3827 3853 3964 4029 4085 4211 4438
    4506 4520 4569 4764 4783–4784 4932
    4942 5697 5955 6016 6092 6164 6456
    6497 6552 6691 6837 6852 6884 6956
    7383 7391 7410 7469 7478 7531 7616
    7696 7859 8313 8360 8446 8542 8612
    8713 8894 8912 9035 9190 9285 9299
    9545 9733 9984 10007 10065 10075
    10169 10455 10472 10490 10607
                          (112 Belege)

virg. (1049 Belege)
virga 4506
virginitas 689 6507
virilia amputarunt → presb.
virilis 2456
viriliter 2971
virtus 1339 3548 7329 7742
virus ex Ferraria 7815
vis 58 280 353 498 943 1533 1547 1559
1616 1948 2347 2625 2703 3009 3175
3436 4123 4391 4545 4581 4796 5811
5840 5994 6172 6278 7007 7191 7306
7491 7653 7742 7815 8335 8444 8679
9388 9527–9528 9554 9660 10169
(42 Belege)
viscera 10110
visit. 99 117–119 166 185–186 189 270
375 392 516 526 529 610 619–620 636
659 764–765 880 932 980 997 1040
1053 1057 1123 1176 1201 1228 1233–
1237 1241 1243 1355 1434 1611 1626
1647 1697 1732 1739 1909 1940 1946
2033 2035 2077 2079 2083 2159 2217
2340 2345 2355–2356 2389 2415 2433
2442 2521 2712 2848 2862 3076 3106
3175 3197 3266 3655 3674 3684 3699
3714 3733 3825 3855 3964 4012 4019
4025 4050 4091 4114 4164 4229 4340
4407 4431 4452 4482 4535–4536 4549
4554 4595 4645 5002 5031 5056 5251
5461 5606 5653 6109 6291 6647 6774
6857 6931 7078 7125 7251 7321 7382
7413 7470 7478 7491–7492 7539 7629
7659 7820 7981 7993 7997 8012 8073
8078 8164 8237 8279 8464 8510 8535
8752 8756 8957 9002–9003 9034 9041
9065 9090 9111 9155 9179 9308–9309
9327 9329 9348 9384 9388 9440 9447
9457 9663 9711 9761–9762 9849 9898
9925 9932–9933 9987 10031 10075
10096 10137 10177 10267 10392
10413 10490 10584 (183 Belege)
visit. → absol. pro illis qui eccl.
visit. → facult.
visit. → lic.
visit. lim. appl. → disp. sup.
visit. stationes Urbis → indulg.
visitandi et confirmandi elect. abba. → lic.
visitandi → pot.
visitare n. potest → propter loci distantiam
ac idiomatis differentiam mon. monial.
personaliter

visitaret → indulg. permereri val. acsi
eccl. civit. Monast. personaliter
visitator 105 264 280 789 794 1040 1042
1235–1236 1238 1739 1826 1946 2030
2035 2206 2345 2632 3009 3076 3699
4012 4678 6648 7458 7471 7820 9036
9072 10184 10490 10605 (32 Belege)
Visnapu (/.) vulg. nunc. → thesaur.
Vissora vulg. nunc. → preb. de
visum suum debilitavit → horas can. legens
visus → def.
vita (1312 Belege)
vitalis 1241
vitam → disp. ad
vitam infamem excom. → abb. propter
vitio 4536
vitis 237 259 1870 1961 2078–2079 2160
2379 4201 4387 7540 8083 8170 10056
10214 10224 (16 Belege)
vitium 4536
vito 5056 9042
vitree fenestre in bibliotheca ap. 1246
2438 3831
vitricus 9642 10267
vitriolus 4351
vitrum 3831
vivendi sub reg. o.s. Aug. → lic.
vivere potest → patrimonium ex quo honeste ad instar al. presb.
vivo 105 245 262 273–274 330 528 671
708 1145 1186 1233 1235–1237 1241
1548 1551 1732 1739 1814 1868–1871
2255 2334 2343 2345–2346 2356 2374
2396 2402 2440 2547 2696 2790 2794
2820 2947 3072 3096 3399 3488 3556
3590 3878 3984 4035 4151 4663 4729
5217 5298 5404 5828 5904 5928 6187
6248 6265 6344 6504 6641 6708 6744
6801 7049 7352 7488 7493 7522 7678
7741 7812 7951 8083 8163 8270 8291
8454 8456 8461 8463 8534 8579 8652
8808 8869 9065–9066 9068 9094 9328–
9329 9368 9420 9489 9591 9658 9730
9801 10075 10110 10212 10214 10267
10432 10490 (110 Belege)
vivus 1035 7382 7689 8627 10112
vocabulum 341 527 932 1206 1221 1626
1981 2030 2939 3664 7078 7681 8451
8756 8829 9604 9937 9992 (18 Belege)
vocata benef. elemosinale → vicar. vulg.

vocata → curia Des Blenckelshoff vulg.

vocatio 3385

voco 72 101 217 224 268 529 598 619
692 765 979 1154 1258 1578 1659
1863 2071 2127 2165 2191 2220 2298
2347 2365 2434 2653 3009 3492 3670
5086 5162 5342 5968 6270 6696 6841
7012 7383 7469 7491 7520 7723 8461
8978 9257 9384 9724 9771 9936 10091
10283   (51 Belege)

volo 131 162 190 239 272 352 526–527
529 617 671 731–732 761–762 794 841
861 890 964 1002 1042 1060 1173
1190 1241 1421 1528 1551 1869 1874
2079 2138 2197 2219 2271 2347–2349
2396 2415–2416 2424 2620 2740 2792
2862 2963 2973 3072 3095–3096 3116
3175–3176 3221 3447 3548 3721 3897
4012 4120 4269 4282 4433 4530 5155
5321 5590 5606 6194 6327 6565 6611
6996 7066 7090 7236 7268 7329–7330
7381–7383 7391 7404 7486 7491 7696
7742 7755 7807 7814–7815 7991 8189
8198 8273 8413 8463 8535 8537 8545
8789 9066 9068 9096 9203 9224 9259
9369 9504 9563 9592 9595 9618 9707
9709–9710 9787 9866 9932 10071
10098 10110–10112 10141 10147
10266 10336 10373 10396 10537
                                        (134 Belege)

voluntarie 105

voluntarius 3339 6812

voluntas 117 266 285 296 807 841 923
935 1527 1941 2071 2138 2348–2349
2620 2762 4297 4399 4583 5056 6832
6876 7064 7090 7330 7383 7429 7860
7997 8032 8460 8734 9058 9065–9066
9249 9272 9528 9629 9642 9805 10110
10245 10267 10472   (45 Belege)

vorago 1240 1527 2138

vota peregrinationis (ss. Petri et Pauli Jerusalemitan. et s. Jacobi in Compostella) 4549

votivus 3548

voto → absol. a

voto → disp. sup.

voto s. cruciate → absol. valetudinarios a

votum 353 971 1042 1137 1173 1236
1630 1738 1860 1941 2025 2218 2348
2658 2792 2910 3106 3139 4201 4536
4549 4822 5002 5118 6079 6857 7330
7477 7490 9068 9096 9276 9458 10056
10087 10214 10283   (37 Belege)

voveo 2658 4201 4822 5002 7881 9276

vox 786 1035 3385 4091 5044 7382 7742
9041 9510 10112

Vratenaye [?] → preb.

vriestoel sive stulgericht vulg. nunc. →
friestuel /

Vrowberge nunc. → mons s. Marie virg.
vulg.

vulg. 43 82 136 144 170 199 214 262 278
328 370 458 486 529 532 548 691 791
868 889 932 965 1028 1064 1147 1209
1237 1252 1268 1445 1455 1469 1548
1559 1620 1733 1788 1797 1819 1828
1869 1922 1934 1994 2029 2041 2053
2205 2219–2220 2232 2246 2254 2262
2283 2288 2315 2319 2343 2389 2395
2397 2413 2507 2550–2551 2595 2794
3000 3102 3149 3221 3338 3482 3524–
3525 3535 3542 3564 3582 3584 3587
3678 3682 3853 3859 3891 3983 4112
4220 4282 4364 4449 4477 4509 4546–
4547 4550 4666 4669 4673 4780 4782
4785 4792 4794 4858 4873 4880 4894
4946 4961 5036 5042 5045 5130–5131
5151 5187 5261 5284 5301 5403 5433
5496 5515 5528 5598 5600 5609 5648
5652 5703 5744 5756 5764 5801 5823
5881 5891 5912 5971 5980 6003 6039
6060 6067 6096 6108 6124 6168 6205
6244 6264 6577 6613 6700 6785 6800
7053 7062 7068 7112 7143 7200 7217
7264 7366 7376 7399 7431 7530 7542
7546 7582 7735–7736 7839 7912 7915
7983 7996 8015 8057 8130 8161 8169
8293 8316 8464 8544–8545 8567 8580
8601 8608 8648 8675 8702 8705 8715
8761 8793 8829 8854 8868 8872 8898
8962 8973 8975 8986 9002 9142 9260
9412 9480 9534 9540 9551 9553 9555
9567 9592 9598 9627 9656 9674 9704
9731 9771 9805 9810 9875 9937 10280
10296 10299 10353 10362 10383
10455 10478   (243 Belege)

vulg. appellata capn. Hebernaris Stieveli /
Hebermarts Suevli) → capn. ad alt. b.
Marie (

vulg. appellata → iudicia sec. etiam frigravica

vulg. appellatum → molendinum Torlumolen

vulg. capn. abb. in Selgenstat nunc. →
vicar. eccl. Magunt.

vulg. capn. nunc. → vicar. eccl. Argent.

vulg. de Oss et Berchem nunc. → eccl.

vulg. de Schulenborch nunc. → nob.

vulg. der man zu den eren nit mechtig sein mochte → in lingua Germanica

vulg. dicitur Lantrecht → iur. quod

vulg. dicta to der Lanttokerken → villa

vulg. → eccl. in Theonisvilla

vulg. Gorgia nunc. → mon. s. Gorgonii (Gorgenni)

vulg. Hisckenberg (Insenbergh) → mons

vulg. Mangolt → Monitorisauri al. /

vulg. Nazareth nunc. → dom. b. Marie

vulg. Neuestat → eccl. in Nova villa

vulg. nominata → villa Sira

vulg. nunc. 43 82 136 144 214 278 328 370 458 486 548 691 791 868 889 932 965 1028 1064 1147 1209 1252 1268 1445 1455 1469 1548 1559 1620 1733 1788 1797 1819 1869 1922 1934 1994 2029 2041 2053 2205 2219–2220 2246 2254 2262 2283 2288 2315 2319 2343 2389 2395 2397 2413 2507 2550–2551 2595 2794 3000 3149 3221 3338 3482 3524 3535 3542 3564 3582 3584 3587 3678 3682 3853 3859 3891 3983 4112 4220 4282 4364 4449 4477 4509 4546– 4547 4550 4666 4669 4673 4780 4782 4785 4792 4794 4858 4880 4894 4946 4961 5036 5042 5045 5130–5131 5151 5187 5261 5284 5301 5403 5433 5496 5515 5528 5600 5609 5648 5652 5744 5764 5801 5823 5881 5891 5912 5971 5980 6039 6060 6067 6096 6108 6124 6168 6205 6244 6264 6577 6613 6785 6800 7062 7068 7112 7143 7200 7217 7264 7366 7376 7431 7530 7542 7582 7735–7736 7912 7915 7983 8015 8057 8130 8161 8169 8293 8316 8464 8544 8567 8580 8601 8608 8675 8702 8705 8761 8793 8829 8854 8868 8872 8898 8962 8973 8975 8986 9002 9142 9260 9412 9480 9534 9540 9551 9553 9555 9567 9592 9598 9627 9674 9704 9731 9805 9810 9875 9937 10280 10296 10353 10383 10455   (214 Belege)

vulg. nunc. → alt. maius Fronaltar

vulg. nunc. → alt. sacramenti

vulg. nunc. → benef. ad alt. Trium regum al. sutoris

vulg. nunc. → benef. commenda

vulg. nunc. → benef. predicatura

vulg. nunc. → burscapium Baerle Cuynredyck

vulg. nunc. → burscapium Dorpen. et in Alden

vulg. nunc. → can. et preb. Pergel

vulg. nunc. → capel. s. Cristofori Reneverhoeff

vulg. nunc. → capel. s. Jacobi an der Mer

vulg. nunc. → capn. b. Marie in litore Pluiperg

vulg. nunc. → capn. sub invocatione s. Nicolai le Vieulx

vulg. nunc. → capn. videlicet una ad alt. s. Marie virg. in op. Willebach vulg. nunc. et al. ad alt. s. Barbare in op. Reinstein

vulg. nunc. → casale in den Unehorrn

vulg. nunc. → cassenmeister

vulg. nunc. → civitates et op. sub nomine Hanse

vulg. nunc. → cur. et molendinum Tarlimolen

vulg. nunc. → curia ruralis de Munchhofe

vulg. nunc. → Dertbichen [= Dietkirchen]

vulg. nunc.) → districtus seu off. (archidiac.

vulg. nunc. → dom. s. Barbare Barbarenwerder

vulg. nunc. → eccl. Auf der Egg

vulg. nunc. → eccl. Bisoen.

vulg. nunc. → eccl. de Theonisvilla de Derihoben

vulg. nunc. → eccl. in Steyna an der Strasse

vulg. nunc. → eccl. in villa Diedem

vulg. nunc. → eccl. rectoria

vulg. nunc. → eccl. s. Jacobi Mercatorum

vulg. nunc. → eccl. s. Johannis prepos.

vulg. nunc. → eccl. s. Magni o.s. Aug. Amhoff

vulg. nunc. → eccl. s. Pancratii Paderburn. forensis

vulg. nunc. et al. ad alt. s. Barbare in op. Reinstein vulg. nunc. → capn. videlicet una ad alt. s. Marie virg. in op. Willebach

vulg. nunc. → friestuel / vriestoel sive stulgericht

vulg. nunc. gasthuus → mon.

vulg. nunc. Grenin → eccl. c. Martena

vulg. nunc. in Capitolio → eccl. b. Marie

vulg. nunc. → locus in den Selgen Winckel

vulg. nunc. Lutenbach → eccl.

vulg. nunc. → media preb. Nappel (Napel)

vulg. nunc. → par. eccl. Westenrisck

vulg. nunc. → paroch. de Wese Termase

vulg. nunc. → pratum de Buromasio

vulg. nunc. → preb. Kercho et Reymheuer

vulg. nunc. → preb. claustrales sive chorales

vulg. nunc. → preb. Coramnet

vulg. nunc. → preb. de la Cruce

vulg. nunc. → preb. de Vissora

vulg. nunc. → preb. hebdomadariarum

vulg. nunc. preb. Jackenbecke → preb.
eccl. Reval.

vulg. nunc. → preb. Livonis sive Livonista

vulg. nunc. → preb. Ruipoydel et Monpoydel

vulg. nunc. → preb. Vesmere

vulg. nunc. → precept. commendataria
gener.

vulg. nunc. → prep. in Sehusen Verden.
dioc.

vulg. nunc. → prepos. eccl. s. Castoris in
Cardona archidiac. de Cardona

vulg. nunc. → prepos. ruralis

vulg. nunc. → prepos. ruralis in Hummersen

vulg. nunc. → primissaria Gleckelmesser
(Glockelmesse)

vulg. nunc. → primissaria par. eccl. in
Neunkyrchen auff dem Prant

vulg. nunc. → rusticus Betti

vulg. nunc. → schlaffmissaria

vulg. nunc. Storch → de Croniis

vulg. nunc. → thesaur. Visnapu (/.)

vulg. nunc. → Vallis Jasaphat

vulg. nunc. → vicar. ad alt. b. Marie in
capel. prepos.

vulg. nunc. → vicar. b. Marie virg. ad alt.
s. Crucis deaurate

vulg. nunc. → vicar. capn. ep.

vulg. nunc. → vicar. de Widen

vulg. nunc. → vicar. mercatorum der
schonefarer

vulg. nunc. → vicar. schlaffmissaria

vulg. nunc. → vicar. sive missa hebdomadaria

vulg. ode oder pawfellige heuser unde
hoffstete nunc. → locus

vulg. prepos. s. Johannis Bapt. nunc. →
capel. s. Johannis Bapt.

vulg. s. Brigide nunc. → mon. prope muros op. Sunth Zwerin. dioc. ord. S.Sal-
vatoris

vulg. Sancti Johannis nunc. → op.

vulg. Sandmareynkirchen (Sandmereynkerchen) nunc. → eccl. s. Marie

vulg. vocata benef. elemosinale → vicar.

vulg. vocata → curia Des Blenckelshoff

vulg. Vrowberge nunc. → mons s. Marie
virg.

vulg. wespel nominatus → chorus

vulg. Zum elende nunc.) → capel. b. Marie virg. in Exilio (

vulgare habetur) → mon. Parcen. o. Prem.
Leod. dioc. (in quo Theutonicum idioma

vulgari sermone → horas can. dicere in

vulgaris 3096 5007 7321 8464 9742

vulneratio 5581 8434

vulnero 55 201 856 880 1447 1599 2085
2244 2456 3155 3701 3748 3776 4320
4389 4433 4506 4586 4654 4766 5321
5733 6107 6411 6565 6606 6810 7239
7429 7975 8374 8606 8658 8838 8950
9135 9504 9569 9776 9814 10423
(41 Belege)

vulnus 2085 3806 4510 7330 8335 9504
9569

Wese Termase vulg. nunc. → paroch. de

wespel 5703

wespel nominatus → chorus vulg.

Westenrisck vulg. nunc. → par. eccl.

Widen vulg. nunc. → vicar. de

Wien. → univ. studii

Wilhelmus Rotschilt patron. 4549

Willebach vulg. nunc. et al. ad alt. s. Barbare in op. Reinstein vulg. nunc. →
capn. videlicet una ad alt. s. Marie virg.
in op.

Winckel vulg. nunc. → locus in den Selgen

Wirtemberg consiliarius → com. de

Wladislav. → absol. a vinculo eccl.

xenodochium 3038

zelus 352 10109

tzymgummer nunc. 6622

zizania 223
Zum elende nunc.) → capel. b. Marie virg.
   in Exilio (vulg.

[valor fruct. / red. beneficiorum]

(4 duc. adc.) 3414 7522 9923
(5 duc. adc.) 3414
(= 5 duc. adc.) 2226 6693
(6 duc. adc.) 740 6204 6297
(7 duc. adc.) 5758
(= 7 duc. adc.) 2247
(8 duc. adc.) 532
(= 8 duc. adc.) 4545 4828
(= 8 duc. adc. ac etiam 3. pars fruct.) 6960
(9 duc. adc.) 4982
(10 duc. adc.) 1781 5057 6297 7394
(11 duc. adc.) 532
(12 duc. adc.) 5057 7157
(= 12 duc. adc.) 1214 3557
(= 13 duc. adc.) 3595
(= 14 duc. adc.) 10161
(15 duc. adc.) 5758
(= 15 duc. adc.) 4573
(16 duc. adc.) 1599
(= 16 duc. adc.) 3163
(= 18 duc. adc.) 10015
(20 duc. adc.) 1095 4476
(24 duc. adc.) 111 351 562 741 802–803
 1068 1303 1840 1842 2007 2282 2541
 2664 2739 3048 3083 3361 3557 4240
 4242 4395 4397 4476–4477 4873 4999
 5754 6075 6337 6664 6960 7072 7394
 7637 8312 8805 8908 8938 9375 9437
 9439 9560 9923 9991 10060 10576
 (47 Belege)
(24 duc. adc. = 5 m. arg.) 1327
(24 duc. adc. <6 m. arg.>) 4476
(= 24 duc. adc.) 5436
(25 duc. adc.) 7522
(= 28 duc. adc.) 6172
(30 duc. adc.) 7749 8015
(= 30 duc. adc.) 2039
(36 duc. adc.) 111 1842 3083 9551
(38 duc. adc.) 5637
(40 duc. adc.) 104 594 1105 1215 2845
 3557 7394 9551
(44 duc. adc.) 7321
(50 duc. adc.) 2993 3008 4573 7072
(55 duc. adc.) 4450 6576
(60 duc. adc.) 128 7882 8072 8183 9286
 10418
(70 duc. adc.) 730 7882 8718
(80 duc. adc.) 2321 4260 5436
(90 duc. adc.) 2039 5726

(100 duc. adc.) 1422 3488 4071 5912
 6744 9806 10226
(120 duc. adc.) 1784
(140 duc. adc.) 9806
(150 duc. adc.) 2404 5912 6045 6123
(= 150 duc. adc.) 1746
(170 duc. adc.) 361
(200 duc. adc.) 9806
(225 duc. adc.) 6842
(700 duc. adc.) 744
(800 duc. adc.) 9427
(1.000 duc. adc.) 10520
(2.000 duc. adc.) 6001
(= 5 duc. auri) 1263
(9 duc. auri) 8277
(10 duc. auri) 1651
(= 20 duc. auri et pro quolibet fl. 24 albi
 den. monete Colon.) 5789
(= 20 duc. auri, id est pro quolibet fl. 40
 grossi monete Flandrie) 10346
(24 duc. auri) 482 1651 2668 9923
(30 duc. auri) 8829
(60 duc. auri) 5789 8183
(400 duc. auri Ung. pro erect. perp. benef.
 sibi ex testamento amice consignatos)
 1145
(10 duc. Ung.) 7875
(30 duc. Ung.) 9399
(40 duc. Ung.) 7826
(2 duc.) 1312 5725
(5 <35> duc.) 4526
(11 duc. 3 grossi 2 bol.) 8439
(13 duc. 2 bol.) 4521
(15 duc. pro quolibet) 10247
(20 duc.) 1068 10266
(24 duc.) 1623 5057
(n. ascendit ad summam 24 duc.) 4518
(24 duc., 39 stuferi pro duc.) 8241
(30 duc.) 9779
(50 duc.) 9137
(50 duc. = 10 m. arg.) 2625
(60 duc.) 2913
(62 duc.) 4092
(100 duc.) 5907 5913
(150 duc.) 6266
(200 duc.) 4229 4311
(300 duc.) 9255
(8 fl. auri renen. deductis oneribus) 4957
(10 fl. auri renen.) 10071

(11 fl. auri renen.) 7167
(13 fl. auri renen.) 992
(16 fl. auri renen.) 4264
(20 fl. auri renen.) 10071
(20½ auri renen.) 2393
(24 fl. auri renen.) 651 3573 5246 9205
  10176 10301
(25 fl. auri renen.) 8341 9805 9907
(26 fl. auri renen.) 8104
(27⅓ auri renen.) 2393
(30 fl. auri renen.) 156 2469 3951 10065
(36 fl. auri renen.) 4933
(40 fl. auri renen.) 63 2415 5964 6427
  8075 8615 8726 9205 9369 10065
(40 fl. auri renen. in auro) 2414
(42 fl. auri renen.) 713 6080
(44 fl. auri renen.) 138
(45 fl. auri renen.) 3480 10065
(50 fl. auri renen.) 2780 3162 8615 10065
  10394
(55 fl. auri renen.) 716 10065
(55 fl. <auri> renen.) 1591
(60 fl. auri renen.) 851 3125 6365 7040
  7847 9437 9583
(60 fl. auri renen. monete elect. imper.)
  3221
(62 fl. auri renen.) 10065
(70 fl. auri renen.) 796 1331 2985 5320
  7850
(72 fl. auri renen.) 5470 8000
(75 fl. auri renen.) 2986 7789 8132
(76 fl. auri renen.) 7847 10531
(85 fl. auri renen.) 3844
(90 fl. auri renen.) 23 423 2267 2299
  2333–2334 2469 2898 3135 3948 3987
  5474 10022   (13 Belege)
(90 fl. auri renen. imper. electorum) 569
(91 fl. auri renen.) 7872
(97 fl. auri renen.) 7171
(100 fl. auri renen.) 25 1936 2062 2267
  5599 5636 5767 7466 8522
(112 fl. auri renen.) 9312
(120 fl. auri renen.) 551 3632 4847 5407
(150 fl. auri renen.) 10451
(180 fl. auri renen.) 1067
(180 fl. auri renen. monete electoris R. I.)
  3320
(200 fl. auri renen.) 1424 4898 7664
(210 fl. auri renen.) 9554
(210 fl. auri renen. boni et iusti ponderis)
  9156

(300 fl. auri renen.) 7838 8665
(300 fl. auri renen. boni et iusti ponderis)
  7838
(400 fl. auri renen.) 5620
(500 fl. auri renen.) 6082 6832 9730
(1.000 fl. auri renen.) 654 2662
(1.400 fl. auri renen.) 4167
(2 fl. renen.) 4193 7978
(3 fl. renen.) 7978
(4 fl. renen.) 2926 4155 4212 4978 6210
  7978 8490
(4 <7> fl. renen.) 5192
(5 fl. renen.) 465 4290
(6 fl. renen.) 3575 8490 9776 10071
(6 fl. renen. auri) 4193
(7 fl. renen.) 8358
(7 fl. renen. auri) 4033
(= 7 fl. renen.) 4395
(7 vel 8 fl. renen.) 5636
(8 fl. renen.) 256 413 1769 2096 2926
  3231 4193 5214 5652 8529
(8 fl. renen. auri) 4033
(8 fl. renen. in auro) 491
(8 fl. renen. sup. can. et preb. in eccl. s.
  Stephani Novimagen. Colon. dioc., 1 in
  eccl. s. Salvatoris Traiect. et 6 al. fl. renen. sup. vicar. in eccl. s. Walburgis
  Zutphanien. Traiect. dioc. quas d. Ge-
  rardus obtin. (14 m. arg.)) 2793
(9 fl. renen.) 3705
(10 fl. renen.) 256 266 339 781 1631 2541
  2816 2990 3705 4290 4376 4956 4978
  5715 6016 6485 8092 8116 8211 9695
  9935   (21 Belege)
(10 fl. renen. auri) 4033
(= 10 fl. renen.) 5210
(11 fl. renen. pro 1 fl. 10 sol. monete Paderburn. computati) 5814
(12 fl. renen.) 512 1535 9787
(s.c. ad val. 12 fl. renen. et c.c. ad val. 25
  fl. renen.) 1068
(14 fl. renen.) 2642 8424 9210 9742
(14 fl. renen. auri) 2945
(= 14 fl. renen. in auro) 2657
(15 fl. renen.) 154 349 413 950 1716 2302
  2580 2990 6158
(= 15 fl. renen.) 2584
(16 fl. renen.) 8
(18 fl. renen.) 556 2315 4371 5714 7642
(= 18 fl. renen.) 1937
(20 fl. renen.) 2664 2838 3184 7447 8547
  8716 8877 9018

(= 20 fl. renen.) 816 4842 10307

(24 fl. renen.) 154 157 622 964 1861 2864
3221 3301 3573 4547 4671 5243 5424
5655 5782 7721 8211 8840 9368 9708
9776 10301   (22 Belege)

(24 fl. renen. auri) 4033

(24 <54> fl. renen.) 9982

(25 fl. renen.) 3755 4546 9615 10161

(= 27 fl. renen.) 716

(28 fl. renen.) 1856 6541 6692 6939 8851

(= 28 fl. renen.) 7269

(30 fl. renen.) 465 2172 2466 2833 2995
3302 3458 3544 3663 3755 3911 4476
4668 4821 5209–5210 5217 5540 5770
6916 7172 7830 8889 9599 9815 9982
10161 10328 10339 10480 (30 Belege)

(30 fl. renen. auri) 1508 4260

(30 fl. renen. et ultra 4 m. arg.) 1383

(32 fl. renen.) 840 4011 6692

(34 fl. renen.) 1397 2584 3933

(35 fl. renen.) 1242 10257

(35 <30> fl. renen.) 7830

(36 fl. renen.) 405 1987 2945 4548 5217
5486 6088 6379 7688 9821

(= 36 fl. renen.) 4198

(37 fl. renen.) 1559 4922

(38 fl. renen.) 4846 8027

(40 fl. renen.) 327 349 444 527 650 978
1609 1844 2138 2413 2680 2729 2810
3035 3142 3763 4264 4476 4950 4968
5670 5696 6087 6158 6212 6515 7052
7472 7812 7976 8547 8774 9181 9286
9369 9546 9552 9597 10047 10377
10472   (41 Belege)

(40 fl. renen. auri) 2696

(40 fl. renen. et 20 duc. adc. salvo veriori
calculo) 5098

(40 <42> fl. renen.) 9982

(40 <50> fl. renen.) 4289

(41 fl. renen.) 7940

(41 fl. renen. auri) 2378

(= 41 fl. renen.) 10064

(42 fl. renen.) 680 7172 7515

(44 fl. renen.) 5726

(45 fl. renen.) 816 3399 4552 4847 6338

(48 fl. renen.) 1385 3475 5840 6462 9982

(50 fl. renen. (4 marcarum Colon. pro quolibet fl. computando)) 3217

(50 fl. renen.) 606 978 2138 2378 2414
2729 2989 3209 3755 4376 5294 5344
5423 5836 6058 6120 6337 6861 6951
7718 7889 7928 7940 8572 8579 8715
8860 9293 10161   (30 Belege)

(50 <40> fl. renen.) 5527

(= 50 fl. renen.) 2919

(52 fl. renen.) 2680 2696

(54 fl. renen.) 4770 6088 9302

(54 (44) fl. renen. aut de s.c.benef. ad val.
32 fl. renen.) 1202

(= 54 fl. renen.) 5407

(55 fl. renen. superiorum) 716

(56 fl. renen.) 4475 6439

(60 fl. renen.) 42 1391 1820 1873 2012
2024 2435 2507 2533 2572 2631 2713
2744 3125 3209 3506 3516 3609 3788
3825 4282 4516 4524 4659 4700 4763
4846 5104 5275 5281 5403 5406 5726
5821 6384 6755 7160 7837 7898 8714
9029 9031 9388 9597 9612 9690 10025
10519   (48 Belege)

(60 fl. renen. = 35 fl. adc.) 10459

(60 fl. renen. = 36 duc. adc.) 606

(60 fl. renen. auri) 2612 3035 3639 7040
9690

(60 fl. renen. c. reserv. pens. ann. 20 fl.
renen. pro dec. d. eccl.) 8715

(60 fl. renen. <6 m. arg. p.>) 9982

(60 fl. renen. <adc.>) 5010

(60 <70> fl. renen.) 3047

(= 60 fl. renen.) 5492

(64 fl. renen.) 7504

(66 fl. renen.) 73 2860 3137

(69 fl. renen.) 8693 8939

(70 fl. renen.) 872 1242 1484 1506 1845
2441 2687 3628 3671 3754 4847 5178
5545 5603 6521 6700 7082 7838
(18 Belege)

(70 fl. renen. = 38 duc. adc.) 3755 10161

(72 fl. renen.) 3984

(= 72 fl. renen.) 10526

(75 fl. renen.) 1331 1844 2402 2986 4644
4847 5905 6100 7777 7850

(80 fl. renen.) 339 651 1304 1659 1843
2024 2751 3542 3592 3755 4304 4361
4630 4815 5670 6018 7130 7426 7649
7851 9091 9128 10161   (23 Belege)

(80 fl. renen. deducta pens. ann. 25 fl.
adc.) 774

(85 fl. renen.) 1202 6165

(90 fl. renen.) 3247 3594 3788 4842 4962
5523 5812 6380 6925 7100 7136 7308
8625 8766 9418 10064   (16 Belege)

(90 fl. renen. auri) 3506

(90 fl. renen. monete electorum imper.)
5181

(90 fl. renen., 40 grossi monete Flandrie pro fl.) 7100

(= 90 fl. renen.) 6801

(= 94 fl. renen.) 3721

(100 fl. renen.) 351 397 1443 1729 1912 2267 3175 3722 3927 4198 4725 5403 5726 5857 6602 6618 7295 7444 7466 7975 9419 9697 9729 10257 10425 10466   (26 Belege)

(100 fl. renen. superioris monete principum electorum imper.) 1627

(120 fl. renen.) 3143 3632 3736 4682 6802 6840 6842 7251–7252 8065 8245 10376 10406   (13 Belege)

(130 fl. renen.) 351 1194 2267 5636 5937 7388

(140 fl. renen.) 917 1009 3660 7039

(150 fl. renen.) 151 2543 3143 3772 3855 4551 4847 6355 9729 10609

(150 fl. renen. auri) 10451

(= 150 fl. renen.) 2548

(160 fl. renen.) 4031 5492 6561 9273 10020 10526

(180 fl. renen.) 569 4604 5848 6509 7835 8065 9089

(180 fl. renen. = 45 <80> l. T. p.) 4847

(200 fl. renen.) 151 231 469 1194 1253 1424 2255 2549 3632 5538

(260 fl. renen.) 5348

(260 fl. renen. auri) 5348

(300 fl. renen.) 267 2550 2845 3632 3720 5126 6355 6521 7223 9294 9552 9731 10609   (13 Belege)

(300 fl. renen. auri et boni et iusti ponderis) 9554

(370 fl. renen. = 225 duc. adc.) 2457

(400 fl. renen.) 351 2138 2275 4085 6374 7814

(= 468 fl. renen.) 1626

(500 fl. renen.) 63 5090 7530 7840 9729–9730 10257

(500 fl. renen. percipiens) 6283

(600 fl. renen.) 658 801 4085

(700 fl. renen.) 6355 10609

(800 fl. renen.) 1028 7927

(1.000 fl. renen.) 486 1194 1874 2255 2845 2941 3794 4155 4167 8471 9553 10169–10170   (13 Belege)

(1.000 fl. renen. sup. quib. pens. ann. 200 fl. adc. Rafaelo [Riario] tit. s. Georgii diac. card. assign. est) 10170

(1.100 fl. renen.) 5676

(1.200 fl. renen.) 3335 10169

(1.200 fl. renen., 20 stuferi pro quolibet fl.) 3301

(1.500 fl. renen.) 8922

(4.000 <40> fl. renen.) 4085

(5.000 fl. renen.) 2941 9427

(^{1}/$_2$ adc.) 8909

(2 fl. adc.) 532

(= 3 fl. adc.) 4264

(4 fl. adc.) 248 314 532 3559 5206 6474 6732 7140 9906

(= 4 fl. adc.) 5775

(5 fl. adc.) 4780

(6 fl. adc.) 2087 2802 2887 3147 6883 10610

(7 fl. adc.) 3168 3559

(8 fl. adc.) 7959 8670 9818

(= 8 fl. adc.) 6899 10481

(10 fl. adc.) 919 1678 2315–2316 2380 3583 4782 5095 5673 7553 8233 8842 9927   (13 Belege)

(12 fl. adc.) 249 314 412 532 2467 2622 7493 7553 7937 8432 8994 9100 9879   (13 Belege)

(= 13 fl. adc.) 2853

(14 fl. adc.) 5003 6421 7982

(15 fl. adc.) 878 2008 3343 7815

(15. fl. adc.) 3114

(= 15 fl. adc.) 5725

(16 fl. adc.) 3458 4217 5732 10610

(18 fl. adc.) 9906

(20 fl. adc.) 2380 3559 3597 4483 4990 5095 5227 6059 7088 7147 7232 7235 7493 7595 8020 8048 8696 9057 9059 9327 9623 9857   (22 Belege)

(fruct. n. excedebant summam 20 fl. adc.) 9576

(21 fl. adc.) 624 2389 4173

(22 fl. adc.) 4483 7788

(23 fl. adc.) 2392 4084

(24 fl. adc.) 10 13 138 151 171 181 252 291 326 344 351 363 385 400 436 465 524 536 564 621 624 626 741 747 861 888 1089–1091 1112 1147 1231 1303–1305 1318 1320 1435 1494 1502 1642 1672 1714 1731 1937 1985 2003 2043 2046 2056 2205 2315–2316 2426 2483 2488 2529 2562 2634 2730 2945 3047 3061 3114 3128 3269 3279 3306 3412 3458 3491 3573–3574 3636 3670 3743 3747 3918 3978 3985 4060 4084 4103

4153 4213 4305 4434 4512 4600 4652
4661 4785–4786 4858 4892 4914 5030
5093 5120 5130–5131 5206 5271 5280
5291 5345 5382 5536 5575 5643 5726
5746 5778 5854 5945 6135 6160 6249
6366 6523 6527 6544 6568 6617 6676
6820 6910 7052 7065 7088 7140 7176
7180 7189 7198 7211 7235 7254 7377–
7378 7447 7512 7550 7552 7610 7642
7647–7648 7732 7741 7767 7847–7848
7879 7901 7937 7943–7944 8049 8113
8290 8302 8369 8554–8555 8562 8649
8704–8705 8763 8938 8945 8991 9145
9158 9163 9172 9205 9250 9313 9343
9380 9412 9443 9523 9623 9806 9821
9828 9857 9859 9898 9900 9923 9982
10070 10128 10192 10195 10250
10273 10279 10332 10449 10481
10501 10545 10562   (208 Belege)
(usque ad val. 24 fl. adc.) 5916
(24 fl. adc. <24 fl. renen.>) 1303
(24 fl. adc. <4 m. arg. p.>) 7495
(24 fl. adc. <4 m. arg.>) 5639
(24 fl. adc. <60 duc. adc.>) 128
(24 fl. adc. <l. T. p.>) 4394
(24 <25> fl. adc.) 712
(24 <60> fl. adc.) 7851
(n. ultra 24 fl. adc.) 8202
(= 24 fl. adc.) 2898 5178 6074 6266
(25 fl. adc.) 4785 5725 5964 8973
(26 fl. adc.) 2467 9863
(30 fl. adc.) 375 1625 2990 4308 4453
    4466 6059 6277 6970 8307 8582 8994
    9328   (13 Belege)
(30 <24> fl. adc.) 4519
(30 <60 fl. adc.>) 7493
(31 fl. adc.) 7815
(32 fl. adc.) 698 2513 5081 5111 5757
(= 33 fl. adc.) 9633
(35 fl. adc.) 709 4430 8998
(36 fl. adc.) 7552
(40 fl. adc.) 288 2380 2485 2639 3179
    3487 3782 3954 4394 4990 5825 7065
    8020 8553 8994 9012 9501 9806
                (18 Belege)
(44 fl. adc.) 138
(45 fl. adc.) 9358
(48 fl. adc.) 12 1257 1486
(50 fl. adc.) 138 1128 2577 2632 2643
    4064 4649 5676 7143 8905 9165
                (11 Belege)

(= 50 fl. adc.) 6123
(50 <30> fl. adc.) 518
(52 fl. adc.) 6786
(55 fl. adc.) 1591
(60 fl. adc.) 695 730 1101 1572 2485
    2639 3782 4262 4453 5320 5819 5839
    6074 6234 7839 8151 8228 8290 8731
    8938 8994 10484   (22 Belege)
(60 <70> fl. adc.) 6078
(70 fl. adc.) 1090 3012 3835 4378 5163
    5757 6078 6667 8843 9012 9328 9361
    9501 9806 10311   (15 Belege)
(70 <60> fl. adc.) 10484
(72 fl. adc.) 8000
(75 fl. adc.) 5302 6266
(80 fl. adc.) 326 706 774 2321 2913 2990
    4245 5322 5444 5839 7790 8553 9128
    9369 10120   (15 Belege)
(80 fl. adc. deducta pens. ann. 25 fl. adc.
    Jacobo Raw conc.) 2403
(90 <80> fl. adc.) 7400
(96 fl. adc.) 7851
(100 fl. adc.) 351 400 706 2317 2380
    3722 4453 4466 5155 6667 7834 9165
    9806   (13 Belege)
(112 fl. adc.) 9312
(120 fl. adc.) 2453 2629 7553 8046 9165
    9729 9733 10466
(126 fl. adc.) 8444
(140 fl. adc.) 8046
(150 fl. adc.) 2543 4666 5434 7617 9059
    9806
(= 156 fl. adc.) 6712
(160 fl. adc.) 654 2494 4415 5903 5928
    8471
(170 fl. adc.) 271
(180 fl. adc.) 271
(200 fl. adc.) 3410 7410 7504 7552 7664
    7843 8802 10170 10359
(220 fl. adc.) 7552
(275 fl. adc.) 10170
(300 fl. adc.) 654 1028 2246 3083 3410
    3563 7552 8471 8665 9016 9733 10466
                (12 Belege)
(350 fl. adc.) 7068
(400 fl. adc.) 353 2273 2845 7125
(500 fl. adc.) 6677
(usque ad summam 500 fl. adc.) 7410
(700 fl. adc.) 7034
(800 fl. adc.) 6502
(1.000 fl. adc.) 1958 7488 7822 8471
    9120

(1.300 fl. adc.) 7067
(fl. ad 20 stuferos) 3301
(pro quolibet fl. 4 m. monete Colon.) 5767
  6805
(6 fl.) 9055
(6 fl. auri p.) 8661
(8 fl.) 2108 5732 8262 9055
(10 fl.) 781 9120
(10 fl. Ung.) 9387
(12 fl.) 8015
(24 fl.) 3189 3697 3916 9708 10367
(fruct. n. excedunt summam 24 fl.) 8163
(24 fl. auri) 326 939 1198 1305 2055 4059
(24 fl. auri p.) 3149
(24 fl. duc. adc.) 1824
(= 25 fl. auri in auro) 10492
(36 <30> fl. Ung.) 405
(40 fl. auri camere) 1037
(45 fl. Ung.) 7627
(48 fl. Ung.) 2577
(50 fl. auri) 8998
(60 fl.) 8238 9363 9380
(60 fl. auri de Reno) 9192
(70 fl.) 3968
(70 fl. auri) 8998
(100 fl.) 621
(120 fl.) 472
(120 fl. = 20 stuferi monete Brabantie)
  2457
(120 fl. aut 160 fl. adc.) 8046
(180 fl.) 7835
(191^2/$_3$) 9047
(300 fl.) 8715
(300 fl. papales) 4208
(390 fl.) 2396
(400 fl. auri) 4512
(= 400 fl. [adc.]) 7530
(= 750 fl. in auro videlicet 78 grossi papales) 1626
(1.000 fl.) 2712
(1.500 fl. parvi ponderis) 1031
(2.000 fl.) 960
(3.000 fl.) 960
(3.825 fl. 61 bol.) 7493
(2 l. T. p.) 4352 5696
(3 l. T. p.) 1500 2891 4233
(4 l. T. p.) 4701 4796 8312 8664 8869
(= 4 l. T. p.) 6136
(5 l. T. p.) 4097
(6 l. T. p.) 84 2866 2891 2953 4284 4828
  4982 5194 8302 8312 8869 9062
               (12 Belege)

(= 6^1/$_2$ l. T. p.) 5932
(7 l. T. p.) 5285
(8 l. T. p.) 1748 1791 1840 4448 5217
  5300 5874 5995 6875 8695 9576 9875
  9910   (13 Belege)
(9 l. T. p.) 2567 4982
(10 l. T. p.) 35 515 1216 1224 1272 1787
  1840 1914 1922 2248 4128 4252 4255
  4796 4839 5025 5053 5217 5511 5922
  5995 6125 6140 7194 7229 8249 8312
  8683 8869 8966 9062 9197 9505 9530
  9879 9910   (36 Belege)
(12 l. T. p.) 84 339 957 1121 1224 1824
  1922 4068 4082 4119 4253 5285 5714
  6125 6136 7749 8191 8423 8664 8869
  9576 9910 10171   (23 Belege)
(= 12 l. T. p.) 4793 6891
(13 l. T. p.) 1917
(= 13 l. T. p.) 1917
(14 l. T. p.) 1224 4068 4472 5330 8444
(= 14 l. T. p.) 6219
(15 l. T. p.) 489 1214 1390 2232 2823
  3096 3195 3227 4051 4081 4111 4276
  4284 4580 4719 5922 5995 7112 7197
  8607 8821 8868 8874 8937 9076 9245
  9576 9752 9839 9878–9879 (31 Belege)
(16 l. T. p.) 2226 3653 3691 5887 6440
  7090 8990
(17 l. T. p.) 4826 5508
(18 l. T. p.) 642 4828 5645 6244 10420
(20 l. T. p.) 421 958–959 1272 1722 1824
  1840 1914 1918 2119 2189 2247 2667
  2792 2901 3227 3805 4101 4192 4203
  4253 4284 4355 4507 4538 4821 4923
  5363 5680 6174 6445 6701 6720 7541
  7656 7699 8015 8256 8665 8683 8869
  8873 8915 9116 9142 9576 9611 9616
  9667 9879 9910   (51 Belege)
(23 l. T. p.) 9895
(24 (14) l. T. p.) 4472
(24 [l. T. p.]) 4797
(24 l. T. p.) 35–36 79 471 489 519 585–
  586 708 859 957 992 1030 1214 1216
  1227 1431 1593 1780–1781 1785 1789
  1824 1840 2016 2054 2115 2140 2226
  2247–2248 2379 2401 2413 2823 2891
  2933 3171 3322 3382 3556–3557 3624
  3641 3717 3739 3841 3982 4057 4059
  4066 4069 4098 4100 4119 4165 4168
  4218 4255 4277 4284 4288 4344 4348
  4364 4370 4538 4545 4580 4720 4737
  4763 4826–4827 4869 4922 5209 5286

5363 5417 5430 5436 5508 5646 5648
5652 5696 5714 5837 5856 5874 5893
5932 6055 6108 6125 6271 6430 6436
6595 6714 6723 6758 6818 6899 6970
7194 7547 7738 8088 8142 8171 8277
8312 8329 8337 8601 8608 8683 8744
8848 8868–8869 8874 8938 9103 9175–
9176 9252 9498 9576 9616 9673 9692
9875 9878 9910 10242 10356 10421
10491   (141 Belege)
(24 l. T. p. sup. quib. sibi pens. ann. 8 fl.
renen. reserv. fuit) 4821
(24 l. T. p. <6 m. arg.>) 8597
(24 <44> l. T. p.) 6057 9576
(24 <54> l. T. p.) 3564
(25 l. T. p.) 6333
(= 27 l. T. p.) 4919
(28 l. T. p.) 4204 10420
(30 l. T. p.) 35 77 489 723 1824 1922
2258 2787 3448 4009 4255 4927 5709
6217 6265 6271 6361 6865 8791 8821
9001 9062 9430 9870   (24 Belege)
(30 <40> l. T. p.) 4284
(= 30 <25> l. T. p.) 10162
(32 l. T. p.) 9116
(33 l. T. p.) 485 3096
(34 l. T. p.) 4689 5853 6891
(35 l. T. p.) 2990
(36 l. T. p.) 958 1789 8874 9505 9879
(38 <30>l. T. p.) 7194
(40 l. T. p.) 489 1029 1727 1783 3410
3557 4168 4284 4701 4797 4821 4848
4914 5052 5260 5271 6125 6771 7072
8484 8625 8765 9198 9821 9832 9870
9872   (27 Belege)
(40 l. T. p. tam in effectu 22 l. T. p.) 35
(40 <50> l. T. p.) 8625
(42 l. T. p.) 6219
(44 l. T. p.) 2865 5709
(45 l. T. p.) 9357
(48 l. T. p.) 2222 2865 4123 8103
(50 l. T. p.) 552 744 1028 1678 1789 1824
1916 2034 2226 2990 3022 3410 4044
4051 4270 4703 4827 5286 5447 5929
6056 6125 6267 6804 7665 7705 7931
8345 8665 8673 8810 8996 9157 9501
9576 9839 9870 9910   (38 Belege)
(50 <60> l. T. p.) 9839
(54 l. T. p.) 8625 10379
(60 l. T. p.) 489 531 1840 2157 2551 3982
4133 4255 4782 5613 5761 6060 6125
6290 6891 7431 7444 7915 8111 8312

8400 8625 8683 8726 8901 9832 9839
9870 10316   (29 Belege)
(usque ad summam 60 l. T. p.) 5208 9870
(60 l. T. p. <12 m. arg.>) 10462
(70 l. T. p.) 488 726 1608 1789 4082 4797
5482 7614 7705 9501 10316
                          (11 Belege)
(80 l. T. p.) 451 581 1058 1129 3244 4719
4821 9733
(90 l. T. p.) 2934
(100 l. T. p.) 449 451 472 778 1788 1916
2763 2983 3410 3557 5436 7307 8559
8665 9910 10162 10346   (17 Belege)
(100 <160> l. T. p.) 9910
(110 l. T. p.) 3410
(120 l. T. p.) 4255 8683 9417 10149
(128 <250> l. T. p.) 4636
(130 l. T. p.) 47
(150 l. T. p.) 1028 3557 4255 6265 8868–
8869
(= 150 l. T. p.) 4721
(160 l. T. p.) 3410 4255 9246 9415 10346
(200 l. T. p.) 3813 7814 8345
(240 l. T. p.) 4223
(250 l. T. p.) 7541 8345 9427
(300 l. T. p.) 8017 10339
(400 l. T. p.) 3632
(600 l. T. p.) 9142
(1.000 l. T. p.) 4437
($\frac{1}{2}$ m. arg.) 3374 3391 9400
(1 m. arg.) 734 912 1244 1270 1357 1414
1548 1930 1945 2196 2315–2316 2684
2746 2799 2866 3120 3168 3448 3537
3561 3702–3703 3748 3901 3920 4108
4420–4421 4567 4762 4796 4901 4977
5257 5299 5340 5428 5557 5744 5944
6060 6154 6416 6908 7087 7128 7295
7312 7373 7375 7418 7733 8092 8187
8261 8415 8533 8676 8936 8967 9106
9227 9238 9400 9509 9703 9737 10218
10493   (70 Belege)
(1 m. arg. p.) 1389 1750 2030 3941 6996
(<1 m. arg.>) 9836
(1 et 2 m. arg. <insimul 4 m. arg.>) 5340
(quorum 7 valent 1 m. arg.) 9936
(1$\frac{1}{2}$ m. arg.) 1042 1814 2396 8272 10493
(1$\frac{1}{2}$ <1> m. arg.) 2084
(= quasi 1$\frac{1}{2}$ m. arg. p.) 1497
(2 m. arg.) 28 41 82 135 155 169 200 202
220 251 256 260 306 327 348 363 493
513 535 555 558 564 571 642 718 724
757 762 798 821 827 832 888 893 901

922 930 967 981 1015 1042 1090 1103
1107 1116 1151 1156 1162 1196 1210
1256 1282 1332 1353 1360 1404 1430
1441 1475–1476 1480 1497 1507 1523
1559 1577 1584 1593 1600 1610 1620
1666 1670 1691 1768 1805 1814 1830
1872 1888 1943 1969 1997 1999 2016
2025–2026 2080 2096 2099 2104 2117
2124 2183 2190 2196 2207 2228 2237–
2238 2285 2288 2293 2303 2362 2366
2396 2407 2423 2434 2496 2553 2589
2640 2753 2765–2766 2798–2799 2806
2827 2831 2843 2868 2884 2888 2906
2912 3008 3011 3014 3057 3084 3087
3131 3157–3158 3168 3172 3179 3201
3203 3208 3242–3243 3246–3247 3249
3265 3276 3278 3287 3291–3293 3302
3318 3332 3345 3350 3353 3360 3392
3409 3414 3448 3453 3465 3467 3478
3492 3507 3510 3514 3521–3522 3532
3535–3537 3543 3553 3555 3561 3573
3588 3599 3624 3636 3643 3652 3668
3681 3688 3690 3694–3695 3701 3707
3747–3749 3779 3845 3869 3871 3873
3891 3926 3957 3996 4005 4013 4059
4095 4172 4180 4184 4187 4214 4218
4244 4249 4283 4295 4322 4331 4335
4383 4409 4417 4421 4423 4470 4532
4573 4593 4608 4618 4625 4631 4637
4663 4687 4720 4722 4726 4736 4748
4792 4794 4796 4877 4884 4891 4924
4973 4987 5012 5015 5042 5057 5060
5063 5072–5073 5085 5095 5103 5108
5127 5132 5151 5160 5162 5183 5187
5202 5223 5232 5336 5340 5358 5397
5442 5519 5524 5544 5551–5552 5581
5596 5655 5663 5677 5725 5732 5743–
5745 5747 5787 5794 5846 5878 5943
5960 5964 6030 6036 6051 6056 6060
6081 6125 6140 6142 6169 6213 6244
6252 6258 6266 6273 6282–6283 6286
6296–6297 6308 6331 6341 6350 6384
6397 6400 6415 6450 6464 6485 6489
6567 6585 6587 6596 6599 6606 6613
6616 6694 6711 6741 6746 6751 6758–
6759 6767 6800 6830 6877 6907–6909
6934 6945 6961 6978 6986 7005 7007
7013 7016 7041 7080 7087 7098 7121
7124 7128 7138 7143 7148 7155 7167
7169 7291 7304 7317 7325 7346 7349
7354–7355 7367 7372 7374 7414 7423
7434 7447 7479 7483 7497–7498 7556

7560 7571 7578 7597 7612 7643 7646
7707 7720–7721 7775 7811 7870 7911
7948 7951 7978 7987 7994 8014 8052
8056–8057 8063 8092 8095 8107 8112
8125 8128 8135–8136 8144 8153 8162
8178 8198 8202 8229 8247 8250 8252
8261 8272 8308 8314 8316 8348 8366
8371 8387 8392 8395 8420 8523 8528
8559 8566 8583 8591 8614 8634 8662
8667 8676 8686 8701 8738 8784 8804
8849 8855 8862 8884 8934 8936 8964–
8965 9007 9054 9079 9124 9137 9189
9193 9195 9198 9227 9233 9311 9313
9355 9389 9393 9400 9412 9425 9459
9508 9511 9515 9518 9535 9628–9629
9634 9639 9648 9683 9713 9739 9760
9766 9768 9794 9813 9840 9856 9895
9908 9916 9960 10014 10016 10059
10066 10074 10119 10123 10131
10151 10164 10176 10251 10279
10367 10381 10445 10481 10493
10528 10536–10537 10557 10586
10612   (552 Belege)
(2 m. arg. p.) 582 827 913 1360 1429
    2030 2697 2735 3467 3553 3568 3678
    3806 3949 4393 4618 4687 4773 5276
    5340 5653 5776 6125 6154 7098 7312
    7646 7875 7952–7953 8250 8895 9073
    9098 9233 9693 9714 9896 10160
    10165 10367   (41 Belege)
(2 m. arg. vel 3 m. arg.) 6397
(2 m. <arg.>) 5132
(2 <1> m. arg.) 2537 6961
(2 <3> m. arg.) 704 1015 3695 4774 6055
(2 <4> m. arg.) 10455
(2 <4> m. arg. p.) 2780 9233
(vix 2 m. arg.) 3087 4084
(n. ultra 2 m. arg.) 4006
(fruct. qui pro maiori parte in oblationibus
    consistunt et 2 m. arg.) 5223
(= 2 m. arg.) 2262 2684
(= 2 m. arg. p.) 3583
(2$^{1/2}$ m. arg.) 10024
(= 2$^{1/2}$ m. arg.) 3580
(= 2$^{1/2}$ m. arg. p.) 1898
(3 m. arg.) 7 26 28 52 54 109 115–116
    124 135 154 192 194 199 202 214 225
    230 249 260 264 292 296 318 325 337–
    339 348 367 412 434 438 453 458 460–
    461 474 488 505 535–537 553 571 584
    589 594 621 627 651 672 674 686 704–
    705 724 728 734–735 743 760 781 805

809 812 820 827 834 843 857 863 870
875 879 889–890 894 902 912 915 922
953–954 957 970 991 1012 1014–1015
1019 1025 1028 1042 1068 1083 1090
1100 1106 1117 1133 1149 1156 1199
1209 1221 1251 1258 1266 1272 1333
1345 1356 1381 1383 1395 1414–1415
1421 1430 1471 1478–1479 1481 1489
1492 1497 1508 1539 1588 1599–1600
1614 1637 1669 1677–1679 1687 1689
1691 1698 1709 1715 1754 1781 1807
1814 1819 1826 1829–1830 1841 1888
1899 1923 1934 1950 1973 1980 1994
2016 2025–2026 2030 2044 2053 2056
2060 2080 2099 2105 2112 2126 2146
2175 2181 2189 2196 2233 2237–2238
2253 2255 2268 2270 2277 2280 2299
2329 2352 2356 2359 2373 2384 2386
2395–2396 2407 2411 2431 2434 2489
2509 2540 2567 2579 2587 2593 2595
2613 2690 2699 2745 2765 2770 2777
2780–2781 2798–2799 2810–2811
2818 2842–2843 2856 2866 2883 2890
2902 2911 2914 2932 2936 2945 2958
2967 2974–2975 3004 3015 3046 3059
3063 3068 3084 3117–3118 3121 3135
3156 3159 3162–3163 3179 3190 3208
3213 3226 3232–3233 3243 3246 3280
3286–3287 3295 3306 3309 3315 3317
3358 3363 3372–3373 3382 3392 3419
3428 3448 3453 3455 3461 3465 3480
3487 3509 3511 3524 3528 3535 3541
3561 3573 3575 3583–3584 3587 3610
3619 3624 3627 3629 3636 3662 3672
3678 3691–3692 3694 3702–3703 3706
3715 3738 3747–3748 3764 3766–3767
3784 3797 3800 3820 3822 3832 3838
3844 3849–3850 3862 3866 3877 3884–
3886 3890 3907 3912 3921 3926 3958
3969–3970 3973 3976 3990 3997 4002
4011 4053 4059 4084 4090 4095 4102
4109 4122 4125 4130–4131 4152 4158
4172 4175 4189 4213 4230 4273 4339
4341 4356 4359 4372 4420–4421 4434
4468 4476 4494 4509 4533 4541 4546–
4547 4552 4568 4596 4608 4617 4631
4636–4637 4643 4668–4671 4704–4705
4726 4731 4735 4775 4792 4808 4816
4824 4846 4858 4879 4884 4887–4888
4891–4892 4908 4918 4922–4924 4937
4956 4959 4972 4987 5016 5024–5026
5042 5051 5053–5054 5101–5102 5108

5115 5124 5128 5130–5133 5143–5144
5153–5154 5160 5183 5187 5189 5204–
5205 5217 5225 5230–5231 5264 5275
5291 5299 5312 5327 5340 5351 5353
5373 5375 5392 5398 5433 5436 5439
5445 5465 5472 5495 5515 5524 5526
5529–5530 5539 5548 5568 5574 5581
5596 5600 5602 5612 5637–5638 5648
5650 5671 5673 5682 5694 5699 5710
5718 5726 5731–5732 5743–5745 5751
5753 5759 5761 5764 5776 5807 5814
5824 5826–5828 5831–5832 5834–5835
5844 5862 5879 5881 5890 5897 5902
5927 5952 5954 5982 5985 5988 6005–
6008 6025–6026 6042 6051 6055–6056
6058 6060 6067 6069 6073 6080–6081
6096 6115 6118 6130 6144 6152 6156
6186–6187 6196–6197 6215 6237 6251
6254 6260 6262 6273 6277 6282–6283
6296 6300 6318 6323 6329 6335 6337
6341 6360 6396 6415 6426 6433 6446
6461 6465 6472–6473 6494 6511 6518
6520 6523 6539 6545 6547 6549 6553
6560 6562 6572 6617 6629 6642 6644
6685 6695 6703 6716 6723 6728 6747
6756 6758 6816 6831 6836 6865 6884–
6885 6896 6901 6904 6906–6908 6946
6951 6961 6975–6976 6995–6996 6998
7006–7007 7009 7015 7017 7029 7041
7075 7081 7091 7093 7117 7126 7134
7140 7152 7167 7181 7195 7198 7201
7212 7214–7215 7234 7248 7253 7267
7281 7291 7312 7317 7325 7344 7349
7355 7361 7363–7364 7372 7375 7393–
7394 7403 7415 7417 7422 7434–7435
7445–7447 7453 7461 7479 7483 7487
7493 7503 7542 7577–7578 7605 7621
7626 7642 7655–7656 7701 7715 7727
7733 7739–7740 7757 7769 7811 7827
7842–7843 7862 7877 7880 7885 7894–
7895 7911 7937 7951–7952 7954 7966
7989 8010–8011 8018 8023 8056–8058
8087 8092 8098–8099 8102 8106 8135
8137 8142 8149 8158 8172 8177 8209
8215 8220–8221 8255 8285 8293 8300–
8301 8314–8315 8317 8354 8357 8362
8367 8371 8375 8379 8394–8395 8409
8414 8424–8425 8429 8442 8490 8517
8565 8567 8570 8574–8575 8578 8596
8601 8607–8608 8626 8645 8655 8669
8676 8680 8701 8741 8757 8760 8767
8777 8780 8784 8809 8811–8812 8824

8827 8834 8862 8895 8897 8904 8909
8916 8927 8966 8972 8981 8997 8999–
9000 9004 9013 9032 9041 9052 9056
9089 9091 9098 9137 9186 9193 9197–
9198 9205 9212 9218 9229 9234 9282
9300 9311 9321 9349 9351 9364 9379
9393 9400 9406 9408 9410 9439 9487
9511 9519 9564 9574 9621 9628–9630
9634 9638 9648 9677 9682 9694 9696
9701 9741 9764 9772–9773 9775 9781
9787–9788 9800 9810 9816 9822 9828
9852 9868 9872 9915 9940 9960 9982
9992 10039 10044 10063 10066 10072
10075 10084 10122 10155–10156
10176 10184 10194 10206 10210
10220 10229 10244 10250 10261
10270 10279 10313 10321 10324
10332 10338 10344–10345 10381
10439 10449 10478 10506 10529
10537 10541 10612   (936 Belege)
(3 (/.) m. arg.) 1923
(3 m. arg. aut sterlingorum) 9657
(3 m. arg. p.) 493 1360 1438 1491 1508
1764 1825 1977 1994 2075 2237 2735
2855 2902 3035 3467 3525 3678 3691
3819 3833 4121 4641 4659 4717 4924
5133 5887 6125 6737 7824 7878 7911
7952 8212 8575 8908 8955 9030 9098
9751 10442   (42 Belege)
(3 m. arg. <14 fl. auri>) 1453
(3 m. arg. <21 fl. renen.>) 569
(3 m. arg. <24 fl. adc.>) 5529
(3 m. arg. <insimul 8 m. arg.>) 5673
(3 <2> m. arg.) 5131 9701 10264
(3 <4> m. arg.) 1383 1798 3862 4892
5548 5673 6058 6282 9621 10250
(3 <4> m. arg. <p.>) 9557
(3 <6> m. arg.) 5155
(3½ m. arg.) 483 1527 8336
(3½ m. arg. p.) 4551
(= 3 m. arg.) 5921
(= 3 m. arg. p.) 5842
(4 [m.arg.]) 5800
(4 m. arg.) 7 13 17–18 22 31 36 39 42–44
52 54 62 68–69 71 82 96 108–109 111
131 133–134 136 139 147 152–154 160
164 168 172 176 179 183–184 199 201–
202 214 222 225 227 232 237 249 251
253 255–256 260 262 290 296 300 304
309–311 313 318 323–325 329 336–339
348 351 363 367–370 374–375 379–382
387–388 390 392 404–405 411 424 438

440 448 452 454 456 458–459 461–462
464 470–471 477 481 487–489 497
504–505 507 509 517 519–520 524 534
537–538 546–547 550 553 555 564–565
567–571 577 579 582 584 588 594 596
599–601 610 619 637 642 644 646 649–
650 656 666 668 672–673 683 704 708
717 733–734 737–738 748 750–751
753 757 760 763 780–781 784 790 798
802 808 813 821 823 825 827–829 832
834 836 840 845 852 857–858 860–863
865–866 868 871 889–890 894–898
906–907 911–912 916 918 922 924–925
927 929–931 938 940 945–946 949
951–952 956–957 964 967 972 976 999
1003 1007 1010–1011 1014–1015 1018
1020–1021 1023 1025–1029 1045
1051–1052 1055 1064–1065 1068 1078
1080–1081 1090 1105 1113–1114 1128
1133 1135 1144 1147 1149 1152 1156
1160 1165 1167 1196 1202–1203 1226
1234 1237 1243 1245 1247 1252 1256
1258 1260 1267–1268 1271 1274 1283
1289–1292 1294 1299–1300 1310
1312–1313 1317 1327 1331–1332 1336
1338 1340–1341 1349–1350 1352 1356
1358–1360 1364 1368 1370 1377 1383–
1384 1389 1391 1400 1412 1414 1416–
1418 1421 1427–1428 1430 1433 1435
1440 1446 1449 1457 1459–1461 1467–
1468 1471–1472 1477 1479 1485 1487
1489–1493 1495 1497 1508 1513 1520
1539–1540 1544 1557 1559–1561 1566
1573 1576–1577 1580 1582 1585–1586
1592 1594 1596–1597 1599 1602–1603
1608 1615 1619 1637 1646 1649 1669
1672–1674 1678 1683 1687 1691 1698
1710 1715 1723 1733–1734 1741 1747
1751 1759 1769–1771 1781 1783 1803
1807–1809 1814 1816 1818–1819 1822
1829–1830 1836–1837 1841–1842
1844 1848 1852–1853 1855 1858 1860
1863 1866–1869 1877 1879 1881 1884
1892 1896 1904 1912–1913 1921 1925
1931 1934 1936 1943 1950 1963 1970–
1971 1973 1977 1982–1983 1985 1987
1991 1994 2002 2007–2008 2015–2016
2019 2024–2025 2027 2030 2033 2035–
2036 2038 2040 2044 2046 2050 2052
2055 2072–2073 2096–2097 2099 2101
2105–2110 2112–2114 2124–2125
2137 2139 2145 2148–2149 2153 2177

2182–2183 2186–2187 2189 2194 2202
2226 2228 2237–2239 2253–2254 2264
2266 2268 2280–2281 2285 2288 2293
2296–2297 2304 2307 2311–2312 2315
2319 2327 2329–2331 2333 2356 2359
2366 2369 2372–2374 2377 2380 2386
2390 2394–2397 2414–2415 2429–2430
2440 2445 2447 2460 2462 2466 2473
2475 2477 2495 2503 2509–2510 2515
2526 2530 2532 2535–2536 2544 2547–
2548 2558 2562 2565 2574 2585 2590
2598 2603 2606 2608 2620 2628 2631
2644 2652 2675 2681 2683 2695 2698
2704 2706–2708 2718–2719 2724
2729–2730 2744 2747 2760 2765 2768–
2769 2772 2775–2776 2779–2783
2789–2794 2797 2799–2800 2805 2807
2809–2810 2813 2817 2830–2831 2834
2841–2842 2849 2853–2855 2859 2864
2869 2875 2877–2878 2882 2885 2889–
2892 2900 2902–2905 2911 2918 2924
2926 2936 2943 2946 2949–2951 2957
2965–2967 2974 2981–2982 2985–2987
2994 2996 2999 3003 3008 3011 3013
3016 3035 3044 3052 3055 3057–3059
3063–3065 3081–3087 3102 3105 3108
3111 3115 3121 3124–3125 3131 3140–
3141 3145 3149 3151–3153 3160 3162–
3163 3165–3166 3170 3172 3179 3190
3199 3204 3208 3218–3219 3221–3222
3225–3226 3232 3237 3240 3243 3246–
3247 3250 3252 3259–3260 3271 3287–
3291 3295 3302 3306 3309 3311–3312
3317–3318 3324 3326 3331–3332
3342–3344 3349–3351 3356 3359 3363
3366 3370 3372 3378 3381 3383 3386–
3387 3389 3396–3397 3400 3408 3411
3414 3420 3422 3425 3427 3438 3440
3443 3447–3449 3453–3454 3459–3461
3465 3467 3479 3487 3490 3492–3493
3495 3509 3511 3516 3519–3520 3522
3524–3527 3535 3539–3540 3542 3544
3547 3550 3554 3556 3560–3561 3571
3573–3574 3578 3580–3585 3587 3592
3598 3604 3610 3614–3615 3617 3619–
3620 3622 3624–3625 3627 3632–3633
3636 3643 3647 3652 3654 3669 3672–
3673 3676 3680 3682 3687 3691–3696
3702–3704 3709–3711 3713 3719 3725
3734–3735 3742 3747–3748 3751–3752
3758 3760 3764 3774 3782 3784 3786
3788–3789 3793 3803–3804 3808–3809

3811–3812 3819 3824 3837 3840 3842–
3844 3847 3852 3859 3861–3863 3867
3870–3871 3873–3874 3876–3877
3883–3884 3887–3891 3898–3899
3902 3906 3909–3910 3915 3917 3919–
3922 3926 3929 3932 3939 3941–3943
3955 3960 3963 3965–3966 3969 3974–
3975 3977 3979 3981–3985 3988 3992
3996–3997 4001 4003 4005–4006 4008
4013 4015 4018 4036 4056 4059–4060
4066–4067 4086 4089 4091 4099 4107–
4108 4136 4138 4143 4157 4161–4163
4167 4172 4176 4183 4188 4193 4199
4202 4220 4227 4234 4237 4241 4260
4270 4273–4274 4281–4282 4285–4286
4301–4302 4315 4318–4319 4321 4329
4331 4333 4337 4339 4345–4346 4349
4354 4365–4366 4382 4403–4404 4413
4417 4419 4421 4423 4426 4429 4434
4436 4443 4449 4457 4459 4467 4470
4475–4477 4488 4495 4509 4515 4518
4521 4523 4534 4542 4544 4546–4552
4556–4557 4568 4573 4581 4585 4587
4593–4594 4596 4601 4607 4614 4618
4629 4631–4632 4634–4637 4639 4643
4647 4653 4658–4660 4663–4664
4668–4669 4671 4673 4676–4677 4684
4687 4699 4701 4706 4709 4720 4723
4726 4728 4730–4734 4741–4742 4744
4748–4749 4754–4755 4758–4760
4762–4763 4765 4770 4780 4782 4787–
4788 4792 4796 4799 4801 4811 4813
4824 4834 4837–4838 4840 4843–4846
4855 4858 4860 4866 4870 4873 4879–
4881 4884 4891–4894 4897 4902 4905–
4908 4915 4920–4923 4925 4940 4945–
4946 4956–4961 4964 4966–4967 4972
4974–4975 4985 4987–4988 4991 5001
5004 5008 5013 5019 5022–5023 5025
5027 5033–5034 5037–5038 5042 5045
5049 5051–5053 5057 5061–5062 5064
5069 5073 5076 5079 5082 5087 5089
5097 5102 5108–5109 5112 5114–5115
5119 5123 5125 5129–5134 5136–5137
5143 5149 5151 5153–5155 5158 5160–
5161 5164–5165 5167 5170 5181–5182
5186–5187 5199–5200 5202 5209–5210
5214–5215 5217 5219 5222–5223 5225
5229 5232 5235 5237–5238 5241–5242
5246 5257 5264 5267 5273 5279 5281–
5284 5289 5291 5293 5301 5306 5309
5316 5318 5325 5329 5331–5332 5334

8313–8317 8325 8328 8330 8332 8335
8339 8343 8346 8350 8353 8357 8360–
8362 8364 8370–8371 8373 8377 8382
8386 8390–8391 8395 8397 8405–8406
8421 8424–8426 8428 8435 8439–8441
8445 8467–8468 8493 8502–8503 8506
8511 8518–8520 8522 8524 8527 8530
8532 8536–8537 8543 8549 8555 8562–
8563 8568–8569 8574 8578–8579
8587–8588 8590 8597 8599 8601 8606–
8609 8613–8614 8622 8628 8634 8639–
8641 8645 8655 8661 8663 8667 8675–
8677 8681–8682 8686 8691 8701–8704
8707 8709 8712 8718 8724–8725 8739
8743 8745 8749 8755 8763 8773 8780
8786–8788 8793 8796 8801 8804 8806
8817 8826–8829 8833 8835–8836
8838–8839 8841 8843–8844 8847 8849
8852 8857–8858 8861 8865 8871–8872
8878 8882 8884–8885 8895–8896 8898
8902 8904 8907–8910 8916 8918–8919
8926–8927 8932 8938 8945 8950 8952–
8953 8956 8966 8970–8971 8973 8977
8984 8987–8988 8998 9004 9006–9007
9019 9021–9022 9026 9028 9049 9052–
9054 9056 9059 9061 9071 9082 9089
9097–9098 9102 9106 9113 9115 9125–
9128 9152 9158 9160–9161 9186 9193
9197–9200 9204–9207 9211–9212
9215 9217–9218 9220 9233 9235 9251
9254–9255 9269 9275 9280–9283 9298
9300 9304 9311 9314–9315 9322–9324
9331 9334 9343 9355 9368 9379–9380
9386 9396 9400–9402 9412 9414 9426
9439 9457 9472 9478 9493–9495 9511
9516 9522 9524 9534 9547 9552 9557
9562 9566 9568 9575–9576 9578 9582
9602–9603 9606 9608 9614–9615 9619
9627–9631 9634 9646–9648 9651–9653
9656–9660 9666 9668 9670 9672 9675
9677 9680 9687 9689 9693 9701–9702
9704–9705 9716–9717 9727 9730 9732
9735 9743 9748 9754 9760 9763–9766
9769 9771 9773 9775 9778–9779 9781–
9783 9787 9792 9801 9810 9815 9817
9819 9824–9825 9827–9828 9830 9832
9839 9842 9844 9846–9847 9858 9861–
9862 9864–9865 9867–9868 9872–9873
9884 9897 9908–9909 9915–9916 9923
9926 9928 9935 9937 9940 9960 9963
9967–9968 9978 9982 9996 10001
10004–10005 10008 10011 10024

10029 10031 10043–10044 10050–
10052 10055 10058–10059 10067–
10069 10071 10073–10075 10080
10084–10085 10118 10121 10126
10131 10140 10152 10155 10163
10176 10178 10181 10184 10186
10188 10191 10194 10197–10198
10218–10219 10228–10229 10244
10250–10253 10259 10270 10272–
10275 10277 10279 10281 10306
10312 10321 10329 10332 10344–
10347 10354–10355 10360 10368–
10369 10372 10380–10382 10400–
10402 10409 10414–10415 10427
10431 10434–10435 10439 10449
10453–10455 10458 10460 10478–
10481 10493–10494 10510 10515–
10516 10520 10522 10527 10529
10540–10541 10547 10552 10555
10558 10560 10564 10572 10575
10581–10582 10595 10597 10601
10604–10605 10608 10613 10619
(2634 Belege)

(4 m. arg. = 20 fl. adc.) 9481
(4 m. arg. = 30 fl. renen.) 1055 3302
(4 m. arg. [4 cancellatum]) 5398
(4 m. arg. c. annexis) 3149
(4 m. arg. n. 3 m. arg.) 5054
(quorum singulorum 4 et omnium fruct. 30
   m. arg.) 3699
(4 m. arg. p.) 29 34 45 131 148 154 184
   238 319 327–328 339 365 398 407 471
   497 533 547 555 584 588 593–594 608
   675 697 717 727 758 827 845 862–863
   914 994 1003 1026 1061 1064–1065
   1068 1096 1113–1114 1165 1256 1258
   1298 1313 1329 1350 1360 1378 1400
   1421 1430 1489 1497 1508 1520 1558–
   1559 1589 1629 1678 1813 1835 1863
   1915 1942 1949–1950 1963 2025 2050
   2075–2076 2109–2111 2153 2175
   2237–2238 2274 2288 2293 2302 2319
   2335 2379 2480 2535 2566 2590 2596
   2648 2764 2773 2780–2782 2784 2792–
   2793 2798 2813 2830 2832 2839 2841
   2854–2855 2895 2903 2926 2945 2951–
   2952 2985 3000 3005 3025 3035 3063
   3131 3162–3163 3192–3193 3218 3232
   3247 3287 3291 3295 3306 3318 3321
   3332 3336 3394 3408 3420 3425 3429
   3465 3467 3490 3498 3502 3505 3511
   3523 3526–3527 3535 3571 3573 3587

3617 3619 3624 3636 3643 3660 3668
3671 3678 3687 3690–3691 3694–3695
3748 3753 3843 3859 3921 3924 3945
3982 3984 4036 4095 4138 4215 4225
4278 4314 4365 4384 4403 4449 4458
4462 4477 4552 4585 4621 4637 4659
4663 4671 4677 4713 4720 4745 4763
4778 4785–4787 4904 4924–4925
4958–4959 4966 4969 5011 5021 5038–
5039 5053 5132–5134 5152–5153 5157
5222 5246 5261 5356 5370–5371 5400
5543 5571 5581 5663 5673–5674 5688
5745 5760 5776 5792 5794 5802 5810
5850 5869–5870 5887 5972 5977 5985
6032 6039 6058–6060 6070 6079 6108
6125 6154 6185 6196 6235 6251 6292
6313 6481 6533 6552–6553 6589 6603
6610 6630 6697 6732–6733 6742 6761
6807 6818 6830 6840 6868 6951 6955
6972 6996 7007 7026 7098 7140 7167
7217 7238 7247 7264 7287 7355 7387
7509 7512 7557 7572 7578 7605 7607
7624 7635 7673 7714 7733 7768 7836
7838–7839 7851–7853 7875 7906 7913
7951–7955 7961–7962 8018 8040 8051
8073 8162–8163 8227 8248 8272 8317
8321 8327 8345 8355 8395 8520 8530
8539 8555 8574 8583 8608–8609 8614
8661 8703 8729 8743 8834 8870 8908
8924 8984 8994 9007 9013 9049 9054–
9055 9061 9063 9073 9098 9107 9117
9125 9140 9186–9187 9205 9233 9322
9393 9412 9418 9437 9451 9557 9581
9628 9644 9714 9731 9735–9736 9744–
9745 9758 9763 9775 9789 9824 9843
9915 9932 9935 9937 9982 9988 10013
10067–10069 10107 10114 10117
10140–10141 10176 10195 10239
10309 10335–10336 10350 10354
10358 10367 10380 10382 10436
10459 10477 10480–10481 10565
10600 10605   (447 Belege)
(4 m. arg. p. = 24 fl. adc.) 6553
(4 m. arg. p. deducta pens. ann. 27 fl. renen. sup. illis Ludovico de Buntschaten
presb. Traiect. dioc. assignata) 2791
(4 m. arg. p. <24 fl. adc.>) 1662
(4 m. arg. p. <3 m. arg.>) 10270
(4 m. arg. p. <6 m. arg.>) 1506
(4 m. arg. p. de quib. pens. Tilmano Schu-
telen assign. fuit) 9832

(4 m. arg. pens. ann. 27 fl. renen. deducta)
2793
(4 m. arg. <24 fl. adc.>) 4521 6092
(4 m. arg. <l. T. p.>) 9991
(4 m. arg. <p.>) 338 1596 7570 9362
9994
(4 <10> m. arg.) 1417 6124 9787 10344
(4 <2> m. arg.) 364 1516 3668 8198
(4 <3> m. arg.) 142 336 889 1299 2104
2106 2441 2795 3225 3384 3494 3917
5061 5147 5398 6196 7607 8574 8601
9000 9540   (21 Belege)
(4 <3> m. arg. p.) 3958
(4 <5> m. arg.) 4749 8056
(4 <5> m. arg. p.) 5579
(4 <6> m. arg.) 872 2288 3389 3476 6881
9104 9186 9205 9336
(4 <6> m. arg. p.) 5563 5985 10067
(4 <7> m. arg.) 9126
(4 <8> m. arg.) 337 734 2790 4887 7264
8071
(4 <8> m. arg. p.) 2463 8018
(4$^{1}/_{2}$ m. arg.) 3663 4406
(4$^{1}/_{2}$ m. arg. p.) 4552 5581
(4$^{1}/_{2}$ <4> m. arg.) 7133
(= 4 m. arg.) 4075 5425
(= 4 m. arg. p.) 5655
(5 m. arg.) 133 178 232 354 381 421 438
471 489 549 673 680 807 815 831 912
1011 1025–1026 1052 1118 1124 1167
1272 1298 1306 1315 1327 1412 1430
1506 1539 1595 1672 1698 1860 1866
1875 1974 1978 2027 2053 2092 2094
2149 2214 2332 2399 2463 2469 2489
2511 2518 2578 2821 2854 2892 3008
3059 3102 3113 3163 3180 3226 3319
3334 3387 3410 3517 3533 3608 3672
3705 3747 3752 3765 3816 3900 3972
3993 4007 4175 4197 4280 4312 4331
4358 4434 4491 4547 4561 4691 4726
4799 4884 4924 4966 4987 5061 5092
5131 5154 5219 5228 5291 5338 5340
5400 5436 5524 5555 5558 5581 5621
5637 5744–5745 5793 5827 5888 6217
6312 6334 6445 6491 6547 6706 6710
6734 6761 7075 7101 7152 7166–7167
7386 7493 7501 7512 7642 7722 7733
7740 7756 7798 7832 7911 8010 8095
8138 8143 8198 8315 8317 8383–8384
8440 8574 8578 8597 8601 8608 8617
8631 8661 8726 8812 8815 9081 9363
9379 9387 9428 9457 9472 9480 9496

9501 9661 9764 9770 9833 9890 9940
9982 10042 10074 10296 10478 10494
10536–10537 10585 10612

(195 Belege)

(5 et 6 m. arg.) 1866

(5 m. arg. p.) 134 301 717 1064 1846
3687 3874 4067 4301 4925 5132 5340
6547 7853 8395 8911   (16 Belege)

(5 m. arg. <8 m. arg.>) 1687

(5 <3> m. arg.) 494 8440

(5 <4> m. arg.) 1807 2106 2978

(5 <6> m. arg.) 4242 7740 10564

(= 5 m. arg.) 4290

(= 5$^{1}/_{3}$ arg.) 4079

(6 m. arg.) 5 18 29 32 37 43–45 49 67 71
82 112 121 131 141 149 152 167 178
183 199 219 222 229 260 292 309–310
319 325 327 332 337 345 381 386 392
399 438 471 474 487–488 497 527 560
564 587 621 624 632 664 671–673 683
702 704 708 717 724 737 741 781 801–
802 810–811 820 827–828 831 844 858
860–862 866 872 874–875 883 890
929–930 947 958 1002–1003 1017
1021 1025–1026 1028 1064–1065 1081
1099–1100 1113 1118 1135 1138 1150
1159 1184 1196 1209 1237 1252 1268
1303 1306 1309 1327 1330 1358 1371
1376 1421 1427 1430 1444 1450 1462
1480 1490 1497 1500 1517–1518 1530
1539 1556 1578 1586 1596 1598 1608
1614 1637 1663 1672 1674 1687 1708
1717 1722 1764 1770 1783 1805 1807
1809 1821 1823 1842 1845 1879 1912
1936–1937 1950 1973 1977 1988 1990
1994 2000–2001 2012–2013 2018 2027
2037 2044 2094 2105 2108–2110 2128
2139 2149 2167 2172 2175 2196 2198
2226 2228–2229 2237 2253 2256 2262
2274 2315–2316 2323 2327–2328 2362
2373–2374 2396–2397 2402 2463 2469
2473 2478 2494 2496 2528 2532 2562
2565 2569 2574 2590 2610 2627 2634
2650 2664 2677 2684 2702–2703 2715–
2716 2720 2733 2776 2779 2789–2794
2841 2846–2847 2855 2872 2885 2892
2913 2925 2936 2948 2950 3049 3051
3054 3059 3067 3082 3084–3085 3090
3143 3152 3162 3179 3190 3216 3218
3225 3232 3253 3262 3269–3271 3281
3298 3309 3350 3357 3359 3370 3381
3389 3395 3419 3453 3457 3465 3471

3480 3490 3498 3511 3524 3526 3542
3560 3581–3582 3587 3592 3600 3603
3610 3618 3624 3627 3636 3671 3686
3692 3712 3719 3742 3748 3774 3776
3779 3836 3844 3849 3859 3881 3891
3913–3914 3920–3922 3957 3961 3982
4004 4015 4024 4036 4067 4087 4091
4102 4160 4168 4171 4213 4220 4231
4242 4258 4282 4289 4294 4299 4307
4331 4402–4403 4428 4434 4457 4475–
4477 4488–4489 4506 4546–4547
4549–4550 4552 4555 4593 4609 4631
4643 4664 4669 4675 4677 4708 4731
4746 4756–4757 4763 4767 4780 4786–
4787 4791 4796 4815 4846 4848 4878–
4879 4892 4903 4908 4924–4925 4958–
4959 4961–4962 4966 4986 4992 5017
5019 5030 5041–5042 5045 5051 5062
5065 5089 5093 5102 5107 5126 5130
5133 5136 5146 5149 5153–5154 5160
5169 5175 5186 5194 5217 5223 5225
5227 5247 5258 5282–5284 5291 5318
5350 5353 5362 5366 5371 5379 5381–
5382 5400 5403 5408 5416 5420 5424
5453 5459 5481 5505 5523 5528 5548
5556 5581 5584 5592 5599–5601 5636–
5637 5648–5649 5652 5661 5666 5674
5683 5716–5717 5726 5732 5762–5763
5770 5787 5793 5797 5801 5817 5819
5827–5828 5831 5873 5878–5879 5897
5919 5932 5960 5965 5969 5975 5983
5985 6020 6038 6051 6055 6057 6060
6067 6078–6081 6093 6123–6125 6139
6165–6166 6177 6201–6202 6205–6207
6223 6241 6279 6285 6293 6297 6302
6304 6337–6338 6342 6353–6354 6370
6404 6417 6433 6439 6441 6446 6461
6470 6490 6492 6513–6514 6527 6535
6552–6553 6586 6592 6613 6621 6628–
6629 6644 6659 6710 6724 6729 6732
6738 6772 6778 6791 6802 6809 6811–
6812 6839 6860 6881 6920 6942 6996
7001 7025 7035 7068 7075 7094 7098
7132–7133 7138 7142 7146 7150 7152
7159 7167–7168 7174–7175 7187 7198
7211 7219 7244–7245 7253 7273 7280
7291 7303 7306 7312 7326 7352 7359
7366 7376 7394 7414 7416 7420 7439
7467 7493 7498 7501 7555 7565 7569
7578 7600 7605 7614 7617 7620 7623
7630 7633 7637 7642 7684 7695 7711–
7712 7716 7721–7722 7725 7736 7738–

7739 7767 7774 7788 7791 7795 7797
7816–7817 7826 7835 7842 7850 7883
7887 7897 7907 7932 7934 7936–7937
7950–7952 7970 7975 8000 8010 8033
8052 8073 8079 8094 8096 8110 8113
8130–8131 8152 8154 8179 8181 8183
8198 8204 8212–8213 8228 8230 8233
8243 8254–8255 8288 8296 8303 8315–
8316 8334 8360 8371 8393 8396 8404
8425–8426 8439–8441 8492 8503 8506
8512 8519 8536–8537 8544 8577–8580
8588–8589 8597 8600 8607–8608 8620
8632 8640 8642 8667 8683 8691 8701
8704–8705 8712 8716 8718 8748 8754
8762 8766 8773 8785 8826 8863–8864
8881 8896 8908 8973 8980 8986 9055
9071 9097 9101 9104 9113 9115 9152
9186 9197 9205 9231 9254 9268 9288
9297 9311 9345–9346 9368–9369 9376
9378 9380 9399 9404 9412 9418 9457
9461 9473 9480 9486 9512 9547 9552
9566 9581–9582 9625 9628 9638 9651
9658 9677 9681 9700 9725 9732 9743
9756 9764–9765 9771 9797 9808 9811
9824–9825 9846 9890 9902 9910 9918
9923 9928 9982 10019 10041 10068
10074–10075 10119–10120 10130
10140 10154 10159 10176 10185
10194 10201 10240 10249 10270
10273 10276 10279 10285 10332
10338 10344–10345 10353 10357
10381 10388 10391 10427 10448–
10449 10453–10454 10463 10465
10468 10470 10476–10477 10479
10481 10537 10586 10597 10612

(895 Belege)

(6 m. arg. p.) 158 211 458 827 836 862
1135 1138 1203 1576 1586 1770 1984
2109 2377 2575 2660 2681 2757 2780–
2782 2793 2830 3000 3035 3162 3183
3524 3526–3527 3574 3587 3650 3912
3921 4067 4095 4659 4663 4678 4786
4924 4960 5053 5217 5430 5712 5745
5828 6093 6125 6154 6296 6428 6553
6580 6611 6724 6811 6863 7498 7632
7951–7953 8161 8316 8402 8597 8704
8729 8804 8986 9186 9557 9630 9912
9928 10205 10401 10427   (82 Belege)

(6 m. arg. sup. quib. pens. ann. 24 fl. renen. assign. fuit) 1059

(6 m. arg. <12 m. arg.>) 6839

(6 m. arg. <45 fl. renen.>) 569

(6 m. arg. <p.>) 8440

(6 m. arg., pens. ann. pro capit. deducta)
255

(6 m. <arg.>) 6060

(6 <10> m. arg.) 860 5161 7795 10622

(6 <12> m. arg.) 381 2463 8571 10453

(6 <12> m. arg. p.) 3389

(6 <3> m. arg.) 3291 7510

(6 <4> m. arg.) 202 2957 4763 4782 5240
5654 6056 6124 8405 9825 10453
(11 Belege)

(6 <4> m. arg. p.) 5650 6058

(6 <5> m. arg.) 6167

(6 <5> m. arg. p.) 4871

(6 <7> m. arg.) 497 1026 3190 4477

(6 <8> m. arg.) 2374 3225 3982 4959
5964 6324

(6 <8> m. arg. p.) 3969 4959

(6 <9> m. arg.) 815 5600

(6 et 6 m. arg.) 1866

(6 n. 4 m. arg.) 2111

(6 olim 14 m. arg.) 9582

(7 m. arg.) 5 78 122–123 160 183 314 357
381 403 425 497 500 564 573 589 621
650 713 738 776 819 821 866 892 905
1000 1026 1059 1064 1198 1202 1304
1388 1396 1450 1461 1553 1608 1611
1637 1767 1770 1807 1841–1843 1845
1868 2048 2093 2110 2138 2149 2226
2324 2339 2356 2377 2408 2463 2528
2566 2609–2610 2679 2685 2743 2831
2855 3042 3181 3183 3190 3209 3324
3459 3482 3498 3574 3580–3583 3610
3631 3639 3690–3691 3702 3882 4017
4038 4066 4115 4135 4205 4313 4330
4402 4475 4477 4502 4551 4567 4677
4756 4763 4794 4891 4893 4923 4956
5194 5237 5291 5374 5430 5512 5522
5545 5548 5565 5603 5653 5655 5719
5731 5819 5827 5985 6038 6090 6204
6236 6387 6495 6503 6508 6527 6547
6655 6659 6694 6700 6724 6732 6839
7007 7039 7196 7241 7270 7323 7454
7498 7732 7739–7740 7751 7766–7767
7790–7791 7907 7936 7951 7970 8060
8203–8204 8235 8281 8315 8332 8360
8404 8425 8439–8441 8581 8601 8635
8640 8767 8846 8882 8884 8914 9054
9125 9193 9239 9274 9346 9355 9367
9382 9392 9405 9534 9567 9655 9665
9674 9759 9827 9846 9923 10041

10044 10074 10250 10252 10306
10318 10345 10454 10478–10479
10501 10541 10585　　　(226 Belege)
(7 m. arg. deducta pens.) 4528
(7 m. arg. deducta pens. 25 duc. adc. Udal-
rico Vogelsinger) 4528
(7 m. arg. p.) 1614 1845 1898 2115 2377
2939 4677 5194 5688 7283 7719 7751
7951–7953 8438 9649 10247 10304
　　　　　　　　　　(19 Belege)
(7 m. arg. p. <8 m. arg.>) 8804
(7 m. arg. <24 duc.>) 7735
(7 <10> m. arg.) 6055
(7 <14> m. arg.) 8182
(7 <8> m. arg.) 5093 6067 6108 8056
(7¹/₂ m. arg.) 6447
(8 m. arg.) 5 11 13 35–36 42–43 46 50 79
116–117 121 131–132 134 152–153
159 161 177–178 183 188 205 222 233
237 292 310 329 335 355 357 371 381
413 420 425–426 458 478 487–488 512
525 537 546–547 576 578 580 594 646
672–673 707 709 713 717 737–738 774
801–804 824 830 839 844–845 862–863
889 917 930 990 1006 1026 1031 1064
1105 1135 1185 1194 1196 1198 1202
1252 1256 1303 1321 1330–1331 1340
1343 1394 1403 1445 1449 1454–1455
1461 1469 1485 1493 1503 1515 1534
1557 1559 1623 1633 1643 1672–1674
1683 1712 1722 1741–1742 1783 1788
1807 1814 1818 1828 1833 1840–1842
1845 1850 1863 1917 1938 1987 2005
2007–2008 2017 2019 2040–2041
2044–2045 2055 2093 2099 2105 2107–
2111 2118 2121–2122 2125 2139 2149
2161 2184 2188 2229 2232 2238 2241
2254 2256 2312 2329 2359 2367 2372
2374 2377 2389 2396 2408 2463 2466
2469–2470 2478 2482 2523 2528 2532
2535 2548 2562 2569 2619–2620 2625
2627 2635 2649 2676 2679 2684 2687
2703 2711 2745 2762 2791 2854–2855
2867 2893 2926 2939 2954 2957 3001
3006 3028 3030 3035 3050 3053 3059
3069 3083–3086 3111 3149 3171 3177
3183 3218 3221 3226 3234 3270 3294
3333 3339 3350 3362 3376 3397 3408
3419 3424 3431 3453 3457 3462 3467
3490 3500 3524 3528 3545 3569 3571–
3573 3592 3610 3629 3650 3658 3670–
3672 3679 3686 3692 3705 3719–3721

3726 3737 3768 3770 3772 3788 3810
3818 3844 3891 3920–3922 3938 3969
4067 4116 4170 4182–4183 4186 4222
4227 4231 4281–4282 4290 4293 4296
4307 4318 4322 4336 4347 4428 4434
4444 4453 4471 4477 4506 4509 4513–
4514 4528 4548 4550 4552 4555 4576
4610 4613 4633 4637 4649 4658–4659
4669 4685 4689–4690 4710 4726 4756
4763 4765 4780–4781 4783 4785 4787
4796 4800 4803 4821 4847–4848 4891
4893 4908 4923–4924 4956–4957
4960–4962 4964 4976 4986 5019 5036–
5038 5042 5051–5052 5055 5093 5105
5116–5117 5136 5153 5170 5194 5222
5236 5284 5291 5301 5313 5324 5347
5379 5381 5418 5436 5440 5456 5489
5505 5524 5527 5532 5534 5538 5540
5591 5596 5601 5606 5621 5631 5637
5648–5650 5655 5664 5674 5722 5726
5732 5770–5771 5777 5789 5818 5854
5881 5889 5891 5899 5909 5911–5913
5924 5933 5935 5958 5980 5992 6051
6060 6078 6080–6081 6090 6103 6108
6124–6125 6127 6130 6144 6151 6154
6158 6161 6233 6243 6251 6263–6266
6309 6316 6324 6338 6367 6414 6446–
6447 6452 6500 6527 6540 6593 6598
6613 6633 6732 6739 6814 6854 6856
6869 6882 6900 6912 6916 6930 6990–
6991 6994 6997 6999 7043 7049 7078
7084 7098–7099 7109–7110 7117 7133
7140 7142 7159 7164 7189 7218 7224
7255 7275 7290 7303 7306 7376–7377
7385 7416 7443 7497 7500 7504 7554
7566 7578 7617 7620 7656 7680 7722
7732 7735 7739 7741 7790 7798 7816
7819 7834–7835 7842 7847–7849 7876
7889 7902 7907 7922 7946 7952 7954–
7955 7990 8008 8010 8025 8037 8071
8073 8120 8130 8133 8164 8183 8190
8203 8205 8238 8241 8263 8278 8288–
8289 8304 8314–8315 8317 8333 8345
8347 8360 8362 8367 8379 8412 8425
8438–8439 8456 8503 8518 8538 8549
8559 8564 8568 8573 8578–8581 8588
8605–8608 8640 8674 8703 8708 8712
8718 8725 8727 8766 8808 8832 8856
8863–8864 8895 8900 8908 8921 8925
8947 8966 9026 9029 9040 9052 9055–
9056 9096 9113 9118 9126–9127 9144
9160 9174 9186 9199 9205 9228 9239

9300 9299 9342–9343 9346 9355 9376
9379 9397 9412 9432 9437 9464–9466
9472–9473 9477–9479 9490 9495 9514
9546 9549 9552 9565 9571 9579 9620
9628–9630 9637 9644 9650 9656 9658
9677–9678 9681 9714 9726 9732 9734
9746 9749 9757 9764 9780 9795 9810–
9811 9839 9868 9874 9890 9897–9898
9905 9923–9924 9929 9982 10003
10047 10053 10067–10068 10070
10078 10081 10180 10184 10211
10214 10217 10271 10291 10353
10366 10380–10383 10388 10390
10398 10423–10424 10427 10438
10453–10455 10474 10477–10479
10481 10486 10493 10498 10501
10508 10520 10524 10543 10546
10561 10569 10577   (768 Belege)
(8 m. arg. = 60 fl. renen.) 7680
(8 m. arg. [in margine: 10]) 10382
(8 m. arg. p.) 131 339 351 488 827 836
994 1111 1114 1408 1412 1438 1492
1672 2016 2374 2650 2662 2724 2732
2740 2782 2792 2798 2985 3277 3429
3678 3859 3920 4067 4195 4552 4573
4579 4659 4669 4695 4726 4783–4784
4786 4848 4959 5161 5388 5637 5819
6081 6125 6195 6235 6811 6948 7615
7733 7851 7853 7952–7955 8270 8360
8390 8395 8438 8440 8949 9628 10047
10382 10455 10481 10596 (75 Belege)
(8 m. arg. p. cuius fruct. deducti sunt quia
pens. ann. 30 fl. auri renen. pro Francis-
co Lemleyn reservata) 9555
(8 m. arg. <24 fl. adc.>) 5919
(8 m. arg. <32 fl. adc.>) 3830
(8 m. arg. <7>) 4546
(8 m. arg. <p.>) 4669
(8 m.arg.) 13 3306 5347 7498 7739 9052
9732
(8 <10> m. arg.) 222 2523 3672 6195
7432 7767 9565 9570
(8 <10> m. arg. p.) 7912
(8 <12> m. arg.) 68 5217 9928
(8 <14> m. arg.) 3537 3983
(8 <4> m. arg.) 1277 3694 5384
(8 <6> m. arg.) 6984 7950
(8 <7> m. arg.) 4677
(8 <9> m. arg.) 1090 7131
($8^{1}/_{2}$ <4> m. arg.) 8284
(= 8 m. arg. p. et 2 duc. adc.) 6674

(9 m. arg.) 1 131 246 255 392 405 471
707 828 917 972 1090 1150 1184 1280
1424 1437 1452 1578 1802 1851 1879
2024 2032 2058 2138 2357 2388 2551
2607 2640 2661 2853 2995 3026 3047
3376 3583 3606 4269 4285 4289 4324
4528 4550 4701 4706 4796 4848 4873
4960 5284 5532 5538 5600 5649 5652
5743 5763 5899 5911–5912 5921 6244
6307 6413 6633 6946 7022 7131 7159
7193 7205 7479 7500 7620 7933 8138
8202 8241 8315 8497 8550 8555 8580
8702 8711 8714–8715 8717 8775 8787
8828 8946 9026 9335 9346 9457 9734
9825 9928 9955 10040 10221 10237
10250 10306 10346 10382 10388
10486 10587 10590 10598 (114 Belege)
(9 m. arg. p.) 1846 2479 3678 5842 6690
7187 7955
(9 <10> m. arg.) 505
(9 <16> m. arg.) 5108
(9 <4> m. arg.) 8518
(9 <8> m. arg.) 1674
(10 m. arg.) 7 13 32 42 44 61 68 95 109
121 132–134 144–145 177 183 185 188
222 230 259 293 327 329 337–338 351
390 416 425 438 451 483 487–488 497
505 519–520 546–547 571 577 582 612
633 661 674 685 703 707 709 741 779
800–804 807 819 828 836 839 843 845
861 863 881 905 912 917 926 1003
1006 1025–1026 1028 1064 1067 1088–
1089 1118 1132 1135 1147 1150 1161
1201 1283 1291 1345 1373 1378 1383
1465 1481 1492 1527 1552 1563 1611–
1612 1631 1659 1664 1672 1676 1685
1698 1788 1817 1833 1842–1843 1846
1857 1863 1936 1946 1951 2007–2009
2015 2024 2027–2028 2031 2038 2055
2059 2062 2104 2107 2111–2112 2149
2183 2254–2256 2275 2327 2333 2373
2381 2388 2392 2402 2413 2452 2469–
2470 2506 2511 2551 2562 2577 2583
2600 2620 2624 2657 2660 2662 2687
2689 2700 2703 2713 2728–2729 2745
2774 2782 2791 2803 2854 2872 2892
2898 2926 2933 2988 3012 3047 3054
3067 3082 3084–3086 3090 3111 3118
3169 3218 3226 3232 3348 3359 3389
3410 3431 3438 3446 3482 3498 3505
3527 3537–3538 3556 3567 3582–3583
3613 3636 3650 3660 3670–3672 3709

3720 3772 3780 3782–3783 3807 3843
3854 3881 3920–3921 3947 3983 3997
4011 4038 4058–4059 4067 4088 4127
4256 4260 4280–4282 4290 4304 4329
4361 4368 4379 4412 4434 4502 4509
4512 4528 4546 4552 4588 4637 4649
4658 4715 4763 4780 4784 4789 4814
4821 4859 4862 4893 4908 4923 4957
4960–4961 4976 4996 5051–5052 5075
5077 5087 5108 5126 5154–5155 5185
5188 5195 5202 5222 5227 5291–5292
5335 5370 5381 5418 5440 5496 5502
5522 5527 5533 5535 5570 5581 5603
5630 5637 5654–5655 5683 5755 5801
5845 5854 5858 5881 5897 5899 5908
5913 5917 5919 5931 5936–5937 5959
5980–5981 5997 6007 6016 6057 6060
6078 6080–6082 6094 6123–6124 6144
6164 6195 6233 6263 6266 6268 6302
6304 6325 6338 6384 6470 6521 6527
6544 6602 6604 6655 6681 6694 6738
6791–6792 6811–6812 6839 6853 6974
7019 7067 7072 7117 7193 7209 7244
7283 7290 7305–7306 7333 7432 7439–
7440 7446 7497–7498 7504 7524 7567
7607 7656 7670 7687 7692 7706 7729
7743 7767 7782 7812 7835–7836 7846–
7849 7854–7856 7899 7907 7912 7914
7936–7937 7954 7962 7965 7975 8010
8056 8110 8120 8130 8132–8133 8154
8183 8202–8203 8216 8225 8280 8308
8315 8329 8338 8341 8360 8425 8440–
8441 8474 8510 8515 8536 8546 8555
8581 8597 8601 8607 8625 8649 8692
8701–8702 8707 8716 8718 8721 8726
8750 8808 8843 8863 8876 8905 8908
8914 8925 8951 8998 9000 9066 9117
9128 9137 9156 9170 9174 9197 9205
9297 9299 9312 9336 9340 9343 9355
9357 9369 9380 9411–9412 9418 9455
9472 9480 9495 9539 9542 9552 9565
9570 9581 9626 9628–9629 9638 9658
9670 9712 9787 9796 9810 9832 9867–
9868 9870 9880 9911 9918 9923 9928
9937 9947 9964 9985 10002 10023
10031 10041 10047 10068–10069
10071 10131 10148 10184 10208
10217 10232 10250–10252 10268
10285 10299 10318 10332 10338
10345–10347 10351 10353 10382–
10383 10413 10446 10468 10479–
10480 10486 10499 10501 10520

10537 10552 10585 10588–10589
10592 10612 10622   (590 Belege)
(10 m. arg. p.) 14 121 327 367 606 839
1006 1606 1845 2440 2470 2519 2926
2986 3206 3226 3524 3660 3692 4066–
4067 4641 4659 4669 4960 5297 5563
5581 5588 5701 5900 6125 6190 6302
6633 6811 7043 7627 7913 7952–7953
7955 8073 8259 8704 9581 9627 10318
10383 10454   (50 Belege)
(10 vel 15 m. arg. p.) 5629
(10 m. arg. <40 fl. renen.>) 4763
(10 m. arg. <70 l. T. p.>) 9550
(10 <12> m. arg.) 1842 1987 8703
(10 <12> <4> m. arg.) 6233
(10 <13> m. arg.) 5916 7304 7848
(10 <13> m. arg. <p.>) 1025
(10 <15> m. arg.) 1489 3364 8559 10520
(10 <16> m. arg.) 2976 2985
(10 <20> m. arg. p.) 5052
(10 <4> m. arg.) 3084 8227
(10 <8> m. arg.) 2511 5913
(10 <9> m. arg.) 9164
(11 m. arg.) 222 425 487 651 728 802
1304 1672 1683 2024 2249 2300 2660
3265 3574 3920 4283 4650 5424 5533
5535 5801 6633 6761 7067 7173 7672
7930 7954 8073 8314 8863 9128 9582
9714 10015 10381 10546 10578
        (39 Belege)
(11 m. arg. p.) 10381
(11 <12> m. arg.) 53
(11 <4> m. arg.) 8368
(12 m. arg.) 7 40 42 51 111 121 149 178
180 183 259 282 316 361 381 393 416
419 421 425–426 458 497 539 546 621
633 667 671 699 707–708 717 728 741
752 773–774 800–804 836 839 853 860
905 917 1025 1031 1064–1065 1083
1088 1118 1150 1159 1161 1194 1265
1304 1311 1362 1380 1412 1430 1439
1444 1466 1485 1489 1539 1586 1659
1673 1683 1703 1735 1742 1760 1770
1775 1783 1788 1809 1842 1845–1846
1880 1912 1916 1936 1987 2024 2029
2032 2037 2055 2108 2116 2174 2185
2221 2226 2229 2252 2254 2256 2263
2304 2351 2359 2370 2372 2388 2398
2413 2416 2452 2463 2469–2470 2485
2491 2514 2550 2560 2564 2616 2620
2660 2670 2689–2690 2703 2738 2748
2774 2822 2862 2995 3012 3051 3053

3059 3067 3092 3179 3226 3232 3234
3236 3239 3270 3306 3309 3364 3408
3421 3449 3506 3525 3542 3553 3566
3574 3581 3600 3643 3666 3706 3720
3782 3801 3854 3920 3962 3990 4017
4025 4036 4041 4091 4114 4183 4231
4246 4280 4282 4360 4363 4378 4501
4509 4512 4516 4548 4573 4652 4666
4669 4723 4763 4781 4785–4787 4800
4814 4853 4859 4895 4899 4924 4937
4939 4946 4955 4976 5045 5093 5126
5213 5217 5222 5259 5299 5347 5360
5377 5401 5490 5505 5528 5533–5534
5570 5581 5607 5704 5716 5737 5744–
5745 5770 5798 5819 5847–5848 5862
5916 5919 5949 5959 5974 5990 6039
6051–6052 6057 6078–6079 6082 6101
6108 6123 6195 6230 6233 6265 6336
6338 6354 6446 6499 6513 6547 6558
6602 6662 6700 6707 6758 6772 6792
6811–6812 6832 6850 6870 6935 7007
7022 7043 7049 7078 7117 7127 7133
7142 7159 7244 7249 7257 7275 7295
7303 7394 7424 7426 7467 7493 7500–
7501 7505 7554 7583 7614 7617 7656
7661 7783 7790 7836 7849–7850 7852
7947 7953 7962–7963 8006 8043 8113
8130–8131 8192 8202–8203 8205 8217
8270 8274 8304 8345 8368 8372 8411
8441 8521 8526 8550 8565 8571 8579–
8581 8593 8610 8636 8688–8689 8703–
8704 8707 8716 8775 8799 8808 8863–
8864 8923 8925 8940 8994 8998 9115
9126–9127 9156 9219 9260 9286 9342
9355 9365 9369 9429 9466 9472–9474
9482–9483 9500 9553 9555 9557 9570
9582 9629 9633 9638 9658 9720 9732
9796 9806 9824 9835 9863–9864 9898
9911 9923 9928 10019 10026 10031
10036 10067–10069 10090 10202
10214 10217 10252 10265 10278
10333 10344–10346 10377 10382
10394 10399 10434 10438–10439
10454–10455 10462 10468 10486
10501 10509 10519–10520 10523–
10524 10554 10598–10599

(456 Belege)

(12 m. arg. = 90 fl. monete currentis Leod.) 2822

(12 m. arg. c. annexis) 133

(12 m. arg. p.) 51 205 710 798 807 836
1644 2032 2689 2831 2847 3389 3660

4659 4672 4848 6125 6811–6812 7851
7953 7955 8688 8704 8763 9557 10336
10519   (28 Belege)

(12 m. arg. vel 90 fl. monete Leod.) 9684

(12 <10> m. arg. p.) 6470

(12 <13> m. arg.) 2109

(12 <14> m. arg.) 3695 10455 10519

(12 <15> m. arg.) 10346

(12 <16> m. arg.) 5284 6685 7161 9415

(12 <18> m. arg.) 2507

(12 <230> m. arg.) 10622

(12 <4> m. arg.) 3083

(12 <8> m. arg.) 4066

(12 n. tamen 18 m. arg.) 4528

(n. ultra 12 m. arg.) 6732

(= 12 m. arg.) 5425

(12½ m. arg.) 2709

(13 m. arg.) 246 329 1025 1089 1465
1549 1675 1788 2110 2138 2264 2410
2797 2945 3474 3788 3843 4435 4546
4931 5440 5716 5881 6446 6513 7068
7072 7304 7306 7922 8270 8640 8775
9355 9734 9867–9868   (37 Belege)

(13 m. arg. = 52 l. T. p.) 9139

(13 m. arg. p.) 1025

(13 <10> m. arg.) 7072

(14 (24) m. arg.) 1202

(14 m. arg.) 3 54 188 204 222 326 393
405 576 774 800 862–863 905 1032
1065 1109 1135 1198 1245 1304 1394
1485 1497 1586 1606 1683 1696 1703
1783 1807 1814 1866 1879 1885–1886
1906 1912 2275 2304 2364 2556 2620
2688 2793 2806 2808 2872 2908 3218
3224 3306 3474 3556 3582 3720 3817
3920 3983 4031 4137 4144 4231 4262
4280 4300 4550 4552 4588 4865 4923
5043 5222 5266 5291 5533 5648–5649
5654 5794 5801 5913 5960 6000 6067
6108 6264–6265 6446 6515 6678 6779
6785 6812 6850 6919 7008 7043 7056
7241 7303 7305–7306 7497 7583 7608
7683 7722 7767 7834 7849 7852–7853
7922 7937 7953 7955 8130 8132 8241
8270 8344 8352 8503 8505 8580 8647
8701 8714 8717–8718 8762 8767 8769
9143 9187 9255 9286 9438 9466 9471
9474 9670 9810 9824 9890 9933 10019
10036 10074 10217 10250 10383
10481 10513 10519 10546 10553

(158 Belege)

(14 m. arg. = 70 fl. adc.) 79
(14 m. arg. p.) 1304 2110 2732 3526 3528
    4548 4552 7190 7952 7975 8843 10405
                            (12 Belege)
(14 <10> m. arg.) 5913
(14 <12> m. arg.) 5848
(14 <15> m. arg.) 3671
(14 <17> m. arg.) 708
(= 14 m. arg.) 259
(olim 14 hodie 6 m. arg. propter guerras)
    2238
(olim 14 nunc 6 m. arg. p.) 9582
(15 m. arg.) 79 207 259 516 546–547 575
    677 708 774 802 876 1118 1150 1489
    1511 1586 1736 1784 1804 1868 2077
    2226 2242 2402 2469–2470 2620 2624
    2737 2794 2845 2945 3083 3474 3505
    3535 3582 3672 3720 3774 3844 4075
    4093 4126 4151 4231 4304 4550–4551
    4588 4814 4925 4964 5047 5091 5370
    5532 5570 5603 5608 5674 5726 5830
    5841 5912–5913 5916 5924 5936 6034
    6144 6294 6338 6423 6559 6629 6707
    6839 6851 6973 7128 7133 7202 7275
    7380 7400 7547 7609 7620 7798 7837–
    7838 7847 7849–7850 7856 8002 8110
    8130 8132 8152 8179 8314 8356 8359
    8368 8372 8440 8474 8502 8515 8547
    8603 8812 9342 9355 9455 9457 9466
    9473 9480 9636 9676 9777 9935 9947
    9976 10018 10075 10285 10323 10346
    10451 10466 10478–10479 10520
                            (138 Belege)
(15 m. arg. p.) 1845 1879 4548 4642 4796
    6125 6772 7953 7955 7980 8763 9543
    10518   (13 Belege)
(15 m. arg. <100 fl. renen.>) 4440
(15 <12> m. arg.) 10344
(15 <17> m. arg.) 1001
(15 <18> m. arg.) 132
(15 <4> m. arg.) 1990
(15 <8> m. arg.) 9650
(16 m. arg.) 13 20 29 121 193 259 335
    361 367 393 446 485 498 519 547 575
    605 709 800 817 828 917 1009 1064–
    1065 1083 1090 1358 1444 1594 1674
    1743 1770 1843 1872 1912 1996 2007
    2203 2229 2256 2333 2372–2373 2413
    2550 2554 2564 2605 2635 2687 2740
    2745 2793 2926 2931 3053 3067 3084
    3153 3191 3218 3355 3363 3389 3464
    3530 3592 3670–3671 3706 3982 4079

4126 4190 4225 4260 4280 4290 4329
4403 4550 4719 4782 4785 4796 4848
4853 4873 4958 4960–4961 5066 5107
5171 5284 5347 5391 5416 5430 5456
5535 5538 5601 5652 5654–5655 5658
5678 5740 5810 5823 5827–5828 5848
5913 5916 5920 6078 6080–6082 6125
6144 6172 6265–6266 6447 6503 6614
6663 6678 6685 6817 7007 7040 7117
7176 7189 7304 7306 7331 7377 7432
7488 7500 7547 7566 7611 7617 7633
7656 7696 7834 7837 7848 7851 7934
7975 8001–8002 8063 8131 8196 8323
8363 8365 8372 8379 8403 8503 8541
8550 8565 8704 8716–8717 8763 8790
8828 9091 9273 9300 9299 9342 9368–
9369 9412 9472–9473 9479–9480 9484
9532 9557 9839 9868 9890 9898 9970
9976 10070 10250 10278 10345–10346
10425 10444   (208 Belege)
(16 m. arg. p.) 34 221 605 827 2740 4392
    4784 4796 5607 8704 8763 10314
    10519   (13 Belege)
(16 m. arg. licet 24 m. arg.) 708
(16 m. arg. ultra recompensationem debi-
    torum episcopo Ratisbon.) 1461
(16 m. arg. <80 fl. adc.>) 1753
(16 m. arg. <insimul 24 m. arg.>) 4922
(16 <15> m. arg.) 8503
(16 <20> m. arg.) 2790
(16 <22> m. arg.) 3670
(16 <25> m. arg.) 10345
(17 m. arg.) 222 425 708 1673 2318 2443
    2745 4873 5421 6510 6597 6655 6914
    7040 7688–7689 7700 8208 9347 9365
    10209 10480   (22 Belege)
(17 m. arg. p.) 7049
(17 m. arg. p. <17 fl. auri renen.>) 7852
(17 <16> m. arg.) 7306
(18 m. arg.) 9 107 128 222 342 546–547
    699 703 917 1049 1062 1135 1444
    1821 1846 2007 2027 2141 2163 2254
    2333 2375 2446 2506 2511 2554 2703
    2723 2940 2970 3059 3234 3284 3299
    3309 3441 3672 3826–3827 3921 4065
    4231 4528 4559 4814 4859 4873 4923
    5009 5291 5716 5848 5910 5913 6264
    6916 7022 7066 7399 7620 7674 8041
    8164 8202 8204–8205 8385 8438 8440
    8607 8717 8762 8832 8923 8944 9193
    9378 9689 9976 10018 10070–10071
    10101 10212 10214 10252 10346
    10392 10411 10478 10582 (92 Belege)

(18 m. arg. p.) 2782 2873
(18 m. arg. deducta pens. ann.) 8714 8716
(18 <12> m. arg.) 7962
(18 <16> m. arg. p.) 7953
(18 <20> m. arg.) 4066
(18 <22> m. arg.) 9159
(19 m. arg.) 425 8115 8578 8625
(19 m. arg. p.) 4548
(20 m. arg.) 13 18 43–44 62 133 165 188
204–205 212 327–328 414 547 587 644
709 730 756 779 800 802 844 921 984
1029 1118 1448 1461 1533 1656 1659
1674 1696 1783 1857 2032 2038 2041
2254 2323 2388 2413 2440 2469 2490
2511 2548–2549 2577 2614 2647 2666
2689 2746 2831 2945 2950 3012 3066
3082 3084 3153 3338 3513 3526 3529
3582 3597 3698 3721 3762 3817 4038
4063 4066 4091 4227 4474 4550 4552
4589 4651 4719 4731 4909 4923 5052
5500 5601 5692 5801 5844 5881 5885
5925 6016 6056–6057 6060 6082 6097
6125 6144 6171–6172 6176 6259 6266
6293 6390 6441 6552 6581 6615 6633
6839 7018 7040 7062 7067 7241 7275
7296 7377 7399–7400 7466 7478–7479
7488 7498 7500 7790 7834 7836–7837
7840 7848 7853–7854 7856 7912 8073
8131 8133 8385 8439–8440 8578 8641
8707 8732 8843 8863–8864 8890 8923
9137–9138 9159 9219 9260 9273 9348
9362 9368 9472 9480 9556 9631 9671
9731 9734 9812 9824 9832 9923 10019
10131 10168 10378 10380 10425
10481 10513 10549   (188 Belege)
(20 m. arg. p.) 458 547 1128 2440 2505
2549 2790 2796 2798 3475 3721 4796
5052 5606 6125 7627 7953 8439
                         (18 Belege)
(20 m. arg. <24 l. T. p.>) 2790
(20 <10> m. arg.) 1003
(20 <16> m. arg.) 7847
(20 <24> m. arg.) 10168
(20 <25> m. arg.) 10344
(20 <30> m. arg.) 9552
(20 <60> m. arg.) 3051
(c. annexis 20 m. arg.) 7836
(21 m. arg.) 1863 9138 9415 9723
(22 m. arg.) 921 1029–1030 1846 2038
2226 3446 4079 5566 6037 6144 7611
7816 7835 7855 8431 9273 9982
                         (18 Belege)

(22 m. arg. [et postea correctum] in 10 m.
arg.) 5604
(22 m. arg. p.) 1951 2621
(22 <10> m. arg.) 6994
(22 <18> m. arg.) 132
(22 <20> m. arg.) 8890
(23 m. arg.) 6378 6503 7836 9467
(24 m. arg.) 13 314 333 393 624 708 835
917 1393 1514 1611 1673 1783 1936
2118 2155 2388 2440 2550 2674 2856
2939 3526 3583 3672 3700 4038 4473–
4474 4552 4716 4957–4959 4961–4962
4994 5202 5737 5819 5899 6193 6264
6378 6446 6811 6850 7399 7633 7798
7847 7919 8081 8130 8203 8314 8385
8405 8863–8864 9273 9368 9475 9484
9491 9586 9631 9654 10019 10068–
10070 10168 10278 10453 10466
10520 10611   (78 Belege)
(24 m. arg. p.) 520 1304 1505 2116 2404
6633 6674 8703
(24 m. arg. sup. quib. Arnoldo Heymerici
de Clivis cler. Colon. dioc. pens. ann.
60 fl. renen. reserv. fuit) 520
(24 <22> m. arg.) 5604
(24 <30> m. arg.) 9473
(24 <6> m. arg. p.) 3526
(24 <m. arg.>) 1936
(25 m. arg.) 6 205 451 485 756 801–804
855 1067 1674 1784 2023 2163 2275
2487 2569 2600 2712 2794 3042 3083
3636 4017 4590 4961 4994 5430 5449
6123 7069 8133 8379 8923 9299 9369
9553 9557 9720 9825 9952 10345
10425 10481 10625   (46 Belege)
(25 m. arg. p.) 5535 10346
(25 <10> m. arg.) 7439
(25 <20> m. arg. <p.>) 4814
(25 <30> m. arg.) 1778
(25 <32> m. arg.) 3581
(25 si vero s.c. 18 m. arg.) 2105 4823
5865 6625 8675
(26 m. arg.) 205 905 1371 1510 1673
1982 2254 2361 3191 3656 3700 5009
5307 6940 7835 8131 8204 8922 9485
9948 10069 10285 10352 10611
                         (24 Belege)
(27 m. arg.) 1755
(28 m. arg.) 800 1547 3381 3700 5384
5848 6326 7760 8001 8113 9342
                         (11 Belege)

(28 m. arg. p.) 1009

(30 [m.arg.]) 7493

(30 m. arg.) 13 34 42–44 248 257 273 292
355 392 405 451 472 547 613 687 775
801–803 921 1077 1119 1185 1198
1444 1547 1631 1778 1784 1792 1936
2256 2358 2361 2388 2392 2470 2961
3084–3085 3672 3686 3720 3817 3881
3920–3922 3983 4084 4231 4321 4379
4474 4508 4710 4962 4994 5121 5533
5548 5570 5672 5737 5823 5919 5924
6016 6039 6059 6176 6264 6447 6550
6922 7018 7022 7066–7067 7250 7289
7296 7353 7449 7617 7848–7850 7966
8130 8133 8431 8441 8530 8608 8612
8714–8715 8828 8994 9040 9273 9392
9473 9554 9558 9777 9811 9825 9866
9948 9997 10285 10345 10425 10438
10451 10466 10526 10622 (122 Belege)

(30 m. arg. p.) 524 547 2662 4848 5052
6889 7399 7852–7853 8521

(30 m. arg. sup. qua fruct. pens. ann. 20 fl.
renen. reserv. fuit) 613

(30 m. arg. sup. quib. est assign. pens. an-
tiqua 15 fl. adc.) 43

(30 m. arg. <170 duc. adc.>) 9016

(30 <35> m. arg.) 3619

(30 <40> m. arg.) 8994

(30 <60> m. arg.) 273

(30 sive 50 vel 92 m. arg.) 775

(31 m. arg.) 5121 9273

(32 m. arg.) 742 6037 8360 8672 8762
9720 9952

(32 m. arg. p.) 3636

(32 <36> m. arg.) 9273

(32 <40> m. arg.) 4231

(34 m. arg.) 4962 9466

(34 m. arg. p.) 4962

(35 m. arg.) 127 994 1708 2275 3451
3619 3922 6081 6672 6889 7837 8131
9466 9480 9732 10345–10346 10478
10481   (19 Belege)

(35 m. arg. p.) 4067

(35 <30> m. arg.) 8828

(36 m. arg.) 42 1674 2490 3722 7449
7849 9273 9299 9480

(36 m. arg. p.) 4067

(36 <30> m. arg.) 6144

(n. 36 m. arg. sed 20 m. arg.) 10168

(37 m. arg.) 2415 10031

(37 m. arg. p.) 4848 5919

(38 m. arg.) 4231 6602 7554

(40 m. arg.) 43–44 82 212 235 282 518
546–547 651 801 984 1161 1194 1959
1965 2231 2256 2551 2582 2745 2985
3111 3686 3692 3720 4019 4137 4958
5121 5538 6266 7067 7373 7544 7617
7620 7848 7853 8132–8133 8210 8344
8372 8530 8533 8547 8581 8714 8828
8863–8864 8994 9254–9255 9415 9473
9480 9552 9729–9730 9867 10075
                     (63 Belege)

(40 m. arg. p.) 1982 2632 4067 5535 7853
8130

(40 m. arg. seu 200 duc.) 3699

(40 m. arg. sup. quib. est assign. pens. ann.
130 fl. renen. Juliano [de Ruvere] tit. s.
Petri ad vincula presb. card.) 43

(40 m. arg. <140 l. T. p.>) 9415

(40 <15> m. arg.) 1801

(42 m. arg.) 2255 7583

(43 m. arg.) 730 10012

(44 m. arg.) 730 2550 3215 8650

(45 m. arg.) 775 2275 2440 2662 5129
7856

(46 m. arg.) 3472 4067 7987

(46 m. arg. p.) 1672 4067

(48 m. arg.) 5801

(50 m. arg.) 100 205 357 801 804 839 921
1052 1065 1374 1474 1444 1737 1912
1958 2254 2256 2275 2550–2551 2573
3465 3583 4031 4194 4255 4596 5881
6151 6265 6900 7633 7839 7937 8363
8715 8863 8922 9221 9473 9553 9730
9867 9966 10451   (45 Belege)

(50 m. arg. p.) 1445

(50 <55> m. arg.) 7633

(50 <60> m. arg.) 2620

(50 <75> m. arg.) 8707

(52 m. arg.) 1865 9939

(55 m. arg.) 5848 10387

(60 m. arg.) 205 273–274 708–709 909
1052 1753 1788 2323 2549 3051 3087
5347 5562 6265 6390 7066 7078 7840
7912 7984 8363 8372 8651 8702 8863
9255 9380 9473 9480 9867 (32 Belege)

(60 m. arg. p.) 2980 4787 7835

(68 m. arg.) 2254

(60 m. arg. s.c. usque ad val. 40 m. arg.)
140

(70 m. arg.) 6 273 1048 1444–1445 1982
4038 4715 4994 5650 7103 7984 8044
8314 9720   (15 Belege)

(70 m. arg. p.) 862 7069
(70 <35> m. arg. p.) 10479
(70 <60> m. arg.) 2388
(80 m. arg.) 204 547 862 1049 1215 2961
5716 6265 7172–7173 7677 8345 9348
9469 9730 10101 10283   (17 Belege)
(80 m. arg. p.) 2275 2980 9628
(80 <100> m. arg.) 1885
(usque ad summam 84 m. arg.) 992
(90 m. arg.) 273 547 6238 7353 7837–
7838
(92 m. arg.) 775
(100 m. arg.) 501 527 612 775 1237 1982
2231 2338 2551 4859 4909 5801 7066
7400 7473 7535 9066 9477 9731–9733
    (21 Belege)
(100 m. arg. p.) 1154 3896
(100 <140> m. arg.) 4596
(104 m. arg.) 7783
(110 m. arg.) 10104
(115 <160> m. arg.) 119
(120 m. arg.) 278 7488
(134 m. arg.) 7066
(140 m. arg.) 2551 9866 10169
(150 m. arg.) 1982 4596 10169
(180 m. arg.) 1048 6446
(180 m. arg. p.) 138
(200 m. arg.) 610 6602 8511 9553
(ad summam 250 m. arg.) 10441
(300 m. arg.) 4566–4567
(400 m. arg.) 3631
(1 m.) 1414 2278 3008 7498 8879 9204
(1½ m.) 3583
(2 m.) 202 862 1107 1360 1993 4462
4892 4987 5160 5187 5524 6125 6297
6996 7095 7312 7414 7498 7939 8100
8316 9100 9665   (23 Belege)
(2 m. illarum partium) 7747
(2 m. monete in illis partibus currentis =
12 duc. adc.) 7748
(3 m.) 369 1304 2317 2890 2981 3118
3243 3702 3886 4283 4319 4987 5125
5132–5133 5524 5985 6081 6231 6897
7911 8371 8578 8883 8966 9629
    (27 Belege)
(3 m. auri) 3606
(3 m. <2 m. arg.>) 9144
(4 m.) 183 202 458 584 707 717 862 1033
1341 1360 1830 1879 2040 2112 2175
2783 2939 3035 3162 3702 3747 3876
3923 4669 4673 4706 4987 5125 5132–
5133 5160 5215 5761 5770 5951 6078

6081 6154 6552 6630 6740 6793 7117
7292 7312 8000 8214 8240 8608 8634
9343 9921 10100 10176 10351 10381
10383   (58 Belege)
(4 m. auri) 9092
(4 m. auri p.) 5371
(4 m. monete Colon. pro quolibet fl. renen.) 3788
(4 m. monete illarum partium) 5468
(4 m. monete illius patrie) 4668
(4 m. Colon. pro quolibet fl. computando)
3217
(4 m. pagamenti monete Colon. pro fl.)
537
(4 m. <24 fl. renen.>) 5673
(5 m.) 2470 5132 5202 5629 10354
(5 m. adc. <6 m. arg. p.>) 6428
(5 <6>m.) 5132
(6 m.) 487 710 1304 2032 2918 3053
4442 4677 5133 5400 5430 5650 5674
5732 6081 6297 6513 7498 8120 8205
9343 10251   (22 Belege)
(6 m. monete op. Aquen. Leod. dioc. pro
quolibet fl.) 10318
(6 m. n. 4 m. arg.) 10354
(6 m. sterling) 3919
(= 6 m. monete Colon.) 1190
(7 m.) 1304 1879 5400 7498
(8 m.) 458 673 828 2511 2724 2794 3053
3201 4677 5585 5649 6165 6195 6297
6580 6630 6900 7117 7498 8360 8930
9629 10381   (24 Belege)
(10 m.) 199 801 1304 1688 2470 2794
3843 6081 6513 7975 10252 10381
    (12 Belege)
(de 10 ad 12 m. ascendunt) 9638
(11 m. Lubic.) 4753
(12 m.) 802 2511 4669 5400 5913 6081
7043 8063 8205 9670 10380
    (11 Belege)
(12 m. auri) 93 717
(12 m. monete currentis = 6 duc.) 5622
(13 vel 14 m.) 6384
(13 m. monete Lubic. ex summa capitali
200 m.) 5878
(14 m.) 2794 6081 10486
(14 m. auri) 3666
(15 m.) 801–802 1998 3118 6881 8082
(15 m. sterling) 1366
(16 m.) 6081 7937 9045
(18 m.) 1559

(20 m.) 205 8718
(24 m.) 7498
(24 m. Lubic.) 8331
(24 m. sterling) 7337
(25 m. sterling) 912
(30 m.) 5716
(30 m. Lubic.) 8331
(36 m. Halberstad. monete) 3163
(40 m.) 3051 4231 8439
(40 m. Wratislav. monete) 6470
(42 m.) 7582
(70 m. Rigen.) 548
(1 scutum Francie) 9933
(1 uncia auri p.) 7820
(4 libr. grossorum monete Flandrie) 5681
(= 4 grossi papales) 4338
(= 4 libr. grossorum monete Flandrie)
  4522
(5 libr. monete Flandrie = 24 duc. adc.)
  9409
(6 albi den. d. monete pro marca) 2910
(8 libr. grossorum monete Flandrie) 9707
(8 libr.) 559 3214
(9 libr. grossorum monete Flandrie) 7450
(10 carleni pro fl.) 3174 8822
(= 10 libr. grossorum monete Brabantie
  seu 27 fl. adc.) 6510
(11 libr. grossorum monete Flandrie) 4711
(12 libr.) 4218 8869
(= 12 libr. grossorum monete Flandrie, 20
  stuferi monete pro quolibet fl. computati) 4071
(= 12 libr. seu fl. adc.) 6891
(14 libr. grossorum monete Flandrie = 50
  fl. adc.) 6786
(15 libr. grossorum monete Flandrie = 12
  m. arg.) 4096
(= 15 halben) 4569
(16 libr. grossorum monete Flandrie = 48 l.
  T. p.) 2825
(20 albi stuferi currentes pro fl.) 8767
(20 albi stuferi pro fl.) 73
(20 corone auri de Francia) 3264
(20 franci) 5775
(20 libr.) 1263 1916
(20 patardi pro fl. = 2 duc. adc.) 642
(20 scuta auri Sabaudie) 6453
(20 scuta monete Hanonie pro fl.) 5837
(20 scuta pro quolibet fl. computata) 3335
(20 stuferi albi pro fl. computati) 6057
(20 stuferi antiqui pro fl.) 5053

(= 20 stuferi antiqui <de cugno>) 5053
(20 stuferi aut 3 plicce monete Brabantie
  pro fl.) 8061
(20 stuferi Burgundie aut Brabantie vel 24
  albi Colon. pro fl.) 8766
(20 stuferi monete Brabantie pro fl. computati qui 18 duc. adc. constituunt)
  4092
(20 stuferi monete Flandrie pro fl.) 4457
  9777
(20 stuferi pro fl.) 327 1781 1874 3410
  5045 5698 5714 8767
(= 20 stuferi pro fl.) 4895
(20 stuferi pro fl. qui ultra 4 m. arg. n.
  consistunt) 1804
(= 20 stuferi monete in illis partibus currentis pro fl. computati) 5905
(21 libr. grossorum monete Flandrie = 84
  fl. adc.) 8820 10539
(21 stuferi monete Burgundie pro fl.) 9231
(24 albi Colon. pro fl.) 68 5764
(= 24 albi Colon. pro fl.) 3968
(24 libr.) 8975
(24 libr. monete currentis in Arthesio)
  9147
(24 libr. sive 4 m. arg.) 5600
(28 libr. grossorum monete Flandrie = 110
  l. T. p.) 5681 9707
(30 libr.) 8869
(32 grossi pro fl.) 10091
(33 <36> libr. grossorum monete Flandrie
  = 26 m. arg.) 5748
(36 grossi et 2 sol. pro quolibet Ung.)
  10096
(36 libr.) 2451 6891
(36 libr. Meten.) 6891
(38 grossi pro fl.) 10092
(40 grossi monete Flandrie) 5645
(40 grossi monete Flandrie pro fl.) 1553
  2989 4150 4588 4847–4848 5709 6058
  6238 8238 8559 9751 10345
                          (13 Belege)
(= 40 grossi monete Flandrie pro fl.) 4847
(40 libr. den.) 10278
(40 monete Lubic.) 2025
(40 regalium auri de Francia pens. ann. deducta) 6720
(42 grossi monete Flandrie pro fl.) 8925
(44 libr. monete currentis in Arthesio)
  9147
(44 libr.) 7321 8803

(60 grossi pro duc. monete Bruggensis) 42
(70 corone regis Francie) 4522
(72 bol. pro quolibet duc. computati) 10088
(76 baioci pro fl.) 339
(80 scuta auri de Francia) 6720
(100 corone auri) 7676
(usque ad 100 libr.) 5545
(120 libr. grossorum monete Flandrie)
5813

(120 scuta nova auri de cugno regis Francie) 2135 3576
(147 libr. grossorum monete Flandrie)
4060
(200 libr.) 9103
(240 scuta auri de Francia)
9046
(= 300 libr. grossorum monete Flandrie)
2941

DATEN DER REGISTEREINTRÄGE

1471 aug.

14. 2007
16. 5538
21. 1479
23. 522
24. 9832
25. 34 71 204 408 471 577 765 774
1160 1226 1439 1444 1547 1610
1666 1673 1770 1816 1922 1940
2050 2055 2126 2315 2511 2548
2595 2650 2695 2817 2853 2949
3113 3224 3226 3236 3328 3363
3480 3581 3584 3643 3817 3861
4227 4280 4546 4800 4961 4967
4994 5037 5045 5275 5418 5436
5569 5751 5775 5794 5916 6016
6131 6264 6375 6427 6453 6482
6622 7376 7471 7558 7617 7636–
7637 7847 7887 7894 7994 8198
8223 8554 8714 8856 8997 9080
9440 9478 9553 9565 9647 9682
9787 9916 9926 9982 10172
10214 10401   (99 Belege)
27. 522 3998 4763 4996 6309 7722
8518 9832 9976
28. 2974 4946 8405 8762 9186
10455
29. 7066
30. 2560 7303 8710 8762 9501
31. 5777 7066 8657

1471 sept.

2. 7696 8130 8714
3. 132 5777 9832
4. 742 1271 6673 7384
6. 2222 3329 3719 4613 4936 6051
6446 7381 7735 8130 9247 9423
                (12 Belege)
7. 1732

8. 742
9. 262 1664 2560 2583 3404 4280
5862 5948 7253 7716 9832
                (11 Belege)
10. 4345 5019 7303 8582 9186 9501
9553
11. 2945
12. 1127 3272 4629 5284 9160 9591
10455
13. 3006 3252 8412 10455
14. 132 1228 4437
15. 7303
16. 1362 1664 3758 4614 8138 9734
17. 6178 7156 7847
18. 1035 9783 9888
19. 960 1547 1739 4280 4709 5935
8793 9734 10323
20. 32 2155 2625 5019 5204 5878
21. 960 1110 2817 3210 5569 5765
6617 6673 7384 7888 8424 8671
8714 9389 10264   (15 Belege)
22. 2007 3563 6446 9501
23. 1657 1819 2340 3811 5284 5556
5651 7066 7566 9186 10193
                (11 Belege)
25. 304 1664 2625 2768 2922 2995
3915 4340 4915 7353 8405 8762
                (12 Belege)
26. 1050 4355 4658 8007
27. 1035 4658 5728 7353 7722
28. 1035 8946
29. 1035 6206 7722
30. 6673 7156 7384 7722 10338

1471 oct.

1. 771 4996 9129 9327 10338
2. 8902
3. 42 471 569 734 1579 4079 5348
6051 6078 7788 8588 8714 9412
                (13 Belege)

4. 5570

5. 304 1321 1943 2015 2253 2337
2607 4746 5666 6178 7756 8104
9655 10365 10455   (15 Belege)

6. 8100

7. 32 2022 2062 2560 3218 3404
5189 6134 6451 7505 8541 9405
                    (12 Belege)

8. 1516 8412

9. 3918 5284 6834 8816

10. 3563 4227

11. 3117 3404 6405

12. 271 7303 8375

13. 304 3004 8923

14. 774 1625 3404 3948 4451 4614
5338 5606 7303 7500 8110 8183
9327   (13 Belege)

16. 4060 8705

17. 1122 1191 3404 6251 6334 9900

18. 881 3090 6264 6446 7834

19. 7156 8714 9867

20. 326

22. 1646 2398 3497 10455

23. 42 4437

24. 3942 8110 8890 9207

25. 2318 7834 9355

26. 485 3234 4280 7834 9825

27. 8413

28. 4280 4789 5456 7080 9406

30. 535

31. 1547

1471 nov.

2. 646 1547 1994 3153 4961

3. 9028

4. 2853 3569 7722

5. 3835

6. 587 3261 10274

7. 587 6446 8705

8. 2264 3982 7268 8431 8705
10385

11. 62 3925 7364 9844

12. 1035 1664 2672 3102 6006 8481
8612

13. 1664

14. 1516 5940 6854 7080 8414 8828
8988

16. 4858 6935 9069

17. 5532 8405

18. 4796

19. 687 981 1118 1556 2681 3875
5265 6037 6344 6519 7834 9734
10311   (13 Belege)

20. 3934 7671 7735

21. 564 643 844 1739 9069 9318

22. 18 6310 6994 8130 9866

23. 4961 5409 8640 9761 9849

24. 3414

25. 812

26. 132 7750 9108

27. 18 132 135 742 1921 2101 2864
4041 4186 5819 5830 6051 6882
9697   (14 Belege)

28. 742 6037 9325

29. 672 4463 8941

1471 decb.

2. 214 6431 7656 8514

3. 5265 10311

4. 1723 2224 5500 6894 8078

7. 1118

8. 249 963 1360 1673 2421 3014
3312 3758 5851 6494 6996 8004
9552   (13 Belege)

9. 2337 4111 4916 5819

10. 10455

11. 135 2126 2643 2744 3545 3727
6100 7094 7887 8762 9137
10278   (12 Belege)

13. 742 3011 6037 7008 9798

14. 564 2035 5436 6555

15. 2538

16. 392 1673 2810 4961 5801 6171
6264 7184 8407 9466

17. 107 392 568 1709 1821 2974
3700 3997 4528 5147 6020 6263
6494 7018 8425   (15 Belege)

18. 1127 2264

19. 392 760 7884

20. 1979 4731 6884 8454 8738

21. 754 1087 2411 2583 2779 2861
2888 2909 3211 5343 5540 5707
6531 6679 7045 7205 7816 7958
7967 7972 8222 8513 8526 8798
8859 9362   (26 Belege)

22. 7489

23. 7489 8407

24. 371 4796 5532 8407

26. 1673

27. 2254 6934 7846

28. 371 1238 2142 6338 6354 8407
9142 10324

29. 715 1673 4546 6078

30. 2643 3256 7617

31. 1071 1172 2521 4463 5286 7551
7777 9677

1471 sine die et mense 1035

1471/1472 109 214 371 422 583 734 844
937 997 1004 1038 1049 1177
1213 1473 1544 1639 1801 1891
1994 2124 2270 2355 2366 2398
2504 2521 2538 2548 2871 2926
2964 3073 3143 3155 3256 3516
3934 4045 4059 4266 4322 4398
4463 4614 4658 5380 5556 5767
5800 5819 6096 6100 6458 6537
6654 6673 6994 6996 7446 7469
7477 7617 7696 7777 8130 8183
8252 8407 8422 8510 8722 8830
9005 9085 9182 9214 9423 9483
9612 9728 9826 9870 9933 9965
10026 10065 10214 10397 10473
(90 Belege)

1472 ian. 4620
1. 7 18 52 410 699 1710 1841 2242
2534 2581 3363 3643 3877 4643
4738 5042 5540 5577 5611 5656
5978 6433 6446 6850 7162 7677
8379 8612 8701 8908 8912 9114
9126 9232 9296 9355 9719 9734
9764 9819 9867 9889 10204
10278 10314 10371 10425 10440
10462 10466 10593 10603
(52 Belege)
3. 555 1187 1284 1673 1879 2625
3217 3947 4528 4544 6494 8405
8588 (13 Belege)
4. 2521 6037 10088
5. 1229
6. 1035 6673 7384 8983
7. 2521 7375 7812 8824
9. 549 3013 4749 9764 9948
11. 564 5282 5972 7253 9695
12. 3549 6117 7551
13. 3114 3153 4028 6882 7376 9602
9796 9890 10462
15. 105 1003 3155 5800 9654
16. 1941 3267 7253 9165 9948
10214
17. 707 1922 7847
18. 1052 1874 2941 10302
19. 5665 9764
21. 5922 6662 9389

22. 392 1691 3155 3641 4419 7477
7656
23. 28 132 2151 3641 3697 3758
4595 5972 6994 7060
24. 1580 1857 2616 4322 5045 7979
25. 5848 8550 9389
27. 582 1052 1517 3498 3608 4792
6294 7044 8780 9552 9648
(11 Belege)
28. 679
29. 1028 1625 3155 6264 6729 9712
10462
30. 1156 2789 3155 6042 7443
31. 32 392 1049 3934 5848 8550
9720 9870 9980

1472 febr.
1. 1686 1821 3758 4057 4433 5136
6264 6451 9203 9658
2. 162 3934 7889
3. 3934 7781 8157
4. 527 979 3042 3654 3930 8687
9658 9890 10377
5. 979 2444 3846
7. 1618 2521 9982
9. 1202 1921 2651 4057 5092 6623
8426
10. 8594 9165
12. 3130 8714 9249
13. 42 722 5340
14. 4172 9810 10338
15. 4566 6264
16. 2413 10156
17. 3329 5916 7489–7490
19. 42 127 1052 1194 2148 3199
3801 4011 5496 5801 6367 7834
(12 Belege)
20. 3304 7844
21. 135 3487 4528 5389 7490
22. 7 9 42 305 577 584 745 1613
1625 1691 1857 1937 2124 2129
2667 2926 3136 3267 3477 3547
4531 4566 5015 5092 5147 5327
5432 5569 6010 6722 6727 7133
8476 8594 9201 9774 10528
(37 Belege)
23. 7490 10528
25. 4155 5092
26. 8424 10530
27. 1172 8812
28. 1770 2560 9870

29. 1335 4566 5666 10462

1472 mart.

1. 745 1625 5327 8594 10320
2. 127 687 3032 4919 5801 7104
3. 1742 4011 9932
4. 3029 10605
5. 4386 4981 5801
6. 1523 2641 3801 4011 5496 5801 7488 9085 9552
7. 558 3329 3563 3571 3801 4129 5496 9720
8. 9083
9. 425 2262 3534 4178 5136 5284 9303 10420
10. 96 1777 5532 7381 10302
11. 3218 4178 5801 10617
12. 2995
13. 1052 3684 5779 6643 7847
14. 346 356 402 577 1379 1613 2583 2651 2926 4566 4802 5337 5569 5657 5793 5964 6264 6722 6750 7129 7469 8405 8476 8547
(24 Belege)
15. 4011 6264
16. 4961 5045 6446 7301 8718 10377
17. 3822 5541 6854 8477 9425 9798
18. 4218 5830 10178
19. 3801 5830 6264 6367
20. 132 6264 10462
21. 3226 10377
22. 1620 4719 5340
23. 2164 6078 7893 9571
24. 78 3017 8828
25. 6646
26. 1686
27. 7040
28. 132 577 2853 4118 5019 5136 5569 5793 6121 6144
31. 2926

1472 apr. 3226

1. 2538 3012 9024 9701
2. 25 7490 9062 10462
4. 3652 4059 8169 9810 10462
6. 3537 4601
7. 8464 9798
8. 9475 9764 10323
9. 30 1701
10. 679 3817 5841 7880
11. 408 5087 6636

12. 679 4566
13. 2677 3188 4657 9867
14. 3247 8714
15. 1370 2513 2711 4059 5284 10306
16. 672 2538 4325 5466 6338 6367 6996 8607 8757 9501 9764
(11 Belege)
17. 3670 5819 7847 9357
18. 3747 7936
19. 425 552 1198 9832
21. 212 1003 1360 1426 3106 5724 8868 10087 10306
22. 888 2362 2745 3359 3901 4376 5658 5737 5774 7376 7757 8356 8999 9056
(14 Belege)
23. 483 740 1717 4325 4614 8223
24. 25 31 4483 4566 4601 4934 5284 5600 5972 7118 7847
(11 Belege)
25. 19 105 1979 8923 9076 10135
26. 9096
27. 2301 3537 3692 7083 7477 10576
28. 1321 1417 1704 7696 8139 8567 8812 10267
29. 1236 1581 4435 5045 5147 6087 6834 6996 7123 7253 7469 8601
(12 Belege)
30. 30 1664 3130 3670 5383 8607 8868

1472 mai.

1. 2941
2. 164 779–780 1791 6458
3. 6345 6907
4. 2727 2814 3513 4232 6233 7118
5. 3692 4592 8577 9697
6. 564 2417 2677 7303
7. 3948 8588
9. 584 1186 1706 2417 2926 2974 4102 7015 7760 8715 8908 10135 10605
(13 Belege)
10. 3948 4232 4614
11. 263 342 483 734 779 1207 2393 2526 2940 4589 4918 5091 6037 6264 7018 7683 9096 9455 9501 9503 10387
(21 Belege)
12. 59 1049 1288 1994 3516 3718 3948 6171 7275 8130
13. 173 785 2745 6446 6931 7295 7617 7696 7722 8547 8701 9096 9832 10202
(14 Belege)

14. 41 472 858 2548 3670 3926 4566 7490 7722 9901 10569 (11 Belege)
15. 2191 7490
16. 9235
18. 8488
19. 1742 2478
20. 212 569 858 2382 4325 4761 5045 6404 7207 7491
21. 774 1236 2208 4290 5603 6996 7118 7376 9796 9999
22. 2564 5058 6220 7123 7373 8533 9045 9443 9890
23. 734 929 1413 1490 2722 3077 5567 5635 5641 5725 6170 7226 7253 7581 8206 9796 9848 10034 10535 (19 Belege)
24. 9659
25. 394 2745 2853 3012 3516 4102 4428 4877 5786 6035
26. 2521 3106 4063 4566 6127 9327 9976
27. 5028 6037 9565
28. 2052 5045 10087
29. 1660 2397 4614 7637 7696 8181 9056 9992
30. 271 2355 2941 3012 3359 3940 4133 7083
31. 3982 4987 7226 8130 8607 9677

1472 iun.   1769
1. 225 537 929 1068 2933 3714 3914 4500 6396 6917 9374 9688 9756 (13 Belege)
3. 516 1020 1356 4593 6906 7722 9374
4. 2548 5827
5. 1854 3268 3329 3846 3948 4059 4438 4846 9825 10600
6. 764 2506 2603 3719 5827 8019 8880 9815
7. 2789 7168 7253 8206
8. 316 4934 8110 8435 9327
9. 105 3377
10. 577 3793 5786
12. 1437 8194
13. 1360 6004 7924
15. 2521 2811 7051
16. 1238
17. 414 456 1411 1852 6187 6667 9416 10415

18. 977 1233 1771
19. 9673 9771
20. 2355 4401 5949 8863 9184 10240
22. 9764
23. 8363
24. 4175
25. 414 906 2052 2662 3499 3846 4961 6037 6929 7376 9645 10240 (12 Belege)
26. 121 419 471 569 1437 2926 2949 3438 6338 7018 9307 9701 10144 (13 Belege)
27. 472 779 3719 3821 5057 8868 9045 9764 9870 10240
28. 3247 3504 5057
29. 1118
30. 1417 8302 9097 9864

1472 iul.   1769
1. 2838 5262 6187 8282 9703
2. 4916 7220 10338
3. 1000 1388 5570 6206 7637 8935 9763
4. 698 2821 3364 4391
5. 1122
6. 1770 5007 9764
7. 3363 3415 5788 8715
8. 2355
9. 2548 5570 6090 6264 7428 10240
11. 214 1497 5042 5282 7162
12. 9764 10422
13. 1732 3670 4391 6264 7180 8460 8530 9590 9677
14. 4164 5538 7099
15. 4164 7722
16. 4164 6376
17. 1233 4164 4391
19. 2949
20. 2019
21. 4376 9796
22. 392 2564
23. 4546 7722 9663
24. 3487 3719 6028
25. 2548
26. 3350 5570 7478 7492
27. 2340 3719 3730
28. 1742 2974 4391 9086 9319
29. 1742
30. 175 880 6078

31. 1912

1472 aug. 3507
   3. 5948 7591 10202
   6. 79 10531
   7. 453
   8. 3982
   9. 9764
  13. 5006 9982 10314
  14. 35 6337 9677
  17. 6044
  19. 687 2650 5228 8868
  20. 8464 9327
  21. 2413 6078 8701 9864
  23. 2662 9846
  24. 297 2892 3354 5006 5801 5890
     9825
  25. 776 1198 2821 5653
  26. 1003 1458 2935 5378
  27. 79 1198 2511 3179 5570 7343
     8711 8760 10393
  28. 77 4618 5353 8890
  29. 7492
  30. 7834 8578 8683 8922 9045
  31. 564 3024 4618 4733 5136 5436
     5462 5801 7834 8436 8578 9067
     9299 10201   (14 Belege)

1472 sept. 3507
   1. 1063
   2. 2413 4102 5381 5653 6446 6836
     9299 9677 9764
   3. 6148 7936
   4. 471 1691 4474 4618 5544 5757
     5964 7566 8247 9045 9378 9853
     9867   (13 Belege)
   5. 1228 2650
   6. 7184
   7. 1063 6709 8130
   8. 5532
   9. 59 872 3592 4290 5606 7492
     8299 8425 9754 10561
  10. 1003 4227 9810
  11. 3719 4041 5544 5606 6025 7391
     7834 8550 8780
  12. 4546
  13. 1063 4916 6517 10516
  14. 7834
  16. 708 1198 2868 3798 4232 4546
     5964 6093 6672 7795 9615
          (11 Belege)
  17. 7303

18. 79 4175 5042 5570 5929 6540
    8168 8890
19. 183 1862 2004 2372 3363 3607
    4141 5725 5752 5827 5996 6116
    7020 7419 7796 7834 8607 8850
    9867 10234 10559 10566
          (22 Belege)
20. 1918 4065 5606
21. 4172 6397 9825
22. 1374 5045 5185 5227 7336
23. 2650 2864 4065 5045 5247 6446
    7337 9252
25. 5136
26. 1532
28. 1532 1853 3592 4091 6732 7566
    8365 9067 9615

1472 oct.
  1. 182 296 7066 8550 8701
  2. 79 1253 3516 4512 4877 5334
    6344 8185 8821 8962 9900
         (11 Belege)
  3. 9677
  5. 543
  6. 543 4628 5124 6732 8762
  7. 79 336 571 1394 3057 5570 6088
    6854 7180
  8. 671–672 1490 2573 3359 4232
    4508 4932 7337
10. 182 201 3453 3835 8474
12. 8815
13. 4986
14. 471 949 2945 4197 4546 6778
    8159 10275
15. 612 1414 2430 5055 6051 7834
    8689
17. 5317 7044 8287
18. 9000
19. 1237
20. 5935
21. 543 856 3982 9729
22. 1841 3549 3982 4821 6732 8091
    10398
23. 9353
24. 91 649 2094 2892 3012 3835
    6051 9900
26. 9353
27. 5229 5311 5317 6420
29. 5505 6055 8590 8876 10475
30. 392
31. 535 4961 5814 5911

1472 nov.
1. 2892 9000
2. 37 1841
3. 141 1258 3364 5570 5958 5972
   6406 8425 8876
4. 3350
5. 1076 3359 4796 8362 9000
6. 2892 10561
7. 227 1331 1418 3208 3643 3938
   4940 4986 5093 5524 5558 5737
   5862 6420 7016 7291 9000
   10128   (18 Belege)
8. 9006
9. 9090 9720
10. 278 5861 7352 8821 9342 9796
12. 2831 3388 4559 4863 8267
13. 1453 2490 2831 4363 9021 9890
14. 865 2217
15. 10475
16. 1218
17. 79 2272 3514 3943 6055 6137
19. 292 2637 3982 5400 6090 8199
    8740 9700 9787
20. 84 373 619 1887 1995 2734 4593
    5558 7407 7548 7988 7999 8363
    9327 9877 9984–9985 10033
    10342   (19 Belege)
21. 217 500 1028 1956 3457 3511
    4326 6187 7081 7181 7934 8098
    8642 8908 9887   (15 Belege)
22. 35
24. 888 5055 7130 9091
25. 7066 9477
26. 7 39 1076 2717 3677 3822 4763
    5630 6663 6808 8258 8527 8638
    9764 10453   (15 Belege)
28. 1202 1236 2080 6055 8362 9818
30. 9846

1472 decb.   3319 7446 9290
1. 54 956 1202 2101 3350 4546
   6314 6942 7423 7661 8208 8588
   8923   (13 Belege)
2. 1230
3. 669 1224 1478 2804 2862 3258
   5874 7323 7936 8403 8715 8831
   9172 9176 9815 10231
                 (16 Belege)
4. 6055
5. 1076 2158 2667 2862 5036 5848
   7159 8607 9571 9676 9948
   10278   (12 Belege)

6. 3011
7. 79 1581 2297 2862 3090 6016
   7968 8425 8641 9327 9984
   10398   (12 Belege)
8. 2642 9985
9. 1917 4341
10. 14 4546
11. 687 1812 7658
12. 471 1732 2523 2637 2893 3179
    3776 3854 4128 4974 5400 5558
    5848 6144 6541 6759 8230 8606
    8715 8828 8950 9401 10011
                 (23 Belege)
13. 776 1198
14. 2145 6361 10455
15. 686 1256 1461 2254 3066 3232
    4339 4708 4726 4763 5282 6145
    6804 6916 7013 7408 7528 8739
    8868 9763 9982   (21 Belege)
16. 9846
17. 6613
18. 819 1856 3438 3855 4200 5929
    6338 6606 9057
19. 890 1291 1806 1907 2372 2495
    3433 4062 4646 5357 5579 5642
    6163 6543 6699 6808 7318 8124
    9379 9686 10216 10244
                 (22 Belege)
20. 1646 8856
21. 3260 4690 7407 7834 9327 9984
22. 17 283 836 1237 1748 3294 3652
    3855 3911 4014 4546 4763 4765
    5340 5720 6088 6169 8258 8274
    8654 10127 10455   (22 Belege)
23. 6364 7565
24. 873 2145 6720 7907 8536 8857
    9780
25. 471 6747
27. 3438
28. 624 4279 6145
30. 552 3381 3953 4546 7225 7617
    10455

1472 sine die et mense   3175 4093 9041

1472/1473   94 96 107 135 687 961 1035
    1057 1067 1139 1202 1258 1342
    1374 1401 1527 1661 1664 1849
    1874 1940 1966 2222 2354 2599
    2678 2689 3155 3247 3497 3584
    3628 3652 3661 3668 3801 3914
    3934 3982 4035 4175 4186 4196
    4403 4590 4648 4656 4714 4777

4877 4956 5006 5019 5045 5071
5282 5295 5390 5411 5461 5653
5796 5830 6011 6088 6099 6155
6218 6264 6286 6364 6380 6446
6477 6505 6657 6757 6788 6879
6944 7089 7104 7154 7391 7477
7505 7516 7523 7691 7818 8028
8130 8184 8454 8536 8887 8947
8961 8982 9057 9126 9134 9167
9261 9355–9356 9477 9506 9919
9950 10057 10104 10230 10292
10325 10389 10404 10433 10542
10563　　　　　　　(120 Belege)

1473 ian.

1. 471 5570
4. 460 4546 5207 5350 5510 8567
   8939 8977
6. 4422
7. 5257 9407 9545
8. 132 1265 2375 3345 4128 4403
   5213 6780 8130 9766
9. 2415 2609 4031 4241 4485
11. 278 371 819 844 1892 2310 3364
    4964 5751 6986 7978 8130 8934
    　　　　　　　(13 Belege)
12. 308 1783 4566 7050 7847 8637
    8962
13. 1297 3264 3584 4759 4937 5452
    6633 7783 8607 10191
15. 79 3148 4267 4763 4937 5016
    5532 7225 8130
16. 565 1193 3247 4595 5712 9154
18. 537 820 1937 2523 6663 7375
    7914 8202 8550 9102 9531
    　　　　　　　(11 Belege)
19. 392 620 2069 2599 4026 6264
    6719 7598 9531
21. 2033 2862 5461 5801 7492 8130
    8828 9784
22. 179 2911 3168 4547 5345 5899
    5988 7375 9828 10032
25. 2372 3168 3247 4846 7739
27. 911 1371 2858 6555 7085 7261
    7948 8087 9401 9432 9883
    　　　　　　　(11 Belege)
28. 392 996 1176 2120 4547 4763
    4895
30. 322 392 2003 3232 4796 5228
    6160 6293 6530 7736 8693 8739
    9348 9460 9686 9810
    　　　　　　　(16 Belege)

31. 6446 9202

1473 febr.

1. 1453 3534 4908 7323 7551 7566
3. 4059 8701
4. 152 610 872 1183 1574 3339
   5284 5957 7591 8237 8767 9243
   　　　　　　　(12 Belege)
5. 152 1265 1370–1371 1510 2511
   2976 5461 5732 7375 8026 8889
   10314　　　　　　(13 Belege)
6. 1444 7734
7. 5051 6836
8. 109 185 336 2573 3339 4596
   6191 6427 6839 7847 8951 9096
   9546 9565　　　　(14 Belege)
9. 1193 2413 3244 3830 8353 8767
   10184
10. 6331 7121
11. 7015
12. 3466 7065 7734
13. 4886 5823 7352 8767
14. 6050
15. 3208 5929 9438 9867
16. 2511 2988 6251
17. 1592 3830
18. 4208 10531
19. 3051 3505 3544 8701 10278
20. 241 5801 9562
21. 1297
23. 2340 3339 8715
24. 4128 7591 9686
25. 8825
26. 35 3497 4208 10292
27. 2961 4788 6334

1473 mart.

3. 2328 8762 9825
4. 2415 3617 3870 7993 9867
5. 2506 4060 4072 4208 4435 4590
   6804 8842
6. 730 9438
8. 1507 2469 2719 5751 9342 9821
9. 2357 8715
10. 757 1559 3798 4780 7735 8898
    9240 9902
11. 2269
12. 4596 10314
13. 109 412 485 564 873 1055 1347
    2267 2326 2630 2817 2897 2917
    3101 3569 3935 4263 4540 5546
    5641 6196 6764 6844 7738 7847
    8026 8110 8276 8628 8683 8762

8792 9214 9352 10502
(35 Belege)
15. 1057 3580 4780 5201 5570 5732
7156 9867 10101
16. 116 836 1474 2372 4263 5848
6192 7847 8567 9720
17. 437 610 1057 4523 4731 5226
5524 6374 8399 8799 9587
(11 Belege)
18. 3896 7303 7596 8550 8913
19. 610 624 2250 2789 3668 3754
4175 4557 5340 5461 6421 9867
9968 (13 Belege)
20. 4660 10530
22. 1515 3226 3729 5504 7376 8026
10544
23. 45 7566
24. 1083 4727 5359 5505 6835 9477
25. 1202 8715
26. 567 1317 1461 3592 4205 4512
4546 4831 6108 6233 6931 7174
8187 8536 8762 (15 Belege)
27. 7150 8799 10435
28. 3429
29. 1202 2700 3429 3747 5340 5643
7718
30. 284 794 2355 3530 5636 7241
8985 9522 9720
31. 1057 4175 6940 10314

1473 apr. 1057
1. 2340 2415 5692 5819 5823 6838
8097 9948 10065
2. 152 381 564 1550 1563 2489
2608 2892 3560 4780 5168 5653
5958 6108 7798 8202 8267
(17 Belege)
3. 417 734 873 1041 1611 2340
2710 3426 3747 4311 4950 5115
6271 6323 7971 8200 8767 8937
9156 9265 9546 9947
(22 Belege)
4. 2659 8550
5. 651 1178 1732 1783 2853 3226
5188 8607
6. 4511 4600 8901
7. 2489 8550 10087
8. 393 2007
9. 1488 7376 7564 8429
10. 145 377 2862 7718 7834 8649
9559 9663 9938

11. 368 485 2471 4950 7718
12. 4322 5524 8682
13. 970 2393 3703 6685
14. 2393
15. 152 425 2659 6701
16. 2332 7566
17. 89 109 873 1603 1611 2305 2817
6233 7657
20. 6613 7492
21. 1611 4547 4961 6233 7492 7834
7847 9827
22. 401 3982 4102 5063 7136 7492
7705 9399
23. 1742 5958 7492 9838
24. 5209 7492
25. 7156
26. 18 1303 4910 4994 6233 7081
7241 8360 9186
27. 2612 4464 6754 9815 10176
28. 1996 3320 5228 7478
29. 4175 9771
30. 1454 7655 7912 9677 10104

1473 mai.
1. 2659
2. 6151 10041
3. 3668 4976 5558 8130 8425
4. 6487
5. 109 957 1732 2272 2775 4920
8198 8386
6. 9246
7. 7488
8. 6380
9. 6380 8388
10. 310 516 576 2055 2070 2328
2859 5544 6088 6187 6338 6824
7127 8890 10001 10493
(16 Belege)
11. 2355 2639 3152 3617 5958 6016
6088 7103 9261 10127 10285
(11 Belege)
12. 820 2137 3152 3680 4127 4705
5570 5677 6088 8198 8973 9251
(12 Belege)
13. 788 3070 4358 7184 7960 10413
14. 7 1991 3320 3668 4709 4763
5217 6055 6618 7847 9043 9785
10574 (13 Belege)
15. 3175 3283 3798 3965 5958 6792
16. 6772
17. 193 309 2577 3982 5188 5763
6396 7983

18. 2101 2806 3739 7181
19. 3457 3752 5282 9668
20. 5570
21. 1161 3231 3355 3822 5108 5409
5461 6055 6830 6934 7677 7847
9268   (13 Belege)
22. 1394 1611 2371 3139 3825 7244
8715 9066
23. 2817 7847
24. 1067 1083 1611 2933 3247 3584
3803 4338 6323 9211 9365
                       (11 Belege)
25. 371 6882
26. 3042
28. 624 1841 2101 3442 4444 4749
5643 7541 8419 9501
29. 3914 4102 4749 4937 6505 6792
7291 7469 8198 9565
30. 193
31. 193 1055 1857 3175 3556 4749
4814 4961 7022 7968 9565
                       (11 Belege)

1473 iun.
1. 79 193 3438 3757 4011 6792
8002 8456
2. 193 844 3209 4961 6839
3. 310 2862 3863
4. 110 1455 2489 3148 3711 4183
4645 5227 5433 6233 6500 6882
9810 9979 10487   (15 Belege)
5. 472 1533 6720 7835
6. 822 4645
7. 8638
8. 461 2745 7492
9. 4127 8198 8649
10. 5188 6792
11. 2804 4289 5461 7164
12. 2567 3273 5060 5862 6119 6529
7847 9006 9738 9779 10447
                       (11 Belege)
14. 564 800 844 1767 2914 4671
5717 5916 7244 8131 8925 9472
9867   (13 Belege)
15. 4403 5042 8269 10427
16. 844 3047 3729 3743 4280 5350
8362 9878 9882 10232
17. 7251
18. 464 1597 2609 4289 4645 4929
5069 5897 6338 6666 8868 9211
                       (12 Belege)

19. 1328 1417 1455 3175 3555 4038
5047 5891 6000 7159 7165
10104 10207   (13 Belege)
21. 1873 3257 3627 3652 4838 5042
5682 5728 6317 6588 6884 8102
8588 10487   (14 Belege)
22. 3145 5647 7497
25. 1689 2297 4289 4373 4645 5227
5653 6310 6698 6738 8392 8407
9006   (13 Belege)
26. 932 3847 3855 4289 4829 5042
5357 6446 7021 8553 8658 8991
9057 9574   (14 Belege)
27. 6000 6188 6956
28. 1378 2267
29. 688
30. 201 537 933 1703 4929 7582
8640 9211

1473 iul.   4037
1. 360 4227 4289 4645 5436 5461
5636 8131 8219 8416 9126 9553
                       (12 Belege)
2. 1371 2007 3204 4400 5708 8868
9821
3. 564 1371 1510 3175 4289 5349
7084 7492 7544 9677
4. 10531
5. 2853 5759 7391 7783
6. 1037 3257 4400 7391 10257
7. 363 7391 9552 9620
8. 564 9759 10257 10544
9. 79 1147 1172 1944 3218 3854
4792 4961 6233 7629 8072 8715
10123   (13 Belege)
10. 154 967 1118 2817 3354 3670
3907 4104 6792 7847 8607 8868
10531   (13 Belege)
12. 2330 2862 3047 3053 3168 4046
8932 9985
13. 349 4547 4792 6806 8536 9126
14. 3868 4041 4331 7817 7847
15. 819 3236 5891 5911 7629
16. 4031 4780 6987 8739 9342
17. 800 932 2364 4483 8455 8637
19. 472
20. 14 564 1873 2853 2999 6461
7303 9157 9450
21. 1873 4657 8193 8405 9106
23. 564
24. 584 2372 2689 5715 6440 6461

26. 183 2181 3047 6012 9873
27. 2355 2390 8460 8797 10291
28. 7084
29. 7617
30. 204 425 3472 7357 8922 9553
9635
31. 35 687 1841 3472 7251 7784
8547

1473 aug.   9654
2. 4090 5283 8862 9212 10133
3. 5786 8866
4. 35 7998
5. 3465 10478
6. 464 3237 8569 8601 9985
7. 9796
9. 548 1675 2842 5784 6549 9488
11. 92 225 2745 4961 7739
12. 957 1677 5532 7022
13. 5916 6791
14. 13 3232 7357 8812 9543
15. 3982 4870
16. 6446
17. 2133 3472 10167
18. 3553 5653 8131 9488 9825
19. 2554 3679 4933 7250 10478
20. 752 4547
21. 624 860 5107 7829 7848
23. 13 6951 9543
24. 2025 5890 10607
25. 3982
27. 2397 6006 6461 8701 8799
28. 8048
29. 10478
30. 311 9368
31. 3199 7405 7749

1473 sept.
1. 7630
3. 624 9764
4. 4618
6. 707 1414 6446 10478
7. 3472 7848
10. 4986
11. 8929
12. 3199 6016
14. 5761 10041
15. 92 2355 3453 5042 8547
16. 513 2340 3747 6213
17. 2032 2746 4483 4908 6323 7352
9163
18. 1555 1675 1683 2130 2673 2863
3230 3312 3759 5431 8779 9163
(12 Belege)

19. 9012
20. 2577 2892 8779
21. 8922
22. 13 2863 4560 7408
23. 471 6388 7447 9417 10113
24. 2032 3183 4234 7848 8578 8715
9976 9982 10425
25. 7975 10492
26. 2355
27. 3334 6687 7848
28. 1675 5757 10478
30. 9543

1473 oct.
1. 1687 2336 2964 3774 5540 7848
8762
2. 114 193 2862 3829 4546
4. 1841 2863
5. 5827 8923 10041
6. 2297 2330 6286 8379 9658 9982
7. 1673 2440 4289
8. 3359 7963 8426 8808 10618
9. 4731 7617 8701 9242 10400
10. 7377
11. 550 3173 5524 8183 8914 9729
12. 2355 2971
13. 3574 3974 5837 6114 6754 7377
8871 9851
14. 18 2372 9851
15. 948 2521 3410 3974 4547 5594
9946–9947
16. 880 3575 3807 5570 10101
17. 7500 10019
18. 9947
19. 2849 4419 5494 5753 6687 8131
9947 10478
20. 2032 2355 2961 3854 8078
21. 204 2689 3302 3503 3719 5524
7848 10041
22. 4780 6022 8922 9926
23. 5726 6895 8360 10041
24. 2397 8506
25. 2207 2340 6325 7179 7767 7936
8578 9483 9971
26. 9771
27. 6831 8701 10190 10527
28. 8131
30. 4453
31. 474 9311

1473 nov.
1. 9729
2. 3574 8650
3. 1683 3852 3957 4199 8245 9389
4. 646 9832
5. 1628 4946 4987 6108 6597 7397
   8176 8536 8701 8749 10018
   10041   (12 Belege)
6. 4322 9547 10278
8. 1683 3105 5955 7364 8425
   10306
9. 2007 4961
10. 5636 6286
11. 7087
12. 260 571 1310 2431 4241 4524
    7655 8067
13. 2323 4701 5827 6836 8718 9770
14. 471 6791 8131
15. 1077 6342 7740
16. 3871 4586 7885 8701 9311 9397
17. 107 571 1683 3350 7826 9181
    9342
18. 1841 8458
19. 4966 5606 6016 8935 9181 9261
    9729
20. 13 337 744 958 1783 1788 1981
    2372 4701 4801 5827 6055 6153
    6216 7983 8374 8604 9530
    10088   (19 Belege)
21. 8131
22. 848 1083 5761 8456 10018
23. 393 1524 6055 9175 10392
24. 1817 3011 3152 4021 4815 7655
    8196 9662 10089 10406
25. 9947
26. 1356 1549 3363 4421 4547 4722
    7181 9016 9145 9627
27. 1077 1788 2629 5636 5678 6016
    7772
28. 2313
29. 4322 6361 6447 6994 8426 8962
    9576
30. 8131

1473 decb.
1. 9648
2. 105 3329 7898 8284 8368
3. 393 421 1729 2336 3246 4307
   6007 6433 6799 7451 8068 8368
   8373 9701   (14 Belege)
4. 2930 3363 4547 8907 9040 9397

5. 3046 6090
6. 2397
9. 2101 2340 5137 6055 7736 9720
   10182
10. 571 2527 3221 3246 3350 3423
    3560 5653 6090 6264 8701 8907
               (12 Belege)
11. 624 1729 1874 2413 3419 5512
    8284
14. 1194 3617 4961 7541 9342
15. 176 1603 1884 2554 2789 3199
    3209 3218 3374 3855 4780 4885
    6090 7826 8000 8241 8362 8861
    9286 10390   (20 Belege)
16. 471 4322 5922 5924 7898 8131
    8425 9220
17. 381 537 1356 1729 2635 3998
    4340 5557 7066 7283 8350 8640
    8908 9258 9479–9480
               (16 Belege)
18. 510 1987 2055 2130 3675 6009
    8024 8586
19. 1729
20. 336 1167 3584 3681 4474 4780
    5185 5924 9389
21. 7303
22. 2431 3334 3338 3381 4547 5340
    6521
23. 1506 1729 4038 5600 6447 7982
    9677
24. 4547
26. 8131
27. 1356 1468 2831 3780
29. 553 800 872 3344 3807 3876
    4419 7779 9232 9396 9870
               (11 Belege)
30. 357 822 1673 2938 6233 6655
    9677
31. 2439 6055 7066 9026 9764

1473/1474   79 276 322 417 571 1057
    1194 1527 1762 1770 1921 1933
    1937 1940 2055 2118 2174 2355
    2471 2489 2635 2713 2806 2817
    2892 3130 3150 3463 3534 4188
    4340 4731 4841 5064 5185 5737
    6025 6199 6361 6447 6848 7205
    7543 8131 8292 8388 8504 9016
    9183 9610 9722 9785 9825 9885
    9947 9987 10088 10348 10443
               (59 Belege)

1474 ian.   7099
  1. 4636
  3. 1202 3957 6241 7926
  4. 640 661 6697 8368 9960
  5. 13 1962 3780
  7. 228 7936 8762
  8. 132 619 926 2340 4453 4966
     6612 8801 9093 10398
 10. 739 5282 5340 5695 9479 10581
 11. 4763 5695 6830
 12. 35 235 2160 2215 2431 2489
     3191 5340 5556 6602 7204 7541
     7690 7835 8663 8923 9440
                             (17 Belege)
 13. 1783 3375 4596 4690 5226 5916
     6830
 14. 31 619 2340 2608 2966 3230
     4251 5540 7205 8767 8786 8960
     9878 9923   (14 Belege)
 15. 640 5636 7740
 16. 5813 9165
 18. 2372 4432 4604 5827 9849
 19. 683 4630 5773 8549 9878
 21. 967 5055
 22. 857 6506 6720 6951 7083 8739
     9440
 23. 214 3581
 24. 517 958 1687 4340 5600 7099
     7796 8786 9168 9258 9440 9637
                             (12 Belege)
 25. 3419 7099
 26. 214 1028 1147 1414 3187 5042
     6002 6848 8494 9511 9846
                             (11 Belege)
 27. 1034 4361 4690
 28. 2573 3151 3774 4630 5375 5924
     7250 9401 9479
 29. 2573 7066 9511
 31. 610 844 848 2050 2744 2751
     4414 4496 5282 5911 6447 6633
     7616 9004 9145 9472 10232
                             (17 Belege)

1474 febr.
  1. 3403 4636 5183 6369 6759 9286
     10232
  2. 2431 5770 6613 7788
  3. 5813
  4. 1708 4576 4749 5250 5666 6478
     6526 6791 7152 9625 10549
                             (11 Belege)

  5. 437
  6. 214 8960
  7. 2408 5666 6367 8578 9867
  8. 2372 6367
  9. 1241 1903 3387 3876 4290 4547
     4731 5275 8425 9323
 10. 42 1841 5636 7590
 11. 3047 5283 9078 9764 9831
 12. 223 1028 2852 4763 5173 5929
     9472
 13. 1419 1792 2440 3179 5202 7385
 14. 42 3985 5770 7303 8494 9610
 15. 1387 4312 4588 5568 8198 9126
     9261
 18. 7515 9126 9261
 20. 3747
 21. 3410
 23. 3554 3982
 24. 619 3302 4547 7524 7687 9576
 25. 524 684 1706 3719 3932 4223
     4466 4547 6447 6791 7796 8131
     8701 9118 10250   (15 Belege)
 26. 105 132 2413 2988 5202 5532
 28. 1549 3610 4340 5813 5827 5929
     8131 9258 9440 9480

1474 mart.   4059
  1. 610 1783 3610 7687
  2. 571 3082 3208 4379 4726 5428
     5480 7022 8426 9479
  3. 1599 2476 2875 5606 7239
     10622
  4. 1708 4466
  5. 1903 2055 2129 3457 4674 4956
     5255 5277 6014 6549 6627 7210
     7639 7641 7825 7845 7936 8077
     8659 9422   (20 Belege)
  6. 6685
  7. 3086 3654 5540 5705 7377 8382
  8. 605 1841 2267 4798 5082 6447
  9. 991 1294 4792 5606 6055 6191
     7566 8131
 10. 5 1294 1569 4547 9155 9526
     9935 10531
 11. 1252 3437 4547 7551 7617 8131–
     8132 8762 9355 9729
 12. 2521 5813 7617 8701 9867
 13. 1903 5275 8786
 14. 723 6067 6606 9867 10305
 15. 2055 6665
 16. 524 766 1544 3156 3639 3978
     4003 4994 8677 9971

18. 3543 4763 6344 10250

19. 221 605 6447 6831 8131 8552
8718

20. 6191

21. 2244 8136 9605

22. 7205 8868 10492

23. 2080 5890 6466 8136 10225

24. 5653 5827

26. 2055 3636 5432 5570 6055 6549
8320 8728 9225 9310 9422
(11 Belege)

28. 516 1518 1658 6520 6778

31. 4024 4340 7127 9258 9379 9729
9987 10210

1474 apr.

1. 3059 4726 9987

4. 35 221 605 766 1421 2055 5717
5805 8424 9862 9867 10065
(12 Belege)

5. 2395 4547 10413

6. 3346 8923

7. 4548

8. 734 4223 9987

9. 1252 1935 3724 4223 4415 4971
5238 5778 6549 8728 8923 9310
9422 (13 Belege)

10. 457 2385 7286 7551

11. 3954 3998

12. 9479 10493

13. 148 159 694 1578 1652 2539
2874 3088 3341 3654 3954 5479
5989 6311 7412 7559 7728 9020
(18 Belege)

14. 6934 7936 8701 9165

15. 131 3145 3610 3954 6108 6476
6890 7492 8702 9668 10361
(11 Belege)

16. 3464

17. 403 1088

18. 370 671 1578 3150 3232 5089
5600 6828 8578 9321

20. 1120 2340 2962 3150 3459 4731
5028 5479 6456 7309 7462 7644
9264 9444 9855 (15 Belege)

22. 482 4354 4595 5111 7417 7826
9775 9884

23. 2038 2334 3719 4307 7507

24. 2433 4595 8728

25. 3882 4259 4342 4971 6414 7760
7835 9310

26. 1457 2635 5743 7145 7507

27. 45 811 1614 3150 4826 5104
5508 6160 7081 9796

28. 185 1814 3150 4596 5532 6732
8132 8430

29. 2004 3643

30. 984 1538 1841 2397 4596 4618
8108 8763 9422 9759

1474 mai. 2033 7405

1. 7735 8326

2. 471 1340 2044 2221 3221 3627
3998 5432 6144 7205 7507 8110
8313 8536 9490 (15 Belege)

3. 531 8929

4. 1865 1927 3772 5489 7454 8449
10065

5. 335 1021 2168 2309 2730 2853
3670 4160 4763 5666 6480 7205
7617 9534 (14 Belege)

6. 1814 10425

7. 137 1021 2684 7951 8446 8578

8. 2774 6160 7094 9422

9. 1762 2372 2681 2816 3889 3896
4285 8110 8526 9427 9505
(11 Belege)

10. 2055 5907 7798

11. 1841 3498 4082 4548 5797 7125
7987 8328

12. 767 1841

13. 42 298 1224 1252 1762 3224
5600 7699 9796 10065 10431
(11 Belege)

14. 223 388 1194 1544 1762 1814
2104 2971 3196 3728 3772 4031
5874 6891 10305 (15 Belege)

15. 523

16. 450 1151 3196 4763 5087 7735
9126 10431

17. 3093 3359 4548 7125

18. 3670 5964 9418

19. 1021 9677

20. 313 521 2593 4081 4618 6264
6730 7022 7705 8640 8715 9677
9828 (13 Belege)

21. 8620

22. 1673 6655

23. 204 3011 3350 3610 3867 3929
6144 6655 8328 9196 9342
(11 Belege)

24. 2684 4024 5202 8132 8536

25. 671 2341 2777 4024 6144 6913
8072 8670
26. 1042 1628 1814 2226 4403 4548
4566–4567 4726 5042 7303 8132
8467 8702 9355 9866
(16 Belege)
27. 151 3271 4081 4302 4655 6949
7451 8132 8780 9720 9828 9952
10431 (13 Belege)
28. 3610 4164 5507 10121
29. 3938
31. 2104

1474 iun. 2033 3452 7405
1. 748 2372 3331 7138 9477 9796
2. 678 9945
3. 824 1814 2357 3498 3997 4770
5666 6345 6447 7205 7253
(11 Belege)
4. 396 438 545 1252 3364 3452
3982 4497 5593 5643 6338 7188
8670 9624 (14 Belege)
5. 4289 5899 8670 9299
6. 471 2357 4171 5952 6994 8737
9002 9297 10153
7. 1814 1940 1991 2862 3452 4361
5183 7835
8. 471 1783 2055
9. 3271 9059
10. 388 3286 3452 3610 4181 4581
4966 5897 7835 9797
11. 545 2511 3498 6263 8670 9021
10478
12. 152 644
13. 1996 4181 9670 9720
14. 471 2372 4368 4955 5964 6994
7044 7478 9720 10478
15. 3179 3692 4061 5924 7656 8655
9378 10190
16. 872 1028 7083 8900 9126
17. 450 4102 4289 5065 7044 8023
9010
18. 1048 1234 3728 4474 4962 5755
7125 7544 8192 9342 9720
(11 Belege)
20. 672 1417 3318 4548 5526 6338
7125 7152 7544 8328 8988
(11 Belege)
21. 364 3643 3938
22. 1264 3285 3961 4146 5829 9796
10151

23. 2684 2862 5020 6967 7968 8613
9342
25. 3410 7740 8655
26. 388 7740 7835 8737
27. 3581 4548 4562 4576 8335
10121
28. 1982 7125 10214
30. 185 364 4596

1474 iul.
1. 1691 4274 6547 7303 9821
10023
2. 935
4. 3728
5. 1841 2941 3653 5785 9764
6. 3752 4561 5890 9767
7. 1303 3756 8426 10190
8. 6447 6544
9. 1185 6402 6913
11. 1003 1710 2297 7022 7735 8526
9427
12. 930 4567 6852 8050
13. 3274
14. 344 6726 7303 8138 9457 9867
15. 6233 8780
16. 2396 6144 9526
18. 1994 2396 5089 10278 10283
19. 516 1874 3354 4563 5805 7172
7478
20. 6867 8974 10144
21. 576 7127 8328 8335 9012
22. 2413 9820
23. 7630
24. 7765
25. 968 6402 8278
26. 2905 3982 6402 9299 10607
27. 154 3667
28. 4171
29. 671 1287 3979 6362 7125 8578
30. 1322 9668
31. 7740 7767

1474 aug.
1. 4780 6263 6614 9890
2. 2738
3. 7962 8902
4. 2738 8993 9932
6. 282 645 762 3720 4563 5666
8052
8. 1783 2395 6525
9. 677 2038 7835 8702
11. 800

12. 152 936 1227 4387 5600 5890
7152 7447 7835 7879 9668 9771
10453   (13 Belege)
13. 3359 3772 4731 8902 10250
16. 9868
17. 576 4966 6108 6513 8263 8607
18. 13 576 703 857 860 1068 3354
6916 8099 8607 10453
                    (11 Belege)
19. 1774 8099 10453
21. 2689 3302 9765
23. 2684 3865 5732 6108 6328 8263
8607 8895 9299 10279
24. 726
27. 18 979 1982 3410 6103 7656
7677 10485
29. 1842
30. 7866
31. 2050 8547 9771

1474 sept.
1. 3453 8132
2. 1527 3876 5753 7407 10453
3. 3701 8426
4. 1287 6362
5. 6362 6523
6. 6328
7. 800
9. 6108
11. 4548
12. 687 3581
13. 4922 8202
15. 6598 6916
16. 809 4344
17. 13
19. 979 4895 7407
20. 4057 5725 10607
23. 7407
24. 343 711 1252 1865 3210 3276
4970 5673 8086 8132 8715–8716
10250   (13 Belege)
26. 4962
27. 2653
28. 87 1623 3290 3747 5234 6971
29. 2015 4520 5592 5813
30. 4082

1474 oct.
1. 131 1831 3633 10549
3. 834
5. 3179 5108 6189 8761
6. 4902 5316 7355 7738 9337
10142

7. 222 971 1934 3581 3982 9384
8. 7407
9. 8904
10. 6067 7328 9480
11. 916 3556
12. 235 4859 6558 7159 8801 10478
13. 268 2652 3983 4057
14. 3410 4962
15. 3359 4287 4731 5570 7714 9595
16. 1591 6602
17. 4962 5264 5835 6889 6931 8640
9828
18. 4986
19. 1291 2073 2912 3127 3319 5436
5890 7040 8072 9242 9472
                    (11 Belege)
20. 2912 4894 5944 9427 9576
21. 13 3319 3632 3842 4726 5375
5472 5706 6843 7492
22. 8640
23. 2073 2912 3917 5890 8578
24. 3491 3632 7968 8756
25. 917
26. 4598 5227 7125 7492 7835 9342
10018
27. 762 2745 3804 5867 6325 7835
28. 2007 8273
29. 2297 3561 4400 6078 6614
31. 204 7066 9902

1474 nov.
2. 8607 9822 10100
3. 2535 3438
4. 13 3763 4538 5010 5924 6295
6617 8685 9160 9322
5. 8132 8578 9427 9437
6. 219 672
7. 2889 9126
8. 204 525 3561
9. 2398 3209 5532 7500
10. 957 7278 8343 8578 8716 9437
10123 10494 10564
12. 764 1150 2789 2933 4544 5548
6410 7760 8607 8702 9825
                    (11 Belege)
13. 1465 3747 3843 4124 8376
14. 326 653 1409 4780 8008 8716
9437 9480
15. 825 2052 2620 3074 3451 3658
4748 4962 7816
16. 391 571 3702 4049 4598 5010
6295 6602 7466 7617 8132 8718
8817 10562   (14 Belege)

17. 4049 4596 4719

18. 1464 2239 5888

19. 165 677 1874 1936 2396 2933
3670 4756 5475 6255 6265 9472
10490   (13 Belege)

20. 3208

21. 915 1088 1461 1801 1814 2535
2660 3581 4057 4198 5461 5924
6278 6912 7280 9160 9627 9668
                        (18 Belege)

22. 5 739 3028 4049 5928 8179 9363
9890

23. 152 3763 5426 5706 9472 10206

24. 3226 7082 7159

25. 1042 5375 5780 7227 8683 8790

26. 2733 5236 5381 6606 7039 8268
8546 8839 9365

27. 997 1665 3068 7835

28. 672 2258 2398 4598 5653 6884
8052 8115 9658

29. 1235 1409 2396 3487 3581 7500
8010 8081

30. 1742 4548 5606 8133 8168 9658
10453

1474 decb.

1. 1238 3162 7767 9533 9658

2. 3063 3152 3497 9627

3. 425 1135 1929 3461 3670 4339
4962 7201 7835

4. 4347

5. 1943 2958 4962 4996 6585 6884
7125 7760 8259 8530 9627
                        (11 Belege)

6. 223 337 2356 2511 9384

7. 132 2415 9160 10215

9. 3763 7015

10. 2341 6233 10267

12. 282 2025 2853 3945 7617 7699
8613 8965 9115 9315 10244
                        (11 Belege)

13. 4347 8226

14. 1234 1971 2116 2687 9427

16. 575 2973 4396 7039

17. 869 972 1666 2350 2945 3045
3473 3570 4740 5190 5268 5633
6072 6117 6282 6472 7503 8804
8884 9379 9791 10571
                        (22 Belege)

18. 4595 7492

19. 13 683 1461 2733 3162 3556
3702 4821 5827 7091 7163 8118
10267   (13 Belege)

20. 13 7492 7962 8337 8597

21. 1665 1991 2081 6976 8241 9301

22. 717 1971 2467 2535 3983 7656
10136

23. 10 13 3670 3703 4740 5643 6291
7836 9311 9438 10610
                        (11 Belege)

24. 7492

28. 187 1950 5289 7735 8852 9412

29. 3556 4006 8573 9421 10490

30. 1157 3636 8790

31. 26 2713 3869 7103 7136 7317
8461

1474 sine die et mense   6286 9440

1474/1475   35 131 133 413 463 471 474
538 672 677 1157 2055 2082
2159 2373 2396–2397 2515 2687
2738 2853 2941 3162 3182 3310
3327 3364 3383 3531 3872 4026
4223 4396 4549 4571 4598 4763
4987 5197 5263 5580 5634 5653
5797 5897 5911 5970 6007 6085
6291 6414 6710 7081 7084 7511
7740 7836 7860 7951 7968 8133
8306 8640 8668 8702 8742 8821
8903 8937 8962 9020 9126 9299
9355 9648 9868 10091 10139
                        (78 Belege)

1475 ian.

2. 1340 3262 3309 3461 3556 3636
5684 6499 7317 9484 9534
10115 10494   (13 Belege)

3. 3720 7863 8607 9455 9658

4. 921 5225 5546 6233 6710 8595
8820 9434 9493 10539

5. 4491 4731 7396

7. 957 4026 5440 7149 7303 7396
8868

8. 4740 9806

9. 13 2372 3232 4533 6037 6428
7375 9806 10262 10527

10. 677 4407 6108 8601 9493 10493

11. 391 677 5636

12. 2359 4527 6049 6055 7968 8633
9720 10478

13. 2888 3720 4168 4209 5911 6051
6055 6071 6338 6428 6586 8171
                        (12 Belege)

14. 683 6108 7396 8498 10344
10478

15. 1991
16. 5694 6144 6265 7127 7836
18. 3947 4492 7136 10209 10580
19. 4209 7816
20. 570 5762
21. 3309 3670 9438
22. 223
23. 9 2635 3581 4436 4471 4624
5920 5941 6996 7493 8906
(11 Belege)
24. 223 1387 7261
25. 13 2670
26. 808 1544 3877 7446 9205
27. 553 3702 3720 5754
28. 6602
29. 3720
30. 288 4975 5164 6291 6681 7066
8603
31. 2242 3615 10209

1475 febr.
1. 1535 8278 9658 9821
3. 570 4444 5109 8426
4. 749 9720
5. 7812
8. 5377 5714 8868
9. 8257
10. 769 1299 3492 8536
12. 223
13. 6051
14. 1202 4135 9935
15. 2044 3843 6075
17. 1167 3179 5975 8202 8678 8702
18. 1248 2257 2881 3305 3473 4323
4599 5378 6089 6108 6131 7084
7561 7708 7722 7760 8382 8931
9548 10435 (20 Belege)
20. 5178
21. 3023 3584 6547
24. 580 2881 3350 4323 4671
25. 223 4845 7125 8093
26. 7500
27. 463 1994 7084 8142 8534 10621
28. 1926 2268 5920 7760

1475 mart. 10087
1. 152 1068 1779 5924 7500 9680
9771 9835
2. 553 2789 4407 5857
3. 1147 3696 5864 5955 6064 9200
9382
4. 2862 3226 3919

5. 1912 3825 5149 5743 7848 8362
9040
6. 5 206 2318 3333 3410 3882 5858
7447
7. 667 5291 7493
8. 717 2853 3581 3595 4731 5283
7386 9135 9656 9677 10478
(11 Belege)
9. 2372 3309 3493 4320 4544 4548
4562 4726 6827 7859 9427
(11 Belege)
10. 60 4260 4922 6247 6977 8133
9234 9427
11. 16 2044 2618 2670 3305 3473
6041 6131 7566 7959 8382 9499
9656 (13 Belege)
12. 3832
13. 1269 1683 3090 3636 4671 5426
5827 6093 7417 8426 9450
(11 Belege)
14. 204 3129 5989
15. 504 671 3720 6006 6299 6361
7377 7797 8882
16. 850 922 1028 2268 3179 6361
6565 7236 8749 9001
17. 255 614 1451 1670 2268 5580
18. 3604 4956 9379 9765
19. 2716 5193
20. 455 3253 5725 8424 9953
22. 4168 8820 9821
23. 1779 7176
24. 5051
25. 52 455 1347 3364 3931 3952
4030 4441 5714 6131 6977 7836
8382 8849 9428 9441 9548
(17 Belege)
27. 455 5964
28. 2710
29. 3153 5924 6107 7152 7500 8293
8426 9379 9550
30. 3044 4664 7500 8382 8730 9550
31. 1291 2297 3636 4734 9141 9548

1475 apr. 8198
1. 5454
2. 3931
3. 3701 6094
4. 3071 4365 6841 8149 8772
5. 278 1028 6671 8095 8640
6. 3567 6447 7205
7. 255 2413 5600 7146 7500 9500

8. 2190 2743 4731 5353 6617 6671
7662 8294 9091 10236 10344
(11 Belege)
9. 1829
10. 582 811 992 1404 1739 2268
2283 2467 2602 2745 3052 3153
3556 4126 4780 5121 6809 6891
6996 8426 8707 8808 8937 9033
9500 (25 Belege)
11. 9286 9804
12. 1291 2159 3364 3699 4346 6078
8461 8702
13. 2771 3359 6144
14. 5381 6265 6342
15. 6975 7725 7798 9501
17. 623 2712 2966 3232 3353 3624
4332 4548 5981 6123 8179 8398
9126 10372 (14 Belege)
18. 3581
19. 110 2159 2253 3643 3747 4365
6889
20. 6244 7066
21. 2055 3232 4337 6700 6710 7737
8518 8980 9916
22. 2268 3581 4114 5936 7197
23. 921 2159 2689 2712 2945 2996
3424 3581 3876 4026 4117 4780
5197 5714 7083 7479 8013 9309
9479 9901 10019 (21 Belege)
24. 282 1364 2941 5513 5570 7269
10605
25. 2771 4188 8071 10262
26. 2159 2771 3324 4112 5600 5878
7082 7269 7769 10273
27. 6357 6434 9457
28. 465 614 1730 2159 3074 5030
5600 5936 7083 7175 9412 9935
(12 Belege)
29. 223 2159 4320 5156 6447 7082
10362 10605
30. 3020 8133 9412

1475 mai. 2647
2. 154 264 1498 2050 2323 2714
3179 3356 4015 4280 4343 4846
5378 5662 6615 6633 7609 8359
9734 (19 Belege)
3. 7530
5. 348 1850 1989 2745 3190 7873
9967
6. 1974 2614 4668 4780 4814 5063
5653 7935

8. 921 1355 2033 9648
9. 325 7469 8532
10. 100 264 1484 2624 3356 7530
11. 1022 3451 7848 8493 8957 9355
10513
12. 834 2620 2670 3249 4132 5911
8179
13. 7417 8359
14. 3082 7962
15. 827 2448 3102 3431 4988 5252
6071 7391 7945 9011
16. 1753 2052 3126 3312 3544 4343
5120 5253 7120 7377 7391 7722
8855 9806 9901 (15 Belege)
17. 421 6072 6302
18. 667 1068 3873 4824 6071 6392
7613 7939
19. 2052 8343 8556 9495
20. 435 832 2372 2914 3226 3312
4188 4343 5153 5568 5964 6732
6915 6958 7199 7686 7722 7848
8005 8147 8749 9014 9916
(23 Belege)
21. 3082 5051
22. 154 2941 4512 4567 4853 5743
6152 6474 8640 9376
23. 1703 4593 4888 4989 6827 7858
24. 100 1175 2177
26. 132 1477 1540 2049–2050 3876
4771 5253 6152 7391 9038 9040
9091 9828 9890 (15 Belege)
27. 781 2049 5154 5381 8510 10605
29. 596 1746 2297 2373 5916 6565
6966
30. 3581 4403 4453 6315
31. 1028 1425 2870 3226 3588 7532
7656 8640 9376 9871 9886
10221 (12 Belege)

1475 iun. 2647
1. 54 899 1624 1950 3268 3391
3772 4726 5303 6071 6521 7352
7983 9038 9068 9549 9661
10296 (18 Belege)
2. 2829 3688 4099 4293 5556 7352
10262 10493
3. 617 670 2206 2810 3038 9226
5. 1365 1974 7753 7849 8072 8180
10369
6. 5714 6135 8607 9392
7. 625 667 1252 3624 4628 5761
6007 6315 7067 8808 8828
10493 10558 (13 Belege)

8. 132 783 912 1865 2646 2848
4307 4498 4595 5531 7420 7534
7820 8482 8718 10221
(16 Belege)
9. 1865 6632 7820 10221
10. 133 834 2373 2548 3323 6049
6710 8381
11. 246 1233 1788 2149 2356 10267
12. 425 650 703 1252 2018 2429
3954 4343 4512 4846 5972 6300
6510 7849 8289 8391 8718 9357
9714 9825
(20 Belege)
13. 800 2365 3312 3584 4498 6602
6710 9922 10407
14. 1703 3410 5810 6915 7067 8718
9495
15. 1753 2099 3699 3983 5051 5533
5538 8895 9399
17. 222 540 625 1235 1828 1974
2440 2799 2882 3190 4796 4901
5568 6617 6915 6918 7065 7286
7518 7637 8133 8510 8571 9547
10067 10194
(26 Belege)
18. 6233 7826
19. 1578 2226 3556 7617 8625
10372
20. 2055 2612 3574 3954 3964 4956
5282 7302 7501 7556
21. 1673 3609 6534
22. 12 326 5303 7056 7849 8081
8461 9262 9633 10035
23. 9668
25. 4628 5478 6915 7698
26. 1746 2341 3673 4628 5051 5862
7623 7849 9040 9668 10621
(11 Belege)
27. 435 2007 2440 4628 4731 5533
5568 5653 6547 7849 8461 9384
(12 Belege)
28. 3074 3664 5546 6678 7139 8430
9323 9444 9668
29. 2007
30. 1421 2429 10262

1475 iul.   6712
1. 619 6447
2. 1220 7286 9648
3. 1746 3581 6111 7951 9427
4. 699 2226 2440 2877 5178 5538
8624 9633 9668
5. 154 6712 8180 10453

6. 1040 5178 7849 9633
7. 6111 8559 9982
8. 619 887 7530
9. 5282 7722
10. 2982 5282 5636 9388 10279
12. 265 1034 1821 1991 2038 2358
3148 3153 3431 4054 4152 4473
4597 7078 7849 9156 9388 9648
9810 10456
(20 Belege)
13. 306 1382 8052
14. 5964 10279
15. 3153 3624 4966 6055 6712 7390
9178 9587 9742
16. 5051 6447 6712
17. 1850 4131 5225 6712
18. 132 518 672 2226 3581 4548
5194 7535 7617 7681 9388
(11 Belege)
19. 6612 6762 9388
21. 1118 3836 6700 8732 9742
10091 10548
22. 619 870 1583 3983 4329 5533
5636 5963 8099 8339 9670
10531
(12 Belege)
23. 5568
24. 1828 4772 8597 8980
26. 1746 3643 6712 9866
27. 4614 5054 7688 8339 9388
29. 9508
30. 5964
31. 791 6712 7836 9945 10031
10244 10250

1475 aug.
1. 872 1982 2177 2776 2939 3498
3720 4548 5533 6078 9032 9357
9568 9866
(14 Belege)
3. 4781 5697 10051
4. 3412 3699 6510 7470 10184
5. 355 2351 5932 8095
7. 2666 3983 4650 7267 7283 9342
9519
8. 538 1801 2718 3218 7012 7140
9936 10558
9. 3582 5827 7140 10425
11. 800 1147 3670 4596 5108 6429
6732 8088 8183 8868 9379 9729
(12 Belege)
12. 5330
13. 6762
14. 5196 9742

15. 872
16. 620 1842 4549 5897 5936 6620
8344 9342
18. 2789 3983 5936 8860
19. 2689 3312 4677 5726 6916 9936
20. 7434
21. 1842 10344
22. 406 1291 1450 2862 4340 4503
5194 5196 5375 6586 6923 7907
8461 9742 (14 Belege)
23. 860 7434
24. 223 487 518
26. 1801 3190 9412
28. 699 1936 3453 3556 4677 6055
6282 6414 10279
29. 7240
30. 4262 5533 7088
31. 6 546 1299 2071 3051 3302 3997
4994 5911 7677 7687 8279 9286
9729 10488 (15 Belege)

1475 sept.
1. 646 4404 4677 8347 9358
2. 1783 8702 10344
3. 2331
4. 223 413 699 2380 2612 3587
6350 8344
5. 8860 8886 10478
6. 1801 2104 3594 4816 5160 8767
8937 9088 9931
7. 4470 4922
8. 2044 5827 6617
9. 2995 4378 4411 5375 5403 5604
6414 7391 7783 7962 8437 8578
9241 9668 9790 (15 Belege)
10. 4434
11. 4434 7625
12. 296 4114 4549
13. 4518 5911
15. 124 222 335 1655 1801 3670
4096 4974 5425 5533 5725 6093
6253 6916 7372 7740 9658
10282 (18 Belege)
16. 1801 3831 5130
17. 10344
18. 800 1877 4922 6552 8588 9010
9362 9560 10341
19. 4378
20. 3273 5653
21. 672 8860
22. 42 485 2995 6093 6459 8125

23. 2914 5690 8151
24. 3290
26. 133 2914 3359 3387 6078
27. 424 544 1553 1958 3381 4843
5061 6957 8179 8235 9658 9861
(12 Belege)
28. 424 1303 1875 2104 2670 3350
4781 4797 4974 5096 7186 7231
7514 7740 8702 9136 9244
10228 (18 Belege)
29. 337 6056 6997 7731 10228
30. 42 154 519 2007 3946 5061 6574
6732 7159 8675 9821 10065
(12 Belege)

1475 oct.
1. 1303 3218 3410 6524 8799
10341
2. 264 6103 6389 7951 8151
3. 1929 3670 4304 4348 4827 5061
6485 6534 6696 8344 8702 9825
(12 Belege)
5. 487 10008
6. 1647 3498 3610 5664 6485 7160
7656 9846
7. 763 2451 3556 3831 3927 4756
4879 5291 6755 7140 8438 9586
10301 10591 (14 Belege)
8. 2805 3309
9. 840 4096 10312
10. 72 3153 4096 4994 5425
11. 536 1553 1930 4015 4150 6123
6167 6389 6485 6534 7822 7868
9034 9041 9982 (15 Belege)
12. 7610 8640 8835
13. 3831 6385 6841 8702 8824 9932
14. 146 2548 2984 3781 4636 8202
8347 8351 8782 10091 10312
10591 (12 Belege)
15. 971 6051 8607 10615
16. 229 576 2675 3532 3740 5108
5381 5987 6755 8635
17. 2413 3184 4894 7723
19. 6 93 576 1431 1647 1687 2799
3082 3147 3498 4357 4792 4994
5570 5782 6167 8748 9490 9982
10067 (20 Belege)
20. 487 1382 1484 1930 2321 4701
8518 10163
21. 1484 3251 7938 10391
22. 130 6007

23. 3831

24. 409 529 719 764 2589 2789 3689
4459 5217 5664 6241 8457 8730
8868 9006   (15 Belege)

25. 6414

26. 401 576 867 1252 1364 1659
2077 2242 4017 7493 7951 8044
9231   (13 Belege)

27. 3737 4894 5315 5548 6167 7493
9286

30. 268 1014 3153 5481 8071

31. 471 775 3191 6056 6813 7109
8588 10228 10332 10615

1475 nov.

1. 527 1647 3831 4129 7311 8076
8720 9585 9641 9982 10256
            (11 Belege)

2. 5160

3. 3246

4. 154 265 934 3100 3983 4549
6112 7303

6. 1431 1539 1728 1847 3963 5819
5910 6051 6850 7081 7122 7124
8361 8863 9106   (15 Belege)

7. 63 117 136 417 1245 1252 1814
2035 2386 2967 3086 3362 3689
3796 3876 4726 5481 5522 5570
5762 6789 7321 7589 7649 7849
8037 8987   (27 Belege)

8. 813 1539 4468 10278

9. 109 706 860 1553 1936 3556
5653 7303 7552 8879 9985
10250   (12 Belege)

10. 1577 1906 2386 2433 3232 4922
6092 9982

12. 3251 4153

13. 7552 7849

14. 672 1659 1970 2491 2789 4726
6617 8250 10298

15. 434 471 813 860 1397 2584 3890
5538 8011 9205

16. 3760 3890 5153 7315 7760

17. 2473 3556 5017

18. 327 366 471 1275 1497 4763
5819 8032 8765

19. 3574 3954 9274

20. 598 1450 2373 2595 2957 3082
3227 3380 5434 5916 8063 8218
10250 10385   (14 Belege)

21. 4378 5910 8944 9765

22. 2966 3153 4443 5112 6834 8702
8773 9534

23. 1159 2491 6306 7215 10250
10408

24. 1441 2025 3954 5159 7436 9659
10596

25. 42 813 3179 3410 4853 5183
5538 5653 6732 7081 10453
            (11 Belege)

26. 4421

27. 706 934 1349 3163 3324 5873
6414 7308

28. 255 847 880 1600 2373 2562
6072 7275 7505 7763 8183
10620   (12 Belege)

29. 1343 2226 4375 4457 5916 9773
10391

30. 2055

1475 decb.   719

1. 679 860 3035 3702 4618 5291
9006

2. 1105

4. 9729

5. 126 260 1105 1808 2077 2466
2853 3087 3100 3392 3584 4087
4512 4664 4800 5476 5787 6037
6655 7802 9111 9454
            (22 Belege)

6. 111 337 2654 3628 3782 4549
5403 5522 6523 6677 7067 7471
7850 8582 9299 9511 10276
            (17 Belege)

7. 1292 1599 2799 4063 5153 8245

8. 467 1303 3746 5439 5827 6732
9551 9714

9. 2535 3026 6389 9920

10. 9413

11. 3380 5434 6396 6689 8601

12. 822 1147 1497 3175 3421 3594
3748 5024 5606 8549 8582 9111
10055 10523   (14 Belege)

13. 210 857 880 2276 2499 3047
4549 5522 7699 7850 8725 9205
9292   (13 Belege)

14. 957 1599 2373 3831 3954 10122

15. 487 679 719 2369 3782 3890
4391 5403 5761 7493 9138 9427
            (12 Belege)

16. 63 337 992 1303 2281 2429 8978
9363

17. 6072

18. 3831 8445

19. 3082 3632 4946 5174 5725 6238
7169 7353 7804 8400 8778 9379
9895 (13 Belege)

20. 1683 3680 5217 5266 6677 7679
8716

21. 101 847 1501 1851 4614 4781
4846 5054 5403 6056 7303–7304
7493 9061 9301 10184
(16 Belege)

22. 8183 9309

23. 2269 2351 2364 3831 4796 6732
6945 8218 9773 10250

24. 6659

25. 1135

28. 42 1135 2455 3047 3448 4781
5403 6037 7907 8702 9309 9379
(12 Belege)

29. 337 474 487 2036 2044 3082
3453 3871 3966 4956 5153 5403
5827 6056 6124 6617 7304 8085
8994 9026 9212 9668 9765 9825
10164 10344 10478 (27 Belege)

30.–1476 ian. 25. 2636

1475/1476 650 825 872 1521 1879 2077
2159 2670 2845 2885 3451 3574
3765 3997 4049 4550 4772 5010
5287 5414–5415 5932 6076 6447
6712 7224 7377 7452 7836 8197
8400 8426 8572 8702 8749 8808
8882 9720 9832 10088
(40 Belege)

1476 ian.

1. 716 880 967 1687 2046 2373
2706 3453 3639 4086 4549 4823
5102 5377 6248 6413 6945 6952
7140 7865 8588 9309 9827
10428 (24 Belege)

2. 554 2046 3047 4412 6149

3. 10478–10479

4. 341 935 1638 1659 3246 6043
6707 6732 7314 7656 8588 9141
9162 9249 9427 10411
(16 Belege)

5. 1303 9828 10608

6. 3831

7. 1083 1147 1461 1632 4987 5149
5463 6056 6067 6774 7109 8072
8937 9065 10544 (15 Belege)

9. 885 1989 2019 3983 5086 5126
5251 5761 6078 6732 9001 9742
(12 Belege)

10. 2320 3221 9846

11. 7 170 310 438 781 1269 2403
2689 3153 3348 3410 4512 5398
5955 6396 6945 8428 8601 9170
10021 10148 10279 (22 Belege)

12. 967 2099 3383 3453 6244 8258
10479

13. 707 932 2365 2536 2624 2687
3151 3190 4781 5143 5481 5819
6154 7433 8658 8937 9724
(17 Belege)

15. 133 3831 9849 10273

16. 539 571 992 2118 2413 3151
3350 3453 3500 3876 3899 4028
4133 4297 4567 4846 5081 5274
5398 6120 7275 7945 7978 8584
9299 9342 9486 9828 10258
10479 (30 Belege)

17. 1842 3285 3831 8142

18. 860 2327 2669 3499 3983 5081
6720 8400

19. 133 161 1446 1731 2145 3419
4618 5108 5463 5726 6252 7275
7286 7951 8216 8559 8916 9061
9379 9938 (20 Belege)

20. 133

22. 4412 5351 6067 6494 9581

23. 15 1083 1958 2921 3059 3281
3348 4347 4781 5194 5385 5819
6301 6647 7022 7055 7749 8675
9690 10435 (20 Belege)

24. 3876

26. 222 553–554 880 2118 2670
2998–2999 3876 4549 5034 5849
6678 6996 8133 8608 8672 8788
9053 9627 9765 10360
(22 Belege)

27. 3026 6242

28. 3350

29. 487 1083 1578 2118 2474 3026
3086 3102 4567 4849 5149 5606
6847 8270 8461 9742 9824 9901
9920 10031 (20 Belege)

30. 2191 8133 10031

31. 288 3082 3086 3632 .2.–26.
2636

1476 febr. 1361 7434 8339

1. 716 2165 2463 3350 3782 3831 4506 7749 8099 8135 9846 9901 10237 10479   (14 Belege)
4. 860 1283 2620 4506 7822 8793
5. 63 1053 1696 2253 3610 10031
6. 3593 8868
7. 1236 3082 7978 9483
8. 3831 8716
9. 88 646 1632 1874 3065 4516 4729 6038 7936 8101 9160 9765 9901   (13 Belege)
10. 265 296 393 2327 3782 4614
12. 42 4762 4905 6608 7456 7670 8683 8868 8927
13. 1053 6007
14. 1659 2297 5916
15. 1245 8486 9493 9868
16. 335 986 1041 1356 2373 3461 4224 4549 4726 4956 6071 6344 6624 6720 7470 7479 8536–8537 10451 10479 10614   (21 Belege)
19. 1874 3410 5761
20. 458 1719 1934 2373 3324 3670 4040 4453 5748 5974 6219 7328 7439 8716 8860   (15 Belege)
21. 2373 7446 7850 9511
23. 2321 4073 4879 5274 6038 7041 8076 8279 8773 8817 8850 9765 9947 10258   (14 Belege)
24. 2321 3831 8572
25. 2072 7330
26. 4962 10091
27. 10091
28. 5051 6605 8572 10091
29. 35 348 1236 1245 3082 3252 4329 4549 4614 6414 7200 7501 7614 8461 8572 9099 9847 10333   (18 Belege)

1476 mart.

1. 4040 4614 6712 9742
2. 34 205 260 564 1421 2945 3100 4290 4313 4781 8600 8725 8766 9379 9515 9627 9868 10038 10484   (19 Belege)
4. 181 210 994 6772 7244 8613
5. 6265 8447 8467
6. 1233 2789 3610 4087 4457 5291 5559 5725 6394 6691 6833 7022 7542 7614 7760 9299 9742 9868 10016   (19 Belege)

8. 333 2274 3037 3674 4549 5121 5123 5126 5203 6337 6811 8316 9355 9511 9612 9868 10344   (17 Belege)
10. 183 7522
11. 1521 1855 2466 2713 4522 4922 10524
12. 9690
13. 35 529 1223 2050 2099 3082 3179 3410 3831 4291 4549 4956 5714 6056 8133 10175 10435 10511   (18 Belege)
14. 1135 5126 5153
15. 443 839 2415 3556 4329 4550 5126 6290 6785 8568 10479 10584   (12 Belege)
16. 3636 5051 10479
18. 527 917 1779–1780 1982 2660 2853 3245 3410 3484 4079 4556 5740 7133 7140 7660 8537 8908   (18 Belege)
19. 2808 8438
20. 309 1879 2521 2888 3162 3462 3702 3785 4763 5041 5740 5793 6765 7505 8767 10250   (16 Belege)
22. 3831 7656
23. 429 1603 2025 3459 5600 6459 9376 9987
24. 4518
25. 4618 10067
26. 2297 3000 4516 5121 5130 6338 6647 8702 9061
27. 3831 4329
28. 7081 8763 8808
29. 6433 8304
30. 154 192 527 1659 1982 3556 3682 3831 4549 5714 6414 8868 9290 9620 10250 10344 10464   (17 Belege)
31. 2016 4946

1476 apr. 997 1603 4329 5126 10435

1. 527 6284 7022 7493 7505 9901 10421
2. 9742
3. 3467 6092 6939 9901
4. 154 438 571 1611 3037 3720 3831 5540 5761 6000 6601 7022 7736 7760 8584 8784 9614 10119   (18 Belege)

5. 260 505 527 1014 3774 5460
5748 6550 6606 7081 7505 9709
9868   (13 Belege)
6. 1982 7501 10131
8. 2620 2790 3459 3582 4909 6038
7740 9680 9936 10065
10. 36 652 6724 10479
11. 4522 4618 6219 6711
14. 3988 7811
15. 7552
16. 4922 8773
17. 1149 1323 2007 2119 2401 3030
3774 3782 5481 5578 6133 6353
9160 9254 9619   (15 Belege)
18. 36 127 839 1982 2159 2356 2546
2571 4484 4658 4909 6471 7488
8747 10064 10523   (16 Belege)
19. 127 3800 5160 5751 6550 9669
20. 2620 3028 3410 4962 6037 7705
21. 860 5051 10091
22. 1014 1238 1988 2298 2341 2730
3162 3542 4962 6038 6633 8318
9314 10329   (14 Belege)
23. 8763 9936
24. 1842 2008 2752 6270 7328 9709
25. 36 323 1674 2012 5164 5911
5942 6751 6997 8990 9250 9440
9442 10450   (14 Belege)
26. 2872 4726 4909 6091 7328 7536
7895 10203
27. 117 667 1842 2159 2356 3782
4897 5126 5284 6710 7659 9131
10088 10262   (14 Belege)
28. 4428
29. 2104 3774 3843 4643 8703 9419
30. 63 1170 1691 5496 6459 7497
8333 9637 10072

1476 mai.   1367 8318
1. 2392
2. 222 775 6678 8344 9893
3. 337 789 2159 3726 4409 5725
5827 6691 6974 7836 8483 9936
(12 Belege)
4. 154 992 1102 1539 1593 1644
1860 3710 3726 3782 3831 4409
4949 5624 5761 6522 6991 7391
7470 7520 8099 8674 9825
10362 10479   (25 Belege)
6. 1539 3831 6007 10479
7. 625 1290 2044 2496 2620 6033
6547 7090 7736 9193 9350
10052   (12 Belege)

8. 3448 4879
9. 151 273 337 620 775 5919 7513
7614 8766 9765 10233
(11 Belege)
10. 934 1469 1674 2254 2507 2729
2874 3782 3784 4027 4307 4962
5916 6091 7850 7945 8424 8868
9709 9782 10067 10332
(22 Belege)
11. 183 1444 1599 1865 2478 4618
6648 6710 7455 7520 7820 7962
9109 9283 10328   (15 Belege)
12. 273
13. 611 795 3153 3694 4011 4568
4906 5257 6414 7081 7127 9857
10523   (13 Belege)
14. 1156 3116
15. 207 323 1003 1577 1691 2373
2926 3467 3529 3554 3627 4089
4378 4906 5067 6337 6523 6551
6602 6617 6766 7341 8461 8749
9299–9300 9621 10091 10250
10617   (30 Belege)
16. 4962
17. 151 487 3159 6197 7836 9709
10091 10307
18. 210 860 1982 3700 3873 4475
5854 5885 6613 7478 9857
10479   (12 Belege)
19. 860 1749 3221 9217 10250
20. 7040 7740 9516
21. 2403 3983 6056 6144 7740
10439
22. 207 1154 1469 3051 3082 3208
3985 4922 5990 7990 8305
10091 10617   (13 Belege)
23. 7962
24. 1678 2033 3100 3249 3836 4378
5072 5990 7365 8063 8367 8718
9250 10233 10297   (15 Belege)
25. 326 1242 1584 3453 3714 5496
5660 7860 8063 9300
26. 10091
27. 2790 5761 7513 7984 8718
10479
28. 1003 10091
29. 225 692 827 2104 2478 6547
6710 8367 10250
30. 3983 4528 5271 6238 7353 9286
31. 136 1242 2790 3037 3453 4378
6547 7353 8703

1476 iun.   3714

1. 2936 4378 5660
3. 934 2687 2950 3467 4809
4. 1316
5. 1968 2254 3542 3592 5315 7455 7902 8755 9787
6. 154 880 2231 3556 4869 6056 9543 10344
7. 3733
8. 4133
9. 487 2077 3670 8133 10344
10. 1135 2038 3542 3592 4142 6724
11. 18 706 1008 1159 2936 3078 3232 3733 7945 8461
12. 133 1539 2790 3030 6707 7275 7688
13. 4922 5636 7511 8099 8543 9327 10344
14. 245 922 3882 4025
15. 3556 5051 6251 8269
16. 3947
17. 5548 8490 10285
18. 210 1397 2231 2584 4956 10038 10484
19. 519 1573 6232 6991
20. 836 860 4339 8608 10148
22. 348 518 2297 2790 7235 7907 7994
23. 6124
24. 1842 4956
25. 183 2548 2790
26. 1174
27. 10484
29. 4550 6991

1476 iul.

1. 922 2315 3627
2. 3556 5051 5153
4. 337 519 4151 4922 5548 5828 6056 6124 6337 9825 10344
                              (11 Belege)
5. 5315
6. 1770 2414 2635 2660 5740 6958 8227 8970
7. 7836
9. 133 668 880 3657 5135 5600 6067 6857 6991 7990 8537 9891 10067 10285   (14 Belege)
10. 852 945 1678 3082 3232 4091 5381 5965
11. 6337

12. 6133 9281
13. 133 361 706 1447 2503 3620 4191 4506 6694 7736 9115
                              (11 Belege)
15. 9126–9127
16. 610 4824 5981 6007 6056 6617 6724 7064 9257 9653 10250 10344 10422   (13 Belege)
17. 5615
18. 222 1968 2460 9127
19. 133 260 800 1842 2790 3636 5726 7501 8462
20. 1983 3467
22. 2016 6067
23. 518 1303 2729 3082 4799
24. 133 1936 2356 3078 3453 3733 5439 6051 6176 8537 9115 10244 10479   (13 Belege)
26. 1842 3747 7081 7682 8302 8334 9511
27. 4600 4956 6210 6738 8716 9288
28. 800 3410 5061
29. 800 890 2548 3487 3747 7798 7951 9868 10251
30. 3059 5919
31. 1292 1416 3078 3082 5636 6067 6210 7788 10251

1476 aug.

1. 706 3040 3383 3685 5251 5403 6176 9115 9338 9878 10487
                              (11 Belege)
2. 511 2034 2605 3685 3733 4025 6151 8537 9308 9472
4. 1934 5291 9273
5. 765 3306 5251 6951 9115 9472 9729
6. 3078
7. 1641 4846 5154 6459 8305 8994 10425
8. 42 3919
9. 1234 2341 2689 3747 6210 6552 7798
10. 527 610 1414 1976 3040 4543 6523 7682 8641 9472 9587
                              (11 Belege)
11. 4643 6338
12. 2950 10091
13. 42 3544 6151 7486 8466 9065 9115
14. 133 443 6056 10091 10345

15. 890 6552
16. 1976 3116 6016 7081 7256 8485
9065 9395
17. 2772 5022 7347
18. 5375 5953 7552 7752 9621
10345
19. 201 890 2463 2885 5051 5726
6016 7115 7752 9065
20. 133 1416 3082 3720 6344 9115
10251
21. 2660 8466 9878 10088
22. 379 2383
23. 744 5281
24. 2440
25. 1623 2044
26. 183 2099 2445 2790 3349 3983
6056 6210 7501
27. 7142
28. 2254 7798
30. 2790 4550 4821 7488 7850 8716
10451
31. 744 1842 3302 4028 4591 4797
5909 6067 7304

1476 sept.
1. 3747 4331 5153 6056 9825
2. 7304
4. 185 3624 3747 5291 6605 7186
8703 9472
5. 3557 7328 8060
6. 5153 10067
7. 2950
10. 2104 2341 3557 6523 6891 7798
8462
11. 516 3082 5154 8043 10091
12. 993 3547 3689 3919 4085 5914
10091
13. 6016 9065
14. 9932
15. 584
16. 4085 6240 8073 9769
17. 744
18. 2104 2622 3372 3487 4085 4763
5227 6056 7312 8937 9205 9458
(12 Belege)
20. 448 794 5154 5806 9418 9917
10091
23. 371 7859 7962
24. 111 1234 1842 3083 3720 5653
6124 8674 10091–10092
26. 1781 10092

27. 188 1497 3547 4956 5794 6071
6887 9238 10092
28. 446 3453 6067
29. 2361
30. 5051 5130 5465 7036 8133

1476 oct.   3078
1. 466 1649 2361 2767 2774 5140
6056 6067 7304 7349 8712 8919
9777   (13 Belege)
2. 188 337 620 2361 3086 5051
6056 8133 9362
4. 222 5163
5. 222 2791 5636 7513
6. 5653 7391 8516
8. 8908
10. 5740
14. 1651 1721
15. 2149 2971 4095 4510 5612 5714
7351 7742 8021 8450
16. 4956 6067
19. 9158
22. 6338
23. 3162 4415
24. 10410
25. 1919 3152 3742 5570 5828 7614
7836 7945 9466–9467
26. 2495 4057 6471 7380 10018
10064
27. 2495 6007 10092
28. 10092
29. 921 1014 2419 8496 10092
30. 3152
31. 8703 10092

1476 nov.   3487 9048 9499
1. 3454 4253
3. 1253 4607 5525 5563 6164 6244
7093 8033 9210 9875
4. 36 1276 3153 4790 7041 9253
5. 5140
6. 438 1147 1238 1320 2019 2099
2420 2562 2854 3233 4088 4879
6172 10233   (14 Belege)
7. 519 1916 3720 4512 5862 6057
6124 7067 9273 9709 9832
10479   (12 Belege)
8. 155 1865 3524 3873 4639 7890
8357 9683 10261
9. 412 1527 3627 4474 6444 8909
9327
10. 42 1440

11. 2266 3151 8588

12. 2242 3151 7555

13. 8 462 1865 3153 3524 3735 4271
4567–4568 6463 6891 7951 8545
9779   (14 Belege)

14. 734 2562 4328 4389 4994 8743

15. 1224 2019 2233 3051 3790 3919
7951 7980 8183 8958

16. 1252 1336 1570 2854 4994 6016
6733 7321 7614 8072 8368 9254
10268   (13 Belege)

17. 8 3919

18. 2044 9127

19. 617 1783 2408 3394 4739 5033
5519 6891 7377 7962 8545
10166 10251   (13 Belege)

20. 1201 4271 7501

21. 1201 2950 4271 4568 4956 6090
7081 8520 10251

22. 1014 2272 3396 4792 5296 5424
5533 5636 7290 7380 9670
                    (11 Belege)

23. 2420 2913 2955 3137 4568 8712
9709

24. 2374

25. 708 794 930 1303 2104 3873
4726 5408 5828 6206 6552 7501
7703 8062 8328 8512 8622
                    (17 Belege)

26. 200 691 990 4568 5743 6523
6870 7752 8438 8622

27. 1527 9681

28. 768 1860 1912 2702 3671 5171
5519 5925 6057 6172 8242 9020
9127 9840 9981 10132 10158
10251   (18 Belege)

29. 5519 7752 10119

30. 5041 5534

1476 decb.   2019 5636

1. 2533 3075 3873 4089 5051 5080
5823 5955 6595 7798 8808 8968
9355 10607   (14 Belege)

2. 1866 3919 6552 6737 9345 9939

3. 1234 2420 4377 5534 5653 5725
8010 8264

4. 4636 5534 7047 7857

5. 690 922 1772 2273 4846 5361
5636 7386 7740 9981

6. 564 3274

7. 167 584 1934 2744 3544 6749
6811 8232 8743 9037 9832
10074   (12 Belege)

9. 5636 10074

10. 1224 3919 3945 4726 4821 4953
5525 5610 5925 6542 8808 8908
9750   (13 Belege)

11. 4277 6067 10530

12. 1983 2059 2466 4846 5121 6036
9935

13. 222

14. 117 2154 3627 4488 7951 9127

16. 835 3729 4475 5051 5601 5636
7304 7355 8597

17. 2024 2104 2428 2791 3720 6350
7488 8529 9197 9552 10353
                    (11 Belege)

18. 519 584 1916 2791 5955 7067
8460 10003

19. 1369 5726 8385

20. 2791 9392

21. 1879 2860 8031 8839 8874

23. 2860 4792 5636 5695 6280 7290
7477 7746 9670

24. 3109 3269 4732 5821 6057 6365
7081 9231

26. 9932

27. 2104 8703 8712

28. 5660 9105 9552

29. 338 515 1461 2312 2684 2729
2927 3720 4329 4636 5702 6575
6708 7034 9125 10411
                    (16 Belege)

30. 1272 2374 2729 3557 4763 5269
6057 6206

1476 ian.27.-mart.4. 2636

1476/1477   791 1527 1632 1960 2159
2260 2420 2801 3026 3132 3232
3908 4159 5353 5460 5519 5599
5660 5725 5904 6061 6093 6124
6344 6356 6496 6801 6855 6945
6964 7460 7469 7656 7731 7735
7938 8458 8464 8944 9091 9690
9933 10413   (43 Belege)

1476–1486 10091

1477 ian.   8004

1. 6 1497 1539 2414 3461 3498
4098 4244 7677 7814 8718 9127
9304 9392   (14 Belege)

2. 1497 2114 8640

3. 1210 1692 2827 3218 5171 6172
9660

 4. 324 496 1916 3671 4859 6870
    7304 7434 7501 9431
 5. 1233 1256 3455 4242 4281 4305
    4412 6057 7770 8133 10157
                        (11 Belege)
 7. 993 2273 2428 2434 3051 7407
 8. 800 7469
 9. 527 816 1201 1256 1835 3218
    4625 7191 7517 8342 10088
                        (11 Belege)
10. 641 1626 3083 5726 7503
11. 421 519 582 1421 1753 1976
    2312 2477 5873 6390 7477 7558
    7951 9561 9660 9749
                        (16 Belege)
12. 1247 5324 5606
13. 205 750 2055 3610 5051–5052
    5993 6168 6613 7304 9627
                        (11 Belege)
14. 3227 3400 5516 6283 7951 8275
    8967 9810 10279
15. 519 835 3119 6019 7399 10345
16. 393 4389 6282 7786
17. 451
18. 1578 2104 2983 3102 3190 3462
    3682 4800 7926 9923
19. 582 5898 7292 8006
20. 1783 6016
21. 1200 2105 4568 8423
22. 3179 4853 6797 8578
23. 1252 2687
24. 374 943 1949 2016 2274 3557
    3729 5108 5214 5904 6890 7263
                        (12 Belege)
25. 43 2983 3772 4570 4769 6225
    6811 9065
27. 3221 3269 3279 3691 4008 6239
    6305 7018 7378
28. 154 620 5972 6673 9671
29. 296 840 2389 5171 7744 8348
    8578 9046 9511
30. 117 687 1245 4846 6550 7460
    9066 10455
31. 139 816 920 2119 2312 2624
    2791 3165 3782 4506 5115 5458
    6067 7027 8004 8228 8703 9054
    9850   (19 Belege)

1477 febr. 1940 4922
 1. 46 2165 2254 5904 7304 9218
 2. 516

 4. 6108 8716
 5. 1256 3152 3636 4286 5344 5564
    6380 6730 7740 8409 8651 9313
    10279 10345   (14 Belege)
 6. 2515 6681 6801 7850 8808
 7. 4537
 8. 7709 7738 7962 9300 9940
 9. 5217
10. 666 1486 1568 3027 3240 4286
    4550 4922 5648 5812 6038 6494
    8095   (13 Belege)
11. 1578 1795 2444
12. 383 444 461 800 3057 4276 4550
    4792 5440 6723 7304 8411 8512
    8703   (14 Belege)
13. 1222
14. 716 2983 4307 8773
15. 2034 2433 3099 4307 4421 6667
    8415 8512
16. 2415 7907
18. 4550 6695 7248
19. 127
20. 6730
21. 1257 1486 2024 2374 2972 3467
    3984 4550 4927 5673 6007 6561
    6951 7119 7186 7833 7869 9110
    9365 9994 10345 10526
                        (22 Belege)
22. 2577 2983 2994 6811 8551
23. 5653 9300
24. 8752
25. 4230 5430 6547 7103
26. 81 610 2099 3165 3990 4360
    4846 5726 8031 8511 9365
    10251   (12 Belege)
27. 306 1615 1851 4732 7010 8462
    8979 9828
28. 451 3984 5828 6096 7304 8226
    9552 10622

1477 mart.   1940 3479 3729 8958 9511
    9987
 1. 544 599 717 2024 2320 3007
    3748 4330 4339 6031 6130 7468
    8517 9365 9699   (15 Belege)
 3. 9511
 4. 911 1687 3625 9066
 5. 412 1950 1982 2791 3172 4026
    4060 5267 7015 9218 10331
    10493   (12 Belege)
 6. 1075 1250 2216 2342 4389 5698
    5972 6108 6288 7125

7. 4994 5048

8. 644 2515 2729 2925 3692 3919
4339 5484 5497 5926 6244 7191
7850 8703 9205 9365 9380 9834
10345   (19 Belege)

10. 306 2218 3410 4790 5673 5828
7346 7478 8012 9701

11. 671 4276 6565 8012 8752

12. 1489 1746 2184 3153 3390 3782
4695 6108 6552 7304 7503 9847
10067 10251   (14 Belege)

13. 1599 2411 2792 2926 4550 7067
8462

14. 619 1269 5904 7978

15. 306 619 835 1181 1699 1753
1843 1982 2044 2407 2507 2515
3154 3582 4550 4781 5530 5761–
5762 6031 7504 8076 9004 9063
10273 10395 10494   (27 Belege)

16. 6552

17. 4763 8451 8641

18. 1816 3475 3593 4609 7093 7819
9218

19. 461 930 2507 2959 3919 5429
5673 6244 6562 7499 8451 9054
10605   (13 Belege)

20. 1940 8460

21. 183 925 1159 2342 2374 4281
4309 4898 5873 5919 6484 8012
8811 9054 9186   (15 Belege)

22. 154 4339 4695 8717 10422

24. 43 306 807 858 1119 1648 2792
2919 3550 3836 4050 4979 5021
5917 6547 7722 8179 8752
10239   (19 Belege)

25. 8663 10092

26. 1044 2149 7738

27. 43 154 2105 2792 4421 4550
4606 6658 6732 8763 8964
10273   (12 Belege)

28. 3162 5606 5828 8902 9273

29. 306 564 610 2950 3524 3826
4256 6057 7305 7570 7664 8012
9286   (13 Belege)

30. 4689 6173 7434

31. 1085 1119 1648 5220 5291 5723
7478 7931 8519 8588 9878
10542 10616   (13 Belege)

1477 apr.   2411 2507 3240 4347 5429
6763 7122 7205 7796

1. 2729

2. 6115 6811 7504

3. 807 871 1582 2050 2376 3782
4827 5761 6067 7122 7485 7796
8083 9428 9690 10374
                (16 Belege)

5. 4898 7664

7. 363 6561

8. 438 6008 7503 8916 10092

10. 1043 1633 2254 2376 2476 2854
2950 6124 6177 6293 7595 8428
8445 8683 9065 9087 9293 9478
10267 10526   (20 Belege)

11. 438 2105 5015 7674

12. 438 861 2105 3372 3747 4080
7172 7453 7904 7964 9269
10092   (12 Belege)

13. 3163 8995

14. 154 5403 5530 9437

15. 43 207 291 293 1154 1243 2252
3100 3574 5015 5426 5760 6983
7015 7093 7374 7531 7870 7951
7966 7994 8099 8416 8566
                (24 Belege)

16. 5396 5877 5916 6067 6958 8588
8751

17. 2254 3582 4129 5225 5906 6057
7836 8703 9501 9588 10009
10067   (12 Belege)

18. 1837 1896 2099 4364 4995 7166
7264 8644 8851 10067

19. 363 1843 1945 2606 6524 7081
7305 9504 10282 10536

21. 1912 2553 4810 4839 6659
10067

22. 478 1235 1787 2149 2374 2545
3372 3598 4922 6057 6694 6916
7172 7351 7836 7949 8923
10264 10345   (19 Belege)

24. 36 3691 4781 7719 7751 8875
9255 9342–9343 10345

25. 338 1094 1506 2202 2689 2906
3181 5534 5967 7816 8172 8846
10119   (13 Belege)

26. 110 924 2192 3629 6736 6811
7333 7513 8937 9579 9935
10446   (12 Belege)

27. 1674 1687 9273

28. 2320 2481 3853 5052 5404 5526
5968 6236 8490

29. 338 2620 2792 7464 9418 10451

30. 2105 2141 6613 7722

1477 mai. 3864
1. 122 875 1243 1866 2356 2792
3301 3382 4084 4434 7138 9828
10074 10251 10541   (15 Belege)
2. 3524 5737 6244
4. 375 3474 3506 3663 5543 10022
5. 2487 2792 3557 5873 6013 7328
6. 262 6007 7053 7172 7305 7399
8296 8579
7. 8 225 544 1393 1759 1814 2792
3550 4038 4976 5052 6313 7798
8673 8767 9529 10345
(17 Belege)
8. 927 2268 2271 5052 5570 6251
8161 8228 9355 9767 9931
10295   (12 Belege)
9. 3726 5052 6633 7836 9853
10067
10. 200 438 708 762 1500 1582 2620
2964 3015 3019 3124 3473 5052
5116 5492 5828 5916 5964 6057
7310 7399 8273 8455 8588 8673
8713 10176   (27 Belege)
12. 379 10474
13. 4329 10283 10451
14. 1241 2044 2105 2320 3175 4129
4781 5130 6251 6523 7172 7391
7816 8279 9003 9065–9066 9787
(18 Belege)
15. 1241 5209
16. 8 2342 5113 5154 6652 7469
9050 9787 10092
17. 8 762 2792 3663 4842 8010
10074 10092 10541
18. 8 249 522 1855 2778 2792 2957
7826 8584 9627 9639 9787
(12 Belege)
19. 2199 3112 4587 4596 5772 7947
9776
20. 183 717 861 2033 2620 2729
2800 2957 3448 3498 4084 4493
4550 5606 6516 7982 8490
10451   (18 Belege)
21. 2342 5407 6791 9127
22. 1800 5153 7305 8588 9437
10536
23. 2792 3160 3663 9453 10067
10345
24. 164 1489 1602 2008 2105 3467
3547 7531 7715 9378 10243
(11 Belege)

26. 1380
27. 5548
28. 9802
29. 200 1244 1571 1614 2033 2105
2729 2745 3467 5077 5534 8902
9158   (13 Belege)
30. 438 497 717 1843 2353 2374
3162 3438 4516 6523 6870 7236
7305 8677   (14 Belege)
31. 1053 6547

1477 iun.   1202 2358 7602
1. 376
2. 8 262 854 1449 1732 3524 3533
4680 5214 6552 7522 7724 9054
9685 10092 10345   (16 Belege)
3. 3642 7007 7994 8589 10092
4. 1875
5. 18 338 411 1947 4685 5743 6302
7244 7305 9113 10268 10295
(12 Belege)
6. 1604 3035 6732 7244 9459 9928
7. 127 200 327 833 901 1073 1506
1525 1694 1809 1866 2854 3360
3420 3574 3720 4084 5286 5358
5360 5652 5671 5832 6098 7820
8464 9940   (27 Belege)
8. 4031 7444
9. 2033 4568 6124 6236 10466
10. 955 1506 2011 2892 5056 5893
6211 6791 7152 7674 8385 9327
10119 10268 10463   (15 Belege)
11. 2342 6724
12. 2149 3557 3919 3989 3991 7951
9286
13. 327 9897
14. 29 794 1241 1947 2840 2867
3721 3768 3778 4685 5398
(11 Belege)
15. 133 1352 3382 3547 9380 10067
10466 10479
16. 109 2196 3413 6078 6344 8272
8438 9388
17. 63 1525 5360 10092 10373
10480
18. 262 1141 1860 2392 3059 3067
3087 6057 7576 7978 8063 8249
8988 9717 10092 10254 10345
10480   (18 Belege)
19. 891 1241 1505 2240 2450 3001
5217 5286 6772 6945 7951 9720
10321   (13 Belege)

20. 133 2892 7144 10092
21. 133 1827 5606 9040
22. 7328
23. 1783 2147 2242 2721 2983 4151
5293 6633 6700 6939 7475 9613
9720 10131   (14 Belege)
24. 9613 10092
25. 2983 4084 7444
26. 839 1466 2254 4902 5175 5743
6101 8763 9627 9980 10453
                    (11 Belege)
27. 2577
28. 3 1557 4551 5865 6448 7236
8597 9160 9218 10092

1477 iul.   5282 5538 9343 9685
1. 2687 2867 3067 6214 6926 7978
8560 9444 9496
2. 134 955 1244 1600 2617 5160
7272 7549 7643 9137 9448
10480 10505   (13 Belege)
3. 5828 7305 9273
4. 933 1600 1843 2545 2729 2845
3474 5276 6312 6951 7088 7198
8761 9570 10064 10092 10505
10612   (18 Belege)
5. 1674 2342 2434 4859 7198 7741
8114 10169 10499
7. 861 2008 3721 4577 4736 4781
5108 5574 6202 8592 8972 9343
10526   (13 Belege)
8. 2687 3009 4421 5108 5153–5154
5217 5240 5732 6007 6058 6700
8464 9286 9825   (15 Belege)
9. 6253
10. 671 687 1281 1796 2343 2973
2983 5312 6176 7131 7275 9821
10453   (13 Belege)
11. 2792 5217
12. 230 687 1345 1687 1843 2792
3454 3824 4421 5893 8560
10092   (12 Belege)
14. 185 1124 1843 2433 3287 3636
4126 4476 4495 4662 6283 7169
7236 7867 8763 9097
                    (16 Belege)
15. 375 682 2779 4857 7391 8747
16. 901 2254 2809 3557 4227 4421
6067 9964 10092
17. 528 629 2320 4255 4817 6007
6090 6718 6792 7241 7472 8464
8923 10065 10490   (15 Belege)

18. 2865 3035 5407 8103 10093
10119
19. 1932 2652 3747 6720 8445 9388
9458 10067 10085
20. 7152 9989
21. 1959 3094 4647 5219 6079 6283
6285 7519 9273 10067 10184
                    (11 Belege)
22. 1674
23. 280 8256
24. 209 262 1843 1899 2652 2731
2792 3190 3287 3636 3772 4126
4551 5000 5225 6032 6899 7994
8579 9056 9218 10242 10251
10349   (24 Belege)
26. 2105 2343 2548 3001 3287 5375
7850 8255 8464 8560 9932
10425   (12 Belege)
28. 3181 7131 8846 10093 10480
29. 1674 3102 4675 5154 6453 7745
9249 10093
30. 1506 4554
31. 43 1154 1912 2159 2227 2792
3636 4411 6633 7391 7427 8464
10491   (13 Belege)

1477 aug.   9388
1. 1534 7741
2. 8 765 3464 4066 4476 5240 5631
6955 7144 7836 8588 10505
                    (12 Belege)
3. 7937
5. 1843 3772 8464 9526 10466
6. 338
7. 6058 9455
8. 245 338 816 1586 2374 2566
2865 3025 3373 4726 6329 6618
7305 7399 7879 7889 8103 9852
9932 10067 10251 10605
                    (22 Belege)
9. 2374 4671
10. 9526 10093
12. 338 4554 9591
13. 744 1843 1959 4183
15. 5273
16. 7 147 374 458 497 1586 1897
2222 4473 4689 7032 7741 7962
8609 9814 10019 10044
                    (17 Belege)
17. 7040
18. 5217 7078 8116 10093

19. 788 1372 1449 2434 2679 4568
    4645 7302 7712 7760
20. 1449 5037
21. 1559 3524 4895 7186 7366
22. 3058 4551 9388
23. 7144 10480
24. 1190 1586 2936 4218 4551 5145
    8579 9343 9552 9874 10067
        (11 Belege)
25. 2146 2352 2384
26. 2566 5153–5154 7586 7751
27. 1850 2046 4551 4723 5018 6552
    8281
29. 527 2008 8360 9609 9689 10453
30. 148 1559 2452 2660 4670 4922
    5225
31. 7305

1477 sept.
1. 1466 8763 8937
2. 699
3. 890 1412 1850 2172 5306 8240
    8544 10499
4. 527 886 1746 1850 1912 7328
    8281 9180 10453
6. 3060 5129 7081 7202 9218 9249
    10466 10505
7. 10426
9. 1586 2343 3626 3813 5037 5162
    6351 6552 8462 10003
10. 379 6752
11. 651 2046 2387 2469 3721 4476
    5037 5534 7879 9218
12. 2566
13. 9388
15. 2046 3697 7952
16. 4596 10059 10174
17. 8272 8761 10547
18. 526 1987 6605 6991 7837 7875
    8462
19. 639 2206 2990 3820 4434 6552
    7142 8252 8259 10044 10067
        (11 Belege)
20. 393 526 1801 3524 3582 8703
21. 1809
22. 1626 5037
23. 2463 4076 5037 5836 9205 9776
    10040 10411
24. 566 608 820 4879 4922 6337
    7363 8924 9142 9776
25. 830 860 7570 7912 9982

26. 807 1746 2149 2679 3524 3751
    5052 8272 9843 10345 10425
        (11 Belege)
27. 2105 2624 2729 5344 6801 6839
    6991 7570 7875 8490 9937
    10002   (12 Belege)
28. 7488
30. 497 3881 5154

1477 oct. 438 10413
1. 526 1626 3114 3721 4730 6108
    6819 6925 8490 8606 9572 9601
    10154   (13 Belege)
3. 43 2985 3721 5119 5129 5153
    6058 6826 7488 8340 8895 9472
    10453   (13 Belege)
5. 3509 7361
6. 505
7. 519 1826 2032 2105 2300 3172
    4281 4476 4542 5379 5676 7461
    8708 9847 10169   (15 Belege)
8. 528 5874 9928
10. 3487 3721 6513 7601 7648 8343
    9807 10068
11. 319 1754 2157 5846 7067 7937
    8560
13. 5 3809 5403 7889 10413
14. 134 1770 1912 2187 3524 4143
    5284 6567 6935 7426 9473 9710
        (12 Belege)
15. 1088 1144 1770 3904 8307
16. 43 913 1236 2985 3671 5153
    6283 6386 7134 7333 9160
    10089   (12 Belege)
17. 7333
18. 3843 5242 5441 5637 6005 8153
    8385 9601 9959 10526
19. 5169
20. 505 2793 6283 7808
22. 834 1946 3494 7299 7952 7975
    10278 10413
23. 2985 4763 9627 9810 10141
    10345
24. 3671 4531 5170 9160
25. 98 637 2058 3866 3992 5522
    5821 6801 7262 8579 9115 9343
        (12 Belege)
27. 319 4467 4812 7328 7937
28. 43 1732 3080 6803 7570
29. 43 519 1527 2118 2452 2985
    3843 10068

30. 5194 5934 7398 8144 8601 8661
10480
31. 1571 2770

1477 nov.
1. 5534 7067
3. 6126 6203
4. 111 473 632 1252 1376 1758
1998 2058 2251 2263 3217 3306
3881 5097 5154 5217 5278 5505
5804 6058 6067 6291 6816 7247
7305 8703 8998 9507 9713 9771
9934   (31 Belege)
5. 43 1912
6. 3650 5130 5899 6243 9138 9218
9553
7. 2084 2892 7377 9297
8. 536 1055 1481 2105 2273 2286
2457 3629 4551 5291 7638 7832
8140 9051 10283   (15 Belege)
10. 4868
11. 5676 8827 10169
12. 1 43 1578 5052 5108 5366 5419
5576 5826 6256 6629 7614 8703
9553 9689 9701   (16 Belege)
13. 592 717 993 1799 1990 3083
3138 3419 4605 6436 6513 7306
9138 9437   (14 Belege)
14. 10019
15. 4155 5127 9455 9730
16. 2246 4649 7487
17. 3542 4665 5347 10169
18. 1146 1430 1998 2263 2453 2559
3074 3153 3700 4420 4434 4541
5654 5828 6732 8529 9115
                    (17 Belege)
19. 562 861 1959 4331 5052 6445
9730 10605
20. 7444
22. 717 839 2793 3671 4538 4966
5637 5669 6389 6738 7582
10019   (12 Belege)
24. 4001 5052 5743 5992 9348
10019
25. 1611 3495 5401 6387 9553 9692
26. 98 134 497 1190 1706 2465 2502
2518 2620 4028 4379 4904 5648
5702 5993 8992 9127 9155
10244 10453   (20 Belege)
27. 6436 9455
28. 1232 4917 9127

29. 71 9334
30. 1948 3047 4032 5737 6552 8808
8834 9420

1477 decb.   993 2117 7321 7638
1. 447 502 778 1399 1611 3495
4514 4517 4782 4842 5336 6338
7918 8584 9455   (15 Belege)
2. 8081
3. 134 1181 1200 1497 1912 2374
5710 5826 6871 7312 8073
                    (11 Belege)
4. 5503 5748 5903 6058
5. 1414 5756 6842 8017 10020
10074
6. 3920 4821 8998
7. 1268 2598 2729 3605 4280 4643
5648 5702 5903 7970 8073
                    (11 Belege)
8. 2908 3324
10. 98 2548 5908 6839 9054 9603
10068
11. 1246 2823 7504
12. 447 1307 2548 3232 3524 3906
7745 8990
13. 497 832 2255 2322 3671 4385
6058 6321 7000 7370 8484 8724
                    (12 Belege)
14. 1303 7978 10392
15. 9097 9730 10093
16. 505 1090 1421 1707 2274 2440
2577 3312 3610 3849 4908 7582
7952   (13 Belege)
17. 505 1090 1414 2105 2696 2976
3610 3984 4353 6409 6586 6767
6853 7101 7782 7882 8271
                    (17 Belege)
18. 1238 4280 9455 10536
19. 2823 6093
20. 438 520 1732 3984 4013 4677
6067 6501 7837 8579
22. 2950 10468
23. 3619 8808
24. 4591 5379 8456 9534 9930
10468
25. 4956
26. 2729
27. 5192 5903
28. 3859 4763
29. 262 789 1238 1633 1663 3459
3772 4281 4763–4764

30. 245 310 965 2044 2374 2577
3392 3671 4636 5601 5908 6058
7879   (13 Belege)
31. 61 1234 3128 3635 5052 5534
6910 8122

1477 sine die et mense   10092

1478 ian.   858 5637 7321
2. 616 765 820 1194 1268 1623
2218 2255 3128 4236 4930 5244
5729 5828 6246 6625 7582 7895
8895 9214 10068 10530
           (22 Belege)
3. 651 2297 7895
4. 379 1435 1641 3455 4526 4923
5210 7978 8703
5. 2272 2548 2676 4750 5669 6962
7243 7583 8807 8973
7. 964–965 1194 2219 3692 4618
4944 7058 10068 10530
8. 896 1206 1357 1400 2017 2569
3574 6724 7377 9849 10611
           (11 Belege)
9. 222 2012 4253 7088 7300 7504
9916 10251
10. 1912 2730 5244 7106 7300 8489
9214 9897 10031
11. 3825
12. 319 1194 1381 1393 3125 4038
4084 4163 4476 4782 5493 5556
6312 6801 7937 8764 10068
           (17 Belege)
13. 1393 1430 3392 6312 7352
14. 858 1133 1194 3610 5052 5457
5762 8357 9916 10119
15. 371 529 1934 3825 4678 6338
7642 9543 10068
16. 2267 7067 9166
17. 303 367 620 2171 2338 2787
3648 4161 5261 6556 7237 9046
9214 10414   (14 Belege)
18. 2236 7583
19. 131 1307 2255 6862
20. 1837 2898 3059 3765 3788 3958
5445 5725 5918 6442 7166 7312
8174 9402 9426 9986 10093
           (17 Belege)
21. 131 1283 1444 4016 7537 7568
7799 9456
22. 195 303 2096 6278 7807 8122
23. 4084 6335

24. 131 1242 2118 2219 2389 3524
7460
25. 1421 1444 1734 4833 6669 7479
26. 2755 4137
27. 183 725 3162 3455 5331 7142
7368 8537
28. 1150 1947 2219–2220 2690 5353
5601 7128 9113 10012
29. 2255
30. 2620 2730 2805 3914 4000 5052
6142 6552 8368 9940
31. 4177 8092

1478 febr.   438 1307 4944 5473 7340
7496 7850 7879 8146 9440
1. 3694 7899 10345
3. 1503
4. 575 620 1448 2119 2624 2676
3399 3480 4726 6479
5. 620 2434 2620 3557 4809 5052
6246 6935 7160 7306 7329 9711
9937 10527   (14 Belege)
6. 9553
7. 259 632 2220 2267 2388 2493
2990 3553 3958 4154 5162 5527
5661 6016 6079 6445 7259 7416
7477 7496 7572 9711
           (22 Belege)
8. 6123
10. 690 1016 1499 2139 2549 3721
3765 9878 9937
11. 800 1202 1843 3782 8763 8812
9091
12. 2255 3859 5637
13. 213 438 1591 2044 2314 2335
2374 2482 2650 2690 5130 7128
7450 7975 9933 10444
           (16 Belege)
14. 2242 2706 5430
15. 2220 5637 9127
16. 1448 1843 3544 3906 4470 4528
6244 6273 7166 8599 8609
10605   (12 Belege)
17. 1715 2297 2388 4555 7352 7554
8010 8033 8597 10345
18. 310 405 797 1698 2058 2440
2610 4887 6400 7306 8190 8908
9878 10244 10604   (15 Belege)
19. 10119
20. 3365 3460 4866 5063 5793 7114
9760

21. 995 1376 1978 2138 2463 5052
5599 6263 8111 9411

23. 1435 2044 3616 3765 9128 9937

24. 2220 2402 3059 3971 4879 5573
7399 7919 8584

25. 505 4056 5527 7989 9648

26. 592 1260 1522 2168 2523 2943
3186 3243 3958 4154 4858 5897
6728 7116 7752 9063 9092
10544   (18 Belege)

27. 1286 2290 5698

28. 18 911 1156 1843 2030 2265
2361 3055 3186 3524 5130 5726
6003 7166 8490 10031
                    (16 Belege)

1478 mart.

1. 2133 7850

2. 2945 6544 7092 10044

3. 193 725 800 930 1007 1671 2021
2255 4528 4782 4821 5601 6073
6181 7479 8010 8462 9127–9128
9317 9494 9847   (22 Belege)

4. 2549 3722 4409 6142 7872 7879

5. 533 1595 2620 2729 3087 3770
4095 4555 5776 5895 9150 9273
9937   (13 Belege)

6. 911 1068 1098 2267 3671 4671
9456 9935 10159 10181

7. 3067 9552

9. 371 837 1202 1466 1744 2025
2287 3243 3638 4097 4214 5027
5130 6590 7416 7672 9092
10126   (18 Belege)

10. 2730 3232 4923 8763 9115

11. 3269 3553 4820 5391 7056 7276
7450 8463 8606 9730

12. 2105 2521 6079

13. 834

14. 2990 3467 4413 4726 6214 7851
8190 9847

15. 213 1028 1591 1595 2841 3511
3859 5527 5965 6142 6209 6251
6524 6613 7235 8195 8383 8385
9552 10345   (20 Belege)

16. 43 5473 8202 9440 9552 10068
10264 10490

17. 43 338 772 1068 1860 2025 2290
2297 2690 3010 3343 3436 3845
4409 5059 7128 7821 7851 8814
9192 9870 9935 10076
                    (23 Belege)

18. 801 3782 5793 8474

19. 2087 4409

20. 2788 3738 8010

21. 5875

23. 560 3524 3691 6058

24. 7578

25. 405 9343

26. 747 1916 3343 6694 7111 10251
10270

27. 1119 2991 7952 8224 9003 9412
9570 9914

28. 2255 4528

29. 2516

30. 43 351 834 1123 1843 2402 3190
3218 3361 3525 3734 3958 4214
5436 5527 5828 6297 7140 9045
9091 9128 10060 10198 10444
10450   (25 Belege)

31. 351 1783 2463 2745 3624 6535
8383

1478 apr.

1. 773 794 2118 2956 3055 3197
3624 5423 6067 6861 7389 8094
8524 10068 10372   (15 Belege)

2. 134 528–529 893 1986 2118
3059 3738 4246 5534 5648 6067
7554 7821 8463 10466
                    (16 Belege)

3. 142 505 1937 2118 2159 2414
2558 2565 3163 3218 3482 3859
4097 5366 5534 6542 6730 7436
8060 8809 10429   (21 Belege)

4. 893 1240 1864 2020 4879 5202
6079 7342 7608 7821 9260 9987
                    (12 Belege)

5. 351 7851 9897

6. 1029 1803 2558 3163 3221 3624
4324 4782 4946 5003 5528 7111
8518 8648 9322 9343
                    (16 Belege)

7. 127 520 2105 2256 2273 3436
3451 5654 9825

8. 415 4091 5766 5971 6445 7070
7276 7925 8703 9156 9363
10252   (12 Belege)

9. 249 471 629 1820 2713 4095
4097 5217 5548 10220 10252
                    (11 Belege)

10. 4667 6297 6389 9730 10414

11. 569 1029 1256 1260 1586 2374
3183 4526 4782 5968 6822 7426

7952 7994 8463 8973 9260
10073 10477   (19 Belege)
12. 794 2172 6732 7851 8349
13. 1558 3395 9098 9554 10080
14. 706 1267 3218 4331 6486 6839
7648 8094 10073 10412 10510
10575   (12 Belege)
15. 1495 1843 1916 5297 5364 5588
7043 9779 10567
16. 984 3322 4835 6340 7306 7726
9273
17. 112 3177 5534 6445 7851 7859
10266
18. 223 1029 2353 3307 3451 3876
4618 4956 5217 6221 6251 7735
7851 9128 9621 10037 10266
        (17 Belege)
19. 2463 5654 6124 10523
20. 6271
21. 425 706 1260 1684 2172 2729
3451 3765 5654 6124 7726 7851
10258   (13 Belege)
22. 451 4028
23. 7081 9681
24. 2105 2729 4835 5376 6337 7306
8295 9191 9249 9394
25. 2044 4568
26. 4331 6883
27. 134 474 1769 3547 5423
28. 2690 3890 5423 6861 7128

1478 mai.   2159 6859 8719 9987
2. 2235 2926 8463 9128 9214 9554
3. 1844 6863 7503 7807
4. 101 502 1029 2482 8704 9730
10285
5. 256 1559 3843 5194 5366 6781
7738 9412 9674 9937 10145
        (11 Belege)
6. 1923 9693
7. 1132 4796 6244 9138 9159 9380
10068
·8. 3676 4782 8716
9. 772 1296 2106 3651 4821 5839
5972 9730 10252 10270 10372
10454   (12 Belege)
11. 2770
12. 5154
13. 210 1241 2106 2150 2805 8704
9730 10444
14. 801 1794 1844 2106 7370 8474

15. 45 1119 1844 2161 2779 3246
7789 9658 10102
16. 632 931 1430 1830 2793 3582
4161 4270 4821 6245 8544 9128
9156 10068   (14 Belege)
18. 1959 3970 4415 6792 7140 9825
10345
20. 344 1616 1725 2306 3222 3816
5126 6226 7594 7788 8519 9035
10012 10380   (14 Belege)
21. 6250 10396
22. 487 2598 4349 7882
23. 259 632 1405 1640 2729 2957
4418 4671 5126 5153 5722 6337–
6338 6522 7439 7678 8154 9182
9368 9458 10073   (21 Belege)
24. 339
25. 1449 2374 3650 5225 8191
26. 998 1866 2857 3083 3650 5170
5828 6539 8704 8829 9113 9455
        (12 Belege)
27. 45 817 2892 4782 5648 6486
7614 7920 8768
28. 357 1019 1203 3525 3618 3805
9480 9603
29. 704 3083
30. 266 659 843 1029 1240 1430
1674 2149 2242 3162 3859 4697
6132 6243 6931 7399 7522 7540
7598 7741 7814 8385 8560 9249
10472   (25 Belege)
31. 1788 2729 3083 8704

1478 iun.
1. 1019 2739 3238 8106 9376
2. 659 921 1712 2125 2172 4085
7633 7830 7962 10378
3. 253 362 633 1189 2149 3816
3986 5194 5726 6209 7457 8704
8963 9249   (14 Belege)
4. 2138 3102 5046 5648 7741 8154
5. 2226 2904 8584
6. 117 267 1133 1135 2106 2183
2415 3083 3092 4556 5084 5597
8072 9249 10279 10607
        (16 Belege)
8. 2985 3260 6792 9394 10360
9. 1788 3178 3235 3239 4502 4782
5848 5916 6470 6670 7837 8270
        (12 Belege)
10. 441 2633 3190 3467 4488 4726
4957 5492 5932 7306 7312 7362

7837 7919 8110 8537 8905 9249
10131 10214 10346   (21 Belege)

11. 231 1757 2762 3146 3223 3431
4271 4766 7758 8154 9249
(11 Belege)

12. 1880 4603

13. 226 930 1360 1457 2131 2857
3205 3218 3467 4270 6196 6758
7479 7837 7991 8032 8165 9583
9589 10252   (20 Belege)

15. 1015

16. 2428 2822 3064 4037 4551 5492
8442 9684 10093

17. 3511 3610 7439 7477 10346

18. 317 425 1860 4031 4271 4782
5585 5597 9193 10093 10346
(11 Belege)

19. 3443 3795 5032 5654 6000 6552
6590 9674 9878 10093

20. 932 1076 1311 1558 1860 2374
2975 4415 4421 5743 7236
10093   (12 Belege)

22. 546 1591 2413 3083 4412 5217
5534 7009 7952 10093

23. 487 1998 2517 3084 4551 4782
5648 5815 6984 7838 7952 8704
9205 10093 10114   (15 Belege)

24. 641 2112 8146 9456

25. 458 584 2374 4182 4659 5126
7246 8003 8905 9480 10504
(11 Belege)

26. 3624 7151 8110 10093

27. 258 797 1508 2624 2803 4677
5217 10141

28. 3665

29. 2112 7907

30. 2046 6609 7182 7877 8133 8297
10093

1478 iul.   6196

1. 4782 5538 9431

2. 487 3557 7439 8378

3. 4151 5646 9878 9937 10068
10074 10093

4. 487 704 843 912 1097 1788 2995
3121 3367 3525 5184 5358 5538
5654 5927 6961 7404 7493 8025
8683 9591 9937 10093
(23 Belege)

5. 3162 5916 7722

6. 4990 9059 9689 10093

7. 359 488 2374 4005 4551 4783
5130 5154 5488 5654 6007 7244
9205 9930 10480   (15 Belege)

8. 1959 3592 3610 3690 4522 4763
4954 4997 5436 9205 10380
(11 Belege)

9. 584 1923 3525 3671 4731 4783
5202 6058 10346

10. 529 1626 1844 1959 8954

11. 4091 5535 5654 5916 7067 8270
10480

12. 4923 10093

13. 1117 4783

14. 8579 10044

15. 260 1421 1867 1959 5154 7312
8393 9171 10074 10093

16. 7820 8238 10093

17. 134 1119 1959 3191 3536 3547
6348 6350 10019

18. 3067

19. 10093

20. 9255 10093–10094

21. 980 3410 3655 3691 3979 7445
8683 10346 10543

24. 1619 3525 5130 7079

26. 10044

27. 4151 5217 10346

28. 488 3525 4783 6372 7598 10094

30. 3525 6244 7798

31. 10094 10126

1478 aug.

1. 5076

2. 8243

4. 8010

5. 2473 4763 5187 5284 6959 7073
8010 8283 10094

7. 3525 4151 4513 4611 5130 5815
6371 7166 9768

8. 8975

11. 416 594 2793 2985 3471 5052
5271 6961 9120 10388

12. 3167

13. 717 1931 4876 6166

16. 3592 7642 8327 9197 9581

17. 5002 5052

19. 2374 5053 5160 6265 6302 7778
8201 8579 9343

21. 4218 4457 7504 7627

22. 6058

23. 8936

24. 815 7552
25. 205 2793 5187 8863
26. 339 1378 3843 5053 5779 7104
7620 7952 8390 9121 9205 9227
10277   (13 Belege)
28. 4966 4977 6840 8833
29. 997 1895 6432 6996 7068 7465
9121 9197 9227 10380
30. 3067 6144 7306
31. 319 1424 2902 4636 6337 6384
6472 6609 7615 7937 8863 9227
9927 10114   (14 Belege)

1478 sept.
1. 2793 7379 10449
2. 205 3525 3748 5767 6265 7656
8120 10449
4. 261 2106 3306 3788 4659 5654
7620 7937 7952 9125 9552
                    (11 Belege)
6. 801
7. 886 1807 1836 2793 6609 8785
9. 5154 7937
10. 4636 6265 7937 8863 9868
11. 497 1916
12. 6734 6758 8895
14. 10524
15. 546 9054
16. 325 2112 3840 7271 7912 9808
17. 2473 4051
18. 9839
19. 501 801 2149 3124 4681 4891
6249
20. 351 2275 9552
21. 801 921 1062 5299 5381 7504
22. 7620
23. 3467 7140 7614
24. 1936 6304 7166 9004 9142 9911
25. 2661 3465 4018 4743 6629 7688
10605
26. 1754 2085 3535 4481 5419 7327
7614 10454
28. 2094 6018 7349 7413 8332
29. 351 1368 7413
30. 3578

1478 oct.   993 4923
1. 1368 2420 2970 5501 6955 7040
7546 7965 8881 9059 10409
                    (11 Belege)
2. 5155 7642
3. 113 833 1169 1452 2985 3465
4475 5421 5966 7688

5. 6455
6. 1128 2076 2088 2356 4682 8717
7. 2661 3513 7068 7413
8. 105 262 1051 1156 1430 3526
3762 4651 5743
9. 4636 6782 7937
10. 931 1070 1793 3121 3172 3859
6338 7700 8385 8579 8698
10046 10278   (13 Belege)
11. 2226 6018 7172
12. 801 3153 3428 3465 7292 9730
13. 411 2094 2995 8698
14. 9839
15. 351 357 1246 6933 7172
16. 351 5637 7742
17. 805 1070 2854 3227 3454 4475
7933 7952 9412 10238
19. 8291
20. 671 3511 8270 9362
22. 1386 3454 3511
23. 2226 4151 8438
24. 206 2076 2549 3035 4331 7627
7875 7952 8402
25. 4588
26. 5130 5637
27. 1070 3227 3361 5919 9059
10045 10177 10489
28. 2002 6372 7413
29. 73 642 1863 3000 4365 5001
5053 5217 5421 7688
30. 3000 8606 9621
31. 2094 4923 5652 8838

1478 nov.   619 2701 4923 7787 10607
2. 5637 6523
3. 105 546 1793 1959 2169 3106
5001 5217 5770 5794 6058 6772
7003 7081 7312 7788 9549
                    (17 Belege)
4. 405 1303 1353 1414 7575 9495
5. 488 546 872 1241 1414 1830
2106 4651 4850 5202 5789 6144
6265 7575 7669 7717 9197 9218
                    (18 Belege)
6. 1984 10087
7. 7 34 1014 3035 5199 9125
8. 2604 3227
9. 44 1509 2045 5743 7852
10. 1354 1781 3722 3762 4651 5146
5535 6735 7774 7852 8186
                    (11 Belege)

11. 8012

12. 412 1080 4028 7345 9458 9778
10346

13. 1822 2163 3828 3928 5535 6544

14. 585 1781 2076 2274 2765 3121
4887 5045 5194 5291 5439 5535
5848 6594 6869 7676 8438 8537
8706   (19 Belege)

15. 4122 5165 6863 8135 9556
10087

16. 7552 8407 8606 9160 9399 9684

17. 2822 9725

18. 2822 6931

19. 1266 1715 4017 5823 6058 7814
7826 8829 9128 9205 10454
                (11 Belege)

20. 4812 7388 10087 10270

21. 2378 2466 5063 5258 5719 7940
10380

22. 3386 8568 10270

23. 1059 1715 4994 7656 10000

24. 1804 4891 5375 7864

25. 82 1715 1965 2033 2106 2163
3748 4064 4957 5049 7552 7805
8079 8207 8531 8615
                (16 Belege)

26. 775 1250 2138 2556 2765 3649
3748 4394 4487 4812 4887 5455
6934 8110 8290 9079 9735
10246   (18 Belege)

27. 8615 9197 9497

28. 1879 3179 3226 8080 8089 8147
8385

29. 505

30. 6513 9399

1478 decb.   1201 2701 3175 3807 5439
7552 8147 9387 10607

1. 108 197 210 269 737 1885–1886
3163 5768 7381 7533 10141
10599   (13 Belege)

2. 676 1015 1201 1266 1471 2957
3175 5848 6509 7862 8385 8615
                (12 Belege)

3. 167 679 1266 1807 2993 3993
4903 4972 5994 6106 7886 7977
8332 9106 10215 10346
                (16 Belege)

4. 5210 9390

5. 488 505 1212 6276 7748

6. 2021 2378 2554 5361 6059 6758
7940

8. 1879 2378 2554 5375 10552

9. 275 481 597 815 1042 1184 1867
2220 3490 4487 6455 7748 7970
9121 9343 10599   (16 Belege)

10. 117 458 1412 2945 3226 4028
4183 4923 5535 7061 7312 7748
7975 8704 9121 9681 10184
                (17 Belege)

11. 1867 2367 3599 5654

12. 5732 5787 6118 6305 7504 9399

13. 144 4183 6205 9810

14. 6 184 546 2033 3131 7312 7552
8058 8763 9910

15. 1025 1366 1472 2315 4390 4403

16. 191 1572 6934

17. 105 222 1250 1508 1572 2343
3035 5761 6682 8058 9197 9415
9933   (13 Belege)

18. 144 849 2846 2916 3306 3881
4703 5155 6196

19. 2034 2149 9300 9415

20. 2989

21. 2138

22. 557 1539 1743 2035 3526 3702
5155 5932 6559 7061 9735
10599   (12 Belege)

23. 18 1184 1242 2627 2970 3526
3960 5402 5468 7479 8110 9343
9810 10541   (14 Belege)

24. 1366 2220 8502 9627

25. 3175

27. 4434 5199

28. 144 1606 2275

29. 160 2275 5606 7235 8180

30. 82 1505 2764 6994 9539 10346

31. 1609 7439 10517

1478 sine die et mense   353

1478/1479   353

1479 ian.   1241 3175 9387

1. 2964 4534 10182

2. 208 1879 6817

4. 144 3218 4403 8813 9132 10068

5. 1829 1885–1886 2256 2359 5325
5505 6260 6578 6817 8763 9982
                (12 Belege)

6. 7952 10159

7. 75 3084 3142 3526 5155 7741

8. 246 1406 2957 3465 5053 6223
7068 10252

9. 246 1863 5053 5919 6559 6758
7098 7703 7788 7814 8224 9627
10218   (13 Belege)
10. 3208 10480
11. 131 3220 5200 5732 5743 7147
8752 9280 9343 9910
12. 2679 7125 8468 8575
13. 359 770 871 3059 4476 4495
5522 6260 6337 6817 7329 8304
8438 10159   (14 Belege)
14. 185 1449 1581 1885 3084 3454
5489 5719 5731 5863 6588 6629
7071 7081 7196 7552 7952 8225
8468 8575 9122 9581 10356
                     (23 Belege)
15. 363 1408 4402 7860 10068
16. 1990 3747 4480 5037 9878
10294 10480 10596
17. 8591
18. 18 185 842 2039 3476 3692 3890
5302 6079 6951 6961 7953 8812
10451   (14 Belege)
19. 1173 1239 1789 2143 2275 2494
4479 4891 5919 5957 6123 6297
9122   (13 Belege)
21. 930 7474
22. 1631 2319 10524
23. 951 5053 6275 8286 10611
25. 4627 7414 8283 9570
26. 1582 1708 2437 3183 4783 7478
8472
27. 1406 3089 3582 3684 5667 6251
6729
28. 9197 9463
29. 184 902 2315 2574 3084 3179
5579 6273 9197 10289
30. 185 1272 1430 2001 3246 3456
3482 4281 4585 4632 4750 4804
5743 8537 8807 9122 9621 9730
                     (18 Belege)
31. 4847 5175

1479 febr.   7125 8455 8752
1. 1003 1678 2411 3606 4827 5548
6297 6758 6935 6999 7446 8998
9910   (13 Belege)
2. 930 2985 3526 3687 4847 9982
3. 2436 4255 4635 4957 5302 5854
9824
4. 620 1240 2411 2530 2597 3056
3454 3550 6572 7081 7312 7653
8286 8360 9121–9122 9435
10611   (18 Belege)

5. 205 3041 3179 6269 8365 9811
6. 185 704 1027 2434 3059 3692
4095 4779 5485 6758 8323 8352
10081 10528   (14 Belege)
7. 591 1003 8942
8. 520 1159 1272 1377 1587 4260
9. 185 1452 3494 3859 5573
10. 2035 3039 5732 5957 6278 7900
7953 9121–9122 9306 10081
                     (11 Belege)
11. 40 1824 2623 3179 4033 6285
6495 8442 9188 9193 10068
                     (11 Belege)
12. 520 2765 3665 7741 9430
13. 40 744 861 1252 1741 2096 3782
4028 5854 6304 7479 7483 8463
10031   (14 Belege)
14. 2380 2549 5538 7529 8937 9878
9930
15. 3226 4354 7109 8873 9576 9910
16. 131 1578 3059 3226 4867 5160
6095 6495 7391 7735 9910
10031   (12 Belege)
17. 1126 1258 2106 2698 3717 4873
5932 7224 8210 8290 9138 9197
                     (12 Belege)
18. 2698 3510 6243 6782
19. 546 1131 3557 4551 4677 6065
8705 10186
20. 2039 4541 7880 9016 9306 9362
9730
21. 2847 7432 8766 9824
22. 7741
23. 4011
25. 923 3619 3683 5865 7240 8270
10174 10482
26. 5787 6297 10068
27. 488 620 5053 5729 5865 6383
8537 10346

1479 mart.   2442 4022 4350 4541 7552
1. 1936 5053 5449 10150
2. 169 1180 1831 2035 2248 4085
5637 5703 5871 6254 6693 8202
8452 8849 9059 9824 10624
                     (17 Belege)
3. 361 1476 2985 3619 4814 5637
5865 6782 7522 8420 8452 8625
9016 9584   (14 Belege)
4. 87 156 266 458 1525 2627 3255
4085 5726 5932 6590 7224 7735
7838 8277 8625 9554 10068
                     (18 Belege)

5. 1137 1936 3313 8463

6. 1137 1330 5538 8202 9730

7. 3479 3671

8. 1647 1959 2343 3550 3694 5495
7329 7522 10310 10449 10460
(11 Belege)

9. 921 1239 1318 1714 4568 5743
5871 5972 6685 8049 9090 9410
(12 Belege)

10. 2793 4889 7329

11. 1243 1804 2389–2390 3313 4684
5535 6084 6251 6805 6839 6858
7270 7275 7432 7741 7912 7953
7995 8360 8726 9584
(22 Belege)

12. 3111

13. 830 1132 1845 2579 2910 3227
4165 4545 6293 6633 6685 7794
8774 9711 9839 10252 10451
(17 Belege)

14. 2033

15. 1137 1258 5449 6196 6685 7072
9458 9540 10150 10451

16. 256 273 921 1824 2408 2423
2669 3131 3416 3619 4447 4964
5118 5595 5837 6304 7295 8054
8060 8769 9015 9122 9456 9752
9911 (25 Belege)

17. 1137 2106 2494 6304 9911
10150

18. 331 525 1258 2079 3111 5743
6108 6293 7160 10422 10496
(11 Belege)

19. 2079 2554 4085

20. 1235 2391 5143 7297 7830 8164
9101 10508

21. 1575 2985

22. 2089 3220 3876 7838 9156 9224
9554

23. 95 367 512 930 1252 1360 1831
1845 3467 3474 4813 4815 4987
5221 5548 6337 6683 6889 7369
7413 7539 8054 8625 8726
(24 Belege)

24. 964 3990 4783 8817

25. 3218 4281

26. 525 4183 8920

27. 273 367 921 1506 2174 4227
5744 7019 10069

28. 29 5848

29. 1252 3097 3699 6001 6509 7068
7552 7838 9015 9156 9839
(11 Belege)

30. 615 827 1826 3510 4572 7295
7312 8651 10346

31. 1672 2079 2112 2839 5606 6109

1479 apr. 2740 4011 4350 5637 5769
7741 10530

1. 488 604 610 1360 1647 1741
2936 3111 5300 5363 5422 5654
6374 6683 6789 7814 8385 9554
(18 Belege)

2. 4351 7912

3. 1469 2139 2174 3782 5126 7922

4. 1631 3557 5535

5. 128 861 1770 3526 5793 6384
7369 8726 9327

6. 1274 4011 5314 6545 6633 8119
8202 10451

7. 604 4151 5194 6109 6429 6564
9524

8. 4331 5217

9. 2029

10. 6547 9393

12. 2029 3617 4331 6196 9540

13. 3081 3782 8186 8911 10347
10598

14. 2891 3084 4612 8073 9098
10069

15. 421 520 1015 1068 1201 1647
1674 1824 2186 2839 3771 4889
5223 6293 6693 6758 7059 8203
9097 9552 9616 10054
(22 Belege)

16. 292 3470 4873 6846 7061 7446
9779 10069

17. 260 1254 1336 2377 4551 6758
8908 9197 9368 10260 10271
(11 Belege)

18. 4889 6318 7775 8371

19. 2106 2323 2442 2447 4783 6172
6878 7219

20. 44 2442 3636 3765 4568 5044
5601 5768 6338 6839 7061 7780
8696 8704 9098 9581 9637
(17 Belege)

21. 163 636 1795 2740 3084 7275

22. 87 413 2149 2295 2364 2740
2920 3084 3220 3702 3808 5053
5381 6079 6251 6805 7780 9142
9193 9549 9936 (21 Belege)

23. 2442 10346

24. 117 658 1243 2442 3771 4501
4783 6475 6872 7040 7283 7741
9128 10088 10622 (15 Belege)

26. 24 807 1832 2841 3084 3258
3313 4227 4678 4847 4957 5379
5584 6249 6338 6904 6914 7011
7160 8252 8908 9657 10401
10493 10496   (25 Belege)

27. 163 497 658 801 845 3378 4281
5545 6070 6758 8579 8696
10346   (13 Belege)

28. 51 273 1029 1360 1678 3825
5535 7068 8417 8491 9255 9347
9940 10069 10172   (15 Belege)

29. 44 807 830 1009 1113 1492 1830
1941 2902 3825 4434 4654 5199
5308 6338 6789 7283 8651 9469
9621 9996 10622   (22 Belege)

30. 183 1820 5654

1479 mai.   830 2442 4896 5126 6337
9041 9048

1. 2247 2740 5535 9098

2. 320 488 6922 8579 9612 10074
10449

3. 1606 3411 3526 3859 3936 4672
4783 5160 6789 7953 10226
10518   (12 Belege)

4. 134 189 497 708 1067 2315 2847
3051 3669 3671 3859 4453 4946
5037 6641 6914 7430 8148 8973
9678   (20 Belege)

5. 860–861 2847 3190 4636 6244

6. 138 335 890 1201 1565 3366
3379 3812 4284 5160 6049 6642
6873 7068 7293 7552 8947 9771–
9772   (19 Belege)

7. 488 636 8012

8. 292 454 708 1414 1764 2174
2237 8372

9. 36 2377 3881 5275 6776 7814
7922 8177 8766 10622

10. 2025 2248 4284 6513 6789 7072
10622

11. 105 186 412 964 1009 2323 2740
3035 4784 4902 6338 6424 7049
7780 9029 10480   (16 Belege)

12. 704 1520 1559 2740 6084 7953
8435

13. 488 1351 1373 1959 1965 4106
4775 5767 6026 6271 8073 8925
9255 9355 9701 9872 9982
          (17 Belege)

14. 292 393 488 636 2324 4281 4902
5809 7552 8164

15. 2388 3000 5199 5606 6734 7329

16. 636 5726 9065 9218

17. 361 1262 1430 2149 3744 4083
5037 5271 6244 9016 9098 9142
9704   (13 Belege)

18. 51 658 708 964 1570 3748 4784
4951 4994 5840 7242 7656 9113
9414 10074 10176 10480
          (17 Belege)

19. 1626 2650 2764 2779 3888 5324
5828 6244 7038 8372 9065 9098
9678 10176 10388   (15 Belege)

20. 5036 5126

21. 2440 4865 5839 8203 10611

22. 186 704 4875 5272 5379 9048
9678

23. 930 2315 4315 5529 7950 9113
10069

24. 134 222 1051 2245 2740 3125
3647 4784 6196 6237 9328 9982
          (12 Belege)

25. 794 1029 1236 1739 2063 2413
2926 3125 3628 5114 5529 6813
8625 9414 10377   (15 Belege)

26. 3084 6265 7426 9255 9469
10094

27. 218 418 542 685 5529 6602 7399
8579 9173 10413 10529
          (11 Belege)

28. 620 2163 3450 10031

29. 381 2272 5524 5548 7446 7741
9255

30. 1312 6158 6338 10519

31. 3526 10094

1479 iun.   3000 4235 6865 9897

1. 4535–4536 4596

2. 301 642 2038 2779 3539 3621
5548 5840 6379 6390 7109 8073
9007 9291 9942 10069 10094
          (17 Belege)

3. 2063 6158 8203 10094

4. 708 1240 1863 2162 2329 2627
3084 3100 4281 5324 5603 7230
7720 7838 8145 8309 8925 9198
9878   (19 Belege)

5. 576 2926 3218 5387 5725 5828
6005 6644 6776 6813 7271 8309
          (12 Belege)

6. 3693

8. 917 1312 1545 3791 3912 4281
6675 7953 9343 9495 9913 9921
9982 10069 10084   (15 Belege)

9. 1840 3000 3218 4281 5442 5618
6330 8145 9215 9347 9935
10094   (12 Belege)
11. 138 402 1626 1894 6552 7166
9094 10069
12. 172 186 1647 1821 2779 2883
4974 5894 6746 6888 7552 8695
9224 9792 10449   (15 Belege)
13. 35 1785 3301 8390 9152 9706
14. 451 2396 3059 3335 5919 7448
9495
15. 1863 1957 2374
16. 166 286 1840 1931 3059 4784
7172 7553 7585 9923 9982
10094   (12 Belege)
17. 286 2079 2099 4231 5725 6109
6862 10094 10362
18. 1867 4281 7820
19. 224 651 2107 2757 3656 3967
6129 6265 7820 9879
20. 505 2377 3526 7098 7553
21. 273 1412 2415 3059 4284 5855
6251 9368 9465
22. 224 353 633 2547 2549 3084
6820 7553 9879 10074 10346
10613   (12 Belege)
23. 1051 2463 4168 10094
24. 2547 7583 7986
25. 1360 2389 5155 6758 7290 9937
26. 44 259 1539 1578 3791 3877
7271 7424 7435 9628 9648
             (11 Belege)
28. 1744 3059 4476 4847 6123 6217
29. 8090
30. 1781 3553 3582 5001 5130 5191
5291 6710 7838 10199

1479 iul.   138 9849 10452
1. 1737 2086 2293 3967 4668 5191
2. 505 7254
3. 7166
4. 861 2343 3624 4281 9066
5. 138 4847 5388 10199
6. 260 2192 5304 5480 6004 6752
6900 7880 7965
7. 1912 3526 6250 8371 9907
8. 755 1283 1845 2046 2149 2649
3643 4403 5565 6139 6265 7907
7970 9029 9868   (15 Belege)
9. 1303 1845 2854 4783–4784 9385
10. 195 512 2793 2990 4282 6552

11. 651 1199 1626 6382 6552
12. 243 359 1039 3550 4784 7729
7970 8309 8629 8675 9007 9381
9465 9940 10621   (15 Belege)
13. 2107 3526 3678 5535 9401 9907
14. 779 1659 1781 4282 7553 8385
8534 9297 9923 10346
15. 620 2926 3586 3652 4070 4282
4821 4957 5597 5725 9120
             (11 Belege)
16. 1598 1781 4168 8393 9152
10445
17. 3814 6158 8393 9753
18. 260 4091 5053 7290 7803 10094
10346
20. 3691 5217 5356 5535 7819
21. 1062 2112 2990 4282 4397 4659
22. 10094
23. 138 4308 6900 7306 9368 9604
10094
24. 8092
25. 4923 8629
26. 2779 4403 6074 7912 7953
10094
27. 339 1123 1840 3474 7574
28. 286 620 2417 3474 3619 3765
4749 10094
29. 3877 5655 6813
30. 335 4282 10005
31. 2107 2213 3535 4282 4744 5852
8065 9230

1479 aug.   138 10452
1. 2296 7471 7477 10624
2. 286
3. 1552 2099 5778
4. 1678 2417 2779 4282 5155 6079
7109
5. 717 4227 4847 6854
6. 2729 8629
7. 1113 6160 6739
8. 1044
9. 6059
10. 642 2885 8145
11. 7329
12. 3218 3969 9906 10094 10249
13. 488 1072
16. 9230 9730 10094 10524
17. 2600
18. 2892 3547 4957 5985 7072 7479
7642 8810 9648 10094

19. 525 3624 3694 3784 3877 6552
6734 8836 9384 10449
20. 3691 6538 6961
21. 845 2409 2519
22. 8001
23. 44 128 286 1242 2272 10094
10176
24. 1184 5052 9648
26. 1135 2198 2358 7296 8606 8771
9408
27. 90 708 6157 7953 8734
28. 620 9811
29. 5375
30. 224 3125 4784 4908 7798 9249
9576
31. 3125 3641 4476 6079 7479

1479 sept.
1. 3125 8777
2. 166 3691 4672 5840 8606 9862
9879 9906
3. 379 4278 6790 8001 10353
4. 1015 8606 8731
5. 1793
6. 1233 2440 10095
7. 3051 4659 4891 4994 6265 7823
8178 9811
8. 537 3035 10095
9. 9100
10. 525 2892 3164 5875
11. 379 405 411 1452 2417 3592
7953 8033
13. 2417 2798 7976
14. 3218 7019 7814 9811
15. 9100
16. 416 3920 3969 4528 9730 10095
17. 2779 3526 9469 9995 10131
10565
18. 882 2198 2335 5215 5725 5770
5919 7141 7244 8033 9923
(11 Belege)
19. 1656 1659 2902 7838 10289
20. 1184 6948 7296 10095
21. 6596 8588
22. 1414 1543 2107 2612 7244
23. 489 2226 2248 2532 4539 5731
6390 6814 9933
24. 405 5573 6935 10380
25. 2510 3843 6265 8503 8625 8741
9811
26. 1058 1783 4371 8626

27. 708 827 2396 2665 3920 4659
7075 10524
28. 589 2845 2926 4908 5737 7980
29. 3895
30. 2572 5155 7828

1479 oct.
1. 372 620 2483 4148 7449 8868
9621 10524
2. 378 1071 8868
3. 3692
4. 2006 4282
5. 3191 6994
6. 21 1845 2057 2107 2794 3573
4631 6285 6905 7721 9469
10468 (12 Belege)
7. 433 619–620 1793 4167 6001
7993
8. 794 957 5956
9. 2232 2650 6891 9849
11. 546 2275 3526 6629 7553 7798
8770
12. 117 730 2463 3218 4765 4828
6271 8180 9164
13. 1135 3035 4976 5535 5917 6914
9824
14. 1011 4271
15. 2272 7072 10524
16. 2417 2463 6772 8736 9228
17. 10176
18. 5548
19. 2226 2779 3454 3769 4636 5073
7403 7414 8449 9621
20. 5323 7006
21. 177 492 1990 2275 2652 4284
4402 4796 5892 7190 7264 8936
10299 (13 Belege)
22. 663 2344 5623 9198 9872
23. 528 3537 4957 5392 8606
24. 2780 3850
25. 1559 3850 4701 4957 5399 7399
8580 9137
27. 1025 2272 4284 4668 8449 9328
10528
28. 2272
29. 259 1135 1217 3399 6298
30. 259 7953 9439 9731
31. 1840 2794 6950

1479 nov. 134 1030 2275 2629 2780
2794 5130 5883 6159 7950 8584
9198 9456 (13 Belege)

1. 2985 7459 9015 9735
3. 512 538 735 1025 1559 1893
2338 2732 3337 3650 4440 7449
7459 9696 9859 10540
(16 Belege)
4. 324–325 538 2621 3691
5. 3571 8474 9198
6. 4957
7. 917 3566 9164
8. 274 2388 4582 4939 4957 5161
7693 8625
10. 274 1430 6723 8015
11. 980 1233 1241 1330 7034 10373
12. 2338 2926 4994 5290 10486
13. 730 3894 6625 9137 10050
15. 827 1308 1936 2156 5628 7504
16. 1029 7015
17. 1011 4213 9456
18. 827 9164 9628 10454
20. 546 1851
22. 2338 7432 9224 9866
23. 128 239 1029 2424 5579 6144
8534
24. 917 5161 9456
25. 1029 7814 9151 9811
27. 2463 3118 4821 9198
29. 1678 1831 2597 2621 2818 4864
4964 6079 7173 9910
30. 1029 7819

1479 decb.

1. 636 4414 4964 5884 9174
2. 1237 1824 3441 4075 7460 8160
8434 9268 9540
3. 186 527 9357
4. 186 661 1036 4907 8449 9458
9750
5. 1346 3218
6. 4668
7. 1030 1330 4964 6144
8. 1764 2173 6360 7798 10388
9. 381 2780 8033
10. 877 5130 10486
11. 917 3566 3574 3818 4939 5789
6935 7034 10347
12. 889 4282
13. 222 917 1030 1330 3561 4964
6296 6721 7912
14. 5089 6794 7504 8686 9354
15. 128 5503 5873
16. 814 2316 2333 3520 4677 5524
9273

18. 930 4476 4581 4637 4663 6874
8177 8795 9701 10047
19. 4784
20. 1332 2093 3561 4226 4476 5340
5794 6156 7232 7950 8001 9049
9128 10278 10465   (15 Belege)
21. 520 4069
22. 3000 5248 7497 7950
23. 3130 7068 7912 7950
24. 3590
26. 4907 10036
27. 3748
28. 3478
29. 801 1012 1166 1824 1845 2060
2985 6437 6445 7953
30. 2226 2316 7708
31. 2107 2316 7953

1479 sine die et mense   5939 6158 6217
9045 10087

1479/1480   1749

1480 ian.   134 186 930 2845 3051 4568
7708
1. 10362
2. 3343 4637 7708
3. 917 1030 1330 2034 3566 3574
4763 4939 4964 6935 8309 8438
8844 9811   (14 Belege)
4. 222 486 1846 2032 6069 7585
5. 128 3862 4370 6772 8145 9819
10413
7. 839 5308 10242
8. 131 2628 4552 5348 5363 8330
8341 9128 9146
9. 2217 2289 8395
10. 883 2780
11. 4611 4636
12. 1735 9022
13. 912 3389 3713 6038 6714 7337
10288
14. 486 2845 7553 7852
15. 486 3490 4728 10486
16. 4475
17. 206 535 3512 5770 8562 9343
18. 358 1513 3226 6128 6523 6821
7953 10503
19. 1969
20. 2845 6350
21. 1994 2102 2182 2377 2549 5375
5676 8033 8438 8700 9465 9576
(12 Belege)

22. 1308 3240 8161

23. 9696

24. 8815

25. 1912 1943 2898 3311 3431 3788
7330 8316

27. 68 1147 1238 1303 1674 2948
4821 4908 5375 6581 7504 7878
7953 9367   (14 Belege)

28. 2344 2549 8937

29. 845 1802 2780 3232 3874 6739

30. 2107 7034

31. 845 1202 2549 2926 3476 3553
5062 5426 6079 6209 6439 9177
9824 10118   (14 Belege)

1480 febr.   877 2550 2898 3476 4844
4926 5131 5354 5866 8863 9584
10095   (12 Belege)

1. 4282 6416

2. 4784 9581

3. 9991

4. 285 1202 2931 3977 4728 4775
5535 7425 7953 7997 8984 9300
          (12 Belege)

5. 2885 3051 7432 9595

6. 8438

7. 662 1202 6059

8. 400 520 546 861 1577 4502 4758
4821 6514 7126 7337 8039 9584
          (13 Belege)

9. 877 5924 6084 7927 8451 9514
9554

10. 620 2585 4908 4921 7969

11. 1202 2780 4285 8010

12. 286 667 7400 9137

13. 4424 7860 8894

14. 622 1936 1952 4890 6748 7703
7954 8010 8314 9049 9897
10589   (12 Belege)

15. 2107

16. 2549

17. 68 1672 2549 3330 4285 4533
4796 8360 9098 9463

18. 7186 8439

19. 2549

20. 620 5126 5131

21. 423 912 1936 4122 4380 5365
8227

22. 2139 4642 6329 6953

23. 489 3537 3553 8688 8805

24. 1009 2831 2936 4663 5555 5691
5726 6758 7006 7860 8227 8471

8898 9879 9896 10069
          (16 Belege)

25. 685 6205 7954

26. 497 7993 10005

27. 1352 2107 3788 5538 5770 6563
7911 7916 9049 9576 10493
          (11 Belege)

28. 2550 7167 7860

29. 2364 2697 4502 4912 5327 9224
9896

1480 mart.   930 1912 7838 7954 8863
9440

1. 1946 2596 4519

2. 845 868 1241 1492 2329 2780
3747 4895 6545 7352 7883 9581
9598 9816   (14 Belege)

3. 279 423

4. 128 2183 2580 4569 4677 4957
5689 5731 6417 8217 8580 9463
          (12 Belege)

5. 2112

6. 1912 3116 8344

7. 4284

8. 1076 2908 3051 4137 7400 7993
9137

9. 1514 1784 2794 3650 3874 4637
5995 8221 8314 9611 9811
10515   (12 Belege)

10. 7954

11. 1608 2550 3788 5538 6217 8195
8308 8666 8874

13. 3414 8314

14. 845 1802 2550 7312 8203–8204

15. 2344 3700 5160 8606 9463 9587

16. 600 2936 3671 4602 7174 7852
8347 9312 9440

17. 10598

18. 363 1644 4367 4519 4763 5639
7993 8316 8863 9368 9581 9879
10069   (13 Belege)

19. 556 8360

20. 1784 2692 2794 3902 4891

21. 600 2985 6604 6850 7238 7506
9344 9415 10357

22. 546 704 2079 2433 9526

23. 1225 1303 3001 3747 4594 4946
5223 8344 9052

24. 4519 7170 9060 10353

25. 117 486 1324 1627 5529 5734
6686 7767 7814 9412 10449
          (11 Belege)

26. 4558
27. 1025 3526–3527 4359 5887 6415
28. 1631 3163 4569 4966 6158 6341
8009 9196 9415 10005 10143
10186 10468   (13 Belege)
29. 546 3084 7607
31. 6059 9526

1480 apr.   2364 2463 2550 2931 3772
4315 6001 7413 8001
1. 3890 7954 9526
2. 9910
3. 381 1626 2092 3414 7798
4. 3171 7434 8580
5. 115 636 2024 2392 2691 8443
8739
6. 571 751 833 910 1015 2550 2602
2992 3129 5230 5602 7068 7174
7722 8314 8395 8626 8874
(18 Belege)
7. 765 2550 3084 3087 6144 7413
9711
8. 2550 3683 5989 6326 7098 9142
9. 2550 7567 8683 9449 9991
10116 10255
10. 763 1324 1627 1773 2077 2079
2440 4440 6403 6991 7533 9241
10606   (13 Belege)
11. 4434 5327 7627 8128 10069
12. 833 2016 2078 3174 3318 3722
8410 8623 10069
13. 1283 1373 1653 1807 2302 6324
8215 9036
14. 222 685 1001 2931 4963 6533
8020 8258 9300 9393
15. 1644 2089 2161 3587 3589 3694
6880 7025 7932 8015 9587 9720
(12 Belege)
16. 4139 9300
17. 1001 3248 4282 4434 4569 4661
5340 5747 5771 5798 6307 7042
7147 7823 8557 8836 9825
10069 10184 10493 10498
(21 Belege)
18. 921 1630 2099 2433 3694 6690
8836 8874
19. 436 930 3095 3172 5881 7688
20. 117 689 1015 2079 2218 2446
3174 3440 3977 4213 4402 5340
6059 6412 7824 7838
(16 Belege)

21. 118 3527 7688
22. 1015 1631 2364 3561 3823 5420
7473 8434 9825
23. 2550 5545
24. 757 3250 4264 4569 4814 5047
5395 5598 5798 7689 7996
(11 Belege)
25. 1528 3553
26. 1528 4659 4923 6217 7359 7381
27. 1909 1978 2008 2203 2463 2780
4552 5608 6659 7689 7954 9811
(12 Belege)
28. 2275 2845 3095 3477 3692 4554
4569 7068–7069 7583 10599
(11 Belege)
29. 327 1086 1846 5770 7338 8463
9448
30. 339 468

1480 mai.   451 687 765 1946 6001 6880
8458 9036
1. 2550 5143
2. 982 2944 3858 7236 8473 10078
10476
3. 845 2550 4552 9152 9824
4. 99 1064 1430 2381 5537 7098
7228 7738 8303 8341 9932
10476   (12 Belege)
5. 551 1068 3215 4282 5798
6. 2831 5798 7993
7. 3537 5370 9628
8. 29 9474
9. 530 1221 1631 1784 2030 2479
2931 3614 3619 4011 4107 5348
5487 7689 8020 8352 8921 9098
9274 9300 10205 10596
(22 Belege)
10. 1203 4796 8323 8352
11. 4284
12. 489 4284 10316
13. 2030 2344 3699 7306 9300 9711
10169
14. 1631 2854 3003 3155 4957 5770
6607 6694 8836 9628
15. 3699 4144 4460 4933 5854 6547
10095
16. 1338 4449 5644 6439 8502
17. 29 1788 1874 2030 7069 7072
7689
18. 405 476 1784 2774 3243 4059
4211 4218 4252 4453 5219 5637
5733 5848 5878 6350 6656 7112

7721 7735 8686 8829 8877 9928
10476   (25 Belege)
19. 3848 5321 9628 10124
20. 1784 2953 4963 7990
21. 1033 9133
22. 2707 4011 4649 9273
23. 1506 2132 8401 9128 10362
10480
24. 2794 2948 4461 7631 7839 8211
8759 9616
25. 468 3585 4608 5211 5226 5575
6249 6659 7072 7426 8211 8868
8874 9923 10069   (15 Belege)
26. 7330 7997 9479
27. 451 2550 4303 5535 6079 7721
8204 10476
29. 687 3467 5436 5535 5744 8829
9300
30. 2344 3389 3834 5535 6366 7970
9879 10128
31. 546 841 845 1114 1497 2434
5210 5770 7069 8336

1480 iun.   451 708 930 3440 3527 3702
5480 7125 7607 7620 7631 7990
8258 9417   (14 Belege)
1. 10095
2. 4011 8601
3. 546 575 1113 1198 1481 1784
1830 5053 5810 7954 8669
10403   (12 Belege)
4. 2841 4011 7759
5. 2327
6. 314 451 3134 3632 4476 4530
6350 6391 7839 7954 7970 9777
            (12 Belege)
7. 137 9881
8. 1025 1773 7142 9128 9368
10047 10272
9. 353 468 868 1733 3102 4874
4891 6079 6553
10. 708 2550 7325 9368
11. 2658 6279 8027 9471 9498 9824
12. 260 3553 4136 7077 9300
14. 621 1760 2344 5162
15. 1272 1846 2780 3051 3722 8789
9944 10095
16. 5793 6217
17. 708 1030 1444 2080 2780 4923
5185 5436 6059 7754 7954 9794
10069   (13 Belege)

18. 3134 4957
20. 498 1015 1119 1272 2463 4946
6993 8418 9638 9760 9824
            (11 Belege)
21. 2113 3116 3632 7125 10176
22. 3558 3825 6217 8316 9879
23. 4637 5975 6991 7125 8426
24. 247 3819 3962 5341 5648 8426
10095
25. 603
26. 451 4946 5638 7407 9879
27. 470 983 1389 1500 2377 3454
4946 7583 9638
28. 2035 2429 3169 4206 4628 4958
5321 5419 7133 8212
29. 2521 8439
30. 3454 7126 10015

1480 iul.   3527 4923 7891 8344 9388
1. 80 642 1030 2985 3692 4628
5917 6546 7432 10605
2. 1867 4814
3. 436 1506 9638
4. 7 2218 3229 4242 4958 10015
10088
5. 708 782 1645 2078 5563 6725
10069 10413 10501
6. 444 1596 2655 2854 3270 3527
4476 4785 8135 8636 10095
            (11 Belege)
7. 1122 1191 1608 2417 3722 5964
6051 6991 7839
8. 1500 1707 1945 5039 5282 7642
8876 10605
10. 444 1840 2854 9404 10095
10229 10413
11. 1867 3691 5210 5882 6605 7674
7820 8545 8679 10380
12. 4248 5282 7312 7937 9388
13. 266 975 1011 1251 1859 2079
2381 2433 4282 4505 5075 7444
9137 9721   (14 Belege)
14. 6802 6860 7444 7553 7930
10015
15. 1593 2463 2831 4958 10095
10353
16. 8439 9731
17. 1396 5313 7400 9138 10605
18. 1859 4763 4784 4945 7573 8036
8686 9387 9466 9731 10289
10582   (12 Belege)

19. 1119 1377 4958 5648 5889 9932 10413

20. 1377 1614 1787 3454 4755 6927 8404 10455

21. 516 1764 2469 5746 5847 6079 7289 9731

22. 708 2226 6272 7954 8686 10501

23. 787 1874 1902 2296 8653

24. 564 1846 1874 2377 2892 2929 2967 3527 4475 4836 5550 5579 5950 10355   (14 Belege)

25. 2211 9731

26. 1234 1693 4814 9626

27. 335 393 497 2780 7325

28. 1678 4066 5535 10131

29. 1025 1430 2107 2981 4968 5889 8401 10095

30. 2345 2990 3699 8161

31. 3527 3689 4763 7815 7852 7883 8878 9526–9527

1480 aug.   1846 2345 2417 2463 2469 4255 4814 4923 4946 5523 5836 9036   (12 Belege)

2. 2781 10159

3. 1936 3699 8555 9113

4. 1788 5436 7072

5. 2845 7986

6. 5882

7. 5847

8. 4814 6509 10031

9. 845 889 1548 4720 6457 6813 7563 8773 9123 9142 10269
                (11 Belege)

11. 3022 6124

12. 339 546 717 861 2781 2892 2936 5637 7098 10380

13. 1064 2030 2345 3671 5155 10056

14. 1258 4814

16. 4666 9731

17. 339 2680 3358 8744

18. 5160 5828 7685 9142

19. 195 889 6802 6860 10162

20. 2415

21. 594 861 1634 2044 4814 5155 6802 8015 9839

22. 594 1936 2936 3699 5405 6625 8129

23. 412 3592 9036 9552

24. 2575 9897

26. 3540 3699 3909 3920 5535 7815 8523

28. 9731 10095

29. 3076 3435 4552 5781 7642

31. 2840 2854 5155 10131

1480 sept.   2452 2463 4822 7674 7839 9621 10162

1. 266 451 2463 7852 8503

2. 1945 3510 6523 8371 8606 9777

4. 51 2463 6265

5. 6124

6. 1430 2463 5492 5523 6059 7852 10095

7. 529 1240 10095

8. 2345

9. 5231 10095 10427

10. 5523 9328

11. 3232 4066 8121 10169 10413

12. 2117 2845

13. 1469 7043

14. 7680

16. 7937

17. 5770

18. 5523

19. 3263 5511 6786 8580 8661 9054 9205

20. 1030 3527 4129 6144 7401 7674 10095

21. 405 2024

22. 1234 3624 5155 5492

23. 546 2723 3084 4664 5983 10194

24. 240 10095

25. 932 3155 8684

26. 7 2660 2894 3243 4271 4785 4873 10316

27. 9935

28. 2024 2107 2293 2964 8580

30. 7735 10095

1480 oct.   138 845 2781 4911 5341 7312 9440

2. 788 1548 4280 5155 7477

3. 1430 4887 5648 5652 6143 6970 7912 9732 10498

4. 10095

5. 582 5819 5993 6694 7680 9473 10480

6. 57 1626 5160 5187 7282 9933 9935 10162

7. 762

8. 330 490 3920 6491

9. 3155 3900 6124 6706 7400 9138
9696 10095
10. 641 1840 4023 4637 4834 4914
6735 7049 8335 9054 9182
10005 10599 10605   (14 Belege)
11. 2550 8497
12. 1994 2237 2845 4335 4958 7512
7521 7645 8073 8869 9715 9872
9909   (13 Belege)
13. 932 4968 7312 7339
14. 704 957 1285 2193 3155 4114
4212 4968 5413 5581 5794 6180
7290 7354 7647 8066 8884 9056
10084 10454   (20 Belege)
15. 2193 6876
16. 183 932 1626 3996 4914 7234
17. 398 704 2640 3527 4048 4187
6373 6483 8423 8475 8520 9408
9744 9909   (14 Belege)
18. 1071 1596 2438 8121
19. 122 475 582 1150 1237 1751
2869 3414 4532 4751 4775 5744
5770 6146 6401 7322
                   (16 Belege)
20. 3984
21. 118 845 889 1235 1269 1414
1821 2463 2840 2957 3155 6850
7186 7321 7747 9817 10169
                   (17 Belege)
23. 1626 1764 1840 2114 4044 6786
7282
24. 2386 2478 3447 3521 3523 3819
6969 7322 7619 8105 8404 8847
9714 10031   (14 Belege)
26. 794 1824 2415 9918
27. 1676 1955 2415 3076 3218 3742
4169 4923 6143 6850 7642 8182
9160 9870 10169   (15 Belege)
28. 7110 10169
31. 118 765 960 1994 2327 3144
3739 4280 5413 5793 6786 7043
9148 9476   (14 Belege)

1480 nov.   520 687 921 1363 1430 2463
2936 3722 3739 3896 4066 4637
4958 7642 9343   (15 Belege)
1. 5854
2. 708 1363 2296 2900 6544 7477
9277 9824
3. 5998 7937
4. 1363 2781 4066 5008 6982 7322
8580 9854

5. 2463 4066
6. 3619 4066 8534
7. 2854 3435 3587 3597 4066 5279
6816 7110 7954 8796 9863
                   (11 Belege)
8. 4371
9. 889 1508 6124 10380
10. 621 889 1742 1961 2902 2936
2946 3376 3474 3573 3576 3748
5379 5762 6296 6330 6850 7504
7852 8188 8406 8535 8610 8897
9343 9648 9771 10150
                   (28 Belege)
13. 183 2293 3880 8535
14. 118 619 1100 1807 2040 2524
2699 2986 3458 3557 3747 4478
4991 5819 6013 6674 7418 8610
8804 9186 9229 9464 9857 9933
10437 10455   (26 Belege)
15. 458 2275 3896
16. 207 2183 4114 5098 6070 7233
7954 10224
19. 1505 6674 8366
20. 51 1030 3306 5770 5854
21. 588 1044 2831 4078 4293 4622
5348 10432
22. 528 1421 1724 5897 5917 8404
9205 9734
23. 1548 2135 2469 3511 3694 3896
5131 5187 5261 5528 6850 7049
7852 8394 8580 10545
                   (16 Belege)
24. 2159 3671
25. 3527 5848 7853 8535 10501
26. 8580
27. 1770 3896 4923 7110 8938
28. 1118 3162 3561 3896 4504 4637
5298 5608 6123 7306 7642 8288
9223 10551   (14 Belege)
29. 921 1430 2660 3896 4796 4958
5440 7506 7560 7735 8535 9955
10263   (13 Belege)
30. 3896

1480 decb.   520 1235 3897 7391 7839
8580
1. 520 3691 4637 7853 9007
2. 425 428 1240 1867 2027 2152
2509 2511 2781 3278 3561 3984
4478 4569 4644 4659 5194 5294
5912 7208 8425 9229 9305
10271   (24 Belege)

3. 642

4. 190 628 921 1002 1348 1941
2226 2781 3076 4066 4785 7721
7839 7859 9638 9644 9648
10418   (18 Belege)

5. 1059 2550

6. 628 1241 3897 7049

7. 2845 3671 8884

9. 709 718 1233 1241 1427 1867
3162 3561 3772 3897 5261 6801
7954–7955 8182 8545 8863 8908
9148 9189   (20 Belege)

10. 551 1044 5637

11. 628 2542 3771

12. 1745 2631 2640 3009 3691 3771
3843 4984 5340 5518 5648 7504
7955 8435   (14 Belege)

13. 827 2550 3897 5340

14. 1414 2040 3771 3859 3881 3897
4039 4457 5155 5897 5912 7480
8055 9576 9597 9732 9969
                         (17 Belege)

15. 381 1742 2550 4231 9824

16. 274 1235 1331 2118 3691 3897
3980 4882 5237 5348 5440 7229
8045 8902 9473 10455 10521
                         (17 Belege)

17. 1113 9991

18. 36 1068 1282 1561 2204 2986
3561 5085 5553 5556 5747 5848
6500 6840 7306 7642 8625 9343
9368 10180   (20 Belege)

19. 3306 9732 10180

20. 876 2588 4231 4908 8515 9148
9576

21. 2138

22. 254 367 834 1118 1128 1807
1867 2511 3193 3218 4679 5070
5648 7348 7411 9019 9198 9812
10047 10449   (20 Belege)

23. 1643 4859 7192 10150

24. 717 9294

25. 1867

26. 1629

27. 1905

28. 5912 6168 7839 10451

29. 1608 2261 2490 5912 6865 8580
8665 10451

30. 36 2551 3624 5131 7306 7912

31. 381 765 2237 2928 5259 9198
10273

1480 sine die et mense   7839

1480/1481   27 29 62 134 251 256 292
294 319 372 426 620 667 708
717 736 746 764 861 986 993
1044 1140 1147 1211 1235–1236
1238 1252 1505 1527 1678 1695
1705 1744 1764 1772 1807 1830
1878 1883 1911 1953 1967 2035
2090 2117 2135 2402 2434 2459
2461 2498 2557 2656 2679 2685
2689 2713 2739 2854 2896 2926
2969 2974 3035 3100 3194 3218
3225 3241 3270 3452 3467 3501
3517 3582 3600 3660 3678 3708
3716 3732 3735 3897 3906 3950
3959 4028 4091 4130 4174 4213
4231 4381 4411 4515 4528 4724
4796 4821 4854–4855 4881 5125
5197 5313 5412 5446 5520 5613
5637 5673 5748 5874 5918 6047
6049 6080 6124 6200 6229 6398
6438 6449 6461 6544 6697 6730
6795 6811 6924 7018 7075 7173
7185 7252 7264 7352 7371 7479
7482 7497 7538 7577 7603 7640
7650 7702 7735 7783 7814 7853
7856 7889 7910 7990 7995 8007
8035 8204 8445 8482 8558 8652
8837 8988 9013 9027 9258 9289
9380 9382 9433 9464 9576 9599
9617 9707 9720 9812 9932 9935
10017 10048 10070 10170 10184
10254 10300 10379–10380
10455 10605 10607 10617
                        (196 Belege)

1480 nov.–82 nov.   7852

1481 ian.   1596 1807 2100 2159 2936
3900 4569 5330 5518 5649 6706
7815 7905 8515 8535 8580 8768
8902 9199 9456 9734
                        (21 Belege)

1. 1659 2590 5194 5912 6569 7665
8095 9644

2. 876 1002 1089 1526 1987 2093
3814 4174 4176 4402 5483 5542
5947 6664 7019 7212 7701 8981
9365 10079   (20 Belege)

3. 128 546 6124 8001

4. 544 717 1192 1737 1802 3632
4950 5518 5794 5839 6930 7062

7143 8545 9125 9368 9418 9599
9672 10552 (20 Belege)
5. 720 2418 4298 6349 8515 10074
6. 2551 10416
7. 4785 9081
8. 774 1331 2435 2511 2533 4074
4282 4668 5160 5176 5536 5673
5726 5983 6981 7626 7912 8515
8545 8665 8945 9199 9599 9723
10138 (25 Belege)
9. 1270 1742 1900 2339 3843 8314
10. 1637 3984 4010 6377
11. 190 530 1089 3557 3786 4984
6684 8204 9222 9343 10179
10493 (12 Belege)
12. 190 497 1113 3716 8665 9544
13. 292 1378 2830 3162 4847 8933
9773 10049 10253
15. 889 1292 1300 7404 8448
16. 1249 1430 1526 1590 2936 3031
3706 3841 5070 5744 8580
(11 Belege)
17. 673
18. 555 709 1237 1430 2275 2440
2747 2872 3467 4472 4785 5819
7718 7955 9771 10370
(16 Belege)
19. 381 3557 9482 9544
20. 9544
21. 105 319 9458
22. 528 3218 4569 5217 8425 9368
23. 149 339 1089 1764 2830 3143
3632 5093 5819 5912 7198 7463
8321 8991 (14 Belege)
24. 1807 4569 7046 9029 9437
25. 1196 1747 5581 8421 9734
27. 9073 10316
28. 118 1099 1304 2291 3705 3736
5155 9340 10376
29. 2048
30. 1078 1612 2715 2737 3162 3511
3573 4663 5744 7955 8213 8938
9199 9872 10074 10454
(16 Belege)
31. 190 2980 3192 10313

1481 febr. 497 765 1430 2986 3162
3920 6109 6249 7642 7840 7913
8458 9544 (13 Belege)
1. 1793 1868 9275
2. 4785 9015

3. 2280 2535
4. 7732
5. 1840 3005 3906 4878 5194 5983
8204 8314 9368 10436
6. 799 1006 1879 2200 2237 2689
2748 3587 5675 5918 10486
(11 Belege)
7. 4891
8. 547 763 1231 2748 4180 4295
4552 8395 9060 10169
10. 765 2040 2377 2535 3619 3692
5131 5930 6109 6753 7512 9932
(12 Belege)
12. 3467 7028
13. 1273 1781 2075 2781 2998 3143
3632 4007 4515 4581 5073 5581
5675 5917 7173 7840 7913 9829
9976 (19 Belege)
15. 889 1006 3143 3162 3632 3736
3773 3906 4458 4671 4678 5100
5222 5284 5762 6265 6560 6756
7084 8204 10005 10185 10376
10436 (24 Belege)
17. 555 1414 4677 4891 5117 5160
5379 5652 7447 8204 10185
10534 (12 Belege)
19. 2135 4423 4760 4881 5848 7217
20. 4423 8848 8870
21. 190 1273 5848
22. 709 839 1424 2781 5093 7173
7732 8618 8661 10454
23. 2498 3175 4430 7173 10182
10194
24. 2416 3550 3582 3920 5332 6811
25. 1571 2498 4501 4666 7189 8503
26. 5495 9544
27. 2832 2845 3162 4446 5199 5444
5491 6212 6583 6810 7689 9732
10619 (13 Belege)
28. 2048

1481 mart. 36 520 3175 5749 8535
9015 9199 9369 10005
1. 1109 1238 3632 4822 4891 4941–
4942 5093 5490 5912 7015 8449
9199 9510 9544 9720
(16 Belege)
2. 183 1430 2113 3920 6811
3. 588 905 3475 4664 4976 5162
5379 5983 7372 7447 7620 7642
7790 8335 (14 Belege)

4. 3519

5. 7321 10388

6. 2048

7. 2048 10108

8. 102 345 3306 3671 3706 6630 7585 8712 9464

9. 497 3576 3687 6770 8535 9883

10. 2498 3067 5655 6889 7312 7840

12. 5309 6811

13. 102 118 412 763 1424 1554 1726 4017 4585 7853 8618 8661 9628 10486   (14 Belege)

14. 5490 5649

15. 6304 7223 9081 10425

16. 10425

17. 3600 3783 4515

18. 1711

19. 2980 9081

20. 743 900 1030 2128 2841 4578 6700 7024 7413 7493 10194   (11 Belege)

21. 1505 2854 4472 7223 7840 10017

22. 58 528 2773 2781 3096 8288 9199 9369 9554

23. 528 1505 6674

24. 1838 2060 3498 4486 5131 6553 7183 7620 8204–8205 8520 9517   (12 Belege)

25. 2781

26. 7853

27. 590 3671 4293 7642 8308 8914 10077

28. 3550 5443

29. 285 588 2116 3175 5755 7223 7853 9445 9923 10388

30. 427 10619

31. 128 4265 4793 4966 5064 6935 8938 9116 9812

1481 apr.   2416 2640 4664 4785 4847 5912 7260 7990 8434 9160 9199 9205 9377 9456   (14 Belege)

1. 9935

2. 3051 8439 9369 10619

3. 1461 3389 5009 8395 9952

4. 4847 6850

5. 3772 5787 8314

6. 3131 6104 10388 10590

7. 858 2079 3480 4119 5009 8316 9621 9952 10388

9. 878 5755 6544

10. 4101 4585 5561 7584 7815 9328 10063 10095–10096

11. 1788 5563

12. 1430 2941 5581 5912 8395

13. 2079 2937 6034

14. 190 2726 4206 4671 4827 6553 7052 7109 7853 8259 9936   (11 Belege)

16. 2008 4793 5744 6553 8550 9116 10590

17. 1109 3732 4958 5505 10590

18. 5160 6954 7642 7840 8002

19. 7840

21. 2416 7738 7990 8949

23. 1788 10317

24. 480 602 1717 3819 3984 7853 8661

25. 1605 6865

26. 1331 1770 2107 2402 3296 3600 4458 5770 5912 7743 7853 7896 8110 8826 9054 9186 9199 9587 9621 9812 10480   (21 Belege)

27. 29 1030 1331 1700 2108 2533 4157 4848 5458 6547 6902 8371 9205 9587   (14 Belege)

28. 29 1717 3454 3764 4785 7990 9049 9199 9227

29. 2293 3706 9734

30. 180 900 2108 4848 9955 10149

31. 9546

1481 mai.   339 2361 2781 3527 4512 5913 6291 7629 7738 8236 8564 8949 9621   (13 Belege)

1. 741 879–880 1090 1633 3650 3794 4025 4231 4844 5126 7990 8110 8236 8314   (15 Belege)

2. 7 1497 2167 2402 2931 4848 7432 9199

3. 602 2316 7853 10379

4. 2345 2706 3691 4253 4331 4785 5131 8064 8473 9732 10265 10303   (12 Belege)

5. 339 2480 2515 2944 3422 4025 4512 7881 8473 10137

6. 2229 4796

7. 3161

8. 339 673 827 3163 7476 7962 9186 9195 9199 9332 10137   (11 Belege)

 9. 738 3699

10. 199 879 1846 2541 2913 3694
4891 5470 6504 6513 7274 7790
7854 8300 8478 8564 9185 9594
                      (18 Belege)

11. 1118 6883 7264 7854 9839
10150

12. 879 1025 1784 1813 4284 4752
4844 6125 6583 6856 7580 7790
                      (12 Belege)

13. 3246 3969 5131 5649 8236 9464

14. 325 2781 2939 2950 3996 4336
7109 7620 7642

15. 704 1809 1946 2361 2950 3096
3143 3624 3691 3748 4982 7289
7733 7790 8564 9159 9328
                      (16 Belege)

16. 1269 3143

17. 2438 2529 5770 6271 7633

18. 621 1272 1430 1826 2511 2762
3016 6138 7084 7264 8998
10449   (12 Belege)

19. 1788 2008

20. 1031 1135 4066 5524 9140

21. 6697

22. 664 1031 1790 2689 3161 5406
5912 6544 6629 6865 7562
                      (11 Belege)

23. 831 3163 5398 8367 8515 9148

24. 4276 4521 6038 6291 7629 7955
9337

25. 879 1868 1973 3265 3694 6038
9474

26. 131 1433 1868 2578 3018 3149
3702 4213 5161 7980 8266 8631
8665 9294 10560   (15 Belege)

28. 4285 10218

29. 127 890 892 941 2214 2249 2316
3265 3342 4113 4677 4785 6593
9569   (14 Belege)

30. 1784 2694 5652 6190

31. 630 2195 3678 5909 7854 9742
9936

1481 iun.   879 1529 2108 2214 2346
3220 3691 3694 3969 4844 5172
5876 6593 6664 6954 7078 7476
9186 9440 10170   (20 Belege)

1. 1752 9174

2. 412 890 2229 7955 9328 9464
10560

3. 879 3538 6515 7476 7962 9071
9348 10070

4. 4844

5. 1025 1391 1936 2334 4119 4458
4924 6473 9928

6. 7854 8316 9185

7. 571 2025 4728 5551 5776 8018
8712 10522

8. 631 827 2034–2035 2214 2249
2578 3265 4883

9. 260 571 3458 3881 4502 5470
7049 7283

11. 1430

12. 103 1375 1546 2035 2060 2108
4924 6593 9004 9312

13. 2060 5876 7854

14. 1788 2108 2345 3084 7413 7854
7955 8683 9544

15. 3848 5649 10326 10480

16. 665 693 764 890 1225 1635 1654
2108 3406 3566 4109 4202 4213
4265 4499 4669 4774 5436 5679
7117 7174 7854 8265 9665
10284 10512   (26 Belege)

17. 593 10609

18. 2097 2799 3848 6921 8046 9440
9947 10170

19. 2480 2986

20. 2096 7410 8002 8593 8636
10170

21. 7840

22. 1678 3671 5013

23. 1527 6059

24. 1987 2079 2619 3671 4676 4692
5480 6161 7717 10368

25. 1744 4269 5606 5842

26. 4891 6324 7004 8562

27. 3969 4581 4891 7738 9762

28. 2275 2799 5887 9707

29. 839 7854 8684 9762 9947 10096
10368

30. 6415 6921 9159 9455 10538

1481 iul.   1936 3528 4066 4924 5655
5913 8458 8515 8938 10362

1. 489 1002 2713 9174 9596

2. 2761 6921

3. 586 631 2456 4891 6136 6905
7605 7831 9813

4. 1168 5182 5436 6941 9036

5. 571 2990 3420 7711 8018 9872

6. 57
7. 2781 6865 8377 8712 9335
8. 3566 3579 4851 10096
9. 4066 4914 5834 7295
10. 1730 2884 5417 8241 8727
11. 651 4814 9060 10286
12. 442 3527 4814 7174 8323 10096
13. 2008 3527 10070
14. 4228 5340 5655 6296 8016 8377
15. 7295 7854 10380
16. 1235 6212
17. 50 363 3772 4066 4862 6212
8891 9049
18. 2685 6125 10048
19. 1608 2444 7642 8918 8938 8996
9060
20. 2275 3843 5381 9762 10096
21. 621 827 1868 3218 7795 7855
8521 8619 8727 9762
22. 9762
23. 10070
24. 578 1911 1963 3694 5448 5613
9071 9762 10070 10096 10247
(11 Belege)
25. 3984
26. 3671 5335 8288 9936
27. 5681
28. 3540 5721
29. 862 8038
30. 1010 2781 5913 8849 9897
31. 225 520 1427 3920 4225 7795
10096

1481 aug.   782 3694 5589 6473 7606
2. 861 1430 2902 3207 5637 7470
9903
4. 393 1770 5222 7855 8537 9369
10096
5. 2986 3480 8733
6. 7606 9735
7. 5606 6994 7578
9. 5556 5824 7400 9285
10. 2799 5589 8885
11. 4669 4924 8996 9209
12. 3332 4637 5982 9186 10096
13. 1793 1868 3587 9903 10074
14. 862 4924 5637
15. 10096
16. 9732
17. 859
18. 3243 3984 4720 6930

19. 4284
20. 4528 6296
21. 693 3298 5482 5983 8205
22. 1493 5482
23. 266 1083 2091 10096
24. 2951 3465 5607 10096
25. 2782 9187
26. 183 3012
28. 5450 7651 9187 9897
29. 458
30. 1576 2986 4253 4924 7234 7402
7587
31. 3900 5649 6706 7742 8288 8316
9044 10108

1481 sept.   183 489 1546 5649 5868
6503 9041 9187
1. 8022
2. 9781
3. 520 4225 5913 8205
4. 2782 5649 10096
5. 4947
6. 183 2912 4120 9836
7. 2782 4982 7167 9044 9187 9213
8. 2346 3062 9044 10108
9. 10200
10. 2346 6503 10252
13. 7002 7313 8395
14. 50 1304 4862 10108
15. 693 4958
17. 4862 5528
18. 101 2136 6503
19. 3111 4067 4791 4958 6996 7034
10096
20. 10096
21. 845 7330 7742
22. 129 1017 4300 5288 5701 6182
6503 7634 7946 7955 9287
10108   (12 Belege)
23. 6503
24. 1715 5318
25. 398 1951 5844 5985 7911
26. 201 1739 2325 2720 2782 4978
6503
27. 199 1100 4785 5186 6978 8908
28. 199 973 2782 6059 9400
29. 1637 1868 2212 2782 4506 7332
30. 6589 10449

1481 oct.   1430 4458 5750 5859 6603
10339
1. 1715 1946 5794

2. 700 8324

3. 4958 5794 8639 9665 9905
10195 10552

5. 6059 9860

8. 4959 6125 7049 9452

9. 3300

10. 372 9258

11. 4067 10519

12. 372 1443 2394 3306 9041 9258
10096

13. 1559 3008 3862 5609 5807 8369
9751

15. 862 2468 3671 6266 7005 7205
8690

16. 4796

17. 8323

18. 5704 7049 9335

19. 5131 9335 9732

20. 547 1015 1412 2040 4528 5160
5524 6583 6893 7049 7142 7431
7915 8746 9015 9089 9113 9733
9746 10486   (20 Belege)

21. 3862 5131

22. 372 4994 9258 10523

23. 581 704 1179 2737 3467 3541
4552 4959 5131 7194 8065 8316
8580 8854 9973 10188
                    (16 Belege)

24. 2237 4873 9383 9742

25. 1614 1737 2912 3118 3715 3984
4249 4873 5701 7194 7663 9270
9437 10146 10339   (15 Belege)

26. 119 1443 2346 6502 8460

27. 1272 1444 1567 2124 2469 2845
2854 4213 4271 5938 6266 7612
8046 9049 9258 10436
                    (16 Belege)

29. 372 6456 8822 9258

30. 2902 3923 4573 5581 5673 6892
6972 8046 8254 8510 9369 9576
                    (12 Belege)

31. 1443 7034 10108

1481 nov.   2237 4028 4067 4959 5420
6066 6603 6951 8015

1. 2753 4423 7721 8690

2. 2802 2887

3. 440 862 1737 1807 3565 4147
4924 5393 5943 6059 7236 8688
9563 10248 10542   (15 Belege)

5. 6319

6. 2288 2551 3096 3920 4185 5538
5902 8065 8614

7. 3012 3540

8. 300 465 2139 2795 2877 3385
6368 7052 7429 8124 8952
10152 10392   (13 Belege)

9. 938 3511 4895

10. 82 918 1114 1255 1681 3347
4055 4476 4776 5477 5902 5943
6739 7049 7281 7377 7422 7707
8113 8863 9412 10047 10170
                    (23 Belege)

11. 2990 8092

13. 1304 2108 2288 3280 4067 4147
5655 6426 6739 7007 9273 9457
                    (12 Belege)

14. 1002 7871

15. 20 237 1025 1279 2273 2854
6144 7331 7600 8070 8345 8918
8927 9055 9369   (15 Belege)

16. 5699

17. 6–7 18 48 178 287 306 395 410
700 704 737 757 866 894 921
944 987 1015 1041 1089 1113
1373 1394 1414 1430 1527 1533
1541 1594 1611 1855 1863 2096
2113 2180 2284–2285 2292 2358
2511 2750 3297 3306 3340 3430
3496 3518 3672 3702 3707 3765
3859 3862 3905 3917 3920 3924
4195 4242 4260 4304 4609 4666
4710 4738 4774 4819 4853 4862
4948 4969 5339 5427 5605 5874
5896 5943 6038 6059 6175 6257
6324 6422 6536 6583 6637 6668
6837 6981 6992 7029–7030 7102
7133 7176 7234 7349 7438 7497
7578 7599 7799 7813 7827 8018
8032 8069 8109 8149 8917 8927
8991 9025 9098 9112 9194 9235
9298 9341 9366 9380 9415 9468
9470 9521 9552 9557 9577 9643
9651 9670 9693 9698 9714 9716
9783 9812 9823 9833 9839 9845
9870 9899 9901 9912 9921 9928
9977 9982 10125 10131 10217
10222 10248 10363 10394 10451
10463 10466 10471 10493 10568
                    (163 Belege)

19. 2944

20. 327 1985 2032 2241 2399 2769
3054 3435 3511 3838 5761 6553

7675 8121 8469 9865 10047
10339 10500　　　(19 Belege)

22. 207 2040 2762 9628

23. 4529

24. 104 368 2484 2807 2944 3295
4009 4222 5673 6208 8632 8667
8721 8777 9270 9346 9433 9576
9651 9862 10293 10402 10546
　　　　　　　(23 Belege)

25. 7263

26. 251 5326 7790

27. 178 188 251 559 627 1489 1951
2294 2833 3214 3488 3973 4130
4669 5105 5333 5352 5713 5791
5921 6481 6498 7284 7312 7466
7856 9018 9331 9369 9480
10120　　　　　(31 Belege)

28. 3575 9174 9369

29. 251 494 1358 2040 2124 4213
4669 4959 5770 7117 7409 8066
9007 9751 10380　　(15 Belege)

30. 2939

1481 decb.　845 1869 2124 2720 4924
4959 5078 5132 6320 6515 7167
8015　　　　　(12 Belege)

1. 2574 3102 3110 3511 6610 6829
7827 8314 8570 9923

2. 6060 8884

3. 372 8723 10486

4. 972 1188 1739 3467 4423 5238
5921 6898 7732 7739 8869
10313 10507 10622　(14 Belege)

5. 237 4583 4958 5012

6. 7 6528 7942 8562

7. 1782 1807 4958 5420

8. 4331

9. 7790 10387

10. 4167 5536 5921 7791 8863–8864

11. 140 801 1006 1295 2124 2304
2500 2551 3937 4610 5160 5469
7014 7767 8121 8360 9041 9369
9993 10120 10480　(21 Belege)

12. 3587 3672

13. 858 1033 1868–1869 2108 3672
8029 8487

15. 581 1025 3415 3571 3920 3951
4275 5152 5307 5744 6125 6266
6384 8205 8574 8580 8854 9284
9951 10532　　　(20 Belege)

16. 1480 2663 6452 8316 10131

17. 2720 5713

18. 801 1105 1150 1412 1467 2024
2210 2346 2440 2916 3444 4193
5470 6769 7533 7742 7871 8000
9187 9566 9687 10550
　　　　　　　(22 Belege)

19. 516 2833 4637 5102 5186 5649
10109–10110

20. 656 704 802 1182 1412 1494
1775 1869 2986 3851 5744 7415
7793 7840 9257 9276 9743
10074 10308 10332　(20 Belege)

22. 281 802 905 978 1121 1559 1604
1609 3860 4013 5540 6287 6849
7014 7155 7265 8537 10313
10495　　　　　(19 Belege)

23. 5469

24. 2078 2986 4637 7791 9187

28. 1586 1807 1945 2078 2540 3891
4884 6335 7460 7840 9581
10013　　　　　(12 Belege)

29. 1609 1879 2304 4749 6407 7732
7739 9369

30. 1155 2205 3686

31. 534 978 2469 2660 7324 10470

1481 sine die et mense　8697 10110–
10111

1481/1482　186 193 249 426 432 529 620
696 789 898 964 1074 1240 1400
1807 1846 1869 1931 2010 2090
2243 2323 2394 2443 2464 2494
2736 2837 2851 2876 2880 2886
2995 2998 3198 3299 3443 3623
3644 3649 3994 4019 4043 4179
4366 4405 4593 4649 4659 4664
4747 4786 4915 5029 5192 5223
5370 5514 5604 5625 5795 5808
5917 6001 6021 6023 6080 6409
6488 6600 6673 6700 6932 7049
7206 7405 7604 7713 7730 7917
7921 7985 8074 8508 8614 8785
8938 8969 9130 9171 9236 9343
9536 9538 9684 9733 9837 9843
9933 9935 10044 10213 10267
10457 10625　　　(105 Belege)

1482 ian.　547 1155 1196 1295 1430
2032 2109 2782 2987 3511 3984
4637 4749 4924 5132 5816 6125
6407 6787 7738 7840 8205 9187
10267 10427　　　(25 Belege)

1. 5844 9689
2. 792 976 2009 2798 3111 3630
   6251 6772 6991 7994 9206
   (11 Belege)
3. 260 606 707 802 876 1818 1848
   1997 3259 3376 4020 4555 4794
   5181 5745 7651 7922 9199 9734
   10028 10354 10486 10493
   (23 Belege)
4. 1609 1715 2109 2662 3686 4555
   5943 6810 8000 8310 10217
   (11 Belege)
5. 977 2078 3063 3538 6515 8869
   9257 9908 10380
6. 1295 2109 7738
7. 636 3538 6515 6801 7840
8. 509 802 1195 2032 3225 3357
   3370 4661 4999 5816 5834 5947
   6928 9187 9400   (15 Belege)
9. 2138 2346 3684 5370 8000 8509
   9328 10112
10. 131 369 889 1015 1209 2008
    3630 3686 4423 4608 4673 4884
    5731 7484 9433 9628 10120
    10550   (18 Belege)
11. 606 638 2831 7078
12. 186 802 1511 1586 2273 2412
    3225 4423 4442 6384 6787 7840
    8308 9372 9594 9803
    (16 Belege)
13. 1628 2346 3956 9640
14. 2663 4462
15. 260 1135 3449 4369 4671 4891
    6513 6553 6768 6839 7522 9594
    10588   (13 Belege)
16. 1489 4959 6639 9897
17. 140 4294 5649 6125 8308
18. 3465 10267
19. 140 738 802 2590 2745 3574
    4891 5281 5655 5848 8371 8562
    8952 8956   (14 Belege)
20. 1155 4749 6407 9333
21. 4687 5816
22. 962 1031 1392 1438 1643 3574
    4786 5848 9329 9369 9743 9824
    9833 10480   (14 Belege)
23. 3660 5848 7054 7733 8952
24. 617 803 1945 2109 2469 4959
    5181 5437 5560 5730 7466 9187
    9412 9594 9923 10438 10486
    (17 Belege)

25. 999 1609 7308 10381
26. 1015 1485 1609 2562 4280 5132
    5381 5621 6105 7054
27. 2080 6787 9737
28. 1430 2032 2986 5794 7393
29. 717 1068 1776 2443 3574 7187
    8930 10192 10587
30. 3213 3956 8966 9800
31. 82 478 532 680 687 802–803
    1740 2500 4859 5730 5951 7264
    8865   (14 Belege)

1482 febr.   4585 4848 5742 6179
1. 866 1869 8707 10075
2. 9982
4. 532 3100 4631
5. 1485 1628 2562 2590 5381 5621
   8929 9312 9324 10597
6. 697 1194 2023 2590 5801 7525
   8535
7. 390 555 1068 1737 2237 2470
   3465 4319 5038 5132 5342 5607
   7075 7841 8076 8522 8704 9187
   (18 Belege)
8. 5977 6630 7937
9. 2047 3448 3643 5581 7287 8149
   10336
10. 5560
11. 9815 10155
12. 527 709 2395 3465 4115 5900
    7892 7900 8707 9055 9693
    (11 Belege)
13. 3012 5794
14. 1576 4796 5881 6900 7072 7841
15. 67 325 1438 1589 2273 3376
    6384 7733 9978
16. 2273 5745 7187 7206 7841
    10459
17. 9743
18. 4442
19. 3920 7349 10252
20. 1869 7394 7820 10066
21. 361 673 763 1068 1925 2475
    3779 5133 7367 8312 9351
    10252   (12 Belege)
22. 2470 9418
23. 894 2200 4121 4633 5880 5951
    6080 7180 7195 8726 9743
    10481   (12 Belege)
24. 2395 2872 10267
25. 4959 9748

26. 157 272 559 717 803 1026 2054
2406 2638 2998 3012 3767 5655
7510 8465 9628 10481
(17 Belege)
27. 1672 1766 1784 6125 7937 8121
8520 8843 10381 10519
28. 381 717 1044 1156 3315 3415
4207 4231 4327 4552 4687 5222
5340 5430 5999 6030 6761 7466
7985 8308 8372 8522 9049 9824
9943 10623 (26 Belege)

1482 mart. 782 1068 2234 2406 3630
4924 5138 5453 5701 6077 6865
7264 9664 10283 10481
(15 Belege)
1. 4417 4924 5340 5607
2. 1888 2866 2980 3053 3140 3315
3921 4207 4417 4429 5467 5596
5649 5673 5819 6297 6864 6897
7213 7694 7937 8317 8608 8804
8989 (25 Belege)
3. 1533 5606
4. 2327 6381
5. 917 1233 1672 2327 2470 3465
4987 5701 8315 8956 9055 9117
9894 9929 10354 10458
(16 Belege)
6. 1026 3678 5881 7553
7. 576 1026 1805 2113 2815 3318
3707 3767 3905 4282 4726 6900
8209 8528 8869 (15 Belege)
8. 2005 2346 6630
9. 24 321 803 1805 1951 2200 2448
3317 3432 4213 4310 4973 5205
5340 5745 7624 8241 9042 9117
9214 (20 Belege)
10. 3631 4207 4677 5256 10482
11. 1068 1951 3201 3415 5527 7095
7171
12. 1586 6080 7642 9233
13. 803 2511 2782 3825 5340 5649
8121 10438
14. 202 248 833 1002 1015 1082
1113 1332 2623 2782 3678 4987
5062 5222 5340 6083 6165 6395
6851 7319 8542 8691 9139 9566
10301 (25 Belege)
15. 381 4260 7285 10279
16. 52 2601 3765 4892 5222 5599
6081 7642 9570 10309

17. 5687 9941 10212
18. 713 1711 1833 7234
19. 810 1617 1711 2449 3748 3825
4036 4255 4371 5133 6080 7167
7255 7497 7874 8580 9209
(17 Belege)
20. 6081 6381 9466
21. 9634 10252
22. 4884 5160 6464 8956 9570 9587
23. 1385 1869 2005 2035 2794 2819
2978 3303 3332 3631 3691 3827
4170 5840 6297 6970 7264 8439
9239 9587 9634 9664 10075
10212 10481 (25 Belege)
25. 1114
26. 248 547 655 673 1114 1586 1869
1992 2284 3709 3765 4116 4173
4193 4393 4786 5222 7374 7497
8608 9446 9629 10227 10481
(24 Belege)
27. 547 1868–1869 1945 2026 4231
6081 7553 8112
28. 292 845 4170 5430 8928 9031
9139 9720 9809
29. 1081 1385 1391 2035 2078 3552
3709 3844 5599 5979 6144 7321
9651 (13 Belege)
30. 232 710 845 2302 2831 3389
4229 4814 4987 5133 6877 7255
7875 8910 9412 10112 10283
10486 (18 Belege)
31. 1015 1711

1482 apr. 803 845 997 1156 2346 4786
5606 6077 7767 8205
1. 836 1103 2915 3130 6629–6630
6642 7167 7498 9576
2. 131 619 2988 4091 6970 8707
10283
3. 7815 8368
4. 582
5. 803 2830 4910
6. 803 1150 2613 2915 4884 5735
8819 9954
7. 6268
8. 178 5384 8135
9. 325 1869 3647 6423 8315
10. 3032 8896 9473
11. 1162 1711 2396 2632 3089 4036
7007 10212 10486
12. 256 1608 2024 2035 2099 3748
4231 4698 4753 5182 5384 6811

1895

7414 8841 9089 9711 9801 9910
10481 10625   (20 Belege)

13. 33 1869 2035 2470 3631 3722
5951 7498 8395 8869 9239
10481   (12 Belege)

14. 1768 3160 3162 3690 3694 5026
7007 7642 9461

15. 1869 3008 4417 5853 9801
10075

16. 651 2379 2819 2978 3505 3517
3840 5880 6168 6489 9206 9733
10176   (13 Belege)

17. 1869 5794 8692 9812

18. 23 2194 3905 4108 4273 4321
4456 6296 7007 7049 8056 8692
9364 10434 10481 10579
          (16 Belege)

19. 917 5062 7049 7767

20. 717 889 1456 1542 2521 2798
3384 3552 4028 4065 4786 5125
5825 6324 7132 7842 7966 8280
8308 9030 9336 10147
          (22 Belege)

21. 3672 8949

22. 3862 5215 5474 7841 8110 8565
8949 10493

23. 1204 2109 2640 3270 3799 5133
8360 9071 9302 9336 10070
10319 10468   (13 Belege)

24. 635 4803 9733 10112 10442

25. 127 627 864 1483 2429 3130
3748 4237 4283 4319 5960 8973
10381   (13 Belege)

26. 4924 6651 7915

27. 131 762 764 1137 2033 2440
3384 3535 3690 3766 4091 4156
4167 4231 4431 5133 5272 6553
7137 7733 7937 8938 9720
          (23 Belege)

28. 325 5222 7167 10319

29. 419 3692 9733

30. 292 382 588 657 836 909 1026
2024 2062 2569 2945 3161 3389
3702 3755 3886 3910 4091 4273
4840 5062 5346 5582 5951 6700
7117 7820 7841 9007 9031 9629
9733 10161   (33 Belege)

1482 mai.   325 547 627 1064 1542 1869
2109 2470 3008 4573 4619 4637
4796 6941 7167 7234 7841 8205
9630   (19 Belege)

2. 762 1032 1327 1611 1772 1801
1950 2109 2170 2574 2902 2945
3306 3389 3694 4068 4272 4282
4392 6700 7132 7498 7841 7928
9055 9204 10096 10381
          (28 Belege)

3. 932 2689 5133

4. 327 1350 1972 2237 2346 2402
2737 2945 3076 4980 5134 6053
7815 8646 9248 9329 9336
10526   (18 Belege)

5. 985 8688 9045 9461

6. 138 717 1542 1964 2040 3892
4884 6713 7321 7767 8451 9242
9592 9720 10625   (15 Belege)

7. 393 575 862 950 2040 2237 2470
2836 4490 4892 5029 5223 6811
7755 7911 8018 9457 9597 9629
9805 10332 10625   (22 Belege)

8. 1084 2389 10481 10486

9. 186 1233 1815 3397 4218 4229
4637 7167 7498 7578 8465 8556
8966 9098   (14 Belege)

10. 10481

11. 1360 1861 2109 2448 3161 3694
3748 3819 3842 4283 4892 5291
8803 9147 10354   (15 Belege)

12. 7406 7642

13. 1972 8869

14. 259 1350 2551 2831 2943 3033
4034 4884 5222 7252 8602
          (11 Belege)

15. 1972 2551 8750 10434 10481

16. 1456 7283

17. 2488 2569 3038 8697 9329
10097

18. 839 1234 2470 3149 3489 4406
4509 4925 5645 6081 6324 8581
8634 9066 9382 9762 10354
          (17 Belege)

19. 4637 10519

20. 2093 2238 2443 2569 3131 4529
5778 8883

21. 327 793 1810 2093 2379 2782
3449 4231 4406 4616 5004 5673
5825 6174 6811 7133 7498 7642
9077 9972 10582   (21 Belege)

22. 619 2782 6140 7078

23. 1171 2525 4925 6381 7130 7321
7841 9169 10401 10607

24. 804 5778 8312 10097

25. 439 3389 4455 6735 9618 9929
26. 4490
27. 1462 1688 2323 2448 3660 5292
5310 7039 10170
28. 987 1415 3158 4245 5103 7493
8537 8602 9972 10097 10417
(11 Belege)
29. 2441 8107 8849 9082 9272
10105 10622
30. 859 1358 1732 2441 4091 5224
5291 5843 6258 6274 7346 7635
8471 8503 8707 8988 10029
(17 Belege)
31. 654 680 1987 8471 10097

1482 iun. 174 2110 2782 2902 3389
3643 4565 5099 5649 7980 8056
8521 8869 (13 Belege)
1. 846 4423 4616 6514 8503 9466
9726 9786 10112 10448
2. 2561 9701
3. 10279
4. 1071 1289 1383 2043 2288 2537
2632 2712 3180 4786 4892 4959
5291 5718 6532 6985 8339 8471
9082 10097 (20 Belege)
5. 6339
6. 1672 2724 3277 8574
7. 1863 3956 4786 10170
8. 372 654 862 2122 2824 2964
3035 3636 3702 3956 4245 4426
4476 5093 5322 5955 6818 9258
9270 (19 Belege)
9. 1444 4319 10486
10. 1313 1586 1702 2024 2109 2288
5105 8503 8849 8998 9363
10401 (12 Belege)
11. 20 202 547 862 2379 2782 2895
6144 10486
12. 1113 6144 6691 9013 9098 9921
13. 600 845 1113 1502 1567 1840
1987 2441 3039 4071 4855 5549
6502 8667 9258 9923 10097
10455 (18 Belege)
14. 2319 2441 4029 4913
15. 136 674 736 1306 2346 2650
2782 3389 6339 7039 7478 8335
9346 10318 (14 Belege)
16. 2987 4966
17. 2987 3660 4314 6355 7039 8581
18. 1215 1840 4231 4477 5216
10097

19. 2112 10097
20. 294 804 1005 1358 2134 3232
4167 4231 4710 5103 5738 5997
6580 7482 8372 9892
(16 Belege)
21. 294 2238 2256 8549 10381
22. 1680 3221 4013 4261 5254 6123
6355 6603 7107 9489 10248
(11 Belege)
23. 426 1855 2285 2782 9355
24. 845 4237 10097 10493
25. 85 1215 2218 2845 3243 3969
5035 7203 8007 8581 8827 9002
10171 10533 (14 Belege)
26. 419 1383 1683 3672 4167 6461
7039 7810 7910 10170
27. 1063 2551 3624 3636 5571 5933
6811 9042 9058 9881 10346
10466 10533 (13 Belege)
28. 224 469 695 717 2218 2346 2543
2551 3175 8007 9360 9473
10112 10346 (14 Belege)
29. 5880 10519
30. 106 294 426 469 2115 5933 5985
7815 9329 10253

1482 iul. 674 862 2115 2657 2845 4402
4615 5822 5913 5960 6060 6066
6077 6125 8849 10519
(16 Belege)
1. 1205 2379 2890 4959 5187 6125
8535 9042 10176 10184
2. 709 2218 2866 2879 4231 5831
6195 8988 9839 9856 10170
(11 Belege)
3. 393 3582 4067 7224 8884
4. 1818 2308 2878 4225 5626 6441
7873 10601
5. 199 5913 7478 7557
6. 108 918 1586 2127 2523 3643
4204 4552 7059 8358 9023 9527
10097 10466 (14 Belege)
7. 294 469 2509 5074 10112
8. 2845 2902 5440 5590
9. 431 1502 2782 5440 5913 8683
9008 9438 10176 10519
10. 1823 4071 7069 8707 9528
11. 202 2238 3035 5161 7171 8007
9008 9194 9415 9582 9623
10449 (12 Belege)
12. 674 2470 5161 5825

13. 493 2470 3695 5985 7607 8056
9582 9880 10351
14. 7841 8379 9121 9473 9892
15. 1519 4231
16. 205 2485 2671 2794 6215 7312
8233 8884
17. 8120
18. 3691 4384 5802 8056 9233 9355
10097 10112
19. 1764 3921 4258 4959 5222 6428
10097
20. 216 431 762 1908 4710 5548
10381
21. 2112 5716 6233 6885 9836
22. 138 431 1972 4427 7203
23. 224 431 469 520 862 790 2037
2537 2763 7961 10455
                              (11 Belege)
24. 431 3969 10097
25. 4659 5562 6231 8802 8966
26. 9233
27. 2110 3624 4959 10058 10438
28. 1972 4808
30. 1203 3672 4720 6908 7776 8884
31. 431 1972 2040 2448 10097

1482 aug. 2657 3683 3695 4167 4925
5139 5946 9630
2. 1430 2115 4473 7075 10506
3. 3794 3921 5392 5737 5745 5776
10455
4. 5800
6. 2763 8664
7. 8285 8888 9214
8. 1152 2916 4067 8056 8492 8888
9. 2551
10. 856 6081 8729 9736
11. 827 1640 2110 2511 3446 5392
6060 7547 9629 10090
12. 3587 4506 4631 5328 8056
13. 202 3921 4402 4593 5620 5811
6775 7273 7646
14. 7978
15. 4382
16. 3921–3922 4806 10438 10585
17. 1018 1628 2183 2873 2934 3683
3695 4454 4518 5459 5745 5969
9652 10486   (14 Belege)
18. 3683 4184 9233
19. 202 3678 9355
20. 29 327 863 1152 2492 3844 3910
3922 4167 4288 4580 5745 8056
9582 10486   (15 Belege)

21. 426 493 9355
22. 1216 2724 4203 4848 5095 8014
23. 202 1628 4925 5301 5596
24. 863 1390 2008 2492 5548 6233
6908 10546
25. 2347
26. 3672 8915 10252
27. 5716 6411 9666 9910
29. 4167 9438 10170
30. 2657 4167 9638
31. 695 4067 4669 4794 5447 8014
8966

1482 sept.   202 2110 2285 4659 5985
6060 6066 6195 6812 6877 7098
9630   (12 Belege)
1. 2891 7100
3. 2379 4067 4100 4726 5400 5548
5814 6233 6566 7980 9466 9629
10247   (13 Belege)
4. 648 4284
5. 863 3582 3819 5716
6. 1304 2965
10. 1026 4058 4528 5392 5524 5649
6267 6761 6811–6812 8113 9380
                  (12 Belege)
12. 85 863 1394 1508 2511 3583
6812 7510 7911 8056 8238 9630
10184   (13 Belege)
13. 1304 1394 3409 4220
14. 2446 2891 3687 5685 5913 7646
8056
16. 2161 4641 4669 5650 5887 6060
17. 459 489 3976 4528 4892 6019
6038 6233 7585 7741 9636
                  (11 Belege)
18. 10075
19. 190 475 947 1216 4706 4983
7727
21. 196 340 5083 6027 7076 7646
8576 10010
22. 3916
23. 1400 5581 6125
24. 1400 2110 4220 4494 5524 6195
6472 6812 7760 7980 8345 9361
10025 10506   (14 Belege)
26. 29 1824 7842 8014 9718 9720
10468
27. 1824 5581 7903 9923
28. 2013 2394 3535
29. 6490 7646 9775 10253

30. 106 1596 2110 8688

1482 oct. 1142 1313 1400 1982 2110
2619 2987 4712 4720 4794 4946
4959 5913 5946 5985 6282 6812
7098 7510 8014 8149 8581 8781
9233 10165 10253 10605 10623
(28 Belege)

1. 547 1089 1143 2913 4201 5995
6919 7307 9502 9636 10160
10165 10454 (13 Belege)

3. 4637 9630 9789

4. 4796 5392

5. 119 1089 1263 1508 1755 2470
2632 2813 3575 3833 3922 3926
4017 4683 5879 6649 7470
(17 Belege)

6. 804 1154 1840 4067 8056 8994
9457 9923

7. 1026 2231 4473 8503

8. 1026 1064 1821 4019 4434 5092
5318 5913 5959 6773 6988 9064
10605 (13 Belege)

9. 1400 3678 4814 7312 8248 8581
8874

10. 404 1216 1400 2600 2703 5453
6231 8096 8717

11. 761–762 1031 1683 2437 5241
6086 7177 8507 9330

12. 277 547 761 794 1064 1807 2394
3573 3583 4794 5945 7098 7167
8507 8781 8895 9263 9415
(18 Belege)

13. 4410 6692 8014

14. 728 1007 1982 2307 6195 6995
7697 9793

15. 858 946 1064 1508 2079 3131
3275 5448 5650 8261 8753–8754
9457 (13 Belege)

16. 1064 1327 1939 2496 3511 4735
6812 6908 9739 10182

17. 520 4792 5874 7098 7394 9090
9702

18. 1972 4715 5650 8149

19. 607 1400 1449 2299 2303 2394
2600 3135 4814 5011 7673 8717
10090 10486 10605 (15 Belege)

20. 1142 1637 10253

21. 1821 2228 2762 3189 4892 6544
6995 8056 8717 9793

22. 3225 3995 4814 5548 5845 5901

23. 1508 1789 2024 5980 6527 8562

24. 1533 2724 3897 5586 6026 6638
7782 8464 9139 9910 10097
10537 (12 Belege)

25. 1327 1329 1778 2096 2511 2880
5453 7100 9457 10332

26. 292 367 4036 6081 6611 8555
8564 8638 9670 10441

27. 99 704 2413 2532 5937 6370
7196 9502

28. 839 4397 8781

29. 1491 2323 2434 2532 2600 3573
4687 4737 4814 5453 5991 7911
8717 9427 9457 9755 10090
10189 (18 Belege)

30. 1400 1429 1444 2323 2410 4434
7069 8581 8834

31. 2110 5322 5430 10097

1482 nov. 619 2010 7477 8149 8781

1. 5995 8018 8135

2. 730 3684 3887 5029 7394

3. 1389 1912 4019 5347

4. 224 1678 2347 6638 9380 9557

5. 594 1064 1216 2110 7911 7993
8439 10189

6. 2010 3474 3922 3949 6818 7029
10423

7. 372 458 635 930 1067 1238 2010
3357 3528 6038 6591 7906 8451
9258 (14 Belege)

8. 489 1313 2232 2410 5881 5954
6195

9. 1394 3021 3528 4606 4792 5764

10. 547 4982 6492 7441

11. 1444 2238 2323 6282 9391 9582
10366

12. 2662 5038

13. 798 2619 4794 6638 6931

14. 459 804 1064 2275 2485 2507
3613 3842 3941 4579 4715 5025
5151 6784 8164 8503 8908 9403
10382 (19 Belege)

15. 452 2010 4092 5038 5347 5400
6638 10585

16. 225 621 1420 1508 1594 2010
2270 2662 4715 4741 5655 5673
5680 9415 (14 Belege)

17. 1789 2153 4659 6518

18. 667 1825 2010 2097 2511 4794
4907 5157 5206 5347 6195 6638
6783 (13 Belege)

19. 609 667 1373 1833 2110 2175
2470 2664 2689 3483 4960 6233
8927 9630 9824 10097 10235
(17 Belege)
20. 1203 1445 5664 5745 7742 8113
8246 8371 10107
21. 1982 2124 3195 4811 8329
10309
22. 609 1497 3885
23. 518 704 2333 3941 4521 4892
8994
24. 596 1420 3032 3434 4370 4649
5375 5799 8371 10097
25. 397 829 930 1234 6973 9727
26. 724 4892 7806
27. 1089 6587 8864
28. 700 1778 2223 3326 4477 5379
5670 5693 10004
29. 840 930 1497 2485 3572 4002
10004
30. 2485 3332 10441

1482 decb. 1244 2110 2650 4166–4167
4925 6296 6417 7167 7911 8899
9630 (12 Belege)
1. 537 4410 7684 9623 10330
2. 1233 2238 4873 4960 5693 5984
8464 10602
3. 290 1196 4552 6332 8470
4. 1445 1861 2275 4649 5134 6587
8826 9179 9863 9966 10218
(11 Belege)
5. 2543 4477 6333 10004
6. 385 491 508 954 1493 1679 2256
3061 4103 5025 5887 7198 7403
7550 7943 (15 Belege)
7. 56 106 431 700 762 1042 1870
1977 4606 4626 6110 7337 8018
8162 8251 8253 8535 9011 9041
9330 10075 10097 (22 Belege)
8. 131 1833 2238 3032 4925 7547
9. 840 1327 2270 3431 3789 3883
7577 8253
10. 700 1327 1722 2027 2640 3058
3270 3293 3643 4564 5733 6154
6233 7049 7193 8231 8955 9295
9339 10097–10098 (21 Belege)
11. 274 1442 2323 3299 3794 8507
8899
12. 2238 7994 10330
13. 1833 4477 5105 5126 5776 6512
8524 8994

14. 2110 3299 4138 4158 4774 6881
7293 8092 9084
15. 5659 6417 6660 7377
16. 119 224 431 518 763–764 2448
4606 4626 5650 5659 7337 7886
8463 9330 9556 10577
(17 Belege)
17. 233 786 2008 2664 4713 5818
6029 7023 7502 7597 7975 9557
9910 (13 Belege)
18. 26 3108 3389 3528 4706 5879
7801 9187 9733
19. 3528 5777 8226 8994 10082
10498
20. 431 700 1031 1054 1972 1977
2551 5986 6324 6515 6849 7841
8041 8231 8555 10082 10098
10330 10367 (19 Belege)
21. 125 431 890 1668 2448 3149
3282 3316 3564 5040 5416 5659
6460 7326 7876 8892 8899 9278
9295 10103 10467 (21 Belege)
22. 2400 3206 5844 6908 8845
23. 1445 2110 4219 4754 5392 5777
8864 9009 9733 9949
24. 1876 3291 3944 4659 5790 7222
8226 8456 9630 10382
25. 7026 7209 8425 9039
26. 3085 4477 8899
27. 8155 8444 10359
28. 153 469 5670 6324 6990 7394
7547
29. 224 1972 2347 4606 5260 5541
7663 7667 8680 9866
30. 1846 3828 5464 5670 7547
31. 518 5650 6592 6892 8994 9567
10053

1482 sine die et mense 730 862 2511
2551 4453 4552 5854 9415 9528
10098

1482/1483 119 334 361 479 484 497 563
575 690 714 988 1013 1024 1031
1133 1564 1739 1786 1829 1834
1982 2115 2226 2472 2563 2586
2725 2826 2831 2954 3228 3306
3368 3748 3828 3897 3913 3948
4013 4042 4091 4094 4190 4388
4477 4649 4659 4691 4702 4998
5223 5305 5369 5382 5491 5547
5614 5668 5776 5833 6063 6102
6194 6224 6327 6359 6419 6468

6576 6645 6980 7054 7140 7296
7334 7550 7666 8042 8234 8291
8460 8501 8864 9041 9153 9193
9256 9343 9380 9402 9424
10043 10070 10523 10546
(95 Belege)

1483 ian. 4166 5106 8899
1. 898 1586 2664 3797 5430 6017
10538
2. 940 2508 6507 7033 8645
3. 2323 2543 3032 4260 6347 8611
9066 9380 9630 10075
4. 66 2484 2528 2543 3573 10047
5. 1373 3085 3131 5370 6554 7721
8918 10423
6. 5134
7. 183 798 5915 6019 7815 8360
9573 10343
8. 1829 2282 2555 2990 3103 8959
9. 2514 4976 7222 7795 8959
10070
10. 224 1445 1698 2347 2831 3704
3792 4011 4134 5591 6454
10454 (12 Belege)
11. 741 804 2523 2831 2854 3115
3408 4892 5524 5745 7739 9174
9324 (13 Belege)
12. 477 2402 7140
13. 654 827 1084 3408 5134 9966
10315
14. 741 1241 1798 2010 3695 3828
4254 4425 4892 4900 5731 7171
7312 8360 9966 10195
(16 Belege)
15. 889 904 2570 5223 10413
16. 1445 5370 7812
17. 2347 2664 5451 6673 7815
18. 4477 6154 7113 8959
19. 224 1798 1977 2175 2505 3108
8155 8663
20. 1159 1606 2153 5134 9306
21. 691 3408 8549
22. 1026 1201 2703 3695 6154 8549
10031
23. 2347 9799
24. 2125 2366 3408 4452 4791 5517
6297 9346 10519
25. 1064 1197 2360 6363 8345
10013
26. 2110 5252 6060 10147

27. 11 1394 1982 2934 3085 3528
3678 3939 4964 5235 8425 9623
(12 Belege)
28. 1732 2228 2854 2934 4167
29. 1136 1427 1678 1732 2124 3085
3306 4976 10367
30. 1732 2703 2945 4254 5747 7189
9271 9608 9876 9933 9988
10546 (12 Belege)
31. 1064 5701 10088

1483 febr. 1643 7593 8155 9954
1. 205 1101 1148 1163 1527 2448
2644 2954 6234 8444 9555
10070 (12 Belege)
2. 1560 7405 10130
3. 2845 3687
4. 4669
5. 1730 1863 2703 2831 3528 9630
9832 10347
6. 1798 5451 6592 9988
7. 524 828 1527 2370 2522 2645
5370 5650 6430 7255
8. 339 704 2724 3528 5650 7593
8205 10424
9. 2360 9987
10. 1150 10486
11. 315 4449 6777 8345 10486
12. 190 1056 3051
13. 798 3051
14. 131 205 1715 8205
15. 314 527 1946 2368 2492 2776
4189 6082 6233 7193 8018 8554
9190 (13 Belege)
16. 863 4964 9324
17. 2674 3357 7842
18. 798 828 3043 3622 5161 6450
8661 8966 10454 10481
19. 821 1159 2511 7970 8046 8205
20. 3114 4791 8849 9513 10252
21. 2159 2183 4423 8463
22. 299 2587 5650 6965 8046 8581
8661 9233 10013
23. 917 1136 4425 6082 7593 7800
8218 9528
24. 1678 8057 10004 10223
25. 1496 1667 3393 3454 4166 4659
4669 6703 8581 9625 10144
(11 Belege)
26. 2363 3573 6082 6308 6892 7257
7530 9608 9670

27. 876 2040 2458 5134 7043 8910
10098

28. 2847 4960 6082 7987 8345 9091

1483 mart.

1. 106 294 815 2347 3917 4993
5621 7350 7467 8057 8545 9330
9757 (13 Belege)

2. 675 7257 7577 7642

3. 777 804 1064 1678 2932 4125
5621 6082 6381 6752 7815 7842
8300 (13 Belege)

4. 82 581 4976 9095 9219 9427
10155

5. 581 2323 4028 4659 4960 5397
5601 5652 5817 6931 7792 9221
10252 (13 Belege)

6. 863 3748 3820 4659 5144 5652
6355 7941 9144 10609

7. 815 3292 4703 6430 8500 10512

8. 216 804 2096 3295 5711 5913
7710

9. 704 1391 3922 5794

10. 143 318 368 774 851 974 1064
2238 2511 3306 5227 9630
(12 Belege)

11. 495 1090 1116 1190 1209 2947
3587 5237 7468 7782 7987 8641
10609 (13 Belege)

12. 868 1064 2497 3844 6165 6922
10382 10413

13. 959 1031 2501 5245 7312 9369

14. 579 741 1973 2855 3606 6374

15. 119 431 721 794 847 1233 1801
2347 4077 4569 5043 6082 6965
7477 7815 8166 8317 8507 8885
9144 9630–9631 9634 9745 9940
(25 Belege)

16. 8647

17. 115 270 431 1064 1090 1112
1682 2446 3606 3792 4233 6324
6931 7431 7842 8158 8368 8583
9865 (19 Belege)

18. 318 737 1201 2830 4283 4352
4811 5367 5834 7105 7395 8545
9369 9631 (15 Belege)

19. 1304 1422 2987 3844 4703 5126
5237 7235 7980 8113 8688 9466
10241 (13 Belege)

20. 617 761 2470 2485 2831 3059
3291 3568 3748 5362 6204 6207
8113 9383 9742 9788
(16 Belege)

21. 216 774 4238 4677 6082 6568
8787 9144 9608 9667 10486
(11 Belege)

22. 796 1483 1910 1972 3059 7174
7257 8371 9066 9631 9863 9918
9958 10098 10106 (15 Belege)

24. 83 238 1659 1869 3076 4116
5418 8535

25. 890 1650 1789 3289 7642 8439
8707 8945

26. 741 796 4245 5985 8806 9415
9990 10427

27. 224 8535 10430

28. 211 3792 9371 10129

29. 44 621 10388

30. 4552

31. 592 3063 8205 9631 9863

1483 apr. 5050 5834 6266 9440 9923
10461

1. 582 4832 9200

2. 741 2359 2978 6234 6399 7767
8688 9369 10043

3. 994 1148 1238 1980 2014 2723
3467 3898 4938 5180 6234 6676
7180 7985 8360 8688 9592
(17 Belege)

4. 527 762 2189 2359 3398 3922
5241 6122 6198 8018 8177 8535
8688 9144 9487 (15 Belege)

5. 426 1031 1999 3948 7642 7913
9582 10461 10553

6. 858 1358 1946 7479 7509 7922
8596 9365 9865 9990 10413
(11 Belege)

7. 109 469 4649 4884 6038 6938
7922 7980 8787

8. 295 407 992 1530 2000 3059
3072 4318 5884 6054 6470 8439
8488 (13 Belege)

9. 2188 3157 3467 4283 6938 8315
8439 8583 8783 8909 9113 9582
(12 Belege)

10. 654 4067 6989 9349 9369 10098

11. 224 314 431 762 1118 1576 2024
2111 2178 2347 5524 6324 6327
6779 8507 9330 9541 9897
10090 10419 10497 10582
(22 Belege)

12. 573 821 839 1898 2040 2111
2323 2963 3091 3425 3583 5068
5672 6634 7352 7897 8248 8439
9371 (19 Belege)

13. 2973 8717 10168

14. 224 713 790 1259 1428 1736
4255 4652 5076 7218 8563 9360
9997 10367   (14 Belege)

15. 69 712 761 1095 1904 2185 2347
3502 3922 3968 5160 5672 6193
6712 8627 9041 9224 9388 9528
10098 10112   (21 Belege)

16. 469 761 1588 1698 1858 5601
8018 8346 8998 9380 10388
          (11 Belege)

17. 547 1026 3844 4606 10014

18. 992 2960 4477 4848 6465 7400
7762 9535

19. 774 863 2611 2960 3926 3968
3976 5031 6228 6800 8521 8663
          (12 Belege)

20. 8338 9632 10519

21. 774 1203 1350 2505 3131 3844
4960 8453 8608 8681 9071
          (11 Belege)

22. 1047 2638 2723 3678 3922 5066
5650 5881 6266 8545 9279 9689
10053 10501   (14 Belege)

23. 774 1491 1946 6266 8113 8463
9587 10483

24. 2256 2511 3225 3408 6266 7733
7923 10075

25. 1064 5985 7171 7527 7944 8849
9708 9898 10025 10611

26. 2688 3695 3926 5239 5650 5758
7522 8113 10564

27. 5896 5913 8040 10098 10537

28. 839 1659 2973 4659 7400 8315
8439 8872 9440 9691

29. 83 410 709 921 4170 4710 4985
5718 6823 9649

30. 709 992 1493 1596 1946 2470
4482 5090 5126 5552 8439 8521
          (12 Belege)

1483 mai.   2103 6054

1. 8113

2. 571 761 1064 2111 2416 2960
4170 4699 5241 5995 8802 8998
9415 10183   (14 Belege)

3. 761 2323 4473 7762 9330

4. 863 9832

5. 761 1130 4255 5617 8998

6. 709 1973 2124 2226 3583 3715
4931 5195 8849 9481

7. 709 828 1722 5128 5745 5955
6470 9631 9812 9898

8. 1428

9. 328 709 2766 3748 4283 6514

10. 105 571 579 1060 1715 4247
5761 6470 8300

11. 863 1090 2096 3922 3980 4036
4240 4477 4688 5438 6082 6823
6832 8998 9375 10537
          (16 Belege)

12. 1333 1871 3672 3922 7341 7400
7526 8300 8794 10098 10176
10327   (12 Belege)

13. 1237 2111 2416 3050 3133 3612
3672 3802 4383 4569 4631 4666
6514 6616 6760 6938 7341 7909
9708 10147   (20 Belege)

14. 2735 4477 4982 6938 8189 8614
8717 10098 10168

15. 894 969 1874 2103 4631 5239
5943 8212 8425 9956 10061
10176   (12 Belege)

16. 198 405 863 907 2327 3219 3933
4138 6435 6511 6514 6743 7721
8707 9233 9415   (16 Belege)

17. 741 1244 1973 2111 4569 4617
6938 8368 8384 8707 9119
          (11 Belege)

18. 10098

19. 205 5617 6054 6752 6938

20. 818 1096 1118 2103 4671 4688
5438 6194 6327 7400 8051 8794
          (12 Belege)

21. 1715 1846 2000 2366 4138 7161
8608 10230 10546

22. 618 1118 1530 2327 4477 5093
5373–5374 6963 6982 10070
10075   (12 Belege)

23. 1090 1594 2025 2416 3425 4473
5517 6462 8170

24. 618 839 1314 1491 2226 3844
4123 4707 5601 8503 8608
10168 10304   (13 Belege)

25. 2782 3472 5655

26. 2416 4243 4318 6752 7298 8177
8328 8503 9245 10042 10062
          (11 Belege)

27. 1491 2111 2484 3401 5640 5850
7035 7766 8181 9049

28. 431 1973 2843 4192 5524 7733
8998

29. 1023 1064 1266 9446 9982
30. 1064 1872 3225 3427 5093 6702
7695 9607 9982
31. 131 2031 2825 3054 5683 7442
8425 9316 9557

1483 iun.　5742 6963 7767
1. 2040 2704 2794 5673 8867
2. 405 528 618 1698 1789 1881
2111 2256 4631 5301 5587 5881
6515 7279 8507 10184
(16 Belege)
3. 794 3672 5700 6154 7815 9330
10564
4. 55 1305 2226 2987 4366 4477
6165 8661
5. 106 270 765 2416 2759 3660
5794 6038 6082
6. 6553 7161
7. 431 730 810 1241 2353 5616
5881 6688 8329 8998 9124 9279
9694 9870　　(14 Belege)
8. 106 730 1739 2348 5223 5416
6277 6303 6963 7161 7815 8918
9330　　(13 Belege)
9. 205 1698 1894 2987 3968 5881
7017 8440 8704 9925
10. 44 242 1537 5416 7622 8608
8688 8943 10247 10604
11. 730 2317 3085 6039 7843 9259
10605
12. 2657 3054 3511 3842 6154 7767
8581 10285 10605
13. 44 412 930 6039 6553 6742 6875
9259 9569 9762
14. 1508 2943 3114 3122 3511 5905
7815 9631
15. 44 328 2111 2348 7965 8581
16. 1871 2176 6527 6640 8707
10245 10382
17. 2231 2348 3402 4960 8007
18. 44 205 1090 3308 5260 5639
6493 6527 7157 10070 10098
(11 Belege)
19. 613 730 952 2825 8503 8823
10529
20. 44 497 613 1196 4203 5166
10098 10112
21. 158 451 2511 5088 7467 8503
8641
22. 76 328 1064 1775 7167 8162
8427 9103

23. 1445 1508 1739 5831 6039 6515
6868 7789 8614 10625
24. 868 8709 8943
25. 917 5673
26. 2657 3054 7767 7815 8608 8804
27. 270 2078 2703 3054 4925 5985
6125 6497 7410 8440 9451
(11 Belege)
28. 1244 2657 5650 6341 6881
29. 6154 9679 10247
30. 547 1089

1483 iul.　5319
1. 3051 4217 5166 8141 9298 9631
9915 10352
2. 1064 8608
3. 3917 4786 5819 7815
4. 7767 8581 9224 9915 9925
10350
5. 2111 3054 4400 7965 9966
10098
6. 405 2189 6881 7611 9998
7. 2494 3308 4227 8440 10519
10546
8. 5447 8143 10098–10099 10546
9. 806 4593 6261 7224 7773
10. 741 1190 1973 2952 3587 5166
8317 9593 9608 10211
11. 3225
12. 270 917 2033 2323 2432 3079
3225 6194 6327 7140 8372
(11 Belege)
13. 2388 8177 8530
14. 83 1026 2709 5122 5525 8707
15. 613 2231 2924 5491 6881 7394
10099 10519
16. 106 2189 2945 2987 3702 7337
9841 10219
17. 459 2507 5673 6060 7111 7901
7907 9928
18. 2226 4848 6039 8057
19. 1562 5285 5897 6141 6150 7173
7974
21. 1973 2432 2494 4609 5674 5995
6279 6470 7140 9075 9473
(11 Belege)
22. 1972 2507 6195
23. 626 1044 2095 2494 4400 5177
5869 6039 9763
24. 214 328 621 828 1188 1434 2226
5617 6194 6327 6341 6881 9706
10099　　(14 Belege)

1904

25. 6296
26. 821 4666 7111 9103 9124
27. 5629
28. 2056 2226 4873
29. 2183 2226 2416 5038 8545 8707
8938
30. 1344 4774
31. 2416 2899 2913 4225 5110 6553
10099

1483 aug. 7974
1. 119 1026 7441
2. 4659 6553 8189 10423
4. 782 1497 5931 6154 8260
5. 420 5985 6186
6. 7974 8189 8707 10382
7. 3712 5025 5931 7180
8. 8665 10382
9. 1339 5985 7605 10382 10557
10. 3149 4631 6123 8360 10382
11. 119 1807 2359 8317 10538
10564
12. 250 1083 1304 2392 2828 3291
6289 8317 8614
13. 5596 7133 8804
14. 705 7394 7605
15. 1977 7043 7493
16. 2709 2855 3227 9904
17. 252 1125 1662 2247 4450 5856
6186 7189 8440
18. 512 1662 2709 4717 4969 5014
5819 6291 6378 7264 7629
(11 Belege)
19. 119 123 257 1531 2786 4631
4673 4848 7054 8220 8665 8836
10520   (13 Belege)
20. 1539 5792 6886 8440 10208
21. 2041 3562 3878 4306 4507 4848
7054 8082 9542
22. 121 1977 3794 5160 8057 8953
23. 55 8707 9208
24. 731 7337 8298
25. 2856 3368 3672 8057 8869
26. 3490 3691 3844 6097 8440 8665
9104
27. 1383 2389 2416–2417 2830 6291
10099
28. 1125 4525 6886 7495 10383
29. 3819 6901 6998
30. 727 2025 4257 4593 4873 6291
8082 8621 8707 10099

31. 634 1938 2413

1483 sept. 9762
1. 700 3794 4225 4653 5683 6336
7621 8205 8286 8315 8440
(11 Belege)
2. 22 302 2756 3794 3844 8315
8317 9471 9970
3. 426 1938 2577 5980 7211 7545
10247
4. 952 5674 5913 10247 10332
5. 6490 9007
6. 2140 6123 7337 9052
7. 930 2111 5629 8082
8. 3666
9. 49 407 895 1659 2192 2348 6443
7086 7211 7467 8587
(11 Belege)
10. 4536 4716 5447 5913 8311
11. 831 3306 3844 6628
12. 921 2855 4960 5655 8364 10099
10498
13. 1243 5320 10075 10526
14. 106 171 1871 4162 6599
15. 930 1871 3291 4718 7394 10099
10290
16. 3291 5548 5764 5819 5913 6527
8479
17. 831 4696 7211
18. 1065 1557 4190 4225 4718 6378
7211 7692 10075 10520
19. 497 731 2167 3149 4162 4225
4536 8317 8555 8581 9733
(11 Belege)
20. 702 2855 8360
21. 1871 2462 10099 10382
22. 514 741 959 2111 2121 4127
5554 8555 9104 9576
23. 2192 2798 2855 2987 4960
24. 2756 4767 5375 6408 7355 8616
9400 10520 10583
25. 489 1674 5887 9149 9557 9564
26. 5627 7721 8261 8660 10554
27. 5320 6576 6741 7764 9912
28. 5583 10520
29. 4711 9104 9457
30. 10217

1483 oct.
1. 3008 6557
2. 489 998 1359 1938 10131
3. 2856 3787 4105 5388 6716 7084
7249 8440 9733 9741

4. 628 1065 10583
5. 4573 9004
6. 853 3573 7216 8317 9052 9098
10583
7. 1165 1304 1669 2619 3291 5101
8581 9466 10520
8. 121 149 1065 1298 2027 2918
3972 5025 6527 7767 7907 8162
10586　　　　　(13 Belege)
9. 121 946 1065 1954 2918 6527
10. 589 2681 4260 4711 5870 7273
11. 700 1341 1489 1879 2277 2414
3295 4360 4706 4960 6527 7337
8162 8832 9762　　(15 Belege)
12. 328 1606 1879 3295 6527 9205
9543
13. 451 1824 3712 4848 4960 5291
6230 9386 10165
14. 855 1090 1914 3141 4848 5725
5923 8625 9380 9557 10025
10347 10520　　　(13 Belege)
15. 3295 5674 6039 6489 6621 7084
8317 8538 10399
16. 3242 4706 5037 6626
17. 53 1987 3414 3668 4271 5400
7381 7566 8525 8832 9205 9557
9775 10039 10099　(15 Belege)
18. 1924
19. 119 572 959 4716 5237 9557
9576 10599
20. 314 1840 2855 5035 5223 5655
5716 5913 8440 8745 8864 9557
　　　　　　　　(12 Belege)
21. 119 1065 2053 3225 3573 4848
5291 5386 8175 8440 8832 9052
10493　　　　　(13 Belege)
22. 119 2540 2923 3414 4013 5038
5869 7356 7481 7994 8507 8832
8864 9143　　　(14 Belege)
23. 741 1491 2358 2981 3339 3764
4848 5881 6577 7097 8808 8895
9369 9393　　　(14 Belege)
24. 483 731 2774 4892 9216 9576
10099
25. 1065 3564 5134 6715 9015
26. 731 1824 6771
27. 328 2797 4856 5674 5716 6165
7344 8962 10358
28. 3488 4580 8308 8525
29. 26 4536 8134 8440
30. 2968 6016 7337 8440 8699 9557
9681 9940 9982

31. 959 1489 1622 1985 2681 2843
3488 3562 4225 6631 6744 7356
8167 8440 8525 8864 9149 9233
9445　　　　　(19 Belege)

1483 nov.　7078
1. 328 1306 2532 3306 4837 6235
9267 10134
2. 329 1987 2232 5545 7642 8357
10332
3. 3764 5291 5455 6154 7861
4. 3402 3418 6184 8617
5. 109 2855 3069 5581 6016
6. 234 574 620 673 1065 1718 1977
2631 4673 5506 9492 10217
　　　　　　　　(12 Belege)
7. 1492 2111 2943 3488 4652 7289
8396 9491
8. 582 1065 1106 1196 2053 2228
2544 3745 4893 5372 6514 6740
　　　　　　　　(12 Belege)
9. 741 7049 8331
10. 1017 1065 6545 8057
11. 1637
12. 823 2582 4899 6141 9233 9557
13. 1327 1596 1913 1942 2741 4631
4899 6154 7880 9716 9898
10364 10595　　　(13 Belege)
14. 512 921 1879 2334 3486 3775
4284 4448 4899 5666 8984
　　　　　　　　(11 Belege)
15. 594 2404 2783 5355 5817 6039
6324 7504 7569 9065 9512
10259　　　　　(12 Belege)
16. 1196 3085–3086 3712 4304 4925
5223 6154 9557
17. 1203 2056 2358 4969 5679 8554
9219
18. 6358 8440 8611 8858 9219 9348
19. 121 3085 3486 4194 8261 9558
10394 10427
20. 69 1236 1685 3085 3203 3749
3981 4477 4960 7767 8152 9642
　　　　　　　　(12 Belege)
21. 234 2681 5038 6233 6771 7842
8057 8252 8354 8561 9552 9997
　　　　　　　　(12 Belege)
22. 1801 2903 3592 5223 6635 6909
6911 7148 8804 8940 9842
　　　　　　　　(11 Belege)
23. 5844 7007 8063 10394

24. 489 621 1090 1539 1879 2388
4477 4935 6324 6508 7214 7296
7973 9997   (14 Belege)
25. 1188 1482 2388 2470 3408 4893
7296 9400 10598
26. 621 1135 1337 1482 4477 4853
4893 5943 7733 8137 8380
10036 10394 10520 (14 Belege)
27. 758 6324 9557 10173
28. 112 355 1259 3295 5023 5151
6629 8440–8441 8818 10514
10573   (12 Belege)
29. 47 1129 1283 2708 4786 5233
5371 5732 6705 8177 10520
          (11 Belege)
30. 2812 5881 6457 7733 10605

1483 decb.
1. 4725 8252 8505 8511 8718 9468
2. 828 1065 1373 1402 1994 2417
2703 3583 4318 4509 4706 4725
5674 5745 6125 6943 8441
10520   (18 Belege)
3. 3749 5371 6553 6593 7767 9233
10024
4. 524 731 977 1071 2587 4536
4574 4659 6845 7255 7512 7742
8505 8565 8623 9042 9961
          (17 Belege)
5. 74 199 201 890 2426 2626 4509
4659 5820 5943 7970 8047 9575
10285   (14 Belege)
6. 1109 1576 4299 7421 9447
7. 828 2389 3748 4509 6527 8371
8. 1636 4395 5881
9. 1637 3183 3955 4168 5545 7272
7990 8152 8317 8367 10024
10594   (12 Belege)
10. 713 1065 2605 2835 3528 4786
6183 6527 10170
11. 876 2855 3879 8117 8248 9326
10170
12. 741 5435 5919 6262 7063 7326
9282 10520
13. 1061 1277 3199 4969 5299 8053
9194
14. 6470 8986
15. 1993 5371 5820 6422 6527 7903
8718 9898
16. 18 489 1065 1283 1492 2016
2417 2703 3034 3603 3624 5629
8402 8441 9509 9832 9898 9954
10117 10285   (20 Belege)

17. 919 1090 5528 5608 5919 7034
9398 9923
18. 329 1394 1879 2785 3748 9631
9832 9915
19. 420 458 2259 5223 8152 9650
9954
20. 82 86 561 1636 1912 2238 2735
2798 3975 4301 4395 5794 8315
8441 9466 9485   (16 Belege)
21. 393 952 2226 2796 3647 4774
4976 6266 9351 10525 10594
          (11 Belege)
22. 595 939 1642 5619 6629 8840
9071 9532
23. 1304 7043 7809 9680 9962 9975
24. 2760 4473 6046 8718 9557 9898
25. 2668
26. 3207 8574 8895 9404
27. 194 1384 1492 1637 3695 4395
4848 8574
28. 143 673 1445 4637 6201 7133
10024
29. 2943 4893 6467 8047 8948
10180
30. 143 380 459 2605 6650
31. 1261 4553 5030 5581 5608 6262
10332

1483 sine die et mense   930 1936 4112
4465 7438 7939 7956 8152 8368
8371 8380 8787 9320 10024
          (14 Belege)

1483/1484   339 687 713 1093 1126 1463
2074 2552 3102 3686 3702 4216
4403 4649 4738 5339 5378 5471
5522 5524 5976 6068 6266 6418
6469 6979 7031 7368 7604 8169
8183 8205 8464 8555 8735 8849
8938 9359 9366 9399 9462 9812
9828 9845 9978 10287 10475
10546   (48 Belege)

1484 ian.   489 8145
1. 1646 3284 4787 4893 5608 7133
7809
2. 700 713 731 1090–1091 1470
1541 2056 4757 4893 8370
          (11 Belege)
3. 1065 5609 7929 8505
4. 1196 5985 8539 9466
5. 4768 9055

1907

6. 728 9795

7. 339 728 3216 5515 5581 7721
8177 8581

8. 4848 9675

9. 828 4687 5232 5608 9428 10572

10. 106 3049 4893 7815

11. 1915 8053

12. 2705 3225 5299 7007 8441 9523
10006

13. 2686 5732 8126

14. 2689

15. 4659 5674 9795

16. 1460 1765 5094 6316

17. 4631 4795 8938 9555

18. 1492 9631

19. 2183 2407 2537 4221 5370 7034

20. 8325

21. 7335 8397

22. 2179 2278 5284 5879 6943 9026
9557

23. 2728 3672 9869

24. 53 1115 2417 10318

25. 2615 3897 5581 8876

26. 489 1089 1674 1874 3596 6796
7294 8555 9330

27. 1527 4509 4631 6502 8555

28. 3314 3698 7808

29. 489 3085 8441

30. 365 497 2008 2648 2835 2855
4719 4965 6968 7768 8229 9832
10099   (13 Belege)

31. 431 445 2855 3913 4787 7221
7277 9052

1484 febr.   8053 9982

1. 731 1334 7588 9832 10441

2. 1233 5079

3. 332 2520 3624 4012 6185 7592
10383 10529

4. 3120 5371 7294 9156

5. 3085 3288 9631

6. 2855 4848 6502

7. 2311 2835 4719 6502

8. 1947

9. 1801 6559 9943

10. 1459 3611 3941 3972 6553 7908
8555 8893

11. 53 497 621 863 1716 2835 6195
7043 7294 8322 9631 9832
                    (12 Belege)

12. 1017 1065 8441 9631

13. 673 702 917 3761

14. 731 1674 2348 3640 6185 7795

16. 741 874 1403 2784 5382 8441

17. 989 7815 8345

18. 1646 1871 3120 3314 7602 7808

19. 82 1090 5198 5270 7618 9564
10570

20. 5167 6553

21. 1599 6968 9525

22. 3659 4943

23. 1568 3725 5388

24. 1343 2723 4477 4725 6559 9047
9631

25. 1489

26. 2951 10285

27. 121 445 5400 5844 7321 9117

28. 728 1066 1400 2785

29. 2796 3810 7632

1484 mart. 1104 9982 10099

1. 1383 7110

2. 359 1090 2670 2812

3. 4227 7321 10592

4. 904 1236 1487 4719 6908 9898
10398

5. 622 914 3254 4215 5985 9466
10075

6. 756 1280 1403 1736 1811 3291
3695 4673 5767 7266 9113
10075   (12 Belege)

7. 1403 2796 10411

8. 1065 3200 4242 8244 8345
10099

9. 1104 1106 2528 2670

10. 359 503 804 1334 2238 3295
3947 6429 6968 9007 9072
10026   (12 Belege)

11. 1551 3573 5581 5674 9466 9705
10469

12. 26 121 354 1797 3692 4719 7856
9847

13. 1302 3212 4127 4693 5398 5869
9747 9982 10398

14. 2210 3485 4880 4976 5943 6195
6257 6296 7316 9436

15. 108 355 2027 3295 4036 5581
7272 7437 8574 9963 10398
                    (11 Belege)

16. 29 1383 1470 4787 6527 7069
7178 8255 8800 10086

17. 399 1165 6559 7494 9650 10099
10529

18. 329 1445 2098 3884 5674 6039 10529
19. 203 3692 5674 5725 7084 8015
20. 547 942 1738 2855 4304 5398 5436 7437
21. 507 7782 8244 10555
22. 569 2662 3987 4687 4925
23. 890 1678 2209 2754 3559 3926 4012 4637 4770 4787 5609 8645 9552 (13 Belege)
24. 68 372 1243 4260 5886 7721 10030
25. 384 966 6584 8676 8775–8776 9812
26. 2353 8614
27. 347 741 2662 3472 3506 6052 6582 7034 7074 7764 7808 8319 9041 10509 10586 (15 Belege)
28. 26 2741 3467 3678 4110 4873 6611 6812 7057 8441 10217 (11 Belege)
29. 582 2111 2405 3692 7394 7704 9957 10281
30. 1383 2175 3050 5280 6154 6393 9075
31. 121 3941 5105 7359 8372 8515 10334

1484 apr.
1. 839 4787 5105 5371
2. 866 3692 5150 5223 5686 6297 6465 8585 8661 8938 9621 (11 Belege)
3. 1111 4304 4893 5398 5436 7312 7358 8319 8804 9075 10259 10339–10340 (13 Belege)
4. 64 1750 4489 8061
5. 569 839 3170 3750 3987 4640 5329 9237 9518 10280
6. 1090 1309 2746 3050 4004 4012 4191 5005 6034 6633 6908 8317 8585 9055 9070 9233 9370 10520 (18 Belege)
7. 26 673 1585 3085 3987 5246 9233 9747 10099 10375
8. 3975 4210 4687 5368 8804 9156
9. 193 1601 1697 5629 6417 9957 10373
10. 1373 2115 3691 4250 5329 6807 6812 7469 7571 7856 8530 8938 (12 Belege)

11. 1407 5964 6807
12. 741 1326 1475 2025 6570 7133 9788
13. 884 1445 3102 3692 4960 6297 8441 9267 9898
14. 4017 7980 9070 9929 9957 10337
15. 908 2201 3695 5105 9580
16. 68 3295 7706 10217
17. 4509 4872 8441
19. 4509 4893 9311 9555 10481
20. 1436 1890 3098 4296 4704 5776
21. 673 1277 1315 1373 1807 2514 5453 6633 9898 10070 10150 10611 (12 Belege)
22. 355 3912 4268 4445 4552 4704 5105 7856 8073 8503 8605 9555 9898 10217 (14 Belege)
23. 2061 2820 3351 4304 4509 6653 6840 7258 7856 8355 9233 9557 9808 (13 Belege)
24. 329 753 1062 7856 10272
25. 329 654 790 1065 3088 3601– 3602 4356 4509 7957 9557 9928 (12 Belege)
26. 673 1621 3481 4637 4778 6039 7856 8061 8505 9233 9429 10318 10340 (13 Belege)
27. 919 2040 3469 3692 4939 6527 6593 6801 7069 8503 8630 9928 10112 10267 (14 Belege)
28. 71 903 1298 1671 1756 2066 2693 3104 5794 5923 6281 6815 7860 (13 Belege)
29. 2683 3321 3646 3975 8614
30. 681 731 764 804 831 932 1137 1293 1373 1497 1977 2348 3266 3692 9576 9631 (16 Belege)

1484 mai. 3175
1. 3573 5745 7135
2. 2798 6553 7176
3. 3291 4795 6024 6946 8301 8315 9074 9107 10070
4. 884 959 2040 3692 4362 5701 6062 8804 9017
5. 412 1536 4114 4304 6045 6052 8425 10509
6. 737 2067 2225 2288 3185 7856 7981 8640 8692 8804 10509 (11 Belege)

7. 71 121 375 571 921 4242 4374
   5688 6282 8775
8. 150 1585 2742 3291 3407 4336
   5688 6936 7043 7344 8000 8057
   8662 9147   (14 Belege)
9. 1809 2404 5486 5502 9928
10. 387 741 3291 4399 4830 5158
    6960 7037 10309 10340
11. 416 1240 1713 2627 3506 4145
    5629 6227 6611 8865 9052 9582
    9943 10556   (14 Belege)
12. 205 381 1237 1533 2288 2769
    4260 4787 5246 5964 6346 8057
    8441 9606 10070 10537
                      (16 Belege)
13. 381 594 796 1889 2083 2323
    2462 3175 4242 5502 8075 9232
    9520   (13 Belege)
14. 329 1153 1445 2404 3672 6045
    6571 6793 6960 8926 10007
    10405   (12 Belege)
15. 205 430 1237 1240 1566 3053
    3508 3535 3662 3672 3839 3941
    4787 5275 7029 7614 7842 8113
    8976 9858   (20 Belege)
16. 921 3352 3924 4176 5701 8095
    8665 9266 9607
17. 244 381 1809 3049 5435 5547
    7193 8057 8162 8843 9214
                      (11 Belege)
18. 190 1138 4569 4807 7001 7815
    7913 8676 10383
19. 1432 1533 2288 3088 3291 7611
    8614 8971
20. 589 2627 8487 9582
21. 97 1879 1912 1987 2704 3295
    6947 7189 9311 10383
22. 252 412 660 2528 2855 4787
    5246 7029 8057 9161 9316 9427
    9557   (13 Belege)
23. 329 826 2427 4928 5218 5674
    6039 6259 7577
24. 1594 1920 2576 2977 3202 3999
    4880 5581 5696 7333 8057 9052
    9365   (13 Belege)
25. 1031 1138 3695 4621 4742 5536
    6470 6573 7029 7108 7387 8040
    10383   (13 Belege)
26. 4860 5243 6113 7235 8926
27. 2749 8015 8387 10383
28. 386 790 1045 1809 2783 4067
    4787 5270

29. 1491 2728 3691 3897 3941 6282
    7957
30. 613 1840 3291 3917 9427
31. 3114 3917 3924 4871 5566 5923
    6060 7001 7975 8155 8432 9219
    10520   (13 Belege)

1484 iun.   3464 6502
1. 1626 4659 4787 5951 6045 6680
   6991 9473
2. 601 3163 4260 5536 5688 5964
   7579 10383
3. 387 737 1756 2404 7029 7245
   8656 9052
4. 407 737 1067 1090 2813 3408
   4631 4852 4893 6515 6573 6798
   7214 7913 8148 9400 9974
   10335   (18 Belege)
5. 314 1585 3336 3467 4691 5241
   8432 8843 9557 10612
6. 1128 4195 4242 4292 6470 6667
   6937 7143
7. 741 3695 7628
8. 784 1240 1341 4149 8614 8843
   9400
9. 520 713 828 3522 4067 4528
   5232 5794 6991 9646 9657 9983
   10070 10405   (14 Belege)
10. 4 11 168 741 1065 1119 2056
    2834 4149 4773 5202 5410 5545
    5736 7913 9758 10099
                      (17 Belege)
11. 863 1678 3213 4691 7913
12. 11 1145 1973 2531 2728 5622
    5943 7913 9007 10070 10454
                      (11 Belege)
13. 863 1046 1520 2723 2939 3166
    3464 4691 4694 6352 7842 8163
    8480 9582 10140   (15 Belege)
14. 8084 8380 8530
15. 1801 1942 2769 3048 3506 3660
    4700 5693 8530 8581
16. 329 547 1090 1508 5241 8676
    9007 10140
17. 2627 4067 4584 5509 5674 5709
18. 756 1208 1497 2813 4745 4871
    8034 9473
19. 962 2056 2228 2417 3131 3385
    4304 7148 7458 7629 7992 8030
    8530 8721 9537 10187
                      (16 Belege)

20. 236 737 952–953 3564 4067
4301 5430 7029 8432
21. 952 2825 2847 3270 7913 8371
9100 9458 10609
22. 205 1497 1504 2634 4067 6039
23. 1461 1607 2537 2794 3225 3753
6185 7133 8163 8938 8986
10383   (12 Belege)
24. 1092 3695 6048 6968 10383
25. 1646 1840 2689 3522 6039 6611
7245 8123 9555 10071
26. 186 389 733 1031 1434 1508
1527 2591 2987 3225 3446 3528
4067 5985 7214 8503 9457 9929
10027 10537 10578   (21 Belege)
27. 3408 3636 4992 7148 7320
28. 1727 2813 3695 3893 3976 4686
4691 5937 9074 10071
29. 2713 4634 6866 7148 7440
30. 731 762 7620 9139 10071 10099

1484 iul.   3777
1. 547 1165 1585 4787 5160 6502
6573 6812 7985 8057 10384
10386   (12 Belege)
2. 2270
3. 832 1065 2226 4621 4700 5674
6470 7288
4. 3291 4925 5731 6812 7614
5. 3446 3695 4573 5400 6162 7113
8530 10071
6. 863 1807 3446 3837 3924 4691
6570 7176 10304
7. 339 756 1750 2903 4960 8894
9740 10099
8. 1807 3446 3506 3528 4700 6271
6553 10083
9. 921 1508 2197 2348 7148 7614
10. 82 3975 7359 9041 10405
11. 1395 5223 8676 10468
12. 1871 4053 9830 10099
13. 4700 7620 8441 8460 8676 9400
10383 10423
14. 731 1304 1882 3972 9751 10383
15. 1090 2797 4047 4255 5951 8345
9330 10196
16. 1203 3215 3291 3439 4255 6154
6502 9052 9906 9915 9924
                    (11 Belege)
17. 2091 2435 2797 4787 4969 9582
10025 10383 10405

18. 10031
19. 2797 3036 5739 10208
20. 3199 4333 4372 6832 7108
21. 82 106 2226 2417 6292 6553
7980 8360 9052 9600
22. 6812 7463 8441
23. 620 1504 3897 8853 10405
24. 828 2855 3215 3528 8791
25. 329 2270 2901 4573 10520
26. 1497 2907
27. 2422 3528 4470 6707 7614
28. 868 1299 5663 6154 6215 6434
7913
29. 1214 2111 2218
30. 426 499 1508 1912 3439 8389
9373 10197
31. 897 4969 6060 10099

1484 aug.
1. 897 5844 6271 7761 10099
2. 1643 5777 6271 7975 8894
10340
3. 2611 2797 4721 6527
8371
4. 6812 6920 7614
5. 70 700 2218 4893 7654
6. 220 905 5371 5581 8853
10196
7. 939 2323 4721 5038 6230 8214
8345
8. 595 741 3118 4477 5731 6154
9. 274 5185 5548 10099
10. 1628 3731 3806 8073 8463 9915
10099
11. 584 5539 8345 9409 9578
10099
12. 8329 8717 8731 9740

1484 sine die et mense   186 380 503 838
942 1299 1690 1750 2358 3451
4362 4575 4952 4965 5572 5663
5962 6322 7235 8156 8317 9156
9237   (23 Belege)

sine dat.   250 306 352 374 506 700 732
765 839 848 881 993 1064 1219
1241 1353 1468 1582 1769 1781
1830 1901 2138 2334 2349 2358
2389 2429 2548 2642 2734 2817
2885 2984 3083 3131 3153 3176
3191 3467 3548 3550 3573 3581
3600 3770 3847 3859 4136 4190
4521 4568 4596 4736 4749 4814

4923 4939 5282 5378 5736 6055   7798 7922 8002 8131 8304 8625 9142
6606 6930 7048 7225 7303 7327   9155 9388–9389 9634 9647 9866 10063
7329 7382–7383 7479 7488 7490   10120 10425   (90 Belege)

SONSTIGE KALENDERDATEN

1156 iun.
   1. 3385

1177 aug.
   8. 3385

1180   993

1192/1193 8437

1221 mai.
   17. 3385

1241 mai.
   4. 3385

1248 iun.
   20. 9169

1311 iun.
   19. 1793

1373   2272

1377 decb.
   2. 105

1384 iul.
   25. 1236

1395 decb.
   18. 4028

1400   9636

1401   2474

1411 aug.
   10. 4960

1420 mart.
   18. 10490

1424   2474

1431 mai.
   12. 105

1431 nov.
   11. 10490

1434   1238

1434 decb.
   21. 3684

1435 ian.
   13. 3385

1439   117

1440 sept.
   1. 10490

1442 iul.
   14. 9501

1446   617

1447   2474

1447 sept.
   10. 8962

1448 ian.
   17. 3385

1452   3542

1452 febr.
   18. 8063

1452 mai.
   27. 5067

1456 apr. 1874

1458 oct.
   5. 329

1460   2150

1460 ian.
9. 5409

1460 mart.
28. 2659

1460 apr.
16. 10392

1461 apr.
4. 555

1461 iun.
28. 10490

1462 ian.
14. 8761

1462 decb.
2. 6739

1462 mart. 8550

1463 mart.
5. 7129
26. 7129

1463 apr.
9. 7129

1463 sept.
29. 6000

1463 decb. 1732

1464 mart.
23. 3504

1464 iun.
21. 1770

1464 sept.
22. 2055

1464 oct.
4. 134

1464 decb.
3. 8761
22. 6915

1465 febr.
1. 5751

1465 apr.
1. 6131 6482

1465 iul. 8550

1465 sept.
20. 5606

1466 febr.
21. 1524

1466 mart.
1. 8902
13. 1524
27. 1524

1466 apr.
3. 5916
7. 7705

1466 mai.
12. 9330

1466 nov. 8550
7. 471

1467 mart.
5. 7847

1467 apr.
10. 6049 9036
14. 3328
21. 9980

1467 iul.
18. 1444
31. 105

1467 sept.
7. 204

1468 ian.
23. 6264
27. 3363

1468 mart.
1. 186
12. 2689
15. 3224

1468 apr.
11. 6375

1468 mai.
12. 10401

1468 iun.
10. 8181
14. 4504

1468 aug. 4895

1468 sept.
  19. 5436

1468 oct.
  25. 1439 1770
  31. 6643

1468 decb.
  23. 4437
  27. 1610

1469   1238

1469 ian.
  5. 6264

1469 febr.
  7. 5275
  8. 5651
  17. 2511
  25. 3437
  27. 9926

1469 apr.
  6. 1226
  13. 6453
  15. 1238
  23. 1865

1469 mai.
  11. 9553
  15. 1664
  17. 5532
  24. 5794

1469 iun.
  19. 9565

1469 iul.
  15. 3226
  18. 2695
  29. 1940

1469 aug.
  3. 7894
  7. 9478
  12. 10172
  16. 1800
  22. 3226

1469 sept.
  9. 4800
  14. 1202
  23. 2055

26. 4986

1469 oct.
  9. 1271
  17. 1937
  26. 3584
  28. 1874
  30. 9553

1469 nov.
  21. 2055

1469 decb.
  9. 5541
  22. 9916
  23. 2650 6016
  28. 1770

1470   1742

1470 ian.
  16. 9982
  17. 5045

1470 febr.
  11. 10344
  15. 1742
  20. 1160 1991
  24. 5209
  26. 5777 7994

1470 mart.
  17. 6160
  20. 1770 1922 8198
  23. 9440
  25. 5830

1470 apr.
  4. 204
  7. 4057
  17. 6427
  22. 4057

1470 mai.
  4. 3861
  11. 1922
  18. 2595

1470 iun.
  1. 3948
  16. 2019
  23. 71

1470 iul.
  20. 1194

1470 sept. 5042
  8. 6830 7887
  21. 7617
  26. 2315

1470 oct.
  2. 2817 5569
  15. 8554
  29. 3643

1470 nov.
  4. 6482
  8. 7471
  14. 8418
  17. 6131 6622
  26. 577
  28. 3497

1470 decb.
  5. 2050 3480
  18. 5418
  22. 3497
  24. 1049 4961
  28. 3236
  29. 7376

1471 1742 7734

1471 ian.
  4. 5037
  10. 8714
  12. 1673

1471 febr.
  6. 4290
  12. 5775
  19. 4967
  23. 6994
  25. 4227

1471 mart.
  9. 3497
  20. 8223
  21. 5189
  24. 3497
  26. 1943
  28. 3453
  29. 679

1471 apr. 8550
  2. 393
  3. 8436
  7. 9682 9787
  9. 3113

13. 4057
17. 2548 4057 7558
19. 34
20. 4057
22. 6187
23. 2853
26. 2945

1471 mai.
  8. 408
  13. 8422
  17. 3581 9501
  18. 7696
  20. 7671
  21. 1666
  27. 8856
  31. 2126

1471 iun.
  2. 3948
  3. 4340
  9. 2949
  11. 7637
  13. 9647
  14. 9890
  19. 4280
  22. 1547 3817

1471 iul. 1321 7268
  5. 6673
  8. 3556–3557 9080
  15. 5862
  16. 2945 8997
  20. 4546
  22. 1816
  23. 5916

1471 aug.
  12. 4280
  25. 472 844 1770 2222 2926 3143
      3256 3643 4183 4322 4923 6087
      6994 7384 7471 7488 7558 7777
      7856 8130 8946 9423 9870 9901
                  (24 Belege)
  26. 2264
  27. 2398 2789 3355 7066

1471 sept. 7979
  5. 9832
  6. 3817 4658 10600
  9. 679 2560
  12. 9186
  13. 132 5569

16. 2318
17. 2974
18. 1035 4996
20. 6622
21. 774 9389 9501
22. 9501
24. 5794
25. 1284
28. 1035

1471 oct.
1. 10214
3. 4376 8715
4. 734
5. 3563 4060 6482
6. 543
8. 7894
12. 271 2995
14. 3948 5282
16. 4060
17. 1547
18. 1611 7834
19. 9868
22. 5189
23. 3004
24. 6405 7834
27. 3670
28. 1229
29. 7735

1471 nov. 8405 9203
1. 8715
3. 1994
4. 7750
5. 1664 6446 7617 9764
8. 4186 6100
17. 4796
22. 5067 7750
23. 7750
24. 7750
25. 7750
29. 6131

1471 decb.
1. 812
2. 4957
6. 1127
7. 1127
8. 1127 1229
10. 18 1127
12. 6037
14. 8183

15. 4463
16. 371 2521 7381 9466
17. 1226 1516 4796 8169
19. 1049
20. 4463 8612 9565
21. 745 1229 2411 3196 7205 8476
24. 2643
27. 4463
28. 1673 3153 4463
29. 1673
30. 3861 6264

1472   1624 1742 9976

1472 ian.
1. 5–7 15 18 35–37–38 43 65 80
110 120 131 141 148 154 183
195 220 222 260 289 306–307
312 314 337–338 350 359 368
377 381 392 401–402 405 412
421 425 464 471 487 492 512
518 524 564 571 587 591–592
611 642–643 667 671 701 704
717 729 755 759 770 772 774
845 857 860 868 872 881 928
930 967 1003 1015 1025 1029
1041 1063 1068 1131 1135 1146
1159 1166 1198 1200 1203 1254
1264 1266 1278 1283 1291 1303
1308 1322 1325 1347 1378 1387
1394 1398 1410 1414 1430 1457
1461 1490 1492 1571 1579 1581
1596 1606 1631–1632 1644 1652
1672 1678 1687 1754 1761 1763–
1764 1770 1774 1783 1807 1821
1839–1841 1844 1847 1879–1880
1903 1922 1934 1936 1944 1976
2007 2025 2044 2050–2052 2073
2081 2096 2099 2104–2105 2107
2114 2125 2145 2169 2183 2192
2211 2230 2242 2265 2275 2293
2297 2318 2334 2357–2358
2372–2374 2385 2402 2411 2463
2481 2486 2568 2581 2592 2594
2612 2620 2627 2670 2689 2729–
2730 2779 2781 2789 2805 2821
2841 2850 2874 2892 2902 2912
2914 2936 2942–2944–2945
2950 2966 2979 2985 2990 2999–
3000 3011 3035 3051 3056 3059
3063 3086 3090 3131 3153 3162
3179 3190 3196 3208 3226 3229
3263 3281 3283 3306 3350 3359

3364 3410 3426 3442 3450 3453–
3455 3461 3464 3467 3498 3510
3516 3524 3526–3527 3544 3547
3550 3558 3575 3581 3587 3617
3627 3637 3648–3649 3654 3665
3667 3670 3677 3697 3726 3741
3769 3782 3801 3819 3822 3826
3858 3873 3903 3919 3936 3979
3982 4026 4041 4052 4059 4066
4129 4140 4177 4213 4239 4241
4280–4282 4285 4307 4325 4339
4370–4371 4439 4444 4464 4476
4479 4528 4547 4549 4551 4593
4601 4614 4636 4657 4671 4689–
4690 4726 4731 4733 4749 4763
4775 4780–4781 4792 4796
4804–4805 4833 4846 4858
4873–4874 4885 4891 4922 4933
4946 4949 4956 4961 4964 4966
4976 4987 4994 5001 5028 5046
5051 5057 5063 5108 5130 5148
5154 5187 5199 5217 5261 5271–
5272 5274 5282 5290 5324 5327
5340 5347–5348 5359 5361 5375
5378 5381 5388 5392 5394 5399
5403 5419 5463 5479–5481 5492
5498–5499 5505 5521–5522
5532 5546 5548 5556 5558 5570
5578–5579 5600 5628 5632 5637
5643 5648 5653 5664 5702 5706
5726 5731–5732 5737 5749 5784
5819 5827 5860 5865 5867 5872
5882 5890 5916 5918 5936 5983
5985 5987 5993 6004 6007 6013
6037 6041 6049 6051 6055 6078–
6079 6093 6168 6180 6187 6271
6282 6285 6311 6338 6382 6414
6453 6459 6480 6513 6522–6523
6545 6547–6548 6552 6579 6606
6615 6617 6619 6624–6625 6661
6669 6720 6730 6732 6748 6752
6772 6806 6811 6825 6839 6844
6867 6873 6882 6891 6905 6915
6961 6991 7040 7049 7070 7089
7109 7127 7140 7152–7153 7158
7162 7166 7172 7181 7204 7227
7263–7264 7283 7286 7303–7305
7312 7365 7407 7504 7578 7585
7590 7614 7642 7655–7656 7668
7677 7687 7721–7722 7724 7728
7736 7738 7760 7767 7785 7794–
7796 7798 7826 7834 7847 7880

7883 7886 7888 7912 7916 7922
7945 7965 7969–7970 7975 7978
7982 8032–8033 8059 8066 8072
8099 8110 8121 8129–8131 8133
8145 8177 8183 8198 8262 8308
8328 8340 8347 8351 8362 8398
8405 8408 8416 8419 8426 8433
8526 8531 8534 8536–8537
8548–8549 8562 8568 8578–8579
8584 8588 8606 8608 8640 8643
8663 8675 8683 8702–8703 8715
8758 8762 8764 8780 8829 8868
8884 8937 8942 8962 9020 9056
9078 9126 9128 9156 9174 9196–
9197 9205 9218 9232 9286 9299
9318 9342 9368 9379 9389 9399
9442 9464 9511 9540 9549 9576
9581 9620–9622 9627 9635 9648
9668 9689 9735 9750 9764 9767
9815 9821 9824–9825 9828 9831
9846–9847 9868 9872 9877–9878
9891 9897 9916 9921 9923 9982
9985 10041 10094 10123 10131
10250 10289 10322 10345 10353
10361 10372 10380 10410 10435
10449 10453 10485 10487–10488
10493 10498 10524 (715 Belege)

1472 ian.
  2. 1673 5801
  5. 1229 4922
  9. 4111
  12. 6117 7295
  14. 392
  15. 9543
  16. 9165
  24. 3117
  25. 3155
  26. 2264
  28. 1625 8223
  30. 10455

1472 febr.
  1. 485 9787
  6. 8824
  9. 96 745 5327 8594 10528
  15. 4566 6334 6446 8997
  19. 5801 9085 10377
  20. 1857 1879 5496 8594
  21. 5922
  22. 577 745 1527 2124 8594 10528
  23. 5092 8594 10528

25. 1625 5092 9612
27. 1118 9083
29. 8923

1472 mart.
  1. 745 1625 5327 8594
  2. 6646
  5. 3801 4011
  7. 9083
  8. 9083
  9. 5019 7469
10. 5147
14. 577 5045 6854 8476
15. 6646
17. 2695 3226 5136 9647
19. 558 8164
20. 4967
22. 6646 8714
23. 1922 3363 7295
24. 1620 8206
25. 6646
28. 577 2382 8601

1472 apr.
  2. 6264 10306
  5. 3817
  9. 4175
11. 5541
14. 25 8716
15. 3438
19. 9832
21. 1321 4915
22. 7984
24. 2297 10306
25. 9096
28. 4614
30. 8223

1472 mai.
  2. 4232
  5. 6006 9663
  7. 4614
10. 3948 4614
11. 132 2393
12. 1049 9916
13. 7253
14. 8828
16. 2382 4601 7376
17. 2382
18. 2382
20. 2382 2926 5045
23. 2526 3480 7253 8206 8868

27. 2949 7617
28. 4175
29. 1118
31. 7253 8206

1472 iun.
  1. 7637
  2. 858 7889
  6. 577 8584 8714
  7. 7253 8206
  9. 6446 10202
16. 8533 9443
18. 2397 3855 4227
19. 485
20. 2506 4175
22. 2867
23. 6220
24. 1437 4175
25. 414 4164 7636
26. 2949

1472 iul.
  1. 1624
  2. 4916 7636
  3. 8435
  4. 456 2949
  5. 2949
  7. 6494
  9. 5570
10. 9701
12. 2949
13. 2595
18. 2933
19. 2949
20. 3719
21. 5037 6187
22. 5570
24. 3113
26. 5570
29. 8962

1472 aug. 6051
  7. 3011 5042 5286 10104
10. 5524
14. 13
15. 8436
16. 8130 8436
19. 5948 7591
20. 7303
21. 2413 3438 5057
22. 2050 5057
23. 9425

24. 9825
31. 8436

1472 sept.
  4. 2650 5589 7376
  5. 9764
  6. 4916
  7. 8683
  8. 4916
13. 4546 4916
16. 2662 3982 4547 10314
18. 4733
21. 2328 9825
22. 1218
23. 4065
25. 8299
27. 6994
28. 5436 8607

1472 oct. 8527
  2. 9900
  3. 7795
  6. 8169
10. 9900
11. 9900
17. 4175
20. 6729 9796
22. 1937
24. 9900
27. 2892
28. 5204 10475
31. 8876

1472 nov.
  5. 1841 10344
  7. 2272 7291 8198 10475
  8. 10475
  9. 10475
10. 4961 8578 10104
12. 2092
13. 2713 2831
15. 10475
17. 2055
19. 9787
20. 9985
26. 1646 6808 8638 8856
28. 2862

1472 decb.
  1. 4546
  3. 624 2804 4546 5630
  5. 776 1198 8607

  7. 9820
10. 7084
11. 4923
12. 1224
13. 1646 6808 8856
15. 154 5874 8857
17. 4363
19. 1646 4546 6808 7968 8856 9406
20. 1646 8856
22. 1237
23. 6145 8962 9796 9878
24. 552 3438
26. 3438 6145
27. 3438 6145
28. 6145

1473   1742 9262

1473 ian.
  2. 4128
  4. 5340
  7. 3232 8812
  8. 132
14. 8567
15. 9389
17. 1439
23. 8857
26. 1444 4994 5544
28. 6719
30. 1394 1892 4172 7375 9686 9828
    10401

1473 febr.
  4. 6427 7591
  5. 5340 9864
  6. 5228
  7. 1297
  9. 152 417 6830 8767
13. 2511 3247 4937 10600
14. 1297 4128 6050 7591 10462
15. 7500
16. 4026
17. 2988
18. 9000
19. 4962
21. 1297 4128 7591
24. 4128 7591
25. 336
26. 2538
27. 185 3232
28. 10314
29. 9686

1473 mart.
  4. 3581
  7. 8026 10314
  10. 9902
  11. 4937
  12. 10314
  13. 109 132 2608 9214
  14. 8026
  15. 1057
  16. 2413 5929
  18. 14
  19. 1202
  21. 8026
  23. 1497
  24. 1202
  25. 1202 8638
  26. 4548 4950
  28. 8638
  29. 2471

1473 apr. 9450
  1. 6931
  2. 5653
  3. 1611 4950 8550
  4. 4950
  6. 8187
  7. 2489
  8. 4549 7798 8843
  10. 2608
  11. 4950 10444
  12. 3793
  13. 2328
  14. 9562
  16. 5958 7244
  17. 109 1611 5958 7606
  20. 4986 5958
  22. 4780 7705
  23. 5958
  24. 2297 3544
  26. 6380 8360 8388
  27. 6505
  28. 1996 8812 9785
  30. 819 1067 6613 8429

1473 mai.
  3. 461
  7. 2817 3747
  8. 1742
  11. 6293
  12. 3320
  13. 8714
  14. 5209

16. 461
17. 193 2609
20. 109 1611 6337
22. 9648
23. 1703
24. 6323
25. 2137 6088 8973

1473 iun.
  1. 2817 6792
  3. 381
  5. 471 4645 5108 5227
  7. 461 8638
  8. 461 9796
  9. 3363
  10. 5570 7244
  12. 9006
  14. 5916
  16. 1455
  20. 5837
  21. 8193
  23. 2267 4289
  26. 5600 9057
  28. 2267

1473 iul. 2007
  1. 1371
  3. 14 7084 7887 8198
  6. 819
  7. 7617
  8. 5891
  9. 7629
  10. 7854
  12. 377 5862 5891
  15. 7629
  16. 1873 5436 7084
  23. 79 5647
  26. 2511 3047
  28. 5786
  30. 204 8799
  31. 3472

1473 aug.
  2. 5570
  11. 92 10101
  12. 5963
  13. 10250–10251
  17. 3472 8701
  20. 13 516
  25. 92 7767
  27. 2340
  28. 5897 7982

29. 92
31. 8779

1473 sept.
  2. 4038
  3. 9764
  4. 8701
  5. 92
  8. 92
10. 624 1675
12. 8779
13. 7405
15. 3453 8536 9368
16. 8757
18. 2863 3230 8779 8821
19. 8779
20. 3199 10478
21. 1194
22. 2863 6447
23. 2355
27. 6687

1473 oct.
  2. 4547 4549 9947
  3. 2863
  4. 2863
  5. 3854
  9. 3743 5761 6732 6918 9242
10. 6687
12. 3780
13. 7377
15. 624 1518 9947
16. 5524 9417
17. 6687
18. 6687
19. 10478
20. 3854
21. 3719 9163
23. 757 958 2025
25. 5761
26. 9971
27. 3877 10190
28. 8131
29. 6055
30. 9016
31. 453 2853 7181

1473 nov.
  3. 6108
  4. 471
  5. 1628
  6. 2330 7303

  8. 1683 10306
  9. 4038
10. 513 5988 6213 8962
12. 2431
13. 337 4483
16. 1549
17. 571 3312
20. 958 7067
23. 9849
24. 2612 2892 7655
25. 2431
26. 9145
27. 8131
28. 6016
29. 1310 9342

1473 decb.
  2. 6016
  3. 1729 3575 4961
  4. 624 4551 7181 8701 9175
  5. 4961 5819 5922
  6. 5922
  7. 5922
  9. 3363 4038 4701 5827 6388 7066
     8247
10. 4340 6016
11. 958 2372 2413 7885
14. 214 3302 3608
15. 2790 3209 7541
16. 135
17. 571 3670 3998 7779 8640 9479
18. 2055
20. 1723 3807 5611 9620
21. 7779
22. 2373
24. 368 1903 3670 4453 5837 7826
     8786
28. 7779
29. 7779
30. 1673 5217

1474 ian.
  4. 640 4588
  5. 3218
  8. 5557
10. 739 9479
11. 9186
12. 2431 6848 9440
13. 1468 5340 8068
14. 8960
15. 5283
16. 1603

27. 214 7250 10487
28. 4340
29. 1506 3151 4722 6830 8960
30. 1028 8960
31. 2431 2573 5282

1474 febr.
1. 214
2. 214 2431 8960
3. 1926
4. 10413
5. 214
6. 214 8960
8. 6759
9. 5275
12. 3199 8131 8702
15. 4588 7982
17. 8786
21. 8198
25. 8131
27. 5275

1474 mart. 42
1. 5202
2. 1844
3. 4466
4. 1708
5. 2055 3847 4444 6191 6549 7328
   8786
6. 766 1903 5275 8786
8. 605 1028 8044
10. 516 7377 9935
11. 4548
12. 7617 9729
13. 1903 5275 8786
16. 8728
20. 2521 6191
21. 4548 6655
23. 9987
25. 3998
26. 2055 3998 4223 4415 5124 5432
   6549 9310 9422
28. 4024
29. 8136
31. 4003 4234 5705

1474 apr.
1. 9310
3. 3998
4. 3998 8728
5. 2004 4259 4342 4961 9870
8. 9422

9. 2004 5778 6549 8728 9310
11. 9479
12. 9479
14. 4961
15. 671 4971
16. 4259
17. 2004 4259 8728 9310
18. 3150 8430
19. 605 3670 10210 10493
20. 2874
22. 523 7127
23. 4342 4971
24. 4259 4342 4971 8728
25. 4259 4342 4971 9310
26. 9526
27. 3150
28. 4596 4705 5089 7081
29. 2004
30. 4354 4596 6934 8426 9422
   10233

1474 mai.
1. 2433 4595
2. 9490 9775
3. 6160
4. 1234 2396 7136
6. 523 6160
7. 1021
8. 523 6160 9422
9. 1762
10. 2573
11. 4548
12. 4763 5594 7125 9342
13. 545 1421
14. 7566
15. 523 1021
17. 1041 3982
19. 1021 3670
21. 8530 8701
22. 1021
23. 3681 8132
24. 8536
25. 6144
26. 388 2396 5890 8133 8701 9937
28. 671 1160 4227
29. 1151

1474 iun. 4961
2. 3452
3. 7205
4. 545 5964 8670
5. 8670

6. 8737
7. 2372
8. 403 6325 7630 9720 9952
9. 545 8670
10. 388 3452 6264 9615
11. 545 2534 8670
12. 8392
14. 2372 4142 7478
16. 4289
17. 4124
18. 4421 5375
19. 3452
21. 3011 10176
22. 5081
23. 451 519 1940 2684 3929 4171
    5535
24. 388 8737
26. 388 8737 10190
27. 7125 8132
29. 1865 10190
30. 10190

1474 iul.
5. 516 9427
6. 1788 2738
7. 4576
8. 9526
9. 2941 6402 8780 10279
11. 9427
13. 7740
14. 6994
15. 7343
16. 4164 4527
18. 860 2593 10133 10283
19. 282 1874 7478
20. 1387 1691 3145 4561
22. 6402 9820
24. 6402
25. 6402
27. 9767
28. 7125
29. 6614 7303
30. 1303 9126 9299

1474 aug.
4. 6108 8278
6. 8426
7. 3246
13. 748
14. 5805
17. 6513
18. 860 6916

20. 8701
24. 8536
26. 8131–8132
30. 5911
31. 7749 9868

1474 sept.
1. 8132
2. 474 3156 7407 7447
3. 131
5. 6108
7. 7152
12. 5890
13. 8202
17. 7836
20. 235
23. 3720
24. 8716
26. 10549
28. 6525
29. 2535 7407

1474 oct.
1. 9384
6. 3581 7836
8. 3557 10279
9. 4986 7205 9810
10. 2258 5780 9480
11. 3556
13. 3276 4344
15. 1930 9595
16. 4986
17. 9668
18. 4986
20. 3581 9427 9902
23. 3162 9627
24. 6544
26. 5227
27. 5835
29. 9828

1474 nov.
3. 1544
4. 7088 9160
5. 8132 9321 9427
7. 7656
8. 6251
9. 857 2939 4124
10. 7032 7617
11. 4124
12. 7159 8675
13. 4124

15. 5 3581
16. 337 1283 4049 4598 6822
18. 3763
19. 3068 3561 5489 10490
20. 3763 5780
21. 667 1150 7159
23. 3763 5780
24. 4274
25. 762 1157 5780
28. 4763 9658
29. 5568 7501 8081 9078 10453
10523

1474 decb.
1. 6931 9658
2. 3597
3. 1461
5. 4347 5787
6. 223
9. 2372 4598
11. 1665
12. 2733
14. 9427
16. 3553 8702
17. 1665 2945 4740 9258
18. 7492
19. 1936
20. 571 7962
21. 1665 1991
22. 3983
23. 5257 6291
24. 10121
30. 6233 9627

1475   10091

1475 ian.
3. 3162 6976 7396
5. 1991 6476
6. 4740
7. 10 8852
8. 1991 4740
9. 13 7066
10. 5375 10610
11. 5753
12. 7136
13. 4902
15. 1991 7493
16. 3636 6144
19. 3667 3917 6103
22. 223
25. 5694

26. 3179
27. 8063
28. 9 8136 8613 8820 10209
30. 288
31. 3869 9668

1475 febr.
4. 553 7317
6. 4749
8. 2881 4323 8868
12. 7760
13. 717
14. 2359 9862
16. 6266 9576
18. 2881 3492 3931 4323 7084 7760
19. 2881 4323
20. 7439
21. 2912 3584
23. 7796 8257
24. 717 2881 4323
25. 5454
26. 717
29. 7760

1475 mart.
2. 2905 6049
4. 9427
5. 3825
6. 222 5570
8. 717
9. 4550 4885 9399 9427
11. 8142 9835
13. 5828
14. 4290 5178
16. 3179 5051
18. 7836
19. 1884
20. 2119 4731 5725 7500
21. 1950 9548
22. 2119 2853
25. 455 2467 3931 9428
26. 455 8131
27. 455 4962
28. 3931
31. 3385 3636

1475 apr.
2. 3931
4. 8584
5. 8316
6. 255 1535 4792 8718
8. 152 504 1912 10345

10. 3028 5121
11. 10564
12. 2159 3699
13. 3636 5919 6075
15. 957 3153 6681
17. 7133
23. 9901
24. 7269
25. 8071
27. 2253
29. 5434

1475 mai.
2. 264
6. 2052
7. 5289
9. 9427
10. 2254
11. 7530
13. 3747 7417 8359
14. 2052 7962 9901
15. 2052 9901
16. 2052 3312 9901
18. 465 1484
19. 7850
20. 3312 5568 5964 6915 9156
22. 3052 9376
24. 324 1850 7835
26. 8133 8467 9040
27. 4975 8131 9648
28. 5916
29. 1746 6565
30. 6072 9571

1475 iun.
1. 1748 5353
2. 1430
3. 3348
4. 3584 9648
6. 6547
7. 4628
8. 3842 4498 5813 10221
10. 1364 3588 6361 9001
11. 3312 3584
12. 9392
13. 1950 3312 3584
14. 7068
15. 9549
17. 2268 2805 6915 7286 8571
18. 5478
20. 7140
22. 7714 7851

24. 5478 6915
25. 5478 6915 9040
27. 4548 5282 5653
28. 5534
30. 1746 7286

1475 iul.
1. 10372
2. 5282 7286 9648
4. 2320 4902 9633
5. 6712 10454
6. 5282
8. 803 6614 6633
9. 5282
12. 1816 5568 6918
14. 5964 7556 8033
17. 7446 9388 10194
18. 133 6712
19. 6762
21. 3836 8597 8980
22. 5568 6266
23. 5568 6266
24. 6547
25. 5964
26. 1845
27. 7688
30. 5964
31. 6111 10250

1475 aug.
1. 872 6078 9357
7. 6762
10. 872 6762
11. 6732 8400 9729
13. 872 6762
15. 872
16. 4549
18. 8860
21. 1843
22. 5194 10620
23. 9010 9379
24. 2718 5932
28. 3453 6350

1475 sept. 8860
2. 8703
4. 9867
5. 8860
6. 8767
8. 2689
9. 5403 7962
12. 10009

13. 3410
15. 6093 7740
17. 4151
18. 10341
20. 2995
21. 8860
28. 3410 8702
29. 1875 10341
30. 6732 10341

1475 oct.
1. 10341
3. 3671
7. 133 4096 7140 8438 10591
8. 10067
10. 6282
14. 1242 3000
15. 1659 6167
17. 10301
19. 136 1431 8347 10094
21. 6167 6485 8044 8438
24. 9006
27. 706 5782
28. 4129
31. 8273

1475 nov.
3. 2099
4. 1553 7740
5. 719
6. 8944
7. 1245
8. 2373 2429 5916
9. 706 3251
10. 5664 8582 10391
11. 3251
12. 719 3226 3251
13. 1245
14. 487 2025 2105 8272
15. 471 9771
17. 204 3654 3701 6414
18. 327
20. 2372 5916
21. 8879
22. 204
24. 706 9427
28. 3760 7505 8183
29. 5217 5434 7124
30. 8582 1147

1475 decb.
1. 2584

3. 8582
5. 5522 6299 8767
6. 7853 8582
9. 6732 7081 8179 9920
10. 6072
11. 5434
12. 2351 7505
13. 6072
16. 337 8703
17. 719 6072
19. 1808
20. 1159
21. 1851 5761 7493
22. 2290
23. 5160
25. 1135
29. 42 7131 8994 9127 10345 10453
30. 5403 9895

1476   9976

1476 ian.
1. 716 1860 6945
2. 2689
5. 5112
7. 1461
9. 5126
10. 2373
11. 1252 1269 3410 7065
12. 487
13. 4781 5558 9138
16. 2966 6707 7275 8572
17. 1843
18. 2689 6720 8937
19. 6290 9061
21. 10478
23. 3547 9690
24. 3410 4781
26. 222 637 5458 10360
27. 3392
29. 2415
30. 1083 1147 3890 8131–8132
    10558
31. 8132

1476 febr.
1. 2254 10608
5. 63
6. 6037
7. 9901
8. 3153 5463
9. 3274

10. 1874 4853 8099
14. 2297
16. 10480
19. 1874
20. 2791 3232 5460
21. 2297 2503
23. 7041 8773
24. 3632 4443 6834
29. 3876

1476 mart.
2. 4784 8766
3. 4522
5. 7854 8537
6. 5748 7022
9. 348 1632
10. 1201
11. 1356 4518 4922 4924 9868
13. 527
16. 3426 4550
18. 8908
19. 8601
20. 2521 7022 7304 8518
23. 1659 3410 5051 5740 6605 9987
25. 10068
26. 706 4329 5130
28. 8763
30. 5051

1476 apr.
1. 9901
2. 3459 7066
4. 2105 3037 8584
5. 2401 9709
6. 564 10484
7. 7705
8. 2792 6724 9936
9. 5217 5725 6678 8773 9765
11. 3558
17. 9160
18. 2620 7851
20. 1577 7610 8763
22. 7000 8484
24. 7088 10131
25. 2389
26. 6091 7895
27. 337 6711
29. 2104 8703 9193
30. 2392 2877 3988

1476 mai.
2. 260 775 4087 7811 9442

3. 4409
4. 3030 5743
7. 1014
9. 3582 10307
10. 934 6091 8092 8718 9709
11. 3459 10523
13. 911 1469 3172 4987
15. 775 1003 2729
16. 151 2403 4464 10052 10064
17. 210
18. 2007 3774 4307 8095 10480
19. 210
21. 2478 3983 6710 9193 9250
    10072
22. 2297 3784 6197 6547
24. 5660
25. 2584 9810
27. 2790 6007 9126
28. 1299 3554 3947
29. 2104–2105
30. 1539 4378 5990

1476 iun.
1. 2790 7911
5. 3542
6. 880 2231 6058
8. 3542 5648 6007 7275
9. 7990
10. 3556 7945
11. 3078
13. 10345–10346
17. 1539 1770 2231 2401 2675 4133
    10067
18. 4956
19. 6991
23. 4476
25. 2791 3467 5102 5225 6485 8367
    9560
27. 225
29. 7820
30. 7552

1476 iul.
1. 3627 8203
4. 4151 4922 10345
6. 2660
7. 1968
8. 10285
9. 133 6344
13. 133
15. 487 9127
19. 3083

22. 4091
23. 6067
24. 3383 10481
29. 3467 6251
30. 662

1476 aug.
1. 9115
2. 3765
5. 2460 8755
6. 1934 10345
8. 3627
9. 7798 9472
11. 7978
12. 6552
13. 2343
14. 3556 9115
16. 9065
18. 7752
19. 2679 2885 5726
20. 3721 5037
23. 744
26. 4726 10251
27. 1851
29. 9472
30. 2515

1476 sept.
2. 7798
4. 1866
7. 8302
9. 4671
12. 7980
13. 10478
15. 706
17. 7752 8895
18. 8937 9205
20. 3582 9273
24. 3084 6958
26. 3383
27. 4958
28. 794

1476 oct. 3059
1. 8835
2. 620
5. 2791 7513
7. 6811
15. 8712 412

1476 nov.
3. 8908 9621

6. 7380 7648
7. 451 520 5424 5533 9670 9832 10478
8. 3742 6124 6550 8809
11. 2791
12. 3151 7501 7895
13. 1866 4271 9431 9939
16. 2854
17. 8 8702
18. 10264
21. 4566
22. 348 9670
23. 2860 9849
24. 7328
25. 1303 1912 5599
26. 5828 9878
27. 9681
28. 3035 5121 5171 2854

1476 decb.
1. 7814
3. 3720 8010
5. 5636
7. 6811 10074
9. 3109
10. 4726 6724 7386
12. 734
14. 10282
15. 9937
16. 3119 8597
17. 8546 9552
20. 706
21. 2099 3035
22. 2790
23. 1252 3832 9670
24. 1934 6550 8081
26. 8072
28. 9552

1476/1477 6896

1477   1626 8466

1477 ian.
1. 4412 5113 10157
4. 6870
7. 5743
10. 816 6384
13. 7304
14. 3221
16. 4389
17. 451

18. 1610 4556 6071
21. 1200 2105 9935
24. 582 5904
25. 2577
28. 154
31. 1245 3165 6801 7328

1477 febr.

1. 181 2252 8551 9218
4. 7191
6. 3350
7. 8010
8. 7962 8004
10. 1257
11. 8512 9054
12. 8512
13. 2165 2515 4994
14. 716 8773
16. 4307
17. 5873
20. 930 9508
24. 42

1477 mart.

1. 374 8438
6. 5344 7125 8227
8. 9205 9811 9994
10. 860 7735 8752
12. 10068 10251
13. 6723 7735 8460
14. 993 2983 7066
18. 6108
20. 6124
22. 4550 9621
24. 2355 3748 7722 10494
27. 5743 7346 10526
29. 2950 4898 7664
31. 5381

1477 apr.

1. 3593 5534
2. 858 7664 7740 8964
3. 9621 9690
5. 7664 10413
8. 5359
10. 10526
11. 2050
12. 1029
14. 9437
15. 8875
17. 154 7836
18. 7166

19. 4891
22. 7241 8895 8923
24. 2503 3636 7751
25. 6633 8846
26. 306 5403 9935
28. 1851
29. 4839 9304 9418 9437 10067

1477 mai.

1. 3642 3849 10074 10541
2. 8846
4. 3474 3844 4842
5. 2792
7. 4038 8767
9. 4596 7836
10. 4782 8010
13. 9878
14. 5130 5532 9003
15. 3083
17. 2620 4842 10451
18. 8584
20. 2374
21. 3221
22. 6344 9828 10612
23. 10345
24. 1489
28. 10345
29. 1571 5737
30. 2196
31. 10345

1477 iun.

2. 375 6567 8272 10119
3. 9613
4. 9867
5. 338 1827 7244
6. 9928
7. 6552 9940
10. 1506 1851
12. 9286
14. 3360 5360 7305
16. 6079
17. 1971 3598
18. 7056
19. 1559 1783 6101 6365
21. 6144
22. 3365 8081
23. 2687
25. 2983
26. 839 8763
28. 3772
30. 10478

1477 iul.
2. 6305
4. 8761
5. 10169
7. 3720
8. 5154 5465
9. 4473
10. 7131
11. 10093
12. 1843
13. 2790
14. 3001 8763
17. 528 639
21. 1959 6283
24. 6007 6633 7131
26. 7854
28. 1674 1826 6718 10093 10100
29. 816
31. 2809 2865 3190 5108 8606

1477 aug.
2. 3382 3636 6032
4. 7978
5. 9730
8. 7889 9322 10605
13. 744 2793 7067 10242
16. 497
18. 2374 6329
19. 1626
20. 9388
21. 3527
23. 3035
25. 744
27. 3597 4647 8281 8609
29. 1571 10547
30. 1466 8763 10499

1477 sept.
3. 519
4. 10454
5. 7081
6. 2046 6955 7032
9. 1260
10. 4726
11. 651 3721
12. 2384 2566
22. 744 2146 5037
23. 1978
24. 1559 9048 9142
26. 10346
28. 7488
30. 497

1477 oct.
2. 2157 7488
3. 2839
7. 9197 9928 10002
9. 6283 7889
11. 43 319 7937
13. 8808
14. 134 1912 3619 6935
15. 641 1770
17. 5119
18. 4567
21. 7329 7937
22. 7954
23. 9160
26. 7333
29. 43 10068
31. 1912

1477 nov.
3. 6203
4. 43 2058 7306 8998 9302
5. 4066
6. 9138
8. 2105 6842 7377 8144
10. 3487 10019
12. 7614 9553 9689
14. 10169
17. 5306 10490
18. 2236
19. 8140
23. 9849
24. 5052
27. 4280 7648 7966 9455
29. 8529
30. 2388 5881 8808

1477 decb. 8908
1. 4842
2. 1990 3511 8799
3. 2374
4. 5347
5. 875 8998 10074
7. 2729
9. 497 2976
10. 6839 7067 9603
11. 6562
12. 3526
14. 2373 5916
15. 4678
16. 505
17. 7882
18. 2084 2739

20. 2577 2950 5903 10068
22. 832 4236 7300
23. 8834
29. 3582 3772 6563
30. 4013

1478   57 1626 10092

1478 ian.
2. 2255 5669 7582
3. 1421 7582
4. 3394 10380
7. 964 3692 4785 7583 9553
8. 7872
9. 4000 4891
10. 1194 2730 6312
11. 7872
12. 9440
13. 4038
20. 7166 7416
24. 131 1444 2892
27. 183
28. 5579 6790
29. 2073 2374 3067
30. 1373

1478 febr.
1. 10346
4. 883 6618 7114
5. 7306
7. 10067
10. 2549 3722 9554
11. 9091
12. 6243 7583
13. 4875 7128 7450 8352 9825
14. 2388
16. 9411
17. 6297 8010
19. 704 1376 5398 6445 8895
21. 1978 3958 5776 8609
25. 6839 7488
26. 2523 3721 8908
27. 43
29. 3525

1478 mart. 2676
2. 2945 7092
3. 2255 9128
5. 2374
6. 918 1435 5832
7. 9554
10. 4315 4923

11. 1843 9091 9730
14. 3055 7570
15. 8383 10044
16. 4528 10069
17. 42–43 3243 4528 5202
18. 3671 7363
20. 2521
21. 10088
27. 5534 8383
31. 5027 7416 9092

1478 apr. 1712
1. 8094
2. 338 529 633 3624 3738 4403
   5527 6067 6900 10068
3. 6813
4. 1156 1793 3809 5899
6. 1424 3221
7. 9553 9825
8. 5217 9987
9. 405 2690 6297
11. 2087 3343 5458
12. 1029 1937
13. 10060
14. 3451 5003
16. 421 4835 9552
17. 148
18. 134 801 1028 3343 3876 7853
21. 5192 5654 6124
22. 2558 6542 7572
23. 7721
24. 5423 7043 7851
28. 2482
29. 9870 10444

1478 mai. 4765
1. 2159 4551
2. 2926 3825 4331 8809
4. 4415
5. 4567 8092 9098 9138
6. 9730
7. 9730 10069
8. 1844 7789
9. 256 4782 5217 5271 7586
12. 7125
13. 1241
15. 7789
16. 1430 8778
18. 4415 9376
20. 3650 9412 10380 10604
23. 4151 5548 7439 9693
26. 931 6792

27. 9674
28. 737 8523 9480
29. 3084
30. 6243

1478 iun. 3162
  1. 3714
  2. 1591 7830
  3. 3495
  6. 1936 2183 9343
  7. 4300
  9. 487
10. 8110 9156 9199
13. 2156 3172 7479
15. 6055–6057
16. 5492 5648 9684 10360
18. 8106
19. 5032
20. 1283 7304
23. 8442 8704
25. 4783

1478 iul.
  1. 1866 5648 7614
  2. 10478
  3. 7067
  4. 5732 5787 6118 6305 9937
  5. 4847 5916
  6. 142 3443 5975
  7. 3410
  8. 1916 4763 5217
  9. 9227
10. 2373
11. 10074
12. 9402
13. 9843
15. 5363 7081
17. 5436
20. 3691 5488
22. 10478
23. 5076 5534
26. 1117
27. 10346
30. 584 5501

1478 aug.
  7. 5155
13. 8785
16. 7040
19. 4668 8020
25. 8863
26. 7620

27. 9682
28. 5154
29. 7068
30. 7401
31. 357 6273

1478 sept.
  1. 5654
  4. 7937 9554
  5. 5655
  7. 1128 1931 2473 6166 7620 8283
    10044
  9. 7479 7937
11. 801
14. 4659 10346
18. 9839
19. 4681 6196
21. 7504 8001
23. 7479
24. 9911
25. 9982
26. 8667
28. 7413
29. 5637 10409

1478 oct.
  3. 2987 7688 8071
  4. 3782 4280 4475 9455
  5. 1527 6455
  7. 4394
  8. 357
  9. 6878
10. 1570 10409
11. 3751 7172
13. 1452
15. 4821 8698
20. 4891
23. 8438
24. 3526
27. 7642
29. 1863
30. 5534

1478 nov.
  3. 1430 5217
  5. 1242 1414 10524
  7. 2822 4651
  8. 2107
  9. 7853
10. 7081 8060 8769
14. 827 5363 5534
16. 7552

19. 6059
20. 5637 7814
21. 7940
23. 210
24. 9621
29. 8863
30. 9399

1478 decb.
1. 210 1572 6931
2. 5848
3. 2378 3087 7940 9343
9. 4487
10. 4183 7504
11. 4300
12. 737
13. 2970 6203
15. 1421
17. 186 249
18. 185 6251
22. 246 6509
23. 18 9811 9910 10541
24. 1471 1886 7862
27. 8290
29. 6495
30. 2739 10346

1479   57 1626 7980

1479 ian.
1. 8623
2. 5375
4. 10070
6. 10159
7. 3306
9. 3222 5787 6118 7235
11. 3220 5732
12. 5887
14. 18 4997 9055 9581 10068
15. 4475 7473
16. 18 2413 5732 5770 9735
17. 7478
18. 2275 10068
19. 6297
22. 131
24. 804
26. 1708 7478
30. 951 1272 4151 4887 9730

1479 febr.
4. 185 3649
6. 8323 8352

10. 9306
11. 1014 3906
13. 861 3782 4394 8463
14. 2551 9576
16. 1003 2916 8442
18. 6951
20. 7040
21. 7432 8766
25. 6545
27. 2530 8873

1479 mart.
1. 5449 5637 10150
2. 1969 3670 4213 4281–4282
3. 9016
4. 7740 7838 8625 9156 9554 9928
5. 1137
6. 3191 6693 8203
7. 7819
9. 902 5381 8500
10. 4351 8752
11. 921 1243 3313 7275 7741 8277
    9584
13. 2847 4085 6304–6305 7838 8925
    9554 9839 9911
15. 9540
16. 1714 2494 3511 5495 9456
17. 1137
18. 3111
19. 2079
20. 1863 2089 4095 8012
21. 3220
23. 1841 8726
26. 156
27. 9839 10071
29. 3699
30. 5538 7295 8202

1479 apr.
1. 1631
2. 5535
3. 5548 10451
5. 10413
6. 7369 8203
7. 2936 6109
11. 1201
15. 4585 5223
17. 411 5300 5363 6839 7275 9393
    10355
19. 2442 7068
22. 2839
24. 658 1360 8079 8371 9255 9362

27. 845 9255
29. 8202 10068 10622
30. 3599 6914 8696 8908 9218

1479 mai. 4785
   3. 2781
   4. 708 3808 6996 9347 9678
   5. 5826 8763
   6. 10005
   7. 2377 7489–7490 7492 9982
   9. 273 4367 9923
  10. 7072 10622
  11. 2740 3221 6338 7049 9029 9879
  12. 3553
  13. 3669
  14. 7493
  15. 5199 7445 7553
  17. 636
  18. 3411 4784 9678
  19. 1626 10388
  20. 353
  22. 890 5199 7703 9621
  23. 2316
  25. 6026
  26. 9469 10094
  27. 4137 4902 6217
  29. 2315 9414
  31. 3526

1479 iun.
   1. 4535–4536 10094
   2. 4677
   3. 7038
   4. 5725 8309
   8. 1863 4282 9657
   9. 351 9878
  12. 3748 10068
  15. 1863
  16. 286 7173
  17. 128 6084 9937
  19. 224 4165
  20. 7553
  21. 9465
  22. 3526 10074
  26. 5534 6049 9152
  28. 1744
  29. 1867 7820
  30. 7838

1479 iul. 2885
   1. 1785 3526
   3. 1242 8393

   4. 3624
   5. 138
   8. 1843 7970
  11. 651 8065
  14. 5053
  15. 5052 8393 10345
  16. 2046 9152
  17. 3525
  19. 2779 6900
  20. 7819
  21. 4966
  23. 2302 3877
  26. 8731
  28. 9907
  29. 3149 4281
  30. 6056
  31. 9696

1479 aug.
   2. 286
   3. 5725
   4. 8065
   5. 4227
   7. 3526
   9. 3624
  14. 3125
  15. 3125
  16. 3643 3877
  18. 845
  19. 7072 8520
  20. 260 8092
  22. 8001
  23. 43
  24. 4908
  26. 1912 7296
  28. 9811
  30. 7798
  31. 2892 4783 8675

1479 sept.
   3. 5579
   5. 1793
   6. 4659 9811
   7. 2377 3641 10481
  11. 10252
  13. 815 1184 2423 10279
  15. 8625
  16. 9731
  17. 7838 8309 8770
  18. 1708
  23. 1184
  26. 1784

27. 708 8686

1479 oct.
2. 7642 9469
5. 2510
7. 2396 7068
8. 8838
11. 8204 9456
12. 730 3969
13. 4976
16. 2957 8769
23. 259
24. 6084
25. 7400 9137

1479 nov.
3. 2338
6. 4994
8. 5840
10. 9137
13. 274
16. 1030
17. 6260
23. 128 1030 6694 9849
24. 1430 7015
27. 1015 2463 3574 6935
29. 3454 6935
30. 2377

1479 decb.
1. 636
2. 10486
3. 2621
4. 324 1330
8. 9326
9. 128 1330 4964
10. 877
11. 9100
14. 1994
18. 10047
20. 6326 8001
22. 7950
24. 2868
29. 1841 2986
30. 4701 10074

1480   788 1626 1812 10074

1480 ian.
4. 411 6144
8. 10017
12. 9440
13. 912 7337 8802

14. 9060
21. 8438–8439
24. 5363 6273 9137
25. 3788
27. 2764 5375
28. 2549
29. 2549

1480 febr. 9412 9587
1. 6069 8438
4. 9300
8. 547 7126
11. 10069
12. 1802
13. 7860
14. 8314 9049
18. 551 3739
19. 6326
23. 3553
24. 3700
26. 9049
27. 685 5770 9049
29. 7283

1480 mart.
2. 868 7473 9576
4. 4677
6. 6547 8314 8344
7. 2781
9. 1784 8204 8360 9811
11. 2551 5538
14. 2549 3600 8204–8205 9996
16. 1784 2794 7174 7854 9097
18. 10515
19. 8164
20. 2521 9811
21. 9415
22. 2079 2433 9526
23. 1332 7068
24. 4122
25. 10180 10449
27. 3526–3527 5787
28. 4066 4109 4202 9152
29. 6337
30. 5637 9044

1480 apr.
3. 4129
6. 3163 4180 10068
7. 3526
8. 9987
9. 6341

10. 207
12. 2079 3174
13. 6415
14. 4963
15. 5529 7688
17. 551 9955
19. 4796
20. 2079 8626
22. 8836
23. 3215
24. 2030 5798
25. 2275
28. 468 982
29. 2948 2985 5340 7069 7238 9825
30. 4923

1480 mai.
3. 845 3215
4. 1015 1114 5075 5340 7042 8936
6. 5798
7. 1031 2831
8. 9474
9. 9300 9910 10528
10. 8352
13. 1221 2030 4264 5538 9300
14. 2943 6694
15. 3699
16. 6889
17. 1874 5535
20. 1784
21. 1031
23. 10252
24. 7840
25. 8869 9343 9376
26. 730
27. 9164
28. 4011 7066
30. 4659 4963 5535

1480 iun.
1. 3447
5. 468
6. 5575 8686 9777
8. 1863 2107 10128
10. 7126
13. 481 3632 4678 4923 7435
15. 1030
16. 5545
17. 2781
22. 6279
23. 6991 7125 7990
26. 4946

27. 9638
28. 2790 10476
29. 7820

1480 iul.
1. 7955 9638
4. 7930
5. 708 1191 5563
6. 2226 3527 7937 8593
7. 6991
10. 7912
11. 4814 7674
12. 8001 8344 10176
13. 1788 4554
14. 4814 7930
16. 8439
17. 708 1272
18. 9732
20. 8404
21. 9552 9731
22. 6860
24. 4114
25. 9732
26. 3850
28. 4067
29. 4968
30. 2782
31. 6605 10159 10355

1480 aug.
3. 1841
4. 2845 8161
9. 9142
11. 2990
16. 9732
18. 9036
20. 9388
22. 4078
23. 1992 9552
24. 3678
26. 3699
29. 7401
31. 2855 4129

1480 sept. 9007
1. 4671 7125
2. 10370
4. 1030
5. 3527 4078
6. 2936
10. 5523
13. 8523

14. 4504 7109 7680
18. 1829 5523 9511
20. 8606 8805
23. 547
25. 932 2117
26. 7 3155 8684
27. 6697 7680 9935
28. 3232 5511 7413
29. 3175
30. 7735

1480 oct.
1. 6786
3. 1430 9955
6. 7282 10162
7. 1414
12. 2845 3984 6786 6850 7255
14. 932 2660
16. 4914
17. 1494
19. 6473
20. 3944 7282
21. 6850
23. 6786
24. 582 812 2415–2416 4280
26. 2416 4335
29. 4552
31. 765

1480 nov.
1. 1030
4. 3996 4066 5854 7647 10084
7. 3521 7110
10. 4504 6850 8535
11. 7853
14. 5917 10370
15. 3896
17. 3306 6141
21. 7110
22. 9734
23. 3984 6850 7854
26. 8580
27. 3896
28. 7735
29. 8314 9229
31. 6850

1480 decb.
1. 3896
2. 3306
4. 628 1002 4785 7839
5. 7049

6. 2135 3576
7. 3672
9. 3561 3897 7049
10. 551
11. 3771
12. 628 2027
14. 546 5762 7560 7853 7912 8625
15. 1742
16. 546 10455
18. 36 7306
19. 5912
20. 1002 1505 3306 3587 5794
21. 9294 10150
23. 827 1300 1643 1742 6547 7192
28. 7839
29. 5912 9773
30. 381 3636 4785

1481   10074

1481 ian.
2. 1002 3561 4402 5553
3. 6125 6326
4. 8001
5. 10074–10075
7. 9081
8. 3716 8665
9. 8308 8314
10. 5793
11. 3414 3557
12. 190 7841
13. 1331 4848
14. 3843
15. 4859 6403
16. 3557 9029
18. 709 3692
19. 9544
21. 528
22. 1493 9369
23. 1764 3624 3636 5093 9599
24. 6919
25. 7305
26. 9883
27. 9189
30. 6291 8321 8395 9199 10218

1481 febr.
2. 6889
5. 1841 4458 8205
6. 2048
8. 763 9060 10170 10376
10. 3632

13. 5581 7173 7840
17. 8204
20. 4784
21. 4828
22. 1424 8618
23. 827 2498 3218 7028
24. 2416
25. 2416
27. 7447

1481 mart.

1. 5379 5652 5913 7840 9199 9883
2. 1109
3. 7620 8204
5. 3906 10388
8. 3748 8712
9. 8535
10. 3067
11. 889
12. 3220
13. 6919
14. 3220
15. 2832 7223 7732
17. 1414 7620 9621
19. 2980 5443 7889
20. 9456
22. 588 9628
23. 1505
24. 8204
27. 8308
28. 5755
31. 575 7847 8938 9116

1481 apr.

3. 3389 3600 6850
5. 4585 9872
6. 3732
7. 190 480 5009 5755 8316 8938
   9275 9621
8. 9456
10. 251 3096 6109 7324
11. 1788
12. 1109 3705
14. 1605 2941 9116 10149 10317
    10590
16. 8550 9116
17. 2762 4958
18. 8002
19. 7840
21. 2416 7738 10317
22. 480 10317
23. 480 1605

24. 480 1605 10379
25. 1605
26. 4958 5913 7896
27. 1331 3600
28. 4784 7738
30. 10149

1481 mai.

1. 8236
3. 3881 7853
4. 1235 5881 6875 7109
5. 642 2316 10326
6. 4796 8236
7. 8236 9817
8. 7476 8236
9. 10368
10. 7854 8564 9185
11. 1118 10150
12. 4844 6038
13. 7476 8236 8564 9464
14. 8564
15. 1031 1946 3096 7962 8564
17. 3819 7476 7962
22. 630 1421 2689 5470
24. 6038 6124
25. 879
26. 2025
27. 630 879 4844 7962
29. 1375 2214 5876 6593
30. 5652 6553 8520 9570
31. 630 879 4844 7476 7962

1481 iun.

1. 5652
2. 2578 3012
3. 879 4844 7476 7962 8733 9071
   10070
5. 3192
7. 890 2025 3265 10538
8. 1546 4367
9. 8018
10. 1375 1546 5876
11. 1375 1546 5876 6593
12. 1375 1546 2060 2990 5876 6593
    7167
14. 2108 2551 4213
15. 3848 10326
16. 4213 9195 9687
17. 1007 10368
19. 3671
20. 551 2761 4109 4202 10170
21. 9872 10368 10538

23. 5887 6038
24. 4116 10070 10368 10538
25. 8241
26. 1194 2388 2396 3566 3636 5551
    6144 7296 8714 9002 9312
    10074–10075 10170 (14 Belege)
27. 7738 9427 9762
28. 839 3848 5681 6212 9947
29. 2761 10538
30. 7855

1481 iul.
1. 2761 3566 9872
2. 2761 3566 6921 9872
3. 1863 2685 4851 10048
4. 5794 7049 8459 10247
5. 3246 4367 4581
7. 1391 4269 4814 8746 9335
8. 3566
10. 2799 6415 8727 9348
12. 8323
13. 1231 7174
15. 7629
16. 1911 5613 7853 10368
17. 6212
19. 5589
20. 8727 8848
21. 7606 7855
22. 7605–7606 8733
23. 9707 9762
24. 3843 5340 9071
27. 3062 3535
29. 7606
30. 621 2782
31. 8733

1481 aug.
1. 10096
2. 9903
4. 7856
5. 2986 5589 7606 8733
6. 5589
7. 7742 10200
8. 861
10. 5589
13. 183 10074
14. 7701
15. 183 8656
19. 183 10108
21. 10108
22. 4225 5982 8460
24. 10200

25. 8596 10200
26. 183
28. 9187
29. 458 10200
30. 7624
31. 4284

1481 sept. 2288 7815
2. 3062 10200
3. 520 4225
4. 2782 8425 9187
5. 5524
7. 4862
8. 3062
9. 10200
11. 7851
12. 4982
13. 1614
16. 680 8509
19. 10523
20. 8849
22. 5701
24. 7915
26. 5649 6697
27. 5186 8149
28. 8241
29. 1715 8395 9570
30. 802

1481 oct.
2. 10108 10170
5. 7599
10. 827
11. 9258
12. 372
13. 709
14. 7738
15. 1492 8690
17. 9335
18. 7049
19. 4958 9335
21. 8690
23. 8065 8854 9369
24. 4895
25. 372 1737 10339
26. 1443 5844
27. 2470
28. 8690
30. 9576
31. 1443 4978 7034

1481 nov.

1. 7578 8690

3. 1807 7855

6. 5495 5538 7359

8. 581 8688 10339

9. 9369 10339

10. 7049

11. 10339

13. 2109 4067 5607 5655 7599 9457

14. 2040

15. 237 1609 7841 8121

17. 2 6 11 18 26 52 64 69 74 121 143
150 164 186 199 215 261 329
339 347 355 359 380–381 384
407 430 445 449 458 499 503
514 541 579 596 607 621 647
667 673 702 705 717 737 741
756 815 826–827 838 845 862–
863 866 868 884 894 904 917
919 921 942 944 952 959 966
1017 1026 1064–1066 1069 1079
1082 1089–1090 1107 1109
1114–1115 1134 1158 1164–1165
1188 1196 1203 1208 1299 1301
1319 1334 1373 1394 1423 1428
1482 1491 1506 1512 1533 1539
1541 1566 1576 1585 1588 1599
1607 1637 1642–1643 1646 1669
1674 1678 1690 1715 1720 1750
1765 1807 1889 1908 1912 1928
1939 1975 2008 2040 2056 2064–
2065 2067–2068 2098 2110–2111
2118 2123 2125 2144 2166 2179
2183 2210 2225–2226 2228 2238
2259 2279 2284 2308 2358 2395
2405 2413 2446 2454 2494 2511–
2512 2514 2528 2537 2587 2605
2615 2627 2648 2657 2662 2670
2676 2682 2689 2705 2723–2724
2741 2750 2758–2759 2769 2785
2794 2812–2813 2844 2855 2867
2907 2997–2998 3002 3016 3054
3107 3123 3200 3202 3254 3263
3291 3295 3306 3325 3352 3369
3371 3402 3407 3409 3445 3451
3468 3485 3488–3490 3515 3546
3551–3552 3591–3592 3606
3611 3634 3636 3640 3645 3647
3659 3678 3686 3691 3695 3712
3750 3815 3839 3851 3856–3857
3879 3885 3893 3912 3917 3941
3972 3975–3976 3978 3999 4112

4127 4156 4166 4221 4225 4242
4250 4260 4268 4272 4304
4316–4318–4319 4334 4362
4371 4395 4399 4408 4416 4458
4465 4469 4477 4509 4575 4623
4631 4638 4687 4693 4787 4795
4807 4818 4825 4852 4861 4880
4892–4893 4935 4952 4965 4969
4980 5005 5025 5105 5132–5133
5141–5142 5150 5179 5198 5206
5208 5212 5223 5246 5249 5270
5272 5284 5368 5370–5372 5388
5392 5398 5400 5419 5435–5436
5447 5509 5517 5525 5536 5538
5545 5548 5554 5572 5581 5583
5607 5609 5629 5649 5674 5693
5727 5732 5745 5783 5803 5836
5838 5844 5869 5879 5881 5913
5923 5943 5961–5962 5973 5976
5985 6004 6015 6024 6026 6039–
6040 6048 6080–6081 6113 6147
6165 6185 6195 6210 6222 6233
6257 6266 6274 6322 6324 6343
6346 6352 6416 6422 6425 6465
6470 6479 6512 6527 6544 6570–
6571 6573 6589 6611 6629 6633
6704–6705 6715 6717 6731
6744–6745 6796 6812–6813
6815 6866 6903 6911 6937 6943
6968 7007 7043 7076 7083 7086
7096 7108 7113 7133 7148 7167
7173 7235 7255 7258 7279 7294
7312 7316 7320 7344 7354 7359–
7360 7392 7394 7421–7422
7437–7438 7467 7508 7592 7614
7618 7642 7652 7689 7694 7697
7704 7717 7721 7733 7767 7771
7808 7842 7855–7856 7874 7876
7883 7903 7908 7929 7939 7956–
7957 7965 7970 8015 8040 8057
8117 8121 8127 8152 8155–8156
8173 8177 8229 8239 8244 8248
8261 8283 8317 8319 8322 8351
8380 8440–8441 8479 8495 8499
8531 8538 8540 8549 8580 8598
8608 8623 8660–8661 8694 8804
8849 8854 8876 8926 9007 9104
9156 9206 9233 9237 9320 9369–
9370 9380 9400 9436 9466 9468
9525 9552 9555 9557 9573 9582
9608 9621 9680 9740 9747 9812
9869 9898 9954 9962 9982

10006 10024 10036 10063 10070
10086 10280 10309 10340 10405
10481 10486 10520 10526 10570
(582 Belege)

1481 nov.
18. 10339
19. 7133
20. 178 737 1863 2292 3054 3306
3702 4969 7497 10217
21. 1611 4260 7030
22. 6 18 207 395 987 1414 2180
3517 3672 3924 6422 7176 8018
10466   (14 Belege)
23. 1015 1113 2511 4195 8927 9380
9716
24. 306 410 894 1041 4609 4862
6837 8109 9651
26. 3496 3859 4892
27. 559 8126 8367 8371 8380 8505
8585 8676 8776 8787 8800 8893
9052 9833   (14 Belege)
28. 4774 6536
29. 1951 3686 3844 3917 4959

1481 decb.
1. 237 300 4958 9901
3. 7255 10481 10486
4. 1807 3016 7739 8869 10313
5. 2750 2887 5921
8. 5713 7767
9. 5713
10. 7287 7791 8864
11. 398 1295 4249 10075
12. 827 866 6498 6583 7578
13. 8509
15. 2807 3819 8317 9824
16. 5713
18. 2877 4193
19. 164 8000
20. 673 704 5745 8205 8377 9743
21. 5469 10313
22. 757 858 2590 3860 5469 6849
7827 10313
23. 5160 5469
24. 4157 4213 4300 7791 9257
26. 1295
28. 1586
29. 2032 4749 6407
30. 1155
31. 8645

1482 ian.
1. 1295
2. 3111 10120
3. 918 4193 5437 7799 9199
4. 5655
5. 1412 3686 4331 8016
6. 1295 7738
8. 7841
10. 1586 4853 9457 10120
11. 4442
12. 1609 2273 6787 7841 9440 9687
13. 1155 1628 4749 6407 8929
15. 4959 6700
16. 3465
17. 1155 4749 5816 6407
18. 8155 8956 10267
19. 2443 2469 5181 8310
20. 5816 6787
21. 5816
22. 7072 10075
23. 5848 7039 7054
24. 606 803 1737 2470 4101 4528
10283
25. 6787
26. 704 802 1576 2284 2590 5528
27. 6787 8000
29. 1813 2443 5794 7187 7206
30. 3956
31. 509

1482 febr.
1. 458 1485 2986 4785 5381 5621
8952
2. 4442 5560
3. 4442
4. 532 2396 5026 5560 10075
7. 802 2237 3318 4327 5134 7109
7466 9976
8. 546 9987
9. 7793
10. 4442 5560 6553 9743
11. 7078
12. 2395 8121 9773
15. 3632 7187
16. 2273 7187 7841
17. 2395 4442 9743
21. 944 5581 8522
22. 2395 8046
23. 709 5687 8562 10155
24. 2395
25. 8869

26. 1951 2980
27. 1783
28. 1438 1925 3415 4231 5607
30. 10486

1482 mart.

1. 3690 3694 5607 10367
2. 1533 1594 3905 4180 4207 6054
8308 9351 10459
3. 4207
4. 44
5. 8121 9117 9929
6. 717 7922 9839
9. 1951 5340 7349 8022 8241 9117
10. 4207 5687
11. 6297 10458
12. 5687 6081
13. 803–804
14. 4017 5222 9139
15. 1015 9812
16. 287 3707 5599 6992 9570
17. 5687 10212
18. 1711
19. 381 6082 9570 10479
20. 2521 3318
23. 2396 3827 4231 9664 10212
24. 1015 5133
25. 1015
26. 140 6081 10486
27. 1869
28. 292 4170 10519
29. 4417
30. 5222 5279 7255 10354
31. 1015

1482 apr.

1. 1711 7167
2. 518 4393 8614
4. 4167
8. 5133
9. 7167
10. 790 8312
11. 1081
12. 3722 10625
13. 1869 7498 8717 8796
14. 7167
15. 9630 10074
16. 5880 9031 10192
17. 9811
18. 5474 8750
19. 917
20. 1456 1542 5440 6981

21. 8949
22. 23 571 2987 4255 6642 7841
8949
23. 325 2402 5222 9071 9336 10319
24. 1963
25. 5222 10319
26. 325 1491
27. 3764 4231
28. 325 1542 5222 7167 10319
29. 3692 4796 8727 10170
30. 327 575 9733 10442

1482 mai. 8463

2. 9336
3. 1542
4. 667 762 2689
6. 138 1542
7. 4490
8. 1456
9. 3896 8727 9098 10481
11. 6144 7132
12. 1456
14. 8602
16. 1456 4490
18. 736 2093 2470 2574
19. 4490
21. 294 328 987 4616 5933 9366
9972
23. 3340 10401
25. 2561 3445 5918
26. 987 4490 8007 8602 9972
27. 987 3660 4616 7039 8602 9972
28. 987 2561 4616 6812 8602 9972
29. 2441
30. 8503 8908
31. 654

1482 iun. 7841

1. 713 2561 4616
2. 2561
5. 654 8092
6. 6165 9098
8. 2040 2551 4477 8317 9468
10401
9. 9098 10112 10486
10. 5105
11. 6144 9098
13. 845 2386 2441 5322 7039 8692
15. 674 4738 7578
16. 5880 7854
18. 6355 9055
19. 7820

20. 4427 9892
21. 2238 9582 10383
22. 862 3643
23. 9631
24. 845 5880
25. 7203
26. 1683 4167
27. 5933
28. 695 2040 8691
29. 1869 5880 7820
30. 2115

1482 iul. 314
  1. 190 426
  2. 10170
  6. 4754 7059
  7. 294
12. 10438
13. 202
14. 4427 5379 7203 9892
15. 9348
18. 9355
19. 5745 9355
21. 4427 7203
22. 2866 4427 7203
24. 4018
30. 3672

1482 aug.
  2. 4473
  8. 4473 10438
10. 5447
11. 2511
14. 5745
15. 5732 9355
17. 3672 3683 5161 5745
18. 4284 9355
19. 9355
20. 29
21. 10486
22. 3794 10438
26. 4255
27. 5674
28. 1125
30. 863
31. 2880 7100 8014

1482 sept. 9630
  4. 1497
  7. 1233
  9. 6811
10. 1824

12. 863 3583 7344 7801
14. 8057
15. 7742
18. 1674 4931 5195
19. 7646
21. 7646
22. 5945 7646 9103
23. 1400 2724
27. 9923
29. 7646

1482 oct.
  1. 1142 9502
  2. 654
  4. 8014
  5. 6038
  6. 8014 8149 9923
  7. 804
  8. 5874 10605
  9. 4814 8135
10. 1400 5453 8717
12. 2394 8781
13. 932 1142 8014 8149 9502
14. 2511 8717 9793
15. 1064 1216 2238 5105
17. 2600 5896
18. 1142 8149 8781 9502
20. 1142 8135 8781 9502
24. 1007 4242
25. 1327 5453 7049
26. 2299 3135 3490 5011 6082 7349
    9670
27. 8135 8781 9502
28. 431
30. 2347 2987 3672
31. 2323 5241 5844 6195

1482 nov.
  1. 8135
  2. 5029 6038
  3. 1445
  4. 6638
  6. 2010
  7. 3645 3678 8018
  8. 4448
11. 1445 1508
12. 594 7394
14. 459 3299 6470 10382
15. 5347
16. 1420 5339 8368
18. 2010
19. 1833 2110 7587 9630

21. 4649
22. 1420 1497 2485 5375 9025
23. 518 1420 5375 8994
24. 1420 5375
28. 1846
29. 3978 5379 10330
30. 5654

1482 decb.
1. 3162
4. 8869
5. 2543 10047
8. 7547
10. 704
12. 3084
13. 654 992 5126
14. 1272 6587
15. 741
18. 8226
19. 9193
20. 918 1282 8917
21. 6082
22. 6082 8899
23. 4284 6081 6637
24. 1848 7222 9823
26. 8899
27. 8155 10315
28. 2125 8959
29. 2664
30. 2660
31. 6892

1483 ian.
2. 1158 7886
3. 3032 9306
4. 4631
5. 44 3844
9. 10053
10. 2954
12. 2664 8155
15. 654
17. 2664
19. 8155
20. 1798
23. 10347
24. 5223
25. 10013
28. 798 4167
29. 1136 2124
30. 6903 7029

1483 febr.
1. 3306
4. 6038
5. 6892 10013
8. 1861 7593
13. 5601 6154
15. 6965
16. 1136 4425 6892 7593 10013
17. 1196 7842
18. 1114 5538
19. 6038
20. 8524
21. 4669
22. 1136 4425 7593 10013
23. 1136 4425 7593
24. 3600
25. 8205
26. 2511 6082 6892 9608
27. 6777

1483 mart.
1. 8535
2. 9863
3. 6908
4. 1079 8317
5. 5601 8127
6. 1560
7. 3606
8. 216 804 2096 6308
9. 6965
11. 3195 4284
12. 6965
13. 6818
15. 3686 6965
16. 216
17. 761 10388
18. 994 5650
19. 2096 8688
20. 10171
21. 216
22. 9631
24. 318 774 4116 9845
25. 4710 8707
26. 1148 2494 4811 6234
31. 2096 3922

1483 apr.
2. 741
3. 4938 6234 7026 9144
5. 3059 10461 10546
6. 2028
7. 6938

8. 2724 6054 9667
10. 790
11. 6194 6327
12. 385 1679 3061 4103 7550 7943
9745
15. 3108 8158
16. 7223
19. 2960
20. 2040 2225
21. 5654
22. 3922 7545
23. 774 1946 2040 8113
25. 8849
26. 712 4237
28. 761
29. 6823 10304
30. 1588 8998

1483 mai.

1. 2124 8849 9898
2. 818
3. 8849
4. 2124
5. 6038 10471
6. 709 2124 6823 8849
8. 6823
9. 818
10. 1715 5761 6430
11. 818 2096 5438 5617 6054 6823
9928
12. 1118 8794
13. 9643 9649
14. 6938 10168
15. 2103 8841
16. 2766 8707
17. 1973 2067
18. 818 1715 2103 4688 5438 5617
6054 8794
19. 1715 2103 4688 5438 5617 6054
8794
20. 1044 1715 2103 4688 5438 8794
21. 9124
22. 921 1118 7400
23. 1090 2416 6963
24. 2825 5012 5128
25. 6963
28. 1428 7467
30. 6511
31. 907 4123

1483 iun.

1. 2040 6963
2. 1698
3. 4786
5. 1089 5373 9762
6. 3122
7. 489 5881
8. 1973 6963
10. 242 8113 8384 8943
11. 730 1973
12. 8581
13. 613 9631
15. 8943
16. 10383
18. 44
19. 9124
22. 7410 8943
23. 7789 8943
26. 6553 7767 9002
27. 3054 6515
28. 6341
29. 1871 9679 10247

1483 iul.

1. 5819 6039
5. 3797
6. 55 5491 6881
7. 2189
9. 4593
11. 5794
12. 2416 2432 5223
14. 798 1026 9904
15. 6881 10520
19. 6194 6327 7974
20. 9762
21. 1973
24. 1727 3883
28. 2226
29. 7289
31. 6553

1483 aug.

1. 7974
3. 7974
6. 7974 10383
10. 5596
13. 7605
14. 1125 7605
17. 1125 6470
19. 4848
20. 10170
21. 8082

22. 252
25. 1125
28. 6886 8082
29. 3183 8082
30. 4593

1483 sept. 6527
1. 4899 6576
2. 3794
4. 952 10247
7. 8082
10. 6124
11. 5320
12. 5655
13. 5320
15. 8372
16. 10075
18. 4190 4225
19. 8864
21. 9557
24. 628 10583
26. 5320
27. 5320

1483 oct.
1. 451 7337
2. 994
5. 4573
7. 4892
10. 863
11. 1489
14. 1090 3295 10025
17. 8525
22. 8832 9047
25. 3748
27. 4848 5674
30. 8703
31. 3488 6034

1483 nov.
3. 1341
4. 8110
9. 7049
10. 5716
13. 5655
14. 1879 4899
15. 6045
16. 4925
17. 2056
18. 431
22. 8804
26. 5881

29. 7007

1483 decb.
2. 1987
8. 1636
9. 4395 9351 10594
10. 2835
11. 4728
13. 1636 8053
14. 1636 6593 9351 10594
15. 8718 10594
17. 5608
19. 5619
20. 1636 5151 9351
21. 9351 10594
23. 7809 8718 9898
26. 4395
27. 4395 7809
28. 7809
30. 8717

1484 ian. 7110
1. 7809 8053
3. 8895
5. 4301
6. 8053
7. 3913
11. 8053
12. 9440
13. 9795
14. 2796
16. 2668
23. 2348
24. 863 1915 6998 8555 10318
26. 489 7294 7602
27. 2670 8325 8555
29. 3216 5820
30. 497 2855 9832

1484 febr.
1. 1334 6429
3. 399
4. 4719 9631
5. 7602 9631
8. 7602
9. 1801 2835
12. 8441 10117
13. 332 1585 3748
14. 8574
15. 7602
16. 2407 8252
23. 4725

25. 10441
27. 5382 7321
28. 1403

1484 mart.
  2. 4719
  6. 1106
  7. 7069
  8. 9982
  9. 1104 7069
11. 4550 4925 8716
12. 4719
13. 626 1302 3672 6162 8574 9678
     10398
14. 9294
16. 6559
17. 2662 4976
18. 1698
20. 1977 5398
22. 569
28. 5398
31. 10375

1484 apr.
  1. 3295
  3. 3987 5398 8804
  5. 3987
  6. 4704 10043
  7. 6045
10. 68 1373 5371
13. 3692 5329 6034 6154 9070
14. 6908 8614
15. 5105
17. 1373
18. 1373
19. 329
20. 1373
22. 1460
23. 3291 7853 7856 8630
26. 7266 9928 10509
27. 9928
29. 2648 3003 6807
30. 6807

1484 mai.
  3. 381
  4. 782 5701
  5. 4786
  7. 5701 7335
  8. 4260
  9. 5701
11. 9582

12. 5964 10612
13. 589 4787 10071
15. 2288 4787
16. 5701
17. 8656
18. 737
19. 2348 8614
25. 5547 6470 7108
26. 1685 7173
27. 9582 10383
29. 5951 7001 10386

1484 iun.
  1. 3295 9607
  4. 7214 7913 10069
  5. 8432 8843
  6. 8614
  7. 8614
  8. 8614
  9. 4067
10. 2728 7063
11. 7148 8676
12. 9473 9582
13. 2723 7842 9582
15. 3506
16. 4871 5688 8565
17. 4067 9751
18. 1840 2825 4871
19. 7611
20. 7214
22. 7245 7577
23. 9582
24. 7214
26. 2834 4691 7214
28. 6470 10069 10304
29. 1871

1484 iul.
  7. 389 8441
  8. 4700
10. 9348
15. 4721 10196
16. 2226 4925 8397
20. 6832
21. 8360
23. 8853
25. 10196

1484 aug. 2348
  1. 10196
  5. 8853 10196
  6. 3199 4333 8853

13. 7277
24. 10520
31. 737

1484 sept.
30. 3636

1484 oct.
1. 2323 3175
5. 1194
6. 5701

1484 nov.
26. 2662

1485 ian.
10. 5701
30. 6291
31. 7324

1485 febr.
8. 10541
11. 6812
28. 4931

1485 mart.
24. 6055–6056
29. 4285 4719
30. 6265

1485 apr.
16. 8314
18. 9164
27. 4956 4958
28. 10612
29. 6165

1485 iun.
22. 451 1727
4719
23. 4719

1485 iul.
15. 7629

1485 nov.
6. 10520
15. 4791
17. 5655

1485 decb.
2. 7965
16. 4958

1486 ian.
24. 775

1486 febr.
10. 5732
23. 547

1486 mart.
20. 7432
23. 6060

1486 apr.
14. 7853

1486 iun.
20. 2341
23. 5732

1487 febr.
7. 5726

1487 mart.
16. 10382

1487 apr.
23. 3983

1487 iul.
4. 8441
30. 8314

1487 aug.
19. 10159
21. 7739

1487 sept.
4. 9138
19. 6037

1487 decb.
20. 4548
30. 4567 9937

1488 ian.
14. 7049

1488 febr.
20. 10069

1488 mart.
1. 10283
5. 9839
11. 589
24. 6057

1488 apr.
  28. 9870

1488 mai.
  3. 7620
  24. 4649

1488 iun.
  12. 8441

1488 iul.
  20. 2619

1488 nov.
  5. 7049

1488 decb.
  19. 1242
  22. 3215 8344

1489 mart.
  20. 4956

1489 iul.
  29. 5985

1489 decb.
  12. 10070

1490 ian.
  2. 9052
  10. 10612
  12. 5985

1490 mart.
  26. 2005 4231
  29. 1445

1491 apr.
  26. 4477

1491 mai.
  2. 5821

1491 iun.
  4. 6038

1491 iul.
  16. 7735

1491 aug.
  31. 6630

1491 nov.
  7. 2551

1492 iul.
  23. 8702

1494 mart.
  18. 5649

1494 apr.
  5. 1987

1495 mart.
  24. 7066

1495 apr.
  10. 7066

1507 mart.
  11. 5666

1507 iul.
  12. 3215

1507 decb.
  25. 10383
  26. 10383

FUNDSTELLEN

A 22 6^v 7718
A 22 10^r 2393
A 22 11^r 152 7847
A 22 12^v 4102
A 22 15^r 5228
A 22 15^v 4175
A 22 16^v 9677 10104
A 22 20^r 6380
A 22 20^v 2328
A 22 22^r 3320
A 22 24^v 2806
A 22 26^r 5570
A 22 26^v 3355
A 22 27^r 1394
A 22 27^v 1611
A 22 28^r 2933
A 22 29^v 3042
A 22 30^v 4937
A 22 32^r 3914
A 22 33^v 4961 9565
A 22 34^v 193
A 22 35^r 6839
A 22 37^r 2489 4183 7835
A 22 38^r 4127
A 22 38^v 5188
A 22 40^v 8131
A 22 41^r 7244
A 22 41^v 5350
A 22 42^r 3729
A 22 42^v 2609
A 22 43^r 1455 8868
A 22 45^r 4289
A 22 45^v 5227
A 22 47^r 2267
A 22 49^r 1371
A 22 49^v 4289
A 22 54^r 6792
A 22 57^r 5891
A 22 57^v 5891
A 22 58^r 819
A 22 59^r 800
A 22 59^v 8637
A 22 60^r 472
A 22 60^v 14
A 22 61^r 1873
A 22 62^r 564
A 22 64^r 7084
A 22 65^r 7617
A 22 65^v 9553
A 22 69^r 8799 9796
A 22 71^r 8812

A 22 71^v 3232
A 22 73^r 3472
A 22 73^v 8131
A 22 74^r 4547
A 22 75^r 13
A 22 76^v 6461
A 22 80^v 4986
A 22 81^v 2355 8547
A 22 83^r 1675
A 22 84^r 13
A 22 88^v 9543
A 22 91^v 5827
A 22 93^v 9729
A 22 94^v 7377
A 22 97^r 10101
A 22 97^v 8131 9947
A 22 98^r 2355 3854 10478
A 22 99^r 10041
A 22 99^v 5524 8922
A 22 102^r 9771
A 22 105^r 3574
A 22 112^v 1683
A 22 114^r 9729
A 22 115^r 6055
A 22 116^v 9947
A 22 117^v 9016
A 22 118^r 1077 5678
A 22 118^v 5636
A 22 119^r 1788 6016
A 22 120^r 6994
A 22 121^v 8131
A 22 124^r 9397
A 22 126^v 8701
A 22 127^r 624
A 22 128^v 1194 4961 9342
A 22 130^v 417
A 22 132^r 485 2471
A 22 132^v 2862
A 22 137^r 2272
A 22 138^r 8388
A 22 139^r 1991 9785
A 22 142^v 2817 8715
A 22 143^r 1067
A 22 144^r 6505
A 22 147^r 3148
A 22 147^v 2804
A 22 150^v 6000 9057
A 22 151^v 5461
A 22 152^r 1510
A 22 152^v 3257
A 22 153^r 2817

A 22 154^r 3236
A 22 155^v 8193
A 22 159^v 5653
A 22 162^v 6323
A 22 163^r 9488
A 22 169^v 2340
A 22 195^r 4322 7898
A 22 196^r 1729
A 22 199^r 7303
A 22 199^v 3334
A 22 202^r 4038 4547
A 22 204^r 872 3807
A 22 205^r 6055
A 22 206^r 9764
A 23 1^r 1202
A 23 3^v 13 3780
A 23 5^r 4453
A 23 10^v 7099
A 23 11^r 5042
A 23 13^r 7250
A 23 13^v 2573
A 23 14^v 7066
A 23 15^r 610
A 23 16^r 10232
A 23 17^v 5666
A 23 21^v 2372
A 23 22^v 6367
A 23 24^v 5283
A 23 26^r 4763
A 23 26^v 4588
A 23 27^v 9261
A 23 31^r 6791
A 23 31^v 2988
A 23 32^r 132
A 23 33^r 9480
A 23 34^r 5813
A 23 34^v 1549
A 23 35^r 8131
A 23 35^v 5827
A 23 38^v 4466
A 23 39^v 1708
A 23 42^v 8132
A 23 48^v 6447
A 23 51^v 5653
A 23 53^r 1518
A 23 53^v 516
A 23 56^v 9987
A 23 58^r 221 605
A 23 58^v 8923
A 23 60^v 4223 4548
A 23 61^r 9165

A 23 61ᵛ 7936 8702
A 23 63ᵛ 8578
A 23 69ᵛ 6732
A 23 73ʳ 9759
A 23 80ᵛ 1762
A 23 81ᵛ 4763
A 23 82ʳ 4763
A 23 84ᵛ 8715
A 23 86ᵛ 6655 9342
A 23 87ᵛ 204
A 23 89ʳ 8536
A 23 89ᵛ 8132
A 23 90ʳ 4024
A 23 96ᵛ 9796
A 23 98ʳ 3982
A 23 99ᵛ 3364
A 23 101ʳ 4361
A 23 102ᵛ 5897
A 23 104ʳ 2511
A 23 104ᵛ 9720
A 23 105ʳ 471
A 23 105ᵛ 5964
A 23 106ʳ 5924
A 23 107ʳ 872
A 23 107ᵛ 9010
A 23 108ʳ 4289
A 23 110ʳ 7125
A 23 110ᵛ 3643
A 23 111ᵛ 3938
A 23 116ᵛ 185 4596
A 23 120ʳ 1841
A 23 121ᵛ 6447
A 23 123ᵛ 9427
A 23 124ᵛ 4567
A 23 125ʳ 2372 6994
A 23 127ʳ 2396
A 23 128ʳ 516 7478
A 23 130ʳ 7127
A 23 130ᵛ 9012
A 23 133ʳ 4171
A 23 136ʳ 7740
A 23 139ᵛ 2738
A 23 141ᵛ 282
A 23 145ʳ 576
A 23 149ʳ 1982
A 23 153ᵛ 6108
A 23 158ʳ 4057
A 23 160ʳ 8132
A 23 161ᵛ 4082
A 23 163ʳ 131 10549
A 23 169ʳ 10478

A 23 169ᵛ 4057
A 23 170ᵛ 5570
A 23 171ʳ 4962
A 23 172ʳ 13
A 23 173ᵛ 8640
A 23 174ʳ 3632
A 23 176ʳ 6325
A 23 176ᵛ 6614
A 23 177ᵛ 9902
A 23 179ᵛ 8685
A 23 181ᵛ 204 8716
A 23 183ʳ 9480
A 23 183ᵛ 4962
A 23 184ʳ 8132
A 23 184ᵛ 5010 7617
A 23 186ʳ 4596
A 23 186ᵛ 1874
A 23 187ʳ 3581
A 23 187ᵛ 4049
A 23 188ʳ 7159
A 23 190ʳ 7541
A 23 190ᵛ 5916
A 23 191ʳ 6848
A 23 192ᵛ 9145
A 23 194ᵛ 1028 3047
A 23 197ʳ 2413
A 23 198ʳ 1926
A 23 201ʳ 9971
A 23 206ʳ 4415
A 23 208ᵛ 3719
A 23 209ʳ 8430
A 23 213ᵛ 4548
A 23 214ʳ 1673 7705
A 23 215ʳ 4548
A 23 219ʳ 4966
A 23 219ᵛ 1996
A 23 228ʳ 7767
A 23 230ʳ 5666
A 23 231ᵛ 2684
A 23 233ʳ 6328
A 23 234ᵛ 6916
A 23 239ʳ 235
A 23 242ʳ 9126
A 23 242ᵛ 3209
A 23 243ᵛ 6295
A 23 244ᵛ 739
A 23 250ᵛ 2258
A 23 251ʳ 3487
A 23 251ᵛ 8133
A 23 253ʳ 9658 10453
A 23 254ᵛ 1234

A 23 256ʳ 1157 10490
A 23 256ᵛ 2713
A 23 257ʳ 7103
A 23 258ʳ 2733
A 24 1ᵛ 9825
A 24 5ʳ 4096
A 24 10ʳ 6755
A 24 10ᵛ 2413
A 24 12ʳ 9490
A 24 16ʳ 8044
A 24 17ʳ 6167
A 24 19ʳ 8071
A 24 24ᵛ 1553 5653
A 24 26ʳ 706
A 24 29ʳ 3556
A 24 30ᵛ 1450 2373 5916
A 24 31ᵛ 4378 8944
A 24 32ʳ 8702
A 24 35ᵛ 706
A 24 36ʳ 10620
A 24 36ᵛ 10391
A 24 38ʳ 9006
A 24 42ᵛ 5434
A 24 44ᵛ 487
A 24 45ʳ 9427
A 24 47ᵛ 8400
A 24 50ʳ 8183
A 24 50ᵛ 6732
A 24 51ʳ 2351
A 24 53ᵛ 3453
A 24 56ᵛ 10478
A 24 60ʳ 3983
A 24 62ʳ 3348
A 24 64ʳ 3190
A 24 65ʳ 3151
A 24 67ʳ 5081
A 24 70ʳ 133
A 24 73ᵛ 5606
A 24 74ʳ 3026
A 24 74ᵛ 1083
A 24 77ᵛ 716
A 24 80ʳ 9483
A 24 81ᵛ 9160
A 24 82ʳ 2327
A 24 82ᵛ 42
A 24 85ᵛ 9868
A 24 86ʳ 1245
A 24 86ᵛ 4956
A 24 89ᵛ 5761
A 24 90ʳ 8860
A 24 91ʳ 3410

A 24 95^r 8572
A 24 96^v 34 2945
A 24 99^r 8467
A 24 99^v 4087
A 24 100^v 9612
A 24 103^r 9690
A 24 105^r 5126
A 24 106^r 5126 6290
A 24 106^v 4550
A 24 108^v 3636
A 24 109^r 3410
A 24 109^v 917 8438
A 24 110^v 7505
A 24 112^v 9061
A 24 114^r 4329
A 24 115^r 527
A 24 116^r 1659
A 24 118^r 7022
A 24 119^v 5748
A 24 121^r 6038
A 24 125^r 8773
A 24 126^v 3028
A 24 127^v 7705
A 24 128^r 4962
A 24 128^v 860
A 24 129^r 6038
A 24 129^v 8763
A 24 131^v 4909
A 24 134^v 63
A 24 136^r 6678
A 24 140^v 8766
A 24 141^r 775
A 24 141^v 6091
A 24 142^v 10523
A 24 147^v 151
A 24 148^r 10307
A 24 150^r 6144
A 24 151^r 2403
A 24 151^v 7740
A 24 152^v 1469
A 24 154^r 7962
A 24 155^v 5496
A 24 156^v 10479
A 24 157^r 7984 8718
A 24 158^v 10250
A 24 159^v 3983 7353
A 24 160^v 3453
A 24 161^v 1242
A 24 162^r 4378
A 24 162^v 2790
A 24 163^r 6547

A 24 163^v 8703
A 24 172^r 264 5425
A 24 174^v 10591
A 24 175^v 1930
A 24 178^r 1431
A 24 179^r 9982
A 24 181^v 5910
A 24 182^r 5916
A 24 184^r 3380
A 24 187^v 5403
A 24 190^r 6945
A 24 190^v 3285
A 24 192^v 288 1461 9920
A 24 196^r 8868
A 24 196^v 6720
A 24 201^r 2415
A 24 202^r 4518
A 24 204^v 7493
A 24 205^v 5460
A 24 206^r 7501
A 24 207^v 4522 6219
A 24 211^v 222
A 24 212^r 9936
A 24 213^r 2620
A 24 213^v 337
A 24 219^v 1003 2478 6710
A 24 220^r 3037 6238
A 25 1^v 2254
A 25 2^r 3556 9787
A 25 5^v 3542
A 25 6^r 2038 6724
A 25 6^v 1135
A 25 7^r 3232
A 25 7^v 2790
A 25 8^r 1539 3030 6707
      7275
A 25 9^r 3882
A 25 10^r 3947
A 25 10^v 210 2231
A 25 11^r 2584 10484
A 25 12^v 2790
A 25 13^v 5315 5740
A 25 14^r 1770
A 25 14^v 7990 10285
A 25 25^r 5636
A 25 30^v 6056 10345
A 25 33^v 133 6344
A 25 34^v 9115
A 25 37^v 744 7798
A 25 39^v 9472
A 25 46^v 3487

A 25 49^r 7962
A 25 51^v 3453
A 25 53^r 5051
A 25 55^r 2361
A 25 56^r 222
A 25 57^v 5636
A 25 59^r 8908
A 25 60^r 10064
A 25 64^r 9273
A 25 68^v 7962
A 25 70^r 4956
A 25 70^v 7380
A 25 71^r 7752
A 25 71^v 9127
A 25 74^r 1866 9939
A 25 74^v 5534
A 25 78^v 5121
A 25 79^r 222
A 25 82^r 9392
A 25 84^v 2860
A 25 85^v 9670
A 25 86^r 6057
A 25 86^v 8703
A 25 87^r 5660 8712 9552
A 25 88^r 3720
A 25 92^r 5171
A 25 93^v 7501
A 25 94^r 3671
A 25 94^v 1916
A 25 95^r 10157
A 25 95^{vs} 4412
A 25 97^v 1201
A 25 99^r 6613
A 25 99^v 835 10345
A 25 100^v 519
A 25 102^v 1783
A 25 104^r 4853
A 25 106^r 3221
A 25 108^r 6550
A 25 108^v 816
A 25 110^v 2791
A 25 112^v 5904
A 25 113^r 8716
A 25 114^r 10345
A 25 114^v 6681
A 25 117^r 8512
A 25 118^r 4307
A 25 119^v 4550
A 25 121^r 1257
A 25 121^v 2577 6811
A 25 122^r 8551

A 25 123ʳ 5726	A 25 197ʳ 5653	A 26 33ᵛ 10119
A 25 124ʳ 1851	A 25 197ᵛ 5740	A 26 34ʳ 5407
A 25 124ᵛ 451	A 25 198ʳ 6471	A 26 37ᵛ 3001
A 25 125ᵛ 7304	A 25 199ᵛ 3627	A 26 38ᵛ 7131 10480
A 25 126ʳ 10622	A 25 204ᵛ 9832	A 26 39ʳ 3102 8846
A 25 128ʳ 2791	A 25 205ʳ 3945	A 26 39ᵛ 1674
A 25 129ʳ 4994	A 25 206ʳ 5636	A 26 40ᵛ 1912
A 25 132ᵛ 4550	A 25 208ʳ 3109 4792 7290	A 26 41ʳ 1912
A 25 133ᵛ 1843	A 25 208ᵛ 2104 9231	A 26 41ᵛ 6633
A 25 134ᵛ 8460	A 25 209ʳ 8546	A 26 44ᵛ 3772
A 25 137ʳ 43	A 25 210ʳ 6172	A 26 45ʳ 338
A 25 137ᵛ 8179	A 25 212ʳ 7558	A 26 46ʳ 6618
A 25 139ᵛ 4550	A 25 212ᵛ 3119	A 26 46ᵛ 2865
A 25 140ᵛ 3162	A 25 213ʳ 3179	A 26 47ʳ 4554
A 25 144ʳ 7664	A 25 213ᵛ 2687	A 26 47ᵛ 1843
A 25 145ᵛ 6124	A 25 214ʳ 9065	A 26 50ʳ 4473
A 25 146ʳ 2254 9065 10526	A 25 214ᵛ 620 2389	A 26 52ʳ 10480
A 25 148ʳ 2252	A 25 219ᵛ 1486	A 26 53ᵛ 7751
A 25 150ᵛ 3582	A 25 220ʳ 3165 5828	A 26 57ᵛ 10499
A 25 152ᵛ 10282	A 25 222ʳ 4389	A 26 58ʳ 1850 8281
A 25 154ᵛ 4922	A 25 223ʳ 6565	A 26 60ᵛ 10466
A 25 155ᵛ. 9342	A 25 225ʳ 4695	A 26 64ᵛ 2566
A 25 156ʳ 5534	A 25 225ᵛ 154	A 26 67ᵛ 639
A 25 157ʳ 9935	A 25 226ʳ 610 7434	A 26 68ᵛ 5037
A 25 160ᵛ 2105 7722	A 25 227ᵛ 7504	A 26 71ʳ 6991
A 25 163ʳ 5873	A 25 228ᵛ 4898	A 26 72ᵛ 5154
A 25 164ʳ 8767	A 25 229ʳ 6561	A 26 74ᵛ 3721 7488
A 25 165ʳ 5570	A 25 230ʳ 5530	A 26 78ᵛ 9928
A 25 165ᵛ 5570	A 25 231ʳ 2254	A 26 80ᵛ 2157
A 25 166ʳ 10067	A 25 232ᵛ 8875	A 26 81ʳ 5 7889
A 25 166ᵛ 3726 7836	A 25 238ᵛ 8 762	A 26 83ᵛ 6283 7333
A 25 167ᵛ 2620	A 25 248ʳ 6870	A 26 87ᵛ 6801
A 25 168ʳ 10451	A 25 248ᵛ 6547	A 26 88ʳ 5821
A 25 169ᵛ 10283	A 26 2ʳ 1875	A 26 89ᵛ 319 7937
A 25 172ʳ 10074	A 26 5ʳ 2033 4568	A 26 90ᵛ 1571
A 25 172ᵛ 4842 10541	A 26 9ʳ 2196 2867	A 26 92ᵛ 5534 7067
A 25 173ʳ 8010	A 26 10ᵛ 5360	A 26 93ᵛ 43
A 25 174ᵛ 9127	A 26 12ᵛ 5286	A 26 94ʳ 1912
A 25 177ʳ 9437	A 26 15ʳ 133 9040	A 26 96ᵛ 43 10169
A 25 178ʳ 10345	A 26 15ᵛ 1783	A 26 98ʳ 10019
A 25 180ʳ 2792	A 26 16ʳ 9613	A 26 100ʳ 7444
A 25 182ᵛ 5534	A 26 17ᵛ 6101	A 26 102ʳ 5052
A 25 184ʳ 934 7455	A 26 18ᵛ 8597	A 26 103ʳ 4379
A 25 185ᵛ 3592 4142	A 26 20ᵛ 3067	A 26 106ʳ 5737
A 25 186ʳ 133 7688	A 26 21ʳ 9273	A 26 107ᵛ 8081
A 25 186ᵛ 1397 10038	A 26 21ᵛ 7305	A 26 108ʳ 6842
A 25 187ᵛ 2635	A 26 23ʳ 3474	A 26 109ʳ 8998
A 25 188ʳ 880	A 26 24ᵛ 10612	A 26 112ᵛ 497 6058 8484
A 25 189ʳ 1968 3078	A 26 26ʳ 6058	A 26 114ʳ 3849 9730
A 25 190ʳ 8994	A 26 29ʳ 5217	A 26 115ᵛ 2976
A 25 190ᵛ 133	A 26 32ʳ 375 2254	A 26 116ʳ 4280 9455

A 26 117^r 6093
A 26 118^r 520 2950
A 26 120^v 8808
A 26 122^r 5903
A 26 122^v 5908
A 26 123^v 5052
A 26 124^v 7895
A 26 125^r 2297 7583
A 26 127^r 7377
A 26 127^v 7300
A 26 129^v 1194
A 26 130^v 1393 6312
A 26 131^v 10068
A 26 136^v 131
A 26 137^r 1444
A 26 138^r 5353
A 26 139^r 2255
A 26 139^v 9940
A 26 142^r 6935
A 26 142^v 9553
A 26 146^v 2374
A 26 150^r 2388
A 26 153^r 9411
A 26 153^v 5599
A 26 154^r 1376
A 26 158^v 8010
A 26 159^r 2549 3722
A 26 159^v 4409 7872
A 26 160^v 4555
A 26 161^v 5130
A 26 162^v 2730
A 26 165^v 4726
A 26 169^r 43 7851
A 26 169^v 3782
A 26 171^r 5793
A 26 174^v 8383
A 26 183^r 3642
A 26 185^r 327
A 26 186^r 1525
A 26 186^v 3087
A 26 187^r 1827
A 26 188^r 4084
A 26 188^v 9160
A 26 190^r 9286
A 26 190^v 2687 6253 6700
A 26 191^r 2792
A 26 192^v 7241 8923
A 26 194^r 3181
A 26 194^v 1506
A 26 197^r 6058 8103
A 26 197^v 10251

A 26 199^v 374
A 26 201^v 2660
A 26 202^v 1466 8763
A 26 203^r 2343 10505
A 26 204^v 10547
A 26 205^r 1809
A 26 206^r 4922 7513
A 26 208^v 528
A 26 209^v 5403
A 26 211^v 3671 9160
A 26 215^v 5676
A 26 216^r 993
A 26 216^v 10605
A 26 218^v 6436
A 26 219^v 134
A 26 221^r 7000
A 26 223^r 3619
A 26 224^v 2577 3671
A 26 225^r 651
A 26 225^v 5669
A 26 227^r 3392
A 26 228^r 2255
A 26 228^v 4084
A 26 232^v 2255
A 26 233^v 7306
A 26 234^r 2058
A 26 234^v 7114
A 26 236^r 5698
A 26 238^v 1202 7056 7450
A 26 243^v 2255 4528 9003
A 26 244^r 1843 9091
A 27 1^r 3624
A 27 2^r 5534
A 27 2^v 6079
A 27 3^r 351
A 27 7^v 6297 9730
A 27 10^r 6839 8094
A 27 11^v 1843
A 27 13^r 3451 9128
A 27 13^v 1029
A 27 15^v 5654
A 27 16^r 6124
A 27 17^v 9681
A 27 18^r 7306
A 27 18^v 4835
A 27 19^r 2729
A 27 20^r 5423
A 27 22^r 9128
A 27 22^v 9554
A 27 23^v 2482
A 27 24^r 1559

A 27 25^v 9138
A 27 27^v 9730
A 27 28^r 10454
A 27 29^v 9730 10444
A 27 30^r 801
A 27 33^v 9825
A 27 34^r 1959 4415
A 27 37^r 7882
A 27 39^r 3650
A 27 43^v 6243
A 27 44^v 8704
A 27 45^r 9376
A 27 47^r 2172
A 27 49^v 6792
A 27 49^v. 10360
A 27 55^v 5492
A 27 56^r 7439
A 27 56^v 9674 10346
A 27 59^r 1591
A 27 59^v 3083
A 27 60^r 3084
A 27 60^v 3084
A 27 62^v 8110 9480
A 27 64^v 5217
A 27 69^r 4783
A 27 73^v 3410
A 27 74^v 3525 4151
A 27 81^r 1424
A 27 83^v 8785
A 27 84^v 5154
A 27 85^v 1916
A 27 88^v 2473
A 27 89^r 801
A 27 89^v 7620
A 27 90^r 7614
A 27 96^r 2661
A 27 97^v 9730
A 27 99^r 357 9839
A 27 99^v 7172
A 27 100^r 351
A 27 105^r 4151
A 27 105^v 5637
A 27 111^r 4651
A 27 112^r 8438
A 27 113^r 2822
A 27 116^r 10380
A 27 120^r 10346
A 27 121^r 2378
A 27 121^v 9343
A 27 122^r 5535
A 27 122^v 7504

A 27 123^r 2033
A 27 123^v 8763
A 27 124^r 1572
A 27 125^r 144
A 27 126^r 2034
A 27 126^v 3526
A 27 127^r 2970
A 27 127^v 1242
A 27 128^r 1184 7479
A 27 131^v 2275
A 27 132^v 7439
A 27 134^r 1886
A 27 135^{vs} 246
A 27 137^v 2679
A 27 144^r 6251
A 27 144^v 6729
A 27 150^r 8360
A 27 153^v 1452
A 27 154^v 5732
A 27 156^v 5854
A 27 157^r 9910
A 27 158^r 6495
A 27 159^r 8290
A 27 159^v 6782
A 27 160^r 9306
A 27 160^v 2039 9730
A 27 162^v 488
A 27 167^v 1936 9730
A 27 170^v 1132 6293
A 27 171^r 6685
A 27 172^r 921 9911
A 27 172^v 6304 8769
A 27 173^v 2494
A 27 175^v 2554
A 27 176^r 4085
A 27 177^r 7838 9156
A 27 178^r 1845
A 27 178^v 4783
A 27 179^r 4183
A 27 179^v 7068
A 27 180^r 6509
A 27 180^v 9839
A 27 181^r 1252
A 27 189^r 471
A 27 189^v 5202
A 27 190^r 9322
A 27 190^v 6389
A 27 191^r 10414
A 27 191^v 7994
A 27 194^v 6861
A 27 195^r 2690 7128

A 27 198^v 8474
A 27 199^r 6337
A 27 201^r 9603
A 27 203^r 3816
A 27 205^r 3218
A 27 206^v 4415
A 27 207^r 9205 10093
A 27 208^r 843
A 27 208^v 5538 9689
A 27 209^r 529
A 27 209^v 5916
A 27 210^r 4923
A 27 213^v 10114
A 27 217^r 6018
A 27 217^v 2995 8698
A 27 219^v 3762
A 27 220^v 6863 9684
A 27 222^r 7940
A 27 223^r 9399
A 27 223^v 5155
A 27 225^r 1885
A 27 226^r 131
A 27 226^v 18
A 27 228^v 5302
A 27 230^v 6297
A 27 232^r 266 6590
A 27 232^v 5871 8463
A 27 233^r 1804
A 27 233^v 5449
A 27 235^v 964 3876 7830
   9554
A 27 236^r 5848
A 28 1^v 1631 3557
A 28 3^r 6633 10451
A 28 3^v 4151
A 28 4^v 5217
A 28 5^r 8203
A 28 6^r 10069
A 28 8^r 8704
A 28 8^v 7275
A 28 10^r 2149 5381
A 28 10^v 2442
A 28 11^r 7040 7741
A 28 11^v 3313
A 28 12^r 4957
A 28 13^r 10346
A 28 16^r 6914
A 28 16^v 6384
A 28 17^v 861 2847 7068
A 28 19^v 488
A 28 20^r 2377 10622

A 28 20^v 7072
A 28 22^r 9255
A 28 22^v 9982
A 28 23^v 4281
A 28 24^v 488
A 28 25^v 9016
A 28 26^r 708
A 28 27^v 8203
A 28 28^r 5379
A 28 28^v 9678
A 28 29^r 4784
A 28 30^r 2413
A 28 32^v 9255
A 28 34^v 1863 8925
A 28 37^v 5828
A 28 39^r 9347 10069
A 28 39^v 7166
A 28 40^r 138
A 28 44^v 7553
A 28 46^v 273
A 28 47^r 224 7553
A 28 47^v 10346
A 28 48^v 9937
A 28 51^r 6123
A 28 51^v 3553
A 28 53^v 505
A 28 55^r 3526
A 28 57^r 9465
A 28 59^v 8393
A 28 63^r 6900
A 28 66^r 286
A 28 68^r 4282
A 28 69^r 2779
A 28 69^v 4847
A 28 81^r 3125
A 28 82^r 8001
A 28 83^r 8731
A 28 84^r 9811
A 28 84^v 2892
A 28 85^r 9811
A 28 87^r 2198 7244
A 28 87^v 1184 7296
A 28 88^v 6265 8625
A 28 89^r 4659
A 28 90^r 5155
A 28 91^r 10524
A 28 93^r 3191 9469
A 28 95^v 7798
A 28 97^r 5535
A 28 101^v 259
A 28 103^r 7449

A 28 107^r 4994	A 28 189^v 2463	A 29 18^r 10476
A 28 108^r 730	A 28 190^r 3692	A 29 19^v 5535
A 28 110^v 9164	A 28 193^r 8726	A 29 20^r 1497
A 28 113^v 7432	A 28 193^v 10451	A 29 21^r 5770
A 28 114^r 9456	A 28 195^r 6839	A 29 22^r 4011
A 28 114^v 5161	A 28 196^r 1243	A 29 24^v 7970
A 28 116^v 7173	A 28 196^v 163 5535	A 29 27^v 708
A 28 117^r 7819	A 28 197^v 1820	A 29 28^v 3553
A 28 121^v 1030	A 28 199^v 8766	A 29 31^r 6217
A 28 122^r 1330 4964	A 28 200^r 6789	A 29 34^r 3632
A 28 123^r 10486	A 28 201^r 361	A 29 35^r 7125
A 28 123^v 4939	A 28 201^v 658 1570 4784	A 29 36^r 5975
A 28 124^r 3566 3574 6935	A 28 202^r 9048	A 29 37^r 451
A 28 124^v 917 6935	A 28 202^v 134 2740 3125	A 29 41^r 9638
A 28 126^v 128	A 28 203^v 6338	A 29 42^r 4242 4958
A 28 130^r 7950	A 28 204^v 10094	A 29 44^r 6991 7839
A 28 131^v 7068	A 28 207^v 4784	A 29 46^v 7937
A 28 134^r 2316	A 28 208^v 2463	A 29 47^r 5075
A 28 136^v 839	A 28 211^v 9120	A 29 48^r 7930
A 28 137^v 883	A 28 217^r 3624	A 29 52^r 4958 5648
A 28 139^r 486	A 28 220^v 5725	A 29 53^r 6079
A 28 140^v 4475	A 28 223^v 9731	A 29 54^r 708
A 28 142^r 2845	A 28 224^v 2338	A 29 54^v 2226 10501
A 28 142^v 1994	A 28 227^r 2338	A 29 56^v 3527
A 28 148^r 3476	A 28 227^v 9811	A 29 58^v 10159
A 28 150^v 3051 7432 9595	A 28 228^v 9357	A 29 61^v 7072
A 28 151^v 7337	A 28 229^r 1030 6144	A 29 65^r 4814
A 28 152^r 6084	A 28 235^v 1969	A 29 66^r 9142
A 28 153^r 7400 9137	A 28 238^v 9584	A 29 66^v 5828
A 28 154^v 2549	A 28 239^r 286	A 29 67^r 6860
A 28 155^v 8439	A 28 241^r 7860	A 29 67^v 6802
A 28 156^r 912	A 28 243^r 1912	A 29 68^v 9552
A 28 160^r 423	A 28 244^r 3700	A 29 71^r 4946
A 28 163^r 4137	A 28 245^r 8360	A 29 73^v 451 2463
A 28 163^v 3788	A 28 245^v 1784 2794	A 29 75^r 2463
A 28 164^v 8314	A 28 248^r 1324 4440	A 29 78^r 7043
A 28 165^r 1802	A 28 248^v 222	A 29 79^v 7937
A 28 167^v 4367 8863	A 28 249^r 9300	A 29 81^r 5523
A 28 170^r 8344	A 28 251^r 2364	A 29 87^r 5155
A 28 174^v 2550	A 28 252^r 4569	A 29 88^r 7680
A 28 175^r 6326	A 29 1^v 9152	A 29 88^v 10162
A 28 175^v 1627	A 29 2^v 551	A 29 89^v 5160
A 28 176^r 10069	A 29 3^v 3215	A 29 92^r 8869
A 28 177^r 685	A 29 5^r 1784	A 29 94^r 4114 4968
A 28 177^v 2931	A 29 6^r 8352	A 29 96^r 845
A 28 179^v 2433	A 29 9^r 9300 10169	A 29 97^r 6786
A 28 181^r 7838	A 29 13^r 1784	A 29 99^v 4280
A 28 181^v 3527 7688	A 29 15^v 2948	A 29 102^r 4066
A 28 182^v 7473	A 29 16^v 9923	A 29 103^r 6850 9343
A 28 188^v 1978	A 29 17^r 6659	A 29 103^v 183
A 28 189^r 2008 7954 9811	A 29 17^v 9479	A 29 105^v 51

A 29 106^r 2831

A 29 106^v 8404

A 29 108^r 7110 7853

A 29 108^v 7642

A 29 109^r 9955

A 29 109^v 1430 2660 7735

A 29 110^r 3896 4958

A 29 110^v 4637 7853

A 29 111^v 2781

A 29 112^v 1941

A 29 113^r 2550

A 29 113^v 7049

A 29 116^r 10455

A 29 116^v 5348

A 29 117^r 8625

A 29 118^r 3306

A 29 118^v 9732 10180

A 29 119^r 4908

A 29 119^v 1118

A 29 120^v 10047 10449

A 29 121^v 7839 9294

A 29 122^r 8580

A 29 123^v 381

A 29 124^v 546

A 29 125^v 1002

A 29 126^v 5794

A 29 128^r 1742

A 29 128^v 8314

A 29 130^v 8665

A 29 132^v 2936

A 29 134^r 8425

A 29 135^r 5912

A 29 136^r 1807 9029

A 29 136^v 9734

A 29 145^v 3632

A 29 146^r 3143 10376

A 29 146^v 5762

A 29 148^r 2135 2549

A 29 148^v 1273

A 29 149^r 5848

A 29 151^r 3582 3920

A 29 152^r 2048

A 29 154^r 5379

A 29 156^r 2498

A 29 157^r 1424 7853

A 29 158^r 5649

A 29 160^r 9081

A 29 160^v 2980

A 29 162^r 2854

A 29 162^v 7223

A 29 163^r 9199

A 29 163^v 1505

A 29 164^r 7620

A 29 164^v 8204 8205

A 29 165^r 7853

A 29 168^v 3051 9369

A 29 169^r 8439

A 29 170^v 5787

A 29 171^v 10388

A 29 172^v 5009 9952

A 29 173^v 5563

A 29 174^r 5912

A 29 177^v 9116

A 29 178^r 1109 10590

A 29 180^r 2416 7840

A 29 180^v 2416

A 29 181^r 29 3600 10480

A 29 181^v 1331 9205

A 29 182^v 4848 10149

A 29 188^v 8323

A 29 189^v 2089

A 29 190^v 2030

A 29 191^r 405

A 29 193^r 2434

A 29 196^v 6059

A 29 198^r 5480

A 29 199^r 7126

A 29 199^v 436 1506

A 29 200^r 2078

A 29 201^r 5282

A 29 201^v 2381 10015

A 29 205^r 4763

A 29 206^r 2781

A 29 206^v 5436

A 29 207^r 5847

A 29 207^v 2892

A 29 209^v 9731

A 29 210^v 1945 9777

A 29 212^v 5492 7674

A 29 213^r 5155

A 29 214^v 9935

A 29 215^v 1150 3155

A 29 216^r 6143

A 29 217^v 207 3527

A 29 218^r 3896

A 29 220^r 3897

A 29 221^v 128

A 29 222^v 3716

A 29 223^r 1526

A 29 223^v 3557

A 29 224^r 4569

A 29 224^v 10074

A 29 226^v 765 2535

A 29 227^r 3736

A 29 227^v 3162 8204

A 29 228^r 7173 9732

A 29 229^v 497 3576

A 29 230^r 763 5490 8618

A 29 231^r 7840 10017

A 29 231^v 6674

A 29 232^r 10619

A 29 233^r 3772

A 29 233^v 3480 5755 6544

A 29 234^r 190 7853

A 29 234^v 3732 4793

A 29 235^r 2533 3454 4785
9049

A 29 235^v 900 2108

A 30 1^r 10379

A 30 3^r 9199

A 30 4^v 7854

A 30 5^v 1118

A 30 6^r 1025

A 30 9^v 7620

A 30 10^r 3096

A 30 11^v 3143

A 30 13^v 621 1272

A 30 15^r 5912

A 30 16^r 6038

A 30 17^r 9474

A 30 17^v 4285

A 30 19^v 1784 5652

A 30 20^v 5909

A 30 22^r 9464

A 30 24^r 2578

A 30 24^v 2214 3265

A 30 25^v 7283

A 30 26^v 7955

A 30 27^v 10326

A 30 28^r 1235 7174

A 30 29^r 5436

A 30 30^r 8593 10170

A 30 31^r 3671

A 30 33^r 1744

A 30 34^v 3969 4891

A 30 35^r 7738

A 30 35^v 8684

A 30 37^r 6921

A 30 40^v 8712

A 30 41^r 4914

A 30 41^v 7295 8241

A 30 43^v 10070

A 30 44^r 5655

A 30 45ᵛ 4066 6212
A 30 46ʳ 2685
A 30 46ᵛ 8938
A 30 47ᵛ 7855 8727
A 30 48ᵛ 10070
A 30 49ʳ 5613 10247
A 30 49ᵛ 9071
A 30 50ʳ 5681
A 30 51ᵛ 5913
A 30 52ʳ 3920
A 30 59ᵛ 6706
A 30 60ʳ 3900 8316
A 30 60ᵛ 8288
A 30 61ʳ 4225
A 30 61ᵛ 520 2782
A 30 64ʳ 4862
A 30 64ᵛ 1304
A 30 65ᵛ 6503
A 30 73ʳ 4796
A 30 74ʳ 9335
A 30 75ʳ 4528 10523
A 30 76ᵛ 2912
A 30 78ᵛ 2902
A 30 80ʳ 7034
A 30 80ᵛ 1443
A 30 82ʳ 5538 8065
A 30 82ᵛ 2551
A 30 83ʳ 3012
A 30 83ᵛ 3540
A 30 85ʳ 7049
A 30 87ʳ 4067
A 30 89ᵛ 2762
A 30 90ʳ 207
A 30 91ʳ 9576
A 30 92ʳ 251 9174
A 30 94ᵛ 237 4958
A 30 95ʳ 1807
A 30 96ᵛ 3672 5921
A 30 98ʳ 581
A 30 98ᵛ 2720
A 30 100ʳ 5186
A 30 100ᵛ 5649
A 30 101ʳ 10074
A 30 103ʳ 7791
A 30 104ʳ 7739
A 30 105ʳ 7324
A 30 106ʳ 3111
A 30 107ᵛ 2109
A 30 108ᵛ 3538
A 30 109ʳ 6515
A 30 110ʳ 9187

A 30 110ᵛ 8000
A 30 111ʳ 3686
A 30 111ᵛ 10120
A 30 112ʳ 2831
A 30 113ʳ 1586
A 30 116ʳ 3465
A 30 117ᵛ 5848
A 30 118ᵛ 4959
A 30 119ʳ 5181
A 30 120ᵛ 1609
A 30 121ᵛ 2032
A 30 122ʳ 2443
A 30 124ᵛ 10075
A 30 125ʳ 532
A 30 125ᵛ 9312
A 30 126ʳ 2590
A 30 126ᵛ 1737
A 30 128ʳ 547
A 30 129ʳ 709 5794
A 30 131ᵛ 2273 7841
A 30 132ʳ 7187
A 30 134ᵛ 9418
A 30 135ʳ 2200
A 30 136ᵛ 8522
A 30 138ᵛ 5607
A 30 139ʳ 3921
A 30 142ʳ 5745
A 30 143ʳ 1951 9117
A 30 143ᵛ 3415
A 30 145ʳ 1951 2782
A 30 146ʳ 5340
A 30 150ʳ 3825
A 30 151ᵛ 9466
A 30 152ʳ 6081
A 30 153ʳ 10252
A 30 153ᵛ 9570
A 30 154ᵛ 2005
A 30 155ʳ 4231
A 30 156ʳ 4170 9139
A 30 157ᵛ 1385
A 30 174ʳ 602
A 30 174ᵛ 3699
A 30 176ʳ 6697
A 30 177ʳ 2316 7854
A 30 178ʳ 9185
A 30 178ᵛ 2249
A 30 179ʳ 3458 4502 5470
A 30 179ᵛ 7854
A 30 180ᵛ 7854
A 30 181ʳ 8002
A 30 185ʳ 2008 9060

A 30 185ᵛ 3527
A 30 186ʳ 10048
A 30 186ᵛ 1911 3218 9060
A 30 188ᵛ 9903
A 30 189ʳ 862 5637
A 30 192ᵛ 50
A 30 194ʳ 1946
A 30 197ʳ 8323 8746
A 30 199ʳ 9049
A 30 203ᵛ 7
A 30 204ʳ 2551 5420
A 30 204ᵛ 8854
A 30 205ᵛ 2833 2986
A 30 208ʳ 6801 9257
A 30 209ʳ 3630
A 30 211ᵛ 5437
A 30 212ᵛ 2986
A 30 214ʳ 1485 2562 5381
    5621
A 30 214ᵛ 9815
A 30 216ʳ 3376 6384 7206
A 30 217ʳ 2470
A 30 217ᵛ 559 5655
A 30 218ʳ 4327 7466
A 30 222ᵛ 1992 5160 8956
A 30 223ᵛ 1391 5599
A 31 4ʳ 863
A 31 5ʳ 6355
A 31 7ʳ 804
A 31 9ᵛ 2238
A 31 14ʳ 3606
A 31 16ᵛ 9631 9863
A 31 18ᵛ 4116
A 31 19ᵛ 4245
A 31 20ʳ 5985
A 31 24ᵛ 741 994 6234
A 31 25ʳ 9144
A 31 26ᵛ 3059
A 31 27ᵛ 9582
A 31 28ᵛ 6324
A 31 33ᵛ 713
A 31 34ᵛ 5601 10388
A 31 38ᵛ 2505
A 31 39ʳ 1203
A 31 39ᵛ 2723 10053
A 31 40ʳ 774 1946
A 31 40ᵛ 2256
A 31 42ᵛ 8315
A 31 44ʳ 1493
A 31 45ʳ 8521
A 31 46ᵛ 2111

A 31 48^r 5195 8998

A 31 48^v 709 4931

A 31 51^r 4067

A 31 52^r 3922

A 31 53^v 6938

A 31 55^v 9415

A 31 58^r 1118 1530 7400

A 31 60^v 10168

A 31 61^r 10304

A 31 61^v 3844

A 31 66^r 1789

A 31 67^r 6165

A 31 67^v 4477

A 31 70^v 5881

A 31 71^v 2987

A 31 72^r 1698

A 31 74^v 3085

A 31 79^v 4960

A 31 81^v 8608

A 31 85^r 7789

A 31 86^v 10625

A 31 88^r 917 2111

A 31 89^v 7767

A 31 91^r 7410

A 31 91^v 3054

A 31 92^v 6341

A 31 93^r 547

A 31 96^r 44 1090

A 31 96^v 613 2825

A 31 97^r 5819

A 31 98^v 8581

A 31 100^r 7965

A 31 100^v 8440

A 31 101^r 10546

A 31 103^r 270

A 31 105^r 1026

A 31 105^v 2231

A 31 106^r 6881

A 31 111^v 2494

A 31 118^v 8707

A 31 121^r 250

A 31 122^v 7605

A 31 123^r 2709

A 31 124^v 4848

A 31 126^v 8057

A 31 127^r 8057

A 31 129^r 4593

A 31 131^r 5683

A 31 131^v 3794

A 31 132^r 10247

A 31 133^r 6123

A 31 133^v 5447

A 31 135^v 5655

A 31 136^v 5320

A 31 137^r 5819 7211

A 31 138^r 6378

A 31 138^v 4190

A 31 139^r 4225

A 31 142^v 5320

A 31 143^r 6576

A 31 143^v 9104

A 31 150^v 1489

A 31 152^v 10520

A 31 155^r 8832

A 31 160^r 8308

A 31 160^v 8440

A 31 162^r 8440

A 31 167^v 6514

A 31 169^v 4899

A 31 170^r 1879

A 31 171^v 4960

A 31 172^r 2681

A 31 172^v 6771

A 31 173^r 8804

A 31 173^v 1090

A 31 179^r 5881

A 31 183^v 6082

A 31 184^r 7257

A 31 185^v 1148

A 31 186^r 992

A 31 187^v 8248

A 31 188^r 790

A 31 189^v 992

A 31 190^r 8663 10519

A 31 191^v 2973 5650

A 31 192^v 992 5126

A 31 193^r 4255 7762

A 31 194^v 709 5761

A 31 195^v 796

A 31 197^v 2000 10546

A 31 201^r 6082

A 31 202^v 3968

A 31 206^v 1739

A 31 208^r 2657

A 31 210^v 4227

A 31 211^v 5491

A 31 212^r 2432

A 31 212^v 1044 6039

A 31 213^v 9103

A 31 214^r 9124

A 31 214^v 2416

A 31 215^r 2913

A 31 217^v 9904

A 31 218^r 55

A 31 219^r 7545

A 31 223^v 628

A 31 225^r 4711

A 31 226^v 483

A 31 228^r 2943

A 31 229^r 2334

A 32 1^r 4706 6125

A 32 1^v 10520

A 32 4^v 3183

A 32 5^v 2855

A 32 7^v 2703

A 32 9^r 1492 9898

A 32 10^r 5919

A 32 10^v 1090

A 32 16^v 1912

A 32 20^v 8177

A 32 22^v 828

A 32 23^v 4893

A 32 24^r 3225

A 32 24^v 7007

A 32 25^r 5732

A 32 25^v 9795

A 32 28^v 53

A 32 29^r 489

A 32 30^r 8555

A 32 31^r 497 9832

A 32 31^v 2855

A 32 32^v 3913 9052

A 32 33^v 3624 10383

A 32 35^r 9631

A 32 35^v 6502

A 32 43^r 7795

A 32 46^r 3314

A 32 50^r 4725

A 32 53^r 7321

A 32 56^r 1403

A 32 58^v 1106

A 32 60^r 5674

A 32 60^v 4719

A 32 62^r 1383

A 32 62^v 9650

A 32 63^r 399

A 32 69^v 2353

A 32 70^r 7034

A 32 70^v 2662

A 32 72^v 1383

A 32 73^v 8372

A 32 77^v 3987

A 32 78^v 10520

A 32 80^r 8317
A 32 82^r 9957
A 32 83^r 6812
A 32 86^r 5105
A 32 88^v 7856
A 32 89^r 9233
A 32 90^v 7856
A 32 91^r 6593
A 32 91^v 9928
A 32 93^r 804
A 32 93^v 3692
A 32 94^r 1373
A 32 95^r 3692
A 32 95^v 10509
A 32 97^r 8692
A 32 102^v 8441
A 32 104^r 3672
A 32 106^r 3049
A 32 106^v 381
A 32 108^v 589
A 32 110^r 1987
A 32 118^r 7001
A 32 120^r 6045
A 32 121^r 5536
A 32 121^v 737
A 32 124^r 10612
A 32 124^v 8843
A 32 126^v 713
A 32 127^r 741
A 32 129^r 2728
A 32 131^r 8581
A 32 132^v 4871
A 32 133^r 9473
A 32 134^r 2228
A 32 135^r 3131 4067
A 32 135^v 8432
A 32 136^v 4067
A 32 137^r 3225
A 32 138^v 7245
A 32 139^v 5985
A 32 140^v 4067
A 32 141^r 4691
A 32 142^r 1727 3695
A 32 146^r 6470
A 32 146^v 4573 10071
A 32 147^r 3446
A 32 148^r 6162
A 32 149^v 756
A 32 150^r 4700
A 32 151^v 10405
A 32 153^r 7620 8441 10383

A 32 153^v 10383
A 32 154^v 5951
A 32 156^v 2091
A 32 157^r 2435 4787
A 32 158^v 6832
A 32 159^v 8441
A 32 160^r 1504
A 32 161^v 3528
A 32 164^v 6060
A 32 165^v 4721
A 32 192^r 3583
A 32 194^v 8718 9898
A 32 195^r 2943
A 32 198^v 7034
A 32 199^r 2417
A 32 201^r 4719
A 32 206^v 5767 7266
A 32 207^v 2670
A 32 208^r 6559
A 32 212^r 10259
A 32 212^v 569
A 32 214^r 8938
A 32 214^v 741
A 32 217^r 8061
A 32 217^v 10318
A 32 218^r 9576
A 32 219^v 6052
A 32 221^r 8000
A 32 222^v 381
A 32 224^r 9214
A 32 227^r 2404 5964
A 32 229^v 1801
A 32 231^r 8163
A 32 231^v 6039
A 32 232^r 1031
A 32 233^v 10386
A 32 234^v 863 3506
A 32 235^v 9041
A 32 236^r 9751
A 32 237^v 10025 10208
A 32 238^r 2855
A 32 241^r 8717
Acquisti 26/1 12^{rs} 7186
Acquisti 26/1 23^{rs} 2341
Acquisti 26/1 31^{rs} 993
Acquisti 26/1 36^r 9932
Acquisti 26/1 80^{vs} 8516
Acquisti 26/1 81^r 7391
Acquisti 26/1 85^{vs} 1721
Acquisti 26/1 106^{vs} 1865
    9709

Acquisti 26/1 109^r 1527
Acquisti 26/1 110^r 9327
Acquisti 26/1 110^{vs} 8545
Acquisti 26/1 121^{rs} 617
Acquisti 26/1 123^{vs} 8545
Acquisti 26/1 133^{rs} 794
Acquisti 26/1 137^{vs} 691
Acquisti 26/1 149^{vs} 10607
Acquisti 26/1 152^{rs} 1234
Acquisti 26/1 170^{rs} 7477
Acquisti 26/1 172^r 9932
Acquisti 26/1 173^{vs} 9105
Acquisti 26/1 182^{vs} 9431
Acquisti 26/1 183^{rs} 1233
Acquisti 26/1 187^v 7517
Acquisti 26/1 190^{vs} 527
Acquisti 26/1 196^r 7477
Acquisti 26/1 233^{rs} 117
Acquisti 26/1 234^{rs} 687
Acquisti 27/1 13^{rs} 9940
Acquisti 27/1 20^{vs} 1222
Acquisti 27/1 23^{vs} 2415
Acquisti 27/1 30^{rs} 127
Acquisti 27/1 40^v 9110
Acquisti 27/1 40^{vs} 7186
Acquisti 27/1 41^r 2972
Acquisti 27/1 41^v 3984
    7869
Acquisti 27/1 90^{vs} 1181
Acquisti 27/1 91^r 619
Acquisti 27/1 96^v 1940
Acquisti 27/1 100^r 10422
Acquisti 27/1 121^{vs} 10542
Acquisti 27/1 159^v 9931
Acquisti 27/1 160^r 2271
Acquisti 27/1 165^v 8713
Acquisti 27/1 166^{rs} 762
Acquisti 27/1 177^{rs} 9065
Acquisti 27/1 177^v 3175
    7391 9066
Acquisti 27/1 179^{rs} 2342
Acquisti 27/1 179^v 7469
    9050
Acquisti 27/1 183^{vs} 522
Acquisti 27/1 184^{vs} 2199
Acquisti 27/1 189^v 2342
Acquisti 27/1 214^{rs} 4031
Acquisti 27/1 218^{rs} 9327
Acquisti 27/1 222^{vs} 2342
Acquisti 27/1 229^v 794
Acquisti 27/1 263^{vs} 7198

Acquisti 27/1 269^r 7198

Acquisti 27/1 270^r 6176

Acquisti 27/1 280^v 687

Acquisti 27/1 297^{vs} 3094

Acquisti 27/1 299^r 7519

Acquisti 27/1 306^{rs} 2548

Acquisti 27/1 306^v 2343

Acquisti 27/1 317^r 2159

Acquisti 27/1 318^r 1154

Acquisti 27/1 331^{rs} 8464

Acquisti 27/1 331^v 8464

Acquisti 27/1 334^{rs} 9455

Acquisti 27/1 340^{vs} 9526

Acquisti 27/1 353^{vs} 7078

Acquisti 27/1 362^v 7186

AM 58 58^r 10087

AM 58 60^{vs} 10087

AM 58 64^{rss} 10087

AM 58 66^{vs} 10087

AM 58 67^{rs} 10087

AM 58 67^v 10087

AM 58 67^{vs} 10087

AM 58 77^v 10087

Arm. II, 30 38^r–42^r 7491

Arm. II, 30 42^r–45^r 10110

Arm. II, 30 45^r–47^r 10109

Arm. II, 30 47^r–48^v 10111

Arm. II, 30 52^v–54^r 7329

Arm. II, 30 54^{rss} 526

Arm. II, 30 55^r–57^r 2349

Arm. II, 30 57^r–58^v 223

Arm. II, 30 58^v–60^r 9045

Arm. II, 30 60^{rs} 5056

Arm. II, 30 60^v–62^r 7381

Arm. II, 30 62^r–67^r 7382

Arm. II, 30 67^{rss} 3175

Arm. II, 30 68^r–70^v 3176

Arm. II, 30 70^v–72^v 4391

Arm. II, 30 72^{vss} 4391

Arm. II, 30 74^r–77^r 3548

Arm. II, 30 77^{rss} 353

Arm. II, 30 79^r–80^r 9528

Arm. II, 30 132^v–134^v 2349

Arm. II, 56 13^r–18^r 7491

Arm. II, 56 19^r–24^r 10110

Arm. II, 56 24^r–27^r 10109

Arm. II, 56 27^r–29^v 10111

Arm. II, 56 37^{vss} 526

Arm. II, 56 38^v–42^r 2349

Arm. II, 56 42^v–44^v 223

Arm. II, 56 44^v–47^v 9045

Arm. II, 56 47^v–53^v 5056

Arm. II, 56 53^v–55^v 7381

Arm. II, 56 55^v–64^r 7382

Arm. II, 56 64^r–66^r 3175

Arm. II, 56 66^r–70^v 3176

Arm. II, 56 70^v–76^v 352

Arm. II, 56 76^v–82^v 4391

Arm. II, 56 203^r–207^v 2349

Arm. II, 56 207^v–209^v 353

Arm. II, 56 248^r–250^v 5697

Arm. II, 56 300^{vss} 5636

Arm. II, 56 347^{rs} 731

Arm. II, 56 347^v–349^r 731

Arm. II, 56 349^r–358^r 732

Arm. II, 56 358^r–360^v 9528

Arm. II, 56 361^r–362^v 9388

Arm. II, 123 21^{rss} 526

Arm. II, 123 22^r–24^v 2349

Arm. II, 123 25^r–27^r 10109

Arm. II, 123 27^r–29^r 10111

Arm. II, 123 31^r–33^v 3548

Arm. II, 123 34^r–36^v 353

Arm. II, 123 43^r–48^r 7382

Arm. II, 123 49^r–52^r 3175

Arm. II, 123 53^r–54^v 9528

Arm. II, 123 55^r–58^v 7491

Arm. II, 123 59^r–62^v 10110

Arm. II, 123 63^r–65^v 4391

Arm. II, 123 67^r–68^v 223

Arm. II, 123 69^r–70^v 7329

Arm. II, 123 71^r–72^v 7381

Arm. II, 123 73^r–74^v 9045

Arm. II, 123 76^r–80^r 7330

Arm. II, 123 82^{rs} 5056

Arm. II, 129 8^r–12^v 7491

Arm. II, 129 12^v–16^r 10110

Arm. II, 129 16^r–18^r 10109

Arm. II, 129 18^r–20^r 10111

Arm. II, 129 20^r–26^r 7330

Arm. II, 129 26^{rss} 526

Arm. II, 129 27^v–29^r 2349

Arm. II, 129 29^v–31^r 223

Arm. II, 129 31^r–33^r 9045

Arm. II, 129 33^{rs} 5056

Arm. II, 129 34^r–37^v 7383

Arm. II, 129 38^{rss} 7381

Arm. II, 129 39^v–45^r 7382

Arm. II, 129 45^{rss} 3175

Arm. II, 129 46^r–49^r 3176

Arm. II, 129 49^r–53^r 352

Arm. II, 129 53^r–58^r 4391

Arm. II, 129 185^{vss} 5636

Arm. II, 129 215^v–221^r 732

Arm. II, 129 221^v–223^r 9528

Arm. II, 129 223^{vss} 9388

Arm. XXXI, 52 77^r 2254 7489

Arm. XXXI, 52 77^r 7490

Arm. XXXI, 52 82^v 7492

Arm. XXXI, 52 85^r 4537

Arm. XXXI, 52 86^r 2548

Arm. XXXI, 52 90^r 7068

Arm. XXXI, 52 90^v 636

Arm. XXXI, 52 91^v 636

Arm. XXXI, 52 92^r 2549

Arm. XXXI, 52 92^v 2550

Arm. XXXI, 52 96^v 636

Arm. XXXI, 52 98^r 2551

Arm. XXXI, 52 100^r 4536

Arm. XXXI, 62 9^r–10^v 7156

Arm. XXXI, 62 14^v–16^v 7551

Arm. XXXI, 62 17^r–20^r 7551

Arm. XXXI, 62 20^r–22^r 7551

Arm. XXXI, 62 78^{rs} 7551

Arm. XXXI, 62 78^{vs} 7551

Arm. XXXI, 62 92^v–95^r 223

Arm. XXXI, 62 95^{rs} 223

Arm. XXXI, 62 164^r–170^v 3238

Arm. XXXI, 63 176^v–182^r 8462

Arm. XXXI, 63 235^{vss} 2077

Arm. XXXI, 64 98^v 1773

Arm. XXXIII, 2 366^v 9047

Arm. XXXIII, 2 368^v 1049 10214

Arm. XXXIII, 2 371^v 1527 7295 8547

Arm. XXXIII, 2 372^r 271

Arm. XXXIII, 2 373^r 1049

Arm. XXXIII, 2 374^v 1233

Arm. XXXIII, 2 375^v 2092

Arm. XXXIII, 2 377^v 1237

Arm. XXXIII, 2 378^v 2393

Arm. XXXIII, 2 379^r 3042

Arm. XXXIII, 2 380^v 8547 10101

Arm. XXXIII, 2 383^r 4038

Arm. XXXIII, 2 383^{v} 610
Arm. XXXIII, 2 384^{r} 1708
Arm. XXXIII, 2 384^{v} 9935
Arm. XXXIII, 2 386^{r} 1042
 9937
Arm. XXXIII, 2 386^{v} 7478
 9935
Arm. XXXIII, 2 387^{r} 282
Arm. XXXIII, 2 391^{r} 1940
Arm. XXXIII, 2 392^{r} 9066
Arm. XXXIII, 2 392^{v} 3074
 9457
Arm. XXXIII, 2 393^{r} 1185
Arm. XXXIII, 2 393^{v} 8571
Arm. XXXIII, 2 395^{r} 10620
Arm. XXXIII, 2 396^{v} 1245
Arm. XXXIII, 2 397^{r} 8467
Arm. XXXIII, 2 398^{r} 529
 9061
Arm. XXXIII, 2 399^{r} 2392
 7984
Arm. XXXIII, 2 402^{r} 210
 7990
Arm. XXXIII, 2 404^{v} 9431
 9939
Arm. XXXIII, 2 406^{r} 1851
 10622
Arm. XXXIII, 2 407^{v} 9935
Arm. XXXIII, 2 408^{v} 10074
 10541
Arm. XXXIII, 2 409^{r} 610
Arm. XXXIII, 2 410^{r} 1875
 2033
Arm. XXXIII, 2 410^{v} 9040
Arm. XXXIII, 2 411^{r} 10612
Arm. XXXIII, 2 411^{v} 3102
Arm. XXXIII, 2 414^{v} 4379
Arm. XXXIII, 2 415^{v} 4038
Arm. XXXIII, 2 416^{v} 4409
Arm. XXXIII, 2 418^{v} 528
Arm. XXXIII, 2 420^{r} 637
Arm. XXXIII, 2 421^{v} 2033
Arm. XXXIII, 2 422^{r} 1242
 7479
Arm. XXXIII, 2 422^{v} 246
Arm. XXXIII, 2 424^{r} 10622
Arm. XXXIII, 2 426^{r} 3125
 8001
Arm. XXXIII, 2 426^{v} 7479
Arm. XXXIII, 2 427^{r} 7296
Arm. XXXIII, 2 427^{v} 7819
 9456

Arm. XXXIII, 2 428^{v} 7337
Arm. XXXIII, 2 429^{v} 8001
Arm. XXXIII, 2 432^{v} 7990
Arm. XXXIII, 2 434^{r} 1941
 10180
Arm. XXXIII, 2 434^{v} 9294
Arm. XXXIII, 2 436^{v} 2415
 2416
Arm. XXXIII, 2 437^{r} 1221
Arm. XXXIII, 2 438^{r} 763
 9049
Arm. XXXIII, 2 438^{v} 3096
 3825
Arm. XXXIII, 2 440^{r} 1235
 2214
Arm. XXXIII, 2 440^{v} 8459
Arm. XXXIII, 2 441^{v} 207
Arm. XXXIII, 2 442^{r} 10074
Arm. XXXIII, 2 442^{v} 2443
Arm. XXXIII, 2 443^{r} 532
Arm. XXXIII, 2 443^{v} 2273
 3825
Arm. XXXIII, 2 444^{v} 3827
 10075
Arm. XXXIII, 2 445^{r} 3631
 7078
Arm. XXXIII, 2 446^{r} 7321
Arm. XXXIII, 2 446^{v} 4017
 9457
Arm. XXXIII, 2 447^{r} 7547
Arm. XXXIII, 2 447^{v} 4013
Arm. XXXIII, 2 448^{r} 8007
Arm. XXXIII, 2 448^{v} 1798
 10609
Arm. XXXIII, 2 450^{r} 1946
 2028
Arm. XXXIII, 2 451^{r} 10168
Arm. XXXIII, 2 451^{v} 1698
Arm. XXXIII, 2 452^{r} 10625
Arm. XXXIII, 2 452^{v} 765
 6341
Arm. XXXIII, 2 453^{v} 250
Arm. XXXIII, 2 454^{r} 10247
Arm. XXXIII, 2 455^{r} 790
 9103
Arm. XXXIII, 2 455^{v} 9124
Arm. XXXIII, 2 458^{v} 2091
Arm. XXXIII, 2 459^{r} 2435
Arm. XXXIII, 23 1^{r}–31^{v}
 10091
Arm. XXXIII, 23 3^{v} 10091

Arm. XXXIII, 23 3^{vs} 10091
Arm. XXXIII, 23 4^{r} 10091
 10092
Arm. XXXIII, 23 4^{rs} 10092
Arm. XXXIII, 23 4^{v} 10092
Arm. XXXIII, 23 4^{vs} 10091
Arm. XXXIII, 23 5^{r} 10091
 10092
Arm. XXXIII, 23 5^{rs} 10091
Arm. XXXIII, 23 5^{v} 10091
 10092
Arm. XXXIII, 23 5^{vs} 10092
Arm. XXXIII, 23 6^{r} 10091
 10092
Arm. XXXIII, 23 6^{v} 10092
Arm. XXXIII, 23 6^{vs} 10092
Arm. XXXIII, 23 7^{r} 10092
Arm. XXXIII, 23 7^{rs} 10092
Arm. XXXIII, 23 7^{v} 10092
 10093
Arm. XXXIII, 23 7^{vs} 10092
Arm. XXXIII, 23 8^{r} 10092
Arm. XXXIII, 23 8^{rs} 10092
Arm. XXXIII, 23 8^{v} 10092
 10093
Arm. XXXIII, 23 8^{vs} 10092
Arm. XXXIII, 23 9^{r} 10093
Arm. XXXIII, 23 9^{rs} 10093
Arm. XXXIII, 23 9^{v} 10093
Arm. XXXIII, 23 9^{vs} 10093
Arm. XXXIII, 23 10^{r} 10093
Arm. XXXIII, 23 10^{rs} 10093
Arm. XXXIII, 23 10^{v} 10093
 10094
Arm. XXXIII, 23 11^{r} 10093
 10094
Arm. XXXIII, 23 11^{rs} 10094
Arm. XXXIII, 23 11^{v} 10094
Arm. XXXIII, 23 11^{vs} 10094
Arm. XXXIII, 23 12^{r} 10094
 10095
Arm. XXXIII, 23 12^{rs} 10095
Arm. XXXIII, 23 12^{v} 10094
 10095
Arm. XXXIII, 23 12^{vs} 10094
Arm. XXXIII, 23 13^{r} 10094
 10095
Arm. XXXIII, 23 13^{v} 10095
Arm. XXXIII, 23 13^{vs} 10095
Arm. XXXIII, 23 14^{r} 10094
 10095

Arm. XXXIII, 23 14^{rs} 10095
Arm. XXXIII, 23 14^{v} 10095
Arm. XXXIII, 23 14^{vs} 10095
Arm. XXXIII, 23 15^{r} 10095
Arm. XXXIII, 23 15^{v} 10095
  10096
Arm. XXXIII, 23 15^{vs} 10095
Arm. XXXIII, 23 16^{r} 10096
Arm. XXXIII, 23 16^{v} 10096
Arm. XXXIII, 23 16^{vs} 10096
Arm. XXXIII, 23 17^{r} 10096
Arm. XXXIII, 23 17^{rs} 10095
Arm. XXXIII, 23 17^{v} 10095
  10097
Arm. XXXIII, 23 17^{vs} 10097
Arm. XXXIII, 23 18^{r} 10097
Arm. XXXIII, 23 18^{rs} 10097
Arm. XXXIII, 23 18^{v} 10097
Arm. XXXIII, 23 18^{vs} 10097
Arm. XXXIII, 23 19^{r} 10096
  10097
Arm. XXXIII, 23 20^{r} 10093
Arm. XXXIII, 23 20^{v} 10095
  10097
Arm. XXXIII, 23 21^{rs} 10098
Arm. XXXIII, 23 21^{v} 10098
Arm. XXXIII, 23 22^{r} 10096
Arm. XXXIII, 23 22^{v} 10098
Arm. XXXIII, 23 23^{r} 10091
  10092
Arm. XXXIII, 23 23^{rs} 10092
Arm. XXXIII, 23 23^{v} 10098
Arm. XXXIII, 23 23^{vs} 10098
Arm. XXXIII, 23 24^{r} 10098
  10099
Arm. XXXIII, 23 24^{v} 10098
  10099
Arm. XXXIII, 23 25^{r} 10099
Arm. XXXIII, 23 25^{rs} 10099
Arm. XXXIII, 23 25^{v} 10099
Arm. XXXIII, 23 26^{r} 10099
Arm. XXXIII, 23 26^{v} 10099
Arm. XXXIII, 23 28^{v} 10099
Arm. XXXIII, 23 28^{v}–30^{r}
  10099
Arm. XXXIII, 23 28^{vs} 10099
Arm. XXXIII, 35 44^{v} 10214
Arm. XXXIII, 35 49^{r} 1865
Arm. XXXIII, 35 53^{vs} 1865
Arm. XXXIII, 35 54^{rs} 7820
Arm. XXXIII, 35 59^{vs} 9587

Arm. XXXIII, 35 70^{v} 1866
Arm. XXXIII, 35 71^{r} 7820
Arm. XXXIII, 35 85^{v} 7820
Arm. XXXIII, 35 85^{vs} 1867
Arm. XXXIII, 35 90^{r} 1867
  7820
Arm. XXXIII, 35 96^{r} 9587
Arm. XXXIII, 35 102^{v} 7820
Arm. XXXIII, 35 103^{r} 1867
Arm. XXXIII, 35 107^{v} 9587
Arm. XXXIII, 35 115^{v} 1869
Arm. XXXIII, 35 116^{r} 7820
Arm. XXXIII, 35 118^{r} 9587
Arm. XXXIII, 35 119^{v} 7820
Arm. XXXIII, 35 125^{r} 9587
Arm. XXXIII, 35 126^{r} 1871
Arm. XXXIII, 35 133^{v} 1871
Arm. XXXIII, 35 138^{r} 1871
Arm. XXXIX, 13 6^{v} 7815
Arm. XXXIX, 13 10^{rs} 3435
Arm. XXXIX, 13 10^{v} 3076
Arm. XXXIX, 13 11^{vs} 5781
Arm. XXXIX, 13 39^{vs} 1240
Arm. XXXIX, 13 43^{rs} 529
Arm. XXXIX, 13 44^{vss} 2345
Arm. XXXIX, 13 49^{r} 9328
Arm. XXXIX, 13 50^{rss} 3232
Arm. XXXIX, 13 57^{r} 1469
Arm. XXXIX, 13 78^{rs} 1234
Arm. XXXIX, 13 89^{vss} 2964
Arm. XXXIX, 13 95^{vs} 7477
Arm. XXXIX, 13 99^{vs} 9732
  9733
Arm. XXXIX, 13 111^{v} 529
Arm. XXXIX, 13 111^{vs} 762
Arm. XXXIX, 13 119^{rs} 7339
Arm. XXXIX, 13 127^{v} 1071
Arm. XXXIX, 13 133^{rs} 7186
Arm. XXXIX, 13 142^{v} 794
Arm. XXXIX, 13 145^{rs} 3076
Arm. XXXIX, 13 145^{vs}
  10169
Arm. XXXIX, 13 147^{r}
  10169
Arm. XXXIX, 13 150^{vs}
  10169
Arm. XXXIX, 13 155^{r} 7034
Arm. XXXIX, 13 155^{v} 7034
Arm. XXXIX, 13 155^{vs} 7034
Arm. XXXIX, 13 158^{vs} 9277
Arm. XXXIX, 13 159^{vs} 7477

Arm. XXXIX, 13 163^{rs} 9854
Arm. XXXIX, 13 165^{r} 6982
Arm. XXXIX, 13 168^{vs} 4066
Arm. XXXIX, 13 182^{vs} 619
Arm. XXXIX, 13 183^{rss}
  9933
Arm. XXXIX, 13 186^{v} 7233
Arm. XXXIX, 13 198^{v} 528
Arm. XXXIX, 13 227^{vs} 1241
Arm. XXXIX, 13 228^{rs} 3897
Arm. XXXIX, 13 242^{rs} 4882
Arm. XXXIX, 13 242^{v} 4882
Arm. XXXIX, 13 242^{vs} 9597
Arm. XXXIX, 13 243^{rs} 3897
Arm. XXXIX, 13 243^{vs} 9732
Arm. XXXIX, 13 244^{r} 9732
Arm. XXXIX, 14 20^{r} 8413
Arm. XXXIX, 14 46^{r} 7671
Arm. XXXIX, 14 65^{vs} 8078
Arm. XXXIX, 14 92^{rs} 1071
Arm. XXXIX, 14 111^{rs} 4620
Arm. XXXIX, 14 113^{v} 9764
Arm. XXXIX, 14 126^{rs} 7477
Arm. XXXIX, 14 135^{rs} 979
Arm. XXXIX, 14 136^{v} 979
Arm. XXXIX, 14 137^{rs} 979
Arm. XXXIX, 14 138^{vs} 1618
Arm. XXXIX, 14 142^{v} 9249
Arm. XXXIX, 14 143^{rs} 527
Arm. XXXIX, 14 153^{v} 1172
Arm. XXXIX, 14 164^{vs} 9165
Arm. XXXIX, 14 168^{vs} 9932
Arm. XXXIX, 14 170^{vs} 1742
Arm. XXXIX, 14 176^{rss}
  5496
Arm. XXXIX, 14 177^{rs} 2641
Arm. XXXIX, 14 178^{rs} 5496
Arm. XXXIX, 14 178^{vss}
  5496
Arm. XXXIX, 14 179^{vs} 5496
Arm. XXXIX, 14 180^{rs} 5496
Arm. XXXIX, 14 183^{vs} 5801
Arm. XXXIX, 14 190^{v} 8405
Arm. XXXIX, 14 211^{r} 8464
Arm. XXXIX, 14 214^{vs} 1701
Arm. XXXIX, 14 224^{rs} 9501
Arm. XXXIX, 14 235^{rs} 7477
Arm. XXXIX, 14 236^{rs}
  10267
Arm. XXXIX, 14 242^{r} 1236
Arm. XXXIX, 14 252^{v} 1186

Arm. XXXIX, 14 256^{vs} 7696
Arm. XXXIX, 14 257^{r} 7696
Arm. XXXIX, 14 258^{r} 6931
Arm. XXXIX, 14 265^{rs} 9045
Arm. XXXIX, 14 269^{rs} 9327
Arm. XXXIX, 14 269^{vs} 2521
Arm. XXXIX, 14 272^{v} 7696
Arm. XXXIX, 14 278^{vs} 2548
Arm. XXXIX, 14 281^{v} 9327
Arm. XXXIX, 14 282^{vs} 9090
Arm. XXXIX, 14 289^{vs} 2521
Arm. XXXIX, 14 294^{rs} 1233
Arm. XXXIX, 14 296^{rs}
  10240
Arm. XXXIX, 14 314^{vs} 4391
Arm. XXXIX, 14 317^{vs} 9764
Arm. XXXIX, 14 318^{r} 5007
Arm. XXXIX, 14 319^{rs} 8715
Arm. XXXIX, 14 322^{vs}
  10422
Arm. XXXIX, 14 323^{v} 9764
Arm. XXXIX, 14 323^{vs} 9764
Arm. XXXIX, 14 324^{vs} 8460
Arm. XXXIX, 14 326^{vs} 9590
Arm. XXXIX, 14 331^{v} 4391
Arm. XXXIX, 14 331^{vs} 4391
Arm. XXXIX, 14 332^{vs} 2974
Arm. XXXIX, 14 339^{rs} 7478
Arm. XXXIX, 14 341^{vs} 1742
Arm. XXXIX, 14 342^{r} 1742
Arm. XXXIX, 14 343^{v} 9086
Arm. XXXIX, 14 343^{vs} 9319
Arm. XXXIX, 14 344^{rs} 4391
Arm. XXXIX, 14 346^{v} 1742
Arm. XXXIX, 14 346^{vs} 1742
Arm. XXXIX, 14 347^{r} 1742
Arm. XXXIX, 14 362^{v} 297
  5801
Arm. XXXIX, 14 365^{v} 2935
Arm. XXXIX, 14 381^{r} 7184
Arm. XXXIX, 14 386^{rs} 5606
Arm. XXXIX, 15 2^{rss} 2347
Arm. XXXIX, 15 22^{v} 5524
Arm. XXXIX, 15 30^{vs} 190
Arm. XXXIX, 15 44^{r} 106
Arm. XXXIX, 15 44^{v} 8688
Arm. XXXIX, 15 56^{r} 1031
Arm. XXXIX, 15 56^{rs} 762
  6086 7177
Arm. XXXIX, 15 57^{r} 761
Arm. XXXIX, 15 57^{rs} 8507

Arm. XXXIX, 15 57^{v} 794
Arm. XXXIX, 15 65^{v} 10182
Arm. XXXIX, 15 68^{rs} 1972
Arm. XXXIX, 15 84^{r} 2437
  9330
Arm. XXXIX, 15 84^{v} 761
  8507
Arm. XXXIX, 15 87^{vss} 2347
Arm. XXXIX, 15 88^{vs} 224
Arm. XXXIX, 15 96^{r} 489
Arm. XXXIX, 15 97^{rs} 4606
Arm. XXXIX, 15 106^{rs} 7742
Arm. XXXIX, 15 114^{r} 508
Arm. XXXIX, 15 114^{vs}
  10075
Arm. XXXIX, 15 116^{v} 700
Arm. XXXIX, 15 116^{vs} 9011
Arm. XXXIX, 15 117^{r} 635
Arm. XXXIX, 15 117^{rs} 9258
Arm. XXXIX, 15 118^{r} 372
Arm. XXXIX, 15 118^{v} 4606
  9041 10097
Arm. XXXIX, 15 118^{vs} 9041
  10097
Arm. XXXIX, 15 118^{vss}
  10098
Arm. XXXIX, 15 119^{vs} 700
Arm. XXXIX, 15 120^{vs} 8507
Arm. XXXIX, 15 129^{r} 9330
Arm. XXXIX, 15 129^{rs} 119
  224 2448 4606
Arm. XXXIX, 15 129^{v} 8463
Arm. XXXIX, 15 129^{vs} 763
Arm. XXXIX, 15 130^{r} 764
Arm. XXXIX, 15 130^{rs} 431
Arm. XXXIX, 15 130^{v} 7337
Arm. XXXIX, 15 130^{vs} 431
Arm. XXXIX, 15 131^{rs} 431
Arm. XXXIX, 15 136^{r} 431
Arm. XXXIX, 15 136^{v} 1972
Arm. XXXIX, 15 136^{vs} 700
Arm. XXXIX, 15 137^{r}
  10467
Arm. XXXIX, 15 137^{rs}
  10467
Arm. XXXIX, 15 137^{v} 431
Arm. XXXIX, 15 137^{vs} 2448
Arm. XXXIX, 15 138^{r} 1031
Arm. XXXIX, 15 141^{rs} 469
Arm. XXXIX, 15 143^{rs} 2347
Arm. XXXIX, 15 143^{v} 1972

Arm. XXXIX, 15 143^{vs} 9866
Arm. XXXIX, 15 144^{rs} 224
Arm. XXXIX, 15 144^{v} 4606
Arm. XXXIX, 15 146^{rs} 106
  431 9330
Arm. XXXIX, 15 146^{v} 762
  7337 8535
Arm. XXXIX, 15 150^{rs} 2323
Arm. XXXIX, 15 151^{v} 7815
Arm. XXXIX, 15 152^{rs} 2347
Arm. XXXIX, 15 153^{rs} 2347
Arm. XXXIX, 15 153^{v} 224
Arm. XXXIX, 15 154^{v} 5524
Arm. XXXIX, 15 156^{v} 1241
Arm. XXXIX, 15 158^{rs} 2347
Arm. XXXIX, 15 158^{v} 7815
Arm. XXXIX, 15 162^{rs} 224
Arm. XXXIX, 15 165^{r} 2347
  9799
Arm. XXXIX, 15 169^{rs} 1732
Arm. XXXIX, 15 169^{vs} 1732
Arm. XXXIX, 15 170^{rss}
  1732
Arm. XXXIX, 15 171^{r} 9933
Arm. XXXIX, 15 172^{r} 2945
Arm. XXXIX, 15 172^{rs} 1732
Arm. XXXIX, 15 179^{v} 2645
Arm. XXXIX, 15 182^{vs} 190
Arm. XXXIX, 15 187^{r} 1946
Arm. XXXIX, 15 189^{vs} 2347
Arm. XXXIX, 15 190^{rs} 6712
  9388
Arm. XXXIX, 15 190^{vs} 9528
Arm. XXXIX, 15 198^{r} 106
  2347 9330
Arm. XXXIX, 15 199^{v} 6381
Arm. XXXIX, 15 199^{vs} 777
Arm. XXXIX, 15 204^{r} 6931
Arm. XXXIX, 15 211^{v} 431
Arm. XXXIX, 15 212^{rs} 119
  1233 2347 4077 4569
  7477 7815 8507
Arm. XXXIX, 15 213^{v} 721
  794 8507 9940
Arm. XXXIX, 15 214^{rs} 431
Arm. XXXIX, 15 218^{rs} 5367
  7395
Arm. XXXIX, 15 218^{v} 5126
Arm. XXXIX, 15 219^{r} 8688
Arm. XXXIX, 15 219^{rs} 8688
Arm. XXXIX, 15 219^{v} 8688

Arm. XXXIX, 15 219^{vs} 2470
Arm. XXXIX, 15 220^{v} 9383
Arm. XXXIX, 15 220^{vs} 9383
Arm. XXXIX, 15 221^{r} 9383
Arm. XXXIX, 15 221^{rss} 9742
Arm. XXXIX, 15 223^{r} 1972
Arm. XXXIX, 15 226^{v} 224
Arm. XXXIX, 15 227^{rs} 8535
Arm. XXXIX, 15 234^{rs} 8688
Arm. XXXIX, 15 235^{vs} 527 762 8535
Arm. XXXIX, 15 238^{vs} 3072
Arm. XXXIX, 15 239^{rs} 8488
Arm. XXXIX, 15 240^{vs} 431
Arm. XXXIX, 15 241^{r} 2178 8507 10419
Arm. XXXIX, 15 241^{rs} 9330
Arm. XXXIX, 15 241^{v} 224 762
Arm. XXXIX, 15 241^{vs} 2347
Arm. XXXIX, 15 242^{r} 2323
Arm. XXXIX, 15 242^{v} 224
Arm. XXXIX, 15 242^{vs} 1259
Arm. XXXIX, 15 243^{r} 9360
Arm. XXXIX, 15 245^{vs} 4606
Arm. XXXIX, 15 251^{vs} 8463
Arm. XXXIX, 15 259^{vs} 761
Arm. XXXIX, 15 260^{v} 761
Arm. XXXIX, 15 260^{vs} 2323 4473
Arm. XXXIX, 15 261^{r} 761
Arm. XXXIX, 15 261^{rs} 9330
Arm. XXXIX, 15 261^{v} 9330
Arm. XXXIX, 15 266^{rs} 105
Arm. XXXIX, 15 266^{v} 1060
Arm. XXXIX, 15 270^{vs} 1874
Arm. XXXIX, 15 277^{rs} 4569
Arm. XXXIX, 15 279^{rs} 10075
Arm. XXXIX, 15 280^{r} 4473
Arm. XXXIX, 15 281^{vs} 1314
Arm. XXXIX, 15 293^{r} 8507
Arm. XXXIX, 15 294^{v} 794
Arm. XXXIX, 15 295^{r} 9330
Arm. XXXIX, 15 296^{vs} 6038
Arm. XXXIX, 15 297^{rs} 2416
Arm. XXXIX, 15 297^{v} 106
Arm. XXXIX, 15 299^{v} 106 2348 7815 9330
Arm. XXXIX, 15 299^{vs} 730

Arm. XXXIX, 15 302^{rs} 8688
Arm. XXXIX, 15 305^{rs} 7815
Arm. XXXIX, 15 307^{vs} 2348
Arm. XXXIX, 15 316^{v} 7815
Arm. XXXIX, 15 324^{rs} 7815
Arm. XXXIX, 15 333^{vs} 2323
Arm. XXXIX, 15 338^{v} 106
Arm. XXXIX, 15 338^{vs} 7337
Arm. XXXIX, 15 339^{vs} 2348 8007
Arm. XXXIX, 15 342^{vs} 1972
Arm. XXXIX, 15 345^{v} 4666
Arm. XXXIX, 15 348^{vs} 2416
Arm. XXXIX, 15 349^{rs} 1344
Arm. XXXIX, 15 350^{rs} 5110
Arm. XXXIX, 15 356^{v} 782
Arm. XXXIX, 15 375^{rs} 7337
Arm. XXXIX, 15 375^{v} 731
Arm. XXXIX, 16 3^{vs} 6291 10099
Arm. XXXIX, 16 6^{rs} 6291
Arm. XXXIX, 16 6^{v} 6291 10099
Arm. XXXIX, 16 13^{v} 7337
Arm. XXXIX, 16 14^{v} 700
Arm. XXXIX, 16 15^{r} 700 2348
Arm. XXXIX, 16 15^{rs} 700
Arm. XXXIX, 16 15^{vs} 700
Arm. XXXIX, 16 27^{v} 106
Arm. XXXIX, 16 28^{vs} 731
Arm. XXXIX, 16 29^{r} 731
Arm. XXXIX, 16 31^{rs} 8616
Arm. XXXIX, 16 31^{vs} 5627
Arm. XXXIX, 16 36^{r} 998
Arm. XXXIX, 16 49^{r} 700
Arm. XXXIX, 16 49^{rs} 7337
Arm. XXXIX, 16 56^{vs} 8507
Arm. XXXIX, 16 57^{r} 119
Arm. XXXIX, 16 63^{vs} 4536
Arm. XXXIX, 16 65^{rs} 7337
Arm. XXXIX, 16 65^{vs} 9940
Arm. XXXIX, 16 66^{r} 9982
Arm. XXXIX, 16 83^{rs} 5323
Arm. XXXIX, 16 86^{v} 2417
Arm. XXXIX, 16 89^{vs} 1071
Arm. XXXIX, 16 90^{rs} 977
Arm. XXXIX, 16 90^{vs} 7742
Arm. XXXIX, 16 91^{rs} 4536
Arm. XXXIX, 16 91^{v} 9042
Arm. XXXIX, 16 91^{vss} 731

Arm. XXXIX, 16 92^{v} 9042
Arm. XXXIX, 16 93^{r} 7990
Arm. XXXIX, 16A 2^{r} 5608
Arm. XXXIX, 16A 2^{rs} 700
Arm. XXXIX, 16A 2^{v} 700 731
Arm. XXXIX, 16A 5^{r} 5608
Arm. XXXIX, 16A 6^{v} 106
Arm. XXXIX, 16A 8^{r} 7815
Arm. XXXIX, 16A 17^{v} 9330
Arm. XXXIX, 16A 20^{v} 431
Arm. XXXIX, 16A 24^{rs} 731
Arm. XXXIX, 16A 24^{v} 10441
Arm. XXXIX, 16A 25^{v} 1233
Arm. XXXIX, 16A 34^{v} 2348
Arm. XXXIX, 16A 37^{v} 7815
Arm. XXXIX, 16A 37^{vs} 989
Arm. XXXIX, 16A 81^{r} 1137
Arm. XXXIX, 16A 81^{rs} 731
Arm. XXXIX, 16A 81^{v}– 82^{r} 764
Arm. XXXIX, 16A 82^{r}– 84^{r} 2348
Arm. XXXIX, 16A 94^{r} 3175
Arm. XXXIX, 16A 94^{rs} 2323
Arm. XXXIX, 16A 95^{v} 190 4569
Arm. XXXIX, 16A 96^{r} 7815
Arm. XXXIX, 16A 117^{rs} 731
Arm. XXXIX, 16A 117^{v} 762
Arm. XXXIX, 16A 123^{vs} 2348
Arm. XXXIX, 16A 125^{r} 921
Arm. XXXIX, 16A 125^{vs} 2197
Arm. XXXIX, 16A 129^{rs} 731
Arm. XXXIX, 16A 132^{r} 106 9600
Arm. XXXIX, 16A 132^{rs} 2417
Arm. XXXIX, 16B 27^{vss} 6291

Arm. XXXIX, 16 B 33^{rs}
6291

Arm. XXXIX, 16 B 34^{rs}
6291

Arm. XXXIX, 16 B 45^r 7337

Arm. XXXIX, 16 B 48^{rs} 700

Arm. XXXIX, 16 B 48^{vss} 700

Arm. XXXIX, 16 B 49^{rs}
2348

Arm. XXXIX, 16 B 49^{vs} 700

Arm. XXXIX, 16 B 50^{vs} 700

Arm. XXXIX, 16 B 76^{vs} 106

Arm. XXXIX, 16 B 79^{rs} 731

Arm. XXXIX, 16 B 79^{vs} 731

Arm. XXXIX, 16 B 85^{vs}
8616

Arm. XXXIX, 16 B 86^{vs}
5627

Arm. XXXIX, 16 B 92^{rss} 998

Arm. XXXIX, 16 B 119^{vs}
700

Arm. XXXIX, 16 B 120^{rs}
7337

Arm. XXXIX, 16 B 137^{rs}
8507

Arm. XXXIX, 16 B 137^{vss}
119

Arm. XXXIX, 16 B 153^r–
154^v 4536

Arm. XXXIX, 16 B 157^{vs}
7337

Arm. XXXIX, 16 B 158^{rss}
9940

Arm. XXXIX, 16 B 159^{rs}
9982

Arm. XXXIX, 16 B 197^{rs}
2417

Arm. XXXIX, 16 B 204^r–
205^v 1071

Arm. XXXIX, 16 B 205^{vss}
977

Arm. XXXIX, 16 B 206^{vss}
7742

Arm. XXXIX, 16 B 207^v–
209^r 4536

Arm. XXXIX, 16 B 209^{rss}
9042

Arm. XXXIX, 16 B 210^r–
211^v 731

Arm. XXXIX, 16 B 211^{vss}
9042

Arm. XXXIX, 16 B 213^{rs}
7990

Arm. XXXIX, 16 C 25^{rs}
5608

Arm. XXXIX, 16 C 26^r 700

Arm. XXXIX, 16 C 26^v 700

Arm. XXXIX, 16 C 26^{vs} 731

Arm. XXXIX, 16 C 32^{rs}
5608

Arm. XXXIX, 16 C 35^{rss} 106

Arm. XXXIX, 16 C 38^{vs}
7815

Arm. XXXIX, 16 C 61^{rs}
9330

Arm. XXXIX, 16 C 68^v 431

Arm. XXXIX, 16 C 69^r–
70^v 731

Arm. XXXIX, 16 C 70^{vss}
10441

Arm. XXXIX, 16 C 72^{vss}
1233

Arm. XXXIX, 16 C 94^{vss}
2348

Arm. XXXIX, 16 C 102^{rss}
7815

Arm. XXXIX, 16 C 103^{rs}
989

Arm. XXXIX, 16 C 202^{rss}
1137

Arm. XXXIX, 16 C 203^{rss}
731

Arm. XXXIX, 16 C 204^{rs}
764

Arm. XXXIX, 16 C 204^v–
210^r 2348

Arm. XXXIX, 16 C 227^{vs}
3175

Arm. XXXIX, 16 C 228^{rss}
2323

Arm. XXXIX, 16 C 232^r 190
4569

Arm. XXXIX, 16 C 232^{rs}
7815

Arm. XXXIX, 16 C 280^{vs}
731

Arm. XXXIX, 16 C 281^{rs}
762

Arm. XXXIX, 16 C 293^{vss}
2348

Arm. XXXIX, 16 C 297^{rs}
921

Arm. XXXIX, 16 C 298^r–
299^v 2197

Arm. XXXIX, 16 C 306^r–
308^v 731

Arm. XXXIX, 16 C 313^{vs}
9600

Arm. XXXIX, 16 C 314^r 106

Arm. XXXIX, 16 C 314^v
2417

Arm. XXXIX, 16 D 4^r 620

Arm. XXXIX, 16 D 4^{vs} 4784

Arm. XXXIX, 16 D 5^{vs} 3125

Arm. XXXIX, 16 D 6^v 224
9249

Arm. XXXIX, 16 D 9^{vs} 6079

Arm. XXXIX, 16 D 23^r 7814

Arm. XXXIX, 16 D 28^{vs}
7141

Arm. XXXIX, 16 D 46^{rs} 378
1071

Arm. XXXIX, 16 D 58^v 433
619 620

Arm. XXXIX, 16 D 60^{vs}
6001

Arm. XXXIX, 16 D 63^{rs} 794

Arm. XXXIX, 16 D 87^v
2344

Arm. XXXIX, 16 D 90^r 663

Arm. XXXIX, 16 D 120^v
7034

Arm. XXXIX, 16 D 121^{rs}
980

Arm. XXXIX, 16 D 121^v
1241 10373

Arm. XXXIX, 16 D 121^{vs}
7034

Arm. XXXIX, 16 D 122^r
1233

Arm. XXXIX, 16 D 143^v
1851

Arm. XXXIX, 16 D 147^r
9866

Arm. XXXIX, 16 D 147^{rs}
239

Arm. XXXIX, 16 D 147^v
2424

Arm. XXXIX, 16 D 148^v
8534

Arm. XXXIX, 16 D 151^{rs}
7814

Arm. XXXIX, 16 D 152^{rs}
9151

Arm. XL, 1 10bis 1730

Arm. XL, 1 28^r 527

Arm. XL, 1 50^r 2522

Arm. XL, 1 51^r 9271

Arm. XL, 1 52^r 1163

Cod. Barb. Lat. 1498 26^r–36^r 7491

Cod. Barb. Lat. 1498 36^r–43^r 10110

Cod. Barb. Lat. 1498 43^r–47^r 10109

Cod. Barb. Lat. 1498 47^r–51^r 10111

Cod. Barb. Lat. 1498 51^r–60^r 7330

Cod. Barb. Lat. 1498 60^v–64^r 7329

Cod. Barb. Lat. 1498 64^r–66^v 526

Cod. Barb. Lat. 1498 66^v–72^r 2349

Cod. Barb. Lat. 1498 72^r–75^v 223

Cod. Barb. Lat. 1498 76^r–80^r 9045

Cod. Barb. Lat. 1498 80^{rss} 5056

Cod. Barb. Lat. 1498 81^r–84^v 7381

Cod. Barb. Lat. 1498 84^v–96^v 7382

Cod. Barb. Lat. 1498 97^r 3175

Cod. Barb. Lat. 1498 104^v–107^r 3175

Cod. Barb. Lat. 1498 107^r–112^v 3176 9044

Cod. Barb. Lat. 1498 112^v–116^v 4391

Cod. Barb. Lat. 1498 117^r–119^v 4391

Cod. Barb. Lat. 1498 119^v–127^r 3548

Cod. Barb. Lat. 1498 127^r–130^r 353

Cod. Barb. Lat. 1498 245^r–250^v 2349

Cod. Barb. Lat. 1498 251^r–255^r 9528

Cod. Barb. Lat. 1498 268^v–270^v 5636

Cod. Barb. Lat. 2825 230^{vss} 8462

Cod. Barb. Lat. 2825 239^{rs} 2916

Cod. Barb. Lat. 2825 245^r–247^r 7330

Cod. Barb. Lat. 2825 251^{vs} 1972

Cod. Barb. Lat. 2850 212^{rss} 8462

Cod. Barb. Lat. 2850 218^v–220^r 2916

Cod. Barb. Lat. 2850 230^{vs} 1972

Cod. Cappon. 166 17^r 9330

Cod. Cappon. 166 17^v 7815

Cod. Chigi H II 32 12^r 374

Cod. Chigi H II 32 12^v 5530

Cod. Chigi H II 32 50^r 2214

Cod. Chigi H II 32 55^r 2394

Cod. Chigi H II 32 60^r 2392

Cod. Chigi H II 32 60^v 8002

Cod. Chigi H II 32 68^r 9461

Cod. Chigi H II 32 68^v 7321

Cod. Chigi H II 32 75^v 6341 8511

Cod. Chigi H II 32 92^r 210

Cod. Chigi H II 32 92^v 2393

Cod. Chigi H II 32 113^v 9935

Cod. Ferrajoli 527 47^{vss} 10267

Cod. Ottob. Lat. 2726 1^r–8^r 7491

Cod. Ottob. Lat. 2726 8^r–12^v 10110

Cod. Ottob. Lat. 2726 12^v–16^r 10109

Cod. Ottob. Lat. 2726 16^r–19^r 10111

Cod. Ottob. Lat. 2726 19^r–26^r 7330

Cod. Ottob. Lat. 2726 26^r–28^r 7329

Cod. Ottob. Lat. 2726 28^r–30^r 526

Cod. Ottob. Lat. 2726 30^r–34^r 2349

Cod. Ottob. Lat. 2726 34^r–36^v 223

Cod. Ottob. Lat. 2726 36^v–40^r 9045

Cod. Ottob. Lat. 2726 40^{rs} 5056

Cod. Ottob. Lat. 2726 40^v–43^r 7381

Cod. Ottob. Lat. 2726 43^r–53^v 7382

Cod. Ottob. Lat. 2726 53^{rs} 3175

Cod. Ottob. Lat. 2726 59^r–61^r 3175

Cod. Ottob. Lat. 2726 61^r–65^v 3176 9044

Cod. Ottob. Lat. 2726 65^v–68^v 4391

Cod. Ottob. Lat. 2726 68^v–70^v 4391

Cod. Ottob. Lat. 2726 70^v–76^r 3548

Cod. Ottob. Lat. 2726 76^v–78^v 353

Cod. Ottob. Lat. 2726 165^v–170^v 2349

Cod. Ottob. Lat. 2726 170^v–173^v 9528

Cod. Ottob. Lat. 2726 182^v–184^r 5636

Cod. Urbin. Lat. 864 1^r–9^v 7491

Cod. Urbin. Lat. 864 10^r–16^r 10110

Cod. Urbin. Lat. 864 16^r–20^r 10109

Cod. Urbin. Lat. 864 20^r–23^v 10111

Cod. Urbin. Lat. 864 23^v–32^v 7330

Cod. Urbin. Lat. 864 32^v–35^v 7329

Cod. Urbin. Lat. 864 36^r–38^r 526

Cod. Urbin. Lat. 864 38^r–43^v 2349

Cod. Urbin. Lat. 864 43^v–46^r 223

Cod. Urbin. Lat. 864 46^r–50^r 9045

Cod. Urbin. Lat. 864 50^{rs} 5056

Cod. Urbin. Lat. 864 51^r– 53^r 7381

Cod. Urbin. Lat. 864 53^r– 63^r 7382

Cod. Urbin. Lat. 864 63^{rs} 3175

Cod. Urbin. Lat. 864 70^r– 72^r 3175 9044

Cod. Urbin. Lat. 864 72^r– 76^r 3176

Cod. Urbin. Lat. 864 76^r– 79^r 4391

Cod. Urbin. Lat. 864 79^r– 81^r 4391

Cod. Urbin. Lat. 864 81^r– 86^r 3548

Cod. Urbin. Lat. 864 86^r– 88^v 353

Cod. Urbin. Lat. 864 162^v– 165^v 9528

Cod. Urbin. Lat. 864 173^v– 174^v 5636

Cod. Vat. Lat. 3478 1^v 4963

Cod. Vat. Lat. 3478 2^{vs} 5798

Cod. Vat. Lat. 3478 3^{rss} 9526

Cod. Vat. Lat. 3478 25^{vs} 932

Cod. Vat. Lat. 3478 26^v 8535

Cod. Vat. Lat. 3478 26^{vs} 3896

Cod. Vat. Lat. 3478 27^{vs} 628

Cod. Vat. Lat. 3478 31^{vs} 190

Cod. Vat. Lat. 3478 33^v 9544

Cod. Vat. Lat. 3478 41^{vs} 3848

Cod. Vat. Lat. 3478 45^{rs} 6921

Cod. Vat. Lat. 3478 46^{vs} 9762

Cod. Vat. Lat. 3478 50^{vs} 6503

Cod. Vat. Lat. 3478 53^{rs} 9258

Cod. Vat. Lat. 3478 54^r 1443

Cod. Vat. Lat. 3478 60^{rs} 7790

Cod. Vat. Lat. 3478 60^{vs} 8863

Cod. Vat. Lat. 3478 64^r 7054

Cod. Vat. Lat. 3478 66^{rs} 3956

Cod. Vat. Lat. 3478 66^{vs} 6381

Cod. Vat. Lat. 3478 67^{rs} 1711

Cod. Vat. Lat. 3478 71^{rs} 372

Cod. Vat. Lat. 3478 75^{vs} 294

Cod. Vat. Lat. 3478 83^r 1400

Cod. Vat. Lat. 3478 84^{vs} 9793

Cod. Vat. Lat. 3478 85^{rs} 4814

Cod. Vat. Lat. 3478 87^v 2010

Cod. Vat. Lat. 3478 88^{rs} 1444

Cod. Vat. Lat. 3478 89^r 6638

Cod. Vat. Lat. 3478 110^{vs} 2960

Cod. Vat. Lat. 3478 111^{vs} 5090

Cod. Vat. Lat. 3478 112^{vs} 6938

Cod. Vat. Lat. 3478 115^{vs} 6515

Cod. Vat. Lat. 3478 117^v 6327

Cod. Vat. Lat. 3478 127^r 8864

Cod. Vat. Lat. 3478 130^{vs} 10583

Cod. Vat. Lat. 3478 133^{vs} 8525

Cod. Vat. Lat. 3478 143^v 2835

Cod. Vat. Lat. 3478 146^r 3314

Cod. Vat. Lat. 3478 157^{vs} 10334

Cod. Vat. Lat. 3478 162^r 4830

Cod. Vat. Lat. 3478 164^r 7913

Cod. Vat. Lat. 6343 204^{vs} 8462

Cod. Vat. Lat. 6343 211^{vss} 2916

Cod. Vat. Lat. 6343 216^r– 218^r 7330

Cod. Vat. Lat. 6343 221^{vss} 1972

Cod. Vat. Lat. 10092 27^r– 30^r 9935

Cod. Vat. Lat. 13451 2^r– 5^v 10110

Cod. Vat. Lat. 13451 6^r– 12^v 7491

Cod. Vat. Lat. 13451 26^r– 33^r 7382

Cod. Vat. Lat. 13451 33^v– 35^v 7329

Cod. Vat. Lat. 13451 36^r– 39^r 10109

Cod. Vat. Lat. 13451 68^v– 70^r 526

DB 1 2^r 2794

DB 1 3^v 5130 9456

DB 1 4^r 2275 2780 9456

DB 1 4^v 5883

DB 1 5^r 1030 6159

DB 1 5^v 9198

DB 1 6^r 134

DB 1 7^r 2629 7950 8584

DB 1 8^r 930 2845

DB 1 8^v 4568

DB 1 9^r 3051

DB 1 9^v 134

DB 1 10^r 2550

DB 1 10^v 877

DB 1 11^r. 9584

DB 1 11^v 8863

DB 1 12^v 2898 5131

DB 1 13^r 3476 10095

DB 1 13^v 8863

DB 1 14^r 7954

DB 1 16^r 930

DB 1 17^r 1912

DB 1 17^v 7838 7954

DB 1 18^v 2463 2550

DB 1 19^v 2931

DB 1 20^r 4315 8001

DB 1 21^r 2364

DB 1 24^v 451 765 8458
DB 1 25^v 1946
DB 1 26^v 451 687
DB 1 27^v 930 7607
DB 1 28^r 3440 7990
DB 1 29^v 451 3527
DB 1 30^r 9417
DB 1 30^v 708 5480 7620
DB 1 31^v 3527
DB 1 34^r 8344
DB 1 35^v 7891
DB 1 37^r 2417 2463 4923
  5523
DB 1 38^v 4814 4946
DB 1 39^r 1846 2345
DB 1 39^v 5836 9036
DB 1 40^v 4946
DB 1 42^r 2452 4822 7674
  7839 10162
DB 1 43^v 2463
DB 1 46^r 2781
DB 1 48^r 7312
DB 1 48^v 138 845
DB 1 49^v 4911
DB 1 51^r 921
DB 1 51^v 4637
DB 1 52^r 2463 3739 7642
DB 1 52^r–151^r passim 7852
DB 1 53^r 2936 3722 4066
DB 1 53^v 9343
DB 1 54^r 4958
DB 1 54^v 520 687 1430
DB 1 57^r 1235
DB 1 57^v 7391
DB 1 58^r 520
DB 1 58^v 3897
DB 1 59^v 7839 8580
DB 1 61^r 9734
DB 1 62^r 1807 3900 6706
DB 1 62^v 9199
DB 1 63^r 2936 7905 9456
DB 1 63^v 1596 5649 8535
  8580
DB 1 64^r 2159 4569 7815
  8515 8768
DB 1 65^r 5330
DB 1 68^v 3162 3920
DB 1 69^r 497 7840
DB 1 69^v 765 1430 2986
  6249 7642 7913
DB 1 70^r 8458

DB 1 72^r 9199
DB 1 72^v 520 9015 9199
  9369
DB 1 74^r 36 5749 8535
DB 1 76^r 2416
DB 1 76^v 9199
DB 1 77^r 2640 4847 7990
  9205 9456
DB 1 77^v 4664
DB 1 78^r 5912
DB 1 80^r 3527
DB 1 81^r 2781 5913
DB 1 82^v 339 4512 7738
DB 1 83^r 2361
DB 1 86^r 2214 3694
DB 1 87^v 3691 3969 9186
DB 1 88^v 2108
DB 1 89^v 2346 6664 6954
  10170
DB 1 92^v 8938
DB 1 93^v 3528 4924 5913
DB 1 94^r 1936 4066 10362
DB 1 94^v 5655 8515
DB 1 96^v 6473
DB 1 98^v 3694
DB 1 100^v 5649
DB 1 101^v 5868 9187
DB 1 102^v 489
DB 1 103^v 5859 6603
DB 1 104^r 4458 5750
DB 1 104^v 1430
DB 1 105^v 6951
DB 1 107^r 2237 5420
DB 1 107^v 4028 6603
DB 1 108^r 4067 4959 6066
  8015
DB 1 108^v 4959 8015
DB 1 109^r 845
DB 1 109^v 2720 4924 6515
  7167
DB 1 111^r 6320
DB 1 111^v 1869 4959
DB 1 113^r 4924 9187
DB 1 113^v 547 1196 2032
  2782 6125 10267
DB 1 114^r 2987 3511 3984
  4637 9187 10427
DB 1 114^v 2109 7840
DB 1 115^r 1430
DB 1 115^v 4924 8205
DB 1 118^r 4848 5742

DB 1 119^r 6179
DB 1 121^v 7264
DB 1 122^r 2234 2406
DB 1 122^v 10283 10481
DB 1 123^r 6077
DB 1 123^v 1068 5453
DB 1 124^r 782 3630 4924
  5138 6865
DB 1 125^r 803 1156 4786
  5606 6077
DB 1 125^v 8205
DB 1 126^r 2346 4786 7767
DB 1 126^v 803
DB 1 127^r 845
DB 1 127^v 2109 2470 4573
  4796
DB 1 128^v 1869
DB 1 129^r 4637 6941
DB 1 130^v 547
DB 1 131^r 627 9630
DB 1 132^r 3008
DB 1 132^v 8056
DB 1 133^v 174 4565
DB 1 134^r 2110 2902 8521
  8869
DB 1 134^v 2782 3389 3643
DB 1 135^r 4565 5099 5649
  7980
DB 1 135^v 4619 7234 7841
DB 1 136^r 8205
DB 1 137^r 2845 6060 6125
  8849
DB 1 138^r 862 4402 5822
  6066
DB 1 139^r 674 4615 5913
  10519
DB 1 139^v 2115 6077
DB 1 140^r 5960
DB 1 141^r 9630
DB 1 141^v 4167 5946
DB 1 142^r 3695 4925 5139
DB 1 142^v 3683
DB 1 144^r 202 6877
DB 1 145^r 2110 4659 5985
  9630
DB 1 145^v 6060 6066 6195
DB 1 146^r 202 2285 7098
DB 1 146^v 6812
DB 1 148^r 2619 2987 4720
  5985 9233 10165
DB 1 148^v 1982 4959 6812
  10253

DB 1 149^r 5913 7510 8149 8581
DB 1 149^v 2110 7510 8581
DB 1 150^v 7098
DB 1 151^v 1313 4794 4946
DB 1 152^v 4712 5946 6282
DB 1 154^r 7911
DB 1 154^v 2110 4925
DB 1 155^r 6296 6417
DB 1 155^v 9630
DB 1 156^r 4167 7167
DB 1 161^v 4844
DB 1 163^r 5354
DB 1 164^r 4926 5866
DB 2 6^v 186
DB 2 7^r 7708
DB 2 10^v 9440
DB 2 11^v 7413
DB 2 12^r 3772
DB 2 12^v 6880 9036
DB 2 15^r 7125
DB 2 16^r 3702 7631 8258
DB 2 17^v 9388
DB 2 19^v 2469
DB 2 21^v 9621
DB 2 22^v 5341 9440
DB 2 24^r 3896
DB 2 25^r 1363
DB 2 26^v 186
DB 2 28^v 5518 8902
DB 2 29^v 9544
DB 2 30^r 6109
DB 2 31^r 3175 10005
DB 2 32^v 7260 8434 9160
DB 2 33^r 4785 9377
DB 2 34^v 6291 8236
DB 2 35^r 7629 8564 8949 9621
DB 2 35^v 339
DB 2 36^v 879 1529 3220 4844 5172 5876 7078 9440
DB 2 37^r 6593 7476
DB 2 39^r 8458
DB 2 40^v 7606
DB 2 41^r 5589
DB 2 42^r 489 9041
DB 2 42^v 183 1546 6503
DB 2 45^r 10339
DB 2 47^v 2124 5078
DB 2 49^v 1155 4749 5816 6407

DB 2 50^r 1295 6787 7738
DB 2 51^r 4585
DB 2 53^r 5701 9664
DB 2 55^r 997
DB 2 56^v 325 7167
DB 2 57^r 1542
DB 2 66^r 1400 8014 8149 8781 10605 10623
DB 2 66^v 1142
DB 2 68^r 7477 8149 8781
DB 2 68^v 619 2010
DB 2 70^r 8899
DB 2 71^v 8899
DB 2 72^r 5106
DB 2 74^v 1643 7593 8155 9954
DB 2 78^r 6266
DB 2 78^v 5050 5834 9923
DB 2 79^r 9440 10461
DB 2 82^r 2103 6054
DB 2 83^v 5742 6963
DB 2 85^v 5319
DB 2 86^r 5319
DB 2 88^v 7974
DB 2 92^v 9762
DB 2 94^r 7078
DB 2 97^v 489 8145
DB 2 99^v 8053
DB 2 102^v 1104
DB 2 106^v 3175
DC 36 49^v 9888
DC 36 51^r 1732
DC 36 54^v 4340
DC 36 67^v 7722
DC 36 69^v 10385
DC 36 75^v 9761 9849
DC 36 90^{rs} 10088
DC 36 110^v 7844
DC 36 111^r 1770
DC 36 123^r–124^v 8588
DC 36 137^r 2745 7722
DC 36 142^r 3714
DC 36 148^v 516 7722
DC 36 149^v 2548
DC 36 151^v 7722
DC 36 152^r 7722
DC 36 154^r 2548 7722 9663
DC 36 163^r 1228
DC 36 169^r 856
DC 36 178^v 2862

DC 36 182^v 1732
DC 36 184^{vs} 10342
DC 36 185^r–187^v 8962
DC 36 192^v 10531
DC 36 195^v 4208
DC 36 198^v 9720
DC 36 203^r 6754
DC 36 211^r 7251
DC 36 211^v 8868
DC 36 213^v 35
DC 36 217^v 7848
DC 36 221^r 6754
DC 36 228^v 3855
DC 36 232^r 3230
DC 36 234^v 9849
DC 36 240^r 3610
DC 36 247^v 2521
DC 36 248^r 2267
DC 36 249^r 1524
DC 36 263^v 10413
DC 36 266^v 2433
DC 36 267^r 4595
DC 36 270^v 7735
DC 36 273^v 4164
DC 36 293^v 6402
DC 36 307^{vs} 8761
DC 36 308^r 9384
DC 36 312^v 6931
DC 37 53^r 4500
DC 37 218^r 1218
DC 38 25^v 7492
DC 38 32^v 3739
DC 38 42^v 4400
DC 38 65^v 9851
DC 38 107^r 3610
DC 38 107^v 3610
DC 38 122^r 1287 6362
DC 38 148^v 7396
DC 38 159^v 7493
DC 38 168^v 7269
DC 38 207^{rs} 1779
DC 38 246^r 5786
DC 38 261^r 3487
DC 38 269^v 9045
DC 38 274^v 7834
DC 38 280^{rs} 91
DC 39 5^v 8536
DC 39 9^r 9821
DC 39 14^v 3364
DC 39 20^r 1624
DC 39 21^v 7530

DC 39 29^v 1655
DC 39 30^v 1382
DC 39 42^{vs} 8063
DC 39 48^v 2429
DC 39 50^{rss} 7493
DC 39 53^r 9849
DC 39 57^v 9947
DC 39 65^r 10344
DC 39 67^r 2521
DC 39 73^r 5067
DC 39 73^v 5761
DC 39 80^{vs} 3882
DC 39 81^{rs} 3714
DC 39 83^v 3078
DC 39 103^r 9987
DC 39 103^{vs} 7735
DC 39 104^r 8717
DC 39 111^v 6057
DC 39 120^{rs} 8767
DC 39 124^r 1800
DC 39 125^v 9802
DC 39 145^r 1801
DC 39 145^v 1626
DC 39 149^r 10413
DC 39 150^{vs} 2118
DC 39 152^r 4812
DC 39 152^v 4649
DC 39 160^r 9348
DC 39 166^r 8799
DC 39 169^v 10392
DC 39 172^v–174^r 497
DC 39 182^{rs} 2236
DC 39 183^{rs} 3365
DC 39 188^v 2521
DC 39 190^v 9440
DC 39 192^r 520
DC 39 194^r 1783
DC 39 198^v 7552
DC 39 200^r 9987
DC 39 201^v 2159
DC 39 212^{vs} 4551
DC 39 216^{vs} 5076
DC 39 230^r 8012
DC 39 235^v 6931
DC 39 245^r 1201 3175
DC 39 245^v 4812
DC 39 247^{rss} 679
DC 39 248^v 4812
DC 39 255^r 2945 7092
DC 39 256^v 7125
DC 39 257^r 8752

DC 39 258^v 5637
DC 39 261^r 8164
DC 39 264^r 9015
DC 39 265^v 4011
DC 39 266^r 10489
DC 39 268^r 2740
DC 40 26^r 2107
DC 40 35^v 9849
DC 40 36^{rss} 1233
DC 40 38^r 117
DC 40 50^v 186
DC 40 56^r 8418
DC 40 62^v 636
DC 40 76^{vs} 9440
DC 40 84^r 7413
DC 40 84^v 9036
DC 40 88^r 118
DC 40 88^v 763
DC 40 90^v 3477
DC 40 91^r 4554
DC 40 95^{vs} 468
DC 40 111^r 7125
DC 40 112^r 2521
DC 40 112^v 9388
DC 40 114^{rs} 516
DC 40 117^{rs} 7852
DC 40 129^r 428
DC 40 129^v 921
DC 40 130^r 5637
DC 40 138^r 6109
DC 40 140^{vs} 8202
DC 40 150^r 3175
DC 40 155^{rs} 4785
DC 40 160^r 6125
DC 40 162^r 6291
DC 40 162^v 7629
DC 40 164^r 9348
DC 40 165^r 551 1188
DC 40 166^r 9440
DC 40 168^r 3207
DC 40 171^v 3984
DC 40 173^r 10096
DC 40 221^r–222^v 2273
DC 40 233^{rs} 8241
DC 40 242^{vs} 2521
DC 40 244^v 932
DC 40 247^r 1233
DC 40 258^r 4786
DC 40 262^r 9002
DC 41 36^v 2511 8717
DC 41 39^v 8717

DC 41 43^r 9427
DC 41 49^{rs} 6931
DC 41 56^{vs} 5379
DC 41 65^r 3944
DC 41 77^{rs} 9306
DC 41 89^r 1527
DC 41 97^v 9987
DC 41 110^{rs} 495
DC 41 113^r 7814
DC 41 120^v 1201
DC 41 122^v 8535
DC 41 147^r 9440
DC 41 171^v 2226
DC 41 173^v 10031
DC 41 179^r 6291 7629
DC 41 200^r 9762
DC 41 212^{vs} 8704
DC 41 225^r 9348
DC 41 230^v 10170
DC 41 231^r 10170
DC 41 251^r 6502
DC 42 302^r 4848
DC 42 315^v–317^r 9982
DC 42 321^v 2662
DC 42 325^r 4552 8717
DC 42 336^r 2025
DC 42 337^v 4960 7980
DC 42 342^{vs} 6281
DC 42 360^v 7629
DC 42 364^v 1090
DC 42 364^v–366^r 9330
DC 42 368^r 4255
DC 43 65^r–67^r 6847
DC 43 266^v–270^r 4889
F 6 2^r
F 6 4^{rs} 7722
F 6 4^v 1035 7722 8902
F 6 5^r 8714
F 6 5^v 304
F 6 6^r 1127 3497
F 6 8^v 7750
F 6 11^v 4463
F 6 12^v 555
F 6 13^r 1229
F 6 13^v 6117
F 6 14^r 1110 2817 3210
5569 5765 6617 7888
8424 8671 8714 9389
10264
F 6 14^v 9389
F 6 15^v 1673

F 6 15^{vs} 9389
F 6 16^{rs} 9389
F 6 18^{v} 3210
F 6 19^{r} 4057
F 6 20^{r}–21^{v} 754 7045
F 6 20^{r}–22^{r} 2583
F 6 20^{rss} 1087 2411 2779
   2861 2888 2909 3211
   5343 5540 5707 6531
   6679 7205 7816 7958
   7967 7972 8222 8513
   8798 8859 9362
F 6 22^{v} 3934
F 6 25^{r} 7972
F 6 26^{rs} 7 9 305 584 1691
   2124 2129 2667 3136
   3477 3547 4531 5015
   5147 5432 6010 6722
   6727 7133 8594 9201
   9774
F 6 26^{rss} 577 745 1613 1625
   2926 3267 5092 5327
   5569 6722 8476 10528
F 6 27^{v} 5092
F 6 28^{v} 5327
F 6 29^{r} 1625
F 6 30^{v} 10528
F 6 31^{r} 7888
F 6 32^{r} 745 8594
F 6 32^{v} 7129 9083
F 6 33^{r} 346 356 4802 5337
   5793
F 6 33^{rss} 402 577 1379 1613
   2583 2651 2926 5569
   6722 8476
F 6 35^{r} 8476
F 6 38^{r}–39^{v} 577 2853 4118
   5569 5793
F 6 38^{rs} 6121 6144
F 6 39^{v} 5569
F 6 40^{r} 6646
F 6 47^{r} 2677
F 6 49^{r} 5793
F 6 49^{v} 2382
F 6 51^{v} 3948 4614
F 6 52^{r} 1413 2722 5567
   5635 5641 6170 9848
   10034 10535
F 6 52^{rs} 734 5725 7226
   7253 7581 8206
F 6 54^{v} 7226

F 6 56^{r} 7253
F 6 56^{v} 577
F 6 57^{r} 8206
F 6 63^{r} 1118
F 6 64^{r} 5343
F 6 64^{v} 4175
F 6 66^{vs} 2949
F 6 67^{v} 2019
F 6 70^{r} 9501
F 6 70^{v} 5570 8526
F 6 74^{r} 183 1862 2004 3607
   4141 5752 5996 6116
   7020 7419 7796 8850
   10234 10559 10566
F 6 74^{rs} 5725 9867
F 6 75^{vs} 8436
F 6 76^{r} 7967
F 6 76^{v} 4232
F 6 77^{r} 4232
F 6 79^{r} 9353 9900
F 6 79^{v} 9353
F 6 80^{r} 10475
F 6 83^{v} 6808
F 6 83^{vs} 1646
F 6 84^{v} 6145
F 6 85^{vs} 8856
F 6 87^{rs} 890 1291 1806
   1907 2495 3433 4062
   4646 5357 5579 5642
   6163 6543 6699 7318
   8124 9379 10244
F 6 87^{rss} 9686
F 6 92^{r} 6050
F 6 94^{r} 1297
F 6 94^{rs} 7591
F 6 95^{v} 9686
F 6 98^{rs} 412 1055 2326
   2630 3935 4263 4540
   5546 5641 6196 6764
   6844 7738 8276 8792
   9352 10502
F 6 98^{rss} 109 873 2817 2897
   2917 8026
F 6 102^{r} 3011 4263
F 6 102^{v} 8026
F 6 103^{r} 5504
F 6 103^{v} 1202
F 6 104^{rs} 4128
F 6 105^{r} 4916
F 6 105^{v} 10314
F 6 106^{v} 2710 7971 8200
   9546

F 6 106^{vs} 873 1611 4950
   9546
F 6 107^{v} 8097
F 6 110^{r} 8985
F 6 110^{v} 4950
F 6 111^{v} 89 109 873 1611
   2305 2817 7657
F 6 112^{r} 5958
F 6 113^{r} 9838
F 6 115^{r} 6531
F 6 116^{r} 109
F 6 117^{r} 2659
F 6 118^{r} 1611
F 6 118^{v} 3438
F 6 118^{vs} 3438
F 6 119^{r} 193
F 6 119^{v} 461
F 6 120^{r} 8638
F 6 121^{r} 3273 6529 9779
   10447
F 6 121^{rs} 3273 9738
F 6 121^{rss} 9006
F 6 123^{v} 5357 9006
F 6 126^{r} 92
F 6 126^{v} 8779
F 6 128^{v} 2863
F 6 129^{v} 1555 2673 3230
   3759 5431
F 6 129^{vs} 2130 2863 8779
F 6 131^{v} 3503 6687
F 6 132^{r} 2689
F 6 135^{v} 1729 5922
F 6 136^{r} 3230
F 6 137^{rs} 510 1987 3675
   6009 8024 8586
F 6 137^{rss} 2055 2130
F 6 139^{r} 2431
F 6 141^{r} 8960
F 6 142^{v} 9820
F 6 143^{r} 3437
F 6 143^{v} 1903 8786
F 6 144^{r} 5255 5275
F 6 144^{v} 7205
F 6 146^{v} 214
F 6 148^{r} 5277 6014 6627
   7210 7639 7825 8077
   9422
F 6 148^{rs} 1903 5255 6549
   7210 7641 7825 8659
F 6 148^{rss} 2055 2129 4674
F 6 149^{r} 6549

F 6 149^v 5432 8320 8728 9225 9310
F 6 149^{vs} 2055 6549 9422
F 6 150^r–151^v 6549
F 6 150^{rs} 1252 1935 3724 5238 5778
F 6 150^{rss} 1252 4971 8728 9310 9422
F 6 152^r 5432
F 6 152^{rs} 6191
F 6 153^r 6890
F 6 154^v 4259
F 6 155^r 4971
F 6 155^v 2004
F 6 156^r 4342
F 6 157^v 8326
F 6 158^r 6160
F 6 158^v 7779
F 6 159^r 9422
F 6 159^v 3196
F 6 160^r 523
F 6 161^v 2104
F 6 162^r 1021
F 6 162^v 8728 9310
F 6 164^r 396 438 3452 5593 5643 8670
F 6 164^{rs} 545 1252 4497 7188 8670 9624
F 6 165^{vs} 2055
F 6 166^r–167^v 6446
F 6 167^v 545 8670
F 6 168^v 388 3452 8737
F 6 169^r 7845
F 6 170^r 10190
F 6 170^v 6338 9479
F 6 172^r 2888
F 6 172^v 6402
F 6 173^r 7765
F 6 177^v 711 3210 8086
F 6 177^{vs} 343 711 4970 5673
F 6 177^{vss} 1252 8716
F 6 178^v 3210
F 6 180^r 4986
F 6 181^r 8716
F 6 181^v 4124
F 6 182^r 3998
F 6 183^r 3763
F 6 183^v 4347
F 6 184^r 5780
F 6 184^v 1665

F 6 185^v 9421
F 6 186^r 4740
F 6 186^v 2350 3045 3570 5633 6472 8804 9791 10571
F 6 186^v/187^v 972
F 6 186^{vs} 869 972 1666 2350 3570 5190 5268 6072 6117 6282 6472 7503 8884 9379
F 6 186^{vss} 3473 4740 7503 10571
F 6 187^v 2350 6472
F 6 192^r 10435
F 6 192^v 2881 4323
F 6 194^r 2618 6131 7566 8382
F 6 194^{rs} 16 3305 3473 9499
F 6 195^r 1248 2881 3305 3473 4323 6089 6108 6131 7561 10435
F 6 195^r–196^v 7760 8382
F 6 195^{rs} 2257 4599 7708 10435
F 6 195^{rss} 5378 8931 9548
F 6 196^r 2881 3305 3473 4323 6089 6108 6131 10435
F 6 197^v 2710 9548
F 6 198^v 455
F 6 199^v 5454
F 6 200^v 1991
F 6 201^r 3931 7205
F 6 201^v 1347 3952 4441 5714 6977 8849 9428 9441
F 6 201^{vs} 52 455 3931 4030 6131 7836 8382 9548
F 6 202^r 1347 6977
F 6 203^v 4599 7760
F 6 205^v 7561 7722
F 6 206^v 7722 9901
F 6 207^v 435 832 5153 5568 5964 6915 7199 7686 8005 8147 9014
F 6 207^{vs} 2914 3226 3312 5568 5964 6915 6958 8749
F 6 207^{vss} 7722
F 6 208^r 7199 8005

F 6 208^v 8005 8749
F 6 210^r 2052
F 6 211^r 717
F 6 212^v 3226
F 6 213^r 6049
F 6 214^r 6233
F 6 215^r 3584 5478
F 6 215^v 6915
F 6 217^v 5282 7722
F 6 218^r 7286
F 6 218^v 5378
F 6 219^r 6712
F 6 219^v 5568
F 6 220^r 6131
F 6 222^v 6131 9648
F 6 223^r 3312
F 6 223^v 6762
F 6 224^r 872
F 6 225^r 9668
F 6 226^r 5964 8860
F 6 226^v 3273
F 6 228^v 10341
F 6 230^r 5690 8151
F 6 230^{rs} 2914
F 6 234^r 3251
F 6 236^v 8582
F 6 237^r 719 9413
F 6 237^v 6072
F 6 passim 7722
F 7 10^r 1605
F 7 10^v 7896
F 7 11^r 10317
F 7 11^v 480
F 7 12^r 339 8564
F 7 13^r 9621
F 7 13^v 8236
F 7 14^r 8949
F 7 15^r 630
F 7 15^v 412
F 7 16^r 7476 7962
F 7 16^v 879
F 7 17^r 4844
F 7 17^v 1375 9581
F 7 18^v 6593
F 7 19^v 5876
F 7 20^r 665 890 1635 1654 3406 3566 4774 5679 9665 10512
F 7 20^v 4499
F 7 21^r 3220
F 7 21^v 10368

F 7 22^r 5679
F 7 23^r 10538
F 7 23^v 2713 2761
F 7 24^r 9872
F 7 24^v 4851
F 7 25^r 3566
F 7 25^{vs} 7606
F 7 26^v 5589
F 7 27^v 8733
F 7 28^{rs} 129 1017 5288 5701 6182 6503 7634 9287
F 7 29^r 183 1546
F 7 31^r 7192
F 7 31^v 3062
F 7 32^v 8690
F 7 33^r 10339
F 7 36^r 2124
F 7 37^r 3054 5713
F 7 37^v 5469
F 7 38^r 10313
F 7 38^v 6287 6849 7265 10495
F 7 39^r 1295 7738
F 7 40^v 1155 4749 6407
F 7 41^r 3860 5816 6849
F 7 42^v 5560 6787
F 7 43^r 4442
F 7 43^v 9743
F 7 44^r 2395
F 7 44^v 5133 5701
F 7 45^r 4207
F 7 45^{vs} 4207 5467 6864 7213 7694 8989
F 7 46^v 5687 5701
F 7 47^{rs} 2819 3303 9664
F 7 47^v 9664
F 7 48^{rs} 2915 4884 5735 8819 9954
F 7 49^r 1015
F 7 49^v 10047
F 7 50^r 4884
F 7 52^r 325 7167
F 7 52^v 10200
F 7 53^r 1542
F 7 53^{rs} 5222
F 7 53^v 10319
F 7 54^r 1456
F 7 54^v 5778
F 7 55^r 4490
F 7 55^v 9972

F 7 56^r 8602
F 7 57^r 846 9786
F 7 57^v 2561 4616
F 7 58^r 987
F 7 59^r 845
F 7 60^r 5880
F 7 60^v 7203 9194
F 7 61^r 4427 9892
F 7 61^{rs} 9098
F 7 62^r 9355
F 7 62^v 196 340 5083 6027 7076 7646 8576 10010
F 7 63^r 340 7646
F 7 64^{rs} 8014
F 7 65^r 294 1142
F 7 65^v 8149
F 7 66^r 8781 9502
F 7 67^r 8135
F 7 67^v 2010
F 7 68^r 459 1420 5375
F 7 68^v 8899
F 7 69^v 1643
F 7 69^{vss} 125 890 1668 3282 3316 3564 5040 6460 7326 8892 8899 9278
F 7 71^r 2664 8155
F 7 73^v 8046
F 7 74^r 4425
F 7 74^v 6892
F 7 75^r 7593
F 7 75^v 9608
F 7 76^r 1136 10013
F 7 76^v 6965 8046
F 7 77^v 8500
F 7 79^r 7842
F 7 80^{rs} 10388
F 7 81^r 4938
F 7 81^v 10461
F 7 82^v 216
F 7 83^r 3564 9923
F 7 84^r 6266
F 7 85^v 2124 8849
F 7 86^r 6965
F 7 86^v 6823
F 7 87^r 2096
F 7 87^v 1715 5438
F 7 88^r 2103 4688 5617
F 7 88^v 6054
F 7 89^r 818 8794
F 7 90^v 2040

F 7 91^v 6963
F 7 92^v 8943
F 7 93^r 9679
F 7 93^v 1973
F 7 94^r 7974
F 7 94^v 6886
F 7 95^r 1125
F 7 95^v 8082
F 7 97^v 2855
F 7 99^r 9351 10594
F 7 99^v 1636 4395
F 7 100^r 561 4395
F 7 100^v 9428
F 7 101^r 7809
F 7 101^v 8053
F 7 102^r 8053
F 7 103^r 7602
F 7 103^v 1104 10398
F 7 104^r 8574
F 7 105^r 1302 4693 5398 9747 10398
F 7 105^v 10340
F 7 106^r 5398
F 7 106^v 4704
F 7 107^v 1373
F 7 108^v 5701
F 7 109^v 8614
F 7 110^r 2723 7913
F 7 110^v 7214
F 7 111^v 9582
F 7 112^r 8853 10196
F 8 21^r 1302 2723 7842
F 8 155^r 4681
FC I 368 16^v 3549
FC I 368 48^v 2548
FC I 368 79^v 679
FC I 368 95^r 3610
FC I 845 1^v 2007
FC I 845 4^r 9832
FC I 845 6^v 8710
FC I 845 13^r 7156
FC I 845 13^v 960
FC I 845 47^v 6935
FC I 845 76^{vs} 1035 6673 7384 8983
FC I 845 92^r 3329
FC I 845 94^v 3801
FC I 845 107^r 679
FC I 845 108^r 679
FC I 845 109^v 9832
FC I 845 160^v 7066

FC I 845 189^r 9867
FC I 845 193^r 7156
FC I 845 202^r 7492
FC I 845 206^r 8130
FC I 845 passim 2007
FC I 846 5^r 2007 9821
FC I 846 5^v 7492
FC I 846 6^v 4400
FC I 846 26^v 8929
FC I 846 28^v 10492
FC I 846 44^r 640
FC I 846 51^r 5929
FC I 846 53^v 5929
FC I 846 59^v 766 10492
FC I 846 66^r 7492
FC I 846 71^v 8929
FC I 846 81^v 3610
FC I 846 95^v 4563
FC I 846 98^v 1287 6362
FC I 846 115^v 7492
FC I 846 127^v 223
FC I 846 129^v 7492
FC I 846 133^v 10262
FC I 846 134^r 7968
FC I 846 136^v 223
FC I 846 160^v 7269 10262
FC I 846 161^v 2159
FC I 846 173^r 10262
FC I 846 173^v 4498
FC I 846 182^v 10262
FC I 846 191^v 6712
FC I 846 196^v 5936
FC I 846 199^r 223
FC I 846 213^r 7552
FC I 846 216^v 679
FC I 846 218^v 679
FC I 846 233^r 9901
FC I 846 243^v 527 7505
    9901
FC I 846 246^r 1982
FC I 846 249^v 10262
FC I 846 252^v 443
FC I 846 passim 2007 9821
FC I 847 7^v 1626
FC I 847 15^v 7552
FC I 847 26^r 339
FC I 847 32^v 7072
FC I 847 60^v 8449
FC I 847 67^v 1030 1330
    3566 4939 4964 6935
FC I 847 68^r 917 1030 3574

FC I 847 90^v 3174
FC I 847 93^v 982
FC I 847 106^v 2931 9300
FC I 847 107^v 7553
FC I 847 120^r 10413
FC I 847 139^r 1626
FC I 847 157^r 528
FC I 847 172^r 7990
FC I 847 179^r 1788
FC I 847 185^v 9947
FC I 847 192^v 2275
FC I 849 6^r 1628
FC I 849 7^r 5986
FC I 849 40^v 9077
FC I 849 63^r 5590
FC I 849 76^v 1628
FC I 849 122^r 10330
FC I 849 122^r 10330
FC I 849 123^v 10330
FC I 849 125^r 8226 10082
FC I 849 167^r 761
FC I 849 168^r 10112
FC I 849 178^v 2111
FC I 849 183^v 431
FC I 849 190^r 242
FC I 849 191^v 730
FC I 849 199^v 4400
FC I 849 249^v 595
FC I 849 250^r 4553
FC I 849 251^r 4787
FC I 849 261^r 8555
FC I 849 279^r 731
FC I 849 285^r 2662
FC I 850 7^v 4509
FC I 850 18^v 4787
FC I 850 24^v 4787
FC I 850 39^r 4787
FC I 850 56^v 1628
FC I 850 59^v 595
FC I 850 62^v 700
FC I 1127 42^r 6673 7384
FC I 1127 47^v 371 8407
FC I 1127 49^r 2521
FC I 1127 51^r 3155
FC I 1127 53^v 5496
FC I 1127 60^v 4164
FC I 1127 62^v 5006
FC I 1127 64^v 543
FC I 1127 77^r 371
FC I 1127 77^v 8407
FC I 1127 79^v 4645

FC I 1127 81^v 3472
FC I 1127 90^r 4340 9258
    9440
FC I 1127 96^v 3150
FC I 1127 105^v 7407
FC I 1127 108^v 7125
FC I 1127 109^v 4598
FC I 1127 111^r 7396
FC I 1127 119^v 2159
FC I 1127 124^r 6712
FC I 1127 127^r 1746
FC I 1127 143^v 9709
FC I 1127 145^r 6991
FC I 1127 149^v 4271 4568
FC I 1127 159^r 8012
FC I 1127 160^v 8
FC I 1127 164^v 2983
FC I 1127 165^r 2983
FC I 1127 168^r 1746
FC I 1129 14^r 5538
FC I 1129 15^v 522 5777
FC I 1129 16^r 4936
FC I 1129 16^v 2222
FC I 1129 20^v 4996
FC I 1129 22^r 1035
FC I 1129 24^r 4658
FC I 1129 28^r 7303
FC I 1129 29^r 2398
FC I 1129 30^r 7834
FC I 1129 30^v 7834
FC I 1129 31^r 4280
FC I 1129 33^r 8705
FC I 1129 33^v 1547 1664
FC I 1129 36^v 132
FC I 1129 37^r 4186
FC I 1129 39^r 10311
FC I 1129 40^v 6037
FC I 1129 44^r 7777
FC I 1129 45^r 2625
FC I 1129 45^v 1673
FC I 1129 49^v 3641 7656
FC I 1129 51^r 392 9980
FC I 1129 52^r 3934
FC I 1129 58^r 3304
FC I 1129 59^r 1857
FC I 1129 61^v 2560
FC I 1129 62^v 5801
FC I 1129 63^v 4011
FC I 1129 64^v 3563 3801
FC I 1129 65^v 2995
FC I 1129 68^v 10377

FC I 1129 70^r 132	FC I 1129 161^r 2328 6380	FC I 1130 9^r 1742
FC I 1129 72^r 10462	FC I 1129 161^v 3320	FC I 1130 12^r 4208
FC I 1129 75^v 5819	FC I 1129 163^v 2806	FC I 1130 12^v 2945
FC I 1129 77^r 25	FC I 1129 165^r 1394	FC I 1130 16^r 3610
FC I 1129 78^r 8923	FC I 1129 165^v 1611 2933	FC I 1130 21^r 7328
FC I 1129 83^v 9832	FC I 1129 167^r 3914	FC I 1130 22^{rs} 1742
FC I 1129 90^r 577 6100	FC I 1129 167^v 9565	FC I 1130 23^{vs} 7492
FC I 1129 92^v 6037	FC I 1129 169^r 4961	FC I 1130 30^r 7552
FC I 1129 93^r 414	FC I 1129 169^v 193 2489	FC I 1130 33^v 7552
FC I 1129 93^v 569	FC I 1129 170^r 7835	FC I 1130 40^{rs} 1626
FC I 1129 94^v 1437	FC I 1129 170^v 4127	FC I 1130 42^v 3610
FC I 1129 96^r 3415	FC I 1129 171^r 5188	FC I 1130 56^{vs} 10093
FC I 1129 96^v 5788	FC I 1129 172^v 5350	FC I 1130 57^r 1626
FC I 1129 98^r 5282	FC I 1129 173^r 1455	FC I 1130 58^{vs} 3610
FC I 1129 98^v 6264	FC I 1129 173^v 7159	FC I 1130 62^r 3699
FC I 1129 100^v 4376	FC I 1129 175^v 4289	FC I 1130 65^v 10094
FC I 1129 101^r 3719 6028	FC I 1129 177^v 1371 4289	FC I 1130 67^r 1626
FC I 1129 101^v 10202	FC I 1129 183^v 564	FC I 1130 69^v 8449
FC I 1129 102^r 79	FC I 1129 184^r 1873	FC I 1130 70^v 1122
FC I 1129 103^v 2892 6044	FC I 1129 187^r 8812	FC I 1130 71^r 10413
FC I 1129 105^v 2650	FC I 1129 189^r 6461	FC I 1130 71^{vs} 1874
FC I 1129 107^v 7834	FC I 1129 191^r 3472	FC I 1130 72^r 1874
FC I 1129 109^v 4065	FC I 1129 193^v 1675	FC I 1130 74^v 1626
FC I 1129 112^r 5935	FC I 1129 198^r 9851	FC I 1130 74^{vs} 1626
FC I 1129 115^r 8876 10561	FC I 1129 199^r 9947	FC I 1130 78^r 7990
FC I 1129 116^v 9720	FC I 1129 203^r 10306	FC I 1130 78^v 10096
FC I 1129 118^v 4593	FC I 1129 207^r 1077 6016	FC I 1130 81^r 10170
FC I 1129 122^r 9948	FC I 1129 208^v 9397	FC I 1130 87^r 2663
FC I 1129 123^r 687 5848	FC I 1129 210^v 1194	FC I 1130 89^{vs} 10481
FC I 1129 124^r 6361	FC I 1129 211^v 7898	FC I 1130 91^r 10096
FC I 1129 124^v 9846	FC I 1129 212^r 1729	FC I 1130 93^{rs} 10098
FC I 1129 126^r 10216	FC I 1129 216^r 1202	FC I 1130 100^r 10098
FC I 1129 127^r 6364	FC I 1129 219^r 7099	FC I 1130 100^v 1108
FC I 1129 128^r 552	FC I 1129 220^v 2573	FC I 1130 101^r 10098
FC I 1129 133^v 7323	FC I 1129 221^r 10232	FC I 1130 113^r 10099
FC I 1129 137^r 2511	FC I 1129 223^r 6367	FC I 1131 1^v 6673
FC I 1129 138^r 5801	FC I 1129 229^r 4466	FC I 1131 2^r 7384
FC I 1129 139^r 3497 6334 10292	FC I 1129 232^v 5813 9867	FC I 1131 6^v 3155
FC I 1129 140^r 6427	FC I 1129 237^r 9987	FC I 1131 7^r 371
FC I 1129 140^v 2506	FC I 1129 238^r 221 605	FC I 1131 8^v 5496
FC I 1129 141^r 4435	FC I 1129 239^r 4223 8923	FC I 1131 15^v 543
FC I 1129 142^r 4596	FC I 1129 248^r 1762	FC I 1131 16^v 543
FC I 1129 144^r 6835	FC I 1129 249^v 3670	FC I 1131 23^v 1057
FC I 1129 147^r 10314	FC I 1129 250^v 6655	FC I 1131 25^v 4164
FC I 1129 151^r 8550	FC I 1129 251^v 4024	FC I 1131 28^r 4645
FC I 1129 153^v 7718	FC I 1129 256^r 2055	FC I 1131 35^r 9440
FC I 1129 156^r 2393	FC I 1129 257^r 9720	FC I 1131 47^v 7125
FC I 1129 158^r 5228	FC I 1129 259^v 4289	FC I 1131 49^r 7396
FC I 1129 159^v 6487	FC I 1130 2^r 2945	FC I 1131 49^v 7396
FC I 1129 160^r 8130	FC I 1130 3^v 6935	FC I 1131 51^v 4731
	FC I 1130 5^r 3817	FC I 1131 57^r 6712

FC I 1131 68^{vs} 8	FC I 1132 35^r 677	FC I 1132 134^v 1083
FC I 1131 75^v 8012	FC I 1132 35^v 7968	FC I 1132 136^r 3026
FC I 1131 85^r 7413	FC I 1132 38^v 3720	FC I 1132 138^v 8270
FC I 1131 88^v 185	FC I 1132 39^r 10209	FC I 1132 145^v 1245
FC I 1131 91^v 1137	FC I 1132 40^r 8278	FC I 1132 146^r 8572
FC I 1131 93^v 10150	FC I 1132 40^v 9720	FC I 1132 149^r 8447
FC I 1131 96^r 3699	FC I 1132 42^r 3843	FC I 1132 150^v 1521
FC I 1131 96^v 7553	FC I 1132 43^r 3023 7084	FC I 1132 155^v 917
FC I 1131 105^v 8309	FC I 1132 44^r 463	FC I 1132 157^r 7022
FC I 1131 106^v 3699	FC I 1132 46^r 9427	FC I 1132 158^v 7505
FC I 1131 115^v 932	FC I 1132 50^r 8820	FC I 1132 164^v 1982
FC I 1131 116^r 8535	FC I 1132 51^r 7500 8426	FC I 1132 166^v 3028 7705
FC I 1131 116^v 3896	FC I 1132 52^v 255	FC I 1132 168^r 2752 6633
FC I 1131 118^v 8535	FC I 1132 55^r 2467	FC I 1132 173^v 6091
FC I 1131 120^v 190	FC I 1132 62^v 3232	FC I 1132 177^v 151 10307
FC I 1131 122^v 10150	FC I 1132 63^r 282	FC I 1132 179^r 7740
FC I 1131 126^r 9762	FC I 1132 65^r 5600	FC I 1132 180^r 1469
FC I 1131 128^r 9544	FC I 1132 66^r 7082	FC I 1132 181^r 8063
FC I 1131 128^v 7054	FC I 1132 68^v 3451	FC I 1132 181^v 5496 8718
FC I 1131 132^r 1711	FC I 1132 69^r 2620	FC I 1132 184^r 7353
FC I 1131 137^v 1400	FC I 1132 69^v 2670	FC I 1132 185^r 4378
FC I 1131 140^r 8959	FC I 1132 70^v 8359	FC I 1132 188^v 3542
FC I 1131 146^v 2960	FC I 1132 78^v 10493	FC I 1132 189^r 3232
FC I 1131 147^r 9258	FC I 1132 79^r 8808	FC I 1132 189^v 2584 3030
FC I 1131 148^r 6194 6327	FC I 1132 79^v 10221	FC I 1132 191^r 1770 5740
FC I 1131 150^r 10583	FC I 1132 80^v 7637	FC I 1132 191^v 10285
FC I 1131 151^v 4271	FC I 1132 82^r 4628	FC I 1132 198^r 7798
FC I 1131 153^v 8525	FC I 1132 84^v 9633	FC I 1133 7^v 2361
FC I 1131 157^r 8864	FC I 1132 85^r 887 5178	FC I 1133 8^r 10064
FC I 1131 passim 7722	FC I 1132 85^v 5282	FC I 1133 8^v 222
FC I 1132 2^v 2396 4396	FC I 1132 87^v 1850	FC I 1133 12^v 3151
FC I 1132 3^r 7478	FC I 1132 88^r 9388	FC I 1133 16^r 7752 9127
FC I 1132 3^v 7127	FC I 1132 89^r 8597 8980	FC I 1133 17^r 5534 9939
FC I 1132 5^v 2738	FC I 1132 99^v 2612	FC I 1133 20^r 8908
FC I 1132 7^r 800	FC I 1132 102^r 1801	FC I 1133 21^v 2024
FC I 1132 7^v 576 6710	FC I 1132 103^v 800	FC I 1133 24^r 2860 5660
FC I 1132 9^v 9299	FC I 1132 104^r 2995	FC I 1133 26^v 5171
FC I 1132 11^r 8547	FC I 1132 104^v 6103	FC I 1133 29^r 835
FC I 1132 12^r 6362	FC I 1132 106^v 4096	FC I 1133 30^r 4853
FC I 1132 12^v 1287	FC I 1132 109^r 6755	FC I 1133 32^r 10455
FC I 1132 17^r 131	FC I 1132 110^v 1484	FC I 1133 32^v 1245
FC I 1132 20^v 9427	FC I 1132 112^r 6167	FC I 1133 33^v 5904 7501
FC I 1132 22^r 5227 6325	FC I 1132 115^r 5570	FC I 1133 36^v 716 4307
FC I 1132 23^v 9427	FC I 1132 118^v 8944	FC I 1133 37^v 1257
FC I 1132 25^v 5010	FC I 1132 120^r 10391	FC I 1133 38^r 9552
FC I 1132 26^r 4049	FC I 1132 121^v 2853	FC I 1133 42^r 2919 8012
FC I 1132 26^v 7159	FC I 1132 124^v 8183	FC I 1133 46^r 7664
FC I 1132 27^v 9658	FC I 1132 125^r 2351	FC I 1133 48^v 2252
FC I 1132 28^r 4962	FC I 1132 131^v 5081	FC I 1133 52^v 9343
FC I 1132 29^v 9427	FC I 1132 132^r 8400	FC I 1133 56^v 3726 7836
FC I 1132 32^v 8790	FC I 1132 134^r 133 3348	FC I 1133 57^r 10067

FC I 1133 60^r 2620 10451
FC I 1133 61^r 6791
FC I 1133 61^v 9437
FC I 1133 67^v 2867 5360
FC I 1133 68^v 63
FC I 1133 70^r 5286
FC I 1133 70^v 133 2892
FC I 1133 71^v 9040
FC I 1133 72^r 9613
FC I 1133 75^r 3474
FC I 1133 76^r 3721 10526
FC I 1133 77^v 375
FC I 1133 78^r 5407
FC I 1133 80^v 3001
FC I 1133 81^r 7131 8846
FC I 1133 83^r 1912
FC I 1133 85^r 3772
FC I 1133 85^v 2865
FC I 1133 86^v 4554
FC I 1133 89^v 1850
FC I 1133 90^r 8281
FC I 1133 94^r 5037
FC I 1133 94^v 5344 6991
FC I 1133 95^v 9572
FC I 1133 100^r 6283 7333
FC I 1133 106^v 10169
FC I 1133 107^v 10019
FC I 1133 109^r 2502
FC I 1133 109^v 4379
FC I 1133 111^r 4842
FC I 1133 112^v 6842
FC I 1133 113^r 8998 10074
FC I 1133 117^v 3849 6093
FC I 1133 118^r 3984
FC I 1133 121^r 2548 7895
FC I 1133 124^v 7300
FC I 1133 125^r 319 6801 7937
FC I 1133 125^v 1393
FC I 1133 126^r 4038 6312
FC I 1133 126^v 10119
FC I 1133 127^r 1194
FC I 1133 127^v 7583
FC I 1133 128^r 131
FC I 1133 130^v 5637
FC I 1133 133^v 9411
FC I 1133 134^r 1376
FC I 1133 136^v 8010
FC I 1133 137^r 3722
FC I 1133 139^v 43
FC I 1133 142^v 4409

FC I 1133 147^v 1986 10466
FC I 1133 148^v 3221
FC I 1133 150^r 9554
FC I 1133 150^v 3451
FC I 1133 151^v 6124
FC I 1133 152^v 4835
FC I 1133 153^v 5423
FC I 1133 154^r 2926
FC I 1133 155^r 2482
FC I 1133 155^v 9937
FC I 1133 159^r 7882
FC I 1133 159^v 3650
FC I 1133 162^r 8768
FC I 1133 163^v 6132
FC I 1133 166^v 5492
FC I 1133 167^v 1591
FC I 1133 169^r 3624
FC I 1133 173^r 9431
FC I 1133 173^v 7439
FC I 1133 174^v 5916
FC I 1133 178^v 10480
FC I 1133 180^r 1424 9552
FC I 1133 180^v 8785
FC I 1133 185^r 2661
FC I 1133 186^v 801
FC I 1133 187^v 7172 9839
FC I 1133 190^v 5637
FC I 1133 192^r 4651
FC I 1133 192^v 5535
FC I 1133 194^r 2822
FC I 1133 196^v 210
FC I 1133 197^r 2378 7504
FC I 1133 197^v 1572 2033
FC I 1133 198^r 144
FC I 1133 198^v 10541
FC I 1133 199^r 8110
FC I 1133 200^r 2275
FC I 1133 200^v 7439
FC I 1133 201^v 246
FC I 1133 204^v 1708 7478
FC I 1133 206^v 6297
FC I 1133 211^v 6495
FC I 1133 212^r 3782
FC I 1133 213^r 8290
FC I 1133 214^r 2039
FC I 1133 215^v 6782
FC I 1133 217^v 1132 6293
FC I 1133 218^r 2494
FC I 1133 219^r 2554 6304 9911
FC I 1133 221^r 7838 9156

FC I 1133 222^r 9839
FC I 1133 222^v 921
FC I 1133 223^v 6633
FC I 1133 224^r 4151
FC I 1133 224^v 8203
FC I 1133 225^v 7275
FC I 1133 226^r 2442 7741
FC I 1133 227^v 5535
FC I 1133 228^v 861 2847
FC I 1133 229^v 10622
FC I 1133 230^r 4281
FC I 1133 231^r 9016
FC I 1133 232^v 5379 8203
FC I 1133 233^r 9678
FC I 1133 242^r 1845
FC I 1133 243^r 7553
FC I 1133 243^v 8393
FC I 1133 245^r 4847
FC I 1133 246^r 44
FC I 1133 247^r 128
FC I 1133 248^r 1242
FC I 1133 248^v 286
FC I 1133 250^v 9811
FC I 1134 2^v 1452 2892
FC I 1134 3^r 7244
FC I 1134 3^v 1184
FC I 1134 5^r 3191 9469
FC I 1134 6^r 5535
FC I 1134 7^v 6914
FC I 1134 9^r 10524
FC I 1134 9^v 8769
FC I 1134 10^r 259
FC I 1134 18^v 5248 7950
FC I 1134 19^r 2316
FC I 1134 19^v 9811
FC I 1134 20^v 1030 2034
FC I 1134 21^r 1030 1330 4964
FC I 1134 21^v 1330 3566 4939
FC I 1134 22^r 3574 6935
FC I 1134 22^v 128 917
FC I 1134 25^r 10486
FC I 1134 25^v 486
FC I 1134 30^r 3476
FC I 1134 33^v 423
FC I 1134 34^v 3051 7400
FC I 1134 35^r 9137
FC I 1134 37^r 3788
FC I 1134 39^r 8344
FC I 1134 41^r 1627

FC I 1134 41^v 685 10069
FC I 1134 48^v 1784
FC I 1134 49^r 8352
FC I 1134 50^r 6547
FC I 1134 51^r 1784
FC I 1134 51^v 6659
FC I 1134 52^v 5535
FC I 1134 54^v 9300
FC I 1134 57^v 7125
FC I 1134 61^v 5075
FC I 1134 62^v 2433
FC I 1134 63^v 7444
FC I 1134 64^r 7930
FC I 1134 65^v 5535
FC I 1134 72^v 6802 6860
FC I 1134 77^r 5523
FC I 1134 83^r 4968
FC I 1134 85^v 4280
FC I 1134 86^r 6786
FC I 1134 88^v 51
FC I 1134 89^v 8404
FC I 1134 90^r 7110
FC I 1134 90^v 3162
FC I 1134 92^v 5348 10455
FC I 1134 93^r 10180
FC I 1134 94^r 10451
FC I 1134 94^v 8001
FC I 1134 95^r 1802 8515
FC I 1134 96^v 8665
FC I 1134 102^v 3632
FC I 1134 103^r 10376
FC I 1134 103^v 5762
FC I 1134 104^r 3143 3632
    5848
FC I 1134 106^v 2048
FC I 1134 107^r 1424
FC I 1134 108^r 10425
FC I 1134 108^v 1505
FC I 1134 109^v 3550
FC I 1134 111^v 4848 6850
FC I 1134 112^r 10388
FC I 1134 112^v 5009 9952
FC I 1134 113^r 2941
FC I 1134 115^r 10590
FC I 1134 115^v 8550
FC I 1134 116^v 7840
FC I 1134 117^r 3600
FC I 1134 117^v 1331 6547
FC I 1134 118^v 4785 9955
FC I 1134 119^v 10379
FC I 1134 120^r 4512

FC I 1134 120^v 2515
FC I 1134 122^r 7854
FC I 1134 122^v 1118 10150
FC I 1134 124^v 3143
FC I 1134 128^v 7854
FC I 1134 129^r 7854
FC I 1134 129^v 3265
FC I 1134 130^r 7283
FC I 1134 133^v 7738
FC I 1134 134^r 9947
FC I 1134 134^v 839 6921
FC I 1134 138^v 4814 7174
FC I 1134 140^v 2685
FC I 1134 141^v 5613
FC I 1134 144^v 6706
FC I 1134 145^r 3900
FC I 1134 145^v 520 4225
FC I 1134 147^r 4862
FC I 1134 148^r 6503
FC I 1134 151^v 3306
FC I 1134 152^r 3671
FC I 1134 153^{vs} 9335
FC I 1134 154^r 10523
FC I 1134 157^r 1443
FC I 1134 158^r 5538 8065
FC I 1134 158^v 5538
FC I 1134 161^v 4067
FC I 1134 164^r 9628
FC I 1134 164^v 251
FC I 1134 167^r 5921
FC I 1134 168^v 581
FC I 1134 169^v 516
FC I 1134 170^v 7791
FC I 1134 172^r 2660
FC I 1134 172^v 3111 6251
FC I 1134 173^r 9199
FC I 1134 173^v 8000
FC I 1134 174^r 6515
FC I 1134 174^v 2109 3538
    7840
FC I 1134 176^v 3686
FC I 1134 177^r 1586 5848
FC I 1134 177^v 4959
FC I 1134 178^r 5181
FC I 1134 179^r 1609
FC I 1134 181^v 2590 3100
FC I 1134 184^v 2273 7841
    9312
FC I 1134 185^v 7187
FC I 1134 187^r 1784 8522
FC I 1134 188^v 5607

FC I 1134 190^v 9117
FC I 1134 192^v 5340
FC I 1134 193^r 2511 3825
FC I 1134 194^v 10309
FC I 1134 197^r 6081
FC I 1134 197^v 1385 4170
    9139
FC I 1134 200^r 2988
FC I 1134 201^v 803 10212
FC I 1134 202^r 2470 3722
    9239
FC I 1134 202^v 3631 10075
FC I 1134 203^r 3517 9812
FC I 1134 203^v 7049
FC I 1134 204^r 5474 8949
    9071
FC I 1134 204^v 10070
FC I 1134 205^v 3692 9031
FC I 1134 206^r 5794
FC I 1134 206^v 6700
FC I 1134 207^r 2402 7498
FC I 1134 210^v 8750
FC I 1134 212^v 2569
FC I 1134 213^r 2093 2443
FC I 1134 213^v 7078
FC I 1134 214^r 9929
FC I 1134 217^r 3956
FC I 1134 218^r 6144
FC I 1134 218^v 2441
FC I 1134 219^r 7039
FC I 1134 223^r 294
FC I 1134 223^v 5933 10346
FC I 1134 225^v 5440
FC I 1134 226^v 10519
FC I 1134 228^r 2470
FC I 1134 231^r 2115
FC I 1134 232^v 5745
FC I 1134 234^r 10486
FC I 1134 235^r 9355 10252
FC I 1134 235^v 4167
FC I 1232/181 9^{vs} 5532
FC I 1232/181 10^r 2892
    5045 5830
FC I 1232/181 10^v 1444
    4895 8767
FC I 1232/181 10^{vs} 6792
FC I 1232/181 11^r 6994
FC I 1232/181 11^v 553
    5920
FC I 1232/181 11^{vs} 2862
FC I 1232/181 12^r 5570
    5600

FC I 1232/181 12^{rs} 2941
FC I 1232/181 12^v 1753 3983 4772
FC I 1232/181 13^r 5533 10620
FC I 1232/181 13^v 3410 10479
FC I 1232/181 14^r 1874
FC I 1482 32^r 10088
FC I 1497 32^v 3831
FC I 1497 33^r 3831
FC I 1497 33^v 3831
FC I 1497 34^v 3831
FC I 1497 35^r 3831
FC I 1497 35^v 3831
FC I 1497 36^r 3831
FC I 1497 36^v 3831
FC I 1497 37^r 3831
FC I 1497 37^v 3831
FC I 1497 38^r 3831
FC I 1498 58^r 1246
FC I 1498 60^r 1246
FC I 1498 72^r 9394
FC I 1499 46^r 2438
FC I 1506 55^r–60^v 2636
FC I 1506 70^r–74^v 2636
FC I 1506 75^r–84^v 2636
FC I 1715 8^v 2985
FC I 1715 12^r 5037
FC I 1715 12^{rs} 10480
FC I 1715 14^r 7552
FC I 1715 14^v 7912
FC I 1715 24^r 6265
FC I 1715 24^v 2845
FC I 1715 28^v 6266
FC I 1715 29^v 6502
FC I 1715 35^r 2470
FC I 1715 36^v 9528
FC I 1715 37^r 4913
FC I 1715 39^v 1497
FC I 1716 22^r 26
FC I 1767 2^r 10202
FC I 1767 2^v 79
FC I 1767 4^v 6044
FC I 1767 5^v 2892
FC I 1767 11^r 2650
FC I 1767 12^v 7834
FC I 1767 14^r 4065
FC I 1767 18^r 2945
FC I 1767 19^v 5935
FC I 1767 20^r 543

FC I 1767 23^r 8876
FC I 1767 24^r 10561
FC I 1767 25^v 9720
FC I 1767 27^v 4593
FC I 1767 31^v 9948
FC I 1767 32^r 5848
FC I 1767 32^v 687 7658
FC I 1767 33^r 1812
FC I 1767 33^v 776 1198
FC I 1767 34^r 6361
FC I 1767 34^v 9846
FC I 1767 35^v 10216
FC I 1767 36^v 6364
FC I 1767 37^v 552
FC I 1767 40^r 278
FC I 1767 45^v 4596
FC I 1767 46^r 7323
FC I 1767 48^r 6427
FC I 1767 50^r 2511
FC I 1767 50^v 6835
FC I 1767 51^v 5801
FC I 1767 52^v 3497 4208 10292
FC I 1767 53^r 6334
FC I 1767 54^r 2506 4435
FC I 1767 60^v 10314
FC I 1767 63^v 8550
FC I 1767 65^v 7718
FC I 1767 67^v 2393
FC I 1767 68^v 1742
FC I 1767 71^r 5228
FC I 1767 73^r 6487
FC I 1767 74^r 2328 6380
FC I 1767 74^v 3320
FC I 1767 76^r 2806
FC I 1767 77^v 1394 1611
FC I 1767 78^r 2933
FC I 1767 80^r 3914
FC I 1767 80^v 9565
FC I 1767 83^v 4961
FC I 1767 84^r 193 2489
FC I 1767 84^v 7835
FC I 1767 85^r 4127
FC I 1767 85^v 5188
FC I 1767 87^v 5350
FC I 1767 88^v 1455
FC I 1767 89^r 7159
FC I 1767 90^v 4289
FC I 1767 93^r 4645
FC I 1767 93^v 1371
FC I 1767 94^r 4289

FC I 1767 97^v 7629
FC I 1767 99^r 564
FC I 1767 99^v 1873
FC I 1767 118^r 3329
FC I 1767 142^v 7492
FC I 1767 143^r 7156 7492
FC I 1767 169^v 4400
FC I 1767 173^v 8130
FC I 1768 3^r 2650
FC I 1768 4^v 7834
FC I 1768 6^r 4065
FC I 1768 10^r 2945
FC I 1768 21^v 5935
FC I 1768 22^r 543
FC I 1768 25^r 8876
FC I 1768 26^r 10561
FC I 1768 27^v 9720
FC I 1768 29^v 4593
FC I 1768 33^v 9948
FC I 1768 34^r 5848
FC I 1768 34^v 687 7658
FC I 1768 35^r 1812
FC I 1768 35^v 776 1198
FC I 1768 36^r 6361
FC I 1768 36^v 9846
FC I 1768 37^v 10216
FC I 1768 38^v 6364
FC I 1768 39^v 552
FC I 1768 42^r 278
FC I 1768 48^r 7323
FC I 1768 50^r 6427
FC I 1768 50^v 6835
FC I 1768 52^r 2511
FC I 1768 53^v 5801
FC I 1768 54^v 3497 4208 10292
FC I 1768 55^r 6334
FC I 1768 56^r 2506 4435
FC I 1768 57^v 4596
FC I 1768 62^v 10314
FC I 1768 65^v 8550
FC I 1768 67^v 7718
FC I 1768 69^v 2393
FC I 1768 70^v 1742
FC I 1768 73^r 5228
FC I 1768 75^r 6487
FC I 1768 75^v 8130
FC I 1768 76^r 2328 6380
FC I 1768 76^v 3320
FC I 1768 78^r 2806
FC I 1768 79^v 1394 1611

Florenz II.III.256 252^{rss}
1234
Florenz II.III.256 255^{rs} 4529
Florenz II.III.256 256^{rs} 7321
Florenz II.III.256 259^{v} 2448
Florenz II.III.256 260^{r} 2323
Florenz II.III.256 260^{rs}
10170
Florenz II.III.256 261^{r} 7841
Florenz II.III.256 261^{rs} 6381
Florenz II.III.256 261^{v} 7493
Florenz II.III.256 264^{v}
10112
Florenz II.III.256 266^{r} 7406
Florenz II.III.256 268^{vss}
10112
Florenz II.III.256 273^{r}
10170
Florenz II.III.256 279^{vs}
9258
Florenz II.III.256 280^{rs} 1567
Florenz II.III.256 280^{v}
10097
Florenz II.III.256 282^{r} 2346
Florenz II.III.256 282^{v} 2346
Florenz II.III.256 288^{v}
10097
Florenz II.III.256 293^{vs}
10533
Florenz II.III.256 294^{r}
10533
Florenz II.III.256 297^{vs}
10533
Florenz II.III.256 298^{r} 9042
Florenz II.III.256 298^{rs} 3175
8007
Florenz II.III.256 298^{v}
10112
Florenz II.III.256 299^{v} 2346
2551
Florenz II.III.256 300^{r} 224
469 9360
Florenz II.III.256 300^{v} 469
Florenz II.III.256 301^{r} 7815
Florenz II.III.256 301^{vs}
9329
Florenz II.III.256 302^{rs} 106
Florenz II.III.256 306^{rs} 9042
Florenz II.III.256 308^{v} 8535
Florenz II.III.256 313^{v} 5074
Florenz II.III.256 313^{vs}
10112

Florenz II.III.256 314^{v} 469
Florenz II.III.256 315^{rs} 431
Florenz II.III.256 316^{r} 8707
Florenz II.III.256 322^{rs} 7841
Florenz II.III.256 326^{v}
10112
Florenz II.III.256 330^{rs} 762
Florenz II.III.256 330^{vs} 431
Florenz II.III.256 331^{r} 431
Florenz II.III.256 335^{r} 431
Florenz II.III.256 336^{rs} 469
Florenz II.III.256 336^{v} 224
Florenz II.III.256 337^{vs}
8802
Florenz II.III.256 341^{r} 1972
Florenz II.III.256 345^{r} 1972
2448
Florenz II.III.256 347^{r} 1972
Florenz II.III.256 355^{r} 9214
Florenz II.III.256 356^{v} 2916
I 332 1^{r} 1147 5556 8506
I 332 2^{r} 7488
I 332 3^{r} 8510
I 332 6^{r} 7617
I 332 7^{v} 9005
I 332 8^{r} 2513
I 332 8^{v} 1664 5411 8498
I 332 9^{r} 4196
I 332 9^{v} 3652 6446
I 332 10^{r} 1966 6477 8961
I 332 11^{v} 5461
I 332 12^{v} 10057
I 332 13^{v} 4986 10101
I 332 14^{r} 6137
I 332 15^{v} 1067 5064 6099
I 332 17^{v} 322 6199
I 332 19^{v} 7505 9987
I 332 22^{r} 571
I 332 22^{v} 6447 8923
I 332 24^{r} 4188 9987
I 332 25^{r} 2871
I 332 25^{v} 6537
I 332 27^{r} 1187
I 332 29^{r} 997 2521 7384
I 332 31^{v} 1198 3359 6431
I 332 32^{v} 7104 8880 8887
I 332 33^{r} 6879 7691
I 332 35^{v} 997 3257
I 332 36^{v} 687 872 3617
5801 5848 6421
I 332 38^{r} 3057 4618

I 332 42^{v} 824
I 332 43^{r} 2521
I 332 47^{r} 937 4658 7099
8130
I 332 47^{v} 2548
I 332 48^{v} 2926 7777 8130
I 332 51^{r} 760 3405 10397
I 332 51^{v} 10026
I 332 54^{r} 5380 8407 9965
I 332 54^{v} 6673
I 332 55^{r} 6100
I 332 55^{v} 3256
I 332 57^{v} 4325 9184
I 332 58^{v} 6654 8252
I 332 59^{r} 214 5532
I 332 60^{r} 569 2678 5019
6263
I 332 60^{v} 1527 3516 5317
6088
I 332 61^{r} 1527 4035
I 332 61^{v} 3982 6264 10389
I 332 62^{r} 5830
I 332 64^{v} 3665 6657
I 332 65^{v} 5653
I 332 66^{r} 1057 6088
I 332 67^{r} 1849 3417 4127
5188
I 332 67^{v} 3247 3577 8947
I 332 69^{r} 1139 2567 8130
9846
I 332 69^{v} 10348
I 332 71^{v} 3580
I 332 72^{r} 10065
I 332 72^{v} 9785
I 332 73^{r} 8456
I 332 73^{v} 9067
I 332 75^{v} 1527 7772
I 332 76^{r} 9610
I 332 77^{v} 10443
I 332 79^{r} 2372
I 332 80^{r} 3574
I 332 81^{r} 3463
I 332 91^{r} 6834
I 332 93^{v} 2504 2521
I 332 94^{r} 3628 4186
I 332 94^{v} 1401 4981 10563
I 332 96^{r} 4289 4596 9950
I 332 96^{v} 1067 10561
I 332 97^{v} 1937 2471
I 332 98^{v} 9947
I 332 99^{v} 3829 7898

I 332 100^r 5899
I 332 103^r 5093 9976
I 332 105^r 2560
I 332 106^v 8762
I 332 107^v 1639 2689 7523
9355
I 332 108^v 7241
I 332 109^r 9979
I 332 109^v 3801
I 332 113^r 6848 7543 9440
I 332 115^r 32 2964
I 332 121^r 4340
I 332 121^v 5737
I 332 122^r 2055 7749
I 332 123^r 422 734 2366
8422
I 332 123^v 1004 1213 1941
9085 9134 9728
I 332 124^r 2538 3934 9214
I 332 124^v 3155 5496 6096
9810
I 332 125^r 4656 9763
I 332 125^v 3257 3584 8028
9506
I 332 126^r 1856 3652 6011
7375 7968 9261 9574
I 332 126^v 10231
I 332 127^r 276 571 2489
8504 9311
I 332 127^v 1194 4038 7377
I 332 141^r 3153 6994
I 332 142^r 9870
I 332 145^r 844
I 332 145^v 3272
I 332 147^v 4059
I 332 148^r 535 4419
I 332 149^r 8454
I 332 149^v 1874
I 332 152^v 8536
I 332 154^v 2821
I 332 155^v 6286
I 332 157^v 1057
I 332 158^r 1921
I 332 158^v 79
I 332 160^r 4414 4731 4961
6055
I 332 162^r 1874 2440 9825
I 332 163^r 6055
I 332 163^v 107
I 332 165^r 7377
I 332 167^r 2124 6444

I 332 167^v 3143
I 332 169^r 1801 1941
I 332 169^v 760 7696
I 332 170^r 1177 4614
I 332 173^r 2270 7295 7469
7477
I 332 174^r 8375
I 332 174^v 3661 5284
10377
I 332 175^r 6519 7469
I 332 175^v 135 2118 2148
3914 6218 7089 9167
I 332 177^v 3723 4403 8184
10230
I 332 178^r 956 4877
I 332 178^v 7477
I 332 179^r 1374 5524 8425
10232
I 332 179^v 1374 5390 5796
6446
I 332 180^r 1258
I 332 180^v 3294 4660 6286
6606 8292
I 332 182^r 1770 3534 3677
I 332 182^v 2892
I 332 183^v 1708
I 332 184^r 2174 7543
I 332 185^r 1762
I 332 185^v 9232
I 332 190^r 1473 1854
I 332 190^v 1038
I 332 194^v 7391 10542
I 332 196^r 2371
I 332 204^v 564
I 332 205^v 1342
I 332 206^r 564 3961
I 332 206^v 564
I 332 211^v 4266
I 332 212^v 3073
I 332 213^r 4398
I 332 213^v 2393
I 332 214^v 5819 7847
I 332 215^r 9591
I 332 217^v 10278
I 332 218^r 7656
I 332 218^v 5071 6757 7818
I 332 219^r 3537 9948
I 332 222^r 6505
I 332 225^r 2713
I 332 228^r 9016
I 332 237^r 1994 2625

I 332 238^r 1941
I 332 241^r 10104
I 332 241^v 5295
I 332 243^v 6155 6380
I 332 244^r 2719 3497 3729
I 332 245^r 2489 8388
I 332 249^r 9612
I 332 249^v 4463 8157
I 332 250^r 6458
I 332 250^v 7118
I 332 252^r 1035
I 332 252^v 4322 7381
I 332 254^r 3934 4102 5827
I 332 254^v 961
I 332 255^r 5389 10433
I 332 255^v 2599 4648 7154
9919
I 332 257^v 800
I 332 258^v 1202 8590
I 332 259^r 9251
I 332 260^r 7835 9183
I 332 261^r 8701
I 332 262^r 2635 7205 8430
I 332 262^v 1077 2355
I 332 264^r 3150
I 332 265^r 2398 10473
I 332 265^v 8100 8405 8722
I 332 266^r 5767 10311
I 332 267^v 583
I 332 269^v 1544 1891
I 332 270^r 3234 4916 10214
I 332 270^v 262 1049
I 332 271^r 9423
I 332 272^r 8830 9697 9933
I 332 272^v 2789 4045 9826
I 332 273^r 96 109 472 2222
9900 10325 10404
I 332 273^v 5006 5282 8547
9096
I 332 275^r 4435 4956 7516
9356
I 332 275^v 9126
I 332 276^v 1940 10292
I 332 277^r 94 1940
I 332 277^v 8199 9057
I 332 278^v 4777 5045 6364
6788 8302
I 332 279^v 4060 8842
I 332 280^r 2775 5229 6025
6361 6420 6944 7085
8947

I 332 281^v 417
I 332 282^r 1732 2806 2817
  9885
I 332 284^v 605 7541
I 332 287^r 1933 5800 9722
I 332 287^v 5185
I 332 289^r 1549 8131
I 332 291^r 6996 9483
I 332 291^v 4841
I 332 295^v 3014
I 332 296^r 2355 8183
I 332 299^r 371 1360
I 332 299^v 8982 9477 9901
I 332 300^r 4714 5045
I 332 301^r 4590 6035
I 332 303^r 4175
I 332 304^r 1661 2354
I 332 305^r 4940
I 332 308^v 3130 10088
I 332 312^r 6447
I 332 312^v 8374
I 332 313^r 5827
I 332 314^v 9258
I 332 326^r 9182
I 332 327^r 4422
I 332 328^r 3668
I 333 2^r 3182
I 333 3^r 282
I 333 4^r 4361
I 333 5^r 1157 7860
I 333 7^r 282 1044 1425
  2082 6071 8937
I 333 10^v 4780
I 333 11^r 2712
I 333 13^v 6447
I 333 22^r 6061
I 333 24^v 4159
I 333 26^v 185
I 333 27^v 2420
I 333 32^v 4396
I 333 36^v 850 6085 9020
I 333 37^r 2159 5580
I 333 38^v 5287
I 333 39^r 2159
I 333 40^r 3451
I 333 41^r 872 5944
I 333 49^r 7140
I 333 50^v 764 7469
I 333 51^r 2159 3078 6344
  9091
I 333 52^v 7731

I 333 53^v 8520
I 333 58^v 5911 6414
I 333 59^r 3310
I 333 59^v 3907 4549
I 333 60^v 1706 2738
I 333 61^v 2397 6108 7084
  9982
I 333 63^r 13
I 333 66^r 13
I 333 67^r 5197
I 333 71^v 9832
I 333 72^r 8839 8882
I 333 72^v 5936
I 333 74^r 5415
I 333 74^v 3574
I 333 75^r 827
I 333 82^r 8572
I 333 89^r 3026 8944
I 333 92^v 1527 9690
I 333 94^v 10479
I 333 95^r 8464
I 333 96^v 5519 7380 8712
I 333 111^r 800 6755 9720
I 333 116^r 1397 10413
I 333 116^v 5492
I 333 117^r 2533
I 333 120^r 9355
I 333 127^v 5251
I 333 131^r 10091
I 333 132^r 9868
I 333 139^v 7656 10092
I 333 143^r 672 2515 2853
  3162 3334 4571 5897
  8962
I 333 143^v 677 3020 4026
  4549 7740 7836 7968
I 333 144^r 1879 2007 8904
I 333 145^r 1687 4512
I 333 146^v 2491 3132
I 333 147^r 2801 5353 6855
  7850 8409
I 333 164^v 471 474 6055
  8903
I 333 165^r 2373
I 333 165^v 5653
I 333 166^r 3302 3872 6007
  10478
I 333 167^r 4598
I 333 169^r 463 3383 4112
I 333 170^r 9115
I 333 172^v 650 4049

I 333 173^r 1521 7377
I 333 174^r 4548
I 333 178^r 825 2845 3765
  7452
I 333 182^v 133 6056
I 333 184^v 133 791 6964
I 333 186^r 3410 6093 7938
I 333 186^v 3232
I 333 187^r 3720
I 333 192^r 5952
I 333 192^v 3327 8668
I 333 193^r 7836 8742
I 333 193^v 4987 9648
I 333 194^v 131 7511
I 333 196^r 2396 5970
I 333 196^v 7082
I 333 199^r 4209
I 333 200^r 1746
I 333 200^v 4168 7836 8702
I 333 201^r 4894 8400
I 333 201^v 2177 10051
I 333 205^r 10279
I 333 205^v 4550 8361
I 333 210^r 3908 6945 9053
I 333 211^r 6356
I 333 211^v 1632
I 333 214^r 3290
I 333 214^v 6801 10605
I 333 215^v 835 8546 9158
  9552
I 333 220^r 4396 8132
I 333 221^v 4396
I 333 228^r 967
I 333 232^r 8458
I 333 233^r 3083 3726 10067
I 333 233^v 207
I 333 237^v 4598
I 333 238^r 2283
I 333 239^r 7081
I 333 242^r 5904
I 333 247^r 739
I 333 250^r 4562 9357
I 333 250^v 8640
I 333 253^r 2077
I 333 253^v 6671
I 333 255^r 5932 7224
I 333 260^r 3890
I 333 264^r 1960
I 333 268^r 4824
I 333 273^v 413
I 333 274^r 10398

I 333 275^v 10139
I 333 277^v 2670 6712
I 333 278^r 4404
I 333 284^r 5725
I 333 287^v 5634 6710
I 333 288^r 2055
I 333 289^v 6291
I 333 290^v 5263
I 333 291^r 2687
I 333 294^v 6710
I 333 297^v 1930
I 333 300^v 6496
I 333 303^r 7836 10065
I 333 306^v 3364 4415 4763
   5797 8133 8821
I 333 307^r 4218 4223 4549
   6967 8328
I 333 307^v 35 5666 5755
   7303 9299
I 333 308^r 9126
I 333 310^r 5653
I 333 311^v 2941
I 333 315^r 4772 5010 8633
I 333 315^v 6076
I 333 317^r 5414 8197
I 333 317^v 1544
I 333 322^r 434 3997 6252
I 333 328^v 5460 9933
I 333 329^v 6613
I 333 330^r 1749 1783 3227
   5599 5601 9857
I 333 331^r 2260
I 333 336^v 3531
I 333 337^r 538
I 333 337^v 8640 8702 9868
I 333 338^r 1991 7951
I 333 339^r 8133 8640
I 333 341^r 4814
I 333 344^v 10088
I 333 345^r 6671 8808
I 333 345^v 8749
I 333 354^r 6124
I 333 356^r 4518
I 333 358^r 3658 10605
I 333 359^v 5660 7460 8368
I 333 370^r 671 8426
I 334 1^v 7735
I 334 3^r 878 4785
I 334 3^v 1883 1987 6049
   7889 9617 10522
I 334 5^r 620 5918

I 334 5^v 7735
I 334 6^r 4914 9380
I 334 6^v 1424 2685
I 334 7^r 2090
I 334 7^v 6730
I 334 8^r 1140
I 334 9^r 4855 5125 6461
   7910
I 334 9^v 4381 5216
I 334 10^v 1152 1878 7607
I 334 11^r 186
I 334 12^v 529 620 2090
   7206 8076
I 334 13^r 249 1931 2736
   8785 10044
I 334 15^r 4786
I 334 15^v 5474
I 334 16^v 2876
I 334 17^r 2394
I 334 17^v 7928
I 334 18^v 2543
I 334 21^r 764 7856
I 334 23^v 2135 5470 10017
   10454
I 334 24^r 1830
I 334 24^v 6924
I 334 25^v 2896
I 334 26^r 2869
I 334 26^v 6552 8558
I 334 27^r 993 7173
I 334 27^v 4476
I 334 28^r 1772 6080
I 334 28^v 2934 4454
I 334 29^r 7497
I 334 29^v 1360 5291 8014
   8520 10176 10519
I 334 30^r 696 9130
I 334 30^v 1807
I 334 31^v 432 9538
I 334 33^v 3649 10457
I 334 35^r 4366
I 334 36^r 7713
I 334 39^r 1527
I 334 40^v 1235
I 334 41^r 3897
I 334 42^r 9599
I 334 43^r 7650 8727
I 334 43^v 6229
I 334 44^r 2249
I 334 44^v 2974 5197
I 334 45^r 3716

I 334 45^v 3582 3619
I 334 46^r 3035 3600 4796
   9644
I 334 47^r 9174
I 334 48^v 3896
I 334 49^v 3906
I 334 51^r 8665 9991
I 334 51^v 1973 6398
I 334 52^v 1238
I 334 53^r 2679 2926 9418
I 334 53^v 3051 5637
I 334 54^r 1236 1527 10254
I 334 55^r 7482
I 334 56^r 4091
I 334 56^v 2557 7312 8988
   9737
I 334 57^r 9382
I 334 57^v 292 3660
I 334 58^r 1006
I 334 59^r 4405 10625
I 334 60^v 1385 9236 10213
I 334 62^r 1869 10481
I 334 63^r 3443 9684
I 334 63^v 1240 9171
I 334 65^r 2443
I 334 66^r 789 5917
I 334 68^v 7049
I 334 69^r 3994 8754
I 334 69^v 10625
I 334 70^v 7111 7604
I 334 71^r 6080 6673
I 334 71^v 7405
I 334 72^r 3299
I 334 72^v 1327 4915 5430
   6600
I 334 73^r 2851 5625
I 334 76^r 10070
I 334 80^v 6664
I 334 81^v 839 4411
I 334 82^r 2402 2656 3270
   5412
I 334 85^r 1846
I 334 86^r 1846 5670
I 334 91^r 4528
I 334 92^r 9027 10560
I 334 93^r 1147
I 334 93^v 1764 9720
I 334 94^r 2689
I 334 95^v 9343
I 334 97^r 2010 2394
I 334 101^v 9464

I 334 102^r 708
I 334 102^v 4231 7640
I 334 103^r 29 4231 9258
I 334 103^v 9258 10506
I 334 105^r 5222 6021
I 334 105^v 8998
I 334 106^r 5347 8113
I 334 107^r 2434 3241 8205
I 334 108^r 2739 3467 3678
 5652 9812
I 334 108^v 1414 7577
I 334 109^r 2854 3100 4028
 4724 7264
I 334 109^v 717 4664 9013
I 334 110^r 938 2243 2998
 7917 8614
I 334 110^v 4593 9837
I 334 111^r 1329 4747 7222
 7921
I 334 123^r 6795
I 334 123^v 1717
I 334 124^v 1678
I 334 126^v 1414
I 334 128^r 6124
I 334 128^v 134
I 334 129^r 3517
I 334 129^v 736 7185 7252
I 334 132^r 4659 6409
I 334 136^r 2995
I 334 139^r 7730
I 334 140^r 4649
I 334 140^v 889
I 334 143^v 3218
I 334 144^v 10300
I 334 145^v 1705 7479
I 334 146^r 4881 8035 10048
I 334 146^v 7733 8619
I 334 148^r 8204
I 334 148^v 2461 4515 7702
 10218
I 334 149^r 746 5520 10170
I 334 149^v 27 411 1586
 1744 3384 7479 7538
 7990 8482
I 334 150^r 3501 9576 10380
I 334 151^r 256 1211 2218
 7603
I 334 151^v 4821
I 334 152^r 861 2035 3623
I 334 152^v 6932 9204
I 334 154^r 3644

I 334 154^v 9843
I 334 156^r 6001
I 334 156^v 6023
I 334 157^r 4019 4814
I 334 158^r 1999 5370 9733
I 334 158^v 898 1825 4043
 5029 5151 5223
I 334 159^v 10218
I 334 163^v 8445
I 334 164^r 10617
I 334 165^r 3959
I 334 165^v 294
I 334 176^r 5192 8508
I 334 176^v 964
I 334 177^r 1444 3789 4179
I 334 177^v 3842
I 334 181^v 319 4130 8746
I 334 182^r 251
I 334 182^v 2459
I 334 185^r 2713
I 334 185^v 1252
I 334 187^r 8007 10455
I 334 190^v 193
I 334 191^r 2005
I 334 192^v 964
I 334 193^v 2323 6488 9391
I 334 194 5844
I 334 194^v 8998
I 334 195^v 1508 2505
I 334 196^r 3941
I 334 199^r 5313
I 334 201^v 1807 6200 6552
I 334 202^r 667
I 334 203^r 6700
I 334 203^v 5514
I 334 204^r 2464
I 334 207^r 10184
I 334 207^v 5446
I 334 208^v 1505 3732
I 334 209^r 6697 8652
I 334 209^v 7853 10313
I 334 210^v 6047
I 334 211^r 7735 8837
I 334 211^v 7783
I 334 212^r 3708 5673
I 334 212^v 4213 9289
I 334 213^r 426 5701
I 334 213^v 7790
I 334 215^r 426
I 334 215^v 5795 9536
I 334 216^v 4213

I 334 218^r 1118 8938
I 334 218^v 404 3058 4494
I 334 221^r 9935
I 334 221^v 6438
I 334 222^r 6544
I 334 222^v 5874
I 334 223^r 4174
I 334 223^v 1225 1695
I 334 224^v 1953 7814 9707
I 334 225 6373
I 334 225^r 62 1911 2498
 3225 3950 6544
I 334 225^v 3194 5613 8395
 10388
I 334 227^r 4119
I 334 227^v 5417 6449
 10379
I 334 228^r 9932
I 334 228^v 3582 3735 4854
I 334 229^v 986 7352 7995
I 334 230^r 9433
I 334 231^r 2969 5748 10622
I 334 231^v 3452 7075
I 334 232^r 695 2866 10152
I 334 232^v 3198
I 334 233^v 2886
I 334 234^v 7985 8074
 10480
I 334 235^r 2837 9935
I 334 236^v 9933
I 334 238^r 2880 5604 6038
I 334 239^r 2494
I 334 240^r 7100 8969 10359
I 334 245^v 8064
I 334 247^v 7371
I 334 250^r 6811 7018
I 334 250^v 10605
I 334 251^r 1967
I 334 251^v 10607
I 334 252^r 8135
I 334 252^v 372
I 334 254^r 3130
I 334 254^v 5808
I 334 255^r 10267
I 334 258^v 2845
I 334 259^r 2876
I 334 259^v 10605
I 334 261^r 1074 1209 5206
I 334 261^v 8717
I 334 262^v 2485
I 334 270^r 2117

I 334 270^v 1400
I 334 271^r 5581
I 335 2^r 7550
I 335 2^v 6165
I 335 4^r 6645
I 335 5^v 9256
I 335 6^v 8360
I 335 7^r 10523
I 335 8^r 334 8134
I 335 9^v 4094
I 335 10^v 10043
I 335 11^v 5382
I 335 12^r 1091
I 335 14^r 5976
I 335 19^r 4703
I 335 19^v 5668 9153
I 335 20^r 1031
I 335 20^v 9343
I 335 21^r 9708
I 335 22^v 497 3535
I 335 23^r 2843
I 335 23^v 8460
I 335 24^r 2703
I 335 26^r 3102 9462
I 335 28^r 687 713
I 335 32^r 2472
I 335 33^v 6468
I 335 34^r 6224
I 335 34^v 5621 7909
I 335 36^v 5683
I 335 37^r 2709 6186 9763
    9863
I 335 38^r 3897 3968 6063
    9904
I 335 38^v 6419
I 335 39^r 7530
I 335 39^v 270 3228 5491
I 335 41^r 6194 6327
I 335 41^v 3748
I 335 42^r 2831
I 335 42^v 5732
I 335 43^r 4388 4856
I 335 45^r 5614
I 335 46^r 3748 4091 7334
I 335 46^v 484
I 335 50^v 8464
I 335 52^r 3748 7604
I 335 53^r 8205 9978
I 335 53^v 2552 3702 5378
    7031 10475
I 335 54^r 5522

I 335 60^v 4631
I 335 63^v 2074
I 335 66^r 2000
I 335 66^v 4477
I 335 67^r 119 10546
I 335 68^r 4395
I 335 72^r 8735 9359 9366
I 335 76^r 4969 8298
I 335 79^v 6266
I 335 81^r 6980
I 335 81^v 2563 7140 9625
    10247
I 335 82^r 575 582 690 1879
    2855 4892 7043 7666
    10070
I 335 82^v 1564 7577
I 335 83^r 3913
I 335 83^v 1026 6469 6527
    9812
I 335 84^r 7368
I 335 91^v 5758
I 335 92^v 1982 2115 4649
I 335 93^r 1982
I 335 96^r 4659
I 335 97^r 1024
I 335 98^r 7054
I 335 100^v 5305
I 335 103^r 4649
I 335 103^v 5339
I 335 104^r 339 8183
I 335 105^r 2586 6102
I 335 105^v 5369
I 335 106^v 8234
I 335 107^v 988 1493 3306
    3606
I 335 108^r 2509 5587 8248
I 335 108^v 1013 6743
I 335 109^r 1698
I 335 109^v 4691
I 335 110^v 1133 1829 9193
I 335 111^r 5223
I 335 111^v 3339 7296
I 335 112^r 9576
I 335 113^r 1977 4702 5547
I 335 114^v 6979
I 335 115^r 10259
I 335 116^r 4216
I 335 117^r 5471 10287
I 335 117^v 1093 3686 4998
    5524 8169 9828
I 335 122^v 10070

I 335 128^r 4013 6359
I 335 128^v 4042
I 335 132^r 2725
I 335 132^v 9041
I 335 133^r 3828
I 335 134^r 714
I 335 134^v 9380
I 335 135^r 5819 6378
I 335 135^v 10546
I 335 136^r 8042
I 335 137^v 628
I 335 140^v 10099
I 335 141^r 9041
I 335 141^v 4830
I 335 142^r 7611
I 335 142^v 10546
I 335 143^r 8938
I 335 145^v 8501
I 335 149^r 6593
I 335 151^v 1463
I 335 154^r 6639
I 335 156^r 361 6640
I 335 156^v 10245
I 335 157^r 9402
I 335 158^r 7296
I 335 163^r 1126 6418
I 335 165^v 4669
I 335 165^v 7985
I 335 167^r 1739 2954
I 335 167^v 2226
I 335 168^v 6576
I 335 169^r 563 1807 4848
    5856
I 335 169^v 1739 7522 9424
I 335 170^r 2247 3948
I 335 170^v 1739 5833 7054
I 335 171^r 1786
I 335 172^v 7054
I 335 173^r 4711 5776
I 335 173^v 479 2796 4190
I 335 177^r 6068
I 335 183^v 8113
I 335 184^v 1834 8315 8441
I 335 185^r 2826
I 335 187^v 3295 3368
I 335 188^r 8864
I 335 190^r 4403
I 335 192^r 4738 8849 9845
I 335 192^v 9399
I 335 196^r 5581 8291
IE 487 1^r 5538

IE 487 1^v 522
IE 487 2^r 5777
IE 487 2^v 1271
IE 487 3^r 2222
IE 487 7^r 4658
IE 487 8^r 1035
IE 487 9^v 6673 7384
IE 487 11^v 4996
IE 487 13^v 7303
IE 487 15^r 2398
IE 487 16^r 7834
IE 487 19^r 4280
IE 487 20^r 1547
IE 487 22^r 8705
IE 487 22^v 1664
IE 487 24^v 6935
IE 487 26^v 132 4186
IE 487 29^r 10311
IE 487 30^v 6037
IE 487 33^r 8407
IE 487 33^v 7777
IE 487 35^v 1673 2521 2625
IE 487 39^r 3641 7656
IE 487 40^r 3155
IE 487 40^v 392 9980
IE 487 42^r 3934
IE 487 47^r 3304
IE 487 48^r 1857
IE 487 49^v 2560
IE 487 51^r 5801
IE 487 51^v 4011
IE 487 52^v 3801
IE 487 53^r 3563 5496
IE 487 53^v 2995
IE 487 56^v 10377
IE 487 59^r 132
IE 487 60^r 10462
IE 487 63^r 5819
IE 487 65^r 25
IE 487 65^v 8923
IE 487 70^v 173 9832
IE 487 72^r 1742
IE 487 80^r 577 6100
IE 487 83^v 414 6037
IE 487 84^r 569
IE 487 85^r 1437
IE 487 89^v 3415 5788
IE 487 91^v 5282
IE 487 92^r 6264
IE 487 92^v 4164
IE 487 94^r 4376

IE 487 94^v 3719 6028
IE 487 99^v 9832
IE 487 100^r 3329 9247
IE 487 103^v 960
IE 487 108^r 7156
IE 487 158^r 3329
IE 487 158^v 4178
IE 487 175^v 9832
IE 488 2^v 8812
IE 488 4^r 6461
IE 488 7^r 3472
IE 488 9^r 1675
IE 488 16^r 9851
IE 488 16^v 9947
IE 488 22^v 10306
IE 488 24^v 1683
IE 488 25^v 5606
IE 488 26^r 1077 6016
IE 488 30^r 9397
IE 488 32^r 1194
IE 488 33^r 1729 7898
IE 488 36^r 1729
IE 488 43^v 7099 9440
IE 488 45^r 2573
IE 488 46^r 10232
IE 488 47^v 6367
IE 488 50^r 9261
IE 488 54^v 4466
IE 488 55^v 5606
IE 488 57^r 5813 7551
IE 488 57^v 5813 9867
IE 488 62^r 5570
IE 488 63^v 4340 9258
IE 488 64^r 9987
IE 488 65^v 221 605
IE 488 66^r 4223
IE 488 66^v 8923
IE 488 70^r 3150
IE 488 75^r 1762
IE 488 75^v 1762
IE 488 78^v 3670 6655
IE 488 80^v 4024
IE 488 82^v 3610
IE 488 85^v 2055
IE 488 87^r 9720
IE 488 89^r 4289
IE 488 90^r 9796
IE 488 92^v 10214
IE 488 100^v 671 7125
IE 488 105^v 5786
IE 488 114^v 10492

IE 488 122^r 1628
IE 488 135^r 640
IE 488 150^v 10492
IE 488 155^r 766
IE 488 174^r 1628
IE 489 3^v 8812
IE 489 4^r 6461
IE 489 7^r 3472
IE 489 9^r 1675
IE 489 16^r 9851
IE 489 16^v 9947
IE 489 22^v 10306
IE 489 24^v 1683
IE 489 25^v 5606
IE 489 26^v 1077 6016
IE 489 30^v 9397
IE 489 32^v 1194
IE 489 33^v 1729 7898
IE 489 36^r 1729
IE 489 43^v 7099 9440
IE 489 45^v 2573
IE 489 46^v 10232
IE 489 47^v 6367
IE 489 50^v 9261
IE 489 54^v 4466
IE 489 55^v 5606
IE 489 57^v 5813 7551
IE 489 57^v 5813 9867
IE 489 62^r 5570
IE 489 63^v 4340 9258
IE 489 64^r 9987
IE 489 65^v 221 605
IE 489 66^r 4223
IE 489 66^v 8923
IE 489 70^r 3150
IE 489 75^r 1762
IE 489 75^v 1762
IE 489 78^v 3670 6655
IE 489 80^v 4024
IE 489 82^v 3610
IE 489 85^v 2055
IE 489 87^r 9720
IE 489 89^r 4289
IE 489 90^r 9796
IE 489 92^v 10214
IE 489 100^v 671 7125
IE 489 105^v 5786
IE 489 114^v 10492
IE 489 122^r 1628
IE 489 135^r 640
IE 489 150^v 10492

IE 489 155^r 766
IE 489 174^r 1628
IE 490 3^r 2396
IE 490 4^v 4171
IE 490 6^r 2738
IE 490 7^v 800 936
IE 490 9^r 576
IE 490 10^v 9299
IE 490 12^r 8547
IE 490 13^v 1287 6362
IE 490 17^v 7407
IE 490 18^r 1865
IE 490 19^r 131
IE 490 22^r 9427
IE 490 24^r 5227 6325
IE 490 26^r 9427
IE 490 27^v 5010
IE 490 28^v 4049
IE 490 29^v 7159
IE 490 30^v 9658
IE 490 31^r 4962
IE 490 32^r 9427
IE 490 32^v 4396
IE 490 35^v 8790
IE 490 39^r 677
IE 490 39^v 7968
IE 490 42^r 3720
IE 490 42^v 10209
IE 490 43^v 8278
IE 490 44^r 9720
IE 490 45^v 3843
IE 490 46^v 7084
IE 490 47^r 463 3023
IE 490 49^v 9427
IE 490 53^r 8820
IE 490 53^v 4168
IE 490 54^v 7500 8426
IE 490 56^r 255
IE 490 57^v 2467
IE 490 65^r 3232
IE 490 65^v 282
IE 490 68^r 2159 7082
IE 490 71^r 3451
IE 490 72^r 2620 2670
IE 490 73^r 8359
IE 490 82^v 4563
IE 490 106^r 7492
IE 490 111^v 223 7493
IE 490 133^v 7269
IE 490 135^r 223
IE 491 4^v 7407

IE 491 5^r 1865
IE 491 6^r 131
IE 491 8^v 223
IE 491 9^r 9427
IE 491 11^r 5227 6325
IE 491 13^r 9427
IE 491 14^v 5010
IE 491 15^v 4049
IE 491 16^v 7159
IE 491 17^v 9658
IE 491 18^r 4962
IE 491 19^r 9427
IE 491 19^v 4396
IE 491 22^v 8790
IE 491 26^r 677
IE 491 26^v 7968
IE 491 29^r 3720
IE 491 29^v 10209
IE 491 30^v 8278
IE 491 31^r 9720
IE 491 32^v 3843
IE 491 33^v 3023 7084
IE 491 34^r 463
IE 491 36^v 9427
IE 491 40^r 8820
IE 491 40^v 4168
IE 491 41^v 7500 8426
IE 491 43^r 255
IE 491 44^v 2467
IE 491 52^r 3232
IE 491 52^v 282
IE 491 55^r 2159 7082
IE 491 58^r 3451
IE 491 59^r 2620 2670
IE 491 60^r 8359
IE 491 69^v 4563
IE 491 93^r 7492
IE 491 98^v 7493
IE 491 120^v 7269
IE 491 122^r 223
IE 492 4^v 10493
IE 492 5^v 8808
IE 492 6^r 1865 7820 10221
IE 492 6^v 8381
IE 492 8^r 625 7637
IE 492 10^r 4628
IE 492 10^v 4628
IE 492 13^r 1746 9427
IE 492 13^v 9633
IE 492 14^r 887 5178
IE 492 14^v 5282

IE 492 15^v 1382
IE 492 16^v 9587
IE 492 17^v 1850
IE 492 18^r 9388
IE 492 19^v 8597 8980
IE 492 21^v 6712
IE 492 24^r 6510
IE 492 27^v 5936
IE 492 32^r 2612
IE 492 35^r 1801
IE 492 36^v 800 2995
IE 492 37^v 6103
IE 492 40^r 4096
IE 492 42^v 6755
IE 492 43^v 1484
IE 492 45^r 6167
IE 492 48^r 5570
IE 492 48^v 7552
IE 492 51^r 8944
IE 492 52^r 10391
IE 492 53^v 2853
IE 492 57^r 8183
IE 492 57^v 2351
IE 492 67^v 3151
IE 492 68^v 5081
IE 492 72^r 133
IE 492 74^r 1083
IE 492 76^v 3026
IE 492 78^v 8270
IE 492 79^r 8133
IE 492 79^v 8133
IE 492 90^v 8572
IE 492 96^v 8467
IE 492 99^v 1521
IE 492 106^r 917
IE 492 110^v 7022
IE 492 112^r 527 7505
IE 492 121^r 1982
IE 492 123^v 3028 7705
IE 492 125^v 2752
IE 492 136^r 6091
IE 492 136^v 9709
IE 492 140^r 151 10307
IE 492 142^r 7740
IE 492 143^r 1469
IE 492 144^r 5496 8063
IE 492 144^v 8718
IE 492 147^v 7353
IE 492 154^v 4498
IE 492 178^r 223
IE 492 210^r 9901

IE 492 223^v 9901
IE 493 1^r 4378 5660
IE 493 5^r 3542
IE 493 5^v 2584 3030 3232
IE 493 6^v 10484
IE 493 8^r 1770 5740
IE 493 8^v 6991 10285
IE 493 13^r 7552
IE 493 16^v 7798
IE 493 21^r 2361
IE 493 22^r 222
IE 493 23^r 4415 10064
IE 493 27^v 3151
IE 493 30^r 4568
IE 493 31^r 7752 9127
IE 493 31^v 7752
IE 493 33^r 9939
IE 493 33^v 5534
IE 493 36^v 8908
IE 493 44^v 2024
IE 493 46^v 2860
IE 493 47^v 5660
IE 493 51^v 5171
IE 493 52^r 7501
IE 493 56^r 1201
IE 493 58^v 835
IE 493 61^r 6797
IE 493 63^v 1245 4846
  10455
IE 493 65^v 5904
IE 493 69^r 716
IE 493 69^v 4307 8773
IE 493 72^r 1257
IE 493 74^r 5430
IE 493 76^r 9552
IE 493 83^r 2983
IE 493 85^v 8012
IE 493 87^r 2919
IE 493 92^v 9690
IE 493 93^r 7664
IE 493 97^v 2252
IE 493 104^v 9343
IE 493 111^r 7836
IE 493 111^v 3726 10067
IE 493 115^r 8 4842
IE 493 115^v 2620 10451
IE 493 116^v 6791 9437
IE 493 134^r 443
IE 494 5^r 4378 5660
IE 494 9^v 2584 3030 3232
IE 494 10^v 10484

IE 494 12^r 1770 5740
IE 494 12^v 6991 10285
IE 494 17^r 7552
IE 494 20^v 7798
IE 494 25^r 2361
IE 494 26^r 222
IE 494 27^r 4415 10064
IE 494 31^r 3151
IE 494 33^v 4271
IE 494 34^r 4568
IE 494 35^r 7752 9127
IE 494 35^v 7752
IE 494 37^r 9939
IE 494 37^v 5534
IE 494 40^v 8908
IE 494 50^r 2860
IE 494 51^v 5660
IE 494 55^v 5171
IE 494 56^r 7501
IE 494 60^r 1201
IE 494 62^v 835
IE 494 65^v 6797
IE 494 67^v 4846 10455
IE 494 73^r 716
IE 494 73^v 4307 8773
IE 494 76^r 1257
IE 494 78^r 5430
IE 494 80^r 9552
IE 494 87^r 2983
IE 494 89^v 8012
IE 494 91^r 2919
IE 494 96^v 9690
IE 494 97^r 7664
IE 494 101^v 2252
IE 494 108^v 9343
IE 494 115^r 7836
IE 494 115^v 3726 10067
IE 494 119^r 8 4842
IE 494 119^v 2620 10451
IE 494 120^v 6791 9437
IE 494 191^r 443
IE 495 5^r 1866 7820
IE 495 6^r 6724
IE 495 7^v 2867 5360
IE 495 8^v 63
IE 495 10^v 133 5286
IE 495 11^r 2892
IE 495 11^v 9040
IE 495 12^r 9613
IE 495 17^r 3721 10526
IE 495 19^r 5407

IE 495 19^v 9273
IE 495 23^r 7131
IE 495 23^v 8846
IE 495 25^r 1912
IE 495 29^v 3772
IE 495 30^r 2865
IE 495 31^v 4554
IE 495 38^r 8281
IE 495 41^r 9388
IE 495 45^r 5037
IE 495 45^v 5344 6991
IE 495 47^v 1626 3721
IE 495 54^v 6283
IE 495 64^v 10169
IE 495 65^v 10019
IE 495 67^r 4379
IE 495 69^r 4842
IE 495 69^v 5748
IE 495 70^v 10074
IE 495 75^v 3610
IE 495 76^v 3312 3849
IE 495 77^v 3984 6093
IE 495 83^v 7895
IE 495 84^v 2548
IE 495 92^r 6801
IE 495 92^v 319 6801 7937
IE 495 93^r 1393 4038 6312
IE 495 94^r 10119
IE 495 94^v 1194
IE 495 96^v 7583
IE 495 97^v 10093
IE 495 99^r 131
IE 495 109^r 5637
IE 495 116^r 9411
IE 495 117^r 1376
IE 495 120^r 8010
IE 495 121^r 3722
IE 495 125^v 43
IE 495 127^r 4409
IE 495 135^r 10466
IE 495 135^v 1986
IE 495 136^r 1937
IE 495 137^v 3221
IE 495 142^r 9554
IE 495 143^r 3451
IE 495 144^r 6124
IE 495 145^v 4835
IE 495 146^r 5423
IE 495 149^r 2926
IE 495 149^v 2482
IE 495 150^r 9937

IE 495 154^v 7882
IE 495 155^r 3650
IE 495 157^v 8768
IE 495 159^r 6132
IE 495 184^v 7144
IE 495 202^v 1626
IE 495 254^r 3451
IE 495 256^v 502
IE 496 9^r 1866 7820
IE 496 10^r 6724
IE 496 11^v 2867 5360
IE 496 12^v 63
IE 496 14^v 133 5286
IE 496 15^r 2892
IE 496 15^v 9040
IE 496 16^r 9613
IE 496 21^r 3721 10526
IE 496 23^r 5407
IE 496 23^v 9273
IE 496 27^r 7131
IE 496 27^v 8846
IE 496 29^r 1912
IE 496 33^v 3772
IE 496 34^v 2865
IE 496 35^v 4554
IE 496 42^r 8281
IE 496 45^r 9388
IE 496 49^r 5037
IE 496 49^v 5344 6991
IE 496 51^v 1626 3721
IE 496 58^v 6283
IE 496 68^v 10169
IE 496 69^v 10019
IE 496 71^r 4379
IE 496 73^r 4842
IE 496 73^v 5748
IE 496 74^v 10074
IE 496 79^r 3610
IE 496 80^r 3312 3849
IE 496 81^r 3984 6093
IE 496 87^v 7895
IE 496 88^v 2548
IE 496 96^r 6801
IE 496 96^v 319 6801 7937
IE 496 97^r 1393 4038 6312
IE 496 98^r 10119
IE 496 98^v 1194
IE 496 100^v 7583
IE 496 101^v 10093
IE 496 103^r 131
IE 496 113^r 5637

IE 496 120^r 9411
IE 496 121^r 1376
IE 496 124^r 8010
IE 496 125^r 3722
IE 496 129^v 43
IE 496 131^r 4409
IE 496 139^r 10466
IE 496 139^v 1986
IE 496 140^r 1937
IE 496 141^v 3221
IE 496 146^r 9554
IE 496 147^r 3451
IE 496 148^r 6124
IE 496 149^r 4835
IE 496 150^r 5423
IE 496 153^r 2926
IE 496 153^r 2482
IE 496 154^r 9937
IE 496 158^r 7882
IE 496 159^r 3650
IE 496 161^v 8768
IE 496 163^r 6132
IE 496 200^v 7144
IE 496 218^v 1626
IE 496 270^r 3451
IE 496 272^v 502
IE 497 8^r 1866 7820
IE 497 9^r 6724
IE 497 10^v 2867 5360
IE 497 11^v 63
IE 497 13^v 133 5286
IE 497 14^r 2892
IE 497 14^v 9040
IE 497 15^r 9613
IE 497 20^r 3721 10526
IE 497 22^r 5407
IE 497 22^v 9273
IE 497 26^r 7131
IE 497 26^v 8846
IE 497 28^r 1912
IE 497 32^v 3772
IE 497 33^v 2865
IE 497 34^v 4554
IE 497 41^r 8281
IE 497 44^r 9388
IE 497 48^r 5037
IE 497 48^v 5344 6991
IE 497 50^v 1626 3721
IE 497 57^v 6283
IE 497 66^v 10169
IE 497 68^v 10019

IE 497 70^r 4379
IE 497 72^r 4842
IE 497 72^v 5748
IE 497 73^v 10074
IE 497 78^r 3610
IE 497 79^r 3312 3849
IE 497 80^r 3984 6093
IE 497 86^v 7895
IE 497 87^v 2548
IE 497 95^r 6801
IE 497 95^v 319 6801 7937
IE 497 96^r 1393 4038 6312
IE 497 97^r 10119
IE 497 97^v 1194
IE 497 99^v 7583
IE 497 100^v 10093
IE 497 102^r 131
IE 497 112^r 5637
IE 497 118^r 9411
IE 497 119^r 1376
IE 497 123^r 8010
IE 497 124^r 3722
IE 497 128^v 43
IE 497 130^r 4409
IE 497 138^r 10466
IE 497 138^v 1986
IE 497 139^r 1937
IE 497 140^v 3221
IE 497 145^r 9554
IE 497 146^r 3451
IE 497 147^r 6124
IE 497 148^v 4835
IE 497 149^r 5423
IE 497 152^r 2926
IE 497 152^v 2482
IE 497 153^r 9937
IE 497 157^v 7882
IE 497 158^r 3650
IE 497 160^v 8768
IE 497 162^r 6132
IE 497 201^v 7144
IE 497 219^v 1626
IE 497 271^r 3451
IE 497 273^v 502
IE 498 2^r 10094
IE 498 6^r 9347
IE 498 8^v 2079 10094
IE 498 9^r 6109
IE 498 10^r 10094
IE 498 10^v 1867 7820
IE 498 11^r 273

IE 498 17^r 1845
IE 498 17^v 1626
IE 498 18^r 7553
IE 498 18^v 7553 8393
IE 498 22^r 4847
IE 498 25^r 44
IE 498 25^v 128
IE 498 26^v 1242
IE 498 27^r 286
IE 498 29^v 9811
IE 498 33^r 1452
IE 498 35^r 7244
IE 498 35^v 1184
IE 498 39^r 3191 9469
IE 498 40^v 5535
IE 498 42^r 6914
IE 498 43^r 10524
IE 498 48^r 259
IE 498 56^v 7173
IE 498 57^r 2621
IE 498 59^r 8449
IE 498 63^v 5248 7950
IE 498 66^v 2316
IE 498 68^v 8309 9811
IE 498 69^v 2034
IE 498 70^r 1030 1330 4964
IE 498 70^v 3566 3574 4939
  6935
IE 498 71^r 917
IE 498 72^v 128
IE 498 80^r 486 10486
IE 498 86^r 3476
IE 498 102^r 423
IE 498 104^r 3051
IE 498 104^v 7400 9137
IE 498 107^r 3788
IE 498 111^v 8344
IE 498 114^r 9526
IE 498 117^v 1627
IE 498 118^r 10069
IE 498 120^r 685
IE 498 121^v 9587
IE 498 131^v 5798
IE 498 132^v 1784 8352
IE 498 135^v 6547
IE 498 136^v 1784
IE 498 138^r 6659
IE 498 139^r 5535
IE 498 153^r 1626
IE 498 173^v 7072
IE 498 189^r 9326

IE 498 196^r 1030
IE 498 218^v 2079 3174
IE 498 221^r 468
IE 498 223^r 982
IE 499 7^r 10094
IE 499 11^r 9347
IE 499 13^v 2079 10094
IE 499 14^r 6109
IE 499 15^r 10094
IE 499 15^r 1867 7820
IE 499 16^r 273
IE 499 22^r 1845
IE 499 22^v 1626
IE 499 23^r 7553
IE 499 23^r 7553 8393
IE 499 27^r 4847
IE 499 30^r 44
IE 499 30^v 128
IE 499 31^v 1242
IE 499 32^r 286
IE 499 34^v 9811
IE 499 38^r 1452
IE 499 40^r 7244
IE 499 40^r 1184
IE 499 44^r 3191 9469
IE 499 45^v 5535
IE 499 47^r 6914
IE 499 48^r 10524
IE 499 53^r 259
IE 499 61^v 7173
IE 499 62^r 2621
IE 499 64^r 8449
IE 499 68^v 5248 7950
IE 499 71^v 2316
IE 499 73^v 2034 8309 9811
IE 499 75^r 1030 1330 4964
IE 499 75^v 3566 3574 4939
  6935
IE 499 76^r 917
IE 499 77^v 128
IE 499 85^r 486 10486
IE 499 91^r 3476
IE 499 107^r 423
IE 499 109^r 3051
IE 499 109^v 7400 9137
IE 499 112^r 3788
IE 499 116^v 8344
IE 499 120^r 9526
IE 499 123^v 1627
IE 499 124^r 10069
IE 499 126^r 685

IE 499 127^v 9587
IE 499 137^v 5798
IE 499 138^v 1784 8352
IE 499 141^v 6547
IE 499 142^v 1784
IE 499 144^r 6659
IE 499 145^r 5535
IE 499 169^r 1626
IE 499 190^v 7072
IE 499 206^r 9326
IE 499 213^r 1030
IE 500 3^v 468
IE 500 5^v 9300
IE 500 8^v 7125
IE 500 14^r 1191
IE 500 14^v 10413
IE 500 15^r 1867 7820
IE 500 15^v 5075
IE 500 17^r 2079 2433
IE 500 18^r 7444 7930
IE 500 19^v 1874
IE 500 20^v 5535
IE 500 30^r 6509
IE 500 34^v 468
IE 501 4^v 468
IE 501 6^v 9300
IE 501 9^v 7125
IE 501 15^r 1191
IE 501 15^v 10413
IE 501 16^r 1867 7820
IE 501 16^v 5075
IE 501 18^r 2079 2433
IE 501 19^r 7444 7930
IE 501 20^v 1874
IE 501 21^v 5535
IE 501 31^r 6509
IE 501 35^v 468
IE 502 4^r 6860
IE 502 9^r 5523
IE 502 12^v 10162
IE 502 15^v 4968
IE 502 16^r 932
IE 502 16^v 932
IE 502 18^r 1626
IE 502 19^r 4280 6786
IE 502 23^v 51
IE 502 24^r 8404
IE 502 24^v 7110
IE 502 25^r 3162 3896 8535
IE 502 25^v 3896
IE 502 26^r 10263

IE 502 28^r 3771

IE 502 29^r 10455 10521

IE 502 30^r 10180

IE 502 32^v 10451

IE 502 34^v 8001

IE 502 36^r 1192

IE 502 36^v 8515

IE 502 41^v 8665

IE 502 51^r 3632

IE 502 51^v 10376

IE 502 52^r 5762

IE 502 52^v 3143 3632

IE 502 53^r 5848

IE 502 55^r 190

IE 502 57^r 9544

IE 502 58^v 2048

IE 502 61^v 1424

IE 502 63^v 10425

IE 502 67^r 1505

IE 502 67^v 528

IE 502 69^v 3550

IE 502 73^v 4847 6850

IE 502 74^r 10388

IE 502 74^v 5009 9952

IE 502 75^v 10096

IE 502 76^v 2941

IE 502 78^r 10590

IE 502 78^v 8550

IE 502 79^v 7840

IE 502 80^v 1331 3600

IE 502 81^v 6547

IE 502 82^r 9587

IE 502 84^v 7990

IE 502 85^r 4785

IE 502 86^r 9955

IE 502 86^v 4848

IE 502 89^r 10379

IE 502 90^r 2515 4512

IE 502 94^r 7854

IE 502 94^v 1118 10150

IE 502 97^r 3143

IE 502 106^r 7854

IE 502 106^r 7854

IE 502 107^r 3265

IE 502 107^v 7283

IE 502 108^r 1788

IE 502 109^r 10480

IE 502 109^v 10170

IE 502 116^r 7738

IE 502 118^r 839 9947

IE 502 118^v 6921

IE 502 123^{bisr} 4814

IE 502 123^{bisv} 7174

IE 502 123^v 10286

IE 502 124^v 6212

IE 502 125^v 2685

IE 502 126^v 9762

IE 502 127^r 5613

IE 502 176^r 528

IE 502 183^r 7990

IE 502 189^v 2438

IE 502 199^v 9947

IE 502 210^v 2275

IE 503 4^r 6860

IE 503 9^r 5523

IE 503 12^v 10162

IE 503 15^v 4968

IE 503 16^r 932

IE 503 16^v 932

IE 503 18^r 1626

IE 503 19^r 4280 6786

IE 503 23^v 51

IE 503 24 8404

IE 503 24^v 7110

IE 503 25^r 3162 3896 8535

IE 503 25^v 3896

IE 503 26^r 10263

IE 503 28^r 3771

IE 503 29^r 10455 10521

IE 503 30^r 10180

IE 503 32^v 10451

IE 503 34^v 8001

IE 503 36^r 1192

IE 503 36^v 8515

IE 503 41^v 8665

IE 503 51^r 3632

IE 503 51^v 10376

IE 503 52^r 5762

IE 503 52^v 3143 3632

IE 503 53^r 5848

IE 503 55^r 190

IE 503 57^r 9544

IE 503 58^v 2048

IE 503 61^v 1424

IE 503 63^v 10425

IE 503 67^r 1505

IE 503 67^v 528

IE 503 69^v 3550

IE 503 73^v 4847 6850

IE 503 74^r 10388

IE 503 74^v 5009 9952

IE 503 75^v 10096

IE 503 76^v 2941

IE 503 78^r 10590

IE 503 78^v 8550

IE 503 79^v 7840

IE 503 80^v 1331 3600

IE 503 81^v 6547

IE 503 82^r 9587

IE 503 84^v 7990

IE 503 85^r 4785

IE 503 86^r 9955

IE 503 86^v 4848

IE 503 89^r 10379

IE 503 90^r 2515 4512

IE 503 94^r 7854

IE 503 94^v 1118 10150

IE 503 97^r 3143

IE 503 106^r 7854

IE 503 106^v 7854

IE 503 107^r 3265

IE 503 107^v 7283

IE 503 108^r 1788

IE 503 109^r 10480

IE 503 109^r 10170

IE 503 116^r 7738

IE 503 118^r 839 9947

IE 503 118^v 6921

IE 503 123^v 10286

IE 503 124^r 4814

IE 503 124^v 7174

IE 503 125^v 6212

IE 503 126^v 2685

IE 503 127^v 9762

IE 503 128^v 5613

IE 503 177^r 528

IE 503 184^r 7990

IE 503 190^v 2438

IE 503 200^r 9947

IE 503 211^v 2275

IE 505 6^r 7470

IE 505 9^v 782

IE 505 10^v 6706

IE 505 11^v 520 4225

IE 505 14^v 4862

IE 505 16^v 6503

IE 505 19^r 700 8324

IE 505 21^v 3306

IE 505 22^r 3671

IE 505 23^v 9335

IE 505 24^r 10523

IE 505 26^r 372 9258

IE 505 26^v 8822

IE 505 27^r 1443
IE 505 27^v 1443
IE 505 29^v 8065
IE 505 30^r 5538
IE 505 32^v 4067
IE 505 35^v 9628
IE 505 36^r 251
IE 505 40^r 5921
IE 505 41^r 10480
IE 505 42^r 581
IE 505 43^v 516
IE 505 47^v 2660
IE 505 49^v 3111 6251
IE 505 50^r 9199
IE 505 50^v 8000
IE 505 52^r 3538 6515
IE 505 53^r 2109
IE 505 53^v 7840
IE 505 56^r 3686
IE 505 57^v 1586
IE 505 58^r 2663
IE 505 59^v 4959
IE 505 61^r 5848
IE 505 62^r 5181
IE 505 62^v 1609
IE 505 63^r 7054
IE 505 64^r 5794
IE 505 66^v 3100
IE 505 67^r 2590 9312
IE 505 71^v 2273 7841
IE 505 72^v 7187
IE 505 73^r 1869 7820
IE 505 78^r 1784 8522
IE 505 80^r 5607
IE 505 84^r 9117
IE 505 86^v 5340
IE 505 87^r 2511 3825
IE 505 89^r 10309
IE 505 91^r 9587
IE 505 92^v 6081
IE 505 93^v 1385 4170 9139
IE 505 96^v 2988
IE 505 98^r 803
IE 505 99^v 3089
IE 505 100^r 10212
IE 505 101^r 2470
IE 505 101^v 3631 3722
   9239
IE 505 103^r 3517 10075
IE 505 104^v 9812
IE 505 105^r 5794

IE 505 106^r 7049
IE 505 201^r 1628
IE 505 201^v 8929
IE 506 6^r 5474 8949
IE 506 7^r 9071 10070
IE 506 9^v 3692
IE 506 10^r 7820 9031
IE 506 11^r 6700
IE 506 11^v 7498
IE 506 12^r 2402
IE 506 16^r 10481
IE 506 18^r 8750
IE 506 20^r 10097
IE 506 22^v 2093 2443
IE 506 23^v 619 7078
IE 506 24^r 619
IE 506 25^v 9929
IE 506 31^r 3956
IE 506 33^r 2441
IE 506 33^v 7039
IE 506 39^r 294
IE 506 43^r 5440
IE 506 44^r 10519
IE 506 45^v 2470
IE 506 50^v 2115 7075
IE 506 53^r 5745
IE 506 55^v 9355 10486
IE 506 57^v 10252
IE 506 59^v 4167
IE 506 64^r 1304
IE 506 67^v 29 1824
IE 506 70^v 2110
IE 506 73^r 5913
IE 506 73^v 1683
IE 506 74^r 3583
IE 506 78^r 1400
IE 506 78^v 2762
IE 506 79^v 7100
IE 506 80^v 4814
IE 506 81^r 4814
IE 506 81^v 2600 5453 8717
   10090
IE 506 82^r 9457
IE 506 85^r 2010
IE 506 86^r 2511
IE 506 86^v 6638
IE 506 88^r 2010 5347
IE 506 88^v 667 4794 6783
IE 506 89^v 5745
IE 506 90^v 2485
IE 506 94^r 1327

IE 506 94^v 1833
IE 506 95^r 3299
IE 506 96^v 700 2551 10330
IE 506 97^r 1054 10098
IE 506 98^v 8864
IE 506 99^v 2110
IE 506 100^r 1445
IE 506 101^v 5670 7547
IE 506 105^r 2543 10075
IE 506 106^r 9630
IE 506 106^v 9066
IE 506 109^r 8959
IE 506 111^v 9966
IE 506 115^r 2125
IE 506 118^v 2448
IE 506 120^v 2954
IE 506 122^v 3051
IE 506 130^r 4669
IE 506 130^v 10098
IE 506 132^r 294
IE 506 132^v 4993
IE 506 134^r 804
IE 506 135^r 6082
IE 506 136^r 10609
IE 506 136^v 5652
IE 506 138^r 3606
IE 506 140^v 9066
IE 506 141^r 741
IE 506 143^r 9863
IE 506 145^v 9631
IE 506 205^r 1628
IE 506 248^v 10330
IE 506 249^r 10082 10330
IE 506 251^r 8226
IE 506 273^v 761
IE 506 276^v 8205
IE 507 6^r 5474 8949
IE 507 7^r 9071 10070
IE 507 9^v 3692
IE 507 10^r 7820 9031
IE 507 11^r 6700
IE 507 11^v 7498
IE 507 12^r 2402
IE 507 16^r 10481
IE 507 18^r 8750
IE 507 20^r 10097
IE 507 22^v 2093 2443
IE 507 23^v 619 7078
IE 507 24^r 619
IE 507 25^v 9929
IE 507 31^r 3956

IE 507 33^r 2441	IE 507 130^v 10098	IE 508 67^v 700 3794
IE 507 33^v 7039	IE 507 132^r 294	IE 508 68^r 5683 10247
IE 507 39^r 294	IE 507 132^v 4993	IE 508 68^v 1871
IE 507 43^r 5440	IE 507 134^r 804	IE 508 69^r 7211
IE 507 44^r 10519	IE 507 135^r 6082	IE 508 70^r 4190 4225
IE 507 45^v 2470	IE 507 136^r 10609	IE 508 70^v 10075
IE 507 50^v 2115 7075	IE 507 136^v 5652	IE 508 73^r 6576
IE 507 53^r 5745	IE 507 138^r 3606	IE 508 78^r 8832
IE 507 55^v 9355 10486	IE 507 140^v 9066	IE 508 81^v 8864 9149
IE 507 57^v 10252	IE 507 141^r 741	IE 508 82^r 2681 8525
IE 507 59^v 4167	IE 507 143^r 9863	IE 508 83^r 1489
IE 507 64^r 1304	IE 507 145^v 9631	IE 508 85^v 4899
IE 507 67^v 29	IE 507 217^r 1628	IE 508 88^v 9997
IE 507 70^v 2110	IE 507 260^v 10330	IE 508 89^r 1879
IE 507 73^r 5913	IE 507 261^r 10082 10330	IE 508 93^r 3183 4168
IE 507 73^v 1683	IE 507 263^r 8226	IE 508 98^r 4473
IE 507 74^r 3583	IE 507 285^v 761	IE 508 108^r 9795
IE 507 76^v 1824	IE 507 288^r 8205	IE 508 110^r 489 1874
IE 507 78^r 1400	IE 508 3^r 6234	IE 508 111^r 8555
IE 507 78^v 2762	IE 508 4^r 10053	IE 508 112^v 2855 3913
IE 507 79^v 7100	IE 508 9^r 713	IE 508 116^v 2835 6195
IE 507 80^v 4814	IE 508 11^r 774	IE 508 117^r 53 7294
IE 507 81^r 4814	IE 508 11^v 9587	IE 508 117^v 497
IE 507 81^v 2600 5453 8717	IE 508 13^v 10098	IE 508 118^r 9631 9832
10090	IE 508 14^r 8315	IE 508 121^v 3314
IE 507 82^r 9457	IE 508 15^v 8521	IE 508 122^v 4725
IE 507 85^r 2010	IE 508 16^r 2470	IE 508 125^v 10075
IE 507 86^r 2511	IE 508 19^r 1946	IE 508 126^r 1403
IE 507 86^v 6638	IE 508 20^r 2960	IE 508 127^r 2796
IE 507 88^r 2010 5347	IE 508 20^v 8998	IE 508 149^v 761
IE 507 88^v 667 4794 6783	IE 508 21^r 1130	IE 508 153^v 10112
IE 507 89^v 5745	IE 508 21^v 709	IE 508 156^r 761
IE 507 90^v 2485	IE 508 24^r 1871	IE 508 159^v 2111
IE 507 94^r 1327	IE 508 25^r 6938	IE 508 167^v 431
IE 507 94^v 1833	IE 508 26^r 6938	IE 508 168^v 242
IE 507 95^r 3299	IE 508 27^r 1118 1530 7400	IE 508 172^r 730
IE 507 96^v 700 2551 10330	IE 508 34^r 1241	IE 508 179^r 4400
IE 507 97^r 1054 10098	IE 508 34^v 1894	IE 508 254^v 2662
IE 507 98^v 8864	IE 508 37^r 5881	IE 509 2^r 6234
IE 507 99^v 2110	IE 508 44^v 44 613	IE 509 3^r 10053
IE 507 100^r 1445	IE 508 46^r 6515 7789	IE 509 8^r 713
IE 507 101^v 5670 7547	10625	IE 509 10^r 774
IE 507 105^r 2543 10075	IE 508 48^v 3054 7767	IE 509 10^v 9587
IE 507 106^r 9630	IE 508 52^v 10546	IE 509 12^v 10098
IE 507 106^r 9066	IE 508 53^v 1026	IE 509 13^r 8315
IE 507 111^v 9966	IE 508 59^r 6194 6881	IE 509 14^v 8521
IE 507 115^r 2125	IE 508 60^v 6341	IE 509 15^r 2470
IE 507 118^v 2448	IE 508 61^r 2226	IE 509 18^r 1946
IE 507 120^v 2954	IE 508 63^r 7605	IE 509 19^r 2960
IE 507 122^v 3051	IE 508 63^v 2709	IE 509 19^v 8998
IE 507 130^r 4669	IE 508 66^v 4593	IE 509 20^r 1130

IE 509 20^v 709
IE 509 23^r 1871
IE 509 24^r 6938
IE 509 25^r 6938
IE 509 26^r 1118 1530 7400
IE 509 33^r 1241
IE 509 33^v 1894
IE 509 36^v 5881
IE 509 43^v 44 613
IE 509 45^r 6515 7789 10625
IE 509 47^v 3054 7767
IE 509 51^v 10546
IE 509 52^v 1026
IE 509 58^r 6194 6881
IE 509 59^v 6341
IE 509 60^r 2226
IE 509 62^r 7605
IE 509 62^v 2709
IE 509 65^v 4593
IE 509 66^v 700 3794
IE 509 67^r 5683 10247
IE 509 67^v 1871
IE 509 68^r 7211
IE 509 69^r 4190 4225
IE 509 69^v 10075
IE 509 72^r 6576
IE 509 77^r 8832
IE 509 80^v 8864 9149
IE 509 81^r 2681 8525
IE 509 82^r 1489
IE 509 84^v 4899
IE 509 87^v 9997
IE 509 88^r 1879
IE 509 92^r 3183 4168
IE 509 97^r 4473
IE 509 107^r 9795
IE 509 109^r 489 1874
IE 509 110^r 8555
IE 509 111^v 2855 3913
IE 509 115^v 2835 6195
IE 509 116^r 53 7294
IE 509 116^v 497
IE 509 117^r 9631 9832
IE 509 120^v 3314
IE 509 121^v 4725
IE 509 124^v 10075
IE 509 125^r 1403
IE 509 126^r 2796
IE 509 158^v 761
IE 509 162^v 10112

IE 509 165^r 761
IE 509 168^r 2111
IE 509 176^v 431
IE 509 177^v 242
IE 509 181^r 730
IE 509 188^r 4400
IE 509 263^v 2662
IE 510 3^r 8804
IE 510 4^v 3987
IE 510 5^v 10099
IE 510 6^r 10337
IE 510 7^r 9957
IE 510 7^v 4017
IE 510 10^r 5105
IE 510 11^v 6801 9928
IE 510 16^r 10509
IE 510 21^r 3672
IE 510 27^v 2728
IE 510 28^v 7001
IE 510 32^r 8843
IE 510 34^r 4871
IE 510 37^v 3270 7913
IE 510 38^r 2825 2847 9458
IE 510 41^r 10099
IE 510 45^v 3446 4691 10304
IE 510 46^v 1871
IE 510 47^r 4700
IE 510 49^r 2091 2435
IE 510 55^r 4721 8345
IE 510 118^r 8804
IE 510 119^v 3987
IE 510 120^v 10099
IE 510 121^r 10337
IE 510 122^r 9957
IE 510 122^v 4017
IE 510 125^r 5105
IE 510 126^v 6801 9928
IE 510 131^r 10509
IE 510 142^v 2728
IE 510 143^v 7001
IE 510 147^r 8843
IE 510 149^r 4871
IE 510 152^v 7913
IE 510 153^r 2825 2847 9458
IE 510 156^r 10099
IE 510 160^v 3446 4691 10304
IE 510 161^v 1871
IE 510 162^r 4700

IE 510 164^r 2091 2435
IE 510 170^r 4721 8345
Instr. Misc. 3921 2356
Instr. Misc. 5409 27^{vss} 788
Instr. Misc. 7305 2356
L 713 6^{vss} 9186
L 713 15^r–16^v 1664
L 713 18^{rss} 1943
L 713 26^{vss} 4996
L 713 32^{rss} 734
L 713 44^{rss} 1994
L 713 46^v–48^r 6264
L 713 56^r–57^v 7735
L 713 61^{vss} 18
L 713 62^v–64^r 1226
L 713 74^r–75^v 5136
L 713 112^r–114^r 6446
L 713 116^{vss} 2995
L 713 121^v–123^r 8868
L 713 127^{rss} 858
L 713 131^{rss} 1879
L 713 135^v–137^r 5801
L 713 155^{rss} 4915
L 713 161^r–162^v 392
L 713 166^{rss} 4011
L 713 167^v–169^r 3801
L 713 179^r–181^r 577
L 713 181^v–183^r 6446
L 713 187^{rs} 6264
L 713 192^{vss} 6446
L 713 219^{rs} 10462
L 713 222^{rss} 1922
L 713 223^v–225^v 8828
L 713 229^{rss} 1321
L 713 252^r–253^v 1857
L 713 258^{rss} 8923
L 713 269^r–271^r 9832
L 713 314^v–316^r 6037
L 713 316^v–319^r 6037
L 714 10^{rss} 3563
L 714 120^{vss} 271
L 714 178^r–179^v 4437
L 714 235^{rs} 1122
L 714 261^{vs} 10365
L 715 14^{rss} 214
L 715 19^v–21^r 10401
L 715 27^{rss} 471
L 715 31^{rss} 10314
L 715 32^{rs} 5204
L 715 38^{vss} 2526
L 715 39^{vss} 7637

L 721 61^v–63^r 7591	L 722 420^{vss} 9203	L 725 39^v–41^r 3544
L 721 73^{rs} 3029	L 722 436^v–438^r 4614	L 725 49^{rss} 3553
L 721 74^r–76^r 2695	L 722 440^r–441^v 8533	L 725 63^{rss} 7244
L 721 85^{vs} 5665	L 722 441^v–443^r 1049	L 725 74^v–76^r 1748
L 721 91^{rs} 4592	L 722 448^{vs} 1852	L 725 102^r–103^v 3719
L 721 104^{vss} 9108	L 722 451^{rs} 3516	L 725 117^{rs} 5558
L 721 117^{rs} 2164	L 723 5^{rs} 373	L 725 128^{rs} 5558
L 721 121^{rss} 5541	L 723 18^r 2862	L 725 129^{rs} 1303
L 721 126^{rs} 2727	L 723 34^{rss} 7336	L 725 131^{rs} 8825
L 721 143^v–145^v 485	L 723 82^v–84^r 1193	L 725 134^v–136^r 1996
L 721 148^{vss} 1620	L 723 111^r 7598	L 725 140^{rss} 4026
L 721 163^v–166^r 3363	L 723 111^v 9202	L 725 142^{vs} 5784
L 721 176^v–178^v 2055	L 723 134^{vss} 2269	L 725 157^r–158^v 5209
L 721 210^v–212^v 3226	L 723 181^{vss} 788	L 725 161^{vs} 3854
L 721 229^{vss} 2191	L 723 208^{rss} 2267	L 725 173^{rss} 5570
L 721 260^{vs} 4438	L 723 224^{rs} 8649	L 725 175^r–176^v 109
L 721 280^v–282^r 8714	L 723 270^v 8913	L 725 188^{vss} 13
L 721 286^{rss} 6494	L 723 348^{rs} 9818	L 725 193^r–194^v 8198
L 721 302^r 2941	L 724 8^{vs} 3377	L 725 205^{rss} 204
L 722 8^{rss} 2817	L 724 35^r–37^r 2609	L 725 218^r–219^v 757
L 722 9^{vss} 8714	L 724 46^v–48^r 2988	L 725 236^{rs} 610
L 722 13^v–15^r 3236	L 724 49^{vss} 7566	L 725 238^{rss} 7250
L 722 18^{vss} 8198	L 724 55^{rss} 5124	L 725 240^{rss} 516
L 722 19^v–21^v 2315	L 724 79^{rss} 3938	L 725 244^v–246^r 957
L 722 23^{vs} 4934	L 724 96^{rs} 3024	L 725 246^{rss} 7705
L 722 24^{vss} 5284	L 724 105^{rss} 6931	L 725 310^{rs} 3042
L 722 58^{rs} 4566	L 724 111^{rs} 5957	L 726 4^{rs} 8110
L 722 66^{vss} 6220	L 724 115^{vs} 4104	L 726 17^{rss} 5069
L 722 92^r–94^r 687	L 724 125^{rs} 4072	L 726 29^{vs} 2554
L 722 111^{vs} 8130	L 724 127^{vss} 9815	L 726 32^{rs} 8654
L 722 113^{vss} 10420	L 724 140^r–141^v 4546	L 726 35^{vs} 7795
L 722 121^{vs} 105	L 724 192^{vss} 8866	L 726 49^r–50^v 7130
L 722 136^v–138^v 2506	L 724 199^{rs} 2355	L 726 54^r–55^v 7323
L 722 144^v–146^r 3948	L 724 205^{vs} 6804	L 726 85^v–87^r 9488
L 722 158^{rs} 7051	L 724 206^{vs} 6055	L 726 89^{rss} 669
L 722 162^{rs} 7180	L 724 218^r–219^v 957	L 726 90^{vs} 3505
L 722 232^r 3153	L 724 230^{rss} 4547	L 726 95^{rs} 5916
L 722 238^{vs} 5045	L 724 236^r–238^r 5958	L 726 118^r–119^v 3855
L 722 239^{rss} 5045	L 724 244^{vs} 8683	L 726 188^{rss} 7303
L 722 240^v 4325	L 724 246^{vs} 9635	L 726 198^{vs} 2853
L 722 242^v 212	L 724 251^r 8640	L 726 205^{rs} 5108
L 722 249^{rs} 8550	L 724 258^{rs} 5217	L 726 225^{vss} 79 3472
L 722 263^{rs} 9416	L 724 261^{rss} 7303	L 726 236^{rss} 4289
L 722 264^{vss} 8194	L 724 268^{vs} 9668	L 726 238^{vss} 1371
L 722 267^r–269^r 4961	L 724 275^{vs} 8821	L 726 270^{vss} 377
L 722 285^r 10135	L 724 295^{rs} 1378	L 726 282^{rss} 8547
L 722 321^v–323^r 569	L 724 302^{vs} 368	L 726 298^{rss} 5848
L 722 351^{rs} 3998	L 724 303^{rs} 10487	L 726 299^{rss} 9720
L 722 382^{vss} 10172	L 724 313^{vs} 4373	L 726 302^{vss} 9882
L 722 383^{vs} 175	L 725 32^v–34^r 10133	L 726 315^r 7655
L 722 412^{vss} 1479	L 725 34^{vss} 5647	L 726 326^r–327^v 6000

L 726 330^{rss} 1510
L 726 341^{vs} 2355
L 726 351^v–353^v 2372
L 726 358^{rs} 6016
L 726 359^{rss} 6446
L 726 367^v 4933
L 727 1^{rss} 3747
L 727 11^{vss} 7084
L 727 26^{rs} 4065
L 727 29^{rss} 5874
L 727 37^r–38^v 5891
L 727 47^{rss} 8536
L 727 66^{rss} 8392
L 727 72^r–73^v 5891
L 727 87^{rs} 5436
L 727 104^{rs} 13
L 727 111^r–113^r 2254
L 727 134^v 7492
L 727 187^{rs} 4792
L 727 190^v 9156
L 727 199^r 9399
L 727 211^{rss} 10176
L 727 226^{rs} 9620
L 727 229^{rs} 9342
L 727 230^r–231^v 9615
L 727 244^{rss} 7136
L 727 248^{rss} 9902
L 728 1^r–2^v 1873
L 728 31^{vss} 8299
L 728 56^{rss} 9828
L 728 83^v–85^r 1841
L 728 96^{rss} 1892
L 728 106^{rs} 6613
L 728 111^{vss} 3320
L 728 131^{vs} 4937
L 728 132^{vss} 8187
L 728 133^{vss} 2608
L 728 136^r–137^v 9562
L 728 144^{rss} 2817
L 728 157^{vs} 9067
L 728 171^{rss} 7968
L 728 187^{vs} 8429
L 728 214^{vss} 4128
L 728 231^{rss} 9701
L 728 237^{rs} 381
L 728 257^{rs} 4937
L 728 274^{rss} 152
L 728 275^{rss} 336
L 728 287^{rs} 6088
L 728 289^r–290^v 8198
L 728 303^{rss} 2137

L 728 314^{rs} 79
L 728 322^r–323^v 1224
L 728 324^{rss} 7159
L 728 326^v–328^r 8607
L 728 334^{vss} 8578
L 728 361^{rss} 4363
L 728 362^{vss} 9796
L 728 372^{rss} 5544
L 728 373^{rss} 4172
L 729 15^{rs} 8649
L 729 28^r–29^v 7343
L 729 50^v 9853
L 729 52^{rs} 1041
L 729 52^{vss} 7582
L 729 54^{vs} 5282
L 729 76^r–77^v 4290
L 729 85^{rss} 9401
L 729 87^{rs} 9878
L 729 112^{vs} 5436
L 729 129^{vs} 5524
L 729 130^{vs} 2025
L 729 141^{vss} 3847
L 729 155^v–157^v 624
L 729 166^{vss} 4705
L 729 169^{rss} 5890
L 729 190^v–192^r 9186
L 729 198^{rss} 5570
L 729 201^{rss} 4749
L 729 215^{rs} 571
L 729 219^{rss} 8247
L 729 220^{vs} 5257
L 729 223^{vss} 5283
L 729 233^{rs} 5988
L 729 237^{rss} 860
L 729 239^{rs} 3218
L 729 272^{vss} 3743
L 729 274^r–275^v 10478
L 729 289^{vss} 4102
L 729 310^{vss} 1675
L 729 317^{rss} 8857
L 729 318^{vs} 9342
L 730 13^{rss} 185
L 730 33^v–35^v 1611
L 730 37^{rss} 8973
L 730 52^{rs} 819
L 730 75^r–76^v 1455
L 730 77^r–78^v 14
L 730 80^{rss} 8683
L 730 102^r–104^r 1394
L 730 110^{vss} 4175
L 730 122^{rss} 2511

L 730 125^{rss} 9000
L 730 130^v–132^r 2328
L 730 144^r–145^v 2892
L 730 145^v–147^r 4546
L 730 147^v–149^r 5630
L 730 150^v–152^v 776 1198
L 730 158^{vss} 6719
L 730 167^{vss} 5929
L 730 184^{rss} 8876
L 730 186^r–187^v 1198
L 730 187^{vss} 3232
L 730 194^v–196^r 3232
L 730 207^{rss} 4733
L 730 262^{vs} 193
L 730 263^{rs} 193
L 730 263^v 193
L 730 278^r–279^v 3472
L 730 279^{vs} 3472
L 730 282^{rs} 1057
L 730 283^r 1057
L 730 326^r–327^v 4645
L 730 349^v–351^v 543
L 730 351^{vs} 543
L 731 2^{rs} 6759
L 731 4^{rss} 7405
L 731 5^{rss} 2330
L 731 14^{vss} 9175
L 731 21^{rss} 5837
L 731 22^{vss} 3780
L 731 24^{rss} 5340
L 731 37^v 3847
L 731 68^{vss} 2372
L 731 70^{rs} 7885
L 731 80^{rss} 2892
L 731 86^{vs} 9163
L 731 87^{vss} 624
L 731 94^{vss} 1310
L 731 113^{vss} 624
L 731 114^v–116^r 5761
L 731 121^r–122^v 6213
L 731 140^{rss} 9397
L 731 145^v–147^r 7181
L 731 150^v–152^r 6388
L 731 153^v–155^v 8701
L 731 165^{rs} 4722
L 731 195^{rss} 3302
L 731 214^v–216^v 3363
L 731 241^{rss} 5827
L 731 246^v 1468
L 731 265^{rs} 9368
L 731 305^v–307^r 4701

L 731 313^{vss} 3807
L 731 316^{rss} 4421
L 731 319^{rss} 5557
L 731 325^v–327^r 4483
L 731 334^{vs} 8068
L 732 13^{vss} 4024
L 732 94^{vs} 6697
L 732 113^{rs} 9946
L 732 120^{vs} 4021
L 732 144^{rs} 4289
L 732 157^{vss} 5705
L 732 158^v–160^r 4234
L 732 177^{rs} 3954
L 732 194^{rs} 3173
L 732 207^{rs} 2930
L 732 216^{rss} 1962
L 732 253^v–255^r 661
L 732 262^{rs} 1151
L 732 276^v–278^r 3312
L 732 283^r–284^v 9342
L 732 285^{rs} 6016
L 732 293^{rs} 1468
L 732 294^{rs} 2215
L 732 302^r–303^v 4003
L 732 303^v–305^r 9605
L 732 307^{vs} 3341
L 733 11^{rss} 3145
L 733 19^{vss} 9868
L 733 22^{vs} 6476
L 733 23^{vss} 6525
L 733 29^{rs} 388
L 733 30^r–32^r 8786
L 733 46^{vs} 10493
L 733 88^{rss} 10210
L 733 101^{vs} 6934
L 733 114^{vss} 3982
L 733 139^{rss} 4289
L 733 153^{rss} 2593
L 733 157^{vs} 748
L 733 163^{vss} 6233
L 733 170^{rss} 8530
L 733 171^{vss} 4546
L 733 179^{vs} 4421
L 733 199^r–200^v 7152
L 733 207^{rss} 857
L 733 208^{vs} 3581
L 733 219^{vs} 7447
L 733 221^{vs} 4961
L 733 237^r–238^v 6830
L 733 243^r–244^v 7982
L 733 246^{rss} 4466

L 733 247^{vss} 9126
L 733 264^{rs} 513
L 733 266^{vss} 9389
L 733 278^{rs} 9870
L 733 300^{vss} 2733
L 733 309^{rs} 553
L 733 310^{rs} 7317
L 733 329^{vss} 7740
L 734 27^{rs} 8446
L 734 30^r–32^r 3346
L 734 32^v–34^r 5594
L 734 44^{rs} 7081
L 734 61^{rss} 4171
L 734 68^{rs} 5508
L 734 69^{rss} 9775
L 734 70^v–72^r 8536
L 734 99^{rs} 9002
L 734 105^{vs} 8050
L 734 110^r–111^v 10549
L 734 113^{vss} 9668
L 734 115^r–117^r 1544
L 734 119^r–120^v 4274
L 734 130^r–131^v 3209 6090
L 734 155^v–157^r 6328
L 734 164^{rss} 4567
L 734 165^{vss} 2941
L 734 190^{rss} 5489
L 734 196^{rs} 4444
L 734 197^r–198^v 1673
L 734 221^v 4223
L 734 231^{rss} 6614
L 734 239^v–241^r 8578
L 734 249^r–250^v 2684
L 734 256^v–258^r 8780
L 734 294^{vss} 4966
L 734 305^{rs} 4181
L 734 327^{rs} 260
L 734 328^{rs} 1874
L 734 343^r 8099
L 735 25^r–26^v 9479
L 735 34^{rs} 9867
L 735 46^{rss} 9878
L 735 83^{rs} 3375
L 735 120^{rs} 10065
L 735 156^{vss} 8183
L 735 159^{rss} 3459
L 735 164^{rs} 1252
L 735 166^{vs} 1088
L 735 170^{vs} 1303
L 735 173^{vss} 3756
L 735 187^{vs} 10478

L 735 191^{rs} 6602
L 735 192^{rs} 6606
L 735 197^{vs} 3720
L 735 205^{rs} 1387
L 735 215^{rs} 151
L 735 222^{rs} 848
L 735 232^{vs} 2689
L 735 253^{vs} 2055
L 735 256^v–258^r 4379
L 735 275^{rs} 2612
L 735 279^{rs} 7847
L 735 280^{rs} 2120
L 735 283^r–284^v 7291
L 735 284^{vs} 4512
L 735 286^r 9438
L 735 286^{vs} 2250
L 735 295^{vs} 1198
L 735 302^v 7050
L 735 303^{vs} 2892
L 735 307^v 5819
L 735 308^v 10455
L 735 309^v 5359
L 735 319^{rs} 1083
L 735 321^{rs} 3426
L 735 337^{vss} 10413
L 735 346^{rs} 7798
L 735 349^{rs} 8767
L 735 350^{rs} 10413
L 735 363^{rs} 10285
L 735 364^{rs} 734
L 735 366^r–367^v 6618
L 735 367^{vs} 2789
L 735 369^{vss} 5636
L 735 375^{vss} 5213
L 736 4^{rss} 1683
L 736 10^{rss} 6016
L 736 11^r–12^v 8131
L 736 13^{rss} 1506
L 736 20^r–22^r 5089
L 736 23^v–25^r 9720
L 736 40^v–42^v 9417
L 736 56^{rss} 9952
L 736 73^r–74^v 7544
L 736 128^{rss} 1658
L 736 137^{rs} 9971
L 736 196^{rs} 605
L 736 221^r 1762
L 736 304^{rss} 8449
L 737 4^{rss} 2372
L 737 7^{vss} 8701
L 737 10^r–11^v 8701

L 737 24^{rss} 1691
L 737 50^r–51^v 5964
L 737 51^v 7303
L 737 53^{rss} 8150
L 737 66^{vss} 8136
L 737 77^r–78^v 3199
L 737 100^r–101^v 6655
L 737 106^{rs} 958
L 737 130^{rss} 5057
L 737 133^v–135^r 4961
L 737 135^r–136^v 2933
L 737 141^r–143^r 4763
L 737 146^v–148^r 3011
L 737 155^v–157^v 8799
L 737 162^r–164^r 5862
L 737 188^{rss} 5202
L 737 210^{vss} 571
L 737 215^{rs} 1028
L 737 245^{vss} 7127
L 737 267^r–268^v 699
L 737 289^{rss} 4354
L 738 42^r–43^v 8132
L 738 56^{vss} 3929
L 738 97^{rss} 8278
L 738 99^{rss} 1884
L 738 135^{rss} 7796
L 738 137^{vss} 35
L 738 155^{vs} 137
L 738 173^r–174^v 1028
L 738 204^r–205^v 7630
L 738 218^{rss} 4290
L 738 229^{rss} 7617
L 738 277^v 7866
L 738 279^v 4287
L 738 281^r 1464
L 738 287^v 8552
L 738 288^v 4132
L 738 289^r 4132
L 738 289^v 4989 6827 7858
L 738 291^r 1365
L 738 293^v 1175
L 738 300^r 1538
L 738 307^r 6852
L 739 6^{vss} 4731
L 739 9^{vss} 9457
L 739 11^{rs} 7145
L 739 20^{vs} 8368
L 739 55^{vs} 9155
L 739 62^{rs} 6913
L 739 78^{rs} 10144
L 739 100^v–102^r 1185

L 739 132^{rs} 3667
L 739 135^{vs} 4885
L 739 145^v–147^r 8138
L 739 158^{rs} 1603
L 739 159^{rs} 10121
L 739 164^{rss} 6325
L 739 168^{vss} 222
L 739 202^v–204^r 3156
L 739 220^v–222^r 3581
L 739 227^r–228^v 3681
L 739 245^{vss} 1421
L 739 248^{rss} 403
L 739 263^{rs} 5568
L 739 273^{rss} 6108
L 739 275^{rss} 7303
L 739 279^v–281^r 9321
L 739 281^{vss} 4576
L 739 292^{rss} 6108
L 739 298^{rss} 474
L 739 312^{vs} 152
L 739 313^r–314^v 5805
L 740 9^r–10^v 4561
L 740 12^{vs} 6345
L 740 14^{rs} 9767
L 740 25^v–27^r 8426
L 740 66^{rss} 8263
L 740 67^r–69^r 6916
L 740 69^r–70^v 3772
L 740 79^{vs} 7094
L 740 80^{rss} 3979
L 740 89^v–91^r 6994
L 740 98^{rss} 9299
L 740 119^{rss} 2080
L 740 170^{rs} 5890
L 740 174^v–176^v 10279
L 740 182^{rs} 9078
L 740 221^{vs} 5375
L 740 230^{vs} 5042
L 740 256^{rss} 4566
L 740 291^r–292^v 968
L 740 297^{rss} 8335
L 741 2^{vss} 3068
L 741 16^{rss} 8136
L 741 17^{vss} 8613
L 741 33^{rss} 8820
L 741 45^{vss} 5178
L 741 163^{vss} 7500
L 741 169^{vss} 504
L 741 170^{vss} 3153
L 741 182^{vss} 8257
L 741 185^{rss} 6049

L 741 202^{rs} 8852
L 741 207^{vss} 6103
L 741 224^r–226^r 2853
L 741 238^{vss} 3747
L 741 242^{vss} 465
L 741 268^r–269^v 4344
L 742 7^{rs} 3581
L 742 19^{rss} 2789
L 742 29^{rss} 9627
L 742 31^v–33^r 5684
L 742 46^{vss} 8359
L 742 57^{rss} 1850
L 742 76^{rss} 2467
L 742 78^r–79^v 1912
L 742 107^{vss} 1950
L 742 110^{rs} 9
L 742 111^{rss} 10209
L 742 113^v–115^r 5694
L 742 124^{rss} 2359
L 742 125^{vss} 2912
L 742 133^r–134^v 8142
L 742 146^{rs} 5426
L 742 167^r–169^r 7417
L 742 180^{vss} 6072
L 742 196^{vss} 1535
L 742 203^{vss} 6075
L 742 204^v–206^r 9576
L 743 5^{vs} 9484
L 743 18^{rss} 5375
L 743 38^{vss} 8683
L 743 82^{rss} 5835
L 743 86^v–88^v 10453
L 743 100^v–102^r 525
L 743 101^{rs} 5226
L 743 112^{vss} 6976
L 743 140^{rss} 571
L 743 142^v–144^r 3162
L 743 165^{rss} 10
L 743 169^{rss} 10610
L 743 174^{rs} 3869
L 743 179^r–181^r 3492
L 743 218^{vss} 8171
L 743 246^r–247^v 337
L 743 262^{rs} 4538
L 743 292^{rss} 957
L 744 4^{rss} 268
L 744 14^r–15^v 133
L 744 30^r–31^v 9534
L 744 56^{vss} 3699
L 744 64^{rs} 1831
L 744 116^{rss} 979

L 744 124^{vs} 10607
L 744 167^{rss} 1235
L 744 172^{rs} 7139
L 744 175^{vss} 6510
L 744 181^{rs} 614
L 744 200^{rs} 10236
L 744 213^{rss} 1842
L 744 261^{r}–262^{v} 9658
L 744 269^{vss} 2253
L 745 16^{rs} 132
L 745 22^{rss} 1753
L 745 33^{rs} 8202
L 745 57^{v}–59^{v} 3595
L 745 76^{r}–77^{v} 3074
L 745 77^{vs} 1730
L 745 81^{v} 7391
L 745 82^{rss} 5888
L 745 87^{vs} 5253
L 745 139^{r} 800
L 745 144^{rss} 3319
L 745 148^{rss} 8132
L 745 168^{rss} 9935
L 745 196^{v}–198^{v} 1739
L 745 231^{vss} 6255
L 745 241^{rs} 8937
L 745 246^{r} 2511
L 745 251^{rss} 4527
L 745 255^{r} 10580
L 745 256^{r}–258^{r} 9668
L 745 265^{rs} 6315
L 746 52^{vss} 9862
L 746 65^{rs} 2905
L 746 69^{rs} 3865
L 746 96^{rs} 6544
L 746 99^{v}–101^{r} 7826
L 746 217^{vss} 10031
L 747 14^{rs} 8597
L 747 16^{rss} 8597
L 747 94^{vss} 8518
L 747 98^{v}–100^{r} 9810
L 747 119^{rss} 3410
L 747 125^{rss} 5916
L 747 126^{r}–127^{v} 2373
L 747 127^{vss} 3701
L 747 128^{v}–130^{r} 9427
L 747 130^{r}–131^{v} 2429
L 747 131^{vs} 5753
L 747 151^{r}–152^{v} 6633
L 747 178^{rss} 2365
L 747 222^{rs} 4512
L 747 225^{rss} 2689

L 747 231^{vs} 834
L 747 241^{v}–243^{r} 1981
L 747 266^{vs} 7125
L 747 270^{rss} 4628
L 747 290^{rs} 5234
L 748 30^{rs} 3276
L 748 32^{rss} 255
L 748 33^{rss} 1451
L 748 44^{rss} 3052
L 748 79^{r}–85^{r} 10490
L 748 87^{rs} 2653
L 748 101^{rs} 957
L 748 104^{rss} 4731
L 748 115^{r}–117^{r} 9828
L 748 122^{vss} 957
L 748 155^{vss} 4548
L 748 183^{v}–185^{r} 3581
L 748 185^{vss} 7159
L 748 187^{vs} 1150
L 748 193^{v}–195^{r} 7136
L 748 206^{r}–208^{r} 3561
L 748 218^{r}–219^{v} 7836
L 748 224^{rss} 4975
L 748 232^{rss} 1364
L 748 247^{vss} 9835
L 748 250^{vss} 3179
L 749 21^{r}–22^{v} 4821
L 749 55^{rs} 9363
L 749 85^{vs} 7656
L 749 103^{rs} 8168
L 749 105^{vss} 1461
L 749 111^{rss} 2050
L 749 116^{rss} 3876
L 749 130^{vs} 9890
L 749 146^{rss} 6295
L 749 150^{rss} 5867
L 749 152^{rss} 8578
L 749 160^{rs} 4049
L 749 208^{rss} 1934
L 749 252^{rs} 3319
L 749 288^{vss} 3498
L 750 17^{r}–18^{v} 288
L 750 33^{v} 4340
L 750 39^{rss} 296
L 750 48^{r} 2429
L 750 60^{rss} 5653
L 750 69^{rss} 2810
L 750 85^{r}–86^{v} 4596
L 750 118^{rs} 2771
L 750 119^{vs} 9301
L 750 120^{rs} 10215

L 750 127^{rss} 1220
L 750 128^{vs} 619
L 750 157^{rs} 6429
L 750 165^{v}–167^{r} 9032
L 750 174^{rs} 6447
L 750 221^{rs} 5377
L 750 224^{vs} 1498
L 750 245^{rs} 2071
L 750 249^{r}–250^{v} 7067
L 750 258^{rs} 1974
L 750 259^{r}–260^{v} 4133
L 751 7^{rss} 3882
L 751 19^{rs} 2877
L 751 26^{r}–27^{v} 1234
L 751 27^{vss} 6681
L 751 35^{r}–36^{v} 2429
L 751 38^{rs} 9437
L 751 53^{rss} 3832
L 751 54^{rss} 1971
L 751 57^{rss} 10100
L 751 58^{vs} 5225
L 751 63^{rss} 6996
L 751 68^{rs} 8095
L 751 69^{rs} 5743
L 751 72^{r}–73^{v} 4994
L 751 77^{r}–78^{v} 3028
L 751 78^{vss} 7065
L 751 83^{rss} 5121
L 751 85^{v}–87^{r} 9508
L 751 90^{vs} 2073
L 751 96^{rs} 7386
L 751 98^{rss} 3947
L 751 110^{r}–111^{v} 3410
L 751 114^{vs} 5051
L 751 123^{rs} 930
L 751 132^{r} 2635
L 751 135^{r}–136^{v} 2689
L 751 168^{rs} 264
L 751 169^{v}–171^{r} 457
L 751 171^{r}–172^{v} 8088
L 751 173^{rs} 8099
L 751 183^{rs} 487
L 751 190^{rs} 2882
L 751 216^{rs} 3071
L 751 219^{rs} 9945
L 751 226^{vs} 4614
L 751 234^{vs} 3232
L 751 235^{v}–237^{r} 132
L 751 237^{rss} 3699
L 751 238^{rs} 246
L 751 244^{rs} 9828

L 751 265^v–267^r 8081
L 751 280^{rs} 9932
L 751 283^{rs} 6565
L 751 284^{rss} 5183
L 751 285^{rs} 5975
L 751 291^{vs} 5353
L 751 300^{rs} 10548
L 751 301^{rss} 3127
L 751 327^{rs} 3945
L 751 327^{vs} 7677
L 751 329^{vs} 667
L 751 332^r–333^v 9040
L 751 337^r 6123
L 752 4^{rss} 264
L 752 7^{rss} 10221
L 752 9^{vss} 3588
L 752 16^r–17^v 9633
L 752 18^r–19^v 4902
L 752 23^{rss} 7556
L 752 40^{rss} 9388
L 752 42^{vss} 8980
L 752 50^v–52^r 6111
L 752 68^{vss} 2268
L 752 94^{rs} 5289
L 752 109^{rs} 7835
L 752 111^{rs} 2718
L 752 112^{rss} 5932
L 752 135^r–136^v 2373
L 752 138^{rss} 9379
L 752 156^{vss} 6299
L 752 173^v–175^v 6547
L 752 230^r–231^v 3917
L 752 251^{rss} 2966
L 752 259^{rss} 7446
L 752 274^{vss} 10558
L 752 275^{vss} 3410
L 752 282^{vs} 3179
L 752 284^{vs} 9001
L 752 285^{vs} 6361
L 752 286^{rss} 8718
L 752 288^{rss} 7714
L 752 290^{rss} 10372
L 752 295^{vs} 5282
L 752 299^{rss} 6918
L 752 300^{rss} 10194
L 753 38^{rs} 5782
L 753 57^r–58^v 5434
L 753 121^r–123^v 706
L 753 128^r–130^r 6414
L 753 132^{rss} 487
L 753 171^{rss} 9895

L 753 192^v–194^r 6167
L 753 206^{rs} 2995
L 753 231^{rss} 10391
L 753 236^{rs} 8879
L 753 241^{rss} 1553
L 753 255^{vs} 7124
L 754 57^{rs} 667
L 754 61^{vss} 3581
L 754 88^{vss} 1484
L 754 94^r 6523
L 754 105^r–106^v 9866
L 754 120^{vs} 7302
L 754 123^r–125^r 8625
L 754 139^{rss} 8273
L 754 151^{rss} 8559
L 754 160^{vss} 2612
L 754 176^{vs} 9384
L 754 178^v–180^r 1034
L 754 190^{rs} 9500
L 754 202^{vss} 2069
L 754 223^{rs} 7039
L 754 260^{rss} 10539
L 754 267^{vs} 6841
L 754 284^{vs} 5813
L 754 293^r–294^v 7012
L 754 317^{rs} 9549
L 755 3^r 6696
L 755 5^{vs} 6534
L 755 22^r 7763
L 755 26^{vs} 1431
L 755 40^{rss} 9985
L 755 56^v–58^v 7471
L 755 75^r 880
L 755 86^{vs} 9454
L 755 108^v–110^r 2165
L 755 140^{rs} 5819
L 755 141^r 10596
L 755 142^r–143^v 268
L 755 143^v 8624
L 755 151^{rs} 10065
L 755 154^{rs} 6841
L 755 156^{vss} 598
L 755 170^{rs} 9724
L 755 173^{rs} 8978
L 755 175^{rs} 5375
L 755 176^{rs} 8426
L 755 196^{rs} 4304
L 755 214^{rss} 10591
L 755 218^{rs} 7723
L 755 219^{rs} 6385
L 755 235^{rs} 124

L 755 245^{rss} 5664
L 755 268^v–270^v 5403
L 755 273^{rs} 7656
L 756 10^{rs} 5112
L 756 101^{vss} 5160
L 756 106^{vss} 4096
L 756 111^{rss} 6282
L 756 119^{vss} 10301
L 756 148^r–149^v 2351
L 756 157^{vss} 1808
L 756 177^{vss} 6485
L 756 199^{rss} 6677
L 756 233^{rss} 3594
L 756 242^r–243^v 1599
L 756 243^v–245^r 1252
L 757 1^{rs} 10021
L 757 2^{rs} 6677
L 757 24^v–26^v 5463
L 757 35^{rss} 101
L 757 38^{rs} 9309
L 757 40^{rs} 8269
L 757 44^v–46^r 2689
L 757 51^{rs} 7433
L 757 60^{rss} 8099
L 757 61^r–62^v 3221
L 757 66^r–68^r 8559
L 757 70^{rss} 997
L 757 73^{vs} 3593
L 757 77^v–79^r 2007
L 757 79^{rss} 4146
L 757 81^r–82^v 6720
L 757 82^{vs} 885
L 757 111^r–112^v 3380
L 757 119^{vs} 9111
L 757 127^{rs} 7802
L 757 127^{vss} 2276
L 757 133^{rss} 8347
L 757 146^v 8457
L 757 173^{rss} 6459
L 757 179^{vss} 10256
L 757 181^{rs} 9006
L 757 189^{vs} 1801
L 757 211^{rs} 10279
L 757 220^{rs} 1461
L 757 236^{rs} 544
L 757 241^{rs} 7081
L 757 243^{vss} 3574
L 757 247^v 3100
L 757 248^{vs} 6732
L 757 265^r 1801
L 757 272^v–274^r 5425

L 757 284^{rs} 9034
L 757 287^{vs} 5522
L 757 288^{vss} 4528
L 758 66^{r}–67^{v} 8702
L 758 75^{rss} 3760
L 758 78^{r}–80^{r} 7740
L 758 102^{vs} 1147
L 758 106^{rss} 4087
L 758 114^{vss} 9868
L 758 124^{rss} 5086
L 758 153^{vs} 72
L 758 193^{r} 2652
L 758 195^{v} 10362
L 758 203^{r} 2652
L 759 26^{r}–27^{v} 10479
L 759 28^{rs} 7752
L 759 74^{vss} 3221
L 759 78^{rss} 7811
L 759 79^{rss} 7811
L 759 85^{vs} 945
L 759 88^{vss} 4307
L 759 89^{vss} 42
L 759 95^{r}–96^{v} 9878
L 759 102^{vs} 7610
L 759 111^{vss} 4853
L 759 114^{rs} 3392
L 759 115^{rs} 181
L 759 131^{vss} 6176
L 759 133^{rs} 8367
L 759 135^{vs} 6550
L 759 142^{rs} 3350
L 759 144^{r}–146^{r} 1083
L 759 170^{rss} 2460
L 759 172^{rss} 8755
L 759 185^{vss} 8908
L 759 192^{vss} 8227
L 759 201^{rs} 8316
L 759 205^{vss} 564
L 759 233^{rss} 7522
L 759 238^{rs} 222
L 759 243^{rs} 9363
L 759 280^{rss} 9231
L 759 281^{rs} 201
L 759 314^{rs} 5315
L 759 314^{v}–316^{r} 3467
L 759 328^{rss} 133
L 759 330^{rs} 4409
L 760 3^{rss} 4150
L 760 16^{rss} 5217
L 760 42^{vs} 3065
L 760 81^{vss} 4411

L 760 83^{r} 4411
L 760 83^{rs} 4411
L 760 86^{r}–87^{v} 8937
L 760 88^{rs} 366
L 760 92^{vss} 992
L 760 99^{rss} 6945
L 760 103^{rss} 9920
L 760 119^{rs} 9982
L 760 141^{rss} 2191
L 760 143^{r} 2562
L 760 152^{r}–153^{v} 5403
L 760 157^{vss} 9138
L 760 162^{vs} 3163
L 760 181^{v}–183^{r} 3350
L 760 186^{rs} 3954
L 760 189^{r} 8457
L 760 208^{vs} 5910
L 760 219^{rs} 7372
L 760 239^{rs} 2269
L 760 242^{r} 8218
L 760 258^{v}–260^{r} 1461
L 760 261^{rss} 1245
L 760 262^{rs} 1245
L 760 297^{r} 9585
L 761 1^{rs} 6647
L 761 3^{r}–4^{v} 6238
L 761 8^{rs} 4313
L 761 10^{vs} 4040
L 761 42^{vs} 3610
L 761 47^{r}–48^{v} 10018
L 761 57^{v} 9709
L 761 59^{rss} 4522
L 761 60^{vs} 2491
L 761 61^{r}–62^{v} 8763
L 761 64^{rs} 2298
L 761 66^{rs} 4909
L 761 69^{rs} 848
L 761 71^{r} 2654
L 761 81^{vss} 2403
L 761 87^{rss} 5496
L 761 92^{vss} 10091
L 761 97^{rss} 6952
L 761 106^{rss} 6037
L 761 132^{rss} 6038
L 761 138^{rs} 6037
L 761 148^{r} 4543
L 761 149^{r} 6601
L 761 150^{v} 6091
L 761 161^{rs} 1003
L 761 169^{r} 5660
L 761 211^{vs} 6389

L 761 218^{vs} 1501
L 761 226^{r}–228^{r} 3153
L 761 228^{vss} 10251
L 761 239^{vs} 296
L 761 240^{vss} 9061
L 761 244^{rss} 1632
L 761 252^{r} 2373
L 761 265^{r} 133
L 761 271^{v} 4809
L 761 278^{vss} 2681
L 761 282^{rs} 1159
L 761 289^{v}–292^{r} 4781
L 761 294^{rs} 3274
L 762 16^{rs} 763
L 762 35^{v}–37^{v} 4290
L 762 40^{vss} 10344
L 762 61^{rs} 3556
L 762 62^{vs} 935
L 762 64^{rss} 7945
L 762 65^{rs} 2984
L 762 69^{vs} 880
L 762 70^{rs} 1968
L 762 71^{rss} 4506
L 762 74^{r} 7275
L 762 94^{rs} 7868
L 762 108^{vs} 6301
L 762 116^{rss} 2670
L 762 139^{vss} 8537
L 762 141^{rs} 10451
L 762 151^{vss} 860
L 762 165^{v}–167^{r} 2118
L 762 182^{rss} 765
L 762 200^{vss} 6459
L 762 204^{rss} 6471
L 762 208^{r} 9621
L 762 233^{rs} 1154
L 762 247^{rss} 692
L 762 257^{v}–259^{v} 1865
L 763 1^{rss} 3632
L 763 4^{rss} 7505
L 763 21^{r}–22^{v} 9765
L 763 23^{rss} 9765
L 763 33^{vs} 151
L 763 34^{rss} 10064
L 763 35^{vss} 9193
L 763 42^{vs} 2584
L 763 49^{rss} 5072
L 763 50^{rs} 1539
L 763 51^{rss} 5990
L 763 63^{r}–64^{v} 3459
L 763 65^{vss} 3774

L 768 140^{vss} 10608
L 768 141^{vss} 1356
L 768 148^{rs} 5217
L 768 152^{rss} 5548
L 768 163^r–164^v 3627
L 768 164^v–166^r 3627
L 768 182^{rs} 9273
L 768 183^{rss} 6251
L 768 184^r–185^v 3467
L 768 227^{vss} 1299
L 768 249^{vs} 8601
L 768 262^{vss} 8773
L 768 269^{rss} 6711
L 768 270^{rs} 260
L 768 272^r–273^v 775
L 768 315^{vss} 1416
L 769 22^v 5695
L 769 31^r–32^v 1486
L 769 48^r 1276
L 769 59^{vs} 7469
L 769 64^{rs} 7378
L 769 66^r 383
L 769 82^{vs} 466
L 769 89^{vs} 2774
L 769 90^{rs} 8968
L 769 97^r–98^v 9709
L 769 116^{rs} 5916
L 769 125^{rss} 3544
L 769 130^{rss} 1253
L 769 155^{vss} 3689
L 769 160^{rs} 8232
L 769 183^r–184^v 6172
L 769 190^r 1919
L 769 197^v–199^r 8072
L 769 222^{vss} 620
L 769 248^v 1201
L 769 250^{rs} 10132
L 769 256^{vss} 516
L 769 271^r–272^v 7895
L 769 274^r 6057
L 769 283^{rs} 800
L 769 291^r 7460
L 769 296^{rss} 8874
L 770 13^r–15^r 7376
L 770 15^{vss} 9787
L 770 27^v–29^r 812
L 770 34^r–36^r 3654
L 770 37^{rs} 6729
L 770 39^r–40^v 1816
L 770 42^{rss} 9867
L 770 48^{vss} 4987

L 770 58^r–59^v 1118
L 770 59^{vss} 7847
L 770 61^r–62^v 9682
L 770 63^r–64^v 1610
L 770 71^{rss} 10202
L 770 81^{vss} 8812
L 770 93^{rss} 1497
L 770 116^r–117^v 4057
L 770 117^{vs} 4057
L 770 120^{vss} 6482
L 770 142^{rs} 2355
L 770 147^{rs} 9478
L 770 156^r–157^v 5775
L 770 161^{rs} 1770
L 770 168^{vs} 1050
L 770 169^r 1050
L 770 174^{vs} 7558
L 770 176^{vs} 7018
L 770 184^{rs} 42
L 770 194^{rss} 2976
L 770 205^{rs} 2868
L 770 212^{rss} 6732
L 770 217^{rss} 582
L 770 269^r 2049
L 770 274^r 688
L 770 274^v 4289
L 770 275^v 360
L 770 276^r 5349
L 770 279^r 7391
L 770 286^v 5941
L 770 289^v 8730
L 770 294^r 6966
L 770 296^r 9922
L 770 296^v 10407
L 771 18^{rss} 6071
L 771 21^{rss} 8512
L 771 22^{rs} 9994
L 771 25^{rs} 10526
L 771 32^{rss} 9054
L 771 37^{vss} 3165
L 771 49^{vss} 6108
L 771 62^{rss} 2983
L 771 69^{rss} 7191
L 771 77^{rss} 7664
L 771 89^v–91^r 8712
L 771 96^{vs} 4839
L 771 117^{vs} 3742
L 771 138^{rss} 154
L 771 153^r–154^v 9437
L 771 163^{vss} 8010
L 771 191^{vss} 8964

L 771 203^{rs} 4550
L 771 213^{rs} 7346
L 771 218^{vs} 5873
L 771 229^{vss} 6124
L 771 242^v–244^r 3636
L 771 260^{vss} 858
L 772 12^{vs} 1201
L 772 13^{rs} 1201
L 772 31^{rs} 4271
L 772 32^r 4271
L 772 32^{vss} 8
L 772 34^r 8
L 772 34^{vs} 5904
L 772 45^{rss} 8752
L 772 46^v 8752
L 772 51^r–53^r 371
L 772 52^v 371
L 772 92^r–93^v 2791
L 772 101^{vss} 2515
L 772 113^{vss} 6723
L 772 117^{vs} 3748
L 772 167^v–170^r 1865
L 772 175^{vss} 5344
L 772 215^{rs} 8979
L 772 215^{vss} 9365
L 772 232^{rss} 7504
L 772 235^{rs} 1119
L 772 245^{vss} 2376
L 772 249^{rs} 7722
L 772 254^{rss} 610
L 772 255^{rs} 1699
L 772 257^v 1044
L 772 258^{rs} 7434
L 772 261^{rs} 5530
L 772 261^{vs} 1648
L 772 287^v–289^r 2165
L 773 12^{rss} 516
L 773 47^{rs} 4695
L 773 48^r 7103
L 773 49^{rss} 6561
L 773 54^{rss} 5570
L 773 56^{rs} 7125
L 773 140^r 2983
L 773 143^{rs} 9850
L 773 149^{rss} 9828
L 773 151^{vss} 7478
L 773 178^{vs} 4389
L 773 189^{vss} 5051
L 773 199^{vs} 2034
L 773 200^{rss} 2024
L 773 212^{rss} 4979

L 773 214^{rs} 3593
L 773 216^{vs} 4050
L 773 219^{vs} 8995
L 773 221^{vs} 117
L 773 227^{r} 8012
L 773 227^{v} 4790
L 773 239^{rss} 170
L 773 253^{rs} 1201
L 773 254^{vs} 185
L 773 267^{rss} 4057
L 773 271^{v} 4328
L 773 276^{rss} 5051
L 774 5^{r}–6^{v} 1866
L 774 6^{vs} 2476
L 774 14^{r}–16^{r} 9828
L 774 35^{rs} 5458
L 774 44^{v}–46^{r} 9878
L 774 85^{vss} 6547
L 774 94^{v}–96^{v} 5051
L 774 110^{rss} 1241
L 774 128^{vss} 4554
L 774 141^{v} 1814
L 774 156^{rs} 1746
L 774 165^{vss} 2792
L 774 169^{rss} 2356
L 774 170^{vs} 9087
L 774 172^{v}–174^{r} 6916
L 774 174^{rs} 5673
L 774 176^{vs} 9529
L 774 201^{r}–202^{v} 1866
L 774 205^{rs} 4995
L 774 210^{rs} 1243
L 774 230^{rss} 9897
L 774 243^{r}–244^{v} 1506
L 774 248^{v}–250^{r} 306
L 774 258^{v}–260^{v} 2374
L 774 268^{rss} 4084
L 774 278^{rs} 8517
L 774 278^{vss} 2033
L 775 10^{rss} 6552
L 775 13^{v}–15^{r} 5360
L 775 26^{rs} 10019
L 775 27^{rs} 4066
L 775 35^{rss} 1674
L 775 42^{vss} 1982
L 775 45^{vs} 4647
L 775 60^{rss} 2374
L 775 88^{r}–89^{v} 2792
L 775 95^{vss} 6007
L 775 96^{v}–98^{r} 6633
L 775 103^{r}–104^{v} 10242

L 775 108^{vss} 6955
L 775 119^{r}–121^{r} 10067
L 775 137^{rss} 10345
L 775 139^{vs} 3360
L 775 148^{vss} 2809
L 775 150^{rss} 5108
L 775 157^{v}–159^{r} 6329
L 775 199^{vss} 8846
L 775 200^{vss} 6718
L 775 207^{vss} 3636
L 775 223^{rss} 2865
L 775 225^{vs} 6032
L 775 238^{rs} 9928
L 775 240^{r}–241^{v} 7333
L 775 267^{rss} 1466
L 775 276^{rs} 5465
L 775 285^{rss} 3035
L 775 286^{vss} 8609
L 775 293^{vss} 10499
L 775 313^{rs} 7305
L 775 318^{rs} 3598
L 776 1^{rs} 2050
L 776 6^{vss} 6365
L 776 33^{rs} 6562
L 776 88^{vs} 5398
L 776 95^{rss} 3001
L 776 120^{r}–121^{v} 2950
L 776 138^{vss} 3394
L 776 160^{vss} 8763
L 776 164^{rss} 7032
L 776 175^{rss} 7966
L 776 176^{r}–177^{v} 7978
L 776 177^{vss} 875
L 776 208^{v}–210^{r} 6792
L 776 215^{r}–217^{r} 6283
L 776 227^{r}–228^{v} 9304
L 776 241^{vss} 10494
L 776 268^{vss} 7889
L 776 271^{r}–272^{v} 2374
L 776 277^{rss} 5832
L 776 317^{vss} 7131
L 776 318^{vss} 3382
L 777 28^{rs} 6312
L 777 30^{vs} 4680
L 777 33^{v} 2011
L 777 35^{rss} 1281
L 777 41^{rss} 3154
L 777 56^{rs} 4516
L 777 70^{rs} 9020
L 777 72^{r}–73^{v} 5893
L 777 73^{vss} 3190

L 777 75^{vs} 280
L 777 109^{v}–111^{r} 528
L 777 113^{vss} 5033
L 777 115^{rss} 10605
L 777 131^{rs} 10184
L 777 136^{r} 8114
L 777 142^{vs} 1393
L 777 151^{vss} 7236
L 777 197^{vs} 10505
L 777 201^{vss} 7081
L 777 213^{rs} 5968
L 777 220^{v}–224^{r} 4028
L 777 237^{rs} 1525
L 777 252^{vs} 8
L 777 253^{r}–255^{r} 6899
L 777 279^{r} 2983
L 777 280^{rs} 2721
L 777 283^{rs} 5407
L 777 285^{vss} 134
L 778 12^{vs} 629
L 778 14^{rs} 101
L 778 16^{rss} 6445
L 778 18^{v} 7370
L 778 30^{r} 5244
L 778 38^{vss} 8463
L 778 42^{rs} 1296
L 778 78^{rss} 10031
L 778 84^{v}–86^{r} 9930
L 778 102^{vss} 4667
L 778 116^{v}–118^{r} 6250
L 778 135^{rs} 117
L 778 140^{vs} 5084
L 778 141^{rss} 2415
L 778 143^{vs} 259
L 778 144^{rs} 632
L 778 149^{r}–169^{v} 528
L 778 180^{r} 6245
L 778 182^{rs} 3986
L 778 187^{vss} 9455
L 778 202^{r}–203^{v} 3218
L 778 217^{rs} 10102
L 778 232^{r} 10285
L 778 237^{vs} 2235
L 778 244^{rss} 7807
L 778 250^{rs} 10266
L 778 259^{rs} 6839
L 778 266^{v}–268^{r} 706
L 778 271^{vss} 8704
L 778 285^{vs} 134
L 778 290^{vss} 7128
L 778 291^{vss} 7614

L 779 18^{rs} 2218
L 779 20^{vs} 2218
L 779 21^{rs} 1194
L 779 56^{rss} 2218
L 779 65^{rss} 6067
L 779 70^{r}–71^{v} 620
L 779 102^{r}–103^{v} 3721
L 779 123^{v} 9051
L 779 133^{vs} 8808
L 779 151^{rss} 4922
L 779 183^{r}–184^{v} 7837
L 779 204^{vss} 98
L 779 219^{rs} 7243
L 779 274^{rs} 1578
L 779 276^{rss} 1990
L 780 16^{rss} 1444
L 780 21^{rss} 9878
L 780 39^{r} 3392
L 780 53^{vss} 9160
L 780 82^{vss} 5052
L 780 89^{r}–90^{v} 8998
L 780 100^{r}–101^{v} 1912
L 780 134^{r}–135^{v} 5903
L 780 140^{rss} 1421
L 780 149^{rss} 43
L 780 159^{rss} 7648
L 780 166^{rss} 497
L 780 173^{v}–175^{v} 5119
L 780 180^{r}–182^{r} 7937
L 780 195^{rss} 2566
L 780 202^{vss} 5037
L 780 219^{vss} 7361
L 780 235^{v}–237^{r} 7488
L 780 239^{vs} 2384
L 780 240^{v}–242^{r} 2046
L 780 252^{rs} 2146
L 780 264^{rss} 3671
L 780 278^{vss} 8834
L 781 61^{vs} 8609
L 781 62^{r}–63^{v} 3958
L 781 66^{r}–67^{v} 8908
L 781 103^{vss} 8144
L 781 104^{vss} 3487
L 781 118^{r}–119^{v} 8529
L 781 131^{rss} 10068
L 781 139^{r}–140^{v} 9091
L 781 144^{rss} 4528
L 781 161^{r}–162^{v} 8140
L 781 175^{rs} 4420
L 781 187^{rs} 832
L 781 223^{rs} 3243

L 781 226^{r}–227^{v} 7416
L 781 236^{v}–238^{r} 1559
L 781 251^{rss} 6991
L 781 254^{rs} 7488
L 781 256^{vss} 10002
L 782 3^{rs} 9098
L 782 13^{v}–15^{r} 9376
L 782 41^{rss} 1117
L 782 50^{vss} 6297
L 782 56^{r}–57^{v} 5436
L 782 57^{vss} 3451
L 782 71^{rss} 9138
L 782 80^{r}–81^{v} 7851
L 782 96^{v}–98^{r} 3650
L 782 101^{rss} 6792
L 782 112^{rss} 5347
L 782 145^{r}–146^{v} 584
L 782 146^{vss} 9878
L 782 156^{rss} 10068
L 782 194^{r}–195^{v} 3751
L 782 248^{v}–250^{r} 5003
L 782 252^{rss} 5654
L 782 259^{rss} 1260
L 782 260^{rss} 2087
L 782 262^{vss} 8240
L 782 283^{r}–284^{v} 3172
L 782 287^{vss} 8661
L 782 290^{rs} 8442
L 782 308^{vs} 3495
L 783 14^{rs} 3443
L 783 21^{vss} 10044
L 783 43^{vss} 6166
L 783 57^{vss} 5527
L 783 77^{vss} 9843
L 783 79^{rss} 6273
L 783 86^{r}–87^{v} 9684
L 783 87^{v}–89^{v} 9343
L 783 106^{rss} 1931
L 783 117^{rss} 2822
L 783 119^{vss} 249
L 783 150^{vs} 2473
L 783 165^{vss} 4887
L 783 172^{vss} 9897
L 783 174^{vss} 425
L 783 185^{r} 834
L 783 185^{rs} 9935
L 783 204^{r}–206^{r} 5192
L 783 220^{vs} 1283
L 783 235^{vss} 9171
L 783 238^{vss} 4997
L 783 242^{rss} 193

L 783 261^{rs} 1240
L 783 294^{vs} 6203
L 783 313^{v}–315^{r} 4659
L 783 332^{vss} 8106
L 784 3^{r}–4^{v} 8283
L 784 10^{vss} 6196
L 784 19^{rss} 2739
L 784 27^{rss} 8393
L 784 39^{rss} 148
L 784 56^{rss} 5306
L 784 61^{vss} 131
L 784 62^{vss} 3222
L 784 65^{v}–67^{r} 3906
L 784 73^{vss} 5826
L 784 96^{vs} 10068
L 784 107^{rss} 9982
L 784 115^{r}–116^{v} 10279
L 784 116^{v}–118^{r} 815
L 784 118^{r}–120^{r} 3191
L 784 131^{rss} 357
L 784 133^{rss} 10346
L 784 139^{rs} 3087
L 784 147^{r}–148^{v} 3511
L 784 150^{vs} 10068
L 784 151^{vss} 5534
L 784 161^{r} 415
L 784 163^{rs} 1616
L 784 177^{rs} 9142
L 784 178^{vs} 1820
L 784 183^{rs} 6822
L 784 185^{v} 1119
L 784 221^{vs} 3125
L 784 228^{rs} 8224
L 784 232^{rs} 5032
L 784 237^{rss} 2084
L 784 246^{vs} 6984
L 784 247^{rss} 4946
L 784 255^{rss} 9937
L 784 258^{vs} 286
L 784 261^{vs} 4568
L 784 291^{vss} 9120
L 784 293^{vss} 10068
L 784 297^{vss} 3700
L 784 301^{v}–303^{r} 4151
L 784 303^{vss} 9711
L 785 7^{rss} 3624
L 785 42^{v}–44^{r} 8895
L 785 49^{rss} 9878
L 785 53^{r}–54^{v} 1202
L 785 62^{r}–63^{v} 1843
L 785 97^{rs} 3343

L 785 97^{vss} 6124
L 785 101^{r}–102^{v} 134
L 785 104^{rs} 2558
L 785 117^{vss} 9870
L 785 122^{rss} 7583
L 785 125^{r}–127^{r} 1194
L 785 136^{r}–137^{v} 131
L 785 149^{v}–151^{r} 6243
L 785 165^{rs} 5027
L 785 167^{r}–168^{v} 338
L 785 175^{rss} 3721
L 785 196^{vs} 913
L 785 198^{r}–199^{v} 3782
L 785 200^{vss} 7570
L 785 213^{vs} 1156
L 785 238^{v}–240^{r} 8383
L 785 240^{rss} 6067
L 785 241^{rss} 3738
L 785 250^{vss} 1435
L 785 253^{rss} 3671
L 785 257^{v}–259^{r} 5899
L 785 265^{rss} 3343
L 786 8^{rs} 8954
L 786 27^{rss} 4782
L 786 28^{vs} 10214
L 786 32^{vss} 5916
L 786 39^{vs} 789
L 786 47^{rs} 10114
L 786 48^{rs} 9420
L 786 75^{v} 5815
L 786 131^{vss} 2463
L 786 138^{rs} 6000
L 786 152^{rs} 10346
L 786 161^{rs} 6863
L 786 161^{vss} 2779
L 786 169^{vss} 2995
L 786 174^{vs} 797
L 786 178^{rss} 7479
L 786 181^{v}–183^{r} 1241
L 786 185^{rss} 964
L 786 200^{rss} 5648
L 786 216^{rs} 4781
L 786 228^{rs} 6093
L 786 229^{r}–230^{v} 3649
L 786 232^{rs} 7363
L 786 234^{rs} 4809
L 786 281^{r} 4016
L 786 283^{rs} 5839
L 786 286^{rss} 6590
L 786 316^{vs} 1190
L 786 335^{rs} 10145

L 787 11^{vss} 5648
L 787 15^{vs} 142
L 787 19^{rss} 5488
L 787 26^{rss} 3055
L 787 35^{rss} 1028
L 787 42^{v}–44^{r} 10444
L 787 44^{rss} 2482
L 787 67^{v}–69^{r} 10604
L 787 75^{v}–77^{r} 2388
L 787 77^{r}–78^{v} 7416
L 787 103^{rss} 256
L 787 126^{r}–127^{v} 6861
L 787 127^{vss} 5423
L 787 137^{vs} 4331
L 787 138^{vs} 8092
L 787 142^{vss} 7586
L 787 144^{rss} 8778
L 787 150^{r}–151^{v} 9092
L 787 168^{r}–169^{v} 9552
L 787 175^{rs} 10060
L 787 195^{vs} 931
L 787 227^{rs} 8809
L 787 227^{vss} 6445
L 787 247^{vss} 1591
L 787 252^{rs} 5217
L 787 257^{vs} 1376
L 787 276^{vss} 9412
L 787 278^{rss} 9693
L 788 5^{vss} 3762
L 788 11^{rss} 872
L 788 13^{vs} 9497
L 788 14^{rss} 7533
L 788 15^{rs} 3511
L 788 39^{rss} 8463
L 788 51^{r} 191
L 788 51^{v}–53^{r} 1804
L 788 54^{vs} 7081
L 788 65^{rs} 40
L 788 70^{vss} 7240
L 788 113^{vs} 2220
L 788 115^{vs} 1184
L 788 119^{rs} 6782
L 788 122^{vs} 3097
L 788 127^{vs} 9621
L 788 130^{rs} 8186
L 788 134^{rs} 1795
L 788 146^{v}–148^{r} 7109
L 788 148^{r}–149^{v} 8049
L 788 156^{r}–157^{v} 6633
L 788 160^{vss} 6839
L 788 165^{r} 10054

L 788 167^{rs} 5044
L 788 169^{rss} 1885
L 788 170^{v}–172^{v} 2138
L 788 174^{rs} 208
L 788 177^{rs} 3183
L 788 177^{v} 4750
L 788 178^{rs} 8998
L 788 181^{rs} 6782
L 788 182^{rs} 6297
L 788 186^{rs} 361 9016
L 788 190^{v} 2079
L 788 211^{rss} 5871
L 788 219^{rs} 7072
L 788 225^{vs} 10031
L 788 226^{vss} 8452
L 788 227^{v}–229^{r} 8452
L 788 231^{vs} 10422
L 788 234^{vss} 8726
L 788 237^{rs} 4479
L 788 237^{vss} 6683
L 788 238^{v}–240^{v} 10046
L 788 251^{vs} 2343
L 788 264^{v} 9122
L 788 264^{vs} 5957
L 788 265^{vs} 9121
L 788 269^{vss} 8323
L 788 270^{vs} 9458
L 788 279^{rs} 269
L 788 286^{rs} 10182
L 788 293^{rss} 801
L 788 294^{rs} 6935
L 788 294^{vss} 2039
L 788 321^{v} 9588
L 789 5^{rss} 9390
L 789 18^{v}–20^{r} 5302
L 789 25^{rs} 10294
L 789 28^{r} 9552
L 789 32^{r}–33^{v} 6018
L 789 48^{rss} 1354
L 789 60^{vss} 3928
L 789 63^{r}–64^{v} 7388
L 789 64^{vs} 8407
L 789 69^{rss} 5375
L 789 70^{vs} 9122
L 789 79^{rs} 3628
L 789 80^{rs} 8385
L 789 102^{v} 3000
L 789 103^{rss} 9399
L 789 105^{rs} 676
L 789 120^{v} 5419
L 789 132^{v} 7533

L 792 257ᵛ–259ʳ 3582
L 792 271ʳ–272ᵛ 9879
L 792 301ʳˢˢ 5053
L 793 5ʳ–7ʳ 7413
L 793 7ʳˢ 7413
L 793 8ʳ–9ᵛ 6455
L 793 9ᵛˢ 6455
L 793 26ᵛˢˢ 185
L 793 27ᵛˢ 185
L 793 49ʳˢˢ 7552
L 793 50ʳˢ 7552
L 793 80ʳ–81ᵛ 156
L 793 89ʳˢˢ 6839
L 793 91ᵛ–93ʳ 5363
L 793 98ʳ–99ᵛ 2377
L 793 104ʳ–105ᵛ 5548
L 793 117ʳˢˢ 7040
L 793 129ʳˢˢ 3111
L 793 135ᵛˢ 7275
L 793 141ᵛ–143ʳ 8696
L 793 143ᵛˢˢ 6914
L 793 152ʳ–153ᵛ 6305
L 793 171ʳˢˢ 951
L 793 176ʳˢˢ 8442
L 793 177ʳˢˢ 8908
L 793 188ʳ–190ʳ 6693
L 793 197ʳ–199ʳ 2839
L 793 201ʳ–202ᵛ 2494
L 793 204ʳ–205ᵛ 1714 8049
L 793 212ᵛˢˢ 7369
L 793 217ᵛˢˢ 2847
L 793 223ᵛ–225ʳ 4394
L 793 232ᵛˢ 8873
L 793 236ʳˢ 411
L 793 241ᵛˢˢ 3599
L 793 242ᵛˢˢ 8202
L 793 244ᵛˢˢ 9347
L 793 247ʳˢ 1631
L 793 254ᵛ–256ᵛ 4085
L 793 257ᵛˢˢ 5495
L 793 258ᵛ–260ʳ 3111
L 793 261ʳˢ 4095
L 793 263ʳˢˢ 5300
L 793 266ʳˢˢ 9362
L 793 270ʳˢ 3808
L 793 274ᵛˢˢ 6509
L 793 300ʳ–303ʳ 8202
L 793 307ʳˢˢ 8371
L 794 7ᵛˢ 2442
L 794 8ʳ 9142
L 794 20ᵛˢ 286

L 794 21ʳˢ 286
L 794 33ᵛˢˢ 1137
L 794 34ᵛˢ 1137
L 794 36ᵛ–39ʳ 2079
L 794 39ʳˢ 2079
L 794 44ʳˢˢ 6109
L 794 46ᵛˢˢ 10094
L 794 47ᵛˢ 10094
L 794 51ᵛ–53ʳ 8309
L 794 53ʳ 8309
L 794 79ᵛˢˢ 4813
L 794 96ᵛ–98ᵛ 5535
L 794 116ᵛˢ 6074
L 794 117ᵛˢˢ 8675
L 794 120ʳˢˢ 4284
L 794 126ᵛ–128ʳ 4281
L 794 143ᵛˢ 5053
L 794 145ᵛ–147ʳ 259
L 794 158ᵛˢ 1867
L 794 181ᵛˢˢ 7819
L 794 193ʳˢ 169
L 794 207ʳ–208ᵛ 6250
L 794 220ʳˢ 4282
L 794 221ʳˢˢ 1312
L 794 234ᵛ–236ʳ 4783
L 794 236ʳˢ 4028
L 794 239ʳˢˢ 5603 7838
L 794 241ʳˢ 9465
L 794 241ᵛˢˢ 9942
L 794 250ᵛ 4282
L 794 258ᵛ–260ʳ 8001
L 794 264ʳˢ 1184
L 794 281ᵛˢˢ 2764
L 795 14ʳˢˢ 3877
L 795 18ᵛˢˢ 2892
L 795 37ᵛ–39ʳ 7642
L 795 60ʳˢˢ 2957
L 795 68ᵛˢˢ 6260
L 795 82ᵛˢˢ 6084
L 795 121ʳ–122ᵛ 7838
L 795 129ᵛˢˢ 2779
L 795 138ʳˢˢ 3624
L 795 151ʳ–152ᵛ 10524
L 795 152ᵛ–154ʳ 8838
L 795 167ʳˢˢ 4475
L 795 187ᵛ–189ʳ 8092
L 795 201ʳˢ 8625
L 795 202ʳˢ 2423
L 795 210ʳ–211ᵛ 9469
L 795 219ᵛˢˢ 6900
L 795 242ʳˢ 4659

L 795 243ʳˢ 3643
L 795 259ᵛˢˢ 6273
L 795 260ᵛ–262ʳ 2764
L 795 266ʳˢ 7327
L 795 286ᵛ–288ᵛ 5840
L 795 288ᵛˢˢ 6552
L 796 1ʳˢˢ 9152
L 796 6ᵛˢˢ 1912
L 796 9ʳ–10ᵛ 1863
L 796 12ᵛˢˢ 7435
L 796 15ᵛˢˢ 481
L 796 30ᵛˢ 4137
L 796 36ʳˢˢ 9097
L 796 37ᵛˢˢ 4966
L 796 40ᵛˢˢ 9996
L 796 41ᵛ–43ʳ 6337
L 796 46ʳ–47ᵛ 10068
L 796 49ʳˢˢ 7688
L 796 51ʳ–53ᵛ 10159
L 796 67ʳˢˢ 9343
L 796 78ᵛ–80ʳ 8625
L 796 84ʳ–86ᵛ 8579
L 796 87ʳˢˢ 4678
L 796 94ʳ–96ʳ 1239
L 796 100ʳ 5894
L 796 100ᵛˢ 1821
L 796 109ᵛˢˢ 7426
L 796 120ʳˢ 1262
L 796 122ᵛˢ 3691
L 796 129ᵛˢ 5421
L 796 130ʳˢˢ 2035
L 796 139ʳˢˢ 8371
L 796 145ʳˢ 525
L 796 156ᵛˢˢ 2089
L 796 190ᵛ 2442
L 796 190ᵛˢˢ 2442
L 796 197ᵛˢ 4783
L 796 220ʳˢˢ 8629
L 796 233ᵛˢ 286
L 796 234ʳˢ 2033
L 796 239ʳˢ 9678
L 796 256ᵛ–258ᵛ 7814
L 796 259ᵛˢˢ 8390
L 796 262ᵛˢ 51
L 796 269ʳ–270ᵛ 10172
L 796 295ʳˢ 488
L 797 10ᵛˢ 4651
L 797 17ʳˢ 7504
L 797 18ʳˢˢ 2970
L 797 27ʳˢ 6118
L 797 57ᵛˢˢ 5732

L 797 61^{rs} 8352
L 797 67^{r}–68^{v} 2530
L 797 84^{rs} 9621
L 797 89^{vss} 9735
L 797 111^{v}–113^{r} 7235
L 797 116^{rss} 18
L 797 121^{rss} 1014
L 797 126^{v}–128^{r} 10409
L 797 140^{r}–141^{v} 737
L 797 148^{rs} 3306
L 797 158^{rss} 7864
L 797 159^{rss} 2378
L 797 160^{r}–163^{r} 7940
L 797 180^{v}–182^{r} 7081
L 797 189^{v}–191^{r} 1886
L 797 193^{r}–194^{v} 5787
L 797 197^{r}–198^{v} 5770
L 797 208^{r}–210^{r} 5637
L 797 230^{r}–231^{v} 6304
L 797 231^{v}–233^{v} 9911
L 797 234^{r} 1830
L 797 234^{r}–236^{r} 4183
L 797 244^{v}–246^{r} 2936
L 797 255^{rs} 1003
L 797 256^{rss} 6951
L 797 265^{vss} 902
L 797 293^{rss} 9839
L 797 297^{rss} 4018
L 797 343^{r}–344^{v} 8277
L 797 346^{vss} 5381
L 798 1^{rs} 6158
L 798 5^{vss} 2046
L 798 16^{rs} 5725
L 798 17^{rss} 9907
L 798 46^{r}–47^{v} 3877
L 798 59^{r}–60^{v} 4784
L 798 61^{rss} 7703
L 798 65^{v}–67^{v} 4902
L 798 67^{v}–69^{v} 8925
L 798 98^{v}–100^{r} 921
L 798 122^{vss} 10451
L 798 124^{rss} 3111
L 798 125^{rs} 9090
L 798 129^{rs} 9581
L 798 131^{r} 5308
L 798 131^{v} 8012
L 798 143^{vs} 10598
L 798 145^{rs} 10596
L 798 147^{vss} 1267
L 798 150^{r}–151^{v} 2295
L 798 151^{v}–153^{r} 8763

L 798 153^{v}–155^{v} 10622
L 798 157^{vs} 9936
L 798 165^{r}–166^{v} 9621
L 798 178^{rss} 2364
L 798 182^{v}–185^{v} 186
L 798 199^{rs} 7061
L 798 208^{v}–210^{v} 620
L 798 224^{vs} 10613
L 798 228^{rs} 3791
L 798 242^{vs} 2920
L 798 244^{rs} 3258
L 798 260^{vs} 1575
L 798 268^{rs} 5314
L 798 311^{v} 7061
L 799 13^{rss} 10176
L 799 15^{v}–17^{r} 6860
L 799 34^{vss} 6605
L 799 38^{v}–40^{r} 9777
L 799 56^{rss} 9811
L 799 57^{rss} 3641
L 799 60^{vs} 3592
L 799 61^{rss} 2510
L 799 93^{r}–95^{r} 3632
L 799 145^{vs} 9638
L 799 149^{vs} 8805
L 799 169^{v}–171^{r} 8438
L 799 176^{v}–178^{r} 1784
L 799 189^{rss} 1015
L 799 190^{r}–191^{v} 7238
L 799 203^{r}–204^{v} 2948
L 799 210^{rss} 7126
L 799 244^{rss} 9910
L 799 245^{rss} 9910
L 799 249^{vss} 8626
L 799 250^{vss} 5340
L 799 272^{r}–273^{v} 4264
L 799 274^{rss} 8836
L 799 308^{vss} 8161
L 800 11^{r} 10094
L 800 18^{r}–19^{v} 10174
L 800 24^{v} 10094
L 800 32^{rss} 6789
L 800 35^{rs} 4654
L 800 36^{rs} 7430
L 800 46^{r}–47^{v} 10174
L 800 59^{v}–61^{v} 8766
L 800 61^{vss} 87
L 800 62^{vss} 6374
L 800 70^{r}–71^{v} 2740
L 800 120^{vss} 35
L 800 126^{rs} 286

L 800 139^{r}–140^{v} 3474
L 800 141^{vss} 923
L 800 169^{r}–171^{r} 134
L 800 172^{rs} 7061
L 800 174^{vs} 8472
L 800 175^{r}–177^{r} 6338
L 800 193^{vss} 8894
L 800 197^{v}–199^{r} 5848
L 800 200^{v}–203^{r} 5534
L 800 203^{vss} 3179
L 800 205^{rs} 5221
L 800 214^{vs} 1957
L 800 219^{rss} 4284
L 800 225^{rss} 6820
L 800 229^{vs} 2086
L 800 241^{vss} 964
L 800 245^{rss} 5654
L 800 252^{rs} 6049
L 800 264^{v}–271^{v} 1739
L 800 287^{rss} 9554
L 800 289^{r} 3089
L 800 294^{vss} 163
L 800 303^{rss} 3967
L 800 312^{rs} 3100
L 800 313^{rss} 1741
L 800 319^{r}–320^{v} 4545
L 800 325^{vss} 2396
L 801 4^{rs} 6415
L 801 33^{rs} 4659
L 801 43^{rss} 6279
L 801 50^{rss} 9576
L 801 61^{rs} 1332
L 801 63^{rs} 4122
L 801 81^{r}–82^{v} 2396
L 801 89^{r} 4994
L 801 96^{vss} 6794
L 801 104^{vss} 5363
L 801 107^{vss} 1802
L 801 113^{v}–115^{r} 2794
L 801 140^{v}–142^{r} 4701
L 801 144^{vss} 9811
L 801 157^{vss} 5340
L 801 160^{vs} 8936
L 801 164^{rss} 9300
L 801 186^{r}–187^{v} 3969
L 801 194^{r}–196^{r} 274
L 801 217^{r}–219^{r} 411
L 801 280^{rss} 4939
L 801 301^{rss} 2226
L 802 25^{vs} 7186
L 802 28^{vs} 7997

L 802 29^{rs} 6953
L 802 39^r–40^v 1784
L 802 40^v–42^r 7993
L 802 43^{rs} 9344
L 802 45^{vss} 2433
L 802 50^{rss} 2289
L 802 53^v–55^v 9137
L 802 60^{vs} 4539
L 802 104^r 10078
L 802 116^r–117^v 1528
L 802 127^{rs} 9995
L 802 142^r 2057
L 802 151^v–153^r 372
L 802 159^{vss} 3894
L 802 160^v–162^r 3035
L 802 165^{vss} 128
L 802 199^{vss} 279
L 802 203^{rss} 4890
L 802 232^v–234^v 2338
L 802 247^{vs} 6686
L 802 249^{rs} 6874
L 802 249^{vs} 3074
L 802 252^{vss} 324
L 803 7^{rss} 3526
L 803 15^{rs} 833
L 803 17^r–18^v 9825
L 803 19^v–21^v 1202
L 803 25^{rss} 7042
L 803 40^{rss} 7583
L 803 83^{rss} 1076
L 803 89^r 8771
L 803 92^{vs} 4148
L 803 106^v 9621
L 803 107^{rss} 4611
L 803 115^{vss} 3163
L 803 116^{vs} 8443
L 803 118^{vs} 5989
L 803 132^{vss} 2030
L 803 134^{rss} 6607
L 803 164^{rs} 5819
L 803 164^{vss} 4502
L 803 204^{rs} 10493
L 803 207^{rs} 2691
L 803 208^{rss} 1324
L 803 212^{vs} 2092
L 803 239^{vss} 6739
L 803 275^{vs} 3691
L 804 1^{rs} 5575
L 804 2^{rss} 10128
L 804 54^{rss} 1330
L 804 55^{rss} 4964

L 804 56^{vss} 1330
L 804 57^{vss} 9100
L 804 63^{vss} 4821
L 804 73^{rss} 7693
L 804 75^v–77^r 1430
L 804 78^{rss} 7015
L 804 95^{vss} 6069
L 804 107^{vss} 8314
L 804 111^{vss} 10515
L 804 132^{vss} 708
L 804 135^{vss} 3850
L 804 153^r–154^v 260
L 804 186^r–188^r 9137
L 804 204^r 2425
L 804 225^{vss} 8686
L 804 244^{rss} 5365
L 804 245^{rss} 5529
L 804 264^{vs} 10528
L 804 294^{vss} 10355
L 804 307^{rss} 3232
L 805 19^{rs} 6921
L 805 22^{vs} 2498
L 805 23^{rss} 2498
L 805 43^{rss} 932
L 805 45^r 932
L 805 45^v–47^v 8535
L 805 47^{rs} 8535
L 805 50^r–51^v 628
L 805 52^r 628
L 805 67^{rs} 9544
L 805 68^{rs} 9544
L 805 79^{rss} 3896
L 805 80^{rs} 3896
L 805 81^r 3896
L 805 83^v–85^v 190
L 805 86^{rs} 190
L 805 86^{vs} 190
L 805 87^{vs} 190
L 805 100^v–102^r 3848
L 805 102^r 3848
L 805 106^v–108^v 9762
L 805 109^{rs} 9762
L 805 117^{rss} 2386
L 805 123^{vss} 5440
L 805 144^r–145^v 4157
L 805 145^v–147^r 8016
L 805 149^r–150^v 9976
L 805 164^v–166^r 673
L 805 166^r–167^v 5918
L 805 168^{rss} 5279
L 805 172^{rss} 7109

L 805 178^{rss} 4180
L 805 182^v–184^r 8796
L 805 198^{rss} 3764
L 805 205^v–207^r 2093
L 805 216^{vss} 7831
L 805 226^{rss} 3175
L 805 233^{vss} 5673
L 805 240^r 9903
L 805 241^{rs} 1867
L 805 250^{rs} 8449
L 805 255^{rs} 6304
L 805 278^r 10179
L 805 283^{rss} 266
L 805 285^{rs} 10498
L 805 285^{vss} 693
L 805 288^{vs} 6735
L 805 292^{rs} 6801
L 805 294^r–300^v 9742
L 805 315^{vs} 2435
L 805 316^{rs} 9813
L 805 319^{vss} 1730
L 806 10^{rss} 2117
L 806 16^{vss} 4280
L 806 18^{rss} 4335
L 806 21^{rss} 7647
L 806 29^{vss} 7735
L 806 34^{rs} 8606
L 806 48^{rs} 10084
L 806 56^r–57^v 7912
L 806 75^{vs} 5553
L 806 80^{vss} 8523
L 806 87^r–89^r 2660
L 806 126^{vss} 2048
L 806 141^{vss} 3521
L 806 142^{vs} 3996
L 806 156^v–158^r 889
L 806 163^r–168^r 3705
L 806 197^{vss} 2027
L 806 208^v–210^r 5912
L 806 210^v–212^r 1331
L 806 223^{rss} 5523
L 806 226^{vss} 5511
L 806 229^r–230^v 6786
L 806 233^{rss} 6850
L 806 241^v–243^r 1002
L 806 251^{rss} 381
L 806 252^r–253^v 5794
L 806 268^r–270^r 3218
L 806 289^{rs} 8625
L 806 292^{rss} 9189
L 806 306^{vs} 3561

L 806 309^{vs} 8321
L 806 310^{rs} 3843
L 806 312^{r} 827
L 806 316^{rss} 3632
L 807 11^{rss} 594
L 807 15^{vss} 5160
L 807 16^{v}–18^{r} 10347
L 807 18^{rss} 3587
L 807 28^{rs} 3414
L 807 35^{rs} 3318
L 807 42^{vss} 1614
L 807 43^{vss} 5538
L 807 48^{vss} 6403
L 807 52^{v}–54^{v} 4828
L 807 65^{r}–66^{v} 2345
L 807 69^{vs} 10088
L 807 72^{rs} 247
L 807 102^{r} 2358
L 807 108^{rs} 3250
L 807 121^{r}–122^{v} 9060
L 807 129^{r}–130^{v} 7855
L 807 131^{rs} 1282
L 807 140^{r}–141^{v} 5745
L 807 145^{rss} 717
L 807 149^{vss} 3084
L 807 173^{vss} 571
L 807 177^{r}–178^{v} 1963
L 807 188^{rss} 8308
L 807 189^{vss} 4728
L 807 194^{rss} 2079
L 807 195^{rss} 8537
L 807 199^{rss} 103
L 807 204^{vss} 2040
L 807 210^{vss} 4017
L 807 213^{rs} 2894
L 807 214^{rs} 4271
L 807 236^{vs} 5536
L 807 242^{rs} 2091
L 807 249^{rss} 2854
L 807 252^{vss} 6136
L 807 266^{v} 10182
L 807 268^{v} 9936
L 807 270^{r} 8465
L 807 271^{r} 764
L 807 272^{r} 2218
L 807 272^{v} 7478
L 807 272^{vs} 4848
L 807 273^{rs} 3103
L 807 273^{v} 7987
L 808 3^{vss} 240
L 808 15^{v} 1235

L 808 16^{r} 6544
L 808 39^{vss} 7521
L 808 41^{vss} 57
L 808 43^{rs} 7321
L 808 49^{v}–51^{r} 1526
L 808 84^{v}–86^{r} 3155
L 808 87^{rss} 9715
L 808 88^{rs} 6143
L 808 92^{r} 3896
L 808 94^{vs} 3896
L 808 98^{rss} 8545
L 808 99^{vs} 7208
L 808 110^{vs} 3880
L 808 112^{r}–113^{v} 1724
L 808 116^{vs} 4569
L 808 122^{v}–124^{r} 9148
L 808 127^{rs} 1900
L 808 141^{r} 6684
L 808 144^{v}–146^{r} 1793
L 808 166^{v}–168^{r} 6674
L 808 171^{rs} 8204
L 808 173^{rs} 9576
L 808 188^{vss} 9935
L 808 197^{rss} 2327
L 808 234^{r}–235^{v} 1285
L 808 243^{rss} 6816
L 808 266^{vs} 9182
L 808 271^{rss} 6876
L 808 274^{rs} 1089
L 808 275^{r} 3897
L 808 282^{r}–284^{r} 2533
L 808 303^{r} 7322
L 808 305^{vss} 5348
L 808 318^{rss} 2402
L 808 A 10^{rss} 5755
L 808 A 14^{r}–16^{r} 1109
L 808 A 17^{vss} 9116
L 808 A 28^{v}–30^{r} 7605
L 808 A 30^{r}–31^{v} 5340
L 808 A 40^{v}–42^{r} 5524
L 808 A 42^{rss} 4862
L 808 A 56^{rss} 2578
L 808 A 83^{vss} 4269
L 808 A 90^{v}–92^{r} 8727
L 808 A 96^{r}–98^{r} 4225
L 808 A 99^{vss} 8849
L 808 A 105^{v}–107^{r} 642
L 808 A 107^{v}–109^{r} 9817
L 808 A 111^{rss} 8259
L 808 A 115^{r}–116^{v} 1421
L 808 A 118^{rss} 2694

L 808 A 119^{r}–121^{r} 8520
L 808 A 122^{v}–124^{v} 3192
L 808 A 125^{r}–126^{v} 5762
L 808 A 141^{vss} 827
L 808 A 144^{rss} 1742
L 808 A 152^{r}–153^{v} 6124
L 808 A 207^{vss} 10376
L 808 A 213^{v}–215^{r} 5379
L 808 A 217^{vss} 9628
L 808 A 220^{r}–222^{r} 5009
L 808 A 233^{v}–235^{r} 7110
L 808 A 247^{vss} 9599
L 808 A 273^{vss} 6553
L 808 A 284^{rss} 1505
L 808 A 311^{vss} 9707
L 808 B 8^{rss} 2799
L 808 B 23^{rss} 827
L 808 B 24^{vss} 5495
L 808 B 40^{rss} 621
L 808 B 45^{r}–46^{v} 861
L 808 B 48^{vss} 7701
L 808 B 52^{v}–54^{v} 10063
L 808 B 55^{v}–57^{r} 3671
L 808 B 65^{r} 3465
L 808 B 65^{rss} 3465
L 808 B 66^{r}–67^{v} 4101
L 808 B 74^{vss} 1813
L 808 B 78^{vss} 9773
L 808 B 84^{rs} 10368
L 808 B 98^{vss} 582
L 808 B 114^{rss} 6630
L 808 B 121^{rss} 9335
L 808 B 127^{rs} 3819
L 808 B 143^{vs} 9174
L 808 B 148^{r}–149^{v} 858
L 808 B 156^{rss} 5492
L 808 B 169^{vss} 10413
L 808 B 180^{rs} 4664
L 808 B 190^{rss} 1868
L 808 B 196^{vss} 8619
L 808 B 200^{vs} 4213
L 808 B 210^{v}–212^{r} 6921
L 808 B 212^{rs} 527
L 808 B 212^{v}–214^{r} 7004
L 808 B 230^{r}–231^{v} 5721
L 808 B 235^{v}–237^{v} 4793
L 808 B 238^{v}–240^{r} 4785
L 808 B 240^{vss} 9812
L 808 B 260^{rs} 1838
L 808 B 269^{v}–271^{r} 6902
L 808 B 279^{vss} 5340

L 808 B 280^v–282^r 1391
L 808 B 291^{rss} 5637
L 808 B 296^{vss} 8712
L 808 B 307^v–309^r 520
L 808 B 311^r 4486
L 808 B 312^{rss} 8323
L 808 B 316^{rs} 6905
L 808 B 317^r–320^r 709
L 808 B 328^r–329^v 3143
L 808 B 330^{vs} 118
L 808 B 334^{rss} 6123
L 808 B 337^{rs} 5491
L 808 B 340^r–341^v 118
L 808 B 347^{rs} 9517
L 809 11^{vss} 1485
L 809 16^{vss} 1951
L 809 20^{rs} 1925
L 809 21^v–23^r 5340
L 809 88^v–91^r 1586
L 809 92^v–94^r 1737
L 809 96^r–98^r 2745
L 809 99^{rss} 7793
L 809 108^{vss} 4978
L 809 125^{vss} 10155
L 809 126^{vss} 5581
L 809 128^{rss} 8395
L 809 135^r–136^v 82
L 809 141^{vss} 1412
L 809 152^{rss} 5621
L 809 153^{vss} 4785
L 809 155^r–156^v 8522
L 809 160^{rs} 8956
L 809 169^{rss} 1715
L 809 181^{vss} 581
L 809 194^v–196^r 1951
L 809 201^v–203^r 4393
L 809 217^{vss} 5921
L 809 231^{rs} 5540
L 809 234^{rss} 458
L 809 243^{vss} 1438
L 809 260^{vss} 237
L 809 261^{vss} 300
L 809 278^v–280^r 2590
L 809 291^v–293^v 4828
L 809 293^v–295^r 6297
L 810 90^r–92^r 6381
L 810 92^v 1233
L 810 93^{rss} 1711
L 810 94^{rs} 1711
L 810 94^v–96^v 7841
L 810 96^{vs} 7841

L 810 97^{vs} 3956
L 810 98^{rs} 3956
L 810 98^{vs} 3956
L 810 109^{rs} 294
L 810 113^r–114^v 8864
L 810 114^{vs} 8864
L 810 115^{vss} 7791
L 810 126^{rss} 7054
L 810 127^v 7054
L 810 128^r 7054
L 810 137^{rss} 9258
L 810 138^v 9041 10096
L 810 139^r–140^v 372
L 810 140^v 9041 10096
L 810 141^{rs} 6503
L 810 175^{vs} 3306
L 810 181^{rs} 9066
L 810 195^{rss} 7497
L 810 202^v–204^r 2035
L 810 208^{vss} 292
L 810 211^{rss} 3956
L 810 214^v–216^r 10481
L 810 228^v–230^r 3660
L 810 230^{rss} 3489
L 810 231^r–232^v 862
L 810 244^{vs} 294
L 810 250^{rss} 2040
L 810 283^{rss} 2040
L 811 4^{rs} 1392
L 811 5^r 2078
L 811 8^{rss} 3376
L 811 20^{vs} 1044
L 811 27^{vs} 10623
L 811 35^r–36^v 4406
L 811 40^{rss} 10279
L 811 49^v–51^r 8471
L 811 56^{vs} 321
L 811 57^{rs} 7841
L 811 68^{rss} 186
L 811 69^v 10625
L 811 71^{vss} 3300
L 811 79^{vs} 4036
L 811 87^{vss} 657
L 811 89^v–91^r 10434
L 811 108^{rss} 201
L 811 116^{vs} 9336
L 811 132^{vss} 3130
L 811 167^{rss} 9461
L 811 168^v 2170
L 811 178^{vss} 7313
L 811 198^v 9272

L 811 199^{rs} 10105
L 811 200^{rss} 10401
L 811 201^{rs} 10607
L 811 201^{vss} 6691
L 811 214^{rss} 294
L 811 224^{vss} 24
L 811 259^{vs} 10096
L 811 269^{rs} 5549
L 811 283^{rs} 1807
L 811 287^{vss} 862
L 811 291^v–293^v 3221
L 811 294^{vss} 1519
L 811 61 vss 4374
L 811 203 vss 6339
L 811 209 rs 6339
L 812 21^{vss} 9355
L 812 23^r–25^v 654
L 812 28^{vss} 7039
L 812 64^v–66^r 4284
L 812 69^{vss} 2475
L 812 83^{vss} 2866
L 812 92^v–94^v 3672
L 812 101^{vs} 8949
L 812 106^r–107^v 7132
L 812 117^{vss} 2574
L 812 124^{vss} 8908
L 812 142^{rss} 9055
L 812 145^{vss} 4249
L 812 150^r–151^v 2807
L 812 187^v–189^r 8692
L 812 197^{rss} 1081
L 812 201^v–203^v 4255
L 812 218^{rss} 10161
L 812 221^{rss} 8092
L 812 226^{rss} 8317
L 812 236^v–238^r 7578
L 812 241^{vss} 8691
L 812 248^v–250^r 7553
L 812 253^v–255^r 2441
L 812 257^{rss} 1171
L 812 279^{vs} 10438
L 812 296^{rss} 6642
L 812 300^{vs} 9031
L 812 302^{vs} 10442
L 813 8^v–10^r 9570
L 813 19^r–21^r 4170
L 813 77^{rss} 2887
L 813 116^{rss} 5181
L 813 138^{vss} 1443
L 813 140^r–142^r 8688
L 813 143^v–145^r 7049

L 813 175^{vss} 9687
L 813 205^{rss} 1807
L 813 211^{rs} 8952
L 813 214^{vss} 7187
L 813 216^{v}–218^{v} 5607
L 813 223^{rss} 9117
L 813 249^{rss} 5844
L 813 264^{rss} 4982
L 813 292^{rs} 6498
L 813 307^{v}–309^{r} 606
L 813 310^{v}–312^{r} 802
L 813 312^{r}–313^{v} 5381
L 813 316^{rs} 9351
L 813 329^{vs} 8022
L 814 5^{v}–7^{r} 398
L 814 8^{v}–10^{r} 2877
L 814 14^{rss} 2469
L 814 30^{vs} 1609
L 814 31^{vs} 8310
L 814 38^{vss} 2562
L 814 51^{rss} 7578
L 814 54^{r}–55^{v} 4193
L 814 57^{r}–58^{v} 918
L 814 64^{v}–67^{v} 4213
L 814 88^{r}–90^{r} 8614
L 814 91^{v}–93^{r} 10354
L 814 94^{v}–96^{r} 10192
L 814 99^{rs} 7422
L 814 116^{vss} 3686
L 814 117^{vss} 4331
L 814 129^{rss} 4231
L 814 130^{vss} 7922
L 814 135^{rs} 5222
L 814 152^{r}–153^{v} 8562
L 814 164^{rs} 3318
L 814 182^{r}–183^{v} 10459
L 814 193^{v}–195^{r} 10458
L 814 205^{r}–206^{v} 23
L 814 253^{r}–255^{r} 4300
L 814 266^{vss} 509
L 814 274^{rss} 5528
L 814 284^{vss} 7856
L 814 300^{rss} 5450
L 815 1^{rs} 7028
L 815 4^{v}–6^{r} 3906
L 815 20^{vss} 9275
L 815 42^{vss} 9229
L 815 43^{vss} 3561
L 815 46^{vss} 7680
L 815 62^{r}–63^{v} 7560
L 815 69^{rss} 3306

L 815 100^{v}–102^{r} 5551
L 815 102^{rss} 4581
L 815 109^{rss} 1231
L 815 113^{r}–115^{r} 3843
L 815 118^{rss} 4109
L 815 119^{vs} 4202
L 815 121^{vss} 6212
L 815 128^{rs} 6415
L 815 146^{v} 10063
L 815 146^{v}–148^{r} 9195
L 815 165^{r}–167^{r} 9312
L 815 167^{vss} 8848
L 815 181^{rss} 5982
L 815 189^{vss} 4585
L 815 215^{vss} 3265
L 815 216^{vss} 3819
L 815 221^{rss} 3671
L 815 237^{rss} 5581
L 815 246^{rss} 7447
L 815 253^{r}–254^{v} 7732
L 815 254^{v}–256^{r} 1414
L 815 269^{v}–271^{v} 2832
L 815 274^{v}–276^{r} 7620
L 815 278^{rss} 588
L 815 282^{r}–283^{v} 8938
L 815 316^{vss} 827
L 815 317^{vss} 8377
L 815 331^{v}–333^{v} 8204
L 816 1^{r}–2^{v} 9952
L 816 2^{vs} 9935
L 816 3^{vs} 10486
L 816 10^{vs} 1961
L 816 11^{rs} 1633
L 816 12^{rs} 3296
L 816 15^{vs} 1717
L 816 25^{v}–27^{r} 10031
L 816 30^{rs} 4984
L 816 52^{vs} 900
L 816 54^{v}–56^{r} 602
L 816 56^{vss} 7815
L 816 77^{vss} 2944
L 816 78^{vss} 8038
L 816 79^{vss} 8891
L 816 97^{rs} 475
L 816 100^{vss} 8478
L 816 110^{v}–112^{r} 9148
L 816 114^{v}–116^{r} 941
L 816 130^{rss} 8288
L 816 146^{rss} 102
L 816 155^{rs} 720
L 816 160^{rs} 4883

L 816 164^{v} 3246
L 816 185^{v}–187^{r} 1793
L 816 191^{r}–192^{v} 50
L 816 200^{rss} 1238
L 816 204^{rss} 8914
L 816 212^{r} 2726
L 816 212^{vs} 4827
L 816 215^{v}–217^{v} 2316
L 816 222^{r}–223^{v} 586
L 816 223^{vs} 2456
L 816 246^{vs} 3031
L 816 247^{r}–248^{v} 9932
L 816 264^{r} 10077
L 816 264^{vs} 4113
L 816 265^{r}–266^{v} 8335
L 816 266^{v} 2034
L 816 270^{vss} 5100
L 816 283^{vs} 1726
L 816 288^{rs} 6935
L 816 289^{rss} 58
L 816 291^{rs} 1168
L 817 7^{rs} 1739
L 817 7^{vs} 1739
L 817 14^{vs} 9973
L 817 16^{vss} 7994
L 817 32^{rss} 2212
L 817 68^{vs} 5393
L 817 75^{rs} 5730
L 817 76^{vss} 5840
L 817 79^{r}–81^{r} 10212
L 817 81^{rs} 3827
L 817 86^{rs} 2623
L 817 87^{v} 4698
L 817 96^{r}–97^{v} 5430
L 817 105^{rss} 9209
L 817 108^{r}–109^{v} 3631
L 817 109^{v}–111^{r} 9239
L 817 111^{r}–112^{v} 4987
L 817 116^{vss} 2830
L 817 126^{rs} 3415
L 817 127^{rs} 7285
L 817 129^{r}–130^{v} 2815
L 817 137^{v}–139^{r} 10438
L 817 144^{vs} 1945
L 817 145^{v} 10227
L 817 147^{r}–148^{v} 8065
L 817 150^{rs} 9563
L 817 151^{rss} 7236
L 817 176^{v}–178^{r} 3630
L 817 182^{rss} 7651
L 817 208^{rss} 7308

L 817 220^r–221^v 2469
L 817 227^v–229^r 1766
L 817 239^{rss} 381
L 817 241^r–242^v 876
L 817 249^{rss} 8726
L 817 259^{vss} 4910
L 817 279^v 5979
L 817 281^r–283^r 1868
L 817 285^{vss} 5844
L 817 288^{rs} 7402
L 818 1^{rss} 5556
L 818 11^{rs} 1752
L 818 42^{vs} 3155
L 818 69^{vss} 9554
L 818 71^{vss} 5912
L 818 82^{rss} 590
L 818 89^{vss} 2416
L 818 94^{vss} 2937
L 818 95^{vs} 6034
L 818 99^{rs} 4174
L 818 101^{vss} 1249
L 818 106^r–107^v 3736
L 818 125^{vss} 10619
L 818 127^{rs} 1273
L 818 128^v–130^r 4581
L 818 135^{vs} 6770
L 818 149^r–150^v 10590
L 818 165^{rs} 631
L 818 165^{vs} 4692
L 818 166^{rs} 5747
L 818 167^r–168^v 2008
L 818 169^{vs} 1225
L 818 178^{vs} 1348
L 818 201^{rss} 3557
L 818 205^{vs} 9599
L 818 206^r–207^v 4668
L 818 222^r–224^r 1269
L 818 236^{vs} 4206
L 818 253^r–255^r 890
L 818 270^{rss} 2195
L 818 271^{rs} 10284
L 818 279^{vs} 3579
L 818 286^{rs} 1840
L 818 298^v–300^r 5160
L 818 301^r–302^v 8618
L 819 1^r–2^v 10217
L 819 4^r–6^r 1863
L 819 23^v–25^v 4853
L 819 33^v–35^v 2284
L 819 46^v–48^r 3905
L 819 49^v–51^v 1533

L 819 57^v–59^r 287
L 819 74^r–76^v 3672
L 819 85^r–87^v 9380
L 819 97^r–99^r 4260
L 819 99^v–101^v 1113
L 819 106^r–108^v 3702
L 819 114^r–116^r 306
L 819 129^r–131^r 8109
L 819 136^r–138^v 18
L 819 141^v–144^r 944
L 819 146^v–149^v 1594
L 819 153^r–154^v 9839
L 819 155^r–156^v 7349
L 819 159^r–161^r 6992
L 819 161^v–163^v 3707
L 819 166^r–167^v 2292
L 819 168^r–169^v 3306
L 819 186^v–188^r 3924
L 819 191^{vss} 6583
L 819 193^{rss} 866
L 819 196^r–197^v 757
L 819 198^{rss} 7827
L 819 201^r–202^v 7799
L 819 212^{rss} 704
L 819 222^r–223^v 1015
L 819 226^r–228^r 7176
L 819 228^r–229^v 9833
L 819 229^v–231^r 4774
L 819 232^v–234^r 894
L 819 235^{vss} 410
L 819 238^r–239^v 7133
L 819 239^v–241^r 178
L 819 246^v–248^r 987
L 819 248^r–249^v 395
L 819 249^v–251^r 6837
L 819 251^{vss} 3496
L 819 252^v–254^r 3859
L 819 255^r–256^v 6
L 819 258^{rss} 8018
L 819 259^r–260^v 6536
L 819 262^{rss} 7030
L 819 264^v–266^r 10466
L 819 266^{rss} 6422
L 819 269^r–270^v 2180
L 819 270^v–272^r 9651
L 819 272^r–273^v 1041
L 819 273^v–275^r 4195
L 819 275^r–276^v 8927
L 819 276^{vss} 2511
L 819 278^{rss} 9716
L 819 279^r–281^r 1414

L 819 283^{vss} 4609
L 819 292^v–294^r 737
L 819 302^v–304^r 4969
L 819 306^{rss} 1611
L 819 307^{vss} 7497
L 820 57^r–58^v 4242
L 820 58^v–60^v 3490
L 820 62^r–64^r 5896
L 820 73^v–75^v 3978
L 820 93^r–94^v 9025
L 820 114^v–116^r 9812
L 820 118^{rs} 7970
L 820 121^r–123^r 3686
L 820 123^v–125^v 164
L 820 126^r–127^v 9845
L 820 143^{vss} 1491
L 820 152^r–153^v 4738
L 820 155^{vss} 5874
L 820 161^r–162^v 3645
L 820 166^v–168^r 5339
L 820 176^{vs} 7029
L 820 185^r–186^v 1079
L 820 191^r–192^v 8127
L 820 193^r–194^v 2750
L 820 195^r–196^v 4862
L 820 198^{vss} 9901
L 820 200^r–201^v 3917
L 820 207^v–209^v 3016
L 820 226^v–228^r 6903
L 820 228^v–230^v 6038
L 820 240^r–241^v 1114
L 820 247^r–248^v 6981
L 820 257^r–259^r 9366
L 820 259^v–261^r 3340
L 820 261^v–263^r 3445
L 820 265^r–266^v 9468
L 820 277^r–279^r 8917
L 820 279^r–280^v 6637
L 820 280^v–282^v 9823
L 820 283^r–285^r 1158
L 820 297^{rss} 4710
L 820 302^v–304^v 10471
L 820 304^r–306^v 9643
L 820 310^v–312^v 921
L 820 313^{rss} 2067
L 820 316^v–319^r 7467
L 821 28^{rss} 6811
L 821 34^{rs} 4434
L 821 36^{vss} 1848
L 821 38^{vs} 1272
L 821 55^r–56^v 918

L 821 69^{vss} 5161
L 821 84^{rss} 7349
L 821 90^{vss} 4631
L 821 111^{rs} 3076
L 821 122^r–123^v 10625
L 821 126^{vss} 5105
L 821 164^v–166^r 4288
L 821 170^{vs} 4167
L 821 172^{vs} 9618
L 821 176^{vss} 9880
L 821 212^r–213^v 4120
L 821 228^r–229^v 9336
L 821 244^{vs} 140
L 821 305^r 9733
L 822 3^{rs} 7651
L 822 8^{rs} 4947
L 822 32^{vs} 4583
L 822 34^{vs} 10293
L 822 35^{rss} 9018
L 822 37^{rs} 4167
L 822 41^{vss} 7332
L 822 42^{vs} 3444
L 822 61^{rss} 9860
L 822 71^{rs} 962
L 822 74^v 7525
L 822 82^{vss} 763
L 822 99^v–101^r 5599
L 822 124^{vs} 1527
L 822 162^{vss} 6503
L 822 163^{vs} 6503
L 822 168^v–171^r 101
L 822 188^{rs} 693
L 822 192^{vs} 1179
L 822 218^v–220^v 4776
L 822 236^{rss} 532
L 822 241^{vss} 7791
L 822 266^{rs} 2399
L 822 268^{rss} 2304
L 822 269^r–270^v 978
L 822 289^r 9258
L 822 289^{rs} 372
L 822 299^{rs} 6319
L 822 302^{rss} 8854
L 822 311^{rs} 2511
L 823 7^{rs} 7482
L 823 21^{rss} 5582
L 823 25^{rss} 9720
L 823 31^{rss} 3033
L 823 39^{vs} 6174
L 823 45^{vss} 7078
L 823 51^{vss} 7252

L 823 54^{vs} 5645
L 823 62^{vs} 8723
L 823 68^{vs} 6456
L 823 75^{rs} 5326
L 823 76^r 7791
L 823 76^{rs} 7791
L 823 81^r 3686
L 823 88^{vs} 7460
L 823 89^{rs} 9433
L 823 119^{vss} 8804
L 823 128^{vs} 3819
L 823 131^{vs} 9736
L 823 159^{rs} 2537
L 823 174^{vs} 2325
L 823 187^{rs} 2912
L 823 197^{vs} 8469
L 823 198^r–199^v 6080
L 823 199^{vs} 294
L 823 214^{rs} 863
L 823 220^{rs} 4091
L 823 244^{rss} 9801
L 823 245^r–246^v 3259
L 823 248^{vs} 3956
L 823 259^{rs} 6377
L 823 268^v–270^r 1772
L 823 282^{rs} 10622
L 823 293^{rss} 1084
L 823 300^{vs} 20
L 824 43^{rss} 2723
L 824 49^{rs} 1530
L 824 78^v–80^r 5126
L 824 87^{vs} 4237
L 824 111^v–113^r 5680
L 824 155^{vss} 6165
L 824 173^{rss} 3844
L 824 181^{vss} 907
L 824 182^{vs} 4123
L 824 257^r–258^v 6553
L 824 286^v–288^r 5373
L 825 4^{rs} 9793
L 825 5^r 9793
L 825 11^{vs} 6638
L 825 12^{vss} 2323
L 825 13^{vs} 2323
L 825 26^{vss} 1400
L 825 28^r 1400
L 825 28^v 1400
L 825 32^{rss} 4814
L 825 33^{rs} 4814
L 825 33^v 4814
L 825 36^{vss} 1444

L 825 38^{rs} 1444
L 825 39^{rs} 2010
L 825 63^{rss} 1216
L 825 64^v–66^r 2600
L 825 83^v–87^r 6081
L 825 92^{vss} 7886
L 825 105^{rss} 1007
L 825 106^{vss} 5011
L 825 113^r–114^v 8018
L 825 127^{vss} 3135
L 825 153^{vs} 1084
L 825 155^{rs} 6673
L 825 169^r–170^v 4092
L 825 173^{rss} 1442
L 825 193^{vs} 274
L 825 213^r–214^v 5223
L 825 223^{rss} 7547
L 825 245^{vss} 3583
L 825 264^r–265^v 704
L 825 265^{vs} 225
L 825 269^r–270^v 10004
L 825 270^{vss} 8845
L 825 277^{vs} 10538
L 825 284^{rs} 1876
L 825 287^v–289^r 5448
L 825 291^v–293^r 7405
L 825 295^{rs} 2323
L 826 1^{rs} 10546
L 826 6^{rs} 2080
L 826 8^{rss} 6818
L 826 10^v–12^r 10171
L 826 13^{vs} 8841
L 826 14^{vss} 5012
L 826 18^r–19^v 4786
L 826 47^{rs} 802
L 826 51^r–52^v 7587
L 826 54^r–55^v 713
L 826 73^{vss} 3748
L 826 86^{rss} 4786
L 826 98^{rs} 687
L 826 104^{rss} 1071
L 826 114^r–115^v 10468
L 826 118^r–119^v 8803
L 826 151^{rss} 2024
L 826 153^{rs} 439
L 826 154^{vs} 7612
L 826 175^{rss} 4659
L 826 185^r–186^v 4450
L 826 188^v–190^r 2353
L 826 200^{rss} 618
L 826 204^{rs} 9631

L 826 209^{v}–211^{r} 3425	L 828 175^{vs} 5991	L 830 135^{vss} 4569
L 826 211^{r}–213^{v} 1237	L 828 184^{vss} 1031	L 830 136^{vss} 6702
L 826 216^{rs} 8549	L 828 190^{vs} 9632	L 830 157^{rss} 9649
L 826 260^{v}–262^{r} 10208	L 828 200^{vs} 6938	L 830 177^{v}–179^{r} 1586
L 826 262^{r}–263^{v} 6832	L 828 211^{vss} 1946	L 830 179^{r}–180^{v} 1798
L 826 267^{vs} 407	L 828 217^{v} 2960	L 830 180^{vss} 3306
L 826 268^{vs} 1201	L 828 218^{rss} 7762	L 830 200^{r}–201^{v} 1148
L 826 275^{v}–277^{r} 3844	L 828 222^{v} 6938	L 830 208^{r}–209^{v} 8663
L 826 290^{r} 9208	L 828 222^{vs} 6938	L 830 218^{vss} 7985
L 826 302^{rss} 7180	L 828 223^{rss} 6938	L 830 219^{vss} 2638
L 826 305^{r} 10028	L 828 239^{rs} 6017	L 830 226^{vs} 5464
L 826 305^{v} 9640	L 828 245^{rs} 3032	L 830 253^{vs} 5374
L 826 306^{v} 8542	L 828 246^{r} 56	L 830 260^{rss} 5239
L 826 308^{v} 4029	L 828 246^{rs} 6110	L 830 262^{rs} 810
L 826 314^{r} 6554	L 828 252^{rs} 5088	L 830 279^{vss} 7400
L 826 314^{v} 654	L 828 262^{vs} 6228	L 830 291^{vs} 6515
L 826 315^{v} 9190	L 828 264^{vss} 709	L 830 315^{r} 3133
L 826 318^{v} 4832	L 828 268^{vss} 9380	L 830 315^{v}–317^{r} 6277
L 826 320^{rs} 1650	L 828 296^{r}–297^{v} 8205	L 831 14^{rss} 4669
L 826 324^{r} 2786 7054	L 829 27^{rss} 3061	L 831 17^{r}–18^{v} 1196
L 826 325^{v} 6039	L 829 28^{rss} 1679	L 831 35^{vss} 7394
L 827 45^{vss} 7733	L 829 58^{vss} 7026	L 831 53^{vss} 594
L 827 47^{r}–48^{v} 8360	L 829 69^{rss} 8158	L 831 59^{vss} 6587
L 827 64^{r}–65^{v} 4691	L 829 105^{v}–107^{r} 6308	L 831 84^{vss} 4631
L 827 96^{rs} 3883	L 829 112^{rss} 5128	L 831 123^{rss} 6154
L 827 107^{rss} 626	L 829 147^{vss} 3108	L 831 177^{vss} 1560
L 827 113^{vss} 8614	L 829 156^{rss} 3678	L 831 187^{vs} 385
L 827 138^{vss} 5794	L 829 165^{vs} 9997	L 831 188^{vs} 7943
L 827 142^{rs} 252	L 829 170^{r}–171^{v} 1428	L 831 189^{v}–191^{r} 5601
L 827 160^{vss} 3797	L 829 185^{vss} 6777	L 831 193^{rss} 774
L 827 165^{rs} 798	L 829 192^{rss} 8524	L 831 226^{vss} 3195
L 827 165^{vss} 5223	L 829 201^{rs} 10053	L 831 233^{vss} 2724
L 827 208^{v}–210^{r} 1588	L 829 203^{vs} 6234	L 831 244^{vs} 712
L 827 264^{r}–265^{v} 2960	L 829 204^{vss} 4811	L 831 258^{rss} 9667
L 827 266^{r} 2960	L 829 211^{vss} 318	L 831 260^{rss} 4103
L 827 299^{r} 6938	L 829 217^{rss} 9144	L 831 261^{r}–262^{v} 9745
L 827 299^{v} 6938	L 829 222^{r}–223^{v} 3059	L 831 262^{vss} 7550
L 827 303^{r}–305^{r} 6515	L 829 230^{rss} 1089	L 831 285^{rs} 2766
L 827 305^{v} 6515	L 829 238^{vss} 6430	L 831 296^{vss} 6511
L 827 305^{vss} 6515	L 829 256^{r}–257^{v} 8113	L 831 300^{vss} 8384
L 827 314^{v}–316^{r} 6327	L 829 282^{rs} 5241	L 832 1^{r}–2^{v} 3748
L 827 316^{r} 6327	L 829 286^{v}–288^{r} 798	L 832 29^{r}–30^{v} 9898
L 828 31^{rss} 2299	L 830 13^{rss} 7257	L 832 66^{r}–67^{v} 8397
L 828 42^{rss} 2360	L 830 64^{r}–65^{v} 2511	L 832 68^{rs} 8565
L 828 72^{rs} 3275	L 830 76^{v}–78^{r} 7350	L 832 89^{vss} 10117
L 828 114^{r}–115^{v} 9634	L 830 82^{vs} 2497	L 832 105^{vss} 7335
L 828 119^{rs} 847	L 830 87^{r} 9513	L 832 110^{rss} 589
L 828 136^{r}–137^{v} 1861	L 830 99^{vss} 2024	L 832 133^{rs} 4925
L 828 138^{vs} 5451	L 830 101^{rs} 5322	L 832 138^{vss} 68
L 828 144^{rs} 9427	L 830 102^{rs} 8864	L 832 172^{rss} 6154
L 828 172^{rs} 7023	L 830 106^{v} 6928	L 832 187^{rss} 2668

L 832 189^{rss} 3216
L 832 202^{vss} 3003
L 832 211^{rss} 5151
L 832 247^r–248^v 8252
L 832 251^v–253^r 5382
L 832 286^{rss} 5820
L 832 303^{rss} 6559
L 833 5^{vs} 3506
L 833 17^{vss} 2422
L 833 32^{vs} 1738
L 833 105^v–107^r 1031
L 833 130^r–132^r 3199
L 833 177^{vss} 1912
L 833 198^{rs} 10334
L 833 199^r 10334
L 833 224^r–225^v 7913
L 833 267^{vss} 3314
L 833 311^v 4145 10556
L 833 312^r 3091
L 834 5^r–6^v 7007
L 834 20^{vss} 9795
L 834 25^{rss} 8325
L 834 28^{vss} 2288
L 834 35^{vss} 6045
L 834 61^r–63^r 5329
L 834 97^r–98^v 4925
L 834 112^{vss} 8718
L 834 116^{vs} 4301
L 834 126^{vss} 4871
L 834 129^{vss} 7245
L 834 135^{rss} 8441
L 834 147^{vs} 7277
L 834 161^v–163^r 5688
L 834 183^{rss} 6807
L 834 227^r–228^v 3295
L 834 256^v–258^r 7173
L 834 266^{rs} 8163
L 834 266^v–268^r 10140
L 834 271^{vss} 6998
L 834 275^v–277^v 9631
L 834 306^r–307^v 3987
L 834 312^{rs} 1987
L 834 313^{rss} 3672
L 834 318^{rss} 737
L 835 1^{rss} 7929
L 835 6^{rs} 7074
L 835 6^v 1811
L 835 8^{vss} 1190
L 835 13^r–14^v 10318
L 835 29^{rss} 713
L 835 36^{rss} 9858

L 835 37^{vs} 1138
L 835 53^v 5094
L 835 58^{rs} 9564
L 835 61^{rss} 741
L 835 96^r 8554
L 835 106^{rs} 6909
L 835 139^{vs} 1527
L 835 154^{vs} 4719
L 835 172^{rs} 2066
L 835 175^{vss} 6062
L 835 180^{vss} 3185
L 835 190^{rs} 6559
L 835 230^v 1947
L 835 257^{vs} 2835
L 835 258^{rs} 574
L 835 260^{rs} 4696
L 835 265^r 1736
L 835 280^{vss} 9943
L 835 290^{rs} 4943
L 835 291^r–292^v 5436
L 835 292^v–294^r 569
L 835 295^{rs} 4640
L 836 3^r–5^r 6470
L 836 7^{rss} 4700
L 836 31^{rss} 6034
L 836 56^v–58^v 9928
L 836 60^{vs} 2648
L 836 63^{rss} 6807
L 836 90^{rss} 9607
L 836 95^{vss} 7577
L 836 103^{rss} 8555
L 836 109^{rss} 4719
L 836 118^v–120^r 4725
L 836 121^{rss} 332
L 836 138^{rs} 1977
L 836 141^{rs} 10043
L 836 143^{rss} 5371
L 836 145^{rs} 1106
L 836 157^{rss} 7588
L 836 161^{vs} 1403
L 836 179^v–181^r 2728
L 836 221^{rs} 9473
L 836 235^{vss} 5547
L 836 237^{rs} 1685
L 836 238^{rss} 7001
L 836 266^{rs} 1460
L 836 275^{rs} 2407
L 836 310^r–311^v 4925
L 837 12^v–14^r 8895
L 837 49^{rss} 7063
L 837 65^r–66^v 5716

L 837 68^r–70^r 4787
L 837 70^r–71^v 6908
L 837 75^{rs} 2834
L 837 82^r–83^v 4333
L 837 88^{rss} 3295
L 837 99^{rss} 10509
L 837 132^v–134^r 7611
L 837 172^{vss} 9446
L 837 178^v 1047
L 837 195^v 6707
L 837 218^{vss} 1915
L 837 236^v–238^r 2404
L 837 243^{vs} 1801
L 837 268^{vss} 790
L 837 269^{vss} 1489
L 837 297^{vs} 4691
L 837 299^{rs} 10070
L 837 315^{rs} 121
L 837 329^{rs} 3941
L 838 56^{vs} 2226
L 838 61^{rs} 2462
L 838 67^r–68^v 2591
L 838 122^v–124^v 9139
L 2463 110^{rs} 10120
OP 6 13^v 9036
OP 6 15^r 9883
OP 6 16^r 8535
OP 6 16^v 3051
OP 6 19^{vs} 10267
OP 6 25^r 6355
OP 6 25^v 7059
OP 6 26^v 9121
OP 6 31^r 10168
OP 6 35^r 3488
OP 6 37^r 9466
OP 6 51^r 1788
OP 6 51^v 4814
OP 6 54^v 1030 3527 6144 7401
OP 6 55^v 4129
OP 6 56^v 6694
OP 6 57^r 3984
OP 6 59^v 4066
OP 6 60^v 1030 5854
OP 6 61^v 5917
OP 6 62^v 4078 4923
OP 6 63^r 4504
OP 6 66^v 36 7306
OP 6 68^r 3984
OP 6 69^v 10370
OP 6 72^r 3692

OP 6 73ᵛ 7173
OP 6 74ᵛ 3067 6889
OP 6 75ʳ 7840 9081
OP 6 77ʳ 9369
OP 6 77ᵛ 10388
OP 6 80ʳ 4671
OP 6 81ʳ 4848
OP 6 81ʳˢ 9199
OP 6 82ᵛ 7109
OP 6 84ᵛ 1031 6038
OP 6 89ᵛ 2025
OP 6 92ʳ 3881 7049
OP 6 92ᵛ 5649
OP 6 93ʳ 2060
OP 6 93ᵛ 2108 8265
OP 6 94ʳ 4213
OP 6 95ʳ 5887
OP 6 99ᵛ 5381
OP 6 103ᵛ 2782 9187
OP 6 104ʳ 10252
OP 6 111ʳ 9369
OP 6 113ʳ 4895
OP 6 113ᵛ 2990
OP 6 114ʳ 7599
OP 6 114ᵛ 5607
OP 6 115ʳ 8121 9369
OP 6 119ᵛ 8869
OP 6 121ʳ 4958
OP 6 121ᵛ 8509
OP 6 124ᵛ 4859
OP 6 125ᵛ 7841
OP 6 127ʳ 1576
OP 6 128ʳ 7072
OP 6 129ʳ 8121
OP 6 130ᵛ 2980
OP 6 132ᵛ 8121
OP 6 134ʳ 5443
OP 6 136ʳ 2831 10283
OP 6 138ʳ 4417
OP 6 142ᵛ 2237 5134
OP 6 143ʳ 10486
OS 79A 13ᵛ 7852
OS 81 11ʳ 3699
OS 81 12ᵛ 9742
OS 81 13ʳ 3410
OS 81 14ʳ 6016
OS 81 21ʳ 138
OS 81 22ᵛ 9526
OS 81 26ᵛ 6381
OS 81 28ᵛ 5029 10315
OS 81 30ʳ 469

OS 81 33ʳ 8707
OS 81 35ᵛ 2796
OS 82 67ʳ 3934
OS 82 67ᵛ 7184
OS 82 68ʳ 8407
OS 82 69ʳ 3155
OS 82 70ʳ 5496
OS 82 75ʳ 543
OS 82 76ᵛ 1057
OS 82 78ʳ 4645 7629
OS 82 78ᵛ 3472
OS 82 81ʳ 1729
OS 82 81ᵛ 4340 9258 9440
OS 82 82ᵛ 9526
OS 82 83ᵛ 671 3150
OS 82 84ᵛ 7125
OS 82 85ᵛ 7407
OS 82 86ᵛ 4049 4598
OS 82 87ᵛ 6291
OS 82 88ʳ 13
OS 82 90ᵛ 5193
OS 82 91ʳ 2159
OS 82 92ʳ 1746
OS 82 92ᵛ 6712
OS 82 98ᵛ 9709
OS 82 99ʳ 6991
OS 82 102ʳ 4790
OS 82 102ᵛ 8 4271 4568
OS 82 103ᵛ 6801
OS 82 105ᵛ 8012 8752
OS 82 106ᵛ 9388
OS 82 107ᵛ 9142
OS 82 113ʳ 7413
OS 82 113ᵛ 6455
OS 82 114ᵛ 7552
OS 82 115ʳ 185
OS 82 115ᵛ 10150
OS 82 116ʳ 1137 2079
OS 82 116ᵛ 636
OS 82 117ᵛ 8309 10094
OS 82 122ʳ 2549
OS 82 123ʳ 9526
OS 82 123ᵛ 2079 4963
OS 82 124ʳ 5798
OS 82 126ᵛ 932
OS 82 127ᵛ 3896 7859
OS 82 128ʳ 190
OS 82 130ʳ 9762
OS 82 131ʳ 9258
OS 82 131ᵛ 372
OS 82 132ʳ 7790

OS 82 132ᵛ 7054
OS 82 133ʳ 6381
OS 82 133ᵛ 1711
OS 82 134ʳ 7841
OS 82 135ᵛ 294
OS 82 136ᵛ 431
OS 82 137ʳ 4473
OS 82 138ʳ 1400 4814
OS 82 138ᵛ 1444 2010
   2323 9793
OS 82 140ᵛ 6327 6938
OS 82 141ʳ 2960 5090
OS 82 141ᵛ 6515
OS 82 142ᵛ 10583
OS 82 143ʳ 8864
OS 82 143ᵛ 4271
OS 82 145ʳ 7294
OS 82 146ʳ 4473
OS 82 146ᵛ 10334
OS 82 147ʳ 7913
OS 83 49ʳ 3934
OS 83 49ᵛ 7184 8407
OS 83 50ᵛ 3155
OS 83 51ʳ 5496
OS 83 53ʳ 543
OS 83 54ʳ 1057
OS 83 55ʳ 4645 7629
OS 83 55ᵛ 3472
OS 83 57ᵛ 1729
OS 83 58ʳ 4340 9258 9440
OS 83 58ᵛ 9526
OS 83 59ᵛ 671 3150
OS 83 60ʳ 7125
OS 83 61ʳ 7407
OS 83 61ᵛ 4049 4598
OS 83 62ʳ 6291
OS 83 62ᵛ 13
OS 83 63ᵛ 2159 5193
OS 83 64ᵛ 1746
OS 83 65ʳ 6712
OS 83 68ᵛ 9709
OS 83 69ᵛ 6991
OS 83 72ᵛ 8 4271 4568
OS 83 73ᵛ 6801
OS 83 75ʳ 8012 8752
OS 83 76ʳ 9388
OS 83 77ʳ 9142
OS 83 83ᵛ 7413
OS 83 84ᵛ 6455
OS 83 85ʳ 7552
OS 83 85ᵛ 185

OS 83 86^r 10150
OS 83 86^v 1137 2079
OS 83 87^r 636
OS 83 87^v 10094
OS 83 88^r 8309
OS 83 92^v 2549
OS 83 93^v 2079 4963 9526
OS 83 94^r 5798
OS 83 96^v 932
OS 83 97^r 3896 7859
OS 83 97^v 190
OS 83 99^v 9762
OS 83 101^r 372 9258
OS 83 101^v 7790
OS 83 102^v 7054
OS 83 103^r 1711 6381 7841
OS 83 105^r 294
OS 83 107^r 431 4473
OS 83 108^v 1400 4814
OS 83 109^r 1444 2010 2323
    9793
OS 83 111^v 2960 5090
    6938
OS 83 112^r 6515
OS 83 113^r 10583
OS 83 113^v 8864
OS 83 114^r 4271
OS 83 115^v 7294
OS 83 116^v 10334
OS 83 117^r 7913
OS 84 146^r 6673
OS 84 146^v 7384
OS 84 150^r 1035
OS 84 154^v 5570
OS 84 156^v 18
OS 84 159^r 371
OS 84 159^v 8407
OS 84 161^v 2521
OS 84 163^v 3155
OS 84 164^v 3934
OS 84 167^r 4566
OS 84 167^v 5496
OS 84 178^r 4164
OS 84 179^v 5006
OS 84 184^v 543 3982
OS 84 194^v 7847
OS 84 195^r 1057
OS 84 198^v 7184
OS 84 199^r 193
OS 84 199^v 4645
OS 84 201^v 7629

OS 84 203^v 3472
OS 84 208^v 5636
OS 84 210^r 5636
OS 84 210^v 1729
OS 84 213^v 5636
OS 84 214^r 4340 9258 9440
OS 84 221^r 9987
OS 84 222^r 3150
OS 84 222^v 1762
OS 84 224^r 671
OS 84 226^r 7125
OS 84 229^r 9526
OS 84 232^r 7407
OS 84 235^v 4049
OS 84 236^r 4598
OS 84 239^r 13
OS 84 240^r 6291 7066
OS 84 243^v 2159
OS 84 246^r 3699
OS 84 247^v 1746
OS 84 248^r 4628
OS 84 249^r 6712
OS 84 250^r 9866
OS 84 253^v 9729
OS 84 254^v 9010
OS 84 259^v 7067
OS 84 260^r 6677
OS 84 270^r 7705
OS 84 270^v 9709
OS 84 275^r 6991
OS 84 281^v 9065
OS 84 286^r 4271
OS 84 286^v 4568 7752
OS 84 A 28^v 7067
OS 84 A 30^v 5637
OS 84 A 40^r 7067
OS 84 A 40^v 5535
OS 84 A 43^v 7413
OS 84 A 47^r 6455 7552
OS 84 A 49^r 185
OS 84 A 50^r 1137
OS 84 A 50^v 10150
OS 84 A 51^v 2079
OS 84 A 52^v 6109
OS 84 A 53^v 2442 6878
OS 84 A 54^r 7068
OS 84 A 55^r 9142
OS 84 A 55^v 10094
OS 84 A 57^r 353
OS 84 A 59^r 8309
OS 84 A 59^v 138

OS 84 A 60^v 8065
OS 84 A 63^v 2794
OS 84 A 64^v 8770
OS 84 A 67^r 2621
OS 84 A 70^v 877
OS 84 A 71^v 2549
OS 84 A 73^r 9526
OS 84 A 73^v 7068
OS 84 A 74^r 2079
OS 84 A 74^v 5798
OS 84 A 75^v 4963 5436
OS 84 A 76^v 7069
OS 84 A 81^v 9258
OS 84 A 84^r 5535
OS 84 A 86^r 932
OS 84 A 86^v 932 7282
OS 84 A 87^v 3896
OS 84 A 88^r 628 8535
OS 84 A 88^v 3771
OS 84 A 89^r 10150
OS 84 A 89^v 3624
OS 84 A 91^r 190
OS 84 A 92^v 9544
OS 84 A 94^r 2498
OS 84 A 95^v 1788
OS 84 A 98^v 3848
OS 84 A 100^v 9762
OS 84 A 103^r 372
OS 84 A 107^r 7791
OS 84 A 109^r 7054
OS 84 A 111^v 1711 6381
OS 84 A 123^r 4473
OS 84 A 123^v 1400
OS 84 A 125^r 4814
OS 84 A 126^r 9793
OS 84 A 127^r 5029
OS 84 A 128^r 1445 2010
    6638
OS 84 A 131^v 2323
OS 84 A 134^r 8959
OS 84 A 134^v 10315
OS 84 A 135^r 654
OS 84 A 148^v 469
OS 84 A 149^r 469
OS 84 A 151^r 2960
OS 84 A 153^r 6938
OS 84 A 157^r 9762
OS 84 A 157^v 3122 9631
OS 84 A 161^r 6194 6327
OS 84 A 167^r 8707
OS 84 A 171^v 10583

OS 84A 175^r 8864
OS 84A 176^r 8525
OS 84A 178^v 9997
OS 84A 181^v 5608
OS 84A 183^r 7294
OS 84A 183^v 2835
OS 84A 184^v 2796 9047
OS 84A 187^r 7069
OS 84A 190^r 10375
OS 84A 191^r 7069
OS 84A 191^v 6045
OS 84A 196^r 7913
OS 84A 198^r 389
OS 84A 199^r 7288
OS 84A 200^v 6502
OS 86 16^r 10334
PA 27 15^r–16^v 9197
PA 27 28^r–30^v 704
PA 27 34^r–37^r 5130
PA 27 47^{rs} 7271
PA 27 53^{rss} 2106
PA 27 57^{vs} 1737
PA 27 59^r 1123
PA 27 66^r–67^v 4956
PA 27 69^r–73^r 1606
PA 27 73^v–76^r 845
PA 27 82^{vss} 1867
PA 27 103^v 5653
PA 27 106^{rss} 3671
PA 27 107^{rss} 6915
PA 27 108^{vss} 4476
PA 27 109^v–115^v 3550
PA 27 125^v–127^r 359
PA 27 131^v–135^r 3179
PA 27 145^v–147^v 527
PA 27 147^{vss} 1240
PA 27 161^r–163^r 5217
PA 27 169^v–172^v 7049
PA 27 173^{rs} 2107
PA 27 177^r–178^v 4636
PA 27 181^{rss} 2106
PA 27 190^{rss} 3550
PA 27 194^r–197^r 2902
PA 27 197^{rs} 4281
PA 27 210^r–217^v 9384
PA 27 222^{vss} 717
PA 27 223^r–225^r 8145
PA 27 230^r–232^v 755
PA 27 233^{rss} 9198
PA 27 238^{rs} 2107
PA 27 255^r–256^v 2096

PA 27 257^r–259^r 10346
PA 27 259^v–262^r 9007
PA 27 270^{rss} 3163
PA 27 271^{rss} 5606
PA 27 272^{rss} 9627
PA 27 273^{rss} 1508
PA 27 274^{vs} 3991
PA 27 275^{rss} 1826
PA 27 277^{rs} 1606
PA 27 282^{rs} 1678
PA 27 283^r–284^v 9197
PA 27 285^{rs} 6472
PA 27 286^r–287^v 7741
PA 27 289^r–292^r 2044
PA 27 292^{vss} 1260
PA 27 295^{rss} 8435
PA 27 296^v–298^r 10184
PA 27 298^r 243 1039 9381
PA 27 298^{vss} 930
PA 27 340^r–341^v 5548
PA 27 343^r–344^v 5049
PA 27 344^v–346^r 5743
PA 27 346^v–348^r 2106
PA 27 352^r–353^v 2950
PA 27 356^{rs} 5606
PA 27 370^{rss} 166
PA 27 376^{vss} 1240
PA 27 386^r–388^r 610
PA 27 393^{rs} 921
PA 27 414^r–415^v 5046
PA 27 415^v–417^r 8060
PA 27 423^r–424^v 10362
PA 27 428^{rss} 3936
PA 27 430^{rss} 6382
PA 27 508^{rs} 2574
PA 27 518^{rs} 6350
PA 27 519^r–520^v 1254
PA 27 535^{rs} 2107
PA 27 542^{rs} 5252
PA 27 558^r–559^v 6513
PA 27 562^r–566^r 4804
PA 27 584^r–586^v 5272
PA 27 587^{rs} 2390
PA 27 593^r–595^v 2463
PA 27 596^r–598^r 2779
PA 27 598^{rs} 7448
PA 27 599^{rs} 2106
PA 27 607^r–609^v 4028
PA 27 612^{vss} 6790
PA 27 618^{rss} 9343
PA 27 634^r–636^v 642

PA 27 648^{rss} 7098
PA 27 649^r–652^r 5985
Paris L 25 A 8 118^r 1729
Paris L 25 A 8 122^r 7066
Paris L 25 A 8 125^v 9440
Paris L 25 A 8 126^r 4340
  9258
Paris L 25 A 8 139^r 9987
Paris L 25 A 8 140^r 3150
Paris L 25 A 8 143^r 1762
Paris L 25 A 8 144^v 671
Paris L 25 A 8 149^v 7125
Paris L 25 A 8 153^v 9526
Paris L 25 A 8 160^r 7407
Paris L 25 A 8 167^v 4049
Paris L 25 A 8 168^v 4598
Paris L 25 A 8 176^v 6291
  7066
Paris L 25 A 8 184^v 2159
Paris L 25 A 8 192^v 3699
Paris L 25 A 8 195^v 1746
Paris L 25 A 8 196^r 4628
Paris L 25 A 8 198^r 6712
Paris L 25 A 8 206^r 9729
Paris L 25 A 8 219^v 6677
Paris L 25 A 8 235^r 3410
Paris L 25 A 8 235^v 9709
Paris L 25 A 9 2^v 8004
Paris L 25 A 9 4^v 2983
Paris L 25 A 9 8^r 8752
Paris L 25 A 9 19^r 9388
Paris L 25 A 9 20^v 8761
Paris L 25 A 9 23^r 6801
Paris L 25 A 9 27^v 4236
Paris L 25 A 9 43^r 7413
Paris L 25 A 9 46^r 6455
Paris L 25 A 9 46^{rs} 7552
Paris L 25 A 9 48^r 185
Paris L 25 A 9 49^r 1137
Paris L 25 A 9 49^v 10150
Paris L 25 A 9 50^v 2079
Paris L 25 A 9 51^v 6109
Paris L 25 A 9 52^v 6878
Paris L 25 A 9 53^v 9142
Paris L 25 A 9 54^v 10094
Paris L 25 A 9 56^v 353
Paris L 25 A 9 58^v 8309
Paris L 25 A 9 59^v 138
Paris L 25 A 9 60^v 8065
Paris L 25 A 9 69^v 2621
Paris L 25 A 9 74^r 877

Paris L 25 A 9 75r 2549
Paris L 25 A 9 77v 5798
Paris L 25 A 9 91v 190
Paris L 25 A 9 93r 9544
Paris L 25 A 9 94r 2498
Paris L 25 A 9 96v 1788
Paris L 25 A 9 99v 3848
Paris L 25 A 9 102r 9762
Paris L 25 A 9 116r 372
9258
Paris L 25 A 9 121r 7791
Paris L 25 A 9 124r 7054
Paris L 25 A 9 126r 1711
Paris L 25 A 9 126v 6381
Paris L 25 A 9 128r 7841
Paris L 25 A 9 137r 9729
Paris L 25 A 9 140r 5436
Paris L 25 A 9 143r 4473
Paris L 25 A 9 145r 4814
Paris L 25 A 9 146r 6638
Paris L 25 A 9 146v 9793
Paris L 25 A 9 147r 1445
2010
Paris L 25 A 9 150r 2323
Paris L 25 A 9 151v 8959
Paris L 25 A 9 152v 654
10315
Paris L 25 A 9 163v 469
Paris L 25 A 9 164r 469
Paris L 25 A 9 165v 2960
Paris L 25 A 9 167r 6938
Paris L 25 A 9 171r 9762
Paris L 25 A 9 173r 6194
6327
Paris L 25 A 9 178r 10583
Paris L 25 A 9 179v 8864
Paris L 25 A 9 180v 8525
Paris L 25 A 9 182v 9997
Paris L 25 A 9 185v 5608
Paris L 25 A 9 186v 7294
Paris L 25 A 9 188r 9047
Paris L 25 A 9 188v 2796
Paris L 25 A 9 193r 10375
Paris L 26 A 10 2r 10283
Paris L 26 A 10 4r 803
Paris L 26 A 10 5r 10212
10486
Paris L 26 A 10 5v 2396
Paris L 26 A 10 6r 1608
6811
Paris L 26 A 10 7r 3722
8395

Paris L 26 A 10 7v 3631
Paris L 26 A 10 8r 2470
Paris L 26 A 10 9r 3517
Paris L 26 A 10 10v 7767
Paris L 26 A 10 11r 4786
Paris L 26 A 10 11v 8949
Paris L 26 A 10 12r 5474
Paris L 26 A 10 12v 9302
Paris L 26 A 10 15r 9031
Paris L 26 A 10 16r 6700
Paris L 26 A 10 17r 7498
Paris L 26 A 10 19v 2402
Paris L 26 A 10 21r 575
Paris L 26 A 10 26r 8750
Paris L 26 A 10 26v 10481
Paris L 26 A 10 28v 4925
Paris L 26 A 10 30v 4637
10519
Paris L 26 A 10 31r 2569
Paris L 26 A 10 31v 2093
Paris L 26 A 10 32r 4231
Paris L 26 A 10 32v 7078
Paris L 26 A 10 34v 6735
9929
Paris L 26 A 10 42v 654
3956
Paris L 26 A 10 44r 10401
Paris L 26 A 10 44v 6144
Paris L 26 A 10 46v 2441
Paris L 26 A 10 47r 3389
Paris L 26 A 10 48v 7039
Paris L 26 A 10 55v 5933
10346
Paris L 26 A 10 56v 10346
Paris L 26 A 10 58r 294
10609
Paris L 26 A 10 60r 393
Paris L 26 A 10 63r 2845
5440
Paris L 26 A 10 63v 5913
10519
Paris L 26 A 10 65r 2470
5825
Paris L 26 A 10 66r 674
Paris L 26 A 10 67v 4258
Paris L 26 A 10 68r 1764
6428
Paris L 26 A 10 70v 138
Paris L 26 A 10 73v 2040
Paris L 26 A 10 74v 2115
Paris L 26 A 10 75r 7075

Paris L 26 A 10 79v 5745
10438
Paris L 26 A 10 80r 10486
Paris L 26 A 10 80v 3683
Paris L 26 A 10 82r 9355
Paris L 26 A 10 85v 3672
Paris L 26 A 10 86v 4167
Paris L 26 A 10 88v 695
Paris L 26 A 10 91v 4284
Paris L 26 A 10 94r 6812
Paris L 26 A 10 96r 2161
5650
Paris L 26 A 10 99v 29
1824
Paris L 26 A 10 102v 9630
Paris L 26 A 10 103r 4017
Paris L 26 A 10 104v 5913
Paris L 26 A 10 106r 1400
Paris L 26 A 10 106v 1683
Paris L 26 A 10 107v 3583
Paris L 26 A 10 110r 10090
Paris L 26 A 10 110v 2600
8717
Paris L 26 A 10 111v 4814
Paris L 26 A 10 112v 5453
Paris L 26 A 10 113r 7100
Paris L 26 A 10 113v 9457
Paris L 26 A 10 116v 2511
Paris L 26 A 10 119r 458
Paris L 26 A 10 121v 4794
Paris L 26 A 10 122r 2619
Paris L 26 A 10 124r 5347
6638
Paris L 26 A 10 125v 2010
Paris L 26 A 10 126r 667
Paris L 26 A 10 130r 8864
Paris L 26 A 10 131r 8864
Paris L 26 A 10 131v 1778
Paris L 26 A 10 132v 2485
Paris L 26 A 10 135r 1445
Paris L 26 A 10 135v 2275
4649
Paris L 26 A 10 138r 1833
Paris L 26 A 10 138v 1327
3270
Paris L 26 A 10 140r 3299
Paris L 26 A 10 141r 5105
Paris L 26 A 10 141v 2110
Paris L 26 A 10 145r 9733
Paris L 26 A 10 148r 9630
Paris L 26 A 10 148v 10382

Paris L 52 D 5 152^r 4659
Paris L 52 D 5 152^v 9795
Paris L 52 D 5 153^v 489
  1874
Paris L 52 D 5 155^r 8555
Paris L 52 D 5 155^v 2855
  3913
Paris L 52 D 5 157^r 6195
Paris L 52 D 5 157^v 53
Paris L 52 D 5 158^v 497
Paris L 52 D 5 159^r 9631
  9832
Paris L 52 D 5 163^r 3314
Paris L 52 D 5 164^r 4725
Paris L 52 D 5 166^v 10075
Paris L 52 D 5 167^r 1403
Paris L 52 D 5 176^v 8804
Paris L 52 D 5 178^v 3987
Paris L 52 D 5 180^v 9957
Paris L 52 D 5 181^r 4017
Paris L 52 D 5 182^r 5105
Paris L 52 D 5 182^v 9928
Paris L 52 D 5 184^v 10509
Paris L 52 D 5 189^r 3672
Paris L 52 D 5 193^r 2728
Paris L 52 D 5 194^r 7001
Paris L 52 D 5 194^v 8843
Paris L 52 D 5 195^v 4871
Paris L 52 D 5 200^r 3270
Paris L 52 D 5 200^v 10609
Paris L 52 D 5 201^r 2825
  2847
Paris L 52 D 5 204^v 3446
  10304
Paris L 52 D 5 205^r 4691
Paris L 52 D 5 205^v 4700
Paris L 52 D 5 207^v 2091
  2435
Paris L 52 D 5 213^r 4721
Resign. 2 2^r 3694
Resign. 2 2^v 2109 8869
Resign. 2 3^v 2569
Resign. 2 4^r 2238 2782
Resign. 2 6^v 680
Resign. 2 7^r 1586
Resign. 2 7^v 10486
Resign. 2 10^v 2987
Resign. 2 12^r 2551 3624
  3636
Resign. 2 13^r 10170
Resign. 2 13^v 1818

Resign. 2 14^r 1502
Resign. 2 15^v 3969
Resign. 2 16^v 9582
Resign. 2 20^r 4167
Resign. 2 21^r 202
Resign. 2 33^r 4715
Resign. 2 33^v 6195
Resign. 2 37^r 5693
Resign. 2 37^v 4960
Resign. 2 38^v 4960
Resign. 2 41^r 2238
Resign. 2 41^v 518
Resign. 2 47^r 741
Resign. 2 49^r 5134
Resign. 2 50^r 9623
Resign. 2 54^v 6082
Resign. 2 57^v 4960
Resign. 2 58^v 1678
Resign. 2 62^v 7431
Resign. 2 65^v 796
Resign. 2 67^v 7980
Resign. 2 76^r 863
Resign. 2 78^v 4138
Resign. 2 85^r 3511
Resign. 2 85^v 44
Resign. 2 88^r 2657
Resign. 2 89^v 9631
Resign. 2 95^r 2987
Resign. 2 95^v 5674
Resign. 2 100^r 5596
Resign. 2 102^r 8317
Resign. 2 111^v 9576
Resign. 2 112^r 7356
Resign. 2 117^v 4786 5674
Resign. 2 118^r 5919
Resign. 2 119^r 5619
Resign. 2 120^v 4893
Resign. 2 121^r 10382
Resign. 2 126^v 863
Resign. 2 127^v 1674
Resign. 2 128^v 3120
Resign. 2 129^v 6553
Resign. 2 140^r 8938
Resign. 2 140^v 26
Resign. 2 144^r 9070
Resign. 2 144^v 4637 9233
  9555
Resign. 2 145^r 8630
Resign. 2 147^r 3692
Resign. 2 148^v 71
Resign. 2 149^v 3291

Resign. 2 151^v 5502
Resign. 2 157^r 329
Resign. 2 157^v 9052
Resign. 2 158^v 4787
Resign. 2 159^r 4260 5688
Resign. 2 160^r 8656
Resign. 2 160^v 6515
Resign. 2 166^v 3225
Resign. 2 167^v 1585
Resign. 2 169^v 1807 7148
Resign. 2 170^v 8676
Resign. 2 172^v 9582 10383
Resign. 2 173^r 10025
Resign. 2 174^r 3528
Resign. 2 175^r 1508
Rota Misc. 1 71^r 8131
Rota Misc. 1 72^{rss} 8131
Rota Misc. 1 77^r 8131
Rota Misc. 1 78^r 8131
Rota Misc. 1 80^{rs} 8130
S 670 2^r 9318
S 670 2^v–4^v 1003
S 670 5^{rs} 2007
S 670 5^{vss} 10440
S 670 6^v 5403
S 670 7^{rs} 9889
S 670 9^{rs} 2230
S 670 9^{vss} 1579
S 670 11^{vss} 5499
S 670 12^{vs} 1325
S 670 14^{vss} 10593
S 670 20^{rs} 759
S 670 21^{vss} 1922
S 670 22^v–24^r 7760
S 670 24^r–25^v 4325
S 670 26^{vs} 5706
S 670 27^v 9889
S 670 28^r 6844
S 670 28^v–30^r 1841
S 670 30^r–31^v 6661
S 670 31^{vss} 3665
S 670 35^{rs} 3627
S 670 36^{rss} 8643
S 670 39^{rss} 591
S 670 41^r–42^v 5532
S 670 42^{vss} 8762
S 670 45^r 8640
S 670 45^{vs} 8183
S 670 47^{rs} 5632
S 670 47^{vs} 9296
S 670 48^v 4961

S 670 49^r 4731	S 670 113^{vss} 8408	S 670 199^r 15
S 670 49^v 3410	S 670 115^v 5481	S 670 200^r 4614
S 670 50^r 1841	S 670 117^{rss} 220	S 670 201^{vs} 5498
S 670 50^{rs} 289	S 670 119^{rs} 9355	S 670 203^{vs} 4858
S 670 51^r 3011	S 670 119^{vss} 6615	S 670 204^{vs} 2942
S 670 51^v 7040	S 670 123^{vs} 6619	S 670 205^{vs} 1821
S 670 52^v 3498	S 670 127^{rss} 2486	S 670 207^r 65
S 670 53^r 9734	S 670 128^{vs} 6459	S 670 207^{vs} 1761
S 670 53^{vs} 1198	S 670 131^{rs} 8568	S 670 208^r 7975
S 670 54^r 2945	S 670 131^{vss} 729	S 670 209^{rs} 1278
S 670 54^v 10314	S 670 133^{rs} 2594	S 670 210^{rs} 37
S 670 54^{vs} 3410	S 670 138^{vs} 587	S 670 213^v 37
S 670 56^r 671	S 670 140^v 1398	S 670 214^r 9114
S 670 56^v 4528	S 670 142^{vs} 5521	S 670 215^r 4805
S 670 58^v 120	S 670 145^{rss} 312	S 670 216^{vs} 1410
S 670 61^{rss} 7736	S 670 146^{rs} 1841	S 670 219^{rss} 1394
S 670 62^r–63^v 5732	S 670 147^{rs} 1763	S 670 223^{rss} 38
S 670 64^r–65^v 5057	S 670 151^r 2581	S 670 225^{rs} 3903
S 670 65^v–67^r 6839	S 670 152^{rs} 7785	S 670 226^{rs} 9819
S 670 67^{vss} 5282	S 670 152^v 5394	S 670 226^{vss} 5872
S 670 69^{rss} 4479	S 670 155^{rs} 3179	S 670 227^{vss} 10425
S 670 70^{rss} 2357	S 670 159^r–160^v 3982	S 670 233^{vss} 4239
S 670 71^{vs} 3516	S 670 161^{rs} 7181	S 670 235^{vs} 6453
S 670 72^{rss} 8548	S 670 161^v 7795	S 670 237^{vs} 8526
S 670 73^{rs} 3226	S 670 164^r 7888	S 670 238^v 5556
S 670 73^v 1490	S 670 168^{vs} 8578	S 670 240^v 701
S 670 76^{rss} 643	S 670 169^{rss} 8758	S 670 241^r 4140
S 670 77^{rss} 9126	S 670 171^v 2979	S 670 245^{rs} 7089
S 670 79^r 4946	S 670 174^{vs} 1880	S 670 246^{rs} 5347
S 670 80^{rs} 6093	S 670 175^v–177^r 3196	S 670 247^r 4439
S 670 82^r–84^r 2318	S 670 177^{vss} 7668	S 670 247^r 10603
S 670 84^r–85^v 392	S 670 179^{rs} 8908	S 670 247^{vs} 10466
S 670 85^v–87^r 3741	S 670 179^{vss} 4733	S 670 248^v 10462
S 670 88^{vs} 1841	S 670 180^{vss} 1347	S 670 248^{vs} 131
S 670 89^{rss} 4614	S 670 181^{vs} 9622	S 670 250^{rs} 5936
S 670 90^{rs} 5860	S 670 183^{rs} 6548	S 670 254^r 10204
S 670 92^v–94^r 4780	S 670 184^{rss} 2850	S 670 254^{rs} 2670
S 670 94^{rs} 6579	S 670 185^{rs} 8640	S 670 256^v 4987
S 670 94^{vs} 5348	S 670 185^v–187^r 18	S 670 257^v 9232
S 670 95^{vss} 5148	S 670 187^{rs} 10278	S 670 259^v 5340
S 670 98^r–99^v 3226	S 670 187^{vs} 10425	S 670 263^v 2568
S 670 100^r 5378	S 670 188^{rs} 7826	S 670 264^{vs} 7158
S 670 101^{rss} 7847	S 670 189^v 4041	S 670 266^{vs} 350
S 670 102^r–104^r 6806	S 670 190^{vs} 4689	S 670 268^v 7578
S 670 105^r–106^v 7722	S 670 191^{rs} 1839	S 670 268^{vs} 8534
S 670 106^v–108^r 2821	S 670 191^{vs} 928	S 670 269^{vs} 3281
S 670 108^r–109^v 2892	S 670 192^{vs} 3637	S 670 272^v 8262
S 670 110^{vs} 6271	S 670 193^{rs} 4239	S 670 274^{vs} 9867
S 670 111^{rs} 774	S 670 195^{rss} 7040	S 670 276^{vs} 7227
S 670 112^{rs} 3801	S 670 197^{rs} 9719	S 670 277^{rs} 8433
S 670 112^{vs} 8536	S 670 197^{vss} 7153	S 670 282^r 2051

S 670 282^{vs} 141 2402
S 670 283^{rs} 8059
S 670 283^{vs} 6825
S 670 285^{r} 307
S 670 285^{v} 2914
S 670 285^{vs} 4601
S 670 286^{rs} 1903
S 670 287^{rss} 5492
S 670 288^{rs} 5702
S 670 289^{rs} 2592
S 670 290^{vs} 7880
S 670 291^{r} 3281
S 670 291^{v} 5749
S 670 295^{rs} 6078
S 671 17^{v} 5862
S 671 21^{v} 8762
S 671 22^{r} 8405
S 671 25^{r} 7066
S 671 36^{v} 4629
S 671 41^{v} 8762
S 671 44^{r} 7303
S 671 55^{rs} 4946
S 671 60^{vs} 2583
S 671 72^{vss} 3998
S 671 81^{v} 10455
S 671 83^{r} 9832
S 671 85^{v} 8518
S 671 86^{v} 4996 6309
S 671 92^{r} 9501
S 671 92^{v} 9501
S 671 93^{rs} 2974
S 671 109^{vs} 3719 4613
    6446 7735
S 671 110^{v} 262
S 671 116^{rs} 9591
S 671 116^{v} 1664
S 671 117^{rs} 9501
S 671 117^{vs} 3272
S 671 123^{r} 2560
S 671 127^{rs} 8130
S 671 127^{vs} 8714
S 671 128^{rs} 7253
S 671 133^{r} 7303
S 671 139^{rs} 1050
S 671 140^{r} 734
S 671 141^{rs} 9129
S 671 142^{r} 9186
S 671 143^{v} 742
S 671 153^{v} 132
S 671 155^{r} 3404
S 671 183^{vs} 5948

S 671 184^{v} 2560
S 671 188^{r} 7716
S 671 191^{v} 1127
S 671 193^{v} 5284
S 671 200^{rs} 10455
S 671 202^{r} 5284
S 671 207^{rs} 5019
S 671 211^{vs} 4763
S 671 217^{vs} 7303
S 671 218^{rs} 6051
S 671 224^{rs} 9553
S 671 224^{vs} 4345
S 671 231^{r} 4614
S 671 232^{rs} 9783
S 671 232^{vs} 7847
S 671 233^{v} 3758 9186
S 671 239^{vs} 1664
S 671 242^{rs} 771
S 671 248^{vs} 1664
S 671 249^{rs} 3006
S 671 258^{vs} 8138
S 671 261^{rs} 1547
S 671 269^{vs} 1362
S 671 270^{rs} 9976
S 671 277^{v} 9734
S 671 283^{rs} 6178
S 672 6^{rs} 10455
S 672 6^{v} 1228
S 672 10^{vs} 8412
S 672 12^{v} 2625
S 672 14^{vs} 9160
S 672 17^{v} 1819 3915
S 672 17^{vs} 6446
S 672 18^{r} 1664
S 672 19^{vs} 42
S 672 23^{v} 8582
S 672 27^{rs} 2155
S 672 37^{vs} 2922
S 672 50^{r} 10193
S 672 52^{r} 10323
S 672 53^{rss} 1739
S 672 58^{vs} 4280
S 672 65^{rs} 1657
S 672 69^{vs} 304
S 672 84^{rs} 9734
S 672 85^{v} 5651
S 672 85^{vs} 3563
S 672 87^{vs} 4280
S 672 88^{v} 2995
S 672 90^{rs} 5556
S 672 93^{v} 7566

S 672 94^{vs} 5019
S 672 95^{vs} 5284
S 672 98^{r} 4355
S 672 100^{v} 471 10365
S 672 103^{rs} 2625
S 672 105^{r} 3811
S 672 108^{v} 7722
S 672 110^{vs} 6178
S 672 113^{rss} 3234
S 672 128^{v} 10338
S 672 130^{v} 8007
S 672 132^{r} 7353
S 672 132^{v} 1579
S 672 136^{v} 8100
S 672 158^{v} 2015
S 672 158^{vs} 6178
S 672 160^{rs} 7756
S 672 160^{vs} 2607
S 672 165^{r} 2768
S 672 165^{v} 9327
S 672 169^{rs} 4079
S 672 173^{vs} 8104
S 672 174^{v} 8793
S 672 176^{vs} 6834
S 672 179^{v} 5606
S 672 180^{v} 5284
S 672 180^{vs} 3004
S 672 181^{r} 3404 3948 4614
S 672 185^{rs} 9355
S 672 189^{r} 304
S 672 190^{vs} 569
S 672 192^{v} 6206
S 672 193^{vs} 4746
S 672 195^{vs} 32
S 672 198^{v} 2253
S 672 198^{vs} 9655
S 672 199^{rs} 5348
S 672 199^{vs} 2337
S 672 212^{v} 3404
S 672 212^{vs} 10338
S 672 213^{v} 7500
S 672 215^{rs} 881 3090 7834
S 672 215^{v} 6446
S 672 216^{rs} 1516
S 672 217^{vs} 7505
S 672 219^{v} 9327
S 672 221^{rs} 3404
S 672 222^{v} 9900
S 672 224^{r} 7788
S 672 226^{r} 2007
S 672 227^{r} 6078

S 672 228^{vs} 1321
S 672 230^r 5189
S 672 232^r 10455
S 672 235^v 8110
S 672 236^{vs} 8541
S 672 245^{vs} 9412
S 672 250^v 3404
S 672 264^{rs} 7353
S 672 266^{rs} 2062
S 672 267^{vs} 3218
S 672 268^v 6451
S 672 274^v 4858 8705
S 672 275^{rs} 326
S 672 277^r 1625
S 672 278^r 8714
S 672 279^v 9207
S 672 279^{vs} 1646
S 672 283^r 3918
S 672 285^v 6405
S 672 286^r 9405
S 672 293^{vs} 2022
S 672 295^r 8405
S 672 296^v 8816
S 672 298^{rs} 4227
S 673 12^r 3414
S 673 13^r 9069
S 673 15^v 3252
S 673 19^{rs} 7834
S 673 26^{rs} 587
S 673 47^r 587
S 673 55^{vs} 8405
S 673 56^r 3569
S 673 59^{rs} 6037
S 673 61^v 6051
S 673 62^{rs} 1035
S 673 62^v 1035 2853
S 673 65^{rs} 3261
S 673 71^{rs} 2672
S 673 72^{rs} 1516
S 673 73^{vs} 9318
S 673 74^{rs} 643
S 673 74^{vs} 1118
S 673 77^r 18 5819
S 673 85^v 4915
S 673 104^{rs} 10274
S 673 104^{vs} 3102
S 673 107^{vs} 62
S 673 112^v 5456
S 673 113^r 6006
S 673 114^v 10311
S 673 114^{vs} 6519

S 673 115^{vs} 9844
S 673 120^{rs} 2681
S 673 123^{vss} 6854
S 673 126^{vs} 7080
S 673 137^v 9734
S 673 140^v 7364
S 673 142^r 5940
S 673 144^v 7080
S 673 145^{rs} 6994
S 673 145^{vs} 8828
S 673 152^v 3835
S 673 156^r 32
S 673 157^{vs} 132
S 673 158^{vs} 135
S 673 164^{rs} 8130 9866
S 673 170^v 4463
S 673 182^{rs} 6310
S 673 183^r 1191
S 673 183^{rs} 4789
S 673 187^v 5532
S 673 189^{rs} 687
S 673 195^{rs} 8941
S 673 196^{vs} 1921
S 673 211^v 672
S 673 219^{rs} 5801
S 673 225^{vs} 1739
S 673 241^r 7268
S 673 242^v 5830
S 673 243^r 9697
S 673 256^v 3312
S 673 257^{vs} 963
S 673 295^{rs} 6494
S 673 296^r 8762
S 673 296^{vs} 2744
S 674 2^{vs} 564
S 674 6^v 6882
S 674 10^v 2101
S 674 12^v 4041
S 674 18^r 6894
S 674 19^r 5500
S 674 20^{vs} 2421
S 674 21^r 9552
S 674 32^v 7656
S 674 52^{rs} 3545
S 674 53^v 2538
S 674 57^v 564
S 674 58^v 1673
S 674 62^{rs} 1673
S 674 65^{vs} 8640
S 674 66^r 214
S 674 73^r 2643

S 674 73^{rs} 9069
S 674 74^{rs} 135
S 674 75^r 9137
S 674 75^{vs} 6996
S 674 76^{vs} 1360
S 674 77^{vs} 3014 3758
S 674 81^r 4961
S 674 82^v 3727
S 674 87^v 8004
S 674 89^{rs} 2337
S 674 90^r 4916
S 674 91^r 8514
S 674 96^r 5436
S 674 101^v 4111
S 674 109^v 7008
S 674 111^v 2035
S 674 112^v 9798
S 674 113^r 3700
S 674 115^{vs} 249
S 674 120^r 10278
S 674 125^{rs} 1118
S 674 126^v 6555
S 674 130^r 5851
S 674 136^{rs} 392
S 674 139^{vs} 1821
S 674 151^r 4731
S 674 160^r 2810
S 674 162^{rs} 7018
S 674 166^v 107
S 674 167^{vs} 6494
S 674 168^v 6020
S 674 168^{vs} 2974
S 674 176^r 6884
S 674 177^{vs} 1979
S 674 183^r 392 6171 6264
S 674 183^{rs} 2864
S 674 186^r 7884
S 674 197^r 7846
S 674 197^v 3011
S 674 210^{rs} 6078
S 674 212^r 4546
S 674 216^{rs} 549
S 674 217^r 9948
S 674 218^r 9890
S 674 224^{rs} 760
S 674 227^{rs} 6338 6354
S 674 229^v 568
S 674 249^{vs} 1673
S 674 253^r 6263
S 674 259^{rs} 1238
S 674 264^{rs} 5147

S 674 265^{vs} 4528

S 674 269^{rs} 392

S 674 271^{vs} 3997

S 674 274^{v} 9677

S 674 275^{vs} 1172

S 674 277^{vs} 2142

S 674 284^{r} 6344

S 674 291^{r} 3217

S 674 292^{rs} 8588

S 675 8^{rs} 9695

S 675 12^{rs} 5972

S 675 14^{rs} 6494

S 675 25^{v} 6431

S 675 39^{v} 5286

S 675 45^{v} 32

S 675 46^{rs} 1879

S 675 52^{vs} 564

S 675 53^{rs} 6934

S 675 55^{vs} 6882

S 675 57^{rs} 5922

S 675 61^{rs} 3947

S 675 61^{vs} 4544

S 675 64^{vs} 1187

S 675 66^{rs} 707 7847

S 675 68^{v} 3267

S 675 69^{rs} 6662

S 675 75^{vs} 8405

S 675 76^{rs} 9165

S 675 77^{rs} 4419

S 675 82^{vs} 7812

S 675 91^{vs} 7376

S 675 101^{r} 10324

S 675 101^{v} 5282 7253

S 675 103^{r} 8824

S 675 105^{vs} 3114

S 675 114^{rs} 10302

S 675 115^{vs} 1922

S 675 119^{rs} 7979

S 675 121^{v} 1709

S 675 121^{vs} 8425

S 675 126^{v} 5800

S 675 131^{rs} 9142

S 675 143^{r} 3153

S 675 146^{rs} 9948

S 675 148^{v} 5922

S 675 150^{vss} 4028

S 675 152^{v} 1052

S 675 155^{r} 1003

S 675 158^{rs} 105

S 675 161^{rs} 10462

S 675 161^{vs} 7253

S 675 169^{r} 6334

S 675 169^{rs} 1874

S 675 173^{rs} 9602

S 675 175^{v} 1691

S 675 179^{vs} 8687

S 675 180^{r} 6994

S 675 189^{rs} 1625

S 675 191^{rs} 9712

S 675 191^{vs} 4961

S 675 192^{r} 582

S 675 200^{v} 1686

S 675 207^{rss} 4528

S 675 213^{rs} 1941

S 675 215^{vs} 3498

S 675 221^{rs} 3758

S 675 225^{rs} 132

S 675 226^{rs} 132

S 675 229^{vs} 1052

S 675 230^{rs} 6294

S 675 237^{rs} 6042

S 675 238^{r} 7889

S 675 239^{v} 4792

S 675 255^{rs} 4709

S 675 265^{rs} 3942

S 675 266^{vs} 9654

S 675 267^{rs} 10462

S 675 273^{rs} 9658

S 675 274^{rss} 9203

S 675 276^{vs} 9796

S 675 292^{r}–293^{v} 8454

S 675 294^{rs} 5848

S 675 294^{v} 8550

S 675 294^{vs} 2616

S 675 297^{v} 1517

S 676 4^{rs} 5972

S 676 14^{v} 28

S 676 17^{rs} 7443

S 676 22^{r} 1156

S 676 25^{r} 4595

S 676 25^{v} 8412

S 676 30^{rs} 8157

S 676 31^{vs} 6264

S 676 32^{v} 9552

S 676 34^{r} 6051

S 676 34^{rs} 3697

S 676 37^{rs} 2444

S 676 43^{rs} 162

S 676 44^{r} 6451

S 676 44^{vs} 8780

S 676 53^{r} 5092

S 676 55^{rs} 7044

S 676 60^{rs} 3130

S 676 74^{rs} 1821

S 676 76^{r} 3042

S 676 83^{v} 4433

S 676 90^{v} 3846

S 676 90^{vs} 3758

S 676 95^{v} 7781

S 676 98^{v} 5389

S 676 98^{vs} 10530

S 676 104^{vss} 9720

S 676 105^{rs} 5848

S 676 105^{v} 8550

S 676 122^{v} 4057

S 676 122^{vs} 5136

S 676 127^{rs} 3654

S 676 127^{vs} 3982

S 676 128^{rs} 10377

S 676 131^{v} 9325

S 676 132^{r} 9325

S 676 132^{v} 9658

S 676 135^{r} 8594

S 676 136^{vss} 5728

S 676 146^{v} 4961

S 676 147^{vs} 5045

S 676 152^{rs} 8738

S 676 153^{r} 2651 3930

S 676 155^{v} 6623

S 676 156^{r} 5340

S 676 157^{rs} 1921

S 676 168^{vs} 42

S 676 174^{r} 722

S 676 175^{rs} 9890

S 676 184^{rs} 8426

S 676 185^{v} 7044

S 676 192^{rs} 1194

S 676 195^{vs} 1052

S 676 196^{vs} 4528

S 676 198^{vs} 6367

S 677 3^{r} 2148

S 677 8^{r} 425

S 677 14^{v} 5338

S 677 18^{vs} 9303

S 677 26^{r} 4981

S 677 33^{r} 1523

S 677 38^{rss} 7847

S 677 58^{v} 1686

S 677 67^{r} 3534

S 677 68^{vs} 1335

S 677 72^{r} 10338

S 677 72^{vs} 5466

S 677 75^{rs} 6078

S 677 77^v 3017	S 678 88^r 8607	S 678 266^{rs} 1003
S 677 78^{rs} 4719	S 678 89^{vs} 3106	S 678 273^{rs} 9764
S 677 78^v 5340	S 678 90^r 6367	S 678 283^{rs} 3012
S 677 80^r 6367	S 678 90^{rs} 4657	S 678 293^v 10455
S 677 81^{rs} 483	S 678 94^r 1556	S 678 298^v 19
S 677 92^{rs} 4129	S 678 95^{rs} 2362	S 678 301^r 6264
S 677 101^{rs} 3487	S 678 95^v 1717	S 678 301^{rs} 59
S 677 109^{rs} 10302	S 678 98^{vs} 7376	S 678 303^{rs} 6854
S 677 111^{vs} 5284	S 678 110^{rs} 4614	S 678 305^v 4057
S 677 128^{rs} 4178	S 678 111^v 9056	S 678 306^r 1360
S 677 131^{rs} 3218	S 678 113^v 9096	S 679 2^{rs} 9475
S 677 132^{vs} 6643	S 678 118^{rs} 3901	S 679 2^{vs} 5737
S 677 134^{vs} 4566	S 678 123^{rs} 4325	S 679 5^{vss} 8715
S 677 135^{rss} 8547	S 678 124^{rs} 9798	S 679 10^{vs} 2974
S 677 136^{rs} 6251	S 678 125^{rs} 8110	S 679 15^v 9235
S 677 141^{rs} 5779	S 678 136^{vss} 8139	S 679 19^{vs} 9503
S 677 141^{vs} 9798	S 678 138^{rs} 7123	S 679 22^{rs} 5666
S 677 143^{vs} 3822	S 678 139^v 8601	S 679 22^{vs} 7696
S 677 145^r 6446	S 678 140^r 3188	S 679 29^{vs} 564
S 677 145^{vs} 10617	S 678 140^{rs} 1704	S 679 34^{rs} 1664
S 677 147^{rs} 6264	S 678 150^{rs} 5724	S 679 39^{rs} 8588
S 677 157^r 7301	S 678 150^v 1360	S 679 43^v 4451
S 677 160^{vs} 10178	S 678 156^r–157^v 4325	S 679 44^r 4435
S 677 161^{vs} 6264	S 678 168^v 552	S 679 45^{vs} 6834
S 677 169^{rs} 7469	S 678 170^{rs} 646	S 679 47^{vs} 164
S 677 176^r 6264	S 678 173^v 2745	S 679 56^{rs} 2417
S 677 178^r 4218	S 678 177^r 8356	S 679 56^v 6338
S 677 180^{vs} 7893	S 678 177^v 5658	S 679 56^{vs} 3692
S 677 190^{vs} 2262	S 678 179^{vs} 5774	S 679 57^r 2417
S 677 191^{vs} 5964	S 678 180^v 4483	S 679 62^{rs} 1417
S 678 5^v 5841	S 678 183^v 740	S 679 62^{vs} 7083
S 678 12^{vs} 9764	S 678 187^v 888	S 679 69^{vs} 4232
S 678 17^r 7040	S 678 189^{rs} 1979	S 679 70^r 1426
S 678 25^v 4059	S 678 193^{vs} 212	S 679 75^v 9697
S 678 26^v 5087	S 678 195^{rs} 5600	S 679 78^{rs} 1581
S 678 27^{vs} 4059	S 678 197^v 2926	S 679 81^{rs} 3670
S 678 29^r 3247 6636	S 678 200^{rs} 3747	S 679 82^r 4934
S 678 32^{rs} 7880	S 678 210^{vs} 7847	S 679 83^r 3692
S 678 37^v 672	S 678 214^r 4601	S 679 84^{vs} 8169
S 678 38^{rs} 9357	S 678 214^{vs} 7118	S 679 88^{vs} 6996
S 678 40^{rs} 6996	S 678 216^v 5666	S 679 92^v 6345
S 678 42^{vs} 127	S 678 228^{vss} 7757	S 679 94^{rs} 6458
S 678 48^{vs} 425	S 678 229^{vs} 5972	S 679 98^{rs} 3516
S 678 51^v 8757	S 678 230^v 2301	S 679 104^{vs} 3130
S 678 56^r 8868	S 678 230^{vs} 8812	S 679 116^{vs} 8715
S 678 61^v 3226	S 678 231^{vs} 8414	S 679 119^{vs} 7094
S 678 65^{vs} 1198	S 678 233^{rs} 3537	S 679 120^{rs} 8567
S 678 69^{rs} 3537	S 678 250^{rs} 1580	S 679 126^v 10135
S 678 70^v 2711	S 678 258^{rs} 10605	S 679 127^r 8577
S 678 72^v 2677	S 678 260^v 10576	S 679 134^v 6037
S 678 78^r 8999	S 678 265^{rs} 31	S 679 135^r 9096

S 679 135^{vs} 2393

S 679 136^{rs} 8431

S 679 138^{rs} 8890

S 679 140^{rs} 858

S 679 141^{r} 7015

S 679 142^{rs} 7118

S 679 143^{rs} 7303

S 679 146^{vs} 584

S 679 147^{vs} 3948

S 679 152^{v} 3926

S 679 152^{vs} 1791

S 679 154^{vs} 9076

S 679 166^{v} 5045

S 679 167^{r} 780

S 679 167^{vs} 3359

S 679 168^{r} 779

S 679 172^{rs} 3513

S 679 173^{rs} 3718

S 679 178^{v} 10605

S 679 183^{v} 2814

S 679 185^{rs} 7847

S 679 190^{v} 785

S 679 190^{vs} 6446

S 679 191^{rs} 10202

S 679 191^{v} 6446

S 679 192^{rs} 7275

S 679 194^{v} 6907

S 679 195^{v} 1207

S 679 198^{r} 1288

S 679 198^{rs} 858

S 679 198^{vss} 3670

S 679 206^{v} 7253

S 679 207^{v} 1994

S 679 218^{vs} 263

S 679 220^{r} 779

S 679 227^{rs} 734

S 679 227^{vs} 2526

S 679 228^{vs} 8130

S 679 233^{rs} 5091

S 679 239^{vs} 7018

S 679 244^{v} 5524

S 679 246^{vss} 9455

S 679 247^{rs} 9455

S 679 251^{v}–253^{r} 2940

S 679 256^{vs} 734

S 679 269^{rs} 1490

S 679 270^{rs} 8488

S 679 273^{v} 5603

S 679 281^{rs} 2393

S 679 286^{v} 8424

S 679 287^{rs} 78

S 679 292^{v} 2564

S 679 298^{rs} 9688

S 680 4^{vss} 9501

S 680 12^{rs} 7760

S 680 12^{vs} 10569

S 680 16^{rs} 41

S 680 24^{rs} 8908

S 680 25^{rs} 4918

S 680 25^{vss} 342

S 680 26^{rs} 4589

S 680 26^{v} 7683

S 680 30^{r} 2526

S 680 35^{vs} 7207

S 680 36^{rs} 569

S 680 36^{v} 4102

S 680 37^{v} 5786

S 680 40^{rs} 7123

S 680 43^{vs} 1370

S 680 49^{rs} 2478

S 680 52^{vs} 4102

S 680 67^{v} 6996

S 680 80^{v} 4566

S 680 81^{r} 7118

S 680 84^{v} 2208

S 680 84^{vs} 4761

S 680 85^{vs} 9443

S 680 89^{r} 9999

S 680 90^{vs} 4428

S 680 92^{rs} 8701

S 680 94^{rs} 3012

S 680 103^{rs} 1236

S 680 105^{rs} 9796

S 680 105^{v} 929

S 680 106^{rs} 9890

S 680 107^{rs} 7373

S 680 112^{rs} 394

S 680 113^{r} 8130

S 680 116^{r} 9374

S 680 130^{rs} 2052

S 680 138^{vs} 2853

S 680 140^{v} 1660

S 680 145^{r} 212

S 680 145^{v} 4093

S 680 146^{vs} 3077

S 680 155^{rs} 6404

S 680 165^{r} 9867

S 680 166^{vs} 6035

S 680 167^{vs} 6037

S 680 169^{rs} 4063

S 680 170^{rs} 3106

S 680 170^{vss} 9992

S 680 178^{v} 225

S 680 180^{rs} 9756

S 680 182^{r} 5058

S 680 184^{vs} 2745

S 680 185^{r} 2397

S 680 186^{vs} 6127

S 680 189^{rs} 3012

S 680 193^{vs} 4593

S 680 194^{r} 9374

S 680 194^{v} 6750

S 680 194^{vs} 1854

S 680 195^{rs} 1356

S 680 196^{r} 1020

S 680 196^{v} 2789

S 680 197^{rs} 9815

S 680 197^{vs} 1068

S 680 201^{rs} 5028

S 680 201^{vs} 9976

S 680 202^{rs} 2603

S 680 202^{rss} 2506

S 680 205^{vs} 4877

S 680 206^{vs} 2052

S 680 212^{vs} 6396

S 680 213^{rs} 929

S 680 213^{vs} 2933

S 680 223^{v} 7887

S 680 227^{r} 4614

S 680 227^{rss} 9056

S 680 230^{vs} 3982

S 680 231^{vs} 3940

S 680 232^{rs} 3359

S 680 235^{rs} 7083

S 680 237^{vs} 8019

S 680 239^{vss} 764

S 680 240^{v} 7168

S 680 253^{rs} 6906

S 680 254^{rs} 6917

S 680 257^{vs} 8880

S 680 262^{r} 9677

S 680 273^{r} 3948

S 680 277^{rs} 3846

S 680 279^{rs} 4846

S 680 287^{v} 1854

S 680 288^{r} 9825

S 680 288^{rs} 3268

S 680 289^{rs} 5827

S 680 294^{rs} 5827

S 680 295^{rs} 1417

S 681 7^{vs} 9673

S 681 14^{rs} 6929

S 681 17^{rs} 5057

S 681 19^{vs} 6338	S 681 199^{rs} 7428	S 682 45^{r} 59 8299
S 681 21^{rs} 6667	S 681 201^{v} 3350	S 682 46^{r} 8890
S 681 21^{vs} 1852	S 681 202^{vs} 9764	S 682 50^{vs} 2511
S 681 23^{rs} 4401	S 681 206^{v} 5570	S 682 55^{rs} 5544
S 681 27^{vs} 1769	S 681 209^{v} 9763	S 682 57^{rs} 1003
S 681 31^{rs} 3846	S 681 215^{r} 6206	S 682 59^{r} 8890
S 681 33^{rs} 9870	S 681 218^{vs} 2821	S 682 59^{vs} 1918
S 681 34^{v} 5057	S 681 220^{r} 5570	S 682 73^{vs} 1458
S 681 39^{rs} 10144	S 681 221^{rs} 9703	S 682 76^{rs} 9867
S 681 39^{v} 3821	S 681 221^{vs} 2838	S 682 76^{v} 7936
S 681 42^{rs} 1771	S 681 224^{r} 6187	S 682 78^{r}–79^{v} 6709
S 681 43^{rs} 2355	S 681 224^{v} 1000	S 682 78^{rs} 1063
S 681 49^{vs} 2811	S 681 230^{r} 774	S 682 78^{rss} 1063
S 681 50^{rs} 5949	S 681 233^{v} 10240	S 682 86^{v} 9764
S 681 50^{vss} 8863	S 681 233^{vs} 6090	S 682 88^{rs} 8130
S 681 55^{rs} 2949	S 681 236^{rs} 1233	S 682 89^{rs} 4733
S 681 56^{rs} 7376	S 681 249^{vs} 10240	S 682 90^{vs} 3507
S 681 65^{vs} 8363	S 681 260^{v} 7180	S 682 93^{vs} 1691
S 681 67^{vs} 10415	S 681 261^{r} 9771	S 682 94^{rs} 1063
S 681 68^{v} 9184	S 681 261^{vs} 5262	S 682 103^{v} 9299
S 681 68^{vs} 2926	S 681 265^{rs} 9677	S 682 104^{vs} 79
S 681 71^{vs} 316	S 681 269^{r} 7099	S 682 106^{v} 8922
S 681 72^{vs} 906	S 681 276^{v} 5948	S 682 106^{vs} 10393
S 681 77^{rss} 3499	S 681 279^{r} 8405	S 682 107^{rs} 10393
S 681 81^{v} 9645	S 681 284^{rs} 1238	S 682 107^{vs} 8578
S 681 84^{vs} 8868	S 681 290^{v} 10240	S 682 109^{vs} 6148
S 681 91^{rs} 3438	S 681 300^{v} 6376	S 682 116^{rs} 10561
S 681 92^{vs} 3719	S 682 2^{vs} 77	S 682 120^{rs} 2821
S 681 101^{rs} 5057	S 682 5^{rs} 1198	S 682 122^{v} 1003
S 681 102^{vs} 7018	S 682 8^{rs} 7834	S 682 123^{rs} 7834
S 681 103^{vs} 9864	S 682 8^{vs} 9677	S 682 125^{rs} 5462
S 681 117^{vs} 9307	S 682 9^{vs} 5801	S 682 126^{rs} 9067
S 681 120^{rs} 7637	S 682 11^{vs} 6446	S 682 127^{vs} 1198
S 681 132^{vs} 8935	S 682 13^{vss} 471	S 682 141^{rs} 4546
S 681 135^{r} 5042	S 682 22^{r} 8683	S 682 145^{rs} 4290
S 681 135^{rs} 10420	S 682 22^{vs} 5570	S 682 160^{rs} 5827
S 681 143^{v} 9045 9097	S 682 25^{r} 5136	S 682 167^{v} 9810
S 681 145^{rss} 472	S 682 25^{vs} 4102	S 682 167^{vs} 4546
S 681 149^{rs} 419	S 682 26^{v} 537	S 682 170^{r} 2372
S 681 157^{rs} 698	S 682 26^{vs} 7834	S 682 170^{v} 7303
S 681 163^{rs} 779	S 682 27^{rs} 9299	S 682 171^{rs} 6093
S 681 164^{v} 9425 10338	S 682 30^{v} 537	S 682 179^{rss} 1253
S 681 167^{r} 4916	S 682 33^{r} 5964	S 682 186^{v} 4065
S 681 169^{rs} 1388	S 682 33^{v} 5606	S 682 188^{vs} 5757
S 681 180^{rs} 3363	S 682 35^{r} 4041	S 682 192^{rs} 3798
S 681 186^{rs} 2662	S 682 37^{rs} 8425	S 682 194^{vs} 6397
S 681 188^{vs} 7924	S 682 38^{rs} 3719	S 682 195^{r} 4172
S 681 191^{v} 6233	S 682 38^{v} 6025	S 682 195^{vs} 6672
S 681 193^{r} 121	S 682 38^{vs} 8550	S 682 197^{v} 8607
S 681 194^{rs} 3364	S 682 40^{v} 4175	S 682 197^{vss} 3179
S 681 195^{vs} 8282	S 682 41^{vs} 8578	S 682 198^{vs} 7391

S 684 126^{vs} 7159
S 684 139^{vs} 5558
S 684 146^{vs} 3677
S 684 149^{r} 8638
S 684 149^{v} 6808
S 684 149^{vs} 10453
S 684 152^{vs} 5862
S 684 157^{r} 1236
S 684 158^{rs} 8362
S 684 162^{rs} 8199
S 684 165^{rs} 2637
S 684 179^{v} 2080
S 684 185^{rs} 1956
S 684 186^{r} 2717
S 684 191^{rs} 865
S 684 192^{r} 3514
S 684 194^{rss} 1076
S 684 195^{vs} 54
S 684 201^{rs} 8908
S 684 203^{vs} 35
S 684 204^{r} 500
S 684 206^{r} 2217
S 684 207^{v} 6663
S 684 208^{vs} 9172
S 684 210^{r} 1478
S 684 213^{rs} 8403
S 684 214^{vs} 10278
S 684 217^{r} 7423
S 684 218^{v} 3388
S 684 218^{vss} 7323
S 684 221^{v} 6090
S 684 221^{vs} 5400
S 684 223^{rs} 4546
S 684 226^{rs} 9887
S 684 227^{r} 956
S 684 227^{rs} 6314
S 684 230^{r} 8923
S 684 230^{rs} 8588
S 684 230^{vs} 9815
S 684 231^{v} 6055
S 684 235^{vss} 9985
S 684 236^{r} 2642
S 684 239^{vs} 292
S 684 240^{rs} 9571
S 684 241^{r} 4763
S 684 244^{rs} 9764
S 684 247^{v} 7936
S 684 248^{rs} 5861
S 684 252^{r} 5055
S 684 252^{vs} 9176
S 684 253^{rs} 888

S 684 256^{vs} 8828
S 684 257^{v} 7013
S 684 263^{rs} 9818
S 684 269^{rs} 8208
S 684 272^{vs} 10231
S 684 274^{rs} 1076
S 684 277^{vs} 9327
S 684 278^{r} 9984
S 684 279^{r} 8425
S 684 281^{rs} 3258
S 684 281^{v} 2804
S 684 281^{vs} 3090
S 684 282^{rs} 79
S 684 283^{rs} 8527
S 684 285^{vs} 6051
S 684 290^{rs} 8267
S 684 297^{vs} 9021
S 684 298^{vs} 1224
S 684 301^{vs} 2667
S 684 301^{vss} 8607
S 685 8^{vs} 10398
S 685 18^{rs} 3066
S 685 20^{v} 8977
S 685 22^{rs} 6055
S 685 24^{r} 7181
S 685 29^{r} 7968
S 685 36^{rss} 10455
S 685 39^{v} 10011
S 685 41^{v} 5874
S 685 49^{vs} 9676
S 685 50^{vs} 4341
S 685 54^{vss} 6016
S 685 55^{vs} 2862
S 685 56^{r} 4508
S 685 56^{vs} 2862
S 685 57^{rss} 5036
S 685 61^{v} 2158
S 685 64^{r} 3350
S 685 64^{v} 2297
S 685 67^{v} 1461
S 685 71^{r} 3350
S 685 73^{v} 6145
S 685 73^{vs} 6916
S 685 74^{v} 3438
S 685 80^{r} 4279
S 685 81^{vs} 4863
S 685 82^{vs} 1581
S 685 84^{rs} 1917
S 685 84^{vs} 4821
S 685 85^{r} 14
S 685 86^{rs} 8715

S 685 87^{rs} 2523
S 685 88^{rs} 3179
S 685 90^{v} 3854
S 685 91^{rs} 6541
S 685 93^{vs} 3776
S 685 94^{vs} 6759
S 685 96^{rs} 2254
S 685 98^{rs} 9763
S 685 101^{rs} 4546
S 685 106^{r} 7446
S 685 107^{rs} 1256
S 685 107^{vs} 1256
S 685 110^{vs} 6804
S 685 113^{r} 8950
S 685 115^{v} 4763
S 685 116^{rs} 6088
S 685 117^{r} 3911
S 685 117^{vs} 4546
S 685 122^{rss} 3457
S 685 123^{rs} 1202
S 685 123^{vss} 5848
S 685 127^{vs} 8606
S 685 129^{r} 2862
S 685 129^{vs} 2637
S 685 132^{vs} 4339
S 685 133^{rss} 7343
S 685 139^{rss} 819
S 685 142^{vs} 2893
S 685 145^{v} 7408
S 685 150^{r} 10455
S 685 161^{rs} 4128
S 685 171^{r} 4726
S 685 172^{vs} 7528
S 685 174^{r} 686
S 685 199^{v} 4241
S 685 205^{vs} 2372
S 685 206^{rs} 5929
S 685 209^{vss} 1230
S 685 210^{r} 5720
S 685 214^{rss} 3855
S 685 218^{rs} 7661
S 685 218^{v} 8274
S 685 219^{v} 8654
S 685 221^{rs} 9982
S 685 225^{vs} 6606
S 685 235^{vs} 3652
S 685 244^{vs} 3855
S 685 248^{vss} 283 4014
S 685 251^{r} 7907
S 685 255^{rs} 7352
S 685 260^{r} 5510

S 685 261^v 7565
S 685 262^{rs} 17
S 685 264^r 8258
S 685 266^{vs} 4474
S 685 267^r 2310
S 685 268^r 4763
S 685 268^{rs} 9531
S 685 268^v 3319 4964
S 685 272^r 1193
S 685 273^{vs} 5801
S 685 276^{rs} 5899
S 685 278^{vs} 6264
S 686 3^v 4708
S 686 4^{rs} 873
S 686 4^{vss} 1237
S 686 6^{rs} 2145
S 686 7^{vs} 8857
S 686 22^{vs} 9780
S 686 23^{rs} 2323
S 686 23^v 10127
S 686 26^r 9407
S 686 26^{rs} 3260
S 686 27^{rs} 6780
S 686 27^v 4765
S 686 30^r 1265
S 686 32^{vs} 836
S 686 39^r 4026
S 686 39^{rs} 5988
S 686 40^v 2033
S 686 42^r 8536
S 686 44^v 6747
S 686 47^v 3381
S 686 48^{rs} 8939
S 686 52^r 4128
S 686 59^r 4485
S 686 59^v 6986
S 686 60^v 8739
S 686 66^{rs} 4546
S 686 66^{vs} 5207
S 686 68^{rs} 460
S 686 68^{vs} 8567
S 686 73^{rs} 132
S 686 75^{vs} 9545
S 686 82^{rs} 10455
S 686 91^v 5257
S 686 97^{rs} 2609
S 686 101^{rs} 4546
S 686 102^{vs} 3294
S 686 123^v 471 5972
S 686 125^{rs} 7617
S 686 127^v 7225

S 686 129^v 7225
S 686 132^{rs} 2375
S 686 138^r 3953
S 686 138^v 7050
S 686 143^r 3345
S 686 143^{vs} 2415
S 686 144^{rs} 4031
S 686 145^r 4403
S 686 148^{vs} 3584
S 686 152^r 5532
S 686 152^{vs} 79
S 686 153^r 6663
S 686 153^{rs} 6663
S 686 153^{vss} 4422
S 686 154^{vs} 5461
S 686 156^{vs} 5016
S 686 157^{rs} 9531
S 686 157^v 7598
S 686 157^{vs} 2069
S 686 164^{vs} 308
S 686 170^{rs} 7978
S 686 170^v 7978
S 686 172^r 5712
S 686 173^v 565
S 686 179^{rs} 537
S 686 180^v 3247
S 686 182^{rs} 564
S 686 185^v 5452
S 686 186^{vs} 7016
S 686 187^{rs} 844
S 686 187^v 1892
S 686 189^{vs} 371
S 686 190^{rs} 819
S 686 192^v 10191
S 686 196^{rs} 8607
S 686 196^v 9784
S 686 198^{vs} 4974
S 686 204^r 1297
S 686 213^{rs} 1937
S 686 214^r 620
S 686 216^{vss} 3148
S 686 217^{vs} 4759
S 686 232^{vs} 4937
S 686 236^v 9401
S 686 241^{rss} 4566
S 686 245^r 4937
S 686 248^v 3264
S 686 249^{rs} 10032
S 686 253^{vs} 2120
S 686 261^v 8934
S 686 264^r 4267

S 686 264^{vs} 8130
S 686 267^{rs} 8607
S 686 267^{vs} 2523
S 686 272^r 7225
S 686 272^{vss} 9154
S 686 280^v 1371
S 686 283^{vs} 820
S 686 285^{rs} 7914
S 686 285^{vs} 4595
S 686 286^{rss} 3168
S 686 287^{rs} 9828
S 686 287^{vs} 7375
S 686 291^{rs} 179
S 686 291^{vss} 4547
S 686 292^{vs} 3168
S 687 3^{rss} 8550
S 687 4^v 8828
S 687 12^v 2911
S 687 15^v 9883
S 687 16^{rs} 2858
S 687 18^{rs} 911
S 687 18^{vs} 4763
S 687 25^{vs} 7783
S 687 33^v 8087
S 687 34^{rs} 4547
S 687 37^r 5461
S 687 37^{vs} 7739
S 687 38^{vss} 996
S 687 45^{rs} 9202
S 687 46^r 7948
S 687 48^{rs} 7375
S 687 48^{vs} 9401
S 687 49^v 6293 6530
S 687 49^{vs} 322
S 687 50^v 2003
S 687 51^r 9460
S 687 52^{vs} 5751
S 687 55^{vs} 5653
S 687 57^{rs} 3534
S 687 57^{vs} 4796
S 687 59^{vs} 185 4596
S 687 60^{rs} 6839 9565
S 687 64^{rs} 8130
S 687 72^v 9432
S 687 74^{rs} 4846
S 687 76^{rs} 3232
S 687 81^v 2862
S 687 81^{vs} 2862
S 687 99^{rs} 8889
S 687 101^r 4197
S 687 101^{vss} 3247

S 687 108^{rs} 1176
S 687 110^{vs} 2599
S 687 111^{rs} 9348
S 687 114^{v} 1453
S 687 115^{vs} 6160
S 687 117^{rs} 2789
S 687 120^{rs} 7591
S 687 121^{rs} 7261
S 687 121^{vs} 6555
S 687 127^{rs} 152
S 687 129^{vs} 9686
S 687 132^{vs} 7085
S 687 135^{v} 8237
S 687 135^{vs} 1183 9243
S 687 146^{v} 8767
S 687 146^{vs} 7736
S 687 150^{v} 2511
S 687 152^{vs} 8701
S 687 153^{r} 8739
S 687 155^{rs} 10184
S 687 163^{vs} 4059
S 687 164^{rs} 5228
S 687 164^{v} 7847
S 687 167^{rs} 8693
S 687 169^{rss} 610
S 687 172^{vs} 3339
S 687 173^{v} 4908
S 687 178^{vs} 2413
S 687 189^{vs} 5284
S 687 195^{v} 7015
S 687 197^{vs} 9546
S 687 202^{v} 5051
S 687 202^{vs} 6836
S 687 206^{r} 5957
S 687 207^{r} 1265
S 687 208^{r} 3830
S 687 215^{r} 3339
S 687 219^{vs} 5929
S 687 221^{r} 1574
S 687 221^{v} 1370
S 687 222^{vs} 3339
S 687 224^{rs} 2976
S 687 225^{vs} 3244
S 687 228^{r} 8230
S 687 231^{vs} 8353
S 687 233^{vs} 9867
S 687 236^{vs} 3830
S 687 246^{r} 10314
S 687 251^{vs} 336
S 687 254^{vs} 7375
S 687 258^{vs} 7065

S 687 261^{rs} 8202
S 687 261^{vs} 8767
S 687 265^{r} 8026
S 687 269^{rs} 9096
S 687 274^{rs} 9546
S 687 278^{rss} 3466
S 687 279^{r}–280^{v} 7734
S 687 281^{rs} 7734
S 687 281^{vs} 9102
S 687 286^{rs} 1371
S 687 293^{vss} 8951
S 687 295^{rs} 5732
S 687 295^{v} 7847
S 687 295^{vs} 5823
S 687 300^{v} 2573
S 688 3^{r} 2961
S 688 4^{rs} 8715
S 688 5^{v} 4618
S 688 7^{vss} 2415
S 688 14^{rs} 35
S 688 19^{rs} 8762
S 688 20^{r} 3798
S 688 21^{v} 3617
S 688 22^{r} 4072
S 688 22^{rs} 9825
S 688 26^{v} 4788
S 688 28^{vs} 9240
S 688 38^{v} 3101
S 688 38^{vs} 152
S 688 48^{r} 4986
S 688 58^{r} 1347
S 688 58^{vs} 7596
S 688 61^{r} 5124
S 688 65^{vs} 8683
S 688 66^{rs} 4731
S 688 68^{r} 116
S 688 70^{rs} 1474
S 688 79^{r} 610
S 688 83^{r} 4590
S 688 89^{vs} 757
S 688 94^{rs} 3569
S 688 94^{v} 3208
S 688 96^{vss} 2267
S 688 99^{rs} 437
S 688 99^{vs} 836
S 688 100^{v} 6374
S 688 103^{vs} 6192
S 688 105^{rs} 5524
S 688 106^{vs} 8762
S 688 113^{rs} 10530
S 688 114^{v} 7566

S 688 123^{rs} 9342
S 688 125^{vs} 3580
S 688 127^{v} 4780
S 688 141^{vs} 6804
S 688 145^{vs} 6836
S 688 146^{rs} 4986
S 688 150^{v} 6144
S 688 153^{rs} 7934 8642
S 688 156^{v} 4660
S 688 164^{r}–166^{r} 9214
S 688 173^{rss} 5848 9720
S 688 176^{r} 7303
S 688 176^{rss} 9867
S 688 178^{rs} 4523
S 688 178^{vs} 5226
S 688 180^{v} 6421
S 688 198^{r} 1515
S 688 204^{vs} 8567
S 688 205^{vs} 1559
S 688 212^{rs} 4175
S 688 215^{rs} 2789
S 688 221^{vs} 8399
S 688 222^{r} 9587
S 688 228^{v} 3754
S 688 229^{vs} 9438
S 688 232^{r} 4727
S 688 237^{rs} 567
S 688 239^{vs} 3747
S 688 240^{v} 5340
S 688 243^{rs} 5524
S 688 245^{vs} 485
S 688 246^{rs} 8799
S 688 247^{r} 5340
S 688 250^{vs} 3729
S 688 251^{rs} 3896
S 688 261^{v} 8762
S 688 262^{rs} 6108
S 688 263^{vss} 5751
S 688 266^{v} 8913
S 688 267^{v} 5461
S 688 270^{v} 624
S 688 275^{v} 9438
S 688 277^{rs} 3226
S 688 278^{r} 4546
S 688 280^{rs} 4512
S 688 283^{v} 3668
S 688 289^{rs} 10101
S 688 291^{vs} 2250
S 688 293^{vs} 227
S 688 295^{v} 1461
S 688 296^{r} 4205

S 688 301^{rs} 6233	S 689 179^r 1488	S 690 35^v 6187
S 688 301^{vs} 8536	S 689 182^v 401	S 690 37^{rs} 3339
S 689 3^{rs} 1083	S 689 184^r 5209	S 690 50^v 6088
S 689 3^v 3592	S 689 191^{rs} 152	S 690 51^{rs} 10127
S 689 4^v 45	S 689 193^{rs} 1732	S 690 63^{rs} 3668
S 689 7^{rs} 4060 8842	S 689 197^v 6331	S 690 66^r 4557
S 689 8^v 7150	S 689 198^{vs} 1783	S 690 66^{vs} 8198
S 689 16^v 5636	S 689 205^{vs} 3429	S 690 67^{rs} 8386
S 689 16^{vs} 3429	S 689 206^{vs} 564	S 690 73^{vs} 18
S 689 18^{vs} 5201	S 689 208^v 6323	S 690 76^r 2137
S 689 20^{rs} 9522	S 689 209^{rs} 9948	S 690 78^{vss} 10413
S 689 21^r–22^v 8550	S 689 209^v 10065	S 690 81^r 2859
S 689 26^{vs} 8628	S 689 209^{vs} 5692	S 690 83^v 2070
S 689 30^{rs} 7376	S 689 210^{rs} 2608	S 690 89^{vs} 3982
S 689 39^{rss} 6931	S 689 210^v 1507	S 690 93^{rs} 2639
S 689 49^{rs} 4831	S 689 210^{vs} 8202	S 690 99^v 6934
S 689 59^{vs} 1202	S 689 211^{vs} 2340	S 690 100^r 7847
S 689 60^r 1550	S 689 214^{vs} 4600	S 690 103^r 6088
S 689 63^{rs} 8715	S 689 215^v 2007	S 690 104^{vs} 8425
S 689 71^{vs} 284	S 689 227^r 5823	S 690 105^v 564
S 689 72^{vs} 2700	S 689 228^{vss} 6271	S 690 107^{vss} 5958
S 689 73^{rs} 2469	S 689 233^{rs} 4311	S 690 109^v 8198
S 689 73^{vss} 3530	S 689 244^v 7376	S 690 116^{vs} 2577
S 689 77^{vs} 6940	S 689 247^v 6108	S 690 117^{rs} 5763
S 689 87^r 8187	S 689 249^v 8267	S 690 117^v 2101
S 689 94^r 5653	S 689 256^{rs} 4511	S 690 119^r 9043
S 689 101^{vs} 1317	S 689 257^v 8607	S 690 122^r 3617
S 689 108^{rs} 2355	S 689 258^{rs} 2489	S 690 123^{rs} 7103
S 689 113^{vss} 9947	S 689 265^r 9265	S 690 124^{vs} 8973
S 689 119^{vss} 3747	S 689 269^{vss} 651	S 690 127^{rs} 3152
S 689 122^{rs} 7718	S 689 272^{rss} 5168	S 690 128^{vs} 5677
S 689 125^{rss} 5381 5653	S 689 281^{vs} 2659	S 690 141^{vs} 6055
6836	S 689 282^v 2415	S 690 150^v 7847
S 689 126^{vs} 6446	S 689 288^{rs} 3560	S 690 166^{rs} 4358
S 689 135^{vs} 2489	S 689 291^{rs} 1178	S 690 167^{vs} 4705
S 689 136^{rs} 5958	S 689 296^{rs} 5524	S 690 168^r 3680
S 689 145^v 7241	S 689 299^{vs} 4322	S 690 173^{rs} 3668
S 689 146^{vss} 2340	S 690 3^v 4920	S 690 176^{vs} 820
S 689 151^{vs} 8767	S 690 6^{rs} 1454	S 690 183^v 4763
S 689 153^r 1563	S 690 7^{vs} 4976	S 690 186^v 3965
S 689 155^{rs} 4175	S 690 11^v 516	S 690 196^r 5350
S 689 162^r 10544	S 690 12^v 3070	S 690 199^{rs} 6792
S 689 165^{rs} 8901	S 690 13^{vs} 788	S 690 201^r 5544
S 689 167^{rs} 9559	S 690 14^{rs} 2355	S 690 201^{vs} 10574
S 689 168^{rs} 6338	S 690 14^{vs} 2355	S 690 203^{rss} 309
S 689 169^v 8429	S 690 15^{vs} 9261	S 690 207^{vs} 3752
S 689 169^{vs} 145	S 690 16^v 6338	S 690 208^{rs} 3152
S 689 170^{vs} 9938	S 690 20^v 4127	S 690 221^r 9251
S 689 172^{vs} 2332	S 690 30^{vs} 2775	S 690 221^{vs} 3457
S 689 174^{rs} 6701	S 690 31^{rs} 6151	S 690 222^v 5188
S 689 178^v 5188	S 690 31^{vs} 7241	S 690 227^r 1161

S 690 228^vs 6323
S 690 232^vs 3139
S 690 233^vs 3803
S 690 234^r 1083
S 690 239^v 7968
S 690 250^vs 6251
S 690 253^r 1592
S 690 264^rs 7983
S 690 267^v 6396
S 690 271^rs 7127
S 690 272^v 7244
S 690 272^vs 9268
S 690 275^vs 2055
S 690 279^r 9365
S 690 280^vs 2101
S 690 287^rs 3231
S 690 288^rs 4709
S 690 290^vss 2371
S 690 296^rs 7677
S 690 298^rs 4338
S 690 301^rs 79
S 691 6^rss 10493
S 691 7^vs 310
S 691 10^rs 9342
S 691 12^r 6830
S 691 14^rs 5409
S 691 16^r 3825
S 691 22^r 6882
S 691 23^rs 9066
S 691 28^rs 3175
S 691 32^rs 7541
S 691 34^rs 9501
S 691 34^vs 6618
S 691 41^v 10041
S 691 44^vs 9211
S 691 49^vs 7488
S 691 54^r 6792
S 691 57^v 6233
S 691 63^vs 3247
S 691 66^v 39 3798
S 691 67^vs 6720
S 691 71^vs 624
S 691 76^rs 844
S 691 78^rss 8002
S 691 82^rs 5461
S 691 85^vs 2101
S 691 90^rs 8198
S 691 104^rs 3442
S 691 105^v 6792
S 691 108^vs 3556
S 691 116^v 6233

S 691 126^rs 310
S 691 133^rs 10487
S 691 133^v 10001
S 691 136^vs 7164
S 691 137^rs 4289
S 691 140^rs 844
S 691 141^rs 7847
S 691 141^vs 8198
S 691 143^rs 7705
S 691 144^r 4814
S 691 147^vs 472
S 691 150^rs 2862
S 691 153^rs 3209
S 691 160^r 5461
S 691 164^r 3175
S 691 164^v 6500
S 691 166^rs 6882
S 691 166^vss 8198
S 691 169^r 1841
S 691 171^r 9979
S 691 172^vs 8799
S 691 173^vs 564
S 691 183^vs 7469
S 691 185^vs 3863
S 691 186^rs 8456
S 691 189^rs 5433
S 691 191^rs 1455
S 691 194^vs 4796
S 691 195^rss 9827
S 691 197^r 5060
S 691 198^vs 9815
S 691 199^rs 5862
S 691 209^r 9810
S 691 218^v 3047
S 691 221^vs 5461
S 691 222^rs 7022
S 691 223^rs 4011
S 691 229^rs 2567
S 691 230^v 3822
S 691 248^r 8925
S 691 249^rss 9890
S 691 256^r 4929
S 691 256^rs 10207
S 691 261^r 6119
S 691 262^v 5461
S 691 265^rs 1055
S 691 267^v 8269
S 691 267^vs 1328
S 691 271^r 5042
S 691 279^vs 4289
S 691 281^v 4102

S 691 287^vs 3283
S 691 291^vs 10232
S 691 298^r 3556
S 691 299^vs 4403
S 692 1^rs 1767
S 692 4^r 800
S 692 10^rs 1857
S 692 13^rs 5728
S 692 16^r 6317
S 692 19^r 7497
S 692 23^rs 8362
S 692 26^v 2372
S 692 30^rs 3175 10104
S 692 38^rs 3855
S 692 38^vs 8658
S 692 39^rs 8219
S 692 48^r 9211
S 692 54^rs 4838
S 692 57^vss 3652
S 692 64^vs 464
S 692 65^rss 4038
S 692 68^rs 3145
S 692 68^vs 6338
S 692 69^v 7021
S 692 76^rs 8302
S 692 77^v 6588
S 692 84^rss 5047
S 692 93^vss 5682
S 692 100^v 6698
S 692 101^rs 3743
S 692 102^v 2914
S 692 107^v 3257
S 692 114^rs 4929
S 692 115^v 5436
S 692 118^rs 1873
S 692 120^v 8991
S 692 122^rs 5891
S 692 122^vs 5891
S 692 128^v 4280
S 692 129^r 5042
S 692 130^r 8588
S 692 133^r 6310
S 692 136^v 8102
S 692 141^v 6884
S 692 154^vs 844
S 692 156^v 5708
S 692 160^rs 7084
S 692 163^v 6666
S 692 164^r 1597
S 692 165^rs 4289
S 692 169^rs 5042

S 692 169^v–171^r 6446
S 692 182^{rs} 5897
S 692 183^{rs} 9574
S 692 183^{vs} 4829
S 692 190^v 9211
S 692 192^{vs} 201
S 692 206^{rs} 932
S 692 211^{vs} 9553
S 692 212^r 4227
S 692 215^{rs} 7783
S 692 217^{rs} 9759
S 692 218^r 8898
S 692 220^r 564
S 692 245^r 9677
S 692 248^r 3943
S 692 250^{vs} 6188
S 692 252^{vs} 7165
S 692 254^v 363
S 692 256^{rs} 1172
S 692 258^{rs} 8868
S 692 263^v 4749
S 692 264^r 3204
S 692 270^{rs} 1689
S 692 284^{rs} 5436
S 692 285^{rs} 5069
S 692 289^{vss} 9552
S 692 295^{vs} 4373
S 693 7^v 1147
S 693 17^v 1944
S 693 18^{vs} 4547
S 693 24^{vs} 1533
S 693 26^{rs} 5759
S 693 26^{vs} 3847
S 693 30^{vs} 7391
S 693 31^{rs} 1037
S 693 32^{vs} 7544
S 693 41^{vs} 5636
S 693 47^{rs} 10531
S 693 47^{vss} 3175
S 693 49^{rs} 7391
S 693 56^v 10544
S 693 61^{rs} 10257
S 693 64^{vs} 10531
S 693 68^v 4792
S 693 70^v 1118 4792
S 693 71^v 7847
S 693 72^r 7817
S 693 73^{vs} 9985
S 693 74^r 3053
S 693 79^{rs} 6540
S 693 81^{rs} 2853

S 693 83^{vs} 9620
S 693 86^{vs} 3854
S 693 88^{vs} 5653
S 693 91^{vs} 564
S 693 92^{rs} 967
S 693 93^r–95^r 10257
S 693 108^{rs} 4961
S 693 119^{rs} 154
S 693 122^{vs} 10123
S 693 125^v 3218
S 693 128^{rs} 4104
S 693 138^r 8607
S 693 155^r 932
S 693 160^v 4037
S 693 172^v 8072
S 693 173^v 8932
S 693 174^v 9342
S 693 177^{vs} 3047
S 693 178^r 6233
S 693 181^{rs} 9878
S 693 182^{rss} 10257
S 693 184^v 5911
S 693 191^{rss} 4483
S 693 198^v 8455
S 693 198^{vs} 2364
S 693 209^{vs} 9126
S 693 213^{rs} 4031
S 693 215^{vs} 6461
S 693 217^{rs} 6461
S 693 236^{rss} 10427
S 693 237^{rs} 2853
S 693 241^r 6806
S 693 243^{rs} 3168
S 693 246^{rs} 2372
S 693 248^{vs} 4041
S 693 249^{rs} 349
S 693 252^{rs} 9157
S 693 258^{vs} 5283
S 693 259^{rs} 8797
S 693 271^{vs} 2689
S 693 274^{vs} 8460
S 693 283^{rs} 6440
S 693 289^r 10478
S 693 291^{vs} 10291
S 693 292^{rs} 8862
S 693 292^v 10133
S 693 292^{vs} 7251
S 693 293^r 464
S 693 299^v 584
S 694 5^v 7303
S 694 9^r 3047

S 694 10^{rs} 3868
S 694 11^{rs} 9126
S 694 11^v 8536
S 694 16^{rs} 2355
S 694 18^v 1841
S 694 28^{vs} 9668
S 694 30^v–32^r 9450
S 694 33^{rss} 5715
S 694 34^{rss} 2390
S 694 37^{vs} 183
S 694 40^{rs} 9212
S 694 47^{rs} 6461
S 694 49^{rs} 7357
S 694 54^{vs} 7784
S 694 85^{vs} 8601
S 694 91^{vs} 548
S 694 97^r–98^v 10607
S 694 99^{vs} 110
S 694 106^v 8922
S 694 109^v 3237
S 694 109^{vs} 957
S 694 118^v 9825
S 694 120^{rs} 2181
S 694 120^v 8130
S 694 123^v 6055
S 694 128^r 7998
S 694 149^{rs} 7739
S 694 152^v 5916
S 694 153^v 92
S 694 164^{rs} 9873
S 694 165^{rs} 9985
S 694 173^{vs} 1675
S 694 175^{rss} 1677
S 694 177^{vs} 9654
S 694 181^r 6549
S 694 192^{rs} 7352
S 694 198^{rs} 3553
S 694 200^v 2745
S 694 201^{vs} 8547
S 694 202^v 9106
S 694 207^{vs} 4870
S 694 213^{vs} 687
S 694 215^v 5890
S 694 217^{vs} 624 7848
S 694 221^r 10167
S 694 229^{rs} 2842
S 694 261^{rs} 6791
S 694 262^{rss} 8130
S 694 263^{vs} 8130
S 694 268^{rs} 6446
S 694 276^r 669

S 694 277^{vs} 4657	S 695 104^{vs} 6012	S 695 205^{v} 471
S 694 279^{vs} 6738	S 695 105^{r} 8569	S 695 206^{vs} 10435
S 694 280^{v} 3627 7357	S 695 106^{rss} 3670	S 695 207^{r} 7735
S 694 284^{rs} 2025	S 695 108^{r} 4961	S 695 209^{rs} 8405
S 694 290^{rs} 9543	S 695 108^{vs} 7	S 695 212^{v} 537
S 694 292^{v} 4090	S 695 109^{vs} 5282	S 695 216^{rs} 5334
S 694 296^{r} 9163	S 695 116^{vs} 5282	S 695 220^{vs} 9700
S 694 296^{vs} 2330	S 695 119^{v} 7566	S 695 221^{v} 9246
S 694 297^{rs} 5643	S 695 119^{vs} 9635	S 695 222^{v} 1303
S 694 298^{rs} 4618	S 695 120^{rs} 7081	S 695 223^{rs} 933
S 694 298^{v} 10478	S 695 121^{rs} 6824	S 695 230^{r} 225
S 695 3^{vs} 752	S 695 123^{v} 7566	S 695 230^{rs} 225
S 695 7^{vs} 5532	S 695 126^{r} 6830	S 695 232^{rs} 5213
S 695 11^{rs} 8821	S 695 131^{r} 9968	S 695 232^{v} 2999
S 695 11^{vs} 8553	S 695 134^{rs} 6942	S 695 232^{vs} 5093
S 695 18^{v} 6613	S 695 137^{vs} 1853	S 695 233^{rs} 8831
S 695 19^{vs} 571	S 695 138^{rs} 7566	S 695 237^{rs} 8937
S 695 21^{vs} 2554	S 695 141^{r} 6956	S 695 241^{r} 1417
S 695 22^{rs} 7250	S 695 142^{rs} 4227	S 696 1^{r} 9186
S 695 23^{rs} 3982	S 695 143^{r} 6633	S 696 2^{v} 8375
S 695 23^{vss} 4933	S 695 144^{vs} 425	S 696 3^{r} 1994 9028
S 695 26^{rs} 2297	S 695 150^{vs} 7	S 696 3^{rs} 8988
S 695 26^{vss} 7912	S 695 153^{vs} 3711	S 696 5^{rs} 3013
S 695 30^{rs} 3555	S 695 154^{rs} 9810	S 696 6^{v} 4172
S 695 31^{rs} 5737	S 695 155^{rs} 3364	S 696 9^{r} 535
S 695 35^{v} 8247	S 695 157^{vs} 4780	S 696 10^{v} 8718
S 695 38^{r} 9867	S 695 159^{rs} 7181	S 696 11^{r} 9810
S 695 39^{r} 3051	S 695 161^{rss} 5732	S 696 11^{rs} 3652
S 695 39^{vs} 4046	S 695 162^{vss} 5717	S 696 12^{v} 10306
S 695 40^{rs} 6233	S 695 163^{rs} 9472 9867	S 696 14^{vs} 9659
S 695 57^{rs} 8419	S 695 166^{v} 1748	S 696 17^{r} 6004
S 695 59^{rs} 471	S 695 168^{r} 4749 8392	S 696 17^{vs} 9701
S 695 63^{rs} 9615	S 695 170^{r} 8825	S 696 20^{r} 2564
S 695 63^{v}–65^{r} 9615	S 695 171^{r} 7044	S 696 21^{v} 10516
S 695 67^{rs} 8739	S 695 171^{rs} 5378	S 696 21^{vs} 5045
S 695 67^{vs} 3679	S 695 171^{vs} 7566	S 696 22^{rs} 3516
S 695 70^{rs} 3822	S 695 172^{r} 5643	S 696 24^{v} 9000
S 695 77^{vs} 10487	S 695 172^{rs} 3364	S 696 24^{vs} 4961
S 695 78^{vs} 7022	S 695 174^{rs} 10128	S 696 25^{rs} 535
S 695 80^{rs} 5345	S 695 176^{vs} 9787	S 696 25^{vs} 5814
S 695 86^{r} 6137	S 695 181^{r} 5353	S 696 26^{v} 2145
S 695 87^{vs} 6987	S 695 185^{r} 3870	S 696 27^{v} 2719 6719
S 695 90^{r} 872	S 695 186^{v} 860	S 696 27^{vs} 5115
S 695 92^{r} 7582	S 695 191^{rs} 425	S 696 28^{r} 8682
S 695 94^{r} 576	S 695 194^{r} 9982	S 696 28^{rss} 3703 6685
S 695 96^{r} 8715	S 695 196^{r} 8425	S 696 28^{vs} 970
S 695 96^{rs} 9902	S 695 196^{vs} 4749	S 696 29^{rs} 6233
S 695 98^{rs} 7121	S 695 197^{rs} 204	S 696 33^{r} 5107
S 695 100^{r} 5400	S 695 199^{r} 1603	S 696 33^{v} 4331 7829
S 695 100^{rs} 3584	S 695 202^{vs} 1703	S 696 33^{vs} 3907
S 695 103^{vs} 4671	S 695 203^{v} 5570	S 696 34^{rs} 3465

S 696 35^{rs} 3199

S 696 35^{v} 3199

S 696 37^{r} 6153

S 696 39^{r} 7566

S 696 39^{rs} 6685

S 696 40^{v} 370

S 696 44^{r} 3271

S 696 44^{v} 364

S 696 49^{vs} 5264

S 696 50^{r} 5944

S 696 51^{rs} 8801

S 696 51^{vs} 3636

S 696 52^{r} 3869 9412

S 696 52^{v} 7317

S 696 52^{vs} 2745

S 696 53^{v} 1829 9550

S 696 54^{rs} 9412

S 696 54^{v} 7613

S 696 55^{r} 7556

S 696 56^{r} 8904

S 696 56^{rs} 9412

S 696 60^{r} 5143 5291

S 696 60^{vs} 2072

S 696 61^{v} 4728

S 696 63^{vs} 5147

S 696 64^{r} 5519

S 696 65^{r} 1414

S 696 65^{v} 1353 6158

S 696 66^{r} 5299 6158

S 696 66^{v} 878 1010

S 696 69^{v} 6803

S 696 70^{r} 8827

S 696 70^{v} 4528 6539

S 696 70^{vs} 3764

S 696 71^{r} 571 2799 9634
   10522

S 696 71^{v} 5013 8018

S 696 72^{r} 9634

S 696 72^{v} 9781

S 697 5^{vss} 7848

S 697 8^{r} 2863

S 697 9^{rs} 4234

S 697 16^{rs} 4560

S 697 18^{vs} 6687

S 697 19^{rs} 3183

S 697 22^{vs} 2355

S 697 28^{v} 3774

S 697 40^{r} 6189

S 697 41^{rs} 2577

S 697 45^{vss} 2032

S 697 51^{vs} 87

S 697 60^{rs} 3829

S 697 63^{v} 7048

S 697 65^{vs} 7408

S 697 74^{rs} 5540

S 697 87^{rss} 1841

S 697 90^{vs} 5757

S 697 93^{vs} 2862

S 697 102^{rs} 8762

S 697 102^{v} 2032

S 697 104^{r} 114 4546

S 697 107^{v} 2892

S 697 111^{r} 10618

S 697 117^{v} 9658 10478

S 697 120^{rs} 4547

S 697 138^{r} 4731

S 697 140^{v} 8701

S 697 145^{rs} 6286

S 697 147^{v} 2330

S 697 152^{v} 10478

S 697 152^{vs} 7377

S 697 165^{rs} 2440

S 697 165^{v} 10425

S 697 182^{vs} 10041

S 697 189^{rs} 8923

S 697 189^{vss} 1673

S 697 191^{vs} 9242

S 697 201^{rs} 8379

S 697 205^{vs} 7963

S 697 211^{v} 2521

S 697 213^{vs} 3574

S 697 223^{rs} 2297

S 697 226^{vs} 7617

S 697 229^{v} 550

S 697 230^{rs} 6951

S 697 233^{vss} 2971

S 697 236^{rs} 8871

S 697 244^{rs} 2355

S 697 246^{r} 6006

S 697 251^{rs} 18

S 697 253^{rs} 2397

S 697 253^{vs} 8914

S 697 262^{v} 3974

S 697 269^{r} 948

S 697 270^{vs} 204

S 697 275^{r} 10041

S 697 277^{rs} 10019

S 697 277^{v} 2032

S 697 278^{rs} 7179

S 697 290^{r}–291^{v} 880

S 697 300^{r} 2961

S 698 2^{r} 3852

S 698 2^{vs} 10018

S 698 3^{r} 10041

S 698 3^{v} 474

S 698 3^{vs} 4946

S 698 4^{vs} 8749

S 698 10^{v} 8536

S 698 14^{r} 8131

S 698 16^{rs} 9397

S 698 17^{v} 9261

S 698 17^{vs} 4966

S 698 27^{rs} 10278

S 698 29^{v} 7848

S 698 29^{vs} 7848

S 698 30^{rs} 7848

S 698 36^{rs} 9947

S 698 39^{rs} 1077

S 698 44^{vs} 8425

S 698 49^{v} 7087

S 698 52^{r} 7936

S 698 53^{r} 6342

S 698 57^{vs} 848

S 698 62^{rs} 8650

S 698 65^{vs} 4701

S 698 66^{r} 2007

S 698 69^{r} 4524

S 698 74^{rs} 9181

S 698 81^{rs} 9720

S 698 81^{v} 1683

S 698 82^{v} 8701

S 698 82^{vs} 9483

S 698 93^{r} 5282

S 698 95^{r} 6216

S 698 97^{rs} 8935

S 698 107^{r} 9770

S 698 108^{r} 5827

S 698 116^{rs} 9311

S 698 117^{vs} 7983

S 698 118^{r} 8425

S 698 123^{rs} 7655

S 698 123^{rss} 571

S 698 124^{rs} 2431 4241

S 698 126^{r} 1310

S 698 134^{v} 8458

S 698 141^{vs} 3871

S 698 146^{v} 7826

S 698 150^{rss} 8701

S 698 151^{vs} 2397

S 698 152^{vs} 5761

S 698 153^{r} 9175

S 698 156^{rs} 6286

S 698 159^{vs} 9311

S 698 160^v 8416

S 698 161^{vs} 8718

S 698 164^v 5282

S 698 165^v 571

S 698 166^r 9342

S 698 166^{vs} 10088

S 698 167^{rs} 6791

S 698 173^{rs} 6016

S 698 174^r 107

S 698 178^v 9547

S 698 185^v 1549

S 698 190^v 8368

S 698 191^v 2397

S 698 195^r 4547

S 698 199^v 6264

S 698 200^v 2413

S 698 201^{vs} 1841

S 698 202^{rss} 10089

S 698 205^{vs} 9181

S 698 206^{rss} 8456

S 698 207^r 10392

S 698 208^{vs} 9832

S 698 209^v 337 4701

S 698 210^v 4815

S 698 211^{rs} 10406

S 698 211^v 7885

S 698 213^{rs} 7181

S 698 213^v 4547

S 698 214^{rs} 3363

S 698 217^{rs} 9648

S 698 220^v 105

S 698 221^r 9181

S 698 229^{vs} 6114

S 698 231^{vs} 13 744 1783
    1788 4801 9530

S 698 233^v 8196

S 698 234^{vs} 10527

S 698 237^{vs} 6361

S 698 239^v 9576

S 698 247^v–249^r 1981

S 698 249^{rs} 8374

S 698 251^{rs} 2372 6055

S 698 251^{vs} 8131

S 698 252^{rs} 10018

S 698 253^{rs} 2746

S 698 253^{vs} 4780

S 698 255^{rs} 10190

S 698 270^v 5726

S 698 273^{rs} 7500

S 698 273^{vss} 471

S 698 274^{vss} 9145

S 698 286^r 4322

S 698 297^{rs} 3747

S 698 300^{rs} 8907

S 698 301^v 2336

S 699 5^{rs} 8506

S 699 9^{rs} 1356

S 699 12^{vs} 7772

S 699 29^{vs} 8808

S 699 33^{vss} 4586

S 699 38^r 8245

S 699 44^{vs} 8284

S 699 50^r 3246

S 699 50^{rss} 3363

S 699 52^{vs} 421

S 699 58^r 3350

S 699 63^{rs} 2313

S 699 65^{rs} 7898

S 699 71^{vs} 2336

S 699 84^{rs} 5955

S 699 88^{rs} 6799

S 699 90^{rs} 3105

S 699 90^{vs} 7451

S 699 92^r 8068

S 699 95^{vss} 3046

S 699 98^v 7736

S 699 100^r 3560

S 699 101^r 3974

S 699 102^r 3334 3617

S 699 103^v 193

S 699 105^{vs} 2340

S 699 109^{vs} 6090

S 699 114^{vs} 571

S 699 115^v 10182

S 699 119^{rs} 2554

S 699 120^{rs} 2554

S 699 120^v 6090

S 699 122^v 8368

S 699 125^{vs} 8962

S 699 128^r 6007

S 699 138^r 8000

S 699 144^v 5653

S 699 153^{rs} 5137

S 699 153^v 9479

S 699 161^r 4780

S 699 165^{rs} 4307

S 699 170^v 4421

S 699 176^{vs} 4722

S 699 179^r 2527

S 699 179^v 3374

S 699 184^{rs} 8578

S 699 185^r 3423

S 699 189^{vs} 4780

S 699 191^{rs} 7826

S 699 191^v 1603

S 699 191^{vs} 7541

S 699 205^{rs} 1874

S 699 207^v 3221

S 699 209^r 393

S 699 214^{rs} 10390

S 699 217^{vs} 8861

S 699 228^{vss} 9040

S 699 242^{rs} 4474

S 699 243^v 1356

S 699 248^{rs} 3419

S 699 249^r 9480

S 699 252^{vs} 8284

S 699 258^{vs} 8907

S 699 264^v 1884

S 699 267^r 8241

S 699 268^r 9286

S 699 268^{vs} 8362

S 699 269^r 7283

S 699 271^r 5924

S 699 274^{vs} 8131

S 699 284^v 800

S 699 291^r 336

S 699 293^{vs} 1167

S 699 300^{vs} 3381

S 700 1^v 393

S 700 10^{rs} 381 8640

S 700 13^v 2635

S 700 14^r 3780

S 700 14^{vs} 9396

S 700 15^{vs} 822

S 700 16^{vs} 3876

S 700 18^r 9232

S 700 23^r 8908

S 700 27^{rs} 5557

S 700 33^{vs} 2431

S 700 34^{rss} 9389

S 700 35^{rs} 9389

S 700 42^r 8350

S 700 44^r 6447

S 700 44^{rs} 5340

S 700 54^{rs} 8048

S 700 68^{rs} 7982

S 700 74^v 1468

S 700 76^{rss} 7066

S 700 79^{vs} 3998

S 700 83^r 4547

S 700 83^{rs} 1506

S 700 83^v 6055

S 700 84^r 1356	S 700 296^v 2160	S 701 202^{vs} 9846
S 700 86^r 7975	S 701 3^{rs} 7740	S 701 208^{vs} 9511
S 700 87^{rs} 357	S 701 7^{rs} 6055	S 701 211^{rs} 3246
S 700 93^r 5185	S 701 13^{vs} 2340	S 701 216^{vs} 2744
S 700 95^{vs} 6447	S 701 20^v 9093	S 701 218^r–220^v 3403
S 700 96^v 5282	S 701 28^v 2608	S 701 220^v 5666
S 700 99^v 5340	S 701 29^r 6612	S 701 226^{rs} 132
S 700 101^{rs} 6233	S 701 32^{vs} 4604	S 701 226^v 6002
S 700 111^{rs} 9960	S 701 35^v 857	S 701 241^{rss} 4361
S 700 123^{rs} 4419	S 701 47^{rs} 8767	S 701 244^r 5813 6759
S 700 130^r 6521	S 701 47^{vs} 8663	S 701 246^{vs} 2751
S 700 143^v 3957	S 701 49^{vs} 5695	S 701 247^{rs} 6602
S 700 146^r 2439	S 701 50^{vs} 5773	S 701 247^{vs} 7204
S 700 148^r 3011	S 701 59^{rss} 7083	S 701 251^r 4749
S 700 148^v 3199	S 701 65^{rss} 5813	S 701 251^{vs} 6526
S 700 150^v 5340	S 701 67^{rs} 3338	S 701 253^{vs} 7767
S 700 153^{rs} 7936	S 701 71^v 5695	S 701 255^r 8078
S 700 162^{rs} 9026	S 701 71^{vs} 2966	S 701 259^v 7152
S 700 171^v 619	S 701 72^{rs} 8960	S 701 261^{rs} 4414
S 700 171^{vs} 10398	S 701 73^v 9670	S 701 271^{rss} 5556
S 700 173^v 8801	S 701 74^r 967	S 701 281^{rs} 9479
S 700 185^{rs} 8373	S 701 81^v 31	S 701 284^{vs} 5183
S 700 197^{rs} 8923	S 701 82^{rs} 5827	S 701 286^{rs} 3774
S 700 197^{vss} 3191	S 701 83^{vs} 176	S 701 286^{vs} 7616
S 700 200^{rs} 4961	S 701 96^r 7796	S 701 289^{vs} 2050
S 700 207^{rss} 8368	S 701 100^{rs} 4630	S 701 290^{rs} 4432
S 700 211^v 9479	S 701 104^v 7205	S 701 295^r 6633
S 700 223^{rs} 228	S 701 105^v 4251	S 701 296^r 8578
S 700 229^v 10581	S 701 107^r 8786	S 701 299^v 5600
S 700 235^{rs} 926	S 701 111^{rs} 4630	S 701 299^{vs} 10400
S 700 238^v 6022	S 701 117^r 6720	S 702 1^{rs} 848
S 700 240^v 214	S 701 117^{vs} 35	S 702 4^{vs} 9401
S 700 241^{rs} 8762	S 701 121^r 683	S 702 8^r 3419
S 700 242^{vss} 9766	S 701 122^{vs} 6830	S 702 8^{vs} 1414
S 700 248^{vss} 4966	S 701 123^{vs} 6655	S 702 9^r 9004
S 700 254^{vss} 4763	S 701 124^{rs} 2372	S 702 22^v 9118
S 700 264^{vs} 7690	S 701 138^{rs} 5924	S 702 25^{vs} 8549
S 700 277^{rs} 9168	S 701 138^{vs} 5924	S 702 27^r 6447
S 700 277^v 517	S 701 151^{vs} 5512	S 702 30^{rs} 5911
S 700 277^{vs} 5055	S 701 152^r 7926	S 702 36^{rs} 6791 9625
S 700 279^{vs} 9511	S 701 166^{vss} 1028	S 702 36^v 437
S 700 280^r 8494	S 701 168^{rs} 9878	S 702 37^r 9637
S 700 280^v 7740	S 701 173^{rs} 8739	S 702 38^{rs} 3187
S 700 285^r 2340	S 701 184^{rs} 214	S 702 38^{vs} 8067
S 700 286^v 4690	S 701 184^{vs} 1034	S 702 45^r 9472
S 700 287^{rs} 2489	S 701 191^v 6286	S 702 49^{vs} 5570
S 700 287^{vs} 471	S 701 192^{rs} 844	S 702 55^{rs} 10549
S 700 288^{rs} 3957	S 701 192^v 5250	S 702 58^{vs} 3410
S 700 288^{vs} 2431	S 701 195^{rs} 9923	S 702 63^{rs} 6369
S 700 291^r 1783	S 701 195^{vs} 3151	S 702 63^v 8786
S 700 295^{rs} 3152 7655	S 701 200^v 6478	S 702 64^{rs} 1708

S 702 65^{rs} 5770
S 702 65^{vs} 2408
S 702 73^{rss} 1241
S 702 76^{vs} 4290
S 702 78^{r} 6506
S 702 90^{rs} 4636
S 702 106^{vs} 5282
S 702 111^{vs} 1841
S 702 115^{vs} 9926
S 702 118^{r} 1419
S 702 128^{rs} 3876
S 702 133^{r} 3387
S 702 134^{vs} 7788
S 702 137^{vs} 3554
S 702 143^{vs} 5275
S 702 150^{v} 2440
S 702 154^{vs} 9610
S 702 163^{r} 8425
S 702 174^{rs} 42
S 702 178^{r} 7303
S 702 178^{v} 5568
S 702 179^{rss} 7835
S 702 182^{rs} 1387
S 702 191^{v} 5202
S 702 193^{vs} 1792
S 702 196^{rs} 8494
S 702 197^{rs} 9126
S 702 200^{r} 8198
S 702 215^{vs} 4496
S 702 217^{rs} 9126
S 702 226^{rs} 5540
S 702 227^{r} 9472
S 702 229^{r}–230^{v} 5173
S 702 237^{vs} 3302
S 702 241^{r} 9867
S 702 244^{v} 8578
S 702 250^{vs} 7524
S 702 253^{vs} 4466
S 702 256^{rs} 4547
S 702 256^{vs} 4547
S 702 257^{v} 3985 5770
S 702 257^{vs} 2852
S 702 258^{vs} 3719
S 702 259^{rs} 1706
S 702 259^{vs} 8131
S 702 260^{rs} 684
S 702 265^{v} 7687
S 702 266^{r} 3982
S 702 292^{vs} 4312
S 702 297^{vs} 1903
S 702 299^{rs} 10250

S 703 4^{rss} 619
S 703 24^{r} 553
S 703 28^{r} 3344
S 703 28^{vs} 7515
S 703 31^{r} 524
S 703 32^{rs} 5202
S 703 38^{rs} 9479
S 703 41^{r} 4731 9323
S 703 44^{rs} 3932
S 703 44^{v} 5532
S 703 55^{vs} 7239
S 703 57^{rs} 5428
S 703 65^{v} 6447
S 703 82^{vs} 8701
S 703 85^{vs} 2789
S 703 88^{vs} 610
S 703 91^{r} 2875
S 703 91^{vs} 3457
S 703 95^{vs} 4379
S 703 100^{v} 3654
S 703 105^{v} 4726
S 703 121^{vs} 8677
S 703 136^{vss} 10622
S 703 140^{vs} 8426
S 703 142^{rs} 4059
S 703 146^{rs} 571
S 703 147^{rs} 1599
S 703 153^{r} 6447
S 703 156^{vs} 5082
S 703 157^{vs} 8131
S 703 163^{vs} 3747
S 703 166^{vs} 8382
S 703 171^{vs} 605
S 703 172^{r} 6447
S 703 172^{v} 4547
S 703 172^{vss} 4547
S 703 193^{r} 5480
S 703 198^{rs} 991
S 703 203^{rs} 2476
S 703 206^{vs} 1687
S 703 209^{rs} 1841
S 703 209^{v} 4798 4956
S 703 210^{rs} 8131
S 703 214^{rs} 5705
S 703 215^{rs} 9220
S 703 216^{r} 6191
S 703 220^{rs} 9355
S 703 223^{r} 7377
S 703 225^{rss} 9729
S 703 226^{vs} 3208
S 703 236^{rs} 7617

S 703 240^{rs} 6055
S 703 242^{r} 3410
S 703 245^{rs} 105
S 703 248^{v} 5540
S 703 268^{rs} 4547
S 703 270^{r} 2055
S 703 279^{v} 524
S 703 284^{r} 8762
S 703 285^{v} 6606
S 703 290^{rs} 723
S 703 296^{v} 6665
S 703 299^{vs} 4003
S 703 300^{vs} 3059
S 703 301^{rs} 605
S 703 302^{rs} 1544
S 704 3^{vs} 9775
S 704 4^{v} 2055
S 704 9^{rs} 4354
S 704 13^{rs} 6160
S 704 22^{rs} 482
S 704 22^{vs} 4307
S 704 23^{vs} 7417
S 704 27^{r} 9884
S 704 29^{r} 5743
S 704 29^{v} 10113
S 704 30^{r} 5028
S 704 30^{rs} 5028
S 704 31^{vs} 7760
S 704 32^{v} 9796
S 704 33^{rss} 2038
S 704 34^{vs} 7145
S 704 41^{v} 521
S 704 43^{vs} 6414
S 704 44^{vs} 8132
S 704 45^{rs} 4826
S 704 48^{r} 1814
S 704 50^{rs} 9576
S 704 50^{v} 2044
S 704 51^{vs} 8536
S 704 57^{rs} 10065
S 704 58^{r} 3221
S 704 62^{v} 7507
S 704 69^{v} 4618
S 704 77^{rs} 2397
S 704 80^{v} 7205
S 704 85^{r} 7081
S 704 89^{vs} 1841
S 704 90^{rs} 3232
S 704 90^{vs} 811
S 704 96^{r} 1538
S 704 98^{rs} 9490

S 704 98^v 2635
S 704 125^{vs} 5104
S 704 126^{vs} 1814
S 704 133^v 1927
S 704 134^{rs} 7454
S 704 141^{vs} 9422
S 704 147^{vs} 984
S 704 150^{vs} 2221
S 704 156^{rss} 8313
S 704 158^{rs} 7617
S 704 160^v 335
S 704 168^{rs} 8110
S 704 171^v 3627
S 704 172^{rs} 1865
S 704 172^{vss} 1865
S 704 175^{vs} 3772
S 704 179^{vs} 7507
S 704 183^r 4763
S 704 197^{rs} 5666
S 704 199^r 531
S 704 201^r 7644
S 704 207^r 5375
S 704 207^{vs} 2055
S 704 209^{rs} 4160
S 704 210^r 1021
S 704 212^{rs} 5907
S 704 213^{vs} 4548
S 704 214^{rs} 3224
S 704 214^v 8328
S 704 218^v 5378
S 704 219^r 9677
S 704 219^{rs} 9677
S 704 219^v 1841
S 704 222^{rs} 5432
S 704 229^{rss} 5489
S 704 230^r 2372
S 704 230^v 7205
S 704 236^{rs} 45
S 704 240^{rs} 8110
S 704 255^{vss} 9505
S 704 267^{vs} 1120
S 704 276^v 2853
S 704 279^{vss} 2971
S 704 282^{vs} 2774
S 704 286^{rs} 3670
S 704 292^v 5797
S 704 295^{vs} 3498
S 704 296^{vs} 2816
S 704 299^r 388
S 705 1^{rs} 8763
S 705 6^{rs} 6480

S 705 7^r 1021
S 705 7^v 4726
S 705 8^v 8526
S 705 12^r 42
S 705 18^{rs} 10431
S 705 21^{vs} 2684
S 705 23^{rs} 7835
S 705 25^{vs} 4285
S 705 28^r 4082
S 705 40^r 2168
S 705 41^{rs} 2244
S 705 47^{rs} 9427
S 705 47^{vs} 767
S 705 49^v 298
S 705 51^{rss} 7987
S 705 56^{vs} 1814
S 705 65^{vs} 1340
S 705 67^{vss} 7951
S 705 74^{vs} 3359
S 705 75^{rs} 10305
S 705 75^{vs} 450
S 705 84^v 2730
S 705 85^v 9796
S 705 87^{vs} 1151
S 705 89^r 3728
S 705 91^{rs} 3643
S 705 93^v 313
S 705 96^{vs} 9627
S 705 99^{rs} 3929
S 705 101^{vs} 5600
S 705 102^{vs} 1814
S 705 104^{vs} 4031
S 705 106^{vs} 1544
S 705 113^{rs} 1194
S 705 125^{rs} 10305
S 705 129^{vs} 3093 7125
S 705 130^v 6730
S 705 131^{rs} 5874
S 705 150^{rs} 4081
S 705 150^{vs} 7699
S 705 155^v 2593
S 705 161^{rs} 10425
S 705 177^r 9677
S 705 179^{vs} 10431
S 705 184^{vs} 9126
S 705 206^{vs} 9828
S 705 212^{rs} 6264
S 705 213^{rs} 2395
S 705 218^{rs} 3867
S 705 222^{vs} 3011
S 705 229^v 5964

S 705 240^{rs} 8702
S 705 255^{vs} 8072
S 705 259^{rss} 6913
S 705 262^{vs} 3998
S 705 270^{vss} 2341
S 705 274^v 8132
S 705 283^{vs} 3459
S 705 284^r 5202
S 705 284^{rs} 9196
S 705 284^{vs} 8670
S 705 285^r 7022
S 705 290^r 9828
S 705 290^v 10431
S 705 291^r 9866
S 705 293^{rs} 4566
S 705 295^{rs} 2104
S 705 296^v 9952
S 705 300^{rs} 4081
S 706 9^r 5042
S 706 15^{rs} 5964
S 706 17^{rss} 9355
S 706 22^v 8467
S 706 23^r 5087
S 706 25^{rs} 8328
S 706 29^{vs} 2777
S 706 31^{rs} 7303
S 706 32^v 644
S 706 38^v 3286
S 706 43^{rss} 7735
S 706 50^{rs} 2309
S 706 52^r 5507
S 706 52^{vs} 4726
S 706 59^r 2042 7405
S 706 60^{rs} 7451
S 706 65^{vss} 1814
S 706 68^v 151 4655
S 706 77^{vs} 2372
S 706 79^{rs} 3772
S 706 83^{rs} 4302
S 706 84^v 7936
S 706 93^v 8670
S 706 97^{vs} 5899
S 706 100^{vs} 9002
S 706 101^{rs} 678
S 706 103^{rss} 8132
S 706 107^{vs} 6949
S 706 119^{vs} 6345
S 706 120^{rs} 3438
S 706 122^v 471
S 706 130^{vs} 4403
S 706 131^{vs} 8640

S 708 178^{rs} 3359 4731
S 708 186^r 8607
S 708 186^{rs} 8607
S 708 193^{vs} 4966
S 708 207^r 4895
S 708 207^{rss} 979
S 708 208^r 8263
S 708 210^{vs} 2689
S 708 220^v 10453
S 708 223^{vs} 1224
S 708 236^r 6233
S 708 237^v 703
S 708 243^v 2207
S 708 249^r 5732
S 708 253^{rs} 6144
S 708 253^v 6144
S 708 255^r 935
S 708 255^v 6144
S 708 255^{vs} 7205
S 708 260^{rs} 1294
S 708 268^{rss} 10279
S 708 273^{rs} 8263
S 708 275^{rs} 9379
S 708 279^{rs} 235
S 708 280^{rs} 9982
S 708 281^v 5890
S 708 293^{vss} 5890 6466
S 708 299^{rs} 6831
S 708 299^{vs} 5829
S 708 300^{rs} 1294
S 708 300^v 3331
S 709 5^{rss} 3584
S 709 6^{vs} 8607
S 709 10^{rs} 9418
S 709 11^{rs} 6831
S 709 11^{vs} 3543
S 709 14^r 8718
S 709 14^v 8868
S 709 21^{rs} 7749
S 709 29^{vs} 2681
S 709 30^v 739
S 709 34^{rs} 6108
S 709 39^{rs} 154 7590
S 709 43^{rss} 1874
S 709 44^{rs} 1421
S 709 45^{rs} 9982
S 709 46^{vs} 9534
S 709 47^{vs} 9831
S 709 51^{vs} 4690
S 709 54^v 3692
S 709 55^{vs} 2101

S 709 61^r 4908
S 709 61^v 5805
S 709 62^{rs} 6597
S 709 64^{vs} 10225
S 709 65^{rs} 726
S 709 67^v 1414
S 709 67^{vs} 3274
S 709 68^{rs} 5717 9867
S 709 68^v 6433
S 709 70^{rs} 8360
S 709 71^{vs} 5600
S 709 76^{rs} 311
S 709 77^{vs} 2938
S 709 78^v 8108
S 709 79^r 4596
S 709 79^v 2789 3961
S 709 81^r 8426
S 709 81^{rs} 3359
S 709 81^{vs} 5111
S 709 85^{rs} 1252
S 709 87^v 4199
S 709 89^r 10151
S 709 90^{vs} 762
S 709 93^{vs} 707
S 709 94^{rss} 8328
S 709 97^{vs} 2849
S 709 98^{rs} 1817
S 709 100^v 6778
S 709 101^{vs} 7796
S 709 106^{rs} 7364
S 709 106^{vs} 6520
S 709 107^r 3350
S 709 108^{vs} 3350
S 709 109^v 7352
S 709 110^{vs} 8424
S 709 111^{vs} 3681
S 709 112^{vs} 8578
S 709 113^{rs} 9701
S 709 113^{vs} 10023
S 709 114^{vs} 1994 5089
S 709 118^r 137
S 709 118^{vs} 5606
S 709 119^{vs} 1569
S 709 121^{rs} 6263
S 709 124^{vs} 8526
S 709 127^{rs} 4146
S 709 127^{vs} 9286
S 709 129^{rs} 10144
S 709 136^{rs} 860
S 709 137^{vs} 6544
S 709 138^r 9155

S 709 139^{rs} 6241
S 709 140^{rs} 6144
S 709 144^r 7138
S 709 145^v 1003
S 709 147^{rss} 4987 7397 8176
S 709 148^{vs} 4419 5494 5753
S 709 150^v 3889
S 709 151^r 2831
S 709 154^{vs} 1687
S 709 158^v 4618
S 709 159^v 6613 9976
S 709 160^r 646
S 709 160^{rs} 8426
S 709 162^r 6867
S 709 162^{rs} 4792
S 709 163^{vs} 7798
S 709 164^{rs} 6067
S 709 165^v 5526 6547
S 709 166^{rs} 3218
S 709 166^{vs} 734
S 709 168^v 4994
S 709 169^{rs} 1614
S 709 170^{vs} 3636
S 709 172^r 10250
S 709 173^{vs} 9662
S 709 179^{rs} 9797
S 709 180^r 537
S 709 180^v 10453
S 710 1^r 5835
S 710 3^v 1591
S 710 10^r 809
S 710 12^{rs} 9472
S 710 13^{rs} 5472
S 710 16^{rs} 4719
S 710 25^v 5436
S 710 29^{vs} 6558
S 710 32^v 3208
S 710 34^v 8578
S 710 39^{rs} 3561
S 710 59^v 2535
S 710 61^r 5890
S 710 65^{vs} 8072
S 710 68^{vs} 4548
S 710 70^{vs} 6602
S 710 73^{rs} 7968
S 710 77^{rs} 10018
S 710 79^{vs} 8273
S 710 86^{rs} 2007
S 710 91^{rs} 6078

S 712 68^v 2239
S 712 71^{rs} 4996
S 712 72^r 3152
S 712 77^{rs} 6233
S 712 77^{vs} 10215
S 712 80^r 132
S 712 80^v 9533
S 712 83^{rss} 7835
S 712 84^r 2398
S 712 86^{rs} 3670
S 712 97^v 7201
S 712 102^v 7039
S 712 112^{rs} 2889
S 712 112^v 9627
S 712 113^r 9627
S 712 115^{rss} 9384
S 712 118^{vs} 9160
S 712 122^v 8259
S 712 122^{vs} 7760
S 712 123^v 2511
S 712 126^{vs} 4339
S 712 132^{rs} 6884
S 712 132^{vs} 2025
S 712 133^{vs} 7015
S 712 140^v 6976
S 712 141^r 2958
S 712 148^v 9115
S 712 148^{vs} 7699
S 712 149^{rs} 3633
S 712 153^v 2116
S 712 155^r 8337
S 712 159^r 7962
S 712 160^r 13
S 712 165^{vs} 6585
S 712 166^{rss} 2341
S 712 166^{vs} 2341
S 712 168^{vs} 2853
S 712 174^{rs} 1971
S 712 180^v 3581
S 712 181^{rss} 4962
S 712 182^{rs} 425
S 712 183^{rss} 425
S 712 184^{vs} 4347
S 712 187^{rss} 282
S 712 190^{vs} 9315
S 712 211^{rs} 575
S 712 214^{rs} 13 8597
S 712 218^r 8118
S 712 222^v 3497
S 712 228^v 2687
S 712 232^{vs} 683

S 712 234^{rs} 9301
S 712 239^{vs} 3983
S 712 240^v 2973
S 712 241^{rs} 7201
S 712 257^{rs} 5375
S 712 266^{rs} 1991
S 712 269^{rs} 5827
S 712 272^{vs} 3162
S 712 275^{vs} 2945
S 712 296^{vs} 3556
S 712 297^{vs} 8965
S 713 6^r 2535
S 713 8^{vs} 3670
S 713 11^r 9311
S 713 18^v 3702
S 713 20^v 391
S 713 24^{rs} 10267
S 713 36^v–38^r 10136
S 713 42^r 4740
S 713 46^{rs} 7735
S 713 48^{rs} 5643
S 713 50^v 187
S 713 58^v 717
S 713 65^{vs} 10610
S 713 67^{rs} 10
S 713 69^v 8852
S 713 79^v 8530
S 713 87^{vs} 916
S 713 89^{vss} 6499
S 713 90^{rs} 3309
S 713 91^{rs} 3636
S 713 91^v 4006
S 713 97^{vs} 7091
S 713 105^r 4595
S 713 105^{rs} 1971
S 713 108^v 2912
S 713 108^{vss} 13
S 713 110^v 2912
S 713 111^r 8573
S 713 112^{rs} 3636
S 713 113^{rs} 9484
S 713 116^{rs} 7136
S 713 116^{vs} 9455
S 713 123^{rs} 3556
S 713 127^{rs} 9438
S 713 129^{vs} 3720
S 713 133^{rs} 7656
S 713 142^{vs} 9534
S 713 156^r 6710
S 713 162^r 4731
S 713 167^{vs} 9434

S 713 168^v 8595
S 713 171^{vs} 921
S 713 184^{rs} 9493
S 713 187^{rs} 5546
S 713 187^{vs} 8607
S 713 189^r 5225
S 713 190^{rs} 4026
S 713 196^{vs} 9806
S 713 209^{rs} 7375
S 713 224^{vs} 8868
S 713 236^{vs} 4407
S 713 242^{rs} 3556
S 713 243^r 7863
S 713 244^{rs} 3461
S 713 245^r 6233
S 713 248^{vs} 7163
S 713 256^{vs} 6108
S 713 257^{vs} 4533
S 713 258^{rs} 3232
S 713 259^v 10539
S 713 261^r 1950
S 713 264^{rs} 7149
S 713 264^{vs} 4491
S 713 268^r 10493
S 713 269^r 9493
S 713 270^v 5636
S 713 272^{rs} 2372
S 713 280^{rs} 3703
S 713 282^{rs} 6037
S 713 283^v 2415
S 713 284^{rs} 3262
S 714 3^{rss} 9806
S 714 7^{rs} 3720
S 714 8^{vs} 8498
S 714 11^{vs} 6071
S 714 12^{vs} 2359
S 714 13^r 10478
S 714 14^{rs} 6108
S 714 14^v 1623 6971
S 714 16^{rs} 152
S 714 23^{rs} 7317
S 714 23^{vs} 8426
S 714 29^{rs} 9720
S 714 30^{rs} 2888
S 714 41^r 4209
S 714 45^{rs} 9658
S 714 46^{rs} 683
S 714 61^v 6586
S 714 75^{rs} 7617
S 714 78^{vs} 7816
S 714 79^r 7816

S 714 90^{vs} 10344
S 714 105^{v} 4209
S 714 108^{rs} 7136
S 714 108^{vs} 5920
S 714 109^{vs} 4168
S 714 112^{r} 3670
S 714 117^{vs} 2635
S 714 119^{vs} 3877
S 714 120^{rs} 4471
S 714 121^{r} 5694
S 714 121^{vs} 10209
S 714 129^{rs} 8906
S 714 130^{rss} 6996
S 714 131^{r} 6265
S 714 140^{rs} 7127
S 714 147^{rs} 8633
S 714 149^{rs} 8601
S 714 154^{vs} 10527
S 714 156^{r} 4624
S 714 171^{vs} 3581
S 714 185^{vs} 6055
S 714 203^{r} 4492
S 714 203^{rs} 9
S 714 206^{rs} 4436
S 714 219^{rs} 5911
S 714 220^{rs} 8241
S 714 222^{rs} 3947
S 714 223^{r} 7261
S 714 223^{vs} 9438
S 714 224^{vs} 10115
S 714 227^{vs} 808
S 714 230^{v} 5164
S 714 231^{vs} 9658
S 714 234^{rs} 2670
S 714 238^{vs} 8426
S 714 239^{rs} 5606
S 714 240^{rs} 749
S 714 244^{r} 5762
S 714 244^{rss} 1387
S 714 261^{vs} 3309
S 714 263^{vs} 553
S 714 282^{r} 5754
S 714 296^{v} 6428
S 715 3^{vs} 4135
S 715 10^{rs} 5714
S 715 23^{rs} 5109
S 715 29^{rs} 4444
S 715 29^{v} 4444
S 715 32^{vs} 6144
S 715 33^{rs} 4407
S 715 34^{rs} 6064

S 715 38^{rs} 5857
S 715 38^{vs} 3364
S 715 45^{r} 6338
S 715 46^{vs} 580
S 715 47^{v} 8093
S 715 49^{v} 4845
S 715 50^{r} 7125
S 715 59^{rs} 3226
S 715 61^{vs} 6547
S 715 82^{rs} 9835
S 715 91^{vss} 3825
S 715 101^{vs} 7500
S 715 102^{vs} 2268
S 715 103^{rs} 1068
S 715 107^{v} 2789
S 715 111^{rs} 2318
S 715 120^{rs} 4671
S 715 124^{v} 5149
S 715 125^{vs} 1912
S 715 130^{r} 3917
S 715 132^{vss} 7859
S 715 133^{rs} 7859
S 715 135^{rs} 8133
S 715 135^{v} 6827
S 715 145^{r} 3584
S 715 145^{v} 9677
S 715 146^{rs} 5864
S 715 146^{vs} 5743
S 715 149^{rs} 3581
S 715 150^{r} 9771
S 715 153^{vs} 3253
S 715 154^{rss} 2853
S 715 157^{v}–159^{r} 4548
S 715 157^{vss} 4547
S 715 172^{rs} 671
S 715 173^{rs} 7377
S 715 175^{vs} 5283
S 715 179^{rs} 8362
S 715 180^{rs} 5291
S 715 181^{v} 7447
S 715 184^{rs} 5858
S 715 185^{rs} 3309
S 715 186^{v} 10621
S 715 186^{vs} 4562
S 715 187^{rs} 4320
S 715 188^{vs} 4544
S 715 195^{v} 60
S 715 196^{r} 9427
S 715 197^{vs} 2044
S 715 198^{v} 4671
S 715 200^{vs} 7039

S 715 202^{vs} 10478
S 715 204^{vs} 5
S 715 205^{rs} 3493
S 715 218^{r} 9135
S 715 230^{rs} 9040
S 715 231^{r} 7386
S 715 240^{r} 4726
S 715 241^{v} 769
S 715 242^{v} 4562
S 715 245^{v} 2372
S 715 251^{rs} 3702
S 715 254^{rs} 7959
S 716 1^{rs} 9656
S 716 10^{r} 1269
S 716 11^{v} 8678
S 716 12^{rs} 10564
S 716 19^{v} 1943
S 716 22^{vs} 4260
S 716 24^{rs} 1167
S 716 33^{vs} 3636
S 716 34^{rs} 7797
S 716 37^{r} 2716
S 716 40^{v} 9765
S 716 51^{r} 4956
S 716 53^{v} 3639
S 716 54^{rs} 9234
S 716 69^{r} 8882
S 716 69^{rs} 3350
S 716 70^{v} 6006
S 716 73^{rs} 1994
S 716 73^{vs} 850
S 716 78^{v} 455
S 716 82^{rs} 5955
S 716 83^{v} 2670
S 716 87^{v} 8749
S 716 89^{v} 504
S 716 91^{vs} 6565
S 716 93^{v} 6681
S 716 101^{vs} 7417
S 716 104^{rs} 5426
S 716 104^{v} 8426
S 716 106^{rs} 5989
S 716 112^{r} 7236
S 716 117^{vs} 8052
S 716 120^{r} 614 5580
S 716 121^{vs} 152
S 716 122^{rs} 6247
S 716 122^{vs} 9680
S 716 127^{r} 1683
S 716 129^{rs} 6041
S 716 130^{rs} 6361

S 716 133^{vs} 3720

S 716 136^{rs} 5827

S 716 144^{rs} 9450

S 716 145^{v} 922

S 716 148^{rs} 1028

S 716 149^{r} 2268

S 716 159^{rs} 5964

S 716 162^{r} 3179

S 716 163^{rs} 255

S 716 174^{vs} 6107

S 716 180^{v} 5924

S 716 194^{rs} 1670

S 716 194^{vs} 3333

S 716 199^{rs} 7152

S 716 203^{v} 6299

S 716 211^{rs} 8424

S 716 220^{rs} 9379

S 717 10^{rs} 8382

S 717 14^{vs} 3044

S 717 23^{rs} 5924

S 717 23^{vs} 9379

S 717 35^{vs} 6671

S 717 36^{vs} 6094

S 717 37^{r} 6094

S 717 38^{v} 6447

S 717 53^{rs} 8603

S 717 54^{rs} 8293

S 717 62^{v} 9550

S 717 67^{v} 7176

S 717 82^{r} 7500

S 717 96^{r} 1028

S 717 98^{rs} 570

S 717 106^{vs} 3071

S 717 107^{v} 3696

S 717 108^{vs} 9200

S 717 109^{rs} 6617

S 717 110^{r}–111^{v} 8198

S 717 115^{r} 4365

S 717 118^{vs} 4126

S 717 119^{rss} 1739

S 717 128^{v}–131^{r} 3129

S 717 131^{r} 8294

S 717 131^{vs} 2190

S 717 134^{r} 3556

S 717 143^{rss} 6977

S 717 144^{v} 10344

S 717 145^{rs} 10344

S 717 148^{r} 2268

S 717 159^{rss} 4780

S 717 162^{rs} 7146

S 717 162^{vs} 7500

S 717 166^{rs} 4902

S 717 170^{rs} 570

S 717 171^{rs} 992

S 717 172^{vs} 278

S 717 174^{vs} 8937

S 717 178^{r} 10236

S 717 178^{vss} 9500

S 717 179^{rs} 2602

S 717 179^{vs} 3567

S 717 189^{vs} 6996

S 717 191^{vs} 2745

S 717 198^{rs} 2771

S 717 202^{rs} 5600

S 717 202^{vs} 4731

S 717 204^{vs} 8640

S 717 209^{r} 8095

S 717 215^{r} 3615

S 717 217^{vs} 623

S 717 219^{vs} 3052

S 717 220^{vs} 7662

S 717 221^{r} 582

S 717 222^{v} 8426

S 717 222^{vs} 3153

S 717 226^{vs} 5381

S 717 228^{r} 2268

S 717 228^{vs} 4734

S 717 233^{v} 9141

S 717 236^{vs} 2712

S 717 247^{rss} 9804

S 717 248^{rs} 9804

S 717 249^{vs} 6809

S 717 264^{rs} 3701

S 717 266^{v} 8808

S 717 272^{r} 3153

S 717 275^{v} 3604

S 717 287^{rs} 9033

S 717 288^{rss} 4346

S 718 1^{vs} 2283

S 718 4^{rs} 6671

S 718 15^{v} 6078

S 718 30^{v} 2743

S 718 31^{v} 8149

S 718 33^{v} 7767

S 718 39^{vs} 5936

S 718 40^{v} 3424

S 718 64^{vss} 5981

S 718 69^{rs} 9500

S 718 81^{r} 3624

S 718 82^{v} 9126

S 718 83^{rs} 7066

S 718 87^{r} 6123

S 718 91^{rs} 8179

S 718 94^{r} 9901

S 718 97^{vs} 8071

S 718 99^{rs} 4780

S 718 104^{vs} 2413

S 718 106^{rs} 6889

S 718 109^{vs} 2253

S 718 110^{v} 3581

S 718 117^{vs} 5353

S 718 122^{v} 9091

S 718 128^{vs} 4337

S 718 129^{r} 4332

S 718 130^{v}–132^{r} 5197

S 718 132^{r} 5289

S 718 134^{v} 1404

S 718 137^{vs} 8707

S 718 140^{rs} 7083

S 718 143^{v} 6265

S 718 146^{rs} 6975

S 718 147^{v} 9501

S 718 158^{rs} 8980

S 718 158^{vs} 5381 8268

S 718 159^{r} 3581

S 718 163^{r} 6342

S 718 166^{vs} 7725

S 718 168^{rs} 9286

S 718 169^{rs} 3747

S 718 169^{v} 10372

S 718 171^{vs} 2996

S 718 174^{vs} 6710

S 718 176^{vs} 9916

S 718 195^{rs} 2689

S 718 197^{rs} 6889

S 718 199^{rs} 2712

S 718 202^{r} 3876

S 718 206^{r} 9309

S 718 208^{v} 4117

S 718 212^{rs} 8133

S 718 212^{vs} 10605

S 718 213^{rs} 10605

S 718 215^{r} 4112

S 718 215^{vs} 7083

S 718 216^{r} 6055

S 718 216^{rs} 3359 4731

S 718 221^{v} 4026

S 718 225^{vs} 6144

S 718 228^{vs} 921

S 718 230^{v}–232^{r} 7479

S 718 235^{v} 2268

S 718 241^{rs} 2945

S 718 242^{v} 2159

S 718 243^{vs} 7737
S 718 244^{rs} 7197
S 718 247^{vs} 5714
S 718 249^{rs} 206
S 718 249^{vs} 667
S 718 250^{rs} 4188
S 718 252^{vs} 4365
S 718 260^{r} 2771
S 718 261^{v} 811
S 719 1^{r} 9479
S 719 5^{v} 2941
S 719 13^{vs} 264
S 719 15^{r} 5936
S 719 15^{v} 5662
S 719 16^{vs} 8518
S 719 20^{vs} 4664
S 719 23^{r} 9935
S 719 28^{rs} 3324
S 719 30^{vss} 7377
S 719 33^{rs} 3126
S 719 37^{vs} 6434
S 719 42^{rs} 5878
S 719 42^{vs} 3074
S 719 44^{vs} 3020
S 719 45^{vs} 2714
S 719 52^{r} 3179
S 719 54^{v} 614
S 719 56^{rs} 110
S 719 60^{vss} 9457
S 719 63^{vs} 4320
S 719 74^{vss} 154
S 719 76^{r} 2323
S 719 80^{vs} 3701
S 719 81^{r} 5156
S 719 84^{rs} 6633
S 719 88^{vs} 5030
S 719 95^{r} 1291
S 719 95^{rss} 10019
S 719 96^{rs} 6700
S 719 99^{rs} 7609
S 719 99^{vs} 4343
S 719 114^{v}–116^{r} 4780
S 719 116^{v} 2050
S 719 118^{v} 921
S 719 122^{r} 4814
S 719 124^{rs} 5063
S 719 124^{vs} 1355
S 719 130^{r} 6891
S 719 131^{rs} 7040
S 719 133^{r} 4280
S 719 133^{v} 3356

S 719 134^{v} 8493
S 719 137^{rs} 3082
S 719 146^{v} 7769
S 719 147^{rs} 9648
S 719 147^{vs} 6615
S 719 158^{rs} 1498
S 719 165^{rss} 4780
S 719 166^{rs} 3353
S 719 167^{v} 1989
S 719 168^{v} 2614
S 719 168^{vs} 4668
S 719 174^{rss} 7848
S 719 176^{v} 2033
S 719 179^{v} 4015
S 719 184^{v} 1974
S 719 184^{vss} 7175
S 719 185^{vs} 4975
S 719 223^{v} 1484
S 719 243^{v} 8532
S 719 249^{v} 7391
S 719 249^{vs} 2448
S 719 250^{r} 348
S 719 252^{r} 8179
S 719 253^{vs} 4988
S 719 254^{v} 6357
S 719 269^{rs} 9011
S 719 275^{rs} 6071
S 719 275^{vs} 3431
S 719 279^{r} 1299
S 720 3^{vss} 5653
S 720 7^{rs} 9355
S 720 8^{r} 10513
S 720 9^{rs} 8957
S 720 9^{vs} 3356
S 720 10^{r} 325
S 720 23^{rs} 100
S 720 33^{r} 4771
S 720 36^{r} 6152
S 720 38^{rs} 3082
S 720 38^{vss} 2049
S 720 39^{v} 8556
S 720 48^{rs} 3584
S 720 56^{vs} 6302
S 720 57^{vs} 7848
S 720 59^{rs} 7848
S 720 74^{r} 7120
S 720 74^{vs} 3312
S 720 76^{rs} 5911
S 720 81^{vs} 8772
S 720 83^{vs} 3249
S 720 85^{v} 5253

S 720 90^{rs} 9806
S 720 95^{rs} 1753
S 720 97^{vs} 667
S 720 106^{v} 7939
S 720 107^{v} 6071
S 720 112^{vs} 4824
S 720 120^{rs} 4343
S 720 130^{rss} 264
S 720 142^{rs} 6732
S 720 142^{vs} 7848
S 720 144^{vss} 3102
S 720 148^{rss} 4567
S 720 151^{r} 2052 5253
S 720 151^{vs} 7962
S 720 159^{rs} 2177
S 720 161^{rs} 4343
S 720 164^{rss} 3544
S 720 165^{vs} 8343
S 720 166^{rs} 5743
S 720 176^{rss} 9038
S 720 182^{r} 4188
S 720 182^{v} 9916
S 720 196^{vs} 3873
S 720 197^{v} 9040
S 720 202^{rs} 1936
S 720 203^{vss} 9495
S 720 211^{vs} 4853
S 720 221^{v} 3919
S 720 236^{r} 6071
S 720 241^{vs} 4512
S 720 243^{rs} 1540
S 720 248^{vss} 8510
S 720 253^{r} 6474
S 720 257^{rss} 2297
S 720 259^{v} 5303
S 720 265^{rs} 2050
S 720 273^{r} 5381
S 720 291^{vs} 2966
S 720 295^{vs} 3268
S 720 304^{rs} 5556
S 721 9^{r} 2373
S 721 10^{rs} 7656
S 721 10^{vs} 1028
S 721 15^{v} 132
S 721 17^{rs} 4593
S 721 18^{r} 9871
S 721 20^{v} 3588
S 721 25^{r} 8640 9376
S 721 25^{v} 2870 7532
S 721 33^{rs} 4403
S 721 38^{vs} 1364

S 721 40^{rs} 1425	S 721 181^{vs} 1974	S 722 8^r 6710
S 721 40^v 5513	S 721 182^{rs} 10369	S 722 11^{rs} 9825
S 721 42^{rs} 9886	S 721 191^{vs} 5761	S 722 21^{rss} 1788
S 721 50^{rs} 7935	S 721 192^{rs} 3747	S 722 23^{vs} 7753
S 721 50^{vs} 781	S 721 193^r 9771	S 722 25^{rs} 6510
S 721 53^r 9091	S 721 193^{rs} 827	S 722 25^{vs} 2149
S 721 53^{rs} 3581	S 721 194^{rs} 4595	S 722 27^{rs} 4114
S 721 55^{rs} 7352	S 721 194^{vs} 3772	S 722 28^{vss} 1235
S 721 55^{vs} 2206	S 721 196^{rs} 6602	S 722 32^{rs} 9547
S 721 56^{rs} 3038	S 721 198^v 5714	S 722 33^{rs} 7303
S 721 59^v 625	S 721 199^v 8718	S 722 33^{vs} 1828
S 721 60^v 8718	S 721 204^{rs} 6392	S 722 38^r–39^v 8133
S 721 66^{rss} 7352	S 721 205^{rs} 9226	S 722 47^{vss} 7518
S 721 68^{vss} 3391	S 721 206^{rss} 6135	S 722 48^{rs} 7518
S 721 74^v 1950	S 721 208^{rs} 10605	S 722 57^{rs} 4343
S 721 75^r 4726	S 721 208^{vs} 10296	S 722 68^{vs} 7286
S 721 75^{rs} 6521	S 721 209^v 3688	S 722 72^{rs} 4512
S 721 75^v 7656	S 721 212^r 8482	S 722 72^v 1974
S 721 76^{vs} 670	S 721 212^{rs} 667	S 722 73^{rs} 9399
S 721 78^{rs} 154	S 721 213^{rss} 10267	S 722 80^v 7056
S 721 88^{vs} 9068	S 721 218^{rs} 2624	S 722 81^{rs} 2429
S 721 90^{vs} 54	S 721 224^{vs} 3876	S 722 83^{rs} 7849
S 721 91^{rs} 9967	S 721 227^{rs} 2548	S 722 87^{vs} 8391
S 721 91^{vss} 7983	S 721 229^{rs} 3323	S 722 88^{rs} 8571
S 721 93^{vs} 425	S 721 230^{rss} 7420	S 722 96^{rs} 7826
S 721 95^{vs} 5120	S 721 231^v 246	S 722 96^{vs} 8625
S 721 100^{rs} 800	S 721 231^{vss} 246	S 722 97^{vs} 2007
S 721 101^{rs} 10221	S 721 232^{rs} 2356	S 722 103^{vs} 1252
S 721 101^v 6315	S 721 237^r 9734	S 722 107^{vss} 2440
S 721 103^v 3226	S 721 237^v 3410	S 722 111^{rs} 4901
S 721 108^v 8072	S 721 239^{vs} 8510	S 722 111^v 2799
S 721 109^{rs} 4888	S 721 241^v 9495	S 722 112^{vss} 222
S 721 110^{vs} 8640 9376	S 721 247^{vs} 9828	S 722 125^{vs} 2882
S 721 112^{vs} 6315	S 721 253^{rss} 2848	S 722 127^r 3983
S 721 118^r 8828	S 721 262^v 4846	S 722 133^v 4548
S 721 125^{rs} 1068	S 721 268^{vs} 1022	S 722 134^{rs} 3954
S 721 132^r 2647 9392	S 721 273^{vss} 1233	S 722 135^{vs} 6843
S 721 132^{vss} 617	S 721 281^{vs} 2099	S 722 136^r 3574
S 721 136^{rss} 2548	S 721 283^{rs} 834	S 722 136^{rs} 3574
S 721 143^r 4453	S 721 286^{rs} 9714	S 722 139^{vs} 7623
S 721 143^{rs} 9038	S 721 286^{vs} 5972	S 722 140^r 7623
S 721 145^{rs} 9661	S 721 290^{rs} 2018	S 722 149^{vs} 7698
S 721 147^{rs} 9549	S 721 290^v 8289	S 722 154^v 10035
S 721 147^v 4293	S 721 292^v 703	S 722 155^v 326
S 721 148^{rs} 4099	S 721 295^{rs} 650	S 722 156^{rs} 3964
S 721 150^{vs} 8180	S 721 295^{vs} 1252	S 722 156^v 6534
S 721 156^{rs} 3702	S 721 298^r 4548	S 722 157^{vs} 2055
S 721 160^v 834	S 721 301^{vs} 9382	S 722 160^v 8461
S 721 174^{vs} 2829	S 722 2^{rss} 132	S 722 161^{rs} 7446
S 721 175^v 10558	S 722 3^{rs} 9357	S 722 162^{rs} 540
S 721 177^{vss} 7849	S 722 7^{rs} 4846	S 722 162^v 5568

S 722 165^r 899	S 723 18^{vs} 7849	S 723 251^v 4054
S 722 168^{rs} 912	S 723 23^{rs} 5862	S 723 251^{vss} 1821
S 722 169^{vss} 7501	S 723 23^{vs} 7849	S 723 252^{rs} 9156
S 722 171^{rs} 8607	S 723 24^{rs} 7849	S 723 254^{rs} 9178
S 722 172^v 7617	S 723 24^{vs} 7849	S 723 259^{vs} 3624
S 722 174^{vs} 4796	S 723 26^{vs} 8461	S 723 260^{rs} 10279
S 722 182^r 6565	S 723 28^{rs} 9384	S 723 262^{rs} 4548
S 722 184^{vs} 10372	S 723 28^{vss} 9262	S 723 266^{rs} 9388
S 722 185^r 596	S 723 32^{vs} 3074	S 723 268^{vss} 6055
S 722 185^v 5051	S 723 36^{rs} 1040	S 723 269^{vs} 306
S 722 186^{vs} 6915	S 723 38^{rs} 5546	S 723 280^{vs} 7617
S 722 187^{rs} 3190	S 723 40^{rs} 619	S 723 286^{rss} 4966
S 722 187^{vs} 6915	S 723 48^r 2341	S 723 290^{vss} 7390
S 722 188^{rss} 6915	S 723 50^{rs} 3581	S 723 303^{vs} 6447
S 722 191^{rs} 7530	S 723 53^{rs} 5653	S 723 304^r 5051
S 722 192^{rss} 1703	S 723 55^r 8624	S 724 2^r 154
S 722 194^{rs} 5303	S 723 61^r 6111	S 724 2^v 3153
S 722 196^{vs} 10067	S 723 62^{rs} 5810	S 724 4^r 6067
S 722 201^r 6617	S 723 64^{rs} 5533	S 724 16^{rs} 8099
S 722 208^{rs} 8718	S 723 66^{vs} 9668	S 724 18^r 4329
S 722 209^{vs} 7849	S 723 67^{vss} 2440	S 724 21^{vs} 7951
S 722 213^{vs} 3624	S 723 88^{vs} 6678	S 724 27^v 10531
S 722 222^{rs} 12	S 723 109^{rs} 2440	S 724 29^{vs} 7078
S 722 226^v 3491	S 723 117^{rs} 10273	S 724 39^r 872
S 722 228^{vs} 5051	S 723 119^r 3153	S 724 40^r 699
S 722 237^{vs} 783 4307 5531	S 723 119^v 5533	S 724 40^v 5964
7534	S 723 121^v 2982	S 724 41^v 8052
S 722 238^r 2646	S 723 125^{rs} 2373	S 724 43^r 1477
S 722 247^r 7139	S 723 129^{vs} 5636	S 724 44^{vs} 672
S 722 247^v 9323	S 723 136^{vs} 7849	S 724 54^{rs} 1118
S 722 247^{vs} 3664	S 723 138^v 3431	S 724 56^{rs} 7681
S 722 254^v 6547	S 723 147^{vs} 9890	S 724 57^r 4152
S 722 261^{rs} 9633	S 723 157^{rss} 3148	S 724 58^{rs} 8339
S 722 265^r 100	S 723 160^{rs} 4473	S 724 64^{vs} 4131
S 722 265^{vs} 4731	S 723 164^{vs} 8081	S 724 65^r 6762
S 722 266^{vs} 1673	S 723 172^r 8180	S 724 67^{rss} 619
S 722 268^v 5568	S 723 176^{vs} 3983	S 724 74^r–75^v 9742
S 722 275^r 10621	S 723 177^v 7355	S 724 81^{rs} 7535
S 722 284^v 435	S 723 191^v 9982	S 724 81^{vs} 5194
S 722 286^v 9444	S 723 193^r 10456	S 724 82^{rs} 3581
S 722 287^r 9668	S 723 198^{rs} 9810	S 724 88^v 8339
S 722 287^v 3673	S 723 200^{vs} 2038	S 724 91^v 5963
S 722 291^{rs} 2007	S 723 210^{rss} 9388	S 724 93^r 9388
S 722 291^{vs} 3556	S 723 224^v 9668	S 724 93^{vs} 9388
S 722 292^r 2226	S 723 233^{rss} 265	S 724 94^v 132
S 722 292^{vs} 6300	S 723 234^r 1991	S 724 97^{vs} 1828
S 722 298^{vs} 2297	S 723 239^{rs} 1544	S 724 129^{vs} 6632
S 723 3^{rs} 10194	S 723 240^{rs} 8895	S 724 130^{rs} 4614
S 723 5^r 8430	S 723 244^{vs} 5051	S 724 137^{vs} 10244
S 723 15^{rs} 2429	S 723 251^r 4597	S 724 163^r 9670
S 723 17^{vs} 5538	S 723 251^r–252^v 2358	S 724 175^{rs} 5932

S 724 176^{rs} 1340	S 725 87^{vs} 2226	S 725 267^v 1450
S 724 176^v 10494	S 725 91^{rss} 9742	S 725 271^{rs} 5375
S 724 178^{vs} 8732	S 725 92^{rs} 5196	S 725 271^{vs} 7907
S 724 179^v 3763	S 725 93^v 6620	S 725 276^v 5753
S 724 180^{vs} 3643	S 725 93^{vss} 4549	S 725 277^{vs} 1842
S 724 181^{rs} 5533	S 725 100^v 8860	S 725 283^v 2226
S 724 181^v 5636	S 725 101^{rs} 5726	S 725 284^{rs} 5897
S 724 192^{rs} 10250	S 725 102^v 3218	S 726 1^{vs} 3190
S 724 197^{rs} 2718	S 725 105^{vs} 2351	S 726 4^{rs} 3453
S 724 204^v 10031	S 725 107^{vs} 8183	S 726 27^r 6282
S 724 205^v 3720	S 725 109^{rs} 9379	S 726 36^{rs} 7687
S 724 206^v 9945	S 725 109^{vs} 5108	S 726 40^r 646
S 724 207^r 9357	S 725 122^v 3302	S 726 41^r 699
S 724 222^{vs} 4548	S 725 126^v 9936	S 726 41^{rs} 6414
S 724 225^{rs} 10051	S 725 130^v 6700	S 726 44^r 4677
S 724 229^{vs} 4650	S 725 132^{vs} 4677	S 726 47^{rs} 4677
S 724 238^{vs} 2177	S 725 136^v 9936	S 726 50^v 1299
S 724 250^{vs} 9568	S 725 136^{vs} 5378	S 726 50^{vss} 9286
S 724 254^{vss} 7470	S 725 139^{vs} 6586	S 726 53^v 6350
S 724 260^r 1982	S 725 143^{rs} 4340	S 726 60^{rs} 8437
S 724 264^{vs} 4781	S 725 143^v 4340	S 726 62^{rs} 3556
S 724 269^r 6152	S 725 157^{vs} 2073	S 726 63^v 6055
S 724 270^r 5538	S 725 160^v 3312	S 726 67^v 3302
S 724 271^v 3983	S 725 164^v 9342	S 726 75^r 8702
S 724 272^{vs} 5533	S 725 165^{vs} 10548	S 726 77^{rs} 3587
S 724 273^r 6078	S 725 170^{vss} 2689	S 726 79^v 9358
S 724 276^r 7688	S 725 172^r 4527	S 726 82^v 10279
S 724 283^v 2939	S 725 179^{rs} 406	S 726 86^{vs} 4404
S 724 291^v 10184	S 725 182^{rs} 1291	S 726 98^{rs} 4470
S 724 295^r 3498	S 725 183^{rs} 7434	S 726 103^{vs} 7240
S 724 296^v 9519	S 725 185^v 10453	S 726 110^v 546
S 724 297^{rs} 7283	S 725 200^{rs} 5330	S 726 113^r 8347
S 724 298^{rs} 10425	S 725 203^r 6612	S 726 113^{rs} 1936
S 725 4^r 3412	S 725 203^{rs} 3609	S 726 116^r 1801
S 725 11^{rs} 538	S 725 204^v 2745	S 726 119^{rs} 8578
S 725 12^{vs} 1801	S 725 208^{rs} 6916	S 726 129^{rs} 7088
S 725 13^r 3670	S 725 215^{rs} 4503	S 726 130^{rs} 3997
S 725 15^r 355	S 725 224^v 10558	S 726 130^{vs} 10344
S 725 26^{rs} 7267	S 725 225^{rs} 8344	S 726 133^r 8886
S 725 41^{vs} 7140	S 725 235^r 8461	S 726 134^{vs} 8860
S 725 42^{vss} 2666	S 725 242^{vss} 2862	S 726 138^{rs} 5403
S 725 47^{rs} 7140	S 725 245^r–246^v 9742	S 726 142^{rs} 6414
S 725 48^{rs} 9729	S 725 246^{vss} 5196	S 726 149^{vs} 413
S 725 53^{vs} 791	S 725 247^{vs} 9742	S 726 153^{vs} 9241
S 725 55^r–56^v 800	S 725 248^r 6923	S 726 160^{rs} 7783
S 725 58^{vs} 620	S 725 251^r 2789	S 726 163^{vs} 8279
S 725 69^{rs} 3582	S 725 259^v 9342	S 726 175^v 9412
S 725 72^{vss} 6732	S 725 259^{vs} 9322	S 726 188^r 2104
S 725 75^{rs} 2776	S 725 260^{rs} 3882	S 726 194^{rss} 5375
S 725 79^{rs} 7434	S 725 261^{rs} 9656	S 726 196^{rs} 4549
S 725 85^r 6429	S 725 264^v 5440	S 726 199^{vs} 10282

S 726 201^v 5911
S 726 202^v 6916
S 726 206^{rs} 699
S 726 208^v 9931
S 726 209^v 4434
S 726 226^v 4114
S 726 228^r 4378
S 726 231^v 7372
S 726 235^{rs} 335
S 726 236^v 6552
S 726 238^{vs} 485
S 726 241^v 8179
S 726 247^{rss} 5827
S 726 247^{vs} 2044 6617
S 726 251^v–253^v 5604
S 726 256^v 5130
S 726 257^{vs} 6253
S 726 277^v 6957
S 726 281^r 1929
S 726 287^r–289^r 9790
S 726 292^{vs} 4816
S 726 293^{rss} 5725
S 726 298^{rss} 5425
S 727 2^r 296 7783
S 727 6^v 7625
S 727 10^{vs} 7740
S 727 13^v 10341
S 727 15^{vs} 6093
S 727 16^v 3387
S 727 24^{rs} 42
S 727 33^{vs} 3946
S 727 34^{rss} 1958
S 727 39^v 6574
S 727 53^{rss} 8702
S 727 53^{vs} 7740
S 727 54^{rs} 8588
S 727 55^{rss} 4781
S 727 64^{vss} 5653
S 727 80^v 9861
S 727 82^{rs} 8125
S 727 84^v 124
S 727 99^r 1553
S 727 100^{rs} 6056
S 727 101^{rs} 4797
S 727 104^v 3410
S 727 105^v 1875
S 727 105^{vs} 1875
S 727 110^v 6997
S 727 111^{vss} 4262
S 727 116^{vs} 9586
S 727 122^{rs} 7159

S 727 122^{vss} 10065
S 727 133^v 4434
S 727 136^v 8702
S 727 139^{rs} 3381
S 727 140^r 2914
S 727 140^{rs} 4378
S 727 141^{rs} 8235
S 727 145^{vs} 9658
S 727 146^{rss} 9244
S 727 148^r 9821
S 727 148^{vs} 5061
S 727 149^{vs} 4974
S 727 152^{rss} 4974
S 727 153^{rs} 2380
S 727 153^v 672
S 727 156^{rs} 5061
S 727 161^v 4843
S 727 164^{rs} 7186
S 727 165^{rs} 3350
S 727 166^r 9136
S 727 166^{vs} 7514
S 727 167^v 4518
S 727 169^{vs} 7231
S 727 173^v 6485
S 727 176^{vs} 6534
S 727 180^v 3927
S 727 188^r 5061
S 727 188^{vss} 5061
S 727 189^r 8675
S 727 189^{vs} 544
S 727 199^{rs} 6389
S 727 203^v 424
S 727 204^{rs} 9658
S 727 210^{vs} 4304
S 727 212^{rs} 1303
S 727 213^r 8151
S 727 220^{rs} 6755
S 727 223^{vs} 42
S 727 228^{vs} 154
S 727 234^v 10301
S 727 237^{rs} 1647
S 727 241^{vs} 2007
S 727 243^r 7140
S 727 244^{vs} 3556
S 727 250^v 5664
S 727 251^{rs} 4348
S 727 258^{rs} 3153
S 727 265^{vss} 763
S 727 266^v 6485
S 727 268^r 3218
S 727 269^{vs} 4756

S 727 272^v 2805
S 727 274^{rs} 7951
S 727 275^{vs} 10312
S 727 277^{rs} 840
S 727 282^r 4879
S 727 287^{vs} 7160
S 727 291^{vs} 1930
S 727 293^v 6167
S 727 294^{vs} 9034
S 727 296^v 8782
S 727 297^{vs} 6051
S 727 299^r 6385
S 727 299^{vs} 4636
S 727 300^v 4894 7868
S 728 3^r 2451
S 728 14^{rs} 3498
S 728 22^{vs} 8438
S 728 29^v 1553
S 728 31^{vs} 10312
S 728 33^{vs} 8347
S 728 39^{rs} 576
S 728 54^v 10615
S 728 69^v 6524
S 728 70^{rs} 7822
S 728 71^r 8640 10091
S 728 71^v 146
S 728 73^{vs} 2548
S 728 76^{rs} 971
S 728 78^{rs} 4357
S 728 79^r 3781
S 728 79^v 9982
S 728 87^{rs} 3309
S 728 89^{vs} 5911
S 728 96^{vs} 3740
S 728 97^{rs} 9668
S 728 98^{vs} 5381
S 728 102^r 7610
S 728 106^{rs} 10312
S 728 109^v 6123
S 728 110^{vs} 8607
S 728 111^{rs} 8702
S 728 112^r 576
S 728 116^{vs} 8635
S 728 123^v 8824
S 728 125^r 93
S 728 129^v 3184
S 728 129^{vs} 10067
S 728 130^r 10067
S 728 131^v 6007
S 728 134^{vs} 3251
S 728 142^{vs} 6

S 728 146^v 3498
S 728 151^r 409
S 728 151^v 8457
S 728 156^{vs} 2077
S 728 157^{rs} 6414
S 728 160^v 576
S 728 165^{vs} 6167
S 728 166^{rs} 1431
S 728 170^{rs} 5570
S 728 173^v 4701
S 728 174^{vs} 2789
S 728 175^v 8457
S 728 176^{rs} 764
S 728 179^{rs} 1783
S 728 189^v 130
S 728 189^{vs} 6389
S 728 196^r 8730
S 728 200^{rs} 5664
S 728 201^{vs} 3532
S 728 202^{vs} 2675
S 728 204^{rs} 1687
S 728 205^{rs} 10163
S 728 206^{rs} 5782
S 728 209^{rs} 2321
S 728 210^{vs} 1647
S 728 211^{rss} 8518
S 728 215^{vs} 4015
S 728 217^r 8457
S 728 218^{rs} 8868
S 728 222^r 8748
S 728 225^{vs} 3689
S 728 228^r 719
S 728 228^v 5108
S 728 230^{vss} 9286
S 728 231^{vs} 6241
S 728 235^{rs} 9982
S 728 236^r 7311
S 728 237^r 3191
S 728 239^{vs} 1659
S 728 242^{rs} 10391
S 728 257^{vs} 9982
S 728 263^{rss} 2242
S 728 265^r 4459
S 728 265^{rss} 529
S 728 268^{vs} 4894
S 728 274^v 527
S 728 276^{rs} 2589
S 728 277^{vss} 8202
S 728 278^{vss} 527
S 728 284^r 5548
S 728 289^r 7109

S 728 289^{rs} 9585
S 728 297^{vs} 4549
S 728 299^r 5910
S 728 300^r 3983
S 729 13^{vs} 527
S 729 14^r 8076
S 729 14^{rs} 8720
S 729 21^{rs} 7493
S 729 31^{rss} 471
S 729 42^{vs} 9006
S 729 44^{rs} 10256
S 729 51^r 8588
S 729 51^{rs} 10228
S 729 53^{rs} 775
S 729 56^r 7740
S 729 63^r 487
S 729 65^{rs} 10332
S 729 66^v 934
S 729 66^{vs} 1252
S 729 67^{rs} 1252
S 729 67^v 1728
S 729 71^v 1847
S 729 73^{vs} 2433
S 729 78^{rs} 3963 8361 9106
S 729 79^{rss} 7391
S 729 79^{vs} 4411 7391
S 729 83^{rs} 1647
S 729 86^{vs} 6056
S 729 88^{rs} 10008
S 729 88^{vs} 3100
S 729 89^{vs} 3246
S 729 91^r 7589
S 729 92^{vs} 7122
S 729 99^{rss} 10278
S 729 100^{rs} 7849
S 729 101^{vs} 5481
S 729 107^r 1539
S 729 112^v 7649
S 729 122^r 3082
S 729 123^{rs} 6093
S 729 124^{vss} 265
S 729 126^v 3876
S 729 127^{vs} 3689
S 729 129^r 5819
S 729 130^v 3796
S 729 132^{vs} 5522
S 729 133^r 2799
S 729 133^{rs} 8863
S 729 134^r 860
S 729 135^v 10250
S 729 136^v 117 1814

S 729 137^v 5481
S 729 147^{rs} 63
S 729 150^{rs} 4468
S 729 150^v 2386
S 729 156^{rs} 417
S 729 156^{vs} 109
S 729 157^v 7081
S 729 161^{vs} 3362
S 729 164^{rs} 136
S 729 167^{vs} 706
S 729 171^r 9641
S 729 172^{rs} 2789
S 729 173^r 4726
S 729 173^v 813
S 729 177^{rs} 3086
S 729 180^v 2491 6813
S 729 190^r 8879
S 729 194^{rs} 1539
S 729 196^{rss} 9985
S 729 205^{vss} 4726
S 729 210^{vs} 2386
S 729 217^{vs} 1659
S 729 219^v 2473
S 729 220^{rs} 5819
S 729 221^{rs} 7303
S 729 223^r 10615
S 729 223^{vs} 3556
S 729 226^{rs} 2967
S 729 228^{vs} 9205
S 729 229^r 434 8011
S 729 229^v 5160
S 729 229^{vs} 5160
S 729 232^{vs} 1275
S 729 238^v 3670
S 729 240^{rs} 3670
S 729 242^r 8037
S 729 242^v 1906
S 729 242^{vs} 5153
S 729 244^v 8987
S 729 248^{vs} 5017
S 729 249^r 1497
S 729 249^{rs} 4763
S 729 250^{rs} 860
S 729 251^{vs} 327
S 729 256^v 10408
S 729 259^{rs} 7215
S 729 261^{rs} 4827
S 729 261^v 7124
S 729 264^{vs} 3594
S 729 269^v 3890
S 729 271^v 3610

S 729 272^v 7849
S 729 275^v 2957
S 729 275^{vs} 9088
S 729 278^{rs} 9274
S 729 281^{vs} 2595
S 729 286^v 2491
S 729 293^{rs} 10385
S 729 299^{vs} 867
S 730 2^{rs} 3954
S 730 5^v 6051
S 730 7^{rs} 5434
S 730 8^{rs} 6850
S 730 11^{rs} 2491
S 730 19^r 9932
S 730 20^v 2025 3954
S 730 21^v 1970
S 730 22^r 10298
S 730 29^{rs} 3227
S 730 34^{vs} 6306
S 730 35^{rs} 672
S 730 38^r 5653
S 730 38^{vs} 2966
S 730 41^v 3760
S 730 42^{vs} 7760
S 730 50^r 8218
S 730 51^{rs} 366
S 730 54^r 3082
S 730 56^{rs} 7308
S 730 64^{vs} 9534
S 730 68^{rs} 934
S 730 68^{vs} 1159
S 730 76^{vss} 5159
S 730 78^r 2562
S 730 80^v 6732
S 730 81^{rs} 6732
S 730 86^{rs} 7436
S 730 88^r 880
S 730 88^{rs} 880
S 730 90^{vs} 7505
S 730 93^r 4375
S 730 93^v 9773
S 730 96^{vs} 4512
S 730 99^{vs} 1397
S 730 100^{rs} 5112
S 730 102^{vs} 10596
S 730 103^{vs} 9659
S 730 105^{vs} 1441
S 730 107^{rs} 7763
S 730 113^{rs} 6414
S 730 114^v 6072
S 730 118^{rs} 860

S 730 121^v 471
S 730 121^{vss} 3179
S 730 122^{vs} 471
S 730 131^{vs} 813
S 730 144^{rs} 229
S 730 155^{rs} 2373
S 730 159^v 42 7081
S 730 162^v 3153
S 730 162^{vs} 3153
S 730 169^{vs} 1600
S 730 183^{vs} 7275
S 730 185^r 9765
S 730 188^r 3410
S 730 188^{rs} 10453
S 730 190^{rs} 255
S 730 200^{rs} 8183
S 730 201^{vs} 5291
S 730 203^{rs} 3232
S 730 210^{vs} 847
S 730 211^r 3100
S 730 213^v 6677
S 730 214^v 9111
S 730 226^{rs} 4549
S 730 226^v–228^r 4549
S 730 228^{rs} 1292
S 730 228^{vs} 8601
S 730 229^v 3782
S 730 231^{rs} 5538
S 730 232^r 5538
S 730 237^{vs} 10276
S 730 238^{rs} 5787
S 730 246^{vs} 813
S 730 252^v 4618
S 730 255^{rs} 7802
S 730 255^{vs} 2055
S 730 256^v 1343
S 730 260^{rss} 9729
S 730 284^{rs} 9511
S 730 288^v 5762
S 730 289^r 6092
S 730 290^{vss} 1303
S 730 294^v 3594
S 731 2^{vs} 5403
S 731 4^r 2077
S 731 8^r 1577
S 731 17^{rs} 210
S 731 18^r 111
S 731 31^r 467
S 731 32^{rs} 1349
S 731 37^{vs} 3746
S 731 41^{rss} 9454

S 731 42^{vs} 5522
S 731 43^v 2226 5439
S 731 44^{vs} 2466
S 731 48^r 6689
S 731 49^{vs} 4664
S 731 50^{vs} 4063
S 731 51^v 8245
S 731 52^r 260
S 731 53^r 2276
S 731 54^r 3087
S 731 56^v 8344
S 731 57^r 2499
S 731 57^v 1599
S 731 58^r 154
S 731 63^{rs} 6655
S 731 66^v 6037
S 731 70^{vs} 1497
S 731 77^v 3026
S 731 81^{rs} 5054
S 731 86^{vs} 4087
S 731 87^{vs} 1808
S 731 88^r 1105
S 731 88^{vs} 9551
S 731 89^{vs} 2654
S 731 92^r 5153
S 731 92^v 1599
S 731 93^v 1147
S 731 95^{rs} 8582
S 731 95^{vs} 3702
S 731 96^v 8549
S 731 97^r 3047
S 731 98^v 880
S 731 103^{vs} 3421
S 731 104^{vs} 5315
S 731 106^r 7699
S 731 109^{vs} 6523 9299
S 731 113^{rs} 4549
S 731 119^v 10523
S 731 122^v 5476 10055
S 731 128^{rs} 9292
S 731 130^v 3737
S 731 133^{vs} 9363
S 731 134^{vs} 2035
S 731 143^v 1105
S 731 146^{rss} 5522
S 731 147^{rs} 822
S 731 147^v 126
S 731 147^{vs} 3392
S 731 148^v 6396
S 731 150^v 3748
S 731 151^r 7321

S 731 151^{rs} 7315
S 731 152^r 3163
S 731 152^{rs} 2369
S 731 154^{vs} 1303
S 731 155^r 5174
S 731 155^{vs} 7804
S 731 157^{vs} 3632
S 731 158^{vs} 4846
S 731 159^{vs} 1851
S 731 166^{vs} 2373
S 731 168^v 3628
S 731 168^{vss} 5403
S 731 175^{vs} 4946
S 731 178^v 7303
S 731 186^{vs} 8725
S 731 187^{rss} 6732
S 731 191^r 8601
S 731 195^{rs} 9714
S 731 205^{vs} 7850
S 731 210^r–211^v 7471
S 731 216^{vss} 992
S 731 217^{vss} 10184
S 731 220^{vs} 4614
S 731 223^{rs} 2799
S 731 229^v 5873
S 731 230^r 3890
S 731 237^{vss} 42
S 731 239^r 6056
S 731 245^{rs} 6238
S 731 245^v 9138
S 731 249^v 63
S 731 251^{vs} 6056
S 731 255^v 8218
S 731 256^{rs} 1135
S 731 257^{rs} 9205
S 731 257^{vs} 3082
S 731 260^{rs} 5761
S 731 261^{vs} 5725
S 731 271^{rs} 5403
S 731 271^{vss} 10250
S 731 278^{rs} 6602
S 731 279^{rs} 7865
S 731 285^{rs} 10478
S 731 286^{vs} 8716
S 731 289^v 1501
S 731 291^v 9379
S 731 295^v 8306
S 731 299^v 3047
S 731 300^{rs} 9061
S 731 304^v 6112
S 732 1^r 1683

S 732 3^{vs} 9309
S 732 5^r 5054
S 732 6^{rs} 5266
S 732 7^v 880
S 732 12^{rs} 857
S 732 14^{rs} 9309
S 732 15^{vs} 8085
S 732 16^{rs} 3966
S 732 16^v 3871
S 732 21^{rs} 6945
S 732 25^{vss} 4549
S 732 36^{rs} 5606
S 732 38^r 2046
S 732 39^v 2706
S 732 39^{vs} 6413
S 732 42^r 6037
S 732 42^v 967
S 732 43^r 10428
S 732 44^r 5102
S 732 45^{rs} 6037
S 732 45^{vss} 3453
S 732 48^{rs} 10122
S 732 50^v 2364
S 732 51^r 2670
S 732 58^{rs} 1638
S 732 61^{rss} 4781
S 732 62^{vss} 7907
S 732 67^{vs} 7140
S 732 68^v 3954
S 732 69^v 8588
S 732 73^r 4922
S 732 73^v 6732
S 732 75^{rs} 9141
S 732 75^v 1659
S 732 77^{vs} 1461
S 732 78^r 3175
S 732 78^v 3175
S 732 79^{rs} 1632
S 732 80^r 4412
S 732 80^v 7314
S 732 82^{vs} 6945
S 732 84^{vs} 716
S 732 86^{vss} 4796
S 732 88^{rs} 1687
S 732 92^{vs} 5024
S 732 94^v 4800
S 732 101^{vss} 8702
S 732 102^{vs} 2373
S 732 103^{rs} 2046
S 732 107^{vs} 2281
S 732 108^{vs} 6834

S 732 114^r 5149
S 732 116^v–119^v 337 474
    487 2036 3082 4956
    5153 5827 6124 6617
    7304 8994 9026 9212
    9668 9765 9825 10344
S 732 119^v 3448
S 732 121^{vs} 4086
S 732 124^r 6707
S 732 124^v 9249
S 732 126^v 6774
S 732 126^{vs} 9065
S 732 129^{vs} 341
S 732 133^{rs} 5463
S 732 139^{rs} 8072
S 732 146^{rss} 8937
S 732 148^{vs} 1147
S 732 151^r 7303
S 732 152^v 6248
S 732 153^v 6945
S 732 153^{vs} 5761
S 732 154^{vs} 10279
S 732 155^r 8428
S 732 157^{rs} 2403
S 732 157^v 9827
S 732 158^r 310
S 732 158^v 6732
S 732 159^r 6659
S 732 159^{rs} 9001
S 732 163^r 554
S 732 163^{rs} 5377
S 732 166^{vs} 9162
S 732 172^{vs} 9427
S 732 183^{vs} 8588
S 732 185^r 5126
S 732 185^{rs} 5126
S 732 185^{vs} 9742
S 732 186^{rss} 5126
S 732 189^r–190^v 6078
S 732 191^{rs} 10544
S 732 196^{rs} 8601
S 732 197^{rs} 8937
S 732 201^v 6056
S 732 202^{rs} 935
S 732 204^{rs} 7656
S 732 205^r 10608
S 732 205^{rs} 7109
S 732 206^{vs} 6043
S 732 207^v 5251
S 732 208^v 7
S 732 208^{vs} 4457

S 732 210^r 885
S 732 210^v 5217
S 732 211^v 7169
S 732 212^{rs} 10411
S 732 214^{rs} 3153
S 732 216^{rs} 4512
S 732 219^{vs} 5819
S 732 220^{rs} 5819
S 732 228^{vss} 2689
S 732 232^v 2455
S 732 233^{rs} 5955
S 732 235^{rs} 2536
S 732 243^r 1989
S 732 243^{rs} 438
S 732 249^{vs} 3410
S 732 251^{rs} 9379
S 732 254^{vs} 967
S 732 255^{rss} 4781
S 732 265^{rss} 7
S 732 275^v 3221
S 732 276^{vss} 8658
S 732 277^v 10250
S 732 287^{vs} 7951
S 733 2^r 6154
S 733 3^r 7433
S 733 3^{rs} 932
S 733 4^{rs} 6396
S 733 4^{vs} 10021
S 733 7^{rs} 2624
S 733 11^{vs} 2687
S 733 15^{rs} 8142
S 733 18^{rs} 5274
S 733 19^{rs} 8216
S 733 20^{rs} 1731
S 733 25^{vss} 10479
S 733 26^{vs} 2687
S 733 27^{rs} 7945
S 733 27^{vs} 6120
S 733 31^r 4028
S 733 37^r 3499
S 733 44^v 4846
S 733 46^{rs} 3147
S 733 50^r 3500
S 733 54^{vs} 7978
S 733 61^{vs} 2118
S 733 62^r 3453
S 733 62^v 5398
S 733 63^{rss} 9299
S 733 64^v 1269
S 733 66^{vs} 3350
S 733 67^v 7275

S 733 67^{vss} 4567
S 733 71^{rs} 539
S 733 71^v 6252
S 733 74^r 9061
S 733 74^{rs} 2669
S 733 74^v 8916
S 733 75^{rs} 10479
S 733 75^{vs} 1958
S 733 77^r 9379
S 733 77^{rs} 6067
S 733 81^{rs} 9299
S 733 85^{rss} 9342
S 733 90^{vs} 8559
S 733 92^r 4297
S 733 93^v 3059
S 733 97^v 3383
S 733 102^{vs} 6244
S 733 103^{vss} 2365
S 733 105^{rs} 222
S 733 106^{rss} 5463
S 733 111^r 3876
S 733 111^{rs} 3419
S 733 111^v 1446
S 733 119^{rs} 2445
S 733 121^{rs} 6720
S 733 121^{vs} 2327
S 733 123^r 9828
S 733 123^{rs} 9828
S 733 127^r 5351
S 733 127^{rs} 6149
S 733 135^v 553
S 733 137^{vs} 6242
S 733 138^v 6996
S 733 142^{vs} 4618
S 733 147^r 10273
S 733 148^{vs} 5194
S 733 151^{rss} 2921
S 733 155^r 3324
S 733 156^{rs} 6301
S 733 157^v 554
S 733 167^v 7286
S 733 168^{rs} 4549
S 733 169^{vs} 4781
S 733 170^v 3876
S 733 170^{vs} 5481
S 733 171^{rss} 2670
S 733 174^{rs} 8461
S 733 177^{vs} 1578
S 733 182^{rs} 7951
S 733 183^{rs} 707
S 733 183^{vss} 15

S 733 188^{rss} 10435
S 733 190^{rs} 9846
S 733 196^v 5126
S 733 200^{rs} 2118
S 733 201^{rs} 7749
S 733 206^{rs} 9053
S 733 207^v 4412
S 733 209^v 9486
S 733 210^{rs} 161
S 733 216^r 3632
S 733 222^{rs} 6678
S 733 224^{vs} 5385
S 733 225^{vs} 7022
S 733 229^{rs} 7055
S 733 235^{rss} 4506
S 733 237^v 8099
S 733 243^r 8672
S 733 248^v 8788
S 733 249^r 8788
S 733 250^{rs} 10031
S 733 252^{vs} 9765
S 733 254^r 2998
S 733 255^r 9690
S 733 262^v 3086
S 733 264^{vs} 6647
S 733 265^r 3876
S 733 269^{rs} 4849
S 733 281^{vs} 10031
S 733 288^{vs} 1842
S 733 289^{vs} 10360
S 733 291^v 10479
S 733 293^v 10479
S 733 294^{rs} 7749
S 733 295^r 8793
S 733 296^v 3782
S 733 298^{rs} 9846
S 733 302^v 1659
S 734 7^{vs} 8133
S 734 8^{rs} 1283
S 734 17^{rs} 7822
S 734 18^v 2463
S 734 24^{rs} 4506
S 734 38^r 646
S 734 41^r 1236
S 734 42^r 6007 9824
S 734 44^r 296
S 734 46^r 8135
S 734 50^{rs} 8675
S 734 65^{vs} 63
S 734 70^{rs} 1696
S 734 74^r 88

S 734 81^v 1632

S 734 81^{vs} 8927

S 734 84^v 7479

S 734 86^{rs} 3086

S 734 86^{vs} 4762

S 734 92^{vs} 8937

S 734 94^{rs} 3082

S 734 99^r 3065

S 734 99^v 7936

S 734 104^v 4040

S 734 111^{vs} 5096

S 734 112^r 3782

S 734 112^v 10148

S 734 120^r 1874

S 734 120^{vs} 4347

S 734 123^r 393

S 734 130^r 3610

S 734 130^{vs} 9627

S 734 132^{rss} 10237

S 734 133^{rs} 3281

S 734 136^{rs} 9765

S 734 141^{vs} 3782

S 734 150^r 4729

S 734 155^r–157^r 265

S 734 164^{rs} 6344

S 734 171^v 3082

S 734 176^{rs} 5916

S 734 179^{vs} 4905

S 734 189^{rs} 4549

S 734 190^{rs} 10451

S 734 191^{rs} 10479

S 734 198^r 5974

S 734 198^{rs} 7439

S 734 198^v 3324

S 734 205^{vss} 564

S 734 211^{rs} 4516

S 734 219^v–221^r 8536

S 734 220^{vs} 1041

S 734 228^v 6071

S 734 231^{vs} 2373

S 734 233^{vs} 5034

S 734 234^{vss} 4726

S 734 236^{vs} 2297

S 734 237^v 8445

S 734 240^{rs} 1934

S 734 245^v 5748

S 734 247^{vs} 9560

S 734 249^r 6608

S 734 251^{rs} 4224

S 734 255^r–256^v 781

S 734 261^{rss} 2373

S 734 267^{rs} 10614

S 734 273^v 1719

S 734 282^{vs} 9765

S 734 283^v 4549

S 734 284^r 35

S 734 284^{vs} 7614

S 734 287^r 986

S 734 289^{rs} 1356

S 734 291^v 6624

S 734 296^v 4453

S 734 297^r 8716

S 734 297^{rs} 5849

S 734 298^r 2373

S 734 300^v 7041

S 734 301^{vss} 860

S 735 1^v 7434

S 735 2^{rs} 7470

S 735 4^{vs} 335

S 735 17^{rs} 4073

S 735 23^r 9511

S 735 26^{rs} 9493

S 735 32^{vs} 8817

S 735 33^{vs} 8683

S 735 35^{rs} 3252

S 735 51^{vs} 2321

S 735 54^{vs} 9379

S 735 60^{rs} 5398

S 735 61^{vs} 348

S 735 62^r 348

S 735 62^v 9099

S 735 65^{vs} 2474

S 735 73^{rs} 4962

S 735 74^{vs} 7244

S 735 76^r 8613

S 735 80^r 6605

S 735 80^v 5051

S 735 88^v 205

S 735 92^{rss} 4290

S 735 93^{rs} 8725

S 735 97^r 9868

S 735 99^r 7022

S 735 99^{rss} 9847

S 735 100^{rs} 994

S 735 100^v 3610

S 735 101^r 8850

S 735 103^{rs} 5274

S 735 105^{vs} 2019

S 735 106^r 348

S 735 106^{rs} 8461

S 735 109^{vs} 2620

S 735 111^{rs} 9868

S 735 112^{vs} 6414

S 735 113^v 5559

S 735 116^{vs} 7200

S 735 120^{rs} 5149

S 735 121^{vs} 1236

S 735 128^r 458

S 735 129^r 10333

S 735 130^{rss} 4781

S 735 132^r 10484

S 735 133^v 5291

S 735 133^{vs} 8766

S 735 140^{rs} 333

S 735 143^r 7501

S 735 144^v 3082

S 735 152^v 4313

S 735 159^r 10016

S 735 159^{rs} 7446

S 735 166^{rs} 2321

S 735 168^{rs} 4329

S 735 172^{vs} 8600

S 735 173^r 564

S 735 177^{rs} 7614

S 735 179^{vs} 2320

S 735 184^r 5725

S 735 187^r 4781

S 735 188^{rs} 6337

S 735 188^{vs} 3037

S 735 198^r 1223

S 735 202^v 3100

S 735 202^{vss} 4549

S 735 203^v 6394

S 735 211^{rss} 10344

S 735 212^{vs} 10524

S 735 213^r–215^r 529

S 735 216^{vs} 3410

S 735 217^r 10435

S 735 217^{rs} 8250

S 735 217^{vs} 6617

S 735 221^{rs} 210

S 735 222^r 9299

S 735 226^r 5126

S 735 226^{rs} 6811

S 735 226^{vs} 10344

S 735 230^{vs} 6833

S 735 232^{vss} 4549

S 735 233^{rs} 2466

S 735 233^{vs} 4522

S 735 235^r 6691

S 735 238^{rs} 6056

S 735 243^{vs} 3674

S 735 245^{vs} 9355

S 735 269^{rs} 7542
S 735 272^{vs} 7679
S 735 275^r 3410
S 735 275^{vs} 35
S 735 280^{rs} 2050
S 735 280^v 2274
S 735 283^{rs} 8316
S 735 285^r 1855
S 735 286^{vs} 3410
S 735 287^{rs} 4291
S 735 288^v 4922
S 735 290^{rs} 9868
S 736 2^{vs} 1135
S 736 4^r 3179
S 736 4^{rs} 8133
S 736 5^v 10511
S 736 6^r 5153
S 736 8^v 10479
S 736 11^r 5714
S 736 12^v 5740
S 736 16^r 5740
S 736 18^{vs} 4079
S 736 19^r 5041
S 736 20^v 2888
S 736 23^{vs} 5123
S 736 25^v 3556
S 736 34^{rss} 2660
S 736 40^{rs} 8908
S 736 50^v 527
S 736 60^v 6038
S 736 61^r 10175
S 736 64^{vs} 1982
S 736 67^r 4457
S 736 71^{rs} 2853
S 736 88^{rs} 8537
S 736 89^v 7140
S 736 101^{vs} 4329
S 736 103^{vs} 6265
S 736 108^{vs} 3785
S 736 109^{vs} 1780
S 736 110^v 3290
S 736 111^v 2808
S 736 119^{rs} 5726
S 736 121^{vs} 5121
S 736 123^r 5740
S 736 127^{rs} 7656
S 736 128^r 2999
S 736 132^{rs} 1603
S 736 132^{vs} 6647
S 736 134^v 3459
S 736 140^r 1014

S 736 140^{rs} 1364
S 736 144^v 8568
S 736 151^r 3245
S 736 151^{vs} 309
S 736 156^v 4879
S 736 163^v 10067
S 736 171^{rs} 6459
S 736 175^{rs} 9620
S 736 178^v 4549
S 736 180^{rs} 8702
S 736 188^v 6765
S 736 192^{vs} 3639
S 736 195^{vs} 8868
S 736 202^{rs} 3462
S 736 209^v 3082
S 736 210^{rs} 2297
S 736 215^{vs} 1982
S 736 220^v 5761
S 736 229^{vs} 9511
S 736 234^{vs} 8101
S 736 242^{rs} 7660
S 736 253^{vs} 10464
S 736 255^{vss} 5714
S 736 262^r 4618
S 736 263^r 3702
S 736 267^v 7081
S 736 272^{vs} 7760
S 736 273^{rs} 7760
S 736 273^{vs} 4946
S 736 288^{rss} 3556
S 736 289^{vs} 9290
S 736 290^v 8808
S 736 291^r 8304
S 736 294^{rs} 8784
S 736 294^v 8784
S 736 294^{vs} 10119
S 736 295^{vs} 3720
S 736 299^v 3153
S 736 301^{rss} 4922
S 737 9^{rss} 5761
S 737 11^{vs} 6092
S 737 12^{vs} 154
S 737 19^{vs} 3774
S 737 20^r 6338
S 737 22^r 6284
S 737 24^r 192
S 737 28^{rss} 8763
S 737 45^{rs} 10421
S 737 45^{vs} 6433
S 737 52^r 2016
S 737 55^{rs} 7736

S 737 57^{rs} 6601
S 737 60^{rs} 10131
S 737 61^r 3682
S 737 68^v 1611
S 737 69^r 3037
S 737 74^{vs} 3162
S 737 76^v 2535
S 737 77^v 7962
S 737 83^{vs} 438
S 737 95^{rs} 505
S 737 102^{vs} 6000
S 737 106^v 3459
S 737 106^{vs} 3582
S 737 115^{vs} 8765
S 737 119^{rs} 2790
S 737 119^{vs} 1323
S 737 122^{rs} 4763
S 737 123^r 10479
S 737 126^{vs} 4909
S 737 129^{vs} 9936
S 737 136^r 1421
S 737 137^{rs} 2253
S 737 138^r 2104
S 737 147^r 4618
S 737 151^{vs} 652
S 737 155^{vs} 9619
S 737 162^r–163^v 10065
S 737 168^v 10250
S 737 170^v 6711
S 737 172^r 1149
S 737 172^{vs} 3030
S 737 174^{rs}, 127
S 737 174^{vss} 3467
S 737 177^{vs} 10523
S 737 179^{rss} 9254
S 737 183^v 6606
S 737 184^r 6414 10250
S 737 184^v 36 6724
S 737 192^{rs} 8318
S 737 193^r 7488
S 737 193^{rs} 2571
S 737 194^{vs} 36
S 737 195^{vs} 1238
S 737 202^{rs} 1879
S 737 203^{rs} 9868
S 737 204^{rs} 6550
S 737 204^{vs} 1014
S 737 207^v 8773
S 737 207^{vs} 9376
S 737 214^{rs} 7740
S 737 214^{vs} 10064

S 739 5^rs 1444	S 739 133^v 3078	S 739 268^rs 3051
S 739 6^r 9773	S 739 136^v 1159	S 739 270^vs 1242
S 739 6^rs 9109	S 739 136^vs 7945	S 739 274^v 3208
S 739 7^r 7513	S 739 137^rs 4017	S 739 280^rs 3082
S 739 8^rss 3116	S 739 139^vs 4025	S 739 284^vs 6056
S 739 9^vss 6414	S 739 140^r 7511	S 739 292^rs 4089
S 739 12^rs 620	S 739 141^v 611	S 739 298^rs 2687
S 739 12^v 8461	S 739 144^rs 3529	S 740 2^v 3657
S 739 12^vss 7945	S 739 152^rs 10250	S 740 9^v 4091
S 739 13^v 207 10617	S 739 162^v 3710	S 740 10^rs 4506
S 739 14^rs 8749	S 739 163^r 5257	S 740 10^vss 361
S 739 14^v 1691	S 739 164^r 3983	S 740 14^v 706
S 739 15^v 3627	S 739 166^vss 10479	S 740 16^v 3467
S 739 21^v 151	S 739 170^vs 8305	S 740 17^v 3627
S 739 22^v 2507	S 739 172^r 6613	S 740 18^r 2790
S 739 28^r 2874	S 739 172^rs 8367	S 740 19^vs 8462
S 739 30^vs 9350	S 739 174^v 9300	S 740 20^v 5981
S 739 34^vs 1539	S 739 176^rs 3249	S 740 21^r 5051
S 739 38^v 6337	S 739 178^vs 2790	S 740 21^vs 2297
S 739 41^r 183	S 739 179^vs 10297	S 740 24^rs 10067
S 739 46^vs 7127	S 739 180^rs 9250	S 740 31^rs 8970
S 739 48^r 3153	S 739 181^v 6547	S 740 32^rs 668
S 739 49^v 4378 9419	S 739 182^r 7081	S 740 32^v 5135
S 739 50^rs 3467	S 739 184^vs 7478	S 740 33^rss 610
S 739 55^rs 5885	S 739 185^r 10439	S 740 37^v 6056
S 739 55^v 6197	S 739 191^v 2033 3100	S 740 40^rs 9126
S 739 56^r 1982	S 739 193^r 6617	S 740 41^v 4191
S 739 57^v 6974	S 739 194^vs 7040	S 740 43^r 706
S 739 59^v 3159	S 739 198^v 1584	S 740 45^rs 6857
S 739 62^rs 9515	S 739 202^r 5234	S 740 45^vs 4956
S 739 66^v 8674	S 739 203^vs 2373	S 740 47^r 9281
S 739 67^r 1149	S 739 218^vs 10250	S 740 47^vss 10422
S 739 70^vs 2145	S 739 219^r 860 9217	S 740 57^r 5439
S 739 79^rs 323	S 739 221^vs 1290	S 740 58^rs 3747
S 739 82^rs 7736	S 739 223^vs 1842	S 740 59^rs 3636
S 739 82^vs 10328	S 739 228^rss 10233	S 740 65^rs 2503
S 739 92^rs 6602	S 739 233^v 9516	S 740 70^r 133
S 739 94^vs 7090	S 739 238^vs 3836	S 740 70^rss 10344
S 739 100^r 10067	S 739 241^r 7990	S 740 70^vs 337 519 5828
S 739 101^r 9857	S 739 241^rs 207	6056 6124 6337 9825
S 739 102^rs 795	S 739 241^v 10617	S 740 71^r 4151 4922 5548
S 739 102^v 6766	S 739 242^vs 5990	S 740 74^r 800
S 739 104^rs 3554	S 739 245^v 326	S 740 75^rs 3733
S 739 104^vs 9680	S 739 248^vs 4567	S 740 77^r 8543
S 739 107^vs 1156	S 739 251^rs 1749 3221	S 740 77^v 2460
S 739 108^vs 5624	S 739 251^v 487	S 740 79^vs 5726
S 739 109^vs 4475	S 739 253^v 5854	S 740 81^r 7064
S 739 114^vss 9300	S 739 257^vs 7513	S 740 81^rss 5381
S 739 121^v 7798	S 739 259^vs 3359	S 740 84^rs 6176
S 739 123^r 1316	S 739 267^r 2119	S 740 84^v 133
S 739 130^r 10344	S 739 267^vs 7860	S 740 84^vs 10479

S 740 86^v 9653

S 740 86^{vs} 1983

S 740 87^r 9115

S 740 87^{vs} 9115

S 740 89^{rs} 8537

S 740 89^{vs} 3082

S 740 91^{rs} 8334

S 740 91^{vss} 518

S 740 93^v 4956

S 740 95^{rs} 6067

S 740 97^{vs} 6738

S 740 98^{rs} 9288

S 740 98^{vs} 7682

S 740 99^{rs} 3747

S 740 100^r 3487

S 740 104^v 260

S 740 105^r 3453 8537

S 740 105^{rs} 8537

S 740 106^r 7081

S 740 107^{rs} 1678

S 740 112^v 4956

S 740 114^r 7501

S 740 115^r 6067

S 740 115^{rs} 5615

S 740 116^v 5403

S 740 122^v 3082

S 740 126^{vs} 4799

S 740 128^{rs} 6210

S 740 129^r 6210

S 740 130^{rs} 9308

S 740 130^v 9115

S 740 138^r 6617

S 740 141^r 1303

S 740 141^v 519

S 740 142^{rs} 2016

S 740 143^{rs} 4600

S 740 143^{vs} 3078

S 740 145^r 6067

S 740 145^v 1842

S 740 146^v 1842

S 740 150^v 3453 3747

S 740 151^r 1292

S 740 151^v 1416

S 740 151^{vs} 3685

S 740 155^{rs} 2034

S 740 156^{rs} 9273

S 740 160^v 9115

S 740 161^v 7235

S 740 164^{rs} 800

S 740 164^v 8537

S 740 166^{rs} 10487

S 740 167^r 3733

S 740 167^{rs} 511

S 740 167^v 4025

S 740 167^{vss} 3685

S 740 173^{vs} 3040

S 740 174^{rss} 5251

S 740 182^{vs} 2729

S 740 183^v 706

S 740 184^{rs} 6459

S 740 189^{rs} 800

S 740 189^v 2950

S 740 192^r 9587

S 740 193^r 8302

S 740 194^{vs} 6552

S 740 195^v 6951

S 740 206^{vs} 10250

S 740 207^r 4543

S 740 208^v 527

S 740 210^{rss} 610

S 740 216^r 4643

S 740 218^{vs} 5251

S 740 219^r 7798

S 740 219^{rs} 3116

S 740 219^v 9395

S 740 220^r 1976

S 740 222^{vs} 10251

S 740 223^{vs} 3747

S 740 229^r 7736

S 740 231^{vs} 2315

S 740 234^{rs} 42

S 740 235^{vs} 7788

S 740 237^r 3306

S 740 237^{rs} 5953

S 740 237^v 222

S 740 238^r 9621

S 740 238^{rs} 4846

S 740 238^{vs} 2548

S 740 239^{vs} 1234

S 740 241^{vs} 6210

S 740 242^{rs} 6210

S 740 245^{rs} 7682

S 740 251^{rs} 8641

S 740 251^v 6133

S 740 252^v 1842

S 740 252^{vss} 9511

S 740 258^{vs} 1414

S 740 260^{rs} 9472

S 740 261^{rs} 9065

S 740 266^{rs} 3040

S 740 274^v 890

S 740 276^{rs} 9065

S 740 277^{rs} 2689

S 740 280^v 8133

S 740 282^r 8485

S 740 282^{rs} 7486

S 740 285^{rs} 9065

S 740 288^{vs} 201

S 740 289^{rs} 6694

S 740 289^{vs} 5281

S 740 290^r 610

S 740 292^r 379

S 740 293^r 3082

S 740 293^v 8703

S 740 294^{rs} 1976

S 740 295^r 5375

S 741 2^{rs} 6552

S 741 4^{rs} 6016

S 741 7^{vs} 744

S 741 9^{vs} 10345

S 741 12^r 5051

S 741 14^{vs} 4614

S 741 17^{vs} 9299

S 741 18^r 6523

S 741 18^{rs} 3544

S 741 18^{vs} 273

S 741 19^{vs} 6337

S 741 20^r 5827

S 741 21^{vs} 6016

S 741 22^{rs} 6016

S 741 22^{vs} 6016

S 741 23^{rs} 7256

S 741 23^{vs} 890

S 741 25^{rs} 5726

S 741 26^{vs} 7951

S 741 28^{rs} 4339

S 741 31^{rs} 4956

S 741 33^{vs} 8099

S 741 34^v 536

S 741 34^{vs} 9878

S 741 36^{vs} 5919

S 741 37^r 3410

S 741 39^{vs} 3680

S 741 43^{rs} 3082

S 741 44^{vs} 4614

S 741 45^{rs} 9115

S 741 46^{vs} 10148

S 741 50^v 3383

S 741 56^r 5965

S 741 56^v 5600

S 741 57^{vs} 7115

S 741 61^{rs} 245

S 741 62^v 8305

S 741 62^{vs} 7895

S 741 64^{r} 5108

S 741 64^{v} 424

S 741 64^{vs} 9327

S 741 66^{r} 8269 8767

S 741 67^{vs} 3059

S 741 68^{v} 181

S 741 69^{v} 1860

S 741 70^{r} 6547

S 741 71^{r} 136 5751

S 741 71^{v} 5911

S 741 72^{rs} 7798

S 741 73^{vs} 7907

S 741 81^{r} 8716

S 741 85^{r} 2660

S 741 86^{r} 1934

S 741 87^{vss} 7081

S 741 90^{r} 10228

S 741 91^{rs} 10228

S 741 93^{rs} 5061

S 741 95^{rs} 3873

S 741 95^{v} 4824

S 741 97^{vs} 6724

S 741 98^{r} 1573

S 741 98^{v} 8351

S 741 99^{r} 3350

S 741 105^{r} 348

S 741 106^{vs} 3919

S 741 107^{v} 8227

S 741 107^{vs} 4792

S 741 108^{v} 7907

S 741 109^{rs} 860

S 741 110^{rs} 8608

S 741 112^{rs} 8076

S 741 113^{rs} 9846

S 741 114^{v} 3985

S 741 115^{rs} 847

S 741 118^{r} 7902

S 741 119^{v} 8099

S 741 124^{v} 2414

S 741 124^{vs} 922

S 741 125^{rs} 922

S 741 127^{rs} 9472

S 741 129^{r} 5160

S 741 130^{r} 1641

S 741 130^{v} 154

S 741 132^{vs} 7133

S 741 133^{v} 836 6494

S 741 134^{r} 6785

S 741 135^{vs} 519

S 741 136^{r} 6789

S 741 138^{vs} 3162

S 741 139^{v} 2099

S 741 139^{vs} 2099

S 741 140^{v} 6051

S 741 142^{v} 5600

S 741 143^{r} 7938

S 741 144^{r} 7670

S 741 144^{v} 2713

S 741 145^{r} 2605

S 741 151^{rs} 7978

S 741 153^{r} 2872

S 741 153^{rs} 852

S 741 154^{rs} 5548

S 741 154^{vs} 2885

S 741 155^{rs} 6151

S 741 157^{rs} 2331

S 741 157^{v} 7731

S 741 158^{r} 1303

S 741 160^{v} 4643

S 741 163^{vs} 7994

S 741 167^{vss} 4614

S 741 170^{rs} 3700

S 741 170^{vs} 3246

S 741 172^{r} 9868

S 741 172^{rss} 571

S 741 174^{v} 839

S 741 175^{rs} 2772 5022 7347

S 741 176^{r} 10164

S 741 176^{v} 4763 5227

S 741 177^{vs} 6523

S 741 179^{r} 3047

S 741 179^{rs} 1877

S 741 179^{vs} 7081

S 741 181^{rs} 5793

S 741 182^{v} 1577

S 741 183^{r} 890

S 741 183^{rs} 183

S 741 183^{v} 5725

S 741 186^{v} 10425

S 741 188^{rs} 3670

S 741 188^{vs} 6772

S 741 190^{v} 462 10258

S 741 191^{r} 7456

S 741 191^{rs} 18

S 741 191^{vs} 6151

S 741 192^{r} 827

S 741 192^{rs} 1936

S 741 193^{r} 1936

S 741 195^{v} 9362

S 741 196^{r} 9362

S 741 197^{vs} 10258

S 741 201^{rs} 2789

S 741 202^{vs} 2926

S 741 203^{r} 9170

S 741 205^{v} 921

S 741 207^{rs} 10244

S 741 213^{r} 3152

S 741 213^{v} 4512

S 741 216^{r} 5919

S 741 218^{rs} 839

S 741 223^{r} 9472

S 741 224^{vs} 4987

S 741 225^{v} 3899

S 741 227^{v} 5291

S 741 228^{r} 860

S 742 1^{rs} 1623

S 742 4^{rs} 7142

S 742 21^{r} 2044

S 742 23^{vss} 2790 7488 7850
    8716 10451

S 742 24^{vs} 1842

S 742 28^{rs} 3747

S 742 30^{r} 185

S 742 32^{r} 3747

S 742 33^{rs} 8703

S 742 35^{rs} 6605

S 742 38^{vs} 8043

S 742 46^{r} 6056

S 742 53^{vs} 7501

S 742 54^{rs} 3349

S 742 58^{vs} 5153

S 742 61^{v} 2254

S 742 67^{v} 6067

S 742 76^{rs} 3624

S 742 81^{vs} 2790

S 742 85^{rs} 6210

S 742 88^{rs} 7304

S 742 88^{vs} 7304

S 742 95^{rs} 10067

S 742 103^{r} 4028

S 742 103^{v} 5291

S 742 124^{rs} 4331

S 742 128^{vs} 8462

S 742 130^{vs} 2104

S 742 133^{vs} 3919

S 742 145^{rs} 4085

S 742 145^{vs} 3689

S 742 147^{vs} 6523

S 742 148^{r} 3082

S 742 150^{vs} 9769

S 742 174^{v} 2767

S 742 181^{v} 5914

S 742 188^{rss} 4085
S 742 189^{rss} 4085
S 742 190^{rs} 9205
S 742 191^{vs} 1842 3083
S 742 198^{v} 3547
S 742 201^{rs} 10233
S 742 204^{r} 3547
S 742 206^{v} 6056
S 742 210^{v} 8937
S 742 220^{v} 2361
S 742 224^{v} 8073
S 742 224^{vs} 6240
S 742 225^{r} 3557
S 742 229^{rs} 584
S 742 231^{r} 5154
S 742 234^{v} 1781
S 742 236^{vs} 5806
S 742 239^{vs} 3557
S 742 243^{r} 3372
S 742 252^{rs} 2104
S 742 255^{r} 448
S 742 262^{r} 9917
S 742 266^{v} 8674
S 742 267^{r} 6124 7859
S 742 272^{rs} 9777
S 742 273^{rs} 4956
S 742 274^{v} 5794
S 742 274^{vs} 466
S 742 275^{r} 8712 8919
S 742 275^{v} 6067
S 742 279^{rs} 620
S 742 282^{v} 188
S 742 288^{v} 6887
S 742 289^{v} 9238
S 742 295^{v} 3720
S 742 296^{rs} 5612
S 742 300^{v} 36 4879
S 743 1^{rs} 6071
S 743 3^{vs} 1497
S 743 5^{vs} 6056
S 743 6^{vs} 1649
S 743 11^{vs} 6067
S 743 12^{vs} 5465
S 743 25^{v} 8133
S 743 27^{vs} 2791
S 743 29^{rs} 8133
S 743 33^{v} 5051
S 743 46^{rss} 188
S 743 51^{vs} 7351
S 743 52^{v} 5140 9158
S 743 55^{v} 5653

S 743 58^{r} 4057
S 743 61^{vs} 8060
S 743 62^{r} 446
S 743 66^{v} 6463
S 743 67^{v} 5140
S 743 69^{vs} 1916
S 743 71^{rs} 3720
S 743 74^{v}–76^{r} 1570
S 743 84^{vs} 183
S 743 85^{rs} 1651
S 743 85^{v} 1651
S 743 94^{rs} 6067
S 743 104^{vs} 1919
S 743 107^{vs} 3302
S 743 110^{rs} 1014
S 743 113^{rs} 5130
S 743 117^{r} 7945
S 743 118^{r} 5563
S 743 123^{r} 7380
S 743 126^{v} 3162
S 743 128^{v} 4510
S 743 135^{v} 1253
S 743 138^{rs} 8033
S 743 138^{vs} 6164
S 743 141^{v} 3742
S 743 145^{r} 337
S 743 148^{rs} 5828
S 743 148^{vs} 5714
S 743 155^{v} 5525
S 743 161^{rs} 8937
S 743 162^{vs} 9875
S 743 165^{rs} 1865
S 743 169^{r} 7304
S 743 172^{r} 1276
S 743 178^{vs} 1440
S 743 179^{vs} 42
S 743 186^{r} 4088
S 743 193^{vs} 1238
S 743 195^{r} 2854
S 743 199^{v} 7890
S 743 200^{rs} 519
S 743 201^{r} 2562
S 743 202^{v} 5163
S 743 206^{v} 8496
S 743 208^{vs} 2419
S 743 213^{vs} 7951
S 743 214^{v} 6124
S 743 216^{v} 2420
S 743 224^{v} 9253
S 743 224^{vs} 7614
S 743 226^{v} 4607

S 743 226^{vs} 7614
S 743 227^{rs} 3152
S 743 229^{r} 7555
S 743 230^{vs} 6007
S 743 233^{v} 1320
S 743 235^{rs} 734
S 743 235^{vs} 6057
S 743 242^{vs} 2019
S 743 243^{rs} 9832
S 743 246^{v} 7067
S 743 248^{rs} 4639
S 743 250^{r} 3873
S 743 250^{v} 4474
S 743 251^{r} 2562
S 743 257^{v} 6016
S 743 263^{vs} 155
S 743 264^{rs} 6172
S 743 264^{vs} 8703
S 743 268^{vs} 10261
S 743 273^{vss} 412
S 743 275^{vs} 6891
S 743 278^{vs} 3790 3919
S 743 279^{v} 8183
S 743 280^{r} 4389
S 743 281^{vs} 6444
S 743 282^{r} 9683
S 743 294^{r} 4994
S 744 3^{r} 8958
S 744 10^{rss} 9670
S 744 11^{rss} 5424
S 744 12^{vs} 9709
S 744 14^{rs} 3137
S 744 15^{rs} 5533
S 744 17^{r} 2955
S 744 17^{vs} 2913
S 744 18^{vs} 5033
S 744 21^{r} 9254
S 744 23^{vs} 3919
S 744 24^{r} 2019
S 744 27^{r} 1783
S 744 32^{rs} 5636
S 744 36^{v} 8968
S 744 37^{rs} 9020
S 744 38^{r} 3873 5171
S 744 40^{r} 8808
S 744 40^{v} 8010
S 744 48^{rs} 5296
S 744 49^{rss} 2272
S 744 50^{v} 7501
S 744 52^{vs} 708
S 744 54^{rs} 8368

S 744 63^{vss} 7321
S 744 67^{rs} 7951
S 744 69^{rs} 10251
S 744 72^{rs} 8712
S 744 75^{vs} 8622
S 744 76^{rs} 8622
S 744 79^{r} 990 8269
S 744 79^{rs} 8062
S 744 81^{rs} 2420
S 744 91^{vs} 6891
S 744 96^{rs} 8438
S 744 102^{r} 1014
S 744 106^{rs} 6206
S 744 107^{v} 8328
S 744 108^{v} 2950
S 744 109^{rs} 200
S 744 112^{vs} 6090
S 744 113^{rs} 2104
S 744 113^{vs} 3873
S 744 114^{vs} 6552
S 744 117^{vs} 4739
S 744 119^{r} 2099
S 744 121^{v} 8520
S 744 123^{vs} 10166
S 744 125^{v} 5519
S 744 127^{rs} 1527
S 744 128^{vs} 6595
S 744 130^{rs} 768
S 744 130^{vs} 2420
S 744 134^{rs} 5823
S 744 134^{v} 6523
S 744 138^{r} 5041
S 744 142^{vs} 5862
S 744 143^{rs} 7041
S 744 143^{v} 1860
S 744 148^{vs} 4377
S 744 149^{r} 4089
S 744 150^{rs} 5725
S 744 161^{r} 7501
S 744 162^{v} 5828
S 744 164^{v} 5408
S 744 167^{r} 6870
S 744 168^{r} 10268
S 744 171^{r} 9981
S 744 171^{rs} 8743
S 744 173^{vs} 5955
S 744 175^{r} 8242
S 744 176^{vs} 2099
S 744 179^{v} 9355
S 744 179^{vs} 2702
S 744 186^{vs} 9981

S 744 187^{r} 5653
S 744 190^{v} 584
S 744 191^{v} 6552
S 744 193^{r} 7740
S 744 196^{r} 3627
S 744 197^{v} 3671 4475
S 744 199^{r} 10251
S 744 204^{vs} 2533
S 744 207^{r} 7740
S 744 211^{rs} 5051
S 744 213^{vs} 3544
S 744 214^{r} 2744
S 744 215^{vs} 5636
S 744 217^{vs} 4846
S 744 220^{v} 3729
S 744 223^{v} 5743
S 744 223^{vs} 3919
S 744 227^{rs} 6244
S 744 228^{vs} 9345
S 744 229^{rs} 9037
S 744 229^{vs} 8264
S 744 230^{vs} 167
S 744 232^{rs} 3075
S 744 232^{vs} 1224
S 744 234^{rs} 1224
S 744 234^{v} 1983
S 744 236^{vs} 4277
S 744 240^{r} 10119
S 744 240^{v} 6057
S 744 241^{r} 2273
S 744 246^{rs} 8808
S 744 251^{v} 7798
S 744 254^{v} 7047
S 744 260^{r} 6036
S 744 261^{r} 7386
S 744 263^{rs} 4846
S 744 265^{r} 3919
S 744 266^{v} 7857
S 744 270^{rs} 2408
S 744 281^{rs} 690
S 744 287^{vs} 6542
S 744 289^{v} 10158
S 744 290^{r} 10530
S 744 294^{r} 5361 5525
S 744 294^{v} 5080
S 744 296^{r} 922
S 744 297^{rs} 6067
S 745 6^{rs} 4953
S 745 16^{v} 1369
S 745 19^{r} 5051
S 745 25^{rs} 9750

S 745 26^{vs} 5610
S 745 27^{rss} 117
S 745 29^{rs} 835
S 745 29^{v} 7951
S 745 30^{vs} 3396
S 745 31^{vs} 9552
S 745 35^{vs} 2428
S 745 40^{rs} 8529
S 745 49^{r} 2791
S 745 52^{r} 2059
S 745 52^{v} 584 2791
S 745 54^{rs} 3720
S 745 58^{r} 8031
S 745 60^{v} 8718
S 745 65^{rs} 7067
S 745 65^{v} 2154
S 745 71^{r} 6280
S 745 74^{v} 1539
S 745 76^{r} 1497
S 745 76^{rs} 515
S 745 80^{r} 3218
S 745 82^{r} 2104
S 745 84^{rs} 4821
S 745 84^{vs} 5955
S 745 85^{v} 1916
S 745 86^{v} 9127
S 745 91^{r} 4098
S 745 92^{v} 6575
S 745 95^{vs} 6206
S 745 96^{vs} 2729
S 745 97^{vs} 4329
S 745 98^{r} 3461
S 745 103^{v} 5821
S 745 105^{v} 7034
S 745 106^{v} 5695
S 745 107^{v} 2312
S 745 119^{r} 7304
S 745 124^{v} 2684
S 745 127^{v} 6057
S 745 130^{rs} 9561
S 745 135^{vs} 1835
S 745 137^{rs} 7951
S 745 142^{rs} 8839
S 745 144^{vs} 6350
S 745 145^{vs} 6
S 745 146^{r} 7677
S 745 147^{rs} 6708
S 745 147^{vs} 5925
S 745 148^{r} 5925
S 745 152^{rs} 10353
S 745 153^{rs} 9127

S 745 153^{vs} 2729	S 745 293^{rs} 3227	S 746 221^{rs} 9923
S 745 159^{rs} 2827	S 745 295^{rs} 451	S 746 224^{rs} 3682
S 745 159^{v} 6057	S 746 2^{vs} 10088	S 746 225^{rs} 3233
S 745 159^{vs} 7770	S 746 10^{v} 5873	S 746 228^{rs} 296
S 745 166^{vs} 9125	S 746 16^{v} 3190	S 746 230^{v} 3279
S 745 176^{rs} 8640	S 746 34^{v} 7951	S 746 232^{rss} 3782
S 745 177^{rs} 8133	S 746 36^{rss} 10279	S 746 233^{vs} 920
S 745 182^{v} 2414	S 746 37^{r} 8967	S 746 234^{rs} 2312
S 745 184^{v} 8460	S 746 39^{vs} 3610	S 746 235^{rs} 7027
S 745 185^{r} 1272	S 746 42^{rs} 7304	S 746 236^{v} 9671
S 745 185^{v} 1272	S 746 43^{r} 9627	S 746 237^{vs} 46
S 745 186^{vs} 10411	S 746 44^{v} 5516	S 746 239^{vs} 3153
S 745 188^{vs} 2927	S 746 57^{r} 2104	S 746 249^{v} 6673
S 745 194^{rs} 2273	S 746 59^{vs} 1949 2274	S 746 250^{rs} 5972
S 745 201^{r} 1692	S 746 60^{r} 582	S 746 261^{vs} 9511
S 745 211^{v} 324	S 746 62^{r} 6016	S 746 262^{rs} 43
S 745 212^{r} 2233	S 746 64^{vs} 6390	S 746 264^{v} 8228
S 745 215^{v} 4625	S 746 66^{v} 2055	S 746 278^{v} 4922
S 745 217^{r} 993	S 746 78^{vs} 5108	S 746 279^{v} 1486
S 745 218^{v} 4636	S 746 93^{v} 7786	S 746 285^{vs} 6108
S 745 219^{r} 205	S 746 118^{v} 6225	S 746 291^{vs} 2444
S 745 219^{rs} 816	S 746 122^{rs} 1578	S 746 292^{v} 7738
S 745 220^{r} 8342	S 746 122^{v} 8275	S 746 293^{rs} 4792
S 745 224^{v} 1256	S 746 123^{rss} 5664	S 746 294^{r} 5648
S 745 225^{rs} 6733	S 746 124^{rs} 8006	S 746 297^{r} 6695 7248
S 745 225^{vs} 6749	S 746 125^{rs} 5726	S 746 298^{vs} 8411
S 745 227^{vs} 10003	S 746 126^{vss} 2105	S 747 4^{rs} 8808
S 745 229^{rs} 3051	S 746 128^{rs} 6811	S 747 6^{v} 10279
S 745 229^{vs} 2428	S 746 130^{vs} 4568	S 747 7^{v} 6737
S 745 230^{rs} 519	S 746 135^{v} 374	S 747 9^{v} 6494
S 745 230^{vs} 5726	S 746 135^{vs} 8578	S 747 10^{r} 5171
S 745 231^{rs} 519	S 746 137^{rs} 3729	S 747 13^{r} 800
S 745 237^{r} 7191	S 746 139^{v} 6890	S 747 15^{rs} 7377
S 745 237^{vss} 2434	S 746 162^{rs} 4568	S 747 15^{vs} 5458
S 745 239^{rs} 421	S 746 166^{vs} 7018	S 747 17^{v} 6667
S 745 245^{v} 4859 6870	S 746 175^{vs} 4008	S 747 22^{v} 139
S 745 246^{r} 7434	S 746 181^{r} 393	S 747 30^{v} 7292
S 745 248^{rs} 1210	S 746 181^{vs} 2983	S 747 30^{vs} 9850
S 745 252^{rs} 582	S 746 185^{v} 6305	S 747 36^{rs} 666
S 745 252^{vs} 9660	S 746 186^{v} 943	S 747 36^{vss} 1568
S 745 259^{v} 3498	S 746 188^{rs} 3691	S 747 41^{rs} 1256
S 745 260^{rs} 3218	S 746 188^{vs} 4244	S 747 41^{vs} 3165
S 745 263^{r} 5269	S 746 190^{rs} 8578	S 747 47^{rs} 6380
S 745 271^{vs} 2477	S 746 190^{v} 7744	S 747 47^{vs} 4506
S 745 272^{r} 2312	S 746 190^{vs} 3462	S 747 48^{rs} 2515
S 745 276^{r} 1976	S 746 194^{v} 5898	S 747 48^{vs} 9313
S 745 278^{vs} 3400	S 746 202^{v} 4800	S 747 49^{rss} 4286
S 745 281^{r} 7407	S 746 203^{vss} 5214	S 747 50^{r} 8409
S 745 284^{v} 1256	S 746 209^{vs} 9046	S 747 50^{rs} 5115
S 745 291^{r} 5051	S 746 212^{v} 8703	S 747 58^{rs} 840
S 745 291^{rs} 5052	S 746 215^{r} 9054	S 747 61^{rs} 2254

S 747 63^{rs} 2254
S 747 65^{rs} 8651
S 747 71^{v} 3027
S 747 71^{vs} 7962
S 747 72^{vs} 461 4286
S 747 73^{rs} 3057
S 747 82^{v} 7850
S 747 82^{vs} 6730
S 747 83^{r} 7740
S 747 83^{v} 5344
S 747 86^{v} 3240
S 747 87^{v} 6038
S 747 91^{rs} 4591
S 747 97^{vs} 8703
S 747 98^{vs} 4550
S 747 100^{rs} 3152
S 747 103^{vs} 5440
S 747 112^{rs} 444
S 747 112^{vs} 3099
S 747 114^{rs} 4421
S 747 117^{vs} 2024
S 747 131^{vs} 7119
S 747 139^{v} 7244
S 747 141^{rs} 7304
S 747 145^{v} 7614
S 747 146^{vs} 8415
S 747 150^{rs} 6951
S 747 157^{r} 8348
S 747 157^{v} 81
S 747 172^{vs} 338
S 747 177^{rs} 9365
S 747 178^{vs} 4927
S 747 179^{vs} 7798
S 747 185^{r} 4769
S 747 188^{r} 9994
S 747 190^{rs} 9300
S 747 191^{vs} 3990
S 747 197^{r} 9365
S 747 201^{v} 4276 8512
S 747 202^{r} 9365
S 747 202^{rs} 7907
S 747 209^{r} 6547
S 747 211^{v} 306
S 747 213^{vs} 2024
S 747 216^{vs} 4550
S 747 217^{r} 4550
S 747 218^{r} 2791
S 747 218^{rs} 2791
S 747 219^{r} 3748
S 747 224^{r} 9365
S 747 225^{rs} 4550

S 747 229^{r} 10251
S 747 232^{rs} 4360
S 747 232^{v} 10251
S 747 233^{r} 5217
S 747 234^{rs} 2320
S 747 242^{r} 2433
S 747 243^{vs} 2374
S 747 244^{r} 7833
S 747 247^{rs} 4846
S 747 248^{v} 9828
S 747 258^{r} 1950
S 747 258^{v} 6108
S 747 259^{r} 1075
S 747 263^{v} 9300
S 747 263^{vs} 6723
S 747 264^{rs} 610
S 747 270^{r} 5673
S 747 288^{rs} 6130
S 747 290^{rs} 1250
S 748 1^{vs} 6561
S 748 3^{v} 7010
S 748 4^{r} 9699
S 748 7^{vs} 4339
S 748 9^{vs} 8095
S 748 12^{rs} 10331
S 748 12^{v} 2342
S 748 12^{vs} 2342
S 748 13^{rs} 2216
S 748 13^{vs} 1982
S 748 17^{r} 9205
S 748 18^{r} 2342
S 748 24^{rs} 2994
S 748 27^{r} 8979
S 748 32^{rs} 5917
S 748 44^{r} 6096
S 748 50^{vs} 3172
S 748 55^{rs} 9066
S 748 58^{vs} 8031
S 748 61^{rs} 9511
S 748 65^{vs} 4060
S 748 66^{r} 7015
S 748 67^{vs} 8703
S 748 68^{vs} 2792
S 748 69^{v} 7399
S 748 70^{vs} 7304
S 748 75^{v} 619
S 748 76^{vs} 2044
S 748 77^{v} 2515
S 748 78^{rs} 3154
S 748 78^{v} 1753
S 748 79^{vs} 3593

S 748 80^{v} 7503
S 748 83^{r} 5336
S 748 88^{r} 3919
S 748 89^{rs} 9847
S 748 91^{r} 10251
S 748 93^{v} 3582
S 748 94^{r} 993
S 748 97^{r} 4550
S 748 99^{v} 6239
S 748 101^{v} 717
S 748 106^{r} 6288
S 748 110^{rs} 7191
S 748 114^{rs} 5653
S 748 115^{r} 7346
S 748 115^{v} 183
S 748 121^{r} 3051
S 748 122^{vs} 2729
S 748 123^{vs} 6244
S 748 124^{vs} 2925
S 748 127^{vs} 7468
S 748 132^{vs} 835
S 748 138^{r} 5429
S 748 138^{rs} 2507
S 748 142^{vs} 5267
S 748 154^{rs} 2515
S 748 156^{rs} 306
S 748 156^{vs} 5497
S 748 157^{rs} 9834
S 748 161^{rs} 10067
S 748 164^{rs} 6108
S 748 164^{v} 10493
S 748 165^{rs} 5484
S 748 166^{vss} 412
S 748 167^{vs} 3153
S 748 168^{r} 2411
S 748 168^{rs} 5828
S 748 168^{v} 2218
S 748 169^{vs} 3582
S 748 171^{vs} 3390
S 748 174^{rs} 10273
S 748 174^{vs} 5673
S 748 177^{rs} 2926
S 748 177^{vss} 5761
S 748 178^{v} 671
S 748 181^{rs} 6031
S 748 186^{vs} 1599
S 748 189^{vs} 4276
S 748 191^{r} 2407
S 748 192^{r} 4339
S 748 192^{vs} 306
S 748 193^{rs} 2507

S 748 196^{vs} 1816
S 748 201^{rs} 7978
S 748 202^{rs} 7504
S 748 207^{v} 7746
S 748 214^{r} 2342
S 748 216^{v} 1159
S 748 217^{rs} 1119
S 748 218^{v} 10239
S 748 219^{r} 5021
S 748 226^{rs} 5530
S 748 229^{r} 461
S 748 233^{vs} 9304
S 748 234^{v} 4609
S 748 237^{vs} 4339
S 748 243^{r} 5926
S 748 246^{rs} 3475
S 748 251^{vs} 2374
S 748 254^{v} 8076
S 748 257^{rs} 599
S 748 259^{vs} 3550
S 748 264^{v} 1269
S 748 265^{r} 5048
S 748 267^{vs} 4781
S 748 268^{r} 7742
S 748 269^{v} 5873
S 748 272^{vs} 7819
S 748 274^{r} 183
S 748 275^{r} 306
S 748 275^{vs} 7722
S 748 277^{v} 10273
S 748 278^{r} 9218
S 748 278^{v} 2792
S 748 282^{r} 5919
S 748 283^{r} 6552
S 748 289^{vss} 2959 10605
S 748 290^{vss} 930
S 748 292^{rs} 6552
S 748 292^{vs} 4281
S 748 294^{v} 925
S 748 295^{rs} 750
S 748 301^{r} 3836
S 748 301^{rs} 2149
S 749 4^{v} 4763
S 749 6^{r} 8811
S 749 6^{rs} 6484
S 749 7^{r} 10395
S 749 13^{rs} 8763
S 749 13^{v} 4421 8964
S 749 14^{vs} 3007
S 749 18^{rs} 8588
S 749 19^{v} 5606

S 749 22^{r} 7499
S 749 22^{rs} 8641
S 749 23^{rs} 5673
S 749 25^{r} 4309
S 749 25^{rs} 2342
S 749 26^{v} 6007
S 749 27^{rs} 3692
S 749 28^{rs} 1648
S 749 33^{v} 7664
S 749 34^{r} 306
S 749 35^{rs} 564
S 749 35^{v} 5828
S 749 41^{r} 9054
S 749 42^{v} 4898
S 749 47^{rs} 6730
S 749 48^{v} 3919
S 749 49^{r} 544
S 749 51^{r} 2792
S 749 51^{vs} 2105
S 749 58^{rs} 5220
S 749 58^{v} 8588
S 749 60^{r} 1119
S 749 69^{rs} 8451
S 749 71^{rs} 8451
S 749 79^{vs} 1085
S 749 81^{r} 1489
S 749 82^{v} 3625
S 749 85^{vs} 6658
S 749 86^{vs} 8663
S 749 87^{rss} 7305
S 749 90^{vs} 7931
S 749 92^{r} 1648
S 749 97^{rs} 3826
S 749 98^{r} 7122
S 749 98^{rs} 7796
S 749 99^{rss} 2376
S 749 100^{v} 7570
S 749 106^{r} 9286
S 749 106^{v} 4050
S 749 108^{rs} 2950
S 749 111^{r} 8902
S 749 113^{r} 9467
S 749 113^{vs} 3826
S 749 126^{r} 7093
S 749 136^{r} 861 9269
S 749 142^{v} 9466
S 749 143^{rs} 9878
S 749 143^{vs} 8916
S 749 146^{v} 10374
S 749 149^{vs} 8683
S 749 151^{r} 9186

S 749 154^{rs} 7453
S 749 154^{v} 2476
S 749 155^{r} 10267
S 749 156^{r} 1252
S 749 157^{v} 5760 8099
S 749 158^{r} 3100
S 749 158^{v} 291
S 749 159^{v} 5015
S 749 161^{rs} 4689
S 749 162^{r} 7478
S 749 163^{rs} 5761
S 749 164^{rs} 2044
S 749 166^{v} 6811
S 749 169^{r} 1043
S 749 169^{vs} 4827
S 749 172^{v} 2149
S 749 172^{vs} 7172
S 749 173^{vs} 3163
S 749 176^{rs} 871
S 749 179^{r} 7081
S 749 180^{rs} 7836
S 749 180^{v} 10067
S 749 181^{r} 5291
S 749 182^{vs} 3782
S 749 186^{r} 1687
S 749 186^{vss} 2376
S 749 188^{r} 7503
S 749 189^{v} 9087
S 749 193^{v} 1934 7304
S 749 195^{vs} 9273
S 749 198^{rs} 438
S 749 210^{rs} 9054
S 749 212^{rs} 9478
S 749 212^{v} 6177
S 749 213^{r} 8083
S 749 221^{r} 6173
S 749 222^{r} 9428
S 749 230^{v} 2105
S 749 230^{vss} 2105
S 749 234^{v} 6115
S 749 235^{v} 2266
S 749 238^{vs} 8517
S 749 247^{v} 438
S 749 247^{vs} 6008
S 749 249^{r} 6293
S 749 256^{rs} 3372
S 749 262^{v} 7595
S 749 263^{vs} 3782
S 749 266^{vs} 438
S 749 274^{r} 7951
S 749 276^{rs} 7015

S 749 276^{vs} 3574

S 749 279^{rs} 1896

S 749 280^v 8751

S 749 285^v–287^r 7531

S 749 287^{rs} 4956

S 749 289^{rs} 7904

S 749 291^v 7966

S 749 299^{vs} 7081

S 750 5^{rs} 5426

S 750 6^r 496

S 750 6^{rs} 6057

S 750 7^{rs} 5396

S 750 10^{vs} 8566

S 750 14^r 7674

S 750 15^{rs} 7485

S 750 18^r 2149 2374

S 750 22^{rs} 7870

S 750 22^v 1154 7994

S 750 22^{vs} 8597

S 750 25^{rs} 5403

S 750 32^r–33^v 10536

S 750 35^{vs} 6916

S 750 37^{vss} 4995

S 750 38^{vs} 7172

S 750 44^{vs} 7374

S 750 48^{vs} 6067

S 750 49^{vs} 10009

S 750 50^{rs} 9504

S 750 54^v 1837

S 750 55^{rs} 8851

S 750 56^{vs} 7351

S 750 58^v 338

S 750 62^v 1252

S 750 63^r 5916 8644

S 750 66^{vss} 2099

S 750 68^r 10067

S 750 69^r 8703

S 750 69^v 6057 7836

S 750 71^r 1945

S 750 73^r 7305

S 750 76^v 1506

S 750 87^v 8588

S 750 88^{vs} 1243

S 750 91^v 4810

S 750 93^{rss} 1235

S 750 94^{vs} 2545

S 750 101^v 2105

S 750 101^{vs} 2971

S 750 102^v 8450

S 750 104^v 8416

S 750 106^{vs} 1912

S 750 109^r 8923

S 750 116^v 6562

S 750 117^v 1787

S 750 118^v 7926

S 750 122^{rs} 5877

S 750 127^v 2553

S 750 133^r 7816

S 750 133^{rs} 6236

S 750 138^r 10264

S 750 140^v 2192

S 750 142^{rs} 7964

S 750 145^v 1094

S 750 146^{vs} 5906

S 750 150^{vs} 4364

S 750 161^{vss} 4129

S 750 163^r 6524

S 750 163^{vs} 3181

S 750 164^r 1843

S 750 170^{rs} 8172

S 750 170^{vs} 2620

S 750 179^{rs} 5526

S 750 179^{vs} 6736

S 750 181^r 10119

S 750 184^v 7333

S 750 185^{rs} 293

S 750 189^v 9293

S 750 190^v 3691

S 750 191^{vss} 2356

S 750 197^r 3382

S 750 198^r 4428

S 750 198^{rs} 2141

S 750 201^{rs} 2202

S 750 202^{vs} 9501

S 750 204^{rs} 6694

S 750 208^r 5052

S 750 208^{rs} 5052

S 750 209^r 1687

S 750 209^{rs} 9579

S 750 212^{rs} 10251

S 750 215^{vs} 9828

S 750 219^r 4434

S 750 220^r 6244

S 750 222^v 8161

S 750 225^v 10451

S 750 229^v–231^r 5404

S 750 232^{vss} 1866

S 750 235^r 438

S 750 235^v 2792

S 750 235^{vs} 3506

S 750 239^{vs} 7399

S 750 243^{vs} 110

S 750 248^{rs} 7464

S 750 252^{rs} 3557

S 750 253^{vss} 3853

S 750 254^v 6958

S 750 255^{rs} 9810

S 750 255^v 6007

S 750 256^r 6007

S 750 258^v 2885

S 750 263^r 36 2689

S 750 263^{rs} 7719

S 750 266^v 2481

S 750 267^r 7138

S 750 267^{rs} 122

S 750 268^{vs} 375

S 750 269^v 6811

S 750 271^r 338

S 750 273^v 225 6313

S 750 276^{vs} 2964

S 750 281^{vs} 3473

S 750 283^{rs} 644

S 750 285^r 5015

S 750 289^r 10345

S 750 299^{vs} 9273

S 750 302^v 8579

S 751 7^{rs} 3663

S 751 20^v 10295

S 751 25^{vs} 875

S 751 27^{rs} 5543

S 751 27^v 7172

S 751 31^r 7053

S 751 33^v 8228 9158

S 751 34^v 3301

S 751 34^{vs} 7036

S 751 35^{rs} 5052

S 751 36^v 8296

S 751 41^v 2487

S 751 43^{rs} 8

S 751 43^{vs} 3550

S 751 46^{vs} 4330

S 751 47^{vs} 6251

S 751 48^r 2792

S 751 48^{rss} 2792

S 751 50^{vs} 9355

S 751 52^{vs} 3124

S 751 53^{rs} 9418

S 751 53^{vs} 4976

S 751 57^{rs} 9853

S 751 59^{rs} 2105

S 751 60^{rs} 2268

S 751 61^{rs} 10446

S 751 66^{vs} 927

S 751 70^{vs} 2792
S 751 73^v 9418
S 751 73^{vs} 6633
S 751 85^{rs} 8455
S 751 86^r 8273
S 751 87^v 4329
S 751 92^v 1241
S 751 93^{rss} 1241
S 751 95^r 9787
S 751 95^{rs} 9787
S 751 100^{rs} 2957
S 751 102^{rs} 7310
S 751 104^{vs} 5968
S 751 109^v 8673
S 751 111^r 5052
S 751 118^v 5209
S 751 118^{vs} 249
S 751 119^r 7947
S 751 122^v 4038
S 751 123^r 8673
S 751 124^r 200
S 751 124^v 5916
S 751 127^{vs} 6283
S 751 128^{rs} 7798
S 751 129^v 5116
S 751 130^r 6633
S 751 130^v 708
S 751 140^r 1500 4095
S 751 140^v 6613
S 751 142^r 7305
S 751 147^{vs} 5916
S 751 148^{rs} 8588
S 751 149^{rss} 3372
S 751 150^r 5052
S 751 155^{rs} 7816
S 751 156^{rs} 9767
S 751 157^{rss} 9003
S 751 159^r 8584
S 751 169^v 3015
S 751 175^{rs} 438
S 751 183^{rs} 10474
S 751 183^{vss} 1794
S 751 185^v 4084
S 751 186^r 1855
S 751 188^{vs} 2033
S 751 189^{rs} 5606
S 751 190^v 7826
S 751 192^v 10536
S 751 196^{vs} 2008
S 751 198^r 183
S 751 199^v 6516

S 751 201^{vs} 544
S 751 203^r 5967
S 751 206^{rs} 3112
S 751 208^{rs} 3663
S 751 210^{vss} 4550
S 751 215^r 5153
S 751 215^v 9627
S 751 216^r 5772
S 751 216^{rs} 4587
S 751 217^{rs} 3663
S 751 217^{vs} 7093
S 751 218^{vs} 154
S 751 219^{vs} 10243
S 751 220^{rs} 10022
S 751 221^{rs} 2044
S 751 222^{vs} 8279
S 751 230^{vs} 8490
S 751 233^{vs} 478
S 751 234^{rs} 2184
S 751 235^{vs} 9639
S 751 236^r 2105
S 751 236^{rs} 6652
S 751 237^{rs} 5154
S 751 238^{vs} 7715
S 751 242^{rs} 2957
S 751 243^{rss} 9787
S 751 249^v–251^r 6523
S 751 255^r 2800
S 751 255^{rs} 8588
S 751 255^{vs} 4084
S 751 261^{rss} 7172
S 751 265^r 8490
S 751 268^{vs} 9776
S 751 274^{vs} 3448
S 751 276^{rss} 7982
S 751 282^v 3467
S 751 283^{rss} 2320
S 751 285^{rs} 4129
S 751 296^r 3019
S 751 296^v 497
S 751 297^{vs} 497
S 751 298^{rs} 7236
S 751 300^v 2854
S 752 10^v 7531
S 752 11^{rs} 717
S 752 14^v 2033
S 752 16^{rs} 3547
S 752 18^{vs} 5077
S 752 19^v 2745
S 752 22^v 4493
S 752 24^r 379

S 752 26^{rs} 5130
S 752 27^r 2792
S 752 28^v 7305
S 752 32^r 9453
S 752 41^{vs} 4781
S 752 42^{rs} 6251
S 752 43^v 3498
S 752 44^r 5904
S 752 45^r 2466
S 752 50^{vs} 1421
S 752 52^v 3160
S 752 56^{vs} 854
S 752 58^v 5743
S 752 60^r 4685
S 752 61^r 2729
S 752 65^{rs} 9378
S 752 67^{rss} 2320
S 752 70^{vs} 1753
S 752 74^r 3467
S 752 75^{rs} 8
S 752 76^{vs} 1602
S 752 84^{vs} 1614
S 752 87^{rs} 8902
S 752 90^v 717
S 752 91^{rs} 6523
S 752 91^v 438
S 752 92^{rs} 1753
S 752 93^r 376
S 752 94^{vs} 1732 7522
S 752 95^r 4680
S 752 99^v 10345
S 752 102^{rs} 200
S 752 106^v 1489
S 752 115^{rs} 262
S 752 121^{rs} 7305
S 752 121^{vs} 4516
S 752 122^r 2729
S 752 122^{rs} 1843
S 752 124^{vs} 7724
S 752 128^{rs} 7007
S 752 131^{rs} 1380
S 752 131^v 5286
S 752 133^r 8464
S 752 136^{rs} 2374
S 752 136^{vs} 8589
S 752 137^v 6547
S 752 138^{rs} 7674
S 752 145^v 1244
S 752 147^r 200
S 752 147^v 9928
S 752 148^{vs} 5652

S 752 149^{rs} 9940
S 752 153^{rs} 8385
S 752 156^{vs} 9897
S 752 160^{r} 6791
S 752 160^{v} 2353
S 752 161^{rs} 2854
S 752 165^{r} 1449
S 752 165^{rs} 3533
S 752 166^{r} 3598
S 752 168^{rs} 338
S 752 171^{v} 3360
S 752 173^{vs} 3574
S 752 176^{r} 7244
S 752 180^{rs} 5893
S 752 182^{v} 9113
S 752 189^{v} 1694
S 752 195^{rs} 10295
S 752 195^{vs} 7751
S 752 204^{rs} 7994
S 752 205^{rs} 9054
S 752 208^{rs} 6098
S 752 210^{r} 2892
S 752 210^{v} 4084
S 752 211^{rs} 6732
S 752 216^{v} 955
S 752 217^{rss} 3557
S 752 218^{rs} 10268
S 752 220^{rs} 4685
S 752 220^{v} 3778
S 752 222^{vs} 18
S 752 225^{rs} 5964
S 752 244^{r} 7244
S 752 245^{vs} 1506
S 752 246^{vs} 5358
S 752 249^{rs} 1604
S 752 250^{rs} 7444
S 752 256^{vs} 5214
S 752 261^{r} 9685
S 752 265^{r} 833
S 752 266^{rs} 6983
S 752 266^{vs} 5671
S 752 267^{vs} 127
S 752 268^{vs} 327
S 752 271^{rs} 5832
S 752 274^{r} 3720
S 752 274^{vs} 8385
S 752 275^{r} 10463
S 752 277^{rs} 7152
S 752 279^{v} 1505
S 752 280^{v} 10254
S 752 284^{v} 2011

S 752 286^{vs} 7951
S 752 287^{rs} 7951
S 752 288^{v} 1241
S 752 289^{vs} 10067
S 752 294^{v} 109
S 752 297^{v} 1141
S 753 3^{rs} 9286
S 753 12^{rs} 262
S 753 23^{v} 5398
S 753 26^{r} 411
S 753 30^{v} 10480
S 753 33^{rs} 8743
S 753 37^{rs} 9717
S 753 56^{vs} 10321
S 753 59^{r} 9380
S 753 65^{rs} 133
S 753 68^{r} 10067
S 753 69^{r} 9459
S 753 71^{r} 2450 2950
S 753 71^{vs} 1241
S 753 73^{v} 2392
S 753 76^{vs} 2242
S 753 81^{rs} 29
S 753 90^{vs} 6078
S 753 93^{r} 3001
S 753 94^{vss} 3153
S 753 97^{vs} 2840
S 753 98^{r} 6772
S 753 98^{v} 2240
S 753 100^{v} 3989
S 753 101^{rss} 10268
S 753 111^{vss} 3547
S 753 122^{v} 3413
S 753 123^{rs} 10373
S 753 123^{vs} 10479
S 753 124^{rs} 8937
S 753 125^{r} 10345
S 753 126^{r} 3768
S 753 130^{r} 861
S 753 130^{rs} 3382
S 753 131^{vs} 7951
S 753 132^{rs} 9720
S 753 134^{vs} 10466
S 753 136^{rs} 10466
S 753 144^{r} 5217
S 753 145^{v} 6939
S 753 147^{v} 1947
S 753 151^{vs} 3067
S 753 156^{r} 6926
S 753 156^{v} 2867
S 753 159^{r} 7272

S 753 159^{rs} 134
S 753 159^{v} 134
S 753 162^{r} 5465
S 753 162^{rs} 10480
S 753 162^{vss} 9720
S 753 165^{rs} 8438
S 753 175^{rs} 2577
S 753 179^{v} 2687
S 753 182^{vs} 1073
S 753 188^{v} 10131
S 753 189^{rs} 8063
S 753 196^{v} 5175
S 753 200^{rs} 6214
S 753 202^{rs} 6700
S 753 204^{r} 2721
S 753 205^{vs} 3721
S 753 206^{r} 7475
S 753 215^{vs} 1860
S 753 216^{vs} 1860
S 753 221^{rs} 133
S 753 225^{v} 6633
S 753 226^{r} 9980
S 753 228^{rs} 1466
S 753 229^{vs} 4551
S 753 237^{rs} 6945
S 753 240^{v} 5240
S 753 241^{rss} 3059
S 753 244^{rs} 2147
S 753 254^{vs} 6448
S 753 255^{rss} 3
S 753 261^{v} 10453
S 753 261^{vs} 2254
S 753 267^{r} 955
S 753 267^{v} 5160
S 753 268^{v} 1674
S 753 270^{r} 2845
S 753 271^{rss} 8560
S 753 272^{r} 10505
S 753 275^{r} 5217
S 753 279^{r} 1843
S 753 279^{v} 5113
S 753 282^{v} 7236
S 753 286^{vs} 10480
S 753 291^{v} 10169
S 753 293^{vs} 9137
S 753 298^{vs} 1600
S 753 300^{rs} 3009
S 754 6^{v} 2545
S 754 7^{vs} 6057
S 754 10^{rs} 933
S 754 13^{vs} 8592

S 754 14^r 9343
S 754 15^{rs} 6202
S 754 16^{rss} 7244
S 754 26^{vs} 7978
S 754 28^{rs} 1244
S 754 28^{vs} 4859
S 754 31^r 861
S 754 33^{vs} 8464
S 754 37^r 6312
S 754 38^{rs} 7131
S 754 43^r 7549
S 754 47^r 9448
S 754 54^{vss} 2342
S 754 67^r 5828
S 754 73^v 2617
S 754 74^{vs} 7275
S 754 75^v–77^r 2343
S 754 77^{rss} 9821
S 754 91^r 4902
S 754 95^{rs} 6951
S 754 96^{rs} 2729
S 754 96^{vs} 5723
S 754 98^r 7236
S 754 101^{vs} 9570
S 754 105^v 7088
S 754 108^r 4230
S 754 109^r 5108
S 754 109^{rs} 5108
S 754 119^r 4476
S 754 121^r 2008
S 754 123^{vs} 671
S 754 126^v 9660
S 754 131^v 3454
S 754 134^v 6283
S 754 135^v 1759
S 754 137^r 7391
S 754 137^{rss} 8464
S 754 141^{rs} 1600
S 754 143^v 9825
S 754 153^r–154^v 8560
S 754 163^v 3824
S 754 166^v 5538
S 754 168^v 185
S 754 169^r 5732
S 754 169^v 6007
S 754 170^{rs} 1615
S 754 171^r 8763
S 754 175^r 10067
S 754 176^r 1932 9388
S 754 182^{rs} 4421
S 754 182^v 4421

S 754 187^{vs} 1345
S 754 187^{vss} 230
S 754 190^v 901
S 754 191^v 9097
S 754 192^{vs} 7867
S 754 197^{vs} 6718
S 754 203^v 1843 3636
S 754 206^v 4662
S 754 207^{vs} 8747
S 754 209^v 1674
S 754 210^r 8972
S 754 210^v 6007
S 754 211^{rs} 3035
S 754 212^r 6283
S 754 216^{rs} 10505
S 754 216^{vs} 10349
S 754 218^v 1534
S 754 220^v 7169
S 754 221^r 9627
S 754 222^r–223^v 2434
S 754 225^r 262
S 754 225^{rs} 4421
S 754 228^v 2779
S 754 229^r–230^v 4857
S 754 231^r 4817
S 754 235^{rs} 3067
S 754 235^v 5217
S 754 236^r 2652
S 754 239^{rs} 4126
S 754 241^v 682
S 754 242^{rs} 9964
S 754 242^{vs} 5153
S 754 243^r 1674
S 754 243^{rs} 4227
S 754 249^v 629
S 754 250^{rs} 2973
S 754 253^{rs} 209
S 754 258^v 9840
S 754 264^r–265^v 10490
S 754 266^v 10616
S 754 271^{rs} 7978
S 754 272^r 9458
S 754 274^{vs} 5219
S 754 279^r 2809
S 754 279^{rs} 10065
S 754 279^{vs} 528
S 754 280^{rs} 2320
S 754 281^{vs} 1124
S 754 283^{vs} 2792
S 754 285^r 3035
S 754 286^{rs} 3747

S 754 287^r 8103
S 754 287^{rs} 3747
S 754 288^r 5828
S 754 295^r 3287
S 754 297^v 3287
S 754 298^r 3287
S 755 2^{rs} 5601
S 755 2^{vs} 7472
S 755 3^{vs} 6720
S 755 6^{rs} 3636
S 755 8^v 262
S 755 9^{rs} 8256
S 755 13^{rs} 9932
S 755 13^v 10064
S 755 14^r 2105
S 755 21^{vs} 8445
S 755 22^r 10085
S 755 22^{rs} 10067
S 755 22^v 6899
S 755 23^v 1899
S 755 25^{rss} 1843
S 755 26^{rs} 5000
S 755 28^v 2652
S 755 29^{rs} 4551
S 755 30^{rs} 3636
S 755 35^{vss} 5154
S 755 38^v 4411
S 755 39^v 6453
S 755 39^{vs} 7391
S 755 40^v 3636
S 755 41^{vs} 901
S 755 42^{rs} 6090
S 755 46^{rs} 1959
S 755 47^{vs} 10184
S 755 49^{vs} 9552
S 755 50^{vs} 3190
S 755 55^{vs} 4647
S 755 58^{rs} 9749
S 755 59^{rs} 7994
S 755 62^{vs} 2792
S 755 63^r 6032
S 755 64^{rs} 7850
S 755 67^v 8579
S 755 69^v 3772
S 755 75^r 8464
S 755 75^{rs} 4126
S 755 77^{rs} 154
S 755 77^{vs} 8588
S 755 79^r 7427
S 755 88^{rs} 7745
S 755 90^v 5225

S 755 91^r 2227
S 755 98^{rs} 4218
S 755 99^{vs} 7366
S 755 100^v 6552
S 755 101^v 4495
S 755 103^{vs} 2343 8464
S 755 104^v 8560
S 755 107^{vs} 3747
S 755 109^{rs} 5225
S 755 122^{vs} 7850
S 755 128^v 154
S 755 135^{rs} 5865
S 755 155^v 4726
S 755 160^{rs} 7305
S 755 164^r 765
S 755 168^{vs} 3464
S 755 170^{vs} 6329
S 755 173^{vs} 9932
S 755 175^r 10466
S 755 177^{rs} 7399
S 755 178^r 43 2792
S 755 184^{vs} 7836
S 755 191^r 2731
S 755 191^v 4476
S 755 204^v 3287
S 755 206^{rs} 3287
S 755 207^{vs} 3636
S 755 210^v 10491
S 755 215^{vs} 10067
S 755 221^r 5631
S 755 224^{rs} 5972
S 755 227^{vss} 9932
S 755 230^{vs} 7889
S 755 233^{vs} 4859
S 755 235^{rs} 2016
S 755 238^v 338
S 755 240^v 1843
S 755 241^v 1586
S 755 244^r 2374 10605
S 755 249^v 9591
S 755 251^{rs} 2566
S 755 254^v 7937
S 755 259^v 8609
S 755 259^{vs} 43
S 755 261^{rs} 2374
S 755 261^v 3025
S 755 263^{vs} 245
S 755 267^v 5240
S 755 283^{vs} 7305
S 755 287^v 5273
S 755 289^{vs} 1586

S 755 290^r 9852
S 755 295^r 7712
S 755 297^v 7962
S 755 299^{rs} 8116
S 756 5^{rs} 7032
S 756 7^v 4671
S 756 8^r 4689
S 756 8^v 1897
S 756 12^{rs} 9249
S 756 16^{rs} 5217
S 756 19^{rs} 10088
S 756 24^r 2222
S 756 27^{vs} 10019
S 756 32^r 4645
S 756 33^v 2383
S 756 35^{rs} 4551
S 756 36^v 1586
S 756 40^v 1449 4568
S 756 41^{rs} 458
S 756 41^v 6338
S 756 45^r 8609
S 756 46^{vs} 9814
S 756 47^{rs} 10479
S 756 47^v 8609
S 756 54^r 788
S 756 56^v 3058
S 756 64^r 497 10044
S 756 64^v 1372
S 756 65^{rs} 7302
S 756 67^v 4568
S 756 68^{rs} 4895
S 756 70^{vs} 10067
S 756 71^v 4551
S 756 74^v 2660
S 756 80^{rs} 9218
S 756 82^{vs} 2936
S 756 86^r 1303
S 756 91^v 6732
S 756 93^{vs} 9197
S 756 95^{rs} 4636
S 756 96^{rs} 7487
S 756 101^{rs} 338
S 756 103^v 5145
S 756 105^r 8579
S 756 109^{vs} 6211
S 756 110^{vs} 2440
S 756 114^{rs} 6067
S 756 118^r 1772
S 756 121^r 4568
S 756 121^{vs} 3720
S 756 122^{rs} 5037

S 756 124^{vs} 891
S 756 125^v 2463
S 756 127^{rs} 5492
S 756 128^{rs} 6067
S 756 128^v 7836
S 756 133^{vs} 7741
S 756 135^{rs} 8445
S 756 138^r 1947
S 756 138^r 1947
S 756 138^v 2119
S 756 139^r 8519
S 756 140^v 3373
S 756 142^r 8272
S 756 143^{vss} 2434
S 756 146^{rs} 10251
S 756 149^{vs} 6236
S 756 150^{rs} 7152
S 756 152^{vs} 1687
S 756 153^v 1633
S 756 157^{rs} 4256
S 756 158^r 207
S 756 159^{rs} 3524
S 756 159^{vs} 7879
S 756 160^v 10453
S 756 161^r 43
S 756 164^{rs} 9210
S 756 164^v 7093
S 756 166^{vs} 2495
S 756 168^{rs} 2374
S 756 170^{rs} 8677
S 756 173^{rs} 911
S 756 174^r 2114
S 756 175^{vs} 1582
S 756 176^{vss} 3162
S 756 181^r 9004
S 756 182^{rs} 1497
S 756 182^{vs} 7349
S 756 183^{vs} 3086
S 756 184^r 5972
S 756 186^r 3438
S 756 191^r 5702
S 756 192^r 7949
S 756 193^v 8909
S 756 194^v 2374
S 756 196^r 9380
S 756 197^v 1582
S 756 198^{rs} 5276
S 756 199^r 8988
S 756 200^r 6067
S 756 201^r 5762
S 756 203^v 1879

S 756 203^{vs} 7488
S 756 205^{rs} 5312
S 756 207^{v} 9343
S 756 209^{r} 3269
S 756 211^{rs} 7355
S 756 211^{v} 8255
S 756 214^{r} 2906 7741
S 756 214^{v} 5574
S 756 215^{v} 7
S 756 215^{vs} 5564
S 756 216^{r} 9779
S 756 216^{rs} 4577
S 756 216^{vs} 7081
S 756 217^{r} 2679
S 756 218^{r} 10176
S 756 218^{vs} 2149
S 756 219^{r} 7399
S 756 219^{v} 10092
S 756 222^{r} 2778
S 756 223^{rs} 4305
S 756 223^{vs} 930
S 756 224^{rs} 363
S 756 224^{v} 363
S 756 227^{vs} 3269
S 756 228^{v} 839
S 756 229^{rs} 5293
S 756 230^{v} 2050
S 756 231^{rs} 7738
S 756 232^{r} 1449
S 756 234^{vs} 4080
S 756 235^{r} 9588
S 756 237^{vs} 2624
S 756 240^{vs} 8021
S 756 244^{rs} 2606
S 756 246^{rs} 5743
S 756 250^{r} 4994
S 756 251^{v} 9496
S 756 253^{r} 4255
S 756 253^{rs} 8428
S 756 253^{vs} 3772
S 756 254^{rs} 3467
S 756 260^{r} 3629
S 756 260^{v} 8357
S 756 261^{v} 10345
S 756 269^{v} 7643
S 756 272^{v} 9218
S 756 273^{rs} 9218
S 756 274^{vs} 8249
S 756 275^{r} 4242
S 756 276^{r} 1336
S 756 276^{vs} 7576

S 756 277^{r} 9701
S 756 277^{v} 164
S 756 277^{vs} 1557
S 756 278^{v} 9874
S 756 279^{r} 807
S 756 279^{rs} 807
S 756 280^{r} 6659
S 756 280^{rs} 7264
S 756 280^{vs} 4732
S 756 281^{vs} 4675
S 756 282^{v} 5375
S 756 284^{rs} 2854
S 756 284^{v} 2854
S 756 285^{rs} 7703
S 756 286^{r} 9392
S 756 286^{vs} 4488
S 756 287^{v} 4732
S 756 288^{rs} 924
S 756 288^{v} 6891
S 756 289^{v} 1147
S 756 290^{r} 1352
S 756 291^{rs} 4026
S 756 291^{v} 2854
S 756 294^{r} 7264
S 756 294^{vs} 3735
S 756 295^{rs} 3524
S 756 296^{vs} 4736
S 756 298^{v} 6013
S 756 298^{vs} 5812
S 756 300^{rs} 3524
S 756 300^{v} 3524
S 757 2^{v} 2146
S 757 4^{rs} 2384
S 757 15^{v} 7586
S 757 15^{vs} 10453
S 757 16^{rs} 4670
S 757 25^{r} 2046
S 757 26^{r} 2566
S 757 37^{rs} 890
S 757 37^{vs} 1912
S 757 43^{vss} 6552
S 757 49^{rs} 2008
S 757 53^{r} 2172
S 757 53^{vs} 699
S 757 60^{v} 5037
S 757 64^{vs} 2352
S 757 65^{r} 527
S 757 67^{v} 5018
S 757 73^{v} 5129
S 757 78^{rs} 2046
S 757 82^{r} 1850 4723 8281

S 757 91^{v} 5153
S 757 93^{v} 4551
S 757 96^{r} 10426
S 757 102^{vs} 8360
S 757 106^{vss} 9609
S 757 109^{r} 5225
S 757 110^{rs} 1559
S 757 113^{vs} 1412
S 757 114^{vs} 2172
S 757 134^{vss} 8462
S 757 146^{v} 3721
S 757 150^{v} 9180
S 757 155^{rs} 651
S 757 165^{vs} 886
S 757 168^{rs} 8544
S 757 171^{r} 6552
S 757 171^{rs} 6351
S 757 172^{v} 2469
S 757 179^{v} 6552
S 757 184^{r} 9249
S 757 185^{vs} 1586
S 757 186^{rs} 5162
S 757 193^{vs} 7586
S 757 203^{rs} 6552
S 757 206^{r} 2387
S 757 207^{rs} 7202
S 757 208^{rs} 4476
S 757 211^{vs} 5154
S 757 217^{vs} 2046
S 757 218^{r} 6991
S 757 218^{rs} 7837
S 757 247^{v} 527
S 757 250^{rs} 3697
S 757 260^{rs} 10059
S 757 268^{rs} 3721
S 757 270^{v} 4596
S 757 271^{rs} 9218
S 757 272^{vs} 43
S 757 274^{vss} 8462
S 757 275^{vs} 393
S 757 280^{rs} 2990
S 757 283^{rs} 3060
S 757 286^{r} 10067
S 757 290^{rs} 9218
S 757 291^{rs} 8259
S 757 296^{rs} 4434
S 758 5^{r} 7142
S 758 13^{rs} 9776
S 758 17^{r} 1746
S 758 21^{v} 6605
S 758 28^{r} 2206

S 758 28^{vs} 4879
S 758 36^{rs} 566
S 758 38^r 8272
S 758 40^r 8272
S 758 41^v 1987
S 758 44^{rs} 10174
S 758 59^{rs} 7875
S 758 63^{rs} 6337
S 758 66^{rs} 5836
S 758 69^v 10411
S 758 72^v 10002
S 758 74^{rs} 3751
S 758 93^{vs} 2463
S 758 104^v 7488
S 758 107^{rs} 4076
S 758 108^{rs} 2729
S 758 108^{vs} 2105
S 758 114^r 9601
S 758 119^{rs} 608
S 758 120^r 7952
S 758 124^{vs} 8490
S 758 126^r 2624
S 758 127^{vs} 10154
S 758 129^r 6801
S 758 129^{rs} 8490
S 758 129^{vs} 5119
S 758 130^{vs} 6058
S 758 131^{rs} 3524
S 758 131^v 4730
S 758 131^{vs} 5153
S 758 133^r 8606
S 758 133^{rs} 9472
S 758 136^{vs} 2985
S 758 140^v 4476
S 758 147^{rs} 8272
S 758 149^v 9776
S 758 152^r 6839
S 758 155^{rs} 7488
S 758 176^{rs} 8340
S 758 178^v 3172
S 758 185^v 7570
S 758 190^{vs} 4542
S 758 193^{rs} 7363
S 758 194^v 8895
S 758 197^r 10068
S 758 207^{vs} 2679
S 758 216^{vss} 10453
S 758 217^{vs} 319 7937
S 758 219^r 6513
S 758 221^r 8708
S 758 226^{rs} 4281

S 758 227^{rs} 7875
S 758 231^{vs} 7067
S 758 237^{vss} 2300
S 758 244^r 6108
S 758 254^{vs} 7601
S 758 255^{rs} 1506
S 758 257^r 7912
S 758 261^r 3509
S 758 261^{vss} 9847
S 758 263^v 5874
S 758 264^{rs} 8560
S 758 267^{rs} 5846
S 758 272^{vs} 6935
S 758 273^{vs} 1912
S 758 274^{vs} 9473
S 758 280^r 2452
S 758 280^{rs} 6819
S 758 280^v 5637
S 758 281^{vs} 3820
S 758 285^v 3487
S 758 289^{rs} 9205
S 759 5^r 3626
S 759 7^r 2187
S 759 7^{rs} 8343
S 759 8^{rs} 134
S 759 12^v 7426
S 759 13^{rs} 9937
S 759 15^v 3904
S 759 23^r 6925
S 759 24^{vs} 9807
S 759 29^r 3809
S 759 32^{rs} 7067
S 759 33^{rs} 43
S 759 35^r 1770
S 759 35^v 9601
S 759 36^{rs} 5676
S 759 44^{vs} 6567
S 759 47^{rs} 3524
S 759 49^r 505
S 759 51^r 505
S 759 54^r 3671
S 759 56^{rs} 5284
S 759 59^{rs} 7134
S 759 59^{vs} 6935
S 759 61^{rss}. 9710
S 759 68^v 5153
S 759 74^r 8385
S 759 74^v 1088
S 759 75^{rs} 10345
S 759 76^{rs} 807
S 759 76^v 7570

S 759 83^{vs} 5441
S 759 87^{vs} 9959
S 759 89^{vs} 7808
S 759 97^r 834
S 759 99^{rs} 7299
S 759 100^v 3080
S 759 101^{rs} 5637
S 759 101^v 1236
S 759 102^v 1770
S 759 104^{rs} 7361
S 759 104^v 3509
S 759 107^v 8307
S 759 110^r 2032
S 759 112^{rs} 4763
S 759 112^v 9810
S 759 118^{rss} 7975
S 759 120^v 10068
S 759 122^v 913
S 759 122^{vs} 1144
S 759 124^{vs} 5052
S 759 125^{rs} 5379
S 759 136^{vs} 637
S 759 138^r 8579
S 759 138^v 8579
S 759 139^{vs} 2985
S 759 141^r 6386
S 759 141^v 10526
S 759 142^r 5242
S 759 151^{vss} 10345
S 759 156^{vs} 9115
S 759 165^{rss} 2793
S 759 169^r 7262
S 759 169^{rs} 7952
S 759 170^v 43
S 759 180^{rs} 9507
S 759 180^v 5278
S 759 191^{rs} 2058
S 759 193^{vs} 4467
S 759 194^v 8144
S 759 195^{rs} 5194
S 759 196^v 4531
S 759 198^r 8601
S 759 198^{vs} 8998
S 759 199^v 632
S 759 200^r 1998
S 759 201^{rs} 6338
S 759 202^{vs} 43
S 759 204^v 2452
S 759 205^{vss} 1732
S 759 212^v 8661
S 759 215^r 6067

S 759 219^{rs} 5154
S 759 229^{vs} 10480
S 759 231^v 3306
S 759 232^r 9713
S 759 235^{rs} 8937
S 759 236^{vs} 8998
S 759 239^v 1376
S 759 240^{rs} 2263
S 759 247^r 7398
S 759 248^r 6291
S 759 248^v 10089
S 759 250^v 9771
S 759 262^r 5170
S 759 263^{rs} 519
S 759 273^v 473
S 759 281^r 8703
S 759 286^v 111
S 759 287^{vs} 9934
S 759 293^v 3494
S 759 294^r 10278
S 759 295^r 2273
S 759 296^{vss} 10283
S 760 2^v 6058
S 760 2^{vs} 7305
S 760 5^{rs} 3217
S 760 6^v 1758
S 760 12^r 3629
S 760 13^v 9297
S 760 23^{rss} 6816
S 760 24^{rs} 6816
S 760 25^{vs} 5217
S 760 27^r 9051
S 760 28^r 5291
S 760 28^{vs} 2457
S 760 32^v 2084
S 760 35^{vs} 6126
S 760 36^{rs} 5419
S 760 37^{rs} 5576
S 760 38^r 7614
S 760 38^{vs} 1
S 760 40^v 3419
S 760 43^{rs} 7832
S 760 46^{vs} 1386
S 760 48^{rs} 5130
S 760 52^v 7306
S 760 53^{vs} 592
S 760 56^{rs} 7377
S 760 57^{vs} 3083
S 760 81^{rs} 7638
S 760 83^r 5097
S 760 83^{vs} 7247

S 760 85^r 2058
S 760 85^{rs} 8140
S 760 86^{rs} 1481
S 760 87^{rs} 536
S 760 89^v 2286
S 760 91^r 1578
S 760 94^r 7614
S 760 94^{rs} 9553
S 760 97^v 2892
S 760 107^{rs} 6436
S 760 111^{rs} 8153
S 760 115^v 5052
S 760 116^r 9455
S 760 121^{vs} 6629
S 760 123^{vs} 1990
S 760 139^r 562
S 760 140^{rs} 7582
S 760 141^{rs} 5366
S 760 146^r 6256
S 760 152^{vs} 4155
S 760 168^v 4420
S 760 169^{rs} 1998
S 760 169^v 2559
S 760 171^r 3700
S 760 171^{rs} 3542
S 760 172^{rs} 4665
S 760 173^r 2453
S 760 174^r 6732
S 760 174^{rs} 2263
S 760 176^{vs} 4966
S 760 182^r 9437
S 760 182^v 5108
S 760 184^r 9730
S 760 185^{rs} 3138 4605
S 760 189^v 2251
S 760 198^{rs} 5505
S 760 201^r 5826
S 760 204^{rs} 98
S 760 204^{vss} 8529
S 760 207^{rs} 5347
S 760 209^{vs} 9730
S 760 216^{vs} 6389
S 760 221^{rs} 8703
S 760 221^{vs} 5654
S 760 223^{rss} 3650 5899
    6243 9138
S 760 225^{vs} 4434
S 760 229^{rs} 5669 7582
S 760 231^r 6445
S 760 235^r 9115
S 760 235^v 3671

S 760 235^{vs} 1527
S 760 241^v 6738
S 760 242^{vs} 2246
S 760 244^{vs} 861
S 760 245^r 839
S 760 246^{vss} 2793
S 760 248^v–250^v 9155
S 760 255^v 2518
S 760 256^{rs} 717
S 760 257^{rs} 5992
S 760 261^v 4538
S 760 262^r 6513
S 760 264^v 5127
S 760 264^{vs} 9553
S 760 269^r 10244
S 760 270^v 2465
S 760 273^{rs} 98
S 760 274^{rs} 5993
S 760 276^{vs} 9553
S 760 278^r 8808
S 760 278^{vs} 4143
S 760 279^{rs} 1190
S 760 280^{rs} 9334
S 760 290^{rs} 134
S 760 291^v 9455
S 760 296^{vs} 6826
S 761 9^{rs} 5401
S 761 12^r 1430
S 761 19^{vs} 9455
S 761 21^{vs} 1611
S 761 22^r 5702
S 761 24^{rs} 6387
S 761 25^r 9692
S 761 26^{vs} 497
S 761 30^{vs} 9127
S 761 32^{rs} 71
S 761 33^{rs} 4028
S 761 35^{vs} 6338
S 761 38^v 4917
S 761 39^r 9627
S 761 41^r 1706
S 761 45^{rs} 9127
S 761 54^v 4514
S 761 55^{rs} 1611
S 761 57^r 8017
S 761 61^{vs} 1826
S 761 63^{rs} 5934
S 761 64^v 1232
S 761 68^{rs} 4032
S 761 70^{rs} 3721
S 761 70^{vs} 6552

S 761 78^{vs} 3605
S 761 101^{v} 6871
S 761 104^{rs} 5503
S 761 106^{vs} 6058
S 761 107^{rs} 3047
S 761 108^{rs} 5903
S 761 108^{v} 5903
S 761 111^{rs} 5648
S 761 111^{v} 5756
S 761 113^{rs} 1252
S 761 114^{rs} 4280
S 761 114^{vs} 5648
S 761 117^{r} 3920
S 761 121^{r} 8584
S 761 125^{v} 447
S 761 125^{vs} 2374
S 761 130^{rs} 1200
S 761 132^{v} 5710
S 761 139^{r} 10020
S 761 141^{vs} 7918
S 761 142^{r} 1399
S 761 149^{rs} 10425
S 761 149^{v} 6302
S 761 153^{vs} 8073
S 761 155^{vs} 1912
S 761 165^{rs} 5702
S 761 167^{r} 8073
S 761 167^{vs} 4517
S 761 169^{rs} 8073
S 761 175^{v} 9054
S 761 178^{v} 832
S 761 181^{rs} 8834
S 761 184^{v} 2729
S 761 202^{v} 7970
S 761 209^{rs} 207
S 761 212^{vs} 9603
S 761 221^{rs} 10068
S 761 226^{vs} 6839
S 761 243^{r} 1414
S 761 244^{v} 7504
S 761 255^{r} 447
S 761 260^{rs} 1707
S 761 261^{rs} 2823
S 761 264^{rs} 5908
S 761 265^{rs} 2255
S 761 267^{vs} 3524
S 761 274^{v} 1307
S 761 275^{rss} 7582
S 761 279^{r} 7882
S 761 282^{v} 3813
S 761 289^{rs} 2322

S 761 290^{r} 8990
S 761 290^{v} 8992
S 761 294^{r} 2440
S 761 298^{rs} 6853
S 762 5^{r} 3324
S 762 9^{vs} 2274
S 762 11^{rs} 1090 2577
S 762 14^{rs} 9097
S 762 14^{vs} 778
S 762 16^{vs} 2105
S 762 17^{vss} 3984
S 762 19^{rs} 4385
S 762 29^{v} 6321
S 762 39^{vs} 4908
S 762 40^{rs} 7879
S 762 42^{r} 7745
S 762 45^{r} 6586
S 762 48^{rs} 8724
S 762 56^{v} 2770
S 762 60^{v} 3128
S 762 65^{r} 1414
S 762 68^{rs} 1799
S 762 72^{rs} 4013
S 762 81^{rs} 5052
S 762 85^{r} 1090
S 762 90^{v} 6409
S 762 91^{vs} 3671
S 762 98^{v} 1633
S 762 98^{vs} 1663
S 762 99^{r} 4281
S 762 99^{vs} 4764
S 762 105^{vs} 6067
S 762 108^{vs} 7101
S 762 121^{r} 7952
S 762 123^{rs} 2823
S 762 127^{rs} 6501
S 762 134^{rs} 7312
S 762 155^{r} 7321
S 762 161^{rs} 7837
S 762 163^{vs} 8579
S 762 168^{rs} 4591
S 762 171^{vs} 245
S 762 174^{vs} 310
S 762 180^{v}–182^{r} 765
S 762 182^{v} 7370
S 762 186^{vs} 3825
S 762 187^{vs} 9534
S 762 189^{vs} 4636
S 762 190^{rs} 4763
S 762 191^{rs} 6246
S 762 195^{rs} 1435

S 762 195^{v} 10530
S 762 204^{r} 965
S 762 204^{vs} 1238
S 762 210^{rs} 9214
S 762 223^{r} 3392
S 762 223^{v} 2255 8122
S 762 224^{vs} 965
S 762 226^{vs} 5601
S 762 231^{r} 5244
S 762 236^{r} 9214
S 762 237^{r} 4944
S 762 238^{v} 10530
S 762 243^{r} 3843
S 762 243^{rs} 3843
S 762 243^{vss} 1234
S 762 249^{vs} 2255
S 762 253^{rs} 9214
S 762 255^{rs} 2676
S 762 256^{vs} 4618
S 762 263^{vs} 61
S 762 264^{vs} 3635
S 762 267^{rs} 7879
S 762 268^{v} 3459
S 762 270^{rs} 2218
S 762 270^{vs} 2218
S 762 271^{r} 2218
S 762 273^{rs} 1194
S 762 280^{rs} 6962
S 762 280^{v} 7243
S 762 281^{rs} 4750
S 762 281^{v} 8807
S 762 285^{rs} 9930
S 762 287^{vs} 10068
S 762 289^{vss} 10536
S 762 295^{rs} 2218 3128
S 762 298^{r} 1641
S 762 302^{rss} 7978
S 763 1^{r} 8895
S 763 2^{vs} 616
S 763 4^{v} 8271
S 763 8^{rs} 3455
S 763 10^{rs} 262
S 763 12^{v} 9849
S 763 20^{rs} 8973
S 763 20^{v} 896
S 763 25^{rs} 6724
S 763 28^{v} 1623
S 763 30^{v} 820
S 763 34^{vs} 820
S 763 35^{v} 1194
S 763 35^{vs} 9214

S 763 39^{rs} 8489
S 763 45^{r} 4281
S 763 45^{vs} 5192
S 763 46^{rs} 5729
S 763 52^{rs} 1238
S 763 55^{v}–57^{r} 10031
S 763 58^{vs} 2730
S 763 64^{r} 964
S 763 67^{v} 1206
S 763 68^{v} 4763
S 763 69^{rs} 10068
S 763 75^{v} 4782
S 763 76^{rss} 3825
S 763 78^{v} 858 4161
S 763 81^{r} 5729
S 763 83^{rs} 7461
S 763 84^{vs} 5743
S 763 85^{r} 1400
S 763 88^{r} 3574
S 763 88^{v} 5244
S 763 91^{r} 9897
S 763 94^{rs} 8764
S 763 94^{v} 8456
S 763 95^{rs} 965
S 763 100^{v} 5052
S 763 101^{vs} 7088
S 763 106^{r} 4930
S 763 110^{rs} 2219
S 763 115^{vs} 1582
S 763 118^{r} 9046
S 763 119^{rs} 6442
S 763 123^{v} 4476
S 763 125^{rs} 4084
S 763 125^{v} 5493
S 763 127^{vs} 4163
S 763 129^{v} 4001
S 763 129^{vs} 303
S 763 131^{rs} 10611
S 763 131^{vs} 371
S 763 132^{vs} 2219
S 763 133^{rs} 1357
S 763 134^{rss} 2267
S 763 135^{vs} 131
S 763 136^{vss} 7537
S 763 137^{vs} 1934
S 763 139^{v} 2338
S 763 144^{vs} 7106
S 763 149^{rs} 3866
S 763 149^{v} 3610
S 763 152^{v} 1268
S 763 153^{r} 7642

S 763 153^{vss} 7978
S 763 154^{v} 5762
S 763 155^{vs} 9214
S 763 158^{r} 9916
S 763 161^{rss} 5556
S 763 165^{r} 1247
S 763 165^{rs} 4678
S 763 168^{vs} 3992
S 763 170^{vs} 2787
S 763 177^{r} 303
S 763 178^{rs} 6556
S 763 188^{rs} 379
S 763 196^{r} 6338
S 763 201^{rss} 529
S 763 203^{rs} 1444
S 763 203^{v} 620
S 763 208^{r} 5918
S 763 210^{vs} 10414
S 763 211^{r} 7488
S 763 211^{v} 7237
S 763 213^{rs} 2219
S 763 214^{r} 2171
S 763 216^{rs} 8703
S 763 220^{r} 7460
S 763 222^{rs} 9543
S 763 227^{r} 2017
S 763 228^{rss} 3648
S 763 242^{vs} 2569
S 763 244^{rs} 505
S 763 246^{v} 1381
S 763 248^{rs} 3125
S 763 249^{rs} 8122
S 763 254^{vs} 7166
S 763 258^{rs} 3772
S 763 258^{v} 9218
S 763 263^{v} 9986
S 763 264^{rss} 9456
S 763 266^{r} 7312
S 763 267^{r} 7807
S 763 273^{v} 3958
S 763 283^{vs} 3765
S 763 284^{r} 1307
S 763 285^{v} 6862
S 763 289^{rs} 3788
S 763 290^{v} 2898
S 764 1^{r} 367
S 764 2^{vs} 5457
S 764 9^{v} 7352
S 764 15^{rs} 4833
S 764 16^{v} 8537
S 764 17^{rs} 725

S 764 20^{v} 2118
S 764 26^{r} 1837
S 764 26^{v} 1242
S 764 28^{r} 6752
S 764 28^{rs} 2389
S 764 30^{r} 2219
S 764 30^{v} 2219
S 764 32^{r} 7479
S 764 32^{v} 4253
S 764 48^{vs} 1734
S 764 52^{rs} 6669
S 764 57^{r} 7142
S 764 58^{vs} 1303
S 764 59^{vs} 5601
S 764 65^{vs} 4726
S 764 68^{rs} 2434
S 764 68^{v} 9711
S 764 72^{vs} 9343
S 764 73^{vs} 6142
S 764 76^{v} 3906
S 764 78^{rs} 2755
S 764 78^{v} 2730
S 764 80^{r} 1947
S 764 90^{vss} 3399
S 764 100^{rs} 3914
S 764 100^{v} 2730
S 764 102^{vs} 9426
S 764 107^{vs} 2220
S 764 111^{r} 4809
S 764 112^{r} 2267 7496
S 764 112^{v} 6445
S 764 114^{rs} 6079
S 764 115^{r}–116^{v} 2219
S 764 116^{rs} 2220
S 764 116^{v}–118^{r} 183
S 764 118^{vs} 1055
S 764 120^{vs} 6278
S 764 121^{vs} 4000
S 764 125^{v} 10012
S 764 128^{vs} 9113
S 764 129^{rss} 620
S 764 130^{vs} 7368
S 764 131^{r} 5331
S 764 131^{v} 3162
S 764 132^{rs} 2493
S 764 132^{v} 4154
S 764 135^{vs} 5828
S 764 137^{v} 6335
S 764 140^{v} 7568
S 764 142^{v} 3557
S 764 143^{rs} 8174

S 767 48^r 747
S 767 51^r 9412
S 767 52^r 9570 10060
S 767 52^{rs} 6535
S 767 52^{vs} 3190
S 767 55^{rs} 3958
S 767 56^{vs} 560
S 767 59^r 9128
S 767 61^{vs} 2025
S 767 63^{rs} 9935
S 767 63^v 8814
S 767 64^r 10251
S 767 65^v 1916
S 767 66^r 9192 9343
S 767 66^v 2361
S 767 68^r 1860
S 767 70^{rs} 10073
S 767 71^r 2745
S 767 73^{vs} 1421
S 767 80^v 3197
S 767 82^{rs} 1591
S 767 83^r 10251
S 767 83^{rs} 3067
S 767 83^{vs} 5965
S 767 91^v 3361
S 767 96^{vs} 6244
S 767 100^r 3055
S 767 102^{vs} 10044
S 767 103^{rs} 10076
S 767 109^{rs} 3153
S 767 110^r 834
S 767 110^{rss} 7140
S 767 111^r 2402
S 767 112^v 351
S 767 114^r 1123
S 767 114^v 7111
S 767 115^r 3734
S 767 116^{rs} 405
S 767 117^{rs} 5828
S 767 122^v 8252
S 767 127^{rs} 6297
S 767 130^v 6067
S 767 131^v 2463
S 767 132^r 8224
S 767 139^r–140^v 794
S 767 140^r 10372
S 767 144^{vs} 10453
S 767 148^r 7821
S 767 149^{rs} 2565
S 767 150^{rs} 10068
S 767 152^v 2565

S 767 153^r 6730
S 767 154^{rs} 1803
S 767 158^r 4097
S 767 159^r 2956
S 767 160^{vs} 10068
S 767 164^v 8060 8094
S 767 165^{rs} 8524
S 767 165^{vs} 772
S 767 167^{vs} 6067
S 767 171^{rs} 3218
S 767 171^{vs} 1864
S 767 175^{rs} 6694
S 767 176^{vs} 2558
S 767 181^{vs} 9045
S 767 188^{vs} 10429
S 767 191^r 10270
S 767 197^{vs} 4324
S 767 198^v 7608
S 767 199^{vs} 3738
S 767 200^r 893
S 767 205^r 1240
S 767 205^{rs} 134
S 767 210^v 2118
S 767 210^{vs} 5003
S 767 212^r 3218
S 767 214^{vs} 127 3451
S 767 218^r 7925
S 767 218^v 773
S 767 220^{rs} 7389
S 767 222^r 4097
S 767 223^{rs} 7554
S 767 223^{vs} 3059
S 767 226^{vs} 7821
S 767 231^{rs} 2096
S 767 233^r 1029
S 767 233^{rs} 7111
S 767 235^r 9897
S 767 236^v 3691
S 767 237^{rs} 3624
S 767 237^v 8518
S 767 238^v 9156
S 767 241^{rss} 5534
S 767 245^r 529
S 767 248^r 8463
S 767 255^{rs} 9260
S 767 255^v 3482
S 767 255^{vs} 3859
S 767 256^{rss} 6542
S 767 266^{vs} 6552
S 767 268^v 2991
S 767 276^{rs} 8973

S 767 276^{vs} 10412
S 767 280^v 2020
S 767 282^{rs} 4782
S 767 282^{vs} 2256
S 767 287^r 5766
S 767 290^r 3163
S 767 290^{vs} 10477
S 767 292^v 9260
S 767 295^{vs} 5968
S 768 3^r 8648
S 768 5^r 5528
S 768 5^v 4331
S 768 9^r 4095
S 768 11^{rs} 9363
S 768 13^{rs} 9825
S 768 15^{rs} 2713
S 768 18^r 4085
S 768 20^r 7952
S 768 28^r 3859
S 768 28^{vs} 2273
S 768 29^{rs} 3859
S 768 29^{vs} 2118
S 768 30^{rs} 9343
S 768 33^{rs} 5971
S 768 35^{rs} 7276
S 768 43^r 3436
S 768 43^v 7821
S 768 44^v 2516
S 768 45^{vs} 893
S 768 47^{rs} 8809
S 768 48^{rs} 8703
S 768 50^{vs} 10252
S 768 51^{rs} 10252
S 768 53^{vs} 3671
S 768 54^r 1256
S 768 56^{rs} 569
S 768 58^r 6445
S 768 58^v 6445 7436
S 768 59^{rs} 6732
S 768 63^v 4541
S 768 64^{vs} 4946
S 768 67^v 10220
S 768 68^r 7851
S 768 69^{vs} 7342
S 768 70^v 10073
S 768 71^{rs} 2650
S 768 73^v 3651
S 768 74^v 2106 4821
S 768 74^{vs} 9159
S 768 75^v 9693
S 768 76^{vs} 9674

S 768 79^{rss} 1844
S 768 82^{v} 10068
S 768 86^{r} 4879
S 768 86^{rs} 4091
S 768 89^{rs} 7070
S 768 91^{v} 9982
S 768 92^{vs} 8463
S 768 98^{vs} 10073
S 768 100^{v} 4835
S 768 110^{rs} 2172
S 768 119^{v} 4923
S 768 128^{v} 3553
S 768 128^{vs} 6058
S 768 132^{rs} 7426
S 768 132^{vs} 4618
S 768 135^{rs} 6822
S 768 136^{r} 6340
S 768 136^{vs} 984
S 768 140^{r} 6486
S 768 145^{r} 2374
S 768 145^{v} 4526
S 768 149^{r} 3218
S 768 150^{r} 3183
S 768 152^{r} 7726
S 768 160^{v} 7859
S 768 166^{rs} 4956
S 768 167^{r} 706
S 768 168^{vs} 5654
S 768 176^{r} 1916
S 768 184^{r} 5297 5588
S 768 192^{v} 5534
S 768 195^{v} 1283
S 768 198^{vs} 9273
S 768 202^{v} 1495
S 768 204^{rs} 5548
S 768 206^{rs} 6221
S 768 206^{vs} 10266
S 768 211^{rs} 9779
S 768 211^{v} 3177
S 768 215^{rs} 3876
S 768 223^{r} 7306
S 768 223^{v} 5364
S 768 224^{r} 4331
S 768 226^{v} 4056
S 768 227^{rs} 7851
S 768 227^{v} 1267
S 768 230^{v} 5217 10523
S 768 238^{vs} 7851
S 768 245^{rs} 7735
S 768 245^{vs} 10037
S 768 246^{rs} 7851

S 768 246^{v} 10080
S 768 252^{v} 2985
S 768 256^{r} 4028
S 768 259^{r} 7726
S 768 264^{r} 6244
S 768 264^{rs} 3890
S 768 266^{rs} 5648
S 768 268^{r} 9098
S 768 269^{vs} 6251
S 768 271^{v} 6271
S 768 287^{r} 2353
S 768 288^{r} 2172
S 768 290^{r} 3765
S 768 292^{v} 1684
S 768 292^{vs} 7081
S 768 293^{r} 3451 6337
S 768 294^{rs} 2105
S 768 295^{r} 5376 7851
S 768 298^{r} 9730
S 768 298^{v} 8295
S 768 298^{vs} 6910
S 768 303^{v} 7503
S 768 304^{r} 7851
S 768 305^{rs} 5366
S 768 306^{rs} 425
S 768 306^{v} 3163
S 769 3^{rs} 210
S 769 8^{rs} 2779
S 769 8^{v} 9658
S 769 11^{v} 10345
S 769 12^{rs} 7788
S 769 12^{v} 6781
S 769 13^{rs} 3582
S 769 15^{v} 2957
S 769 16^{v} 10073
S 769 17^{r} 4349
S 769 18^{rs} 5126
S 769 19^{vs} 7151
S 769 20^{r} 10396
S 769 20^{rs} 5153
S 769 21^{v} 10567
S 769 24^{vs} 2150
S 769 25^{vs} 5875
S 769 27^{v} 45
S 769 29^{rs} 4270
S 769 29^{vs} 451
S 769 30^{rs} 4270
S 769 31^{rs} 2306
S 769 31^{v} 6226
S 769 33^{rs} 7140
S 769 34^{v} 8519

S 769 35^{rs} 1923
S 769 38^{r} 487
S 769 40^{rs} 8719
S 769 41^{rs} 3246
S 769 41^{v} 2106
S 769 43^{rss} 10490
S 769 46^{rs} 10102
S 769 46^{vs} 4161
S 769 47^{v} 3843
S 769 47^{vs} 7594
S 769 49^{vs} 5126
S 769 50^{v} 3816
S 769 51^{rs} 4821
S 769 53^{r} 8544
S 769 60^{v} 10092
S 769 61^{r} 8704
S 769 67^{r} 9128
S 769 72^{rs} 10012
S 769 73^{v} 3222
S 769 75^{v} 344
S 769 77^{v} 339
S 769 78^{r} 4418
S 769 80^{rs} 7678
S 769 81^{r} 6245
S 769 84^{r} 1830
S 769 87^{r} 5722
S 769 88^{r} 9368
S 769 88^{v} 632
S 769 89^{v} 5225
S 769 90^{rss} 9035
S 769 92^{r} 2770
S 769 93^{rs} 2598
S 769 97^{v} 5648
S 769 102^{vs} 6792
S 769 105^{rs} 1119
S 769 106^{vs} 9156
S 769 108^{vs} 3524
S 769 114^{r} 1725
S 769 114^{vs} 7439
S 769 127^{rs} 8704
S 769 134^{r} 3083
S 769 138^{v} 659
S 769 141^{rs} 9458
S 769 143^{v} 1640
S 769 148^{r} 6859
S 769 154^{r} 6486
S 769 154^{v} 357
S 769 161^{r} 1405
S 769 164^{rs} 998
S 769 165^{rs} 2729
S 769 169^{v} 379

S 769 173^{rs} 3618
S 769 178^{rs} 7598
S 769 191^{vs} 3083
S 769 192^{vs} 1866
S 769 194^{r} 8191
S 769 195^{rs} 1240
S 769 198^{r} 7614
S 769 200^{v} 3083
S 769 201^{rs} 1769
S 769 207^{v} 9480
S 769 207^{vs} 45
S 769 208^{r} 4782
S 769 208^{vs} 2892
S 769 210^{v} 7920
S 769 213^{v} 8560
S 769 214^{rs} 2242
S 769 216^{vs} 7952
S 769 217^{v} 9249
S 769 224^{r} 8154
S 769 224^{rs} 1449
S 769 224^{v} 3805
S 769 226^{r} 1240
S 769 230^{r} 9249
S 769 238^{vs} 7633
S 769 242^{r} 2788
S 769 243^{r} 7399
S 769 243^{vs} 10472
S 769 244^{v} 7741
S 769 245^{v} 1189
S 769 246^{r} 7633
S 769 246^{vs} 5726
S 769 247^{rss} 2138
S 769 248^{r} 7741
S 769 248^{rs} 1674
S 769 248^{v} 117
S 769 255^{v} 1757
S 769 255^{vs} 2633
S 769 256^{v} 3178
S 769 258^{v} 226
S 769 259^{v} 7837
S 769 265^{v} 9455
S 769 275^{r} 362 8963
S 769 280^{rs} 1948
S 769 283^{v} 3083 3092
S 769 285^{rs} 817
S 769 285^{vs} 5828
S 769 286^{vss} 1203
S 769 287^{vs} 4697
S 769 292^{rs} 2739
S 769 294^{vs} 1558
S 769 295^{vs} 142

S 769 300^{vs} 8704
S 770 1^{r} 2149
S 770 4^{vs} 7830
S 770 8^{vs} 3162
S 770 9^{rs} 3162
S 770 14^{r} 3083
S 770 17^{r} 10279
S 770 17^{vs} 1135
S 770 18^{v} 3083
S 770 21^{r}–23^{v} 6931
S 770 24^{rs} 9249
S 770 27^{rs} 1029
S 770 27^{vs} 10252
S 770 28^{rs} 2805
S 770 29^{v} 6522 10607
S 770 30^{v} 2374
S 770 31^{r} 10378
S 770 32^{v} 1133
S 770 36^{rs} 9182
S 770 36^{v} 10244
S 770 43^{v} 1712
S 770 49^{rs} 8106
S 770 54^{r} 2415
S 770 54^{vs} 659
S 770 55^{rs} 5084
S 770 57^{rs} 2415
S 770 58^{rs} 5648
S 770 59^{r} 6209 7633
S 770 59^{rs} 5597
S 770 64^{vs} 921
S 770 67^{vs} 7962
S 770 76^{rss} 2106
S 770 78^{vs} 4556
S 770 79^{rs} 8154
S 770 80^{rs} 3859
S 770 82^{rs} 843
S 770 83^{rs} 3102
S 770 91^{rs} 2985
S 770 93^{rs} 4502 5848
S 770 95^{vs} 8110
S 770 99^{r} 4271 4726
S 770 101^{r} 2226
S 770 102^{r} 2904
S 770 103^{rs} 1260
S 770 105^{r} 3059
S 770 128^{v} 3239
S 770 129^{rs} 4766
S 770 131^{rs} 10214
S 770 133^{rs} 1880
S 770 138^{vs} 7837
S 770 143^{vs} 8905

S 770 144^{v} 5154
S 770 148^{v} 7919
S 770 152^{rs} 704
S 770 154^{r} 4957
S 770 154^{vs} 6670
S 770 158^{rs} 8032
S 770 158^{vs} 9249
S 770 160^{r} 5654
S 770 162^{r} 7312
S 770 162^{rss} 7306
S 770 165^{v} 7457
S 770 165^{vs} 4488
S 770 167^{rs} 267
S 770 168^{r} 3260
S 770 169^{vs} 3431
S 770 171^{vs} 1788
S 770 178^{rs} 3467
S 770 179^{r} 10131
S 770 181^{v} 5932
S 770 182^{r} 3235
S 770 182^{vs} 8154
S 770 184^{v} 8072
S 770 184^{vs} 9249
S 770 185^{v} 3307
S 770 189^{rs} 7362
S 770 189^{v} 3467
S 770 191^{r} 9589
S 770 192^{v} 6758
S 770 194^{r} 6470
S 770 196^{vs} 5597
S 770 199^{v} 4782
S 770 200^{r} 4271 4782
S 770 200^{v} 10345
S 770 202^{rs} 3146
S 770 203^{r} 4782
S 770 205^{vs} 231
S 770 208^{v} 3205
S 770 209^{r} 7758
S 770 213^{vss} 10252
S 770 215^{vs} 9583
S 770 217^{v} 8165
S 770 222^{vs} 4551
S 770 223^{r} 9684
S 770 226^{vs} 5194
S 770 227^{r} 317
S 770 227^{rs} 4671
S 770 232^{rs} 7952
S 770 233^{r} 2975
S 770 242^{r} 8270
S 770 246^{v} 7837
S 770 246^{vs} 4603

S 770 249^{rs} 3223
S 770 250^{rs} 930
S 770 252^{v} 8442
S 770 260^{rs} 3610
S 770 261^{vs} 6338
S 770 263^{rs} 2131
S 770 263^{v} 10346
S 770 265^{v} 3795
S 770 267^{vs} 4270
S 770 268^{rs} 5194
S 770 270^{r} 3443
S 770 273^{v} 1860
S 770 276^{v} 4031
S 770 281^{vs} 2857
S 770 283^{vs} 8537
S 770 286^{rs} 6196
S 770 289^{rs} 4551
S 770 290^{vs} 1076
S 770 292^{vs} 1998
S 771 2^{rs} 2428
S 771 5^{r} 9249
S 771 5^{v} 1311
S 771 6^{r} 3064
S 771 9^{rss} 1508
S 771 12^{r} 5585
S 771 20^{v} 2374
S 771 21^{v} 5217
S 771 23^{r} 1558
S 771 24^{r} 4421
S 771 29^{r} 2803
S 771 29^{rs} 2112
S 771 29^{v} 5815
S 771 31^{v} 10504
S 771 35^{r} 3525
S 771 38^{r} 2138
S 771 38^{v} 5436 5488
S 771 39^{r} 7877
S 771 39^{v} 2624
S 771 40^{v} 488 4990
S 771 43^{rs} 2374
S 771 46^{v} 10114
S 771 47^{v} 7009
S 771 48^{r} 4782
S 771 48^{v} 7952
S 771 53^{rs} 7760
S 771 56^{vs} 6372
S 771 60^{v} 2523
S 771 61^{v} 2517
S 771 64^{r} 7246
S 771 69^{r} 546
S 771 75^{v} 8378

S 771 79^{rs} 5170
S 771 79^{vs} 488
S 771 83^{vs} 458
S 771 85^{rs} 932
S 771 99^{rs} 584
S 771 100^{r} 6007
S 771 104^{vss} 2413 4412
S 771 105^{rs} 5534
S 771 106^{rs} 2793
S 771 113^{v}–115^{r} 10141
S 771 115^{vs} 5648
S 771 117^{r} 1931
S 771 117^{rs} 6273
S 771 118^{r} 9768
S 771 119^{vs} 9197
S 771 128^{v} 4182
S 771 129^{r} 8003
S 771 138^{vs} 3525
S 771 141^{vs} 6552
S 771 148^{r} 7182
S 771 156^{rs} 4782
S 771 162^{r} 8133
S 771 163^{vs} 5358
S 771 164^{r} 5927
S 771 164^{rs} 6961
S 771 165^{rs} 4954
S 771 166^{v} 8146
S 771 166^{vs} 7493
S 771 168^{r} 4151
S 771 168^{vs} 4005
S 771 171^{v} 7404
S 771 172^{vs} 5154
S 771 173^{rs} 5130
S 771 182^{r} 8297
S 771 185^{vs} 10068
S 771 189^{vss} 9591
S 771 190^{vs} 9937
S 771 191^{vs} 2374
S 771 192^{rs} 5654
S 771 193^{rs} 9930
S 771 201^{rs} 4783
S 771 203^{rs} 487 1788
S 771 205^{v} 4783
S 771 206^{r} 4522
S 771 206^{rs} 3557
S 771 206^{v} 9059
S 771 206^{vs} 488
S 771 207^{rs} 8683
S 771 210^{rs} 912
S 771 212^{v} 10346
S 771 215^{r} 3671

S 771 215^{vs} 5202
S 771 216^{rs} 4731
S 771 218^{r} 9205
S 771 220^{r} 4783
S 771 223^{rs} 1912
S 771 223^{vs} 1559
S 771 225^{rs} 4659
S 771 227^{vs} 7166
S 771 233^{vs} 8327
S 771 235^{vs} 1132
S 771 242^{r} 7722
S 771 243^{vs} 3367 5184
S 771 244^{r} 5646
S 771 246^{v} 3592
S 771 249^{r} 8270
S 771 249^{v} 7907
S 771 250^{v} 1117
S 771 251^{r} 3121
S 771 252^{rs} 1959
S 771 253^{v} 10074
S 771 254^{v} 2908
S 771 255^{r} 3690 9205
  10380
S 771 255^{vs} 1959
S 771 256^{r} 9171
S 771 262^{r} 1959
S 771 262^{rss} 8025
S 771 270^{r} 9878
S 771 270^{v} 8905
S 771 278^{v} 134
S 771 279^{v} 7312
S 771 282^{v} 10480
S 771 282^{vs} 10480
S 771 284^{vs} 1457
S 771 285^{r} 10044
S 771 286^{v} 5654
S 771 287^{r} 8579
S 771 287^{vs} 1430
S 771 290^{v} 6265
S 771 290^{rs} 249
S 771 292^{r} 505
S 771 293^{r} 1303
S 771 295^{v} 4556
S 771 296^{v} 258 797
S 771 297^{v} 9113 10270
S 772 5^{v} 260
S 772 7^{v} 4091
S 772 9^{rs} 1959
S 772 10^{r} 1860
S 772 10^{rs} 8238
S 772 21^{rs} 9937

S 772 22^{rs} 10019	S 772 156^{v} 8201	S 772 261^{r} 213 3970
S 772 32^{r} 3525	S 772 157^{r} 8579	S 772 261^{v} 830
S 772 32^{v} 1923	S 772 158^{r} 4183	S 772 262^{v} 633
S 772 34^{rs} 10575	S 772 159^{r} 5160	S 772 266^{v} 8704
S 772 34^{v} 5654	S 772 159^{v} 4218 8975	S 772 267^{r} 1820
S 772 37^{r} 1619	S 772 162^{v} 7552	S 772 267^{rs} 4095
S 772 38^{rs} 10346	S 772 167^{rs} 2793	S 772 267^{vs} 717
S 772 40^{r} 10044	S 772 171^{rs} 5271	S 772 269^{r} 5154
S 772 41^{rs} 10543	S 772 171^{vs} 4876	S 772 269^{rs} 1430
S 772 42^{vs} 1421	S 772 172^{rs} 3471	S 772 270^{r} 5366
S 772 43^{v} 1119	S 772 173^{rs} 5052	S 772 271^{vs} 8304
S 772 46^{r} 3536	S 772 174^{vs} 5052	S 772 273^{v} 3524
S 772 55^{r} 3525	S 772 175^{rs} 5052	S 772 276^{v} 3691
S 772 57^{v} 8683	S 772 181^{rs} 2374	S 772 278^{r} 3114
S 772 58^{rs} 6959	S 772 184^{rs} 3524	S 772 279^{v} 3467
S 772 59^{r} 5815	S 772 185^{r} 5053	S 772 280^{rs} 5052
S 772 59^{v} 7504	S 772 192^{r} 4457	S 772 283^{v} 6984
S 772 64^{vs} 5217 10346	S 772 196^{v} 9380	S 772 284^{v} 415
S 772 66^{rs} 2149	S 772 198^{rss} 3191	S 772 285^{r} 9193
S 772 74^{vs} 980	S 772 199^{r} 7040	S 772 285^{v} 2112
S 772 75^{rs} 9125	S 772 200^{r} 815	S 772 286^{r} 253
S 772 84^{rs} 7079	S 772 204^{r} 3511	S 772 286^{v} 4796
S 772 87^{v} 3979	S 772 204^{rs} 594	S 772 287^{v} 416
S 772 94^{rs} 10126	S 772 216^{r} 6244	S 772 287^{vs} 4677
S 772 95^{rs} 3525	S 772 225^{rs} 3190	S 772 288^{r} 4551
S 772 101^{vs} 9255	S 772 228^{r} 5052	S 772 288^{v} 3665 4677
S 772 102^{r} 7798	S 772 228^{v} 5284	S 772 292^{r} 7648
S 772 107^{rs} 3525	S 772 233^{v} 9343	S 772 293^{rs} 1946 10413
S 772 109^{r} 4763	S 772 234^{rs} 5130	S 772 294^{v} 1360
S 772 110^{vs} 3525	S 772 236^{v} 2149	S 772 295^{v} 9120
S 772 111^{r} 8243	S 772 237^{v} 3906	S 772 296^{r} 1133
S 772 111^{vs} 7073	S 772 241^{vs} 2598	S 772 296^{v} 3495 3676
S 772 112^{rs} 5130	S 772 242^{r} 6196	S 772 298^{r} 3395
S 772 117^{vs} 10388	S 772 242^{rs} 6302	S 772 298^{rs} 5966
S 772 121^{v} 8283	S 772 243^{v} 2046	S 772 299^{r} 5445
S 772 121^{vs} 2473	S 772 244^{r} 2729	S 772 299^{rs} 4783
S 772 122^{rs} 10094	S 772 244^{v} 1019	S 772 299^{v} 7578
S 772 122^{vs} 3655	S 772 246^{r} 7778	S 772 301^{v} 148 505
S 772 123^{vs} 3547	S 772 248^{vs} 1959	S 772 302^{vs} 5217
S 772 125^{rs} 7598	S 772 250^{r} 7081	S 773 11^{vs} 9227
S 772 129^{r} 8010	S 772 252^{r} 3162	S 773 14^{r} 9227
S 772 131^{v} 8010	S 772 252^{v} 3692	S 773 15^{rs} 6996
S 772 135^{r} 6371	S 772 253^{rs} 8936	S 773 18^{vs} 6609
S 772 135^{v} 4513	S 772 253^{v} 7479	S 773 20^{r} 205
S 772 141^{r} 4611	S 772 255^{r} 10198	S 773 24^{r} 3843
S 772 142^{rs} 5187	S 772 255^{rs} 3511	S 773 25^{r} 9227
S 772 144^{v} 6609	S 772 255^{v} 1497	S 773 26^{vs} 6265
S 772 147^{r} 6961	S 772 256^{rs} 8385	S 773 28^{rs} 1895
S 772 150^{rs} 717	S 772 257^{v} 2414	S 773 29^{r} 9197
S 772 152^{r} 6166	S 772 258^{r} 112	S 773 29^{vs} 7952
S 772 156^{r} 10145	S 772 260^{v} 6348	S 773 34^{vs} 9227

S 773 36^r 5053
S 773 37^{vs} 319
S 773 38^{vs} 7937
S 773 39^r 7952
S 773 40^v 9552
S 773 42^{vs} 339
S 773 43^{vs} 7620
S 773 45^v–47^v 9121
S 773 48^r 9121
S 773 49^{rs} 8390
S 773 50^r 6840
S 773 61^r 2793
S 773 61^{vs} 205
S 773 62^v 8863
S 773 65^v 4966 8833
S 773 66^{rs} 6840
S 773 67^{rs} 8863
S 773 68^{rs} 4636
S 773 68^{vs} 7615
S 773 69^r 9927
S 773 71^v 4977
S 773 72^r 801
S 773 72^v 497
S 773 73^v 9868
S 773 75^r 6734
S 773 76^r 9839
S 773 79^{rs} 7104
S 773 83^r 6384
S 773 83^{rs} 3525
S 773 83^v 3525
S 773 84^r 3748
S 773 85^{rs} 6432
S 773 87^{vs} 7306
S 773 94^{rs} 10524
S 773 97^{vs} 2149
S 773 99^{rs} 9205
S 773 99^v 7937
S 773 102^v 9125
S 773 102^{vss} 2902
S 773 113^r 8863
S 773 121^{vss} 3306
S 773 127^{vs} 7937
S 773 135^r 1062 7504
S 773 135^{rs} 5381
S 773 135^{vs} 1836
S 773 144^{rs} 4051
S 773 146^{rs} 7068
S 773 152^{vs} 3067
S 773 153^{rs} 3067
S 773 161^r 7642
S 773 161^v 10449

S 773 165^{rs} 4891
S 773 166^r 921
S 773 168^v 2112
S 773 170^v 7614
S 773 171^{rs} 4743
S 773 173^v 7642
S 773 174^{rs} 7965
S 773 174^v 10409
S 773 174^{vs} 1368
S 773 180^{rs} 7068
S 773 181^r 7912
S 773 188^r 7688
S 773 193^v 2793
S 773 201^{rs} 9911
S 773 203^{rs} 325
S 773 203^v 7327
S 773 204^v 5419
S 773 205^r 2661 10605
S 773 206^{rs} 9004
S 773 207^v 3788
S 773 208^r 886
S 773 209^r 3465
S 773 210^{vs} 4682
S 773 211^r 1128
S 773 211^{vs} 2985
S 773 212^v 9808
S 773 214^v 1754
S 773 215^{rs} 7656
S 773 215^v 6265
S 773 218^r 3859
S 773 224^{vs} 9808
S 773 226^v 4481
S 773 229^v 3465
S 773 230^{rs} 7688
S 773 231^v 6609
S 773 232^r 9059
S 773 235^{vs} 3121
S 773 236^r 6338
S 773 241^r 3840
S 773 245^r 8332
S 773 245^{vs} 351
S 773 246^v 5155
S 773 248^r 6955
S 773 253^{rs} 4475
S 773 254^v 2088
S 773 255^{vss} 1051
S 773 257^v 4636
S 773 261^{vs} 2094
S 773 264^{vs} 10449
S 773 267^v 3578
S 773 268^{vs} 1378

S 773 271^{rs} 1169
S 773 274^r 1070
S 773 277^{rs} 997
S 773 281^r 351
S 773 281^{rs} 2275 9552
S 773 281^{vs} 2420
S 773 284^v 501
S 773 290^r 7349
S 773 290^v 1430 4636
S 773 293^v 1368
S 773 294^{vs} 3227
S 773 297^{vs} 671
S 774 1^r 5501
S 774 1^{vs} 2085
S 774 3^{vs} 7546
S 774 4^r 833
S 774 7^{vs} 3526
S 774 8^r 4018
S 774 9^{rs} 3762
S 774 10^r 10278
S 774 11^{vs} 1793
S 774 14^v 411
S 774 15^{rs} 262
S 774 15^{vs} 105
S 774 22^r 2076
S 774 27^v 1156
S 774 27^{vs} 2226
S 774 32^v 5637
S 774 40^v 3361
S 774 41^{rs} 113
S 774 47^{vs} 5743
S 774 49^v 8385
S 774 50^r 7700
S 774 53^{rs} 3428
S 774 56^r 8579
S 774 56^{vs} 2094
S 774 65^v 6933
S 774 71^{rs} 7875
S 774 77^{vs} 7627
S 774 78^{vs} 7952
S 774 79^{rs} 546
S 774 81^v 3035
S 774 86^{vs} 5421 7688
S 774 87^{rs} 1863
S 774 88^{rs} 8838
S 774 91^{vs} 351
S 774 95^r 8438
S 774 98^r 9059
S 774 102^v 3000
S 774 104^{vs} 10177
S 774 105^r 5001

S 774 105^{rs} 1793	S 774 247^r 6594	S 775 59^r 6106
S 774 105^v 9549	S 774 254^v 105	S 775 60^r 1353
S 774 116^r 7952	S 774 254^{vs} 546	S 775 60^v 1212 5375
S 774 117^v 10238	S 774 255^{rs} 3106	S 775 62^{rs} 1781
S 774 121^r 3511	S 774 258^v 2106	S 775 63^r 7676
S 774 123^v 2226	S 774 269^{rs} 8838	S 775 70^v 1715
S 774 126^{rs} 1070	S 774 270^{rs} 3592	S 775 71^{vs} 4017
S 774 127^r 2002	S 774 272^{vs} 8606	S 775 79^{vs} 10246
S 774 127^{rs} 6372	S 774 273^{rss} 7575	S 775 81^r 2274
S 774 133^{vs} 351	S 774 274^v 546	S 775 82^{rs} 9399
S 774 136^v 1452	S 774 279^v 2549	S 775 83^r 1014
S 774 137^{rs} 9362	S 774 284^{rs} 412	S 775 84^{rs} 1715
S 774 142^{vs} 8402	S 774 284^v 9458	S 775 84^{vs} 2765
S 774 149^v–151^v 4821	S 774 285^{rs} 4850	S 775 86^{vs} 9725
S 774 151^r 7937	S 774 285^v 7292	S 775 87^{rs} 4994
S 774 151^{rs} 7040	S 774 292^{rs} 4588	S 775 87^{vs} 7656
S 774 151^v 3511	S 774 294^r 6523	S 775 88^v 7552
S 774 157^v 5919	S 774 294^v 9549	S 775 93^r 4887
S 774 158^v 3000	S 774 294^{vs} 6144	S 775 93^{rss} 4394
S 774 160^{vs} 5652	S 774 296^{vs} 9197	S 775 94^r 8290
S 774 161^r 7312	S 774 297^r 2604	S 775 95^{rs} 1715
S 774 163^v 5789	S 774 297^{vs} 3124	S 775 99^{vs} 10599
S 774 164^{rs} 872	S 774 299^{vs} 6265	S 775 101^r 5291
S 774 164^{vs} 3035	S 774 303^v 1781	S 775 103^r 9160
S 774 166^{rs} 2045	S 774 304^{vss} 5535	S 775 103^{vs} 5848
S 774 166^{vs} 7852	S 774 306^v 1080	S 775 105^r 3121 10270
S 774 169^{rs} 7742	S 775 4^r 931	S 775 105^v 3386
S 774 169^v 3153	S 775 10^v 642	S 775 106^r 4887
S 774 170^r 7933	S 775 12^r 7852	S 775 107^v 7864
S 774 170^{rs} 7271	S 775 13^r 9556	S 775 108^r 5375
S 774 170^v 2854	S 775 15^v 585	S 775 111^{rs} 8615
S 774 172^{vs} 7952	S 775 17^{rs} 1266	S 775 111^v 1965
S 774 174^{rs} 4475	S 775 20^v 10270	S 775 112^v 2094
S 774 177^{rs} 4659	S 775 21^v 7575	S 775 113^r 4487
S 774 187^v 5637	S 775 25^r 5202	S 775 114^{vs} 8089
S 774 191^{vs} 7937	S 775 25^v 8186	S 775 116^{rs} 9399
S 774 200^{rs} 2076	S 775 25^{vs} 5146	S 775 116^v 8568
S 774 212^v 9621	S 775 32^{vs} 2163	S 775 116^{vs} 1879
S 774 213^v 5770 7788	S 775 37^{vs} 9497	S 775 117^r 1879
S 774 213^{vs} 8270	S 775 38^r 8110	S 775 117^v 1879
S 774 214^r 5794	S 775 40^r 8147	S 775 122^{rs} 7774
S 774 215^v 1984	S 775 41^r 7345	S 775 123^{rss} 5823
S 774 217^v 5001	S 775 42^{vs} 8537	S 775 125^{rs} 2076
S 774 222^v 10346	S 775 43^{rs} 5194 6869	S 775 125^v 3121
S 774 224^{vs} 3722	S 775 45^{rs} 8606	S 775 126^{vs} 7814
S 774 230^{vs} 73	S 775 48^v 7826	S 775 127^{vs} 7940
S 774 233^{rs} 4923	S 775 49^r 2970	S 775 129^{vs} 7805
S 774 237^{rs} 3227	S 775 52^v 1241 8207	S 775 132^{rs} 4957
S 774 238^v 488	S 775 55^r 1250	S 775 133^r 2033
S 774 245^v 4028	S 775 58^v 7003	S 775 133^v 1879
S 774 246^v 5439	S 775 58^{vs} 3454	S 775 134^r 1879

S 775 136^{rs} 2138
S 775 138^{rs} 4891
S 775 138^{vs} 3226
S 775 139^{vs} 3226
S 775 141^{vs} 10000
S 775 144^{v} 3748
S 775 145^{rs} 2106
S 775 146^{rs} 8829
S 775 147^{v} 6934
S 775 156^{v} 10045
S 775 157^{v} 2220
S 775 158^{v} 1830
S 775 159^{r} 8704
S 775 159^{vs} 3226
S 775 160^{rs} 117
S 775 160^{v} 3454
S 775 161^{vs} 82
S 775 163^{r} 2701
S 775 164^{rs} 8080
S 775 165^{v} 505
S 775 170^{r} 7977
S 775 171^{v} 1414
S 775 171^{vs} 505
S 775 176^{v} 481
S 775 183^{v} 737
S 775 185^{rs} 7533
S 775 185^{v} 7533
S 775 186^{vs} 197
S 775 187^{v} 676
S 775 189^{vs} 8135
S 775 190^{vs} 9106
S 775 191^{v} 10215
S 775 191^{vs} 10141
S 775 194^{rs} 4972
S 775 199^{v} 8147
S 775 200^{rs} 775
S 775 200^{vs} 6758
S 775 201^{r} 8615
S 775 207^{r} 9079 9735
S 775 208^{r} 2554
S 775 211^{vs} 9121
S 775 212^{vs} 9681
S 775 213^{rs} 6337
S 775 216^{rss} 10184
S 775 218^{rs} 7975
S 775 219^{vs} 458
S 775 221^{r} 2765
S 775 221^{v} 2163
S 775 223^{r} 546
S 775 226^{vs} 1867
S 775 233^{r} 9415

S 775 235^{vs} 7061
S 775 238^{rs} 1606
S 775 238^{v} 1406
S 775 239^{rs} 1885
S 775 240^{v} 6509
S 775 242^{vs} 7081 7312
S 775 243^{rs} 1471 7862
S 775 246^{v} 6513
S 775 246^{vs} 4659
S 775 247^{rs} 2021
S 775 247^{vs} 167
S 775 248^{rs} 5994
S 775 249^{rs} 3993
S 775 250^{v} 9121
S 775 252^{rs} 1184
S 775 252^{vss} 275
S 775 253^{vs} 2554 10552
S 775 255^{vs} 9121
S 775 256^{rs} 6276
S 775 256^{v} 2367
S 775 260^{v} 8385
S 775 263^{vs} 5768
S 775 264^{rs} 108
S 775 265^{v} 2556
S 775 266^{r} 10599
S 775 266^{v} 815
S 775 267^{r} 9121
S 775 267^{v} 4487
S 775 270^{vs} 4923
S 775 272^{vs} 2993
S 775 273^{rs} 5732 6118 6305
S 775 273^{v} 5787 8895
S 775 281^{vs} 1822
S 775 283^{v} 3599
S 775 284^{r} 6205 9810
S 775 284^{rs} 144
S 775 285^{rs} 9910
S 775 289^{vs} 6196
S 775 290^{r} 3306
S 775 291^{r} 6
S 775 291^{v} 4703
S 775 292^{r} 8058
S 775 293^{r} 9933
S 775 294^{v} 5258
S 775 294^{vs} 2466
S 775 296^{vs} 5719
S 776 1^{v} 488
S 776 7^{r} 8706
S 776 11^{r} 597 9878
S 776 13^{r} 5761
S 776 22^{v} 2106

S 776 23^{r} 7312
S 776 23^{vs} 2315
S 776 24^{vs} 2343
S 776 28^{r} 2846
S 776 29^{vs} 1743
S 776 31^{rs} 1366
S 776 34^{vs} 191
S 776 37^{r} 3467
S 776 38^{rs} 5155
S 776 40^{v} 1829
S 776 42^{vss} 5654
S 776 44^{rs} 3490
S 776 44^{vs} 7061
S 776 47^{vs} 1508
S 776 53^{rs} 5165
S 776 53^{vs} 6758
S 776 54^{rs} 1472
S 776 55^{vs} 557
S 776 56^{r} 3881
S 776 56^{vs} 10599
S 776 57^{vs} 1539
S 776 59^{v} 8502
S 776 60^{v} 9627
S 776 70^{r} 2149
S 776 71^{vs} 6934
S 776 72^{rs} 1250
S 776 73^{vs} 9735
S 776 74^{vs} 4064
S 776 75^{vs} 1272
S 776 79^{vs} 205
S 776 81^{v} 1366
S 776 81^{vs} 4390
S 776 82^{rs} 4183
S 776 82^{v} 105 8615
S 776 84^{r} 8058
S 776 89^{r} 8332
S 776 92^{r} 144 5505
S 776 92^{v} 2964
S 776 94^{v} 2957
S 776 95^{vs} 805
S 776 98^{v} 4495 6337
S 776 102^{v} 849
S 776 105^{rs} 2035
S 776 109^{v} 9810
S 776 111^{rs} 5217
S 776 117^{r} 5455
S 776 117^{rs} 5932
S 776 119^{v} 1609 10517
S 776 120^{rs} 4534
S 776 120^{v} 1505
S 776 122^{r} 6559

S 776 126^{rs} 9029
S 776 130^{r} 160
S 776 136^{v} 2359
S 776 136^{vs} 1879
S 776 139^{v} 5053
S 776 142^{rs} 18
S 776 153^{rs} 8180
S 776 161^{vs} 3526
S 776 164^{r} 3960
S 776 164^{v} 5402
S 776 166^{vs} 82
S 776 167^{r} 9343
S 776 167^{vs} 10454
S 776 168^{r} 7235
S 776 169^{vs} 2764
S 776 174^{rs} 8813
S 776 179^{v} 3084
S 776 180^{rs} 7952
S 776 184^{rs} 10068
S 776 185^{vs} 9539
S 776 186^{vs} 5053
S 776 187^{r} 2957
S 776 188^{v} 10252
S 776 194^{vs} 8304
S 776 196^{v} 1885
S 776 197^{rs} 5719
S 776 197^{v} 9218
S 776 198^{v} 7788
S 776 198^{vs} 1990
S 776 199^{r} 6817
S 776 200^{r} 10068
S 776 201^{r} 208
S 776 201^{v} 3702
S 776 203^{rs} 8763
S 776 204^{r} 3218
S 776 207^{r} 359
S 776 211^{v} 8224
S 776 220^{rs} 3059
S 776 225^{vs} 6682
S 776 227^{vs} 8438
S 776 228^{rs} 9132
S 776 228^{v} 6260
S 776 231^{vs} 871
S 776 242^{v} 6559
S 776 243^{rs} 10159
S 776 245^{v} 3218
S 776 245^{vs} 3142
S 776 246^{r} 75
S 776 246^{rs} 3526
S 776 246^{v} 7741
S 776 249^{rs} 9627

S 776 251^{r} 5199
S 776 253^{vs} 9910
S 776 260^{v} 7081 8225
S 776 265^{rs} 6223
S 776 270^{rs} 6758
S 776 273^{v} 8575
S 776 274^{rs} 7147
S 776 274^{vs} 8468
S 776 278^{vs} 9730
S 776 279^{vs} 9197
S 776 283^{vs} 9982
S 776 286^{v} 6817
S 776 292^{rs} 9343
S 776 294^{rs} 6758
S 776 294^{v} 5606
S 776 294^{vs} 9205
S 776 295^{vs} 5743
S 776 296^{r} 4403
S 777 1^{v} 5522
S 777 2^{r} 6817
S 777 12^{rs} 7071
S 777 17^{r} 6999
S 777 19^{v} 5854
S 777 20^{r} 4957 7446
S 777 23^{vs} 7552
S 777 24^{r} 4480
S 777 25^{r} 3747 7196
S 777 26^{rs} 363
S 777 27^{r} 8591
S 777 28^{v} 4891
S 777 29^{r} 2143
S 777 35^{v} 6275
S 777 36^{rs} 8472
S 777 36^{v} 5667
S 777 39^{r} 1631
S 777 40^{rs} 9463
S 777 42^{r} 6588
S 777 48^{v} 2989 6058
S 777 51^{rs} 9218
S 777 51^{vs} 1449
S 777 54^{rs} 5957
S 777 56^{vs} 1789
S 777 61^{r} 5919
S 777 69^{r} 6123
S 777 69^{v} 5919
S 777 72^{rs} 2039
S 777 74^{rs} 7953
S 777 76^{r} 7474
S 777 77^{v} 8286
S 777 77^{vs} 10611
S 777 80^{v} 7414 9280

S 777 81^{r} 9122
S 777 81^{v} 8468
S 777 82^{r} 7952
S 777 82^{rs} 7952
S 777 84^{rs} 3084
S 777 85^{v} 3208
S 777 85^{vs} 1408
S 777 86^{r} 8575
S 777 87^{rs} 5489
S 777 90^{r} 6297
S 777 90^{rs} 4402
S 777 90^{vs} 6961
S 777 92^{rs} 1015
S 777 93^{v} 9122
S 777 94^{vs} 8385
S 777 95^{rs} 3467
S 777 96^{v} 3179
S 777 98^{vs} 4627
S 777 102^{v} 10294
S 777 106^{v} 1173
S 777 108^{r} 6629
S 777 118^{vs} 1406
S 777 122^{rs} 5302
S 777 124^{v} 951
S 777 125^{r} 3890
S 777 126^{r} 44
S 777 130^{r} 4281
S 777 130^{rs} 3684
S 777 130^{vs} 8537
S 777 131^{rs} 8537
S 777 133^{v} 9122
S 777 134^{r} 5548
S 777 135^{r} 6758
S 777 137^{r} 3179
S 777 139^{v} 1159 3041
S 777 140^{rs} 3859
S 777 147^{rs} 4476
S 777 148^{r} 8812
S 777 149^{vs} 1239
S 777 153^{rs} 3582
S 777 158^{v} 1241
S 777 159^{v} 5175
S 777 168^{rs} 3089
S 777 172^{rs} 10289
S 777 172^{vs} 1430
S 777 173^{vs} 184
S 777 176^{v} 7140
S 777 177^{rs} 1003
S 777 180^{v} 9197
S 777 181^{v} 2437
S 777 182^{r} 3183

S 778 229^r 9410

S 778 232^{vs} 6858

S 778 234^r 6251 9839

S 778 242^{vs} 5787

S 778 243^v 3619

S 778 244^{rs} 5865

S 778 246^{vs} 1936

S 778 247^{vss} 4085

S 778 250^{vs} 8452

S 778 251^{rs} 2035

S 778 252^r 8452

S 778 252^{rs} 156

S 778 252^v 10068

S 778 255^v 5538

S 778 257^r 1330

S 778 259^{rs} 1258

S 778 261^{vs} 9197

S 778 262^{rs} 3683

S 778 262^{vs} 5160

S 778 266^r 9016

S 778 269^{vs} 3619

S 778 270^{vss} 2343

S 778 271^v 10310

S 778 273^r 3671

S 778 273^{rs} 1647

S 778 275^{vs} 8881

S 778 276^{vs} 7522

S 778 279^{vs} 8726

S 778 280^{rs} 7953

S 778 281^{rs} 4545

S 778 285^{vs} 9554

S 778 286^{vs} 8625

S 778 287^{rs} 10624

S 778 288^r 3255

S 778 288^{rs} 7735

S 778 289^v 5495 5726

S 778 291^r 2698

S 778 291^v 6685

S 778 294^{vs} 10460

S 778 299^{vs} 5535

S 779 14^v 8049

S 779 21^r 1831

S 779 21^{rs} 1831

S 779 24^{vs} 10482

S 779 25^{vs} 4085

S 779 26^r 458

S 779 26^{rs} 5130

S 779 27^v 9128

S 779 27^{vs} 87

S 779 29^{vss} 7522

S 779 31^{vs} 1318

S 779 35^v 4260

S 779 36^r 2698

S 779 36^v 2389

S 779 37^r 5053

S 779 40^{rs} 10451

S 779 41^r 9824

S 779 41^v 4095

S 779 42^{rs} 8625

S 779 44^{rs} 5703

S 779 45^{rs} 1959

S 779 46^r 5743

S 779 46^v 921

S 779 48^v 3111

S 779 53^{rs} 273

S 779 57^{rs} 7160

S 779 60^{rs} 6889

S 779 61^r 8202

S 779 61^{vs} 5637

S 779 66^{vs} 1180

S 779 68^r 10449

S 779 69^r 5972

S 779 69^v 9090

S 779 77^{rs} 6805

S 779 77^{vs} 2579

S 779 80^v 7270

S 779 81^r 2390

S 779 81^{rs} 7995

S 779 82^v–84^v 1239

S 779 85^{rs} 34

S 779 87^v 830

S 779 87^{vs} 6839

S 779 90^{rss} 2910

S 779 91^v 6685

S 779 93^v 1258

S 779 95^{rs} 10252

S 779 97^{rs} 4447

S 779 98^v 3111

S 779 100^v 10508

S 779 102^{vs} 7741

S 779 105^r 8054

S 779 112^{rs} 3990

S 779 112^v 1252

S 779 112^{vs} 4814

S 779 114^r 3474

S 779 118^{vs} 29

S 779 119^r 604

S 779 120^r 2936

S 779 123^{rs} 3313

S 779 125^{vs} 9584

S 779 130^{rs} 3416

S 779 131^v 5325

S 779 133^{rs} 10346

S 779 133^v 8625

S 779 134^r 6337

S 779 134^{rs} 4813

S 779 140^{rs} 7312

S 779 141^{rs} 7432

S 779 142^{rs} 2793

S 779 143^v 353

S 779 144^{rs} 6254

S 779 148^{rs} 9711

S 779 149^{rs} 1845

S 779 149^{vss} 1845

S 779 155^v 9015

S 779 160^v 256

S 779 160^{vs} 3619

S 779 162^r 8060

S 779 163^{rs} 9122

S 779 164^{rs} 9456

S 779 166^v 1824

S 779 170^r 10496

S 779 172^r 5548

S 779 174^r 9570

S 779 174^{rs} 10380

S 779 176^r 1831

S 779 180^r 206

S 779 180^{rs} 3227

S 779 185^v 5837 7295

S 779 185^{vs} 4964

S 779 186^v 2669

S 779 187^{rs} 2408

S 779 188^{vs} 5118

S 779 191^{vs} 2391

S 779 198^r 8817

S 779 198^v 1360

S 779 202^r 10346

S 779 202^v 10422

S 779 206^{rs} 1235

S 779 208^r 7297

S 779 209^{rs} 1476

S 779 209^v 8420

S 779 210^r 9101

S 779 214^r 367

S 779 214^{rs} 367

S 779 215^r 1506

S 779 216^{vs} 4572

S 779 217^{rs} 827

S 779 218^v 8651

S 779 224^{rs} 8726

S 779 226^r 3454

S 779 226^v 3131

S 779 227^{rs} 3218

S 779 227^{vs} 921	S 780 66^{rs} 1647	S 780 145^{vs} 3782
S 779 228^{v} 273	S 780 67^{v} 7922	S 780 146^{v} 3782
S 779 231^{vs} 10346	S 780 71^{v} 8119	S 780 147^{rs} 9616
S 779 232^{vs} 2839	S 780 74^{r} 5743	S 780 147^{v} 3476 3692
S 779 235^{vs} 5363	S 780 75^{rs} 10277	S 780 150^{rs} 9097
S 779 236^{r} 5300	S 780 75^{vs} 7059	S 780 152^{r} 8371
S 779 236^{rs} 9576	S 780 79^{r} 6693	S 780 152^{vs} 9197
S 779 236^{v} 5422	S 780 79^{vs} 10069	S 780 157^{r} 2447
S 779 238^{v} 3526	S 780 83^{v} 1469	S 780 157^{rs} 7775
S 779 245^{vs} 1509	S 780 85^{v} 9327	S 780 157^{v} 7717
S 779 246^{rs} 6108	S 780 87^{v} 9554	S 780 158^{rs} 4783
S 779 250^{r} 95	S 780 88^{vs} 4612	S 780 158^{v} 5939
S 779 253^{v} 10069	S 780 90^{r} 8079	S 780 159^{vs} 7780
S 779 254^{r} 4987 5221 6683	S 780 91^{r} 10054	S 780 161^{rs} 2029
S 779 258^{rs} 6001	S 780 91^{rs} 2186	S 780 161^{vs} 1741
S 779 262^{rs} 1525	S 780 91^{v} 9752	S 780 164^{v} 2891
S 779 263^{vs} 367	S 780 93^{v} 6293	S 780 167^{r} 8911
S 779 265^{r} 2174	S 780 97^{vs} 9098	S 780 169^{rs} 9552
S 779 271^{vs} 6789	S 780 102^{rs} 5126	S 780 173^{vs} 615
S 779 272^{r} 6683	S 780 104^{r} 1557	S 780 181^{v} 1068
S 779 279^{r} 525 8054	S 780 104^{v} 5314 10598	S 780 181^{vs} 3771
S 779 281^{rs} 4568	S 780 105^{r} 6545	S 780 182^{vs} 1674
S 779 281^{v} 1831	S 780 108^{rss} 1219	S 780 183^{vs} 6846
S 779 283^{r} 4227	S 780 109^{rs} 9554	S 780 184^{rs} 8908
S 779 284^{r} 1826 9581	S 780 109^{v} 5863	S 780 201^{r} 292
S 779 287^{vs} 1360	S 780 109^{vs} 10347	S 780 201^{v} 6758 7446
S 779 290^{vs} 6429	S 780 110^{rs} 1015	S 780 204^{r} 4684
S 779 291^{r} 9524	S 780 111^{rs} 8073	S 780 204^{rs} 7703
S 779 291^{rs} 512	S 780 112^{v} 4635	S 780 204^{v} 44
S 779 292^{r} 5779	S 780 115^{r} 421	S 780 210^{rs} 2740
S 779 294^{rs} 1647	S 780 116^{rs} 2106	S 780 212^{rs} 7061
S 779 295^{rs} 260	S 780 116^{v} 10596	S 780 214^{r} 10088
S 779 298^{v} 4365	S 780 117^{vs} 10271	S 780 215^{v} 1201
S 780 1^{vs} 4815	S 780 122^{vs} 4331	S 780 216^{r} 7283
S 780 4^{vs} 1678	S 780 124^{rs} 1274	S 780 216^{rs} 7011
S 780 5^{r} 8920	S 780 125^{rs} 3617	S 780 216^{v} 7780
S 780 14^{rs} 2112	S 780 125^{vs} 8385	S 780 216^{vs} 3258
S 780 20^{v} 8202 9393	S 780 126^{vs} 6547	S 780 220^{r} 3825
S 780 26^{rs} 488	S 780 129^{r} 3081	S 780 220^{v} 7160
S 780 29^{v} 128	S 780 130^{rs} 6564	S 780 221^{r} 2323
S 780 31^{vs} 604	S 780 130^{vs} 520	S 780 221^{v} 9637
S 780 35^{vs} 7369	S 780 132^{rs} 1770	S 780 221^{vs} 6318
S 780 37^{r} 3084	S 780 134^{v} 3470	S 780 222^{vs} 6172
S 780 48^{r} 3510	S 780 135^{rs} 1336	S 780 225^{rs} 6338
S 780 53^{rs} 2139	S 780 136^{rs} 10260	S 780 225^{v} 4350
S 780 54^{rs} 2174	S 780 136^{vs} 6758	S 780 226^{rs} 6084
S 780 54^{vss} 7814	S 780 139^{rs} 2315	S 780 229^{r} 9581
S 780 59^{v} 2029	S 780 139^{vss} 2377	S 780 230^{vs} 6079
S 780 61^{r} 525	S 780 140^{v} 6249	S 780 235^{rs} 9347
S 780 65^{v} 8210	S 780 141^{rs} 6196	S 780 238^{rs} 10401
S 780 65^{vs} 5654	S 780 141^{vs} 5194	S 780 241^{vs} 5601

S 780 243^{vs} 8696
S 780 244^r 7219
S 780 247^r 2740
S 780 247^v 2364
S 780 250^{rs} 658
S 780 251^r 9779
S 780 251^{vs} 10271
S 780 253^{vs} 8579
S 780 255^r 6475
S 780 257^{vs} 273
S 780 258^r 10069
S 780 258^{rs} 3526
S 780 260^v 1832
S 780 265^{vs} 9142
S 780 266^{rs} 3084
S 780 270^{vs} 6251
S 780 274^{vs} 24
S 780 275^r 8696
S 780 277^{rss} 3378
S 780 279^{vs} 9128
S 780 280^{rs} 3636
S 780 280^v 807
S 780 281^{rs} 4568
S 780 282^{rs} 9098
S 780 284^v 3808
S 780 286^r 87
S 780 287^r 3771
S 780 287^{vs} 6904
S 780 293^{rs} 6914
S 780 293^v 5379
S 780 293^{vs} 4227
S 780 294^r 10496
S 780 294^{vs} 4678
S 780 295^{vs} 3084
S 780 298^r 497
S 780 298^v 1113
S 780 300^{rs} 708
S 781 1^v 2740
S 781 1^{vs} 2740
S 781 3^{vs} 413
S 781 6^r 117
S 781 8^{rs} 9255
S 781 14^{vs} 8417
S 781 15^{vss} 8579
S 781 16^{vss} 9621
S 781 23^{rs} 3084
S 781 24^r 6872
S 781 25^{rs} 10622
S 781 27^{vs} 10346
S 781 29^{vs} 658
S 781 31^r 801

S 781 31^v 8774
S 781 32^r 830
S 781 34^{rs} 1029
S 781 34^{vs} 10172
S 781 35^v 5308
S 781 37^r 4636
S 781 41^r 9549
S 781 41^{vs} 3825
S 781 44^v 3702
S 781 45^{vs} 9657
S 781 46^r 9657
S 781 47^r 6789
S 781 50^{rs} 5767
S 781 50^{vs} 488
S 781 51^r 704
S 781 53^r 1360
S 781 54^{rs} 6922
S 781 54^{vs} 8651
S 781 55^r 4946
S 781 55^v 1067 8148
S 781 56^v 3812
S 781 57^r 189
S 781 57^v 5160
S 781 58^{rs} 6049
S 781 58^{vs} 2174
S 781 60^{rs} 3671
S 781 63^{rss} 44
S 781 64^{rs} 6338
S 781 64^v 1941
S 781 64^{vs} 5199
S 781 65^r 4434
S 781 66^{rs} 8491
S 781 66^v 1830
S 781 68^v 3859
S 781 69^r 4946 6789
S 781 69^v 7430
S 781 70^{vs} 6244
S 781 71^r 9098
S 781 76^r 10518
S 781 76^{vs} 7814
S 781 78^{vs} 36
S 781 82^v 1009
S 781 84^v 320
S 781 87^{rs} 9940
S 781 91^v 8012
S 781 92^{rs} 7953
S 781 93^r 4672
S 781 93^{vs} 3411
S 781 95^r 8973
S 781 96^{rs} 4453
S 781 96^{vs} 6642

S 781 97^{rs} 3859
S 781 97^v 5199
S 781 101^{rs} 2841
S 781 103^r 9778
S 781 103^v 4847
S 781 103^{vs} 5584
S 781 109^r 51
S 781 109^v 5053
S 781 114^{rs} 6641
S 781 115^{rs} 3669
S 781 116^{vs} 8947
S 781 117^{rs} 2315
S 781 117^v 1565
S 781 118^v 890
S 781 119^{rss} 4783
S 781 120^{rs} 292
S 781 120^{vss} 1414
S 781 121^v 4902
S 781 122^{rs} 10226
S 781 123^{rs} 10493
S 781 123^v 9612
S 781 124^r 497
S 781 127^{rs} 4281
S 781 129^{rs} 335
S 781 129^{vs} 7293
S 781 130^{rs} 4284
S 781 132^{rs} 3881
S 781 132^{vs} 3379
S 781 135^r 1201
S 781 136^v 3035
S 781 137^{rs} 2740 4784
S 781 138^v 964
S 781 139^{vs} 8372
S 781 140^{vs} 6271
S 781 145^{vss} 5545
S 781 147^v 5160 9469
S 781 152^{vss} 3220
S 781 154^v 5037
S 781 155^v 4284
S 781 158^{vs} 3190
S 781 160^{rs} 5275
S 781 161^v 6758
S 781 163^{rs} 9678
S 781 168^v 183
S 781 168^{vs} 7552
S 781 170^v 4284
S 781 173^v 1965
S 781 177^v 5037
S 781 178^r 1430
S 781 178^{vs} 10480
S 781 180^r 3748

S 781 180^v 9098
S 781 181^{rs} 5036
S 781 181^{vs} 1520
S 781 184^r 807
S 781 186^{rs} 138
S 781 187^{rs} 3051
S 781 192^{rs} 1009
S 781 196^{rs} 4137
S 781 200^r 5767
S 781 200^v 2324
S 781 204^{rs} 3366
S 781 210^r 6513
S 781 222^v 2315
S 781 223^{vs} 6424
S 781 225^v 704
S 781 226^v 6084
S 781 227^v 2323
S 781 227^{vs} 8073
S 781 228^r 488
S 781 232^v 3765
S 781 235^{vs} 4083
S 781 236^{rs} 2149
S 781 237^{rs} 2779
S 781 245^{rs} 10480
S 781 247^{rs} 708
S 781 248^{vss} 7283
S 781 250^{rs} 1959
S 781 251^{vs} 292
S 781 252^{vs} 9355
S 781 253^v 1559
S 781 254^{rs} 5768
S 781 257^{rs} 5726
S 781 263^r 6776
S 781 263^{rs} 2248
S 781 269^r 186
S 781 272^r 6026
S 781 272^v 4106
S 781 272^{vs} 7953
S 781 274^v 2388
S 781 280^{rs} 5271
S 781 280^{vs} 9414
S 781 283^r 7780
S 781 287^{rs} 7552
S 781 287^{vs} 393
S 781 289^r 5809
S 781 290^v 8164
S 781 293^{rs} 1262
S 781 294^{rs} 5606
S 781 294^{vs} 4902
S 781 296^{rs} 964
S 781 297^v 5828

S 781 298^r 412 9678
S 782 2^{vs} 7669
S 782 5^{rs} 6244
S 782 6^r 7242
S 782 6^{rs} 3000
S 782 9^{rss} 9065
S 782 13^v 10176
S 782 15^{vs} 4865
S 782 18^{vs} 9255
S 782 19^{rs} 10377
S 782 22^v 1351
S 782 25^r 4951
S 782 26^{vs} 5840
S 782 28^{rs} 5839
S 782 32^v 186
S 782 36^r 2764
S 782 36^{vs} 6196
S 782 37^{rs} 9982
S 782 39^r 2650
S 782 41^r 6244
S 782 41^{rs} 10388
S 782 48^v 5529
S 782 55^{vs} 2163
S 782 57^v 8252
S 782 59^r 8073
S 782 61^{rs} 2329
S 782 62^v 3693
S 782 72^r 9328
S 782 72^v 3888
S 782 74^s 9218
S 782 75^v 3744
S 782 79^{rss} 1236 1739
S 782 85^{rs} 10611
S 782 86^{vs} 7950
S 782 89^{vs} 3628
S 782 90^v 4028
S 782 100^{vs} 708
S 782 101^{rs} 6390
S 782 102^{rs} 5387
S 782 104^{rs} 7038
S 782 107^{rs} 105
S 782 108^r 5324
S 782 110^r 5529
S 782 110^{rs} 9098
S 782 110^v 704
S 782 111^{vs} 6237
S 782 115^{vs} 9414
S 782 117^{vs} 6813
S 782 120^{vs} 6734
S 782 122^{rs} 4434
S 782 123^r 2440

S 782 124^v 9113
S 782 126^r 10069
S 782 126^{vs} 222
S 782 127^{rs} 1051
S 782 129^v 3647
S 782 130^{vs} 418
S 782 131^{vs} 6602
S 782 132^{vs} 4994
S 782 133^r 3526
S 782 133^{rs} 7656
S 782 133^v 218 9173
S 782 135^v 1312
S 782 138^v 10413
S 782 139^v 9291
S 782 139^{vs} 9942
S 782 142^v 708 3218
S 782 147^{vs} 9469
S 782 148^{rs} 3084
S 782 148^v 9255
S 782 148^{vs} 6265
S 782 155^r 10069
S 782 158^v 2038
S 782 159^{rs} 6379
S 782 159^{vs} 7109
S 782 161^r 6776
S 782 164^{vs} 3479
S 782 165^{rs} 2063
S 782 169^r 620
S 782 171^r 5548
S 782 171^{rs} 7426
S 782 172^r 542
S 782 176^{rs} 930
S 782 178^v 5143
S 782 179^{vs} 5548
S 782 180^{rs} 7741
S 782 185^{rs} 7399
S 782 187^{vs} 4875
S 782 188^{rs} 8579
S 782 189^{rs} 6578
S 782 190^{vs} 5114
S 782 192^v 685
S 782 193^r 2779
S 782 193^v 3621
S 782 194^r 2063
S 782 196^r 9878
S 782 196^{rs} 9878
S 782 197^v 4281
S 782 197^{vs} 9198
S 782 208^{vs} 7446
S 782 211^{vs} 5840
S 782 216^r 9704

S 782 217^{vs} 4315	S 783 24^r 576	S 783 144^{vs} 6675
S 782 218^{rs} 5603	S 783 28^r 2779	S 783 146^{rs} 451
S 782 219^{vs} 5324	S 783 32^r 35 1785	S 783 147^{vs} 9923
S 782 223^{vs} 2272	S 783 33^r 9152	S 783 150^{rs} 4231
S 782 225^{rs} 2926	S 783 34^{rs} 6552	S 783 150^{vs} 3967
S 782 227^v 9007	S 783 35^{vs} 1840	S 783 158^r 6265
S 782 230^{vs} 3100	S 783 36^{rs} 1867	S 783 158^{vss} 3084
S 782 231^{rs} 9065	S 783 36^v 9982	S 783 169^{rs} 2547
S 782 233^{vs} 3084	S 783 37^r 2377	S 783 171^{vs} 6129
S 782 245^v 1545	S 783 37^{rs} 9113	S 783 172^{vs} 2547
S 782 249^v 10084	S 783 44^{rs} 2574	S 783 174^{vs} 1578
S 782 251^v 6552	S 783 44^v 9935	S 783 177^r 7435
S 782 260^r 3656	S 783 45^{vs} 10069	S 783 186^{rs} 9465
S 782 261^r 6251	S 783 46^r 10069	S 783 189^v 2415
S 782 263^{rs} 10031	S 783 48^{rs} 9792	S 783 191^v 651
S 782 269^{rs} 10519	S 783 53^r 166	S 783 193^v 3877
S 782 272^r 3218	S 783 53^{rs} 1867	S 783 194^v 5855
S 782 272^v 8145	S 783 54^r 1863	S 783 194^{vs} 7424
S 782 274^{rs} 917	S 783 58^{vss} 10362	S 783 195^v 1539
S 782 274^{vss} 4281	S 783 65^v 6330	S 783 196^r 3582
S 782 277^v 2883	S 783 67^v 3000	S 783 197^{rs} 5291
S 782 278^r 6746	S 783 69^r 9343	S 783 198^v 5130
S 782 278^{rs} 5894	S 783 77^{rs} 9495	S 783 200^{rs} 2293
S 782 279^{vs} 331	S 783 77^v 4974	S 783 202^{rs} 5595
S 782 280^r 1821	S 783 78^r 7720 9495	S 783 203^{rs} 4168
S 782 280^{vs} 3301	S 783 80^v 8695	S 783 208^{vs} 9648
S 782 281^{vs} 7953	S 783 83^{rs} 3791	S 783 211^r 1360
S 782 283^r 1240	S 783 83^{vs} 9495	S 783 212^v 5291
S 782 283^{rs} 2162	S 783 84^v 2627	S 783 216^r 5191
S 782 291^r 9982	S 783 86^v 6888	S 783 219^r 861
S 782 291^{rs} 1312	S 783 87^{rss} 1647	S 783 220^{rs} 4281
S 782 292^{rs} 5618	S 783 87^{vs} 9224	S 783 223^v 172
S 782 295^{vs} 8390	S 783 89^{vs} 7448	S 783 226^v 6758
S 782 298^{rs} 1042	S 783 90^r 9094	S 783 231^r 8090
S 782 298^v 2396	S 783 91^{rs} 2926	S 783 232^v 4847
S 782 299^r 1931	S 783 94^{vs} 5725	S 783 233^{rs} 633
S 782 299^v 3059	S 783 99^{rs} 3526	S 783 234^{vs} 1781
S 782 299^{vs} 10094	S 783 109^r 7098	S 783 237^r 5191
S 782 300^{vs} 5919	S 783 110^r 6217	S 783 238^{vss} 2343
S 783 2^r 6158	S 783 112^r 3059	S 783 239^v 10074
S 783 5^v 4281	S 783 124^v 4281	S 783 245^r 7254
S 783 6^r 4281	S 783 125^{rs} 2107	S 783 245^{rs} 10074
S 783 7^v 381	S 783 127^{rs} 9368	S 783 254^v 1912
S 783 8^{rs} 7230	S 783 129^v 3059	S 783 258^{rs} 9385
S 783 9^r 1840	S 783 130^{rs} 3059	S 783 260^r 6710
S 783 12^r 2237	S 783 131^r 1051	S 783 260^v 9907
S 783 13^{vs} 2985	S 783 133^{vs} 1412	S 783 262^{rs} 44
S 783 15^{rs} 7553	S 783 138^r 259	S 783 267^r 7271
S 783 17^{rs} 4284	S 783 138^{vs} 2389	S 783 268^r–271^v 6004
S 783 23^r 6813	S 783 140^r 10199	S 783 272^{vs} 9907
S 783 23^{vs} 7271	S 783 140^v 1845	S 783 274^v 7166

S 783 275^v 2046
S 783 276^v 6265
S 783 277^r 9868
S 783 278^v 6552
S 783 280^v 260
S 783 281^{rs} 1737
S 783 285^r 5725
S 783 285^v 4847 6900
S 783 288^v 5480
S 783 293^v 7729
S 783 296^r 4282
S 783 297^r 9923
S 783 299^{rs} 779
S 784 8^v 5442 9215
S 784 9^r 5529
S 784 10^v 5535
S 784 11^{rs} 2793
S 784 11^v 2793
S 784 12^r 5155
S 784 13^{rs} 10346
S 784 15^v 1781
S 784 16^r 10445
S 784 16^{vs} 5725
S 784 17^{vs} 2926
S 784 22^r 10199
S 784 22^{vs} 7295
S 784 30^{vs} 4282
S 784 34^{vs} 195
S 784 35^{rss} 651
S 784 39^v 9297
S 784 39^{vs} 4282
S 784 40^{rs} 7970
S 784 43^{rs} 2149
S 784 44^{vs} 4403
S 784 47^{rs} 4668
S 784 49^{rs} 6139
S 784 49^{rss} 1283 3643
S 784 49^{vss} 7970
S 784 50^{rs} 7907
S 784 54^r 1781
S 784 55^{rss} 8675
S 784 56^v 1659
S 784 57^{rs} 9401
S 784 59^{vss} 6158
S 784 68^{rs} 359
S 784 69^{vs} 3526
S 784 74^v 1199
S 784 79^{vs} 620
S 784 83^v 2990
S 784 84^r 3678
S 784 88^{rs} 4282

S 784 95^{vs} 5053
S 784 98^v 260
S 784 100^r 6813
S 784 100^{rs} 3877
S 784 103^{vs} 8534
S 784 105^r 3586 9152
S 784 117^v 9604
S 784 120^r 5155
S 784 122^r 1303
S 784 123^r 5597
S 784 124^{vs} 9753
S 784 125^{vs} 5535
S 784 133^v 4308
S 784 134^{rs} 5063
S 784 135^{rs} 8629
S 784 135^{vs} 5852
S 784 137^v 286
S 784 137^{vs} 2417
S 784 139^{vs} 3814
S 784 143^{vs} 4282
S 784 147^{rs} 3624
S 784 152^v 1598
S 784 153^{rs} 7953
S 784 162^{rs} 7803
S 784 171^v 2112
S 784 175^v 7912
S 784 199^v 7306
S 784 206^{vs} 4403
S 784 208^v 7574
S 784 208^{vs} 3652
S 784 209^v 4168
S 784 213^r 2107
S 784 215^{vs} 505
S 784 216^{rs} 6079
S 784 216^{vs} 2099
S 784 219^{rs} 4091
S 784 222^v 4070
S 784 228^r 8092
S 784 228^v 10452
S 784 230^r 3619
S 784 233^r 6074
S 784 233^v 5217
S 784 247^{rs} 9230
S 784 248^{vs} 4784
S 784 250^v 4923
S 784 253^v 8629
S 784 257^{vs} 9628
S 784 259^{rs} 1840
S 784 261^{rs} 2417
S 784 265^{vs} 6739
S 784 270^{rs} 335

S 784 270^v 10005
S 784 272^r 7109
S 784 274^{rs} 717
S 784 276^{vs} 5655
S 784 277^r 2779
S 784 282^r 4744
S 784 282^{rs} 1552
S 784 284^r 3474
S 784 284^{rs} 3474
S 784 285^{rs} 4282
S 784 289^r 2729
S 784 291^{vs} 5304
S 785 12^{rs} 7642
S 785 12^v 8810
S 785 12^{vs} 9906
S 785 20^r 6734
S 785 27^{rss} 2213
S 785 32^r 3969
S 785 42^{vs} 6854
S 785 47^{vs} 3167
S 785 49^{vs} 9730
S 785 51^r 1184
S 785 51^{rs} 525
S 785 57^{rs} 10249
S 785 57^v 3547
S 785 58^{rs} 2892
S 785 60^{vs} 1044
S 785 65^v 2600
S 785 65^{vs} 9913
S 785 66^r 9811
S 785 70^v 1678
S 785 72^v 9230
S 785 72^r 1072 4957
S 785 73^r 6552
S 785 75^v 10449
S 785 82^{rss} 2272
S 785 84^v 9054
S 785 85^r 1059
S 785 86^r 6304
S 785 88^{rs} 402
S 785 88^v 3172
S 785 90^{rs} 8283
S 785 90^v 2025 2854
S 785 93^v 2885
S 785 95^v 10524
S 785 96^r 1184
S 785 99^v 620
S 785 100^{rs} 3456
S 785 100^v 8372
S 785 104^{rs} 642
S 785 108^{vs} 2296

S 785 112^r 2409
S 785 119^{rs} 6862
S 785 119^v 5524
S 785 120^{vs} 3877
S 785 123^{vs} 6538
S 785 126^{rs} 9368
S 785 129^{vs} 2649
S 785 131^{vs} 5573
S 785 132^{vs} 6196
S 785 133^{vs} 9879
S 785 134^{rss} 1581
S 785 137^r 2247
S 785 141^r 3218 9368
S 785 142^r 4827
S 785 144^r 6805
S 785 149^v 7922
S 785 150^r 7
S 785 151^v 1412
S 785 152^v 6269
S 785 153^r 5356
S 785 154^v 1936
S 785 155^r 8625
S 785 155^v 9029
S 785 156^v 2033
S 785 163^r 3691
S 785 163^{vs} 3539
S 785 164^{rs} 3035
S 785 166^{vs} 2757
S 785 169^v 6758 10186
S 785 170^r 6772 8145
S 785 171^{vs} 9412
S 785 173^{rs} 930
S 785 174^v 1027 5743
S 785 175^r 7627
S 785 175^v 2549
S 785 176^r 8371
S 785 177^v 3535
S 785 178^v 5052
S 785 179^v 6994
S 785 180^v 9772
S 785 180^{vs} 9771
S 785 182^v 301
S 785 183^{rs} 6338
S 785 184^{rs} 7290
S 785 184^{vs} 7290
S 785 185^v 3335
S 785 190^v 2374
S 785 191^v 8385
S 785 191^{vs} 7166
S 785 193^r 3912
S 785 193^{vs} 2519

S 785 195^{rs} 7583
S 785 197^v 454
S 785 198^{rs} 4783
S 785 200^v 3474
S 785 207^{vs} 6644
S 785 208^{rs} 4957
S 785 209^{rs} 1824
S 785 210^{rs} 6079
S 785 210^{vs} 3748
S 785 213^{rs} 9996
S 785 214^r 5793
S 785 214^{rs} 4255
S 785 214^{vs} 930
S 785 215^r 9701
S 785 217^{vs} 1764
S 785 218^v 3535
S 785 222^r 4749
S 785 223^r 6544
S 785 224^r 5778
S 785 224^v 6005
S 785 225^r 10529
S 785 225^{rs} 9300
S 785 225^v 2099 7748
S 785 233^{rs} 5565
S 785 233^{vs} 8836
S 785 234^v 9648
S 785 238^{vs} 4551
S 785 240^{rs} 3784 9648
S 785 241^r 6735
S 785 244^v 4331
S 785 245^{vs} 10454
S 785 246^r 3765
S 785 248^v 4331
S 785 248^{rs} 2627
S 785 252^r 1807
S 785 252^{rs} 4903
S 785 253^r 6059
S 785 254^{vs} 7748
S 785 255^r 7748
S 785 255^v 5045
S 785 257^{vs} 1113
S 785 259^r 9415
S 785 259^v 4501
S 785 261^r 4122
S 785 263^{rs} 1062
S 785 263^v 4397
S 785 265^r 4397
S 785 266^{rs} 261
S 785 267^v 8120
S 785 268^v 10176
S 785 269^{rs} 5654

S 785 269^v 8360
S 785 270^v 5744
S 785 271^{rs} 3467
S 785 271^v 405
S 785 272^{rs} 1587
S 786 8^{rs} 9862
S 786 20^{rs} 525
S 786 22^{rs} 7953
S 786 28^{rs} 9879
S 786 32^{vs} 6265
S 786 33^{rs} 4891
S 786 36^{vss} 8033
S 786 44^{vs} 7798
S 786 45^r 4908
S 786 47^{vs} 9576
S 786 48^v 3641
S 786 56^{vs} 9100
S 786 57^r 7976
S 786 65^{rs} 7479
S 786 70^{vs} 2440
S 786 71^v 3051
S 786 79^r 416
S 786 81^r 8771
S 786 81^v 9811
S 786 82^{vs} 8606
S 786 85^r 1015
S 786 87^{rs} 6790
S 786 89^r 3691
S 786 98^r 3692
S 786 102^{rss} 5375
S 786 107^{vss} 8606
S 786 116^v 379
S 786 117^{rs} 2417
S 786 121^{vss} 8734
S 786 122^{vs} 90
S 786 123^r 9408
S 786 123^{rs} 1135
S 786 126^v 166 8606
S 786 127^{vs} 5840
S 786 130^v 4994
S 786 132^{vs} 7953
S 786 134^r 5875
S 786 136^r 2798
S 786 139^v 9730
S 786 141^r 7019
S 786 142^{rs} 9906
S 786 144^{rs} 3218
S 786 153^{vss} 2902
S 786 156^{rs} 7244
S 786 156^v 2107
S 786 159^{vs} 9469

S 786 161^v 379

S 786 165^{vss} 2417

S 786 169^v 10565

S 786 170^{rss} 10289

S 786 179^r 1656

S 786 181^{vs} 4528

S 786 182^{rs} 405

S 786 185^r 5215

S 786 186^{rs} 5919

S 786 188^r 1543

S 786 188^{vs} 6948

S 786 194^v 2532

S 786 195^r 3895

S 786 195^{vs} 2845

S 786 202^r 4672

S 786 205^v 7838

S 786 206^v 6596

S 786 210^v 6390

S 786 214^r 589

S 786 219^r 21

S 786 226^{rs} 1659

S 786 228^{vs} 489

S 786 230^{rs} 10380

S 786 232^r 2510

S 786 232^{rs} 8741

S 786 236^{vs} 1414

S 786 241^r 9100

S 786 249^r 2335

S 786 250^r 3969

S 786 253^{vs} 5770

S 786 255^{rs} 6935

S 786 259^{vs} 882

S 786 261^{vs} 9933

S 786 262^{rs} 10524

S 786 264^{vs} 7828

S 786 266^v 405

S 786 270^v 1845

S 786 271^r 6814

S 786 273^{rs} 9811

S 786 273^{vs} 2612

S 786 274^{rs} 5731

S 786 276^v 2926

S 786 278^{rs} 2396

S 786 284^{rs} 2572

S 786 285^r 2483

S 786 290^{rs} 2650

S 786 291^{rs} 8503

S 786 295^r 1058

S 786 299^{vs} 4908

S 786 301^{rs} 5737

S 786 307^r 2006

S 786 307^{vs} 4282

S 786 310^{rs} 8588

S 787 1^{vs} 7980

S 787 3^{rs} 8868

S 787 3^v 7449

S 787 3^{vs} 8868

S 787 4^r 9621

S 787 7^{vs} 6994

S 787 10^{rs} 4659

S 787 12^v 2463

S 787 14^{rs} 3035

S 787 16^{vs} 2417

S 787 19^v 6772

S 787 23^r 2107

S 787 24^{vs} 7075

S 787 25^{rss} 1793

S 787 26^{vs} 957

S 787 27^v 5956

S 787 30^r 6271

S 787 37^{vs} 2232

S 787 38^{rs} 5548

S 787 40^v 5623

S 787 44^r 3218

S 787 44^v 9824

S 787 46^{vs} 5917

S 787 47^v 5073

S 787 48^{vs} 4271

S 787 49^r 9621

S 787 50^r 5892

S 787 53^v 2780

S 787 57^{rs} 2057

S 787 57^{vs} 1135

S 787 59^r 9439

S 787 59^{vs} 2732

S 787 60^r 2732

S 787 60^{rs} 3650

S 787 63^r 7553

S 787 71^{rs} 8449

S 787 74^r 4284

S 787 81^{vs} 2226

S 787 84^v 730

S 787 100^v 7399

S 787 101^r 8626

S 787 102^v 3843

S 787 104^{vs} 10468

S 787 107^v 1011

S 787 114^r 3454

S 787 116^{rs} 9198

S 787 119^r 4957

S 787 121^r 4167

S 787 124^v 5573

S 787 126^{vs} 4765

S 787 127^{rs} 8180

S 787 131^{rs} 2275

S 787 132^{rs} 9228

S 787 141^{rs} 7721

S 787 142^{vss} 6891

S 787 146^{vss} 4828

S 787 159^r 2652

S 787 159^{rss} 492

S 787 161^r 7403

S 787 165^r 177

S 787 166^{vs} 4957

S 787 168^{vs} 1025

S 787 169^v 8449

S 787 173^{vs} 3337

S 787 174^{rs} 9872

S 787 175^{rs} 538

S 787 175^v 1559

S 787 176^r 6298

S 787 179^r 7693

S 787 179^v 4939

S 787 180^{rs} 3566

S 787 180^v 917

S 787 183^{vs} 7190

S 787 186^{rs} 3051

S 787 190^{vs} 9328

S 787 191^{rs} 2272

S 787 193^{vs} 2985

S 787 196^r 1893 7459

S 787 202^{rs} 4636

S 787 202^{vss} 8606

S 787 204^{vs} 9540

S 787 206^{vs} 9137

S 787 216^{rs} 7953

S 787 219^r 9859

S 787 225^{vs} 1559

S 787 230^{rs} 2388

S 787 237^{rs} 8474

S 787 240^v 2272

S 787 241^{vs} 2275

S 787 245^v 4284

S 787 246^{rs} 1990

S 787 250^r 3399

S 787 251^{vs} 4668

S 787 252^v 9696

S 787 252^{vs} 325

S 787 253^{rs} 7459

S 787 254^{rs} 324

S 787 256^{vs} 1025

S 787 263^{vs} 2794

S 787 268^r 2338

S 787 269^{rs} 538
S 787 269^{v} 10540
S 787 270^{v} 2621
S 787 279^{r} 10486
S 787 281^{v} 1217
S 787 286^{vs} 512
S 787 289^{r} 9164
S 787 289^{rs} 735
S 787 290^{vs} 5161
S 787 291^{rs} 274
S 787 299^{v} 3691
S 788 1^{r} 4864
S 788 3^{vs} 9540
S 788 4^{r} 3441
S 788 8^{vs} 8434
S 788 14^{rs} 4637
S 788 17^{r} 7504
S 788 18^{rs} 7585
S 788 18^{v} 5308
S 788 21^{vs} 4763
S 788 31^{v} 3118
S 788 33^{rs} 2463
S 788 41^{rs} 2248
S 788 44^{rs} 7798
S 788 45^{r} 3573
S 788 50^{rs} 4677
S 788 52^{rs} 8795
S 788 52^{v} 814
S 788 53^{rs} 4784
S 788 59^{r} 6296
S 788 65^{v} 4282
S 788 67^{r} 9628
S 788 67^{rs} 7460
S 788 67^{v} 222
S 788 68^{vs} 5089
S 788 69^{rs} 6794
S 788 71^{v} 2333
S 788 72^{v} 5524
S 788 73^{rs} 1011
S 788 79^{r} 4663
S 788 80^{v} 7708
S 788 83^{r} 889
S 788 89^{r} 9923
S 788 91^{r} 5873
S 788 97^{r} 4069
S 788 97^{v} 7950
S 788 100^{vs} 8001
S 788 105^{vs} 661
S 788 109^{v} 5503
S 788 111^{vs} 4581
S 788 113^{rs} 5794

S 788 114^{rs} 9128
S 788 116^{r}
S 788 119^{r} 3218
S 788 121^{v} 8686
S 788 125^{vs} 9354
S 788 126^{v} 3818
S 788 127^{r} 2173
S 788 127^{v} 4637
S 788 128^{r} 5340
S 788 129^{r} 3478
S 788 129^{v} 7232
S 788 132^{rs} 3748
S 788 135^{v} 3343
S 788 138^{r} 8438
S 788 138^{v} 486
S 788 142^{rs} 7912
S 788 142^{v} 3561
S 788 146^{vs} 3520
S 788 147^{vs} 7504
S 788 148^{rs} 10278
S 788 149^{vs} 8033
S 788 151^{rs} 9049
S 788 154^{vs} 3335
S 788 155^{rs} 4907
S 788 156^{v} 3000
S 788 157^{vs} 520
S 788 158^{rs} 6874
S 788 163^{v} 9273
S 788 166^{v} 2093 3561
S 788 167^{r} 4476
S 788 167^{rs} 4476
S 788 167^{vs} 4226
S 788 168^{rs} 3561
S 788 170^{v} 7912
S 788 171^{vs} 827
S 788 177^{v} 7497
S 788 188^{v} 7497
S 788 192^{r} 1824
S 788 193^{r} 3130
S 788 194^{vs} 8844
S 788 199^{r} 4668
S 788 200^{rs} 3590
S 788 208^{v} 7953
S 788 209^{v} 801
S 788 211^{vs} 10388
S 788 215^{rs} 4552
S 788 230^{r} 2060
S 788 233^{r} 6069
S 788 236^{v} 6772
S 788 238^{r} 7708
S 788 242^{v} 8145

S 788 243^{rs} 3713
S 788 247^{r} 6038
S 788 251^{r} 3512
S 788 257^{r} 3874
S 788 263^{rs} 1012
S 788 264^{vss} 1845
S 788 265^{vs} 7953
S 788 268^{vs} 222
S 788 269^{rs} 2818
S 788 270^{v} 10036
S 788 271^{r} 8015
S 788 272^{rs} 6445
S 788 273^{vs} 2217
S 788 275^{v} 4582
S 788 275^{vss} 4636
S 788 277^{rs} 1824
S 788 278^{v} 9819
S 788 281^{r} 5363
S 788 283^{v} 5348 8341
S 788 285^{r} 9022
S 788 286^{rs} 6714
S 788 288^{vs} 9137
S 788 290^{r} 2780
S 789 5^{v} 10288
S 789 8^{v} 2845
S 789 9^{r} 10413
S 789 12^{rs} 4728
S 789 17^{v} 9146
S 789 18^{rs} 3035
S 789 20^{v} 1513
S 789 26^{v} 9465
S 789 29^{v} 2182
S 789 29^{vs} 8161
S 789 32^{rs} 2898
S 789 43^{r} 131
S 789 43^{v} 3226
S 789 45^{v} 2102
S 789 47^{rs} 8700
S 789 48^{v} 8815
S 789 51^{v} 5375
S 789 52^{v} 2780
S 789 53^{r} 1802
S 789 53^{rs} 845
S 789 61^{rs} 4611
S 789 61^{vs} 9268
S 789 65^{vs} 206
S 789 66^{rs} 7953
S 789 66^{v} 10503
S 789 70^{vs} 6950
S 789 71^{rs} 9696
S 789 80^{v} 1952

S 789 86^r 5676
S 789 89^r 1912
S 789 89^{vs} 8316
S 789 98^r 3526
S 789 98^v 3389
S 789 100^{rs} 4758
S 789 101^{vs} 10242
S 789 108^v 6821
S 789 109^r 358
S 789 113^r 1943
S 789 113^{rs} 4476
S 789 114^{vs} 3311
S 789 119^r 6739
S 789 125^{rs} 1202
S 789 129^v 7953
S 789 133^{rs} 400
S 789 133^{vs} 5924
S 789 134^r 620 9177
S 789 135^{vs} 4285
S 789 140^r 8360
S 789 142^v 1308
S 789 144^v 3240
S 789 148^v 1147
S 789 149^v 7953
S 789 149^{vs} 4908
S 789 150^{rs} 7034
S 789 152^{rs} 1303
S 789 152^v 6416
S 789 154^{rs} 2107
S 789 157^{vs} 2226
S 789 159^r 930
S 789 163^{rs} 8033
S 789 166^v 2948
S 789 167^{vs} 8937
S 789 171^{vs} 2032
S 789 174^r 4539
S 789 176^r 9824
S 789 176^v 6059
S 789 177^r 4821
S 789 179^{vs} 7425
S 789 180^r 7997
S 789 180^v 6079
S 789 184^{rs} 1202
S 789 184^{vs} 3537
S 789 186^v 10118
S 789 187^{rs} 1202
S 789 190^v 9554
S 789 190^{rs} 9514
S 789 193^v 861
S 789 195^{rs} 1135
S 789 197^{rs} 662

S 789 200^v 3330
S 789 201^{vs} 5062
S 789 203^v 6209
S 789 203^{vs} 6439
S 789 205^{vs} 3537
S 789 217^v 8314
S 789 218^{vs} 7852
S 789 224^v 7504
S 789 233^{rs} 5375
S 789 233^v 1202
S 789 235^r 2780
S 789 235^{vs} 1332
S 789 243^r 4728
S 789 243^{rs} 4282
S 789 243^{vs} 8438
S 789 244^v 8438
S 789 251^r 423
S 789 251^v 6953
S 789 253^{rs} 8471
S 789 256^r 2831
S 789 256^v 6205 7954
S 789 260^r 4278
S 789 263^r 6514
S 789 263^v 7927
S 789 266^v 9049
S 789 268^{rs} 7954
S 789 268^v 7878
S 789 268^{vs} 10589
S 789 270^v 8010
S 789 274^{vs} 622
S 789 275^r 620
S 789 276^v 8010
S 789 279^r 8039
S 789 279^v 8984
S 789 280^{rs} 4502
S 789 287^v 1577
S 789 287^{vs} 5126
S 789 290^r 5365 9701
S 789 291^{vs} 6329
S 789 293^r 2936
S 789 293^{vs} 845
S 789 295^r 5538
S 789 297^r 497
S 789 298^{rs} 2549
S 790 3^r 520
S 790 7^r 9896
S 790 10^{rs} 6758
S 790 12^r 9991
S 790 12^{vs} 2107
S 790 15^{rs} 2364
S 790 16^v 9224

S 790 17^v 1674
S 790 18^r 7911
S 790 18^v 10465
S 790 21^r 9463
S 790 28^r 9015
S 790 32^{vs} 10005
S 790 35^v 4895
S 790 36^r 7916
S 790 36^{vs} 6545
S 790 38^v 6417
S 790 43^v 4921
S 790 48^r 1672
S 790 49^{rs} 489
S 790 52^r 8805
S 790 53^{vs} 1009
S 790 55^r 9576
S 790 57^{rs} 4907
S 790 62^r 2585
S 790 65^{vss} 1238
S 790 67^{rs} 4122
S 790 68^{rss} 9128
S 790 71^{rs} 8227
S 790 75^v 4380
S 790 81^{vs} 68
S 790 84^r 8898
S 790 86^r 3537
S 790 86^{vs} 5555
S 790 89^r 5726
S 790 90^r 5691
S 790 92^{rs} 685
S 790 92^{vs} 9049
S 790 97^r 5535
S 790 101^r 8227
S 790 102^v 9879
S 790 103^r 4502
S 790 104^{rs} 4519
S 790 107^v 1492
S 790 110^r 8580
S 790 123^{rs} 7860
S 790 129^{vs} 9896
S 790 130^r 2697
S 790 131^{vs} 6563
S 790 132^{rs} 2329
S 790 135^r 5689
S 790 137^{rs} 7352
S 790 137^{vs} 4677
S 790 141^{vs} 1352
S 790 147^v 5770
S 790 149^{vs} 2596
S 790 152^r–154^r 4569
S 790 154^{rs} 2908

S 790 154^{vs} 8344
S 790 157^{rs} 8625
S 790 159^{vs} 3650
S 790 163^{v} 4908
S 790 166^{vs} 1784
S 790 168^{r} 7993
S 790 168^{v} 2550
S 790 173^{v} 8330
S 790 174^{r} 3977
S 790 179^{v} 9198
S 790 179^{vs} 7174
S 790 183^{rs} 2780
S 790 183^{v} 845
S 790 184^{rs} 9463
S 790 186^{r} 1784
S 790 188^{r} 1076
S 790 189^{vs} 4957
S 790 191^{r} 8314
S 790 194^{v} 8195
S 790 196^{v} 845
S 790 197^{vs} 5770
S 790 199^{v} 10069
S 790 200^{v} 10598
S 790 204^{r} 4642
S 790 205^{v} 4912
S 790 208^{v} 8217
S 790 211^{v} 8666
S 790 214^{v} 10069
S 790 216^{vs} 8606
S 790 226^{r} 9598
S 790 228^{rs} 1514
S 790 231^{v} 8177
S 790 252^{rs} 9312
S 790 254^{v} 9368
S 790 255^{r} 4602 9879
S 790 256^{v} 9098
S 790 259^{r} 3527 6437 7170
S 790 260^{rs} 3001
S 790 276^{r} 2692
S 790 282^{vs} 7954
S 790 285^{rs} 6217
S 790 289^{r} 5160
S 790 290^{r} 8874
S 790 292^{r} 4519
S 790 296^{rs} 8874
S 790 297^{rs} 8316
S 791 1^{rs} 8203
S 791 10^{r} 363
S 791 10^{rs} 9198
S 791 12^{r} 6604
S 791 16^{vs} 117

S 791 20^{v} 4569
S 791 21^{rs} 8347
S 791 29^{r} 10186
S 791 29^{vs} 7798
S 791 30^{r} 600
S 791 32^{v} 9581
S 791 36^{r} 8936
S 791 37^{r} 7434
S 791 37^{v} 3890 8580
S 791 39^{v} 1303
S 791 41^{rs} 9581
S 791 45^{vs} 600
S 791 49^{r} 3526
S 791 53^{vs} 1627
S 791 55^{v} 6686
S 791 60^{v} 6341
S 791 62^{vs} 4440
S 791 63^{vs} 556
S 791 65^{vs} 7506
S 791 66^{v} 7238
S 791 70^{r} 4285 9052
S 791 70^{v} 486
S 791 71^{v} 4594 5734
S 791 73^{v} 8009
S 791 74^{vs} 3084
S 791 81^{r} 2985
S 791 81^{rs} 9344
S 791 84^{r} 3902
S 791 84^{v} 4519
S 791 89^{v} 2885
S 791 89^{vs} 3414
S 791 90^{rs} 10528
S 791 92^{v} 8683
S 791 93^{v} 6158 9241 10606
S 791 94^{rs} 115
S 791 100^{v} 6880 8258
S 791 101^{rs} 704
S 791 101^{v} 4946
S 791 102^{v} 10353
S 791 105^{vs} 5529
S 791 110^{rs} 9196
S 791 111^{rs} 3163
S 791 112^{rs} 1225
S 791 113^{rs} 2156
S 791 114^{r} 10493
S 791 114^{vs} 5327
S 791 115^{vss} 571
S 791 117^{rs} 2392
S 791 117^{vs} 2550
S 791 118^{r} 833
S 791 118^{rs} 8739

S 791 119^{rs} 9711
S 791 122^{r} 6850
S 791 124^{v} 2327
S 791 125^{v} 6415
S 791 127^{rs} 3171
S 791 130^{r} 10143
S 791 130^{rs} 8874
S 791 131^{rs} 2992
S 791 132^{rs} 9098
S 791 133^{r} 4966
S 791 134^{r} 2602
S 791 140^{r} 3722
S 791 143^{r} 4359
S 791 145^{rs} 381
S 791 145^{v} 6415
S 791 147^{r} 2936
S 791 149^{r} 4763 4891
S 791 151^{rs} 9910
S 791 151^{v} 2550
S 791 157^{vs} 2440
S 791 158^{v} 5230
S 791 162^{r} 7954
S 791 163^{vs} 2183
S 791 164^{r} 2580
S 791 168^{v} 5989
S 791 169^{r} 7098
S 791 169^{vs} 3683
S 791 170^{r} 7174
S 791 171^{rs} 2077
S 791 171^{v} 5131
S 791 171^{vs} 8314
S 791 175^{vs} 10299
S 791 180^{rs} 1631
S 791 181^{vs} 2092
S 791 184^{r} 3129
S 791 189^{rs} 1626
S 791 190^{v} 9412
S 791 191^{rs} 3087
S 791 193^{rs} 8128
S 791 196^{rs} 9142
S 791 196^{v} 833
S 791 200^{rs} 1015
S 791 200^{v} 751
S 791 201^{rs} 765
S 791 202^{r} 5602
S 791 204^{rs} 7567
S 791 205^{r} 3431
S 791 206^{rs} 8410
S 791 211^{vs} 2302
S 791 214^{vs} 6533
S 791 221^{rs} 6144

S 791 222^r 6991

S 791 222^{rs} 9991

S 791 225^v 5327

S 791 226^v 8626

S 791 232^r 4434

S 791 234^{rs} 4661

S 791 234^v 1653

S 791 239^{rs} 4558

S 791 240^{rs} 2077

S 791 241^{rs} 2077

S 791 242^{vs} 3850

S 791 243^{rs} 3850

S 791 243^v 7627

S 791 247^{vs} 3553

S 791 252^{rs} 3694

S 791 253^{vs} 3874

S 791 254^{rs} 1001

S 791 261^r 4402

S 791 263^r 9825

S 791 265^v 4434

S 791 265^{vs} 1644

S 791 266^{rs} 1644

S 791 269^r 8557

S 791 270^r 3095

S 791 282^{rs} 1001

S 791 284^r 7722

S 791 287^r 5798

S 791 287^{vs} 2078

S 791 288^{rs} 5340

S 791 289^r 1630

S 791 289^v 1773

S 791 290^{rs} 7042

S 791 290^v 5771

S 791 291^{vs} 2446

S 791 292^{rs} 4282

S 791 292^v 5881

S 792 2^r 3589

S 792 2^v 8020

S 792 3^r 8215

S 792 4^r 9300

S 792 6^v 10184

S 792 9^r 2077 7147

S 792 13^{rs} 5340

S 792 13^{vs} 6412

S 792 15^r 1015

S 792 20^r 4264

S 792 23^{rs} 4139

S 792 33^v 8434

S 792 38^v 436

S 792 43^r 9825

S 792 44^r 8836

S 792 45^r 3248 3694

S 792 45^v 921

S 792 46^r 9720

S 792 47^{rs} 930

S 792 48^v 6307 7823

S 792 49^{vs} 3172

S 792 52^r 3250

S 792 52^{vs} 3977

S 792 53^{rs} 5395

S 792 56^r 1086

S 792 56^v 7689

S 792 58^{rs} 4552

S 792 59^{rs} 5770

S 792 60^r 7689

S 792 65^{rs} 7688

S 792 66^v 10493

S 792 70^v 4569

S 792 72^{rs} 2550

S 792 72^v 6217

S 792 72^{vs} 4637

S 792 73^{rss} 7381

S 792 73^{vs} 1528

S 792 75^r 6001

S 792 81^{rs} 2016

S 792 86^{vs} 3553

S 792 88^{vs} 7824

S 792 91^{vs} 5545

S 792 92^{rs} 5598

S 792 93^r 546

S 792 93^v 546

S 792 94^r 546

S 792 94^{rs} 546

S 792 94^{vs} 10069

S 792 95^{vs} 5608

S 792 97^r 5047

S 792 101^{rs} 1015

S 792 104^{rs} 1631

S 792 104^v 4631

S 792 105^r 5420

S 792 113^{vs} 7823

S 792 120^r 4552

S 792 120^v 9824

S 792 132^r 10599

S 792 133^{vs} 10078

S 792 136^v 5143

S 792 139^{rs} 1846

S 792 141^r 757

S 792 145^v 6403

S 792 147^{rs} 7583

S 792 160^r 10476

S 792 161^r 7689

S 792 162^{vss} 1909

S 792 163^{vs} 6659

S 792 165^r 9448

S 792 166^{vs} 8463

S 792 171^v 5747

S 792 172^{vs} 7236

S 792 179^{rs} 4933

S 792 180^r 2479

S 792 183^{vs} 4814

S 792 188^v 327

S 792 188^{vs} 3095

S 792 191^r 689

S 792 192^v 7689 8303 9300

S 792 193^v 4011

S 792 194^r 9474

S 792 196^v 5487

S 792 196^{vs} 10205

S 792 204^v 7228

S 792 206^{rs} 99

S 792 212^v 8921

S 792 215^{rs} 2344

S 792 216^{rss} 2344

S 792 217^{rs} 3699

S 792 217^v 2344

S 792 219^r 7997

S 792 221^v 7072

S 792 221^{vs} 3862

S 792 229^{vs} 1068

S 792 233^{rs} 4282

S 792 236^r 3614

S 792 238^{vss} 3858

S 792 239^v 2926

S 792 240^r 3619

S 792 240^{rs} 2926

S 792 240^v 4107

S 792 242^v 5210

S 792 244^r 8336

S 792 244^v 7607

S 792 250^{rs} 6350

S 792 250^v 1221 2030 8341

S 792 251^v 7098

S 792 255^{vs} 8020

S 792 256^{rs} 9711

S 792 262^r 4284

S 792 263^{rs} 8502

S 792 264^r 4957

S 792 264^v 7112

S 792 265^{rs} 10476

S 792 266^v 3440

S 792 267^{rs} 2381

S 792 268^v 2831

S 792 269^{rs} 9932
S 792 273^{r} 5348
S 792 273^{v} 7025
S 792 274^{r} 7738
S 792 276^{rss} 2218
S 792 279^{v} 9098
S 792 281^{r} 7126
S 792 281^{vs} 7069
S 792 283^{v} 476 8877
S 792 285^{r} 1064
S 792 288^{rs} 9274
S 792 288^{vs} 530
S 792 293^{rs} 489
S 792 295^{rss} 5770
S 792 296^{rs} 10316
S 792 297^{vs} 6607
S 792 298^{rs} 8836
S 792 302^{rs} 4211
S 792 302^{vs} 5644
S 792 304^{v} 5733
S 793 2^{r} 845
S 793 11^{rs} 9928
S 793 11^{v} 4144
S 793 13^{v} 6285
S 793 18^{r} 4011
S 793 19^{v} 7072
S 793 26^{rs} 6157
S 793 26^{v} 708
S 793 27^{r} 1631
S 793 28^{r} 6156
S 793 32^{r} 4659
S 793 35^{v} 4284
S 793 37^{r} 9343
S 793 38^{vs} 3848
S 793 40^{rs} 7631
S 793 42^{vs} 6694
S 793 44^{v} 4460
S 793 48^{r} 4736
S 793 48^{vs} 4218
S 793 50^{v} 5848 7721
S 793 53^{v} 2774
S 793 55^{v} 8211
S 793 61^{v} 4449
S 793 62^{r} 3537
S 793 63^{rs} 5219
S 793 63^{vs} 5321
S 793 65^{r} 1033
S 793 66^{v} 4649
S 793 67^{r} 2953
S 793 68^{rs} 7839
S 793 70^{r} 9273

S 793 71^{rss} 5535
S 793 71^{vs} 451
S 793 72^{r} 6079
S 793 72^{rs} 8211
S 793 72^{vs} 4628
S 793 73^{rs} 4303
S 793 73^{v} 6350
S 793 74^{r} 5535
S 793 75^{r} 7072
S 793 81^{r} 3920
S 793 86^{rss} 7689
S 793 87^{v} 10476
S 793 89^{vs} 8829
S 793 90^{v} 8686
S 793 91^{v} 10124
S 793 92^{vs} 4461
S 793 100^{r} 8759
S 793 101^{v} 6360
S 793 102^{r} 6439
S 793 103^{r} 7112
S 793 103^{rs} 2794
S 793 108^{r} 8874
S 793 108^{v} 6249
S 793 109^{v} 9133
S 793 113^{r} 3834
S 793 115^{v} 8601
S 793 122^{rs} 4252
S 793 122^{v} 1840
S 793 124^{rs} 5878
S 793 126^{vs} 10480
S 793 127^{v} 7426
S 793 129^{rss} 7721
S 793 130^{rs} 1506
S 793 133^{r} 3920
S 793 135^{rs} 3389
S 793 136^{r} 3585 4608
S 793 138^{rs} 4136
S 793 140^{rs} 5226
S 793 141^{r} 4059
S 793 141^{v} 9128
S 793 142^{r} 8401
S 793 143^{r} 10069
S 793 146^{v} 5744
S 793 148^{v} 9881
S 793 151^{v} 537
S 793 152^{v} 68 7359
S 793 152^{vs} 9824
S 793 153^{v} 9824
S 793 156^{r} 9944
S 793 164^{rs} 5211
S 793 168^{vs} 8204

S 793 169^{r} 827
S 793 170^{v} 6059
S 793 171^{rs} 5535
S 793 172^{v} 546
S 793 172^{vs} 1114
S 793 175^{vs} 7954
S 793 180^{v} 7077
S 793 183^{r} 4453
S 793 187^{v} 2780
S 793 188^{v} 2550
S 793 190^{v} 2707
S 793 192^{r} 7932
S 793 194^{v} 10403
S 793 196^{rs} 5810
S 793 197^{r} 845
S 793 198^{rs} 8868
S 793 199^{r} 6350
S 793 199^{v} 2327
S 793 202^{vs} 6366
S 793 206^{vs} 9879
S 793 215^{rss} 3102
S 793 217^{r} 3243
S 793 223^{rs} 1830
S 793 224^{r} 9777
S 793 224^{vs} 841
S 793 225^{r} 3632
S 793 226^{vs} 6391
S 793 227^{v} 5053
S 793 231^{v} 6553
S 793 233^{r} 6279
S 793 236^{r} 3722
S 793 239^{r} 3134
S 793 242^{rs} 2841
S 793 245^{rs} 4530
S 793 250^{v} 137
S 793 251^{r} 1773
S 793 253^{r} 2658
S 793 254^{v} 8027
S 793 258^{rs} 7954
S 793 259^{rs} 5793
S 793 261^{r} 7759
S 793 264^{v} 6629
S 793 266^{rs} 546
S 793 268^{rs} 3134
S 793 270^{v} 8669
S 793 275^{r} 1272
S 793 276^{r} 868
S 793 277^{r} 260
S 793 278^{v} 1444 4476
S 793 282^{r} 7839
S 793 283^{v} 7142

S 793 286^{vs} 353
S 793 288^{rs} 9368
S 793 289^{r} 10272
S 793 289^{v} 527
S 793 292^{rs} 1198
S 793 294^{r} 4011
S 793 295^{rs} 621
S 793 296^{r} 8789
S 793 300^{v} 4663
S 794 4^{rs} 10047
S 794 9^{rs} 5162
S 794 9^{vs} 3051
S 794 11^{v} 7754
S 794 11^{vs} 10069
S 794 12^{r} 2780
S 794 12^{rs} 1025
S 794 14^{r} 5185
S 794 15^{r} 2463
S 794 15^{v} 498
S 794 16^{vs} 6993
S 794 19^{v} 5648
S 794 20^{rs} 9879
S 794 21^{rs} 2779
S 794 24^{rs} 9611
S 794 26^{v} 7325
S 794 26^{vs} 4136
S 794 29^{r} 1760
S 794 37^{v} 2080
S 794 39^{r} 9824
S 794 40^{v} 5341 7072
S 794 41^{rs} 1846
S 794 42^{rs} 9128
S 794 45^{vs} 1030
S 794 48^{v} 9471
S 794 51^{r} 1119
S 794 52^{vs} 8426
S 794 54^{rs} 9879
S 794 56^{r} 3962
S 794 61^{v} 4957 9760
S 794 61^{vs} 1015
S 794 65^{rs} 3116
S 794 66^{r} 3116
S 794 66^{rs} 9638
S 794 76^{rs} 983
S 794 76^{v} 3747
S 794 78^{r} 8636
S 794 78^{vs} 4476
S 794 80^{v} 7432
S 794 83^{vs} 4946
S 794 85^{rs} 1272
S 794 92^{r} 4946 7583

S 794 96^{v} 5321
S 794 97^{rs} 10015
S 794 97^{v} 1030
S 794 100^{rs} 2985
S 794 101^{r} 4923
S 794 106^{r} 6991
S 794 107^{rs} 8426
S 794 112^{r} 8439
S 794 112^{v} 4628
S 794 115^{r} 3692
S 794 117^{r} 10605
S 794 117^{rs} 5426
S 794 118^{r} 10069
S 794 118^{v} 4814
S 794 121^{rs} 4775
S 794 128^{r} 2429
S 794 133^{v} 1389
S 794 134^{rs} 708
S 794 137^{vs} 1645
S 794 138^{rs} 5917
S 794 140^{r} 10605
S 794 147^{rss} 8316
S 794 149^{vs} 5638
S 794 162^{r} 603 7407
S 794 163^{r} 3823
S 794 165^{v} 1500 10176
S 794 167^{r} 7133 9368
S 794 168^{r} 6725
S 794 168^{v} 9498 10501
S 794 169^{r} 8135
S 794 169^{v} 5039 8876
S 794 172^{v} 3691
S 794 174^{r} 8439
S 794 174^{rs} 8439
S 794 176^{r} 1011 7573
S 794 176^{v} 9731
S 794 177^{r} 2469
S 794 178^{r} 1787 7954
S 794 183^{r} 9638
S 794 193^{r} 3454
S 794 197^{v} 3788
S 794 197^{vs} 5210
S 794 203^{vs} 2377
S 794 206^{rs} 8212
S 794 208^{rs} 6546
S 794 208^{v} 5563
S 794 212^{v} 3788
S 794 215^{vs} 10176
S 794 217^{vs} 444
S 794 218^{rs} 5282
S 794 219^{v} 4505

S 794 221^{rs} 10015
S 794 226^{v} 708
S 794 228^{r} 6051
S 794 228^{rs} 3722
S 794 237^{r} 1251
S 794 239^{v} 10605
S 794 243^{vs} 7
S 794 247^{v} 10088
S 794 253^{r} 1859
S 794 259^{rs} 9404
S 794 262^{rs} 3270
S 794 264^{vs} 3527
S 794 266^{v} 5964
S 794 268^{r} 10229
S 794 272^{vs} 6605
S 794 275^{vs} 6802
S 794 276^{r} 266
S 794 276^{vs} 10380
S 794 277^{v} 2655
S 794 278^{v} 1593
S 794 279^{r} 1396
S 794 279^{v} 5313
S 794 281^{r} 1500
S 794 281^{rs} 1945
S 794 286^{r} 4248
S 794 287^{r} 9137
S 794 287^{vs} 9731
S 794 288^{r} 7674 9731
S 794 291^{v} 2831
S 794 293^{r} 4945
S 794 295^{v} 1119
S 794 296^{rss} 2218
S 794 297^{v} 2296 4755
S 794 298^{v} 1614
S 794 299^{v} 2892
S 794 300^{r} 5550
S 795 5^{rs} 5882
S 795 11^{r} 444
S 795 12^{v} 1377
S 795 14^{vs} 4763
S 795 15^{rs} 4796
S 795 16^{rs} 9466
S 795 18^{v} 4836 5950
S 795 19^{r} 5579
S 795 19^{v} 1846
S 795 22^{r} 5537
S 795 25^{r} 3454
S 795 27^{r} 9138
S 795 27^{vs} 2967
S 795 28^{r} 2967
S 795 30^{rs} 8404

S 795 31^{rs} 9932
S 795 31^{vs} 1764
S 795 32^{v} 5746
S 795 35^{r} 975
S 795 35^{vs} 10289
S 795 38^{r} 7735
S 795 39^{v} 7815
S 795 40^{v} 4371
S 795 43^{v} 4282
S 795 43^{vs} 2463
S 795 44^{vs} 8874
S 795 47^{v} 8686 9387
S 795 48^{v} 7400
S 795 49^{r} 8036
S 795 51^{r} 5847
S 795 52^{v} 6272
S 795 52^{vs} 2377
S 795 55^{vs} 4475
S 795 57^{v} 2854
S 795 59^{v} 4968
S 795 59^{vss} 2345
S 795 62^{v} 1859
S 795 65^{r} 10413
S 795 76^{r} 7325
S 795 82^{vs} 8679
S 795 87^{vs} 10355
S 795 89^{r} 7289
S 795 89^{rs} 9731
S 795 92^{r} 4814
S 795 92^{rs} 9626
S 795 99^{rs} 8401
S 795 103^{rs} 9731
S 795 103^{vs} 9731
S 795 106^{v} 3454
S 795 107^{rs} 1377
S 795 107^{vs} 2929
S 795 113^{r} 8545
S 795 115^{rs} 1234
S 795 115^{v} 1025
S 795 117^{r} 3689
S 795 118^{rs} 3699
S 795 124^{v} 2780 8161
S 795 130^{r} 845
S 795 132^{r} 2781
S 795 136^{v} 5160 10162
S 795 137^{r} 5155
S 795 138^{r} 3699
S 795 140^{v} 546
S 795 142^{v} 1936 4796
S 795 143^{r} 7312
S 795 144^{v} 10131

S 795 145^{v} 1678
S 795 150^{v} 8686
S 795 154^{v} 4720 6457
S 795 156^{rs} 9123
S 795 157^{vs} 861
S 795 158^{v} 2936
S 795 161^{r}–162^{v} 2345
S 795 162^{v} 1064
S 795 165^{r} 335
S 795 165^{vs} 1430
S 795 166^{r} 1693
S 795 166^{vs} 2107
S 795 172^{vs} 2845
S 795 176^{v} 10269
S 795 186^{r} 889
S 795 186^{rs} 10031
S 795 186^{v} 5882
S 795 188^{r} 1548
S 795 197^{vs} 339
S 795 201^{r} 470 6124
S 795 202^{rs} 3414
S 795 202^{v} 1025 8221
S 795 203^{v} 1936
S 795 206^{rs} 6813
S 795 209^{rs} 8773
S 795 211^{r} 339 4923 7098 10380
S 795 212^{r} 5637
S 795 217^{r} 889 9731
S 795 221^{r} 4666
S 795 222^{r} 1430
S 795 224^{rs} 393
S 795 227^{rs} 3699
S 795 240^{rs} 7167
S 795 260^{r} 6625
S 795 260^{v} 5637
S 795 261^{v} 1936
S 795 261^{vs} 4814
S 795 268^{vs} 2680
S 795 271^{rs} 6690
S 795 271^{vs} 3169
S 795 273^{rs} 1113
S 795 274^{rs} 2316
S 795 275^{rs} 3164
S 795 275^{v} 8395
S 795 276^{r} 7852 8395
S 795 281^{vs} 7970
S 795 282^{v} 3587 9581
S 795 283^{r} 1258
S 795 284^{r} 3358
S 795 284^{v} 8744

S 795 285^{r} 10056
S 795 287^{r} 1634 2415
S 795 291^{vs} 594
S 795 294^{r} 10596
S 795 294^{v} 8623
S 795 296^{v} 10455
S 795 296^{vs} 10449
S 795 298^{v} 8160 8829
S 795 299^{rs} 9367
S 795 300^{v} 128 2113
S 795 301^{r} 1936
S 795 301^{v} 535
S 795 306^{v} 2044
S 795 309^{vs} 339
S 795 310^{v} 3232
S 795 311^{r} 9616
S 795 316^{v} 10005
S 795 317^{rs} 5995
S 795 320^{r} 5405
S 795 321^{rs} 1840
S 795 321^{vs} 4213
S 795 322^{rs} 4923
S 796 3^{v} 6523
S 796 7^{v} 7338
S 796 8^{v} 195
S 796 9^{vs} 2936
S 796 11^{rs} 8178
S 796 12^{v} 5370
S 796 13^{v} 3592
S 796 14^{r} 2981
S 796 14^{vs} 1036
S 796 15^{v} 8878
S 796 16^{rs} 2226
S 796 18^{r} 594
S 796 18^{v} 4796
S 796 21^{v} 8015
S 796 24^{rs} 6059
S 796 24^{v} 10353
S 796 25^{r} 3747
S 796 25^{rs} 1338
S 796 27^{vs} 642
S 796 30^{r} 9393
S 796 30^{rs} 8015
S 796 30^{v} 4206
S 796 31^{r} 4891
S 796 31^{rs} 1784
S 796 32^{rs} 5639
S 796 32^{vs} 717
S 796 33^{r} 10468
S 796 34^{r} 8033
S 796 35^{v} 827

S 796 39^r 10357	S 796 92^{rs} 2575	S 797 59^{vs} 475
S 796 41^v 9839	S 796 93^{rs} 10347	S 797 61^r 4873
S 796 45^r 7414	S 796 94^r 9415	S 797 61^{vs} 5819
S 796 45^{vs} 7563	S 796 95^{rs} 9415	S 797 62^r 6970
S 796 47^r 3558	S 796 98^v 1936	S 797 62^{rs} 6706
S 796 49^r 3561	S 796 100^v 8555	S 797 62^v 6124
S 796 49^{vs} 1237	S 796 101^r 4976	S 797 63^r 3900
S 796 50^{vs} 4402	S 796 103^v 2665	S 797 64^{vs} 490
S 796 51^{rs} 4785	S 796 104^{vs} 2112	S 797 65^{rs} 9182
S 796 52^{vs} 7954	S 796 109^r 7006	S 797 66^r 4023
S 796 54^r 9113	S 796 112^v 3003	S 797 66^v 641
S 796 54^v 564	S 796 114^r 3490	S 797 66^{vs} 7049
S 796 54^{vs} 9816	S 796 114^v 1735	S 797 68^{rs} 3155
S 796 57^v 2139 7883	S 796 115^r 6581	S 797 70^{vs} 7521
S 796 58^{vs} 5223	S 796 117^{rs} 497	S 797 72^r 9056
S 796 59^r 7006 7642	S 797 1^v 330 10480	S 797 74^r 9408
S 796 59^{rs} 6723	S 797 3^r 582	S 797 75^{rs} 4751
S 796 59^v 1608	S 797 3^{vs} 5648	S 797 79^{vs} 1548
S 796 60^r 1733 2628	S 797 5^{vs} 57	S 797 83^r 2193
S 796 60^{rs} 9897	S 797 6^{rs} 9138	S 797 83^{rs} 7290
S 796 60^v 3691	S 797 6^v 7400	S 797 85^r 3996
S 796 61^v 2203	S 797 7^{rs} 1840	S 797 85^v 4212
S 796 61^{vs} 2377	S 797 8^{rs} 9054	S 797 86^{rs} 957
S 796 62^r 3318	S 797 11^{rs} 2845	S 797 87^v 4914
S 796 63^r 7306	S 797 18^v 4532	S 797 88^{rs} 2957
S 796 63^v 546	S 797 18^{vs} 2869	S 797 89^{vs} 4044
S 796 64^r 1608 5889	S 797 23^r 6735	S 797 90^r 1840
S 796 70^r 9794	S 797 24^v 4914	S 797 91^v 8105 8404
S 796 70^v 5889	S 797 25^v 3624	S 797 96^v 5854 9476
S 796 71^{rs} 4255	S 797 27^{rs} 5413	S 797 97^v 2296
S 796 71^v 9721	S 797 28^{rs} 3527	S 797 98^v 3510
S 796 72^{rs} 3671	S 797 30^{vs} 5744	S 797 101^{rs} 8475
S 796 74^v 3467	S 797 31^r 5744	S 797 101^v 6483
S 796 75^r 1481	S 797 31^v 1414	S 797 102^v 4048
S 796 77^{rs} 7703	S 797 32^v 2840	S 797 102^{vs} 8423
S 796 79^v 5731	S 797 37^v 7322	S 797 103^v 6401
S 796 80^v 3671	S 797 41^r 5993	S 797 103^{vss} 118
S 796 81^r 3571	S 797 45^r 10605	S 797 105^r 7747
S 796 82^v 247 2990 10582	S 797 45^{vs} 8335	S 797 105^{rs} 1269
S 796 83^{rs} 575	S 797 46^v 10316	S 797 120^r 8580
S 796 83^v 10116 10255	S 797 47^{vs} 8073	S 797 121^{vs} 6146
S 796 83^{vs} 9449	S 797 48^{vs} 1994	S 797 123^r 6850
S 796 84^r 9628	S 797 49^r 7645	S 797 123^v 4187
S 796 85^{rs} 1373	S 797 50^r 9872	S 797 124^v 1751
S 796 85^v 10454	S 797 53^r 1994	S 797 125^v 6969
S 796 86^v 7312	S 797 53^v 2840 10498	S 797 128^v 2478
S 796 86^{vs} 7312	S 797 53^{vs} 7354	S 797 130^{rs} 9714
S 796 89^{rs} 2099	S 797 54^r 1596 7234	S 797 130^{vs} 3742
S 796 89^v 6656	S 797 55^v 7322	S 797 131^r 3819
S 796 89^{vs} 6324	S 797 59^r 704	S 797 131^v 1955 2415 3218
S 796 90^r 2024	S 797 59^v 704	S 797 132^r 3447

S 797 137^{rs} 5998
S 797 138^{vs} 2114
S 797 141^{vs} 9744
S 797 142^{r} 10599
S 797 142^{v} 2463
S 797 143^{rs} 9817
S 797 144^{vs} 183
S 797 146^{v} 889
S 797 150^{r} 3414
S 797 151^{v} 765
S 797 154^{r} 1363
S 797 154^{v} 7937
S 797 155^{r} 3144
S 797 156^{v} 5008
S 797 158^{r} 3619
S 797 158^{v} 3435
S 797 166^{r} 3523
S 797 166^{rs} 7619
S 797 170^{r} 9160
S 797 172^{vs} 118
S 797 173^{v} 7043
S 797 175^{vs} 9148
S 797 176^{r} 4066
S 797 176^{vs} 6544
S 797 178^{vs} 2237 4958
S 797 180^{rs} 1363
S 797 181^{rss} 10169
S 797 186^{vs} 7110
S 797 187^{vs} 1676
S 797 188^{v} 6850
S 797 192^{v} 5793
S 797 199^{v} 708
S 797 202^{rs} 1994
S 797 203^{r} 4923
S 797 203^{vs} 5770
S 797 204^{r} 7322
S 797 205^{vs}. 5413
S 797 211^{v} 3557
S 797 215^{r} 6070
S 797 215^{rs} 2183
S 797 216^{v} 6674
S 797 217^{r} 1044
S 797 218^{v} 9734
S 797 219^{v} 8580
S 797 232^{r} 8610
S 797 234^{r} 5762
S 797 234^{rs} 9648
S 797 234^{vs} 2946
S 797 235^{r} 10150
S 797 235^{rs} 1961
S 797 237^{r} 7504

S 797 237^{v} 2699
S 797 239^{r} 8804
S 797 248^{rs} 8897
S 797 248^{v} 8406
S 797 252^{rs} 2024
S 797 255^{vs} 1100
S 797 256^{r} 4114
S 797 258^{r} 10005
S 797 265^{rs} 3576
S 797 266^{r} 5379
S 797 266^{v} 889
S 797 266^{vs} 8188
S 797 268^{r} 3573
S 797 276^{vs} 7954
S 797 278^{v} 8366
S 797 280^{rs} 6330
S 797 282^{v} 2902 3587
S 797 284^{rs} 7954
S 797 285^{r} 3376
S 797 287^{rs} 8182
S 797 289^{r} 3747 10437
S 797 292^{v} 10224
S 797 293^{r} 5770
S 797 294^{v} 2135
S 797 295^{r} 4169
S 797 295^{rs} 2469
S 797 296^{v} 10545
S 798 2^{v} 1508
S 798 2^{vs} 2936
S 798 3^{r} 3474
S 798 4^{vs} 1742
S 798 5^{vs} 2524
S 798 6^{rs} 2275
S 798 7^{rs} 5819
S 798 12^{v} 7852
S 798 14^{rs} 4622
S 798 15^{r} 2640
S 798 17^{rs} 4293
S 798 21^{r} 7852
S 798 22^{rs} 10380
S 798 22^{v} 3597
S 798 25^{vs} 6013
S 798 26^{r} 9857
S 798 26^{vs} 9186
S 798 27^{v} 6674
S 798 28^{vs} 3458
S 798 36^{v} 3694
S 798 38^{vs} 9223
S 798 41^{r} 5279
S 798 43^{r} 2040
S 798 46^{r} 3691 4659

S 798 46^{v} 5294
S 798 47^{r} 4644
S 798 48^{v} 2107
S 798 49^{r} 2511
S 798 50^{r} 5261
S 798 53^{r} 2781
S 798 53^{v} 5897 9969
S 798 56^{r} 7955
S 798 57^{vs} 3561
S 798 58^{v} 9368
S 798 58^{vs} 6500
S 798 59^{r} 3691
S 798 59^{v} 5553
S 798 60^{v} 1561 6896
S 798 61^{r} 9229
S 798 61^{rs} 2327
S 798 61^{v} 4478
S 798 61^{vs} 4991
S 798 63^{r} 10455
S 798 63^{vs} 1113
S 798 64^{rs} 2986
S 798 65^{vs} 8580
S 798 67^{r} 5348
S 798 68^{r} 10432
S 798 70^{vs} 3561
S 798 73^{v} 5848
S 798 73^{vs} 10501
S 798 78^{rs} 9648
S 798 78^{v} 4066
S 798 80^{r} 6850
S 798 81^{r} 5187
S 798 81^{vs} 4785
S 798 83^{vs} 3671
S 798 84^{r} 8938
S 798 86^{v} 4796
S 798 88^{vs} 1118
S 798 89^{r} 520
S 798 89^{v} 9824
S 798 90^{v} 9054
S 798 91^{r} 5194
S 798 91^{rs} 8288
S 798 92^{rs} 7208
S 798 92^{vs} 8394
S 798 93^{r} 1240
S 798 96^{vs} 1807
S 798 97^{v} 1002
S 798 102^{r} 5261
S 798 102^{rs} 5131
S 798 102^{vs} 1548
S 798 107^{rs} 4637
S 798 108^{r} 7306

S 798 108^v 5298	S 798 178^r 6123	S 798 262^{rs} 5648
S 798 109^r 6128	S 798 179^{rs} 8425	S 798 262^{vs} 9198
S 798 110^{vs} 5608	S 798 180^r 7997	S 798 263^r 4679
S 798 114^r 3984	S 798 180^v 3561	S 798 263^{vs} 5098
S 798 116^{vss} 1867	S 798 181^{rs} 9229	S 798 266^v 3748
S 798 117^v 9644	S 798 181^{vs} 10418	S 798 269^v 8580
S 798 118^r 9148	S 798 185^r 9300	S 798 270^{rs} 5947
S 798 121^v 7560	S 798 185^v 8182	S 798 270^{vs} 7019
S 798 123^{vs} 7506	S 798 186^{rs} 2854	S 798 272^{rs} 4950
S 798 125^v 5912	S 798 187^{rs} 2542	S 798 272^v 720
S 798 125^{vs} 9007	S 798 190^{rs} 2550	S 798 274^r 9125
S 798 127^{rs} 10271	S 798 197^{rs} 2152	S 798 274^v 9081
S 798 131^{rs} 1867	S 798 199^r 1421	S 798 274^{vs} 1737
S 798 133^r 3561	S 798 201^r 1059	S 798 276^v 4785
S 798 133^v 3772	S 798 201^v 8884	S 798 279^r 4231
S 798 136^r 4039	S 798 202^r 3671	S 798 279^v 5556
S 798 136^{rs} 1742	S 798 205^r 9189	S 798 281^v 9148
S 798 137^r 3691	S 798 207^{rss} 709	S 798 283^v 1282 2040
S 798 137^v 8055	S 798 208^{rs} 2781	S 798 286^{rs} 5747
S 798 137^{vs} 5912	S 798 210^r 9771	S 798 288^v 5673
S 798 138^v 642	S 798 214^v 827 3980	S 798 289^v 5176
S 798 141^v 4066	S 798 215^r 3859	S 798 293^v 8933
S 798 141^{vs} 5440	S 798 218^v 1233 3897	S 798 296^r 889
S 798 143^r 2027	S 798 219^r 1233 1241 3897	S 798 296^v 1292
S 798 143^v 3278	S 798 219^{rs} 1233	S 799 1^v 4859
S 798 144^v 1348	S 798 225^v 9576	S 799 2^{rs} 1905
S 798 144^{vs} 10551	S 798 225^{vs} 3881	S 799 4^{rs} 8665
S 798 146^{vs} 4785	S 798 226^{vs} 3843	S 799 4^v 7504
S 798 150^r 3162	S 798 232^{vs} 1331	S 799 4^{vs} 1608
S 798 150^v 1427	S 798 233^{rs} 8515	S 799 7^v 9644
S 798 151^v 5340 5518	S 798 233^{vs} 876	S 799 8^v 8981
S 798 152^{vs} 3009	S 798 238^{rs} 8545	S 799 8^{vs} 6664
S 798 153^v 5648	S 798 239^r 3772 9305	S 799 12^v 8545
S 798 156^r 4457	S 798 239^{rs} 3511	S 799 13^r 8665
S 798 156^v 8902	S 798 239^v 9205	S 799 14^r 5726
S 798 158^r 5237	S 798 240^r 8847	S 799 15^v 7912
S 798 158^v 7229	S 798 241^{vs} 4984	S 799 16^r 8515
S 798 160^r 4478	S 798 242^r 718	S 799 18^v 2830
S 798 162^v 7839	S 798 242^{vs} 2631	S 799 19^{rss} 274
S 798 162^{rs} 3076	S 798 245^{vs} 7480	S 799 20^{vs} 2986
S 798 163^v 5794	S 798 250^{vs} 1414	S 799 22^{rs} 5912
S 798 164^{rs} 2845	S 798 251^v 5528	S 799 22^v 7411
S 798 168^{vs} 7954	S 798 252^{vs} 1068	S 799 26^v 2261
S 798 169^{rs} 7954	S 798 253^{vs} 5848	S 799 26^{vs} 5912
S 798 169^v 7955	S 798 254^{rs} 9343	S 799 27^{rs} 5912
S 798 170^{rs} 5155	S 798 255^r 8435	S 799 28^r 1089
S 798 172^v 2204	S 798 255^v 1113	S 799 28^v 1987
S 798 174^r 6840	S 798 256^v 3193	S 799 28^{vs} 3814
S 798 175^r 1128 7348	S 798 258^v 36 7306	S 799 30^{rs} 2093
S 798 175^v 8045	S 798 259^{rs} 5553	S 799 31^{vs} 2226
S 798 177^v 9991	S 798 261^r 9576	S 799 33^r 5839

S 799 33^v 5518

S 799 36^{vs} 9723

S 799 40^{rss} 9812

S 799 43^{rs} 2588

S 799 44^{vs} 2490

S 799 46^{rs} 7912

S 799 47^v 876

S 799 52^v 1331

S 799 52^{vs} 774

S 799 53^{vs} 2435

S 799 54^{rs} 9824

S 799 60^v 5070

S 799 61^r 6168

S 799 61^{vs} 1867

S 799 62^v 2237

S 799 64^r 2551

S 799 64^v 425 9198

S 799 65^r 7212

S 799 66^r 717 7665

S 799 66^v 544 3632

S 799 67^r 9368

S 799 67^v 6930

S 799 68^{vs} 4668

S 799 70^r 2780

S 799 73^v 9222

S 799 74^r 7404

S 799 74^{rs} 8580

S 799 74^v 5070

S 799 74^{vs} 4847

S 799 75^r 3841

S 799 75^v 1430 3467

S 799 81^r 367

S 799 81^{vs} 254

S 799 83^{rs} 2511

S 799 83^{vs} 1807

S 799 86^{rs} 765

S 799 87^{rs} 5194

S 799 87^{vs} 9198

S 799 90^{rs} 9365

S 799 90^v 4176

S 799 92^r 6124

S 799 92^{rs} 5542

S 799 92^v 10079

S 799 94^v 9599

S 799 96^v 9672

S 799 97^r 7062

S 799 97^{rs} 2418

S 799 98^{vs} 2511

S 799 99^v 10138

S 799 100^r 2551

S 799 100^v 5536

S 799 104^r 10049

S 799 107^{rs} 8448

S 799 108^r 8580

S 799 109^{vs} 3706

S 799 110^r 2747

S 799 111^v 4785 6865

S 799 119^v 2048

S 799 120^v 6981

S 799 121^r 1270

S 799 121^v 7626

S 799 122^{rs} 1089

S 799 122^v 7143

S 799 125^{rs} 3162

S 799 125^v 9773

S 799 126^{vs} 292

S 799 129^r 673

S 799 131^r 7955

S 799 133^{rs} 2440

S 799 133^{vs} 319

S 799 134^r 1237

S 799 134^v 4472 7718

S 799 134^{vs} 5259

S 799 136^{rs} 8991

S 799 136^{vs} 7198

S 799 138^{vs} 5983

S 799 139^r 9199

S 799 139^v 2980

S 799 141^r 3557 10552

S 799 141^{rs} 6684

S 799 141^v 530 10179

S 799 142^r 3786

S 799 142^{rs} 3786

S 799 143^r 10416

S 799 146^r 10253

S 799 146^{vs} 497

S 799 147^v 10194

S 799 147^{vs} 9918

S 799 149^r 1430

S 799 153^v 9458 9771

S 799 155^r 8321

S 799 155^{vs} 3143

S 799 157^v 555

S 799 158^r 7463

S 799 164^v 8204

S 799 165^{vs} 1378

S 799 170^r 5744

S 799 170^v 3031

S 799 175^{vs} 2872

S 799 181^{rs} 1637

S 799 186^v 9368

S 799 192^{rs} 9073

S 799 192^{vs} 2550

S 799 193^v 9340

S 799 195^v 5744

S 799 198^r 5983

S 799 204^{rs} 9343

S 799 213^{rs} 2293

S 799 214^{rs} 2118

S 799 215^r 3736

S 799 217^v 8421

S 799 218^r 1590

S 799 221^{rs} 709

S 799 224^{rs} 5093

S 799 224^v 1089

S 799 224^{vs} 9437

S 799 225^r 9473

S 799 226^{rss} 339

S 799 228^{rs} 1196

S 799 228^v 5581

S 799 230^r 2291

S 799 234^r 4663

S 799 235^{vs} 1078

S 799 237^r 4878

S 799 237^{rs} 10454

S 799 241^v 4887

S 799 244^r 5194

S 799 244^v 10486

S 799 246^v 10436

S 799 248^r 8661

S 799 248^v 4664

S 799 249^v 1781

S 799 251^{rs} 5100

S 799 253^v 8314

S 799 255^v 621

S 799 256^r 4678

S 799 256^{rs} 4430

S 799 257^v 2832

S 799 262^v 149

S 799 270^{rs} 9199

S 799 273^r 2689

S 799 276^{rs} 2200

S 799 279^{vs} 7831

S 799 280^r 3420

S 799 283^r 7711

S 799 283^v 9174

S 799 284^r 5417

S 799 286^v 4228

S 800 6^{vs} 4785

S 800 8^{rss} 1764

S 800 9^{vs} 7955

S 800 10^v 1747

S 800 13^v 2237

S 800 16^{v} 5675	S 800 85^{v} 5675	S 800 165^{vs} 4666
S 800 16^{vs} 5918	S 800 94^{v} 7732	S 800 171^{r} 9720 10388
S 800 17^{rs} 799	S 800 94^{vs} 2416	S 800 173^{v} 5199
S 800 17^{vs} 7512	S 800 96^{r} 10534	S 800 174^{v} 2845
S 800 18^{v} 8204	S 800 102^{v} 1273	S 800 175^{v} 4941 4942
S 800 19^{rs} 6753	S 800 105^{v} 9829	S 800 176^{v} 9205
S 800 20^{r} 7512	S 800 107^{v} 3619	S 800 178^{v} 6265
S 800 23^{r} 1612	S 800 108^{r} 6560 10316	S 800 179^{r} 889 8863
S 800 23^{v} 2535	S 800 108^{v} 10005	S 800 186^{r} 10182
S 800 24^{r} 2280	S 800 109^{r} 3005	S 800 186^{vs} 3550
S 800 24^{v} 7732	S 800 109^{v} 4891	S 800 187^{rs} 839
S 800 25^{r} 2737 3162	S 800 110^{r} 7447	S 800 188^{r} 5495
S 800 26^{r} 4458	S 800 110^{rs} 3843	S 800 188^{vs} 8545
S 800 27^{v} 5770	S 800 115^{rs} 3175	S 800 191^{r} 1430
S 800 28^{vs} 1879	S 800 116^{r} 4423	S 800 193^{rs} 7447
S 800 29^{r} 9638	S 800 118^{v} 10273	S 800 194^{r} 8449
S 800 29^{vs} 2748	S 800 122^{r} 5917	S 800 194^{v} 889
S 800 30^{r} 2715 6865	S 800 123^{v} 5284	S 800 194^{vs} 3467
S 800 30^{v} 763	S 800 123^{vs} 5284	S 800 202^{v} 5490
S 800 31^{r} 2748 6059	S 800 124^{rs} 4671	S 800 204^{rs} 8335
S 800 37^{rs} 1099	S 800 125^{rs} 3773	S 800 207^{rs} 4775
S 800 37^{vs} 8938	S 800 126^{v} 1414	S 800 210^{v} 7642
S 800 41^{r} 3573	S 800 128^{r} 10185	S 800 214^{v} 1554
S 800 46^{r} 9872	S 800 130^{r} 10454	S 800 215^{r} 3192
S 800 50^{v} 2535	S 800 132^{r} 1238	S 800 217^{r} 5444
S 800 51^{rs} 5930	S 800 133^{r} 9199	S 800 219^{r} 5093
S 800 52^{v} 9368	S 800 133^{rs} 9199	S 800 220^{r} 4891
S 800 53^{r} 7028	S 800 134^{r} 4664	S 800 222^{r} 4976
S 800 57^{r} 3906	S 800 134^{v} 345	S 800 222^{v} 183
S 800 58^{r} 3511	S 800 136^{v} 3706 5309	S 800 227^{rs} 9941
S 800 59^{v} 2040	S 800 137^{r} 5155	S 800 227^{vs} 7413
S 800 60^{rs} 588	S 800 138^{rs} 4515	S 800 228^{r} 6700
S 800 60^{v} 9932	S 800 140^{vs} 7913	S 800 228^{v} 2128
S 800 62^{rss} 9976	S 800 142^{v} 6756	S 800 229^{rs} 58
S 800 65^{rs} 3906	S 800 143^{v} 5160	S 800 232^{r} 2060
S 800 66^{rs} 4458	S 800 145^{r} 5652	S 800 233^{r} 2116
S 800 66^{v} 5117	S 800 145^{rs} 555	S 800 234^{r} 4265 4966
S 800 66^{vs} 5073	S 800 146^{r} 8204	S 800 234^{v} 3498
S 800 67^{v} 4533	S 800 146^{rs} 4677	S 800 234^{vs} 8938
S 800 72^{v} 5332	S 800 146^{vs} 7217	S 800 235^{v} 5064 9812
S 800 72^{vs} 5093	S 800 147^{vs} 8870	S 800 236^{v} 8395
S 800 74^{v} 5491 10619	S 800 149^{rs} 709	S 800 237^{r} 4446 6583
S 800 75^{r} 6212	S 800 150^{vs} 6811	S 800 237^{rs} 7689
S 800 76^{r} 5912	S 800 151^{rs} 2075	S 800 241^{rs} 6304
S 800 76^{v} 7015	S 800 155^{vs} 3632	S 800 242^{r} 3519
S 800 77^{r} 4891	S 800 159^{r} 1006	S 800 242^{vs} 4515
S 800 79^{v} 4295	S 800 160^{rs} 2781	S 800 248^{r} 2773
S 800 80^{r} 8395	S 800 161^{v} 8213	S 800 248^{v} 8288 9517
S 800 81^{rs} 3920	S 800 163^{r} 4881	S 800 249^{rs} 3096
S 800 83^{rs} 3705	S 800 163^{vs} 1424	S 800 252^{r} 4293 10185
S 800 83^{v} 1006	S 800 165^{v} 10194	S 800 252^{vs} 10077

S 800 253^r 7642	S 801 21^r 8002	S 801 92^r 1717
S 800 254^{rs} 128	S 801 21^{rs} 5505	S 801 94^{vs} 8473
S 800 255^r 6491	S 801 22^v 4282	S 801 96^{rs} 8473
S 800 258^r 5983	S 801 23^{rs} 9199	S 801 98^{rs} 2229
S 800 258^{rs} 7321	S 801 24^{vs} 3296	S 801 100^v 3163
S 800 258^v 3920 5162	S 801 25^v 1430 8395	S 801 101^r 880
S 800 258^{vs} 7620	S 801 31^v 9923	S 801 101^{rs} 8314
S 800 261^r 4822	S 801 33^r 339 8064	S 801 102^r 4844 5458
S 800 264^v 9628	S 801 35^v 3161	S 801 102^{rs} 879
S 800 268^v 3783	S 801 37^r 7962	S 801 105^r 10137
S 800 270^r 900	S 801 38^r 7476	S 801 105^v 8110
S 800 270^v 2841	S 801 40^{rs} 1745	S 801 106^{vs} 8110
S 800 271^v 7493	S 801 44^r 2509	S 801 108^r 2108
S 800 272^r 743	S 801 45^r 5160	S 801 110^r 7585
S 800 273^{rs} 5131	S 801 46^{rs} 3794	S 801 110^v 9195
S 800 278^{rs} 7372	S 801 47^r 4231	S 801 112^v 9332
S 800 278^v 2113	S 801 47^v 2316	S 801 113^v 7790
S 800 280^{rs} 3475	S 801 48^r 2402	S 801 114^r 1846
S 800 280^{vs} 102	S 801 49^{rs} 10265	S 801 114^{rs} 6504
S 800 281^r 9510	S 801 50^r 4331	S 801 114^v 8300
S 800 281^v 3671	S 801 51^r 3691	S 801 115^v 6583 7274
S 800 283^v 6811	S 801 53^{vs} 9186	S 801 116^v 8473
S 800 286^{rs} 102	S 801 54^r 9621	S 801 117^r 5470
S 800 286^v 10486	S 801 55^{vs} 9185	S 801 117^v 9464
S 800 287^{rs} 3306	S 801 59^v 2781 3969	S 801 123^{rs} 2944
S 800 290^v 3600	S 801 59^{vs} 5649	S 801 125^v 673
S 800 292^{rs} 6373	S 801 60^v 704	S 801 128^v 7642
S 800 292^{vs} 4578	S 801 65^{rs} 2008	S 801 129^r 879 7642
S 800 293^r 10194	S 801 65^{vs} 5126	S 801 131^r 2706
S 800 294^r 1030	S 801 66^r 2167	S 801 133^v 738
S 800 295^v 4472	S 801 66^v 9546	S 801 134^r 4336
S 800 296^{rs} 9464	S 801 69^r 7432 9227	S 801 134^v 2939 7052
S 801 1^r 4119	S 801 69^{vs} 2480	S 801 138^r 1809
S 801 3^{rs} 8661	S 801 72^r 4796	S 801 138^{rs} 7733
S 801 3^{vs} 1717	S 801 72^{rs} 10137	S 801 139^v 8064
S 801 6^v 1249 9186	S 801 75^v 2377 8564	S 801 140^v 2008
S 801 7^r 5160 7853	S 801 76^v 2541	S 801 141^r 4253
S 801 7^{rs} 7853	S 801 77^r 7871	S 801 143^r 7790
S 801 7^v 8826	S 801 77^v 6569	S 801 144^{vs} 2913
S 801 8^v 1030	S 801 78^v 9594	S 801 145^r 4844
S 801 10^r 3706 8371	S 801 78^{vs} 9594	S 801 145^v 879
S 801 12^{vs} 7853	S 801 79^r 7264	S 801 148^r 6883
S 801 14^{vs} 3422	S 801 81^v 3162	S 801 149^v 4752
S 801 15^r 4025	S 801 81^{vs} 2402	S 801 149^{vs} 2950
S 801 15^{rs} 4025	S 801 82^r 5222 7743	S 801 153^r 4231
S 801 15^{vs} 10303	S 801 85^r 2293	S 801 157^{rs} 1031
S 801 16^r 7881	S 801 85^v 9936	S 801 157^{vs} 4066
S 801 16^{vs} 8064	S 801 87^v 1700	S 801 163^v 1770
S 801 17^{vs} 3650	S 801 88^r 1633	S 801 170^v 4982
S 801 20^r 6902	S 801 90^r 8236	S 801 171^r 5770
S 801 20^v 180	S 801 90^{vs} 5131	S 801 173^{rs} 1946

S 801 174^r 9909   S 801 242^{vs} 9159   S 802 35^r 571 8018
S 801 174^{rs} 9909   S 801 244^v 6544   S 802 37^v 7
S 801 176^r 10493   S 801 244^{vs} 1790   S 802 37^{vs} 7264
S 801 179^{rs} 10449   S 801 245^v 7642   S 802 39^v 2097
S 801 180^{rs} 8515   S 801 247^r 4276   S 802 40^v 5398
S 801 180^v 6629   S 801 253^r 1840   S 802 44^{vs} 2799
S 801 183^v 3694   S 801 253^v 890   S 802 45^r 6513
S 801 184^r 4891   S 801 254^r 2229   S 802 46^r 2931
S 801 184^v 1784   S 801 254^{rs} 1936   S 802 47^{rs} 2386
S 801 185^r 2781 8520   S 801 257^v 4924   S 802 47^{vs} 4501
S 801 186^r 3691   S 801 259^v 4119   S 802 48^v 3587 3996
S 801 186^{vs} 7289   S 801 260^v 5744   S 802 50^{rs} 260
S 801 188^v 3016   S 801 261^r 3748   S 802 50^{vs} 8996
S 801 189^r 2762   S 801 261^{rs} 3748   S 802 51^v 3243
S 801 190^r 1135 8998   S 801 262^r 6271   S 802 53^v 5131 8478
S 801 191^{rs} 9140   S 801 262^v 7584   S 802 54^r 6161
S 801 194^v 664   S 801 267^{vs} 1826   S 802 54^v 6810
S 801 195^v 4521   S 801 268^r 3161   S 802 54^{vs} 8918
S 801 201^r 7580   S 801 269^r 2689 5406   S 802 55^{rs} 2096
S 801 201^{vs} 3246   S 801 270^r 6865   S 802 55^v 8562
S 801 203^v 7790 9328   S 801 271^v 879   S 802 56^v 4677 5581
S 801 205^v 2529   S 801 273^v 3018   S 802 57^r 5222
S 801 206^r 2511   S 801 274^r 1868   S 802 57^{rs} 3819
S 801 209^r 3149   S 801 274^v 9294 10560   S 802 59^{rs} 6994
S 801 209^v 8266   S 801 275^r 1868   S 802 59^v 1629
S 801 210^v 8121   S 801 276^v 3702   S 802 60^r 2590
S 801 212^r 6593   S 801 278^r 2249   S 802 60^{rs} 1659
S 801 212^{vs} 7955   S 801 284^{rs} 6138   S 802 64^r 8377
S 801 215^r 5551   S 801 287^{vs} 3163   S 802 64^{vs} 1770
S 801 215^{rs} 2035   S 801 290^{vs} 7955   S 802 66^v 4423 4637
S 801 216^r 631   S 801 293^{rs} 8665   S 802 67^r 1430
S 801 216^v 103 9004   S 801 294^{rs} 7980   S 802 68^r 8377
S 801 217^r 398 4883   S 801 295^{rs} 8367   S 802 69^r 2339
S 801 218^r 3342   S 801 297^{vs} 1433   S 802 69^v 1430
S 801 219^r 7117   S 801 299^{vs} 6190   S 802 70^{rs} 4458
S 801 219^v 8683   S 802 3^{rs} 8996   S 802 71^v 7790
S 801 219^{vs} 693   S 802 13^v 1083   S 802 71^{vs} 7790
S 801 220^r 2334 8316   S 802 16^r 9928   S 802 72^{rs} 905
   10284   S 802 20^r 6136   S 802 72^{vs} 4676
S 801 221^{rs} 4552   S 802 21^{rs} 3332   S 802 76^{rs} 6296
S 801 221^{vs} 6856   S 802 21^v 9897   S 802 77^r 1430
S 801 229^r 831   S 802 25^r 9732   S 802 79^r 2830
S 801 229^v 3678   S 802 25^v 3243 3480   S 802 79^v 9732
S 801 229^{vs} 7562   S 802 26^v 5983   S 802 81^v 6865
S 801 232^{rs} 9337   S 802 28^r 3298   S 802 83^v 8661
S 801 234^{vs} 1973   S 802 29^r 266   S 802 83^{vs} 6125
S 801 235^v 892 3265   S 802 30^r 693 4924   S 802 84^v 3624
S 801 236^r 10218   S 802 30^v 7578 8885   S 802 87^r 7109
S 801 237^v 10313   S 802 32^{vs} 7418   S 802 88^v 7633 9870
S 801 239^v 9019   S 802 34^{rs} 8908   S 802 89^{rs} 7795
S 801 241^v 8945   S 802 34^v 363 5581   S 802 89^{vs} 4785

S 803 64^v 1319

S 803 65^r 10222

S 803 65^{rs} 1588

S 803 65^v 2125

S 803 65^{vs} 1928

S 803 66^{vs} 9698

S 803 67^v 6026

S 803 68^{rs} 6629

S 803 71^r 7903

S 803 72^v 3371 3546 8531

S 803 72^{vs} 6416

S 803 74^r 7652

S 803 75^v 3857 5246

S 803 76^r 6274

S 803 77^{rs} 8598

S 803 78^{rs} 7360

S 803 79^{rs} 10131

S 803 80^{rs} 3515

S 803 81^r 6080

S 803 81^{vs} 5881

S 803 82^{vs} 4948

S 803 84^{rs} 4819

S 803 84^{vs} 1674

S 803 86^{vs} 9235

S 803 88^{vs} 6629

S 803 93^r 1301

S 803 94^v 9098

S 803 95^r 3107

S 803 95^v 5398

S 803 96^r 2537

S 803 96^v 10526

S 803 96^{vs} 2040

S 803 97^v 6210

S 803 98^r 215

S 803 99^r 4416 6165 7694

S 803 99^v 2284 3634 9982

S 803 100^v 121 944

S 803 101^v 2395 4221 4861

S 803 103^r 9783

S 803 103^v 4623

S 803 104^v 10568

S 803 105^v 5447 8239

S 803 106^r 1079

S 803 106^v 26

S 803 107^v 2279 5025 9845

S 803 108^v 2812

S 803 110^r 1491 4710

S 803 110^v 355

S 803 111^v 6704

S 803 112^r 6717

S 803 114^{rs} 5538

S 803 114^{vs} 9870

S 803 115^{rs} 10451

S 803 116^v 5545

S 803 119^v 2724

S 803 119^{vs} 5249

S 803 120^{vs} 7508

S 803 122^r 6745

S 803 123^v 5388

S 803 124^{vs} 6324

S 803 125^r 2998 6324

S 803 126^v 7883

S 803 127^r 1750

S 803 128^v 5836

S 803 129^{rs} 7876

S 803 130^{rs} 4319

S 803 130^{vs} 9912

S 803 132^v 4334

S 803 133^{rs} 5732

S 803 133^{vs} 4260

S 803 135^r 667

S 803 135^v 5727

S 803 135^{vs} 7394

S 803 136^v 2068

S 803 137^r 3016

S 803 137^v 9899

S 803 138^r 1928

S 803 138^v 3369

S 803 139^r 3551

S 803 139^v 5208

S 803 140^v 7717

S 803 141^r 5838

S 803 143^r 10363

S 803 144^v 4825

S 803 145^{rs} 6629

S 803 146^{rs} 4156

S 803 146^v 7083

S 803 147^r 407

S 803 147^v 9977

S 803 149^r 5976 7007

S 803 150^r 3202 8694

S 803 151^r 5517

S 803 151^v 6903

S 803 152^r 815 2758

S 803 152^v 9693

S 803 153^{rs} 3468

S 803 154^{rs} 6195

S 803 157^r 261

S 803 157^v 9194

S 803 157^{vs} 9024

S 803 158^r 607

S 803 158^{rs} 8549

S 803 159^r 1107

S 803 161^{vs} 6544

S 803 162^{rs} 6813

S 803 164^r 3123

S 803 164^v 9823

S 803 166^{vs} 6257

S 803 167^v 4693

S 803 169^v 7697

S 803 170^{vs} 9415

S 803 171^{rs} 1114

S 803 172^v 1444

S 803 174^v 2682

S 803 175^v 6324 8121

S 803 176^r 3468

S 803 177^v 3409 5400

S 803 178^r 827 959

S 803 179^r 3402

S 803 181^r 3490

S 803 183^r 3978 8261

S 803 183^{rs} 3263

S 803 183^v 621

S 803 184^r 868

S 803 184^v 2723

S 803 186^r 6015

S 803 186^v 9112

S 803 187^r 6004

S 803 187^v 11

S 803 187^{vs} 621

S 803 188^r 5142

S 803 188^{vs} 9341

S 803 189^r 9812

S 803 189^v 2259

S 803 190^r 2648

S 803 190^{vs} 3352

S 803 191^r 741

S 803 191^v 6343

S 803 191^{vs} 919

S 803 193^r 596 9577

S 803 193^v 4638 6715

S 803 193^{vs} 3325

S 803 194^r 5212

S 803 194^v 647

S 803 195^{rss} 8646

S 803 196^r 1512

S 803 196^v 1642

S 803 196^{vs} 4469

S 803 197^v 9921

S 803 199^r 1807

S 803 201^r 3856 8127

S 803 201^v 2670

S 803 204^r 7043

S 803 204ᵛ 4710	S 803 251ʳ 5392	S 804 30ᵛ 5160 9089
S 803 205ʳˢ 2759	S 803 251ʳˢ 5583	S 804 31ʳˢ 862
S 803 206ʳ 9928 10471	S 803 252ᵛ 5436	S 804 32ʳ 6059 8065
S 803 206ᵛ 5923	S 803 253ᵛ 541 8540	S 804 38ʳ 5938
S 803 208ᵛ 7113	S 803 255ʳ 7076	S 804 40ʳˢ 8046
S 803 210ᵛ 8608	S 803 255ᵛ 7086	S 804 40ᵛ 9576
S 803 211ᵛ 1069	S 803 256ʳ 1506	S 804 43ᵛ 8639
S 803 212ʳ 2064	S 803 261ᵛ 458 2662	S 804 44ʳ 7049
S 803 212ᵛ 8608	S 803 262ʳ 6038	S 804 45ʳˢ 4067
S 803 215ʳ 339	S 803 262ᵛ 2228	S 804 48ʳ 1559
S 803 215ᵛ 2494	S 803 264ᵛ 3686 7043	S 804 53ᵛˢ 973
S 803 216ʳ 10125	S 803 265ʳ 1576	S 804 54ᵛ 6893
S 803 216ʳˢ 8538	S 803 266ᵛˢ 1164	S 804 55ʳ 8369
S 803 216ᵛ 2494	S 803 268ʳ 2670	S 804 60ʳ 2782
S 803 217ʳˢ 3606	S 803 268ᵛˢ 2067	S 804 61ʳ 3008 6125
S 803 218ᵛ 9783	S 803 269ʳ 921	S 804 62ᵛ 547
S 803 219ʳ 2123	S 803 271ʳ 7467	S 804 64ʳ 3862
S 803 221ᵛ 3490 5339	S 803 271ᵛ 1566 1975	S 804 65ʳ 5131
S 803 221ᵛˢ 7771	S 803 272ᵛ 2166 9552	S 804 66ʳ 8580
S 803 222ʳ 3490 9783	S 803 273ʳ 4316	S 804 70ʳ 5581
S 803 222ʳˢ 2997 3645	S 803 273ʳˢ 2454	S 804 72ʳ 5943 8688 10542
S 803 224ᵛˢ 3912	S 803 275ʳˢ 8499	S 804 73ᵛ 3920
S 803 225ᵛ 2118	S 803 276ʳ 2512	S 804 74ᵛ 3096
S 803 227ʳ 3885	S 803 276ᵛˢ 7359	S 804 75ʳˢ 3385
S 803 228ʳˢ 5961	S 803 277ʳ 5525	S 804 75ᵛ 7429
S 803 229ʳ 8917	S 803 277ᵛ 2528 8283	S 804 78ᵛ 3862
S 803 229ᵛ 3002	S 803 278ʳ 6470	S 804 81ʳˢ 5131
S 803 231ʳ 5206	S 803 284ᵛ 6346	S 804 83ᵛ 7049
S 803 232ʳˢ 5629	S 803 285ʳ 3291	S 804 88ᵛ 581
S 803 232ᵛ 5179	S 803 285ʳˢ 4408	S 804 91ᵛ 704
S 803 233ᵛ 6731	S 803 286ʳ 3636	S 804 94ᵛ 9270
S 803 234ʳ 5943	S 803 287ʳ 9052	S 804 95ᵛˢ 3541
S 803 236ʳ 5629	S 803 289ᵛ 3291	S 804 97ʳ 7205 10552
S 803 237ʳ 4166 9298	S 803 290ᵛ 7086	S 804 99ʳ 9732
S 803 238ᵛ 4166	S 803 291ʳ 1134 9557 9714	S 804 99ʳˢ 9733
S 803 239ʳ 1158 9521	S 803 291ᵛ 2867 3591	S 804 101ʳˢ 5524
S 803 239ʳˢ 1669	S 803 291ᵛˢ 1539	S 804 102ʳ 1015
S 803 240ᵛ 7312	S 803 292ᵛ 9557	S 804 108ʳ 10339
S 803 241ʳˢ 6571	S 803 293ʳ 5583	S 804 110ʳˢ 6266
S 803 241ᵛˢ 7096	S 803 296ʳˢ 705	S 804 111ʳ 1614
S 803 242ʳ 2844	S 803 297ʳˢ 8351	S 804 112ᵛ 7612
S 803 242ʳˢ 1720	S 803 298ᵛ 199	S 804 114ᵛˢ 8254
S 803 243ʳ 8015	S 804 4ʳ 9905	S 804 116ʳ 4423
S 803 244ʳ 5783	S 804 10ʳ 1637	S 804 118ᵛ 1412 7431
S 803 244ʳˢ 8991	S 804 13ᵛ 5807	S 804 119ʳ 6583
S 803 246ᵛ 1423	S 804 13ᵛˢ 5704	S 804 121ʳ 10188
S 803 247ᵛˢ 2067	S 804 14ʳ 8690	S 804 126ᵛˢ 2845
S 803 248ʳ 921	S 804 14ʳˢ 10449	S 804 128ʳ 6892
S 803 248ᵛ 9643	S 804 20ʳ 10486	S 804 133ʳ 8510
S 803 248ᵛˢ 8173	S 804 21ᵛ 6059	S 804 136ʳˢ 2288
S 803 249ʳ 2670	S 804 29ᵛ 10519	S 804 137ʳ 9015

S 804 138^r 2097 7142
S 804 139^r 1179 2737
S 804 145^r 7663
S 804 146^v 2124
S 804 150^{vs} 2468
S 804 153^{vs} 4067
S 804 155^v 2877 10152
S 804 156^r 300 8113
S 804 157^v 9113
S 804 164^r 7313
S 804 169^{rs} 3715
S 804 172^v 10146
S 804 173^r 4213
S 804 175^{rs} 8046
S 804 177^r 7194
S 804 177^{rs} 4873
S 804 180^r 2237
S 804 180^v 199
S 804 180^{vs} 199
S 804 181^r 199 1737
S 804 181^v 7194
S 804 186^v 4959
S 804 186^{vs} 4959
S 804 207^r 4147
S 804 211^r 3565
S 804 222^{vs} 7422
S 804 223^v 3511
S 804 226^v 6144
S 804 226^{vs} 1279
S 804 227^r 8927
S 804 227^v 2139
S 804 228^r 2769
S 804 233^r 5673
S 804 233^{rs} 9651
S 804 235^r 8667
S 804 236^v 10546
S 804 239^v 1737
S 804 241^v 862
S 804 242^v 1807
S 804 249^v 465
S 804 252^{rs} 6368
S 804 253^{rs} 10170
S 804 257^r 2802
S 804 263^r 4185
S 804 263^v 8863
S 804 266^v 938
S 804 267^{rs} 7377
S 804 268^{vs} 9973
S 804 269^r 2795 8952
S 804 269^v 5655
S 804 274^r 5943

S 804 278^v 10047
S 804 282^r 4476
S 804 282^v 7707
S 804 283^r 440
S 804 283^{rs} 4249
S 804 287^r 7331
S 804 290^v 5761
S 804 295^v 4130
S 804 297^r 5791
S 804 297^v 4213
S 804 298^v 3575
S 805 1^v 7052
S 805 3^r 1255
S 805 3^v 6739
S 805 3^{vs} 10392
S 805 5^{rs} 5477
S 805 5^v 1681 3347
S 805 6^{vs} 2288
S 805 7^v 7721
S 805 7^{vs} 9457
S 805 8^r 4147
S 805 8^v 8345
S 805 10^v 5699
S 805 15^{vs} 4009
S 805 16^{vs} 2944
S 805 20^{rs} 9369
S 805 23^v 5943
S 805 26^v 1114
S 805 30^{vs} 7600
S 805 31^v 9369
S 805 39^r 4222
S 805 40^r 9270
S 805 41^v 8124
S 805 43^r 4055
S 805 46^r 9055
S 805 48^r 20
S 805 48^v 7578
S 805 51^{rs} 2399
S 805 53^v 8721
S 805 55^{vs} 7946
S 805 57^r 10293
S 805 58^r 4959 5770 9751
   10380
S 805 59^{rs} 9433
S 805 60^v 8066
S 805 62^r 7007
S 805 62^v 6739
S 805 63^r 1304 9412
S 805 65^v 3511
S 805 67^v 3838
S 805 68^r 3923

S 805 69^r 5921 6481
S 805 69^v 5352 7312
S 805 70^r 7284 10120
S 805 70^v 9331
S 805 71^v 3214
S 805 72^r 5105
S 805 73^r 3280 9865
S 805 74^v 9480
S 805 75^v 5469 9923
S 805 76^r 3587
S 805 77^r 7739
S 805 78^r 5744
S 805 79^v 4193
S 805 80^r 10550
S 805 83^{rs} 2108
S 805 85^{vs} 1025
S 805 88^{vs} 237
S 805 89^{vs} 8918
S 805 92^r 2032
S 805 96^r 2241 7675
S 805 103^{rs} 104
S 805 105^r 10402
S 805 106^v 5609
S 805 108^r 2124
S 805 108^v 2040
S 805 111^r 7117
S 805 111^{vs} 9346
S 805 117^v 10507
S 805 120^v 10131 10532
S 805 130^{rs} 1985
S 805 131^r 5701
S 805 137^{vs} 1782
S 805 142^v 8777
S 805 149^v 2833
S 805 152^v 6829
S 805 155^v 972
S 805 156^{rs} 4331
S 805 157^v 10313
S 805 160^v 7332
S 805 162^r 5713 9862
S 805 162^{vs} 178
S 805 163^r 7466
S 805 164^v. 10500
S 805 165^{rs} 7827
S 805 166^v 3110
S 805 166^{vs} 6060
S 805 167^{rs} 8884
S 805 167^{vs} 10047
S 805 171^r 3467
S 805 173^{vs} 6528
S 805 179^r 1033

S 805 179^v 858
S 805 180^r 8121
S 805 180^{rs} 1869
S 805 181^r 7856
S 805 182^v 4873
S 805 186^{rs} 3102
S 805 188^r 368
S 805 189^{vs} 5012
S 805 190^{vs} 8869
S 805 192^{rs} 10387
S 805 193^r 5921
S 805 194^{vs} 10120
S 805 195^{rs} 9041
S 805 197^r 8487
S 805 197^{vs} 1006
S 805 199^v 188
S 805 200^{rs} 10622
S 805 204^v 10486
S 805 205^r 3511
S 805 210^v 8562
S 805 211^r 4506
S 805 211^v 6898
S 805 218^r 8316
S 805 218^v 5307
S 805 219^{rs} 8029
S 805 221^v 1358
S 805 221^{vs} 9437
S 805 222^v 494
S 805 223^r 8314
S 805 223^v 2574
S 805 224^r 8570
S 805 225^v 2753
S 805 230^v 5238
S 805 231^v 5673
S 805 232^v 7014
S 805 233^r 2500
S 805 233^{vs} 801
S 805 234^v 9369
S 805 234^{vs} 7942
S 805 237^v 7732
S 805 240^v 3415
S 805 241^r 6553
S 805 243^{rs} 1739
S 805 243^v 4610
S 805 244^{vs} 6266
S 805 246^{vs} 8000
S 805 248^v 7871
S 805 250^r 9743
S 805 251^{vs} 656
S 805 253^{vs} 905
S 805 254^{vs} 978

S 805 255^{vs} 281
S 805 256^v 9273
S 805 259^v 2304
S 805 261^v 9993
S 805 262^{vss} 1868
S 805 263^v 3920
S 805 266^r 8580
S 805 266^v 3984
S 805 268^r 9951
S 805 277^r 140
S 805 277^{rs} 5160
S 805 278^r 1489
S 805 278^{rs} 7767
S 805 278^{vs} 5536
S 805 279^r 8092
S 805 279^v 2108
S 805 280^r 4275
S 805 281^{vs} 6384
S 805 284^{rs} 8574
S 805 288^{rs} 9687
S 805 289^v 9743
S 805 290^{rs} 1869
S 805 294^{vs} 1609
S 805 296^{rs} 2304
S 806 2^r 4423
S 806 3^r 3951
S 806 4^v 1025 1480
S 806 6^v 1295
S 806 8^{rs} 9276
S 806 11^r 5540
S 806 15^{vs} 7460
S 806 16^r 1945
S 806 20^v 4020
S 806 22^v 3571 3672
S 806 24^r 801
S 806 25^r 1105
S 806 29^{rs} 1182
S 806 33^v 1121
S 806 34^{vs} 6125
S 806 36^{rs} 4749 6407
S 806 37^r 534
S 806 37^{rs} 792
S 806 37^{vs} 976
S 806 38^v 10308
S 806 38^{vs} 7840
S 806 39^r 4794
S 806 42^{vs} 5181
S 806 43^r 1494
S 806 43^{rs} 10217
S 806 43^v 6810
S 806 44^{rs} 606

S 806 47^r 3444 4637
S 806 47^v 6769
S 806 47^{vs} 9284
S 806 48^{rs} 2024
S 806 51^{rs} 1559
S 806 53^{vs} 3686
S 806 56^r 3851
S 806 59^{vs} 2469
S 806 60^{rs} 10470
S 806 63^r 3937
S 806 65^r 6452
S 806 68^v 2440
S 806 68^{vs} 1412
S 806 69^r 1467
S 806 73^v 7155
S 806 75^r 5744
S 806 76^r 4637 9187
S 806 79^r 2009 6772
S 806 79^v 5844
S 806 83^r 1818
S 806 85^r 802 5102
S 806 86^r 7793
S 806 86^v 1775 7415
S 806 88^r 3686
S 806 88^v 6610
S 806 89^r 1155 1807 2986
    7281 9187
S 806 90^{rs} 10486
S 806 90^v 10493
S 806 92^v 9400
S 806 93^v 4669 5745
S 806 94^r 4010
S 806 99^r 9333
S 806 101^r 1951
S 806 102^v 7522
S 806 103^r 10486
S 806 103^v 2562 5560
S 806 104^r 627
S 806 109^v 802
S 806 110^v 1412
S 806 111^r 10013
S 806 112^v 1586
S 806 118^{vs} 3686
S 806 120^r 10028
S 806 120^v 8632
S 806 121^{rs} 4555
S 806 121^v 8310
S 806 122^{vs} 3063
S 806 123^v 2469
S 806 124^{rs} 1879
S 806 125^r 7840

S 806 125^{rs} 2540

S 806 125^{v} 6335

S 806 128^{v} 707

S 806 129^{r} 802

S 806 133^{v} 4555

S 806 137^{r} 5816

S 806 137^{v} 1195

S 806 145^{v} 9369

S 806 146^{rs} 4013

S 806 146^{v} 596

S 806 148^{v} 8537 9206

S 806 149^{vs} 9734

S 806 151^{rs} 7922

S 806 152^{rs} 1609

S 806 153^{v} 9400

S 806 155^{rs} 802

S 806 156^{vs} 3225

S 806 159^{vs} 10550

S 806 160^{r} 7002

S 806 163^{v} 4785

S 806 166^{v} 6208

S 806 170^{v} 5834

S 806 174^{vs} 1015

S 806 175^{r} 2008

S 806 177^{vs} 802

S 806 180^{v} 9640

S 806 182^{r} 4369

S 806 182^{vs} 1489

S 806 183^{r} 3449

S 806 185^{v} 260

S 806 192^{r} 4669

S 806 194^{r} 5333

S 806 194^{rs} 1209

S 806 197^{r} 8308

S 806 199^{r} 6787

S 806 201^{vs} 9594

S 806 202^{rs} 6125

S 806 212^{rs} 9372

S 806 213^{vs} 3467

S 806 216^{v} 4442

S 806 217^{rs} 6513

S 806 217^{vs} 131

S 806 219^{v} 140

S 806 220^{v} 4687

S 806 222^{r} 2078

S 806 227^{r} 6928

S 806 227^{v} 509

S 806 228^{vs} 3357

S 806 231^{vs} 9594

S 806 237^{r} 1715

S 806 239^{v} 5848

S 806 241^{rs} 738

S 806 243^{r} 1776

S 806 245^{vs} 3370

S 806 248^{rs} 1604

S 806 249^{rs} 9628

S 806 249^{vs} 2032

S 806 250^{rs} 889

S 806 251^{rs} 4608

S 806 252^{rss} 2273

S 806 253^{r} 5731

S 806 253^{vs} 7078

S 806 257^{r} 1576 5132

S 806 259^{vs} 10588

S 806 260^{rs} 2412

S 806 262^{vs} 9897

S 806 270^{r} 260

S 806 270^{rs} 6384

S 806 275^{rs} 4891

S 806 276^{rs} 802

S 806 280^{rs} 9824

S 806 283^{rs} 3574

S 806 283^{vs} 8614

S 806 285^{vs} 6839

S 806 288^{v} 8956

S 806 289^{r} 4294

S 806 292^{vs} 1392

S 806 293^{r} 962

S 806 294^{r} 5943

S 806 295^{rs} 9329

S 806 295^{vs} 3660 5132

S 806 296^{r} 2562

S 806 296^{rs} 9923

S 806 297^{r} 1715

S 806 297^{rs} 1015

S 806 302^{rs} 7187

S 807 5^{rs} 3225

S 807 6^{r} 5281

S 807 6^{v} 7484

S 807 10^{rs} 9833

S 807 14^{rs} 4786

S 807 14^{v} 803

S 807 23^{vs} 3574

S 807 25^{vs} 4671

S 807 36^{rs} 7393

S 807 39^{rs} 717

S 807 40^{v} 6105

S 807 48^{rs} 8952

S 807 49^{vs} 5730

S 807 50^{rs} 9594

S 807 52^{vs} 9412

S 807 54^{v} 1951

S 807 55^{r} 4552

S 807 55^{v} 7466

S 807 57^{r} 10438

S 807 59^{vs} 10587

S 807 62^{v} 9743

S 807 65^{r} 617

S 807 67^{v} 1438

S 807 70^{vs} 10192

S 807 74^{vs} 866

S 807 76^{rs} 2023

S 807 76^{v} 1194

S 807 76^{vs} 5801

S 807 80^{r} 5318

S 807 81^{rs} 2469

S 807 81^{v} 2109

S 807 83^{r} 9187

S 807 84^{v} 1485

S 807 86^{v} 1945

S 807 91^{r} 803 5730

S 807 97^{vs} 390

S 807 102^{r} 1031 4280

S 807 103^{r} 9982

S 807 103^{v} 9800

S 807 104^{v} 2500

S 807 108^{v} 5649 7892

S 807 109^{r} 3465

S 807 109^{v} 5900

S 807 110^{rs} 5881 6900

S 807 111^{r} 7349 9978

S 807 112^{r} 1068

S 807 113^{rs} 7180

S 807 113^{v} 9743

S 807 115^{v} 2998

S 807 116^{r} 4207

S 807 116^{v} 2054

S 807 117^{r} 9824 10623

S 807 118^{r} 1044

S 807 119^{r} 10381

S 807 119^{v} 9117

S 807 120^{r} 5606 9055

S 807 120^{v} 1026

S 807 121^{r} 3213

S 807 123^{r} 1740

S 807 123^{v} 8930

S 807 130^{rs} 2470

S 807 132^{vs} 10336

S 807 134^{v} 10155

S 807 136^{rs} 4319

S 807 139^{rs} 3920

S 807 142^{r} 10480

S 807 148^{r} 5655

S 807 155^{rs} 3465

S 807 164^{r} 8707

S 807 166^{rs} 82

S 807 167^{v} 697

S 807 169^{v} 9187

S 807 169^{vs} 1068

S 807 170^{r} 7075

S 807 175^{rs} 1511

S 807 175^{v} 5977

S 807 178^{v} 3643

S 807 179^{vs} 7900

S 807 186^{rs} 8076

S 807 186^{vs} 5132

S 807 189^{vs} 680

S 807 190^{v} 7937

S 807 190^{vs} 555

S 807 191^{r} 5342

S 807 192^{v} 5649

S 807 193^{v} 2395

S 807 195^{v} 6553

S 807 198^{v} 1925

S 807 199^{rs} 2475

S 807 200^{rs} 10066

S 807 201^{vs} 1869

S 807 206^{r} 8704

S 807 206^{rs} 5607

S 807 214^{r} 9055

S 807 214^{rs} 4115

S 807 218^{v} 7349

S 807 219^{rs} 8994

S 807 220^{r} 9351

S 807 221^{rs} 8149

S 807 226^{r} 2047

S 807 226^{vs} 527

S 807 231^{r} 5745

S 807 231^{v} 7733 10252

S 807 232^{rss} 4796

S 807 238^{vs} 10481

S 807 239^{v} 5880 7195

S 807 251^{r} 3012

S 807 254^{rs} 763

S 807 255^{v} 8312

S 807 256^{rs} 3779

S 807 267^{r} 8966

S 807 268^{v} 673

S 807 270^{rs} 894

S 807 275^{vs} 5133

S 807 279^{v} 9628

S 807 280^{rs} 803

S 807 281^{rs} 8707

S 807 285^{v} 67 361

S 807 298^{r} 1026

S 808 4^{r} 7367

S 808 4^{v} 10252

S 808 10^{vs} 272

S 808 12^{vs} 3767

S 808 15^{vs} 1672

S 808 16^{rs} 381

S 808 17^{vs} 1672

S 808 18^{rs} 7937

S 808 19^{rs} 8317

S 808 20^{rs} 1533

S 808 23^{v} 4121

S 808 24^{vs} 2872

S 808 26^{r} 9324

S 808 29^{rs} 7937

S 808 29^{vs} 1135

S 808 30^{vs} 7985

S 808 31^{vs} 5222

S 808 32^{r} 4687

S 808 32^{v} 717

S 808 33^{r} 5819

S 808 34^{r} 3415

S 808 34^{rs} 10519

S 808 35^{vs} 9943

S 808 38^{rs} 2327

S 808 38^{v} 4429

S 808 40^{r} 1888

S 808 40^{v} 6897

S 808 43^{v} 478

S 808 48^{r} 8465

S 808 48^{v} 6080

S 808 49^{rs} 717

S 808 50^{r} 157

S 808 51^{r} 6030

S 808 52^{r} 4417

S 808 52^{v} 4417

S 808 53^{r} 5340

S 808 55^{r} 6297

S 808 55^{v} 3053

S 808 57^{v} 3315 5649

S 808 60^{rs} 917

S 808 62^{rs} 5038

S 808 65^{rs} 6080

S 808 65^{vs} 3012

S 808 69^{rs} 3315

S 808 74^{r} 5596

S 808 75^{v} 7394

S 808 76^{rs} 10458

S 808 79^{rs} 2470

S 808 82^{rs} 4959

S 808 83^{r} 10481

S 808 85^{r} 5340

S 808 92^{vs} 4987

S 808 93^{v} 8956

S 808 95^{rs} 3707

S 808 95^{v} 8209

S 808 97^{r} 8528

S 808 103^{r} 5951

S 808 103^{v} 4231

S 808 103^{vs} 8372

S 808 104^{rs} 3643

S 808 112^{r} 9049

S 808 112^{v} 325

S 808 115^{vs} 6125

S 808 116^{vs} 1672

S 808 120^{rs} 3140

S 808 121^{vs} 803

S 808 122^{r} 4973

S 808 129^{rs} 5999

S 808 133^{rs} 2113

S 808 137^{v} 3317

S 808 140^{r} 3318

S 808 142^{v} 3432

S 808 144^{vs} 9581

S 808 146^{v} 3905

S 808 147^{r} 1805

S 808 147^{v} 576 9929

S 808 151^{vs} 24

S 808 154^{rs} 10482

S 808 156^{vs} 10438

S 808 157^{r} 8608

S 808 160^{r} 5222

S 808 161^{v} 4726

S 808 162^{r} 2623

S 808 164^{r} 3767 5881 6900

S 808 165^{vs} 3631

S 808 168^{r} 9139

S 808 169^{r} 9570

S 808 169^{v} 2601 5222

S 808 170^{r} 248

S 808 171^{r} 4036

S 808 171^{vs} 2449

S 808 174^{v} 7255

S 808 175^{r} 1068 2284

S 808 175^{v} 248 4173

S 808 176^{rs} 4786

S 808 176^{v} 1081 3678

S 808 177^{r} 3389 5979

S 808 177^{v} 710

S 808 178^{r} 4193 9809

S 808 179^{r} 3765 6629

S 808 179^{v} 1150

S 808 180^r 1869
S 808 180^v 1997
S 808 181^v 1162 7007
S 808 182^r 9910
S 808 182^v 3647
S 808 186^{vs} 2200
S 808 189^{rs} 4677
S 808 190^r 1068
S 808 190^v 7171
S 808 191^v 1805
S 808 191^{vs} 1026
S 808 192^r 2327
S 808 195^r 1156
S 808 197^r 6083
S 808 197^{rs} 5913
S 808 198^{rs} 10301
S 808 199^r 5794
S 808 203^{rs} 4282
S 808 205^{vs} 4213
S 808 207^v 5256
S 808 208^{rs} 6080
S 808 208^v 1586
S 808 214^v 4552
S 808 218^r 10212
S 808 223^r 3465
S 808 223^{rs} 5673
S 808 224^v 9894
S 808 225^r 5340
S 808 226^{rs} 1429
S 808 227^v 2005
S 808 227^{vs} 2108
S 808 229^r 7624
S 808 232^r 5527
S 808 233^r 1082
S 808 237^{rs} 6081
S 808 237^v 1868
S 808 239^v 7234
S 808 240^v 6761
S 808 240^{vs} 1617
S 808 242^{rs} 1332
S 808 242^v 1385
S 808 245^r–247^r 9214
S 808 247^r 8542
S 808 247^{rs} 5205
S 808 249^v 4310
S 808 251^v 8315
S 808 252^r 10354
S 808 256^r 3765
S 808 259^r 6589
S 808 260^{rs} 9209
S 808 261^{vs} 7497

S 808 268^v 4987
S 808 271^v 8843
S 808 273^{vs} 5133
S 808 274^{vs} 7095
S 808 276^{rs} 6080
S 808 277^r 52
S 808 280^r 9566
S 808 286^r 3332
S 808 287^{vs} 6970
S 808 288^v 3765 4393
S 808 292^{rs} 7319
S 808 292^v 2965
S 808 293^{vs} 833
S 808 294^v 381 1015
S 808 295^{rs} 2782
S 808 298^v 4260
S 808 301^{rs} 8580
S 808 301^v 8520
S 809 1^{rs} 4892
S 809 5^r 4255
S 809 7^r 3748
S 809 14^{rs} 2978
S 809 16^{rs} 7497
S 809 17^r 6395
S 809 18^r 4116
S 809 18^{rs} 5062
S 809 18^v 1113
S 809 18^{vs} 9446
S 809 19^v 10227
S 809 23^{vs} 7167
S 809 26^v 4884
S 809 27^{rs} 8439
S 809 32^{vs} 673
S 809 36^r 5430
S 809 40^v 6630 9576
S 809 44^{rs} 4170
S 809 44^v 2794
S 809 45^{vs} 810
S 809 46^{rs} 1869
S 809 50^{rs} 1586
S 809 51^r 5222
S 809 51^v 10481
S 809 51^{vs} 9629
S 809 52^r 845
S 809 52^{rs} 1869
S 809 57^{rs} 3552
S 809 60^v 1150
S 809 61^{rs} 4371
S 809 62^v 321
S 809 65^{vs} 2035
S 809 71^{rs} 1869

S 809 73^{rs} 1868
S 809 75^r 7374
S 809 78^{rs} 8315
S 809 79^r 8315
S 809 80^{rs} 2613
S 809 81^v 10481
S 809 83^{vs} 6297
S 809 86^v 2484
S 809 88^v 4987 8910
S 809 88^{vs} 3844
S 809 89^r 8910
S 809 89^v 3709 9651
S 809 90^v 2026
S 809 91^{rs} 10486
S 809 93^r 2915
S 809 93^{rs} 4229
S 809 95^v 8308
S 809 97^{vs} 4814
S 809 106^{vs} 8112
S 809 108^r 9031
S 809 108^{rs} 8928
S 809 109^{rs} 9720
S 809 110^{rs} 3709
S 809 110^{vs} 2302
S 809 111^{rs} 1945
S 809 113^{vs} 7498
S 809 114^v 845
S 809 116^{vs} 325
S 809 120^r 4036
S 809 123^r 3008
S 809 124^r 9206
S 809 125^{rs} 1114
S 809 127^v 1114
S 809 128^{rs} 7553
S 809 129^{rs} 202
S 809 129^{vs} 2035
S 809 131^v 8608
S 809 139^r 5384
S 809 139^v 3678
S 809 142^v 9801
S 809 144^{vs} 10481
S 809 145^r 256
S 809 145^{vs} 178
S 809 149^v 655
S 809 150^v 6642 7875
S 809 151^v 232
S 809 155^{rs} 131
S 809 155^v 10468
S 809 157^v 10625
S 809 158^r 8135
S 809 158^v 7642

S 809 159^r 5951
S 809 161^r 2819 2978
S 809 163^r 3905
S 809 167^{rs} 4091
S 809 167^v 7167
S 809 167^{vs} 2915
S 809 169^{rs} 5133
S 809 177^{rs} 6630
S 809 178^{rs} 2024
S 809 178^v 6168
S 809 179^{vs} 10597
S 809 186^r 4028
S 809 187^r 6630
S 809 189^v 6144
S 809 190^r 6423
S 809 191^{rs} 3032
S 809 194^{rs} 9089
S 809 195^v 3748
S 809 202^v 3694 5026
S 809 203^r 2096
S 809 207^{vs} 2632
S 809 209^{rs} 547
S 809 211^{vs} 4698
S 809 212^{vs} 3162
S 809 213^{vs} 4573
S 809 214^{rs} 4231
S 809 214^v 8692
S 809 215^r 2379
S 809 217^{rs} 5152
S 809 218^r 7007
S 809 219^r 10579
S 809 221^r 3672
S 809 221^v 4065
S 809 224^v 3384
S 809 227^r 2099 7007
S 809 228^r 836
S 809 228^v 3840 4456 6489
S 809 229^v 10434
S 809 230^r 6877 8056
S 809 231^{vs} 7132
S 809 232^r 5125
S 809 232^v 9336
S 809 234^r 1483
S 809 234^v 3270
S 809 235^{vs} 2109
S 809 236^r 4091 4156
S 809 236^v 419
S 809 237^r 2945
S 809 237^v 909 4840
S 809 238^v 8973
S 809 240^r 3694 4068 5272
　10096

S 809 243^r 950
S 809 243^{rs} 4423
S 809 243^v 4321 7767 7966
S 809 244^r 7005
S 809 244^v 4637
S 809 245^v 7167
S 809 247^r 7007
S 809 247^v 1768 3160
S 809 251^r 4633
S 809 253^v 9364
S 809 255^{rs} 889
S 809 261^r 2640
S 809 261^{rs} 10147
S 809 262^r 10442
S 809 263^v 5960
S 809 266^r 4283
S 809 269^r 5384
S 809 272^r 8949
S 809 281^r 8565
S 809 281^{rs} 9733
S 809 284^{vs} 917
S 809 286^{rs} 3130
S 809 287^r 5880
S 809 290^v 1542
S 809 291^v 9030
S 809 295^v 3799
S 809 295^{vs} 3862
S 809 297^v 10319
S 809 298^v 4431
S 809 302^r 4924
S 809 304^r 5062
S 809 304^v 6651
S 809 305^{rs} 1456
S 809 306^v 7937
S 810 1^{rs} 4108
S 810 2^v 4273
S 810 4^{vs} 9007
S 810 5^{rs} 4753
S 810 7^v 5133
S 810 8^r 3691
S 810 12^r 4237
S 810 12^{vs} 3690
S 810 13^{rs} 131
S 810 13^v 7137
S 810 14^r 9720
S 810 14^{rs} 127
S 810 15^{rs} 7733
S 810 17^v 2569
S 810 21^{vs} 717
S 810 22^r 2798
S 810 25^r 9336

S 810 29^{vs} 4231
S 810 30^v 627
S 810 32^{rs} 4167
S 810 37^{vs} 2440
S 810 40^{rs} 3552
S 810 45^{vs} 6970
S 810 47^{vs} 6553
S 810 48^r 8938
S 810 51^{rs} 4319
S 810 52^{vs} 382
S 810 54^r 1026
S 810 54^{rs} 4091
S 810 54^v 3389
S 810 60^{vs} 10481
S 810 61^v 8110
S 810 65^{vs} 4803
S 810 67^{rs} 3748
S 810 73^{vs} 9629
S 810 74^{rs} 3161
S 810 77^r 657
S 810 77^v 5346
S 810 78^r 3886
S 810 80^v 6768
S 810 82^r 3384
S 810 82^v 1204
S 810 88^r 3910
S 810 90^{vs} 2024
S 810 95^{rs} 1032
S 810 100^{vs} 2033
S 810 101^r 9566
S 810 108^r 10381
S 810 109^{rs} 762
S 810 109^v 2945
S 810 112^v 4282
S 810 114^r 8865
S 810 115^v 2836
S 810 116^r 4884
S 810 117^{rs} 2689
S 810 122^{vs} 1772
S 810 124^{rs} 9204
S 810 124^{vs} 3306
S 810 125^{rs} 864
S 810 126^r 8308
S 810 127^{rs} 1801
S 810 131^v 4490
S 810 133^v 3766
S 810 135^{rs} 6930
S 810 135^{vs} 9805
S 810 136^r 7755
S 810 141^r 2574
S 810 141^{rs} 2109

S 810 146^v 2205
S 810 148^r 2040 4892
S 810 149^r 7915
S 810 151^{rs} 9597
S 810 153^v 1815
S 810 157^r 6165
S 810 158^v 6713
S 810 160^r 3397
S 810 164^{rs} 7117
S 810 169^{rs} 8280
S 810 173^{rs} 4272
S 810 174^r 393
S 810 174^{vs} 6811
S 810 182^v 6464
S 810 184^{rs} 10354
S 810 185^{vs} 2429
S 810 186^{rs} 3535
S 810 188^r 2170
S 810 188^{vs} 1950
S 810 189^{rs} 3755
S 810 191^{vs} 10526
S 810 194^{vs} 3389
S 810 195^v 3076
S 810 197^{vs} 138
S 810 198^{vs} 7911
S 810 199^v 9242
S 810 199^{vs} 862
S 810 204^{rs} 5291
S 810 205^r 327 2945
S 810 206^v 8646 10625
S 810 207^r 4273
S 810 210^{vs} 9629
S 810 212^v 717 1350
S 810 213^{rs} 8451
S 810 213^{vss} 9457
S 810 214^v 4392
S 810 218^v 3748 5291
S 810 223^v 1327
S 810 225^r 836
S 810 227^{vs} 2062
S 810 231^{vs} 10332
S 810 232^{rs} 3892
S 810 233^r 9592
S 810 235^{rs} 8018
S 810 241^v 3161 9098
S 810 242^r 8465
S 810 244^v 1861
S 810 246^r 588
S 810 248^v 2040
S 810 250^{rs} 7578
S 810 251^v 1360

S 810 254^r 259
S 810 254^{rs} 6426
S 810 255^v 5222
S 810 257^v 2470
S 810 258^r 2782
S 810 258^{vs} 9382
S 810 259^v 7732
S 810 261^r 5223
S 810 263^r 8360
S 810 266^{vs} 3842
S 810 273^{rs} 2831
S 810 276^v 2488
S 810 276^{vs} 4406
S 810 277^v 3131 8883
S 810 279^r 9972
S 810 282^r 5778 10607
S 810 285^r 2237
S 810 286^v 9412
S 810 288^r 7498
S 810 289^v 4218
S 810 297^r 7283
S 810 302^v 10380
S 810 304^{rs} 4406
S 811 3^r 4283
S 811 4^r 8634
S 811 4^v 5645
S 811 5^r 4616
S 811 5^v 7133
S 811 6^v 7130
S 811 8^r 5103 9618
S 811 8^v 5291
S 811 9^r 2441 10029
S 811 10^v 6532
S 811 11^v 8574
S 811 14^v 8849
S 811 15^r 1113
S 811 17^r 8372
S 811 18^r 5254
S 811 18^v 10176
S 811 19^{vs} 7224
S 811 23^{rs} 1350
S 811 24^v 4034
S 811 26^{rs} 2551
S 811 27^r 7911
S 811 27^{rs} 9147
S 811 30^r 3505
S 811 30^{rs} 9066
S 811 33^{vs} 1810
S 811 40^r 8107
S 811 40^{rs} 9082
S 811 45^{rs} 4884

S 811 45^v 7642
S 811 46^r 7642
S 811 47^v 8602
S 811 50^{rs} 6081
S 811 50^v 10354
S 811 54^v 327 3449
S 811 63^{rs} 10279
S 811 65^{vs} 6324
S 811 66^v 2943
S 811 68^r 5825
S 811 69^r 2379
S 811 71^v 5673
S 811 72^r 4925
S 811 72^{vs} 10417
S 811 75^{rs} 10401
S 811 77^{vs} 4091
S 811 79^r 10448
S 811 79^v 5843
S 811 79^{vs} 9786
S 811 83^{vs} 3489
S 811 86^{rs} 6811
S 811 90^{vs} 9169
S 811 91^{rs} 793
S 811 92^{vs} 804
S 811 96^v 5448
S 811 100^{rs} 10381
S 811 100^v 5937
S 811 103^{rs} 10582
S 811 103^v 8308
S 811 109^{rs} 7039
S 811 111^v 5310
S 811 112^r 1462
S 811 112^v 5292
S 811 113^r 1688
S 811 114^r 8537
S 811 114^{rs} 3819
S 811 117^{vs} 839
S 811 118^r 8988
S 811 119^r 2537
S 811 121^{rs} 8471
S 811 125^r 1358 4455
S 811 126^v 859
S 811 129^v 8503
S 811 133^{vs} 1383
S 811 134^v 4245
S 811 138^v 4245
S 811 139^r 2525
S 811 141^r 9762
S 811 144^v 6514
S 811 147^{rs} 8849
S 811 148^v 2632

S 811 150^{v} 1863	S 811 231^{rs} 9665	S 812 22^{r} 6274
S 811 150^{vs} 862	S 811 232^{v} 600	S 812 22^{v} 6274
S 811 153^{v} 2288	S 811 233^{v} 10455	S 812 23^{vs} 674
S 811 155^{v} 8998	S 811 235^{v} 4231	S 812 24^{vs} 1215
S 811 156^{rs} 3702	S 811 235^{vs} 1306	S 812 31^{rs} 3232
S 811 157^{vs} 3389	S 811 240^{vss} 2712	S 812 32^{v} 419 1855
S 811 160^{rs} 10622	S 811 246^{vs} 8691	S 812 37^{r} 5182
S 811 160^{v} 9473	S 811 247^{rs} 9363	S 812 38^{v} 9058
S 811 162^{r} 5224	S 811 251^{r} 4423	S 812 40^{r} 5985
S 811 166^{v} 4423	S 811 251^{rs} 1987	S 812 42^{v} 2134
S 811 166^{vs} 8896	S 811 253^{vss} 3636	S 812 46^{vs} 4167
S 811 167^{v} 8339	S 811 255^{r} 4855	S 812 49^{r} 7107
S 811 168^{r} 9082	S 811 259^{r} 5291	S 812 51^{rs} 1683
S 811 171^{vs} 2964	S 811 259^{rs} 2043	S 812 51^{vs} 3672 6461 7910
S 811 174^{vs} 202	S 811 259^{v} 2824	S 812 52^{rs} 4237
S 811 176^{v} 20	S 811 262^{r} 9701	S 812 52^{v} 2285
S 811 178^{rs} 3158	S 811 265^{r} 3039	S 812 54^{r} 2218
S 811 180^{v} 9466	S 811 265^{v} 2122	S 812 56^{r} 10253
S 811 183^{r} 7635	S 811 266^{v} 6274	S 812 61^{r} 4710
S 811 186^{rs} 1383	S 811 270^{rs} 7498	S 812 61^{v} 9892
S 811 187^{vs} 3277	S 811 273^{rs} 4477	S 812 62^{v} 6123
S 811 189^{r} 862	S 811 274^{rs} 8335	S 812 64^{rs} 6603
S 811 189^{rs} 327	S 811 274^{vs} 6580	S 812 69^{r} 5738
S 811 190^{rs} 2724	S 811 275^{vs} 4231	S 812 69^{v} 1589
S 811 191^{vs} 10486	S 811 277^{r} 8549	S 812 72^{r} 2737 4892
S 811 193^{r} 1444	S 811 277^{vs} 4167	S 812 72^{rs} 5571
S 811 193^{vs} 3035	S 811 278^{rs} 695	S 812 75^{r} 1063
S 811 194^{r} 9270	S 811 279^{r} 2379	S 812 77^{r} 9856
S 811 194^{rs} 4319	S 811 280^{v} 1840	S 812 81^{vs} 8358
S 811 195^{rs} 845	S 811 284^{rs} 1702	S 812 85^{r} 3221
S 811 196^{vs} 1113	S 811 288^{v} 2319	S 812 87^{v} 2782
S 811 199^{r} 8841	S 811 289^{r} 4966	S 812 88^{r} 7203
S 811 199^{v} 2939	S 811 290^{v} 2987	S 812 88^{rs} 5103
S 811 202^{rs} 1672	S 811 294^{vs} 804	S 812 89^{r} 426
S 811 203^{rs} 4476	S 811 295^{rs} 1005	S 812 90^{r} 2218
S 811 203^{v} 5718	S 811 297^{r} 9489	S 812 90^{rs} 2866
S 811 204^{v} 8471	S 811 298^{v} 2782	S 812 91^{r} 8316
S 811 206^{rs} 5093	S 811 299^{r} 6268	S 812 92^{rs} 10466
S 811 207^{v} 2895	S 812 1^{r} 4071	S 812 93^{r} 9881
S 811 211^{r} 9923	S 812 3^{v} 1313	S 812 94^{vs} 2379
S 811 212^{r} 1502	S 812 5^{v} 9346	S 812 98^{r} 7810
S 811 212^{rs} 6985	S 812 7^{v} 8667	S 812 101^{v} 9023
S 811 214^{vs} 8581	S 812 8^{vs} 3702	S 812 102^{v} 9438 9527
S 811 215^{r} 3922	S 812 9^{rs} 2040	S 812 110^{vss} 10184
S 811 216^{r} 9693	S 812 10^{v} 2238 10381	S 812 111^{v} 717
S 811 220^{vs} 1071	S 812 11^{vs} 5216	S 812 112^{rs} 3969
S 811 221^{rs} 1289	S 812 14^{r} 3243	S 812 112^{v} 547
S 811 221^{v} 2288	S 812 14^{v} 10171	S 812 113^{vs} 4231
S 811 222^{v} 4462	S 812 18^{v} 2115	S 812 119^{r} 85 2845
S 811 223^{vs} 9258	S 812 21^{rs} 7478	S 812 119^{v} 2782
S 811 224^{r} 372 3180	S 812 21^{v} 6274	S 812 120^{vs} 8007

S 812 122^r 10519
S 812 125^{vs} 2543
S 812 128^r 6195
S 812 128^{vs} 2218
S 812 132^{rs} 709
S 812 134^{vs} 4225
S 812 138^r 4067
S 812 139^r 5035
S 812 142^r 9013
S 812 142^v 2866
S 812 148^{rs} 4204
S 812 150^v 3035
S 812 157^v 918
S 812 162^r 4225 9836
S 812 167^{vs} 2782
S 812 168^v 2879
S 812 174^{rs} 7607
S 812 175^{rs} 4959
S 812 175^v 2890 5187
S 812 182^v 5626
S 812 184^r 6441
S 812 184^v 2878
S 812 189^{rs} 9008
S 812 190^{rs} 202
S 812 192^{rs} 9473
S 812 193^{vs} 9473
S 812 195^r 3695
S 812 195^{rs} 5985
S 812 195^v 493
S 812 196^{vs} 6215
S 812 199^r 426
S 812 199^{rs} 2902
S 812 201^v 8683
S 812 202^{rs} 2238
S 812 207^r 4231
S 812 208^r 2485
S 812 208^{vs} 2794
S 812 210^r 205
S 812 213^v 4959
S 812 216^r 9355
S 812 217^r 2763
S 812 217^v 8884
S 812 219^v 2523
S 812 228^v 2671
S 812 231^{vs} 8120
S 812 232^r 3921
S 812 236^r 6233
S 812 238^v 10455
S 812 239^v 862 2537
S 812 241^{rs} 10449
S 812 243^{rs} 5161

S 812 244^{vs} 10351
S 812 248^{rs} 3582 8884
S 812 249^{vs} 8379
S 812 250^v 216
S 812 251^{rs} 9233
S 812 254^v 439
S 812 255^r 5222
S 812 258^r 5802 9233
S 812 265^r 9836
S 812 267^{rs} 5716
S 812 267^v 4710
S 812 268^v 10381
S 812 270^{rs} 790
S 812 270^{vs} 8233
S 812 280^{rs} 3672
S 812 293^r 7776
S 812 294^{rs} 10506
S 812 297^{rs} 8664
S 812 299^{vs} 8285
S 813 2^{rs} 7312
S 813 18^{rs} 4959
S 813 19^r 4314
S 813 23^r 4659
S 813 28^v 520
S 813 30^{vs} 5392
S 813 32^v 5776
S 813 35^r 1152
S 813 38^r 9736
S 813 41^{rs} 5562
S 813 42^r 10438
S 813 55^{rs} 2511
S 813 55^v 2511 3446 9629
   10090
S 813 55^{vs} 2110
S 813 59^v 3624
S 813 60^{rs} 5161
S 813 65^r 9008
S 813 68^v 3921
S 813 69^v 5737
S 813 71^r 1964
S 813 79^v 2110
S 813 79^{vs} 4808
S 813 82^{rs} 5951
S 813 87^v 8966
S 813 91^r 8888
S 813 91^{rs} 8888
S 813 91^{vs} 7273
S 813 93^r 1640
S 813 95^r 7961
S 813 97^{vs} 4518
S 813 98^v 6492

S 813 105^{rs} 10455
S 813 113^{rs} 8729
S 813 115^v 5392
S 813 118^r–119^v 5620
S 813 128^v 3794
S 813 129^r 2551
S 813 135^{rs} 3921
S 813 136^{rss} 7547
S 813 138^r 827
S 813 148^v 4454
S 813 149^r 1152
S 813 152^{rs} 8056
S 813 154^v 863
S 813 155^v 6775
S 813 156^r 7171
S 813 159^r 856
S 813 172^{vs} 2492
S 813 174^v 1358 4631
S 813 175^{rs} 5997
S 813 176^{rs} 2509
S 813 182^{vs} 5800
S 813 183^r 2657
S 813 183^{rs} 4284
S 813 193^r 8884
S 813 193^v 6233
S 813 193^{vs} 1390
S 813 195^r 4434
S 813 198^{rs} 5392
S 813 198^{vs} 7646
S 813 201^{rs} 202
S 813 204^{vs} 4382
S 813 209^{vs} 2724
S 813 211^r 8014
S 813 212^{vs} 863
S 813 213^r 4580
S 813 218^v 2934
S 813 218^{vs} 5811
S 813 219^v 202
S 813 223^v 4848
S 813 228^{rs} 5548
S 813 228^{vs} 2008
S 813 229^{rs} 7510
S 813 229^{vs} 8492
S 813 232^{vs} 1215
S 813 234^r 8966
S 813 238^{vs} 4184
S 813 239^{vs} 5745
S 813 241^v 9582
S 813 245^{vs} 1203
S 813 246^r 2109
S 813 249^v 9233

S 813 414^r 4261 8360
S 814 6^{vs} 9638
S 814 8^{rs} 4726
S 814 8^{vs} 5400
S 814 17^v 6267
S 814 18^{vss} 9415
S 814 23^{rs} 9438
S 814 24^r 9666
S 814 27^{rs} 9466
S 814 27^{vs} 9629
S 814 32^v 4100
S 814 33^{rs} 1026 6811
S 814 37^v 1394
S 814 38^{vs} 2511
S 814 40^v 459
S 814 45^v 7100
S 814 48^v 7980
S 814 49^{vs} 863
S 814 50^{vs} 4067
S 814 51^v 5392
S 814 52^v 6761
S 814 53^{vs} 3687
S 814 54^{rs} 1394
S 814 58^r 5887
S 814 58^{rs} 2551
S 814 58^v 5913
S 814 59^{vs} 4641
S 814 62^{vs} 9910
S 814 64^{rs} 6411
S 814 65^{rs} 8014
S 814 67^{vs} 4067
S 814 69^{rs} 5548
S 814 73^{rs} 5814
S 814 76^{rs} 8113
S 814 76^{vs} 3409
S 814 77^r 85 5685
S 814 78^r 3583
S 814 80^r 9630
S 814 83^{vs} 5447
S 814 94^{rs} 7510
S 814 96^r 7646
S 814 98^v 4220
S 814 104^{vs} 2891
S 814 106^{rs} 648
S 814 107^r 2379
S 814 113^{vs} 10184
S 814 116^v 6812
S 814 122^r 5716
S 814 127^v 3582
S 814 127^{vs} 5716
S 814 131^r 8238

S 814 134^v 863
S 814 136^r 7911
S 814 139^{vs} 6472
S 814 140^r 6812
S 814 140^{rs} 4220
S 814 145^v 4669
S 814 146^{vs} 7741
S 814 154^r 3916
S 814 156^{vs} 8345
S 814 159^{rs} 6812
S 814 159^{vs} 2110
S 814 161^r 9636
S 814 166^{vs} 5581
S 814 169^r 6195
S 814 172^v 5649
S 814 177^v 1596
S 814 178^r 1143
S 814 182^{rs} 4892
S 814 183^r 6038
S 814 185^v 7727
S 814 188^{vs} 7980
S 814 190^{rs} 2446
S 814 192^{vs} 8014
S 814 194^r 2394
S 814 196^v 7903
S 814 197^{vs} 5995
S 814 198^{rs} 9502
S 814 198^v 10160
S 814 202^r 3976
S 814 206^r 475
S 814 216^r 2913
S 814 220^v 3833
S 814 222^r 4058
S 814 226^v 4494
S 814 230^v 5581
S 814 232^v 10454
S 814 234^{vs} 5392
S 814 236^{vs} 5879
S 814 237^{vs} 8503
S 814 240^v 1064
S 814 244^r 4983
S 814 249^{vs} 9720
S 814 252^r 9923
S 814 253^{vs} 9636
S 814 258^v 6919
S 814 259^v 2231
S 814 261^r 9361
S 814 265^{vs} 10253
S 814 266^r 7307
S 814 266^v 1216
S 814 269^{rs} 9789

S 814 272^r 6649
S 814 274^v 1755
S 814 275^{rs} 1755
S 814 275^v 1755
S 814 276^r 8717
S 814 276^{rs} 5453
S 814 276^v 2600
S 814 278^r 1026
S 814 278^{vs} 2394
S 814 296^{rs} 4067
S 814 297^{vs} 4201
S 814 298^{rs} 1089
S 815 2^{vs} 3922
S 815 3^{rs} 8994
S 815 3^v 804
S 815 4^{vs} 1089
S 815 7^v 10605
S 815 9^r 6490
S 815 12^{rs} 9415
S 815 13^r 5241
S 815 13^{rs} 1216
S 815 16^{rs} 6195
S 815 23^{rs} 1154
S 815 23^v 119
S 815 25^r 2470
S 815 26^{rs} 9064
S 815 28^r 6988
S 815 31^v 8781
S 815 34^v 4796
S 815 38^r 6812
S 815 39^r 7098
S 815 39^v 2496
S 815 41^v 2632
S 815 42^v 2013
S 815 45^r 2511
S 815 45^{rs} 10605
S 815 47^v 3032
S 815 48^v 8645
S 815 49^r 798
S 815 49^v 10423
S 815 50^v 1304 4661
S 815 51^r 2282 3103 4999 5370
S 815 54^r 1798
S 815 54^v 4254
S 815 55^r 3528
S 815 55^{vs} 10413
S 815 64^{rs} 1840
S 815 66^r 404
S 815 70^v 1064
S 815 71^{rs} 8895

S 816 55^{rs} 8056
S 816 55^{v} 930
S 816 61^{v} 5650
S 816 62^{v} 1216
S 816 63^{v} 8754
S 816 64^{r} 6591
S 816 66^{v} 4792
S 816 67^{rs} 3941
S 816 67^{v} 3842
S 816 75^{r} 1420
S 816 75^{vs} 9415
S 816 79^{vs} 1789
S 816 81^{rs} 8164
S 816 83^{v} 621
S 816 84^{rs} 5038
S 816 84^{v} 4741
S 816 85^{r} 2232
S 816 88^{r} 5655
S 816 89^{v} 8329
S 816 90^{rs} 4649
S 816 93^{v} 3885
S 816 95^{vs} 1203
S 816 98^{vs} 518
S 816 101^{vs} 6784
S 816 102^{v} 4579
S 816 103^{rs} 804
S 816 103^{v} 8908
S 816 103^{vs} 8503
S 816 104^{v} 2485
S 816 106^{v} 6518
S 816 110^{r} 5025
S 816 115^{rs} 4892
S 816 116^{rs} 6233
S 816 116^{v} 6019
S 816 118^{rs} 3941
S 816 119^{vs} 3032
S 816 122^{vs} 5680
S 816 123^{rs} 4659
S 816 124^{v} 9403
S 816 131^{rs} 2270
S 816 135^{rs} 3195
S 816 135^{v} 5206
S 816 137^{vs} 2097
S 816 138^{r} 4907
S 816 138^{v} 8248
S 816 139^{v} 2333
S 816 148^{r} 4715
S 816 150^{r} 3535
S 816 151^{r} 5157
S 816 152^{vs} 1825
S 816 161^{r} 5038

S 816 164^{v} 609
S 816 170^{v} 2470
S 816 180^{r} 8056
S 816 181^{rs} 1594
S 816 187^{v} 9824 10235
S 816 188^{vs} 8371
S 816 189^{r} 8246
S 816 190^{v} 1982
S 816 205^{rs} 2664
S 816 210^{rs} 609
S 816 211^{v} 8113
S 816 215^{vs} 9380
S 816 216^{r} 840
S 816 216^{rs} 7585
S 816 218^{v} 3131 8371
S 816 221^{r} 2124
S 816 225^{rs} 930
S 816 225^{v} 225
S 816 229^{r} 2413
S 816 235^{vs} 4521
S 816 237^{v} 397
S 816 239^{v} 9623
S 816 241^{r} 6908
S 816 241^{rs} 9727
S 816 241^{v} 10004
S 816 243^{rs} 5693
S 816 244^{v} 6973
S 816 246^{r} 5670
S 816 248^{v} 7806
S 816 250^{r} 3572
S 816 253^{v} 8826
S 816 257^{v} 1373
S 816 258^{vs} 724
S 816 260^{rs} 947
S 816 261^{v} 728
S 816 261^{vs} 547
S 816 264^{r} 704
S 816 264^{v} 6587
S 816 265^{r} 10025
S 816 268^{v} 10004
S 816 273^{vs} 4873
S 816 274^{rs} 4410
S 816 283^{rs} 4477
S 816 283^{v} 4477
S 816 285^{v} 2223
S 816 287^{r} 5984
S 816 287^{v} 8464
S 816 287^{vs} 1233
S 816 288^{r} 2238
S 816 291^{v} 6333
S 816 291^{vs} 10218

S 816 293^{r} 491
S 817 2^{vs} 724
S 817 6^{v} 5799
S 817 7^{r} 3434
S 817 9^{v} 1196
S 817 14^{r} 2543
S 817 20^{v} 5887
S 817 24^{v} 3326
S 817 25^{v} 5151
S 817 28^{rs} 829
S 817 30^{vs} 6332
S 817 35^{vs} 9966
S 817 37^{vs} 8253
S 817 38^{rs} 8018
S 817 41^{rs} 1234
S 817 44^{vs} 8470
S 817 50^{r} 4626
S 817 54^{rs} 1861
S 817 56^{v} 8251
S 817 57^{r} 7403
S 817 63^{rs} 930
S 817 68^{v} 10602
S 817 70^{r} 9557
S 817 71^{vs} 4811
S 817 72^{r} 1977
S 817 72^{v} 520
S 817 81^{r} 290
S 817 82^{v} 6587
S 817 84^{v} 7684
S 817 85^{vs} 2238
S 817 88^{rs} 6233
S 817 90^{rs} 7994
S 817 90^{vs} 3794
S 817 92^{vs} 9295
S 817 93^{v} 8524
S 817 94^{r} 8092
S 817 94^{v} 4774
S 817 106^{vs} 8253
S 817 107^{v} 2027 2640
S 817 110^{rs} 537
S 817 112^{r} 5776
S 817 112^{vs} 840
S 817 113^{v} 4477 6512
S 817 114^{v} 6660
S 817 115^{r} 5733
S 817 118^{r} 10577
S 817 118^{v} 786
S 817 121^{v}–123^{r} 1870
S 817 124^{vs} 8955
S 817 125^{vs} 3431
S 817 133^{rs} 4626

S 817 138^{vs} 7597
S 817 140^r 2664
S 817 140^v 9557
S 817 143^{rs} 3789
S 817 143^v 3883
S 817 145^r 9179
S 817 145^{vs} 8555
S 817 146^r 8564
S 817 146^v 8638
S 817 146^{vs} 7193
S 817 148^r 4564
S 817 151^{vs} 7193
S 817 157^{rs} 9910
S 817 157^{vs} 7377
S 817 159^r 8994
S 817 163^{rs} 4925
S 817 164^{rs} 3058
S 817 165^v 3032
S 817 168^r 8899
S 817 175^{rss} 1722
S 817 176^v 7293
S 817 177^{rs} 9084
S 817 181^{vs} 9339
S 817 184^{rs} 2256
S 817 190^r 9556
S 817 193^r 5659
S 817 194^{vs} 6154
S 817 195^{rs} 7886
S 817 199^r 233
S 817 200^{vs} 4706
S 817 202^v 2027
S 817 206^{rs} 4138
S 817 210^{vs} 6417
S 817 214^{vs} 6881
S 817 215^r 5659
S 817 215^{vs} 5818
S 817 217^r 7502
S 817 222^r 6029
S 817 225^v 5650
S 817 228^r 3108 8927
S 817 232^r 2175
S 817 233^r 5854
S 817 235^r 5416
S 817 242^r 4477
S 817 244^v 4158
S 817 244^{vs} 3389
S 817 246^r 3293
S 817 247^r 3149
S 817 249^r 10367
S 817 250^r 7222
S 817 251^r 26

S 817 252^v 7667
S 817 262^v 2650
S 817 264^{rs} 7841
S 817 264^v 6908
S 817 266^r 4453
S 817 267^{vs} 10359
S 817 268^r 4659
S 817 269^v 1313
S 817 270^r 8456
S 817 271^r 4637 4683
S 817 272^v 1493
S 817 273^r 7023
S 817 276^r 9689
S 817 277^{rs} 8918
S 817 279^v 5915
S 817 279^{vs} 3332
S 817 282^{rs} 5777
S 817 283^v 10498
S 817 284^r 2270
S 817 287^{vs} 10538
S 817 288^v 8680
S 817 289^r 8155
S 817 292^{rs} 1586
S 817 292^v 6017
S 817 294^r 3797
S 817 294^v 2508
S 817 296^v 5134
S 818 4^{vs} 8231
S 818 5^r 1977
S 818 7^{rs} 3389
S 818 8^r 2400
S 818 8^{vs} 153
S 818 11^v 5879
S 818 14^v 3828
S 818 19^{rs} 9908
S 818 21^r 6849
S 818 24^r 4166
S 818 24^{vs} 8425
S 818 26^v 7394
S 818 26^{vs} 4982
S 818 28^v 10053
S 818 29^r 5260
S 818 29^v 9567
S 818 30^r 8611
S 818 32 898
S 818 35^{vs} 6507
S 818 40^v 10366
S 818 42^v 7026
S 818 43^{rs} 1876
S 818 45^r 6892
S 818 53^r 5370

S 818 53^{rs} 9380
S 818 56^r 940
S 818 56^v 66
S 818 58^v 9039
S 818 67^v 6347
S 818 68^{rs} 7721
S 818 68^v 3085
S 818 69^{vs} 3085
S 818 71^{rs} 10423
S 818 84^{rs} 7876
S 818 85^r 2664
S 818 89^v 10107
S 818 90^{rs} 10343
S 818 90^v 8360
S 818 92^r 5591
S 818 92^{rs} 2831
S 818 93^v 9174
S 818 94^{rs} 2831
S 818 95^r 3704
S 818 96^{vs} 9324
S 818 98^r 4900
S 818 98^{rs} 4892
S 818 98^v 7312
S 818 100^{rs} 5223
S 818 100^v 10195
S 818 105^{rs} 3131
S 818 106^v 6019
S 818 107^{vs} 6990
S 818 109^r 4134
S 818 110^{vs} 5745
S 818 117^v 741
S 818 118^v 2570
S 818 122^v 4260
S 818 123^r 5400
S 818 125^v 1394
S 818 126^{vs} 2514
S 818 127^r 9573
S 818 127^{rs} 1698
S 818 129^{rs} 183
S 818 130^v 741
S 818 132^v 3115
S 818 138^{rs} 6673
S 818 143^r 7069
S 818 144^{vs} 2153
S 818 147^r 4892
S 818 147^{rs} 4892
S 818 147^v 804
S 818 148^v 4673
S 818 151^{rs} 2854
S 818 153^r 4425
S 818 154^r 889 3828

S 818 155^r 6639
S 818 161^r 3573
S 818 162^r 798
S 818 165^v 1936
S 818 166^r 1373
S 818 168^v 6454
S 818 169^r 4884
S 818 174^{rs} 2402
S 818 176^{vs} 5134
S 818 183^v 1829
S 818 184^r 4011 4477
S 818 186^r 2555 3792 5731
S 818 186^v 3408
S 818 187^r 5025
S 818 188^{rs} 7812
S 818 188^v 4669
S 818 203^{rs} 4892
S 818 204^v 56 6110
S 818 205^{rs} 7739
S 818 205^v 3695
S 818 208^{rs} 3408
S 818 216^v 2484
S 818 223^{vs} 607
S 818 232^v 2110
S 818 233^r 6060
S 818 239^{rs} 5235
S 818 242^{rs} 5370
S 818 245^{rs} 691
S 818 247^{vs} 1606
S 818 249^v 3695
S 818 251^{vs} 1159
S 818 253^v 4452
S 818 254^r 5517
S 818 254^{vs} 2703
S 818 255^r 2366
S 818 259^{rss} 2360
S 818 268^{rs} 8549
S 818 269^r 1026
S 818 270^{rs} 1201
S 818 272^v 5451
S 818 275^r 6363 10013
S 818 276^{vs} 1982
S 818 277^r 1394
S 818 277^{rs} 3528
S 818 281^{rs} 8663
S 818 281^v 2505
S 818 283^v 2153 6154
S 818 291^{vs} 10147
S 818 293^r 4964
S 818 294^v 6297
S 818 295^{rs} 3306

S 818 301^r 2008
S 818 301^{vs} 1238
S 818 303^r 5844
S 818 304^{rs} 5659
S 818 306^r 4219 9975
S 818 306^{rs} 8555
S 818 306^v 9295
S 818 308^r 8444
S 818 314^v 7663
S 818 317^{vs} 6592
S 819 4^{vs} 3408
S 819 7^v 9863
S 819 7^{vs} 904
S 819 15^v 10519
S 819 28^{vs} 3085
S 819 29^r 8231
S 819 31^v 3085
S 819 35^{rs} 1560
S 819 37^r 2845
S 819 38^v 9608
S 819 42^v 3408
S 819 42^{vs} 8345
S 819 44^r 8041
S 819 44^v 8425
S 819 45^r 9876
S 819 46^r 11
S 819 47^{rs} 1863
S 819 48^v 2360
S 819 49^r 6324
S 819 49^{rs} 8205
S 819 52^r 1715
S 819 52^v 863
S 819 53^r 2228
S 819 55^r 2511
S 819 55^v 2587
S 819 56^r 8581
S 819 56^v 9513
S 819 59^r 4659
S 819 59^v 2363 5134
S 819 59^{vs} 10367
S 819 65^{rs} 9485
S 819 69^r 4254
S 819 71^{vs} 2644
S 819 79^r 10130
S 819 80^{rs} 6592
S 819 89^{vs} 7405
S 819 90^{rs} 9555
S 819 92^{rs} 9582
S 819 99^{rs} 524
S 819 99^v 7593
S 819 99^{vs} 7189

S 819 102^v 205
S 819 104^r 2854
S 819 104^v 4976
S 819 106^r 1101
S 819 109^{vs} 828
S 819 112^{rs} 10486
S 819 112^{vs} 2703
S 819 117^v 5541
S 819 119^r 314
S 819 119^v 828
S 819 120^r 2368
S 819 130^v 9630
S 819 130^{vs} 3528
S 819 137^r 2724
S 819 138^r 7171
S 819 138^{rs} 10454
S 819 139^v 2703
S 819 146^r 1678
S 819 147^r 3678
S 819 150^r 1150
S 819 150^{rs} 6777
S 819 151^r 2370
S 819 154^{rs} 1056
S 819 156^r 10424
S 819 161^{rs} 3687
S 819 161^v 3687
S 819 163^{rs} 1197
S 819 163^v 2831
S 819 164^r 10546
S 819 165^{vs} 3528
S 819 166^{vs} 1136
S 819 172^{rs} 7842
S 819 177^r 798
S 819 179^r 3043
S 819 182^v 9988
S 819 186^v 8345
S 819 189^{vs} 3511
S 819 192^r 8018
S 819 193^{rs} 2492
S 819 195^r 2674
S 819 196^r 9324
S 819 197^v 8966
S 819 201^v 1089
S 819 202^v 339
S 819 204^v 10103
S 819 218^v 9832
S 819 219^r 1527
S 819 220^r 798
S 819 222^{rs} 205
S 819 225^{rs} 7193
S 819 225^{vs} 4189

S 819 226^r 8554

S 819 228^v 3357

S 819 229^{vs} 10481

S 819 231^{vs} 10454

S 819 237^r 6082

S 819 239^v 315

S 819 240^r 4669

S 819 241^{vs} 7140

S 819 243^r 3291

S 819 244^v 8046

S 819 245^{vs} 7577

S 819 251^{rs} 10070

S 819 251^v 7800

S 819 252^{rs} 1678

S 819 254^v 1496

S 819 254^{vs} 3393

S 819 268^v 4791

S 819 270^v 8581

S 819 279^v 1159

S 819 283^{vs} 3114

S 819 285^{vs} 3622

S 819 290^r 1667

S 819 291^r 3454

S 819 291^v 2040 9190

S 820 3^v 7970

S 820 9^{vs} 9625

S 820 16^v 8300

S 820 21^{vs} 10252

S 820 24^v 6450

S 820 25^v 10004

S 820 27^r 6703

S 820 34^r 815

S 820 35^v 7257

S 820 36^r 7842

S 820 36^v 7815

S 820 39^{vs} 917

S 820 42^{rs} 8463

S 820 43^{rs} 8218

S 820 44^{vs} 10223

S 820 49^r 8661

S 820 57^{rs} 4166

S 820 58^v 8057

S 820 70^v 5134

S 820 74^v 3939

S 820 74^{vs} 9144

S 820 75^v 6430

S 820 79^r 4125

S 820 80^{rs} 5913

S 820 81^r 876

S 820 81^{rs} 6308

S 820 90^{rs} 3573

S 820 91^v 4659

S 820 91^{vs} 815

S 820 93^{vs} 9219

S 820 100^v 143

S 820 101^r 7987

S 820 101^v 2847 8345

S 820 105^r 7792

S 820 106^r 2323 4423

S 820 106^v 3820 4552 4703

S 820 107^v 2947

S 820 108^r 9630

S 820 108^v 851 5790

S 820 109^r 8641

S 820 111^r 2855

S 820 112^r 5043

S 820 115^r 9631

S 820 115^v 1833

S 820 116^r 10486

S 820 117^r 1869

S 820 117^v 8113

S 820 118^v 7198

S 820 121^v 7043

S 820 121^{vs} 7530

S 820 123^{rs} 675

S 820 125^{vs} 7577

S 820 126^{rs} 8545

S 820 129^{rs} 5652

S 820 130^r 5601

S 820 130^{rs} 3748

S 820 130^v 7257

S 820 131^r 5817

S 820 132^r 9233

S 820 132^v 4028

S 820 133^v 216

S 820 133^{vs} 5397

S 820 135^v 5711

S 820 136^v 1391 7710

S 820 139^{rs} 868

S 820 145^{rs} 3206

S 820 151^v 974

S 820 154^r 5245

S 820 156^{vs} 1973

S 820 157^{rs} 8166

S 820 158^{rs} 9630

S 820 158^{vs} 9745

S 820 159^v 9631

S 820 163^r 8661

S 820 164^{rs} 821

S 820 165^{rs} 1064

S 820 168^r 4976

S 820 168^{vs} 9095

S 820 179^{rs} 4703

S 820 179^v 704

S 820 184^r 9233

S 820 190^{vs} 9221

S 820 191^r 581

S 820 191^{rs} 581

S 820 191^v 10512

S 820 193^{rs} 4659

S 820 199^{rs} 10609

S 820 200^v 1116

S 820 201^r 9748

S 820 206^r 6324

S 820 208^r 9369

S 820 209^v 6922

S 820 210^r 1190

S 820 214^r 1973

S 820 217^r 2446

S 820 222^{rs} 2511

S 820 222^v 5881

S 820 223^r 2410 5794

S 820 224^r 5144

S 820 224^v 7941 10413

S 820 225^{rs} 3922

S 820 226^v 1031

S 820 227^{vs} 9634

S 820 229^r 5252

S 820 230^v 1064

S 820 231^v 1090

S 820 232^v 8545

S 820 235^v 4019

S 820 236^v 3291

S 820 237^r 774

S 820 238^r 1483

S 820 241^r 1209

S 820 245^r 959

S 820 248^{rs} 9144

S 820 249^{rs} 1801

S 820 254^v 3792

S 820 255^{vs} 318

S 820 257^r 9954

S 820 259^{rs} 2485

S 820 260^{rs} 737

S 820 264^{rs} 7782

S 820 266^v 5237

S 820 267^r 6165

S 820 268^r 7468

S 820 269^{rs} 368

S 820 279^{rs} 9757

S 820 280^v 8158

S 820 281^{rs} 318

S 820 281^v 10382

S 820 282^{rs} 4774
S 820 283^{r} 2501
S 820 285^{r} 6082
S 820 286^{v} 2124
S 820 289^{rs} 6324
S 820 289^{vs} 270
S 820 290^{rs} 7782
S 820 291^{v} 7842
S 820 291^{vs} 8647
S 820 292^{r} 1112
S 820 294^{r} 1682
S 820 295^{r} 8113
S 820 296^{r} 3568
S 820 296^{vs} 7235
S 821 1^{r} 774
S 821 1^{v} 3917 9630
S 821 4^{r} 7312
S 821 4^{v} 9369
S 821 5^{rs} 5043
S 821 6^{v} 10144
S 821 6^{vs} 579
S 821 7^{rs} 6931
S 821 12^{v} 9369
S 821 14^{v} 9144
S 821 16^{r} 4238
S 821 16^{v} 10241
S 821 17^{v} 7642
S 821 18^{v} 8368
S 821 20^{r} 796
S 821 27^{v} 5834
S 821 32^{rs} 3292
S 821 34^{v} 9918
S 821 35^{rs} 7174
S 821 35^{v} 1910
S 821 36^{vs} 3076
S 821 39^{vss} 9415
S 821 42^{r} 5227
S 821 42^{v} 7105
S 821 42^{vs} 4811
S 821 48^{v} 3748
S 821 49^{vs} 8583
S 821 51^{rs} 4233
S 821 53^{vs} 3059
S 821 59^{v} 10106
S 821 60^{r} 5777
S 821 61^{rs} 6204
S 821 62^{r} 3844
S 821 62^{rs} 3922
S 821 62^{vs} 4703
S 821 63^{v} 6568
S 821 67^{vs} 9369

S 821 68^{rs} 5980
S 821 72^{r} 3059
S 821 75^{vs} 5418
S 821 76^{r} 5418
S 821 76^{vs} 6207
S 821 78^{r} 10332
S 821 79^{v} 10129
S 821 81^{r} 592
S 821 83^{v} 7980
S 821 88^{rs} 2096
S 821 91^{r} 9371
S 821 91^{v} 9990
S 821 93^{v} 452
S 821 96^{v} 9200
S 821 97^{rs} 9592
S 821 100^{rs} 582
S 821 101^{vs} 5241
S 821 102^{r} 9365
S 821 105^{v} 10309
S 821 106^{v} 582 9958
S 821 111^{rs} 6233
S 821 117^{v} 1789
S 821 120^{r} 1304
S 821 124^{rs} 4884
S 821 125^{r} 2010
S 821 126^{r} 7642
S 821 127^{v} 83 4002
S 821 129^{rs} 10430
S 821 130^{rs} 4283
S 821 130^{vs} 8707
S 821 133^{rs} 3063
S 821 137^{vs} 2830
S 821 139^{v} 890
S 821 139^{vs} 7985
S 821 144^{r} 2189
S 821 144^{v} 211
S 821 146^{v} 2831
S 821 147^{vs} 3792
S 821 152^{r} 5362
S 821 152^{v} 9369
S 821 153^{rs} 2723
S 821 153^{v} 3398
S 821 155^{v} 8688
S 821 156^{v} 1031
S 821 156^{vs} 10553
S 821 157^{v} 1508
S 821 157^{vs} 3948
S 821 158^{v} 9990
S 821 162^{vs} 5884
S 821 163^{r} 2000
S 821 163^{vs} 6470

S 821 170^{vs} 6676
S 821 173^{vs} 8688
S 821 175^{r} 8018
S 821 176^{v} 5621
S 821 181^{vs} 8596
S 821 183^{r} 295
S 821 183^{v} 6038
S 821 187^{r} 3467
S 821 189^{r} 7767 9346
S 821 190^{r} 7922 10413
S 821 191^{r} 858
S 821 191^{v} 4649
S 821 192^{v} 8439
S 821 193^{r} 5134
S 821 194^{v} 3157
S 821 195^{r} 2963 6989
S 821 196^{r} 44 9349
S 821 197^{r} 9091
S 821 197^{v} 2458
S 821 199^{r} 3968 10367
S 821 200^{r} 3844
S 821 201^{r} 7400
S 821 201^{v} 863
S 821 202^{v} 3968
S 821 208^{r} 9842
S 821 209^{r} 115
S 821 211^{v} 6399
S 821 215^{v} 6122
S 821 217^{rs} 1980
S 821 221^{vs} 8177
S 821 224^{v} 1999
S 821 225^{r} 2014
S 821 225^{v} 2978
S 821 226^{v} 9865
S 821 229^{vs} 5237
S 821 233^{v} 3922
S 821 242^{r} 7913
S 821 246^{r} 238
S 821 246^{vs} 6198
S 821 254^{rs} 10252
S 821 257^{r} 8783
S 821 257^{v} 7922
S 821 259^{vs} 10497
S 821 260^{v} 2024
S 821 265^{vs} 3289
S 821 267^{r} 5180
S 821 269^{v} 6752
S 821 278^{r} 8368
S 821 282^{r} 9113
S 821 284^{rs} 1238
S 821 287^{rs} 8945

S 821 287^v 109	S 822 113^r 1858	S 822 233^r 2798
S 821 289^r 4960	S 822 114^r 8018 8998	S 822 233^{vs} 458
S 821 293^v 10582	S 822 115^{rs} 573	S 822 234^{rs} 4637
S 821 296^r 621	S 822 116^{rs} 9041	S 822 234^v 3922
S 821 300^{rss} 9415	S 822 120^v 8849	S 822 236^r 5758
S 821 304^{rs} 3583	S 822 121^r 6228	S 822 236^v 7522
S 822 3^v 4283	S 822 123^v 3425	S 822 237^r 2511
S 822 4^v 5621	S 822 124^r 5664	S 822 239^r 9708
S 822 8^r 8439	S 822 125^{rs} 4477	S 822 242^r 83
S 822 10^{vs} 5672	S 822 127^r 9371	S 822 245^v 7527
S 822 13^r 7218	S 822 127^v 7897	S 822 246^r 3844
S 822 13^{rs} 8563	S 822 133^r 5881	S 822 246^v 7171
S 822 14^v 1095	S 822 138^{rs} 8113	S 822 248^v 4710
S 822 16^v 4255	S 822 139^r 7400	S 822 254^r 4482
S 822 26^v 2111	S 822 147^r 9608	S 822 255^r 579 7526
S 822 27^v 1118 9897	S 822 153^v 1026	S 822 257^r 863
S 822 27^{vs} 6634	S 822 154^v 8453	S 822 258^r 7355
S 822 28^v 2040	S 822 155^v 8608	S 822 258^v 8425
S 822 29^r 821	S 822 160^r 6266	S 822 261^v 6963
S 822 30^{vs} 1898	S 822 161^v 10483	S 822 263^{vs} 3408
S 822 34^v 712	S 822 163^v 10014	S 822 268^v 8849
S 822 35^v 1588	S 822 164^v 5031	S 822 269^r 8113
S 822 36^r 8346	S 822 165^r 5160	S 822 276^{vs} 709
S 822 38^{vs} 547	S 822 166^r 4848	S 822 277^r 1939 2638
S 822 40^v 8583	S 822 166^v 2611 8315	S 822 279^v 3926
S 822 41^r 3976	S 822 168^{rs} 6465	S 822 281^{rs} 9649
S 822 41^{rs} 6800	S 822 169^r 3091	S 822 281^v 6823
S 822 43^v 6054	S 822 172^{vs} 3678	S 822 283^r 2688
S 822 46^r 1576	S 822 174^r 6266	S 822 283^v 10564
S 822 49^{vs} 9541	S 822 176^v 1350	S 822 291^{rs} 5913
S 822 54^{rs} 839	S 822 179^r 5985	S 822 291^v 5913
S 822 58^{vs} 9224	S 822 181^{rss} 5239	S 822 294^{rs} 4170
S 822 59^{rs} 617	S 822 184^{rs} 8521	S 822 294^v 921
S 822 62^r 5524	S 822 189^{rs} 3926	S 822 296^r 4170
S 822 66^{rs} 10090	S 822 192^r 3131	S 823 2^v 7944
S 822 67^r 6779	S 822 196^r 9535	S 823 3^r 5066
S 822 67^v 2111	S 822 196^v 8545	S 823 5^v 3225
S 822 68^v 8909	S 822 206^v 9487	S 823 6^r 839
S 822 69^r 10168	S 822 207^r 8681	S 823 7^{rs} 709
S 822 72^v 9997	S 822 208^v 10075	S 823 8^{vs} 4449
S 822 79^r 9380	S 822 214^{vs} 8439	S 823 13^v 8439
S 822 83^{rs} 314	S 822 215^{rs} 10537	S 823 22^{rs} 328
S 822 87^r 7352	S 822 216^{vs} 4528	S 823 23^{rs} 8439
S 822 92^{rs} 4652	S 822 217^{rs} 709	S 823 24^v 9279
S 822 97^r 10498	S 822 217^v 5718	S 823 27^v 410
S 822 98^{rs} 5672	S 822 217^{vs} 9691	S 823 28^v 8802
S 822 98^{vs} 10098	S 822 220^r 5896	S 823 30^{vs} 4985
S 822 106^v 3467	S 822 227^{rs} 9689	S 823 35^{vs} 9481
S 822 108^v 6193	S 822 230^v 8338	S 823 39^v 6470
S 822 110^r 1904	S 822 231^v 10501	S 823 44^r 7923
S 822 111^r 1698	S 822 232^{vs} 1491	S 823 47^{vs} 10183

S 823 50^v 10585

S 823 50^{vs} 9898

S 823 51^{rs} 5241

S 823 53^r 9631

S 823 53^{rs} 6470

S 823 55^{rs} 3922

S 823 55^v 1715

S 823 60^r 4688

S 823 60^v 8794

S 823 64^{rs} 1596

S 823 66^{vss} 2416

S 823 68^r 5617

S 823 69^{rs} 571

S 823 69^{vs} 4699

S 823 77^{vs} 5745

S 823 78^{rs} 3748

S 823 79^r 8300

S 823 79^{vs} 6374

S 823 81^r 571

S 823 87^{vs} 9812

S 823 90^v 863

S 823 91^v 1090

S 823 92^v 3980

S 823 94^v 10176

S 823 96^{rs} 4383

S 823 99^r 894

S 823 101^v 907

S 823 104^{rs} 9832

S 823 107^r 5955

S 823 107^{rs} 1722

S 823 109^r 4247

S 823 116^r 10327

S 823 116^{rs} 8300

S 823 116^{vss} 7909

S 823 118^r 4631

S 823 118^{rss} 2416

S 823 119^{rs} 6514

S 823 120^r 3050

S 823 121^v 8614

S 823 124^{vs} 1428

S 823 127^v 4240 9375

S 823 127^{vs} 4477

S 823 128^{rs} 8998

S 823 128^{vs} 9898

S 823 130^r 1428 6514

S 823 132^r 1333

S 823 133^v 5650

S 823 134^r 10147

S 823 137^{rs} 8189

S 823 138^r 4982

S 823 142^r 2327

S 823 144^r 5128

S 823 145^r 1090

S 823 149^v 4283

S 823 149^{vs} 4569

S 823 150^{vs} 4477

S 823 151^r 10168

S 823 152^v 6616

S 823 154^{rs} 7467

S 823 154^{vs} 9956

S 823 169^v 969

S 823 169^{vs} 2103

S 823 171^{rss} 8717

S 823 175^v 894

S 823 179^{rs} 8051

S 823 184^r 1064

S 823 184^{vs} 7341

S 823 185^v 5552

S 823 186^{vs} 10025

S 823 192^v 5438

S 823 194^{vss} 7341

S 823 195^{vs} 5943

S 823 199^v 8707

S 823 200^{vs} 8707

S 823 202^v 8384

S 823 203^r 3695

S 823 208^{rs} 9708

S 823 214^{vs} 205

S 823 218^v 1846

S 823 220^v 9119

S 823 221^r 2327

S 823 223^{rs} 7341

S 823 224^r 198 2735 4666

S 823 224^v 4666

S 823 226^{rs} 3219

S 823 228^v 8212

S 823 230^r 1244

S 823 233^{rs} 5239

S 823 233^v 10230

S 823 233^{vs} 7161

S 823 234^{rs} 9233

S 823 239^r 4707

S 823 242^r 2226

S 823 242^v 2226

S 823 243^v 7721

S 823 249^v 8608

S 823 251^{rs} 5601

S 823 252^v 4318

S 823 257^{rs} 2416

S 823 257^{vs} 8998

S 823 259^{rs} 618

S 823 263^r 6511

S 823 264^{rs} 6752

S 823 268^{vs} 5374

S 823 269^{vs} 618

S 823 270^r 2416

S 823 271^{vs} 8170

S 823 273^r 6462

S 823 277^{rs} 4243 10062

S 823 281^r 1491

S 823 281^{rs} 5683

S 823 281^{vs} 1872

S 823 282^r 2031

S 823 282^v 8317

S 823 283^{rs} 4036

S 823 286^{rs} 4671

S 823 289^v 5373

S 823 290^{rs} 8608

S 823 295^r 1096

S 823 295^v 5517

S 823 295^{vs} 8503

S 823 296^r 1594

S 823 298^r 4138 4192

S 823 298^{vs} 2025

S 824 4^r 5093

S 824 14^{rs} 1491

S 824 16^r 3898

S 824 24^v 9049 10042

S 824 26^r 1266 1973

S 824 28^v 2825

S 824 29^{rs} 2794

S 824 34^{rs} 8998

S 824 34^v 6553

S 824 35^r 9124

S 824 37^r 7767

S 824 47^r 2782

S 824 50^{vs} 839

S 824 51^{rs} 2619

S 824 52^v 3933

S 824 54^r 1973

S 824 55^r 3401

S 824 63^{rs} 55

S 824 66^{vs} 4477

S 824 68^{rs} 1090

S 824 72^{vs} 2111

S 824 75^v 6743

S 824 79^r 7911

S 824 83^r 3427

S 824 83^{vs} 8425

S 824 85^{rs} 4318

S 824 90^{rs} 8503

S 824 91^{rs} 5640

S 824 92^{vs} 3133

S 824 98^v 8627	S 824 200^r 1537	S 825 38^{rs} 1064
S 824 100^v 1698	S 824 200^v 8440	S 825 40^r 1445
S 824 101^r 5301	S 824 202^{rs} 6154	S 825 44^{vs} 2943
S 824 103^r 8867	S 824 204^{rs} 4631	S 825 47^{rs} 205
S 824 106^{vs} 2484	S 824 211^r 5223	S 825 49^r 6493
S 824 109^{rs} 5850	S 824 216^r 205	S 825 51^r 7157
S 824 111^r 8328	S 824 219^r 7766	S 825 61^r 2704
S 824 111^v 7035	S 824 222^v 8581	S 825 62^v 2176
S 824 112^r 2843	S 824 225^r 3225	S 825 63^v 10382
S 824 112^v 5524	S 824 225^v 5794	S 825 65^v 5416
S 824 116^v 10184	S 824 227^v 8661	S 825 67^r 5260
S 824 119^r 5587	S 824 228^r 9279	S 825 69^{rs} 5985
S 824 123^r 7442	S 824 233^v 5416	S 825 71^r 5673
S 824 124^v 1305	S 824 233^{vs} 7161	S 825 71^{rs} 270
S 824 126^r 8181	S 824 235^{vs} 8943	S 825 78^r 1973 4593
S 824 129^v 7695	S 824 236^r 8918	S 825 79^v 3225
S 824 129^{vs} 9607	S 824 237^{rs} 10604	S 825 80^r 3114 5166
S 824 130^v 1881	S 824 247^{rs} 3295	S 825 80^v 8707
S 824 131^v 1023	S 824 250^{vs} 7161	S 825 85^v 6742
S 824 132^r 528	S 824 261^{vs} 6039	S 825 86^{rs} 6514
S 824 136^{rs} 2256	S 824 262^{vss} 9259	S 825 89^r 9694
S 824 137^v 4352	S 824 266^r 8581	S 825 94^{rs} 10245
S 824 139^v 10564	S 824 272^{vs} 328	S 825 95^{vs} 3308
S 824 140^r 810	S 824 275^v 10247	S 825 107^v 1871
S 824 141^v 3054	S 824 276^{rs} 1064	S 825 111^v 10285
S 824 147^{vs} 2228	S 824 276^v 1090	S 825 113^v 451
S 824 148^r 2111	S 824 282^{vs} 3402	S 825 114^v 4203
S 824 150^v 5093	S 824 283^r 10529	S 825 117^{vs} 7965
S 824 152^r 7298	S 824 283^{vs} 1196	S 825 118^{rs} 1064
S 824 152^{rs} 5700	S 824 286^v 44	S 825 122^{vs} 8707
S 824 153^v 6154	S 824 292^{vs} 6875	S 825 129^{vs} 9103
S 824 154^r 3672	S 824 295^r 8608	S 825 131^r 6039
S 824 154^v 3672	S 824 298^{rs} 3842	S 825 131^{vs} 4706
S 824 159^{vs} 2987	S 824 299^v 6640	S 825 143^{rs} 477
S 824 161^v 3612	S 824 307^r 5166	S 825 144^{vs} 497
S 824 164^r 6688	S 824 308^{rs} 5831	S 825 146^v 1775
S 824 164^v 9925	S 825 2^v 6039	S 825 149^{rs} 7167
S 824 169^r 7279	S 825 5^v 1508	S 825 150^v 76
S 824 169^{rs} 6752	S 825 7^r 6527	S 825 151^{vs} 8608
S 824 174^r–175^v 270	S 825 9^{rss} 8368	S 825 153^{rs} 9451
S 824 176^r 3660	S 825 11^r 1064	S 825 153^{vs} 2703
S 824 178^r 5068	S 825 13^r 8641	S 825 154^{rs} 9557
S 824 188^r 405	S 825 13^{rs} 7767	S 825 156^{vs} 7974
S 824 190^v 2759	S 825 13^v 158	S 825 157^{rs} 7975
S 824 192^v 4528	S 825 17^r 868	S 825 157^v 6470
S 824 195^{rs} 8998	S 825 21^r 5616	S 825 162^v 5639
S 824 196^r 2353	S 825 21^v 10605	S 825 163^v 8427
S 824 197^r 1739	S 825 21^{vs} 2317	S 825 166^r 821 10070
S 824 197^{vs} 6277	S 825 22^r 10605	S 825 167^v 2703
S 824 199^r 7622	S 825 26^v 44	S 825 168^r 1244
S 824 199^v 7017	S 825 38^r 8709	S 825 172^r 10352

S 825 172^v 5166
S 825 180^v 3308
S 825 184^r 328
S 825 184^v 7209
S 825 189^v 6868
S 825 191^{rs} 8503
S 825 196^v 6303
S 825 209^{vs} 8440
S 825 211^v 6881
S 825 221^r 3917
S 825 223^r 3511
S 825 224^v 6553
S 825 225^r 6154 8823
S 825 227^v 6497
S 825 232^r 2189
S 825 233^r 6881
S 825 233^v 952
S 825 235^v 7773
S 825 237^r 3225 8530
S 825 238^v 3079
S 825 243^v 5650
S 825 244^v 2511
S 825 248^{vs} 9925
S 825 253^v 5447
S 825 256^v 3587
S 825 257^r 8317
S 825 257^{rs} 7140
S 825 258^{vs} 2388
S 825 260^r 2709
S 825 260^v 2366
S 825 268^r 4217
S 825 270^{vs} 9224
S 825 273^v 10350
S 825 284^v 9998
S 825 285^v 2494
S 825 293^r 8177
S 825 299^v 7394
S 825 301^v 9928
S 825 302^v 6039
S 825 304^{rs} 2111
S 825 307^v 8143
S 825 308^r 9593
S 825 309^v 2432
S 825 312^{vs} 2033
S 825 315^r 83
S 825 315^v 8804
S 825 319^r 2924
S 825 320^r 7224
S 825 320^{vs} 8372
S 825 321^{rs} 4848
S 825 322^{rs} 5897

S 826 2^r 5905
S 826 3^r 10211
S 826 4^v 741 6527
S 826 5^r 806
S 826 5^{vs} 917
S 826 10^v 7111
S 826 12^{rs} 5122
S 826 17^{vs} 9763
S 826 21^{rs} 9966
S 826 23^{rs} 6261
S 826 27^{rs} 621
S 826 28^r 9608
S 826 28^{rs} 8872
S 826 37^r 7140
S 826 40^{rs} 1188
S 826 42^v 3702
S 826 43^v 2945
S 826 45^r 4609
S 826 45^v 2507
S 826 46^r 5177
S 826 46^v 621
S 826 48^v 8614
S 826 49^v 4673
S 826 51^r 1977
S 826 51^{rs} 4366
S 826 56^{rs} 10519
S 826 59^{rs} 7111
S 826 64^v 9841
S 826 66^v 7901
S 826 67^r 8545
S 826 69^v 4617
S 826 72^v 8189
S 826 76^v 1562
S 826 81^{rs} 828
S 826 83^{rs} 328
S 826 84^r 5038 6195
S 826 91^v 6186
S 826 93^r 5985
S 826 93^v 5931
S 826 94^v 10382
S 826 95^r 7605
S 826 95^v 1807
S 826 108^v 2899
S 826 113^{vs} 4659
S 826 114^v 8260
S 826 116^v 6150
S 826 118^v 7907
S 826 119^r 2226
S 826 126^r 328
S 826 130^v 4873
S 826 133^{vs} 6982

S 826 138^{rs} 5629
S 826 140^v 4774
S 826 147^{rs} 5931
S 826 147^v 8806
S 826 148^r 8141
S 826 148^v 1026
S 826 150^{rs} 8189
S 826 152^{rs} 3712
S 826 153^r 7180
S 826 153^v 5025
S 826 156^r 1434
S 826 156^{vs} 2095
S 826 160^r 8938
S 826 165^{rs} 4225
S 826 167^r 9870
S 826 168^{rs} 10155
S 826 168^{vs} 119
S 826 178^{rs} 6296
S 826 179^r 2056
S 826 180^r 5285
S 826 184^v 8189
S 826 186^{rs} 6154
S 826 196^v 10423
S 826 197^v 10070
S 826 203^v 2359
S 826 207^{vs} 7441
S 826 208^r 6490
S 826 209^r 8804
S 826 213^r 5819
S 826 213^v 1662
S 826 213^{vs} 7043
S 826 214^r 7189
S 826 214^{rs} 6186
S 826 215^r 8787
S 826 215^v 8787
S 826 223^{rs} 4631
S 826 223^{vs} 4631
S 826 224^v 10382
S 826 225^v 8360
S 826 230^{rs} 7394
S 826 230^v 7394
S 826 235^r 1125
S 826 236^r 8057
S 826 236^{vs} 5160
S 826 239^{rs} 8665
S 826 243^v 3291
S 826 244^{vs} 8317
S 826 248^r 3227
S 826 251^v 7493
S 826 252^r 3794 6886
S 826 252^{vs} 1539

S 826 253^r 7054
S 826 258^v 119
S 826 260^v 5617
S 826 260^{vs} 6527
S 826 263^{vs} 8614
S 826 265^{vs} 7133
S 826 267^{rs} 4593
S 826 268^{rs} 8874
S 826 269^v 5819
S 826 270^{rs} 5856
S 826 270^v 5014
S 826 270^{vs} 2247
S 826 271^v 4450
S 826 272^{rs} 4370
S 826 273^{rs} 2932
S 826 273^v 2175
S 826 274^r 1977
S 826 275^v 4306
S 826 277^v 10564
S 826 279^{rs} 10070
S 826 284^r 8360
S 826 290^r 5985
S 826 291^r 252
S 826 293^v 123
S 826 295^{rs} 512
S 826 295^v 6378
S 826 295^{vs} 4969
S 826 296^v 257
S 826 297^r 5792
S 826 297^{rs} 3878
S 827 2^v 3587
S 827 2^{vs} 4506
S 827 7^{rs} 2873
S 827 8^r 3695
S 827 9^r 3678
S 827 9^v 1064
S 827 14^{rs} 3306
S 827 16^v 420
S 827 19^{vs} 3051
S 827 20^v 3922 10219
S 827 21^v 8317
S 827 27^r 10585
S 827 31^v 1531 10208
S 827 33^r 121
S 827 34^v 426
S 827 35^r 5430 10611
S 827 35^v 8440
S 827 36^v 8329
S 827 38^{rs} 8113
S 827 39^r 8162 9915
S 827 39^v 7084

S 827 41^v 10176
S 827 42^r 3715
S 827 44^v 8082
S 827 46^{rs} 8440
S 827 49^{vs} 3562
S 827 52^v 8220
S 827 54^v 6060
S 827 55^v 5459
S 827 56^r 5673
S 827 56^{vs} 8549
S 827 57^{vs} 8162
S 827 62^r 954
S 827 64^v 8665
S 827 66^v 7264
S 827 69^v 8439
S 827 71^r 8953
S 827 71^v 121
S 827 76^{vs} 9915
S 827 77^r 6026
S 827 79^r 3672
S 827 81^v 7642
S 827 82^{rs} 9071
S 827 85^{rs} 2041
S 827 92^v 10520
S 827 93^{rss} 119
S 827 94^r 1736
S 827 95^{rs} 7509
S 827 96^{vs} 9316
S 827 98^v 2183
S 827 102^v 7467
S 827 103^{rs} 9542
S 827 103^v 5301
S 827 105^{rs} 4964
S 827 106^r 8298
S 827 107^{vs} 4848
S 827 108^v 6553
S 827 110^{vs} 5328
S 827 114^v 6141
S 827 114^{vs} 4631
S 827 116^r 1427
S 827 117^v 2987
S 827 118^{vs} 9369
S 827 119^v 6231
S 827 123^r 2544
S 827 124^v 8885
S 827 128^{vs} 459
S 827 130^r 131
S 827 132^r 82
S 827 133^r 7113
S 827 133^{vs} 5596
S 827 134^v 4786

S 827 136^r 1089 9466
S 827 140^r 5673 8056
S 827 142^{vs} 1497
S 827 143^v 4631
S 827 145^r 2952 3502
S 827 145^{vs} 9468
S 827 149^r 1064
S 827 149^v 1064
S 827 152^r 2776
S 827 153^r 2183 8360
S 827 154^r 7173
S 827 155^r 9982
S 827 155^{vs} 9982
S 827 158^r 626
S 827 158^v 9298
S 827 159^v 9075
S 827 161^r 1659
S 827 161^v 3587
S 827 163^v 1508
S 827 166^r 1445 1659
S 827 167^r 3819 10043
S 827 168^r 1064
S 827 168^{rs} 8503
S 827 168^v 7733
S 827 170^r 9865
S 827 171^v 9788
S 827 174^{vs} 2855
S 827 176^r 1358
S 827 176^v 4806
S 827 177^{vs} 6515
S 827 178^r 5650
S 827 178^v 5370
S 827 179^{vs} 741
S 827 180^{vs} 547
S 827 181^{rs} 1662
S 827 183^{rs} 412
S 827 184^r 8910
S 827 185^{vs} 405
S 827 186^r 828
S 827 186^{rs} 6553
S 827 186^{vs} 405
S 827 187^r 9988
S 827 187^v 930
S 827 190^r 9245
S 827 190^v 8364
S 827 191^r 214
S 827 191^v 10427
S 827 192^r 1277 4162
S 827 192^v 4162
S 827 193^r 4507
S 827 193^v 1576

S 827 194^v 4713

S 827 198^{rs} 7978

S 827 201^{rs} 7611

S 827 204^{vs} 5995

S 827 206^v 8137

S 827 208^r 9473

S 827 208^v 3528

S 827 212^v 3085

S 827 213^v 827

S 827 215^r 8962

S 827 218^v 9143

S 827 219^r 6760

S 827 220^v 299

S 827 221^{rs} 4677

S 827 222^r 2359

S 827 223^v 1064 5869

S 827 224^r 2507 8177

S 827 225^v 6279

S 827 226^r 2183

S 827 227^r 131

S 827 227^{rs} 131

S 827 227^{vs} 8371

S 827 228^r 5392

S 827 228^v 705 2188

S 827 232^{rs} 5650

S 827 234^r 9007

S 827 235^r 4717

S 827 237^{rs} 10427

S 827 238^r 5525

S 827 238^v 7167

S 828 6^{rs} 1383

S 828 9^{vs} 8082

S 828 10^r 4525

S 828 15^{rs} 634

S 828 15^{vs} 3490

S 828 17^r 6336

S 828 21^r 6097

S 828 23^r 7495

S 828 23^{vs} 727

S 828 25^{rs} 7621

S 828 25^v 8440

S 828 27^r 302

S 828 32^r 3844

S 828 39^v 1659

S 828 39^{vs} 2111

S 828 41^v 6901

S 828 44^{vs} 2417

S 828 45^v 2416

S 828 47^{vs} 4225

S 828 49^v 9970

S 828 51^r 2577

S 828 54^r 930

S 828 56^{rs} 4716

S 828 63^{vs} 3691

S 828 65^{vs} 9104

S 828 66^v 4873

S 828 68^r 8286

S 828 72^v 2756

S 828 75^r 5913

S 828 75^v 8315

S 828 76^r 8315

S 828 82^r 3672

S 828 84^{rs} 8665

S 828 86^r 8621

S 828 88^{vs} 4257

S 828 90^{rs} 3368

S 828 95^r 5980

S 828 105^v 2389

S 828 107^r 1938

S 828 107^{rs} 2025

S 828 109^{vs} 10383

S 828 110^v 7211

S 828 112^v 22

S 828 119^r 8311

S 828 120^r 831

S 828 150^v 7394

S 828 150^{vs} 10290

S 828 152^r 3306

S 828 156^r 7692

S 828 157^v 497

S 828 158^{rs} 3149

S 828 160^v 8555

S 828 162^v 49

S 828 162^{vs} 5629

S 828 163^v 8220

S 828 165^{vs} 8587

S 828 167^{rs} 4718

S 828 170^r 4718

S 828 171^v 831

S 828 172^r 10520

S 828 172^{rs} 9733

S 828 181^r 7211

S 828 187^{vs} 171

S 828 190^{vs} 3844

S 828 193^v 8317

S 828 195^v 930

S 828 196^r 5548

S 828 202^{vs} 921

S 828 220^r 2855

S 828 220^{rs} 2192

S 828 224^v 1871

S 828 226^r 5913

S 828 228^{rs} 1557

S 828 228^v 5764

S 828 231^r 8581

S 828 234^r 702

S 828 235^r 2121

S 828 236^v 2192

S 828 237^r 9400

S 828 241^r 1243

S 828 241^{vs} 6443

S 828 244^v 4696

S 828 247^v 8555

S 828 251^v 2111

S 828 253^{rs} 10520

S 828 253^v 489

S 828 254^r 9564

S 828 277^v 2756 7764

S 828 279^{vs} 7721

S 828 280^{rs} 9912

S 828 280^v 3787

S 828 285^r 2462

S 828 288^{vs} 1871

S 828 291^{rs} 741

S 828 297^r 5887

S 828 298^r 10520

S 828 299^r 10131

S 829 6^{vs} 2167

S 829 7^{rs} 8360

S 829 7^v 6408

S 829 13^{vs} 1674

S 829 17^{vs} 8440

S 829 19^{vs} 1359

S 829 23^{vs} 9149

S 829 33^v 5673 7249

S 829 35^{vs} 2855

S 829 40^v 7216

S 829 50^v 10217

S 829 53^{vs} 6557

S 829 55^r 3008

S 829 57^{rs} 10554

S 829 57^v 3291

S 829 58^v 5025

S 829 61^r 7907

S 829 64^{rs} 4711

S 829 67^r 4105

S 829 73^r 1938

S 829 76^{rs} 8317

S 829 76^v 9004

S 829 78^r 2681 2918

S 829 82^v 9543

S 829 84^v 8261

S 829 92^{rs} 1669

S 829 92^v 1669
S 829 94^{rs} 489
S 829 95^r 7767
S 829 95^v 4960 8832
S 829 96^r 4960
S 829 98^r 9386
S 829 102^r 6489
S 829 106^{vs} 6527
S 829 107^{rs} 6716
S 829 109^{vs} 5101
S 829 111^{rs} 9466
S 829 113^{rs} 10586
S 829 114^r 1304
S 829 118^r 3295
S 829 118^v 6230
S 829 120^{rs} 1065
S 829 120^v 4848
S 829 121^r 9380
S 829 121^v 9205
S 829 122^{rs} 853
S 829 125^v 1938
S 829 127^r 1165 1954
S 829 127^v 9052
S 829 130^r 10165
S 829 132^r 6039
S 829 133^{vs} 119
S 829 134^v 5716 8440
S 829 136^r 119
S 829 141^{rs} 2843
S 829 142^v 4848
S 829 144^{vs} 6628
S 829 145^{rs} 4767
S 829 147^r 1298
S 829 149^r 1065
S 829 151^r 1879
S 829 151^{vs} 2918
S 829 153^v 1824
S 829 160^v 1840
S 829 161^r 121
S 829 167^{rs} 6527
S 829 170^v 3573 6527
S 829 172^r 5870
S 829 172^{vs} 6527
S 829 174^v 8317
S 829 177^{rs} 9576
S 829 178^{rs} 1987
S 829 179^{rs} 1924
S 829 179^{vs} 959
S 829 180^r 572
S 829 180^{vs} 2855
S 829 181^v 3225 9557

S 829 188^{rs} 5375
S 829 193^{vs} 7084
S 829 196^v 3242
S 829 199^v 1606
S 829 202^r 7994
S 829 203^r 7273
S 829 203^{rs} 9205
S 829 203^v 3295
S 829 204^{vs} 1879
S 829 208^v 4848
S 829 216^{rs} 5223
S 829 216^{vs} 8440
S 829 218^v 4848
S 829 219^{rs} 7097
S 829 220^v 5386
S 829 222^r 5881 8808
S 829 224^{vs} 451
S 829 227^{vs} 1914
S 829 229^{rs} 8538
S 829 232^r 855
S 829 234^v 4716
S 829 241^{vs} 10493
S 829 242^{rs} 3573
S 829 242^v 3764
S 829 243^r 5037
S 829 243^v 6621
S 829 244^{rs} 1090
S 829 246^v 5035
S 829 250^v 5869
S 829 251^r 9393
S 829 252^{vs} 5725
S 829 256^v 2968
S 829 257^r 9681
S 829 257^{vs} 4260
S 829 258^{rs} 1065
S 829 262^r 8440
S 829 262^v 8167
S 829 263^v 53
S 829 265^r 3414
S 829 265^v 5913
S 829 266^r 9557
S 829 266^{rs} 9557
S 829 266^v 9557
S 829 270^r 8175
S 829 271^v 3666
S 829 272^r 895
S 829 272^{vs} 5716
S 829 273^v 2358
S 829 275^r 328
S 829 279^{rs} 3402
S 829 280^v 2232

S 829 289^v 3339
S 829 291^v 2797
S 829 292^{rs} 6771
S 829 293^v 8699
S 829 295^{rs} 6165
S 829 300^v 6631
S 829 301^{vs} 1987
S 829 302^{rs} 9267
S 830 2^r 4112
S 830 3^r 2785
S 830 3^{rs} 3647
S 830 5^v 8380
S 830 7^r 2741
S 830 8^r 921
S 830 8^{vs} 2056
S 830 10^r 3592
S 830 10^v 5745 7939
S 830 11^v 5943
S 830 12^{rs} 74
S 830 13^{vs} 2605
S 830 16^{vs} 8367
S 830 20^v 9954
S 830 20^{rs} 3975
S 830 23^v 4952 9552
S 830 26^r 9320
S 830 26^{rs} 8152
S 830 27^r 4465 8371
S 830 27^v 1482
S 830 29^{rs} 4935
S 830 30^r 1482
S 830 30^v 8380
S 830 32^r 8787
S 830 32^{rs} 5371
S 830 32^v 1109
S 830 34^v 4465
S 830 36^v 2812
S 830 38^r 10024
S 830 38^{rs} 8117
S 830 38^{vs} 3879
S 830 40^r 2587
S 830 40^{rs} 5435
S 830 41^{rs} 7421
S 830 41^v 8152
S 830 42^{vs} 2259
S 830 43^{rs} 9680
S 830 43^v 9962
S 830 45^v 10024
S 830 50^{vs} 5609
S 830 51^{rs} 8505
S 830 52^r 1541
S 830 52^{vs} 1646

S 830 53^{v} 1090	S 830 100^{v} 445	S 830 146^{rs} 3202
S 830 54^{r} 380	S 830 102^{v} 3254	S 830 146^{v} 7235
S 830 56^{r} 5962	S 830 102^{vs} 942	S 830 148^{rs} 7957
S 830 56^{vs} 9466	S 830 103^{r} 9156	S 830 148^{v} 4250
S 830 57^{vs} 5581	S 830 103^{v} 3200	S 830 149^{rs} 10340
S 830 59^{r} 10006	S 830 106^{vs} 26	S 830 150^{r} 6815
S 830 61^{vs} 2689	S 830 108^{r} 2812	S 830 151^{r} 1690
S 830 62^{r} 8126	S 830 108^{v} 2210 3485	S 830 152^{rs} 4268
S 830 62^{v} 2705	S 830 108^{vs} 7316	S 830 154^{r} 884
S 830 64^{rs} 5370	S 830 109^{rs} 6633	S 830 154^{v} 10070
S 830 66^{vs} 4221	S 830 109^{v} 6322 7437	S 830 154^{vs} 6024
S 830 67^{r} 9869	S 830 110^{v} 1750 8800	S 830 156^{v} 2067
S 830 68^{v} 5284	S 830 112^{r} 2098	S 830 157^{vs} 10309
S 830 69^{r} 4795	S 830 112^{rs} 1165	S 830 158^{r} 6937
S 830 69^{v} 2179	S 830 113^{v} 10086	S 830 159^{v} 4362
S 830 70^{rs} 1115	S 830 114^{v} 4687	S 830 160^{r} 4362 10405
S 830 70^{v} 4965	S 830 115^{r} 4575	S 830 162^{r} 5509
S 830 71^{r} 2615	S 830 115^{v} 8244	S 830 163^{rss} 3893
S 830 72^{rs} 8876	S 830 115^{vs} 9156	S 830 164^{r} 6812
S 830 72^{v} 2358	S 830 116^{rs} 8776	S 830 165^{v} 1889
S 830 74^{rs} 6943	S 830 116^{v} 9436	S 830 168^{rs} 3839
S 830 75^{rs} 5581	S 830 116^{vs} 384	S 830 169^{r} 5572
S 830 76^{r} 6796	S 830 117^{r} 5609	S 830 171^{r} 3999
S 830 76^{v} 4965	S 830 117^{v} 347	S 830 172^{rs} 6113
S 830 77^{r} 8229	S 830 118^{r} 966	S 830 173^{v} 826
S 830 77^{v} 445	S 830 120^{rs} 2405	S 830 177^{r} 4242
S 830 80^{rs} 8322	S 830 122^{r} 5150 8319	S 830 177^{v} 6573
S 830 81^{r} 6185	S 830 122^{vs} 9237	S 830 178^{v} 6937
S 830 81^{rs} 1017	S 830 123^{r} 64	S 830 182^{r} 2627
S 830 82^{v} 10340	S 830 123^{v} 10280	S 830 184^{rs} 7320
S 830 83^{rs} 1646	S 830 123^{vs} 5005	S 830 186^{rs} 6570
S 830 83^{vs} 10570	S 830 124^{v} 9237	S 830 187^{v} 7614
S 830 85^{rs} 2648	S 830 127^{v} 8319	S 830 187^{vs} 6866
S 830 87^{rs} 7592	S 830 128^{r} 8676	S 830 190^{vs} 1750
S 830 89^{rs} 1334	S 830 128^{rs} 6611	S 830 193^{v} 3777
S 830 90^{r} 3611 8893	S 830 128^{vs} 26	S 830 194^{vs} 10405
S 830 90^{v} 7908	S 830 129^{v} 7704	S 830 197^{vs} 499
S 830 91^{r} 8156	S 830 129^{vs} 7437	S 830 198^{vs} 7654
S 830 91^{rs} 6968	S 830 130^{v} 3941	S 830 200^{r} 186 8371
S 830 91^{v} 503	S 830 131^{rs} 1750	S 830 205^{r} 838
S 830 92^{r} 7438	S 830 132^{r} 3750	S 830 205^{vs} 3407
S 830 92^{v} 5198 7956	S 830 132^{rs} 8585	S 830 206^{vs} 4807
S 830 93^{r} 5270	S 830 133^{rs} 9747	S 830 208^{r} 6352
S 830 93^{vs} 7618	S 830 133^{v} 1585	S 830 208^{rs} 2769
S 830 94^{r} 6968	S 830 134^{rs} 9370	S 830 209^{rs} 756
S 830 94^{v} 3659 9525	S 830 136^{rs} 5368	S 830 209^{v} 1299
S 830 96^{rs} 3596	S 830 140^{rs} 3295	S 830 209^{vs} 2813
S 830 97^{vs} 2785	S 830 141^{r} 68	S 830 211^{vs} 1138
S 830 98^{rs} 1599	S 830 141^{v} 6570	S 830 212^{vs} 1607
S 830 99^{r} 3451	S 830 143^{rs} 884	S 830 213^{rs} 9555
S 830 99^{v} 359	S 830 143^{vs} 2514	S 830 214^{r} 6048

S 830 215^r 3678
S 831 1^r 7356
S 831 3^{rs} 2923 4013 7481
S 831 5^v 9216
S 831 9^r 8134
S 831 9^{rs} 1491
S 831 12^v 3069
S 831 15^v 328
S 831 15^{vs} 329
S 831 17^v 109
S 831 18^r 10364
S 831 19^v 3486
S 831 19^{vs} 5666
S 831 24^r 2774
S 831 24^v 589
S 831 26^{vs} 4856
S 831 31^r 1824
S 831 39^v 3418
S 831 44^r 5291
S 831 46^{vs} 3414
S 831 47^{rs} 6715
S 831 50^{rs} 4892
S 831 53^{vs} 7566
S 831 54^{vs} 959
S 831 57^r 6626
S 831 57^{rs} 3562
S 831 58^{vs} 3712
S 831 66^v 6016
S 831 67^v 6016
S 831 75^{vs} 1977
S 831 77^{rs} 7861
S 831 78^r 3745
S 831 79^{rs} 234
S 831 79^{vs} 6154
S 831 80^v 8396
S 831 81^r 1622
S 831 81^{rs} 10134
S 831 81^v 1306 3295
S 831 82^v 5291 9233
S 831 83^v 9015
S 831 85^r 582
S 831 85^v 4893 7289
S 831 86^v 3564
S 831 87^r 741
S 831 87^v 8331
S 831 88^r 7880
S 831 88^v 9065
S 831 89^r 4284
S 831 89^v 1196 6039
S 831 90^r 6324
S 831 91^v 7569 9512

S 831 92^r 3486
S 831 92^v 8057
S 831 92^{vs} 9219
S 831 93^r 234 6358
S 831 94^v 10394
S 831 94^{vs} 7296
S 831 96^v 1188
S 831 97^r 9400
S 831 97^v 4853
S 831 99^v 758 2708 10605
S 831 100^r 8505
S 831 104^r 3306
S 831 107^{rs} 1492
S 831 109^v 10217
S 831 110^{rs} 8357
S 831 110^v 5581
S 831 111^r 4652
S 831 112^r 1065
S 831 112^v 1017
S 831 113^r 1065
S 831 113^v 8057
S 831 114^v 9557
S 831 116^{vs} 594
S 831 118^{vs} 1203
S 831 123^v 6527
S 831 124^{rs} 5674
S 831 133^{vs} 2631
S 831 136^{rs} 9233
S 831 137^{vs} 9492
S 831 139^r 1327
S 831 143^r 4366
S 831 146^v 6016
S 831 149^v 5545
S 831 156^{rs} 1718
S 831 158^{rs} 1196
S 831 161^{vs} 2855
S 831 166^v 3141
S 831 167^{vs} 9491
S 831 169^v 5655
S 831 170^v 673
S 831 179^{vs} 10394
S 831 180^{rs} 3085
S 831 180^v 8261
S 831 181^r 10332
S 831 181^{rs} 6184
S 831 181^v 2053 10332
S 831 184^r 5506
S 831 185^v 4673
S 831 186^v 7049
S 831 189^{rs} 4448
S 831 189^{vs} 1596

S 831 192^r 4969
S 831 197^{rs} 8063
S 831 199^v 1337
S 831 202^v 2582
S 831 203^{rs} 6154
S 831 203^v 1942
S 831 204^{rs} 3775
S 831 205^r 6545
S 831 205^{vs} 5817
S 831 214^{vs} 4477
S 831 216^v 3749
S 831 216^{vs} 4477
S 831 217^r 1539
S 831 219^v 2388
S 831 221^{rs} 9898
S 831 223^v 10259
S 831 225^{rs} 2404
S 831 227^{vss} 3712
S 831 230^{vs} 8869
S 831 233^v 9557
S 831 234^v 10520
S 831 235^v 314
S 831 235^{vs} 8511
S 831 236^r 1402
S 831 236^{vs} 3295
S 831 237^v 4318
S 831 240^v 4509
S 831 241^r 5223
S 831 242^{rs} 8984
S 831 243^v 3086
S 831 246^r 823
S 831 251^r 8380
S 831 254^r 7296
S 831 255^r 112
S 831 259^r 5223
S 831 260^v 828
S 831 263^r 1913 5679
S 831 264^r 2228
S 831 265^r 6235
S 831 266^v 7504
S 831 273^{rs} 1801
S 831 274^{vs} 2232
S 831 275^r 6740
S 831 275^{vs} 7214
S 831 278^{rs} 4893
S 831 280^v 8818
S 831 282^v 8561
S 831 284^r 3203
S 831 284^v 8440
S 831 287^v 4893
S 831 288^v 3408

S 831 289^r 10394

S 831 289^{vs} 1135

S 831 290^r 4477

S 831 291^v 10520

S 831 292^v 8440

S 831 293^{vs} 8441

S 831 294^{rs} 3749

S 831 295^r 3668

S 831 296^v 8441

S 831 298^{vs} 524

S 831 299^{rs} 10285

S 831 299^v 10595

S 831 300^r 7421

S 832 2^r 8152

S 832 3^r 5923

S 832 4^v 8940

S 832 5^v 2388

S 832 8^v 6324

S 832 11^v 6593

S 832 15^v 2389

S 832 15^{vs} 2389

S 832 16^{rs} 10036

S 832 16^{vs} 8371

S 832 17^v 876

S 832 19^{vs} 9194

S 832 21^v 8252

S 832 24^v 7148

S 832 24^{vs} 6324

S 832 25^r 6508

S 832 25^{rs} 8354

S 832 27^{rs} 9642

S 832 31^v 10514

S 832 33^r 6911

S 832 34^{vs} 6141

S 832 36^r 4725 6943

S 832 38^v 8718

S 832 44^r 3085

S 832 46^{rs} 8177

S 832 48^r 5233

S 832 50^{rs} 6635

S 832 55^r 2626

S 832 55^v 4299

S 832 56^v 5943 6527

S 832 57^r 4960

S 832 57^{rs} 4299

S 832 57^v 8317

S 832 64^v 355

S 832 66^{rs} 1994

S 832 67^v 7767

S 832 68^{rs} 2703

S 832 69^r 5674

S 832 72^r 199

S 832 77^v 6553

S 832 78^{vs} 5038

S 832 79^v 1065

S 832 83^{rs} 4304

S 832 84^r 5151 10573

S 832 86^v 47

S 832 89^{vs} 8895

S 832 90^{rs} 4194

S 832 91^{rs} 7512

S 832 91^v 4659

S 832 93^v 8505

S 832 96^{rs} 1259

S 832 97^r 828

S 832 101^r 1236 6233

S 832 102^r 8623

S 832 102^v 201 4360

S 832 103^r 7970

S 832 103^v 9219

S 832 106^r 10520

S 832 106^v 3199 3955 4969 6262

S 832 107^v 6470 9575

S 832 108^r 6527

S 832 108^v 2111

S 832 110^v 2735 9631

S 832 111^r 3603

S 832 112^r 6266

S 832 112^v 393

S 832 114^r 9404

S 832 115^r 2605

S 832 115^{rs} 7133

S 832 115^v 380 6650

S 832 119^r 2528 3844

S 832 120^v 69

S 832 121^r 6845

S 832 122^r 4659

S 832 122^v 4706

S 832 125^r 1636

S 832 128^r 10173

S 832 130^v 7326

S 832 131^r 2426

S 832 135^v 3624

S 832 136^v 8745 10285

S 832 137^r 1129

S 832 137^v 9509

S 832 138^v 3748

S 832 139^r 9650

S 832 139^v 86

S 832 141^r 5732 7767

S 832 141^v 7255

S 832 143^r 3748

S 832 143^{vs} 5881

S 832 153^r 5371

S 832 153^v 5371

S 832 155^{vs} 9915

S 832 158^v 8315

S 832 158^{vs} 1642

S 832 161^r 4574

S 832 162^v 4725

S 832 162^{vs} 9961

S 832 163^{rs} 4395

S 832 166^v 10594

S 832 167^v 7272

S 832 168^{vs} 8047

S 832 169^r 6183

S 832 172^r 6527

S 832 172^{rs} 5299

S 832 177^{rs} 329

S 832 180^r 2238

S 832 180^v 9532

S 832 181^{rs} 713

S 832 181^v 3528

S 832 183^{vss} 1637

S 832 188^r 8053

S 832 191^{rs} 1065

S 832 195^{vs} 919

S 832 196^v 3034

S 832 197^{rs} 9716

S 832 200^{rs} 420

S 832 201^{vs} 5545

S 832 203^{vs} 7903

S 832 205^v 8441

S 832 206^v 9398

S 832 206^{vs} 1993

S 832 210^{vs} 5794

S 832 211^r 4301

S 832 211^v 9071

S 832 212^r 6457

S 832 216^v 1445 6467

S 832 218^{vs} 2796

S 832 222^v 8986

S 832 223^r 5371

S 832 228^r 5223

S 832 234^v 10525

S 832 235^r 8840

S 832 237^r 10180

S 832 237^v 946

S 832 240^r 2226

S 832 242^v 741 2540 8402

S 832 243^v 121

S 832 249^{vs} 7809

S 832 252^r 5596
S 832 252^v 1637
S 832 253^r 4848
S 832 254^{rs} 143
S 832 254^v 673
S 832 255^v 5023
S 832 256^v 8948
S 832 257^v 1261
S 832 259^v 10525
S 832 262^{vs} 82
S 832 263^v 8152
S 832 264^r 5629
S 832 264^{rs} 939
S 832 265^v 194
S 832 269^{rs} 7043
S 832 271^r 6201
S 832 271^{rs} 7133
S 832 271^v 7133
S 832 271^{vs} 2668
S 832 275^{vs} 7344
S 832 276^r 2760
S 832 278^v 1470
S 832 282^{rs} 4976
S 832 282^v 9466
S 832 285^{rs} 9832
S 832 286^{vs} 9832
S 832 287^v 5030
S 832 288^r 8047
S 832 288^{rs} 1304
S 832 291^r 1492
S 832 291^v 3284
S 832 294^r 713
S 832 294^{rs} 143
S 832 295^{vs} 4768
S 833 2^r 5674
S 833 5^{rs} 3291
S 833 5^{vs} 10398
S 833 8^r 10411
S 833 11^r 728 10572
S 833 11^v 728
S 833 12^v 804
S 833 15^r 503
S 833 15^v 121
S 833 18^r 3212
S 833 19^{rs} 4880
S 833 21^{rs} 4036
S 833 22^{rs} 4242
S 833 25^r 1090
S 833 25^{vs} 2670
S 833 26^v 1400
S 833 28^v 1066

S 833 29^{vs} 9898
S 833 30^{rs} 3695
S 833 36^{rs} 6908
S 833 37^{rs} 3947
S 833 38^v 354
S 833 39^v 1280
S 833 42^{vs} 7632
S 833 43^v 10398
S 833 43^{vs} 622
S 833 44^{rs} 622
S 833 47^r 1736 9113
S 833 48^r 3972
S 833 49^r 359
S 833 56^v 10469
S 833 57^{vs} 5581
S 833 58^v 904
S 833 58^{vs} 10398
S 833 73^r 2528 9847
S 833 75^{vs} 7856
S 833 77^v 7084
S 833 78^{vs} 6195
S 833 80^v 4477
S 833 93^{rs} 3295
S 833 93^v 9072
S 833 94^r 407
S 833 102^v 108
S 833 104^{rs} 1236
S 833 106^r 6257
S 833 107^v 4787
S 833 109^v 1445
S 833 113^v 5674
S 833 115^r 9041
S 833 115^v 6052
S 833 115^{vs} 7057
S 833 116^r 3506 9282
S 833 117^r 5105
S 833 117^{rs} 8515
S 833 118^r 3085
S 833 120^r 9631
S 833 120^{vs} 3692
S 833 122^{rs} 8345
S 833 131^r 8015
S 833 135^r 2209
S 833 135^{rs} 2754
S 833 136^{vs} 1065
S 833 138^{rs} 4304
S 833 139^v 8162
S 833 140^v 4673
S 833 145^r 6527
S 833 145^v 121
S 833 146^r 10099

S 833 150^{rss} 203
S 833 151^v 547
S 833 154^r 372
S 833 154^{rs} 3559
S 833 154^{vs} 1678
S 833 155^{rs} 8775
S 833 155^v 8775
S 833 161^{rs} 355
S 833 163^{vs} 329
S 833 167^{vs} 4687
S 833 168^{vs} 942
S 833 172^r 4260
S 833 172^{vs} 7721
S 833 175^r 1343
S 833 183^r 29
S 833 189^{vs} 10398
S 833 196^{rs} 890
S 833 199^v 10586
S 833 200^{vs} 7272
S 833 203^r 9466
S 833 208^{vs} 5455
S 833 209^r 9557
S 833 209^v 7782
S 833 209^{vs} 10555
S 833 210^r 10026
S 833 211^{rs} 569
S 833 212^r 2798
S 833 212^v 507
S 833 218^{vs} 9631
S 833 227^r 5725
S 833 230^v 5943
S 833 233^{rs} 4012
S 833 237^v 7764 9552
S 833 238^v 1460 6582
S 833 239^v 3472
S 833 242^r 5398
S 833 242^{rs} 9963
S 833 242^{vs} 4976
S 833 244^r 3884
S 833 247^r 5886
S 833 256^v 9282
S 834 2^r 3819
S 834 4^r 6812
S 834 5^v 1091 4110
S 834 7^r 8255
S 834 8^v 6584
S 834 8^{vs} 5371
S 834 9^{rs} 3050
S 834 9^v 4873
S 834 12^r 5371 7394
S 834 17^r 5686

S 834 20^r 3692
S 834 22^r 10586
S 834 24^r 2741
S 834 24^v 9156
S 834 34^{rs} 5105
S 834 36^{vs} 839
S 834 39^{rs} 582
S 834 40^{rs} 8611
S 834 43^v 1343
S 834 50^{vs} 6393
S 834 51^{rs} 10529
S 834 52^v 9075
S 834 54^{vs} 741
S 834 55^{vs} 2111
S 834 59^v 5223
S 834 60^r 6297
S 834 62^{vs} 8441
S 834 66^v 1637
S 834 69^{rs} 914
S 834 77^{vs} 2470
S 834 85^r 1738
S 834 91^{rs} 839
S 834 93^v 1585
S 834 94^{vs} 1309
S 834 95^r 9518
S 834 98^r 4509
S 834 100^v 6807
S 834 102^v 68 1470
S 834 113^v 4304
S 834 115^r 7358
S 834 117^v 6633
S 834 117^{vs} 1090
S 834 119^{vs} 9156
S 834 121^{rs} 9812
S 834 121^{vs} 10217
S 834 123^v 5280
S 834 128^r 4489
S 834 130^r 8661
S 834 131^v 5436
S 834 133^r 10339
S 834 134^v 4489
S 834 135^v 3170
S 834 136^v 9070
S 834 139^v 1797
S 834 140^r 8585
S 834 140^{rs} 9075
S 834 140^v 1111
S 834 141^r 5329
S 834 141^v 673
S 834 143^r 9233
S 834 144^r 1985 8370

S 834 144^v 1373 10373
S 834 147^r 1475
S 834 147^v 512
S 834 148^r 1436
S 834 148^{rs} 10217
S 834 149^v 3912
S 834 151^r 1407
S 834 152^r 3601
S 834 152^v 4778
S 834 153^v 9555
S 834 155^v 6599
S 834 157^r 3291
S 834 158^r 959
S 834 158^v 8317
S 834 160^{vs} 6465
S 834 164^{vs} 4893
S 834 167^v 3050
S 834 167^{vs} 7479
S 834 169^v 2746
S 834 170^r 6908 9233
S 834 174^v 6417
S 834 174^{vs} 6807
S 834 178^{rs} 1422
S 834 194^v 8061
S 834 195^{rs} 8530
S 834 196^r 5329
S 834 205^r 4687
S 834 206^r 7469
S 834 207^r 3691
S 834 208^r 5246
S 834 209^r 7571
S 834 209^v 5964
S 834 212^{vs} 459
S 834 215^r 10611
S 834 217^{rs} 5776
S 834 217^{vs} 1315
S 834 218^{rs} 8503
S 834 218^v 9928
S 834 224^{rs} 7856
S 834 228^{rs} 4210
S 834 231^{rs} 6297
S 834 233^v 952
S 834 235^r 5776
S 834 237^v 1890
S 834 239^{vs} 4012
S 834 241^r 4191
S 834 246^v 9026
S 834 248^r 9580
S 834 249^v 9117
S 834 250^v 4637
S 834 251^v 7706

S 834 254^v 7856
S 834 257^r 10272
S 834 262^r 1601
S 834 265^r 9788
S 834 265^{rs} 2115
S 834 265^v 2115
S 834 265^{vs} 4872
S 834 268^{rs} 9898
S 834 273^{rs} 9898
S 834 274^r 5581
S 834 277^v 2532
S 834 277^{vs} 9808
S 834 278^v 4304
S 834 280^{rs} 121
S 834 280^v 3692
S 834 282^r 193
S 834 282^{rs} 3102
S 834 286^{vs} 1807
S 834 288^r 7133
S 834 289^r 9233
S 834 289^{rs} 728
S 834 294^r 8605
S 834 294^{vs} 4704
S 834 296^{rs} 7133
S 834 296^v 10217
S 835 10^r 1326
S 835 10^v 2201
S 835 20^{rs} 2783
S 835 24^v 3810
S 835 25^{rs} 8804
S 835 26^r 8614
S 835 28^v 4445
S 835 32^r 6653
S 835 32^{vs} 329
S 835 33^r 6840
S 835 34^{rs} 1065
S 835 36^v 8503
S 835 36^{vs} 8503
S 835 37^{vs} 1065
S 835 43^{rs} 1697
S 835 47^r 7860
S 835 48^v 9557
S 835 49^v 5701
S 835 50^{rs} 7856
S 835 54^{rs} 932
S 835 55^{vs} 7312
S 835 56^r 3975
S 835 56^{rs} 1334
S 835 57^v 8315
S 835 61^r 921
S 835 63^{rs} 355

S 836 23^{rs} 6346	S 836 118^v 3472	S 836 237^v 1566
S 836 24^{rs} 3975	S 836 119^{rs} 4880	S 836 240^r 9657
S 836 29^{vss} 1445	S 836 120^v 6573	S 836 241^v 3291
S 836 32^r 4242	S 836 121^r 2462	S 836 242^r 7176
S 836 32^{rs} 5299	S 836 121^v 9582	S 836 243^{vs} 8645
S 836 33^{rs} 7001	S 836 126^{vs} 9582	S 836 244^r 2903
S 836 35^r 1809	S 836 127^v 5246	S 836 244^{vs} 5674
S 836 35^v 594	S 836 130^v 5218	S 836 246^{vs} 5270
S 836 38^r 2288	S 836 132^{vs} 2977	S 836 248^r 4659
S 836 42^{vs} 4787	S 836 134^{vs} 10383	S 836 254^{rs} 908
S 836 43^{vs} 6611	S 836 136^r 10383	S 836 254^{vs} 9557
S 836 44^v 205	S 836 141^r 7913	S 836 257^r 6991
S 836 46^{vss} 1533	S 836 142^{vs} 571	S 836 257^v 10070
S 836 48^v 1153	S 836 143^{rs} 8614	S 836 257^{vs} 6991
S 836 56^v 8843	S 836 144^r 8676	S 836 260^v 2531
S 836 57^{rs} 10383	S 836 147^r 9232	S 836 264^{vs} 5923
S 836 61^{rs} 2404	S 836 149^r 660 9161	S 836 271^r 2813
S 836 63^r 1237	S 836 150^r 3764	S 836 271^{rs} 7628
S 836 64^r 8804	S 836 151^{rs} 4787	S 836 272^v 3408
S 836 65^r 921 9266	S 836 151^{vs} 9427	S 836 272^{vs} 784
S 836 67^{rs} 741	S 836 156^r 6039	S 836 273^{rs} 4149
S 836 68^v 244	S 836 157^r 7235	S 836 276^r 1119
S 836 70^v 7614	S 836 157^v 7108	S 836 276^{rs} 1341
S 836 71^{rs} 1912	S 836 158^r 2528	S 836 277^r 621
S 836 73^r 329	S 836 159^v 790 1809	S 836 277^{vs} 1089
S 836 74^r 6185	S 836 161^r 1432	S 836 279^{rs} 863
S 836 75^v 7611	S 836 161^v 1533	S 836 280^r 5794
S 836 76^r 97	S 836 161^{vs} 5275	S 836 281^v 6259
S 836 76^v 2427	S 836 170^{rs} 2723	S 836 283^r 6282
S 836 78^r 4621	S 836 172^{rs} 8057	S 836 285^v 9219
S 836 80^r 8015	S 836 172^{vs} 9557	S 836 288^{rs} 4292
S 836 80^v 2749	S 836 176^{rs} 5581	S 836 289^r 737
S 836 85^v 5547	S 836 176^{vs} 2704	S 836 289^{vs} 9646
S 836 85^{vs} 8665	S 836 187^r 4928	S 836 290^r 1138
S 836 87^{rs} 3088	S 836 187^{rs} 5985	S 836 290^v 4631 10405
S 836 91^{rs} 1879	S 836 190^v 8057	S 836 293^{rs} 5545
S 836 100^{rs} 8775	S 836 191^v 7577	S 836 298^v 5736
S 836 100^v 3924	S 836 195^{rs} 5696	S 836 299^r 1520 6611
S 836 101^r 2855	S 836 196^v 3897	S 836 299^{rs} 6629
S 836 101^{rs} 5243	S 836 196^{vs} 1045	S 836 299^v 314
S 836 101^v 2175	S 836 200^v 1491	S 836 301^{rs} 5693
S 836 103^{rs} 430	S 836 213^r 8432	S 836 301^{vs} 329
S 836 103^v 7842	S 836 214^{rs} 3924	S 837 1^v 3691
S 836 104^{rs} 6571	S 836 221^{vs} 6470	S 837 3^{rs} 9427
S 836 105^{vs} 5629	S 836 224^r 7333	S 837 5^r 601
S 836 112^{rs} 10358	S 836 224^v 5400	S 837 5^{vs} 6680
S 836 112^v 8971	S 836 229^{rs} 3291	S 837 8^v 2627
S 836 113^v 3295	S 836 230^{vs} 9473	S 837 8^{vs} 9974
S 836 113^{vs} 9311	S 836 235^{vs} 8432	S 837 13^v 3926
S 836 114^r 7029	S 836 236^r 741	S 837 13^{vs} 4770
S 836 115^{rs} 252	S 836 236^v 4227	S 837 18^{vs} 7029

S 838 1^v 5241
S 838 2^{rs} 8986
S 838 6^v 4634
S 838 12^{vs} 547
S 838 15^{rss} 2270
S 838 16^r 5160
S 838 19^v 3291
S 838 19^{vs} 416
S 838 22^r 7148
S 838 22^{vs} 2794
S 838 24^v 7975
S 838 25^v 5937
S 838 25^{vs} 8938
S 838 35^v 7808
S 838 35^{vs} 7113
S 838 39^v 8676
S 838 41^r 2689
S 838 42^r 7359
S 838 44^r 2855
S 838 44^v 1165
S 838 51^{rs} 905
S 838 51^v 2311
S 838 52^v 7975
S 838 54^r 9578
S 838 58^v 5879
S 838 59^v 7189
S 838 61^{rs} 1807
S 838 67^{vs} 832
S 838 69^v 6553
S 838 73^{rs} 10071
S 838 74^{vs} 1395
S 838 78^{vs} 9471
S 838 83^{rs} 6271
S 838 84^r 10083
S 838 85^{vs} 8894
S 838 86^{vs} 3528
S 838 94^v 82
S 838 95^v 2797
S 838 97^{vs} 9906
S 838 98^{rs} 9924
S 838 104^{rs} 3695
S 838 108^{rs} 9400
S 838 108^{vs} 5731
S 838 116^{vs} 6154
S 838 122^v 328
S 838 128^v 4960
S 838 132^r 3975
S 838 132^{rs} 7176
S 838 133^{rs} 4047
S 838 133^v 10196
S 838 137^r 3036

S 838 140^r 7463
S 838 142^{rs} 6812
S 838 147^{vs} 10468
S 838 149^r 7221
S 838 149^{vs} 8345
S 838 150^{rs} 3163
S 838 152^v 953 4255
S 838 156^{rs} 6960
S 838 157^r 5739
S 838 160^{rs} 1203
S 838 160^v 82
S 838 161^r 8853
S 838 163^v 7359
S 838 167^r 9400
S 838 168^{vs} 2907
S 838 170^r 2903
S 838 170^{vs} 9915
S 838 174^{rs} 2797
S 838 175^v 3215
S 838 176^v 10423
S 838 177^v 6292 6553
S 838 178^{vs} 7980
S 838 179^{rs} 2226
S 838 181^r 4573
S 838 181^{vs} 8791
S 838 184^v 9830
S 838 191^{rs} 9052
S 838 194^v 186
S 838 196^v 620
S 838 197^r 952
S 838 202^v 3215
S 838 203^r 2634
S 838 203^v 1882
S 838 204^{rs} 1304
S 838 205^v 2797
S 838 206^{rs} 3291
S 838 209^r 3446
S 838 211^r 3439
S 838 212^{vs} 10405
S 838 216^v 828
S 838 226^{vs} 4333
S 838 227^{rs} 7108
S 838 234^{rss} 2270
S 838 238^v 365
S 838 245^v 4372
S 838 249^r 6154
S 838 251^v 9373
S 838 252^r 6434
S 838 253^r 426
S 838 254^r 1065
S 838 254^{vs} 897

S 838 258^{vs} 6527
S 838 260^v 6812
S 838 260^{vs} 70
S 838 266^r 7614
S 838 271^r 1912
S 838 272^{rs} 7761
S 838 280^v 3352
S 838 281^v 939
S 838 285^{rs} 8460
S 838 285^{vs} 1214
S 838 287^{rs} 1299
S 838 288^{vs} 1508
S 838 295^{vs} 2901
S 838 296^v 6271
S 838 297^{rs} 10340
S 838 299^r 2797
S 838 300^{vs} 8894
S 839 2^r 6707
S 839 2^v 1497
S 839 5^v 5663
S 839 7^r 3439
S 839 7^v 10197
S 839 11^r 4757
S 839 12^r 2111
S 839 17^v 8073
S 839 18^r 8073
S 839 20^{rs} 1643
S 839 21^r 329
S 839 24^r 2218
S 839 26^{rs} 8389
S 839 27^r 6215
S 839 27^v 8530
S 839 32^v 2218
S 839 33^{vs} 82
S 839 35^r 6154
S 839 35^v 6271
S 839 36^{rs} 7614
S 839 44^{rs} 5581
S 839 44^{vs} 5371
S 839 46^{rs} 4477
S 839 48^r 584
S 839 48^v 2392 6289
S 839 48^{vs} 5539
S 839 49^{rs} 8214
S 839 50^{rs} 274
S 839 51^r 8345
S 839 51^v 2828
S 839 54^{rs} 10538
S 839 56^{rs} 9740
S 839 65^r 1339
S 839 69^{vs} 8731

S 839 73^v 7733
S 839 74^{vs} 10526
S 839 78^r 5629
S 839 78^{rs} 9923
S 839 79^{rs} 10592
S 839 79^{vs} 6230
S 839 80^{rs} 5232
S 839 84^{vs} 9409
S 839 86^r 1061
S 839 86^v 5548
S 839 88^v 4053
S 839 89^r 2856 9741
S 839 92^r 5515
S 839 92^v 2830
S 839 93^r 3336
S 839 94^r 1341 5158
S 839 95^{rs} 5038
S 839 95^v 1083
S 839 95^{vs} 2713
S 839 96^{vs} 1065
S 839 97^v 4742
S 839 98^r 5777 9523
S 839 98^v 9147
S 839 99^{vs} 5079
S 839 100^r 18 5079
S 839 103^v 741
S 839 103^{vs} 3941
S 839 104^r 5185
S 839 108^v 7992
S 839 109^r 3573
S 839 114^{rs} 4580
S 839 115^r 1196
S 839 115^v 1065 1196
S 839 116^v 10039
S 839 118^v 7721
S 839 118^{vs} 890
S 839 119^v 5820
S 839 119^{vs} 8895
S 839 121^{rs} 1304
S 839 121^v 8463
S 839 122^v 1065
S 839 123^{rs} 8329
S 839 123^v 9557
S 839 124^r 10557
S 839 125^{rs} 9915
S 839 125^v 8858
S 839 126^r 4296
S 839 126^{vs} 10599
S 839 127^{rs} 1585
S 839 127^v 9983
S 839 129^{rs} 5844

S 839 130^r 1492
S 839 131^{rs} 7808
S 839 132^v 4301
S 839 134^r 2856
S 839 134^{rs} 7973
S 839 134^v 7494
S 839 135^v–137^r 5388
S 839 139^{rs} 952
S 839 139^v 7733
S 839 141^r 6920
S 839 142^r 4215 4893
S 839 142^v 4893
S 839 142^{vs} 4893
S 839 143^r 2611
S 839 144^r 8503
S 839 144^{vs} 121
S 839 146^v 6947
S 839 147^v 4356
S 839 148^{rs} 1090
S 839 150^{vs} 3295
S 839 151^{rs} 5232
S 839 152^r 1065
S 839 153^r 2987
S 839 154^v 3972
S 839 155^v 8162
S 839 156^{rs} 8555
S 839 157^v 6296
S 839 158^r 3207
S 839 158^{rs} 10281
S 839 159^r 10399
S 839 159^{vs} 5291
S 839 161^r 3731
S 839 161^v 4893
S 839 162^r 2987
S 839 162^v 1065 6316
S 839 163^r 3806 9558
S 839 163^{vs} 3467
S 839 164^{rs} 3467
S 839 164^{vs} 2016
S 839 165^{rs} 9098
S 839 165^{vs} 8574
S 839 169^{vs} 6422
S 839 170^v 866 6046
S 839 172^r 2951
S 839 172^{vs} 6060
S 839 180^{vs} 8095
S 839 182^{rs} 10598
S 839 183^{vs} 9775
S 839 184^r 9365
S 839 185^v 3114
S 839 186^r 868

S 839 186^{vs} 1840
S 839 188^{vs} 2056
S 839 190^{rs} 8617
S 839 191^r 8555
S 839 192^v 2323
S 839 196^{rs} 5400
S 839 198^{rs} 4470
S 839 200^{rs} 2784
S 839 201^r 5731
S 839 203^{rs} 2358
S 839 205^v 8162
S 839 206^{rs} 2027
S 839 208^v 9007
S 839 215^{rs} 2278
S 839 215^v 1879
S 839 216^{vs} 6741
S 839 217^v 5943
S 839 219^r 9100
S 839 219^v 10332
S 839 220^v 6154
S 839 222^r 5435
S 839 223^r 10384
S 839 223^{vs} 10529
S 839 224^{vs} 4509
S 839 225^{vs} 220
S 839 226^{rs} 10529
S 839 227^r 4631
S 839 230^r 2981
S 839 231^v 3118 4969
S 839 232^r 2798
S 839 233^v 407 3573
S 839 234^{rs} 3981
S 839 235^r 4837
S 839 235^v 8345
S 839 236^v 9055
S 839 237^v 2414
S 839 240^r 9074 10332
S 839 240^{rs} 5355
S 839 240^v 4176
S 839 241^{vs} 2053
S 839 242^r 6968 8030
S 839 242^v 8574
S 839 244^{vs} 3972
S 839 245^r 4631
S 839 245^v 4631
S 839 247^v 5674 10347
S 839 248^r 9898
S 839 248^{vs} 10024
S 839 249^r 10024
S 839 249^{rs} 10024
S 839 249^{vs} 5528

S 839 252^r 5038
S 839 252^{rs} 621
S 839 255^v 9311
S 839 256^v 5167
S 839 256^{vs} 8441
S 839 257^{vs} 8487
S 839 258^{vs} 7178
S 839 260^v 1065
S 839 261^{rs} 9557
S 839 261^v 5794
S 839 261^{vs} 5388
S 839 262^{rs} 2140
S 839 262^v 8040
S 839 264^v 9929
S 839 265^{vs} 9758
S 839 267^r 7642
S 839 269^{vs} 426
S 839 270^{rs} 9929
S 839 271^r 9468
S 839 271^v 7957
S 839 272^r 9055
S 839 273^r 4653 8205
S 839 274^r 8360
S 839 274^v 874
S 845 144^v 3573
S 847 286^{rss} 1946
S 861 152^{vs} 2341
Sec. Cam. 1 16^{vss} 6059 10248
Sec. Cam. 1 22^{vs} 6059 10248
Sec. Cam. 1 25^{rs} 6059 10248
Sec. Cam. 1 37^r–39^v 4399
Sec. Cam. 1 41^v–45^r 4127
Sec. Cam. 1 62^r–63^v 2111
Sec. Cam. 1 75^v–77^v 4787
Sec. Cam. 1 83^r–85^r 1430
Sec. Cam. 1 85^r–88^r 1855
Sec. Cam. 1 94^r–95^v 7856
Sec. Cam. 1 95^v–97^v 6573
Sec. Cam. 1 103^{rs} 6059 10248
Sec. Cam. 1 110^r–111^v 4893
Sec. Cam. 1 128^r–131^r 7234
Sec. Cam. 1 131^r–135^r 3488
Sec. Cam. 1 135^r–138^r 6744
Sec. Cam. 1 156^v–159^v 5583
Sec. Cam. 1 170^r–172^r 2113

Sec. Cam. 1 174^v–176^r 3291
Sec. Cam. 1 176^v–178^r 8479
Sec. Cam. 1 178^v–182^r 514
Sec. Cam. 1 184^r–186^r 3297
Sec. Cam. 1 202^v–204^r 952
Sec. Cam. 1 209^r–214^r 3920
Sec. Cam. 1 222^v–225^v 919
Sec. Cam. 1 227^{rs} 3518
Sec. Cam. 1 232^r–233^v 8032
Sec. Cam. 1 239^{rss} 5844
Sec. Cam. 1 247^r–249^r 4304
Sec. Cam. 1 253^r–255^v 5372
Sec. Cam. 1 260^r–261^v 9718
Sec. Cam. 1 290^r–292^v 8149
Sec. Cam. 1 301^r–303^r 2285
Sec. Cam. 1 308^v–313^v 1373
Sec. Cam. 1 314^r–316^v 9104
Sec. Cam. 1 316^v–318^v 5554
Sec. Cam. 1 321^r–323^r 9670
Sec. Cam. 1 324^r–325^v 6324
Sec. Cam. 1 326^r–328^r 5943
Sec. Cam. 1 331^r–333^v 5581
Sec. Cam. 1 334^{rs} 6324
Sec. Cam. 1 337^r–338^v 3291
Sec. Cam. 1 363^r–365^v 1765
Sec. Cam. 1 369^r–371^v 5435
Sec. Cam. 1 405^r–408^r 3765
Sec. Cam. 1 412^r–415^r 2096
Sec. Cam. 1 418^r–421^r 6175
Sec. Cam. 1 421^r–422^v 4225
Sec. Cam. 1 426^r–427^v 3862
Sec. Cam. 1 428^r–431^v 6668
Sec. Cam. 1 437^r–439^v 3054

Sec. Cam. 1 441^v–443^r 7767
Sec. Cam. 1 443^{vs} 2413
Sec. Cam. 1 445^r–446^v 7970
Sec. Cam. 1 454^r–455^v 2605
Sec. Cam. 1 459^r–461^v 9436
T 13 3^r 1361
T 13 4^r 8339
T 13 8^v 10435
T 13 9^v 1603 4329
T 13 11^r 997 5126
T 13 16^r 1367 8318
T 13 19^r 3714
T 13 29^v 3078
T 13 33^v 2019 3487 9499
T 13 36^r 9048
T 13 39^v 8004
T 13 43^v 1940
T 13 44^r 4922
T 13 46^v 9987
T 13 47^r 1940 3729 8958
T 13 48^r 9511
T 13 48^v 3479
T 13 50^r 6763
T 13 51^v 2411
T 13 52^r 3240 5429 7122 7205 7796
T 13 52^v 4347
T 13 53^v 2507
T 13 58^v 3864
T 13 60^v 2358
T 13 63^r 1202 7602
T 13 65^r 5282 9343
T 13 66^r 9685
T 13 69^v 9388
T 13 77^r 438
T 13 78^r 10413
T 13 83^v 7638
T 13 84^r 2117
T 13 85^v 993
T 13 87^v 5637
T 13 88^v 858
T 13 92^r 1307 7340 7850
T 13 93^r 4944 7496
T 13 94^r 8146
T 13 97^v 438 5473 7879 9440
T 13 98^v 5741

T 13 101^v 9987
T 13 103^v 8719
T 13 104^v 2159
T 13 108^r 993
T 13 115^r 10607
T 13 116^r 619 7787
T 13 116^v 138 3807 7552
T 13 117^v 3175
T 13 118^v 5439 8147
T 13 119^v 10607
T 13 120^v 1201
T 13 121^r 3175
T 13 127^r 7125 8455 8752
T 13 130^r 7552
T 13 130^v 2442
T 13 131^v 2442
T 13 132^r 4022
T 13 134^r 4541
T 13 136^r 5637 5769
T 13 136^v 2740 4011
T 13 138^v 7741 10530
T 13 140^r 9041
T 13 140^v 2442 5126
T 13 141^r 6337
T 13 142^v 9048
T 13 143^r 830 4896
T 13 144^r 4235 6865
T 13 144^v 3000
T 13 145^r 9897
T 13 146^r 9849
T 34 68^r 588
T 34 70^r 427
T 34 71^v 10619
T 34 73^v 8439
T 34 77^v 5563
T 34 80^r 7174
T 34 80^v 2480
T 34 81^r 4848
T 34 82^r 29 2100
T 34 82^v 3600 4521
T 34 84^r 8636
T 34 84^v 3671
T 34 90^r 8712
T 34 93^r 6212
T 34 95^r 3772
T 34 95^v 7840
T 34 96^{rs} 9762
T 34 96^v 7295
T 34 97^r 2685
T 34 98^r 3671 9071
T 34 98^v 10070

T 34 99^r 2035
T 34 110^v 506
T 34 122^r 7955
T 34 125^r 4994
V 546 1^r–2^v 7381
V 546 13^r–15^r 9477
V 546 29^{rss} 2964
V 546 32^v–34^r 8131
V 546 50^v–52^r 185
V 546 52^v–54^r 4596
V 546 80^{rs} 1527
V 546 80^r–82^r 7407
V 546 82^r–86^r 7407
V 546 96^{vss} 4596
V 546 111^v–113^v 10425
V 546 154^r–156^r 9041
V 546 172^r–174^r 7067
V 546 180^v–183^v 1233
V 546 197^r–202^r 4567
V 547 24^{rss} 801
V 547 25^v–27^r 8474
V 547 38^v–41^r 7172
V 547 67^r–69^v 4782
V 547 87^v–89^v 3125
V 547 97^v–99^r 7244
V 547 141^{vss} 1770
V 547 142^{vs} 118
V 547 144^v–146^v 7840
V 547 146^v 10425
V 547 149^r 10425
V 548 10^v–15^r 10362
V 548 132^r–134^v 118
V 548 141^v–143^v 1863
V 548 149^v–152^r 8515
V 548 162^r–168^r 7173
V 548 170^r–172^v 7223
V 548 177^v–181^r 7413
V 548 208^r–210^r 5261
V 548 210^{rs} 4512
V 548 268^v–272^v 2109
V 548 273^r–278^v 700
V 548 292^v–296^r 140
V 548 300^r–303^v 5132
V 549 22^r–24^v 863
V 549 55^v–57^r 6435
V 549 75^r–77^r 730
V 549 99^r–100^v 1026
V 550 2^v–3^v 1029
V 550 4^{rs} 3125
V 550 4^{vss} 3125
V 550 5^v–6^v 794

V 550 6^{vss} 4596
V 550 7^v–9^r 4596
V 550 9^r–10^v 4596
V 550 10^{vs} 4596
V 550 11^{vs} 4596
V 550 12^{rss} 4596
V 550 13^{vss} 9866
V 550 15^{rs} 4596
V 550 15^{vss} 4596
V 550 16^v–20^r 4596
V 550 20^v–24^v 4596
V 550 49^v–52^r 10074
V 550 71^{rss} 10624
V 550 72^{rs} 10624
V 550 73^{rss} 7477
V 550 83^{rss} 186
V 550 92^{vss} 7479
V 550 93^v–95^v 2358
V 550 96^{rs} 7391
V 550 97^{rss} 2389
V 550 116^r–118^r 4784
V 550 160^v–162^r 4282
V 550 182^r–183^v 2343 9066
V 550 221^v–223^v 9879
V 550 226^{vss} 620
V 550 246^{vs} 9906
V 550 252^{rs} 1029
V 550 256^v–258^r 4964
V 550 259^v–261^v 9174
V 550 261^v–264^v 1029
V 550 267^r–268^v 4213
V 550 287^{vs} 6217
V 550 290^{rs} 6721
V 550 316^{rs} 1346
V 550 320^{vss} 5548
V 550 327^{rs} 2256
V 550 337^v–339^v 2256
V 551 2^r 8657
V 551 13^{vss} 7066
V 551 49^{vss} 2340
V 551 63^r–65^v 7066
V 551 102^v–104^v 7303
V 551 118^r–120^r 4280
V 551 205^{rs} 6375
V 551 210^{vss} 10455
V 551 214^r 5409
V 551 251^r–252^r 2126
V 551 252^{vss} 8481
V 551 267^{vs} 742
V 552 22^r–23^v 7551
V 552 71^r–72^v 7551

V 563 78^{rss} 3093
V 563 79^{rs} 7125
V 563 83^{v}–86^{v} 3643
V 563 112^{v}–114^{v} 4749
V 563 140^{rss} 3982
V 563 195^{r}–198^{r} 1982
V 563 199^{r}–201^{r} 6446
V 563 211^{r}–212^{v} 364
V 563 213^{r}–216^{r} 1814
V 563 223^{rss} 7507
V 563 262^{r}–264^{r} 7478
V 563 264^{r}–267^{v} 9012
V 563 307^{v}–311^{r} 576
V 564 1^{r}–2^{v} 7066
V 564 52^{r}–53^{v} 471
V 564 103^{v}–105^{v} 10250
V 564 202^{vss} 8701
V 564 204^{r}–205^{v} 471
V 564 239^{rss} 2372
V 564 259^{rss} 7066
V 564 283^{r}–284^{v} 2044
V 564 307^{rss} 3453
V 565 29^{v}–32^{v} 204
V 565 50^{r}–52^{r} 8714
V 565 68^{v}–70^{r} 5316
V 565 79^{v}–81^{v} 13
V 565 100^{v}–102^{r} 9480
V 565 118^{vss} 2535
V 565 145^{r}–146^{v} 3581
V 565 158^{vss} 10250
V 565 167^{vss} 857
V 565 225^{rss} 5924
V 565 230^{v}–233^{v} 3632
V 565 273^{v}–275^{v} 4792
V 565 282^{v}–284^{r} 9821
V 565 294^{r}–295^{v} 5570
V 565 305^{v}–307^{v} 7466
V 566 46^{r}–47^{v} 3720
V 566 52^{v}–54^{v} 7836
V 566 71^{vss} 9764
V 566 112^{v}–115^{v} 3843
V 566 115^{v}–118^{r} 1465
V 566 174^{rss} 7500
V 566 179^{v}–182^{r} 683
V 566 182^{v} 223
V 566 244^{rss} 8702
V 566 257^{v}–259^{v} 3453
V 566 260^{r}–262^{r} 3453
V 566 264^{v}–266^{r} 958
V 566 302^{r}–303^{v} 4763
V 567 27^{v}–29^{v} 2862

V 567 69^{vs} 7385
V 567 94^{v}–96^{r} 3226
V 567 179^{v}–181^{r} 1048
V 567 192^{r}–194^{v} 10344
V 567 199^{vss} 9066
V 567 217^{r}–218^{v} 337
V 567 241^{r}–242^{v} 5600
V 567 276^{v}–278^{r} 10156
V 567 301^{r}–303^{r} 7962
V 568 20^{v}–22^{r} 6055
V 568 45^{r}–47^{v} 4838
V 568 71^{vss} 10493
V 568 77^{v}–80^{r} 7066
V 568 97^{rs} 3581
V 568 120^{rs} 26
V 568 140^{rss} 8343
V 568 171^{r}–173^{v} 6078
V 568 174^{r}–176^{r} 4859
V 568 193^{r}–194^{v} 1291
V 568 236^{vss} 1083
V 568 237^{v}–239^{v} 5
V 568 296^{v}–298^{r} 7962
V 568 302^{v}–304^{r} 7530
V 569 35^{rss} 1783
V 569 85^{v}–87^{r} 2318
V 569 87^{rss} 3221
V 569 140^{r}–143^{v} 5533
V 569 150^{v}–152^{v} 8571
V 569 153^{r}–155^{v} 12
V 569 161^{v}–163^{r} 6055
V 569 181^{r}–182^{v} 5051
V 569 217^{v}–220^{r} 9825
V 569 226^{r}–227^{v} 1814
V 569 302^{rss} 4548
V 569 314^{v}–316^{v} 9806
V 570 27^{v}–30^{v} 5533
V 570 43^{vss} 6051
V 570 89^{r}–91^{r} 1450
V 570 119^{vs} 5653
V 570 129^{r}–131^{r} 1801
V 570 149^{r}–152^{r} 3983
V 570 153^{v}–155^{v} 10344
V 570 165^{r}–166^{v} 1801
V 570 188^{v}–190^{r} 9490
V 570 221^{r}–224^{v} 7479
V 570 240^{v}–242^{r} 3643
V 570 244^{rs} 8071
V 570 275^{r}–276^{v} 3190
V 571 12^{r}–15^{r} 9262
V 571 19^{vss} 4726
V 571 38^{v}–41^{v} 9742

V 571 49^{r}–50^{v} 4800
V 571 59^{r}–61^{r} 5196
V 571 84^{r}–86^{v} 4378
V 571 129^{r}–130^{v} 7493
V 571 152^{v}–154^{r} 3453
V 571 163^{v}–165^{v} 34
V 571 183^{v}–185^{r} 3556
V 571 191^{r}–193^{v} 10478
V 571 198^{v}–200^{r} 2743
V 571 223^{v}–225^{r} 2789
V 571 229^{r}–230^{v} 8183
V 571 234^{v}–236^{v} 3556
V 571 300^{r}–301^{v} 9729
V 572 7^{r}–9^{r} 8868
V 572 30^{r}–32^{r} 3983
V 572 41^{vss} 3285
V 572 53^{rs} 2044
V 572 54^{rss} 6078
V 572 81^{r}–83^{v} 6732
V 572 96^{r}–97^{v} 1135
V 572 101^{r}–103^{v} 3151
V 572 117^{v}–119^{r} 4153
V 572 128^{v}–130^{r} 133
V 572 130^{r}–132^{r} 133
V 572 139^{vss} 5291
V 572 145^{vss} 7303
V 572 152^{rss} 4549
V 572 158^{vss} 917
V 572 159^{vss} 204
V 572 168^{vs} 7122
V 572 171^{rss} 6056
V 572 192^{v}–195^{r} 42
V 572 201^{rs} 4549
V 572 202^{rss} 3556
V 572 203^{r}–205^{r} 5606
V 572 213^{r}–214^{v} 2044
V 572 235^{r}–237^{v} 5725
V 572 247^{v} 9901
V 572 250^{v}–252^{r} 537
V 572 252^{rs} 5126
V 572 259^{rss} 3556
V 572 289^{r}–290^{v} 8868
V 572 295^{r}–297^{v} 4133
V 572 301^{vss} 6056
V 572 306^{v}–308^{v} 5761
V 572 312^{r}–315^{r} 2945
V 572 315^{r}–316^{v} 8467
V 573 10^{vs} 3037
V 573 54^{rss} 8860
V 573 135^{vss} 2321
V 573 141^{v}–143^{r} 8133

V 573 148^r–149^v 9160	V 576 72^v–74^r 4797	V 578 110^v–113^r 1626
V 573 149^v–151^v 4922	V 576 77^{rss} 3453	V 578 124^v–126^r 519
V 573 174^{vs} 429	V 576 110^r–111^v 2789	V 578 154^{vss} 9342
V 573 200^v–202^r 7500	V 576 117^v–119^r 136	V 578 155^r–156^v 10067
V 573 223^r–226^r 529	V 576 130^v–132^r 744	V 578 171^r–174^r 2254
V 573 226^r–228^v 8702	V 576 171^r–174^r 5534	V 578 183^r–186^r 5533
V 573 228^v–230^r 4618	V 576 174^r–176^v 5533	V 578 211^v–213^r 1292
V 573 231^v–233^r 3410	V 576 186^{vs} 10074	V 578 219^r–220^v 1842
V 573 253^r–254^v 9765	V 576 190^v–192^r 7290	V 578 227^r–228^v 3162
V 573 256^{rss} 860	V 576 195^{rss} 6067	V 578 232^{rss} 571
V 573 269^{vss} 9440	V 576 224^{rss} 10478	V 578 242^{vss} 6016
V 573 278^v–280^v 8766	V 576 236^r–239^v 5636	V 578 244^{rs} 4568
V 573 286^v–288^r 7812	V 576 258^{rs} 3126	V 578 258^r–260^r 10283
V 573 314^v–316^r 2620	V 576 275^{rss} 133	V 579 18^{vss} 10264
V 573 317^{vss} 6144	V 576 286^v–288^r 8466	V 579 20^r–22^v 9878
V 574 1^r–3^r 5126	V 576 288^{rss} 8466	V 579 33^{vs} 3984
V 574 10^r–12^r 7353	V 576 291^v–293^r 9392	V 579 38^r–39^v 9551
V 574 23^{vs} 2019	V 576 298^v–300^r 111	V 579 46^r–47^v 5154
V 574 36^{vss} 10478	V 576 306^{rss} 260	V 579 49^{vss} 5154
V 574 39^v–41^v 10344	V 577 8^v 2687	V 579 59^r–61^v 3557
V 574 48^r–50^v 4956	V 577 14^{rss} 8716	V 579 61^r–63^v 4922
V 574 77^{vss} 8994	V 577 19^r–20^v 6681	V 579 68^r–70^v 7503
V 574 109^{rss} 2104	V 577 22^r–23^v 2790	V 579 90^v–93^v 5533
V 574 147^v–150^r 7688	V 577 25^r–26^v 1781	V 579 97^r–99^v 9273
V 574 171^{vss} 7455	V 577 44^v–46^v 2789	V 579 121^{rss} 10345
V 574 202^{rss} 4457	V 577 68^{vss} 10119	V 579 142^{rs} 6056
V 574 216^{rss} 4962	V 577 89^v–91^v 6057	V 579 143^{vss} 3087
V 574 267^v–270^r 9126	V 577 91^{vs} 10344	V 579 152^r–153^v 4568
V 574 286^r–288^r 10479	V 577 116^{vss} 7873	V 579 164^r–166^r 5878
V 574 290^r–291^v 4618	V 577 119^v–121^v 6124	V 579 169^r–170^v 2105
V 574 299^v–301^r 7304	V 577 145^v–147^v 3058	V 579 170^{vss} 8703
V 574 311^r–312^v 2789	V 577 155^{rs} 6056	V 579 173^r–174^v 7836
V 574 319^{vss} 9787	V 577 172^r–174^r 7304	V 579 190^v–192^r 6547
V 574 326^r–327^v 2038	V 577 187^v–189^r 8179	V 579 204^{vss} 6605
V 575 5^{rss} 6056	V 577 209^v–214^r 8462	V 579 214^v–216^r 6350
V 575 11^r–12^v 7962	V 577 215^v–217^r 154	V 579 223^r–224^v 8518
V 575 13^{rss} 5827	V 577 226^v–228^r 3232	V 579 238^r–239^v 2790
V 575 24^r–25^v 4792	V 577 249^{rss} 7740	V 579 239^v–241^v 5217
V 575 87^r–89^r 10344	V 577 272^{rss} 4550	V 579 243^r–245^r 2099
V 575 89^{vs} 3082	V 577 280^r–281^v 4550	V 579 245^v–247^r 2044
V 575 101^{rss} 10344	V 577 283^v–285^v 5726	V 579 251^r–252^v 2791
V 575 123^{vss} 5051	V 577 289^{vss} 8226	V 579 252^v–256^r 2620
V 575 139^{vss} 5398	V 577 313^r–316^v 2413	V 579 271^{vss} 1167
V 575 193^{rss} 10250	V 578 6^v–8^r 9126	V 579 273^r–275^r 2791
V 575 208^{rss} 4869	V 578 27^r–28^v 10344	V 579 286^{rs} 6144
V 575 219^r–220^v 4548	V 578 28^v–31^r 10344	V 579 297^r–299^v 10169
V 575 227^v–229^v 2254	V 578 49^r–50^v 6067	V 579 305^r–307^r 6057
V 575 242^v–244^r 744	V 578 53^{rs} 8703	V 580 1^r–4^r 5533
V 575 267^{vss} 3487	V 578 54^{rss} 2104	V 580 12^v–14^r 7304
V 576 20^r–21^v 7304	V 578 57^r–58^v 1916	V 580 29^r–30^v 10251
V 576 43^v–45^v 5051	V 578 59^r–60^v 222	V 580 31^r–32^v 338

V 580 46ʳ–49ᵛ 5154
V 580 97ʳ–98ᵛ 4434
V 580 105ᵛ–108ᵛ 2791
V 580 126ʳ–129ᵛ 5533
V 580 130ʳ–133ʳ 5533
V 580 169ᵛˢˢ 8597
V 580 182ᵛ–184ᵛ 5723
V 580 185ʳˢˢ 744
V 580 190ᵛ–192ᵛ 2790
V 580 199ʳ–200ᵛ 5217
V 580 237ᵛ–239ʳ 5653
V 580 266ᵛ–268ʳ 8486
V 580 270ᵛˢˢ 6057
V 580 280ʳ–282ᵛ 10466
V 581 12ʳ–14ʳ 7444
V 581 29ᵛˢˢ 2105
V 581 37ᵛˢˢ 2792
V 581 53ʳ–54ᵛ 3420
V 581 100ʳ–101ᵛ 1843
V 581 107ʳˢˢ 2297
V 581 123ʳ–124ᵛ 8761
V 581 147ʳˢˢ 10479
V 581 162ʳ–164ʳ 7751
V 581 178ᵛ–182ʳ 6007
V 581 180ʳ–182ʳ 6007
V 581 182ᵛ–184ᵛ 7513
V 581 208ᵛˢˢ 6344
V 581 270ᵛ–272ᵛ 5676
V 581 283ʳ–284ᵛ 3102
V 581 289ʳ–291ʳ 2660
V 582 1ʳ–2ᵛ 519
V 582 48ʳˢ 4763
V 582 49ʳ–50ᵛ 10251
V 582 50ᵛ–52ᵛ 10250
V 582 111ʳ–112ᵛ 5636
V 582 117ᵛ–119ᵛ 9127
V 582 119ᵛˢˢ 5828
V 582 144ʳ–145ᵛ 222
V 582 161ʳˢ 2077
V 582 165ᵛˢˢ 5051
V 582 190ʳ–192ᵛ 5153
V 582 214ʳ–215ᵛ 4821
V 582 235ᵛˢˢ 3190
V 582 237ʳ–238ᵛ 3494
V 582 243ʳ–247ʳ 2790
V 582 247ᵛ–251ʳ 2790
V 582 251ʳ–252ᵛ 9127
V 582 280ʳ–282ʳ 860
V 582 300ʳ–301ᵛ 43
V 583 47ᵛˢˢ 5052
V 583 49ʳˢˢ 3983

V 583 68ᵛ–70ᵛ 5154
V 583 73ʳ–74ᵛ 3453
V 583 99ʳ–100ᵛ 5534
V 583 120ʳ–123ʳ 6007
V 583 130ʳˢ 5653
V 583 142ʳ–144ʳ 1809
V 583 144ᵛ–147ʳ 2341
V 583 159ʳ–160ᵛ 519
V 583 165ʳˢˢ 9701
V 583 184ᵛ–186ᵛ 4956
V 583 194ᵛ–196ʳ 9670
V 583 202ᵛ–204ʳ 5153
V 583 204ᵛ–206ʳ 7067
V 583 209ᵛ–211ʳ 5052
V 583 226ᵛ–230ʳ 519
V 583 237ᵛ–240ʳ 9729
V 583 275ʳ–277ʳ 9455
V 583 282ʳ–285ʳ 519
V 584 18ᵛ–21ʳ 860
V 584 66ᵛ–69ʳ 2374
V 584 82ᵛ–84ʳ 2957
V 584 110ʳ–111ᵛ 10360
V 584 133ᵛˢˢ 5061
V 584 157ʳˢ 2495
V 584 169ʳ–171ʳ 4726
V 584 174ᵛ–176ᵛ 2044
V 584 179ʳˢˢ 376
V 584 185ᵛ–189ʳ 1732
V 584 195ᵛˢˢ 6389
V 584 229ᵛ–232ᵛ 2272
V 584 245ʳ–247ʳ 7305
V 584 261ʳ–263ʳ 5129
V 584 283ᵛ–286ʳ 5756
V 584 314ʳ–316ᵛ 7305
V 585 4ʳ–7ᵛ 2730
V 585 9ʳ–11ᵛ 4726
V 585 47ʳ–48ᵛ 36
V 585 50ᵛ–52ʳ 5836
V 585 82ᵛ–84ʳ 5827
V 585 103ʳˢˢ 5698
V 585 131ʳ–133ʳ 5130
V 585 137ʳ–138ᵛ 338
V 585 140ᵛ–142ʳ 6124
V 585 222ᵛˢˢ 1934
V 585 237ʳˢ 6057
V 585 248ᵛ–250ᵛ 4821
V 585 253ᵛˢˢ 7994
V 585 275ᵛ–277ᵛ 5154
V 585 286ᵛˢˢ 1068
V 585 315ᵛ–318ᵛ 7980
V 586 11ʳ–13ᵛ 10479

V 586 15ᵛ–17ʳ 7306
V 586 25ᵛ–29ᵛ 9553
V 586 33ʳ–35ʳ 9003
V 586 37ʳ–38ᵛ 6078
V 586 45ʳ 9128
V 586 45ᵛˢ 9127
V 586 56ʳ–57ᵛ 3301
V 586 64ᵛ–66ᵛ 7522
V 586 64ᵛ–67ᵛ 7814
V 586 64ᵛ–69ʳ 7540
V 586 64ᵛˢˢ 7540
V 586 70ᵛ–72ʳ 5828
V 586 97ʳ–98ᵛ 8703
V 586 99ʳˢˢ 2729
V 586 101ʳˢˢ 1842
V 586 136ʳ–139ʳ 10453
V 586 139ʳ–141ʳ 10453
V 586 149ʳˢˢ 4476
V 586 159ᵛˢˢ 9867
V 586 171ᵛ–173ᵛ 10453
V 586 206ᵛ–209ᵛ 6883
V 586 214ʳˢˢ 1959
V 586 215ᵛˢˢ 2985
V 586 218ᵛ–220ʳ 9730
V 586 246ᵛˢˢ 5052
V 586 257ʳ–260ᵛ 4618
V 586 277ʳˢˢ 7522
V 586 309ᵛ–311ʳ 3574
V 586 311ᵛ 10251
V 587 21ʳ–23ʳ 4923
V 587 43ᵛ–45ʳ 5160
V 587 57ᵛ–60ᵛ 2172
V 587 64ᵛˢˢ 6058
V 587 82ʳˢˢ 183
V 587 92ʳ–95ʳ 2620
V 587 145ᵛˢˢ 7305
V 587 147ʳˢˢ 9621
V 587 150ᵛ–152ᵛ 4421
V 587 167ᵛˢˢ 4956
V 587 183ʳ–184ᵛ 1844
V 587 189ʳ–192ʳ 10345
V 587 192ᵛ–194ʳ 1788
V 587 194ʳ–195ᵛ 4782
V 587 195ᵛ–198ʳ 5217
V 587 207ᵛ–211ʳ 3083
V 587 243ʳ–244ᵛ 10074
V 587 275ʳ–276ᵛ 7304
V 587 288ᵛ–290ʳ 4726
V 587 300ʳ–301ᵛ 1303
V 587 308ʳ–309ᵛ 3083
V 587 309ᵛ–312ʳ 3083

V 587 312^r–313^v 3232	V 590 103^{rss} 1842	V 592 147^r–148^v 2554
V 588 1^{rs} 2106	V 590 111^r–112^v 10344	V 592 184^v–186^r 708
V 588 6^v–8^v 10346	V 590 112^v–114^r 2149	V 592 188^v–190^v 7552
V 588 41^{rss} 10164	V 590 156^v–158^v 6251	V 592 191^v–193^v 3227
V 588 60^v–62^r 9839	V 590 164^v–166^r 8360	V 592 206^v–208^v 4782
V 588 82^{rss} 5154	V 590 184^v–186^r 3524	V 592 221^r–224^r 7860
V 588 90^{rss} 4151	V 590 186^v 9306	V 592 240^r–242^r 2275
V 588 118^v–120^v 1051	V 590 223^r–225^v 10346	V 592 266^r–268^r 1781
V 588 123^r–124^v 6079	V 590 232^v–234^v 1781	V 592 277^{vss} 5501
V 588 124^v–126^v 6079	V 590 237^v–239^v 3557	V 592 283^v–285^v 4781
V 588 148^v–150^r 2620	V 590 255^{vss} 1781	V 592 294^r–295^v 6249
V 588 156^r–158^r 3083	V 590 274^r–276^v 6685	V 593 9^r–10^v 3694
V 588 158^r–160^r 3083	V 590 287^v–289^r 7837	V 593 64^{rss} 10624
V 588 162^r–164^r 3083	V 590 291^{vss} 7067	V 593 65^{vss} 845
V 588 167^{rss} 9689	V 590 295^r–300^r 4351	V 593 118^r–120^r 9730
V 588 177^r–178^v 3524	V 591 23^{rss} 704	V 593 150^r–151^v 6058
V 588 193^r–194^v 7620	V 591 42^r–44^r 7553	V 593 152^{rss} 6058
V 588 200^r–202^r 6244	V 591 46^r–47^v 5051	V 593 153^{vss} 6058
V 588 203^{rss} 9205	V 591 64^v–67^v 2985	V 593 171^{rss} 3179
V 588 227^{rss} 7740	V 591 85^v–87^v 5789	V 593 188^r–189^v 6758
V 588 314^{rss} 7351	V 591 105^{vss} 9752	V 593 214^v–216^v 5725
V 588 317^{vss} 5743	V 591 127^r–129^r 744	V 593 246^r–247^v 6070
V 589 8^{rss} 7849	V 591 131^r–132^v 4956	V 593 267^r–269^r 5217
V 589 15^r–17^v 351	V 591 154^{vss} 2198	V 593 274^v–277^v 7068
V 589 22^v–24^r 9681	V 591 156^r–158^r 7296	V 593 293^{vss} 3313
V 589 27^r–28^v 3620	V 591 175^r–179^r 7986	V 593 300^v–302^v 861
V 589 43^r–44^r 5130	V 591 181^v–183^r 4281	V 593 305^r–306^v 487
V 589 51^r–52^r 5654	V 591 190^{rss} 138	V 593 306^v–308^v 9255
V 589 57^{vss} 9059	V 591 221^{rss} 10346	V 594 20^v–22^v 6217
V 589 71^{vss} 6249	V 591 226^{rss} 6384	V 594 34^r–39^r 2272
V 589 97^r–99^r 487	V 591 229^r–230^v 9255	V 594 69^{vss} 405
V 589 114^r–115^v 8763	V 591 231^r–232^v 7552	V 594 77^r–78^v 1243
V 589 128^r–130^r 5535	V 591 235^{rs} 10094	V 594 79^{rss} 7741
V 589 150^r–152^v 3524	V 591 249^v–251^r 2547	V 594 98^r–99^v 5053
V 589 178^v–180^v 1128	V 591 274^v–276^v 4281	V 594 113^r–114^v 36
V 589 181^r–183^v 10380	V 591 287^{vss} 4783	V 594 127^{rss} 7952
V 589 259^r–260^v 4782	V 592 1^r–3^r 7553	V 594 130^{rss} 487
V 589 271^r–275^r 1867	V 592 20^{rss} 3550	V 594 147^{rss} 10449
V 589 285^r–286^v 4782	V 592 23^{rss} 36	V 594 200^v–202^r 4957
V 589 296^v–298^r 7439	V 592 25^{rs} 10345	V 594 202^{vss} 4957
V 589 307^v–309^r 3465	V 592 26^{rss} 10346	V 594 226^r–228^r 5053
V 589 311^r–313^r 4782	V 592 27^v–29^v 3378	V 594 229^r–232^r 7449
V 590 2^v–4^v 7830	V 592 35^{rss} 505	V 594 253^{rss} 8704
V 590 12^{vs} 3525	V 592 46^v–48^r 2779	V 594 271^v–273^r 3553
V 590 13^{vs} 3524	V 592 85^{rss} 658	V 594 277^r–280^r 7471
V 590 21^v–23^r 7814	V 592 97^{rss} 4636	V 594 303^r–304^v 10176
V 590 64^v–68^r 7166	V 592 98^v–100^r 4783	V 595 15^r–17^r 5455
V 590 68^r–70^r 4281	V 592 103^v–105^r 5828	V 595 25^{rss} 273
V 590 75^v–77^r 266	V 592 115^v–117^r 7522	V 595 28^r–31^r 6123
V 590 83^{rss} 10150	V 592 123^{vss} 3876	V 595 59^{rss} 4847
V 590 84^r–85^v 5449	V 592 135^r–137^r 10451	V 595 70^v–72^v 5155

V 595 73^r–74^v 5548
V 595 90^v–93^r 9543
V 595 97^{rss} 7172
V 595 107^{rss} 10244
V 595 108^r–109^v 10449
V 595 113^r–114^v 3525
V 595 139^r–140^v 2549
V 595 168^{vs} 9456
V 595 173^r–176^r 528
V 595 193^r–194^v 1029
V 595 206^r–207^v 2344
V 595 214^r–216^r 6160
V 595 217^r–218^v 917
V 595 218^v–220^r 4821
V 595 230^v–233^r 1978
V 595 277^r–279^v 7993
V 595 280^r–281^v 4957
V 595 281^v–283^r 4957
V 595 284^v–287^r 2779
V 596 16^r–18^v 2931
V 596 18^v–20^v 9300
V 596 24^{rs} 4569
V 596 52^{vss} 2845
V 596 64^r–66^r 9595
V 596 66^v–68^r 2780
V 596 88^{rss} 9198
V 596 106^v–109^r 7337
V 596 111^{vss} 7337
V 596 133^r–135^v 7837
V 596 203^r–206^r 912
V 596 224^{vs} 7860
V 596 256^v–258^v 3524
V 596 276^r–278^r 1912
V 597 64^v–66^v 7432
V 597 69^{vs} 877
V 597 70^{rs} 877
V 597 71^r 877
V 597 71^{vss} 7838
V 597 73^r–75^r 2898
V 597 75^r–78^r 8451
V 597 78^r–79^v 2549
V 597 100^r–103^r 8863
V 597 106^{rss} 4424
V 597 118^v–120^r 222
V 597 140^v–142^v 9910
V 597 215^{vss} 6005
V 597 230^r–232^v 3051
V 597 260^v–262^v 8001
V 597 287^{vss} 5623
V 598 45^{vss} 9584
V 598 54^v–57^r 7950

V 598 79^v–81^r 845
V 598 97^r–99^r 2550
V 598 99^r–101^v 2434
V 598 106^v–111^r 1793
V 598 133^r–135^v 7034
V 598 148^r–150^v 6144
V 598 167^{vss} 930
V 598 178^r–180^r 5155
V 598 182^v–184^v 3476
V 598 184^v–187^v 5130
V 598 209^r–210^v 6961
V 598 217^r–220^r 7432
V 598 255^r–258^r 9456
V 598 283^r–284^v 4075
V 598 289^{rss} 9164
V 598 296^{vss} 5130
V 598 302^{rs} 1831
V 598 302^{vs} 2597
V 598 303^{vss} 10050
V 598 308^v 5884
V 598 309^{rs} 4414
V 598 309^v–311^v 1029
V 599 1^r–3^v 765
V 599 10^r–11^v 1783
V 599 53^v 7839
V 599 58^{rs} 2550
V 599 64^r–66^r 2364
V 599 83^{rss} 2621
V 599 104^v–107^v 5535
V 599 114^{vss} 6217
V 599 122^v–124^r 1946
V 599 156^r–157^v 2780
V 599 162^v–164^r 5770
V 599 195^r–196^v 4315
V 599 231^r–232^v 7952
V 599 232^v–234^r 930
V 599 262^r–263^v 4440
V 599 285^v–287^v 5131
V 599 291^r–293^r 2463
V 599 301^v–303^v 1885
V 600 24^{rs} 1773
V 600 37^v–39^v 3083
V 600 47^r–48^v 930
V 600 49^r–52^r 451
V 600 59^r–60^v 3440
V 600 65^{rss} 4958
V 600 66^v–68^r 8434
V 600 82^{rs} 7607
V 600 101^r–103^r 3526
V 600 145^r–148^r 7990
V 600 150^v–153^v 5480

V 600 210^v–212^r 5275
V 600 238^r–239^v 7709
V 600 249^r–250^r 7072
V 600 257^r–259^r 1846
V 600 261^{vss} 2550
V 600 274^v–278^r 7970
V 600 292^r–294^v 9581
V 601 19^r–23^r 7685
V 601 59^v–61^r 4957
V 601 61^r–63^v 4958
V 601 63^v–65^v 1846
V 601 65^v–67^v 5726
V 601 113^r–116^v 2211
V 601 119^v–122^r 708
V 601 122^v–124^v 7069
V 601 138^r–140^v 6079
V 601 143^r–145^r 4814
V 601 147^v–149^r 9142
V 601 167^r–169^v 2417
V 601 178^r–179^v 5648
V 601 180^r–181^v 1788
V 601 203^r–205^v 4242
V 601 217^r–218^v 1678
V 601 220^v–222^v 5155
V 601 236^r–238^v 8204
V 601 242^v–244^r 451 9777
V 601 244^r–247^r 1845
V 601 281^v–283^v 5155
V 602 19^{vss} 3527
V 602 30^{rss} 8015
V 602 50^{vss} 3693
V 602 52^r–54^v 2780
V 602 58^{vss} 7986
V 602 59^{vss} 2344
V 602 75^r–76^v 2854
V 602 86^r–87^v 2463
V 602 90^{rss} 5655
V 602 113^{vss} 3912
V 602 119^r–120^v 7674
V 602 159^v–161^r 8463
V 602 161^r–162^v 6659
V 602 162^v–164^v 3553
V 602 169^{vss} 4763
V 602 191^{vss} 2780
V 602 208^{vs} 687
V 602 223^r–225^r 2463
V 602 256^r–259^r 4956
V 602 263^{vss} 5160
V 602 267^r–269^r 4946
V 602 280^{vss} 5231
V 602 287^r–288^v 6927

V 603 13^v–15^v 6124
V 603 19^v–22^r 5579
V 603 45^r–48^r 8868
V 603 80^v–84^v 4946
V 603 86^r–87^v 1844
V 603 104^{vss} 6124
V 603 124^v–126^v 2985
V 603 132^r–134^v 8344
V 603 134^v–136^r 8204
V 603 145^r–147^v 4956
V 603 156^{rs} 4114
V 603 161^{vss} 3699
V 603 213^v–217^v 363
V 603 244^r–246^v 3699
V 603 249^r–251^r 6124
V 603 277^{rs} 7282
V 603 277^{vs} 7282
V 603 292^r–294^v 2854
V 603 299^{vss} 845
V 603 302^{vss} 1150
V 603 318^{rss} 10345
V 604 11^r–13^r 5155
V 604 13^r–15^v 10162
V 604 19^v–21^v 7312
V 604 25^r–26^v 5187
V 604 55^{vss} 5778
V 604 76^v–78^v 4957
V 604 92^r–94^r 9343
V 604 126^v–128^r 4066
V 604 133^v–136^r 2463
V 604 136^r–137^v 2831
V 604 147^v–149^v 5770
V 604 149^v–152^r 4066
V 604 154^r–155^v 2016
V 604 167^r–168^v 8535
V 604 176^r–178^r 4637
V 604 182^r–183^v 51
V 604 202^v–204^r 3739
V 604 211^r–212^v 10250
V 604 212^v–214^v 10449
V 604 219^r–222^r 7642
V 604 223^v–225^r 2159
V 604 237^{vss} 1941
V 604 246^v–248^r 3920
V 604 251^{rss} 5131
V 604 252^r–253^v 2550
V 604 256^v–258^v 7049
V 604 284^v–287^r 3722
V 604 291^r–292^v 1430
V 604 292^v–294^v 2936
V 604 306^{vss} 3540

V 604 308^{rs} 3771
V 604 308^{vs} 3771
V 605 10^r–11^v 7852
V 605 15^v–17^r 7234
V 605 33^{vs} 3897
V 605 56^v–58^r 1044
V 605 78^r–80^r 9872
V 605 90^{rss} 3897
V 605 99^r–104^v 118
V 605 121^r–122^v 1025
V 605 125^{vs} 4039
V 605 135^v–139^r 3897
V 605 147^r–151^r 2138
V 605 164^v–167^r 1235
V 605 167^r–168^v 3984
V 605 171^{rss} 4066
V 605 178^v–180^r 8580
V 605 183^{vs} 1867
V 605 185^v–188^v 8534
V 605 217^{rss} 8406
V 605 220^v–222^v 2463
V 605 226^v–228^v 4958
V 605 244^r–245^v 5652
V 605 246^r–247^v 2550
V 605 249^v–251^r 339
V 605 260^v–262^v 7839
V 605 268^v–270^r 1596
V 605 277^v–280^v 9198
V 605 280^v–282^v 9198
V 605 288^{rs} 4074
V 605 296^{vss} 8702
V 606 16^{rss} 4644
V 606 17^r–19^r 5217
V 606 20^v 4569
V 606 25^r–29^v 10074
V 606 31^v–33^r 9872
V 606 61^v–64^v 9731
V 606 71^{vss} 6249
V 606 78^{vss} 3900
V 606 91^r–93^r 765
V 606 94^v–96^v 5848
V 606 151^r–153^r 1807
V 606 153^{vs} 7046
V 606 164^r–165^v 2902
V 606 183^r–188^r 4569
V 606 195^{rss} 6850
V 606 196^{rs} 1807
V 606 208^r–209^v 5648
V 606 217^{vs} 6706
V 606 253^v–255^v 2985
V 606 262^v–264^r 9731

V 606 269^r–271^r 3162
V 606 274^v–278^r 9734
V 606 292^r–293^v 7642
V 607 1^r–3^r 1430
V 607 26^{rs} 7223
V 607 30^v–32^v 7848
V 607 33^r–35^v 497
V 607 35^v–37^r 2985
V 607 40^r–42^r 36
V 607 44^v–46^r 9368
V 607 46^r–48^v 7355
V 607 65^r–66^r 7851
V 607 77^v–79^r 2237
V 607 88^v–90^r 7912
V 607 95^v–96^v 9015
V 607 96^v–98^v 8535
V 607 99^r–101^r 2936
V 607 114^v–116^r 5490
V 607 135^r–137^r 1303
V 607 140^r–142^r 3909
V 607 142^v–145^r 9198
V 607 145^r–148^r 9199
V 607 148^{rs} 9445
V 607 161^v–163^r 6805
V 607 169^{rss} 7223
V 607 171^v–174^r 9186
V 607 175^r–176^v 339
V 607 187^{rss} 5947
V 607 188^v–190^r 763
V 607 209^v–211^r 8535
V 607 226^r–229^r 3920
V 607 241^v–243^r 9081
V 607 246^v–248^v 1430
V 607 295^{rss} 1430
V 607 296^v–298^r 6070
V 608 17^{rs} 2044
V 608 45^r–46^v 7850
V 608 84^{vss} 2415
V 608 90^r–91^v 29
V 608 91^v–93^r 4472
V 608 112^{vss} 4958
V 608 119^{vss} 2107
V 608 121^{vs} 2361
V 608 123^r–124^v 3480
V 608 125^r–126^v 2640
V 608 131^{rss} 5995
V 608 134^r–135^v 2079
V 608 135^v–137^r 9205
V 608 137^v–139^r 4847
V 608 144^v–146^v 9199
V 608 147^r–148^v 7852

V 641 289ʳ–290ᵛ 1871
V 641 291ʳ–293ᵛ 5655
V 642 1ʳˢˢ 1487
V 642 16ʳ–17ᵛ 10520
V 642 49ʳ–50ᵛ 8581
V 642 51ʳ–53ᵛ 5284
V 642 106ʳˢˢ 407
V 642 165ʳ–166ᵛ 8938
V 642 191ʳˢˢ 6812
V 642 199ʳ–202ʳ 445
V 642 228ᵛ–230ᵛ 1383
V 642 256ʳ–257ᵛ 6553
V 642 258ʳ–259ᵛ 3941
V 642 279ᵛˢˢ 1373
V 642 283ᵛ–285ᵛ 3692
V 642 290ᵛ–293ʳ 5605
V 643 11ᵛ–13ʳ 4509
V 643 16ʳ–19ᵛ 7808
V 643 76ᵛ–78ʳ 2210
V 643 80ʳ–82ʳ 3288
V 643 93ʳ–95ᵛ 9957
V 643 97ʳ–98ᵛ 3691
V 643 102ʳ–103ᵛ 9557
V 643 107ᵛ–109ʳ 9954
V 643 203ᵛˢˢ 7851
V 643 208ᵛˢ 9576
V 643 240ᵛ–242ᵛ 9621
V 643 246ʳ–248ᵛ 5105
V 644 4ᵛˢ 8244
V 644 7ᵛ–9ᵛ 381
V 644 10ʳ–12ʳ 7258
V 644 41ᵛˢˢ 9751
V 644 44ᵛˢˢ 2704
V 644 59ʳ–60ᵛ 8355
V 644 71ᵛˢˢ 5744
V 644 77ʳ–79ᵛ 203
V 644 84ʳ–85ᵛ 3692
V 644 87ᵛ–89ᵛ 8000
V 644 114ᵛ–116ᵛ 3049
V 644 119ᵛˢˢ 401
V 644 141ᵛ–144ᵛ 1756
V 644 167ᵛˢˢ 10070
V 644 169ʳ–171ᵛ 3692
V 644 171ᵛˢˢ 3802
V 644 190ʳ–192ʳ 381
V 644 212ᵛ–214ᵛ 7957
V 644 225ʳ–226ᵛ 3430
V 644 246ᵛ–248ʳ 5427
V 644 250ʳ–252ᵛ 4067
V 644 252ᵛ–255ʳ 8441
V 645 1ʳ–3ʳ 3750

V 645 84ᵛ–86ᵛ 1626
V 645 106ʳ–111ᵛ 10537
V 645 131ʳ–132ᵛ 863
V 645 158ʳ–160ᵛ 5964
V 645 181ᵛˢˢ 8926
V 645 189ʳ–191ᵛ 412
V 645 194ᵛˢˢ 2185
V 645 259ʳ–260ᵛ 3291
V 646 18ᵛ–24ᵛ 5536
V 646 65ᵛ–67ʳ 1716
V 646 67ʳˢˢ 10381
V 646 116ʳ–118ʳ 4807
V 646 141ʳ–143ʳ 4066
V 646 153ᵛ–155ᵛ 741
V 646 165ᵛ–168ᵛ 1090
V 646 196ʳ–199ʳ 4573
V 646 204ᵛ–207ᵛ 3131
V 646 209ᵛˢˢ 2228
V 646 238ʳ–240ᵛ 3695
V 646 266ᵛ–268ᵛ 8843
V 646 287ᵛˢˢ 6039
V 646 289ʳ–290ᵛ 6553
V 646 308ʳ–311ʳ 6113
V 647 7ᵛ–9ʳ 4067
V 647 13ʳ–16ʳ 2627
V 647 34ᵛ–37ʳ 3225
V 647 53ʳˢˢ 1585
V 647 57ʳˢ 3085
V 647 58ʳˢˢ 3085
V 647 97ʳ–100ᵛ 5674
V 647 115ʳ–116ᵛ 7133
V 647 125ʳˢˢ 5985
V 647 139ᵛ–142ʳ 2813
V 647 150ᵛ–152ʳ 1504
V 647 179ʳˢˢ 401
V 647 182ᵛ–186ᵛ 7620
V 647 190ᵛ–192ʳ 5673
V 647 226ᵛ–229ᵛ 7985
V 647 233ʳ–235ʳ 10382
V 647 245ᵛ–247ᵛ 8581
V 647 262ᵛ–264ʳ 6515
V 647 272ʳ–273ᵛ 10405
V 647 283ᵛ–285ʳ 9427
V 647 290ᵛ–292ʳ 863
V 648 5ʳ–7ʳ 756
V 648 15ᵛ–17ʳ 1942
V 648 33ᵛ–35ᵛ 863
V 648 40ʳ–41ᵛ 10382
V 648 55ʳ–56ᵛ 10070
V 648 57ʳˢ 3098
V 648 64ᵛ–66ʳ 3446

V 648 105ᵛ–107ᵛ 9740
V 648 107ᵛ–110ᵛ 339
V 648 110ᵛˢˢ 339
V 648 111ᵛˢˢ 10027
V 648 138ᵛˢˢ 10383
V 648 157ʳ–158ᵛ 897
V 648 170ᵛˢ 10383
V 648 206ʳ–207ᵛ 1637
V 648 211ʳ–212ᵛ 10025
V 649 12ᵛ–14ʳ 6154
V 649 26ᵛ–29ʳ 3528
V 649 48ʳˢ 10520
V 649 51ʳ–55ʳ 9052
V 649 70ʳˢˢ 3564
V 649 83ʳ–85ᵛ 8716
V 649 93ʳ–96ᵛ 10520
V 649 119ʳ–120ᵛ 8441
V 649 129ʳ–131ʳ 2855
V 649 157ᵛ–159ʳ 3924
V 649 161ᵛ–165ʳ 737
V 649 197ᵛ–199ᵛ 7913
V 649 203ʳˢˢ 9007
V 649 204ᵛ–206ʳ 9447
V 649 219ᵛ–221ʳ 1497
V 649 221ʳ–223ʳ 5548
V 649 259ᵛˢˢ 5581
V 649 267ʳ–270ʳ 5370
V 649 287ᵛˢˢ 9117
V 649 297ᵛˢˢ 9471
V 649 302ᵛ–304ᵛ 7359
V 649 304ᵛ–306ᵛ 7359
V 650 66ʳ–68ʳ 6282
V 650 95ᵛ–97ᵛ 2986
V 650 118ᵛˢˢ 4959
V 650 133ʳ–135ᵛ 5995
V 650 138ᵛ–140ᵛ 6048
V 650 146ʳ–147ᵛ 4138
V 650 157ᵛ–159ᵛ 6016
V 650 173ᵛ–175ᵛ 7344
V 650 179ᵛ–181ᵛ 2537
V 650 190ᵛˢ 5736
V 650 191ʳ–193ʳ 1395
V 650 210ʳ–211ᵛ 2238
V 650 213ᵛ–216ʳ 2689
V 650 220ʳ–223ᵛ 8477
V 650 226ʳ–227ᵛ 4138
V 650 234ᵛ–236ʳ 7642
V 650 240ᵛ–242ᵛ 3291
V 650 256ʳ–258ʳ 6667
V 650 262ʳ–265ʳ 9369
V 650 275ᵛ–278ʳ 3571

V 650 294^{vss} 620
V 650 297^{v}–299^{r} 5819
V 650 301^{r}–305^{r} 3922
V 651 7^{r}–10^{r} 5943
V 651 12^{v}–16^{v} 9052
V 651 20^{v}–22^{r} 10285
V 651 23^{r}–24^{v} 10332
V 651 196^{r}–198^{v} 7069
V 651 225^{r}–226^{v} 9929
V 651 232^{vs} 6060
V 652 1^{r}–2^{v} 1064
V 652 3^{r}–5^{r} 9720
V 652 23^{v}–26^{r} 5270
V 652 39^{r}–40^{v} 5674
V 652 61^{v}–63^{v} 3636
V 652 68^{v}–70^{r} 1674
V 652 77^{rss} 1674
V 652 81^{vss} 8580
V 652 98^{vs} 5674
V 652 129^{vss} 10383
V 652 148^{rss} 160
V 653 15^{rss} 3817
V 653 25^{rss} 2340
V 653 27^{rss} 794
V 653 28^{rss} 794
V 653 29^{vs} 7564
V 653 32^{rs} 1777
V 653 42^{vss} 694
V 653 51^{vss} 2862
V 653 81^{r}–83^{v} 9555
V 653 104^{rss} 1394
V 653 113^{rss} 1846
V 653 114^{r}–116^{r} 8441
V 653 116^{vss} 4969
V 653 117^{v}–119^{r} 7852
V 653 127^{v}–129^{r} 1936
V 653 129^{v} 52
V 653 130^{r}–132^{r} 8248
V 653 147^{r}–150^{v} 6705
V 653 150^{v}–153^{v} 4509
V 653 154^{r}–155^{v} 5246
V 653 161^{rs} 9232
V 653 175^{r}–177^{v} 2812
V 653 178^{r}–179^{v} 10568
V 653 179^{vss} 10568
V 653 197^{r}–198^{v} 3917
V 653 199^{r}–201^{v} 2183
V 653 202^{rs} 6296
V 653 205^{r}–207^{r} 1541
V 653 221^{v}–225^{v} 3721
V 653 231^{rss} 7183

V 653 232^{v}–235^{v} 1678
V 653 241^{r}–242^{v} 1089
V 653 255^{v}–258^{r} 9982
V 653 263^{r}–264^{v} 5223
V 653 265^{rss} 2657
V 653 273^{r}–275^{v} 917
V 653 276^{r}–279^{r} 702
V 653 279^{v}–281^{v} 5869
V 653 281^{v}–284^{v} 3640
V 653 295^{v}–297^{r} 4012
V 653 302^{rs} 9630
V 653 306^{vss} 3451
V 654 50^{v}–52^{v} 7848
V 654 53^{r}–55^{r} 7848
V 654 55^{r}–58^{v} 7850
V 655 2^{r}–6^{r} 10108
V 655 25^{v}–27^{v} 1205
V 655 28^{rss} 431
V 655 29^{r}–31^{r} 431
V 655 34^{v}–36^{r} 730
V 655 36^{rs} 730
V 655 37^{r}–39^{r} 10112
V 656 53^{r} 3179
V 656 91^{rs} 6402
V 656 142^{v} 3983
V 656 143^{vs} 5657
V 656 148^{r} 7847
V 656 167^{rs} 2357
V 656 181^{r}–183^{r} 10091
V 656 216^{rss} 3983
V 656 226^{vs} 5126
V 657 2^{r} 5761
V 657 5^{v} 3078
V 657 20^{v} 5653
V 657 93^{r} 6007
V 657 99^{rs} 7305
V 657 103^{rs} 2118
V 657 120^{vs} 5637
V 657 140^{v} 1029
V 657 141^{r} 4782
V 657 155^{rss} 5126
V 657 158^{r}–159^{v} 5538
V 657 177^{v} 8717
V 657 200^{rs} 1266
V 657 205^{r}–206^{v} 10480
V 657 215^{vs} 4011
V 657 222^{rs} 9015
V 657 223^{r}–224^{v} 7912
V 657 227^{v} 2740
V 657 240^{vs} 5126
V 657 244^{rs} 9706

V 657 246^{rs} 2106
V 657 254^{vs} 5483
V 658 22^{r} 2792
V 658 41^{rs} 8688
V 658 60^{vs} 9825
V 658 61^{v}–64^{r} 782
V 658 74^{v}–76^{v} 10169
V 658 78^{rs} 4957
V 658 96^{v} 921
V 658 124^{rs} 4784
V 658 125^{vss} 6271
V 658 131^{v} 2781
V 658 133^{vs} 3454
V 658 188^{rs} 1430
V 658 195^{rs} 9187
V 658 200^{rs} 10481
V 658 209^{v}–211^{v} 2470
V 658 217^{v}–219^{v} 8707
V 658 227^{vss} 8707
V 658 236^{v}–238^{v} 9528
V 659 20^{r}–21^{v} 1497
V 659 23^{rs} 10441
V 659 25^{vs} 8070
V 659 30^{rs} 3528
V 659 33^{rs} 5913
V 659 39^{vs} 9368
V 659 45^{rs} 8581
V 659 57^{rs} 5621
V 659 70^{rs} 2986
V 659 106^{vs} 4127
V 659 137^{vss} 4786
V 659 178^{rs} 4067
V 659 185^{rs} 1090
V 659 198^{rs} 1064
V 659 199^{rs} 5913
V 659 200^{vss} 5674
V 659 201^{rss} 5133
V 659 203^{vs} 8441
V 660 50^{r}–51^{v} 127 7834
V 660 51^{vs} 127 7834
V 660 53^{rs} 7489
V 660 58^{rss} 1052
V 660 59^{r}–61^{v} 9129
V 660 104^{v}–106^{r} 1732
V 660 110^{r} 2548
V 660 110^{vs} 4059
V 660 120^{r} 5606
V 660 174^{r}–175^{v} 9126
V 660 181^{rss} 7489
V 660 184^{rss} 9720
V 660 187^{rs} 4011

V 666 422^{v}–426^{r} 7144
V 666 431^{r}–433^{v} 6079
V 666 437^{v}–440^{r} 8608
V 666 440^{v} 10345
V 666 451^{rss} 4570
V 666 455^{vs} 10345
V 666 462^{v} 10480
V 666 465^{v}–467^{r} 9056
V 666 467^{v}–469^{r} 4129
V 666 469^{rss} 2105
V 666 470^{rs} 9458
V 666 472^{vs} 2242
V 666 481^{rs} 6067
V 666 488^{vss} 5532
V 666 494^{rs} 2729
V 666 496^{r}–497^{v} 10531
V 666 549^{vss} 4636
V 666 551^{r}–553^{v} 8461
V 666 571^{rss} 7968
V 667 10^{r}–11^{v} 5606
V 667 11^{vss} 7740
V 667 12^{vss} 2104
V 667 19^{r}–21^{r} 7312
V 667 35^{r}–36^{v} 8703
V 667 36^{v}–38^{r} 8702
V 667 50^{rs} 8461
V 667 71^{r}–73^{r} 9627
V 667 73^{r}–75^{v} 6056
V 667 76^{vs} 4027
V 667 86^{rss} 5606
V 667 87^{rs} 2729
V 667 88^{r}–91^{r} 4726
V 667 100^{rs} 6067
V 667 107^{r}–109^{v} 2790
V 667 123^{v}–126^{v} 3557
V 667 128^{rss} 8461
V 667 131^{rs} 4726
V 667 136^{r}–139^{v} 5130
V 667 145^{r}–147^{r} 9218
V 667 147^{v}–149^{v} 8423
V 667 163^{r}–164^{v} 1578
V 667 164^{vs} 1795
V 667 180^{rs} 2104
V 667 181^{v}–183^{v} 71
V 667 192^{v} 10031
V 667 193^{r}–194^{v} 2105
V 667 198^{rs} 2105
V 667 199^{rs} 1843
V 667 200^{r} 2105
V 667 200^{v}–202^{v} 2099
V 667 202^{vs} 2792

V 667 226^{rs} 4568
V 667 235^{rs} 5606
V 667 236^{rs} 2729
V 667 247^{vs} 5606
V 667 254^{v}–257^{v} 1571
V 667 261^{v}–263^{v} 10009
V 667 279^{v}–281^{r} 4550
V 667 302^{v}–304^{r} 5606
V 667 311^{r}–314^{v} 5737
V 667 319^{r}–322^{v} 6931
V 667 345^{rss} 487
V 667 347^{r}–348^{v} 2936
V 667 349^{r}–352^{v} 6282
V 667 354^{vs} 8461
V 667 355^{v}–358^{v} 2950
V 667 366^{v}–368^{r} 7907
V 667 385^{rs} 2792
V 667 390^{r} 6057
V 667 390^{vss} 6667
V 667 401^{rs} 7674
V 667 401^{vss} 2105
V 667 403^{r}–405^{v} 7741
V 667 416^{r}–419^{r} 7067
V 667 426^{rs} 4781
V 667 434^{v}–436^{v} 7263
V 667 436^{vs} 5164
V 667 441^{rss} 9218
V 667 442^{rs} 2105
V 667 453^{r}–454^{v} 5532
V 667 475^{r}–477^{v} 10410
V 667 491^{r}–493^{v} 10251
V 667 494^{rs} 9989
V 667 503^{vs} 765
V 667 509^{r}–510^{v} 6244
V 667 511^{v} 7036
V 667 520^{vs} 5828
V 667 522^{r} 8703
V 667 533^{r}–536^{r} 2025
V 667 552^{r}–554^{r} 5604
V 667 558^{r}–559^{v} 7305
V 667 562^{r}–563^{v} 5154
V 667 571^{rss} 7305
V 667 575^{rs} 2689
V 667 578^{v} 3984
V 667 599^{r}–600^{v} 2622
V 668 21^{rss} 6244
V 668 35^{r}–36^{v} 2620
V 668 39^{rss} 9455
V 668 40^{rss} 2465
V 668 41^{rs} 5366
V 668 59^{v}–69^{r} 10490

V 668 83^{rss} 9847
V 668 85^{rs} 1844
V 668 86^{r}–87^{v} 5261
V 668 92^{rss} 2440
V 668 98^{rs} 8704
V 668 104^{r}–106^{r} 2105
V 668 109^{v}–111^{r} 3454
V 668 111^{r}–112^{v} 6168
V 668 119^{rs} 2729
V 668 124^{v}–127^{r} 7321
V 668 133^{rs} 6244
V 668 134^{r}–137^{r} 8584
V 668 149^{r}–151^{v} 2943
V 668 151^{v} 134
V 668 152^{r}–154^{r} 5324
V 668 155^{r}–157^{r} 9128
V 668 157^{r}–160^{v} 2025
V 668 160^{v}–163^{v} 183
V 668 165^{rs} 2985
V 668 166^{r}–168^{r} 4551
V 668 189^{rss} 2218
V 668 190^{r}–191^{v} 9444
V 668 197^{vss} 1796
V 668 199^{r}–200^{v} 847
V 668 204^{rs} 1190
V 668 207^{vss} 127
V 668 217^{v}–219^{v} 2272
V 668 224^{rss} 7058
V 668 227^{vs} 441
V 668 231^{rss} 8466
V 668 232^{rss} 8466
V 668 234^{vs} 10074
V 668 235^{vs} 10074
V 668 238^{v}–242^{r} 1626
V 668 244^{vs} 8462
V 668 263^{r}–264^{v} 5865
V 668 266^{rss} 2687
V 668 276^{vs} 9379
V 668 285^{v}–287^{v} 1707
V 668 294^{rs} 2105
V 668 297^{r}–298^{v} 3232
V 668 300^{r}–302^{r} 5828
V 668 302^{vss} 2433
V 668 304^{rs} 7745
V 668 305^{r}–307^{v} 765
V 668 318^{v}–320^{r} 592
V 668 358^{v} 133
V 668 375^{rss} 3795
V 668 379^{v}–383^{r} 10141
V 668 408^{v}–410^{r} 8762
V 668 410^{rs} 2857

V 668 412^{rss} 5162

V 668 418^{rs} 6058

V 668 442^{rs} 1029

V 668 469^r–470^v 2729

V 668 495^{vss} 7399

V 668 497^{rss} 8255

V 668 498^r–500^v 3128

V 668 500^v–502^r 7598

V 668 502^r–504^r 4782

V 668 504^v–506^v 1497

V 668 507^r–509^r 3035

V 668 509^r–510^v 6205

V 668 514^r–515^v 2793

V 668 520^{rs} 10044

V 668 521^{rss} 4495

V 668 549^{vss} 9166

V 669 4^{vs} 5505

V 669 11^{vss} 1842

V 669 49^r–50^v 1844

V 669 58^{vss} 4037

V 669 66^{rs} 7174

V 669 68^{rss} 5052

V 669 86^r–87^v 8584

V 669 91^{rss} 7236

V 669 138^r–145^r 2044

V 669 148^v–150^v 1844

V 669 157^{rss} 1947

V 669 180^{rs} 1097

V 669 185^{rss} 5548

V 669 186^{rs} 2729

V 669 187^{rs} 1841

V 669 188^{rss} 2841

V 669 193^r–195^v 2297

V 669 198^{rs} 10037

V 669 199^r–200^v 1146

V 669 200^{vss} 1146

V 669 202^{rs} 3524

V 669 203^r–205^r 3648

V 669 224^{rs} 6057

V 669 231^r–233^v 6625

V 669 236^r–238^r 9689

V 669 239^r–241^v 2219

V 669 245^r–247^v 5534

V 669 253^v–256^v 772

V 669 257^r–260^r 10372

V 669 261^r 2105

V 669 261^v–263^v 6285

V 669 264^r–266^v 1754

V 669 270^v–272^r 10490

V 669 277^r–279^v 5654 7582

V 669 281^v–283^v 3454

V 669 284^r–285^v 2125

V 669 296^r–298^v 7504

V 669 299^r–303^r 7166

V 669 311^r–312^v 195

V 669 316^v–321^r 2118

V 669 325^{vss} 1843

V 669 329^{rs} 7741

V 669 332^r–334^v 592

V 669 347^v 7838

V 669 353^r–355^v 1203

V 669 355^v–357^v 9456

V 669 394^r–395^v 8560

V 669 399^v–401^v 2805

V 669 404^{rss} 8349

V 669 415^{rss} 9456

V 669 416^{vss} 779

V 669 418^{rss} 10251

V 669 419^r–421^r 7477

V 669 423^r–424^v 8531

V 669 425^{rs} 10270

V 669 430^{rss} 3453

V 669 433^{rs} 1266

V 669 434^{rss} 1266

V 669 455^v–457^r 7642

V 669 476^v–479^v 794

V 669 480^{rss} 9214

V 669 488^v–490^v 641

V 669 507^r–510^r 3465

V 669 513^{vss} 4923

V 669 522^r–523^v 3525

V 669 524^r–525^v 3525

V 669 531^r–532^v 339

V 669 534^{rss} 10126

V 670 7^{rs} 7413

V 670 12^{vss} 2623

V 670 36^r–38^v 8829

V 670 41^{rs} 9224

V 670 42^r–43^v 7019

V 670 46^v–49^r 4873

V 670 49^{rs} 4889

V 670 50^v 2729

V 670 63^r–65^r 2910

V 670 67^r–68^v 770

V 670 68^v–70^v 10524

V 670 71^{rss} 4403

V 670 72^r–74^v 5361

V 670 77^{vss} 4611

V 670 86^{rs} 7553

V 670 87^r–88^v 5731

V 670 89^r–91^r 3454

V 670 125^r–126^v 7738

V 670 129^r–131^v 3547

V 670 135^r–136^v 5126

V 670 147^r–149^v 1131

V 670 156^v–159^r 9711

V 670 159^{vss} 117

V 670 161^r–163^v 2627

V 670 181^r–184^v 7794

V 670 184^v 5154

V 670 192^{rss} 10621

V 670 193^{rs} 3550

V 670 215^r–216^v 3056

V 670 217^r–222^v 9581

V 670 224^v–226^r 2434

V 670 231^{vss} 2902

V 670 236^{rss} 1015

V 670 255^r–257^v 5535

V 670 259^r–260^v 1672

V 670 261^r–262^v 4796

V 670 263^r–264^v 9540

V 670 291^r–293^r 7407

V 670 297^{rs} 5053

V 670 301^{rs} 4011

V 670 302^{rss} 2598

V 670 303^{rss} 8606

V 670 304^r–306^v 2035

V 670 306^{vss} 2035

V 670 322^r–324^v 3455

V 670 329^{vs} 1377

V 670 333^{vs} 9435

V 670 340^r–341^v 2220

V 670 342^{rs} 4577

V 670 351^r–353^v 3510

V 670 359^{rs} 9197

V 670 363^v–365^r 6058

V 670 381^v 4889

V 670 384^{rs} 3694

V 670 385^{rss} 10449

V 670 389^{vs} 10258

V 670 397^r–400^v 10449

V 670 401^{rs} 1067

V 670 435^v–437^v 222

V 670 447^r–448^v 4891

V 670 451^r–453^v 2183

V 670 457^r–459^v 7922

V 670 467^{rs} 5654

V 670 468^{rs} 7739

V 670 469^r–470^v 4476

V 670 471^r–472^v 2985

V 670 483^{vss} 1793

V 670 487^r–488^v 1015

V 670 490^{rss} 4783

V 670 505^{rss} 9627
V 670 514^r–515^v 8704
V 670 515^v–517^r 2169
V 670 517^r–518^v 5637
V 670 518^{vss} 5002
V 670 525^r–529^r 7970
V 670 537^{vss} 4281
V 670 543^{rs} 1019
V 670 544^{rs} 1807
V 670 548^r–549^v 2411
V 670 550^{rss} 2105
V 670 551^{vss} 4095
V 670 552^{vs} 9810
V 670 553^{rss} 5187
V 670 560^{rs} 4636
V 670 561^r–564^r 1266
V 670 565^v–568^r 2220
V 670 568^{rss} 1916
V 670 570^{vs} 2554
V 670 571^{rss} 2021
V 670 572^{rss} 2106
V 670 573^r–575^r 1025
V 670 575^r–576^v 8704
V 670 587^v–592^v 6293
V 670 599^r–600^v 5324
V 670 601^{rs} 4671
V 670 602^r–604^v 3919
V 671 1^r–2^v 3229
V 671 15^r–18^v 4370
V 671 18^{vs} 10413
V 671 19^{vs} 9458
V 671 36^r–38^v 6748
V 671 38^v–40^r 9224
V 671 47^r–48^v 9921
V 671 57^{rss} 3683
V 671 98^v–102^r 5628
V 671 107^r–108^v 6513
V 671 109^{rs} 2106
V 671 144^v–146^v 3691
V 671 149^r–150^v 7767
V 671 166^v–168^v 5419
V 671 175^r–176^v 5854
V 671 178^{rss} 868
V 671 182^{vss} 1947
V 671 184^v–187^v 6217
V 671 187^v–189^v 2035
V 671 191^{rs} 5731
V 671 197^r–198^v 2105
V 671 200^v–203^r 4782
V 671 211^r–215^r 2549
V 671 215^v 2549

V 671 219^{rs} 7460
V 671 231^r–234^v 9735
V 671 235^{rs} 5606
V 671 236^{rss} 5130
V 671 238^r–239^v 1492
V 671 240^r–242^v 4775
V 671 258^v–261^v 7883
V 671 287^{rs} 6685
V 671 287^v–289^r 3155
V 671 293^r–296^r 6004
V 671 297^r–300^v 6905
V 671 334^{vss} 1894
V 671 338^r–340^r 1430
V 671 343^v–346^r 314
V 671 355^r–357^v 9526
V 671 357^v–360^v 9527
V 671 360^v–369^v 9527
V 671 378^v–381^v 381
V 671 382^{rs} 5073
V 671 383^r–385^v 5770
V 671 399^{rs} 2319
V 671 402^{rss} 9621
V 671 404^r–405^v 3765
V 671 405^v–409^r 2192
V 671 417^r–419^r 7721
V 671 419^v–422^r 1308
V 671 438^v 2107
V 671 451^r–454^r 512
V 671 458^{rs} 2779
V 671 465^r–466^v 10353
V 671 481^r–483^v 9940
V 671 498^{rs} 1241
V 671 508^{rs} 910 3129
V 671 514^{rss} 2132
V 671 515^{vs} 5598 7996
V 671 532^v–536^v 10362
V 672 36^v–39^v 9576
V 672 40^{rs} 3524
V 672 41^r–43^v 9897
V 672 44^r–47^r 7264
V 672 60^{vss} 9867
V 672 63^{rs} 5399
V 672 64^r–65^v 3131
V 672 69^r–71^r 3450
V 672 72^r–74^r 5187
V 672 75^{vss} 2107
V 672 78^{rss} 195
V 672 89^{rs} 5793
V 672 90^{rss} 9696
V 672 95^v–98^r 1631
V 672 116^r–119^r 5388

V 672 127^r–129^r 6058
V 672 129^v–132^r 9872
V 672 134^r–135^v 4371
V 672 159^r–161^v 1203
V 672 161^{vss} 9711
V 672 171^r–174^v 7585
V 672 174^{vss} 186
V 672 176^{rs} 186
V 672 182^{rs} 9392
V 672 183^v–186^v 5392
V 672 190^{rss} 6379
V 672 195^{rss} 10380
V 672 199^r–201^v 1764
V 672 204^v–207^r 4636
V 672 211^{vss} 7997
V 672 221^r–222^v 6079
V 672 222^v–225^r 6059
V 672 233^r–234^v 9824
V 672 270^{rss} 2107
V 672 288^r–291^v 7969
V 672 293^{vs} 7922
V 672 295^{rs} 2780
V 672 298^{rss} 9701
V 672 302^r–304^v 3527
V 672 308^r–311^v 3819
V 672 321^r–323^v 8177
V 672 335^r–338^r 8562
V 672 339^r–341^v 1166
V 672 342^r–345^r 6961
V 672 348^{vss} 9891
V 672 350^{rs} 3027
V 672 361^r–362^v 1015
V 672 364^r–365^v 3769
V 672 366^r–368^r 1283
V 672 393^v–395^v 3035
V 672 421^r–423^v 7965
V 672 423^v–426^v 6752
V 672 439^{vss} 7880
V 672 492^v–494^v 2107
V 672 552^r–554^v 8129
V 673 8^r–12^v 8066
V 673 12^v–14^r 2928
V 673 23^{rss} 2902
V 673 24^v 4957
V 673 34^{vss} 3825
V 673 53^{rss} 5579
V 673 54^{vs} 6625
V 673 55^v–57^r 9196
V 673 57^{vs} 10289
V 673 63^r–65^v 8203
V 673 72^r–74^r 10131

V 673 76^r–79^r 2845	V 673 515^r–516^v 7497	V 675 134^{vss} 2640
V 673 84^v–86^v 10143	V 674 20^{rs} 9993	V 675 142^r–145^v 1774
V 673 86^{vss} 9142	V 674 38^v–40^r 1868	V 675 150^{rss} 1596
V 673 89^r–91^v 8308	V 674 43^{rss} 5133	V 675 154^{vss} 4784
V 673 98^v–101^v 458	V 674 64^r–67^r 9169	V 675 159^v–161^v 3102
V 673 103^{rss} 6038	V 674 69^r–70^v 10605	V 675 172^r–174^r 285
V 673 109^{rs} 10074	V 674 82^{rss} 2782	V 675 174^r–175^v 4282
V 673 113^{rs} 2792	V 674 82^{vss} 2782	V 675 178^r–180^v 9936
V 673 116^v–119^r 5897	V 674 92^r 5133	V 675 195^{vss} 4265
V 673 124^r–125^v 2781	V 674 99^r–102^v 1732	V 675 205^{rs} 2986
V 673 141^r–142^v 9933	V 674 107^{rs} 8661	V 675 205^{vs} 2986
V 673 142^v–145^r 5983	V 674 139^r–140^v 8335	V 675 212^{rs} 3096
V 673 150^{rs} 9199	V 674 175^{vss} 5062	V 675 213^{vss} 9897
V 673 151^{rss} 6523	V 674 194^v–196^r 4034	V 675 217^r–218^v 7533
V 673 160^v–162^r 8448	V 674 205^{vss} 7533	V 675 221^v–223^r 2078
V 673 165^v–170^v 9812	V 674 227^{rs} 127	V 675 223^r–224^v 5561
V 673 171^{rss} 6545	V 674 238^{vs} 8535	V 675 225^r–227^v 10271
V 673 176^{rss} 2779	V 674 253^{rss} 9187	V 675 228^{vss} 9594
V 673 194^{rss} 8736	V 674 325^{vss} 7886	V 675 233^{rs} 5606
V 673 196^{rs} 4976	V 674 330^{rss} 1064	V 675 244^{vss} 2356
V 673 223^r–225^r 8545	V 674 380^{vs} 2434	V 675 274^r–276^r 2944
V 673 240^r–243^v 4874	V 674 392^{vss} 9285	V 675 294^{rss} 4637
V 673 260^{rss} 6873	V 674 410^r–412^v 9528	V 675 295^{rs} 4637
V 673 261^v–264^r 3263	V 674 421^{rs} 8451	V 675 295^{vs} 4637
V 673 278^{rss} 7585	V 674 422^{rss} 10486	V 675 323^r–324^v 4476
V 673 291^{vss} 2159	V 674 433^r–435^r 3149	V 675 335^r–337^r 7198
V 673 301^r–303^v 412	V 674 435^{vss} 1203	V 675 353^v–355^r 1869
V 673 317^v–320^r 10498	V 674 440^{rs} 9368	V 675 366^r–367^v 7400
V 673 320^{rs} 9701	V 674 457^{vss} 6811	V 675 368^{rss} 1303
V 673 321^{rss} 9540	V 674 460^{rs} 4873	V 675 369^r–370^v 2345
V 673 322^v 5321	V 674 462^{rss} 6784	V 675 374^v–376^v 1868
V 673 331^{vs} 1626	V 674 464^r–465^v 10486	V 675 382^{vss} 9510
V 673 335^r–340^r 2275	V 674 466^{vs} 6638	V 675 393^{rss} 2500
V 673 358^r–359^v 4637	V 674 473^{rs} 2662	V 675 412^{rs} 7413
V 673 367^{vs} 4628	V 674 477^{rs} 9949	V 675 413^{rss} 2108
V 673 370^v–372^v 5001	V 674 477^{vs} 4219	V 675 453^{rss} 1373
V 673 397^{rs} 9197	V 675 9^{rs} 4891	V 675 454^{vss} 2344
V 673 399^{rs} 1025	V 675 23^r–24^v 5606	V 675 477^r–478^v 2990
V 673 412^{rss} 9734	V 675 29^{vss} 2444	V 675 495^{rss} 8270
V 673 416^{rs} 3455	V 675 37^{vs} 29	V 675 500^v–502^r 10127
V 673 430^{rs} 5770	V 675 44^{rs} 6630	V 676 11^v–14^v 7993
V 673 430^{vss} 7991	V 675 49^v–52^v 4781	V 676 36^r–41^r 2030
V 673 432^{rs} 254	V 675 52^v–54^r 6629	V 676 49^v–53^r 1793
V 673 441^{rs} 9368	V 675 77^{vss} 4958	V 676 57^v–59^r 117
V 673 445^r–447^v 8884	V 675 81^v–84^v 9329	V 676 59^{rs} 2217
V 673 459^r–460^v 5887	V 675 108^r–111^v 2944	V 676 62^r–64^v 5290
V 673 471^{rs} 10049	V 675 116^r–118^r 3694	V 676 72^v–75^r 8121
V 673 472^{vss} 5070	V 675 124^{rss} 9036	V 676 87^r–88^v 2344
V 673 473^{vs} 7404	V 675 128^{rs} 2781	V 676 102^v–105^r 1707
V 673 501^{vss} 9750	V 675 128^{vss} 2780	V 676 115^r–117^r 9464
V 673 509^{vs} 3096	V 675 132^v–134^r 1745	V 676 117^{vs} 6349

V 676 118^{rs} 4298

V 676 122^r–125^v 80

V 676 125^v 4785

V 676 134^{vss} 7993

V 676 145^{vss} 7848

V 676 155^{rss} 10184

V 676 193^r–197^r 8579

V 676 215^{rs} 787

V 676 215^{vs} 1902

V 676 216^{rss} 8653

V 676 222^v–225^v 667

V 676 226–234^r 285

V 676 226^{rs} 9224

V 676 238^{vss} 9463

V 676 244^{rss} 4941

V 676 252^{vs} 9839

V 676 253^{vs} 8473

V 676 254^{vss} 9569

V 676 255^v–257^r 3000

V 676 265^r–267^r 1678

V 676 268^{rss} 105

V 676 269^{rs} 7854

V 676 270^r–271^v 9596

V 676 271^v–274^v 57

V 676 274^{vss} 1527

V 676 276^{vss} 10380

V 676 301^r–303^r 3076

V 676 305^r–307^v 2779

V 676 321^{vss} 2193

V 676 329^r–331^r 6180

V 676 335^r–337^r 2293

V 676 358^{rss} 8777

V 676 362^{rss} 4410

V 676 416^r–418^r 1807

V 676 426^{vs} 9452

V 676 446^{rs} 2226

V 676 446^{vss} 2078

V 676 450^{rs} 2344

V 676 452^{vs} 451

V 676 460^r–462^r 1527

V 677 1^{rs} 4694

V 677 3^r–15^v 3385

V 677 25^r–26^v 119

V 677 46^{rss} 3897

V 677 50^r 3761

V 677 59^v–61^v 4994

V 677 67^{rs} 10007

V 677 76^r–78^r 119

V 677 81^{rs} 5674

V 677 98^{rs} 9316

V 677 98^v–101^r 2270

V 677 116^v 7642

V 677 123^r–127^r 9943

V 677 141^{vss} 8314

V 677 153^r–154^v 3695

V 677 155^r–158^r 1445

V 677 162^r–164^r 9259

V 677 164^{rss} 7642

V 677 208^v–210^r 329

V 677 218^{rss} 613

V 677 248^r–250^v 1042

V 677 250^v–252^v 10075

V 677 262^{vss} 1551

V 677 267^r–269^v 9631

V 677 284^v–286^v 1243

V 677 326^{vss} 3488

V 677 328^r–331^r 6039

V 677 339^r–342^r 3976

V 677 342^v–345^r 2270

V 677 365^v–369^r 6039

V 677 377^{rss} 2416

V 677 414^v–417^r 9592

V 677 423^{rs} 4067

V 677 446^{rs} 10150

V 677 447^{rss} 9267

V 677 448^{vs} 9267

V 677 464^{vs} 9966

V 677 487^r–488^v 2417

V 677 488^v–490^v 10031

V 677 491^r–493^r 5674

V 677 493^r–496^r 3897

V 677 500^{vss} 7614

V 677 512^{vss} 4166

V 677 522^r–523^r 10383

V 677 523^{vss} 5674

V 678 40^v–42^r 8935

V 678 57^{vs} 3982

V 678 68^{vss} 5540

V 678 73^{vss} 3581

V 678 79^r–81^r 3556

V 678 82^{rss} 4520

V 678 85^{vss} 2133

V 678 86^v–88^r 5928

V 678 89^r–90^v 8578

V 678 96^r–98^v 4922

V 678 99^r–101^v 2052

V 678 102^r–104^v 1135

V 678 117^r–118^v 3982

V 678 119^{rss} 3139

V 678 129^{rs} 8226

V 678 134^{vs} 687

V 678 168^{rss} 2226

V 678 175^v–178^r 1291

V 678 194^r–195^r 6447

V 678 198^{vss} 4527

V 678 199^{vss} 1202

V 678 216^v–219^r 4643

V 678 224^{vss} 154

V 678 227^r–229^r 2081

V 678 232^v–234^r 9384

V 678 235^v 6606

V 678 236^r–238^r 7738

V 678 251^v–254^r 6606

V 678 255^r–256^r 2242

V 678 279^v–281^r 4026

V 678 285^{rs} 9668

V 678 285^v–287^v 5827

V 678 289^{rss} 2242

V 678 306^v–308^v 2912

V 678 312^{vs} 10267

V 678 313^{rs} 10267

V 678 313^v 10267

V 678 314^{rs} 10267

V 678 314^{vss} 10267

V 678 315^{vss} 6778

V 678 317^r–319^v 2073

V 678 340^{rs} 8974

V 678 342^{rss} 6617

V 678 368^r–369^v 774

V 678 401^{vs} 9242

V 678 406^v–411^r 8534

V 678 418^r–419^v 5911

V 678 426^v–428^v 2044

V 678 433^r–436^r 9764

V 678 467^r–469^v 52

V 678 493^{rss} 9658

V 678 509^v 8702

V 678 555^{rs} 6447

V 678 557^r–559^v 10371

V 678 559^{vs} 8461

V 678 571^{vss} 7469

V 678 578^v–580^r 7469

V 678 581^{rss} 7469

V 678 582^v–584^v 1673

V 678 612^{rs} 7391

V 678 614^r–617^r 3359

V 678 623^r–624^v 2372

V 678 643^v–645^r 6891

V 678 648^r–650^v 6007

V 678 664^r–666^r 3090

V 678 672^{rss} 1578

V 678 704^v–706^v 6447

V 678 706^{rs} 2340

V 678 706^v–708^r 9821	V 679 136^{vss} 7328	V 680 54^{rs} 7490
V 678 712^{rss} 3581	V 679 137^v 7328	V 680 54^{vss} 7490
V 678 713^{vss} 2413	V 679 138^{rs} 7328	V 680 55^{rs} 7490
V 678 740^{rs} 9804	V 679 138^{vss} 7328	V 680 56^{rs} 7490
V 678 742^{vs} 3581	V 679 139^{vs} 7328	V 680 56^{vs} 7490
V 678 764^{rs} 10244	V 679 142^r–145^v 1053	V 680 57^{rss} 7490
V 678 764^v 7836	V 679 146^{rs} 7328	V 680 58^{rss} 7490
V 678 771^{rs} 4780	V 679 147^r–150^r 1053	V 680 59^{rs} 7490
V 678 793^r–795^v 6433	V 679 150^{vss} 1053	V 680 59^{vs} 7490
V 678 810^{rs} 1599	V 679 151^v–153^r 7328	V 680 60^v 7490
V 678 815^{rs} 620	V 679 153^{rss} 7328	V 680 61^r 7490
V 678 817^v–820^r 3983	V 679 154^{rss} 7328	V 680 61^{vs} 7490
V 678 821^{rss} 9742	V 679 155^{rss} 7328	V 680 62^{rs} 7490
V 678 834^v–837^r 3836	V 679 156^{rs} 7328	V 680 62^{vs} 7490
V 678 845^r–846^v 6055	V 679 157^{rs} 7328	V 680 65^r–68^r 7490
V 678 867^{rss} 1801	V 679 157^v 7328	V 680 68^{rss} 7490
V 678 871^r–874^v 105	V 679 158^{rs} 2436	V 680 69^{rs} 7490
V 678 880^{rss} 3556	V 679 158^{vs} 2436	V 680 70^{rs} 7490
V 678 881^v–883^r 3556	V 679 159^r 2436	V 680 70^v–72^r 7490
V 678 894^{rs} 4780	V 679 159^v 2436	V 680 72^r–73^v 7490
V 678 906^{rs} 3983	V 679 159^{vs} 2436	V 680 74^r–75^v 7490
V 679 15^r–16^v 1779	V 679 160^{vs} 2436	V 680 77^{vs} 7490
V 679 17^r–18^v 1779	V 679 161^v 2436	V 680 78^{vs} 7490
V 679 19^{rs} 1779	V 679 161^{vs} 2436	V 680 79^{rs} 7490
V 679 34^r–35^v 7328	V 679 162^{rs} 2436	V 680 80^{rs} 7492
V 679 35^{vss} 7328	V 679 162^{vs} 2436	V 680 81^{rs} 7492
V 679 41^v–43^v 7328	V 679 163^{rs} 2436	V 680 84^{rss} 7490
V 679 93^{rss} 10584	V 679 163^{vs} 2436	V 680 85^{rss} 7492
V 679 102^{rs} 1053	V 679 164^{rs} 2436	V 680 86^{rs} 7492
V 679 103^r–104^v 7328	V 679 175^{vs} 2245	V 680 86^{vss} 7492
V 679 109^{rs} 7814	V 680 34^{rs} 7492	V 680 147^{rss} 636
V 679 110^{rss} 7328	V 680 35^{rs} 7490	V 680 148^{rs} 636
V 679 116^{rs} 7328	V 680 35^v 7490	V 680 149^{rs} 636
V 679 117^{rs} 7329	V 680 37^r–40^v 7489	V 680 151^{rss} 636
V 679 118^r–119^v 7329	V 680 41^{rss} 7489	V 680 152^{rs} 636
V 679 119^v–121^v 7329	V 680 42^{rs} 7489	V 680 152^{vs} 636
V 679 121^v–123^r 7329	V 680 42^{vs} 7489	V 680 153^r 636
V 679 123^{vs} 7329	V 680 43^{rs} 7489	V 680 153^{vs} 636
V 679 124^v 7329	V 680 43^{vs} 7489	V 680 154^{vs} 636
V 679 125^{rss} 7329	V 680 44^{rs} 7489	V 680 155^{rss} 636
V 679 126^r–128^r 7329	V 680 45^r 7489	V 680 156^r–159^v 636
V 679 128^v 7329	V 680 45^{vs} 7489	V 680 159^{vs} 636
V 679 129^{rs} 7329	V 680 46^r–47^v 7489	V 680 170^r–172^r 4535
V 679 129^v–131^v 224	V 680 47^{vs} 7489	V 680 172^r–173^v 4535
V 679 131^v–133^v 7329	V 680 48^{vs} 7489	V 680 174^r 4535
V 679 134^r 7328	V 680 49^{rs} 7489	V 680 174^{rs} 4535
V 679 134^v 7328	V 680 50^{rs} 7489	V 680 174^{vs} 4535
V 679 134^{vs} 7328	V 680 50^v–52^r 7489	V 680 175^{rs} 4535
V 679 135^{rs} 7328	V 680 53^r 7490	V 680 175^v 4535
V 679 135^{vs} 7328	V 680 53^{rs} 7490	V 680 176^r 4535
V 679 136^{rs} 7328	V 680 53^{vs} 7490	V 680 176^{rs} 4535